现代社会与犯罪治理：网络犯罪专题研讨

——中国犯罪学学会年会论文集（2020年）

XIANDAI SHEHUI YU FANZUI ZHILI WANGLUO FANZUI ZHUANTI YANTAO

主　编◇邓　云　陶建平
副主编◇岳向阳　徐　然　虞　浔

中国检察出版社

编 委 会

主　　　编：邓　云　陶建平

副 主 编：岳向阳　徐　然　虞　浔

编委会主任：王　牧　万　春

编委会成员：（按姓氏笔画排序）

王大为　邓　云　王晓东　车承军
皮　勇　刘仁文　刘晓梅　张　凌
应培礼　严　励　吴宗宪　时延安
周光权　周洪波　郭立新　赵国玲
袁　林　徐　岱　魏昌东

编写说明

中国犯罪学学会第二十九届学术研讨会将于 2020 年 12 月在上海市召开。本届年会由中国犯罪学学会主办，上海市人民检察院、华东政法大学联合承办。

中国共产党第十九届中央委员会第五次全体会议公报提出，统筹发展和安全，建设更高水平的平安中国。坚持总体国家安全观，实施国家安全战略，维护和塑造国家安全，统筹传统安全和非传统安全，把安全发展贯穿国家发展各领域和全过程，防范和化解影响我国现代化进程的各种风险，筑牢国家安全屏障。要加强国家安全体系和能力建设，确保国家经济安全，保障人民生命安全，维护社会稳定和安全。应当说，如何更为及时地发现、甄别各类风险，更为平衡地把握安全与发展的辩证统一关系，更为高效地推进国家治理体系和治理能力现代化建设，直接关系到本次全会所确定的 2035 年社会主义现代化远景目标能否基本实现的问题。

犯罪的风险，特别是网络技术、人工智能发展所带来的传统犯罪异化和新型犯罪挑战等现代技术性风险正逐渐放大，毫无疑问，对犯罪问题的深入研究和思考，是平衡安全与发展的题中之义。犯罪学是以观察犯罪现象、归纳犯罪原因、总结犯罪规律、形成犯罪对策为主要研究内容的一门社会科学，较之于法规范学科的刑法学而言，具有更强的实证性、社会性、政策性，需要跨越更广的知识领域、掌握更多的分析工具、形成更全的观察视角。也因此，犯罪学直接受到了国家社会变迁、科学技术的发展、刑事政策的调整等社会重要现象的影响，同时也以科学的方式，反作用于这些社会重要现象——从犯罪现象的分析到犯罪风险的预判，从犯罪原因的归纳到犯罪对策的制定，犯罪学的理论和实践力图实现对犯罪，特别是对层出不穷的新型犯罪的有效控制，从而不断提升国家和社会抗制犯罪的能力。

基于此，自 2018 年第二十七届学术研讨会起，中国犯罪学学会决定以"现代社会与犯罪治理"作为今后一个阶段的年会核心主题，鼓励引导犯罪学的理论研究重点关注现代社会中的热点犯罪现象及其动向趋势，更好地服务新时代国家发展的战略大局，实现现代社会的良性治理，促进犯罪学理论研究的学术繁荣，提升犯罪学理论在现代社会和法治国家中的话语权和公众认同。

与去年广泛地探讨不同类型犯罪现象及其治理对策所不同，"现代社会与犯罪治理：网络犯罪专题研讨"（2020），更为精准地聚焦于网络犯罪问题，议题覆盖了网络犯罪的基础理论、互联网金融犯罪、电信网络诈骗、网络黑灰产业链、网络淫秽信息传播、侵犯公民个人信息犯罪、未成年人网络犯罪、互联网平台治理等理论和实务前沿问题，旨在更为深入地研究犯罪问题在网络环境下的新动向、新风险和新对策。首先，本届年会的第一个分议题为"网络犯罪基础理论研究"。相对于各类具体类型的网络犯罪治理而言，该部分更为宏观和全局，强调犯罪基础理论和研究方法的系统性和整体性，因而直接呼应主题，在此次学术研讨会中发挥着全景概览、奠定基础、凝聚共识、提纲挈领的作用。其次，本届年会设置了"互联网金融犯罪治理""电信网络诈骗犯罪治理""网络淫秽信息传播犯罪治理""侵犯公民个人信息犯罪治理"等4个分议题，聚焦近年来案件高发、危害严重、公众惩治意愿强烈的具体类型犯罪，通过对这些类型犯罪的原因、态势和对策的研究，进一步遏制其蔓延之势。最后，本届年会还着重对"网络黑灰产业链治理""未成年人网络犯罪治理""互联网平台犯罪治理"等非具体网络犯罪类型的3个分议题展开研讨，通过强化对网络犯罪上下游"产业链"的全面研究，以破坏其"产业生态"；对未成年人涉网犯罪的原因分析，阻断未成年人主体向越轨、甚至犯罪方向转型的路径；对各大网络平台规制网络犯罪的初步探索，不断强化平台主体责任，实现在网络犯罪前端入口遏制网络犯罪的目标。

秉承自第十九届年会以来的优良传统，本届学术研讨会亦于年会举办前将各位学者提交的论文择优正式结集出版。这不仅为年会的顺利召开提供了研讨的基础，更重要的是为我国犯罪学领域的学术交流提供了一个有益的平台。也希望此举可以为进一步提高犯罪学研究水平和我国法治建设作出应有贡献。至主题征文截稿之日，学会共收到论文132篇。经过认真审查和筛选，最终我们从中选取了68篇优秀论文结集出版，这些论文基本上反映了我国犯罪学领域内相关问题的最新研究状况。衷心感谢所有惠赐稿件的作者对本届学术研讨会的热心关注与支持，对犯罪学研究事业的无私奉献与真诚关爱！

本文集能够及时、高质量地出版，得益于中国检察出版社领导的鼎力支持和编辑同志的辛勤劳动，我们在此表示由衷的感谢和崇高的敬意！

中国犯罪学学会
2020年11月6日

目 录

一、网络犯罪基础理论研究

网络犯罪社会本质检视 ………………………………………… 王燕飞 / 3
以网络为对象犯罪的规范重构刍论 ………… 杨永勤 顾 伟 孙 伟 / 10
计算机网络犯罪分类：基于信任法益 ………………………… 梁译如 / 18
网络犯罪追诉的证据困境与制度完善 ………………………… 程 衍 / 32
网络犯罪定量证明方法研究 …………………………………… 易志鑫 / 43
等约计量：网络犯罪评价体系之新标尺 ……………………… 邓 超 / 56
网络犯罪治理对策研究 ………………………… 王枫梧 赵正文 何 雷 / 75

二、互联网金融犯罪治理

何以成众：网络非法集资犯罪的"被害"原因及防控对策
　………………………………………………………………… 江耀炜 / 89
P2P 网络借贷犯罪态势及刑法规制研究 ……………… 崔会如 刘岩冰 / 102
P2P 网络非法集资犯罪的行为模式与司法认定 ……… 兰跃军 黄琳惠 / 112
校园"套路贷"网络犯罪行为类型探讨 ……………… 李卫红 王芹芹 / 122
"套路贷"犯罪的实证考察及其应对 ………………………… 汪恭政 / 131
论虚拟货币犯罪风险的防控对策 ……………………………… 兰立宏 / 142
论非法归集区块链货币行为的法律属性
　——兼论集资诈骗罪犯罪对象的修正 ……………………… 杨 军 / 151
法定数字货币之前瞻考察
　——以反洗钱监管为视角 ……………………………… 周 娅 任俊钢 / 161
互联网金融机构涉互联网洗钱犯罪的刑事责任研究
　………………………………………………………… 董李培 姚 理 / 169

三、电信网络诈骗犯罪治理

从约定俗成到规范科学:"电信网络诈骗犯罪"的概念界定与
　运用 ………………………………………………… 吴加明　薛莉萍 / 181
通讯网络诈骗犯罪侦办的实证检视与路径探析 ……… 熊　俏　潘慧斌 / 193
突发公共卫生事件中的网络诈骗及其被害预防
　——从新冠疫情期间"两高"发布的典型案例切入
　……………………………………………………… 陈小彪　储　虎 / 203
电信诈骗犯罪治理对策实证研究
　——以重庆立案情况为分析样本 ………………… 刘劲松　高蕴嶙 / 217
电信网络诈骗共犯规制路径的一般性思考 …………… 李毅荣　郭　勇 / 227
网络诈骗犯罪中提供技术支持行为的刑法分析 ……………… 周振杰 / 236

四、网络黑灰产业链治理

网络黑产供给链的结构特征与治理模式 ……………………… 满　涛 / 245
网络空间扫黑除恶的对象解构与治理对策 …………… 姜　瀛　李　纯 / 255
网络黑恶势力的嬗变与认定探析 ……………………………… 樊江涛 / 265
新型互联网"黑灰产"犯罪现状及防控对策研究 …………… 胡　勇 / 279
网络安全漏洞行业法律框架建设研究 ………………… 虞　浔　马寅宵 / 288
"整体刑法学"视域下网络传销犯罪的有效规制 ……………… 荣　月 / 296
网络传销犯罪运行机制及法律规制体系构建 ………………… 时　方 / 304
"网络水军"的危害及其刑法规制 …………………… 段阳伟　张　寒 / 319
流量劫持中流量的刑法适用与损害赔偿 ……………………… 谢晓锋 / 328
网络爬虫技术法律风险研究 …………………………………… 张宝峰 / 339
恶意数据爬取行为的法律风险与刑法应对 …………………… 李　灿 / 352

五、网络淫秽信息传播犯罪治理

互联网时代传播淫秽物品罪若干问题的探讨
　——基于对2019年传播淫秽物品罪212件公开判决书的分析
　………………………………………………………………… 金鸿浩 / 365
论网络色情报复的特征、成因及对策 ………………… 高雨秋　代孟良 / 378
网络直播平台的刑事责任与犯罪治理 ………………… 顾　伟　龚笑婷 / 386

网络直播犯罪之治理:以犯罪学基本理论为视角
......谢昊轩 郭泽强 / 396

六、侵犯公民个人信息犯罪治理

大数据时代的数据法益与数据犯罪 ......冯卫国 李 婷 / 405
解构与破除:非法获取公民个人信息行为的智化、反思与规制
——基于技术的多维面向 ......许桂敏 张 转 / 413
人脸识别信息的刑法保护 ......林思含 / 423
作为行为不法类型的犯罪参与
——兼论非法发布深度伪造信息的行为不法 ......敬力嘉 王晓晓 / 432
事前规划与事后惩治并重的侵犯公民个人信息罪治理模式构建
——以合规计划为视角 ......郑自飞 / 443
公民网络隐私权行政法保护问题研究 ......王 贺 任重卢 / 455

七、未成年人网络犯罪治理

超越环境犯罪学的技术至上倾向
——基于未成年人网络犯罪司法功能治理的经验研究 ......王广聪 / 467
青少年网络虚拟财产犯罪的现状、成因及预防对策研究
......于 阳 黄 烨 / 476
网络时代青少年的犯罪防控与被害防控:以淘宝网络诈骗案为
视角 ......朱艳菊 王颖颖 / 484
未成年人"类犯罪行为"解决路径研究
——以降低刑事责任年龄起点论争为视角 ......张祥伟 / 491
"互联网+"时代未成年人网络被害预防探析 ......胡 隽 陈玉洁 / 508
基于 INSPIRE 策略体系的未成年人网络欺凌预防研究
......杨 涵 赵 亮 / 516

八、互联网平台犯罪治理

刑事合规视野下的网络平台的责任认定 ......于 冲 李华章 / 533
网络平台的刑责承担与合规路径 ......庄明源 许晓威 / 544
网络金融平台的刑事合规治理 ......李海良 陈 峰 / 557

大数据背景下企业刑事合规风险防范研究
　　——以深圳市南山区人民检察院办案为视角 ……………… 杨　杰 / 568
网络服务提供者刑事责任的界域限定与政策转向
　　……………………………………………………… 陆　旭　宋佳宁 / 582

九、网络犯罪其他前沿问题研究

网络犯罪共犯正犯化的检视反思及路径回归 ……………… 贺　卫 / 597
打击网络犯罪国际合作的理论分析 ………………………… 刘灿华 / 607
网络谣言在我国的刑事规制：创新、困境与优化
　　……………………………………………………… 徐洋洋　刘诗楦 / 617
双层社会背景下网络盗窃犯罪研究 ………………………… 陈禹衡 / 628
暗网环境下网络恐怖主义治理问题研究 …………… 舒洪水　王俊超 / 642
论网络宣扬恐怖主义、极端主义犯罪案件的司法适用
　　及其限制 ……………………………………………… 崔明轩 / 656
跨境网络赌博及其司法治理路径 …………………… 郑明玮　王　斌 / 670
网络滋扰的犯罪化与刑事治理对策 ………………… 张　勇　鲁斯齐 / 677
毒品犯罪网络化新常态及其刑事治理研究 ………………… 胡　江 / 688
法益解释论视域下非法利用信息网络罪的司法适用
　　……………………………………………………… 陈　兵　姜金良 / 704
从规范扩张到实践跟进：帮助信息网络犯罪活动罪的司法适用
　　考察
　　——基于169份生效裁判文书的实证分析 ………… 林晓萌 / 717
非法利用信息网络罪的司法适用现状、问题及其匡正 …… 秦宗川 / 728
探析立法司法争议　唤醒被虚置的法条
　　——对"非法利用信息网络罪"的思考 …………… 王　婧 / 736
人工智能的刑法规制和安全防范 …………………… 傅跃建　朱剑冰 / 742

一、网络犯罪基础理论研究

网络犯罪社会本质检视

王燕飞*

网络犯罪现象日益严重，不仅工具型、对象型犯罪不断发展，而且日益蔓延成为空间型①，越来越演化为一种较为日常普遍性的严重犯罪现象。为此，我国司法机关也作出了迅速反应："近年来，网络犯罪蔓延迅速，检察机关办理网络犯罪案件数量逐年大幅上升，年平均增幅达34%以上。2018年至2019年，检察机关共批准逮捕网络犯罪嫌疑人89167人，提起公诉105658人，较前两年分别上升78.8%和95.1%。"② 根据有关统计，"截至2018年12月，我国网民规模达8.29亿，普及率达59.6%，较2017年底提升3.8个百分点，全年新增网民5653万；我国手机网民规模达8.17亿，网民通过手机接入互联网的比例高达98.6%。一系列数据显示我国已经迈入信息化、科技化、网络化社会，网络空间已经形成一个独立的社会模式。"③ 可见，网络日益已经成为维系我国社会一种基本社会结构与整合机制，几乎成为每个公民须臾不可离开的日常生活一部分。因此，在网络社会新时代背景下，对于网络犯罪现象的社会本质认识就需要从网络时代这一特定的、客观的社会条件进行整体性认识与全面考量④，从而对其有一个更为深刻的犯罪学视角审视，为其治理提供一个更为理性的路径。

---

* 王燕飞，湖南大学犯罪学研究所所长，教授。

① 参见张凌、陈辐宽、严励主编：《犯罪防控与法治中国建设——中国犯罪学学会年会论文集（2015年）》，中国检察出版社2015年版，第651~652页。

② 孟植良：《聚焦打击网络犯罪最高检发布第十八批指导性案例》，载人民网。

③ 陈伟、熊波：《网络犯罪的特质性与立法技术——基于"双层社会形态"的考察》，载《大连理工大学学报（社会科学报）》2020年第2期。

④ 笔者曾对于这种分析路径进行了一次总结。参见王燕飞：《犯罪学视野中的社会结构范式解析》，载陈兴良主编：《刑事法评论》（第17卷），中国政法大学出版社2006年版，第368~382页。

一、网络犯罪社会本质"主观论"反思

网络犯罪现象是人们从计算机犯罪现象认识开始的,通常认为,是计算机犯罪发展到一定阶段的产物,是计算机犯罪的高级形态。[①] 对此,我国有学者这样分析:"互联网作为一种虚拟空间,不同于现实空间。大量的传统犯罪从现实空间转移到网络空间,这就出现了我国学者所说的传统犯罪的网络异化现象。这里所谓传统犯罪的网络异化,是指由于网络因素的介入,传统犯罪内部的构成要件要素、犯罪形态等产生了不同于过去的新的表现形式,并使传统的刑法理论、刑事立法和司法规则处于难以适用的尴尬境地。不仅如此,随着网络空间的形成,该空间必然需要一定的秩序,因此法律介入对网络空间的规制是必然的。在形成网络秩序的同时,就会出现网络空间中违反秩序的行为,这就是扰乱网络秩序的犯罪。这些犯罪形态是超出传统犯罪范围的,因而在网络空间就出现了传统犯罪与新型犯罪的掺杂,使发生在互联网中的犯罪类型更为纷繁复杂。我国在极短的时间内,完成了从计算机犯罪到互联网犯罪的递进,对我国刑法立法和刑法司法都是一种前所未有的挑战。"[②] 由此,网络犯罪对于刑法教义学产生了很大影响,"义务犯罪理论""刑法保护前置理论""帮助行为正犯化理论""财产犯罪理论"均为网络犯罪罪名设置与适用提供了理论支撑。[③] 也有学者对于网络犯罪立法体系进行体系性分析,从我国网络犯罪的罪名体系以及立法发展简史看,其体现出了回应性扩张、预防性前置、概括开放性的特点。整体来说,我国的网络犯罪立法积极回应现实需求,对不断恶化的网络犯罪形势主动作出调整,契合网络社会发展的基本方向。然而我国现有的网络犯罪立法也有诸多值得反思之处,这主要体现为整体立法结构有待调整,罪名规范的内部逻辑需要理顺,罪状表述也须进一步明确化。上述问题说明,立法者在网络犯罪罪名的制定过程中更多的是一种应激性反应,充满着回应实践需求的立法热情,但是缺乏体系性和统一性的整体顶层设计,未能在规则设计的具体细节上做到逻辑严密。[④]

另外,有学者从网络犯罪出现新趋势与呈现的社会危害性进行了论析,随着网络社会的发展,当前网络犯罪已经不限于以计算机信息系统为对象或工具

[①] 张远煌主编:《犯罪学》,中国人民大学出版社2007年版,第170页。
[②] 陈兴良:《网络犯罪的刑法应对》,载《中国法律评论》2020年第1期。
[③] 参见陈兴良:《网络犯罪的刑法应对》,载《中国法律评论》2020年第1期。
[④] 参见王华伟:《我国网络犯罪立法的体系性评价与反思》,载《法学杂志》2019年第10期。

的犯罪，而是与"网络空间的社会化"同步发展为"社会化的网络犯罪"。除了电子化、全球化、高技术性，网络犯罪还表现出以下新的特点和发展趋势：（1）网络犯罪族群化、社会化。当前网络犯罪表现为侵犯计算机信息系统安全犯罪、传统犯罪的网络化、与之有共生关系的新型网络犯罪和侵犯数据的犯罪，这四类犯罪既各自独立又相互支持，表现出明显的社会分工特征，形成"四位一体"的网络犯罪族。（2）新型网络犯罪独立化、产业化，是传统网络犯罪得以实施的关键。相对于前两类网络犯罪，新型网络犯罪是为前者创造环境条件或提供支持帮助的"外围"犯罪，但其并不依附于前者，凭借其直接联络广大网络用户的能力，在犯罪产业链上独立生存，所起的作用并非只是辅助性的，而是不可或缺的关键条件。（3）衍生出"微网络犯罪"形式。除了侵犯重大法益的网络犯罪，如破坏特定金融计算机信息系统、盗窃巨额电子资金等，还出现了新的"微网络犯罪"形态，表现为"海量行为×微量损失"和"海量行为×低量损害"两种新行为样态。前者是利用互联网应用的广泛联络和近于零成本特性，对不特定的海量公众进行尝试性侵害，虽然犯罪成功率很低且只对部分个体造成微量损失，但实际被害人数量巨大，累积危害后果严重；后者为新型网络犯罪所特有，单次危害行为的社会危险性低，通过利用信息网络大量实施，累积危害达到严重程度。这两类"微网络犯罪"过去被认为只是一般的网络违法行为，随着网络空间的社会化发展，它们对网络犯罪整体的作用越来越大，社会危害越来越严重。①

很显然，上述对于网络犯罪的社会本质的认识基本是站在刑事对策的价值立场②进行的，不仅包含着对于网络犯罪的价值事实属性或者特征的认识，也表现出对于其形态的历史演变、对于社会危害的形式等方面的把握，也还表现出对于社会特定秩序的破坏导致的社会危害性理解等。在总体上，随着网络犯罪的不断发展与不断涌现，人们对于网络犯罪社会危害性本质认识也就由浅入深、从表及里不断提高与深化，在一定层面上，网络犯罪的社会本质在于它违背了国家的意志，具有严重的现实社会危害性，在根本上是触犯了国家的刑律。由此可见，当我国正在建设社会主义法治国家征途之中，人们对于网络犯罪的社会本质的这种认识与思维，是符合人们直观的现实感受，也是符合刑事法治思维路径与方式的。可以说，这是对于网络犯罪社会本质认识的基本范

---

① 皮勇：《论新型网络犯罪立法及其适用》，载《中国社会科学》2018年第10期。
② 价值论把社会事实分为"科学事实"和"价值事实"。使用价值事实概念要保持清晰的价值意识和价值立场，首先明确研究的概念是哪个主体的概念。参见王牧：《犯罪研究——学科·事实·规范》，中国政法大学出版社2019年版，第282页。

式。然而,从犯罪社会本质认识理论来看,这种认识只是对于犯罪社会本质认识的第一层面或者第二层面的认识,是"主观"的社会本质认识,还没有对网络时代及其社会生产关系与生产力的矛盾运动过程中的出现的暂时平衡格局的破坏的认识,即第三层面、第四层面的"客观"的认识①,因此是存在很大不足与缺陷的。进一步而言,这不仅表现出对于网络犯罪所赖以存活的网络社会矛盾与冲突缺乏客观认识,还表现出对网络犯罪所赖以存在的物理世界的矛盾与冲突缺乏科学的认识,从而没有全面把握整个社会形态的社会结构与整合机制以洞察这种犯罪现象的社会实质②,以致出现盲人摸象的不足或缺陷。

二、网络犯罪社会本质"客观论"剖析

犯罪是社会矛盾与冲突的函数,网络犯罪不断滋生很显然是多种社会矛盾与冲突交织综合形成的,其社会本质所决定的"社会条件"③是多层面的,因此对其社会本质"客观"的认识需要多层分析。从根本上说,网络对于社会产生了巨大改变。立足中国而言,网络时代到来,大大推动了中国社会的巨大分化与快速转变,一定程度上激发了社会矛盾与冲突,而网络犯罪正是这种矛盾的一种闪现或者一种具体表现方式;另一方面也显示出中国传统的社会结构与整合机制在网络化结构转化下发生了既有结构的破裂与机制的松弛,以致出现犯罪空间迁移的改变,网络犯罪以一种新的犯罪形态表现出来。随着网络社会的形成与发展,大大突破了国家疆域、领土的空间以及意识形态上的羁绊,渐次演化成为一种新的社会关系的矛盾斗争形态。网络犯罪正在扮演着这种力量与角色,发挥出了一定的社会功能。因此,从网络犯罪社会本质的"社会条件"层面看,网络犯罪在网络社会富有着多重社会含义与实质。当然,从现实层面,立足当下这种犯罪发生的社会事实,其更能够揭示出社会本质的多重性,更能阐释其具体社会意义。

第一,网络犯罪现象的社会本质从社会根源上是当下中国社会转变过程之中矛盾与冲突激发所诱发的、所导致的一种社会结果。当下中国现实社会变化表现在以下三个方面:(1)社会阶层发生变化。原来的"两个阶级一个阶层"(工人阶级、农民阶级和知识分子阶层)的社会结构发生了分化,一些新的社会阶层逐渐形成,各阶层之间的社会、经济、生活方式和利益认同的差异日益

---

① 参见谢勇主编:《犯罪学原理》,中南工业大学出版社 1998 年版,第 32~35 页。
② 参见刘耀彬:《马克思主义犯罪学思想研究》,东南大学出版社 2012 年版,第 72~76 页。
③ 参见马克昌主编:《犯罪通论》,武汉大学出版社 1991 年版,第 4 页。

明晰化。(2) 存在一定贫富差距。改革开放以来，在社会财富迅速增加的同时，产生一定的贫富差距。正是这些矛盾的存在，一定程度上使从事网络犯罪的人群具有了一定的阶层性或者结构性特点。

第二，物理世界与虚拟世界的博弈斗争较量、互动型构的新社会形态大大推动了网络世界发展并创造出了新的社会生态环境，使网络犯罪具有寄生的广阔社会土壤，发挥了巨大的社会结构破坏力。"网络社会的形成有其必然性，它是中国社会迈进信息时代的自然结果，也是我国大力推动信息化建设的必然要求，同时也符合当前世界一体化的趋势。不过，就像我们经常说的那样，'网络是把双刃剑'，网络社会的形成和发展，一方面极大地促进整个社会不断发展进步，如各种先进的互联网技术应用到生产领域，促进了创新和社会经济的发展；应用到行政领域，提高了政府行政的透明度和效率；但另一方面，它也极大地冲击了传统的社会治理体系和结构。这是因为网络具有突出的隐蔽性、复杂性、超时空性的特点，这些都是以往社会治理体系和结构所未遇到过的。因此，网络社会能够在隐私安全、社会组织等多个方面对传统的公共治理体系形成巨大的冲击和破坏。"[1] 对此，有学者进一步认为，新的网络社会崛起和发展，带来了个体行动和社会结构重建。但是，网络社会由于凸显了信息的意义及其时空流动压缩、超文本链接的放大效应和网络行动者的身体不在场，也引发了网络社会中不确定性和可能性的极度增长，从而使风险成了网络社会的内在构成要素。也就是说，网络社会本质上是风险社会，或称"网络风险社会"，包含了一系列违背绝大多数社会成员道德价值标准、影响甚至破坏社会生活的网络社会问题。按照美国社会学家默顿的现实社会问题分类方法，我们倾向于把网络社会问题分为社会解组型和社会越轨型两类。[2] 由此可见，网络犯罪在这种网络世界崛起、发展的不可逆转的历史进步潮流与趋向下，在这种新的社会生态环境之中，难以避免地所累积、构造出的失范型、自主型的犯罪动能，既极大程度上对于传统社会结构进行巨大的冲击与挑战，也在一定程度上对网络社会的社会结构型构发挥了巨大影响的力量，对建构的正常或法治秩序以及国家惩治犯罪司法活动、治理犯罪社会实践均产生着现实的影响力。从这个意义上，迪尔凯姆提出的"适度的犯罪率是一种正常的社会现象"，对于这种类型犯罪而言，其为至理名言是恰当不过的。

第三，从犯罪演变历史看，网络犯罪从犯罪网络化兴起就渐次突破"孤

---

[1] 刘三满：《网络社会治理的若干关键理论问题及治理策略》，载《太原大学学报》2014年第3期。

[2] 参见李三虎：《信息网络社会问题及其治理》，载《科学与社会》2017年第3期。

立个人"对抗统治关系的个体形式，展现出了一种犯罪的"自我社会"不断发展变化的面相。因此，网络犯罪表现出一种族群化、利益化"局部利益社会"对于政治国家的一种新的抗争性。"所谓犯罪发展是指构成犯罪现象的各种要素的发展。犯罪发展包含犯罪数量发展、犯罪性质发展、侵害对象发展、犯罪形态发展、犯罪类型发展、犯罪技术发展、犯罪主体和犯罪动机等各个方面。"① 在这个概念意义上，网络犯罪发展是这种犯罪各构成要素的发展，是一种综合发展。从现实来看，网络犯罪自身发展蕴含自我包含的各种社会因素综合作用的结果，是自我不断优化升级、抗制社会反应的一种能动表现。"在过去的20多年里，中国社会信息化从以计算机单机、互联网为中心的阶段，进入了以网络服务平台为中心的时期，计算机、互联网相关犯罪随之完成了三次蜕变：从20世纪90年代计算机犯罪（computer crime）到21世纪初的网络犯罪（cyber crime），再转变为当前的网络空间犯罪（crimes in cyberspace）"②，网络空间犯罪是计算机犯罪、网络犯罪在网络平台时代的新相态。可见，这些转变昭示出网络犯罪在不断演变与进化，尤其是"随着云计算、区块链、人工智能等新技术的快速发展，网络犯罪手段迭代更新，流量劫持、分布式拒绝服务攻击、人工智能换脸等新型网络犯罪层出不穷。……网络犯罪公司化和产业链化特征突出。从实践看，越来越多的网络犯罪采取公司化运作方式与管理架构，犯罪分子之间前后勾连，形成规模庞大的黑灰色产业链。"③ 这更是反映出网络犯罪在网络技术快速发展与网络社会不断建构后出现的复杂多样、综合发展的状态。从这个意义上，网络犯罪催生了犯罪新的发展，大大改变了犯罪结构与形态，是犯罪自我发展历史的一个重大转变，从总体上显示出了一种正在形成新的利益组合方式的犯罪群体对于社会秩序的整体抗争新改变。很显然，这种对抗远远超出了单位犯罪、黑社会犯罪、恐怖主义犯罪等单一属性的当代新型类型犯罪的"射程"。

三、启示：网络犯罪治理之策

当我们对于网络犯罪社会本质进行全面、完整的认识与分析后，在实践上

---

① 周长康、张应立、钟绿芳：《发展犯罪学——从传统犯罪到现代犯罪》，群众出版社2006年版，第16页。

② 参见皮勇：《论中国网络空间犯罪的立法的本土化与国际化》，载《比较法研究》2020年第1期。

③ 参见孙谦：《要认真研究主动应对网络犯罪四大新特征》，载《法制日报》2020年6月17日。

就需要在治理上有一个长远的谋划与更为理性的构想。为此，我们以此进行一点治理战略上的启示分析，权作为上述分析的一点总结，是为应用性价值的体现。

1. 确立网络犯罪治理的社会源头论。由于网络犯罪兴盛、发展从根本上是一个国家或社会矛盾综合激发的结果或者直接导致的后果。因此，推动公民的生存、发展的制度合理安排以及社会的公平、正义、民主的法律制度科学建构、落地生根，是从根源上对这种犯罪现象进行有效治理途径。

2. 确立网络犯罪治理的相对性立场。由于该种犯罪是一种新型社会形态支配下的犯罪现象，在治理上需要谨慎、稳妥、辩证施治，确立治理最大公约数，这样才既推进社会尤其科学技术发展，又保证维护社会健康运行与国家安全。当然，确定这样的构想并能够在实际操作中确立基本规则是非常艰难的，不过国际社会上开启了这种规则出台，我们应该朝着这个方面努力。[①]

3. 推进网络社会伦理秩序生成，建构合理网络空间法律秩序，为网络犯罪治理提供制度基础。网络社会来临，推动国家不断改变社会关系，促进社会结构作出相应调整，等等，从而渐次催生网络社会共享自治[②]，因此，这种巨大快速转变需要不断促成网络社会伦理秩序的形成，合理的网络空间法治秩序慢慢建构起来，这是一个发展中国家的一项重要的民生工程，需要不断加强教育、精心予以培育，渐次在社会蜕变之中生成。只有这种基础性伦理与法律制度形成才能有效、合理地对其破坏行为予以规制，才是公正、合理的刑事法治制度建构。这无论是从预防犯罪角度还是从坚守罪刑法定原则角度都是需要坚持的基本立场。

[①] 参见吴海文、张鹏：《打击网络犯罪国际规则的现状、争议和未来》，载《中国应用法学》2020年第2期。

[②] 参见刘三满：《网络社会治理的若干关键理论问题及治理策略》，载《太原大学学报》2014年第3期。

以网络为对象犯罪的规范重构刍论

杨永勤　顾　伟　孙　伟*

一、问题的提出

随着计算机的普及和网络时代的来临,针对计算机、网络进行犯罪活动的数量急剧增加。据监测统计,我国2018年全年捕获计算机恶意程序样本数量超过1亿个,恶意程序传播次数日均达500万余次;境内受计算机恶意程序攻击的IP地址约5946万个,占我国IP地址总数的17.5%;峰值超过10Gbit/s的DDoS攻击事件平均每月超过4000起。一般认为,计算机网络犯罪可以分为以网络为对象的犯罪、以网络为工具的犯罪和以网络为空间的犯罪,前述恶意程序、DDoS攻击乃至于网络入侵等均属于以网络为对象的犯罪范畴,也是最纯正意义上的计算机网络犯罪。针对此类犯罪,《刑法》第285条、第286条设置了多个罪名加以规制,但在计算机技术与网络应用飞速发展的今天,相关条文呈现出与司法实践需求相脱节的倾向,亟须在立法、司法中加以完善。

（一）条文基础概念定义较为模糊,易导致司法认定困难

《刑法》第285条、第286条规定了非法侵入计算机信息系统罪、非法获取计算机信息系统数据罪、非法控制计算机信息系统罪、提供侵入、非法控制计算机信息系统程序、工具罪及破坏计算机信息系统罪等多个罪名,其中最核心的概念即计算机信息系统。1997年《刑法》未直接对计算机信息系统给出概念定义,之后的各修正案也未添加对计算机信息系统的定义。在刑法之外,1994年国务院《计算机信息系统安全保护条例》①和2011年最高人民法院、

---

* 杨永勤,上海市人民检察院第三检察部主任;顾伟,上海市徐汇区人民检察院第一检察部副主任;孙伟,上海市徐汇区人民检察院第一检察部检察官助理。

① 国务院于1994年制定出台的《计算机信息系统安全保护条例》规定,计算机信息系统,是指由计算机及其相关的和配套的设备、设施（含网络）构成的,按照一定的应用目标和规则对信息进行采集、加工、存储、传输、检索等处理的人机系统。

最高人民检察院《关于办理危害计算机信息系统安全刑事案件应用法律若干问题的解释》[①]（以下简称 2011 年司法解释）均对计算机信息系统概念进行了定义，明确规定了计算机信息系统是对信息、数据进行处理的系统。在此定义基础上，2011 年司法解释更明确规定计算机信息系统的外延除计算机外还包括网络设备、通信设备、自动化控制设备等。依照上述规定，刑法意义上的计算机信息系统并非单纯软件意义上的计算机操作系统，而是包含计算机硬件载体与软件应用的软硬件统一体，其根本功能为自动化处理数据和信息。

随着云计算时代、智能设备时代的来临，对计算机信息系统概念的定义内涵不明，导致入罪标准模糊与外延种类增多、入罪标准实质降低的双重问题。其一，系统是一个相当宽泛的概念，应用软件、操作系统乃至于硬件本身都可以被称为系统，这造成计算机信息系统边界的不确定性，进而导致认定侵入、控制、破坏的是何系统存在相当难度。例如，云平台使数据储存、处理与终端相对分离，多个不同的终端可以共享同一云平台提供的服务。大数据技术利用传感器获取海量数据，使数据输入与本地系统分离。基于 WVP 的路径导航服务将地图数据、实时路况分析、包含人类行为信息车辆 WVP 数据等数据经统计应用到传统信息化交通服务中，车辆导航应用由"以计算为中心"变为"以数据为中心"。[②] 就整体平台系统而言，侵入、控制、破坏云平台都只是针对一个计算机信息系统，就实际影响的计算机信息系统台数而言，侵入、控制、破坏云平台导致功能被破坏的终端数量则可能非常可观。其二，目前具有自动数据处理功能的智能设备不断普及化、廉价化并以智能手机、自动监测设备等各种形态出现。犯罪分子已将其瞄准为犯罪目标，2018 年被恶意控制的联网智能设备 IP 地址已达约 446.8 万个。但这也导致了计算机信息系统外延的扩大，使得许多具备一定自动处理数据功能的设备被纳入计算机信息系统犯罪，这也导致了刑法打击面的扩大，与刑法谦抑性原则有相悖之处。

将计算机信息系统视为软硬件的统一体还带来一个问题，即针对计算机硬件的破坏、控制、侵入符合计算机犯罪的构成要件，但这会导致计算机犯罪构成要件定型性的丧失以及与其他罪名的过度竞合。

[①] 最高人民法院、最高人民检察院 2011 年出台的《关于办理危害计算机信息系统安全刑事案件应用法律若干问题的解释》规定，"计算机信息系统"和"计算机系统"，是指具备自动处理数据功能的系统，包括计算机、网络设备、通信设备、自动化控制设备等。

[②] 王静远、李超、熊璋、单志广：《以数据为中心的智慧城市研究综述》，载《计算机研究与发展》2014 年第 2 期。

（二）犯罪构成要件存在不足之处，易导致打击失衡

计算机数据和计算机功能是两个既有联系但又不相等同的概念，计算机数据是计算机处理的对象，侵犯计算机功能会导致对数据储存、传输、处理的损害，但反之则未必，同时计算机数据本身即具有一定的经济财产、人身利益价值。《刑法》第 285 条、第 286 条及 2011 年司法解释在一定程度上混同了对计算机数据的侵犯与对计算机功能的侵犯两种不同的行为，这在《刑法》第 286 条条文中体现的尤为明显。《刑法》第 286 条第 2 款的罪状仅描述了"对计算机信息系统中存储、处理或者传输的数据和应用程序进行删除、修改、增加的操作"但并未规定需具备造成计算机信息系统不能正常运行的结果。该条文实质上针对计算机数据保护。因此，有观点认为从法益保护、体系解释乃至维持国民正常预测性角度都应当将"造成计算机信息系统不能正常运行"视为破坏计算机信息系统罪当然的隐含构成要件，即便第 2 款未明确规定需有造成计算机信息系统不能正常运行的结果，但如对数据和应用程序进行改变的行为没有导致不能正常运行的结果则不应构成本罪，否则将会造成该罪名的"口袋化"滥用。① 笔者认为，《刑法》第 286 条中前 3 款条文针对不同方式、不同对象的破坏行为，入罪标准可以不尽相同，在现行法条将数据与计算机功能一体保护的环境下不应超越罪行法定原则突破条文原意擅自添加"隐含"构成要件，但"对计算机信息系统中存储、处理或者传输的数据和应用程序进行删除、修改、增加的操作"本身只是一种中立的行为，需要结合具体环境、危害结果和社会危害性判断是否属于破坏计算机信息系统行为。因此，在数据成为时代重要生产、生活资源的当下，对侵犯数据犯罪与侵犯计算机功能犯罪进行一定的分割可能更为合理，即将现有的《刑法》第 285 条、第 286 条根据保护数据与保护计算机功能的标准重新进行划分，将非法获取、增加、删除、修改计算机信息系统数据行为定为一类犯罪，而将非法侵入、控制、破坏计算机信息系统行为定为一类犯罪。重新分类后的两类犯罪保护法益不同，构成要件将更为明晰，实现刑法打击的进一步精确性。

通说认为，破坏计算机信息系统罪为结果犯，但该认识不当缩小了打击范围，与非法获取计算机信息系统数据、非法控制计算机信息系统罪的分类也不相适应。2011 年司法解释囿于结果犯的设定将破坏台数和破坏对象作为入罪的首要标准，这一标准显然无法充分涵盖现实中的情况，因此，增设违法所得

---

① 周立波：《破坏计算机信息系统罪司法实践分析与刑法规范调适——基于 100 个司法判例的实证考察》，载《法治研究》2018 年第 4 期。

及导致其他严重后果的入罪标准,这已在相当程度上突破了该罪结果犯的构成。在将司法解释与刑法条文整合之后,行为的几项后果中又分别出现了法益、行为及其对象、复合法益关联性的行为对象概念三种模式。这表明,对计算机犯罪刑法规范的法益、行为的对象、法益背后的现实关联性,实际上都没有区分。以至于《刑法》第286条第1款、第2款的规范结构,实际上成为了一个十分混乱的结构①。另一方面,结果犯的定性过于注重犯罪结果而忽略了犯罪行为本身的高发与危害性,不利于对网络犯罪的打击。例如,控制大量"肉鸡"电脑实施DDoS攻击但未导致被攻击对象系统受损的,在现行规范内难以破坏计算机信息系统罪的未遂加以处理,如仅以非法控制计算机信息系统罪定罪也无法充分体现攻击行为的危害性与应受刑法规制性。

(三)入罪与量刑跳档标准不尽合理,易导致量刑失衡

刑法第285条、第286条的入罪标准存在不同入罪条件相当性不高、与实际情况脱节的问题,易导致以与犯罪危害关联不大的标准入罪。举例来说,2011年司法解释对于破坏计算机信息系统罪"后果严重"的第一认定标准是破坏台数,辅之以违法所得、造成经济损失数额以及为一定台数计算机服务的计算机信息系统在一定时间内不能正常运行等标准,但实践中破坏台数往往达不到入罪要求,完全不能正常运行相当少见,而被告人的违法所得查证较为容易,因此,应用最多的反而是与犯罪危害联系并不那么紧密的违法所得标准,但这一标准的入罪门槛极低。此外,各具体入罪标准间的相当性也有待商榷。

计算机网络犯罪的量刑跳档标准过低而法定刑过重。与盗窃罪、诈骗罪等财产犯罪相比,刑法第285条规定罪名的第二档刑罚较为相当,而刑法第286条破坏计算机信息系统罪第二档次刑罚则更重,为5年以上有期徒刑。在涉及侵犯虚拟财产类犯罪时,往往出现同一增删改数据行为以财产犯罪论在3年以下判刑而以破坏计算机信息系统罪论在5年以上判刑的情况。固然按照想象竞合犯理论可以对此从一重罪论处,但恐怕难以解释破坏计算机信息系统罪的跳档标准为何比抢夺罪、敲诈勒索罪等社会危害性较为强烈的罪名更低而法定刑更高。另一问题是破坏计算机信息系统罪的第二档次刑罚在有期徒刑5年以上,超过了刑法对判处缓刑的最低刑期要求,这导致除非有自首等法定减轻事由,否则必然判处5年以上有期徒刑实刑,也在一定程度上造成了该罪罪责刑不相适应的问题。

---

① 李源粒:《破坏计算机信息系统罪"网络化"转型中的规范结构透视》,载《法学论坛》2019年第2期。

二、论以网络为对象犯罪的规范重构路径

（一）建议进一步明晰"计算机信息系统"等概念以减少法律适用歧义

刑法意义上的"计算机信息系统"属于规范性构成要件要素，并不完全等同于人们所认为的电脑，在智能系统内涵、外延均飞速扩展的今天，有必要在原有基础上进一步加强对相关概念的界定，从而划定罪与非罪、此罪与彼罪的界限。2011年司法解释规定"计算机信息系统"和"计算机系统"，是指具备自动处理数据功能的系统，而不能自动处理数据的系统被排除在计算机信息系统以外，例如电子手表、计算器等都非自动处理数据设备，当然不是计算机信息系统。新兴的智能电视、智能冰箱等设备可以自动处理数据更可以安装App软件，这无疑符合2011年司法解释定义而属于计算机信息系统范畴，将2011年司法解释"后果严重"的台数标准同等适用于此类设备上也有悖于罪责刑相适应原则。另一方面，刑法条文区分了计算机信息系统功能和计算机信息系统中的应用程序，而2011年司法解释概念定义并未进一步界分计算机信息系统功能和应用程序的区别，而两者实际上都符合2011年司法解释"自动处理数据"的定义。

本文认为，自动处理数据功能是计算机信息系统的核心功能，为实现该功能还需要系统具备数据传输、数据存储等功能，故计算机信息系统不应简单等同于计算机操作系统，而应定义为具有自动处理数据功能以及数据传输或数据传输功能的由软件与硬件构成的系统，同时取消系统功能与系统内应用软件的界分。系统功能这一概念本身需要进一步阐明，系统功能与应用软件的区别亦不明显，破坏某些系统功能并不能导致整个计算机信息系统不能正常运行，而破坏应用软件却有可能导致整个系统不能运行，故应取消两者界分回归到对处理数据功能的着重保护上。在网络高度发展的今天，计算机信息系统台数已不足以准确描述犯罪影响范围，建议以受到影响的用户数、应用终端数等概念对计算机信息系统台数标准进行补充。

（二）建议对《刑法》第285条、第286条重新修订以贴近时代发展

对计算机犯罪有必要进行一定条文调整，构建侵犯数据犯罪与危害计算机安全犯罪的分类体系。计算机信息系统自动处理数据功能与计算机储存、传输的数据存在紧密联系，但对这些数据进行增加、删除、修改操作并不必然意味着计算机处理数据功能被破坏，两者是交集而非包含或被包含的关系。数据的损害与计算机（信息）系统的损害并不一定同时发生，因而，数据安全与计

算机（信息）系统的损害并不一定同时发生。① 目前刑法第 286 条第 2 款只规定了特定的手段行为和针对对象而未规定需造成一定的破坏结果，2011 年司法解释从损坏台数等定量标准确定入罪条件但也未将破坏程度作为入罪标准，一定程度上混淆了数据安全与计算机信息系统安全之间的区别。实践中单纯的非法获取计算机信息系统数据行为，如网络爬虫在一定条件下有可能造成计算机信息系统无法正常运行，甚至中立的删除、修改操作都有可能导致计算机信息系统出现故障，所以有必要对此加以区分。建议将具有严重法益侵害性但未损害系统处理数据功能的增加、删除、修改计算机数据行为并入非法获取计算机信息系统数据罪中或单独成罪，将侵害系统处理数据功能影响系统正常运行的增加、删除、修改计算机行为保留在破坏计算机信息系统罪的规制范围中，这可以有效区分数据安全法益与计算机系统安全法益，也可避免破坏计算机信息系统罪与其他计算机犯罪之间的界限不清问题。同时，鉴于"计算机信息系统是一个动态的数据系统，无论多么简单的操作行为，例如，打开一个文件夹，都会在后台增加一条操作记录，增加了该计算机信息系统的数据。"② 故为限制破坏计算机信息系统罪的入罪范围，在司法实践中可参照该条第 3 款规定，结合"违反国家规定""影响计算机信息系统正常运行"以及行为人是否具有破坏的目的性和明知性作为判断符合第 2 款罪状规定的行为，是否属于破坏计算机信息系统的标准，避免该罪适用的扩大化。

建议将破坏计算机信息系统罪从结果犯修改为行为犯，以破坏行为的危害程度作为入罪标准，并增设相应的过失犯罪。网络时代下攻击计算机行为愈加高发，但查证攻击行为对应的破坏结果及确认因果关系具有很大的证明难度，实践中往往只能退而求其次以违法所得判断是否达到后果严重标准③，但违法所得金额只能证明被告人获利多寡，既不能完全反映出破坏行为本身的恶劣程度，亦难以必然推导出损害后果的严重性，以此作为认定"后果严重"的标准不尽合理，这也说明结果犯的设定有悖于实际情况。因此，建议加入如攻击次数、频率、持续时间及攻击对象的重要性、无法使用时间、控制的攻击工具数量等标准作为破坏计算机信息系统罪的入罪条件，破坏行为只需达到相应

---

① 王倩云：《人工智能背景下数据安全犯罪的刑法规制思路》，载《法学论坛》2019 年第 2 期。

② 于志刚：《口袋罪的时代变迁、当前乱象与消减思路》，载《法学家》2013 年第 3 期。

③ 参见广东省珠江市中级人民法院（2014）珠中法刑终字第 37 号刑事裁定书、河北省宁晋县人民法院（2018）冀 0528 刑初 63 号刑事判决书等案例。

"情节严重"标准即可入罪。在此基础上可根据损害结果严重程度或行为严重程度差异确定不同的量刑档次，以破坏行为的恶劣性及实际造成何种破坏后果作为界分不同量刑档次的标准。同时对破坏计算机信息系统罪增设过失犯条款。对于非法侵入、获取型犯罪而言，主观要件难以以过失构成，但对于破坏型犯罪而言，行为人可能基于过失的心态而实施行为导致破坏结果产生，基于破坏型犯罪的后果较为严重，设置过失犯罪有利于严密犯罪圈。

（三）建议修改入罪、量刑档次与跳档标准，使更符合罪责刑相适应原则

在前述修订条文、修改构成要件的基础上，应考虑设定合理的入罪标准，避免将较轻行为入罪而将较重行为出罪，使各入罪标准之间具有近似的相当性。同时也建议降低网络犯罪第二档刑罚的最低刑罚，使之与盗窃、诈骗等财产犯罪的第二档最低刑罚基本相当，避免与其他犯罪间量刑失衡的问题。最后对跳档标准进行一定调整，简单的倍数式跳档标准可能难以适应时代的发展，需要进一步研究如何合理化刑罚跳档标准。

三、结语

在20世纪90年代刑法修订时，计算机价值高昂数量稀少且多被应用于重要的国家机关及工业设施中，而时至今日计算机及智能化设备已经成为生活中的常见物品，网络生活、虚拟生活成为人们生活的重要组成部分。基于这一社会环境的变化，有必要对以网络为对象的犯罪予以合理化调整，将以往着重于惩治破坏计算机信息系统行为的刑罚规范向对惩治侵害数据、计算机功能行为并重的方向转变，并对罪状、入罪标准以及量刑档次等进行适当的修改以符合社会变化趋势。在计算机存储设备容量较低、数据储存不易的20世纪，对于计算机内数据的修改往往无异于对计算机功能的损害，使用破坏计算机信息系统罪一并惩治对计算机、计算机数据的破坏行为具有相当的合理性；但在大数据时代的当下，侵害数据行为本身即具有相当的社会危害性需以刑法加以规制。

此外，由于网络犯罪涉及的对象外延种类迅速增加，非法侵入、获取数据及破坏行为的数量也大幅上升。如继续按照现行刑法的入罪标准及量刑档次进行判决，无疑会陷入罪责刑不相适应的困境，难以使人民群众感受到司法的公平正义。且司法解释对于网络犯罪"情节严重""后果严重"界定的首要标准是计算机信息系统数量或者信息数量，却并未要求对计算机信息系统受到破坏的程度、获取信息或攻击持续时间频率等重要标准进行评判，在司法实践中会导致教条化理解。这些都是我们需要对规范进行适当重构的原因所在。

计算机网络犯罪的规范重构可以通过以下路径加以解决。第一是以刑法修

正案直接进行修改,这种模式可以直接批量修改相关条文,一步到位构建起更加完善的条文体系,从而解决目前存在的问题。但这一方案所需时间、资源较大,短时间内恐怕难以实现。第二是以司法解释或者规范性文件形式调整对现有罪名适用的理解。在不调整现有刑法条文的情况下,对现有罪名"情节严重""后果严重"标准进行修订,进一步明晰概念,也可以在一定程度上解决目前司法实践面临的困难。第三是以指导性案例或者个案裁判等方式对破坏计算机信息系统罪适用中存在的问题进行调整,但在现有条文、司法解释并未修改的前提下这种方法的实行空间较小。随着时代的不断发展,刑法对于网络犯罪特别是以网络为对象的犯罪的规制需要与时俱进,从而促进刑事立法完善以及实现司法公平正义目标。

计算机网络犯罪分类：基于信任法益

梁译如[*]

一、问题的提出

复杂性与不确定性是现代社会的基本属性，当今中国社会具有超高复杂性。有研究者曾把破坏计算机信息系统罪的行为方式分为"以破坏计算机信息系统为名索财""消除、变更交通违章信息或私增户口信息""修改、变更计算机数据""网络游戏外挂代练升级""破坏计算机系统"和"其他类型"[①]六种。但在今天看来，以上分类远不能应对计算机犯罪行为方式的多种多样与变幻莫测。国际《网络犯罪公约》以技术手段为核心，将计算机犯罪区分为非法入侵、非法拦截、数据干扰、系统干扰、设备滥用等，但技术本身是中性的，在何种条件下才能被称为"非法""滥用"？此外，计算机数据与系统的保密性（confidentiality）、完整性（integrity）、可用性（availability），也被作为最基础的分类，共同将计算机犯罪定义为 CIA 犯罪。而网络则以开放为特征，难以用 CIA 模式界定，最常见的分类方式是将网络犯罪划分为以网络空间为犯罪场所（如色情网站、贩卖枪械）、以网络为犯罪手段（如网络诈骗、网络恐吓）和以网络为犯罪对象（如网络入侵、散播计算机病毒），那么相应的，计算机系统犯罪则可以被界定为以计算机信息系统为对象的犯罪。上述划分都不足以解决复杂问题，原因在于：

在计算机系统和互联网之间，有一个结构耦合的范畴，即信息——包括不可侵犯的个人信息和企业数据，也包括在全社会服务内自由流通、共享的信息；还有一个难解难分的交叉领域在当下越来越常见，那便是网络平台或数据云端。平台的特殊性在于，它既是网络空间，也是信息系统；既有开放性，也有保密性。要想看清网络平台上的犯罪问题，就要将其与以往的计算机系统犯

---

[*] 梁译如，清华大学法学院博士研究生。

[①] 俞小海：《破坏计算机信息系统罪之司法实践分析与规范含义重构》，载《交大法学》2015 年第 3 期。

罪和以往的网络空间犯罪既联系起来、又区分开来。在此复杂意义上，本文认为，计算机网络犯罪行为分类的关键，不是区分不同犯罪形态或不同犯罪手法，而是区分不同的对象，即被损害的是谁？是什么？要保护的是谁？是什么？追问要保护的是什么，也就是在追问本罪的保护法益是什么，侵犯该法益的形式有哪些？

就网络犯罪的行为对象而言，从表面的客观形态上大致可分为三类：计算机系统、互联网、电子数据；而从主观形态来看，有一个重要问题则未被回答：计算机是谁的计算机？互联网是谁的互联网？电子数据是谁的电子数据？电子数据即以电子化形式保存和呈现的信息，既然信息以流通共享为基本形态，何种情形下的流通需要刑法介入？以往对于网络犯罪的类型化研究，或抽象化程度不足，以至于无法涵盖现实中指数增长的多样性；或抽象化有余，情境性和主体性考察不足。网络犯罪可以被区分为对国家机关的犯罪、对个人的犯罪、对普通商业主体的犯罪和对网络平台的犯罪，其中平台既可能为国家机关服务，也可能为个人或企业服务，所以是前三者的结构耦合地带。它此时不仅仅指一种有别于计算机单机的、超越空间的物理形态，更是指一种社会组织形式，具有独特主体性，后文对此将会详述。

区分对国家、对个人、对公司和对社会（平台）的网络犯罪，是为了使网络犯罪与危害国家安全犯罪、侵犯公民人身犯罪、财产犯罪、破坏市场秩序犯罪以及其他扰乱公共秩序罪相对应吗？意味着本罪的保护法益包括国家安全、人身安全、财产安全和公共安全等多种吗？会不会使得此罪与彼罪更难区分？需要说明的是，正是为了实现与他罪的区分，为了解决司法实务中对计算机网络相关犯罪行为的定性模糊问题，本文才要进行上述分类。在区分主体性的社会问题意识基础上，现代社会新型犯罪所独有的法益内涵与外延才能得到彰显，因应社会发展与国民期待的刑事政策才能得以确立。计算机网络犯罪的行为对象可能是国家，可能是个人，也可能是普通公司或网络平台，这并不意味着其保护法益是国家安全、人身安全、财产安全或传统意义上的公共安全或秩序，反而说明了上述法益无一能够独立支撑本罪的法益内核，因此，有必要探寻一种新的法益，作为区分本罪与他罪的核心依据。已有学者指出了计算机网络犯罪的行为对象和法益的"双错位结构"和其法益的虚拟特质，[①] 但不同于以往提倡的"网络运行安全法益""数据安全法益"等，本文认为该类犯罪的保护法益是社会的基本单位——沟通。刑法只有通过保护沟通中的信任，才

---

① 李源粒：《破坏计算机信息系统罪"网络化"转型中的规范结构透视》，载《法学论坛》2019年第2期。

能保障社会系统的运作,从而保障一种内在于人的社会秩序。

网络时代,刑法保护社会的沟通、信任,需要通过确保中心系统安全和数据、信息安全以及保护运营、管理秩序来实现。网络化和平台化使得国家、个人和公司的系统、数据和网络都逐渐呈现出越发显著的社会特征,因此,不论在上述哪一个领域,法益的内涵都不再能以单一领域的安全或者计算机网络这一物质载体的安全来表达。能够支撑当代互联网领域所有刑法规范之法益内涵的,是社会系统论意义上的沟通和信任概念。在社会系统论的意义上,沟通是社会的基本单位。① 而信息,是沟通的载体;信任,则是沟通的心理基础。"社会"本身就意味着信息,而当今的信息社会,其特征在于信息爆炸,并由此而产生了信息流通方式的技术革命。计算机网络犯罪行为本质上损害的不是信息,而是信任,即沟通。相应的,网络刑法的保护法益便不是信息,而是信任;信息只是外在形式,其规范性和社会性意涵是信任。保障以信任为基础的沟通,便是保障社会及其正常运作。

从刑法体系来看,计算机网络犯罪被归于"妨害社会管理秩序罪",其立法目标便是保护"社会"。只不过在前互联网时期,社会的价值没有凸显,最先凸显的是国家利益,其后是个体权利和市场自由。即便在现在,社会利益也面临被市场和商业利益挤压的风险。但看似"复杂而多元的法益属性"、看似"兼具公共性、秩序性与个体性的多重特征"②,网络犯罪的侵害对象从根本上讲是社会的沟通与信任,这是本文的基本价值立场,因此不同于已有观点③,本文认为将其置于刑法分则第六章第一节之下并无不当。后文将通过分别论述三个不同的时期、三类不同的信息载体以及三种不同的保护主体所对应的法条和罪名,来诠释网络犯罪的沟通信任法益,并在信任法益的基础上区分计算机网络犯罪与传统犯罪。

二、从国家到社会:从中心系统到万物互联

1997 年刑法在分则第六章"妨害社会管理秩序罪"中规定了侵入和破坏计算机信息系统犯罪,而当时互联网在我国刚刚步入商业化阶段,社会化还未

---

① Niklas Luhmann, "Familiarity, Confidence, Trust: Problems and Alternatives", Diego Gambetta ed., Trust: Making and Breaking Cooperative Relations, Oxford: Blackwell, 1988.

② 王华伟:《我国网络犯罪立法的体系性评价与反思》,载《法学杂志》2019 年第 10 期。

③ 王华伟:《我国网络犯罪立法的体系性评价与反思》,载《法学杂志》2019 年第 10 期。

开始。当时，个人或商业公司的电脑系统不是"非法侵入计算机信息系统罪"的保护对象，《刑法》第 285 条第 1 款只将"侵入国家事务、国防建设、尖端科学技术领域的计算机信息系统"的行为规定为犯罪。量刑更重的第 286 条"破坏计算机信息系统罪"，倒是未对计算机系统进行限制，不过在前互联网时期，拥有个人计算机的私主体数量有限，所以那个时期的保护重心就是国家事务和国防科技等。此后的 2009 年，《刑法修正案（七）》增设的第 285 条第 2 款才把"侵入前款规定以外的计算机信息系统"规定为犯罪。与此同时，第四章的"侵犯公民个人信息罪"也增设于当年。而后到 2015 年，《刑法修正案（九）》增设网络安全类犯罪，即第 286 条之一"拒不履行信息网络安全管理义务罪"、第 287 条之一"非法利用信息网络罪"及第 287 条之二"帮助信息网络犯罪活动罪"。以"拒不履行信息网络安全管理义务罪"为例，其罪状包括"泄露个人信息""大量传播违法信息"，以及"致使刑事案件证据灭失"，分别指涉对个人、社会公众和司法系统的保护。

由立法脉络可以推知一个基本事实：最先进入刑法规制视野的计算机网络犯罪是侵犯计算机系统，而后是侵犯个人信息，最后是对信息网络的保护。如果说上述体现了"经典计算机刑法规范的网络化转型"[①]，这种网络化过程的全貌实际是：计算机刑法的保护对象，由计算机系统，到电子信息，再到信息网络。在系统到网络之间，亦即在 1997 年规定针对计算机系统的犯罪到 2015 年规定针对信息网络的犯罪之间，一直穿插着针对电子信息的罪名设置，如保护个人电子邮件或其他数据资料的侵犯通信自由罪[②]和保护个人电子信息的侵犯公民个人信息罪。计算机系统和信息网络均是电子信息的生成、存储和呈现形式，故而往往与信息犯罪同时存在。计算机系统和信息网络，本质相同，都是信息载体。区分"对计算机系统的犯罪""对信息网络的犯罪"和"对信息的犯罪"固然必要，但澄清其内在关联和本质属性也很关键，本文还厘出了三类罪名渐次被立法的时间线索。时间线索的重要性在于，经由这一线索可以看到法条背后的社会结构变迁，从而能在一定程度上得知立法者的原意。从历史过程来看，与保护计算机系统、保护电子信息、保护信息网络相伴生的，分别是保护国家、保护个人、保护社会。其政治经济和意识形态根源在于，改革开放前国家主义至上，市场化改革初期个体自由主义至上，而近年来，由于改善民生被置于核心地位，立法实践中的社会观更加凸显出来。

---

① 李源粒：《破坏计算机信息系统罪"网络化"转型中的规范结构透视》，载《法学论坛》2019 年第 2 期。

② 《全国人民代表大会常务委员会关于维护互联网安全的决定》。

(一) 前互联网时代：保护中心

"侵入国家事务、国防建设、尖端科学技术领域的计算机系统"的行为，若主观要件具备，可能成立为境外窃取国家秘密、情报罪；若客观上造成了国家机密被泄露，则可能成立故意或过失泄露国家秘密罪。如果既没有主观窃取意图，又没有客观泄露实害，单纯的侵入计算机系统的行为，便成立非法侵入计算机信息系统罪，可见该罪的初衷是处罚抽象危险行为。处罚抽象危险行为是现代刑法的突出特征，既见于对未遂犯甚至预备犯的处罚，又见于对特定行为的直接归责（不要求实害结果）。但处罚抽象危险行为这一现象的根源是什么？在传统社会，某种行为会导致某种危害，或者不会，是较为确定的；而在现代社会，复杂性与不确定性高度增加，意味着一个行为，可能不会产生危害，也可能会产生巨大危害，这便是风险。一定限度内的风险是可承受的，而超过该限度的风险，则须被禁止。

就侵入计算机系统行为而言，在《刑法修正案（七）》以前，侵入非国家的系统——只要未对作为物理实体的计算机系统进行破坏——获取信息、控制系统的行为都是刑法可接受的；而侵入"国家事务、国防建设、尖端科学技术领域"的则自始是不可接受的。原因是什么？原因是上述领域的计算机系统乃是国家参与国际竞争和管理本国事务的中心。若其遭受损害，国家利益和国民个人利益都会受损。由于在当时，尖端科学领域基本掌控在国家手中，因此对上述三个领域的保护，其对象似乎都是国家。但如今随着有些实力强大的民营企业开始掌握尖端科技，对于侵入该公司尖端科技系统的行为，本法是否要禁止？答案是肯定的。而延续保护尖端科技的初衷就会发现，刑法若对侵入或破坏企业某核心系统的行为进行处罚，其目的不是保护公司的财产法益，而是为了保护事关国计民生的中心系统。之所以事关国计民生，一方面是因为该公司的尖端科技是国家科技竞争力的一环，另一方面是该公司的核心系统关系着亿万使用企业产品的民众。在互联网社会化之前，前一方面较为突出；而在互联网社会化之后，后一方面则较为突出。

(二) 互联网时代：保护社会

有观点认为，随着计算机时代发展到互联网时代，网络犯罪从"犯罪对象阶段"发展到了"犯罪工具阶段"，"计算机犯罪"的概念几乎不再被提起，利用网络实施的传统犯罪在数量和社会影响上的绝对优势，让"计算机犯罪"一词几乎完全退出了历史舞台。[①] 本文认为，网络犯罪之"网络"，其内涵远

---

① 于志刚：《网络思维的演变与网络犯罪的制裁思路》，载《中外法学》2014年第4期。

不止于犯罪工具或犯罪空间;而计算机系统犯罪之"系统",其内涵也远不止于一种物本逻辑上的对象。"系统"概念很大程度上意味着中心与边缘的控制关系。社会越复杂,中心越多元,而与这一社会生活形态转变相伴生,甚至是促成了这一社会变迁的,正是计算机技术的变革,互联网本身就隐含了多元中心的潜能。在这个变化过程中,各类社会子系统从未消亡,而恰恰是近乎全部地建立了自己的"计算机系统",如各类行政机关的办公系统、法院的庭审系统、学校的网课系统、商家的供应链管理系统,等等。上述每一个相对的中心系统,以及最核心的国家中心系统,现如今都在互联网上以虚拟形态存在,并对相关领域进行着实际控制。这些系统,是联结某个职能或功能部门与诸多个体受众的控制中心,其须受刑法保护性从未减弱。而此时的"系统",一语双关,既是社会系统,又是计算机系统。换言之,今日之世界,社会系统与计算机系统已然合二为一,保护计算机系统即保卫社会。

"伴随着相关案件发案率的快速下降,刑法第285条、第286条的地位快速下降"①,这一判断,将随着社会的发展而逐渐被证明有误。若同时还认为,相比于第285条、第286条,第287条的"实体价值与现实意义在快速上升"②,则更是否定了处罚计算机系统犯罪的当代意义。因为《刑法》第287条规定,"利用计算机实施金融诈骗、盗窃、贪污、挪用公款、窃取国家机密或者其他犯罪的,依照本法有关规定定罪处罚",这原本是肯定了牵连犯和数罪并罚的可能性;但如若在否定第285条、第286条重要性的前提条件下解读第287条,就可能得出相关行为只须认定为其他罪名、侵入计算机系统只是手段而未造成单独的法益损害的结论。而此结论会引导解释者以财产损失的大小来衡量损害结果与否,这在"两高"的司法解释③中也有体现。不过该司法解释同时也从实践逻辑出发,将被破坏的系统所连接的电脑台数和所服务的人数作为了"后果严重"与否的另外两项重要标准。从本文所主张的沟通信任法益的立场来看,系统作为一个沟通中心,其影响力大小决定法益大小,其连接的电脑台数和服务的人数应当是核心的衡量标准。因此,司法解释规定的后两项标准是明智的,而财产损失标准则有重复评价财产犯罪之嫌。

依据上述立法和解释,实务中一般对利用侵入、控制、破坏计算机信息系统的手段实施其他犯罪的行为作出数罪并罚或择一重罪处罚的判决,但这反而

---

① 于志刚:《网络思维的演变与网络犯罪的制裁思路》,载《中外法学》2014年第4期。
② 于志刚:《网络思维的演变与网络犯罪的制裁思路》,载《中外法学》2014年第4期。
③ 最高人民法院、最高人民检察院《关于办理危害计算机信息系统安全刑事案件应用法律若干问题的解释》(法释〔2011〕19号)。

被学者批评为刑法扩张和破坏计算机信息系统罪的口袋化。[1] 于是很多学者主张限缩该罪的处罚范围，例如，实务中将"网络分析仪"界定为计算机信息系统，反驳观点就认为，即便具有中央处理和信息采集、加工功能，也不能将其视为计算机信息系统。[2] 构成要件解释背后是法益观和价值倾向，上述学者之所以不接受计算机信息系统在当代的多元表现形式，是由于其倾向于认为破坏计算机信息系统只是附着于其他犯罪之上的手段。而这一倾向的根源在于，"计算机犯罪"的独有法益未被发掘，或者说已有的秩序法益观并未被学者接受。[3] 论者意识到了未来网络犯罪的发展方向正是侵入和控制智能网联系统，故而认为网络犯罪的目标是实现"系统安全"；但另一方面又认为计算机系统犯罪"几乎完全退出了历史舞台"，其地位正在被网络犯罪取代。上述论者之所以作出系统既是未来趋势、又已退出了历史舞台的矛盾论断，原因是将此系统与彼系统截然二分，好像刑法今后要重点保护的系统安全与第 285 条、第 286 条正在保护的计算机信息系统不是同一个"系统"。不可否认当前以及未来的智能网联系统相比于 20 年前的普通计算机系统具有更高复杂性，但没有质的变化，尤其相比于 20 年前国防领域、尖端科技领域的计算机系统，系统的本质内涵更是未有改变。因此，想不出任何理由不使用《刑法》第 285 条、第 286 条来应对当前以及未来的网联系统犯罪。易言之，科学技术和社会发展经历了从计算机系统的发明到互联网的出现、再到智能网联系统，后者是前两者的结合，相关犯罪需要动用《刑法》第 285 条、第 286 和第 287 条共同应对；而认为第 287 条 "占绝对优势"，第 285 条、第 286 条要"退出历史舞台"的观点，似乎还停留在互联网时期，而未进入后互联网时期。

本文同意中心系统的安全是计算机网络犯罪的目标，即是计算机犯罪和网络犯罪的共同目标，但仍要重复的是：系统安全也好、网络安全也好，只是事物的表象，其再深一层的意涵是信息安全，信息安全的本质是沟通安全，于是比安全更深层的法益本质是信任。如若只考虑"系统安全"，那么细想一下，由于"安全"是指一种相对确定的平和状态，当外来者入侵，即便其并无恶意，即便其没有对系统进行任何控制或破坏，他仍然已经破坏了安全状态，所

---

[1] 俞小海：《破坏计算机信息系统罪之司法实践分析与规范含义重构》，载《交大法学》2015 年第 3 期。

[2] 俞小海：《破坏计算机信息系统罪之司法实践分析与规范含义重构》，载《交大法学》2015 年第 3 期。

[3] 于志刚：《网络安全对公共安全、国家安全的嵌入态势和应对策略》，载《法学论坛》2014 年第 6 期。

以,"被侵入"一定意味着安全受到了破坏。此时似乎可以说,这不正是完美诠释了非法侵入计算机信息系统罪吗?说明该罪的保护法益就是系统确定的、常规的状态不被打破,亦即保护系统的安全。可是,这个法益解释并不完美:白帽子为何不应成立犯罪?白帽子入侵计算机系统,行为本身已经打破了确定性状态,也就是破坏了客观上的安全。然而白帽子不会侵犯主观上的安全感,当系统所有者得知入侵者是白帽子而非黑客时,他知道自己要付出的代价在合法的、有限的范围内,并且他就此补上漏洞便可以防范黑客攻击,可以说安全感是升高的。设置任何一项罪名,其目标表面看来是在追求某类主体的安全,这类主体可能直接是个人,也可能直接是集体或国家、间接是个人。但试想一下,不论是个人安全还是集体安全,刑法能以何种方式实现之?所谓预防刑法,当真能够防止危害行为的发生吗?事实上,风险是不可避免的,而刑法的惩罚是滞后的,刑法的威慑力表现为提前标明犯罪成本,从而降低犯罪的发生概率。这不能带来绝对安全,只能带来安全感。因此,"安全"从来不是法益,"安全感"才是法益。计算机网络相关刑法保护什么法益?保护的实质上是计算机网络上的安全感来源,即信任。

三、从个人到社会:从信息保密到数据共享

以往学者提倡的、包括系统安全和网络秩序在内的集体法益,被认为"因其内涵的开放性而导致了其功能性障碍"①。而本文发掘的信任法益,兼具社会集体属性和个体属性,因为"信任指的是一种对某人期望的信心,也是社会生活的基本事实"②,是连接个体与社会的纽带。信任作为一种法益,不会造成刑法外部回应性与内部体系性之间的矛盾。信任法益的个体属性基础在于信任的心理属性,信任是一支心理防疫药剂,当一个人对他人抱持信任并得到诚信的回报后,这个人的生存不安感与焦虑感会减弱,反之则大增。因此,有学者指出,"对他人的信任是一种持久而经常性的心理需要,从对他人的信赖与诚实中获得的是一种情感的再认。"③ 申言之,个体对环境稳定性和周围安全性的基本信任是从对人的信任中派生出来的,并在对他人的信任基础上建立起一种持久存在的信任他人的心理需要。这是个体摆脱存在性焦虑的方式,

---

① 敬力嘉:《信息网络犯罪中集体法益保护范围的扩张与限度》,载《政治与法律》2019年第11期。

② Niklas Luhmann, "Familiarity, Confidence, Trust: Problems and Alternatives", Diego Gambetta ed., Trust: Making and Breaking Cooperative Relations, Oxford: Blackwell, 1988.

③ [英] 吉登斯:《现代性的后果》,译林出版社2011年版,第82页。

人们由此获得安全感，获得一种对人与物的可靠性感受。如果说生命健康与财产安全是人的生理性和物理性安全需要的话，信任就是人的本体性和心理性安全需要。这一需要在现代风险社会尤其显得不可或缺，因为风险无处不在，而"信任意味着事先已经认识到了风险"。① 因此，信任是现代社会的支柱物质，保护信任法益是保护人的安全感、也是保护社会安全。

基于信任法益，关于计算机网络犯罪的分类、解释及其与他罪的区分，能够与现代社会的潜在结构实现共振，同时不会冲破构成要件的文义和体系限制。计算机网络犯罪的保护法益是信任与沟通，那么，无须造成财产损害或任何实际损失，当用户的信赖感受损时，就可能成立相关罪名。但可能成立并非一定成立，只有符合构成要件、具有违法性和有责性的行为，才能最终被定罪。因此，本文在肯定计算机网络刑法的当代意义并支持其适度扩张的同时，坚持的是法益的批判功能。法益的批判功能意味着，沟通信任受损，不一定成立本罪；但如若没有信任法益受损，则一定不成立本罪。这便是刑法分则第六章的计算机网络犯罪与其他传统犯罪的根本区别。

通过计算机网络手段实施的传统财产犯罪的，是否同时成立计算机网络犯罪呢？当行为人控制计算机系统取财时，应当成立非法控制计算机信息系统罪；行为人在网络空间宣传而成功实施诈骗的，应当成立非法利用信息网络罪；侵入计算机系统获取账号密码而盗窃财物或虚拟财产的，应当同时成立非法侵入计算机信息系统罪和盗窃罪。在共犯问题上，"帮助计算机犯罪"和诈骗罪、盗窃罪的帮助犯界限需要区分，关键在于主观认识和意志的不同：由于《刑法修正案（九）》增设"帮助信息网络犯罪活动罪"，明确规定了"明知他人利用信息网络"实施犯罪而为其提供帮助者构成此罪，实现了帮助行为的正犯化，所以，行为人主观上只有达到"明知"即可；但要构成诈骗等行为的帮助犯，则需要对他人具体实施何种犯罪有明知、预见或至少有预见可能性。

另一个问题是，在网络空间内获得公民的信息，最终用于诈骗或盗窃等，成立非法利用信息网络罪吗？由于本罪是叙明罪状，明确规定的行为只有三类——设立用于犯罪的网站，在网上发布违禁品相关信息，为实施诈骗等活动发布信息——此外的行为不应被纳入处罚范围。那上述行为成立"侵犯公民个人信息罪"吗？本文认为不能一概而论。若被获取的是公开信息，则不成立此罪，因为公众不能期待自己在网络空间公开的信息不被他人获取，而只

---

① Niklas Luhmann, "Familiarity, Confidence, Trust: Problems and Alternatives", Diego Gambetta ed., Trust: Making and Breaking Cooperative Relations, Oxford: Blackwell, 1988.

能期待个人电脑里的信息不被盗取,或期待存储于云端的,或留存在某平台的个人信息不被非法利用。因此,非公开的、公民个人的信息被非法获取或出卖,行为人应成立侵犯公民个人信息罪。该罪主要处罚两种行为:窃取或以其他非法方法获取以及向他人出售或提供公民个人信息。上述两种行为的实现都可以通过多种方式,互联网方式逐渐成为主流。但黑客专门攻击个人计算机系统而窃取个人信息的案例毕竟少见,除非该个人是重要人物,因此,对于大多数人而言,其个人信息被非法获取及非法出售的情况,主要出现在网络平台上。

但个人在各类网络平台上的注册信息、浏览痕迹、消费偏好等,经处理都能转化为数据,而电子数据成了极易被非法获取甚至出售的一种资源。对这些资源的非法获取或出售行为,都能成立侵犯公民个人信息罪吗?也要分情况讨论:网站注册信息、支付信息、酒店入住登记信息等,无疑是典型的公民个人信息,关系到人身安全,因此,应当用刑法分则第四章中的侵犯公民个人信息罪进行规制。但浏览痕迹、消费或阅读偏好等,则并非严格意义上的个人信息,其财产属性可能高于人身安全属性。问题是这些数据是谁的财产呢?这类信息在公民个人那里没有商业价值,只在商家手里才成为有用的市场信息,而商家获取用户信息时已然经过同意。申言之,涉及个人信息的电子数据至少可以分为私密的个人信息和个人在公众视野中留下的信息这两类。私密信息,如用户姓名和电话,从用户端进入平台、并随之转变为商业信息,会作为商业秘密等被保护,此类数据的问题不大。有争议的地方是,网络平台具有公共性,当浏览痕迹、评论、社交信息等停留在公共网络上,而未成为平台公司处理过的、独占的、保密的信息时,爬取这类数据是否构罪呢?首先,该行为不属于"以其他非法方法获取公民个人信息",因为此时公民将自己的信息留在网络空间中,成为了公开的、也就能够共享的市场信息。其次,该类行为不属于非法侵入计算机信息系统,因为爬虫者获取信息的对象是公共网络,平台可以在自己管理的公共网络上设置反爬虫机制,但刑法并不禁止爬虫,因为网络平台上的信息原本就被预设为了公开可获得的,该类行为并不侵害刑法要保护的社会信任法益。

四、从公司到社会:从市场主体到公共平台

延续上文,尽管在司法实务中,爬取 A 平台的市场信息后提供给 B 平台公司的案件大多被认定为不正当竞争(如大众点评诉百度不正当竞争案[①]),

---

① 上海市浦东新区人民法院(2015)浦民三(知)初字第528号民事判决书。

但不乏有观点主张公司从用户那里得到的数据,当属本公司的(虚拟)财产。既然认为个人的虚拟财产如 Q 币应当是盗窃等财产犯罪的保护对象,那么公司的 Q 币被盗,盗窃者也应当成立盗窃罪;但网络平台上的数据被"爬"则不然。我们固然可以认为公司的数据在当今社会已经是非常稀缺且伴随巨大经济利益的"财产",但若从广义上讲,以电子数据形式保存的商业秘密、知识产权等也应当算作"虚拟财产"。对于虚拟财产的权利属性,民法学界存在知识产权说、物权说、债权说、特殊物权说等争论。所以承认某些盗取数据的行为成立盗窃罪,并不意味着另一些也一定成立盗窃罪,上述爬虫行为甚至不成立犯罪。而在成立犯罪的行为中,除了成立盗窃等财产犯罪外,也可能成立"侵犯知识产权罪",该罪对企业的注册商标、专利、著作权和商业秘密进行保护。此外,《刑法修正案(十一)草案》为加强企业产权保护和优化营商环境,落实产权平等保护精神,将修改侵犯商业秘密罪入罪门槛,提高刑罚;同时增加规定商业间谍犯罪。在此社会条件下,诸如拷贝公司计算机系统内的商业数据提供给他人的行为,能够受到"侵犯商业秘密罪"或"商业间谍罪"的规制。

因此,当数据作为企业私有的信息被侵犯时,刑法可以介入,适用的主要罪名如前所述;且前述罪名基本足以对企业的利益进行较为周延的保护。而成立上述罪名的前提是数据已经为公司所有:从公众的个人信息到公司的私有数据之间,必须经历两次跳跃——由个人信息跳跃到网络公开数据,从网络公开数据跳跃到企业私有数据——公开数据不可能作为某个公司的私有利益。换言之,公司要么对用户信息进行加密并保证不会非法利用该信息,要么对用户个人信息进行去识别化和脱敏后打上公司的标志,由此才能使个人信息转化为公司所有——这种私有权可能是知识产权或商业秘密,也可能是财产性利益,例如,统计数据。统计数据由大量个体数据样本组合而成,但个体信息不会体现在统计结果中,因此,在一定意义上已经实现了去识别化,故而可以商用,也就是将其转化成财产(尤其是在用户已经同意公司合法收集和使用其信息时)。不过这种情况也不绝对,若统计集中于特定群体,便没有完全脱敏,不应成为企业商用的虚拟财产,公司不受财产刑法保护,反而要受到侵犯公民个人信息犯罪的规制。这便是由个人信息转化而来的数据财产与企业内生的数据财产之巨大差别所在。

就公司作为侵害对象这类情况,本文重点要探讨的不是其虚拟财产受损问题,而是其作为一个平台、平台作为一种网络空间、网络空间又作为一种公共领域,所面临的侵害及侵害的性质。网络平台作为一种市场主体、也作为一种社会,是市场与社会的结构耦合地带。作为市场主体,其产权应受平等保护,其商业秘密等信息受刑法保护。而权利与义务对等，作为社会空间管理者，网络平台公司需要承担网络管理义务，否则造成个人信息等法益受损，平台管理者应当受到刑法制裁。换言之，在平台受侵害的场合，真正的受害者应该是个人，此时平台所有者/管理者便不是受害人，而是施害方，这便是"拒不履行信息网络安全管理义务罪"立法的正当性基础之所在。值得注意的是，尽管该罪的设立具有重要的现实意义，但到目前为止，中国裁判文书网上只公布了两个认定此罪的案件①。由此可以看出，本罪的威慑和预防效果明显，平台公司很可能是在威慑之下做好了合规，尤其经监管部门责令后不敢不停止违法行为，于是此类犯罪就十分罕见。不过这一现象所能揭示的，可能不仅是设立拒不履行信息网络安全管理义务罪的社会效果，而且是这项罪名的本质：它是国家与市场进行责任分配的产物。互联网平台公司固然要履行网络空间管理义务，但其可承担的范围是有限的。立法者用"经监管部门责令采取改正措施而拒不改正"这一构成要件，将监管责任首先分配给了国家；在国家监管到位后，网络平台仍不采取措施的，才会受到刑法追究。正因如此，现实中才没有将平台公司大量入罪化；但这一立法行为明确征表了如下立场——刑法要求市场和国家共同保障互联网信任——这一立场在当代社会是极端必要的。

五、结论

互联网技术向智能网联技术的发展，是现代社会抽象化的新阶段，网络和计算机系统不仅仅是工具，也成为了生活方式，即沟通方式。计算机网络犯罪不是针对作为物质工具的计算机网络的犯罪，也不是利用作为物质工具的计算机网络的犯罪，而是针对沟通的犯罪，是对当代的社会组织形式和人类生存方式的直接破坏。沟通是该类犯罪在本质上所损害的，因此，设立此类犯罪所要保护的法益是信任。不管是以黑客攻击的形式入侵任何主体的计算机，还是为实施诈骗等违法活动而在网上发布信息、建立群组，不管最终损害财产与否，行为人都成立计算机网络类犯罪，原因是什么？如果没有实体物受损，上述行为属于抽象危险不是吗？现代社会多发的抽象危险损害什么？最直接的答案是损害社会秩序。可社会秩序的实质是什么？从社会系统论角度来看，社会秩序受损的实质是规范性期待的失落，是信任危机。那么所谓信任危机，是谁对谁的信任出现了危机？

---

① 来源于网络：http://wenshu.court.gov.cn/website/wenshu/181217BMTKHNT2W0/index.html?pageId=af3199e8c14e51dffdaf7bd1d36488c0&s8=02，最后访问日期：2020年7月15日。

在计算机网络犯罪的场合，计算机系统或网络成了风险系统。当 A 在网上遭受财产损失，或者他储存在电脑里的保密资料被盗，A 似乎会指责侵害者而不是指责互联网和计算机；但实际上这件事会降低他对计算机网络系统的信任。信任毁损，意味着沟通受阻，进而意味着该社会领域系统失灵；若该领域对于当代人具有极端重要性——比如现代金融系统、市场经济系统，再比如国家行政系统——这些子系统的失灵，将会造成全社会系统的瘫痪。而计算机网络系统，在当今社会，已经嵌入了前述所有社会子系统，成为了全社会无处不在的、弥散性的抽象系统。侵害网络与信息系统的行为，不论是发生在何种领域、针对何种主体，都既阻断了社会良性沟通，又毁损了社会信任。这种信任既是指被害人的心理安全感，又是指全社会的信任沟通机制。任何一种计算机网络犯罪行为，都能同时损害个体安全感和建立在个体信任基础上的社会沟通与秩序。在此意义上，对于计算机网络犯罪的实质及其保护法益的追问，不是各罪问题，而是整部刑法的现代化转型问题。

既然是追问法益问题，本文又为何以计算机网络犯罪分类为主题？两者其实不可分割：法益为体，分类为用。诸多探讨某罪保护法益的文章会从法益出发来重新解释构成要件，也是前者为体，后者为用。而就计算机网络犯罪来说，分类具有极大的应用价值，在内部分类基础上与外部他罪区分，能够实现对计算机网络犯罪完整的、体系化的分条缕析：

在国家机关、公关部门的计算机系统被入侵的场合，国家秘密或国家机关保管的公民个人信息可能被泄露，国家和人民利益可能受损，此时若能构成危害国家安全类犯罪，则依据第 287 条，"利用计算机实施金融诈骗、盗窃、贪污、挪用公款、窃取国家秘密或者其他犯罪的，依照本法有关规定定罪处罚"；若不能成立窃取国家秘密等罪，便考虑行为人是否获取了系统内的数据以及被获取的数据是否为公民个人信息，两者都是则成立第 285 条第 2 款非法获取计算机信息系统数据罪，且与第 253 条之一侵犯公民个人信息罪并罚；获取了系统内的数据、该数据非公民个人信息，则仅成立非法获取计算机信息系统数据罪；两者都不是则仅成立第 285 条非法侵入计算机信息系统罪。

当个人计算机系统被侵入时，若被侵害的是个人信息或私人信件等，便成立第 253 条和第 253 条之一的人身犯罪；若被侵害的是个人财产，便成立盗窃等财产犯罪。若未造成财产损害或公民个人信息受损，仅仅侵入个人计算机的行为不成立犯罪。而侵入他人计算机系统并获取计算机信息系统数据的行为，应当成立第 285 条第 2 款非法获取计算机信息系统数据罪——若该数据为个人信息，则同时成立侵犯公民个人信息罪；若该数据是虚拟财产，则同时成立盗窃罪。若侵入后控制或破坏了他人计算机系统，行为人应当成立第 285 条或第

286条的非法控制或破坏计算机信息系统罪。当公民人身或财产在互联网上被侵害时,若施害者设立用于犯罪的网站、发布犯罪信息等,则既成立人身、财产相关犯罪,又成立第287条之一"非法利用信息网络罪";即便没有造成人身和财产的实害,只要实施了设立用于犯罪的网站、发布犯罪信息等行为,也成立非法利用信息网络罪;而为其提供网络服务的人员或单位应当成立第287条之二"帮助信息网络犯罪活动罪"。

在企业计算机系统被侵入的场合,若被侵害的是公司的知识产权或商业秘密,可以适用《刑法》第213条至第220条规定的侵犯知识产权罪,以及即将增设的商业间谍罪;若被侵害的是虚拟财产,便成立盗窃等财产犯罪。上述罪名可与"非法获取计算机信息系统数据罪"数罪并罚。若是其他法益未被侵害,行为人仅仅控制或破坏了公司的计算机信息系统,则成立非法控制计算机信息系统罪或破坏计算机信息系统罪。

在社会(不特定个人或大范围的公众)被侵害的场合,信息泄露者、出售者、窃取者,当然成立侵犯公民个人信息罪,但网络管理者的责任也不能被忽视。若类似情况不止一次发生,作为管理者的公司就有成立拒不履行信息网络安全管理义务罪的空间。这类情形在网络(儿童)色情、网络赌博、侮辱诽谤、盗版等场合愈加多发,是现代社会生活的隐患所在,理应受到刑法规制。

网络犯罪追诉的证据困境与制度完善

程 衍[*]

当下随着信息网络技术的迅猛发展,网络犯罪呈现日益高发的态势,网络犯罪的复杂程度、危害程度和泛众化程度已经远远超过传统犯罪。网络犯罪追诉同样应遵循证据裁判原则,但是实践中网络犯罪证据的一些重点难点问题仍存在较大的意见分歧,实务中不断涌现一些新情况和新问题,亟须加大理论和实务的研究力度,以进一步完善立法、推动司法。

一、网络犯罪证据的范畴界定

(一) 何为网络犯罪

网络犯罪的概念从最初的"计算机犯罪"发展到后来的"计算机信息系统犯罪",内涵不断变迁,范围亦不稳定。对网络犯罪的定义包括广义和狭义两种,广义说与狭义说皆认可网络犯罪须以计算机、网络等信息技术为施害手段,两者的区别是在犯罪对象的范围认定上。狭义说主张将网络犯罪的施害对象局限于计算机、网络等系统的信息安全,而广义说却将在网络空间内实施或将网络作为工具、方法实施的犯罪都作为网络犯罪对待。我们认为,网络犯罪有别于计算机犯罪,亦不局限于单机犯罪。[①] 事实上,网络犯罪所牵涉的领域十分广泛,在界定"网络犯罪"这一法律概念时,不应囿于计算机软、硬件、外围通信器材等物理设备、操作方法等技术性范畴。网络犯罪应当是指利用计算机信息网络技术实施的各类严重危害社会的犯罪行为,其中包括危害计算机网络安全的犯罪行为。

(二) 网络犯罪证据的界定

用以证明网络犯罪构成要件事实的证据即是网络犯罪证据。我国刑事诉讼

---

[*] 程衍,华东政法大学科学研究院助理研究员。
[①] 单机犯罪,是指针对单机实施的制作、传播病毒的行为。参见管秋荣、肖玮心:《计算机犯罪的若干问题》,载《人民司法》1997年第12期。

法规定了物证、书证、证人证言、被害人陈述、犯罪嫌疑人、被告人供述和辩解，鉴定意见，勘验、检查、辨认、侦查实验等笔录和视听资料，电子数据等法定证据种类。从证据类型的分布规律来看，网络犯罪证据几乎涵盖所有证据种类。单就实物证据来说，既有传统形式的证据，如一般的物证、书证、视听资料等，更存在着形态多样的新型证据种类——电子数据。电子数据，是指以电子形式存在、用作证据使用的一切材料及其派生物。① 人们经常使用的电子邮件、电子数据交换、网上聊天记录、博客、微博客、手机短信、电子签名、域名等均属于电子数据。实践中，电子数据是网络犯罪证据最主要的表现形态。

司法实践中，电子数据的特性主要体现为三个方面。一是记录的客观性和准确性，电子数据的生成是操作者录入指令、算法计算或系统自动载入的结果，证据的形成不包含或极少包含人为主观评价，能够全面真实地反映网络行为。二是载体的分散性和多样性，在计算机网络信息系统中，操作者输入的一个连续的虚拟行为会被不同主体以不同形式记录于不同存储介质上，相应的证据表现形式或派生出的证据形式包括物证、书证、鉴定意见等，这也说明电子数据具有较高的系统依赖性。司法机关在收集、提取网络犯罪证据时，应当一并固定、提取并保管好相应的载体设备。三是内容的易破坏性和易篡改性。电子数据作为数字化的电磁记录，本质上属于一种电子信息，可以进行精确复制并在虚拟空间里无限传播。因此，电子数据具有脆弱性、隐蔽性等特点，容易被删除、篡改且难以被发现，② 恶意地人为修正、操作失误、计算机软硬件故障等都会导致电子数据被篡改或破坏，这也给网络犯罪证据真实性的认定带来较大困难。

二、网络犯罪证据运用的实践困境

证据三性包括，客观性、合法性和关联性，此亦是诉讼程序中对证据审查的主要内容。但由于网络犯罪证据的指向及证明内容具有特殊性，实务中证据的运用往往呈现不稳定状态，对司法实践造成了困扰。

（一）网络犯罪证据客观性判断问题

客观性审查是网络电子证据审查的关键，网络犯罪证据的准确性往往体现于数据生成等无法篡改的第三方平台，如网络聊天记录的对象、转账记录的时

---

① 叶青主编：《刑事诉讼法学》，北京大学出版社2013年版，第161页。
② 参见毋爱斌：《电子数据真实性如何认定》，载《人民法院报》2014年7月3日，第2版。

间等，但对于电子数据本身所体现的内容是否真实客观则难以通过证据本身体现，特别是网络渠道的多样性和复杂性，对于作案手法和涉案金额的认定需要逐一排除合理辩解，加大了审查难度。

1. 单方证据的客观性证实难。部分案件中存在将当事人一方的内部系统数据作为证据使用，该类电子数据因其直接性往往成为案件事实认定的关键。因此，对这类一方当事人提供的数据的客观性审查是该证据能否直接使用的关键，但考虑到是单方证据，而又涉及系统代码或商业秘密，具有不公开的属性，通常会同时采取局域网隔离等措施，实则对域内信息真实性的证实判断造成阻碍，如行为人通过公司内部财务系统挪用公司资金，无论是数据收集、提取，都难以排除公司一方技术人员的参与而独立进行，因此，对于该类封闭系统内的存档数据，无论是取证方式或证明内容，能否被直接使用，最终都可能影响案件事实的认定。由此延伸出的证据隐私性保护，亦亟须明确。由于现有规范对隐私数据未有明确界定，[1] 而基于数据的示证方式具有局限性，实践中对涉密证据的范围、内容及程度保护存在标准不同、操作模糊的问题。如何在审查证据时保护个人隐私、商业秘密，特别是在庭审示证时的保护，是审查网络犯罪证据所亟须考虑的问题。

2. 电子数据的客观性鉴定难。对电子数据的司法鉴定属于"计算机司法鉴定"[2] 范畴，但计算机司法鉴定仅限于网络对象犯中，对于电子数据同一性或数据内容的鉴定则无明确规定。实践中，部分鉴定机构仅对数据文件调取方式和类型判断作"司法鉴定意见"[3]，但出于鉴定资质和鉴定内容的局限性，在审查该类鉴定报告时往往无法认定其鉴定意见的效力，而这些意见能否作为"收集、提取电子证据"侦查方式的补强，同样存在疑问，因为网络犯罪专业化程度较高，一方面，对于部分证据的审查判断往往需要依靠司法鉴定来实现，而鉴定专家的判断又同时是基于案件事实的专业性判断，[4] 容易形成审查的死循环；另一方面，司法鉴定检材决定了鉴定意见的周延性和真实性，而鉴定本身则无法对检材的真实性作判断，因此，审查鉴定意见的同时又回到了电子证据取证合法性判断的老路上，对鉴定意见的采信变成以对检材的合法性审

---

[1] 陈廷、解永照：《网络犯罪案件中电子证据的取证、审查难点及对策思考》，载《公安学刊》2016年第3期。

[2] 2000年司法部《司法鉴定执业分类规定（试行）》第13条。

[3] 如对侵犯公民个人信息中电子产调信息图片数量进行搜索，并作出条数认定的司法鉴定意见，但事实上，这种意见对案件事实的认定不具有实质性作用。

[4] 刘品新：《论电子证据的理性真实观》，载《法商研究》2018年第4期。

查为前提。

(二) 网络犯罪证据合法性判断问题

对网络犯罪取证的合法性审查，是网络工具犯的审查重点，如在"快播案"中，辩护人对电子证据的扣押、封存等提出异议，进而提出证据被污染应予排除的辩护意见。纵然司法机关均对电子证据的收集、提取予以规定，但在实务中因取证或相关程序的缺位，瑕疵证据甚至是违法证据屡见不鲜。

1. 取证技术和取证方法有待改进。一是取证技术存在局限。根据相关规定，收集、提取电子数据应当制作笔录。实践中电子证据收集、提取笔录的制作主体，因其专业性要求较高，因而具有较多限制，① 通常仅限于侦查机关的网安部门或技术部门，但考虑到侦查效率及人员配置等问题。另外，实践中，为确保数据来源合法，侦查机关会采用物理扣押与电子提取的双重扣押、取证标准，即对电子数据的原始存储载体，如服务器、电脑硬盘或主机进行扣押、封存，再对载体中的电子数据进行收集、提取，但对电子数据载体的物理扣押并不等同于对电子数据的封存、冻结，不在同一时间和空间下进行的扣押、提取则难以认定数据提取的同一性。此外，这种双重标准容易造成证据采集的连贯性因侦查人员不同遭到破坏，或是因提取数据的侦查人员不具备专业性破坏了数据的原始性内容。如因取证不当造成原始数据的损坏，或是因提取数据的非即时性或非当场性，数据后台会发生变化，使得证据证明力遭到破坏。

二是证据保全存在缺陷。鉴于网络空间的开放性和证据封存的不完全性，在证据审查时，往往会因无法采取物理隔离措施或未能及时冻结涉案的数据、账号等，造成电子数据内容发生变化，对已采集、封存的证据的合法性及真实性判断造成影响。侦查人员习惯于以传统取证方式代替电子数据取证方式，但忽视了电子证据提取的特殊性和数据封存的要求，而无法对取证过程全面留痕，一旦无法形成取证流程的闭合链条，证据合法性就会存在瑕疵，而取证环节的缺失也往往无法补正或解释，造成证据被排除适用。

三是取证范围的不周全性。基于网络犯罪涉案范围广、体量庞大且分散的特征，实践中存在对证据进行部分审查推断认定，或是以法律拟制的方式将电子数据体量作为定罪依据。但同时，对上述电子数据直接适用的前提需要对犯罪行为内容予以认定并且在法律规定的范围内进行。对于超出范围的案件，如"e租宝"案中被害人证据的采集，能否以抽样或比例收集的方式予以认定往

---

① 参见李娜：《电子证据取证程序研究》，载《河北公安警察职业学院学报》2017年第6期。

往存在法律适用上的障碍。

2. 证据补强或排除规则有待明确。由于电子证据收集、提取的专业性和特殊性，对运用瑕疵方法固定的电子证据的补强或排除，相关法律法规均未作出明确规定。实践中通常以传统侦查的方式间接证实电子证据取得的合法性，如由非专业侦查人员主体就电子证据的收集、提取过程使用全程录音录像，或以"工作情况"等方式就收集、提取过程进行说明。非专业见证人的见证，仅对取证过程具有认知，但对取证方式、内容是否正确，均需进一步明确。另外，以侦查人员与当事人的网络聊天记录替代相应的询问笔录，或将当事人通过网络提供的物证、书证照片或是邮寄的自书陈述作为证据使用是否违反了司法亲历性也需要进一步明确。

（三）网络犯罪证据的关联性判断问题

网络犯罪证据的关联性判断，影响了罪与非罪的认定，关联性是案件证据审查的关键。但由于受技术、时间、地域等因素影响，实践中往往仅能通过间接证据补强行为与结果之间的关联性。

1. 与案件事实的关联性认定存在困难。一是行为指向性的证据中断。由于网络对象犯中行为人往往会通过远程服务器甚至是境外服务器掩盖自身 IP 地址，使得行为证据指向性中断，只能通过行为人的供述或以其购买"肉鸡"账号的情况作为间接证据佐证相关供述或证言，据以推断行为人的攻击行为，但由于言词证据的不稳定性及私人、境外服务器的隐蔽性，一旦翻供或证言反复，则容易造成合理怀疑无法排除的困境。由于数据与涉案事实的关联无法通过物理环境证实，而电子数据的存储介质不仅限于物理载体，还包括网络存储空间、服务器加载空间等第三方数据来源，在无法实现物理扣押、冻结的情况下，如果只是对数据内容进行判断，则无法体现数据与行为主体的关联性。

二是危害结果介入因素的证明缺失。网络工具犯中危害结果具有双重性，包括对现实的危害及对网络空间秩序的危害。[①] 然而网络对象犯一般仅具有对网络空间秩序的危害，较现实空间中的危害更难以直观反映和证实，并且这种虚拟空间中的危害可能存在多种原因，但实践中往往只采集定罪证据，而忽略排除介入因素的证据采集，导致发生危害结果的直接原因难以证实。

2. 与原始证据的一致性认定存在困难。一是原始电子数据获取难。一方面，现阶段从第三方获取原始数据信息或因技术手段薄弱，或因程序流转手续

[①] 范思力：《网络犯罪的证据关联性判断》，载《广西政法管理干部学院学报》2016年第4期。

复杂，无法或难以及时获取，使得证据关联性审查流于形式，甚至可能因第三方平台定期清理而无保留期限的规定等原因造成电子证据被销毁难以恢复，无法与原始数据进行印证。另一方面，因原始数据往往涉及个人隐私或商业机密，第三方平台出于对客户隐私的保护或对平台自身风险的考虑，并不会主动、全面提供涉案数据，造成证据审查内容无法完全反映其关联性。

二是非实名认证的电子数据认定难。由于网络信息的隐蔽性和非实体性，对于网络中非实名认证的电子数据来源认定较为困难，特别是在网络工具犯中的网络数据关联性认定，若无法通过行为人供述或原始数据载体进行联系，如通过账号密码或物理载体的数据提取等印证其关联性，则难以将数据本身与案件事实匹配，更无从判断电子证据与犯罪行为的关联性。

三、网络犯罪证据审查运用规则的完善

电子数据作为认定网络犯罪事实的重要证据形式，其取证和审查环节均具有特殊性，有必要对电子证据客观性、合法性、关联性的审查规则进行有针对性的研究，健全和完善电子证据审查认定的规则和标准。

（一）网络犯罪电子证据的客观性审查规则

电子数据的客观性，是指用于证明案件事实的电子证据必须是客观、真实且完整的，而不能是虚构或者伪造的。由于电子数据具有较高的科技含量，围绕电子数据客观性的审查应明确电子数据证据标准，同时规范电子数据鉴定制度，从而确保电子证据能够客观真实地反映案件待证事实。

1. 完善电子数据证明标准。网络犯罪形式多变、电子数据海量巨大，其中作为证据的电子数据又不同于传统刑事案件定罪量刑的证据。为了更准确的判断作为定案依据的电子证据的客观性，应根据电子数据的特点，以立法的形式明确网络犯罪案件的证据标准，即达到何种程度才能满足证据确实充分的要求。我们认为，只要能收集到以下证据就可以形成完整的证据链：犯罪嫌疑人主观上有实施网络攻击的犯罪故意；犯罪嫌疑人有联系过黑客的行为，且有证据证明该黑客在被害人受到网络攻击的时间段内实施了攻击行为；犯罪嫌疑人的电脑设备中有用于网络攻击的软件，并且该软件在被害人受到网络攻击的时间段内有攻击记录；被害人确实遭受到网络攻击。上述证据已经能够充分说明犯罪嫌疑人有攻击他人网络的意图，并在客观上实施了攻击行为，被害人也在事实上受到了攻击。以这些证据认定犯罪嫌疑人有犯罪行为、需承担刑事责任，既符合法律规定，客观反映待证事实，又能化解侦查机关取证的困境，提升网络犯罪的惩治效果。

2. 健全电子数据鉴定制度。电子数据的鉴定分析，是指委托具有鉴定资

质的机构、人员对网络犯罪案件现场发现、提取的电子设备，涉案存储媒介及电子数据进行检验鉴定分析的工作。

（1）明确电子数据鉴定的标准。一是要能够确定人或物的同一性，即通过对涉案电子信息、记录的鉴定，确定案件与一定人或物之间的关系；二是要能够确定案件事实涉及的因果关系，即通过对电子证据的鉴定，确定某一事件或现象形成的原因或造成的结果；三是要能够确定事件的有无和真伪，即通过对电子证据的鉴定，确定某一待证事实是否存在，以及是否真实客观；四是要能够确定案件事实所达到的程度，即通过电子证据的鉴定，确定危害结果的严重程度。

（2）规范电子数据鉴定的方法。在电子数据的检验分析阶段，针对电子数据的易篡改性，应确保做到以下几点：一是尽可能不直接对原始的电子数据进行检验分析，以保持电子数据的原始性和完整性；二是使用洁净的存储设备对原始的电子数据进行多个精确备份，然后在备份上进行校验分析；三是对电子数据进行检验分析的计算机系统、辅助软件系统和分析方法必须安全可行，侦查人员检验分析电子数据时应当使用经过核准、符合标准的计算机设备、软件和方法；四是使用计算机技术手段对检验分析作完整记录，如数字签名[1]、时间戳[2]等方法。

（二）网络犯罪电子证据的合法性审查规则

电子数据的合法性，是指电子数据的取证主体、证据形式、取证方法及程序必须符合相关法律规范的要求。为更好地保证网络犯罪案件办理的程序正当性，有必要明确一套细化到取证和审查全流程各个阶段的科学、规范的电子数据证据规范和科学合理的证据规则，以便更准确地判断电子证据的合法性。

1. 分阶段细化电子数据取证规范。根据电子数据取证不同阶段的特点，可将电子数据的提取划分成收集固定、扣押保管、提交法庭等三个环环相扣、层层递进且可持续追溯的不同阶段。针对每个阶段的取证要求，细化取证规范。

（1）在电子数据的收集阶段，由于电子数据特殊的脆弱性和易破坏性，电子数据的收集过程至少应该分为两个步骤进行。第一步应封锁现场，对人、机、物品进行隔离，确保配电设备正常运转，避免发生因突然断电导致的各种

---

[1] 数字签名，是指只有信息的发送者才能产生的别人无法伪造的一段使用了公钥加密技术手段的数字串，这段数字串是对信息的发送者发送信息真实性的有效证明。

[2] 时间戳，是指一个能表示一份数据在某个特定时间之前存在的、完整的、可验证的数据，通常是一个字符序列，唯一地标识某一刻的时间。

电子数据损坏或丢失，保护现场及周围的各种电信终端设施，消除强磁场对现场电子设备的干扰，等等；在确保精确严密的完成第一个步骤之后，才能进入第二个步骤，即真正意义上的勘验取证。

（2）在电子数据的扣押、保管、运输阶段，目前对于电子证据的扣押、保管、运输，从纯粹的技术角度来讲，已经形成了一套正规、科学、有效地操作程序，以确保电子数据不出现过程性改变。借鉴国外先进经验，应当从以下几个方面保证电子数据扣押保管阶段的客观性：一是严禁在扣押、保管、运输过程中更改原始电子数据，只能在电子数据的备份复制件上进行信息分析，并使用数据加密①、电子印章术②等技术防止对电子数据原件进行篡改；二是在扣押、保管、运输过程中要严格全面地制作书面记录，记载"何人在何时以何等方法收集了何种证据"等；三是在电子证据上做出的任何改变都要制作书面记录，必要时应当制定稽核规则③；四是对存有争议的电子证据进行完全复制；五是在扣押、保管、运输过程中要严格限制接触电子证据的人员，并对相关人员进行登记备案。

（3）在电子数据提交法庭阶段，这一阶段需要完成的工作是根据检验分析结果制作电子数据鉴定书、勘验检查笔录等书面报告。在电子数据的检验分析结果作为证据提交法庭时，可以使用数字签名、哈希函数④等技术比对手段，对电子数据复制件同原件在内容上的一致性再次予以确认。

2. 建立电子数据证明规则。电子数据作为被法律予以确认的新型证据形式，是科学技术发展在刑事证据领域的产物。结合我国司法实践，参照国外电子证据规则，为进一步完善电子证据的合法性审查认定，有必要建立和完善最佳证据规则、补强证据规则和非法证据排除规则。

（1）最佳证据规则。最佳证据规则是对证据原件概念的变通，承认载体原始性的证明资格，即不考虑电子数据的表现形式，只要其能够在原始载体中按照该原始载体的工作原理和操作程序直接展示出来，该电子数据就应该被视

---

① 数据加密是计算机系统对信息进行保护的一种可靠办法，利用密码技术对信息进行加密，实现信息隐蔽，从而起到保护信息安全的作用。

② 电子印章术，是指以先进的数字技术模拟传统实物印章，其管理、使用方式符合实物印章的习惯和体验，加盖电子印章的电子文件与加盖实物印章的文件具有同等效力。

③ 稽核规则是一种重要的内部控制规则，是对办案流程各个环节进行考察、稽查、审核、复核的一种程序。

④ 哈希函数，是指一种建立在"比较"基础上的查找方法，这种线性表记录在结构中的相对位置是随机的，和记录的关键字之间不存在确定的对应关系，因此，在结构中查找记录时需要进行一系列和关键字的比较。

作原件，具有与原件同等的证明力。

（2）补强证据规则。为了完善网络犯罪证据合法性审查认定，在网络犯罪证明体系中构建补强证据规则。一是要明确补强证据标准。补强证据具有独立于被补强证据的信息来源或渠道，补强证据自身值得信赖，补强证据所证明的事实与案件待证事实相关联。二是要框定补强证据的种类范围，即但凡具有证明能力的物证、书证、证人证言、辨认笔录、视听资料以及鉴定意见都可以用作补强证据使用。三是要规范补强证据的来源和渠道。首先，要提高电子数据收集、检验、保管全过程的笔录制作水平。在刑事诉讼中，电子数据提取、检验、保管相关笔录能够起到连接电子数据与案件事实、反映电子取证过程合法性以及证明电子数据保管链条完整性的作用。① 因此，提高该等笔录的制作水平，不仅对电子数据的鉴真起到重要作用，也能成为佐证电子数据合法性的补强证据。其次，要重视附属信息数据的收集。附属信息，是指能够揭示通信的来源、路径、目的地、次数、日期、规模、持续时间或基本服务类型的信息。附属信息的收集和运用，能够有效补强电子数据信息的证明力，对于审查案件证据的合法性具有重要意义。最后，要加强间接证据的收集。例如，通过对涉案计算机系统的运行状况和安全等级进行鉴定，来判定该计算机被黑客入侵的可能性；通过对封闭场所物理环境的调查，来判定其他人员在案发时接触该计算机的可能性；通过对公共场所视频监控的调取分析，来判定案发时操作计算机人员的身份。

（3）非法证据排除规则。根据有关非法证据排除的规定，非法证据排除规则应适用于所有证据规则，电子数据的取证和审查也不例外。对于一些电子数据取证过程中有瑕疵，但可通过补正或说明的方式予以弥补的情况，可不作为非法证据予以排除。但是，对于较为明显的存有违法故意或者违反法律程序取得的证据则应当严格予以排除。这些证据主要包括以下两种类型。第一种是以非法入侵他人计算机信息系统的方法获取的证据；第二种是通过非法搜查和扣押获取的电子证据，情节严重的。此处的"情节严重"在一般情况下应表现为由无搜查和扣押权的普通民众进行搜查和扣押的行为、明显超出了搜查扣押的范围、搜查和扣押方法严重失误导致整个网络服务器瘫痪或者出现数据错误或丢失，或者使用有瑕疵的软件、程序或有根本缺陷的方法进行搜查和扣押，对该等电子证据应当严格予以排除。

（三）网络犯罪电子证据的关联性审查规则

在诉讼活动中，作为证据采纳标准之一的关联性必须是对案件具有实质意

---

① 王志刚：《论电子数据提取笔录的属性与适用》，载《证据科学》2014 年第 6 期。

义的关联性。就网络犯罪证据的关联性而言,要结合网络犯罪的形成特征,判断电子数据所反映的事实是否与案件待证事实之间具有客观的证明关系,是否能够回应网络犯罪案件的一般争议点。对于网络犯罪证据关联性的把握,可以从实质要素和证明要素两方面考量。

1. 实质要素判断。实质要素,是指证据是否指向案件的争议问题。犯罪案件的办理过程中,对于犯罪事实的认定或多或少都会存有一些争议,同类犯罪案件的争议点也呈现相对固定化和模式化的特点,那么同类型犯罪案件的证据指向上也都会存在一些指向争议问题的共性要素。就网络犯罪证据关联性的实质要素而言,应重点从网络技术要素、数据信息交流要素和平台要素三方面把握。

(1) 网络技术要素,即相关证据能否明确反映犯罪事实中所借助的网络技术。网络技术的发展给网络犯罪提供了便利,丰富了网络犯罪形态,使之趋于智能化和复杂化。就判定电子证据关联性而言,网络技术在框定犯罪边界、决定犯罪形态中起着至关重要的作用。近年来,随着云计算技术的普及应用,已经开始异化为利用僵尸网络构建"恶意云",利用"恶意云"出售网络犯罪服务,例如发起拒绝服务攻击(DDoS)、发送垃圾邮件、点击率诈骗、分发恶意软件、大规模信息获取、密码暴力破解、恶意数据分析等。[①] 如果无法准确描述这些网络技术,对犯罪事实的表述就无法做到清晰和完整。明知他人利用信息网络实施犯罪,为其犯罪提供互联网接入、服务器托管、网络存储、通信传输等技术支持,情节严重的,应当追究刑事责任。可见,对网络技术的准确判断和描述,是界定网络犯罪事实的重要环节,往往能够指向案件事实的争议焦点。

(2) 数据信息交流要素,即相关证据能否完整反映犯罪嫌疑人与被害人之间发生过数据信息交流。网络犯罪本质上是一种需要借助数据信息交流实施的犯罪。在网络犯罪过程中,犯罪分子和被害人之间一定有一条或多条完整的数据信息流向,该等数据信息可证明犯罪事实的发生。

(3) 平台要素,即相关证据能否确切反映网络平台在犯罪过程中的使用情况。作为应用软件构建在互联网上的产物,网络平台能够集成现有的软件、程序、数据,提供强大的信息服务,却也给网络犯罪提供独特的活动空间,滋生犯罪的温床。与现实生活中的同类犯罪相比,借助网络平台实施的犯罪往往作案周期更短、涉案金额更大、危害范围更广。因此,在涉及网络犯罪时,网

---

① 郭瑞:《网络黑色产业链:犯罪组织的"互联网+"》,载《信息安全与技术》2015年第6期。

络平台的使用情况往往能成为决定犯罪效果的重要因素和追诉标准的判断依据。

2. 证明要素判断。证明要素，是指证据能否通过逻辑或经验关系让案件待证事实成立的可能性增强或减弱。证明要素判断需要构建起行为人在网络空间和现实社会两个不同层面行为间的逻辑关系，使犯罪事实的成立更加合理且真实。具体可以分为三个步骤进行判断：

第一步是对网络空间层面的判断，即相关证据能否证明待证犯罪事实中网络行为的成立。基于网络空间运行的特点，人们在网络空间的一切活动都会以某种数据形式予以交流、存储和运用。从这个角度说，无论网络犯罪如何隐蔽，只要借助了网络实施犯罪就一定会留下痕迹，对这些数据痕迹的收集、整合、判断，就可以拼接出整个网络空间行为的过程，从而完成第一步证明。第二步是对现实社会层面的判断，即相关证据能否证明待证犯罪事实中现实行为的成立。网络犯罪无论呈现何种形态，最终结果还是要回归到现实社会中的法律关系，影响现实社会主体的权利义务。第三步是判断何种逻辑关系能够连接两个层面的行为以形成完整的犯罪事实链条。一般可考虑互为因果、互相辅助、并列存在三种关系：第一种是因果关系，即网络行为（现实行为）是造成现实行为（网络行为）的原因或结果；第二种是辅助关系，即网络行为（现实行为）为现实行为（网络行为）的实现提供了帮助；第三种是并列关系，即网络行为与现实行为虽然各自平行进行，但却共同加重了犯罪危害后果。完成上述三个步骤，如果相关电子数据能够构建起有逻辑关系的网络空间和现实社会犯罪事实，则增强了案件待证事实成立的可能性；反之，则减弱了案件待证事实成立的可能性。

网络犯罪定量证明方法研究

易志鑫[*]

网络犯罪各个方面都与传统犯罪有着严重差异，突出表现为网络犯罪的待证事实要素过多，犯罪对象、行为手段、后果等呈现出一种海量化特征。这使得侦查机关难以事无巨细地全盘取证，事实认定环节也无法一一核实有关待证事实要素，刑事追诉面临着证明不能的难题。正因如此，网络犯罪普遍存在着"定性易、定量难"的处理困境，甚至出现了"重罪轻判、同案不同判"的现象。海量计量对象下难以实行事实要素逐一审查的证明模式。对此，转变证明方法成为了实践中简化证明负担的一种基本途径。综合认定、抽样取证、底线证明等方法的出现在一定程度上降低了网络犯罪的定量难度，但因对各种方法的核心内容，适用风险以及限制性规则等缺乏认识，造成了其在司法实践中的适用乱象。为此，有必要对相应数额认定方法展开研究，探索针对网络犯罪新境遇下的司法治理模式。

一、精确司法导向下的海量事实要素

为了保障事实认定的准确性，我国一向存在着一种精确司法的理念，尤其在犯罪的定量方面。在实体法上，刑法中大量条文以"数额较大"作为入罪的限制性条件，其他的"情节严重""情节恶劣""重大损失"等也多以数额作为直接或间接体现。同时，实务中一般还会通过规范性文件对定量标准进行一种体系性的设置。刑事司法要以法律依据的充分规定，调查取证的最大化拓展，事实要素的逐一查明为主要内容。无论是规范还是实践中，实体抑或程序上，刑事司法都以不枉不纵的精确和司法公正的最大化为基本追求。

"在司法证明中，由于人的认知能力缺陷、人的主观偏见及司法活动本身的时效性、政策性等一系列因素的影响，导致准确认定事实成了司法裁判活动

---

[*] 易志鑫，西南政法大学&重庆市渝北区人民检察院刑事司法研究中心助理研究员。

的难题。"① 这种困境在网络犯罪的海量化特征下更为明显。"所谓海量化,是指由于网络犯罪时空范围的广泛性、涉案对象的不特定性、信息联通的迅捷性、行为实施的便利性等特点,其在犯罪实施规模、危害后果范围、被害人员数量、涉案资金总额等方面往往远远超过传统犯罪。"② 依托于网络即时性连接和数据高聚集性储存,这种现象在网络犯罪中已较为普遍。然而,精确司法理念下"一事一查"的计量模式如何能在网络犯罪中践行?逐一向被害人取证,核实每一笔金额必将导致办案的过分拖延,而若不逐一进行查证,网络犯罪中的被告人又多以信息不真实或计量不准确为由进行辩解,公诉人难以辩驳。必须承认的是,在无限延展的侵害范围与有限的司法成本下,想要一一查明核实每一笔资金去向、每一条信息的真伪、每一笔犯罪事实的发展过程几乎是不可能的,网络犯罪中的定量评价已不能用简单的叠加聚合来完成。这似乎造成了海量计量对象与精确司法之间不可调和的矛盾。但精确司法理念在根本上指向的是事实认定的准确性,网络犯罪的刑事治理仍需要在这种指导理念下展开,解决这一问题的关键在于如何破解海量计量对象的证明困境,最大限度保障事实认定的准确性。为此,有必要进一步阐释网络犯罪定量证明难题的具体体现。

二、海量事实要素的定量证明困境

"事实认定是在客观存在证据所指向的证据事实的基础上,运用逻辑规则与经验法则所做出的一系列主观论证活动。"③ 其有最重要的两个方面:一是,外在的证据基础及由其推导出的证据事实;二是,内在合乎经验与逻辑推理的主观活动。刑事犯罪证明的严肃性与事实认定的不确定性决定了主客观两方面都应该严格把握。取证活动要收集与犯罪有关的一切证据,证明要最大化地占有基础性资料,进而运用合理推理整合形成论断。然而,通过前述对计量对象海量化的分析,明显能感受到海量计量对象会加剧事实认定的模糊性,取证的不能引起了事实认定基础资料的匮乏,进而影响心证的形成。

---

① 张伟:《论事实认定的模糊性——一种怀疑主义研究进路》,载《河北法学》2017年第3期。
② 张平寿:《网络犯罪计量对象海量化的刑事规制》,载《政治与法律》2020年第1期。
③ 张伟:《论事实认定的模糊性——一种怀疑主义研究进路》,载《河北法学》2017年第3期。

一、网络犯罪基础理论研究

(一) 客观具体印证的难题

"我国的刑事诉讼证明一向以印证为最基本要求,证明的关键是获得相互支持的其他证据。单一证据并不充足,必须获得更多具有内含信息同一性的证据对其进行支持。"① 同时,"'定罪量刑的事实都要有证据证明'意味着外部证据的数量最大化与内容广泛化,犯罪构成的每一要件事实,以及任何一个量刑情节,都要有足够证据加以证明。"② 故在事实认定环节,正确认识案件事实的基本要求是外部证据的最大化。否则,即使裁判者通过某个或某些证据形成了内心确信,但只要证据的相互印证性程度不高,其一般并不愿意就相应事实下判。那么对定罪量刑具有重要意义的数量问题当然应被严格证明,理论上每一事实要素都应有相当的证据来形成闭合的证据链条,如此才能视为符合一般经验的判断。

按照传统犯罪的证明蓝本,每一笔犯罪事实均要有相当的外部证据予以印证,但海量计量对象使得客观具体印证举步维艰。此困境突出表现为两个方面:一是案件侦查取证难,侦查机关不可能对海量计量对象一一展开取证活动,部分事实不具有如同传统犯罪一般的外部证据状况;二是证据呈现整体性面貌,包含的信息复杂,且证供难以合一,无法直接判断每一事实是否都得到了充分证据的印证。可以说,网络犯罪在证据的质与量两方面都与传统犯罪较为不同。若坚持"精致"的印证证明则会导致网络犯罪无法追诉,但根据不良好的外部证据状况来认定案件事实又会使得司法人员心存顾虑。因而,与传统犯罪不同,网络犯罪中的事实认定不能以每一对象的具体充分印证为追求,海量化证据的证据体系构建中,难以实现每一事实要素的证据充分对应关系。

(二) "合理怀疑"的排除难题

从《刑事诉讼法》第 55 条的表述来看,事实认定要综合全案证据,达到排除合理怀疑的证明程度。"所谓'排除合理怀疑',是指综合所有经过法庭调查和法庭辩论的证据,法官对于犯罪事实已经产生了内心确信,而不再有任何有证据支持或者符合经验逻辑的疑问。"③ 一般,在审查认定案件事实的过程中,法官需要运用推理说明等方式合理解释证据与证据之间或证据与事实之间的矛盾,这在证据充足、有限事实的传统犯罪中问题不大。然而,网络犯罪

---

① 龙宗智:《印证与自由心证——我国刑事诉讼证明模式》,载《法学研究》2004 年第 2 期。
② 陈瑞华:《刑事证明标准中主客观要素的关系》,载《中国法学》2014 年第 3 期。
③ 陈瑞华:《刑事诉讼中的证明标准》,载《苏州大学学报》2013 年第 3 期。

中无法向大量的受害者取证,难以核实每一事实要素的真实性,缺乏能清晰展示每一笔事实来龙去脉的证据,即使是被告人本身也难以说明案件的全部情况。这就会妨碍审判人员内心确信的形成,使得其无法确定海量计量对象中是否有部分事实要素尚未"排除合理怀疑"。

此外,网络犯罪证据链条的建构较难,这也会影响裁判者的心证形成。网络犯罪行为会留下类似备忘录一般的大量"痕迹"证据,"这些证据普遍是有关犯罪行为时间、地点、方式、资金流向、危害后果等的间接证据。"[①] 此类证据不能单独直接地指向案件主要事实,而需要相互之间的印证推理。虽然立法以及实践中对间接证据定案已经形成了一种共识,但在网络犯罪的追诉中,经由间接证据形成证据链以完成案件的证明尚难以被接受。一方面,通过收集间接证据形成证据链来对海量计量对象定罪处罚,同样要付出高昂的司法成本;另一方面,间接证据定案的难度要比直接证据大得多。更何况,在网络犯罪中,间接证据定案是对海量事实的推理论断,而非对某一事实的综合推理,这更加剧了合理怀疑的排除难度。同时,部分网络犯罪中,证据自身的真实性与关联性也难以被准确判断。

三、定量证明困境下证明方法的转变

为解决刑事证明的一些难题,司法会采取一系列的替代性手段。计量对象的海量化与司法资源的有限性决定了网络犯罪的外部证据状况根本不具有"一事一证、供证合一"的条件,实践及理论上从证明方法等入手,提出诸如综合认定法、底线证明法、抽样取证法等解决方案。然而,由于方法自身的不完善及对核心机制的不了解,在实践中出现了方法虚置的现象,在理论上其也面临着正当性的诘难。为此,有必要对这些实践生发的证明方法做进一步的探讨。

(一) 综合认定法

所谓"综合认定法","是指在犯罪行为明显存在时,犯罪数额认定并不以海量化对象的逐一查证或特定数额的具体查证为必须,而是将事实要素全部

---

① 杨帆:《海量证据背景下刑事抽样取证的法治应对》,载《法学评论》2019 年第 5 期。

纳入犯罪数额综合予以认定。"① 此方法采取了"化零为整"的方式来解决海量事实要素无法逐一具体印证的难题，将数额认定以概括化、综合性的面貌呈现。显然，其并不追求事实认定要展示每一具体事实要素的证据充分对应关系。这种方法的风险也比较明显，即概括式的印证在一定程度上不符合精确司法的理念，部分事实要素中证据相互印证性的程度有多高并不明显，这仍然会妨碍裁判者内心确信的形成。甚至有论者认为，"其以模糊数学为基础，用估算的方法将数量问题转变为情节问题，定量的基础是大致的估算而非事实的确实、充分。"②

从规范性文件的表述来看，综合认定法虽是一种"以一对多"的处理方式，不强调每一笔事实的印证展开，但其仍要建立在一定的证据基础之上，整体上达到"排除合理怀疑"的证明程度。当然，这无法避免事实认定中可能会有个别事实要素不符合客观真实的情况，为此需要构建相应的救济规则来对相应数额予以削减。随着司法解释的颁行，综合认定法的合法性已经毋庸置疑，作为一种折中式处理，其有着平衡司法公正与司法效率的潜力。但综合认定法适用场景与机制仍然较为模糊，严格来说这种概括性的印证在部分网络犯罪中不具有适用基础。对此本文将在下文予以探讨，并提出限制性的规则来降低其违背客观事实的风险。

(二) 底线证明法

底线证明法，是指按照法定的入罪和加重处罚两道"坎"，提供能用以定案的最基本的证据。③ 换言之，网络犯罪指控的证据必须证明其已经达到了法定的入罪标准或者法定刑升格的条件，对于超出"底线"的海量计量对象则可以进行概括式的展示，作为酌定的量刑情节。"这是一种在侦查中努力找到网络犯罪中相应罪名犯罪数额的下限并以此定罪量刑的有限追惩模式。即使裁判者对缺乏言词证据印证的剩余数额比较确信，也不应予以认定和追究。"④

---

① 张平寿：《网络犯罪计量对象海量化的刑事规制》，载《政治与法律》2020年第1期；何邦武：《"综合认定"的应然解读与实践进路》，载《河北法学》2019年第8期；刘品新：《网络犯罪证明简化论》，载《中国刑事法杂志》2017年第6期；高艳东：《网络犯罪定量证明标准的优化路径：从印证论到综合认定》，载《中国刑事法杂志》2019年第1期。

② 罗猛、邓超：《从精确计量到等约计量：犯罪对象海量化下数额认定的困境及因应》，载《预防青少年犯罪研究》2016年第2期。

③ 刘品新：《网络犯罪证明简化论》，载《中国刑事法杂志》2017年第6期。

④ 何邦武：《"综合认定"的应然解读与实践进路》，载《河北法学》2019年第8期。

这种证明方法要求对于底线的证明要坚持传统的刑事证明理念，底线的证明必须达到"一一查实"的标准。受制于精准司法的一贯追求与办案风险，这种方法在实践中受到了一定程度的青睐。底线证明也是一种退而求其次的做法。其一方面认为海量计量对象是无法做到全部事实认定皆能满足证据确实、充分的证明标准。若追求海量计量对象的全部认定，则必然会降低现有的证明标准；另一方面，现有的证明标准是衡量刑事追诉权是否滥用的标尺，在多元价值选择中仍应守住一条底线，况且该方法能一定程度上降低司法证明的成本与难度。当然，在网络犯罪愈演愈烈的趋势下，这种做法可能会带来放纵犯罪的后果，一定程度上不符合罪刑责相适应原则。

（三）抽样取证法

抽样取证法，"一般指在刑事诉讼的过程中，侦查人员依法定程序，对于具有同质性的海量证据，随机抽取一定的样本，并据此证明全部相关事实的证明方法。"[①] 可见，抽样取证并不对违法所得数额、违法物品的数量等逐一进行检验、鉴定以确定数量、金额，而是依据统计学规律提取具有代表性的部分材料进行检验鉴定。然后，在证明环节，样本并不能直接反映案件事实全貌，其还需依赖一个中间环节——对样本代表性的确认，通过同质且有代表性的样本来认定全案事实。有论者认为，"抽样取证法是刑事诉讼在互联网发展时代的一个必然趋势，是解决新型网络犯罪取证困境的重要方法，是一种基于统计学、概率论等数学方法的应用，不仅必要，且具有科学性。"[②]

规范性文件与司法实践中早已存在着抽样取证法的运用，多见于制假贩假或侵犯知识产权类犯罪中。由于面临困境的一致性，抽样取证法在网络犯罪中也开始崭露头角。此方法虽具有一定科学性，但总体上，在实践中运用的情况并不乐观。这是因为抽样取证法科学性所依赖的样本代表性、同质性以及抽样比例合理性，与事实认定所依赖的证据回溯仍然有着本质区别。试图在样本之中均匀取样并确保代表性，进而通过抽样之事实来推理未抽样的事实，现有证明理念很难予以认可。这种逆推即使在统计学上也存在一定的误差，更何况其缺乏实在的证据基础。因此，抽样取证法在刑事司法实践中的运用面临着证明有效性与合法性的质疑，这决定了其只能是辅助性的角色。

---

① 杨帆：《海量证据背景下刑事抽样取证的法治应对》，载《法学评论》2019年第5期。

② 马忠红：《论网络犯罪中的抽样取证——以电信诈骗犯罪为切入点》，载《中国人民公安大学学报（社会科学版）》2018年第6期。

(四) 证明方法的比较评述

从上述解读可以看出，海量计量对象的客观具体印证面临着绝对不能的困境。证明方法对此或多或少地带有一定的回避性色彩，一种趋势是对海量计量对象采取整合式的处理办法。譬如，即使是底线证明法中，也可将超出底线的部分予以概括式展示。同时，保障心证形成仍是证明方法的最终归宿。综合认定中对证据基础的强调，底线证明中对定罪量刑门槛的坚守，抽样取证中逆推的禁止都体现出内心确信仍然是方法最终要实现的目的，较大的或然性与概率是不被允许的。应当说，目前尚没有哪种方法能够完美解决印证与心证形成的困境。但证明方法的转变已是网络犯罪司法治理的有益探索，在此基础上应该进一步的明晰不同方法的机制风险，进而在还原客观真实理念的整体转变下，最终实现刑事追诉的科学性与规范性。

首先，综合认定法对海量对象的集体式处理是其脱颖而出的关键，也是其弊病之所在。正如有论者指出，"犯罪数额的概括化认定并非以证据确实充分为前提，其以证据推导出事实的可能性替代以充分证据认定事实的必然性，其笼统化、模糊化的认定方式偏离了刑事认定的精确性要求。"① 因此，综合认定模式的不正确适用有违背刑事诉讼法规定的法定证明标准的嫌疑。虽然有学者建议将等约计量与现代科学技术、新型数学方法和刑事法学等跨界融合起来，但这仍然未能解除其违法之嫌。然而，综合认定法并非绝对建立在无证据基础上直接性的司法认知，不能简单脱离实践场景来讨论方法的弊端风险。笔者认为，"综合认定法"已经具有成为网络犯罪主要定量评价方法的潜质，下一步应该是通过阐明其运作机制与如何规避风险来挖掘方法的潜力。

其次，底线证明法在实践中早已存在，一些贪污贿赂犯罪中对于"一对一"的证言无法取舍时，便会降格处理。与综合认定法相比，其以犯罪的有限惩处换取了办案风险的降低，对"底线"部分事实的证明体现了精确司法的理念，但该方法难以适应网络犯罪的复杂化与海量化，不能有效实现刑法的预防功能。此外，底线证明法无法回答对于超出底线的海量事实要素予以概括式的展示的法理依据何在。当然，该方法在本质上属于传统犯罪证明理念在网络犯罪中的延伸。相比于其他方法的违法之嫌，在事实认定可能会降低证明标准时，司法应宁纵勿枉，采取底线证明法。

最后，抽样取证法的弊端最大。虽然有观点认为，"抽样取证法能在不降

---

① 张平寿：《刑事司法中的犯罪数额概括化认定研究》，载《政治与法律》2018 年第 9 期。

低证明标准的前提下实现消减证明的负担。"① 但这一说法的合理性有待商榷。在刑事证明的理论研究与司法实践中，证据能够成为定案的根据必须经过法定举证、质证、认证程序，这一过程中要严格审查证据的关联性、合法性与客观性，未经依法审查的证据不具有成为定案依据的资格，相应的事实不应予认定。抽样取证法的证明过程不符合这一传统，对非样本事实的审查未经过上述过程，而通过样本来推定全部事实的做法必定面临着合法性的疑问。即使有了技术规范的支撑，也难以将这种方法的科学性等同于事实认定的正确性。比起前述方法，该方法更加给人一种事实认定并非建立在确实、充分的证据基础之上的感觉。故该方法在目前应仅作为一种辅助心证形成的手段，不应作为事实认定的直接途径。

四、既有证明框架下证明方法的选择与完善

事实认定的方法选择要考虑所需判断的问题属性和公正与效率之间的平衡需求。实际上，不同证明方法直接诞生于不同的海量计量对象情景下，发挥着不同的功效。方法只是一种途径、手段，最终指向的仍是证明标准的达到。对于海量计量对象而言，司法实践中不同证明方法各有千秋式的运用为我们提供了一种层次性适用的思路，以此也可以避免方法不当适用的弊端。

（一）证明方法的层次性适用规则构建

1. 主适用：综合认定法＋抽样取证法。海量计量对象下事实要素无法一一具体印证，难以实现毫无偏差的精准认定。司法实践采取了整体性的思路，即运用全案大量间接证据等综合认定犯罪事实，以综合式的证明取代具体的逐一确证。笔者认为，这种证明方法符合网络犯罪的特点，顺应了网络犯罪追诉的需求。在一定程度上，充分运用综合认定法并辅以其他方法规则能够实现精确司法的价值目标。有论者主张"底线证明法"应该是网络犯罪数额认定方法的首选。因为"底线证明方式面向网络犯罪中的海量证据，解决了无须获取全部证据而仅依靠部分证据定案的问题。同时，它并没有降低证明标准。"② 然而，这种做法存在重大缺陷。当海量计量对象无法予以证实时，实务中自然会寻求一种退而求其次的做法，类似于行贿、受贿罪的金额认定，所以逻辑上也不需要将底线证明法作为首要适用的方法。

笔者认为，用全案证据的综合分析运用来代替事实要素的逐一查实，有如

---

① 万毅、纵博：《论刑事诉讼中的抽样取证》，载《江苏行政学院学报》2014年第4期。

② 刘品新：《网络犯罪证明简化论》，载《中国刑事法杂志》2017年第6期。

下几方面可取之处：第一，综合认定的证明机制仍处于现有证明框架之内，其建立在全案证据分析的基础之上。通过对全案直接或间接证据的综合分析运用，其改变了对侦查取证应收集全部被害人陈述等证据的要求，也避免了每一待证事实要素逐一确证的效率低下，深度挖掘了在案证据的证明价值。至于其面临的事实认定不准确的批判，一部分是由于追求绝对化精确所带来的，也是对违背客观真实的一种疑虑。虽然事实要素的逐一确证看似最大限度地实现了司法公正，但刑事司法本身是一个多元价值平衡的结果，司法效率与刑罚及时必要性都是需要考量的。理论上回溯式的事实认定天生带有一定不确定性，排除一切怀疑难以实现。另一部分则是出于对间接证据定案的疑虑，而这需要实践中改变对间接证据的错误理念。当然，方法的运用可能存在个别事实要素并不符合客观事实。为此，内心确信的形成还要注重允许反证及存疑处理有利于被告人等救济规则。第二，较之底线证明的司法效益不足，抽样取证的正当性匮乏，综合认定法良好的平衡了效率与公正。从方法本身而言，"其不过分苛求外部证据状况，不追求证明标准客观方面的极限，"[1] 而是注重合理怀疑的排除。至于综合认定法绝对无法达到证明标准的主张，实际上是对再现客观真实的一种过于乐观的想法以及对司法能动的偏见。"法律真实只能无限接近于客观真实，"[2] 新境遇下我们可能需要重新审视"结论唯一"的意蕴，排除合理怀疑绝不等同于排除一切怀疑。第三，综合认定法能够适应绝大多数的网络犯罪。从方法的主要机制来看，其适用于已经取得了一定证据的网络犯罪中，根据其中一部分证据来还原案件的基本情况与细节，再结合其他证据综合分析事实能否认定。对于单纯需要判断证据真实性的网络犯罪，综合认定法并不适合。同样，目前学界提出的等约计量法与综合认定法尚有所不同，综合认定虽然可能无法做到极致精准但跟模糊的估算仍存在较大区别。因为按照存疑有利于被告人原则，相应事实便不应认定而非估算认定。

鉴于综合性的处理可能仍会造成裁判者一定的疑虑，因而除了设置允许反证等救济规则外，还要合理的运用刑事推理与抽样取证法。抽样取证法虽不能代替证明，但它包含了辅助心证形成的类比推理。在综合认定的基础上，抽样取证法可以完成对数额认定的验证，有助于内心确信的形成。换个角度来说，通过相当比例的抽样取证，也有可能发现事实要素不真实的合理怀疑，进而重新审视事实认定。此外，所谓"综合"意味着证据链条中各证据事实之间的

---

[1] 陈瑞华：《刑事证明标准中主客观要素的关系》，载《中国法学》2014年第3期。
[2] 陈光中、李玉华、陈学权：《诉讼真实与证明标准改革》，载《政法论坛》2009年第2期。

关系与由证据推理出事实的过程都要符合经验逻辑。该方法的正当性来源于事实认定的证据基础与"排除合理怀疑"的证明标准，不能以"综合"作为主观臆断的包装。

2. 补充适用：底线证明法。方法仅是手段，事实认定的准确性与法定证明程度的达到才是目的。部分网络犯罪不单是对电子数据等证据的综合运用，还要求对证据本身进行技术性的鉴真，此时若不顾证据事实虚假的可能，则会造成定量的不准确。在类型上，部分网络犯罪多表现为仅有被告人供述或电子数据等单方"孤证"，数额认定的前提是电子数据包含的多重信息为真，而这缺乏其他证据与之印证。所以当证据本身需要进行鉴真时，不适合采取综合认定等方法。底线证明法则"易于解决定罪量刑数额标准较小但涉案数据数量庞大的情况下核实数据信息的真实性、重复性难题。"[①] 故当电子数据本身就是对事实的证明时，对电子数据证明力的判断仍要从其自身出发，底线证明法则可以通过逐一鉴真来保证"底线"的准确性。否则当被告人以证据不真实、重复率高等理由辩解时，控方难以进行有力的反驳。

底线证明法既是事实认定准确性的底线，也可以说是证明方法的底线。其虽然在多数网络犯罪中略显保守的做法可能将司法置于一种尴尬的境地，但它本身早已存在于司法实践中，不需要其他的制度性变革。尤其是在网络犯罪定量标准已从单独的违法数额转变为点击数、会员数、信息数、浏览数等复杂标准的情况下，数量认定问题有时并非简单的依据证据本身便能反映出来，需要依靠取证与鉴定技术的进一步发展，为此底线证明法便应处于一种最后保障的位置。

（二）证明方法适用的限制性原则

1. 坚持合理怀疑的排除。排除合理怀疑，"指对于认定的事实，已没有符合常理的、有根据的怀疑，实际上达到确信的程度。"[②] 具体而言包括两个方面："其一，指有新证据事实为根据的怀疑，发现新的证据事实足以动摇原有的事实认定；其二，通过对现有的证据进行逻辑推理与经验分析，发现证据自身存在疑问或证据之间存在矛盾，不能形成证据链条，不能得出排除合理怀疑结论的情形。"[③] 笔者认为，海量计量对象的新境遇下，所谓的排除合理怀疑

---

① 王志刚、刘思卓：《论网络犯罪证明中的数额认定方法》，载《重庆邮电大学学报（社会科学版）》2020年第2期。
② 全国人大常委会法制工作委员会编：《〈关于修改中华人民共和国刑事诉讼法的决定〉条文说明、立法理由及相关规定》，北京大学出版社2012年版，第53页。
③ 肖沛权：《排除合理怀疑及其中国适用》，载《政法论坛》2015年第6期。

不必须以每一事实要素的逐一查验为前提，但事实认定仍可能实现现有的证明标准，不同方法的合理适用可以保障事实认定的准确性。正如有论者指出，"'综合认定、抽样取证'在没有反证以及合理的正当性解释时，其他证据若相互协调，加之样本事实与其他事实之间存在高度的一致性、相似性，能够确保这样的推理不会出现逻辑的问题，且符合经验法则的情况下，能够'排除合理怀疑'。这是整体的判断，也是最后的证明标准。"①

海量计量对象背景下，排除合理怀疑的判断体现为一种建构在案件证据基础之上的整体性处理思路，具体而言：一是有证据能够对全案事实进行整体性的证明，而非无证据的推论；二是在有反证或存疑的情况下，应对相应的数量进行削减；三是海量计量对象将导致控辩都陷入反驳不能的境地，不能要求被告人承担证伪的责任。疑点是否排除要注重控方对于案件事实的正面证明程度。"排除合理怀疑"不仅可以适用与案件最终的整体性评判，也可以适用于对某一证据事实的判断。当部分事实要素中无法形成完整的证据链条时应对相应事实不予认定。尤其是当海量计量对象中不同事实要素的证据状况不一时，应注意区分对待，审慎把握全案证明体系的形成。考虑到海量计量对象中证明方法适用的风险、推定等规则的混乱，合理怀疑的排除既是最终的目标，也要将之视为约束方法适用的首要原则。

2. 允许反证，坚持"宁纵勿枉"的底线。海量计量对象的定量评价要秉持允许反证原则。所谓反证，"是指对待证事实不负证明责任的一方当事人，为证明该事实不存在或不真实而提供的证据。"② 一般而言，"一个命题不仅根据证成、证实来证明，而且根据证伪来检验它是否合理，在证成与证伪相辅相成的论证结构中，把令人信服的论据生产出来。"③ 从实践来看，某种程度上"犯罪事实"的最终确立需依赖于被告方对该事实的认同态度与异议程度，如果其并无异议，则通常指控事实将被法官确认而作为定罪量刑依据，而如果其予以否定并提出反驳证据造成指控事实不能排除合理怀疑，则会面临指控失败的风险。证明方法在很多时候运用经验法则与逻辑规则，结论的一定或然性导致其结论正确性的可反驳。允许反证原则的确立正是在程序上对被告人予以保障，以"证伪"的角度来对控方指控进行否定，因为被告人对案件的亲身经

---

① 龙宗智：《在浙江大学互联网法律论坛（第二期）上的发言》，可参见何邦武：《"综合认定"的应然解读与实践进路》，载《河北法学》2019 年第 8 期。

② 江伟：《民事诉讼法》，高等教育出版社 2004 年版，第 137 页。

③ 参见温晓莉：《反证：法律论证程序伦理的灵魂助产术苏格拉底"反证法"的意义》，载《中外法学》2012 年第 2 期。

历能实现最大限度地提出合理怀疑。网络犯罪的事实认定中更要保障被告人的这一种权利来对结论的不确定性予以反面限制。但需要明确的是，被告方对于反证是否需要承担证明责任以及证明到何种程度。一般对此的讨论多见于探讨刑事推定的场合，多数学者主张对于刑事推定的反驳，被告人只须承担一定程度的提出证据责任或者仅对推定提出合理怀疑即可；少数学者主张被告人对刑事推定应同时承担举证责任与说服责任，但只需要达到"优势证据标准"。①笔者认为，从控辩平等对抗、无罪推定原则来看，要求被告人承担说服责任在伦理基础上缺乏正当性。同时，在网络犯罪中，被告人并不具有如传统犯罪一般的亲历性，其也难以提出证据。鉴于海量计量对象的事实认定本就对行为人较为不利，所以只要其所提证据或所提辩解引发了对数额认定的合理怀疑，那么除非控方能够合理排除该怀疑，否则相应的数额不应予以认定。

再者，坚持"宁纵勿枉"的底线。有学者提出，"面对网络犯罪，可以适当降低量刑的证明标准以实现犯罪的追诉，但可通过量刑从优对被告人予以补偿。"② 然而，证明标准实际是一个涉及取证、质证认证及最终犯罪事实认定的动态过程，牵一发而动全身。定量问题涉及案件的主要事实，对案件主要事实的证明尚无法改变排除合理怀疑的证明标准。事实认定准确性是司法公正的基本要求，现有的证明标准是衡量案件处理是否符合公正要求的直观体现。网络犯罪刑事追诉的基础研究仍然在广泛进行，一些问题尚缺乏有效的共识。为此，将定性与定量进行证明标准上的区别对待不具有可行性，且在以数额作为入罪门槛的网络犯罪，这样的做法仍不能解决司法效率过低的困境。

---

① 主要有三种观点：一是被告人通常只要提出一定分量的证据，达到使裁判者对推定事实的存在产生合理怀疑的程度即可，控方仍然要承担疑点排除责任和最终的说服责任。二是刑事推定的反驳标准不应等同于民事推定的反驳标准，而应考虑其特殊情况而降低要求，应当确立"合理怀疑"的反驳标准，即辩方只需对推定提出合理怀疑即可。三是刑事推定的效力应同时及于举证责任与说服责任，肯定了推定，就必然发生说服责任的转移，否则，如果被告人简单地提出相反证据而不加证明，无异于架空了推定的功能，但基于推定功能的特殊性，被告人的证明并不需要达到确实充分，只需要达到优势证据标准即可。可参见汪建成、何诗扬：《刑事推定若干基本理论之研讨》，载《法学》2008年第6期；宋英辉、何挺：《我国刑事推定规则之构建》，载《人民检察》2009年第9期；游伟、肖晚祥：《刑事推定与犯罪认定》，载《人民检察》2001年第12期。

② 何邦武：《小额多笔网络电信售假和诈骗犯罪取证问题研究》，载《政治与法律》2016年第8期；彭海：《英国量刑证明标准模式及理论解析》，载《环球法律评论》2014年第5期。

五、结语

信息技术革命带来了网络时代，与此相伴生的是网络犯罪。网络犯罪的刑事规制成为了刑事司法中的重大课题。近些年来，刑法修正案等各种规范文件不断增加着打击网络犯罪的立法供给。然而，严厉的刑事政策并未达到理想效果，其与司法现状之间的矛盾仍较为突出。政策供给效果有限的原因是多方面的，其中，程序法与实体法没有互相配合、同步更新。问题关键在于网络犯罪因为信息技术的聚合效应而使其在行为手段、对象、后果等方面都越发呈现出海量化的趋势。传统犯罪可以司法能承受的成本去最大限度追求实体真实，但海量事实要素则因行为对象的不确定性或广泛性而导致司法机关对犯罪事实的查证不能，使得事实认定中印证论贯彻面临一系列的障碍。针对此，实践中通过证明方法的转变作出了有益的探索。但由此网络犯罪的治理出现了追求建立在效率基础上相对公正的倾向。然而，司法的首要价值在于公正，任何建立在不公正基础之上的诉讼活动都不具有正当合法性。因而，机制与方法的转变必然是渐进式的，网络犯罪的刑事司法治理模式的建立仍需要理念与制度上的协同更新，司法实践中的审慎进行。

等约计量：网络犯罪评价体系之新标尺

邓 超[*]

随着计算机、互联网、现代通信以及相关软硬件技术的飞速发展，犯罪也出现了新变化，其中犯罪对象海量化就是最为突出的一种现象。在犯罪对象海量化下，犯罪对象的数量呈几何式增长，从原先的个位数、十位数激增到以万计、甚至以亿计。我国传统刑法是以"定性+定量"模式型构的，追求的是对犯罪的精确评价和对数额的精准计量，然而在犯罪对象海量化下，无论是犯罪评价，还是数额认定，都难以实现精确化，这在客观上要求进行刑事法理论的创新，实现网络犯罪评价体系的转型。本文在实证考察的基础上，提出等约计量的概念，并从犯罪评价的等约、数额标准设定的等约和数额认定的等约三方面，构建适应犯罪对象海量化下的网络犯罪评价体系。

一、犯罪对象海量化下网络犯罪评价和数额认定面临的困境

犯罪对象海量化下的网络犯罪主要有两大类：第一类是利用信息网络方式从事传统类型的犯罪行为，如诽谤、诈骗、非法传销、侵犯著作权、破坏公用电信设施、寻衅滋事、开设赌场、传播淫秽物品牟利、编造虚假恐怖信息、传授犯罪方法等；第二类是新型网络犯罪行为，如破坏计算机信息系统、非法利用信息网络、侵犯公民个人信息等。在犯罪对象海量化下，网络犯罪评价和数额认定面临着一系列困境。

（一）入罪评价上的失衡

刑法追诉犯罪的首要环节是入罪评价，也就是将一个具有社会危害性的行为评价为犯罪，并在刑法上加以规定。在犯罪对象海量化下，无论是通过信息网络方式从事传统类型的犯罪行为，还是新型信息网络犯罪行为，都面临着入罪评价上的失衡问题。

1. 传统犯罪行为在信息网络空间的变异与犯罪构成要件的失衡。我国刑

---

[*] 邓超，北京市海淀区人民检察院四级高级检察官。

法按照法益保护的需要,将诽谤、诈骗、非法传销、侵犯著作权、破坏公用电信设施、寻衅滋事、开设赌场、传播淫秽物品牟利、编造虚假恐怖信息、传授犯罪方法等行为规定为犯罪,并对其犯罪构成要件作出明确规定。综观我国刑法,这些犯罪的构成要件都是按照传统社会的运作方式确立的,而未考虑到信息技术的发展和信息社会中犯罪形式的变动与演进。然而,伴随着信息技术的飞速发展,这些传统犯罪行为都出现了变异,进而导致犯罪构成要件存在失衡现象。

2. 新型信息网络犯罪行为的出现与传统犯罪体系的失衡。我国刑法将造成法益实际损害或者严重威胁的行为规定为犯罪,并按照个人法益、超个人法益等法益类型构建犯罪体系,这是符合传统社会中法益保护的需要的。然而,在信息网络空间中,出现了破坏计算机信息系统、非法利用信息网络、侵犯公民个人信息等新型行为,这些行为在很多情况下对个人法益的侵害是非常轻微的,有的甚至未对个人法益造成实际的侵害或具体危险。在这种情况下,将这些行为规定为犯罪并加以惩罚,需要对传统犯罪体系加以必要的重构。

(二) 数量标准设定的失效

我国刑事立法为了区分罪与非罪、罪轻与罪重,按照数额、情节、结果等要素及其不同的计量方式,设定了入罪的数量标准和加重的数量标准,形成基本量刑档、加重量刑档等轻重有别的罪刑结构,司法解释则进一步对其予以细化。显然,这也是按照传统社会中犯罪打击的需要进行设置的。在犯罪对象海量化中,这种数量标准和相关计量方式的设定面临着失效问题。

1. 量刑档的数量标准丧失实效。量刑档的设置是为了区分犯罪轻重的,在司法实践中,根据量刑档的设置追诉犯罪时,如果从较广范围和较长时间序列进行统计的话,整个犯罪的刑罚分布结构中应当以基本档为主,加重档为辅,基本档和加重档大体上呈现出正态分布的结构。然而,实证研究却发现,司法实践中对信息网络犯罪案件的处理,往往集中在某一量刑档,导致基本档和加重档的设置无法起到区分犯罪行为轻重的作用,进而导致刑罚分布结构不合理。主要有两种表现:

第一种:在以计算机信息系统为对象的犯罪中,犯罪数量主要集中在加重档,基本档与加重档的数量标准设定失效。以破坏计算机信息系统罪为例。按照最高人民法院、最高人民检察院《关于办理危害计算机信息系统安全刑事案件应用法律若干问题的解释》第4条的规定,造成10台以上计算机信息系统的主要软件或硬件不能正常运行的,属于基本量刑档中的"后果严重",超过5倍(即50台以上)的则属于加重量刑档中的"后果特别严重"。然而,在司法实践中,破坏计算机信息系统罪的犯罪数额往往超过了加重量刑档,从而导致基本量刑档存在虚置现象；进而导致整个犯罪的刑罚分布结构并不呈正态分布，而是呈倒金字塔式分布①。

第二种：在公民个人信息类的犯罪中，无论数量多少，在量刑时几乎都采用基本档，基本档与加重档的区分失去意义。以侵犯公民个人信息罪为例，刑法仅以情节严重和情节特别严重区分了基本档和加重档。由于没有相应的司法解释，司法实践中都是按照基本档定罪处罚，没有适用情节特别严重的加重档。由此导致无论侵犯的公民个人信息数量有多少，相差有多悬殊，都被挤压在基本量刑档，导致犯罪数量的认定失去了区分度，从而造成刑罚的失衡。

笔者随机挑选了2010—2015年间《刑法修正案（九）》颁布之前的100名被判处非法获取公民个人信息罪的被告人，发现被告人非法获取的公民个人信息数量跨度极大，最少的仅为1条，最多的达1.33亿多条，但都是按照基本档判处刑罚的（见表1）。

表1：公民个人信息犯罪统计结果

		刑罚			合计（人）
		罚金	拘役	3年以下有期徒刑	
信息数量	1—99条	0	2	8	10
	100—999条	1	0	6	7
	1000—9999条	3	5	6	14
	1万—10万条（不含10万条）	0	5	8	13
	10万—100万条（不含100万条）	0	4	19	23
	100万—1000万条（不含1000万条）	0	1	21	22
	1000万—1亿条（不含1亿条）	0	0	8	8
	1亿条以上	0	0	3	3
合计（人）		4	17	79	100

2. 数量单位过于单一。数量单位，是指数量标准的计量单位，如犯罪数额的货币单位、被害人的人数、犯罪行为的次数等。数量单位和具体的数量一起，共同形成对犯罪行为的数量评价。目前我国刑法和司法解释的数量单位主要以犯罪数额为中心，兼顾数量、人数、次数等。这对传统社会中犯罪的手

---

① 参见王钰：《纯正的网络犯罪之量刑标准——司法解释对"情节严重"和"情节特别严重"的界定》，载中国社会科学院法学研究所主办、北京中治律师事务所协办：《网络犯罪的刑事立法与刑事司法前沿问题学术研讨会文集》，第541页。

段、方式、结果等的评价是适足的,但对于信息网络空间中的犯罪评价则显得过于单一,进而可能导致犯罪数量评价以及量刑上的失衡。

以通过互联网传播淫秽电子视频为例。按照最高人民法院、最高人民检察院《关于办理利用互联网、移动通讯终端、声讯台制作、复制、出版、贩卖、传播淫秽电子信息刑事案件具体应用法律若干问题的解释(一)》(以下简称《淫秽电子信息犯罪解释》),淫秽电子视频文件按照个数计算。这与传统的视频文件传播方式是相符的。在传统社会中,光盘往往是统一生产的,具有大致相同的规格,往往一张光盘就代表一部或半部电影。然而,在信息网络空间中,淫秽电子视频的发布者可以随意对电子视频进行加工、分割和组合,其结果导致有的视频文件只有十几兆或几十兆,甚至很多仅是视频片段。在这种情况下,仍然用个数计算的话,容易造成罪刑失衡。

(三)数额认定上的困境

在司法实践中,数额是决定罪刑轻重最重要的因素之一,也是司法机关注意力集中的一个焦点。一个行为能否构成犯罪、如何量刑,很多时候取决于对犯罪数额如何认定;而对数额能否准确认定,则成为案件事实是否清楚、证据是否确实充分的重要标志。然而,对于具有犯罪对象海量化特点的信息网络犯罪而言,要准确认定犯罪数额,却陷入了困境。

1. 犯罪数额难以认定。司法实践中,犯罪数额难以认定包括以下两种情形:信息网络犯罪中经济损失的认定存在争议,缺乏统一的认定标准;信息网络犯罪中的数据价值无法估价和鉴定,损失难以确定等。

2. 认定的犯罪数额难以精确。作为一种法定证据类型,鉴定意见以科学性和客观性著称,在司法实践中证明力较高,被采信的比率也较高。但是,在犯罪对象海量化的信息网络犯罪中,鉴定意见的证明效力却受到了质疑。某些情况下,虽然鉴定机构出具了具体的鉴定意见,但是犯罪数量并不能与真实的实际点击数画上等号。从现有的网络技术看,在判定对淫秽图片的点击数时,一个人对一张淫秽图片可以在同一时间内连续多次点击,因此淫秽电子信息的点击数和传播人次不是完全的一一对应关系[①]。部分淫秽网站故意将点击率计数器的初始值设为 10 万次甚至更多,或者将点击率计数器计数办法设置为点击一次计数 10 次甚至更多,还有网站管理者亲自或者指使他人持续点击淫秽

[①] 参见于同志:《利用 WAP 技术传播淫秽信息点击数的认定》,载《人民司法》2010 年第 2 期。

电子信息，从而导致网站的点击数虚增①。因此，实际被点击数应当等于点击数扣除自我点击数、重复点击数、无效点击数、一页多图的数量、无效的链接和不成功的访问所产生的点击数以及虚增的点击数等之后剩余的点击数。

3. 认定的犯罪数额真实性难以核实。对于侵犯公民个人信息的，由于信息数量过于庞大，对信息内容的真实有效性一一核实完全不现实，司法实践中一般都是随机挑选几条、几十条甚至上百条信息，通过拨打电话等方式核实信息的真实性，从而推定全部信息为真②。但是，利用反推原理，只要海量信息中存在一个虚假信息，对海量信息整体认定的证据真实性即存在疑问。抽取的信息被认定为虚假后，其他信息是否需要一一筛查，需要使用何种核实方式才能得出具有说服力的结果，在司法实践中仍然无解③。

根据包含海量化犯罪对象的电子证据是否真实可信，引发的问题包括：一是抽样核实的定位。司法实践中抽样核实是以拨打实验或者书证的证据形式出现，没有自己独立的定位。如何对抽样核实进行程序上的定位，是否属于司法鉴定范畴？二是适用的罪名范围。司法实践中只有个别罪名对电子证据的真实性进行核实，绝大部分罪名未予核实，前者如侵犯公民个人信息案件，后者如伪基站案件、淫秽电子信息案件、侵犯著作权案件等。三是如何确定抽样核实犯罪对象的比例。司法实践中由侦查人员或检察官自己把握标准，抽样 3 条、10 条、20 条等数量不等，对于以万计量甚至以亿计量的数量总量而言，是否具有代表性？四是对虚假以及无效信息的处置。经过抽样核实后，发现存在虚假或者无效信息之后如何处理，是否认定电子证据不真实，还是认定证据整体真实，但是对认定的数额进行调整？五是抽样核实的人员及机构。司法实践中由侦查人员和检察官自行对数额进行抽样认定，并非由专门的鉴定机构认定，从证据形式上是否符合司法鉴定的要求？

4. 认定的犯罪数额具有或然性。在传统犯罪中，按照简单加和方式认定犯罪数额。但是在犯罪对象海量化犯罪中，由于无法精准计量犯罪数额，只能采用推定方式认定犯罪数额。这种推定方式的事实基础是抽样核实的少量信息的真实性，推定结论是整体信息全部为真，由此导致事实基础和推定结论之间

---

① 参见朱和庆、刘静坤：《手机网站制贩传播淫秽电子信息案件的几个问题》，载《人民法院报》2010 年 3 月 3 日，第 6 版。

② 参见庄晓晶、林洁、白磊：《非法获取公民个人信息犯罪区域性实证分析》，载《人民检察》2011 年第 9 期。

③ 参见庄晓晶、林洁、白磊：《非法获取公民个人信息犯罪区域性实证分析》，载《人民检察》2011 年第 9 期。

存在断裂。它决定了这种推定具有或然性，带有概率预测的性质，属于"可推翻的推定"。只要被告人提出重复、无效信息的数量及计算方法，认定的数额就会被推翻，需要重新认定犯罪数额。由此导致存在的问题是海量化犯罪对象的犯罪结果出现或然性结论，如何对这种或然性结论加以矫正或调适？

二、网络犯罪存在构造及刑法追诉的特殊性

犯罪对象海量化下网络犯罪评价和数额认定之所以面临如此多的困境，归根结底，源于网络犯罪的存在构造与传统犯罪相比发生了重大变异，由此决定了对其进行刑法追诉上的特殊性。

（一）存在构造的变异

犯罪存在构造的核心要素是行为、对象、结果、因果关系等。在具有犯罪对象海量化特征的信息网络犯罪中，行为发生在信息网络空间，需要借助信息技术和信息手段，此时，行为与对象之间往往不具有直接的对应关系，行为与结果之间存在时滞效应，原因与结果之间存在复杂性和松散性，导致犯罪对象和犯罪结果具有不特定性和无限延展的可能性，有的还具有自我复制、自我生成的特性，进而导致数量意义发生了蜕变。具体而言，网络犯罪存在构造的变异体现在以下几个方面：

1. 犯罪行为的特殊性。第一，行为同时作用于现实空间和虚拟空间。在传统犯罪中，犯罪作用于现实环境，发生于具体的时空之中，犯罪行为可视、可感知。然而，在信息网络犯罪中，犯罪同时作用于现实空间和虚拟空间。一方面，犯罪实施者处于现实物理空间，犯罪行为最终总是要与现实空间的人、财、物等发生关联，另一方面，犯罪行为往往与信息相关，而信息作为无形资源不像有形资源总是可以看得见、摸得着，它只能借助一定媒介才能为人所感知，均发生在信息域这一虚拟、无形的空间之中，犯罪行为、过程均以无形状态存在[①]。第二，行为与信息技术和信息手段相关联。传统犯罪主要凭借犯罪嫌疑人自身力量及其所借助的各种以有形物为载体的犯罪工具。而信息网络犯罪中，犯罪嫌疑人需要借助信息技术和信息手段，利用计算机和手机等工具，使用虚拟的网络身份实施犯罪。与信息技术和信息通信技术相关联，犯罪嫌疑人在很多情况下以互联网为载体，有时只需轻敲几下键盘就能在极短的时间内完成犯罪行为，不受时间、地点的限制，没有案发现场和目击证人，犯罪实施

---

① 参见高德胜：《信息犯罪研究》，吉林大学 2008 年博士学位论文，第 32 页。

手段简便、快捷①。第三，行为与结果之间存在时滞效应。所谓时滞效应是时间滞后（以下简称时滞）所带来的一种效果，作为一种时间差，时滞不仅表现为行动与效果之间存在时间差距，而且表现为传导过程中初始效果与最终真实效果之间存在差异，进而产生了时滞效应。在传统犯罪中，时滞效应不明显，行为与结果之间存在较为直接的关联。然而，在信息网络犯罪中，受信息传播的特性所决定，犯罪行为发生的时间和犯罪结果发生的时间往往不是同时的，而是存在一定的时滞。也就是说，犯罪行为虽然有明确的时间节点，但由于存在时滞效应，犯罪结果的生成却是动态的，难以有一个明确的节点。正如有学者所言，"时空的分离与缺场取代在场，构成了网络行为的一个明显标志。"② 时滞效应的存在，既导致对网络犯罪行为的认定具有不可回溯性，又产生了司法机关最终认定的犯罪结果与犯罪嫌疑人实际实施的犯罪结果之间必然存在落差。

2. 犯罪对象和结果的特殊性。第一，犯罪对象和犯罪结果具有不特定性。在传统犯罪中，犯罪对象往往是特定的，即便是不特定的，也往往具有明确的范围。然而在信息网络犯罪中，由于信息空间具有开放性，犯罪嫌疑人在实施犯罪行为时，往往不是针对特定的人，而是随意和随机的，所造成的危害结果也往往是犯罪主体自己也不能预料和无法预测的。第二，犯罪对象和犯罪结果存在自我复制、自我生成的可能，具有无限延展的可能性。在传统犯罪中，一个犯罪行为对应一个或若干个犯罪对象，犯罪行为完成后，相应的侵害结果也会在相对明确的节点上结束。然而，在信息网络犯罪中，信息传播的超时空性，使得犯罪对象和犯罪结果不再受制于时间和地点，具有无限延展的可能性，社会危害性能够无限传导和复制下去③。在信息网络中，犯罪的危害后果在很多时候不是以合乎比例的方式缓慢增长，而是以夸张的几何方式倍增，从而呈现出"蝴蝶效应"。

3. 数量意义的蜕变。数量处于动态的变化之中，难以固化。在传统犯罪中，数量往往是确定的。然而，在信息网络犯罪中，由于犯罪对象和犯罪结果存在自我复制、自我生成的可能，数量往往处于动态的变化之中，难以固化。从信息的有用性看，对于海量化信息而言，由于信息的有用性与信息的披露时

---

① 参见邵禹、张验军：《网络犯罪案件引发的思考——以大连地区审查逮捕的网络犯罪案件为例》，载《中国检察官》2013年第5期。

② 刘守芬：《技术制衡下的网络刑事法研究》，北京大学出版社2006年版，第21页；转引自周新：《淫秽电子信息犯罪共犯问题研究》，载《法学评论》2012年第3期。

③ 参见于志刚：《网络犯罪与中国刑法应对》，载《中国社会科学》2010年第3期。

间相关，会随披露时间距事实发生时间的差距、时滞的延长而逐渐减少，因而时滞时间越短，信息有用性越高①。随着时间的推移，数量的实质认定会呈下降趋势。

(二) 刑法追诉的特殊性

与存在构造相对应，犯罪对象海量化下的刑法追诉也存在相应的特殊性。

1. 定量评价的必要。基于违法行为与犯罪区分的二元制裁体系，我国刑法设置了定量要素，对同一性质、同一定型的行为，根据行为的程度不同，将该行为的轻微部分作为行政不法处置，严重部分作为犯罪处理②。在具体的犯罪类型中，又通过数量上的差异，衡量犯罪的不同严重程度。这形成了我国刑法"定性+定量"的独特犯罪评价体系。

这对于信息网络犯罪而言是同样适用的。这是因为，虽然出现了犯罪对象海量化情形，但是依然需要通过量化手段评估犯罪侵害法益的规模以及损害程度的大小，这样才能将社会危害性尚未严重到一定程度的非法行为从认定犯罪或施加刑罚的范围中排除出去③。然而，在网络犯罪对象和结果具有不特定性和无限延展的可能性、数量意义发生蜕变的背景下，必然会对传统的定量评价体系造成冲击，形成数量标准设定和数额认定上的困境。

2. 技术手段的参与。与其他犯罪追诉不同，对于具有犯罪对象海量化特征的网络犯罪追诉，必须引入技术手段。事实上，正是由于移动通信、互联网、传感器、物联网等技术的发展和应用，才产生了犯罪对象海量化现象。然而，对于信息网络犯罪中技术力量的参与，特别是数额认定方面的技术参与，目前的研究不足，出现了技术手段的缺席。以海量化犯罪对象的证据认定为例，迫切需要建立海量化信息真实性及其强度的证据评估体系，这需要证据科学的及时跟进与鉴定技术的创新，但目前总体上还处于空白。由于技术手段的缺乏，常常会导致对犯罪数额的评价和认定出现困境，如无法认定部分犯罪对象海量化下的数额，或者认定的数额不够精确，或者无法对认定的数额加以复核等。

---

① 参见张天西、王建玲：《基于信息质量理论的财务报告披露时滞研究——理论模型、中国证据及国外比较》，载《中国会计学会第六届理事会第二次会议暨2004年学术年会论文集》(上)，第4页。

② 参见王强：《犯罪成立罪量因素研究》，南京师范大学2013年博士学位论文，第48~54页。

③ 参见熊琦：《德国刑法问题研究》，元照出版有限公司2009年版，第27~28页。

三、等约计量：网络犯罪评价体系的新坐标

在犯罪对象海量化的信息网络犯罪中，鉴于计量的必要性以及精确评价计量的不可能，本文创新性的提出等约计量概念，认为从精确计量转变为等约计量，是犯罪对象海量化下网络犯罪评价的必然要求。

（一）等约计量的内涵

针对传统犯罪的精确评价计量模式，本文提出了在犯罪对象海量化下信息网络犯罪的评价定量方式为等约计量。等约是大约等于的意思，等约计量，是指按照大约等于的方式，对犯罪对象海量化的犯罪行为加以评价，以及对海量化犯罪对象的数量加以认定。

伴随着信息网络空间中犯罪对象海量化现象的产生，对信息网络犯罪的评价方式需要从精确性的评价计量转变为约等性的评价计量，具体又有两种不同的类型：第一种类型是从"犯罪＝定性＋定量"转变为"犯罪≈定性＋定量"，第二种类型是从"定量＝1＋1"的精确计量方式，转变为"定量≈1＋1"的等约计量方式。

（二）等约计量的合理性论证

等约计量的合理性，源于其更符合信息空间中海量化犯罪对象本身的性质、人们对海量化犯罪对象的认识局限以及当前科学技术发展水平和司法资源的现实制约。

1. 从犯罪对象的本体看，等约计量更符合信息空间中海量化犯罪对象的本质属性。从事物的本体上看，信息网络犯罪的对象本质是电子化的信息，如手机号码、短信、公民的个人信息、淫秽视频、计算机信息系统等。以网络赌博为例，由于网络赌博通过虚拟空间实施和完成，使得犯罪行为带有虚拟性，所有的收注、投注及交易行为都表现为数字的置换，而数字置换的背后存在的则是一单单通过网上银行进行的赌资交割[①]。

犯罪对象海量化下信息网络犯罪中的信息，具有信息的一般特征[②]，即无形性、依附性、共享性和传播自由性。除此之外，犯罪对象海量化下的信息还具有模糊性。

在犯罪主体采用技术性手段侵害海量化信息时，犯罪对象脱离了犯罪主体

[①] 参见典范、王晓伟：《网络赌博犯罪发展新趋势及侦查革新》，载《贵州警官职业学院学报》2013年第2期。

[②] 参见高德胜：《信息犯罪研究》，吉林大学2008年博士学位论文，第32页。

的控制，也脱离了犯罪对象在现实生活实际指向的人、事、物的羁绊。无论是犯罪主体自身，还是司法机关，根据现有的技术水平，都无法对海量化信息的外形和边界进行精确的界定和计算。

2. 从对犯罪对象的认识路径看，等约计量更符合对海量化下犯罪对象数额的认识规律。对模糊的海量化信息，采用传统的思维认知方式加以认识，会遇到认知上的障碍。因为在传统犯罪中，犯罪对象数量很少，可以直接感知，可以采用人工手段加和计算，而且容易检验。在犯罪对象海量化中，犯罪对象存在于虚拟的网络空间，已经超出了感知的范围，人们无法直接感知。对海量化的犯罪信息无法再采用人工手段进行计量，更不可能采用简单加和的方式计量。而且由于信息的变动不居性，数额是动态的，难以验证。

在这种情况下，等约计量更符合对海量化犯罪对象的认识规律。由于犯罪对象不可知，加上计量方法存在不确定因素，对犯罪数额的认识只能采用归纳推理的方式，而这种归纳是不完全归纳，导致对犯罪结果的认识不能得出一个完全确定的答案，而只能是带有概率性质的或然性认识。

3. 从司法现实运作看，对海量化犯罪对象数额的等约计量更符合科学技术发展水平和司法资源的现实制约。从现有技术上看，对海量化信息的人工处理速度远远落后于其聚集速度。而且，目前还没有任何一种技术能够对海量信息中的无效信息、重复信息、虚假信息进行有效过滤和剔除。因此，对海量化的犯罪对象数额进行等约评价与目前的科学技术发展水平更为相符。从司法投入的成本和产出来看，对海量化的犯罪对象进行一一识别和核实，追诉犯罪成本是非常高昂的。

四、犯罪评价的等约：聚集性法益与传统法益的衡平

法益是刑法保护的基石，对于具有海量化犯罪对象的信息网络犯罪，在是否入罪、如何入罪、如何与现有犯罪相调适时，需要立基于其所保护的法益进行评价。考虑到海量化犯罪对象的信息网络犯罪中，从单一犯罪对象上看，侵害的大多是微小的民法法益或行政法法益，但这些微法益聚集之后则发生了质的变化，转变成需要刑法保护的法益。为此，本文提出聚集性法益的概念，认为从评价等约的视角看，对信息网络犯罪之所以能够与传统犯罪实现评价上的等约，根源于聚集性法益能够与传统法益实现衡平。

（一）微法益的聚集——聚集性法益的生成

聚集性法益是本文针对具有犯罪对象海量化特点的信息网络犯罪提出的概念，是指由无数微小的法益聚集而成的综合法益。

1. 从微法益到聚集性法益。根据我国刑法、刑法修正案、司法解释以及

司法实践中涌现的犯罪类型,可以看出犯罪对象海量化下信息网络犯罪侵犯的法益类型主要有财产法益、公民的人格权和隐私权法益、社会秩序法益、金融管理秩序法益、知识产权管理秩序法益以及公共安全秩序法益等。与这些法益类型相对应的则是犯罪背后单个犯罪对象所存在的"微法益"。这些微法益原本是原子化的分布,处于分散化状态。当发生犯罪行为时,微法益通过社会危害性的聚焦与过滤,不断的累加聚集,达到一个结点后,经概括评价形成了刑法保护的具有重要意义的聚集性法益。

2. 聚集性法益的类型。聚集性法益大体上可以分为两种类型。一种是民法上的微法益聚集成刑法上的法益,主要是通过信息反映出的与公民个人权利有关的法益,包括人格权、隐私权、财产权、著作权等。用公式可以表示为:刑法上的聚集性法益=民法上的微法益+民法上的微法益+N个民法上的微法益。当这些信息汇集在一起的时候,数量累积效应凸显出来,具有可加以利用的重要价值,进而提升为需要在刑法上加以保护的聚集性法益。另一种是行政法上的微法益聚集成刑法上的法益,主要是信息管理或者通过信息管理所反映出的与安全、秩序等有关的法益,包括公用电信设施安全、市场经济秩序、计算机信息系统安全、社会管理秩序等。用公式可以表示为:刑法上的聚集性法益=行政法上的微法益+行政法上的微法益+N个行政法上的微法益。

(二) 聚集性法益与传统法益的衡平

1. 新型信息法益与其他法益的衡平。由于新型网络犯罪行为侵犯的是存在于信息空间中、具有信息本质特征、包含有人类创造性劳动的信息资源以及与之相关的权利,因而其法益类型可以总体概括为信息法益①。需要注意的是,信息法益虽然以信息的形式体现,但背后与公民人格、隐私、财产、知识产权等传统法益紧密相关,因而两种法益之间具有衡平的基础。在衡平方法上,应当综合考虑公民人格、隐私、财产、知识产权等的保护需要,以及海量化犯罪对象的实际情况,对信息法益与传统法益进行衡平。

2. 传统犯罪在信息网络空间变异后出现的聚集性法益与传统犯罪法益之间的衡平。对于诽谤、诈骗、非法传销、侵犯著作权、寻衅滋事、开设赌场、传播淫秽物品牟利等利用信息网络方式从事的传统犯罪行为,单个犯罪对象的原子化法益虽然属于民法或行政法法益,但从法益质上看,无论其是属于公民个人的人格权、隐私权、财产权、著作权,还是属于公用电信设施安全、市场经济秩序、计算机信息系统安全、社会管理秩序等,其与刑法法益的法益质是

---

① 参见高德胜:《信息犯罪研究》,吉林大学2008年博士学位论文,第77页。

相通的，因而原子化的法益聚集之后的聚集性法益可以与传统犯罪法益进行衡平。在衡平方法上，则应综合考虑原子化法益聚集的速度、广度，以及海量化犯罪对象的实际情况，对聚集性法益与传统法益进行衡平。

（三）法益衡平视角下等约评价的典型类型

按照聚集性法益与传统法益的衡平原理，等约评价主要有以下几种类型：

1. 海量抽象危险犯与实害犯的等约。海量抽象危险犯，是指行为对海量化犯罪对象具有发生危害后果的风险，但还未造成实际损害或严重威胁。按照传统刑法的观点，只有在对法益造成实际损害或严重威胁时才能评价为犯罪并进行惩罚，这也是责任刑法的要义。然而，在海量化犯罪对象的信息网络犯罪中，对于海量抽象危险犯，需要按照实害犯进行等约评价，这其实体现了刑罚防线的提前。因为在海量化犯罪对象的信息网络犯罪中，犯罪对象和犯罪结果是可以自我生成、自我复制的，具有无限延展的可能，因此不能等到发生实际损害或严重威胁时刑法才介入，而是在具有抽象危险的时候就应当介入。从法益保护的角度上看，海量抽象危险犯的惩戒对法益提供的是提前的预防性保护，属于工具主义的保护。也就是不用等待实害结果的出现，只要行为人是为了非法和犯罪目的在信息网络空间中实施侵害行为，就应当评价为犯罪。

需要注意的是，为了避免刑罚过于扩散，将海量抽象危险犯等约为实害犯处理时需要严格限制其适用的条件。这种限制主要有两方面：一是从法益上看，需要限定于法益位阶上特别重要的法益，如公民人格权、隐私权、财产权以及重要的公共安全、社会管理秩序等。这是因为，从法益保护的角度上看，之所以需要对与信息相关的法益进行工具主义的保护，其前提是该聚集性法益能够与具有实害结果的法益相衡平。二是从行为上看，需要限定于故意和特定目的（如用于犯罪、严重藐视法秩序等）。

2. 行为犯与结果犯的等约。在信息网络犯罪中，由于信息的快速传播、行为与结果之间存在时滞等影响，行为犯与结果犯的界限是模糊的，行为和结果之间有时可以进行等约评价和处理。第一，对一些原本属于结果犯的行为，可以在结果尚未实现之前就径直对行为进行刑法评价。第二，由于信息传播的特点，对一些原本属于行为犯的行为，有时则需要根据信息在网络中的传播结果才能判断犯罪是否成立，此时又使行为犯在某种意义上转变成了结果犯。

五、数量标准设定的等约：犯罪对象海量化下定量标准的设定

作为行为社会危害性程度的衡量，犯罪对象海量化下数量标准的设定应当与传统犯罪相等约。需要注意的是，该等约是就数量标准设定后的社会危害性

评价结果而言的，但在具体设定上，则应充分考虑信息网络空间中信息传播及其结果的特殊性，创新性地设置各种具体的数量标准，使相关数量标准在社会危害性评价上实现与传统犯罪相等约。

（一）数量标准设定等约的类型

从社会危害性评价的对象上看，信息网络犯罪所评价的数量类型，有的与传统犯罪是一致的，有的受评价提前或延后的影响则不一致。由此，可以将数量标准设定上的评价等约大体上区分为三种类型：

1. 对同一行为数量的评价等约。在信息网络犯罪与传统犯罪都针对同一行为数量进行评价时，由于信息网络空间所具有的快速传播特点，在信息网络空间中同一行为数量所征表的社会危害性往往要大于现实空间中的社会危害性。因此，在设定行为的入罪数量标准时，信息网络犯罪应当比传统犯罪低。这就是网络空间中的较少行为数量在评价上等约于现实空间中的较大行为数量。

2. 行为数量与结果数量的评价等约。根据聚集性法益保护的需要，对于传统上按照结果数量进行评价的犯罪，在信息网络空间中有时需要按照行为数量评价其社会危害性。特别是结果数量无法计量的情况下，需要将对结果数量的评价提前到对行为数量的评价，这就是评价时间的提前。在这种情况下，信息网络空间中行为数量本身就能征表社会危害性。此时，信息网络犯罪与传统犯罪所评价的数量是不一致的，也就是将行为数量的社会危害性评价等约于原先结果数量的社会危害性评价。

3. 受众参与数量与行为数量的评价等约。在数量的等约评价中，还有一种类型，就是评价的延后，亦即不是按照行为数量进行评价，而是按照后续受众的参与数量来评价行为的社会危害性，从而体现为受众参与数量与行为数量评价之间的等约。之所以出现这种情况，主要是因为在信息网络空间中，后续受众的参与数量，如实际点击量、注册会员量、下载文件量、播放次数等，决定了危害行为的扩散范围，也决定了行为的社会危害性。

（二）计量单位的扩容和计量标准的组合

按照数量标准设定等约的类型及其背后的原理，在设定信息网络犯罪的数量标准时，需要对原先的计量单位进行扩容，并根据犯罪的实际情况进行计量标准的多种组合。

1. 计量单位的扩容。传统犯罪的计量单位设定主要考虑到数额、情节和后果三个方面，具有以犯罪结果数额为中心，兼顾数量、人数、次数等的特点。在犯罪对象海量化下，则需要根据信息网络传播、侵害行为、海量化犯罪对象等特点，对计量单位加以扩容①。

经过初步整理，具有犯罪对象海量化特点的信息网络犯罪计量单位大体可以概括为物数、人数、次数、人次、时长等抽象标准②。（1）物数标准，是指将网络犯罪侵犯或者借助网络平台传播及影响的对象作为定罪量刑的标准，具体包括系统台数、身份认证信息组数、视频文件、音频文件、淫秽电子刊物、图片、文章、短信息、网站、广告数量、复制品、影响用户通信数和投注或赢取点数等。（2）人数标准，是指将参与网络犯罪平台或者受到网络犯罪影响的人员作为定罪量刑的标准，具体包括会员账号数、用户数量和注册会员数等。（3）次数标准，是指将信息被转发及浏览的次数和犯罪嫌疑人提供的专门性程序以及工具的数量作为定罪量刑的标准，具体包括被转发次数、浏览次数和专门性程序、工具数等。（4）人次标准，是指以被害人或其他人收到相关犯罪信息、电话、点击页面以及接受传播的次数作为定罪量刑的标准，具体包括信息条数、电话人次、实际被点击数和传播人次等。（5）时长或流量标准，是指将视频、音频等网络文件的时长或流量作为定罪量刑的标准，具体包括视频时长、音频时长、作品时长、流量等③。今后伴随着信息技术的发展，也可能出现其他标准。

2. 计量标准的组合。对于信息网络犯罪，一方面定型性差，各种计量标准不一定在各个案件中都能满足，另一方面按照司法的确定性要求，又要以已知求未知，因而需要对案件中涉及的各种数量进行综合考量，综合判断行为的社会危害性和定罪量刑，以实现对犯罪的妥适评价。因此，对于各种计量标准，需要根据各类型犯罪的实际情况，进行必要的组合。第一，选择性组合。选择性组合，是指对于存在多种数量情形的信息网络犯罪，只要满足其中的一种情形，就可以定罪量刑。例如，相关文件规定利用互联网、移动通信终端等传输赌博视频、数据，组织赌博活动，具有建立赌博网站并接受投注的等四种情形之一的，构成开设赌场罪，这就是选择性组合的适用。第二，复合性组合。复合性组合，是指对于存在多种数量情形的信息网络犯罪，基于两种或两种以上情形的组合进行定罪量刑。例如，《淫秽电子信息犯罪解释》规定，以

---

① 参见于志刚、郭旨龙：《信息时代犯罪定量标准的体系化构建》，载《法律科学》2014年第3期。

② 参见于志刚、郭旨龙：《信息时代犯罪定量标准的体系化构建》，载《法律科学》2014年第3期。

③ 参见于志强：《信息时代侵权作品传播行为的定罪处罚标准》，载《政法论坛》2014年第1期。

牟利为目的，利用互联网、移动通信终端制作、复制、出版、贩卖、传播淫秽电子信息，制作、复制、出版、贩卖、传播的淫秽电子信息，数量或者数额虽未达到第 1 项至第 6 项规定标准，但分别达到其中两项以上标准一半以上的，构成制作、复制、出版、贩卖、传播淫秽物品牟利罪，这是复合性组合的适用。

（三）基本犯与加重犯的数量设定

针对目前司法解释存在的基本犯与加重犯数量设定不够合理、造成刑罚分布结构呈倒金字塔式分布的问题，需要调高犯罪对象海量化下基本犯与加重犯的数量标准。为此，应当充分调研，将已判决的犯罪对象海量化下的犯罪数额和刑罚结果进行统计分析，再根据犯罪案件数量分数形成的正金字塔结构，调整犯罪数额的起刑点。

六、数额认定的等约：电子证据真实性及其强度的科学评估[①]

目前，在司法实践中对犯罪对象海量化下犯罪行为和结果的定量计量，如淫秽电子信息中的实际点击数、破坏计算机信息系统案中的计算机信息系统台数、伪基站中的用户脱网人次数、网络赌博中会员账号数、投注或赢取点数等，均是按照具体、确定的犯罪数额认定。但是，实际上由于海量化的犯罪对象对应于海量化的信息，这些信息中存在不确定性的因素，很难比照传统犯罪，对数额的计量认定得出某一精确的点值。对于海量化的犯罪对象，在进行数额认定的检验时，由于受到各种主客观条件的限制，如证据遗留和检验鉴定的时间间隔、检验方法和检验技术的局限性，案件检材和对比样本之间或多或少都会存在一定程度的符合和差异，这就决定了鉴定人员对检材和样本的认定同一或否定排除要达到 100% 的信心几乎是不可能的[②]。由此可以看出，采用精确的点值来表述犯罪数额既不客观，也不科学。考虑到目前我国对海量化下犯罪对象的电子证据所蕴含的犯罪数额认定未普遍采用鉴定方式，更谈不上对鉴定意见进行证据评价。因此，有必要建立电子证据真实性及其强度的科学评估制度，首先对海量化下电子证据所包含的犯罪数额进行司法鉴定，然后再引入似然率方法，判断鉴定意见的证据力度，调适犯罪数额认定带来的困境。

---

① 由于电子证据本身诞生的时间不长，对电子证据的认识尚处于探索之中。目前，国内对证据真实性及其强度的科学评估仅限于 DNA 证据及语音证据领域，尚未对电子证据展开研究。

② 参见张翠玲、Philip Rose：《基于似然率方法的语音证据评价》，载《证据科学》2008 年第 3 期。

(一) 电子证据真实性及其强度科学评估的必要性

建立电子证据真实性及其强度科学评估的必要性主要体现在：

1. 补足现有证据适用存在的短缺。目前，对电子证据的数量如何计量缺乏明确的法律规定，司法实践中出现各种不同的计量方式，并形成了不同的证据类型，从而产生计量证据是否达到证明标准，能否作为证据使用存在疑问。对此，应当建立科学的电子证据真实性的鉴定方法，统一鉴定的标准和模式。

2. 带有强度的判断标准才能反映电子证据数量统计的客观真实。传统概率理论是以完全可加性为公理构成的理论体系，对于案件事实的判断来讲，如果认为结果为"是"的概率为 P，那么必然同时认为结果为"否"的概率是 1 - P，"是"与"否"的概率之和为 1，即人们对案件结果的认识是非此即彼的[①]。随着互联网的广泛应用和信息技术的高速发展，这种非真即假的判断标准已不符合电子证据数量统计的客观实际。电子证据真实性及其强度的科学评估制度则以似然率为基础，而似然率评估又是建立在数理统计基础之上的。采用似然率评估能有效的避免经验式的主观判断，最后得出的是概率性的结果，而不再是"是/否"的非真即假式的最终结论[②]。这种带有强度的判断标准更符合电子证据数量统计结果真伪的客观事实。

3. 有利于消除传统法庭检验方法中的弊端。由于各类证据本身的稳定性和特异性不同，检验技术、方法和标准也有所差异，这就造成各类证据之间证据价值和可靠性程度的不平衡[③]。运用似然比法庭证据检验评估体系，有利于消除司法实践中对包含海量化的电子证据无法进行法庭检验的弊端。对证据真实性及其强度的科学评估，能够量化证据强度的大小，有助于法官对证据作出科学的裁判。

4. 有利于证明标准从排除合理怀疑转变为或然性证明。传统刑事司法观念强调犯罪对象的精准性，无法接受虚假或不真实的犯罪对象，而在犯罪对象海量化下，司法机关则可以接受非百分之百精确的数据或者非系统性错误数据。这对网络犯罪下的证明标准提出了新的观察维度，司法人员必须在数据的

[①] 王海金、王薇：《概率论在司法证明中的应用分析》，载《湖北警官学院学报》2003 年第 4 期。

[②] 参见王华朋、许锋：《论法庭证据评估体系的发展》，载《证据科学》2014 年第 1 期。

[③] 参见王华朋、许锋：《论法庭证据评估体系的发展》，载《证据科学》2014 年第 1 期。

容量与精确性之间权衡得失,是强调绝对的精准性,还是强调相关性①。客观地说,司法证明不可能是完全的和必然的证明,而只能是占有较大概率优势的不完全的和或然性的证明,因此,证明的相对性越来越为人们所接受②。在犯罪对象海量化下,对犯罪对象的精准性要求必然会降低,从较高程度的排除合理怀疑降低为或然性的证明标准。

(二)需要建立的制度

实行电子证据真实性及其强度的科学评估,实际上是适应海量化犯罪对象的特点,对犯罪数量给出似然比的鉴定结论。为此,需要建立相关制度,为电子证据真实性及其强度的科学评估提供制度上的依据,同时也削减模糊数额认定过程中对犯罪嫌疑人权利可能造成的损害。

1. 数额统计的司法鉴定。目前,电子证据如何进行数额鉴定缺乏相关的法律依据,在司法实践操作中也存在不同的方式,如有的是专门的鉴定机构鉴定,有的是侦查人员计算,有的运用特定的计算方法,有的则直接按照计算机自动统计的结果认定。对此,应当明确规定电子证据计量应当采用司法鉴定方式,并将鉴定意见作为适格的证据形式。

具体而言,包括以下三项内容:第一,应当建立电子证据数额计量的鉴定规则。对电子证据数额计量进行鉴定应当设置成原则性规定,不设置例外条款。第二,应当明确专门的鉴定机构负责司法鉴定。为保证鉴定结果的客观公正,司法鉴定应当委托第三方独立进行。对于被害方提供的数量统计的公证书、侦查机关内设机构以及侦查人员进行的鉴定等均应以证据不适格不予采信。第三,在鉴定意见中应当列明鉴定方法。由于数额计量的方式方法多种多样,在鉴定意见中应当详尽列明鉴定的方法,以备复查。

2. 抽样证据的审查制度。在建立数额统计的司法鉴定制度过程中,应当配套建立抽样证据的审查制度。司法实践中,对于海量化的犯罪对象,选取的样本量如果太小,则不具有代表性,容易造成抽样结果出现抽样选择性偏误③。为此,应当采用抽样证据审查方法用以评估证据的真实性和强度。主要包括以下几项内容:一是建立海量化犯罪对象的证据抽样审查制度,用以评估

---

① 参见袁振兴、张青娜、张晓琳、张晓雪:《大数据对会计的挑战及其应对》,载《会计之友》2014年第6期。

② 王海金、王薇:《概率论在司法证明中的应用分析》,载《湖北警官学院学报》2003年第4期。

③ 抽样选择性偏误,是指所选的样本没有很好的代表性,不能很好的代表总体的特征而产生的偏误。

海量证据的真实性及其强度。二是规范抽样审查证据标准的操作标准和技术标准。目前，抽样方法可以划分为三种类型：简单随机抽样、分层抽样和PPS抽样。相比之下，简单随机抽样的误差最大，而PPS抽样在总体总量的估计值优势十分明显，PPS抽样得出的总体总量结果比简单随机抽样和分层抽样更为精确，且有着非常小的总体方差①。在采用抽样方法评估海量证据的真实性及其强度时，应当尽量选择PPS抽样方法。三是建立抽样审查证据的辅助性平台，例如，将公民个人信息等多样信息汇集到专门的信息采集机构，以便于对证据真实性的审查②。

3. 举证责任的承担。在犯罪对象海量化犯罪案件中，在犯罪数额的认定上涉及举证责任的承担，即应当由被告人承担说明数量多少的责任还是由控方和被害人承担。在犯罪对象海量化犯罪案件中，对公诉案件，应当由公诉机关承担举证责任，对于自诉案件，应当由被害人承担举证责任。需要注意的是，《刑法修正案（九）》新增规定了"通过信息网络实施第一款规定的行为，被害人向人民法院告诉，但提供证据确有困难的，人民法院可以要求公安机关提供协助。"在被害人因侮辱罪和诽谤罪向人民法院提出告诉的，这项规定改变了"提供证据"的责任由"原告承担"的传统做法，由"原告"转移给了"公安机关"，构成了举证责任的转移，实质上这是一种"举证责任"的新变化③。

同时，需要注意的是，由于控辩双方在电子证据的取证能力上存在制度性失衡，所以在辩方提出合理申请的情况下，法庭可以要求控方在审判前允许辩护方查阅或得到其掌握的证据材料，同时披露有关电子证据的来源等与电子证据效力相关的信息，通过扩大控方展示责任来达到实质上的平等④。

4. 被告人辩护权的充分保障。犯罪对象海量化下的数额认定关乎犯罪嫌疑人的定罪和量刑，是非常重要的犯罪构成要素。在司法实践中，关于数额认定的证据往往以书证的形式出现，也未对电子证据的证据真实性和强度加以评估。由此导致的问题是被告人难以对涉及自己定罪量刑的重大问题提出异议，

---

① 王振乾：《不同抽样方法在房地产投资估计中的应用》，载《兰州文理学院学报（社会科学版）》2014年第6期。

② 参见罗猛、邓超：《从精确计量到等约计量：犯罪对象海量化下数额认定的困境及因应》，载《预防青少年犯罪研究》2016年第2期。

③ 参见李晓明：《网络侮辱、诽谤在定罪、举证与审理上的新变化——从〈刑法修正案（九）〉第16条说开去》，载《法治研究》2016年第2期。

④ 参见周佳：《试论网络犯罪中电子证据的搜集与采信》，载《安徽检察官》2010年第12期。

甚至也不知道自己拥有提出异议的权利。对于提出异议的，司法机关则往往以犯罪嫌疑人本人无法说明海量化犯罪对象的数量和计量方法，从而不采纳被告人的辩解。

对犯罪对象海量化下的数额认定，应当充分保障被告人的知情权以及辩护权。具体而言，包括以下两个方面：一是充分保障被告人的知情权。司法机关应当将数额统计的鉴定意见和对电子证据的真实性及其强度的科学评估结果及时、主动告知犯罪嫌疑人。二是充分保障被告人的辩护权。犯罪嫌疑人对鉴定意见和科学评估的结果有异议的，可以申请重新鉴定或进行科学评估。对犯罪嫌疑人提出的关于犯罪数额认定的辩解理由，司法机关应当采用科学方式主动核实。

5. 对被告人量刑的"比例"补偿。电子证据真实性及其强度对被告人的量刑将产生实质性影响。由于对电子证据的等约计量不可能像DNA证据那样精确，而是存在一个阈值。因此，对于阈值范围更大的在量刑上应当予以考虑，并按照比例给予量刑补偿。

网络犯罪治理对策研究

王枫梧　赵正文　何　雷[*]

当今世界，互联网泛在性、融合化和跨边界的特点深刻地影响并推动着社会前进。网络空间已成为信息传播的新渠道、生产生活的新空间、经济发展的新引擎和文化繁荣的新载体。[①] 与此同时，网络犯罪行为的类型和形式趋于多样化、隐蔽化、复杂化，犯罪手段层出不穷、愈演愈烈，网络犯罪严重影响了人民群众的获得感、幸福感、安全感，网络犯罪治理成为现阶段社会安全治理的重要内容。近年来，全国各级公安机关主动出击、严厉打击、重点整治、全力防控，总体上取得了较好的成效，但网络犯罪仍猖獗肆虐，发案形势仍十分严峻。2019年11月22日最高人民法院发布的司法大数据专题报告之网络犯罪特点和趋势显示：2016年网络犯罪案件占当年刑事案件的1.15%；2017年案件量同比上升32.58%，占比上升0.24个百分点；2018年案件显著增加，同比升幅为50.91%，占比继续上升0.63个百分点。[②] 从发展趋势看，今后一段时期内发案量仍将处于上升趋势，而现行的工作体制机制和一线民警执法能力等方面尚存有诸多的不适应，治理工作面临着巨大挑战。公安机关亟须采取切实有力的措施，精准施策，加大打击整治力度，堵塞防范治理漏洞，努力从源头上遏制网络犯罪高发态势，提升网络犯罪治理效能。

---

[*] 王枫梧，杭州市公安局法义工作室，刑事案件审查支队副大队长；赵正文，杭州市公安局法义工作室，刑事案件审查支队大队长；何雷，浙江警察学院侦查系，副教授。

[①] 敬力嘉：《信息网络犯罪规制的预防转向与限度》，社会科学文献出版社2019年版，第1页。

[②] 《司法大数据专题报告之网络犯罪特点和趋势（2016.1—2018.12）》，载中华人民共和国最高人民法院网，http://www.court.gov.cn/upload/file/2019/11/22/14/42/20191122144257_13346.pdf，最后访问日期：2020年7月1日。

一、网络犯罪治理现状

(一) 侦查打击方面

1. 接警处置能力不强,受理止付应对有待规范。虽然各工作环节均制订了相应的规范,明确了具体工作要求,也开展了多层次的业务培训,但网络犯罪演变迅速,基层民警对犯罪种类特点、作案手段等普遍不熟悉,专业能力不强,在受理案件制作笔录、发现涉案信息、提取固定证据等工作中仍存在明显不足,紧急劝阻、止付意识薄弱,未及时报送、处置涉案号码、账号,以及未按规定要求录入信息系统平台等问题普遍存在。对于部分作案手段复杂的案件,还存在着不予受理立案或者定性不准、查证方向不明等问题。

2. 人案匹配矛盾突出,初侦初查工作有待落实。公安机关网络犯罪侦查体系建设向县级延伸工作整体推进缓慢,人力、物力投入不足,能按规定要求履行好职责的更少。特别是在专业队的组建上,人员配备远未达到实际工作需求,在案件量占比已达50%以上情况下,专职民警占总警力还不到10%。专职警力严重不匹配,专业工作能力不强,在落实初侦初查等基础工作上不到位,无法有效承担起打击防范等工作任务。

3. 情报导侦工作薄弱,合成作战机制有待健全。对于网络犯罪侦查,公安机关通常由省厅发挥牵头组织作用,地市一级承担主体责任,区县(市)一级做实基础工作。同时明确县级公安机关做好规范受案、初侦初查、落地侦办等三大任务,并要求在案件侦办中,突出核案取证、落地抓捕、审讯深挖等职能的发挥。要发挥好这些职能作用,必须要有专业情报研判工作的支撑,必须要有多警种、多部门的合成作战机制为保障。但目前以情报导侦为牵引、合成作战为常态、科技应用为支撑的区域联动整体打击的侦查新格局尚未完全形成,网络犯罪侦查体系建设与刑侦专业情报研判体系建设还没有深度融合,实施跨区域全链条打击涉网新型犯罪的能力还不强。

4. 区域协同配合缺乏,破案打击成效有待提升。网络犯罪关涉的嫌疑人员大多在省外或境外,案件侦查难度大,办案周期长、成本高,系列案件涉及本地案件少,投入多产出少。

(二) 案件防范方面

1. 社会参与有待提高。网络犯罪的治理和防范工作并不仅是公安机关的职责,需要全社会相关单位、部门共同参与、群策群力方能有效遏制案件的高发势头,在根源上予以铲除。目前,网络犯罪防范工作还没有形成全社会参与、全方位、立体式的群防群治的有效社会治理格局。

2. 智慧防控有待强化。目前，公安机关在日常网络犯罪防范方面多采取"传统＋科技"模式，对案件线索来源的感知往往是在新型案件发生后，公安机关再从犯罪行为手段入手，进行类案分析研判，采取点面方式实施数据推送进行针对性防范。这一现状与公安机关借力科技赋能，助力网络犯罪的智能感知和建模预警的智慧防控图景尚存有距离。

3. 技术反制有待落实。虽然各地防控部门采取了不少技术反制措施，同时也开展了形式多样的防范宣传工作，取得了一定成效，但总体效果不理想。通信运营商、银行金融业的主动防控意识不强、积极性不高，技术反制措施不到位。

4. 被害防害有待精准。据360猎网平台在2020年3月29日发布的新冠肺炎疫情期间（1月24日—3月13日）网络犯罪研究报告显示，猎网平台共收到有效诈骗举报3243例，举报数量较2019年同期的2200例增长了47%，举报者被骗总金额达5997万元，人均损失为18492元。① 这一报告不仅反映网络诈骗犯罪呈高发的趋势，也从侧面反映了网络犯罪的被害人预防任务艰巨性。实务中，公安机关对被害人的防害往往没有实施层次化、技术化、精准化的有针对性的实质性防害宣传，致使此类案件呈高发的态势，公安机关一时无法进行有效的遏制。若公安机关有针对性地对网络犯罪的行为、手段特点进行实质分析、研判，对被害人采取针对性的事前、事中防控，效果会事半功倍。

（三）法律保障方面

在网络犯罪案件办理中，侦查机关常常面临如下法律适用方面的困惑：

1. 实体方面。随着网络社会的发展，网络犯罪参与行为的结构有着非中心化的趋势，② 因此，共犯的认定成为了公安机关最为关注的问题。如通过网络对不特定性人群实施犯罪教唆行为的认定。另外，多数的网络犯罪团伙案件俱是以公司面目出现的，在这种公司外壳下的网络共同犯罪中，刑事打击的层级应当如何确定？再如存在一些所谓"技术中立"的网络犯罪案件中，如何推定提供所谓中立帮助的行为人主观故意问题？法律解释领域内，如在网络犯罪中，刑法解释的内部、外部限度究竟应当如何厘定？在具体个案的办理中，如何跨越表体的鸿沟，构建刑事政策与教义刑法学之间贯通的桥梁，使得对法律的解释能够符合市民的一般认识规律和期待？实务部门在办案中遇到的以上问题亟须更高层面的有权机关给予指导和释明。

---

① 《新冠肺炎疫情期间网络诈骗趋势研究报告》，载360安全中心网，https://www.360.cn/n/11619.html，最后访问日期：2020年7月1日。

② 王肃之：《网络犯罪原理》，人民法院出版社2019年版，第370页。

2. 程序方面。管辖问题一直以来都是网络犯罪案件办理中存在争议的热点和难点问题。如网络犯罪的遍在性、危害性与传统地域管辖、级别管辖的冲突问题，又如针对跨境、跨区域打击网络新型犯罪，执法部门对案件管辖权认识不一等突出问题。

3. 证据方面。网络犯罪案件的侦办核心问题是电子证据取证、固证问题。当前，我国现有法律缺乏对电子证据专门和详细的规定，而电子证据对于打击网络犯罪具有十分重要的意义。① 电子证据的客观性、合法性、关联性，事关整个案件办理的成败，也是辩护律师辩护和争议的热点问题。如对于网络服务器提取过程记录的具体性质应当如何审查、如何判断以及涉网证据是否受到污染的问题等。如若电子证据存有瑕疵，不仅会成为辩方攻击的重点，也会给案件的整体认定造成不利影响，从而间接阻却司法官员的内心确信形成。

4. 止损方面。网络犯罪案件办理中，在涉案财产的追缴、处置过程中存有诉讼主体缺位、扣押财产出现急需处置等疑难复杂问题。如涉案财产追缴过程中诉讼主体缺位、怠于诉讼导致财产追缴不能；另如扣押财物属于易腐烂、易贬值、易变质物品，如何有效、合理地提前处置问题。此外，还存在着生活困难、老弱病残需照顾人群的财产应当如何提前处置分配问题等急需要法律予以明确和指引。上述问题如若处置不当，则易出现涉访涉诉群体，增加新的社会不稳定因素。

（四）舆论宣传方面

相关部门、单位对于网络犯罪的防范宣传工作，各地推进也不够迅速、有力。同时主要存在以下问题：一是宣传方式不多样。传统的防范网络犯罪宣传模式并不能引起潜在被害人的重视，因此，预防网络犯罪需要借力新型媒介实施多样化、多层次宣传。二是宣传重点不突出。通常预防宣传单位会把目前为止的所有网络犯罪类型罗列到宣传资料上，导致文字信息量冗长，许多潜在被害人没有耐心去花费时间仔细阅读，导致宣传的重点不够突出。三是宣传力度不够大。社区网格员仅仅是在相关社区内张贴网络犯罪宣传资料，路面、写字楼及商场等人员密集场所很少见到相关涉网犯罪的宣传提示语及电子屏滚动播放警示语。

二、网络犯罪治理困境

网络犯罪治理困境的成因是多方面、多维度的，网络犯罪的治理需要全社

---

① 齐文远、杨柳：《网络犯罪问题研究》，中国法制出版社2019年版，第33页。

会的参与。公安机关是打击网络犯罪的主力军,针对犯罪行为、手段不断翻新、变异的网络犯罪,公安机关略显"力不从心",归结起来主要存在以下方面困境:

(一) 犯罪特点与行为类型化的理论研究不深入

随着信息技术的突飞猛进,网络犯罪的行为特点也不断地发生变异,主要表现在以下方面:一是犯罪主体的不确定性,网络犯罪行为发生空间的网络性特征决定了主体的不确定性。[①] 二是网络犯罪成本低,犯罪成本可以理解为犯罪主体在"进行犯罪决断、实施犯罪准备和在犯罪过程中以及承担犯罪后果所支付的成本和代价"。[②] 三是犯罪手段的多元化,网络技术的快速发展为网络犯罪提供了多种形式和手段,且手段和行为不断异化,隐蔽性、虚拟性和跨境化趋势明显。四是侵害对象的广泛性,据360猎网平台2020年1月17日发布的网络诈骗趋势研究报告显示:被害人年龄分布广。[③] 实务中,公安机关对这种突如其来快速演变升级的犯罪手法,理论研究不够,而实践中破案数量又少,因此,无论是侦查能力、打击对策还是防控措施等方面,均表现出了诸多的不适应,致使犯罪的打防陷入了极为被动的局面。

(二) 侦查理念和侦查技术的更新转变上不到位

在"互联网+"的大环境下,网络犯罪正逐渐取代传统犯罪案件成为主流犯罪,其犯罪的行为方式也不断地演变升级,使侦查工作在从原先的物理空间向网络空间转移。网络犯罪已经演化成一场犯罪分子与公安机关在"互联网+"技术、数据信息技术、大数据技术策略、措施、方法领域的竞赛与对抗。[④] 侦查机关的侦查理念、侦查技术还没有及时作出调整,仍然沿用"老一套"侦查方法,其对网络犯罪的惩治效果也就不言而喻了。另外,公安机关针对网络犯罪的理论研究和技战法的教育培训存在明显的滞后性,许多指挥员和侦查员的理论知识和能力水平已远不能适应当前互联网大数据侦查的要求。

(三) 法律保障和绩效评估体系化建设不健全

由于网络犯罪介质的特殊性、犯罪信息的时效性,以及犯罪环节涉及的大

[①] 程文凤、陈星:《网络犯罪群防群治措施研究》,载《重庆理工大学学报(社会科学)》2019年第8期。

[②] 冯玉军:《法经济学范式》,清华大学出版社2009年版,第235页。

[③] 《2019年网络诈骗趋势研究报告》,载360安全中心网,http://zt.360.cn/1101061855.php?did=610412125&dtid=1101062366,最后访问日期:2020年7月1日。

[④] 刘定朋、梁坤:《"互联网+"时代公安大数据犯罪防控对策初探》,载《北京警察学院学报》2016年第2期。

量黑灰产业，相关立法反应整体上滞后于当前的侦查和防范实务，没能对某些具体侦查活动进行清晰界定，有的甚至处于"无法可依、自由裁量"的状态，影响整体的打击治理防范成效。此外，公安部在绩效评估的指标设置上，与构建的打击犯罪新机制要求存在着明显不对应、不匹配之处。对于主要犯罪类型构成现已发生重大变化的情况下，各项考评指标未及时作出调整，导致犯罪输出地公安机关打不胜打，而犯罪输入地公安机关为完成考核指标则出现选择性打击的现象。

（四）被害人预防研究和防范的宣传工作不重视

德国刑法学家许乃曼认为，预防论的刑法观的指导下，刑法的威慑功能被过分的强调，其结果是立法和司法领域中产生刑事可罚性的扩大和刑事法的肥大症。然而，刑罚的频率和刑罚预防的效率之间并非正比关系，换言之，频繁地运用刑罚的行为并不能提高预防的效率，即增大刑事法的威胁作用。恰恰相反的是，刑事法的预防效果受到削弱。因为作为国民信仰对象的刑法规范，本应通过法律判决而不断受到强化，并内化为伦理型的法律信仰，然而通过过度膨胀的和滥用的刑法，国民对刑法习以为常，以致最后消融了刑法的威胁效果。[①] 实践中，公安、司法机关往往注重犯罪的有效打击，往往不重视甚至忽视被害人的被害化研究，不利于提出切实有效的预防和犯罪控制措施。在防范宣传方面，只注重表面上的线上网络宣传，实质性和针对性的"点对点"精准宣传措施很少，难以达到凸显重点区域和重点人员的有效防范，且防范目的容易落空。

三、网络犯罪治理对策

犯罪形态的新变化，必然伴随着刑事执法、司法的改革，也只有适应时代的变革，才能确保执法、司法工作更好地展开。要解决好当前突出问题，适应现实斗争需要，公安机关应从强化智慧打击、注重案件防范、完善体制机制、保障法律支撑、精准舆论宣传等方面开展综合治理。

（一）强化智慧打击

1. 认清犯罪形势，全力推动侦查体制创新。网络犯罪已成为第一大犯罪类型，未来绝大多数犯罪都可能借助网络。侦查机关必须充分认识网络犯罪的严峻形势，其作案手段的复杂多变性、案件的高发态势和跨省跨境特征，将在

---

① 申柳华：《德国刑法被害人信条学研究》，中国人民公安大学出版社2011年版，第199页。

相当长的时期内存在，需要给予高度重视和积极回应，改革传统的被动防御型侦查体制，建立起主动挖掘型打防新机制。

2. 坚持以打开路，实施多措并举综合治理。一要坚持以打开路。庞大的犯罪主体千方百计地运用各种现代科技手段和犯罪策略，绕过技防与心防等防线实施着各类犯罪，使侦查机关防不胜防。因此，必须以打开路，肃清犯罪主体存量，增加其犯罪成本，震慑其犯罪行为。二要坚持打防并举。公安机关必须树立起打防并举、综合治理的理念，在加大打击力度的同时，积极开展各种形式的防范工作，并对各种黑灰产业和行业管理中存在的问题进行重点整治，尽可能防控案件的发生，减少犯罪主体的增量。三要坚持以打促治。公安机关要突出统筹打击，对打击中发现的行业监管漏洞，要及时通报主管部门，限期整改，问题严重的要向社会公开曝光。

3. 整合社会资源，实行集群战役合成作战。网络犯罪治理中涉及的行业、领域非常之广，需要有银行、通信、金融、互联网等专业知识为支撑，需要各方面的信息资源为保障。一是要发挥联席单位作用。二是要建立警企战略合作。要与互联网企业建立长期的战略合作，充分运用他们的各种信息资源，实施好情报主导侦查战略，开展好专业情报的深度研判工作，为实战提供强有力的支撑。三是要实行警种合成作战。在打击工作中刑侦、技侦、经侦、网安、预审、法制等警种要同步上案，发挥好各自的优势实现案件的快侦快破。

4. 加强人才培养，确保大数据侦查的实施。要开展好涉网新型犯罪的侦查破案工作，必须实行大数据驱动下的侦查模式。而大数据侦查模式的核心是数据运算，其侦查过程就是算法过程。这就要求我们建立起一支适应大数据算法侦查的专家队伍，并在培养公安机关大数据侦查专家队伍的基础上，聘请社会上相关行业的专家组建侦查专家顾问团队，共同推进大数据侦查的实施。

（二）注重案件防范

网络犯罪之所以高发，除法律法规不完善、体制机制不适应等客观原因外，更重要的原因是治理关口靠后，前端防范治理的合力不够。据此，要全社会参与其中，迅速行动起来，采取更加坚决、更加有力、更加过硬、更加有效的措施，掀起群防群治的网络犯罪打击整治新高潮。

1. 强化广泛参与，提升群防群治。"人民是历史的创造者，人民群众是我们力量的源泉。"[1] 在网络犯罪的治理中，任何一个环节的疏漏、一个部门的弱化，都会影响和削弱整体工作成效。社会各单位、主体必须齐抓共管、同向

---

[1] 习近平：《习近平谈治国理政》，外文出版社2014年版，第5页。

发力,牢牢守住各自行业监管的主阵地,特别是金融、电信、网络等重点领域的监管部门,更要发挥主力军作用,强化行业问题治理,全面堵塞容易被犯罪分子利用的各类问题漏洞。在网络犯罪的共同治理中,社会各单位、各主体充分发扬新时代"枫桥经验",形成群防群治的社会治理格局。

2. 强化科技赋能,提升精密智控力。公安机关要借鉴新冠肺炎疫情防控期间"精密智控"的做法,主动利用大数据、人工智能算法等先进技术,对涉网犯罪的下游犯罪,如网络诈骗的对公账户进行排摸,及时跟进相关封控措施。特别是人民银行、市场监督管理局、三大通信运营商、税务机关等成员单位都要切实发挥好各自职能优势,重点在智能识别、智能筛选、智能监测、智能风控上各显神通、堵塞漏洞。又如当前公安机关运用声纹技术、侦技结合的方式打击网络诈骗犯罪,成效初显,此举为打击网络犯罪提供了新思路、新战法和新经验。

3. 强化防范为先,提升技术反制力。要完善技术拦截反制系统,提高监测防范、综合分析和预警处置能力。要深入开展专项宣传防范,把"群众有没有真正受到触动"作为检验宣传防范工作成效的重要标准,多采用一些群众接受度高、针对性强、实际效果好的方式,防止"大呼隆""狂轰滥炸"式宣传。要发挥好基层基础工作优势,用好社会治安综合治理基层网格化管理平台,发动网格员、志愿者、治安积极分子等社会力量,让宣防工作到边到底。

4. 强化以人为本,提升被害预防力。现代生活不可避免地与风险相伴,犯罪不再是异常的小概率事件,而是人们要面对的日常风险。对于网络犯罪,不能再按照传统和常规的犯罪控制策略进行遏制,而是需要以被害人的被害性为基础,完善被害预防的内容,提升被害预防的策略。

(三) 完善体制机制

公安机关打击治理网络犯罪必须重拳出击、以打开路、打防并举,其涉及面非常之广,需要公安机关在打击、防范、治理等环节上,建立健全各项工作机制,全面提升打防管控成效。

1. 健全统筹组织指挥和长效协同打击机制。针对网络犯罪的跨省跨境网络化作案特点,必须树立起全国"一盘棋"思想和决胜的信心。要进一步健全部、省、市分级统筹组织指挥、各县(市、区)协同打击的机制,即在公安部统筹组织各省(市、区)开展跨境打击和对各类主要犯罪以及黑灰产业链进行全国性集群打击基础上,要进一步发挥好省、市两级的牵头组织协调指挥作用,根据省域主要案件类型和各市的突出犯罪,加强案件的分级分类串并研判,强化侦办协作平台应用,分别组织各市、县(市、区)开展规模化协同打击。

2. 健全涉案线索落地和跨省驻点打击机制。要进一步依托 2019 年 3 月以来公安部建立的根据犯罪嫌疑人使用的手机、QQ、微信等线索，以窝点所在地公安机关为打处责任单位，在全国范围内实行快速落地打击机制，落实好跨省驻点打击机制。公安机关要以部侦办平台为载体，落实好案件初侦初查工作，强化对网络犯罪线索的串并研判和侦查经营，并通过各市承包相关对应省（市、区）开展落地侦查的方式，加强与窝点地公安机关的协作，加强多警种合成作战，全力推进落地查处和核破网络犯罪案件工作成效最大化。

3. 健全多层级技术反制和行业性治理机制。公安机关要进一步发挥好联席会议制度和联席办组织协调作用，会同三大电信运营商、各大银行、互联网公司和相关政府职能部门，从通信流、网络流和资金流入手统筹推进技术反制措施的落实，统筹对相关行业乱象的整顿治理。鼓励各级公安机关运用各种资源开展技术反制模型的研发和迭代更新，建立与省级差异化的技术反制手段，组织开展好"一案双查"和行业整顿治理。各县（市、区）公安机关应根据本地实际，落实好接警止付、人工劝阻和防范宣传等工作。加快推进技术反制、风控系统建设。通信管理局、人民银行、银保监局、三大电信运营商、各大银行要加强技术反制、风控研究，加快现有系统升级改造，根据高发类案及时调整预警拦截模型，从通信流、资金流、网络流等多方面入手，提高对诈骗电话、短信、网址的预警检测和拦截能力，提升技术反制效能。

4. 健全科学绩效评估体系和国际合作机制。由于犯罪主要类型的变化，整个刑侦绩效评估体系的各指标值应作出相应的调整，以引导各地进行警力的合理投向和有效的打防。一方面对涉及的接警处置、快速止付、技术勘验、初侦初查、信息录入、情报研判、宣防反制、落地打击等工作环节，制定相应的规范和标准，明确各项工作要求，全面实施规范化操作和过程质量控制。另一方面建立考评指标体系，对各工作环节实行不同指标、不同赋分权重的考核办法，同时开展定期或不定期考核评估，及时纠正工作中存在的问题和短板，不断提升打防管控成效。由于网络空间的结构具有流动性、多层次、去中心化等特征，[①] 因此，网络空间的治理需要强化国际合作。当前要真正切实发挥国际合作机制的作用，提升打击网络犯罪效能，还需要在具体的操作机制上进行健全和完善，为合作打击网络犯罪提供法律保障和支持。

(四) 保障法律支撑

在网络犯罪治理中，公安机关要统一执法思想，与检法机关建立健全案件

[①] 敬力嘉：《信息网络犯罪规制的预防转向与限度》，社会科学文献出版社 2019 年版，第 23~26 页。

定性、法律适用、证据规格、指定管辖、定罪量刑等方面标准规范，加强沟通协调、提升执法效能和打击效果。

1. 实体方面。近年来，随着我国刑事立法的活性化与刑事处罚的日趋前置化，"功能主义"的刑法观[①]在刑法领域获得了越来越多的关注。刑法是保障法，也是最后手段，在犯罪治理中务必关注刑法的谦抑性，这是法治精神应然要求之意。在网络犯罪案件办理中，既要坚守"宽严相济"的刑事政策，也要坚持"从重从快"的打击策略。在实务中，公安机关对出现的疑难复杂、有争议的问题，首先要强化检法会商机制，协调检法，形成共识，有利于案件的高效侦办；其次要强化类案理论研究，总结规律，理论反哺实践，有利于类案的智慧办理；最后要强化"请进来走出去"，探讨争鸣，有利于交流和业务提升，更能获得更高层级科学的指导和规范。

2. 程序方面。针对实务中出现的网络犯罪案件管辖权争议问题，一是完善顶层设计。公安机关应统一思想，树立大局意识，将实务中出现的疑难复杂有争议的问题及时层报公安部，公安部作出顶层设计予以统筹协调解决，同时主动对接检法部门争取办案时间。二是主动对接检法。公安机关应及时对接联系检法机关，就案件关键问题达成共识，一些重大敏感、疑难复杂案件主动邀请检察院提前介入并引导侦查取证方向，形成大控方打击犯罪的格局，从而形成打击合力，提升网络犯罪治理效能。

3. 证据方面。公安机关不断强化电子物证专业建设，是顺应犯罪形势变化及时进行转型升级的创新举措，是新时代充分发挥刑事科学技术专业优势和作用的必然选择，也是加强网络犯罪初侦初查力量的有效途径。网络犯罪现场勘查（即网络流查证）是网络犯罪案件初侦初查工作的有机组成部分，需要公安机关从体系化角度谋划推进。公安机关要通过建立专业实验室，明确职责任务，研订勘查规则，加强培训交流等途径，全面提升刑事科学技术部门取证能力，多措并举确保电子证据的客观性、合法性、关联性，为案件的侦查、起诉夯实坚实的证据基石。

4. 止损方面。网络犯罪案件办理中，在涉案财产的追缴、处置过程中存有涉案财产主体不明、诉讼主体缺位、扣押财产急需处置等疑难复杂问题，公安机关要按照法定程序、法定职责进行追缴、处置财产，实现财产利益最大化。一是厘清涉案财产与案件的法律关系。法律关系是由法律主体、客体、内容组成的有机体，厘清涉案财产与案件的实质关联，确认两者的法律关系是法

[①] 参见劳东燕：《风险社会与功能主义的刑法立法观》，载《法学评论》2017年第6期。

律规范规制的前提。二是强化涉案财产关联证据取证固证。针对网络犯罪案件中涉案财产证据薄弱的情形，侦查机关应强化证据意识，有效构建证据体系，强化证据的取证固证工作。三是完善经营性财产托管机制。

（五）精准舆论宣传

1. 争取党委支持。网络犯罪防范是一项持久的耗时、耗财、耗精力的战役，因此，公安机关要投入大量的人力、物力、精力，但投入和产出见效慢、不成比例关系。属地党委给予关注和支持，利于公安机关更有效地协调其他部门开展针对性防范，同时也有利于保障开展宣传防范工作的经费。

2. 实施精准发力。公安机关要充分利用最先感知网络犯罪案件的有利条件，有针对性地开展案件的预警预判分析、行为手段及类型分析，实施有针对性的人群防范和宣传工作，如针对公司的财务人员，居家退休老年人等精准推送短信及定点发放宣传资料。

3. 采取形式多样。一是线上宣传，公安机关要充分利用网络技术带来的红利开展形式多样的网络犯罪的舆论宣传工作。二是线下发动，公安机关要借力社区网格员、治安积极分子及志愿者等社会力量，严密网格化管理，实施调查走访和宣传网络犯罪的相关知识，让宣防工作落地生根。三是案例推送，公安机关针对不同的潜在易被害群体，通过信息研判适时推送身边典型案例，既节约宣传成本，又提升宣传成效。

4. 借力科技支撑。公安机关应加强警企合作，建立联动机制，强化科技支撑，深化科技运用，提升网络犯罪宣传力。在防范工作上要依托相关警种和银行、通信等相关职能部门，共同开展好宣防策略与技术反制模型的研究工作，共同落实好各项防控措施。如针对重点楼宇开展"数据洗楼"行动，充分运用人工智能分析，对潜在被害人群开展网络犯罪提醒和资料信息推送。

四、结语

网络犯罪治理，是国家治理体系和治理能力现代化的必然要求，也是社会主义法治原则的重要体现。网络犯罪治理是一项社会综合治理工程，需要全社会共同参与，形成群防群治、堵塞治理漏洞的协同治理格局。公安机关作为这场集群战役中的主力军，一方面需要建立健全打击防范机制，借势借力，科技赋能，实施智慧治理；另一方面要与时俱进，提升自身业务素养，实施人才战略培养，实施前端治理。在这场战役中，公安机关要善于运用法治思维和法治方式来破解网络犯罪治理的瓶颈问题，坚决打赢网络空间保卫战，确保网络空间清朗有序。

二、互联网金融犯罪治理

何以成众：网络非法集资犯罪的"被害"原因及防控对策

江耀炜[*]

网络非法集资犯罪的一个鲜明特点是涉众性。涉众性的特点导致这类犯罪一旦发生将严重影响金融秩序和金融安全，甚至产生"群访群闹"以及危及社会治安治理。在互联网的帮助下，非法集资从传统实体空间领域延伸到互联网领域，犯罪人与被害人的互动不受地理空间的控制，使得再简单的网络金融犯罪影响范围都可能波及数个省份，网络非法集资犯罪的治理迫切性成为普遍性的问题。本文拟从被害预防的角度，在对504名网络非法集资犯罪被害人的报案记录、询问笔录进行量化统计和质化分析的基础上，剖析网络非法集资案件被害历程，并提出网络非法集资犯罪的防控对策。

一、网络非法集资被害人个人属性特征

（一）样本被害人性别分布形态

研究样本的性别分布情况如图1所示。由图1可见，被害人样本中男性被害人达到69.66%，其人数比例明显大于女性被害人的人数比例，在投资方面男性比女性更容易作出投资决策，女性比男性更加理性。

（二）样本被害人年龄分布形态

研究样本被害人的年龄分布情况如图2所示。由图2可见，网络非法集资案件的被害人年龄主要集中在25岁至50岁之间，比例达到71.12%，其中可能的解释是25岁以下的年轻人基本上没有资本积累，较少有赋闲的资金参与集资；而50岁以上的被害人人数比例达到25.30%，一方面是由于临近退休或者退休的人有一定的资本积累，有先天的条件参与集资活动，另一方面，年龄超过50岁的人，很大一部分对互联网比较陌生，因而较少参与到网络集资

---

[*] 江耀炜，南京信息工程大学大数据法治研究中心研究员，刑事法治研究中心主任。

活动当中。调研发现,很多年龄超过 50 岁被害人,其参与集资过程是在业务推广人员各种劝说和利诱下才决定投资,而具体的注册、转账等投资操作是由业务员在被害人面前操作完成的。

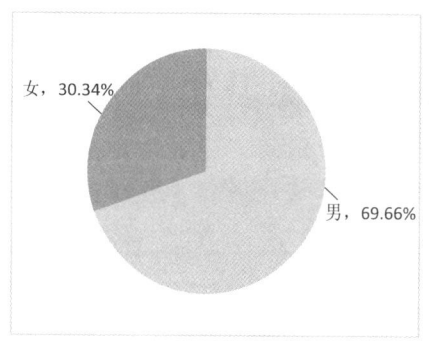

图 1:样本性别分布图　　　　图 2:样本年龄段分布图

(三) 样本被害人受教育程度分布形态

研究样本被害人的受教育程度分布情况如图 3 所示。由图 3 可见,网络非法集资犯罪被害人受教育程度为初中、高中或者中专、大专、本科的人数比例分别为 24.73%、23.12%、17.20%、26.34%,大体相当;受教育程度为小学以下和研究生以上的被害人人数比例分别为 5.91% 和 2.69%。可见,是否成为网络非法集资犯罪的被害人与受教育程度高低没有明显关系。

(四) 样本被害人职业分布形态

研究样本被害人的职业分布情况如图 4 所示。由图 4 可见,网络集资犯罪被害人为退休或无业人员的比例最高达到 53.85%,其次则为公司职员,其比例为 36.26%。传统金融犯罪受害群体主要是离退休人员和缺乏基本投资知识的群体,而在网络非法集资犯罪中,离退休人员在被害人的比例中仍然相对较高。

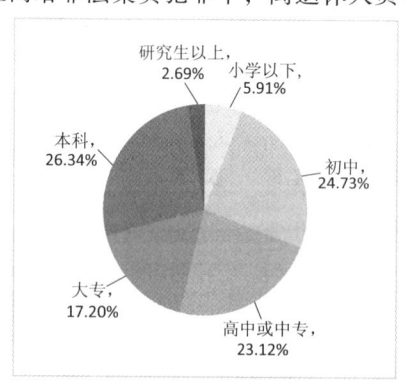
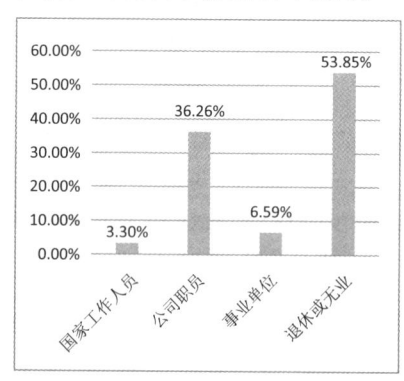

图 3:样本受教育程度分布图　　　　图 4:样本职业分布图

二、网络非法集资被害人投资决策因素分析

让一个人从口袋里掏钱出来并非易事,然而,为什么会有这么多人从口袋掏钱参与网络非法集资?从研究样本来看,人均投资损失金额达到29.59万元,单个被害人最大损失金额达到660万元。被害人的贪利性和利令智昏常被用来解释集资诈骗犯罪被害人被害的原因。然而,果真如此吗?为什么有的被害人损失几百万元,而有的被害人损失几千元,就是因为他们贪利程度不同吗?影响被害人作出投资决策的因素除了贪利是否还有其他影响因素呢?被害损失的大小与被害人本身的个人属性特征是否有明显的关系呢?

(一)量化统计分析

1. 性别与损失金额

表1.1:描述性统计资料

损失金额(万元)

	N	平均数	标准偏差	标准错误	平均值的95%信赖区间		最小值	最大值
					下限	上限		
女	151	25.0872	61.04967	4.96815	15.2706	34.9038	0.00	600.00
男	348	68.1720	477.36567	25.58949	17.8420	118.5021	0.10	7798.43
总计	499	55.1344	400.37181	17.92310	19.9201	90.3486	0.00	7798.43

表1.2:变异数同构型测试(方差齐性检验)

损失金额(万元)

Levene统计资料	df1	df2	显著性
2.558	1	497	0.110

表1.3:以性别为因子的变异数分析(ANOVA)

损失金额(万元)

	平方和	df	平均值平方	F	显著性
群组之间	195480.963	1	195480.963	1.220	0.270
在群组内	79632718.021	497	160226.797		
总计	79828198.984	498			

首先,从描述性统计量表可见,一方面,性别为女的被害人平均损失金额

为 25.0872 万元，而性别为男的被害人平均损失金额为 68.1720 万元；另一方面，从标准差的大小来看，性别为女的被害人损失金额相较于性别为男的被害人损失金额低。其次，从方差齐性检验结果来看，表格中 Levene 统计量等于 2.558，由于概率 P 值 0.110 大于显著性水平 0.05，因此两种性别的被害人损失金额方差是相同的，满足方差分析的前提条件。最后，从单因素方差分析结果来看，不同性别的组间离差为 195480.963，组内离差为 79632718.021，它们的方差比相除所得 F 统计量观测值为 1.220，对应的概率 P 值为 0.270，大于显著性水平 0.05，所以接受零假设，认为不同性别的被害人损失金额没有显著性差异。

2. 年龄与损失数额

表 2.1：描述性统计资料

损失金额（万元）

	N	平均数	标准偏差	标准错误	平均值的95%信赖区间		最小值	最大值
					下限	上限		
25岁以下	18	25.5151	51.02458	12.02661	0.1412	50.8890	0.10	221.00
25岁至50岁	354	65.4556	473.12589	25.14636	16.0001	114.9112	0.00	7798.43
50岁以上	127	30.5628	71.01171	6.30127	18.0928	43.0328	0.17	660.00
总计	499	55.1344	400.37181	17.92310	19.9201	90.3486	0.00	7798.43

表 2.2：变异数同构型测试（方差齐性检验）

损失金额（万元）

Levene 统计资料	df1	df2	显著性
1.024	2	496	0.360

表 2.3：以年龄为因子的变异数分析（ANOVA）

损失金额（万元）

	平方和	df	平均值平方	F	显著性
群组之间	130180.300	2	65090.150	0.405	0.667
在群组内	79698018.683	496	160681.489		
总计	79828198.984	498			

首先，从描述性统计量表可见，25 岁以下的被害人平均损失金额为 25.5151 万元，年龄为 25 岁至 50 岁之间的被害人平均损失金额为 65.4556 万元，而 50 岁以上的被害人平均损失金额为 30.5628 万元。其次，从方差齐性检验结果来看，由于概率 P 值 0.360 大于显著性水平 0.05，因此三个年龄段的被害人损失金额方差是相同的，满足方差分析的前提条件。最后，从单因素方差分析结果来看，不同年龄段的组间离差为 130180.300，组内离差为 79698018.683，它们的方差比相除所得 F 统计量观测值为 0.405，对应的概率 P 值为 0.667，大于显著性水平 0.05，所以接受零假设，认为不同年龄段的被害人损失金额没有显著性差异。

3. 受教育程度与损失金额

表 3.1：描述性统计资料

损失金额（万元）

	N	平均数	标准偏差	标准错误	平均值的95%信赖区间		最小值	最大值
					下限	上限		
小学以下	11	14.3182	17.65904	5.32440	2.4547	26.1817	1.50	60.00
初中或中专	63	28.9629	91.78483	11.56380	5.8471	52.0786	0.10	660.00
高中以上研究生以下	105	39.1308	72.07226	7.03353	25.1830	53.0785	0.45	311.00
研究生以上	5	22.0200	41.96608	18.76780	-30.0878	74.1278	0.00	97.00
总计	184	33.7010	76.89404	5.66870	22.5166	44.8855	0.00	660.00

表 3.2：变异数同构型测试（方差齐性检验）

损失金额（万元）

Levene 统计资料	df1	df2	显著性
1.089	3	180	0.355

表 3.3：以受教育程度为因子的变异数分析（ANOVA）

损失金额（万元）

	平方和	df	平均值平方	F	显著性
群组之间	9324.852	3	3108.284	0.522	0.668
在群组内	1072697.900	180	5959.433		
总计	1082022.752	183			

首先，从描述性统计量表可见，受教育程度为小学以下的被害人平均损失金额为 14.3182 万元，受教育程度为初中或中专的被害人平均损失金额为 28.9629 万元，受教育程度为高中以上研究生以下的被害人平均损失金额为 39.1308 万元，而受教育程度为研究生以上的被害人平均损失金额为 22.0200 万元。其次，从方差齐性检验结果来看，由于概率 P 值 0.355 大于显著性水平 0.05，因此四类不同受教育程度的被害人损失金额方差是相同的，满足方差分析的前提条件。最后，从单因素方差分析结果来看，不同受教育程度的组间离差为 9324.852，组内离差为 1072697.900，它们的方差比相除所得 F 统计量观测值为 0.522，对应的概率 P 值为 0.668，大于显著性水平 0.05，所以接受零假设，认为不同受教育程度的被害人损失金额没有显著性差异。

4. 职业与损失金额

表 4.1：描述性统计资料

损失金额（万元）

	N	平均数	标准偏差	标准错误	平均值的95%信赖区间		最小值	最大值
					下限	上限		
国家工作人员	3	27.7667	23.30114	13.45292	-30.1166	85.6499	1.10	44.20
公司职员	33	43.9288	122.73137	21.36479	0.4101	87.4474	1.00	660.00
事业单位工作人员	6	48.4733	89.69185	36.61655	-45.6525	142.5992	4.00	230.00
总计	42	43.4236	113.07471	17.44781	8.1870	78.6601	1.00	660.00

表 4.2：变异数同构型测试（方差齐性检验）

损失金额（万元）

Levene 统计资料	df1	df2	显著性
0.303	2	39	0.740

表 4.3：以职业为因子的变异数分析（ANOVA）

损失金额（万元）

	平方和	df	平均值平方	F	显著性
群组之间	896.840	2	448.420	0.033	0.967
在群组内	523324.668	39	13418.581		
总计	524221.508	41			

首先，从描述性统计量表可见，职业为国家工作人员的被害人平均损失金额为 27.7667 万元，职业为公司职员的被害人平均损失金额为 43.9288 万元，而职业为事业单位工作人员（包括教师、医生等）的被害人平均损失金额为 48.4733 万元。其次，从方差齐性检验结果来看，由于概率 P 值 0.740 大于显著性水平 0.05，因此三类不同职业的被害人损失金额方差是相同的，满足方差分析的前提条件。最后，从单因素方差分析结果来看，不同职业的组间离差为 896.840，组内离差为 523324.668，它们的方差比相除所得 F 统计量观测值为 0.033，对应的概率 P 值为 0.967，大于显著性水平 0.05，所以接受零假设，认为不同职业的被害人损失金额没有显著性差异。

（二）质化研究分析

以扎根理论为指导，通过对 504 个网络非法集资案件被害人样本的报案记录、被害人询问笔录等被害人方面的材料人工编码后进行质化研究，发现影响被害人作出投资决策的因素至少存在个人因素、情境因素和社会因素等 3 个方面的影响因素，如图 5 所示。

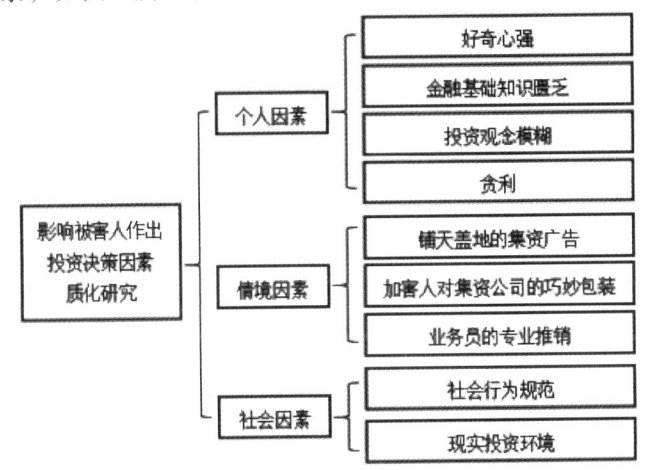

图 5：质化研究分析图

1. 个人因素。影响网络非法集资犯罪被害人投资决策的个人因素实际上也就是网络非法集资案件被害人的被害性。按照本杰明·门德尔松的界定，被害性（victimity），是指某些社会因素所造成的某些损害的所有各类被害人的共同特征。① 被害性包括被害人人口统计学方面的因素和被害人的人格特性，

---

① 参见 [德] 施奈德：《国际范围内的被害人》，许章润等译，中国人民公安大学出版社 1992 年版，第 18 页。

前者包括年龄、性别、职业、社会地位等，后者包括鲁莽、残暴、粗心自私等。① 前面我们通过量化方法统计了网络非法集资被害人在性别、年龄、受教育程度和职业等人口统计学方面的分布情况，并通过 SPSS 统计分析，得出该类犯罪被害人损失的大小与性别、年龄、受教育程度和职业都没有明显关系的结论。这里的质化研究则针对的是被害人人格特性等主观方面的因素。研究发现，好奇心、金融基础知识匮乏、投资观念模糊是影响被害人投资决策的重要因素，而最主要的主观因素仍是贪利性，隐藏在被害人人格深处的贪婪是每个被害人心中最真实的存在。

2. 情境因素。任何犯罪被害都是在一定情境（时空）下发生的，网络非法集资犯罪被害也不例外。在被害人学理论中洛肯比尔（Luckenbill）提出了情境处理理论（situated transaction），主张把被害事件的发生不再看成只是单方面的犯罪被害人或者犯罪加害人的因素，因为犯罪事件的发生是充满动态因素的，而应从双方当事人对犯罪情境的处理过程去说明犯罪案件的发生。② 萨瑟兰等也认为，"犯罪行为的直接决定因素在于个人和情境的复合体。客观情境对犯罪行为之所以重要，在很大程度上是因为它为犯罪行为提供了一种机会"。③ Haney 提出了基本归因错误（Fundamental Attribution Error）的概念，认为人们存在着某种普遍的倾向即贬低或忽视情境因素对行为的影响，并且在解释行为的原因时，更倾向于用人格特质加以说明。④ 研究发现，网络非法集资犯罪的被害人作出投资决策之前都是有经过自己的评估判断过程的，情境因素对网络非法集资犯罪被害人投资决策具有重要影响，具体包括铺天盖地的集资广告、加害人对集资公司的巧妙包装、业务员的专业推销等。

3. 社会因素。在针对样本被害人作出投资决策的因素进行质化研究过程中，发现除了个人因素和情境因素之外，社会因素也在悄悄的影响着被害人的投资决策，具体包括社会行为规范和现实的投资环境，前者如制度环境、法律环境等。

（1）社会行为规范：制度环境、法律环境。制度和法律是人们社会行为规范体系要求社会成员共同遵守的办事规程或行动准则，规范着人们的行为，

---

① 参见任克勤：《被害人学新论》，广东人民出版社 2012 年版，第 98 页。
② 参见黄富源、张平吾：《被害者学新论》，台湾警察学术研究学会 2012 年版，第 122 页。
③ [美] 埃德温·萨瑟兰、唐纳德·克雷西、戴维·路肯比尔：《犯罪学原理》，吴宗宪译，中国人民公安大学出版社 2009 年版，第 105 页。
④ 参见徐云峰、谢丽丽等：《网络犯罪心理》，武汉大学出版社 2014 年版，第 50 页。

保障社会生活的正常进行。集资相关法律制度是集资人与投资人共同的行为规范，银行法、证券法、刑法等法律的规定，直接决定着某一集资项目的集资活动是否合法，影响甚至决定着集资双方的行为选择。

（2）现实投资环境。被害人所面对的现实投资环境是投资渠道受限、银行利率低，在投资需求不能得到释放的情况下，非法集资人只要有合适的理由，就能够比较容易地让潜在的被害人参与到其集资项目中。

（三）何以成众：网络非法集资涉众性机理

涉众性是网络非法集资犯罪的鲜明性特征，"杀熟"和"骗老"是非法集资的新趋势，在网络环境中非法集资案件"杀熟"的特征并未弱化，而是"病毒式"的扩散，被害人从传统"犯罪人的熟人"范围扩大到"被害人的熟人"范围。那么，网络非法集资犯罪何以成众？为什么能够"滚雪球式"吸收被害人，进而成为涉众性案件？通过对网络非法集资犯罪被害人作出投资决策的因素分析，其涉众性机理逐渐清晰。

1. "传销式"的集资方法。网络非法集资被害人之所以能够"病毒式"的扩散，根源于行为人采取了"传销式"的集资方法，主要是利用每个人既有的人际关系网络，作为其扩展集资范围的基本手段。一是招聘大量的业务人员，采用设摊、发传单等多种方式在商场、小区、银行、地铁站、公交车上等人流密集的公共场所进行渗透式推广，在组织形式上类似于"金字塔式"的传销组织结构；二是为业务人员设置高额的提成比例，提高业务员积极性；三是充分利用被害人的个人人脉关系，类似于"拉人头式"传销，① 通过设置不同级别的现金奖励的方式把每一个新的被害人都转化新的集资业务员，这样参与集资人数就能够实现指数级增长。"朋友介绍""邻居介绍""亲戚介绍"成为项目推广的重要渠道。

2. 线上线下联动的集资模式。研究发现，网络非法集资犯罪尽管将非法集资从传统的实体空间转移到网络环境中，借助互联网集资平台打破集资的地域限制，但是"地推"等线下宣传仍然是网络非法集资活动的重要推广渠道。研究样本中，不论是"e租宝"还是其他网络非法集资项目，实体门店、广告传单、推销业务员仍然是标配，只是资金经过看似中立的网络平台比直接向业务员个人或者集资公司转账更能获得被害人的信任。线上线下联动的集资模式集合了线下传销和网络传播"优点"，使得被害人人数能够迅速增长。

---

① "拉人头式"传销是指，组织者通过发展人员，要求被发展人员发展其他人员加入，对发展的人员以直接或者间接滚动发展的人员数量为依据计算和给付报酬，牟取非法利益。参见任克勤：《被害人学新论》，广东人民出版社2012年版，第215页。

(四) 网络非法集资的被害历程

从犯罪事件观点来看,网络非法集资犯罪被害人的被害历程大体经历了接触期、观察期、投资期与被害期四个阶段,与加害人的加害过程画饼、造势、吸金、跑路四个阶段一一对应。影响被害人投资决策的个人因素、情境因素、社会因素分别在被害历程的各个阶段起着不同的推进作用,有些因素甚至在整个被害历程中持续作用。

1. 接触期——画饼。网络非法集资犯罪被害人的被害历程是从接触到非法集资项目开始的。这一阶段加害人精心设计集资项目,然后通过线上广告推送、线下传单、宣传册、业务员推销等手段让被害人接触到集资项目。

2. 观察期——造势。被害人接触到集资项目后,一般会经过或长或短的一段时间观察,根据自己所搜集的各种信息综合判断该项目是否真实、是否存在投资风险等。此时,加害人会利用一切资源进行"造势",以展示自己的经济实力、项目的可靠性等。

3. 投资期——吸金。经过观察期的观察,被害人进行自我合理评估后,下一步往往就是选择投资并确定投资数额。大部分被害人会在决定投资后,一般会先进行较小数额和短期的试探性投资,亲身体验项目的真实性,这一阶段从某种意义上说是观察期的延续。经过短期小额投资,被害人验证了项目的"真实性"和"可靠性"后,往往会连本带息继续投资,甚至大大增加本金投入进行加码投资。

4. 被害期——跑路。对于网络非法集资犯罪被害人的被害期,针对非法吸收公众存款犯罪而言,只有集资平台倒闭或资金链断裂时,才会发生。非法吸收公众存款的集资人在非法集资时并没有非法占有目的,在集资平台没有倒闭或者资金链断裂之前,投资人并没有经济损失。而针对集资诈骗犯罪而言,集资平台集资完成可能就会跑路。

三、研究结论与网络非法集资犯罪防控对策

(一) 确立被害预防理念

预防犯罪从被害人角度来讲,意味着预先采取预防措施,确认和评估被害危险性,以及降低或控制被害风险。[①] 从犯罪是加害人与被害人互动的结果这一角度,要控制或者减少犯罪的发生,不但要消除犯罪人本身具有的促使和导致其实施犯罪行为的内在原因和驱动力,进行犯罪预防,而且还要消除被害人

---

① 参见郭建安:《犯罪被害人学》,北京大学出版社1997年版,第130~131页。

方面有利于犯罪行为实施和容易使自己成为被害人的因素和条件，进行被害预防。被害预防的目的在于通过减少被害方面的作用因素来减少犯罪的发生或减轻犯罪侵害的程度。犯罪学研究表明，被害预防不论是从预防效果、预防措施，还是从预防投入成本来看，都比犯罪预防更具经济性。① 在网络非法集资犯罪中，被害人的行为直接参与了犯罪行为发生的全过程，并发挥了积极的犯罪促成作用，为此，网络非法集资犯罪的防控有必要确立被害预防的理念。如图6所示。

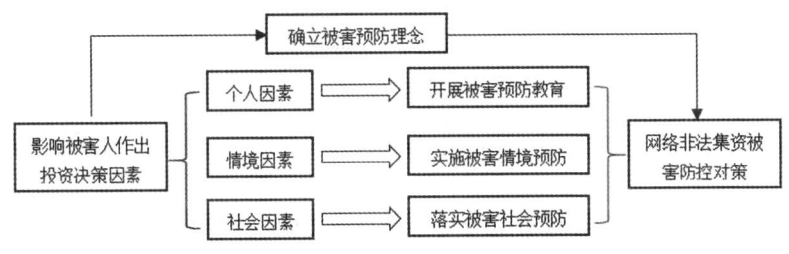

图6：非法集资犯罪被害防控对策图

（二）开展被害预防教育

既然影响网络非法集资犯罪被害人投资决策因素中个人因素起着重要作用，而被害人的投资决策是被害人被害的直接原因，那么，有针对性的减少或者降低被害人个人因素的作用将是网络非法集资犯罪防控的有效手段。自我防范是人的一种有意识有目的的自觉活动，它是为保护自己的生命和财产安全，保护自己赖以生存的社会生活环境服务的。② 被害预防是一种自我防范，因此有必要开展被害预防教育。

1. 开展被害预防教育，首先要让潜在的被害人树立预防被害的意识。犯罪或者说被害的产生，与被害人的防范意识密切相关，当前犯罪颇具"智能性"，犯罪人绝不会贸然行事，而是在预先对被害人进行周密调查，甚至熟知被害人生活规律和秉性后才会出手。③ 被害预防本身就是在减少和消除犯罪行为发生的外部因素和条件，就是为犯罪人实施犯罪行为制造外部障碍，因此，有防范意识和没有防范意识，对于每个人来说，其预防效果是有很大差别的。

---

① 参见熊伟：《被害预防研究》，武汉大学出版社2016年版，第66～70页。
② 参见赵可、周纪兰、董新臣：《一个被轻视的社会群体：犯罪被害人》，群众出版社2002年版，第295～296页。
③ 参见徐永强：《刑事法治视野中的被害人》，中国检察出版社2003年版，第91页。

对于网络非法集资犯罪而言，树立预防被害的意识就是要树立正确的投资理财观念，注意分散投资和风险控制。关注投资动态，注意听取和分析相关意见，避免"确认偏见"。那么，如何避免"确认偏见"呢？（1）只关注相关信息，搜集过度的信息同样意味着失败；（2）努力寻找不利于自己观点的信息；（3）收集、分析难以获得的信息并培养一种开放的心态。①

2. 开展被害预防教育，其次要普及金融基础知识。普及金融基础知识能够帮助潜在的被害人准确分辨非法吸储、集资诈骗等违法犯罪行为，增强投资风险识别能力。

3. 开展被害预防教育，最后要让潜在的被害人理性看待所谓的"高利"。虽然贪利是深藏于每个人内心深处的真实存在，每个人都有致富的期待，但是贪利也有其自身的预防价值。

（三）实施被害情境预防

既然网络非法集资犯罪被害具有情境因素，就能采用被害情境预防策略防控该类犯罪。"情境研究将犯罪现象视为是被害人与犯罪人在活动的时间和空间上趋同的结果，以及犯罪现象是对机会和诱因的反应，如果减少或者消除了产生犯罪的机会和情境性诱因，对犯罪现象就能够加以预防。"② 被害情境预防就是通过减少或者消除影响潜在被害人在网络非法集资中投资决策的情境因素来控制和减少网络非法集资犯罪的发生。

在网络非法集资犯罪中，影响被害人投资决策的情境因素包括铺天盖地的集资广告、加害人对集资公司的巧妙包装、业务员的专业推销等，相应的被害情境预防措施是：（1）严厉打击虚假广告，对于电视台、机场、地铁、高铁等公众认可度较高的广告尤其要重点监管、审查；（2）工商、市场监督管理部门对于公司注册过程中公司名称含有"普惠""投资"等关键词的公司注册进行严格审查，对其注册资本申报进行严格把关；（3）通过海报、宣传册、电视广告、手机短信、微信公众号推送等多种形式向社会普及非法集资相关的民事、刑事法律规定，充分发挥法律的行为规制功能和教育功能。

（四）落实被害社会预防

这里的被害社会预防，指的是从影响网络非法集资犯罪被害人投资决策的

---

① 参见张玉智、刘克：《投资心理学》，清华大学出版社2012年版，第192页。
② 江耀炜：《"心由境生"：互联网金融诈骗犯罪被害情境预防策略研究——以北大法宝108件互联网金融诈骗案例为研究样本》，载《网络法律评论》，北京大学出版社2017年版，第216页。

社会因素角度，采取"回避策略"等多种措施，避免潜在的被害人在网络非法集资项目中作出投资决策。被害社会预防相对于被害预防教育和被害情境预防更为宏观，注重立法、政策和整体方法。在社会行为规范方面，推进网络借贷长效机制建设，修订和完善网络集资相关法律法规，为网络集资活动的健康、有序发展提供良好的制度环境和法律环境。在现实的投资环境方面，一是要实现投资资讯公开透明化，政府部门等对于所主管的投资渠道和项目等，有责任将投资资讯公开透明化，让民众在作出投资决策之前可以很快地查询投资标的和公司是否合法；二是要进一步完善征信系统建设，加强失信人员信息的管理和公开。

P2P 网络借贷犯罪态势及刑法规制研究

崔会如　刘岩冰*

P2P 网络借贷（peer-to-peer lending）是由 P2P 网络借贷平台作为信息中介，居中撮合借款人和投资者以实现点对点小额借贷交易的一种金融模式。① P2P 网络借贷平台将资金和产品的需求进行汇总发布，使得供需双方可以直接进行交易，极大地提升了交易的透明性和便捷性，降低了交易成本，进一步延展了金融服务的边界。也正是基于上述特点，P2P 网络借贷对于盘活民间资金存量，使民间资本更好地服务实体经济，引导民间金融走向规范化具有重要意义。② 但正如乌尔里希·贝克所言："在现代化进程中，生产力的指数式增长，使危险和潜在威胁的释放达到了一个我们前所未知的程度。"③ 由于 P2P 网络借贷初期"无准入门槛、无行业标准、无监管机构"的危险局面④，出现了大量如"e租宝""快鹿"等数额较大的涉众型集资犯罪，给群众造成了大量财产损失，严重冲击了我国的金融管理秩序，产生了极恶劣的社会影响。基于此，本文将以上海各法院 P2P 网络借贷犯罪的 90 份生效裁判⑤为切入点，结合其他数据资料，对这一类型犯罪的基本态势进行描述，分析司法判决中的异化现象，并就其刑事应对方案进行探索，以期对 P2P 网络借贷犯罪的防治有所裨益。

---

* 崔会如，天津工业大学法学院教授，法学博士；刘岩冰，天津工业大学刑法学专业硕士研究生。
① 李鸿、康会欣主编：《P2P借贷的逻辑》，机械工业出版社 2016 年版，第 3 页。
② 郭大磊：《P2P 网络借贷的刑事风险分析与规制》，载《犯罪研究》2016 年第 3 期。
③ ［德］乌尔里希·贝克：《风险社会》，何博闻译，译林出版社 2004 年版，第 15 页。
④ 姚文平：《互联网金融》，中信出版社 2013 年版，第 44 页。
⑤ 样本来源：笔者在中国裁判文书网中，以"P2P"为关键词进行检索，得到上海市法院的生效裁判文书共 107 份，排除因 P2P 以线下方式集资和与 P2P 犯罪无关的案件，得到有效样本 90 份。

一、P2P 网络借贷犯罪的基本态势分析

(一) P2P 网络借贷领域运行不规范

截至 2019 年 12 月，我国累计 P2P 网络借贷平台数量为 6606 家，问题平台数量 2923 家，停业转型平台数量 2923 家，正常运营平台数量仅为 344 家。[①] 近来平台资金链断裂、实控人卷款跑路以及涉嫌犯罪的情况屡见不鲜，冲击我国的金融管理秩序的同时，也给众多投资者带来大量的财产损失。

从笔者收集的全国 17509 份裁判文书[②]来看，P2P 网络借贷违法犯罪以多元化的方式存在。其中民事裁判文书 16297 份，占比为 93.08%；刑事裁判文书 1080 份，占比为 6.17%；知识产权裁判文书 112 份。庞大的案件数量说明了我国 P2P 借贷行业运行不规范。其中，民事违法比较突出，并呈现出了由民入刑的发展态势。

(二) P2P 网络借贷刑事案件分布广泛，数量增长迅速

由于 P2P 网络借贷本质上是一种民间借贷，其发展状况与地区经济发展水平密切相关。以北京、上海、广州和江苏、浙江等为代表的发达地区，居民闲散资金多，实体经济发展的融资需求也旺盛，因此案件数量明显多于其他地区。根据笔者的调查，上海的案发情况堪称典型。自 2016 年起至今，上海市的 P2P 犯罪呈显著上升态势。2016 年上海市各法院审结的 P2P 案件总数为 12 件，2017 年为 16 件，2018 年 24 件，2019 年案件数量达 38 件。而来自检察机关的数据进一步佐证了这一结论。《2016 年上海金融检察白皮书》指出："以互联网金融名义实施非法集资犯罪的情况日趋严重。2014 年全市发生首起 P2P 网络借贷平台非法集资案，2015 年上升至 11 件，2016 年则陡升至 105 件，增幅达 855%，占全年受理的非法集资案件总数的 30%，而 2015 年涉互联网金融案件在全部非法集资案件中所占比重仅为 8%。"[③] 这些数据表明，P2P 网络借贷带来的刑事风险上升迅速，给我国的金融管理秩序和民众的财产安全都带来了严峻的挑战。

[①] 《P2P 网络借贷行业数据》，载网络借贷之家，https://shuju.wdzj.com/industry-list.html，最后访问日期：2020 年 7 月 7 日。

[②] 在北大法宝司法案例库中，以"P2P"为全文检索的关键词，限定审结时间为 2017 年 1 月 1 日至 2020 年 1 月 1 日。

[③] 《2016 上海金融检察白皮书》，载正义网，http://www.jcrb.com/procuratorate/finance/toutiao/201706/t20170629_1771001.html，最后访问日期：2020 年 6 月 28 日。

（三）P2P 网络借贷涉及罪名主次分明

1. 非法集资类犯罪突出

实践中我国部分 P2P 平台往往超越了中介的角色定位，同时扮演出借人、担保人和追款人的角色，被称作"异化"的 P2P 平台。而且为了吸引投资者，平台在宣传时往往承诺保本保息，这就触犯了最高人民法院《关于审理非法集资刑事案件具体应用法律若干问题的解释》（以下简称《解释》）第 1 条的规定。按照这一规定，P2P 网络借贷平台在未经依法批准的情况下，通过互联网等途径向社会公开宣传并面向不特定对象吸收资金，同时承诺在一定期限内还本付息或者给付回报的行为可能构成非法吸收公众存款罪。如果平台以非法占有为目的吸收投资者资金，形成资金池后，肆意挥霍集资款，致使集资款不能返还或者将集资款用于违法犯罪活动的，则有可能构成集资诈骗罪。因而，在 P2P 网络借贷涉及罪名中，非法集资类犯罪突出。从笔者收集的上海地区 90 份文书来看，认定为非法吸收公众存款罪和集资诈骗罪的数量分别为 63 件和 23 件，占样本比重的 70% 和 25.56%，合计占比超过 95%。从中可以看出，P2P 网络借贷平台主要面临非法集资风险。

2. 非法经营罪等其他犯罪不断凸显

从笔者收集的案例来看，还涉及非法经营罪 2 件，诈骗罪和合同诈骗罪各 1 件。从 P2P 网络借贷平台的操作流程来看，其"触刑"的基本过程是：为了使投资人对资金安全有信心从而吸引更多投资，某些 P2P 网络借贷平台会在合同中约定或变相约定担保性条款，即当借款人还款不能时，由平台或其他机构代偿本金或利息。而为集资活动提供担保的行为属于融资性担保行为。根据有关规定，任何单位和个人未经监管部门批准不得经营融资性担保业务。P2P 网络借贷平台未经批准经营融资性担保业务，会使平台替所有还款不能的借款人承担还款义务，平台倒闭的风险就会大大增加。如果 P2P 网络借贷平台擅自从事融资性担保业务后发生"倒闭"或"跑路"情况，给投资者造成严重经济损失，严重扰乱市场秩序，其行为则可能涉嫌构成非法经营罪。①

另外，当平台"倒闭"或"跑路"时往往还会引起其他犯罪行为的发生。一些因利益受损而心生不满的投资人会毁坏网络借贷公司及其员工的财物或者聚众上访，因而触犯其他犯罪。

（四）P2P 网络借贷涉罪行为的类型复杂

根据有关规定，网络借贷平台禁止从事下列行为，以此为非法行为划定界

---

① 郭大磊：《P2P 网络借贷的刑事风险分析与规制》，载《犯罪研究》2016 年第 3 期。

限,主要包括的类型如下:(1)虚假宣传;(2)投资者资金进入金融平台或个人账户形成"资金池";(3)自融或变相自融①。其具体类型主要包括未经法律法规允许擅自放贷;自行或代销金融产品;与其他机构投资、代理销售、经纪等业务进行任何形式的混合、捆绑、代理;拆分项目期限以及从事股权众筹等业务。司法实践中最普遍的行为是虚假宣传行为与"资金池"行为。

1. 虚假宣传行为

笔者统计的90个网络借贷平台中,有75份文书表明涉案平台存在虚假宣传行为,根据虚假宣传的内容,可分为虚假发标行为和其他虚假宣传行为。涉及虚假发标行为的平台有72个,占比96%,主要包括虚构担保人②、虚构借款人与平台的借款或抵押合同③、制作假标、用虚拟资金购买假标和虚构借款人身份④等行为;其他虚假宣传行为包括自称不经手资金却将资金吸纳进私人账户⑤等。

2. 资金进入平台或个人账户形成"资金池"

在90个构成犯罪的P2P网络借贷平台中,有12个平台的投入资金的去向未在裁判书中明确,有3个平台引入了第三方机构对资金进行存管,而余下的75个平台投资者资金都进入了平台或控制人的个人账户。其中,资金进入行为人个人账户的平台有55个,数量占到绝对优势;进入行为人控制的单位账户的平台有20个。实践中账户为个人账户或者公司账户,往往并不影响实际控制人的支配,因此也就不影响犯罪的认定。

(五)P2P网络借贷犯罪的社会危害后果严重

1. 涉案金额大,冲击金融管理秩序

在统计的案例中,集资金额超过1000万的案件有50件,占全部样本数的55.56%;集资金额超过1亿的案件32件,占比35.56%。这种涉众型经济犯罪不单冲击了我国的金融秩序,更是对民众财产利益的严重损害。

2. 间接引起其他犯罪行为的发生

笔者在对样本进行筛选时,注意到了其中有3起寻衅滋事犯罪,2起故意毁坏财物犯罪。均是因投资人遭受损失,从而转向线下报复或上访,从而将此

---

① 邹玉祥:《非法吸收公众存款罪之行为类型研究——基于网络借贷背景下的教义学展开》,载《政治与法律》2018年第6期。
② (2018)沪刑终37号裁定书。
③ (2019)沪0117刑初1360号判决书。
④ (2018)沪02刑初110号判决书。
⑤ (2016)沪0101刑初375号判决书。

类犯罪的严重后果波及日常生活领域，冲击了社会正常的管理秩序，影响了社会稳定。若P2P网络借贷犯罪的数量持续走高，受到财产损失大的民众数量也会水涨船高，会极大增加我国社会中的不安定因素，增加执法司法成本，甚至导致地区内犯罪率的升高。

二、P2P网络借贷犯罪的刑事司法考察

（一）P2P网络借贷犯罪刑事司法的运作状况

1. 入罪情况考察

鉴于司法实践中，P2P网络借贷犯罪中，非法吸收公众存款罪处于高发态势，本文中，以这一罪名为例，对其入罪过程进行考察。非法吸收公众存款罪是典型的行政犯，其客观行为具有双重违法性特征。一是未经批准而设立金融机构的行为违反了金融管理规定，破坏了金融管理秩序，因而具有行政违法性；二是集资行为又造成了投资人巨大的财产损失，具有严重的社会危害性，由此具备了刑事违法性。司法实践中非法吸收公众存款罪的认定主要看4个特征即非法性、公开性、利诱性以及社会性。非法性，是指行为"未经有关部门依法批准吸收资金"或者"不具备吸收公众资金的资质而借用合法的形式吸收资金"；公开性，是指对受众不保密、不隐瞒、不特别限定参加者等。既包括故意对吸收资金信息的传播，也包括明知吸收资金的信息向社会公众扩散而予以放任等情形；[①] 社会性，是指集资的对象是不特定公众；利诱性，是指向投资者承诺还本付息或提供担保。

而涉罪的P2P平台的运作模式完全符合这四个特征，首先，P2P网络借贷平台未经相关部门依法批准或借用合法形式开展集资活动，这符合了非法吸收公众存款罪的"非法性"特征。其次，P2P网络借贷平台以互联网为媒介公开宣传，这符合了非法吸收公众存款罪的"公开性"特征。再次，出资人的出资收益由P2P平台事先约定，并不与实际的借款人产生联系，这种还本付息的承诺符合了非法吸收公众存款罪的"利诱性"特征。最后，P2P网络集资平台往往是针对社会不特定公众吸收资金，这符合了非法吸收公众存款罪的"社会性"特征。因此实践中，一旦借款人资金链断裂造成所借资金无法偿还的情况，无论资金用途为何，都可能会受到刑事追诉。[②]

---

① 肖怡：《我国P2P网络借贷平台非法集资犯罪红线的研究》，载《法学杂志》2019年第1期。

② 邹玉祥：《P2P借贷的刑法管控——以非法吸收公众存款罪的限缩新论为视角》，载《北方法学》2018年第5期。

2. 量刑结果分析

笔者从 90 份裁判文书中随机选取了 30 份，对其涉及的 142 名犯罪人的刑罚情况进行了统计。从表 1 可以看出，刑罚主要集中在 3 年以下有期徒刑且有近一半的被告人被宣告缓刑。被告人身份从企业的实控人、高管到普通员工均有涉及。

表 1：P2P 网络借贷案件的刑罚情况统计

刑罚种类	被告人数量（人）	所占比例（%）
缓刑	66	46.48
3 年以下有期徒刑	57	40.14
3 至 7 年有期徒刑	10	7.04
7 年以上有期徒刑	9	6.34

由上看出，刑事司法对 P2P 网络借贷犯罪案件呈现了从严规制的态势。就定罪而言，由于司法解释对入罪数额的要求偏低，加之司法机关并不对集资款项的用途加以区分，导致所有资金链断裂且未兑付金额达到数额要求的网络借贷平台均有涉罪的可能；就刑罚而言，由于 P2P 网络借贷案件以共同犯罪为主要形式，从严定罪的局面就使得企业的所有员工均有作为从犯受到刑事处罚的可能性。整体看来，高压的司法态势有力的维护了我国的金融秩序，但对金融创新和中小微企业的发展起到了一定负面作用。

（二）P2P 网络借贷犯罪司法过程中存在的问题

1. 非法吸收公众存款罪的认定范围广

（1）入罪时不考虑集资款的用途。集资款项的用途与其所承担的金融风险有着密切联系，尽管所有的集资活动或多或少都会存在一些金融风险，但是，借款人将集资款项用于实体生产经营所引发的金融风险往往小于借款人将集资款项用于货币、资本经营或是投资于证券、期货、地产等高风险领域所产生的金融风险。① 司法解释规定，非法吸收或者变相吸收公众存款，主要用于正常的生产经营活动，能够及时清退所吸收资金，可以免予刑事处罚；情节显著轻微的，不作为犯罪处理。但在司法实践中，即使企业吸收资金是用于日常生产经营活动仍有很大可能被定罪。

（2）入罪门槛过低。司法解释规定个人非法吸收公众存款或者变相吸收公众存款 20 万元以上或者集资对象在 30 人以上或者给存款人造成直接经济损

---

① 刘宪权、金华捷：《P2P 网络集资行为刑法规制评析》，载《华东政法大学学报》2014 年第 5 期。

失在 10 万元以上的，司法机关可以依法追究刑事责任；单位非法吸收公众存款或者变相吸收公众存款 100 万元以上或者集资对象在 150 人以上或者给存款人造成直接经济损失在 50 万元以上的，司法机关可以依法追究刑事责任。但在上海地区的案例中，由于 P2P 集资手段的便捷性和宣传的广泛性，集资规模在百万元以下的数量较少，如笔者统计的案例中只有 3 个案件的集资金额低于 100 万，占样本总数的 3.3%。原有的入罪门槛将使绝大多数 P2P 集资行为都落入非法吸收公众存款罪的规制范围。

（3）违法性的司法判定偏重形式。在判决中，法院往往对平台集资行为如何符合"非法性、公开性、社会性和利诱性"不做具体的司法判断，而是在"本院认为"部分笼统的宣告被告人违法。如"被告人陈甦伙同他人设立公司，后雇佣被告人黄某违反国家金融管理法规，非法吸收公众存款，数额巨大，其行为均已构成非法吸收公众存款罪"①。但准确界定 P2P 网络借贷平台的性质是判定其是否违法违规的重要前提，甚至是辨别其行为是否构成犯罪的基础性标准，也是衡量其是规范的网络借贷行为还是非规范的网络借贷行为的根本依据。② 平台性质应是司法判断的先决条件，省略这个过程会导致入罪的平台数大大增加，也无法实现维护我国金融秩序的立法目的。

2. 量刑规则较为笼统

具有下列情形的，属于刑法第 176 条规定的"数额巨大或者有其他严重情节"：个人非法吸收或者变相吸收公众存款，数额在 100 万元以上的，单位非法吸收或者变相吸收公众存款，数额在 500 万元以上的。但在笔者统计的案例中，只有 3 个案件的集资金额低于 100 万，占样本总数的 3.3%。③ 剩下的案件集资数额从几百万至几十亿均有分布，那在缺乏明确标准的情况下，司法机关如何行使自由裁量权，对剩下的 96.7% 的案件给予平等的量刑就是我们必须考虑的问题。

3. 共犯的认定较为宽泛

P2P 网络借贷犯罪以共同犯罪为主要犯罪形态。在 90 份判决中，有 82 份判决中的被告人数在 2 人以上，共同犯罪的案件数达到了总案件数的 91.11%。这是由网络借贷运行的模式决定的。P2P 网络借贷依托互联网平台吸引用户和达成交易，因此需要专业的技术人员和财务人员的参与，此外还有负责招揽客户的业务员和平台的宣传人员等。运行机制的复杂性决定了该类犯

---

① （2017）沪 0105 刑初 1130 号刑事判决书。
② 李晓明：《P2P 网络借贷的刑法控制》，载《法学》2015 年第 6 期。
③ （2018）沪 0104 刑初 160 号刑事判决书。

罪极少有单独实施的。实践中，司法机关注意到了公司的实际控制人与其他员工的危害性差异，根据行为人主观认识和在犯罪中所起作用的差异进行了不同的定罪量刑。

从前文所述刑罚状况来看，司法机关一般会根据行为人主观认识和在犯罪中所起的作用进行不同的定罪量刑。比如公司的发起人或决策人会按照非法吸收公众存款罪或者集资诈骗罪定罪量刑；公司的高管在知晓公司真实情况后仍然集资的，会按照相应犯罪的从犯处罚；而对于技术人员、行政人员和普通业务员，多数不作为犯罪处理。但也存在一些例外情况。

三、P2P 网络借贷犯罪的刑法规制完善

（一）合理把握罪与非罪的边界

1. 对非法吸收公众存款罪的范围予以限缩

非法吸收公众存款罪是一个带有计划经济色彩的罪名，其罪名设立之初就是为了避免公民个人与银行争利，从而保障在改革开放初期国家能够集中资金进行统一调配。① 在当下中小微企业面临融资困境的背景下，注重对违法性的形式判断，既使得该罪的范围不断扩张，又不利于金融创新。因此，应在法律规范的原有意义之下，积极寻求变革，为网络金融提供明确的行为规则。

其一，应将从事生产经营的行为出罪化。非法吸收公众存款罪的设立是为了维护我国的金融秩序以及保护不特定投资者的利益，因此只有对严重破坏了金融秩序以及大大提高了投资风险的网络借贷行为才能将其纳入刑法规制的范畴。应当明确，开展经营活动的风险是不可避免的，但经营风险的高低是有明显差异的。将集资款用于高风险的证券或房地产等项目和用于实体生产经营的风险不可一概而论。通过对集资款项用途的区分，注重考量行为实际的社会危害性，将从事生产经营等低风险领域的行为予以出罪。

其二，应进一步提高入罪数额。司法解释对数额的界定标准偏低，笔者统计的样本中集资数额在 100 万至 1000 万的案件占比 40%，1000 万至 1 亿的占比 36.67%，1 亿以上的案件占比 18.90%。P2P 网络集资天然就带有涉众和金额大的特点，提高入罪门槛，对社会危害性严重的行为定罪处罚，符合我国"宽严相济"刑事政策的要求。

2. 明确"非法占有目的"的判断规则

是否具有"非法占有目的"，是区分集资诈骗罪与非法吸收公众存款罪的

---

① 李淳、王尚新：《中国刑法修订的背景与适用》，法律出版社 1998 年版，第 209 页。

核心标志。就集资犯罪而言，我们"无法看到犯意，甚至最先进的现代技术也无法发现或者衡量犯意"①，除了被告人自愿供述犯意，否则很难找到其他司法方法来直接证明犯罪目的。因此，司法机关如何准确地以行为人的客观行为来推定行为人的内心目的，是司法机关办理集资犯罪的一大难点。关于"非法占有目的"的司法推定，司法机关根据先验的司法经验和通常的社会生活常识，作了一些相对明确的司法规定。比如，2001年颁布的《全国法院审理金融犯罪案件工作座谈会纪要》就对金融诈骗罪是否存在"非法占有目的"列举了七种情形，以此作为较为明确的标准指导下级司法机关的适用。

在我国的司法体制下，上下级司法机关或地区之间的司法机关的业务水平是存在较大差异的，特别是 P2P 网络借贷犯罪这种新型金融犯罪，其手段具有隐秘性，证据具有专业性。此时应当肯定，上级司法机关以司法解释、审判纪要或指导性案例等文件确立的司法标准，有效规范了下级司法机关的司法活动，充分保障了相对人的权益。但我们也应当认识到司法推定的局限性，其只是一种由客观到主观的证明技术手段，所得到的结论在一定概率上是事实但并不等同于事实。因此，在认定非法占有目的时，应以行为人事前事后的客观行为为综合标准，而不能孤立地看待"挥霍资金"等单个行为特征，裁判理由不能仅是"虚假宣传""偿还欠款"或"个人挥霍"，而应该结合"集资标的"真实性、集资款项的投资比例和行为人的清偿态度来综合考量。从笔者所收集的上海法院的案例来看，浦东新区法院在审理朱某涉嫌集资诈骗案的过程中，结合资金使用用途、使用比例和行为人停止集资的时机，来严格限制了司法推定的适用是值得借鉴的。

3. 发挥"被害人自我答责理论"的出罪功能

在 P2P 网络借贷案件中，被害人投资的主要原因无非是因为丰厚的利润，平台还本付息和提供担保的承诺使投资人确信自己投资的安全性。但从一般理性人标准来看，投资者应对过高的利率具有认识和判断能力，对自己的投资行为应分担一定的责任。也就是说，在 P2P 借贷案件中被害人自我答责理论应具有一定的违法阻却性功能。在欺诈犯罪中，有些被害人并"不值得法律保护，一则是它们并不纯洁，二则他们往往为根本欺骗不了一般智力水平的人的欺诈行为所骗"。但通过对司法判决的梳理，笔者发现法院并不会在定罪量刑时考量被害人的主观因素。笔者认为在平台如实告知投资行为存在较高风险被害人仍进行投资的情况下，被害人对损失也应承担一定责任，行为人可因此减轻一定的责任或者不作为犯罪处理。

---

① Jerome Hal, General Principles of Criminal Law, Lexis Law Pub, 1960, p. 106.

二、互联网金融犯罪治理

（二）促进量刑精准化

由于 P2P 网络借贷涉及的非法集资犯罪的数额较大，仅把"数额巨大"的数额定义为 100 万元以上过于笼统，在判罚时极易出现同罪不同判，有损于被告人的权益也不利于贯彻罪刑相适应的刑法原则。从笔者统计的样本来看，集资数额在 100 万以下案件有 3 件，100 万至 1000 万的 36 件，1000 万至 1 亿的 34 件，1 亿以上的 17 件。对此，应将数额巨大的标准按以上区间进一步分档，在非法吸收公众存款罪部分新增：数额特别巨大或者有其他特别严重情节的，处 10 年以上有期徒刑，并处罚金。这一规定，是在充分考虑非法吸收公众存款罪复杂的犯罪事实基础上，对量刑空间进一步的调整与完善，对于改善原有司法实践中自由裁量权过大的问题，促进精准量刑，实现罪刑均衡，将发挥积极作用。

（三）适当控制共同犯罪的认定范围

马克昌教授曾指出，如果行为人实施了普通的犯罪行为，对只提供较小帮助的从犯，可以免于处罚。① 在 P2P 网络借贷案件中，存在将企业的普通员工认定为非法吸收公众存款罪的共犯的现象。这一定程度上违反了"宽严相济"的刑事政策，也无益于犯罪的一般预防。建议在未来的司法实践中，进一步深思与慎行。

四、结语

P2P 网络借贷作为一种金融创新模式，有效弥补了传统金融的不足，为实体经济的发展提供了有力的资金支持。但不容忽视的是，这种模式也带来了更高的经营风险和法律风险。对 P2P 涉罪案件的定罪量刑，直接决定了该行业的发展样态。如果采取过于严格的刑法规制，则会进一步压缩 P2P 网络借贷行业的发展空间，无助于中小微企业面临的"融资难、难融资"问题，也不符合国家鼓励金融创新的政策。如果采取过于宽松的刑法规制，则会使大金额、涉众型的集资犯罪数量进一步上涨，不利于维护我国的金融秩序和投资人的权益保护。可见刑法的介入是必需的，但正如冯·耶林所言：刑法犹如两刃之剑，用之不得其当，则国家和个人两受其害。对案件的处理应保持一定的克制，以鼓励金融创新为导向，坚持刑民手段的互补，以此促进 P2P 行业合规有序的发展。

---

① 马克昌：《犯罪通论》，武汉大学出版社 2015 年版，第 575 页。

P2P 网络非法集资犯罪的行为模式与司法认定

兰跃军　黄琳惠[*]

近年来，随着互联网的飞速发展，实践中逐渐衍生出"网络非法集资犯罪"的概念，即以 P2P 网络借贷的形式实施的非法集资犯罪。相较于传统的非法集资犯罪，P2P 网络非法集资犯罪具有网络化、专业化和高收益化等特征。实践中，我国 P2P 网贷平台已经突破标准的网络借贷模式，异化发展出债权转让、欺诈借贷、资金池等多种行为模式。是否所有这些行为模式都具有刑事违法性呢？而对于那些涉嫌犯罪的 P2P 网络非法集资行为，如何认定？各地法院的做法不一，甚至出现同案不同判的情形。因此，P2P 网络非法集资犯罪的行为模式及其司法认定，是亟待研究解决的一个网络犯罪问题。

一、P2P 网络非法集资犯罪的行为模式

从司法实践看，P2P 网络非法集资犯罪呈现出多种行为模式。公安部、最高人民检察院、最高人民法院、司法部等九部委在 2013 年 11 月的"处置非法集资部际联席会议"将"以开展 P2P 网络借贷业务为名实施非法集资行为"的犯罪行为模式界定为三类：第一类为"理财——资金池"模式，即先将资金从出借人处归集到平台，再由平台错配出借给借款人，从而平台内形成无监管的资金池。第二类为"借款"模式，即不合格借款人通过虚构、欺骗等方式发布借款需求，平台未尽合理的审查义务。第三类为"庞氏骗局"，即通过发布虚假的借款标的进行自融，之后携款潜逃。[①] 近几年，学者们纷纷对此类犯罪行为模式进行解读，有学者将其分为伪平台模式、纯平台模式、担保模式

---

[*] 兰跃军，上海大学法学院教授；黄琳惠，上海市华荣律师事务所。
[①] 参见邓超：《互联网金融发展的刑法介入路径探析——以 P2P 网络借贷行为的规制为切入点》，载《河北法学》2019 年第 5 期。

和债权模式四种模式。① 而所谓伪平台模式，是指犯罪主体假借 P2P 网络借贷之名，实施非法集资犯罪行为。笔者认为，伪平台模式不属于 P2P 网络非法集资犯罪的范畴，因为以 P2P 网络借贷的形式实施的非法集资犯罪必须涉及三方主体，即出借人、借款人以及网贷平台，包括网贷平台以借款人的名义实施的非法集资行为，或者借款人以自己的名义通过网贷平台实施的非法集资行为，还可以是网贷平台以虚构的借款人的名义实施的非法集资行为，但不应当包括网贷平台以自己的名义实施的集资行为，也不应当包括借款人以传统的口口相传或者熟人介绍的方式在借贷双方间实施的非法集资行为。另外，虽然《网络借贷信息中介机构业务活动管理暂行办法》（以下简称《网络借贷暂行办法》）明确了 P2P 网贷平台的性质为信息中介，禁止平台提供担保，但行政违法并不等同于刑事犯罪，P2P 网贷平台提供担保的行为并不符合非法集资类犯罪的构成要件，就担保行为而言，担保法早就肯定了其合法效力，而且 P2P 网贷平台为借款人提供担保的目的是为了给借款人增信，而不是为了向社会公众归集资金，因此，担保模式也不应作为 P2P 网络非法集资犯罪的行为模式。② 为此，笔者认为，P2P 网络非法集资犯罪的行为模式可分为四类。

（一）标准借贷模式

标准借贷模式，是指真实的借款人通过 P2P 网贷平台向社会公众借贷的模式，其本质是通过网络实施的借贷行为，但从合法的借贷到非法集资，仅一线之隔。部分借款人或网贷平台故意将借款需求拆分为多个借款标的，同时向几个甚至几十个出借人借款，造成了一对多或多对多的情形，属于商业银行法规定的吸收公众存款行为，由于行为未经批准，客观上具备违法性。加上网络借贷行为本身具有社会性和公开性，因此，只要出借人与借款人约定了较高的年利率，且在一定期限内还本付息，损害了金融管理的秩序，就满足非法吸收公众存款罪的构成要件。同时，根据最高人民法院在 2010 年颁布的《关于审理非法集资刑事案件具体应用法律若干问题的解释》（以下简称《非法集资案件解释》）的规定，若一个借款人为自然人，通过 P2P 网络借贷平台借款，将一个借款标的拆分成多个，所借金额达到 20 万元以上，或者出借的人数超过 30 户，或者只要造成的经济损失达到 10 万元的，就可能因涉嫌网络非法集资犯罪而被公安机关立案追诉。

---

① 参见刘宪权：《互联网金融平台的刑事风险及责任边界》，载《环球法律评论》2016 年第 5 期。

② 参见刘宪权：《互联网金融平台的刑事风险及责任边界》，载《环球法律评论》2016 年第 5 期。

（二）欺诈借贷模式

欺诈借贷模式包括两种，第一种是借款人作为犯罪主体，以欺诈的方式在平台上发布大量虚假借款信息，虚构借款用途，承诺到期还本付息，且年利率畸高，而实际上将募集的资金用于个人挥霍、购买股票、债券、期货等，有的甚至直接将非法募集的资金用于高利贷等犯罪。① 此时，P2P 网贷平台往往会作为借款人的帮助犯或者共犯，共同诈骗出借人，甚至帮助借款人伪造抵押文书或者为借款人提供担保，以获得出借人的信任。第二种是 P2P 平台作为犯罪主体，也就是我们常说的"庞氏骗局"，P2P 网贷平台通过虚构借款人、发布虚假的借款标的或者转让虚假的债权的形式来吸引投资者，并且将新的投资人的资金用于支付之前的投资人的高额利息等，制造盈利的假象，进而吸引更多的投资人，直至资金链断裂，携款潜逃。② 从中国裁判文书网近六年公布的数据来看，超过八成的 P2P 网贷平台都是使用的该模式进行非法集资。该模式最大的特征在于犯罪主体以"虚构"的方式实施欺诈行为，若投资人的数量小于 30 人或者 150 人，极可能涉嫌诈骗罪，若投资人的数量超过 30 人或者 150 人，达到上述"公众"的标准，违反商业银行法的规定，也可能涉嫌非法吸收公众存款罪或集资诈骗罪。

（三）债权转让模式

债权转让模式是司法实践中最常见的犯罪模式，包括两种类型：一种是虚假的债权转让，即犯罪平台以欺诈的方式虚构借款人以及债权，它也属于上述欺诈借贷模式的一种。第二种就是真实的债权转让，即 P2P 网贷平台先以自有资金出借给借款人，再将一个大的债权拆分成数个债权，转让给投资者，造成资金和期限的错配。债权转让模式之所以应当入罪，是因为 P2P 网贷平台拆分转让债权的行为本质上属于类"资产证券化"行为。③ 资产证券化的基本结构为，发起人将债权出售给特殊目的载体，由该载体增强信用、调整收益后，将债权以证券的形式出售给投资者。在 P2P 网贷平台拆分转让债权的模

---

① 万志尧：《P2P 借贷的行政监管需求与刑法审视》，载《东方法学》2015 年第 2 期。

② 彭新林：《P2P 网络借贷平台非法集资行为刑事治理问题要论》，载《北京师范大学学报（社会科学版）》2017 年第 6 期。

③ 资产证券化（Asset Backed Securitization，即 ABS），是指由发起人将缺乏流动性但在未来能够产生稳定现金流的资产或资产组合即基础资产，出售给特殊目的载体（Special Purpose Vehicle，即 SPV），由其进行风险收益调整，在增强资产信用后，由特殊目的载体以可自由流通的证券的形式出售给投资者，而投资者的收益则是来源于证券化背后的资产或资产组合所产生的现金流。

式中，P2P 网贷平台将债权拆分后出售给投资人，既实现了风险的转移，同时也改善了自身资金流动。可见，在债权转让模式中，P2P 网贷平台扮演了发起人的角色。虽然债权转让模式中没有设立特殊目的载体，P2P 网贷平台直接以发起人的身份将债权发售给投资者，但这并不能改变其发售证券产品的本质。其原因有两个，一方面，在标准的资产证券化模式中，特殊目的载体的设立仅仅是为了更好地保护投资人的权益，避免因发起人的资金风险导致诸多投资者亏损，因此，特殊目的载体的设立与否并不能改变该资产被证券化的本质。另一方面，资产证券化的核心在于风险的转移以及投资者的收益来源。在债权转让模式中，P2P 网贷平台通过拆分债权，利用投资者投入资金和平台出借资金之间的时间差，将风险转移至投资者，且投资者的收益其实也是来源于其自己和其他投资者的投入资金，完全符合资产证券化的核心要求，是非常典型的循环型资产证券化交易模式。① 但根据证券法以及相关规定，只有商业银行、政策性银行、农村信用社以及银监会监督管理的其他金融机构才可以发行证券，而 P2P 网贷平台作为信息中介平台没有权限发售任何形式的证券。因此，根据有关规定，只要 P2P 网贷平台将拆分后的债权出售给不特定社会公众累计超过 30 人，就构成擅自发行股票、债券犯罪。而擅自发行股票、债券犯罪属于广义的非法集资类犯罪。因此，债权转让模式属于 P2P 网络非法集资犯罪中的一种模式。

（四）资金池模式

现行法律对资金池并没有一个明确的界定。主流观点认为，资金池是指将不同来源与流向的资金归集在一处，保持"池"中资金量基本稳定的资金集中管理方式。② 同债权转让模式一样，设立资金池虽然违反了《网络借贷暂行办法》规定，但违法并不等于犯罪，需要结合具体问题具体分析。

二、P2P 网络非法集资犯罪司法认定的难题

P2P 网络非法集资作为典型的互联网金融犯罪，与传统的金融犯罪在犯罪行为、犯罪工具、犯罪对象等方面都存在较大的差异，因此，在适用传统罪名对 P2P 网络非法集资行为进行认定时，出现立法目的、犯罪构成要件、追诉标准等难以适用的情形，导致 P2P 网络非法集资犯罪在司法认定过程中面临

---

① 林越坚、李俊：《P2P 网贷平台犯罪及司法治理研究》，载《河北法学》2016 年第 10 期。

② 刘宪权：《互联网金融平台的刑事风险及责任边界》，载《环球法律评论》2016 年第 5 期。

三个难题。

（一）入罪标准不明确

非法吸收公众存款罪作为非法集资类犯罪中的基本罪名，在 P2P 网络非法集资犯罪案件中被大量适用。《刑法》第 176 条以空白罪状的方式规定了非法吸收公众存款罪，该罪客观方面表现为非法吸收或变相吸收公众存款的行为。《非法集资案件解释》对非法吸收或变相吸收公众存款的行为作了进一步的解释，认为"吸收公众存款"行为需满足"四性"，即"非法性""公开性""社会性""利诱性"，方可认定为"非法吸收"。由于 P2P 网络借贷以网络为依托，便天然具有社会性和公开性，那么，判断行为是否具有"利诱性"和"非法性"，就成为了 P2P 网贷平台是否入罪的关键了。"非法性"作为上述四个标准中最核心的要素，是指未经相关部门批准或借用合法的形式实施的行为，但《非法集资案件解释》并没有明确"非法"的"法"为何法，虽然最高人民法院、最高人民检察院、公安部 2019 年颁布了《关于办理非法集资刑事案件若干问题的意见》（以下简称《非法集资意见》），其中第 1 条规定"非法性"的认定依据为"金融管理法律法规"，不仅包括了金融管理法律，也包括了相关的行政法规、规章等，但事实上，由于目前对 P2P 网络借贷行为前置性行政规范的缺失，司法实践中"金融管理法律法规"的适用非常混乱。就目前已有的规范来看，也没有明确怎样的网络借贷行为需要行政机关的许可，需哪个行政机关的许可，许可的权限为何，许可的程序为何，都无据可依。另外，何为"利诱性"？《非法集资案件解释》也没有给出明确的标准。P2P 网络借贷的本质是民间借贷，借款人必然需支付一定的利息，那么，具备利诱性的判断标准是什么？是超过银行同期贷款利息还是年利率超过 24% 或 36%？都不得而知，实践中标准也不一。从中国裁判文书网公布的判决书看，犯罪嫌疑人将借款需求包装成"理财产品"，年利率大多在 10%~36% 不等，少数的犯罪平台的年利率高达 50%。但法院在"经审理查明"和"本院认为"部分都没有对被告人出售的理财产品的年利率是否满足"利诱性"加以阐明，大多含糊其辞。

因此，入罪标准的模糊，导致司法实践中 P2P 网络借贷行为入罪范围的不断扩张。"非法性"本应是 P2P 网络借贷入罪的核心构成要件，但由于立法对"非法性"的规定模糊，不具操作性，因此，几乎所有的判决都以"未经批准"作为对"非法性"的解释，既没有说明未经哪个行政机关的批准，也未说明需要批准的法律依据为何，只用"未经批准"一笔带过。甚至把"社会性"作为 P2P 网络借贷构成非法集资类犯罪的核心要件，只要被告人向社会公众归集了资金，但没有经过批准，就是非法集资，就可以认定为非法吸收公众存款罪，造成了非法吸收公众存款罪的范围不断扩张，有违刑法的谦抑性。

（二）追诉标准较低

就非法吸收公众存款罪而言，《非法集资案件解释》对 P2P 网络借贷规定了三个追诉标准，满足其中任何一个标准即可入罪。如果一个自然人通过 P2P 网络平台进行借贷，出借人在 30 人以内或者出借资金在 20 万以内，即是合法的民间借贷行为，而一旦出借人超过 30 人或者出借资金超过 20 万，那么借款人就涉及了非法集资类犯罪。而实践中，出借资金达到 20 万，是极其容易的事。且从司法实践中来看，P2P 网络非法集资犯罪案件中集资金额在 5000 万以上的高达 38.5%，而 500 万以下的几乎没有，① 因此，追诉的标准较低，不太切合实践。

（三）罪名适用存在差异

笔者从中国裁判文书网和其他案件数据库中以 P2P 网络借贷为关键词，以 2014 年至 2019 年为期间，共检索到刑事裁判文书 1456 份（剔除两个数据库之间的重叠），去除上述所说的伪平台案件和 P2P 网贷平台的担保案件，真正利用 P2P 网络借贷形式实施的非法集资犯罪案件判决书共 1157 份，其中 945 份判决为非法吸收公众存款罪，195 份判决为集资诈骗罪，另有 7 份判决为合同诈骗罪，10 份判决为诈骗罪，2 份判决为非法经营罪，也有一些案件一审判决为集资诈骗罪，二审改判为非法吸收公众存款罪，或者一审法院判定为非法经营罪，二审法院改判无罪。由此可见，同样是债权转让行为，不同地域、不同级别法院的认定存在较大差异，甚至同案不同判。笔者认为，造成这种现象的原因主要有三个。

1. 对 P2P 网络非法集资犯罪行为模式的认识不足。虽然许多学者致力于不同行为模式的研究，以期通过区分不同的行为模式找到 P2P 网络非法集资行为罪与非罪、此罪与彼罪的界限，然而在司法实践中，几乎所有的判决都不区分 P2P 网络非法集资犯罪的行为模式。而不区分犯罪行为的模式，直接导致了行为的违法性构成要件无法明确，违反了何种法律，如何违反的，都无法清楚表述，进而直接导致罪名适用较为混乱。笔者认为，区分 P2P 网络非法集资犯罪的行为模式，对于此类犯罪的司法认定是不可或缺的。

2. "非法占有"主观目的的认定不规范。就非法吸收公众存款罪和集资

---

① 参见李永升、胡冬阳：《P2P 网络借贷的刑法规制问题研究——以去了近三年的裁判文书为研究样本》，载《政治与法律》2016 年第 5 期。

诈骗罪、诈骗罪以及合同诈骗罪的适用混乱问题而言，最核心的区别在于，非法吸收公众存款罪不需要被告人有非法占有的主观目的，而后三个罪名都需要。但非法吸收公众存款罪是P2P网络非法集资类犯罪中最常用的罪名，集资诈骗罪的适用仅次于非法吸收公众存款罪。从现有的195份集资诈骗罪的判决看，法院在认定"非法占有"的主观目的时，主要依据的是《非法集资案件解释》第4条，即若被告有挥霍、携款逃匿或将款项用于违法犯罪等行为时，即认定被告人具有非法占有的主观目的，属于典型的"推定"。但在P2P网络非法集资犯罪中，对"非法占有"主观目的的推定较为混乱。这主要表现在，首先，法院对基础事实的认定也适用推定。基础事实的认定是推定适用的前提，对基础事实的认定必须要达到"排除合理怀疑"的证据标准，证据必须确实充分，内心确信无疑，绝不能仅仅达到高度可能性的程度即贸然推定基础事实成立，进而推定存在"非法占有目的"。其次，推定后出罪的标准过高。原则上，在刑事诉讼中，对控诉人所指控的所有事实都需达到"排除合理怀疑"的程度，但由于非法占有主观目的属于被告人的内心活动，难以证明，因此，只需要基础事实的证据达到确实充分即可适用推定。那么，与此相对应，辩护方可以提出反证，证明行为人确实已经将大部分款项都用于生产经营或者宣传的项目上，或者用于高额消费、违法活动的资金来源于其个人财产，而非吸收的资金，从而证明其主观上不存在"非法占有目的"。① 笔者认为，既然非法占有的主观目的是推定得出的，那么，这种"出罪"的反证的证明也只须达到优势证据或高度可能性这一民事证明标准，而不需要达到排除合理怀疑的程度。但在司法实践中，公安司法机关往往以辩护方提出的证据不够确实充分，不能排除所有的合理怀疑为由不予采纳，这就提高了被告人出罪的标准，导致不同案件中同样的行为，有的法院判定为集资诈骗罪，有的法院判定为非法吸收公众存款罪，出现同罪不同判的情形。

3. 法条竞合时适用混乱。诈骗罪、集资诈骗罪和合同诈骗罪属于典型的法条竞合情形，而刑法规定处理法条竞合的基本规则是特别法优于一般法。相较于诈骗罪，集资诈骗罪和合同诈骗罪都属于特别法。当P2P非法集资行为既满足诈骗罪，又满足集资诈骗罪和合同诈骗罪的时候，应当优先适用特别法。

---

① 参见陈瑞华：《刑民交叉案件中的程序和证据问题》，载《中国律师》2019年第1期。

三、P2P 网络非法集资犯罪司法认定难题的破解

针对 P2P 网络非法集资犯罪司法认定的三个难题，笔者认为，只有明确 P2P 网络借贷平台罪与非罪的界限，才能保证刑法在金融领域的适度干预，在保证刑法谦抑性的同时，更好地为金融的发展保驾护航。对于那些涉嫌刑事犯罪的行为，应当明确适用何种罪名，避免出现同一种行为模式判定为不同罪名的情形，同时也要完善对犯罪嫌疑人"非法占有"主观目的的推定，避免机械适用法律。

（一）明确入罪标准

非法集资类犯罪中最基本的罪名为非法吸收公众存款罪，《非法集资案件解释》规定集资行为需满足"四性"，其中社会性和公开性是 P2P 网络借贷行为天然具有的特征，因此，要想划定 P2P 网络借贷入罪的"红线"，就必须明确界定"利诱性"和"非法性"。笔者认为，借款人"承诺还本付息"并不能作为"利诱性"的唯一认定标准，应当结合借款人和出借人约定的年利率来判断。若借款人在承诺还本付息的同时，还约定了超出 36% 的年利率，则可以认定为具有利诱性。另外，并非任何未经批准的集资行为都具有非法性，而应当结合金融法律制度和刑事法律制度两个层次对"非法"标准进行解读，商业银行法和证券法对证券发行主体的规定一般被认为是非法吸收公众存款罪的重要前置法，而银监会等部门颁布的《网络借贷暂行办法》通过负面清单的方式，明确了 P2P 网络借贷平台和借款人禁止从事的行为，划定了 P2P 网络借贷业务的边界。因此，对"非法性"的认定，应当以商业银行法和证券法为基础，以《网络借贷暂行办法》的负面清单为补充，当且仅当行为人违反了这些法律法规，扰乱了金融管理秩序，同时又因其行为严重威胁到投资人的资金安全和整体金融安全，才可以认定为具有刑事违法性。① 只有这样，才能将行为"非法性"的认定限缩在合理的范围内，从而为那些用于生产经营目的的集资行为提供了合理的出罪路径，防止非法集资犯罪的扩张适用。

（二）适当提高追诉标准

《非法集资案件解释》对 P2P 网络非法集资的追诉标准作了量化规定，以行为人归集的资金金额、出借人的人数或者造成的经济损失作为其追诉的标准。但在实践中，就出借人的人数而言，据相关数据显示，所收录的 1624 个

---

① 参见邹玉祥：《P2P 网络借贷的刑法管控——以非法吸收公众存款罪的限缩新论为视角》，载《北方法学》2018 年第 5 期。

平台中，排名第一的 A 平台人均投资金额仅 11.8 万元，有的出借人仅仅投资了几百元，且每天的投资人数达 200 多人，极易触及上述的追诉标准。另外，就吸收的资金金额而言，据统计，吸收的总金额在 5000 万以上的案件达到 38.5%，500 万以下的几乎没有，① 由此可见，《非法集资案件解释》规定的追诉标准与实践不切合，造成了 P2P 网络借贷入罪范围的扩大。应当提高入罪的数量标准，且由于各个地区的经济发展水平不一致，应当参考各地的人均消费水平，由法律制定一个统一的最低标准，再由各地结合经济发展水平确定当地的数值标准。同时，还应当考虑被告人最后未能归还的资金占总吸收金额的比例。换言之，应当将行为人造成损失的相对值作为追诉的考量依据，而非绝对的数值。只考虑吸收金额或者损失的绝对值并不合理。因此，笔者建议结合各地经济发展水平适当提高入罪门槛的同时，还要结合未归还金额占吸收存款总额的比例综合考量。

（三）明确此罪与彼罪的界限

从中国裁判文书网的 1157 份裁判文书看，P2P 网络非法集资犯罪出现同案不同判的情形。而要想破解这个困境，笔者认为，需要采取三项措施。

首先，应当区分 P2P 网络非法集资犯罪行为的不同模式。只有明确区分了 P2P 网络非法集资犯罪行为的模式，才能更好地释明行为的"非法性"。P2P 网络非法集资犯罪主要包括四种行为模式，第一种为标准借贷模式，在该模式下，同一个借款标的，可能由于出借人超过 30 人、借款标的超过 20 万、或者由于资金链断裂，导致不能偿还的金额达到 10 万元，而涉嫌非法吸收公众存款罪，如果行为人被证明具有"非法占有"的主观目的，则可能被认定为集资诈骗罪。第二种为欺诈借贷模式，在该模式下，P2P 网贷平台通过发布虚假的借款标的，或者虚构借款人等行为实施非法集资，即通过欺诈的方式向不特定公众归集资金，违反了商业银行法对单位和个人从事吸收公众存款等商业银行业务的规定，因此，可能涉及非法吸收公众存款罪，同样，如果证明具有"非法占有"的主观目的，则可能涉及诈骗罪、集资诈骗罪。第三种模式为债权转让模式，属于典型的类资产证券化行为，违反证券法对证券发行主体的规定，可能认定为擅自发行股票、债券犯罪。第四种模式为资金池模式。不管是先"进"后"出"，或是先"出"后"进"，该模式和上述模式一样，可能违反商业银行法或证券法的相关规定，从而认定为非法吸收公众存款罪或

---

① 参见李永升、胡冬阳：《P2P 网络借贷的刑法规制问题研究——以去了近三年的裁判文书为研究样本》，载《政治与法律》2016 年第 5 期。

集资诈骗罪。

其次，应当规范推定的适用，完善"非法占有"目的的认定，从而更好地界定非法吸收公众存款罪和集资诈骗罪。笔者认为，第一，提高对基础事实的证明标准。对于认定犯罪嫌疑人具有"非法占有"的主观目的的事实的证明，必须达到证据确实充分的证据标准。例如，对于《非法集资案件解释》第4条第2款规定的情形，"肆意挥霍集资款，致使集资款不能返还的"，如果是基于生产经营需要、或者用自有资金购买的奢侈品、豪车、房屋等，就不能擅自推定出行为人肆意挥霍，主观上有非法占有目的，要有确切的证据证明犯罪嫌疑人用于购买与其经济能力不符的昂贵物件，且通过银行的流水证明金钱的来源是集资款才可认定。另外，应当明确"挥霍"的标准，即行为人支出多少资金可以认为是挥霍。同样，第4条第4款规定的"将集资款用于违法犯罪活动的"，一定要确切地证明由于犯罪嫌疑人将集资款用于违法犯罪活动，且该违法犯罪活动使得犯罪嫌疑人无法返还集资款，才可适用推定，因为在有些特殊情况下，被告以吸收的资金进行犯罪活动会获利，并将吸收的资金全部返还给投资人，在这样情况下就不能简单地认定被告人具有"非法占有目的"，因为其主观上已经没有占有的目的了。第二，应当适当降低反证的证明标准。笔者认为，应当适当降低反证的证明标准，采用"优势证据"标准即可，因为被告人"非法占有"主观目的的证明本身就是适用的"推定"，即没有达到证据确实充分的标准，仅仅达到了高度盖然性的标准。因此，对被告人提出的反证的证据标准，也不应当适用比推定更加高的标准。否则就会出现同一个案件的相关事实控诉双方认定标准不一的情形，即公诉方未达到证据确实充分的证据标准时，而被告人的反证需要达到证据确实充分的标准，从而导致被告人难以出罪。

最后，应当明确划分三个诈骗类罪名之间的界限。就诈骗罪、集资诈骗罪、合同诈骗罪三个罪名而言，当被告人的犯罪行为同时符合这三个罪名时，应当优先适用特别法，即集资诈骗罪或合同诈骗罪。另外，当P2P网贷平台采用与不特定投资人签订《咨询协议》《债权转让协议》等合同的方式骗取投资人信任，以实现集资诈骗的目的时，应当适用集资诈骗罪，因为P2P网络非法集资的主要犯罪方式是通过向不特定对象的公开宣传，并通过高额利息利诱投资人，其核心在于利用投资人的趋利心理，而不是订立合同。而且，刑法打击P2P网络非法集资犯罪，主要是维护国家的金融管理秩序，与集资诈骗罪主要保护的法益是一致的，而合同诈骗罪主要保护的法益是个人的财产权，因此，也应当适用集资诈骗罪。

校园"套路贷"网络犯罪行为类型探讨

李卫红　王芹芹[*]

校园"套路贷"是以套路贷的对象主要为在校大学生及个别案例的主体为在校大学生为依据进行的划分。校园"套路贷"的社会危害性较为突出,因此,也更为刑事政策所关注,将其独立出来进行研究尤显重要。

一、认定校园"套路贷"

认定校园"套路贷"的前提是认定"套路贷"。2017年以来,"套路贷"逐渐发展为一种新型犯罪模式,频见报端,成为扫黑除恶重点打击对象。但由于其借用高利贷的外纱,利用线上、线下等多样方式,形式隐蔽,各地司法机关对于"套路贷"认定一直处于模糊状态,直到2019年2月28日"两高两部"联合印发《关于办理"套路贷"刑事案件若干问题的意见》(以下简称《意见》)才弥补了这一法律空白。《意见》规定了"套路贷"的概念。"套路贷"是相关违法犯罪活动的概括性称谓,它包括民事欺诈、行政违法及刑事犯罪,而不是一个新型罪名,也不是所有"套路贷"行为都构成犯罪。理解"套路贷"行为须从其行为模式出发,并把握其本质特征,与高利贷进行区分。

(一)"套路贷"行为模式

《意见》中对"套路贷"常见犯罪手段进行列举,但并没有强调哪些手段是必要条件,或者所有手段都必须包含在其中,这给实务中认定"套路贷",尤其是针对"套路不深"的案件带来问题。根据《意见》规定,可将"套路贷"行为划为前后两个过程,一为债务设定过程,包括制造民间借贷假象、制造资金走账流水等虚假给付事实、故意制造违约或者肆意认定违约、恶意垒高借款金额;二为索取债务阶段,即软硬兼施索债。上述被概括的两个过程具

---

[*] 李卫红,中国社会科学院大学政法学院,教授;王芹芹,中国社会科学院研究生院刑法专业硕士研究生。

有因果关联性，是认定"套路贷"行为必不可少的阶段，只具备其中之一不能构成"套路贷"。

主观上的认定也可通过客观手段进行判断。"套路贷"的主观目的在于侵财性，因此虚增债务是关键，而制造资金走账流水等虚假给付事实、故意制造违约、肆意认定违约或者通过转单平账恶意垒高借款金额是虚增债务的一种外在行为方式。若是主张单方制造被害人违约是必不可少的条件，[①] 那么对于没有故意制造违约，但到期要求偿还虚增债务的行为则无法认定非法占有目的。然而在实务中，这种套路不深的行为并不少见。

通过各种暴力、"软暴力"或其他手段索取债务也是构成"套路贷"的必要条件。但若行为人单纯以暴力等手段索取债务而没有虚增债务则不成立"套路贷"。

(二)"套路贷"与高利贷

"套路贷"本质特征在于不法分子假借高利贷名义，行非法占有目的之实。因此，区分"套路贷"与高利贷是打击"套路贷"工作的重中之重。"设套非法侵占他人财物，是'套路贷'犯罪的核心特征，这也是'套路贷'犯罪区别于高利贷、非法讨债行为的关键。"[②] 高利贷与"套路贷"区别如下：高利贷本质仍为民间借贷，放贷人主观目的为获取高额利息，并无侵占他人财物的犯罪故意，也不会故意制造违约阻碍借贷人还款。但"套路贷"案件中，犯罪分子在签订借条时，以手续费、保证金、行规为由，引诱被害人签订虚高借条并欺骗被害人若正常还款，不需要偿还虚高金额，但债务到期前通过故意制造违约要求被害人偿还虚高借条。"套路贷"不法分子通过层层套路，目的在于"出借"小额资金以获取被害人其他财物，而非以获取高额利息为目的。

(三) 校园"套路贷"的部分现状

大学生社会经验少，没有独立的经济来源，又有消费欲望，且往往有家长兜底，而且对于不法分子来说，活动范围通常限于学校，容易控制，后续催债阻碍力小，堪称为不法分子实施"套路贷"的"完美"对象。近两年，校园"套路贷"在全国高校大肆猖獗，致使不少大学生休学、退学，甚者自杀，此外部分学生由于无力偿还高额债务而加入"套路贷"犯罪团伙，从被害人变

[①] 参见李舸禛：《"套路贷"案件司法认定问题研究》，载《上海法学研究》集刊2019年第7卷。

[②] 彭新林：《论"套路贷"犯罪的刑事规制及其完善》，载《法学杂志》2020年第1期。

为被告人，严重影响大学生正常学习生活，扰乱正常教学秩序，社会危害性严重。在某法律信息库以"套路贷"、学生为关键词进行精确、全文检索（检索日期为2020年6月30日），检索得286份法律文书，排除只是提及"套路贷"，但并非为校园"套路贷"案件的裁判文书，以及案件经过一审、二审或再审保留程序最终阶段的裁判文书。通过筛选，共收集到158份裁判文书。涉案地涉及大陆地区绝大多数省、自治区、直辖市。（图1）

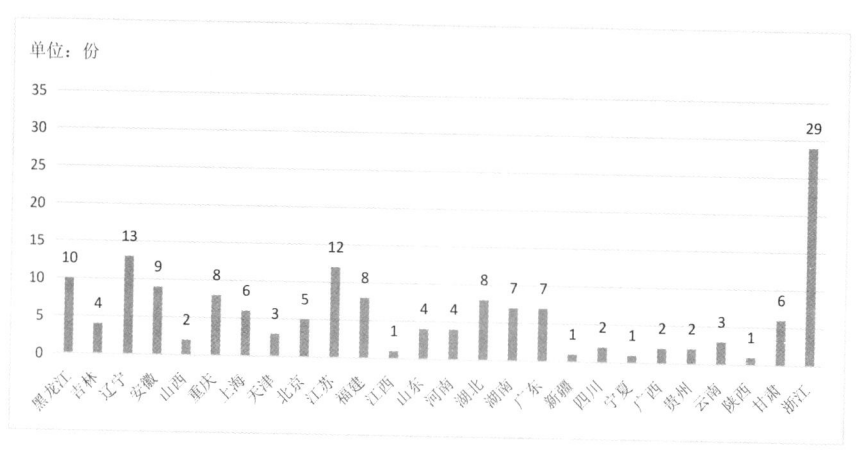

图1：校园"套路贷"地域分布

校园"套路贷"是由"校园贷"逐渐衍生而来的，① 是"校园贷"的行为方式被"套路贷"的行为方式所覆盖。早期"校园贷"主要是以非法手段获取高额本息的行为，形式主要包括手机"回租贷""裸条贷"等形式。"回租贷"具体指学生将自己的手机作为抵押物向放贷人借款，放贷人实际上获取学生手机通讯录，贷款到期后放贷人以曝光手机通讯录为要挟要求借款学生偿还本息；"裸条贷"指放贷人要求借款学生拍摄裸照或不雅视频作为抵押，若借款人到期不还借款就以曝光相威胁。② 由于"校园贷"的非法取债手段严重侵害大学生人格、人身权，扰乱其正常的学习生活秩序，2017年《关于进一步加强校园贷规范管理工作的通知》规定，一律禁止网贷机构向大学生开展"校园贷"业务，对治理校园现金贷乱象起到有效作用，但是只能抑止不能根除，为了避开金融机构监管，各网贷平台换了新马甲，以美容贷为噱头开展放贷业务，或者设立购物平台，以虚假购物模式进行放贷，校园"套路贷"

---

① 胡启忠、齐琪：《校园"套路贷"治理刍议》，载《人民法治》2018年第13期。
② 参见董邦俊、侯晓翔：《"套路贷"的刑事规制及其防控研究》，载《湖北社会科学》2018年第10期。

成为危害大学生人身财产安全的又一重大不安全因素。

二、校园"套路贷"网络行为方式描述

校园"套路贷"利用网络线上线下方式进行放贷业务，除了传统的在网贷 App 上开展放贷业务，许多犯罪分子为了规避金融机构监管，通过设立租赁或者购物平台，并以之为幌子开展放贷业务。在上述 158 份裁判文书中，通过网络平台开展放贷业务的有 42 份。

（一）线上放贷模式

线上放贷是"套路贷"最为普遍的一种形式。通过存证云、凭证云等微信公众号以及各种网贷 App 签署借条，审核通过后用微信、支付宝以及银行卡三种方式转账。学生作为放款对象，一般放款期限较短，额度较低，通常借款周期为 7 天，借款数额在 1 万元以下。借款学生到手金额为扣除手续费、平台费等剩余费用，所以到手金额远低于借条签订金额。当学生到期无法偿还借款时，便通过支付高额续期费用进行续期，或者被放贷人介绍到其他网贷平台贷款，进一步垒高债务。放贷人也可能在到期前肆意认定违约，向借款学生或其家属催收虚增债务。催收阶段，放贷人通过电话、短信轰炸等方式，滋扰、纠缠被害学生及其家长、老师、朋友，迫使被害学生及其家属还款。

（二）线上与线下相结合模式

不法分子首先通过网贷平台向学生放贷，在学生到期无法偿还借款时，就推荐学生去自己管理下的其他网贷平台进行贷款平账，最后当借款金额通过转单平账垒高到一定程度就要求被害学生面签清账，签署高额借条。

（三）租赁模式

申请人以"抵押"手机的形式借款，但实际上手机仍在申请人手中。平台评估手机价值后，给出申请人可以借款的额度和需要支付的服务费，但双方签署的并非借款合同，而是租赁合同。借款后，申请人以"回租"手机的名义，支付高额租赁费还款。名为租赁，实为借贷。这样做，一方面规避法律对民间借贷利率的限制，另一方面可以读取申请人手机通讯录等内容，掌握申请人个人隐私。当申请人无力支付高额费用时，平台就会推荐申请人去其他网贷平台借款以平账。

（四）网络购物模式

网络购物模式类似于上述的租赁模式。不法分子设立虚假的网络购物平台，实为网贷平台，以网络购物为幌子，采取客户点击购物链接，平台再"回购"的方式发放网络贷款，从而逃避网络监管、金融监管。

（五）消费贷模式

消费贷模式指"借款机构通过与美容机构、培训机构、人力资源机构合作，以各种理由诱使借款人购买服务并签订高额的借款合同，并通过分期付款的方式偿还本金和高额利息"①。以美容贷为例，包括两种形式，（1）贷款机构与整形机构合作，以"无利息、无手续费、零担保"引诱借款人在网上分期贷款。（2）利用美容贷套现。贷款中介与美容机构合作，以借款人的名义申请贷款，贷款打到整形机构的账户，扣除整容机构及贷款中介的提成后，借款人到手金额远低于合同签订金额。由于通常在手机上签订贷款合同，借款人实际上对合同重要条款根本不了解，且在很多情况下放贷人利用学生法律意识、金融意识不足，借款全程都由放贷人进行，学生借款人最后只是在手机上签署电子签名，根本没有意识到自己是签署一个合同。

三、校园"套路贷"构成的典型罪名分析

校园"套路贷"的上述行为方式并不是新型犯罪，但有可能触犯不同罪名。此外，在司法实践中还存在认为构成"套路贷"就成立诈骗罪的现象，对此张明楷老师指出这"是缺乏罪刑法定主义观念的典型表现，司法工作人员不能以'套路贷'概念取代刑法规定的犯罪构成。"② 因此，对于"套路贷"行为构成何种犯罪，需要在罪刑法定原则指导下，根据刑法分则的规定，分析"套路贷"行为是否满足各个罪名的构成要件，"防止出现'手段犯罪＋高利贷＝财产犯罪'的扩张思路"③。对上述判决书检索发现，"套路贷"涉嫌罪名最多的是诈骗罪与敲诈勒索罪，其次为寻衅滋事罪，组织、领导、参加黑社会性质组织罪与非法拘禁罪。（图2）下文将主要对诈骗罪、敲诈勒索罪、非法拘禁罪与寻衅滋事罪进行分析。

（一）诈骗罪与相关罪名辨析

1. 诈骗罪。"套路贷"本质上为侵财类犯罪，一般以诈骗罪定罪处罚。④ 校园"套路贷"案件中，行为人以保证金为由诱使被害学生在贷款平台上签

---

① 麦智杰、谭剑音：《"套路贷"案件中民事侵权与犯罪的竞合研究》，载《法学研究》2019年第7期。

② 张明楷：《不能以"套路贷"概念取代犯罪构成》，载《人民法院报》2019年10月10日，第5版。

③ 涂龙科：《"套路贷"犯罪的刑法规制研究》，载《政治与法律》2019年第12期。

④ 参见孙丽娟、孟庆华：《"套路贷"相关罪名及法律适用解析》，载《犯罪研究》2018年第1期。

二、互联网金融犯罪治理

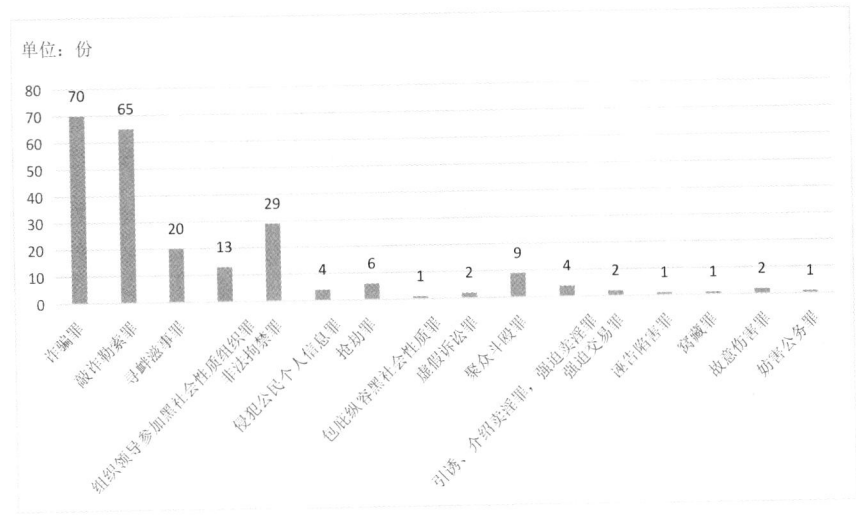

图 2：所涉罪名的判决书份数

订虚高借条，并告诉被害学生若是正常还款，无须偿还虚高部分，但行为人在到期之前就索要借款，否则认定为违约，或采取故意不接电话、平台升级为由阻碍被害学生还款，故意制造违约，然后强迫被害学生支付虚高金额。行为人欺骗被害学生签订虚高借条，后以肆意认定违约的方式强迫被害学生支付虚高金额，表明其在签订借款合同之时就具有非法占有目的，上述行为完全符合诈骗罪犯罪构成，应以诈骗罪论处。

非典型校园"套路贷"案件中，被告人主张其不具有非法占有目的，不存在隐瞒事实欺诈被害人：签订贷款合同前就收取手续费、还款日期、逾期费等事项已经明确告知被害学生，被害学生对此也均知情，并且出于急需资金，仍愿意签署借贷合同，后续也没有制造虚假银行流水，或肆意制造违约、转单平账，故意垒高被害人借贷金额的行为。对此，关键在于认定行为人是否具有非法占有目的，是否有欺诈行为。比如，2019年3·15晚会曝光的"714高炮"，即7天或14天为一放贷周期，利息年化基本超过1500%的网络贷款，若放贷人只是以获取高额本息为目的，没有采取恶意垒高借款人债务的行为，并且在放贷前明确告知借款协议约定的利息，借款人也予以认可，那么就不能认定行为人构成诈骗罪，行为人不成立"套路贷"。但在许多案件中，尽管借款学生依据借款协议支付了所谓的"借款"，表面上看对借款协议是明知的，但由于金融法律知识的匮乏，借款学生并未识破放贷人的"套路"而陷入错误认识签订虚高借条，后续行为人用非法手段强迫被害学生支付虚高金额。整体来看，可以推定行为人具有非法占有目的，实施了欺诈行为，应当认定符合诈骗罪的构成要件。

2. 诈骗罪与合同诈骗。"套路贷"行为不构成合同诈骗罪。合同诈骗罪的犯罪客体为复杂客体，除了保护合同当事人的财产外，还保护市场交易秩序。"套路贷"主体往往是借助民间借贷合同的外衣，其实质并没有参与市场交易的目的，出借人所谓的"出借"行为只是侵占他人财物的手段，因此，对"套路贷"行为以诈骗罪论处时，应以普通诈骗罪论处。

3. 诈骗罪与虚假诉讼罪。以虚高借条为依据提起民事诉讼实现非法占有目的是不法分子常用手段之一。在上述判决书中，涉嫌校园"套路贷"的民事判决书有59份。在59份民事判决中，认定借贷关系成立的有32份，占比54%；因可能涉嫌经济犯罪而裁定驳回起诉或发回重审的有26份，占比44%；因没有充分证据证明借贷关系成立而驳回放贷人诉讼请求的有1份，占比2%。（图3）依据我国现行司法解释规定，对上述行为是否以虚假诉讼罪论处还存在疑问。根据有关解释，虚假诉讼仅限于"无中生有型"虚假诉讼行为。① 因此对于客观存在借贷关系，行为人只是夸大诉讼标的金额的，不属于虚假诉讼罪范畴。但是以虚高借条提起民事诉讼的行为符合诈骗罪的构成要件。不法分子以欺骗、隐瞒的方式制造虚假法律关系，并以虚高的借条，虚假的银行流水及虚假的言词证据，欺骗法院相信借贷关系成立，因此处分被害人财产，实现非法占有目的。此时，法院是受骗人，被害人遭受财产损失，构成三角诈骗。

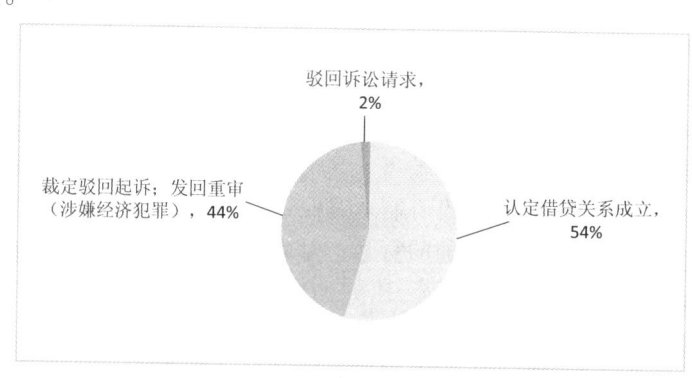

图3：民事判决认定类型占比

---

① 参见缐杰、吴峤滨：《关于办理虚假诉讼刑事案件适用法律若干问题的解释》，载《检察日报》2018年9月27日，第3版。

（二）敲诈勒索罪

"套路贷"犯罪案件中，行为人为了实现非法占有的目的，往往会采取暴力、胁迫或者滋扰、纠缠、哄闹、聚众造势等手段强迫被害人或其家属还款。对于行为人采取暴力或胁迫手段，使被害人产生恐惧心理，并因恐惧而被迫还款，完全符合敲诈勒索罪的构成要件。但是在债务设定阶段，行为人采取欺骗的方式诱导被害人签订虚高借款合同，也符合诈骗罪的构成要件。表面上看，行为人实施了两个行为，设定债务阶段的欺诈行为及索取债务阶段的勒索行为，构成诈骗罪的同时又构成敲诈勒索罪。但在社会一般人认知中，索取债务往往伴随暴力索债，而且在"套路贷"案件中，由于行为人债务的非法性，暴力索债手段往往是必要条件，所以，事实上设定债务时的侵财行为与暴力索债行为实为一个整体行为。一个行为触犯数罪名，应当按处罚较重的罪名定罪论处，因此，在"套路贷"案件中，若是伴有暴力、胁迫手段索取债务的应当按敲诈勒索罪论处。

此外，对于"软暴力"的性质认定在司法实践中存在争议，即采取滋扰、纠缠等"软暴力"手段是构成敲诈勒索罪的"威胁"，还是符合寻衅滋事罪的客观行为。2018年"两高两部"联合发布的《关于办理黑恶势力犯罪案件若干问题的指导意见》中将滋扰、纠缠等"软暴力"手段认定为敲诈勒索罪中的"恐吓""威胁"，行为人对被害人及其家属、老师、同学电话、短信轰炸应当认定为滋扰，而且大学生群体较之社会群体特殊，涉世未深，承压能力低，不少大学生因电话、短信轰炸产生心理恐惧，被迫偿还所谓的高额"债务"，或者因之休学、退学，患上心理疾病，甚者自杀。对于在校大学生来说"软暴力"足以达到心理强制的程度，应当以敲诈勒索罪论处。

（三）非法拘禁罪

校园"套路贷"一般为组织化的犯罪，行为方式多样，除了传统的威胁、恐吓等手段外，行为人还会采取非法拘禁等侵害被害人人身权利的手段。行为人采取限制、剥夺被害人人身自由的方式索取债务，构成非法拘禁罪。此外，关于非法拘禁罪与其他罪名的罪数问题也值得探讨。评价犯罪人的犯罪行为，应当坚持全面评价原则，行为人在数个犯罪故意下实施数个犯罪行为，每一个犯罪行为都应当根据其构成相应的罪名进行论处，否则有违罪责刑相适应原则。行为人为了实现非法占有目的，设定虚假债权，并限制被害人人身自由进行索债，这种情况下，行为人同时触犯侵财类罪名和侵犯人身权罪名，其索债手段已经超出侵财类罪名所能评价的范围，因此不能将设定虚假债权行为与索债行为视为一个整体行为。行为人既有侵财的故意，又有剥夺被害人人身自由的故意，既侵犯了被害人的财产权，又直接侵害了被害人的人身权益，应以诈骗罪与非法拘禁罪数罪并罚。同理，当行为人在非法拘禁时，还实施殴打、威胁等手段，则应当以敲诈勒索罪和非法拘禁罪数罪并罚。

（四）寻衅滋事罪

司法实践中，很多法院将行为人尾随、纠缠等手段认定为寻衅滋事的客观行为。正如上文所述，对于被害大学生来说，行为人尾随、纠缠等行为，严重干扰被害人正常学习生活秩序，已经足以使大学生产生恐惧心理，达到心理强制的程度，对此应当认定为敲诈勒索罪。但是当行为人采取上门用胶水堵锁孔，写大字报等方式尚未达到使被害人及其家属达到心理恐惧或心理强制的程度，又因为扰乱社会秩序，情节严重的可以按寻衅滋事罪论处。

此外，关于寻衅滋事罪的一个重要问题就是罪数问题，司法实践中对此也存在不同观点。寻衅滋事罪侵犯的客体为社会秩序，并非侵财类罪名所能涵摄的，行为人实施了欺诈行为及滋扰、纠缠等寻衅滋事行为，侵犯了被害人财产权及社会秩序数法益，且对各行为均有故意的情况下，应当对各个犯罪行为分别论处。

"套路贷"犯罪的实证考察及其应对[*]

汪恭政[**]

"套路贷"犯罪作为新型黑恶势力犯罪的典型代表,常游走在灰色地带,不仅严重威胁着被害者的人身、财产安全,也扰乱着资金合法流转的秩序。面对"套路贷"犯罪引起的法益侵害,如何立足司法实践,关注此类犯罪所呈现的不法特征,进而明确致罪因素,并由此提出可行的治理建议?值得我们深究。

一、实证考察:"套路贷"犯罪的发案特征

刑事判决书在再现犯罪事实并确保事实的真实性上起到了积极作用。立足现有判决书,实证考察"套路贷"犯罪,发现此类犯罪在犯罪模式、犯罪方式和犯罪主体上呈现以下特征。

(一)犯罪模式:公司化运营模式明显

犯罪模式能反映不法行为的实施方式,在"套路贷"犯罪中,"套路贷"犯罪者以公司化运营的模式实施非法占有被害人财产的趋势明显。分析现有样本,发现此模式在"套路贷"犯罪者身份、社会经济发展程度上有充分的体现。

从"套路贷"犯罪者的身份可看出,除了17人未说明身份和3人以个人名义实施犯罪外,551人都有公司任职的身份特征。其中,公司股东87人,占比15.2%;公司管理者85人,[①]占比14.9%;公司职员最多,涉及379人,比例为66.4%。由此表明,不法借贷活动的顺利开展主要是以公司化运营模式推动的。

---

[*] 本文系浙江省教育厅科研资助项目"网络金融借贷型犯罪研究"(Y201942414)的阶段性成果。

[**] 汪恭政,浙江工商大学法学院讲师,法学博士。

① 公司管理者,也兼有公司股东身份。

再者，从经济发展程度上也能进一步佐证公司化运营模式的特征，此点主要体现在案件的判决省份或判决地区上。据现有样本统计，"套路贷"犯罪涉案总计20个省（区、市）①，其中，浙江、江苏、上海、安徽分列第1至4位，涉案人数分别为129人、97人、74人和57人，占比分别为22.6%、17%、13%和10%。紧随其后的是天津、云南、河南、江西、内蒙古，人数分别为43人、34人、30人、15人和15人，占比依次为7.5%、6.0%、5.3%、2.6%、2.6%。从案件分布的地区看，华东区涉案人数高达300人，其次是华中地区，有110人，华北地区和西南地区相当，都是46人，东北地区、华南地区和西北地区较少，涉案人数分别为36人、23人和10人。可见，沿海发达省份或者是华东地区发案普遍，这与这些省份或地区的企业数量多、民营经济活跃有着密切关系。

（二）索债方式：种类多样、协作特征突出

根据前文有关"套路贷"犯罪的界定可知，"套路贷"犯罪的顺利实施包括两个阶段，即放款阶段和索债阶段。一般而言，在放款阶段，"套路贷"犯罪者主要采取欺骗的方式诱骗或迫使被害者签订贷款协议，以形成债权债务关系。总体来看，此阶段犯罪方式较为单一。然而，在索债阶段，"套路贷"犯罪却具有多种犯罪方式并存的特点。

一是从案由类型就可看出，除了诈骗行为有202人（35.4%）实施外，"套路贷"犯罪还有多种犯罪方式。其中，妨害公务的5人（0.9%），非法拘禁的30人（5.3%），非法制造、买卖、运输、邮寄、储存枪支、弹药、爆炸物的21人（3.7%），故意伤害的6人（1.1%），拒不执行判决、裁定的1人（0.2%），聚众斗殴的9人（1.6%），强迫交易的10人（1.8%），敲诈勒索的189人（33.1%），寻衅滋事的55人（9.6%），掩饰、隐瞒犯罪所得的1人（0.2%）和组织、领导、参加黑社会性质组织的42人（7.4%）。分析这些不法行为的特征可看出，"套路贷"犯罪者既有针对被害人人身法益实施的行为，也有针对财产法益实施的行为，还有涉及侵犯秩序法益的行为。

二是索债方式的协作特征明显，主要体现在共同犯罪中有明确的犯罪分工。除了1人单独实施"套路贷"犯罪外，其余的都是共同实施该类犯罪。在共同实施该罪的案件中，首要分子53人，占比9.3%，主犯（不包括首要分子）313人，比例高达54.8%，从犯204人，所占比例为35.7%。可以看

---

① 涉案省（区、市）分别为：安徽、福建、广东、贵州、河北、河南、黑龙江、湖北、湖南、吉林、江苏、江西、内蒙古、山西、陕西、上海、天津、云南、浙江和重庆。

出,"套路贷"犯罪者顺利实现非法占有被害人财物的目的往往是共同犯罪的成员"群策群力"的结果。

三是分析索债阶段不法行为的数量,发现除168人(29.4%)未参与索债行为外,共有403人参与索债行为。具体而言,305人实施侵犯一个法益的不法行为。尽管有一种不法行为,但这些不法行为中,竟有220人实施敲诈勒索的行为;实施寻衅滋事,涉及30人;实施非法拘禁,达到20人。在剩余侵犯两个以上法益的98人中,有57人侵犯了两个法益,其不法行为主要表现在,同时实施敲诈勒索、非法拘禁的最多,有21人;既参加黑社会性质组织又抢劫的,涉及8人;同时实施敲诈勒索和寻衅滋事的,有7人;敲诈勒索的同时又抢劫的,有6人。侵犯3种法益的共有24人,不法行为表现在,实施敲诈勒索、寻衅滋事、非法拘禁的最多,有4人;参加黑社会性质组织的同时,故意伤害和寻衅滋事的有3人。侵犯4种法益的共有14人,其中,"套路贷"犯罪者参加黑社会性质组织的同时,敲诈勒索、抢劫和寻衅滋事的最多,涉及3人。此外,除了2人实施侵犯5种法益的不法行为外,还有1人为了索债竟实施了侵犯6种法益的不法行为,即敲诈勒索、寻衅滋事、抢劫、故意毁坏财物、开设赌场和虚假诉讼。可见,"套路贷"犯罪者在索债阶段存在多种法益侵害的行为特征,既有暴力的不法行为,也有非暴力的不法行为,由此进一步印证了前文解释性规定有关"套路贷"犯罪者有实施"硬暴力""软暴力"的行为方式描述。

(三)犯罪主体:犯罪入罪门槛偏低

犯罪主体乃犯罪行为的发出者,是犯罪实施的关键要素,从"套路贷"犯罪的主体上看,犯罪入罪门槛偏低是主要特征,且在"套路贷"犯罪者的性别、学历和年龄上得到充分体现。

首先,从"套路贷"犯罪者的性别上看,除36人未说明外,男性实施"套路贷"犯罪的占绝对数,涉案499人,比例高达87.4%,而女性实施此罪的仅有36,占比6.3%。一般而言,"套路贷"犯罪的顺利实施离不开犯罪者的"硬暴力""软暴力",而实施这些不法行为,男性相比女性更易犯罪。

其次,从"套路贷"犯罪者的学历上看,除170人未说明外,初中实施"套路贷"犯罪的最多,有171人,占比29.9%,其次是专科(包括中专和大专)的,有105人,比例为18.4%,再者是高中和小学的,各有53人、48人,比例分别为9.3%和8.4%,大学学历的涉案人数较少,仅有18人,占比3.2%。总体来看,这些不法主体的学历普遍偏低。

最后,从"套路贷"犯罪者的年龄分布看,除判决书未交代48人

（8.41%）的年龄外，523 人都有年龄显示。其中，20—29 岁的 248 人，占比 43.43%；30—39 岁的 225 人，比例为 39.40%；40—49 岁的 44 人，占比 7.71%；50—59 岁的 5 人，比例达 0.88%；60 岁以上的 1 人，比例为 0.18%。40 岁以下的占比高达 83.83%。按照我国通常年龄的划分标准看，18—40 岁属于青年，根据国际通行的年龄划分标准，15—59 岁属于成年人口，即劳动适龄人口。① 可见"套路贷"犯罪者的年龄绝大多数分布在此区间，由此也说明该类犯罪属于典型的年轻体力型犯罪，犯罪年龄上并无较高的门槛。

二、致罪因素：以日常活动理论为切入

关注"套路贷"犯罪，离不开对其产生的缘由进行分析，而分析的关键在于弄清致罪因素。"关于引起或助长犯罪，并与犯罪乃至犯罪现象有关的因子，并不是犯罪的'原因'，而应该将其作为犯罪的'因素'进行探讨。"② "套路贷"犯罪是在日常的借贷活动中滋生的，更多的是打着民间借贷的"旗号"从事的日常资金融通活动，这给以日常活动理论（Routine Activities Theory）分析"套路贷"犯罪的致罪因素提供了可能。

根据日常活动理论，犯罪行为是发生在特定时间与空间下的特定事件，这个特定事件的发生需要有动机的犯罪者（motivated offender）、合适的目标（suitable target）、缺乏有能力的犯罪监管者（absence of capable guardians against a violation）③，三种要素在同一时空条件下聚集。④ 诚如有学者所言，三者易引起社会的机构性变化，而此变化会增加犯罪机会。⑤ 就此而言，分析"套路贷"犯罪离不开对这些致罪因素的分析。

---

① See United Nations, "The Aging of Population and Its Economic and Social Implications", *Population Studies*, 1956, 26, p. 7.

② ［日］上田宽：《犯罪学》，戴波、李世阳译，商务印书馆 2016 年版，第 37 页。

③ 也有学者将这三因素表述为可能的犯罪者（likely offender）、合适的目标（suitable target）、缺乏有能力的犯罪监管者（absence of a capable guardian against crime）。See Marcus Felson, Ronald V. Clarke, "Opportunity Makes the Thief – Practical theory for crime prevention", *Police Research Series Paper* 98, 1998, p. 4.

④ See Cohen, L. E., Felson, M., "Social change and crime rate trends: A routine activity approach", *American Sociological Review*, 1979, Vol. 44, Issue 4, p. 588 – 608.

⑤ See Miethe, Terance D., Robert F. Meier, *Crime and Its Social Context: Toward and Integrated Theory of Offenders, Victims and Situations*, State University of New York Press, 1994, p. 36.

二、互联网金融犯罪治理

(一) 有动机的犯罪者：具有非法占有目的的放贷者

有动机的犯罪者乃日常活动理论的首要因素，一般指既有犯罪倾向又有犯罪能力实现这些犯罪倾向的不法主体。[①] "套路贷"犯罪之所以频发，最为关键的是离不开不法放贷者的广泛参与。具体来看，与以下因素密切关联。

一是非法占有他人财产的目的是驱动犯罪者实施"套路贷"犯罪的内在动因。根据现有样本，除了16人未说明是否有非法占有目的外，明确谈到有非法占有为目的的涉案人数达554人，占比高达97%。就此可以说，非法占有他人财产的目的乃识别（潜在）"套路贷"犯罪者的关键要素。这在域外部分国家类似，如英国，非法放贷者往往是职业罪犯（career criminals），[②] 为维持生计，而不得不从事牟利性借贷活动。在美国，也有学者作了类似回应，非法放贷的目的明显，旨在让接受贷款的客户永远负债。[③]

二是"套路贷"犯罪者黑恶势力的背景进一步助长了实施"套路贷"犯罪的可能。梳理现有样本，发现有黑恶势力参与的案件达61个，占比48.41%，涉案人数达313人，比例高达54.82%。黑恶势力实施不法行为更多地以团体性、组织性为表现形式，相比势单力薄的被害人而言，"套路贷"犯罪者既能借助团体人数的优势分工协作制造民间借贷假象和资金走账流水，也能利用人数的优势对被害者实施软硬暴力实现非法占有被害者财产的目的。

(二) 有合适的犯罪目标：处于弱势地位的被害者

在日常活动理论中，合适的目标对犯罪者具有价值，[④] 除了物品作为目标外，被害者也常被视作合适的目标。[⑤] 在"套路贷"犯罪中，合适的犯罪目标，主要是指遭受"套路贷"侵害的贷款人。根据该理论，日常活动的变化

[①] See Cohen, L. E., Felson, M., "Social change and crime rate trends: A routine activity approach", *American Sociological Review*, 1979, Vol. 44, Issue 4, p. 593.

[②] See Collard S. B., Ellison A., Forster R., "Illegal lending in the UK", *DTIURN 06/1883*, p. 68.

[③] See Robert Mayer, "Loan Sharks, Interest-Rate Caps, and Deregulation", *Washington and Lee Law Review*, 2012, Vol. 69, Issue 2, p. 812.

[④] See Eric T. Bellone, "Protecting Business and Preventing Property Theft: a Routine Activities Theory Approach", *Holy Cross Journal of Law and Public Policy*, 2013, Vol. 17, Issue 1, p. 53.

[⑤] See Marcus Felson, Ronald V. Clarke, "Opportunity Makes the Thief – Practical theory for crime prevention", *Police Research Series Paper* 98, 1998, p. 5.

增加了被害者遭受犯罪侵害的可能。① 分析现有的判决文书，发现"套路贷"犯罪之所以频发，与"套路贷"被害者处于弱势地位的日常变化密切相关。具体表现在以下方面。

第一，被害者普遍较高的资金需求，增加了"套路贷"犯罪实施的机会。据统计，在现有的案件中，被害人急需用钱的案件达24件，占比19.05%。可见，较高的资金需求与被害者寻求"套路贷"存在相关性，而且这种现象在其他国家也很普遍。

第二，被害者多样化的借贷需求，便于"套路贷"犯罪者锁定犯罪目标，各个击破。分析现有样本，发现除了320人未说明具体针对被害人实施的"套路贷"类型外，在已明确的"套路贷"类型中，以"车贷""房贷""校园贷""零用贷"最为突出。其中，涉及"车贷"犯罪的142人，占比24.9%；"校园贷"的56人，占比9.8%；"零用贷"的30人，比例为5.3%；"房贷"的23人，占比4.0%。由此，便于"套路贷"犯罪者结合不同借贷的特点因地制宜、因人而异地实施非法放款、索债的行为。

第三，被害者被害救济意识的薄弱，加剧了被"套路"索债的风险。相比被害者，不法放贷者非法放款的手法相当专业，往往在放款、索债的证据上做得"天衣无缝"，欠条、转账电子记录、提款视频等证据常保存得完整、充分，由于不少被害者不懂得收集、保存、固定证据，被害救济意识的薄弱，易使不法放贷者形成完备的索债"证据链"，增加了被害者被"套路"遭受财产、人身损失的风险。

（三）缺乏有能力的犯罪监管者：监管环境的不利影响

换言之，在"套路贷"犯罪中，缺乏有能力的犯罪监管者更多地体现为外部监管环境所带来的不利影响。而在"套路贷"犯罪中，监管环境带来的不利影响主要有以下表现。

一是在公司化运营模式中，对借贷公司缺乏应有的审查。据统计，在现有的126件案件中，除了47件未说明公司名称外，在剩下的77件（2起案件属于个人犯罪）有明确公司名称的案件中，明确说明未工商登记、未注册或者未领取营业执照的公司有13家。可见，在公司注册成立的前端环节，工商管理部门对其审查有缺漏。加之，部分判决书中有明确名称的公司是否存在工商登记、注册或领取执照，无从知晓。即使存在工商登记的，也充分说明工商管

---

① See Gregory D. Breetzke, Ellen G. Cohn, "Burglary in Gated Communities: An Empirical Analysis Using Routine Activities Theory", *International Criminal Justice Review*, 2013, Vol. 23, Issue 1, p. 59.

理部门对其借款、索债的事中环节缺乏必要的监督。

二是合法借款渠道的高标准,导致合法借款"真空"的出现。目前来看,合法借款渠道更多地源自银行贷款,相比"套路贷"、民间借贷而言,银行借贷存在高标准、高要求,这为所谓"无须担保、放款快、利息低甚至无利息"① 的"套路贷"的生存提供了"市场机会"。

三是受"民间借贷"假象的影响,公安司法机关并未意识到此类案件的法益侵害性。分析现有样本,发现所有案件都是在"套路贷"犯罪者制造民间借贷假象的基础上产生的,公安司法机关并未引起足够的重视。结合样本来看,"套路贷"犯罪者明确主张诉讼的案件有 15 件涉及 76 人之多,而且多数是以"民间借贷"纠纷主张"套路贷"犯罪者自身的"权益",由此不仅降低了发现、查处此类借贷危害的可能,也弱化了直指借贷本质追究"套路贷"犯罪者刑事责任的初衷。

三、应对策略:以减少犯罪机会为核心

如前所述,"套路贷"犯罪频发的致罪因素在于不法放贷者存在犯罪机会。因此,提出应对"套路贷"犯罪策略的关键,在于以减少犯罪机会为核心对"套路贷"犯罪形成系统的情境预防和治理,以"降低犯罪对犯罪者的吸引力"②。尽管早期的学者认为犯罪机会无限多,很难通过减少犯罪机会来预防犯罪,③ 但随着立足犯罪机会防治犯罪的社会实践表明,减少犯罪机会无疑是治理犯罪特别是预防犯罪最为适宜的方法。基于此,为减少"套路贷"的犯罪机会,有必要从加大"套路贷"犯罪者的惩治力度、维护被害者人身、财产权益和营造安全规范的监管环境上作出具体安排。

(一) 惩治犯罪者:增加被追责的可能

加大惩治"套路贷"犯罪者的力度,有必要增加刑事责任追究的可能。

---

① 邢东伟、翟小功:《"套路贷"里圈套深》,载《西部法制报》2019 年 6 月 11 日,第 5 版。

② Gregory D. Breetzke, Ellen G. Cohn, "Burglary in Gated Communities: An Empirical Analysis Using Routine Activities Theory", *International Criminal Justice Review*, 2013, Vol. 23, Issue 1, p. 58.

③ See Weisburd, David L., Laura Wyckoff, Justin Ready, John E. Eck, Joshua C. Hinkle, and Frank Gajewski, "Does Crime just Move around the Corner? A Controlled Study of Spatial Displacement and Diffusion of Crime Control Benefits", *Criminology*, 2006, Vol. 44, p. 552.

目前，最高人民法院、最高人民检察院、公安部、司法部等部门已出台《关于办理黑恶势力犯罪案件若干问题的指导意见》《关于办理恶势力刑事案件若干问题的意见》《关于办理实施"软暴力"的刑事案件若干问题的意见》《关于办理"套路贷"刑事案件若干问题的意见》，这对追究"套路贷"犯罪者的刑事责任起到了积极作用。同时考虑到"套路贷"犯罪并非刑法上的具体罪名，而是犯罪事实层面的非法放贷现象。因此，追究"套路贷"犯罪者的刑事责任时，有必要考虑以下情况。

第一，"套路贷"犯罪是犯罪者假借民间借贷之名实施的不法行为，追究其刑事责任时，不应被"民间借贷"引起的民事纠纷所影响，应透过本质，着重关注具体的法益侵害行为。具体而言，一是对于"套路贷"犯罪者虚构事实、隐瞒真相且未采用明显暴力或威胁手段的，应以诈骗罪追责。进一步地说，主观上要关注犯罪者是否有非法占有的目的，具体结合"套路贷"犯罪者虚增借贷的数额、放贷次数、对被害者违约的态度、获利情况等证据，以刑事推定的方式，考虑其是否不仅有排除被害人占有其财产的意思，也要关注是否有非法利用此财产的意思；客观上则关注"套路贷"犯罪者骗取被害人财产的行为构造，是否该当"犯罪者实施欺骗行为、被骗人产生认识错误处分财产、犯罪者取得财产、被害人遭受财产损失"的要件，都符合的，才可追究诈骗罪的责任。二是对于"套路贷"犯罪者实施虚构事实、隐瞒真相的同时，又采用暴力、威胁或虚假诉讼等手段的，有必要以不法行为符合几个犯罪构成为标准，具体判断是否该当抢劫罪、敲诈勒索罪、非法拘禁罪、虚假诉讼罪的构成要件，存在多个法益（难以重叠）受侵害的，则以数罪并罚方式追责，如为强行索要因非法放贷而产生的债务，实施故意杀人、故意伤害、非法拘禁、故意毁坏财物、寻衅滋事等行为，构成犯罪的，应数罪并罚，否则依处罚较重的规定追责。

第二，对"套路贷"犯罪者加大刑事追责的力度，并非针对案件的所有犯罪者，追责时须结合犯罪分工、犯罪作用作出区分。由前文可知，"套路贷"犯罪是以团伙型犯罪为典型特征，犯罪团伙中除了首要分子外，往往还有其他主犯和从犯。对于首要分子，应按犯罪集团所犯的全部罪行处罚。对于其他主犯，按其参与、组织或指挥的罪行处罚，对于符合黑恶势力犯罪成员特征的，应参考《关于办理黑恶势力犯罪案件若干问题的指导意见》《关于办理非法放贷刑事案件若干问题的意见》的规定，根据刑法总则关于共同犯罪和犯罪集团的规定，依法从严惩处。而对于从犯、胁从犯，应根据其在共同犯罪中所起的作用和犯罪情节从宽处罚，量刑上要与首要分子和其他主犯有所区别。而且根据前文，"套路贷"犯罪者常以公司的形式非法借贷，按照《关于审理单位犯罪案件具体应用法律有关问题的解释》第 2 条和第 3 条的规定，不能基于是公司就以单位犯罪追责，而应从以实施犯罪为主要活动、盗用公司或企业名义实施犯罪、违法所得由个人私分的角度追究具体不法者的刑事责任。此外，对于犯罪情节显著轻微、不构成"套路贷"犯罪的，建议将其纳入"职业放贷人"的黑名单，禁止进入信贷、投资咨询领域从事资金借贷业务。

（二）保护被害者：弱化犯罪目标的价值

弱化犯罪目标的价值，有必要以保护被害者的人身、财产权益为基础，增强（潜在）被害者防止被"套路贷"的意识以及改变其以"套路贷"满足资金需求的生活方式。

其一，增强（潜在）被害者防止被"套路贷"的意识。一是通过宣传让（潜在）被害者意识到"套路贷"犯罪的法益侵害性。比如，广泛利用传统媒体和新兴媒体宣传金融法律规范和借贷规则，积极开展"套路贷"典型案例警示教育和以案释法，拍摄打击"套路贷"犯罪案件的宣传片，并在公共场所滚动播放；制作宣传折页发放给居民，并在人流密集的公共场所张贴反"套路贷"犯罪的海报；积极开展有关治理"套路贷"犯罪的法治宣讲，提高（潜在）被害者的防范意识。如此以来，正如有学者所指出的那样，通过向包括（潜在）被害者在内的居民提供信息，能够降低被害者成为犯罪目标的可能。[①] 二是畅通救济渠道以增强被害者权益救济的意识。由于"套路贷"犯罪具有严重的法益侵害性，因而畅通救济渠道是关键。实践中，公安侦查机关应积极拓展获取举报、提供案件线索的渠道，方便被害者及时告知财产、人身权益受损的事实。

其二，改变被害者寻求"套路贷"满足资金需求的生活方式。改变资金需求的生活方式有必要从两个角度入手：一是从金融主体提供借贷产品角度入手，依法设立的银行业金融机构和小额贷款公司以及其他合法存续提供金融服务的非金融机构应根据民间借贷市场的需求，应符合规范要求开发能满足多种资金需求的借贷产品，如根据市场客户（包括被害者）的信用水平、还贷能力开发具有个性化、差异化的车贷、消费贷或房贷等借贷产品；二是从（潜在）被害者自身角度入手，包括购房、买车需求者在内的被害者应养成理性消费的生活方式，无论是在购房、买车时，还是在零用消费时，（潜在）被害者应结合自身的财产状况和消费能力，养成理性消费的生活方式。

---

① See Brian Parsi, Boetig, The Routine Activity Theory: A Model for Addressing Specific Crime Issues, *FBI Law Enforcement Bulletin*, 2006, Vol. 75, Issue 6, p. 18.

(三) 营造安全规范的环境：减少犯罪诱因

除了从犯罪者、被害者角度提出应对策略外，从缺乏有能力的犯罪监管者角度提出治理对策也很必要。一般而言，犯罪监管在日常生活中是以隐含方式存在的，只有当违反监管规定时才有存在的表征，因而易被人们忽略。[①] 本文认为，不能因为被忽略就不从此致罪因素角度提出应对策略。恰恰相反，更应重视犯罪监管者的作用。诚如有学者所言，当有动机的罪犯确定了合适目标时，是否存在有能力的犯罪监管者往往对犯罪事件的发生起决定性作用。[②] 为此，为了更好地降低犯罪机会，减少不法借贷诱因的影响，应营造安全规范的借贷环境。

首先，梳理排查从事资金借贷类的公司或企业，对涉嫌违法犯罪的予以重点治理。市场监督管理、金融监管、工商管理等部门有必要依法定期对辖内设立的小额贷款、融资担保、融资租赁等从事资金借贷活动的公司进行全面排查，审查是否存在涉嫌"车贷""校园贷""零用贷""房贷"等违法犯罪活动。未经依法批准，任何单位和个人不得设立从事或者主要从事发放贷款业务的机构。对于涉嫌违法无合法经营资质的，应对不法经营行为给予相应的行政处罚，涉嫌犯罪的，应向公安部门告知立案，必要时积极配合公安司法机关做好协助工作，以追究不法放贷者的刑事责任。

其次，规范日常的借贷环境，注意对账户资金流的监测。分析现有样本，发现271名"套路贷"犯罪者在实施"套路贷"犯罪时有转账记录的证据，而转账记录以资金账户为转移工具，由此说明以网络账户完成借贷资金的流转日渐成为主流趋势。为此，规范日常的借贷环境，应注意监测这些账户的资金流。实践中，提供资金账户的主体多是银行业金融机构或是提供支付服务的非银行金融机构，因此，针对这些主体，可提出类似洗钱监管的规范要求，要求这些主体及时监测所经办的单笔交易额、在规定期限内超过规定金额的累计交易额以及可疑的交易额，发现违法涉罪线索的，应及时告知公安司法机关。

最后，公安司法机关应正视"套路贷"引起债权债务关系的假象，并审视所带来的法益侵害性。虽然此类犯罪涉及民刑交叉，但其引起的法益侵害性与民事权益纠纷有别。以此类犯罪中最为典型的诈骗行为为例，刑事犯罪中的

---

① See Eric T. Bellone, "Protecting Business and Preventing Property Theft: a Routine Activities Theory Approach", *Holy Cross Journal of Law and Public Policy*, 2013, Vol. 17, Issue 1, p. 54.

② See Brian Parsi, Boetig, The Routine Activity Theory: A Model for Addressing Specific Crime Issues, *FBI Law Enforcement Bulletin*, 2006, Vol. 75, Issue 6, p. 14.

"诈骗"不同于民事违法中的"欺诈"。因为,"套路贷"犯罪中的"诈骗"在客观行为上旨在侵害被害者的财产法益,主观目的上是要排除被害者对其财产的占有和利用。犯罪者和被害者在借贷中确立的债权债务关系是虚假的,意在以借贷为表现形式非法获取被害人财产。就此来说,"刺破"债权债务关系的假象,根据法益侵害的程度以罪刑规范治理十分必要。

四、结论

"套路贷"犯罪,乃近来新型黑恶势力犯罪的典型代表,是行为人以非法占有为目的,假借民间借贷之名,诱使或迫使被害人签订"借贷"相关协议、虚假债权债务,并以各种非法方法占有其财产的不法行为。立足现有判决书,实证考察"套路贷"犯罪,发现此类犯罪呈现出公司化运营模式、多种犯罪方式并存以及犯罪入罪门槛偏低诸多特征。"套路贷"犯罪之所以频繁发生,与日常性、经常性的借贷活动中存在大量的犯罪机会密切关联。"日常活动理论能更深入地洞悉犯罪机会的本质,并有助于理解犯罪是否发生。"① 以该理论为分析的切入点,发现有非法占有目的的不法放贷者、处于弱势地位的被害者以及存在不利影响的监管环境,促成了这一犯罪机会的发生。妥善应对"套路贷"犯罪,有必要将减少犯罪机会作为治理核心,以严惩"套路贷"犯罪者、保护被害人以及营造安全规范的监管环境。

---

① Rob T. Guerette, Katie J. Bowers, "Assessing the Extent of Crime Displacement and Diffusion of Benefits: A Review of Situational Crime Prevention Evaluation", *Criminology*, 2009, Vol. 47, Issue 4, p. 1337.

论虚拟货币犯罪风险的防控对策[*]

兰立宏[**]

自中本聪于 2008 年提出比特币概念并于 2009 年 "挖出" 首批比特币以应对亚洲金融危机带来的官方货币信任动摇问题以来，以比特币为代表的去中心化、虚拟、加密的虚拟货币成为国际社会高度关注的重要问题。虚拟货币自身所具有的去中心化、匿名性、跨国性等特点，与之相关的价值浮动、网络安全、洗钱、恐怖融资、传销、非法集资、集资诈骗等问题，以及作为比特币底层技术的分布式账本技术（区块链技术）在金融领域和非金融领域的应用拓展问题，使得虚拟货币和区块链技术成为国内外高度关注的技术创新和发展实践问题与显学问题。

一、虚拟货币的犯罪风险

（一）洗钱风险

以比特币为代表的去中心化虚拟货币所具有的去中心化、匿名性、跨国性、交易不可撤销等特点，使虚拟货币一直是犯罪分子洗钱的重要工具。犯罪分子可能会利用不同国家对虚拟货币的不同监管，通过境内外虚拟货币交易平台将犯罪资金转换为虚拟货币，利用种类繁多、匿名性不同的虚拟货币进行不同虚拟货币间的转换，利用互联网在不同虚拟货币交易平台间转移虚拟货币，将虚拟货币与法定货币进行兑换，混合使用虚拟货币洗钱与其他洗钱手段，达到转换、转移犯罪资产，实现表面合法化的目的。近年曝出的 "自由储备银行"（Liberty Reserve）、"丝绸之路"（Silk Road）、"国际西部快递"（Western Express International）等虚拟货币交易商和发行商洗钱案件，说明了洗钱犯罪

---

[*] 本文系国家社科基金项目 "国际法视域下我国反恐怖融资法律机制完善研究"（17BFX141）、公安部公安理论及软科学研究计划重点项目 "国际视域下恐怖融资犯罪防控研究"（2017LLYJTJXY007）的阶段性成果。

[**] 兰立宏，公安部铁道警察学院科研处副处长，教授，法学博士。

是虚拟货币面临的重要风险,这也是包括金融行动特别工作组、欧洲刑警组织在内的国际组织高度关注虚拟货币问题的重要原因。①

(二) 恐怖融资风险

虚拟货币在一定程度上兼具的支付工具和价值存储工具的属性,使得恐怖分子会利用虚拟货币筹集、转移、储存、使用资金。金融行动特别工作组(FATF) 报告显示,执法人员已发现恐怖活动组织所属网站呼吁同情者和支持者利用比特币提供捐款,极端主义者在互联网上商量使用虚拟货币购买武器,计划对不太了解虚拟货币的其他极端主义者进行技术培训。② 美国著名智库兰德公司受美国国防部长办公室资助,于2015年发布了长达102页的研究报告《虚拟货币对国家安全的影响:非国家实体部署可能性剖析》,指出包括恐怖活动组织在内的非国家实体研发新的虚拟货币以提升其政治与经济实力具有较大现实可能性。③

(三) 逃税风险

尽管虚拟货币在一些国家被界定为可以征税的虚拟商品,但是大多数国家尚未作出类似规定,尚未对虚拟货币予以严密监管。而且虚拟货币所具有的匿名性、跨国性、快捷性等特点,易于使其成为跨境转移犯罪资产、逃避政府税收监管的支付工具与价值存储载体,甚至沦为重要的避税天堂④。

(四) 盗窃风险

虚拟货币的产生、交易、储存均要通过互联网进行,虚拟货币交易商、虚拟钱包提供商为虚拟货币所有者提供交易账号和存储账号。因此,一方面,虚拟货币交易商与虚拟钱包提供商可能会监守自盗,窃取客户的虚拟货币;另一方面,黑客会通过黑入虚拟货币所有者的账户转移窃取虚拟货币。根据网络安全公司"黑炭"(Carbon Black) 于2018年6月发布的研究报告《暗网上的加密数字货币淘金热》可知,2018年上半年全世界被盗的虚拟货币价值达11亿

---

① 师秀霞:《虚拟货币洗钱风险的法律规制》,载《南方金融》2016年第6期。

② The Financial Action Task Force, Emerging Terrorist Financing Risks, 2015 - 10 - 21, www. fatf - gafi. org/publications/methodsandtrends/documents/emerging - terrorist - financing - risks. html.

③ Joshua Baron et al., National Security Implications of Virtual Currencies: Examining the Potential for Non - state Actor Deployment, 2015 - 12 - 30, https: //www. rand. org/content/dam/rand/pubs/research_ reports/RR1200/RR1231/RAND_ RR1231. pdf.

④ Jonathan B. Turpin. Bitcoin, The Economic Case for a Global, Virtual Currency Operating in an Unexplored Legal Framework, 1 Indiana Journal of Global Legal Studies 357 (2014).

美元，虚拟货币交易平台是最易受网络犯罪分子攻击的目标，在所有与虚拟货币有关的攻击中占27%，瞄准商业企业的虚拟货币攻击占21%。① 据 Bitcoin 统计，2018年全球共发生22起金额超过40万美元以上的巨额虚拟货币盗窃案件。②

（五）敲诈勒索风险

尽管虚拟货币尚未被大多数国家界定为具有财产价值的虚拟商品，但是比特币、以太坊等虚拟货币具有日益广泛的使用范围，而且其转移具有匿名性的特点，非法占有虚拟货币成为犯罪分子敲诈勒索的重要目标，虚拟货币成为敲诈勒索的犯罪分子试图逃避法律追究的重要工具。近年来，国内外绑架人质、要求以虚拟货币支付绑架赎金的绑架案件不断增多③。

（六）非法集资与集资诈骗风险

比特币、以太坊等虚拟货币在一些国家可以通过网上交易平台与法定货币相兑换，或者用于网上购物，其使用范围有日益扩大之势。另外，作为比特币底层技术的区块链技术在金融领域的应用日益增多，而且有向金融领域之外拓展应用之势。虚拟货币所具有的匿名性、跨国性、快捷性等特点，使得网上转移犯罪资产简单快捷，易于逃避政府监管。因此，犯罪分子一方面可能会将虚拟货币作为非法集资或集资诈骗的支付工具，另一方面会将投资发行虚拟币、开发区块链底层技术应用、利用虚拟货币"搬砖"套利等作为非法集资或集资诈骗的借口。④ 因此，中央七部委于2017年9月发布了《关于防范代币发行融资风险的公告》，要求正确认识代币发行融资活动的本质属性，禁止任何组织和个人从事代币发行融资，加强对代币融资交易平台的管理，禁止金融机构和非银行支付机构开展与代币发行融资交易相关的业务，充分发挥行业

---

① Carbon Black, Cryptocurrency Gold Rush on the Dark Web, 2018 - 06 - 15, https：//www. carbonblack. com/wp - content/uploads/2018/06/Cryptocurrency_ Gold_ Rush_ on_ the_ Dark_ Web_ Carbon_ Black_ Report_ June_ 2018. pdf.

② 周慧娴：《黑客太猖獗：2018开年全球共发生22起巨额虚拟货币盗窃案件》，http：//net. yesky. com/internet/62/555453062. shtml，最后访问日期：2018年3月2日。

③ Jason Burke, South Africa Kidnappers Make Ransom Demand in Bitcoin, 2018 - 05 - 22, https：//www. theguardian. com/world/2018/may/22/south - africa - kidnappers - ransom - demand - bitcoin；杨砚文：《香港富商被绑架获救 绑匪索要价值1100万比特币》，http：//new. qq. com/cmsn/20151028/20151028057309，最后访问日期：2015年10月28日。

④ US Securities and Exchange Commission, Investor Alert: Ponzi Schemes Using Virtual Currencies, 2013 - 07 - 23, https：//www. sec. gov/investor/alerts/ia_ virtualcurrencies. pdf.

组织的自律作用，高度警惕代币发行融资与交易的风险隐患。

二、虚拟货币犯罪防控所面临的挑战

尽管利用虚拟货币犯罪层出不穷，严重影响国家经济秩序和社会秩序，严重影响国家安全与社会稳定，但是由于虚拟货币具有匿名性、去中心化、跨国性等特点，各国在金融科技创新、人权保护等方面具有不尽相同的考虑，国际社会尚未构建统一有效的防控策略，虚拟货币犯罪的防控仍面临较大挑战。

（一）尚未形成关于虚拟货币的统一认识

关于虚拟货币的内涵与外延尚未形成统一的界定，各国对虚拟货币的法律属性的界定不统一。虚拟货币作为一种新兴的高技术事物，不仅对监管执法者来说较为陌生，而且对于普通民众来说更为陌生，而相关的风险宣传教育不够，这也是利用虚拟货币实施集资诈骗犯罪猖獗的重要原因。

（二）传统法律政策失灵

洗钱和恐怖融资是国际社会最为关注的虚拟货币犯罪风险。传统的反洗钱和反恐怖融资法律政策不适用于属于网络犯罪的虚拟货币洗钱与恐怖融资犯罪。适用于真实货币的传统反洗钱和反恐怖融资策略主要是要求义务主体（如金融机构、非金融支付机构、特定非金融机构等）履行客户身份识别、交易监测、大额交易与可疑交易上报等反洗钱和反恐怖融资义务，识别客户及其代理人、实际收益人身份，核实、监测和记录交易情况，并向监管主体报告大额交易和可疑交易。而虚拟货币的交易和存储不需要借助银行等金融机构，去中心化虚拟货币缺乏集中的发行机构与管理机构，虚拟货币交易商与虚拟货币钱包提供商数量众多，且分散在世界各地。因此，使虚拟货币交易商及钱包提供商承担反洗钱和反恐怖融资义务，既无法实现监管机构的统一高效监管，也无法实现监管对象对虚拟货币交易的集中统一监测，因而无法取得切实的反洗钱效果。使用多个不同的银行账户是洗钱和恐怖融资的重要指标之一，而在虚拟货币的交易和转移中，使用多个虚拟货币地址（虚拟货币账户）简单可行也较为常见，而虚拟货币交易和转移本身具有匿名性，因此将传统反洗钱和反恐怖融资策略中的可疑交易指标应用于虚拟货币，显然不合时宜，也无法取得预期效果。另外，虚拟货币系统本身具有匿名性，用户还可以利用匿名化工具轻易隐藏踪迹，因此识别客户身份存在较大难度。而且虚拟货币交易商与虚拟货币钱包提供商多为私营实体，使其承担识别客户身份义务，既会使其背上沉重的反洗钱义务，也会使合法使用虚拟货币的用户承担较重的身份证明义务，会使合法用户提供的个人身份信息面临被泄露、滥用的危险。

（三）尚未形成统一协调的国际监管

国际社会尚未形成统一协调的监管，尚未形成监管与打击合力。尽管虚拟货币影响国家货币主权、金融秩序稳定、国家安全等国家重大利益，但是对于各国的影响不同，而且虚拟货币是一种新兴的高技术事物，其有效监管仍处于摸索阶段，因此国际社会尚未形成对虚拟货币的协调有效监管。目前，国际社会对虚拟货币的监管主要有三种模式：第一种模式是不予监管。大多数国家采用这种模式。一些国家认为虚拟货币使用范围有限，利用虚拟货币犯罪风险较小，没有必要对虚拟货币予以强制性监管。另外一些国家认为虚拟货币创新发展速度快，适合一定程度上的自我监管。还有国家认为可以对为属于值得信赖的可识别用户的账户提供自愿认证信托服务的实体进行监管。第二种模式是对虚拟货币一律予以禁止。显然，一律予以禁止会在一定程度上影响公民的权利行使，而且犯罪分子很容易通过互联网选择在不同国家实施虚拟货币交易与转移及相关犯罪。第三种模式是对虚拟货币予以适当监管，将其纳入法律规制的范围，使相关主体承担反洗钱、反恐怖融资、反欺诈、网络安全、获取执照等义务。由于虚拟货币的跨国性、快捷性的特点，使得采用不同监管模式的国际社会难以形成有效的监管与打击合力。

（四）虚拟货币犯罪监测存在技术难度

各国对虚拟货币的监管政策不一，大多数国家尚未将虚拟货币纳入监管范围。由于虚拟货币具有匿名性、去中心化、跨国性等特点，虚拟货币交易商和虚拟货币钱包提供商实时监测虚拟货币交易、存储情况不仅存在技术难度，而且也存在成本较高、可能会侵犯公民隐私权等现实问题。更何况，虚拟货币用户还可以不通过虚拟货币交易商而实现虚拟货币的交易与转移。一方面，点对点的交易系统、统一管理机构的缺乏、加密技术的使用、网上身份与现实身份的不一致性，使得实时有效监测虚拟货币交易存在较大技术难度；另一方面，虚拟货币的跨国性、国家监管政策的差异，使得跨境监测虚拟货币交易存在较大法律障碍。

三、虚拟货币犯罪的防控策略

尽管虚拟货币面临被滥用于洗钱、恐怖融资、逃税、盗窃、敲诈勒索、非法集资、集资诈骗等犯罪风险，但是国际社会应对虚拟货币犯罪问题的策略仍有明显的以反洗钱和反恐怖融资为中心的特点。

（一）深化对虚拟货币及其风险的认识

一要加深对虚拟货币合法性与本质属性的认识。国内外对虚拟货币的界定与监管政策不同，国内尚未对虚拟货币作出明确界定，不少人仍对虚拟货币存在错误认识，或者认识不够。中央五部委《关于防范比特币风险的通知》（2013）认为，通过特定计算机程序计算出来的所谓"比特币"（Bitcoin）具有没有集中发行方（去中心化）、总量有限、使用不受地域限制（跨国性）、匿名性等四个主要特点，尽管被称为"货币"，但是由于并非由货币当局发行，因此不具有法偿性、强制性等货币属性，并非真正意义的货币，应是一种特定的虚拟商品，不能且不应作为货币在市场上流通使用，但是可以作为虚拟商品在互联网上买卖。可见，《关于防范比特币风险的通知》尽管没有对包括比特币在内的虚拟货币作出明确界定，但是对比特币的属性和特征作出明确界定。中央七部委于2017年9月4日发布的《关于防范代币发行融资风险的公告》将代币发行融资中使用的代币等同于"虚拟货币"，再次强调比特币、以太币等"虚拟货币"不具有法偿性与强制性等货币属性，不具有与货币等同的法律地位，不能也不应作为货币在市场上流通使用。而且在此基础上，明确禁止代币融资交易平台（虚拟货币交易平台）从事虚拟货币兑换、买卖、定价、信息中介的服务。因此，到目前为止，在我国虚拟货币是合法的，个人可以持有、转移、买卖虚拟货币，但不得建立虚拟货币交易平台从事虚拟货币兑换、买卖等服务。

二要正确认识虚拟货币与区块链技术的关系。尽管作为比特币底层技术的区块链技术（分布式账本技术）与比特币同时诞生，其他类型虚拟货币的底层技术在此基础上不断创新，但是区块链技术并非仅仅可用于虚拟货币，由分布式数据存储、点对点传输、共识机制、加密算法、智能合约等核心技术构成的区块链技术完全可以在虚拟货币之外的金融领域甚至其他社会领域逐步拓展应用。事实上，具有去中介化、安全性、透明性、匿名性、可拓展性等特点的区块链技术已逐步渗透到不同的金融场景。[①] 因此，一方面，应积极推动区块链技术的创新与应用，积极促进区块链技术研发对实体经济的服务；另一方面，要防止以推动区块链技术创新发展为幌子，脱离实体经济、以钱炒钱的代币融资发行等"伪"项目。[②]

三要深化对虚拟货币犯罪风险的认识。尽管国际社会对虚拟货币的诸多犯罪风险均有所认识，但是尚未形成体系化的深刻认识，目前关于虚拟货币犯罪

[①] 巴曙松等：《区块链技术如何渗透到不同金融场景：现状与趋势》，载《新金融评论》2018年第2期。

[②] 陈一稀、魏博文：《ICO新政影响、本质问题和政策建议》，载《金融发展评论》2017年第10期。

风险的研究仍较为初级、碎片化。这是因为一方面，虚拟货币是一种新技术事物，仍处于快速发展时期，另一方面，利用虚拟货币实施的犯罪也在手段翻新，无论对于政府，还是对于企业及个人用户来说，都较为陌生。特别是虚拟货币便于在全球各地通过网络登录，使得虚拟货币易于用来转移和储存资金，达到洗钱和资助恐怖主义目的。因此，加强对虚拟货币及虚拟货币犯罪规律的研究，系统深入把握虚拟货币的犯罪风险及规律，是构建以风险为本的科学有效犯罪防控策略的前提与基础。值得注意的是，作为全球反洗钱和反恐怖融资标准制定者的金融行动特别工作组一直在积极监测与虚拟货币或加密资产支付产品、服务（包括与虚拟货币有关的预付卡、比特币自动取款机、首次代币发行融资等）有关的洗钱和恐怖融资风险，而且根据新出现的案例不断更新认识。虚拟货币除了和小规模的贩毒及诈骗有关联外，其与其他上游犯罪的联系似乎日益明显。

综上，以宣传教育、风险警示等方式，积极引导教育公众特别是投资者正确认识虚拟货币的合法性、本质属性、其与区块链技术的关系及其风险，普及虚拟货币与区块链技术知识，防止投资者在从众心理、害怕后悔心理、好奇心理的驱使下，陷入非法集资、集资诈骗等虚拟货币怪圈。同时，要加强对虚拟货币及其犯罪风险的研究，在全面深入了解虚拟货币犯罪特点基础上，构建一个以风险为本的综合、科学、有效的犯罪防控策略。

（二）确立适当的监管策略

目前，包括二十国集团国家在内的国家在规制虚拟货币及其交易方面主要有四种做法：一是采取禁止的策略。一些国家对虚拟货币予以严格禁止，禁止发行、使用、交易虚拟货币，禁止金融机构从事与虚拟货币有关的资金清算，如中国、印度、印度尼西亚。二是采取规制虚拟货币交易商及其他中介商的策略。部分国家对虚拟货币及其交易适用反洗钱和反恐怖融资法律，例如，通过法律解释规定现有规制资金与价值转移服务业、银行或其他支付机构的反洗钱和反恐怖融资法律适用于虚拟货币及其交易而予以适用。三是仅仅要求报告可疑交易。一些国家没有明确规制虚拟货币及其交易，只是广泛地要求报告可疑交易，包括与虚拟货币及其交易商有关的交易，如阿根廷、南非等。四是正在制定或准备规制的法律。一些国家正在制定规制虚拟货币洗钱和恐怖融资风险的法律。

由于虚拟货币正处于快速发展时期，各国对虚拟货币的监管政策存在较大差异，如何使《金融行动特别工作组建议》所规定的关于客户正当注意、资金或价值转移服务业、电汇、监管、执法等方面的义务反映虚拟货币和加密资产的技术特点，适用于虚拟货币和加密资产提供商及相关业务，如何使各国对于虚拟货币的监管政策保持协调配合，是包括金融行动特别工作组在内的国际社会亟待解决的问题。① 因此，一方面，可以推动作为全球反洗钱和反恐怖融资标准制定者的金融行动特别工作组继续审查、更新、厘清其建议与指引，确保现有反洗钱和反恐怖融资标准适用于虚拟货币，各国具有相互协调配合的虚拟货币监控框架；另一方面，积极与金融科技（FinTech）与监管科技（RegTech）公司合作，研发可用于有效监管虚拟货币的数字身份证件与验证技术等新监管技术。

中央七部委于 2017 年 9 月 4 日发布的《关于防范代币发行融资风险的公告》有利于保护投资者合法权益和金融市场秩序。但是该公告涉及的虚拟货币有效监管问题仍是一个值得深入探讨的深层次问题。笔者认为，目前我国采取的禁止虚拟货币交易政策只是一个在虚拟货币监管经验与技术缺乏时期的过渡性政策。从长远来看，有必要在深入研究民间虚拟货币与法定数字货币、金融科技创新与金融监管技术发展、公共利益与人权保护、国内协调与国际合作等关系的基础上，在系统深入把握国际反洗钱、反恐怖融资、反逃税标准基础上，从虚拟货币的界定、性质（虚拟资产、电子数据、证券发行等）、分类、虚拟货币监管的对象（虚拟货币交易商、虚拟货币钱包提供商、虚拟货币发行商、虚拟货币管理商等）、监管内容（注册或登记、反洗钱和反恐怖融资、网络信息安全、反诈骗、税收征管、证券管理等）、监管手段（现场检查、合规报告等）、法律责任等方面，对虚拟货币的监管问题进行全面系统深入的研究，并从战略、政策、法律、管理、执法、技术等方面做出合理安排，特别是要制定专门监管虚拟货币的法律。

（三）完善调查与打击策略

如何有效地调查涉及虚拟货币的案件，如何有效地抓获、打击犯罪分子，是有效地打击利用虚拟货币犯罪的关键。因此，在对一国的虚拟货币犯罪风险进行评估的基础上，一方面，有必要通过培训提升执法机构对相关调查与打击策略的认识和使用，特别是提升其在信息与证据搜集、金融调查技巧等方面的能力；另一方面，有必要深化研究，既要识别、研发可为虚拟货币犯罪调查提供有力支撑的工具，又要识别出阻止有效调查虚拟货币犯罪的技术与障碍。特别是对于利用虚拟货币资助恐怖主义案件，既要能够对于此种案件作出快速反应，又要能够主动寻找识别潜在的恐怖融资活动，特别是在恐怖袭击风险较小

---

① The Financial Action Task Force (FATF), FATF Report to the G20 Finance Ministers and Central Bank Governors, 2018 – 07 – 15, http://www.fatf – gafi.org/media/fatf/documents/reports/FATF – Report – G20 – FM – CBG – July – 2018.pdf.

的国家,更应如此。另外,国际刑警组织也认识到虚拟货币混合工具、暗网黑市、匿名技术以及虚拟货币追踪工具与去中心化第三方托管服务的缺乏,使得虚拟货币与暗网黑市成为严重挑战国际执法调查的新兴威胁,于 2018 年 3 月成立了专门的国际刑警组织暗网与虚拟货币工作组,从事涉暗网与虚拟货币犯罪调查与取证工具的研发与培训。①

(四) 加强国际协调与合作

事实上,由于不同国家对虚拟货币的认识与监管政策不同,再加上虚拟货币和区块链技术的快速发展,犯罪分子和恐怖分子会利用国家在监管政策方面的差异,选择在有利于其开展违法犯罪活动的国家利用虚拟货币实施犯罪。因此,除了要在国际监管标准制定层面,推动金融行动特别工作组完善修订反洗钱和反恐怖融资标准,使其更好地适应虚拟货币犯罪的防控并在全球范围内推广外,要加强双边对话与合作,逐步在虚拟货币发展及其犯罪风险防控方面达成共识,逐步协调完善各自虚拟货币监管政策与做法,消除虚拟货币监管漏洞与分歧。在反洗钱和反恐怖融资情报信息合作方面,可以加快加入埃格蒙特集团的步伐,充分利用埃格蒙特集团这一全球性金融情报合作平台,分享虚拟货币交易监测信息与情报。在此之前,可以充分利用欧亚反洗钱和反恐怖融资组织、亚太反洗钱组织、上海合作组织等国际组织,加强反虚拟货币洗钱和恐怖融资情报信息交流与合作。② 在反洗钱和反恐怖融资执法国际合作方面,可以利用国际刑事警察组织这一全球性警察合作组织,在犯罪分子与恐怖分子通缉抓捕、犯罪手段与方法交流等方面利用红色通报、紫色通报等工具,交流犯罪分子利用虚拟货币犯罪的手段,查找抓捕犯罪分子,或者对涉恐分子采取旅行禁令、武器禁运、资产冻结等措施。另外,有的国家发生的虚拟货币犯罪案件较少,调查和起诉虚拟货币犯罪的经验和技巧较为缺乏。此时,如果条件允许开展国际合作,则可以与外国执法者合作,开展联合调查,通过获得其"案件指导",部分地缓解调查与起诉经验、技巧较为缺乏的状况。

---

① INTERPOL, INTERPOL Holds First Dark Net and Cryptocurrencies Working Group: Altcoins Identified as Serious Law Enforcement Challenge, 2018 - 04 - 03, https://www.interpol.int/en/News - and - media/News/2018/N2018 - 022/.

② 兰立宏:《上海合作组织成员国反恐怖融资情报国际合作研究》,载《情报杂志》2018 年第 7 期。

论非法归集区块链货币行为的法律属性

——兼论集资诈骗罪犯罪对象的修正

杨 军[*]

一、问题的提出

当前,"区块链热"正引全球关注,全球主要国家都在加快布局区块链技术发展。[①] 随之而来的是区块链货币的快速发展。近年来,新兴区块链货币层出不穷。[②] 据统计,我国公民持有比特币等区块链货币的规模已经相当庞大。[③] 随之而来的是,以区块链货币为犯罪对象的行为日益增多,对该类行为法律属性的认定逐渐成为学界和实务界亟须解决的问题。其中,非法归集区块链货币行为的法律属性颇值关注。

发展模式上,区块链货币天生涉嫌非法归集和集资诈骗。目前,发行区块

---

[*] 杨军,复旦大学国际关系与公共事务学院博士后研究人员。

[①] 《习近平在中央政治局第十八次集体学习时强调把区块链作为核心技术自主创新重要突破口加快推动区块链技术和产业创新发展》,载新华网,http://www.xinhuanet.com//2019-10/25/c_1125153665.htm,最后访问日期:2019年11月22日。

[②] 例如,2019年6月18日,互联网巨头Facebook发布稳定币Libra白皮书,宣称其使命在于"建立一套简单的、无国界的货币和为数十亿人服务的金融基础设施"。参见https://www.jinse.com/news/blockchain/503204.html,最后访问日期:2019年11月18日。2019年8月2日,中国人民银行召开2019年下半年工作电视会议,强调加快我国法定数字货币研发步伐。之后,中国人民银行有关负责人在公开场合表示正在进行数字货币系统开发,"数字人民币时代"即将到来。参见https://www.thepaper.cn/newsDetail_forward_4225029,最后访问日期:2019年8月29日。

[③] 2017年7月25日国家互金专委会发布的《2017上半年国内ICO发展情况报告》显示,2017年上半年国内提供ICO服务的相关平台共43家,上线并完成ICO的项目65个,累计融资规模达63523.64BTC、852753.36ETH以及部分人民币与其他虚拟货币,根据2017年7月19日零点价格换算,折合人民币总计26.16亿元,累计参与人次达10.5万。参见http://www.sohu.com/a/163600273_353595,最后访问日期:2019年11月18日。

链货币的主要方式是以已较为成熟的区块链货币（多为比特币或以太坊）为募集对象并以新发行代币为回报支付手段，通过代币发行融资（ICO）的方法来实现新型区块链货币的发行和流通。其发行模式天然依赖对已有区块链货币的归集。因此，有经济学者提出，区块链货币ICO不过是"一场近似庞氏骗局的资本游戏"，是一种集资诈骗的新兴模式。

然而，刑法学者与经济学者的观点明显不同。刑法学者们看来，"所谓集资，是指自然人或者法人为了实现某种经济目的而进行的筹集资金的行为"[1]，集资诈骗罪"仅限于向社会公众募集资金，不包括募集资金以外的财物"[2]。因此，对集资诈骗罪犯罪对象应持"资金说"。鉴于集资诈骗入罪以来各领域流通的资金以货币为主，因而资金可以等同为货币。而在国家垄断货币发行权的背景下，货币等同于法定货币。因此，刑法学者认为，由于区块链货币等数字货币并非法定货币，不能被视为刑法中的资金，不能成为集资诈骗罪的犯罪对象。因而尽管对数字货币的归集可以完成融资行为并破坏金融秩序，也不宜将其认定为非法集资类犯罪。[3]

乍看之下，传统解释和学者分析似乎并无可供指摘之处。然而，仔细审视，不可避免会产生疑问：其一，"资金＝货币＝法定货币"的论证逻辑真的完全成立吗？其二，我国规制集资诈骗的司法实践真的持"资金说"或"法定货币说"吗？显然，答案与传统观点并不相同。一方面，网络时代中公民合法财产大多存于银行，财产使用主要依托网络支付等手段，公民所支配的财产从货币转化为公民与银行之间的债权债务关系，资金往往等于债权而不等于法定货币。另一方面，从司法机关裁判"P2P爆雷"时的基本立场来看，对于非法归集区块链货币的行为，司法机关认为可以构成集资诈骗罪。这与"资金＝货币＝法定货币"的逻辑明显不符。

由此可见，"法定货币说"和"资金＝货币＝法定货币"的论证逻辑难以为网络时代集资诈骗罪的认定提供支持，依据传统解释认定非法归集区块链货币行为的法律属性并不现实。应当检讨集资诈骗罪的犯罪对象，以之为基础反思非法归集区块链货币行为的法律属性。

---

[1] 高铭暄、马克昌主编：《刑法学》（第四版），北京大学出版社2010年版，第464页；马克昌主编：《百罪通论（上卷）》，北京大学出版社2014年版，第282页。
[2] 张明楷：《刑法学》（第五版），法律出版社2016年版，第796页。
[3] 参见王冠：《基于区块链技术ICO行为之刑法规制》，载《东方法学》2019年第3期。

二、行刑分野中区块链货币的属性

所谓区块链,根据 2017 年 5 月发布的《中国区块链技术和产业发展论坛标准 CBD – Forum – 001 – 2017》,是指"一种在对等网络环境下,通过透明和可信规则,构建不可伪造、不可篡改和可追溯的块链式数据结构,实现和管理事务处理的模式"。区块链技术具有去中心化、公开透明、全体参与记账的技术特点,这些特点使其为以金融业为代表的现代服务业所青睐[①]。区块链货币是建基于此技术的虚拟货币。目前,影响力最大的区块链货币为比特币和以太坊。近年来,为了加大对区块链货币所伴随犯罪的打击和预防力度,世界各国加强了对区块链货币的监管。以我国为例,2013 年 12 月,中国人民银行等五部委发布《关于防范比特币风险的通知》(以下简称《通知 1》),确定比特币的法律属性为特定的虚拟商品,并要求各金融机构和支付机构不得开展与比特币相关的业务;2017 年 9 月互联网金融风险专项整治工作领导小组办公室发布《关于对代币发行融资开展清理整顿工作的通知》(以下简称《通知 2》),2017 年 9 月 4 日中国人民银行等七部委发布的《关于防范代币发行融资风险的公告》(以下简称《公告》),指出代币发行融资本质上是一种未经批准非法公开融资的行为。

需要指出的是,《公告》表明,代币发行融资是指通过发行一种新的区块链货币来向投资者募集比特币、以太坊等已经相对成熟、较为流行的区块链货币。对此行为之属性进行认定,首先需要认定区块链货币的法律属性。

行政法律体系中,区块链货币是一种虚拟商品。根据中国人民银行等五部委发布的《通知 1》,"虽然比特币被称为'货币',但由于其不是由货币当局发行,不具有法偿性与强制性等货币属性,并不是真正意义的货币。从性质上看,比特币应当是一种特定的虚拟商品。"基于这一规定,具有去中心、匿名性等特点的其他区块链货币如以太坊等同样不具有货币属性。

不过,刑法中并不直接存在虚拟商品的说法。根据《刑法》第 91 条、第 92 条规定,公私财产在形态上主要包括两种,一种是房屋、生活生产资料等有形财产,一种是股份、股票、债权等无形财产。学界将前者称作财物,将后

[①] 有学者曾指出,运用区块链技术改造我国票据市场具有加快构建全国统一票据市场体系、提升票据市场风险防控能力、提高票据市场监管效能的必要性。参见任安军:《运用区块链技术改造我国票据市场的思考》,载《南方金融》2016 年第 3 期。

者称作财产性利益。① 从形态上看,区块链货币是一种以电磁数据存在于网络空间中的物品,不具有外在形态。结合其发展现状的分析,基于财产性利益无体性、客观且真实的财产价值、确定且具体的利益②等标准,可以认为,区块链货币是一种财产性利益。

比特币等区块链货币的取得主要有两种方式,一是自然取得,通过"挖矿"等方式从计算机系统中产生;二是继受取得,通过法定货币购买、赠与等方式取得。其中,通过购买取得区块链货币的情况下,毫无疑问其客观、真实、确定、具体的价值和利益能够得到确证。而在"挖矿"自然取得和赠与的情形下,区块链货币是否具有价值和利益一度争议颇大。不过,从当前的法律规定和司法实务来看,这些争议已逐步消解。一方面,行政法律体系中的《通知1》《通知2》《公告》将其视为虚拟商品,这承认了区块链货币价值和利益的存在;另一方面,近年来的司法判决显示,司法机关已逐步承认部分区块链货币的财产属性,例如,2019 年杭州互联网法院在审理首例涉比特币网络财产侵权纠纷案时表明,比特币具有财产的价值性、可支配性和稀缺性;③此外,比特币、以太坊等在世界范围内的流通能力和交易能力同样表明,两者具有其财产价值。当然,当前并非所有的区块链货币都具有比特币、以太坊一样的流通性,相反,当前还存在大量虚假的区块链货币。因此,在认定某种区块链货币能否构成财产性利益时应当基于财产性利益的标准甄别其价值,并不能将所有的区块链货币都视为财产性利益。判断非法归集区块链货币能否构成集资诈骗罪的关键便在于财产性利益是否构成集资诈骗罪的犯罪对象。

三、财产性利益可以构成集资诈骗罪犯罪对象

对于财产性利益能否构成集资诈骗罪犯罪对象的问题,通过文义、目的、体系等不同标准的检视,本文认为,财产性利益可以构成集资诈骗罪的犯罪对象。

---

① 当然,也并非所有的无形财产都是财产性利益。按照学界的观点,财物在个别情况下也包括无体物。例如电等。参见陈兴良:《虚拟财产的刑法属性及其保护路径》,载《中国法学》2017 年第 2 期。

② 参见李强:《财产犯中财产刑利益的界定》,载《法学》2017 年第 12 期。

③ 参见邹松霖:《比特币虚拟财产属性首次被法院认定》,载《中国经济周刊》2019 年第 14 期。

(一) 财产性利益位于集资诈骗罪的文义解释范围之内

"对于个别法律概念意义的厘清,首当以文义解释作为阐明的方法"①,"在一般情况下,语义解释当然是应当优先考虑的。"② 考察财产性利益是否构成集资诈骗罪犯罪对象,首先应从集资诈骗罪的条文语义出发。对条文语义的探析从两个方面展开。一是条文所用词语本身的语义。按照《刑法》第192条,集资诈骗罪是指"以非法占有为目的,使用诈骗方法非法集资",集资诈骗的对象为"资"。至于"资"具体是指资金、资产还是资料,该条文没有作出明确的限定。《关于惩治破坏金融秩序犯罪的决定》同样没有对此作出限定。二是词语在所处条文系统中的语义。所谓"借助于系统化的解释方法,从需解释的条文所处的上下文的相互关联中便可得出法律意思"③,可以从条文语义统一的角度判断某个词语是否包含某种意思。从刑法典对"资"的使用来看,既存在"资料"的用法,如《刑法》第92条;也存在"资金"的用法,如《刑法》第156条;也存在"资产"的用法,如《刑法》第169条。易言之,刑法体系容纳了"资"的多重含义。

不过,单从《刑法》第192条来看"资"的含义是不够的,还应当注意司法解释对此作出的限定。最高人民法院2010年出台的《关于审理非法集资刑事案件具体应用法律若干问题的解释》第4条规定,以非法占有为目的,使用诈骗方法实施第2条规定的行为,以集资诈骗罪定罪处罚。而从第2条看,共有11种行为构成非法吸收公众存款,11种行为的对象均为资金。因此,从该司法解释看,集资诈骗罪的行为方式主要是指以非法占有为目的使用诈骗方法非法吸收资金。基于此,将集资诈骗的犯罪对象限缩为"资金说"是合理的。那么,需要追问的是,"资金"是否必然是指货币甚至是法定货币呢?显然并非如此。从词义看,资金是指资本、本钱和财产。因而广义的资金包括有形财产和无形财产,即财物和财产性利益。可见,在一般文义上,财产性利益位于集资诈骗罪的文义射程之内。

(二) 财产性利益符合集资诈骗罪的规范目的

显然,前文的解释并不符合当前社会交往的实际情况。众所周知,集资诈骗罪旨在保障金融秩序,而现代社会的金融流通显然不包括无法便捷流通的财

---

① 柯耀程:《刑法释论I》,一品文化出版社2014年版,第105~106页。
② 陈兴良:《判例刑法学(上卷)》,中国人民大学出版社2009年版,第65页。
③ [德] 汉斯·海因里希·耶赛克、托马斯·魏根特:《德国刑法教科书》,徐久生译,中国法制出版社2017年版,第214页。

物。例如，现代社会不可能再有犯罪人以非法占有为目的非法归集大米。因此，应基于集资诈骗罪的规范目的对资金的文义进行限缩。

根据现行刑法的体系设置，集资诈骗罪位于刑法分则第三章第五节，属于破坏社会主义市场经济秩序犯罪中的金融诈骗罪，此类犯罪保护的法益是国家金融秩序，应当在金融秩序的法益保护目的下限定集资诈骗罪的犯罪对象。同时，几乎无人否认的是，"合同诈骗罪、金融诈骗罪等从普通诈骗罪分离出来"①，是诈骗罪的一种特殊情形。按照刑法体系中同类犯罪保护法益的统一性要求，应当承认集资诈骗罪同样具有诈骗罪相同的法益保护目的，即保护公私财产不受侵犯。所谓"集资诈骗罪在设立之初就与诈骗罪有不可分割的联系，而公私财产权是诈骗罪的法益，其自然也应当是集资诈骗罪的法益。"②因此，通过法益保护目的确定集资诈骗罪犯罪对象时应当同时兼顾国家金融管理秩序和公私财产权利两个方面。

显然，公私财产权利无法对资金进行进一步的限缩，因此，目的性限缩要求将资金限定为能够在金融领域中进行资金融通的财物和财产性利益。能够在现代社会实现金融流通的财物主要指法定货币。因此，法定货币可以构成集资诈骗的犯罪对象。但是，在金融业尤其是银行业高度发达的今天，显然并非只有法定货币本身能够进入金融流通。从金融行业的发展历史来看，现代金融业兴起于银行业的发展，使金融行业与法定货币、金融秩序与货币秩序密切相连。后来，随着资金融通规模的扩大，股票、债权、期货等系列金融产品出现，"不断出现的金融创新模糊了不同金融机构的业务界限，银行、证券和保险三者的产品日益趋同并相互融合。"③ 股票秩序、债权秩序、期货秩序等都成为金融秩序中的一部分。这在我国现行刑法的罪名体系中也可以得到验证：刑法分则第三章第四节规定了破坏金融管理秩序罪，伪造货币等货币类犯罪对应保护金融秩序中的货币秩序，伪造、变造股票、公司、企业债券等犯罪对应保护金融秩序中的股票秩序、债权秩序。其中，股票、债权等金融票证均为财产性利益而非法定货币，但同样被视为侵犯金融秩序犯罪的对象。这说明对金融秩序的保护并非仅仅是对货币秩序的保护，法定货币以外的财产性利益同样是破坏金融秩序犯罪的保护对象。

更重要的是，网络时代到来之后，网络支付的高度发达让我们不需要再在

---

① 高艳东：《诈骗罪与集资诈骗罪的规范超越：吴英案的罪与罚》，载《中外法学》2012年第2期。
② 李赪：《集资诈骗罪的保护法益探析》，载《中州学刊》2015年第2期。
③ 孔祥毅、祈敬宇：《世界金融史论纲》，中国金融出版社2017年版，第14页。

生活、金融场景中以法定货币来进行流通。如前文所述，当我们使用第三方支付（银行转账或网络支付）的方式参与金融流通时，促进金融流通的媒介便不再是货币本身，而是与银行等第三方建立的债权债务关系。而在第三方支付规模快速膨胀并成为日常生活、商业交往不可分割的内容时，债权等财产性利益实际上正成为最主要的金融流通媒介。因此，在对集资诈骗罪犯罪对象进行目的性限缩时，财产性利益也具有一定的保留必要。

基于此，本文认为，在对集资诈骗罪犯罪对象的"资金说"进行进一步解释时，有必要将财产性利益解释在内。本文将此称作为"财产性利益必要说"。当然，规范目的限缩必须注意的问题是，财产性利益多种多样，是否所有财产性利益都可能构成集资诈骗罪的犯罪对象？是否对所有财产性利益的非法归集都可能构成对金融秩序的侵害？众所周知，集资诈骗罪是典型的数额犯。即便是非法归集法定货币，也只有达到一定数额才能将其入罪。所以，前述问题便需要拆分为两个方面：其一，财产性利益的数额如何认定？要如何认定比特币等法定货币兑换价格波动幅度颇大的区块链货币的数额？对此，本文的观点是，绝大多数可供交易的财产性利益都存在市场价格。可以非法归集时该财产性利益的市场价格为数额认定标准。尽管当前我国取消了比特币的国内交易平台，但比特币在世界上依然存在一个较为公认的交易价格，可以选择区块链货币被归集时的交易价格为标准对非法归集行为的数额进行认定。其二，是否无论被归集财产性利益的种类如何都可能构成对金融秩序的破坏？显然，非法归集一定数额的第三方支付债权会构成对金融秩序的破坏。问题在于，非法归集例如 QQ 币以及部分非公认区块链货币等广泛流通性稍有欠缺的财产性利益能否构成金融秩序的破坏。对此，本文的观点是，应当承认这类行为对金融秩序的破坏。原因是，金融秩序的本质是资金的合秩序融通，刑法设定数额的意义在于推定数额达到一定标准便会影响资金融通。因此，无论是 QQ 币还是非公认区块链货币，只要非法归集行为达到一定规模，就应当以此推定其对金融秩序的破坏。

（三）"财产性利益必要说"符合刑法规范的体系性统一

"使'相同'的犯罪得到相同的处理，就是正义的；否则就是非正义的"①。通过体系解释的检验可以发现，"财产性利益必要说"符合刑法体系内部统一的要求。

其一，与所有的非法集资类犯罪比较，财产性利益必要说不会破坏该类罪

---

① 张明楷：《刑法学（第五版）》，法律出版社 2016 年版，第 36 页。

名犯罪对象的统一。1995年6月30日，全国人民代表大会常务委员会审议通过《关于惩治破坏金融秩序犯罪的决定》，首次规定了集资诈骗罪，对应现行《刑法》第192条。该文件在几次刑法修正中都得到了保留，效力一直延续到今天。2010年12月和2011年8月，最高人民法院分别颁布了《关于审理非法集资刑事案件具体应用法律若干问题的解释》和《关于非法集资刑事案件性质认定问题的通知》。2014年3月和2019年1月，最高人民法院、最高人民检察院和公安部共同分别出台《关于办理非法集资刑事案件适用法律若干问题的意见》和《关于办理非法集资刑事案件若干问题的意见》。根据刑法及前述司法解释，可以看到，集资诈骗罪归属于非法集资类犯罪。该类犯罪所包括的罪名还有：非法吸收公众存款罪；擅自设立金融机构罪；欺诈发行股票、债券罪；擅自发行股票、公司、企业债券罪；组织、领导传销活动罪；非法经营罪[1]。可见，该类犯罪的欺诈发行股票、债券罪和擅自发行股票、公司、企业债券罪容纳了股票、债权等财产性利益，将财产性利益视为集资诈骗罪的犯罪对象不会破坏此类犯罪的统一。

其二，与非法吸收公众存款罪比较而言，财产性利益必要说不会破坏犯罪对象的统一。非法集资类犯罪中，非法吸收公众存款罪与集资诈骗罪是最典型、最相似的两个罪名。学界认为，两者应该在犯罪对象上保持统一。司法解释也正沿循了这一路径。有学者正是基此否定了区块链货币等财产性利益构成集资诈骗罪的犯罪对象，认为所谓存款只能是法定货币而不能是数字货币、虚拟货币[2]。然而需要注意的是，当法定货币以存款的方式存入银行之后，公民所拥有的"存款"并非有形的现金。相反，"个人将金钱借贷给金融机构，金融机构承担支付利息（作为借贷适用的费用）、归还本金的义务，即个人把自己享有的对金钱的所有权转变为对金融机构的存款债权。"[3] 因此，只要公民的"存款""储蓄"并不是以现金的方式存放在家中，其财产的法律属性便是一种债权，这类财产在本质上是一种财产性利益而不再是法定货币。要知道，在银行业高度发达的今天已经很少有普通人以囤积现金的方式进行储蓄，更多的情形都是将现金存入银行之中。因此，如果非法吸收公众存款罪中被害人以银行转账的方式参与融资，该罪的犯罪对象便不是法定货币，而是银行债权。在这个意义上，非法吸收公众存款罪本身便包括法定货币这类有形财产和债权

---

[1] 参见王新：《非法吸收公众存款罪的规范适用》，载《法学》2019年第5期。

[2] 参见王冠：《基于区块链技术ICO行为之刑法规制》，载《东方法学》2019年第3期。

[3] 李强：《财产犯中财产刑利益的界定》，载《法学》2017年第12期。

这类财产性利益，由此来看，将财产性利益视为集资诈骗罪的犯罪对象不会破坏刑法体系的统一。

四、应当修正对集资诈骗罪犯罪对象的理解

前文从刑法解释的角度证明，将财产性利益视为集资诈骗罪犯罪对象不存在解释上的阻碍。实际上，从责任裁量的均衡性和财产发展的总体趋势的角度出发，也应当修正对集资诈骗罪犯罪对象的理解。

（一）罪刑均衡原则的内在要求

罪刑均衡是刑法最重要的原则之一，同罪同罚是其主要内容之一。不对集资诈骗罪的犯罪对象进行修正，将会导致同罪不同罚的现象。根据《刑法》第192条和2010年11月22日最高人民法院出台的《关于审理非法集资刑事案件具体应用法律若干问题的解释》，集资诈骗罪中个人诈骗的数额巨大，是指30万元以上，处3年以上10年以下有期徒刑；数额特别巨大，是指100万元以上，处10年以上有期徒刑或者无期徒刑。根据《刑法》第266条和2011年最高人民法院、最高人民检察院出台的《关于办理诈骗刑事案件具体应用法律若干问题的解释》，诈骗罪的数额巨大，是指3万元至10万元以上，处3年以上10年以下有期徒刑；数额特别巨大，是指50万元以上，处10年以上有期徒刑或者无期徒刑。显然，集资诈骗罪与诈骗罪之间在犯罪数额设置上存在较大不同。究其原因，是因为两个罪名的规范目的和行为方式存在差别。而在犯罪对象的问题上，显然并没有存在明显的差别。

行为人的行为方式完全相同、非法占有的财产性利益客观价值完全相同、主观恶性完全相同，只因犯罪对象的呈现形态不同，犯罪人便将面临不同的罪名，更会由于其犯罪对象的特殊性面临较重的处罚。显然，这种罪刑失衡对于刑法体系的内部统一性是不利的。相反，将区块链货币同等视为集资诈骗罪的犯罪对象有利于保持刑法体系在罪刑上的均衡和统一。

（二）财产形态发展的大势所趋

网络时代以来，数字化、信息化的领域逐渐从网络世界扩展到现实的日常生活之中。一方面，表现为现实财产的虚拟化。近年来微信支付、支付宝等移动支付方式盛行，网络支付进一步提高了人们经济交往的便捷程度。便捷度提高的背后是公民财产的数字化和信息化，是网络时代公民资产的无形化和虚拟化。而随着传统金融向互联网金融快速转变，几乎是日常生活中资产无形化的同一时间，金融领域也开始依赖于无形化的资产，公民的财产逐渐开始演变为账户上的一个数字。另一方面，表现为虚拟物品的财产化。一些无形的数字

化、信息化物品正快速地从网络世界进入到现实世界。从早期的Q币到广泛存在于游戏中的各种金币，从价值不菲的游戏装备到价值不菲的游戏账号，无形的虚拟产品在现实世界中也开始有了具体的财产价值。而以区块链货币则在前述产品的财产性基础上更进一步，逐渐具备了货币所特有的流通属性，开始充当其等价物的角色。

现实财产的虚拟化和虚拟物品的财产化标志着网络时代虚拟世界与现实世界的不断靠近，这让我们不得不重新审视传统犯罪对犯罪对象的限定问题。尤其是，对既侵犯金融秩序又侵犯财产权利的集资诈骗罪而言，当传统意义上的"资"伴随着网络时代的来临而发生形态上的变化时，对其犯罪对象的解释便不应该再固守于旧的财产形态。的确，在银行业尚不发达、金融产品尚有欠缺、区块链货币尚未出现的年代，将集资诈骗罪限定为资金并无不妥。但是，正如学者所说，"在互联网从'1.0'时代迈入'2.0'时代之后，虚拟财产随着网络由'现实的虚拟性'向'虚拟的现实性'的转变，'虚拟财产'的'虚拟'属性受到普遍认可，'财产'属性更是变得几乎没有争议"①。对公民财产的保护不应再固守于传统解释，客观财产价值、确定且具体的利益才是判断应否受到刑法保护的更重要的标准。

如今，区块链货币在现实世界已经逐步开始承担一般等价物的功能，国家背书的数字货币已呼之欲出。可以预见，在"网络空间与现实空间正逐步地走向交叉融合"②的当下和未来，随着网络时代财产虚拟化和虚拟物品财产化的不断推进，有形财产与无形财产之间、财物与财产性利益之间的转换更加便利，财产性利益的流通性将进一步提升。伴随而来的，非法归集财产性利益给金融秩序所造成的破坏将更加严重。在这种情况下，财产性利益必要说更适应网络时代的发展趋势，不仅注重对非法归集法定货币的预防，更强调对虚拟财产的保护。

---

① 于志刚：《虚拟空间中的刑法理论》（第二版），社会科学文献出版社2018年版，第72页。

② 于志刚：《"双层社会"中传统刑法的适用空间》，载《法学》2013年第10期。

法定数字货币之前瞻考察

——以反洗钱监管为视角

周 娅 任俊钢*

一、法定"数字货币"（DCEP）概览

伴随着商业竞争中的技术更新，我国公民在日常生活中对电子支付方式产生了根本性的依赖，而该种支付方式的普及也大大提升了国民生活支付效率。得益于以上现实根基，中国在主权数字货币上实现了自我创新，法定数字货币（Digital Currency，简称 DC，意为数字货币；Electronic Payment，简称 EP，意为电子支付。惯常统称为 DCEP）时代的来临似乎只是一个时间问题。欲在现有的电子支付体系外重新建立一套数字货币体系，必须在功能上超越目前已有的电子支付工具。有中国人民银行（以下简称为央行）研究机构权威学者阐明了 DCEP 的要义："让货币价值更稳定，让数据更安全，让监管更强大，让个人的支付行为更灵动，让货币应用更智能，不仅能很好地服务大众，同时又能为经济调控提供有效手段，还能为监管科技的发展创造坚实的基础，这应是中国法定数字货币追求的目标。"① 此表述深刻地揭示了 DCEP 与当前市场上第三方支付平台的区别，即在"普惠"的理念基础上更加注重"安全"。

央行拟推出的数字货币在货币层次中属于 M0②，目前尚无官方明确定义。

---

* 周娅，深圳大学法学院副教授，法学博士；任俊钢，深圳大学法学院硕士研究生。

① 姚前：《理解央行数字货币：一个系统性框架》，载《中国科学》2017 年第 11 期。

② M0、M1、M2 是反映货币供应量的三个重要指标。我国对货币层次的划分如下：M0（货币）＝流通中的现金，即流通于银行体系之外的现金，与消费密切相关，其数值高代表老百姓手头宽裕、富足。M1（狭义货币）＝M0＋企业活期存款，反映经济中的现实购买力，代表着居民和企业资金松紧变化，是经济周期波动的先行指标。M2（广义货币）＝M1＋准货币（居民储蓄款＋定期存款＋其他存款），同时反映现实购买力、潜在购买力，流动性偏弱，反映社会总需求的变化和未来通货膨胀的压力状况。从经济学的意义上来说，可以通过 M1 和 M2 增长率的变化来揭示宏观经济的运行状况。

有研究机构曾给出定义："其功能属性与纸钞完全一样，只不过是数字化形态""是具有价值特征的数字支付工具"。① 这与比特币、Libra 等更多意义上停留在投资、不法状态的去中心化数字解码货币有根本性的不同。DCEP 的初次流通，央行采用的方法是首先将数字货币兑换给银行及其他金融机构，再由持有的金融机构将其兑换给公众②；或通过为国家财政供养的体制人员发放薪水等形式③进行初步发行。公民通过智能设备上的全国统一平台 APP 持有数字货币，相比当今的第三方软件更具有"离线使用"的优点，如同钱包内持有纸质现金一般无二，仅仅实现了 M0 流通现金的数字化而已。因未存储于任何金融机构之中，所以 DCEP 不产生任何利息，应用于公民日常生活中多种小额支付场景。其使用时需遵循现行所有现钞管理、反洗钱、反恐融资的法律、行政法规、规范性文件的规定，通过钱包主体识别、货币流向、数据智能分析、大额及可疑交易报告等方式实现对现金的实时管控，杜绝了传统纸币脱离金融监管无法查控的弊端。在犯罪学的意义上，可以认为，其最终的目标是实现"让现金在阳光下流转"。

二、传统反洗钱监管的失落及其反思

从理论上分析，纷繁多样的洗钱行为大致分为三个阶段：处置、配置和融合。在处置阶段，将非法收入所得放入市场交易的各类环节之中；在配置阶段，洗钱行为人以编造虚假来源的手段，利用金融系统无法对金钱来源进行准确识别的缺陷，将非法收入混入合法收入之中；而融合阶段，即洗钱行为的完成阶段，当合法收入与非法收入混为一体后，"黑钱"与"白钱"一同从金融机构中套出，非法收入部分就可以完全以合法形式存在并加以利用。具体的操作手法依据利用金融机构主体的不同而存在区别。较为常见的手法是行为人利用银行作为洗钱媒介，其将非法获取的现金存入不同账户，通过虚构交易将多

---

① 穆长春（央行数字货币研究所所长）：《DCEP 的设计和发行逻辑有何创新》，载得到 APP（付费知识平台），https：//m.igetget.com/share/course/preview/zZy8MAv5YV9ERe01lQ0jm4RbLUl0SaaxRh68DBWjMExAvlwDnmBbkxKLjrWdGo37，最后访问日期：2020 年 7 月 1 日。

② 姚前：《法定数字货币对现行货币体制的优化及其发行设计》，载《国际金融研究》2018 年第 4 期。

③ 据新京报网消息：《比较》杂志社研究部主管陈永伟透露，从 2020 年 4 月开始，深圳、雄安、成都、苏州的部分机关和事业单位的工资、补贴将通过数字货币发放，https：//mp.weixin.qq.com/s/WDD38XZnI7WSlpqTd_4SYw，最后访问日期：2020 年 7 月 1 日。

个账户内非法来源的资金转入一个账户,此时的资金已经完全转变为合法收入。该种洗钱方法通常表现为合法经营与虚假交易的混合,配合洗钱的单位和个人拥有合法业务资质,仅在大量的正常交易中掺入少量或部分虚假交易,使侦查机关难以辨别。除此之外,还有几种洗钱行为的常见样态。例如,行为人利用虚开保单、虚构保险事故的方式,以保险机构为媒介套出赃款;以博彩行业为媒介,通过刻意制造射幸行为的假象赢取巨额赌资;等等。

通过以上对洗钱行为方式的对比与归纳,笔者认为,司法实践中的洗钱行为样态可以大致分为以下三种类型:一是在黑钱的单笔数额上做减法、在笔数上做加法的拆分型洗钱法。该种洗钱行为思路是将大额款项进行拆分,将量以大化小,利用小笔钱款来源的不可察性,达到鱼目混珠的目的。二是通过选择特殊业务交易或与金融机构内部人员串通的形式使黑钱合法化的方法。该种行为即利用了金融机构工作人员或特殊行业经营人员本身存在的道德瑕疵和天然的逐利趋向进行犯罪,直接越过了监管中的人工审查致使监管机制直接失灵。三是将资金转往境外,再由境外转回使监管失去判断依据的"海归法"。尽管反洗钱已经成为国际共识,但在实务中各国国际条约签署情况并不一致,且操作流程十分烦琐,使反洗钱侦控面临着制度和效率上的双重障碍。这种手段在实践中往往由大型犯罪集团进行操纵,属于国际反洗钱监管重点打击的对象。

针对以上各类情形,我国以央行牵头的监管机构采取的手段,是以反洗钱法为主要依据所展开的三大举措:客户身份识别制度,大额、可疑交易报告制度,记录保存制度。央行将这三大举措在银行、保险、证券及其他金融机构的日常业务中加以贯彻实施。根据央行发布的《2018年中国反洗钱报告》显示,2018年,中国反洗钱监测分析中心共接收报告机构报送的大额交易报告9.19亿份;可疑交易报告160.20万份,同比减少41.18%。通过各项途径获取信息,2018年各地分支机构共发现和接收重点可疑交易线索13467份;筛选后共对1086份线索开展反洗钱调查7564次;向侦查机关移送线索3648起;侦查机关立案419起。广泛涉及贪污贿赂、恐怖融资、地下钱庄、毒品、非法集资、电信诈骗以及金融诈骗等犯罪类型。① 可见,目前央行主导下的反洗钱监管模型有一定成效。

但从反洗钱监管的总体数量上来看,最后立案419起的成果数量,显示出该监管模式的局限性:一是总体投入过大;二是线索的准确性不高。并且该种"公示型"的监管方法,极易被犯罪分子提前得知并针对性避开监管风险,使得僵化的监管体制被犯罪分子研究利用,进而导致监管目的的落空。

---

① 参见中国人民银行《2018年中国反洗钱报告》。

随着互联网技术手段的纵深发展,第三方支付平台为反洗钱创造了更多的障碍。作为资金的"中转站",支付平台的功能愈加多样化。以阿里巴巴旗下的"支付宝"产品为例,最初的"支付宝"仅仅是为解决网络店铺商家与消费者之间的信用担保问题,作为满足平台购物而发展出的支付工具衍生品。随后支付宝基于自身庞大的用户量,近年来开始向其他领域拓展业务。一是推出原有保险机构承办的保险类功能"蚂蚁保险",二是推出具有资金集聚和理财功能的"余额宝"。以上业务的推出,使得传统监管体系中风险审查的"面对面"实质审查转变为了"资料审核式"的形式审查。原本由各自专业金融机构负责的客户识别义务转嫁给了支付平台,与支付宝公司签订合作协议的金融机构对支付宝公司提供的客户数据也只能被动接受,其自身所负担的监管职能被大幅度弱化。有观点指出,从监管主体看,第三方支付平台与传统金融行业结合,模糊了传统行业界限,直接导致监管主体职能不清或者部门间协作不畅。第三方支付平台以互联网为媒介进行货币支付业务,依照传统金融"三驾马车"的职能分工,应归属银监会监管;但第三方支付平台与基金等业务结合,还需受证监会管理,银监会与证监会如何分工,并共同高效监管第三方支付平台是一个值得研究的课题。2013年8月,国务院同意建立由央行牵头,由银监会、证监会、保监会、外汇局组成的金融监管协调部际联席会议制度,但由于监管部门之间协调困难,导致这一监管体制难以发挥作用。[①] 这也更加剧了反洗钱的防控难度。事实上,以支付宝公司业务拓展为代表的金融创新并不鲜见,走入犯罪学研究视野的金融创新仅仅只是一小部分而已。而金融创新与金融犯罪有时是一对孪生兄弟,所以中国的金融行业发展总是徘徊在"创新—发展—犯罪—监管"的怪圈之中,洗钱犯罪与反洗钱监管亦是这场猫鼠游戏中的积极参与者。

笔者通过考察传统洗钱犯罪与反洗钱监管的相互博弈,认为反洗钱斗争存在巨大局限性,有几点天然原因:一是钱款在微观层面的流向不可察。当大笔金额的现金或存款进行物质性的转移或数据性的转款时,极易引起监管机构的注意;而钱款处于单笔小额的状态时,监管机构无从区分日常生活意义的合法流转和非法洗钱行为。二是人工审查导致的反洗钱效率低下。各个金融机构办理相关业务时,只能在办理日常业务的过程中附带性地从钱款数额等极其表面的外观上加以判断,而后还要进行全程保密性质的层层上报。这种形式审查以及烦琐的内部程序带来的投入与产出之间的收效比例甚低,从上文中列举的

---

① 参见万志尧:《对第三方支付平台的行政监管与刑法审视》,载《华东政法大学学报》2014年第5期。

《2018年中国反洗钱报告》中可见一斑。这造成了维持现有监管机制所需巨额成本的不经济现状。三是个人道德问题引发的风险不可控。许多犯罪案件在实施时，往往需要由虚假交易对象、金融机构内部人员协作，为洗钱行为提供"合规"服务，导致洗钱行为未能触及规则的反应区，这种人为的因素在实践中除非他因导致案发，否则很难从一般预防的角度进行针对性的防控。四是监管规定与流程极易被绕开。行为人冒用他人身份信息，并将洗钱数额控制在法定的审查额度以下，便能有效地让监管的"三大举措"失灵。若要求金融机构在日常业务中对流转资金的实际控制人进行识别，就面临着成本和收益比的现实问题，缺乏可操作性。与之相对的是，洗钱行为人只要在监管的某一个环节中作出合规性质的处理，整条监管流程就会呈现出"断链"的状态，无法作出应变之举。

三、DCEP之监管属性及其反洗钱意义

由是观之，传统洗钱行为正是利用了处于M0层级货币的不可追踪性和匿名性。现金货币使得不可追踪性的特点放大，更是成为犯罪分子屡试不爽的洗钱利器。金融监管机制本身的技术落后、机制僵化也成为洗钱行为难以管控的客观原因。时下，尽管电子支付手段已经覆盖公民生活，但在M0层级的货币体系中，硬币和纸币这类现钞仍然拥有极大存量，而这类现金一旦脱离金融机构，其走向便无法管控。

DCEP电子货币的问世，在经济性和便利性的优势外，其"透明性"的特点更从根本上弥补了传统货币不可追踪的短板。这种"可控的匿名性"由央行监管机构依托区块链技术构建出的法定数字货币运营平台来实现，使得每一笔交易都能在监管机构的监测下进行追溯，数字货币运营平台通过风险监测模型分析出钱款总体走向，在达到算法内部预设的预警前提后自动将可疑信息上报给监管机构，继而展开反洗钱调查。[①] 整个反洗钱监测过程，没有人工的参与却能够更加精准有效，并且恰当地避开了由人为操作引发的监管漏洞。值得注意的是，该"透明性"仅仅是针对监管机构而言，社会生活中平等的民事主体使用DCEP时，其并不享有突破"匿名性"的权利。相较于在传统的反洗钱类监测中，各类金融机构花费巨量的人力财力进行反洗钱风险防控，侦查机关需要付出极大的司法成本对赃款进行追缴，DCEP本身的优越性不言自明。从目前的建设和研发进度来看，或许还存在诸多电子货币功能目前尚未披

[①] 参见姚前：《理解央行数字货币：一个系统性框架》，载《中国科学》2017年第11期。

露或未被开发完善;但就已知的效能来看,其对反洗钱监管和反洗钱犯罪研究所产生的作用几乎是"颠覆性"的。

传统关于反洗钱的调研,大致可以分为两类,其一是从反洗钱机制本身出发的研究。通常考察的角度为法律法规的完善程度、反洗钱机制的合理程度、制度实施的实然情况、反洗钱中多层级的监管主体实施行为的有效性等,通常得出的结论为"完善立法""优化反洗钱的机制设计""合理加大反洗钱投入""加强反洗钱国际合作"等方面的建议。其二是针对洗钱行为本身的研究。研究者通过比较洗钱行为的案发时间、地点、行为样态,从而产出针对性的反制建议。以上两类研究的传统在于,过多地遗漏了在反洗钱犯罪治理中科技对于金融体系产生的颠覆性外部影响。传统反洗钱治理的实效之所以进入瓶颈,治理手段的欠缺显而易见——在"Fintech"① 时代,显然要以"Regtech"② 进行应对。有学者提出,目前 DCEP 的任务,着力于解决金融体系本身存在的"信息不对称",在科技背景下实现了"规则治理→原则治理→科技治理""审慎监管→行为监管→科技治理"的转变,让科技替代传统法律滞后导致的监管失灵问题。③ 在笔者看来,反洗钱作为金融监管中的重要环节和组成部分,由技术主导规则,有力地克服了原来反洗钱问题中由人主导规则所形成的效率问题和个人道德风险问题。传统的犯罪学成果表明,企业、银行、保险、证券、其他金融机构在开展业务时,所面临的洗钱风险和需开展的对应措施不尽相同。如银行除进行必要的风险审查、大额交易即可疑交易报告制度外,还要根据客户特性、地域、业务、行业进行风险分级,对客户的金融交易风险进行分析,全面履行 KYC(Know Your Customer)原则。监管部门与银行之间还存在监管与配合积极性的博弈成本问题,需要监管部门向银行适度让利。④ 部分地区保险机构对于风险防控的理解存于形式,内控制度缺乏可操

---

① 金融创新词汇,全称为 Financial Technology,意为科技金融。
② 金融创新词汇,全称为 Regulatory Technology,意为科技监管,该词汇含义在初期适用于营利性金融机构,指金融机构利用新技术来更有效解决监管合规的问题,后期监管机构对其加入的含义是:利用技术对金融机构的金融创新行为进行监管,防止金融机构与监管机构的之间信息不对称的程度加大。本文中 Regtech 的含义指后者。
③ 参见杨东:《金融科技的监管挑战与维度构建》,载《中国社会科学》2018 年第 5 期。
④ 参见杨胜刚:《反洗钱中金融机构和商业银行的博弈与委托代理问题研究》,载《金融研究》2007 年第 1 期。

作性的问题。① 通过以上列举可以推知，各类主体在进行反洗钱预防及反制时，所花费不同类别的成本最终要解决的仅仅是获取资金来源合法的信息问题。这种信息不透明所引发的调查成本由受理业务的金融机构各自承受，并且没有统一的口径获取信息，每一个环节都要由各自的工作人员通过不同渠道获取并进行分析，依赖工作人员的机械劳动，总体效率十分低下，造成了获取数据时人力财力的重复与浪费。利用DCEP在不同主体进行资金来源甄别时，通过国家统一监管平台数据得出的数据分析结论，能够有效地利用科技降低各种主体反洗钱的成本，并且减少其中权力寻租、人为制造的犯罪风险，其进行数据分析的结论，可以说实现了对传统反洗钱手段在精确度和效率上的全面超越。

四、DCEP的现实困境

尽管数字货币的推出，让反洗钱一定意义上实现了从规则治理到科技治理的转变，但应该认识到，Fintech仅仅构成对规则的技术运用而不是根本意义的脱离。我国现有的法律规范中，并没有明确DCEP的合法地位。央行推出的数字货币，拥有国家信用背书，与比特币、Libra等去中心化数字货币有着根本属性的差别；因此，我国仅有的《关于防范比特币风险的通知》以及《关于防范代币发行融资风险的公告》之类的规范性文件对DCEP而言不具备任何参考性意义。考察现有的中国人民银行法、反洗钱法以及《人民币管理条例》中的规定，仅仅对纸质人民币的流通以及法律地位作出了规定；而数字货币的出现，将导致以上法律均要进行大幅度的修改。具体而言，立法需要解决的问题有三：一是DCEP的合法地位。《人民币管理条例》第2条规定："本条例所称人民币，是指中国人民银行依法发行的货币，包括纸币和硬币。"而新推出的数字货币并不依赖物质外在形式而存在，那么是否属于人民币的范畴，或者要在人民币范畴之外新增数字货币的合法概念，是需要首要解决的问题。二是DCEP的法偿性。中国人民银行法和《人民币管理条例》都对人民币的法偿性作了专条规定："以人民币支付中华人民共和国境内的一切公共的和私人的债务，任何单位和个人不得拒收。"在DCEP的推广与应用中，可能会遭到部分单位或个人的抵制或其他可能发生的流通阻碍，那么除对市场进行利导外，在规范上对DCEP的法偿性进行明确至关重要。三是DCEP在反洗钱法中的操作规范问题。传统的反洗钱犯罪赋予了金融机构更多的审慎义务，金融机

---

① 参见刘丹：《地市保险机构反洗钱内控制度存在的问题及对策——基于湖南省邵阳市保险机构的调查》，载《时代金融》2020年第12期。

构需通过客户身份识别、风险审查、大额交易可疑交易报告制度履行自身的反洗钱义务。而在 DCEP 应用后的技术背景下,技术所能带来的便利全面摆脱了对商业机构这个资金中转站提供信息的依赖,那么在 DCEP 反洗钱立法中,是否需要降低金融机构的反洗钱义务履行标准,改变传统反洗钱操作模式,是一个需要思考的问题。

DCEP 占有市场过程中,"审慎监管"仍需长期作用于反洗钱机制。即使 DCEP 推出,传统纸币对于 M0 所占的大额比例也仍然存在且将长期存在,科技监管的状态要想全面取代人力审慎监管,无疑有很长的路要走。由于 DCEP 属于 M0 的属性,无法创造金融受益,相比阿里巴巴支付宝、腾讯财付通已通过"零钱通""余额宝"等产品实现了"零钱受益化",相对公众而言接受度明显更低,央行需要通过金融创新的方式,在 DCEP 中连接更高的金融收益吸引用户,创建独立的 DCEP 投融资体系推广法定数字货币的接受度,而这势必是一项难度高、跨时长的任务。有经济学领域学者指出,央行法定数字货币 DCEP 的应用场景分为日常生活中的小额支付结算与国际贸易、大额贸易支付结算两种,在对外支付的场景中,DCEP 还存有进行机制设计很大的空白空间,并且还需链接到外部金融环境,与目前市场上存有的基金、保险、股票等融为一体。① 央行数字货币的发展除需考虑自身机制设计问题外,还需强调其在技术层面的支撑。由于数字货币以来区块链技术的分布式记账技术,目前较为成熟的比特币交易频率仅为 6.67 次/秒,② 这与 DCEP 推出后可能应对的几十万笔交易/秒的现实需求相差甚远,DCEP 在技术上的障碍还亟待解决。对于缺乏创新动力和市场经验的国有单位及其工作人员来说,这一战线势必拉长。DCEP 要想在更快的时间内取代占据 M0 货币层级的主要地位,就必须加快步伐开发数字货币金融生态,具体的进度如何,还需交由历史来检验。

传统反洗钱监管机制自身风险监测能力落后,而 DCEP 在现有的货币体系之外所作的金融创新,对于反洗钱监管将带来根本性的变革。尽管这种变革目前只能以前瞻性的眼光进行分析,但在可以预见的将来,DCEP 将对现有洗钱犯罪行为模式进行全方位解构。央行数字货币作为时代背景下的新事物,势必经历否定之否定过程。文中提及的立法问题及技术问题仅仅触及 DCEP 自我完善的冰山一角,更多的问题还潜藏在具体应用中,需要被实践挖掘。

---

① 参见穆杰:《央行推行法定数字货币 DCEP 的机遇、挑战及展望》,载《经济学家》2020 年第 3 期。

② 参见姚前:《关于央行法定数字货币的若干思考》,载《金融研究》2017 年第 7 期。

互联网金融机构涉互联网洗钱犯罪的刑事责任研究

董李培　姚　理[*]

惩治《刑法》第191条、第312条、第349条规定的洗钱犯罪，是对上游犯罪及掩饰、隐瞒犯罪所得进行预防和打击的重要方式。随着国际国内形势的发展，反洗钱已经超出了预防和打击洗钱犯罪的范畴，在完善国家治理、维护金融安全和促进改革开放中发挥着日益重要的作用。[①] 同时，截至2020年3月，我国互联网普及率已达64.5%，网络支付用户规模达7.68亿，占网民整体的85%。[②] 五年来，我国电子支付业务，包括非银行支付机构发生的网络支付业务金额持续较快增长。[③] 随着互联网金融的繁荣，第三方支付与第四方聚合支付迅速普及，体量显著。这种互联网技术支撑下的多元化支付新场景，为资金转移需求大、隐蔽性与快捷性要求高的上游犯罪者创造了新的犯罪机会。从犯罪机会论的角度看[④]，涉互联网洗钱犯罪数量上升、手段翻新在一定时期内会成为趋势，不但为上游犯罪的打击、追赃增加困难，也可能诱发新的上游犯罪。对涉互联网洗钱犯罪活动着力惩治是当务之急。

互联网金融从业机构及其相关网络平台作为涉互联网洗钱活动的资金通

---

[*] 董李培，广东省广州市人民检察院第三检察部，四级高级检察官；姚理，腾讯网络安全与犯罪研究基地，高级研究员。

[①] 参见刘宏华：《全力推动反洗钱工作向纵深发展》，载《中国金融》2020年第11期。

[②] 参见《第45次〈中国互联网络发展状况统计报告〉（全文）》，载 http://www.cac.gov.cn/2020-04/27/c_1589535470378587.htm，最后访问日期：2020年8月8日。

[③] 参见中国人民银行支付结算司2015年至2020年年度及季度支付体系运行总体情况，载 http://www.pbc.gov.cn/zhifujiesuansi/128525/128545/128643/17694/index1.html，最后访问日期：2020年8月8日。

[④] 参见皮勇、汪恭政：《新机会理论视角下第三方网络支付平台洗钱犯罪及其防控》，载《广西大学学报（哲学社会科学版）》2018年第2期。

道，对于防范、发现、打击涉互联网洗钱活动起关键作用。当互联网金融从业机构涉嫌参与或者被变相专用于洗钱活动，其危害性则会因互联网的产业化运营模式和指数级运作效率而被放大。因此，有必要重视并加强对互联网金融从业机构及从业人员涉互联网洗钱犯罪的责任追究，从通道出入口堵塞涉互联网洗钱路径，通过"断路"反向遏制并预防涉互联网洗钱犯罪及其上游犯罪，深化反洗钱工作质效。

一、反洗钱义务是互联网金融机构及从业人员的刑事责任认定起点

互联网金融是利用互联网技术和信息通信技术实现资金融通、支付、投资及信息中介服务的新型金融业务模式。根据我国反洗钱法、《互联网金融从业机构反洗钱和反恐怖融资管理办法（试行）》，互联网金融业务反洗钱的工作范围包括但不限于网络支付、网络借贷、股权众筹融资、互联网消费金融等。在我国境内经有权部门批准或者备案设立的，依法经营互联网金融业务的机构，包括金融机构、非银行支付机构和其他从业机构，均应当依法采取预防、监控措施，建立健全客户身份识别制度、客户身份资料和交易记录保存制度、大额交易和可疑交易报告制度，履行反洗钱义务。中国人民银行作为国务院反洗钱行政主管部门，负责全国的反洗钱监督管理工作。

当涉互联网洗钱犯罪发生，从业机构提供的互联网金融服务在客观上为掩饰、隐瞒犯罪所得及其收益提供了帮助，则从业机构对所涉资金性质的认识状态决定了从业机构是否构成洗钱犯罪共犯，或成立其他犯罪，或仅是互联网金融服务的中立提供者。

一般认为，构成洗钱犯罪对行为人主观故意"明知"的要求包括明知肯定是犯罪所得及其收益与明知可能是犯罪所得及其收益。即行为人的故意，可以是不确定的、间接故意。① 对"明知"的认定，可以采取推定的方法。一般应结合行为人的认知能力，掩饰、隐瞒财物的具体情况、方式方法，对上游犯罪了解程度等主客观因素进行推定。② 作为涉互联网洗钱犯罪无法绕开的互联网金融从业机构，其反洗钱义务源自从业机构的经行政许可性、专业性，和从业机构在涉互联网洗钱过程中不可或缺的桥梁作用。从业机构履行反洗钱义

---

① 参见张明楷：《刑法学》，法律出版社2016年版，第1102页；周光权：《刑法各论》，中国人民大学出版社2016年版，第396页。

② 参见最高人民法院《关于审理洗钱等刑事案件具体应用法律若干问题的解释》第1条。

务,是防范、发现和打击涉互联网洗钱活动的第一道防线。从业机构在该过程中对其反洗钱义务的履行状况,疏于或怠于,甚至故意不履行反洗钱义务,可以反映其对所涉资金具体交易情况的认知,从而体现其对所涉资金性质的认识状态。因此,互联网金融机构的反洗钱义务是推定从业机构及从业人员对所涉资金性质认知、界定其在涉互联网洗钱犯罪活动中责任的起点。

就客户身份识别义务而言,互联网金融从业机构是否建立了必要的客户身份识别机制,并按勤勉尽责原则落实相关措施,是判断该机构及相关人员涉洗钱活动时主观故意的重要因素。如中国人民银行《支付机构反洗钱和反恐怖融资管理办法》规定,同一客户在网络支付机构开立多个支付账户时,网络支付机构需采取一定关联措施,按客户统一管理;个人客户在网络支付机构办理单笔收付金额或一定时间内累计收付金额超过一定额度,网络支付机构应核对客户有效身份证件并做留存。若机构在处理具体业务过程中刻意架空上述措施,或具体从业人员未有效识别、登记、核对客户信息,为洗钱资金运作提供便利,则客观上等同于最高人民法院《关于审理洗钱等刑事案件具体应用法律若干问题的解释》第1条规定的"协助他人将巨额现金散存于多个银行账户或者在不同银行账户之间频繁划转"的资金混同行为,且无正当理由,可以推定其对所涉资金系犯罪所得及其收益的"明知"。

就大额交易和可疑交易监测报告制度而言,互联网金融从业机构应按照人民银行的要求执行大额和可疑交易报告制度,制定本机构的报告操作规程,机构内统一要求,对全部交易进行监测、分析并报告可疑交易。以境内居民账户管理监测为例,对客户当日单笔或累计交易额超过人民币5万元或外币等值1万美元以上的现金收支,均应在交易发生5日内提交大额交易报告。从业机构发现或者有合理理由怀疑客户及其行为、客户的资金或者其他资产、客户的交易或者试图进行的交易与洗钱等犯罪活动相关的,不论所涉资金金额或者资产价值大小,应当按本机构可疑交易报告内部操作规程确认为可疑交易后,及时提交可疑交易报告。中国人民银行《支付机构反洗钱和反恐怖融资管理办法》规定,网络支付机构应根据本机构的客户特征和交易特征,制定和完善符合本机构业务特点的可疑交易标准。如对支付宝、快钱等第三方支付平台而言,同一商户短期内同类商品被相同或批量新用户频繁购买的交易记录就可能被视为异常交易,应该被监测到并按人民银行规定的可疑交易报告要素及时提交报告。如果有交易对手、收付款账号、交易频次等信息显示可疑交易为虚假交易,则平台未能履行监测和报告义务的行为客观上与最高人民法院《关于审理洗钱等刑事案件具体应用法律若干问题的解释》第2条规定的"通过虚构交易等方式协助将犯罪所得及其收益转换为合法财物"的作用相同,可推定平台对虚假交易所涉资金系犯罪所得及其收益"明知",有参与洗钱犯罪的嫌疑。

就客户资料和交易保存制度而言,网络支付机构应按照人民银行的要求保存客户资料和交易记录。若在涉及洗钱资金运作的情况下,网络支付机构无法提供保存期限内的相关记录,且有证据显示机构涉嫌故意不保存或销毁相关记录,则机构通过该方式协助客户转换、转移财物的行为,可在一定程度上推定机构及相关责任人对有关财物系犯罪所得及其收益的"明知"。若无充分证据证明机构不保存或销毁相关记录系"故意"为之,不足以推定机构及相关责任人主观上"明知"所涉资金的不法性质,或有相反证据证明机构及相关责任人确实不知道所涉资金系犯罪所得及其收益,而该机构又曾因未按要求保存客户资料和交易记录经监管部门责令采取改正措施,则该机构或相关责任人员作为网络服务提供者,视未能履行反洗钱义务造成的具体后果,可能涉嫌拒不履行信息网络安全管理义务罪①。

此外,还需注意判断,利用互联网金融手段转换、转移上游犯罪所得及其收益者对上游犯罪仅是"明知"还是与上游犯罪人具有"通谋"。未通谋、仅明知者,方构成洗钱犯罪。而有通谋者,一般认定为上游犯罪的共犯,其洗钱行为因而成为自洗钱,不再单独构成洗钱犯罪。对"通谋"的一般理解为事先或事前通谋。而对走私犯罪,《刑法》第 156 条拟制了因通谋而以走私共犯论的特定情形。根据 2002 年"两高"及海关总署《办理走私刑事案件适用法律若干问题的意见》第 15 条,与犯罪行为人事先或事中形成共同的走私故意,均属于"通谋",即在走私过程中明知且同意为走私活动提供资金、账号等方便的,以走私罪的共犯论处。例如,通过聚合支付方式转移、转换上游犯罪所得的,明知而提供网络聚合支付渠道的行为人,一般构成洗钱犯罪。但若上游犯罪为走私犯罪,行为人明知而提供网络聚合支付渠道帮助收取走私货物销售款,根据《刑法》第 156 条规定,该行为人构成走私罪的共犯,而非洗钱罪。②

---

① 根据《刑法》第 286 条之一,网络服务提供者拒不履行法律、行政法规规定的信息网络安全管理义务,经监管部门责令采取改正措施而拒不改正,致使刑事案件证据灭失,情节严重的,或有其他严重情节的,构成拒不履行信息网络安全管理义务罪。单位也可构成此罪。

② 参见广东省东莞市中级人民法院(2016)粤 19 刑初 307 号刑事判决书。

二、涉互联网洗钱行为的典型样态

洗钱一般分为"浸泡""分根""甩干"三个阶段,① 其实质就是资金运作。就传统洗钱手段而言,三阶段相对明晰。就涉互联网洗钱行为而言:"浸泡"阶段,就是洗钱人将犯罪所得及其收益转移到互联网金融场景之内;"分根"阶段,就是洗钱人通过互联网金融交易活动将犯罪所得及其收益与非法来源相脱离,即"隐身"于正常互联网金融交易之中;"甩干"阶段,即是犯罪所得"黑钱"经过在互联网金融场景内清洗漂白后,改头换面为合法资金,继续在互联网金融场景或回到线下正常流通领域。互联网场景下的洗钱活动,借助互联网科技、互联网金融工具,利用互联网金融业务的多样性、非接触性,可以跨越空间实现高频次资金运作。犯罪所得及其收益的洗钱操作在阶段步骤、时间上高度混同,浸泡与分根可能一步到位,分根与甩干也可能同步完成,甚至与上游犯罪活动获取犯罪所得阶段也混同、难以区分。不同样态的涉互联网洗钱行为会暴露互联网金融业务在不同层面的风险漏洞,反映互联网金融从业机构不同的责任形态。

(一)混同交易型洗钱

洗钱的主要目的就是将犯罪所得及其收益混同在正常经济生活资金往来中,以掩饰、隐瞒其来源和性质,实现非法占有。利用互联网金融手段进行资金混同进而转移,较之传统依托金融机构账户的资金转移手段更加隐蔽。

如利用网络支付手段混同。第三方支付及聚合支付方式普及以来,扫码支付因其便捷性和低成本,迅速成为日常生活线上及线下最常见的支付场景。2018 年以来,网络上出现以"抓蛋 App"② 为代表的一类智能众包型非法资金结算模式。行为人编写程序平台,以返佣金吸引用户注册,收集并利用注册用户的个人第三方支付账户收款码作为上游犯罪所得及其收益的转换入口,再通过用户提现、转账等将资金汇集至指定账户。上游犯罪所得及其收益通过分散在大量正常用户的支付账号而与正常个人收付款高度混同,第三方支付平台和金融机构均难以监测。

还有利用网络支付业务中部分电商涉及的"二清"模式逃避反洗钱风控

---

① 参见周光权:《刑法各论》,中国人民大学出版社 2016 年版,第 278 页。
② 参见 http://finance.sina.com.cn/consume/puguangtai/2020-01-02/doc-iihnza-hk1593980.shtml,最后访问日期:2020 年 8 月 7 日。

监管，实现犯罪所得及其收益混同洗白的。① 存在"二清"的电商平台，其交易资金清算的交易资金、交易信息均脱离监管。洗钱行为人通过虚设订单、虚假交易的自买自卖即可完成上游犯罪所得及其收益洗白，而其异常交易信息与资金流则借助平台"二清"脱离正常的反洗钱监管。涉及"二清"的电商平台在这种洗钱模式中起到重要的渠道作用。

又如利用网络借贷、股权众筹融资等互联网金融业务的服务平台，以"自贷自借""自融自投"等方式将上游犯罪所得及其收益混入正常互联网金融资金流转之中的洗钱行为，其能否顺利实施很大程度上取决于相关互联网金融从业机构的客户身份识别、大额及可疑交易监测报告等反洗钱风控机制的执行力度。

（二）虚拟商品交易型洗钱

虚拟商品交易具有无须实物交割的特性。高频、线上交割虚拟商品，不但成为上游犯罪的线上入金渠道，也成为上游犯罪所得及其收益的流转结算中介道具。成为道具的虚拟商品既包括完全意义上的虚拟商品，如游戏点卡、比特币等，也包括有实体权益支持的线上商品，如话费、油卡、视频会员等。

如洗钱行为人利用比特币匿名、去中心化等特点，用上游犯罪所得及其收益在比特币交易平台用租借、收购的他人正常用户账号充值购买比特币，后马上提币，在境外卖出提现。②

再如全国首宗利用话费充值渠道实现"赌资洗白"的"922"跨国网络赌博专案③中，犯罪分子通过勾结运营商话费充值渠道商，从话费充值渠道商批量、实时获取正常用户的充值订单信息，并从赌博平台获取赌资充值订单信息，利用充值服务响应平台技术将赌资支付与正常话费充值相匹配替换，从而让赌客成为正常用户完成话费充值，且拦截正常用户支付的话费资金，扣除手续费后通过网银转账结算给赌博团伙，实现为赌博入金的功能，并同时将赌资

---

① 2017年6月，最高人民检察院《关于办理涉互联网金融犯罪案件有关问题座谈会纪要》明确了未取得支付业务许可经营基于客户支付账户的网络支付业务的行为系非法经营，包括"无证网络支付机构为客户非法开立支付账户，客户先把资金支付到该支付账户，再由无证机构根据订单信息从支付账户平台将资金结算到收款人银行账户"的二清模式。

② 参见肖飒、马金伟：《利用比特币洗钱必须严防共管》，载《证券时报》2017年7月29日，第A4版。

③ 参见 https://baijiahao.baidu.com/s? id = 1661296540593309999&wfr = spider&for = pc，最后访问日期：2020年8月8日。

洗白，逃避第三方支付机构风控监测。

(三) 接口移植型洗钱

当前主流的网络支付手段如网银支付、第三方支付，都在一定程度上纳入国家反洗钱监控管理体系。但随着网络支付市场逐渐饱和，有部分支付服务商为了超额利润，挪用其控制的正规支付接口，绕开监管体系，使用自己注册和控制的商户为各类不法行为提供支付通道和资金结算。

如深圳爱贝信息技术有限公司非法经营案[①]中，爱贝公司利用其聚合支付技术和平台，注册多家空壳公司接入其聚合支付接口，以自己控制的空壳公司资金账户作为收款账户，将支付入口提供给网络赌博、网络色情等网络灰黑产业商户，代其收取用户付费。收取的资金大部分先转移至爱贝公司资金账户沉淀，按约定扣除服务费后，清分结算给各商户。无支付牌照的爱贝公司实际上已构成"二清"违法。

三、互联网金融从业机构在不同洗钱样态下的刑事责任

互联网金融从业机构在不同的涉互联网洗钱样态中，作用相似但地位不同。应结合从业机构及相关责任人在不同洗钱犯罪活动中具体作用、实际地位及主观故意形态，综合判定是否应承担、承担何种刑事责任。

(一) 作为型

互联网金融从业机构通过专门的业务行为、帮助洗钱资金完成运作，主要体现在为所涉资金浸泡、甩干创造条件。这种积极作为若系有偿，一般可根据最高人民法院《关于审理洗钱等刑事案件具体应用法律若干问题的解释》第1条第2款认定机构对资金性质的明知。

混同交易型洗钱样态中智能众包型资金运作，须依靠平台获取海量正常个人、商户账户和小微商户账户等第三方支付账户信息，而各第三方支付账户资金的提现、转账的汇集操作则可在一定程度上与平台剥离。该类程序平台的开发、运营者，若与上游犯罪人通谋，则可构成上游犯罪的共犯。若该类平台系有偿、开放式提供给各网络灰黑产业转移非法所得，相关网络黑灰产业构成犯罪的，可推定其对上游资金可能系犯罪所得具有不确定的、放任的故意，平台开发、运营者则涉嫌洗钱犯罪。同时，若平台获取正常个人第三方支付账户信息的方式方法违反国家有关规定，如匿名抓取等，则平台责任人还可能同时构

[①] 参见 https://www.thepaper.cn/newsDetail_forward_5379029，最后访问日期：2020年8月8日。

成侵犯公民个人信息罪①。由于侵犯公民个人信息行为系平台洗钱的手段行为，在追究洗钱犯罪责任时一般不再追究该牵连行为。无法判断平台开发、运营者对上游资金性质认知的，可考虑以该罪追究其刑事责任。

虚拟商品交易型洗钱样态下，若从业机构积极用其网络平台技术为洗钱行为人提供入金渠道，没有正当理由并收取一定费用，一般可由此推定机构明知所涉资金系犯罪所得及其收益，以洗钱犯罪追究刑事责任。但应注意上游犯罪为开设赌场罪等特定罪名时，从业机构可能构成上游犯罪共犯。如上述"922"跨国网络赌博专案中，话费充值渠道商协助赌博网站转换赌资并收取高额手续费，构成开设赌场罪的共犯。②

接口移植型洗钱样态下，支付服务商为了谋取额外手续费，挪用自身接口及其控制下的主体的接口为洗钱行为人提供支付通道，一般可推定其对所涉资金系犯罪所得及其收益的明知，涉嫌洗钱犯罪。

若无牌支付平台提供非法支付结算的对应资金系犯罪所得及其收益，平台或平台相关人员为收取明显高于市场的"手续费"，为资金转移提供通道，且无正当理由，则根据2009年最高人民法院《关于审理洗钱等刑事案件具体应用法律若干问题的解释》第1条，可推定平台或平台相关人员明知系犯罪所得及其收益，构成洗钱犯罪。"手续费"是否明显高于市场，可参考合法支付结算业务或正常聚合支付通道的手续费率判断。在犯罪所得的上游犯罪为《刑法》第191条洗钱罪规定的上游犯罪时，则构成非法经营罪与洗钱罪的想象竞合。根据2019年"两高"《关于办理非法从事资金支付结算业务、非法买卖外汇刑事案件适用法律若干问题的解释》第5条，从一重处罚。

（二）不作为型

当互联网金融从业机构基于其常态化业务为洗钱活动提供了通道，则有必要关注其在提供相关交易服务时对反洗钱业务的履行情况，推断其对所涉资金性质的认知，判断其对洗钱犯罪发生的主观责任状态。

混同交易型洗钱样态下，电商平台、网络借贷、股权众筹融资等互联网金融业务的服务平台，若未能按有关规定履行其客户身份识别、大额及可疑交易

---

① 根据《刑法》第253条之一，违反国家有关规定，向他人出售或者提供公民个人信息，情节严重的，构成侵犯公民个人信息罪。

② 为严厉打击惩治网络赌博犯罪活动，2010年"两高一部"《关于办理网络赌博犯罪案件适用法律若干问题的意见》第2条明确，明知是赌博网站，为赌博网站提供资金支付结算服务，收取服务费数额在1万元以上或者帮助收取赌资20万元以上的，属于开设赌场罪的共同犯罪。

监测报告等反洗钱义务,且与洗钱犯罪结果发生之间具有因果关系,有必要关注相关从业机构及其从业人员怠于或故意不履行反洗钱义务的情况,对平台所涉资金系犯罪所得及其收益的认知如达到"明知",则应追究其参与洗钱共同犯罪的责任。

虚拟商品交易型洗钱样态下,若交易平台机构为保有业务量赚取手续费而常态化怠于执行客户身份识别及可疑交易报告机制,导致大量用户账号被冒用于虚拟商品交易或虚拟商品交易频率、金额出现异常,对于查证确属通过该机构平台转移的犯罪所得及其收益,可推定该机构或其责任人"明知"所涉资金系犯罪所得及其收益(或至少存在间接故意),为资金转移提供帮助,可视具体证据情况追究该机构或其负责人参与洗钱犯罪(片面共犯)的刑事责任。

若从业机构根据相关交易特征等无法判断所涉资金的性质、来源,不能认定其"明知",但未按规定履行客户身份资料和交易记录保存制度,导致洗钱犯罪案件证据灭失且情节严重,符合《刑法》第286条之一规定的,涉嫌拒不履行信息网络安全管理义务罪。故从业机构的反洗钱义务一贯履行情况对其在个案中是否承担刑事责任也存在影响。

四、结语

促进和保障互联网金融规范健康发展,是检察机关服务经济社会发展的重要内容。在当前情势下,防范和化解互联网金融风险仍具有其重要性、紧迫性和复杂性。最高人民检察院《关于办理涉互联网金融犯罪案件有关问题座谈会纪要》指出,互联网金融的本质仍然是金融,其潜在的风险与传统金融没有区别,甚至还可能因互联网的作用而被放大。同理,互联网洗钱犯罪活动对我国金融管理秩序、司法活动正常秩序的危害和其打击难度也会被放大。精准打击互联网金融从业机构参与涉互联网洗钱犯罪,能够倒逼互联网金融从业机构在开展互联网金融业务的过程中增强反洗钱义务履行力度,推动健全建立反洗钱内部控制制度、强化刑事合规管理,为防范化解重大金融风险营造清朗网络空间。在精准打击的同时,也需注意结合互联网金融业发展态势,不断探索金融创新和金融违法犯罪的界限,审慎把握出入罪标准,为切实维护金融安全提供有力司法保障。

三、电信网络诈骗犯罪治理

从约定俗成到规范科学：
"电信网络诈骗犯罪"的概念界定与运用[*]

吴加明　薛莉萍[**]

"电信网络诈骗犯罪"一称由来已久，并在司法实践中被广泛使用，成为约定俗成的称谓。但纵观各类规范性文件、法律文书，以及新闻媒体的相关报道可发现，理论界和实务界对此类新型犯罪的称谓可谓五花八门，"电信诈骗""电信网络诈骗""网络电信诈骗""短信诈骗""虚假信息诈骗""电信欺诈犯罪""网络电信新型违法犯罪"等均被用来指称此类犯罪。除了称谓的混乱之外，实践中对此概念的具体含义也莫衷一是，例如，与普通诈骗的区别如何，是否包括诈骗罪以外的其他罪名，是否应涵盖侵犯公民个人信息罪等上下游犯罪罪名，等等。这些问题均亟待明确。

称谓的混乱与概念的不明导致实践中该概念被不当扩大或限缩，并与"套路贷""黑恶势力"等简单等同，违背罪刑法定原则，也有违刑法的科学性和精确性。因此，有必要对此概念的形成过程进行梳理，并科学界定其内涵以确定其范围、明确其外延以与区别于其他关联概念，从约定俗成到规范科学，从含糊其词到名副其实，为此类犯罪的研究奠定话语体系基础。

一、问题的提出：称谓混乱与概念不明及其导致的后果

"电信网络诈骗"及其类似称谓在各种规范性文件中被广泛使用，却称谓各异；在实践中也形成了约定俗成的语境，但细问其内涵和外延，很多人无法精准回答，处于"不问还知道、问了却不知道其含义"的尴尬境地。

（一）各类规范性文件中的不同称谓和概念界定

近年来，公安部、最高检、最高法等部门先后制定颁布了诸多关于电信网

---

[*] 国家社科基金项目"信息化条件下特大城市犯罪治理研究"，项目编号：17BFX188。
[**] 吴加明，上海立信会计金融学院法学院讲师，法学博士；薛莉萍，上海市黄浦区人民检察院检察六部副主任，法学硕士。

络诈骗的规范性文件、典型案例，笔者梳理并总结归纳如下：

表1：各类规范性文件中关于"电信网络诈骗"的不同称谓

序号	公布时间	名称、文号	称谓
1	2016年3月	《公安机关侦办电信诈骗案件工作机制（试行）》（公传发〔2016〕130号）	电信诈骗
2	2016年3月	最高法发布九起电信网络诈骗犯罪典型案例	电信网络诈骗
3	2016年9月	《电信网络新型违法犯罪案件冻结资金返还若干规定》（银监发〔2016〕41号）	电信网络新型违法犯罪
4	2016年9月	最高法发布六起惩治电信诈骗犯罪典型案例	电信诈骗
5	2016年9月	六部门《关于防范和打击电信网络诈骗犯罪的通告》	电信网络诈骗
6	2016年12月	"两高一部"《关于办理电信网络诈骗等刑事案件适用法律若干问题的意见》（法发〔2016〕32号）	电信网络诈骗
7	2017年1月	"两高"《关于适用犯罪嫌疑人、被告人逃匿、死亡案件违法所得没收程序若干问题的规定》（法释〔2017〕1号）	电信诈骗
8	2018年11月	《检察机关办理电信网络诈骗案件指引》（高检发侦监字〔2018〕12号）	电信网络诈骗
9	2019年11月	最高法发布十起电信网络诈骗犯罪典型案例	电信网络诈骗

表2：规范性文件中关于电信网络诈骗的定义

序号	公布时间	名称	定义	备注
1	2011年3月	"两高"《关于办理诈骗刑事案件具体应用法律若干问题的解释》（法释〔2011〕7号）	第5条第2款："利用发送短信、拨打电话、互联网等电信技术手段对不特定多数人实施诈骗……"	未明确概念

续表

序号	发布时间	名称	定义	备注
2	2016年3月	《公安机关侦办电信诈骗案件工作机制（试行）》（公传发〔2016〕130号）	第30条："本机制中电信诈骗案件是指通过电话、短信、网络等方式诈骗公私财物的案件……"	
3	2016年9月	《电信网络新型违法犯罪案件冻结资金返还若干规定》（银监发〔2016〕41号）	第2条第1款："本规定所称电信网络新型违法犯罪案件，是指不法分子利用电信、互联网等技术，通过发送短信、拨打电话、植入木马等手段，诱骗（盗取）被害人资金汇（存）入其控制的银行账户，实施的违法犯罪案件。"	
4	2016年12月	"两高一部"《关于办理电信网络诈骗等刑事案件适用法律若干问题的意见》（法发〔2016〕32号）	第一部分："近年来，利用通讯工具、互联网等技术手段实施的电信网络诈骗犯罪活动持续高发……"	未明确概念

由上述表格可见，不同规范性文件中对电信网络诈骗的称谓不一，且未形成统一的概念。尤其令人遗憾的是，作为专门针对电信网络诈骗犯罪的司法解释，"法发〔2016〕32号"文并未明确界定该类犯罪的概念，未能定分止争，使得实践中争议不断。

（二）由此导致的理论争议和实践分歧

称谓的各异和概念的不明，导致实践中关于此类案件的适用范围存在分歧，理论上关于此类案件的界定和特征总结也产生争议，主要有几方面：

1. 范围是否包括诈骗罪以外的其他罪名

在中国法院裁判文书网、北大法律信息网等数据库中，以"电信诈骗""电信网络诈骗"为关键词搜索发现，此类行为涉及罪名主要是诈骗罪、信用卡诈骗罪、盗窃罪、招摇撞骗罪、敲诈勒索罪、妨害信用卡管理罪、侵犯公民个人信息罪、扰乱无线电通信秩序罪和掩饰、隐瞒犯罪所得罪等。可见，实践中对此类行为涉及罪名的范围并不统一。

问题在于，对于诈骗以外的罪名是否应纳入电信网络诈骗犯罪范围，如果是，如何弥合超出语义射程范围的硬伤；如果仅局限于狭义诈骗罪，如何解决范围过窄、无法涵盖上下游相关罪名的矛盾。① 这是亟待解决的问题。

2. 与传统诈骗犯罪的区分及其重要意义

是否属于电信网络诈骗不仅关系到量刑结果，还可能涉及罪与非罪、此罪与彼罪的认定。

一方面，电信网络诈骗处罚重于普通诈骗。根据相关司法解释规定，这主要体现在以下三点：

一是量刑上明确的从重处罚。"两高一部"《关于办理电信网络诈骗等刑事案件适用法律若干问题的意见》第二部分明确了"依法严惩"的态度，并明确要求从重量刑、严格适用附加刑，包括：电信网络诈骗数额达到3000元、30000元的，应当分别认定为《刑法》第266条规定的"数额较大"和"数额巨大"；因此，不同于普通诈骗罪，电信网络诈骗不再由各地自行确定诈骗数额标准，而是实行全国统一数额标准和数额幅度底线标准；对实施电信网络诈骗犯罪的被告人裁量刑罚，在确定量刑起点、基准刑时，一般应就高选择；对实施电信网络诈骗犯罪的被告人，应当严格控制适用缓刑的范围，严格掌握适用缓刑的条件；对实施电信网络诈骗犯罪的被告人，应当更加注重依法适用财产刑，加大经济上的惩罚力度，最大限度剥夺被告人再犯的能力。

二是程序上简化犯罪认定、优化证明角度以便于从严打击。该司法解释第二部分第4条明确："因犯罪嫌疑人、被告人故意隐匿、毁灭证据等原因，致拨打电话次数、发送信息条数的证据难以收集的，可以根据经查证属实的日拨打人次数、日发送信息条数，结合犯罪嫌疑人、被告人实施犯罪的时间、犯罪嫌疑人、被告人的供述等相关证据，综合予以认定。"

三是某些特殊程序适用仅限于电信网络诈骗，而不适用于普通诈骗。"两高"《关于适用犯罪嫌疑人、被告人逃匿死亡案件违法所得没收程序若干问题的规定》第1条明确将电信诈骗、网络诈骗纳入适用违法所得没收程序的案件范围，而不包括普通诈骗。

另外，是否属于电信网络诈骗还关系到相关犯罪，如帮助信息网络活动罪等是否成立。根据《刑法》第287条之二，帮助信息网络犯罪活动罪的客观方式表现为，为他人利用信息网络实施犯罪提供技术支持或者帮助。对于此处规定的"犯罪"的理解，除了明确是刑法意义上的犯罪还是日常用语中"违

---

① 参见高尚宇：《电信网络诈骗独立成罪问题探析》，载《财经法学》2018年第1期。

法犯罪"的界定之外,① 还应该明确犯罪的方式是通过网络信息完成的,也即普通诈骗罪不是本罪帮助实施的对象。因此,为他人普通诈骗提供帮助的,即使存在"利用网络信息技术"的行为表现,亦不宜认定为本罪。

综上所述,是否属于电信网络诈骗不仅关系到刑罚的轻重,还关系到罪与非罪、重罪与轻罪的结果认定,可谓兹事体大。

如何区分传统诈骗与电信网络诈骗,是否只要与电话、短信、网络有关的诈骗犯罪就是电信网络诈骗犯罪,这些都是亟待解决的问题。上述分歧广泛存在于司法实践中,突出表现为很多案例检法两家在是否认定为网络诈骗上认识不一,导致诉判不一;还突出表现在很多案例一审与二审法院认识不一,导致二审改判的问题;甚至还有因为认识不一出现罪与非罪争议的问题。因此,准确认定电信网络诈骗对于正确定罪量刑,实现刑法的罪责刑相适应原则至关重要。②

3. 与"套路贷""黑恶势力"等概念的混淆

"套路贷"与电信网络诈骗存在一定的交叉,其行为方式也往往依托网络、电话等手段,比如前期吸引客户的时候,需要通过发短信、发布网络广告、打电话等方式广而告之,与电信网络诈骗产生雷同。两者都是约定俗成而未能明确定义的事实概念,又是当前社会关注的焦点,可能出现同一案件既作为电信网络诈骗案、又列入套路贷案件予以上报的混淆。

另外,2018年全国扫黑除恶工作开展以来,有电信网络犯罪被认定为"黑恶势力",特别是利用网络手段的敲诈勒索、强迫交易等犯罪,③ 从而面临更为苛严的刑罚后果,也导致了"黑恶势力"认定标准的变相降低,与扫黑除恶的初衷和原则背道而驰。当然,也有判决认为电信网络诈骗犯罪不构成"恶势力"的判例。④ 换言之,实践中对此问题存在分歧。事实上,电信网络诈骗犯罪能否认定为黑恶势力,还是要回归黑恶势力的构成要件,依据司法解

---

① 参见喻海松:《新型信息网络犯罪司法适用探微》,载《中国应用法学》2019年第6期。

② 参见李铁、远桂宝:《网络诈骗犯罪的司法认定难题探解》,载《犯罪研究》2020年第1期。

③ 参见吉林省通化市中级人民法院(2019)吉05刑终5号刑事裁定书,安徽省萧县人民法院(2019)皖1322刑初132号刑事判决书,河南省内乡县人民法院(2018)豫1325刑初848号刑事判决书,甘肃省白银市白银区人民法院(2019)甘0402刑初94号刑事判决书。

④ 参见吉林省珲春市人民法院(2019)吉2404刑初6号刑事判决书,吉林省集安市人民法院(2018)吉0582刑初121号刑事判决书。

释严格认定，不能简单等同。

综上所述，对"电信网络诈骗犯罪"概念进行科学、精准的界定，并明确其内涵和外延，以期区别于其他概念，为今后的理论研究统一话语基础，并为实践运用提供科学、规范的指导。

二、正本清源：称谓的统一及概念的界定

称谓的统一既要考虑长期以来形成的习惯，最大限度方便识别和使用，又要精准反映其含义，以免分歧和误用；而概念的界定，要从其本质特征出发，界定其核心内涵并合理划定其外延。

（一）应统一称为"电信网络诈骗犯罪"

笔者认为，鉴于2016年"两高一部"的司法解释将此类犯罪明确称为"电信网络诈骗"，这是最高司法机关唯一专门针对此类犯罪的司法解释，且该称谓已在实践中广为使用并长期沿用，因此首先应统一并固定此称谓。

1. "电信诈骗"的称谓已落后于时代且不够全面

"电信诈骗"与"电信网络诈骗"称谓的差异就在于是否包括网络手段，显然"电信诈骗"之称谓已落后于时代。

电信诈骗于20世纪90年代初在我国台湾地区发端，之后逐步发展壮大，并于2003年前后登陆大陆。① 从犯罪手段看，其经历了从"电信"为主，到"电信""网络"并行，再到"网络"为主、"电信"为辅的不同阶段。2015年之前，打电话、发短信为主要手段；2015—2018年，电信手段与网络手段基本并行，网络慢慢超越电信成为主要手段；2019年，网络手段成为主流，微信、QQ、支付宝成为此类犯罪主要工具。② 时至今日，如果还不把网络手段明确囊括进来，那显然已经与现实严重脱节，且无法涵盖此类犯罪的客观现状。

2. "电信网络新型违法犯罪"的称谓过于宽泛

值得注意的是，"电信网络新型违法犯罪"的称谓也屡见报端，如银监会等部门发布的规范性文件，类似的还有"国务院打击治理电信网络新型违法犯罪工作部际联席会议"，而2020年中央政法工作会议也有"关于打击网络电信新型违法犯罪"的提法。

---

① 参见唐丽娜、王记文：《诈骗与信任的社会机制分析——以中国台湾跨境电信诈骗现象为例》，载《学术论坛》2016年第5期。

② 参见《最高法发布网络犯罪大数据报告以及电信网络诈骗犯罪典型案例》，载中国法院网，https://www.chinacourt.org/article/detail/2019/11/id/4644045.shtml，最后访问日期：2020年4月9日。

三、电信网络诈骗犯罪治理

笔者认为上述称谓适用的场合不同,含义过于宽泛。银监会等部门的职责范围决定了其更关注的是资金查询、冻结等方面,而不在于违法与犯罪、此罪与彼罪的区别;中央政法工作会议是宏观的、整体上的定调和明确方向,并不从微观上区分违法与犯罪;国务院综合治理机构的定位和职责也是如此,其主要从综合治理、打击防范等角度入手。因此,上述语境中的称谓都是宽泛的,至少还包括电信网络违法、电信网络其他犯罪,并不单指电信网络诈骗犯罪,两者是包含与被包含的关系。

综上所述,电信网络诈骗犯罪并非法律上的规范概念,而是针对实践中多发的犯罪手法、犯罪现象的一种约定俗成的称谓,并可能随着形势的变化而更新,"电信网络诈骗犯罪"宜作为统一称谓。

(二)从本质特征界定电信网络诈骗犯罪的概念

电信网络诈骗的本质特征在于手段而不在于罪名,即"电信""网络"手段是其区分与传统犯罪的核心所在。

其一,利用电信网络手段完成犯罪的全部或主要环节。与盗窃、抢劫等财产犯罪一样,诈骗罪是一项古老而传统的罪名,网络时代的到来,人类的生产、生活方式发生了翻天覆地的变化,从居家生活到婚恋交友、从商品交易到订单支付均可以在线完成。中立的网络技术一旦为犯罪所利用则可能产生变异和颠覆,传统诈骗行为与网络电信技术的结合正是如此。

电信网络诈骗犯罪主要特征就是全部或主要环节均通过电信、网络手段完成,从信息的寻获、信息的发布到被害人的锁定,从诈骗行为的着手到深入,从被害人转账交款到行为人转移账款,各个环节均在虚拟空间中完成,双方不需要见面接触,不受时间和空间的限制,这是此类犯罪的根本特征,也是其区别于传统诈骗的核心之处。"远在美洲秘鲁指挥中心的核心人物,指挥身在中国台湾地区的下属,通过显示为'021'座机的号码联系远在上海的被害人,诱骗其将钱款汇入某安徽籍人员在贵州某县城开户的银行卡。瞬即,钱款被转移到若干个小城市商业银行账户,而后若干名'车手'在全国各地的银行ATM前将钱款取走。"这样的场景,就是典型的电信网络诈骗犯罪。

其二,犯罪对象为不特定多数人,呈现以点对面、以一对多的局面。传统诈骗行为的虚构事实、隐瞒真相并诱使被害人转移财产的过程,是针对特定人的"点对点"接触的过程,例如"丢包诈骗""棋局诈骗""吊模斩客诈骗"等,寻找目标、实施诈骗行为、产生的危害后果均局限于特定时空范围。而电信网络诈骗则呈现"以点对面""以一对多"的局面,即广撒网寻找目标、重点关注缩小范围、逐个突破下手诈骗。这种随机、随意地撒网式犯罪造成的危害后果连行为人本人都无法预料。①

这里的"不特定多数人"必须从整体上理解。例如，行为人通过网络向不特定的一百人发布虚假信息企图诱使对方受骗，最终只有一个人给予回应并不幸被骗走钱财。在被害人给予回应、行为人采取后续诈骗行为时，其行为对象已经由最初发布信息时的"不特定"转为"特定"，犯罪对象人数已由多人变为一人，但这并不影响其针对"不特定"对象实施诈骗的认定。② 换言之，一开始对象是不特定的，潜在的可能的被害人是多数的即符合网络电信诈骗"犯罪对象为不特定多数人"的要求，哪怕最后被骗的只有确定的少数人，也不妨碍认定。

其三，犯罪空间的虚拟性，行为人与被害人没有现实接触。传统诈骗犯罪往往需要一定的现实场所，这种场所可以是室内、室外公共场所等，犯罪行为人不能离开特定空间场所进行作案。③ 行为人与被害人之间通常会有面对面的直接交流，犯罪现场也往往留存有痕迹物证，是一种"人—人""人—案"或"人—物"的犯罪模式。而电信网络诈骗犯罪则存在于虚拟空间，行为实施地和犯罪结果地往往是分离的，财物的转移和收付也是在虚拟空间中几秒内完成。犯罪行为人与被害人之间没有直接现实接触，而是通过网络数据进行非接触式的联系，是"人—数据—人""案—数据—案"的模式。④ 因此，电信网络诈骗犯罪不受时间、空间限制，行为人与被害人无须物理接触，具有操作远程性、人员分散性、身份匿名性等特征。⑤

其四，对于"诈骗"应从事实层面宽泛理解。传统领域，诈骗与盗窃等相邻罪名区分相对较为清楚，两罪各行其道、互不混淆。而电信网络领域，盗骗交织现象十分常见，两罪区分不再泾渭分明，尤其是支付宝、二维码支付等新型结算载体的出现，盗窃与诈骗的争议难解难分。在界定概念时宜从外在事实层面对诈骗宽泛认定，只要某一环节可能构成诈骗即可，至于最后是否定性为诈骗则在所不问。换言之，电信网络诈骗中的"诈骗"并非要求典型意

---

① 参见戴长林主编：《网络犯罪司法实务研究及相关司法解释理解与适用》，人民法院出版社 2014 年版，第 52~53 页。

② 参见李玉萍主编：《网络司法典型案例·刑事卷》，人民法院出版社 2019 年版，第 186~193 页。

③ 参见王浩：《侵财犯罪的网络化对侦查工作的挑战及应对》，中国人民公安大学 2019 年硕士学位论文。

④ 参见王燃：《大数据侦查》，清华大学出版社 2017 年版，第 99~101 页。

⑤ 参见王浩：《网络语境下侵财犯罪的演变、异化与趋势分析》，载《犯罪研究》2018 年第 5 期。

上的狭义的诈骗行为，只要在犯罪环节中有"骗"的外在表现，即使最后获得财物并非"被害人自愿处分"，也不妨碍将其纳入此类犯罪。例如，行为人通过网络发布虚假信息，骗取被害人银行卡账号、密码等信息，后再通过盗刷、汇款、转账等方式获取钱款，此行为最后的定性可能是盗窃，但不妨碍将其作为"电信网络诈骗犯罪"纳入。

另外，基于犯罪共生的现状及其长期以来形成的约定俗成的语境，与此类犯罪密切关联的上下游犯罪，如侵犯公民个人信息罪，掩饰、隐瞒犯罪所得罪等，也应纳入。

综上所述，与普通诈骗相比，电信网络诈骗侵犯的是双重法益，不仅侵犯了被害人的财产所有权，同时还侵犯了网络社会的稳定状态，① 后者是其本质特征。本文对电信网络诈骗犯罪概念界定如下：

行为人以非法占有为目的，通过短信、电话、网络工具等手段，非接触式对不特定多数人虚构事实、隐瞒真相使其陷入认识错误，并最终诱使被害人交付财物的行为；广义的电信网络诈骗犯罪还包括与之相关联的上下游犯罪，如侵犯公民个人信息罪，掩饰、隐瞒犯罪所得罪等。

三、反面观之：不宜作为电信网络诈骗犯罪认定的行为

前文已述，电信网络诈骗的概念模糊可能导致实践中的含混适用，将传统诈骗作为此类犯罪予以认定和打击，有违罪刑法定和罪刑相适应原则，更可能导致模糊焦点、分散注意力和选择性执法。

从反面看要反对几种倾向：一是只要犯罪事实跟电信、网络手段相关的，都视为此类犯罪；二是明显不属于诈骗的也纳入此类犯罪认定；三是将此类犯罪与"套路贷"等关联概念简单混淆。

（一）主要环节并非通过电信、网络手段实施的

当前环境下，任何犯罪都难免与电信、网络技术相关，但不等于只要与之沾边就可以纳入此类犯罪。

例如，通过网络学习诈骗经验但到现实生活中实施诈骗，或者只是在网上推广犯罪信息后回归传统诈骗手段，或只是通过网络购买作案工具、进行销赃，抑或只是以电信网络作为团伙联系的手段，等等，这些都是诈骗犯罪的辅助行为，整体犯罪或者其主要环节并非通过电信网络手段完成，均不宜纳入。

---

① 参见方彬微：《电信网络诈骗的定性》，载《人民司法（案例）》2018年第2期。

（二）犯罪对象实际特定的

例如，某甲（女，无业）现实生活中认识某乙（男，富豪），得知乙丧偶后一直单身的信息后，甲意欲以恋爱为名诈骗乙的财物。之后，甲通过渠道获取了乙的微信并成功加他为好友。甲隐瞒真实情况，将自己包装成年轻貌美的大学生，与乙在微信上恋爱，关系日渐暧昧。乙男陷入情网后，甲女陆续以买衣服、交学费、父母治病、报培训班等名义向乙索要资助共计数万元。乙多次要求与甲见面，但总以各种理由被拒绝，遂产生怀疑后报警。该案中，甲虽然通过网络手段与乙聊天并骗取财物，表面上符合网络手段、非接触特征，但甲乙彼此在现实生活中是认识的，甲的犯罪对象是固定的，不符合"不特定性"之要求，应认定为普通诈骗为宜。

《刑事审判参考》（总第121集）所刊载的"王郊诈骗案"（第1320号）也昭示了这样的裁判规则：针对特定人通过电信网络联络实施的诈骗犯罪，不属于电信网络诈骗犯罪。

（三）行为性质明显不属于诈骗类犯罪的

基于语义解释的基本原理以及约定俗成的称谓，还应从反面将明显不属于诈骗的案件排除在外。

典型的如电信网络盗窃。一是网上银行盗窃类，即利用网上银行登录被害人的账号密码进而窃取账户内资金。二是第三方支付账户盗窃类，即犯罪行为人通过补办手机卡、窃取账号等形式进入第三方支付平台，进而窃取被害人存放在第三方支付平台内的资金。三是网络有偿服务盗窃类，即行为人盗用他人的网络服务、电信服务，进而导致被害人费用的损失。四是虚拟财产盗窃类，即行为人通过非法途径入侵被害人的虚拟账户，将其中的虚拟财产进行售卖，然后再提现。

另外，利用网络裸聊录制被害人视频后敲诈勒索的，以及利用网络空间开设赌场进行网络赌博的，分别可能涉及的是敲诈勒索罪、赌博罪，行为性质均明显区别于诈骗，也不宜纳入此类犯罪范围，但可以作为"网络电信新型违法犯罪"范围。

四、外延界定：与套路贷、黑恶势力等概念的区分

除了从正面限定电信网络诈骗犯罪的范围，以及反面排除不适用的情形之外，还需要注意与关联概念的区分。

（一）电信网络诈骗与套路贷的区分

众所周知，套路贷的实施与网络电信手段密不可分：首先需要广撒网即推

广贷款信息，不论是"校园贷"还是"美容贷"抑或"车房贷"，行为人往往都是通过网络、短信等渠道展开的；此外，威逼、骚扰被害人还款时，行为人往往有部分行为也是通过网络、电信手段实施的，如打电话威胁被害人、向被害人亲戚朋友群发短信、在网络上公开不雅信息等。

但需要说明的是，上述两个环节均只是套路贷的辅助环节而非核心行为。套路贷的实施关键环节之一在于诱使被害人签署了真实的民事协议，这是后续开展系列威胁、骚扰行为的基础，也是被害人敢怒不敢言的关键。而这个环节往往是面对面完成的，也是网络电信技术无法取代的。另外，后续的迫使或诱骗被害人交付财物的环节也是通过现实手段实施的，而非虚拟空间中完成。

因为这两个关键环节并非通过电信网络手段实施，本文认为，套路贷类犯罪不属于网络电信诈骗犯罪。换言之，电信网络诈骗的根本特征在于手段的虚拟性和对象的不特定性，而套路贷的核心在于"以合法外观掩盖非法本质"，[1] 两者苛责点有所不同。

(二) 电信网络诈骗与黑恶势力的区分

近年来，电信网络诈骗犯罪也呈现一定的组织性，一改以往单枪匹马或草台班子的临时组合，出现分工严密、层级分明、流程有序的公司化营运模式。另外，黑恶势力犯罪也呈现网络信息化的新特征，即利用网络进行寻衅滋事、敲诈勒索、强迫交易、发布虚假恐怖信息等犯罪。[2] 换言之，电信网络诈骗的组织化与黑恶势力犯罪的网络信息化，使得两者出现交叉和混淆。

根据上文定义，笔者认为，电信网络诈骗犯罪不应认定为黑恶势力。

其一，行为特征不符合"公然性"的要求。不论是黑社会性质组织犯罪，还是恶势力犯罪，其构成要件之一都包含"公然性"要求，即称霸一方、公然为非作歹、欺压百姓，使广大民众心生畏惧而敢怒不敢言，这样的特征离不开现实的暴力、胁迫等手段。而电信网络诈骗犯罪是单纯牟利性犯罪，通过虚拟空间实施的根本特征决定了其不存在"公然性"的特征，既没有传统的暴

---

[1] 参加吴加明：《刑事实质何以刺破"套路贷"民事外观之面纱》，载《江西社会科学》2019年第5期。

[2] 参见"两高两部"《关于印发〈关于办理利用信息网络实施黑恶势力犯罪刑事案件若干问题的意见〉的通知》。

力、胁迫行为，也不符合"软暴力"① 的特征。"两高两部"《关于办理恶势力刑事案件若干问题的意见》第 5 条也明确，单纯为牟取不法经济利益而实施的"黄、赌、毒、盗、抢、骗"等违法犯罪活动，不具有为非作恶、欺压百姓特征的，不应作为恶势力案件处理。

其二，罪名特征不符合。前文已述，电信网络诈骗犯罪涉及罪名主要是诈骗罪（盗骗交织型的可能还涉及盗窃罪），属于平和型侵财犯罪。而黑恶势力犯罪的行为特征决定了其涉及的罪名主要是"非平和型"，如抢劫、敲诈勒索、强迫交易、寻衅滋事等。一般情况下，两者没有交集，不应混淆。

因此，黑恶势力的本质特征在于"具有明确的违反国家统一法制的内部治理规则"与"形成非法控制或者重大影响"，② 认定黑恶势力不应偏离其对抗社会有效管理和控制的本质。③ 电信网络诈骗犯罪不符合其本质特征要求，将此类犯罪认定为黑恶势力，有违罪刑法定、罪刑相适应原则。

---

① "两高两部"《关于办理实施"软暴力"的刑事案件若干问题的意见》第 1 条明确："'软暴力'是指行为人为谋取不法利益或形成非法影响，对他人或者在有关场所进行滋扰、纠缠、哄闹、聚众造势等，足以使他人产生恐惧、恐慌进而形成心理强制，或者足以影响、限制人身自由、危及人身财产安全，影响正常生活、工作、生产、经营的违法犯罪手段。"

② 参见李志明：《"扫黑除恶"的要求、冲突与调适——法治国家、法治政府、法治社会一体建设的视角》，载《湖南师范大学社会科学学报》2020 年第 2 期。

③ 参见何荣功：《避免黑恶犯罪的过度拔高认定：问题、路径与方法》，载《法学》2019 年第 6 期。

通讯网络诈骗犯罪侦办的实证检视与路径探析

熊 俏 潘慧斌[*]

一、问题提出：通讯网络诈骗犯罪侦办的实证现状

通讯网络诈骗罪不是一个单独罪名，刑法规定的罪名是诈骗罪。笔者以"诈骗"为三级案由、以浙江省为法院区域，在中国裁判文书网上搜索到分布区间为2015年1月1日至2018年3月30日的刑事判决书6264件。加上关键词"网络"，其他条件不变，搜索到相同时间分布区间的刑事判决书929件。将关键词"网络"换成"网络诈骗"，其他条件不变，搜索到刑事判决书183件（作为一个样本数据库）。为了方便统计分析，本文以网络诈骗犯罪作为取样对象，从网络诈骗罪统计分析角度出发对通讯网络诈骗犯罪侦办的现实情况进行检视。

（一）案件呈剧增趋势

经笔者统计，得到浙江省网络诈骗案件数整体趋势图和网络诈骗案件占比图（详见图1—2）。

---

[*] 熊俏，浙江省温岭市人民法院法官助理；潘慧斌，浙江省温岭市人民法院法官助理。

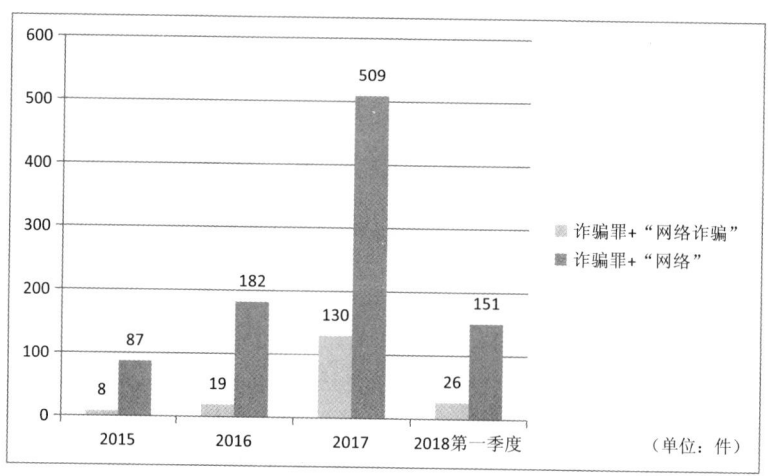

图1：浙江省网络诈骗案件数整体趋势

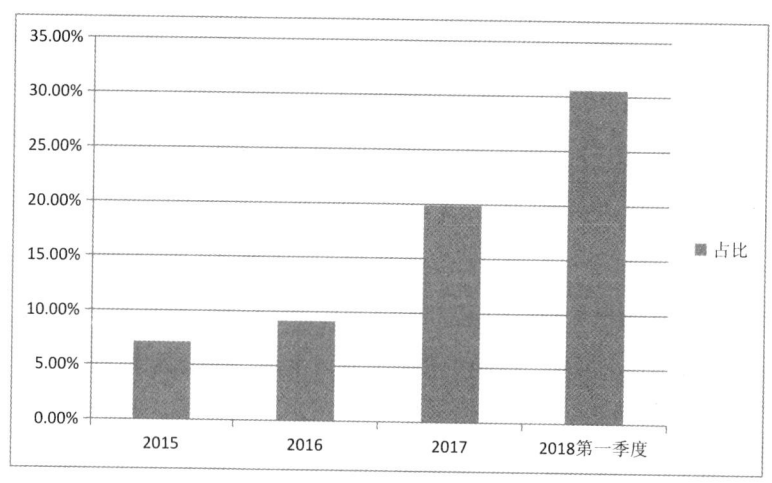

图2：关键词"网络"案件占诈骗罪案件总数比例

从上述两图可以看出，网络诈骗案件呈上升趋势，特别是2017年及之后案件暴增。而且，网络诈骗案件占诈骗罪案件的比重越来越大，进一步说明了通讯网络诈骗案件愈演愈烈，具有研究的必要性和紧迫性，亟须予以大力度治理和制裁。

（二）团伙化趋势明显

近几年数据显示，通讯网络诈骗案件所涉及的诈骗犯数量呈增长趋势。据统计，2015年，个案平均被告数为2.9人；2016年个案平均被告数为3.1人；

2017年个案平均被告数为5.3人。说明了诈骗犯罪呈团伙化趋势,团伙规模呈扩大趋势。为分散风险、规避打击,往往采取结伙作案的方式,融事前谋划、协同作案、案后销赃于一体,组织严密,分工明确,连续作案。

(三) 证据形式制约证据固定

笔者根据183件案件的样本数据,统计归纳了目前网络诈骗技术手段的情况 (见图3)。

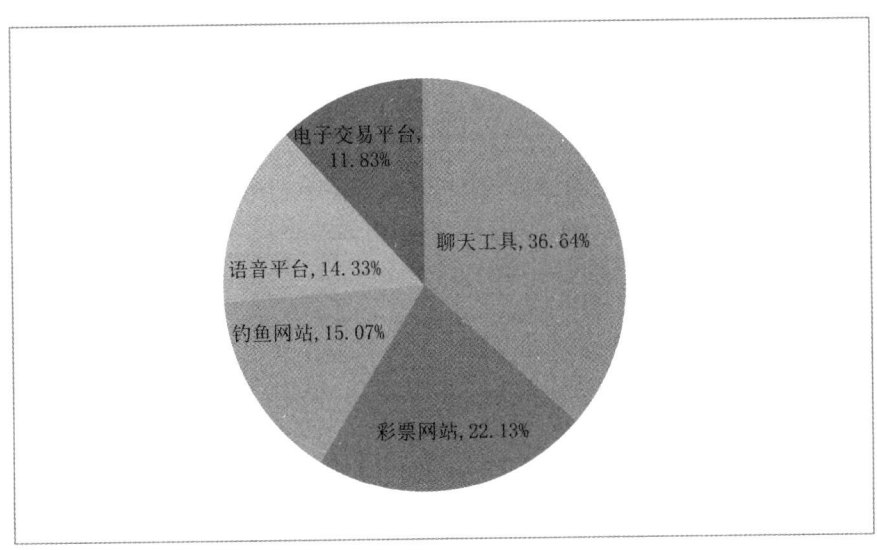

图3:网络诈骗技术手段分析

从图3可见,网络诈骗基本上通过聊天工具、彩票网站、钓鱼网站、语音平台、电子交易平台实施。那么,证据的证据形式多以"电子数据"形式存在,极易灭失。同时,样本数据显示,网络诈骗罪证据具体表现形式主要集中于聊天记录截图、网页截图、支付宝交易记录、转账截图、微信交易记录、红包截图、银行卡交易明细清单等。通讯网络诈骗案件的证据形式影响了证据的固定,对侦办工作造成困难。

(四) 涉案金额巨大

通讯网络诈骗案件普遍具有涉案金额巨大的特点。根据笔者对上述183件案件的样本数据进行统计,可以看出目前通讯网络诈骗案件涉案金额巨大,而且大致可预测通讯网络诈骗案件在近阶段的涉案金额的走向趋势 (见表1)。

表1：网络诈骗涉案金额的现状

情形	涉案金额	案件数（件）	比重
数额较大	3000元以上	38	20.77%
数额巨大	3万元以上	55	30.05%
数额特别巨大	50万元以上	89	49.18%

（五）案件涉案地区分布广泛

通讯网络诈骗犯罪跨区域系列团伙作案依然猖獗。在本次183件案件的样本中，案件受害人所在的地区分布范围很广，而且，大多都是跨省份跨市区的大范围案件。其中，涉及跨境犯罪的重大型案件共有3起。犯罪分子为追逐非法利益，加之当前交通出行的便利条件，他们往往选择更大范围跳跃式流窜作案，犯罪活动形成跨区域、跨省界乃至跨国界的态势。一个犯罪团伙动辄涉案几百起，涉及多个省市。同时，境外东南亚诈骗窝点开始向欧洲、美洲蔓延。

综合上述通讯网络诈骗案件的现实情况，可见通讯网络诈骗犯罪作为网络时代的一种新型犯罪，具有涉及面广、涉案金额大、团伙组织化、手段多样化、手法智能化等特点，着实给侦查破案带来一定困难。

二、进退维谷：通讯网络诈骗犯罪侦办的实务困境

（一）跨地区立案困难

广义上，个案是否符合立案标准予以立案也属于通讯网络诈骗案件的侦办难点，因为我国当前的侦查体制将立案管辖作为开展侦查工作的前提。我国刑事诉讼法对立案标准的规定是有犯罪事实发生、且需要追究刑事责任。因此，是否达到刑法中规定的立案数额标准成为了能否立案侦查的关键。对于单个案件，若诈骗金额未达到起刑标准就无法对案件进行侦查，无法打击通讯网络诈骗犯罪。

对于诈骗罪的立案数额标准，我国有明确的规定，2011年3月1日最高人民法院、最高人民检察院发布《关于办理诈骗刑事案件具体应用法律若干问题的解释》第1条规定："诈骗公私财物价值三千元至一万元以上、三万元至十万元以上、五十万元以上的，应当分别认定为刑法第二百六十六条规定的'数额较大'、'数额巨大'、'数额特别巨大'。"各地区根据本地的经济发展水平也都有相应的具体数额标准。然而，通讯网络诈骗犯罪具有受害人分布地域广、犯罪收益积少成多的特点。如果仅仅因为个案被诈骗的金额较小而无法立案的话，犯罪分子很可能利用这点逃避法律制裁，却能收取大笔账款。对于

这种跨地区的多次小额通讯网络诈骗行为，就有可能造成在某地可以被立为刑事案件但是在另一地却无法立为刑事案件的困境。

（二）明确案件管辖困难

计算机网络具有跨地域特性，通讯网络诈骗犯罪也存在跨地域特性，与犯罪相关的人员（被害人、嫌疑人）以及相关的资源（银行账户、虚拟身份、网站）等基本要素分布在不同的地方。公安机关通常在获取一个或几个线索时，无法确认是否应由自己本部门管辖和侦查，需要移交时也往往无法确认移交方向。

（三）开展侦查工作困难

一是涉案通讯方式查证困难。通讯网络诈骗嫌疑人通常使用"一号通""400""来电任意显""170虚拟电话"等网络虚拟电话与受害人联系。在案件的实际侦办过程中，要查明这些电话的性质及所属的运营商，通过与之联系获取犯罪嫌疑人所绑定的通讯工具的种类和数量，并了解其申请注册、联系方式、汇款途径、网上登录等相关信息，十分困难。

二是犯罪嫌疑人虚拟身份查证困难。通讯网络诈骗犯罪在侦办时与传统案件侦办相比缺乏受害人对犯罪嫌疑人的直接指认，缉捕犯罪嫌疑人存在困难。犯罪嫌疑人在实施网络诈骗的每个环节中，都可能会留下作案用的网上虚拟身份。此外，为了安全起见，通讯网络诈骗犯罪团伙成员之间除了电话和手机的联系之外，也会使用网络虚拟身份进行联系。一般手法娴熟、经验丰富、专业化程度较高的犯罪嫌疑人反侦察意识和水平较强，通常会多个虚拟身份频繁换用，而且会通过使用VPN代理上网、专机专用等方式来减小被侦查发现真实位置的风险。

（四）证据极易灭失

通讯网络诈骗案件的证据形式在《刑事诉讼法》第50条所规定八种证据形式范围内。但是，与传统诈骗案件不同，网络诈骗案件的证据形式多以"电子数据"形式存在。实务中常有犯罪嫌疑人作案得手和察觉到被抓的危险后，就删除、销毁相关聊天记录、转账记录、网页资料的情况出现，导致证据灭失，无法形成完整的证据链，造成量刑过轻甚至无法结案的境况。

（五）犯罪事实、情节对应厘清困难

在司法实践中，由于通讯网络诈骗犯罪所针对的往往是不特定对象和不特定群体，犯罪嫌疑人或者团伙可能在短时间内成功对多名受害人实施诈骗。即使在犯罪嫌疑人到案后，客观上不易说清具体的某次犯罪事实。比如，在抓捕现场，侦查人员发现嫌疑人的电子设备中有大量的从事网络诈骗活动的资料，却又无法找到确切与具体诈骗案件情节有关的内容,嫌疑人本人也交代了自己从事诈骗犯罪行为的情况,却无法找到具体作案证据和受害人,无法核实损失情况。甚至,由于高危地区人员诈骗活动交织,可能侦查机关抓获的犯罪嫌疑人并非实际的作案人。

此外,通讯网络诈骗还有一大特点是,犯罪链上的嫌疑人并非都能与被害人一一对应。犯罪嫌疑人到案后,整个诈骗团伙,只有具体实施诈骗的人可以和被害人对应得上。而隐藏在后面的负责转移资金、编写木马程序等人员均无法和被害人对应。而且,犯罪嫌疑人均供述承认其犯罪事实,但其自己确实无法记清诈骗过谁或者为哪些团伙提供过帮助。例如,编写木马程序人员并不清楚将木马交给犯罪团伙后之后,该款木马被植入到哪个受害人的计算机里。因此,无法做到受害人和犯罪团伙中每一个利益链条上的人员都能一一对应。

三、完善进路:通讯网络诈骗犯罪侦办的优化路径

(一) 完善通讯网络诈骗犯罪的立案和管辖

1. 强化案件初查。通讯网络诈骗案件立案前的初查工作,主要集中在是否有诈骗事实发生、是否具有管辖权等几方面。是否有诈骗事实发生,主要指受案的公安机关就报案人控告的内容进行审查,明确是否确实发生了通讯网络诈骗案件。依据报案人所控告的犯罪类型不同,需要审查的实体内容也不尽相同。如在QQ好友诈骗犯罪中,要审查报案人提供的犯罪嫌疑人与被害人之间的聊天记录内容;在网购诈骗中,要对犯罪嫌疑人发布的信息内容进行审查;在中奖诈骗中,要对被害人访问网站的网址及网站内容信息进行审查。

2. 详细记录损失数额和转账方式。准确记录被害人被诈骗金额是确定是否达到追诉标准的唯一途径,也是日后为追究犯罪嫌疑人刑事责任,确定量刑幅度的依据之一。审查、记录被诈骗金额,不能以被害人口述为准,而要以客观的转账交易记录、第三方支付记录等客观书证、物证、电子数据证据等为准。详细了解被害人的汇款方式,可以在侦查活动中准确追踪被诈骗资金走向,为确定犯罪嫌疑人居住地提供侦查线索,也便于解决案件管辖权的问题。

3. 建立通讯网络诈骗案件大数据共享平台。在全国范围内,公安机关建立通讯网络诈骗案件大数据共享平台,将碎片化的信息进行有效整合,每起案件受害人的报警信息、案件线索录入平台,形成大数据库,从而能够实时对提炼出来的线索进行科学合理的归纳与分类,更好地做到对有效信息的整理和分析。两个以上犯罪案件所体现出的虽不能进行同一认定,但具有相同、相似、相关性的案件要素,例如,某个时间段,某个诈骗团伙的QQ号、银行卡号、

手机号等线索在平台内出现频率较高，公安机关就可以将涉及这同一线索的案件串并，勾画出思维导图，该时间段内哪个地区的受害人个案被骗金额是多少，这个诈骗团伙作案骗得的赃款总金额是多少等，一目了然，既解决了犯罪嫌疑人单次作案金额少、够不上立案追诉标准的问题，又可以解决案件管辖权的问题。比如，多个涉案地的公安机关可以自行协商，由损失金额大的辖区公安机关立案侦查，或者由共同的上一级公安机关指定管辖，从而节约有限的侦查资源。此外，线索的串并能够让立案侦查的公安机关掌握个案中没有掌握的该团伙其他线索，有助于明确侦查方向和厘清侦查思路，提高破案的可能性。

（二）确立通讯网络诈骗犯罪侦查的原则

从宏观角度讲，侦查的目的是惩罚犯罪和保障人权。制定通讯网络诈骗犯罪侦查的原则是解决实务问题的基础。虽然可以借鉴遵循一般诈骗案件侦查的有益经验，但由于通讯网络诈骗犯罪案件自身的特殊性，决定了通讯网络诈骗犯罪侦查的原则与一般诈骗案件侦查有很大区别。

1. 追求时效、"以快打快"原则。通讯网络诈骗犯罪侦查首先要追求时效性，最大限度地缩短侦查环节，提高侦查效率，改变信息传递速度慢、反应不够迅速、协作不流畅的困局，抓住侦破的重要时机。通讯网络诈骗犯罪嫌疑人在实施犯罪活动前，往往已经经过大量时间进行踩点、尝试，做好了充分准备。而犯罪是通过不易被察觉的计算机网络，数据庞大复杂。嫌疑人可以在瞬间完成犯罪行为，并清除掉犯罪痕迹。如果侦查机关不能迅速及时地采取行动，行为人就有充分的时间来逃脱法律的制裁。

2. 注重证据、证据前置原则。通讯网络诈骗犯罪的行为和结果都具有虚拟性，其犯罪证据基本都为电子数据，电子数据已经成为法定证据的一种。但是目前的通讯网络诈骗犯罪打击，存在重结果、轻证据，重传统证据、轻电子数据的现象。网络犯罪的证据存在易失性，如果不在案件侦查初期就重视收集、固定证据，按照传统办案思路，在抓获嫌疑人后再固定证据，那么大量的电子数据会灭失，证据链往往无法形成。这也是目前通讯网络诈骗犯罪的诉讼往往量刑过轻、甚至无法办结的原因所在。打击通讯网络诈骗犯罪要树立证据前置的原则，将证据放置在第一位，这样才能利用电子数据将嫌疑人在网络的行为勾勒清楚，形成完整的证据链。

3. 技术领先、思路正确原则。高超的侦查技术和正确的侦查思路是能够极大提高通讯网络诈骗犯罪侦查效率的两大支撑。由于通讯网络诈骗犯罪利用技术进行，具有很高的智能性，同时网络对于身份的隐藏也是逃避打击的天然屏障，因此对于通讯网络诈骗犯罪的侦查涉及很多技术问题。通讯网络诈骗犯罪侦查需要技术侦查充分有效才能提取出重要的线索，缩短打击过程。同时正确的侦查思路,可以快速地判断犯罪活动的前因后果、犯罪分子的逃脱方向。侦查技术和侦查思路是相辅相成的,侦查思路缺少侦查技术的帮助,将无从判断嫌疑人的情况。当侦查技术遇到障碍时,侦查思路往往可以帮助找到突破口。

4. 加强合作、通力配合原则。通讯网络诈骗犯罪往往是跨地域、甚至是跨国界的。通讯网络诈骗犯罪往往不是单个地区所能处置的,有可能跨越多地的侦查机关,因此与其他地区的侦查机关沟通配合是不可缺少的。不同国家、地区的侦查机关要摆脱"地方保护主义",相互协作,通过迅速有效的沟通和协查,了解犯罪分子的作案方法,有效地开展侦查工作。

(三)转变侦查途径选择的思路

侦查途径,是指在侦查过程中查明事实、收集证据,认定、捕获嫌疑人时所遵循的路径。任何一起刑事案件都存在若干侦查途径,而受案件客观条件制约,不可能每条侦查途径都能达到侦查终结的终点,甚至一些侦查途径无法行得通。所以选择侦查途径是解决从哪个方面开展侦查工作的问题。侦查途径选择是否得当直接关系到案件侦查的速度与成败。

1. 从"由案到人"到"由人到案"侦查思路的转变。从案到人的侦查思路是传统的侦查方式之一。案件发生后,往往嫌疑人是未知的,需要根据线索分析和判断,来确定嫌疑人,这是典型的由案到人的分析策略。由案到人的分析策略主要从案件的基本情况,包括犯罪动机、时空轨迹等方向进行分析判断,最终获得嫌疑人真实身份。由案到人的分析策略的优点是能够获得嫌疑人的完整犯罪过程,可以形成完整的证据链,也符合传统分析习惯。缺点是往往不能适应网络犯罪的高节奏性,线索容易中断。如果说由案到人是事后进行网络犯罪侦查谋略,是被动的侦查谋略,那么,由人到案的谋略则完全颠覆了侦查机关被动侦查的方式,是主动的侦查谋略。由人到案需要提前对网络违法犯罪相关人进行信息的收集、分析。因此,必须加强对前科劣迹人员的管理。即对已经破获的通讯网络诈骗案件中抓获的犯罪嫌疑人进行全面梳理,及时收集其他城市类似案件的犯罪信息,并对这些人员及其网络虚拟身份全面关注、布控。据国外有关资料统计,有犯罪前科人员再次犯罪可能性大致在40%。管理有犯罪前科人员对预防其再次犯罪是一种有效的策略。有网络犯罪前科的人员包括有犯罪预谋、准备的人员,以往查获的违法犯罪嫌疑人,群众举报的违法犯罪嫌疑人,监狱、看守所已经羁押的犯罪嫌疑人。对这些重点人员的基本特征收集整理后,梳理出相关人员的网络特征。发生通讯网络诈骗案件后,利用这些信息线索进行比对,可以迅速判断嫌疑人。

2. 建立强化"由物到案"的侦查意识。"由物到案"是指从实施通讯网

三、电信网络诈骗犯罪治理

络诈骗的作案工具入手,监控跟踪流通渠道,从而打击诈骗团伙。

一是监控获取个人信息的不良软件。例如,在网络诈骗犯罪中的冒充好友诈骗,犯罪分子主要是利用盗号木马软件或强制视频木马软件攻击被害人电脑的方式实施通讯网络诈骗犯罪。这些木马程序软件都是由专业的技术人员进行编制的,而后在非法的网站上进行出售。通过对木马软件的监控,可以对木马软件的制作者和传播者实行网上追踪,获取更多案件线索。

二是加强网店监管。对于一些长期出售虚拟货品的网店,特别是那些在短期内多次大额出售又回收虚拟货品的网店,要重点监视和管理,搜集一些和虚拟货品相关的信息。

(四) 完善实名认证制度

1. 强化网络身份的实名认证。通过事前的身份认证,有效地确定虚拟世界 ID 的真实身份,将是管理网络社会的有效手段,也是网络诈骗案件侦查的重要武器。在现实社会中,最有效的身份认证便是网络实名制。网络实名制正是为了规范网络行为,制裁网络犯罪应运而生的。因此,以打击网络犯罪为目的,推行实名制,是有积极意义的。可先从以下两方面入手:首先,推行公共场所无线网络接入的实名制。通过软件控制,在公共场所 Wi–Fi 接入前验证身份证件,上传真实有效的身份证照片才能接入网络。这样就为侦查活动提供了极大的便利,即使犯罪分子上传虚假照片,也增加了其犯罪成本和风险,起到震慑犯罪作用。其次,逐步实行网络终端设备售卖实名制,也就是将购买人的身份信息与售出设备的网卡 MAC 地址作好登记。犯罪分子接入无线网络会在无线路由器留下 MAC 地址记录,侦查人员通过定位到达某个路由器或交换机处后,再通过 MAC 地址记录来确定犯罪分子身份会更加简便、准确。

2. 强化银行卡、手机卡、无线网卡的实名认证。在通讯网络诈骗高发地域,犯罪猖獗的原因主要是管理存在漏洞,非实名的银行卡、手机卡、无线上网卡可以轻松买到,造成犯罪成本极低,使犯罪分子能够轻易地进行诈骗活动。在这些重点地区,可以由政府主导,公安机关牵头,采取如下防范措施:一是严格落实银行管理制度,避免非实名银行卡流出,银行卡的办理不仅要提供有效身份证,而且需要人证相对应,对于违规办理银行卡的工作人员要予以追责。二是整顿电信市场,严禁非法销售网络设备。不仅要严格实行上网卡、手机卡实名登记制度,还要联合工商、电信部门定期清理二手电脑市场,禁止售卖安装诈骗软件的计算机。

四、结语

当今社会发展的潮流是社会信息一体化和全球经济立体化,互联网络作为社会信息和全球经济的载体，正发挥着重要的作用，不断地改变着我们的生活方式和生活态度。近年来，通讯网络诈骗犯罪的威胁也日趋严重，已经造成了恶劣社会影响，破坏了社会主义诚信建设，严重影响人民群众安全感和社会和谐稳定。在新的形势下，完善通讯网络诈骗犯罪侦办路径，及时有效地解决侦查机关和司法机关在打击通讯网络诈骗犯罪实务中的难题显得尤为重要。期望本文对当前通讯网络诈骗犯罪的预防与惩治尽到一份力量。

突发公共卫生事件中的网络诈骗及其被害预防

——从新冠疫情期间"两高"发布的典型案例切入

陈小彪　储　虎[*]

新冠肺炎疫情以来,网络诈骗横行,诈骗分子以国难为契机欲发"国难财",主观恶性大,社会危害性严重。[①] 截至2020年3月8日,全国公安机关累计侦破疫情相关电信诈骗案件11855件,累计抓获犯罪嫌疑人5047名,累计涉案金额超过3.51亿元。[②] 根据全国检察机关的统计,截至2020年3月11日,检察机关依法批准逮捕涉嫌诈骗犯罪869件917人,起诉516件545人,批捕、起诉的人数均占所有涉疫情犯罪案件的四成左右。[③] 根据最高人民法院的统计,妨害疫情防控刑事案件中,口罩诈骗案件占比达40%左右,其中以电信网络诈骗案件为主。[④] 在突发的公共卫生事件面前,网络诈骗犯罪的肆无忌惮,使得本就责任繁重的政府不堪重负,让本就深陷疫情的人们更加心寒,以至愤怒。如何提高被害人的风险意识,有效加强被害预防以及切实防控突发公共卫生事件中的网络诈骗,需要更具针对性的防控举措。

---

[*] 陈小彪,西南政法大学法学院副教授,法学博士;储虎,西南政法大学法学院刑法学硕士,西南政法大学特殊群体权利保护与犯罪预防研究中心研究人员。

[①] 网络诈骗、电信(网络)诈骗在概念上虽然有所细微区别,但是随着时代发展,这种区别有所淡化,因此本文统称为网络诈骗。

[②] 参见《全国公安机关累计侦破疫情相关电信诈骗案件万余起 涉案金额超3.51亿元》,载《中国防伪报道》2020年第3期。

[③] 数据来源于2020年3月12日发布的《全国检察机关依法办理妨害新冠肺炎疫情防控犯罪典型案例(第五批)》。

[④] 数据来源于2020年4月2日发布的《人民法院依法惩处妨害疫情防控犯罪典型案例(第二批)》。

一、新冠疫情期间网络诈骗概况及特征

（一）分析样本的来源

新冠肺炎疫情发生以来，全国法院、全国检察机关积极为疫情防控工作提供司法保障，根据疫情期间的现实犯罪情况，最高人民法院发布三批依法惩处妨害疫情防控犯罪典型案例，最高人民检察院发布十批全国检察机关依法办理妨害（涉）新冠肺炎疫情（防控犯罪）典型案例，其中涉及网络诈骗案例12起，具体如下表。

表1："两高"办理的涉网络诈骗典型案例简况

序号	案例来源	网络手段	虚构内容
1	全国检察机关依法办理妨害新冠肺炎疫情防控犯罪典型案例（第一批）案例七：浙江宁波应某某诈骗案①	微信聊天	口罩
2	全国检察机关依法办理妨害新冠肺炎疫情防控犯罪典型案例（第一批）案例八：广东揭阳蔡某涉嫌诈骗案②	微信公众号募集捐款，微信收款	慈善捐款
3	全国检察机关依法办理妨害新冠肺炎疫情防控犯罪典型案例（第二批）案例三：江苏省南通市张某诈骗案③	在微信、QQ群	口罩
4	全国检察机关依法办理妨害新冠肺炎疫情防控犯罪典型案例（第五批）案例一：上海市闵行区颜某诈骗案④	微信聊天	口罩

---

① 案情简介：徐某通过微信、社交软件结识被害人吴某某，谎称自己系某医院院女护士，有获取医用口罩的特殊渠道，并使用另一微信号编造某医院院仓库管理员身份与吴某某交易，共骗得被害人吴某某六千余元。

② 案情简介：蔡某使用其个人身份信息，通过互联网注册了名为"武汉市慈善会"的微信公众号，蔡某在微信对话中欺骗咨询群众说公众号的捐款功能还在完善中，暂时无法直接捐款，并误导群众通过扫描其本人提供的微信支付"二维码"进行捐款。共有112名群众通过该方式向蔡某个人微信支付账户累计转入人民币8800余元。

③ 案情简介：被告人张某利用被害人急于购买口罩的心理，在微信、QQ群内发布有大量口罩出售的虚假信息，骗取被害人陆某某、骆某、徐某某定金共计人民币9520元。

④ 案情简介：被害人鲁某某通过微信朋友圈发布求购口罩信息，被告人颜某通过微信联系鲁某某，谎称其在美国有大量3M品牌N95口罩货源，可包机运输回国。鲁某某信以为真，陆续向颜某支付人民币16万元，并为颜某购买一部苹果手机（价值人民币12699元）作为"定金"。

三、电信网络诈骗犯罪治理

续表

序号	案例来源	网络手段	虚构内容
5	全国检察机关依法办理妨害新冠肺炎疫情防控犯罪典型案例（第五批）案例二：江苏省南京市陈某某涉嫌诈骗案①	微信群聊	口罩
6	全国检察机关依法办理妨害新冠肺炎疫情防控犯罪典型案例（第五批）案例三：浙江省浦江县徐某清诈骗案②	微信朋友圈	口罩
7	全国检察机关依法办理妨害新冠肺炎疫情防控犯罪典型案例（第五批）案例四：广东省阳春市伍某某诈骗案③	微信群聊	口罩
8	全国检察机关依法办理妨害新冠肺炎疫情防控犯罪典型案例（第五批）案例五：江苏省南京市李某某涉嫌诈骗案④	冒充老师加入班级微信群、QQ群	网课培训费用等
9	最高人民法院发布第一批10个依法惩处妨害疫情防控犯罪典型案例案例五：赵某某诈骗案⑤	微信	口罩

---

① 案情简介：被害人余某系南京某实业公司负责人，为解决复工后的防护需求，其在微信群聊中认识宣称有货源的"与归"。"与归"通过微信向余某展示了各类虚假"凭证"，取得了余某信任。经协商，余某以3元/只的价格购进口罩10万只，并通过手机银行转账支付定金17万元。随后，余某多次催促对方发货未果后发现被骗。

② 案情简介：被告人徐某清看到被害人在朋友圈发了一张口罩照片并了解价格后，开始在微信朋友圈套用别人的照片和视频，虚构自己有很多口罩。徐某又通过微信转发给被害人相关的口罩照片等各类资质证书和凭证，并谎称自己有个仓库，仓库里还有十几万的口罩。被害人被害后通过微信和支付宝转账给徐某共计人民币34.25万元。

③ 案情简介：被告人伍某某原系广州某药业公司医药代表，添加了大量从事医疗行业客户的微信，加入了多个医疗行业微信群，了解到这些客户有大量采购口罩的需求。于是伍某某有意在自己的微信朋友圈或相关微信群内发布售卖口罩信息，并抓住客户渴求口罩的心理，要求必须付清款项后才能发货。被害人发现上当受骗后，要求退还货款，期间伍某某共退还795400元给被害人，其余货款共825901元用于网络赌博。

④ 案情简介：疫情期间，犯罪嫌疑人李发发现不少中小学开展线上教学，老师和家长缺乏沟通，遂以"班级群"为关键词大面积搜索教学群，并以学生家长的名义骗取老师信任，加入班级群后，将自己的昵称、头像修改成和任课老师相同的样式，冒充任课老师发布信息，以交纳相关网课培训费用、教材费用等事由欺骗家长，诈骗金额7128元。

⑤ 案情简介：被告人赵某某谎称其有稳定的口罩来源，通过微信兜售口罩，将收到的货款用于网络赌博挥霍等。在被害人催要口罩时，赵某某采取给被害人寄送零食的方式拖延，随后变更手机号码、微信等联系方式，使被害人无法与其联系。赵某某采取上述手段先后骗取口罩款合计34.18万余元。

续表

序号	案例来源	网络手段	虚构内容
10	全国检察机关依法办理妨害新冠肺炎疫情防控犯罪典型案例（第五批）案例六：孙某某、蒋某诈骗案①	虚假宣传材料、微信捐款	慈善捐款
11	人民法院依法惩处妨害疫情防控犯罪典型案例（第二批）案例六：王某某诈骗案②	微信群	防疫物资
12	人民法院依法惩处妨害疫情防控犯罪典型案例（第二批）案例七：马某某诈骗案③	网店、微信	口罩

（二）疫情期间网络诈骗犯罪的特征

通过上表我们可以发现新冠疫情期间的网络诈骗案件特征明显，归纳如下：

1. 虚构内容类型化。从网络诈骗虚构事实的内容来看，疫情以来的网络诈骗案件呈现明显的类型化，具体可以分成三类：第一，假借研制、生产或者销售用于疫情防控物品的名义骗取公私财物，如销售或者提供口罩货源等；第二，捏造事实骗取公众捐赠款物；第三，其他与疫情有间接关系的网络诈骗，如网课培训费等。因此不难发现，突发公共卫生事件的网络诈骗从虚构事实角度其实有迹可循，虚构内容更加具有针对性。

2. 诈骗手段网络化。从网络诈骗手段来看，通过微信、QQ等主流社交软

---

① 案情简介：被告人孙某某、蒋某经预谋打印虚假宣传材料3000份，在多地张贴、散发，假借"市希望工程办公室""市志愿者协会"之名，以"为抗击新冠肺炎募捐"为由，谎称已联系到口罩等物资的购买渠道，欲欺骗他人向孙某某微信账户转募捐款。截至案发，尚无钱款转入孙某某微信账户。

② 案情简介：被告人王某某在微信群内发布销售防疫物资的虚假信息。被害人徐某某系江苏省南通市某医院ICU病房护士，接到驰援湖北的工作任务后，准备购买一批医用口罩带到湖北。徐某某看到王某某发布的销售信息后，便微信联系王某某购买1500只口罩和2只额温枪，共计被骗5800元。

③ 案情简介：被告人马某某利用新冠肺炎疫情期间民众急于购买口罩的心理，通过网店、微信发布其有口罩货源的虚假信息，并发送从网上下载的生产厂家营业执照、生产许可证、检验报告等材料，先后骗得张某某、曹某某等9名被害人的口罩款合计93万余元，所骗钱款均被马某某用于网络赌博。后马某某主动到公安机关投案。

件的诈骗居多。随着近年来微信用户的大规模增多，通过微信群聊、微信朋友圈、微信公众号发布虚假信息进行诈骗是更为常见的现象。疫情初期，由于防疫物资极为紧张，线下实体店内购买防疫物资比较困难，有些地区在线下实体店甚至一度无法购买到防疫物资。诈骗分子趁机而动，通过微信等线上网络平台，虚构拥有防疫产品的货源，进行诈骗。由此可见，面对突发公共卫生事件，网络诈骗往往利用了线下环境防疫物资的不足，通过线上交易的不透明性，进而促进了网络诈骗的成功。

3. 受害群体普遍化。从网络诈骗的受害人来看，每一个人都面临遭受网络诈骗的风险。突发公共卫生事件深刻影响着人民群众的生活。疫情以来，随着疫情蔓延，几乎全球人类都在经历一场灾难，没有人可以独善其身。因此，针对疫情设计的各类网络诈骗威胁着每个人的财产安全。

另外还有一点值得注意的是，几乎所有的典型案例都发生在江苏、浙江与广东等省份。发达的网络经济地区伴生的网络诈骗犯罪的突出性，或许也是我们需要正视的问题。

二、新冠疫情期间网络诈骗的防控困境

从疫情期间网络诈骗犯罪的现状出发，我们发现在应对突发公共卫生事件的背景下，政府、社区、企业和个人在防控疫情期间的网络诈骗犯罪方面都存在较为明显的不足。

（一）缺乏应对疫情期间网络诈骗的治理经验

突如其来的疫情，让大家普遍性的陷入茫然不知所措的境地。疫情深刻影响着社会的运行，每个人的生活都经历着或多或少的变化，并需要及时做出应对之措。而面对疫情期间的网络诈骗，政府、社区、网络企业的应对都略显吃力，原因在于缺乏经验，或者说由经验产生的科学且灵活的应对机制。

首先，政府部门在应对疫情的传播、患者的治疗等迫在眉睫的问题上，已经被吸引了绝大部分注意力，而针对到网络诈骗的问题上，多少有些力有不逮。疫情的到来，暴露了政府在应对突发公共事件时，存在社会治理方面的缺陷和短板。有学者指出我国涉疫犯罪防控立法上存在不足，也暴露出一些地方有法不依、执法不严等制度执行不到位的问题，疫情期间的刑事犯罪多发正是公共安全威胁与治理体系滞后这一矛盾的集中体现。[①] 在全民抗疫的阶段，政

---

① 参见周勇、张婧、王延涛：《涉疫犯罪的态势与治理对策研究》，载《犯罪与改造研究》2020 年第 7 期。

府的工作重心难以落到专门为疫情量身打造的网络诈骗之上，在这一点上，我们其实难以过多苛责政府机构未能在网络诈骗问题上有统筹性的针对措施，且能够及时有效的落实，但是我们同样希望政府可以吸取教训，总结涉疫犯罪的治理经验。另外，我们不难发现疫情初期是网络诈骗爆发的阶段，此时，谣言满天飞，客观上为诈骗制造了得逞的舆论土壤，加之民众恐慌情绪，不放过任何可以自救的机会与渠道，几乎无防范意识，容易受骗。政府无暇、无力应对突发的各类治理问题，犯罪的滋生便存在可乘之机，当而政府有精力应对疫情期间的各类犯罪之时，这类网络诈骗已经不再猖獗。

其次，疫情期间，网络企业缺乏甄别、阻断犯罪长效机制以及预防犯罪经验不足的短板被进一步扩大。由于普遍的居家隔离，网络平台对于诈骗犯罪提供了"助力"。从上文提及的统计数据来看，网络诈骗在整个涉疫犯罪中，不管是数量规模还是所占比例都是占据高位。目前，网络企业已经积极的与公安机关等司法机关展开合作，企业在犯罪治理中有不可替代的作用，一些互联网企业也将治理犯罪作为企业合规的重要内容。但是不管是企业是出于法律义务还是社会责任，在突发疫情的情况下，我们同样难以指责这些企业没有积极有效的预防网络诈骗。我们应意识到我国企业在承担社会治理的意识、构建企业社会治理参与机制和发挥企业社会治理能力上还明显存在不足，这是疫情对于我们的警示。

最后，社区在应对疫情期间的网络诈骗时同样缺乏经验。疫情期间，政府组织动员社区工作人员在内的多类人群落实防控职责，一些社区工作者等人员缺乏相关经验，[1] 应对简单粗暴，缺少现代治理理念和工具。[2] 社区忙于宣传防疫措施，承担了大量的基层工作。虽然诸多社区成员主动承担许多高风险工作，不分昼夜奋战在疫情防控一线，对整个疫情防控起到了重要作用，同时也展现了我国城乡社区治理制度的优越性。[3] 但是在疫情期间，社区工作也存在一些认识和方法上的不足：一方面，可能没有将政府的宏观领导与社区居民的实际需求相结合，工作没有落到实处；另一方面，没有平衡好紧急工作与日常工作的关系，将重点集中到疫情期间的紧急任务，而忽略了常规任务，顾此失

---

[1] 参见周勇、张婧、王延涛：《涉疫犯罪的态势与治理对策研究》，载《犯罪与改造研究》2020 年第 7 期。

[2] 参见刘红岩：《疫情防控中的乡村治理观察与思考》，载《中国发展观察》2020 年第 Z2 期。

[3] 参见王竹鸿：《基于疫情实践的社区应急治理能力建设思考》，载《中国民政》2020 年第 12 期。

彼的现象也十分普遍。① 具体而言，社区组织在疫情初期急于应对疫情防控的重点工作，而忽略了宣传社区居民谨防网络诈骗的常规工作。

（二）民众被害风险上升，安全防范意识不足

疫情期间，尤其是疫情初期，面对防疫物资巨大的市场需求与供给严重不足的矛盾，迫切的防疫物资需求让大家普遍放松了警惕。大家面对疫情期间学习、工作等生活方式的改变，多少有些不适应。偏离正常生活秩序之时，以原有经验面对新的网络诈骗，被骗风险会有所上升，而此时防骗意识不足就会促进网络诈骗的滋生爆发。

首先，被害人普遍性的居家隔离，促进了线上购物、网络学习等日常活动的同时也为网络诈骗提供了契机。疫情期间，实行普遍的居家隔离，网络购物、网络学习、线上工作和网络社交是多数人的日常生活，网络使用频率远高于非疫情期间。这样的现实情况无疑是滋生网络犯罪的沃土，诈骗分子利用网络的非面对性，即使虚构身份、虚构防疫物资，被害人发现难度大，被骗风险明显上升。

其次，疫情期间，被害人情绪的易感性与网络诈骗成功与否有密切关系。网络诈骗往往针对被害人的心理情绪设计圈套，对于防疫物资的迫切需求、对于疫情严重地区的深刻同情都是诈骗犯罪可以利用的情绪。从公布的指导案例来看，利用被害人急于购买口罩等防疫物资情绪的诈骗案例占据极大的比例。

最后，疫情期间网络虚假信息的泛滥，使得被害人判断力下降进而使网络诈骗有机可乘。以广东揭阳蔡某涉嫌诈骗案为例，蔡某注册名为"武汉市慈善会"的微信公众号，伪装成慈善机构的账号，发布募集捐款虚假消息，并误导群众通过扫描其本人提供的微信支付"二维码"进行捐款，后因人举报，公众号被注销，但是仅仅6个小时，就有112名群众上当受骗。后蔡某仍企图故技重施，再次申请两个冒充慈善机构的公众号。② 类似微信公众号已经成为广大网民获取信息的重要渠道，而疫情期间虚假消息的横行，也让被害人容易陷入骗局，此类虚假消息在非疫情期间，本来是较为容易识破的骗局，由此可见疫情期间，被害人对虚构事实的判断力有明显的下降。

---

① 参见陈友华、夏梦凡：《社区治理现代化：概念、问题与路径选择》，载《学习与探索》2020年第6期。

② 参见《全国检察机关依法办理妨害新冠肺炎疫情防控犯罪典型案例（第一批）》案例八。

三、疫情背景下的被害预防理论展开及其优势

疫情期间，防控网络诈骗依靠政府、社区、企业稍显吃力，因为在应对突发公共卫生事件时，我们的政府、社区、企业不仅自身任务繁重，且缺乏应对网络诈骗的具体经验。让政府、企业、社区一直盯着犯罪不放，实属不易。如果换种思路，将重点放在从被害人角度来遏制网络诈骗，即从被害预防的角度来遏制犯罪可能有意外惊喜。

（一）被害预防的理论基础与核心内容

传统犯罪学，以犯罪行为人为研究重点，体现的是一种"犯罪人中心主义"。随着时代的发展，犯罪被害人学进入研究者的视野中，各国研究的研究重心开始向被害预防转移。① 而犯罪人为中心的犯罪防模式和以被害人为中心的被害预防模式是相辅相成的，科学的态度要求我们不仅关注如何预防犯罪人实施犯罪，同样要求我们关注如何降低被害人被害风险，从而更加全面的遏制犯罪。为了更好地理解被害预防理论，我们可以通过梳理犯罪学与被害人学的关系，探究被害预防理论的理论基础，从而进一步理解被害预防的关键所在。

首先，有必要厘清被害预防之于犯罪学的关系。有学者称，被害研究是犯罪学研究的价值要求、体系要求和应有内容。② 进入新世纪以来，我国被害人学领域在被害人诉讼地位、被害人权利、被害人补偿、被害人援助、被害预防等方面有了新进展。③ 但是，被害人学与犯罪学到底是什么关系仍然需要厘清。根据高维俭教授的研究，用发展眼光来看，被害人学相对于犯罪学而言，经历了属于犯罪学的分支学科到犯罪学的交叉学科向着独立学科的地位发展。根据高教授对于独立学科的被害人学理论的论述，被害人学的基础理论包括被害人学概念、被害现象论、被害原因论及被害对策论，而被害预防则属于被害对策论的内容。④ 不难发现，这种理论模型其实与传统犯罪学基础理论中的犯罪学概念、犯罪现象论、犯罪原因论与犯罪预防论基本相对应。因此沿着这一逻辑，在被害人学属于犯罪学的分支或者交叉学科的时候，被害预防的定位应

---

① 参见董士昙：《被害预防在犯罪预防中的地位和作用》，载《北京人民警察学院学报》2006 年第 4 期。

② 参见张旭、单勇：《犯罪学研究范式论纲》，载《法学评论》2005 年第 4 期。

③ 参见王丽华、卢建平：《我国被害人学研究的回顾与展望》，载《河北法学》2009 年第 5 期。

④ 参见高维俭：《被害人学与犯罪学之间关系的辩证思索》，载《河北法学》2006 年第 7 期。

当属于犯罪预防论,而承认被害人学相对于犯罪学是独立学科时,被害预防与犯罪预防是相对应的关系。

其次,被害人特性是被害预防理论的基础。被害人一词源自拉丁语,本身的意涵丰富。如今犯罪学领域研究的被害人,是指因受犯罪行为侵害而致其人身或者财产权益遭受直接损失的人。被害人的特性,是指被害人所独有的、反映其特定身份和特定加害状态的特征或者属性,是对于被害人的身份、心理、个性、对犯罪中的作用和自身的责任程度等的抽象概括。① 被害人的基本特性一般包括被害性、互动性与可责性,基于对基本特性的研究,我们可以客观科学的认识犯罪过程、了解评价犯罪人与被害人,进而提出科学可行的被害预防与犯罪预防的对策。

最后,被害性是被害预防理论的核心,互动性则是有助于理解犯罪人与被害人在犯罪活动的相互作用,可责性可以体现被害人对于犯罪成立的"过错"。犯罪与被害作为一对互动关系,特定情境下进行被害预防首要关注被害人的被害性。② 被害性是人遭受犯罪侵害的一个重要基础。被害人的被害性与犯罪人的犯罪行为之间存在着犯罪心理学上的关联。被害性之所以是被害人遭受犯罪侵害的重要基础,是因为被害性同时也是犯罪人实施犯罪行为的心理基础,③ 即被害性在促成犯罪中发挥着基础性的作用。互动性特征体现的是犯罪过程中的社会性交互作用过程,其实更像是连接犯罪学与被害人学的桥梁。可责性,又称为归责可能性,这里的责任包括伦理责任、道义责任、法律责任甚至于刑事责任。通过影响被害人的特征,是被害预防成功的关键。

(二) 疫情期间被害预防理论的契合性

被害预防强调公民个人责任,因为每个公民自然都有预防自己被害的责任,尤其是调整自己不良行为方式的责任。④ 此时,被害预防相较于犯罪预防在应对突发公共卫生事件时存在诸多优势。

第一,被害预防可以缓解政府应对突发公共卫生事件中的综合治理压力。政府在应对突发公共事件中有着举足轻重的作用,是应对突发公共事件的主

---

① 参见张远煌主编:《犯罪学(第三版)》,中国人民大学出版社2007年版,第86页。
② 参见李丹丹:《被害情境下的被害人与个人预防》,载《犯罪研究》2017年第5期。
③ 参见陈和华:《被害性与被害预防》,载《政法论丛》2009年第2期。
④ 参见李綦通:《被害预防——我国犯罪治理的常规模式》,载《社会科学战线》2014年第3期。

体,同时随着社会的发展,企业、社会组织也承担一部分责任。① 而犯罪预防理论在本质上更多的要求是政府预防犯罪的责任,而被害预防则强调个人责任。面对突发公共卫生事件,政府的繁重责任可以通过被害预防得以分担,原因在于犯罪预防要求政府主动打击犯罪人,需要投入大量的精力,而被害预防更多需要政府积极的引导公民提高自身防范被害的能力,是将打击预防犯罪的任务转化成了教育引导公民的任务,使得公民自身成为遏制犯罪的重要力量,这无疑为政府减轻了巨大的压力。

第二,被害预防具有灵活性,可以有效应对突发公共卫生事件的突发性。所谓突发公共卫生事件,本身就让人意想不到,特点即在"突发"两字。犯罪预防理论更多依赖于政府主导,在预防策略上存在滞后性,即使存在事前应对的方案也难以应对千变万化的现实情境,而且犯罪预防措施往往是针对多数人而言,更为宏观,难以照顾到细节之处。而被害预防从个人出发,在面对复杂突发的现实情境可以更加灵活的应对。这里的灵活性其实本质上是公民的主观能动性在遏制犯罪上的表达,从综合治理的角度来说,现代社会的综合治理离不开多元主体合作的模式,在打击犯罪的问题上,我们一直强调多元合作、协同治理。而发挥公民的主观能动性恰恰符合这种理念,通俗来说就是打击犯罪,人人有责。

第三,被害预防强调被害人预防犯罪的主动性,在应对突发公共卫生事件时,体现为公民自动的提高防范被害意识。被害预防主要针对的是被害人本身而言,强调自身如何做以避免被害,而犯罪预防需要从犯罪人的角度思考,对于被害人而言,无异于多拐了一个弯。突发公共卫生事件时,犯罪可能产生一定变化,预防犯罪理论要随之产生较大变动才能有效预防,而被害预防相对而言可以以不变应万变,被害人不需要去过多依靠政府主导的犯罪预防措施,只要做好自己,就可以有效避险受害。这一点其实依赖的是被害预防对于民众的教育意义,持久有效的被害预防措施的实施,在潜移默化中提高了一般民众的防范被害的意识,增强了民众在特殊风险情况下预防被害的能力,才能产生主动性遏制犯罪成功的效果。

四、疫情期间网络诈骗的被害预防思路与措施

正如前文所说,应对突发公共卫生事件,被害预防可能是行之有效的方法。那么结合到疫情期间的网络诈骗,我们应对如何构建被害预防措施呢?网

---

① 参见金太军、赵军锋:《风险社会的治理之道:重大突发公共事件的政府协调治理》,北京大学出版社2018年版,第7~8页。

三、电信网络诈骗犯罪治理

络诈骗是一种典型互动性很强的传统犯罪,而疫情则给被害人心理情绪变化带来诸多负面影响,这两点分别对应被害人特性的互动性与被害性。由于诈骗犯罪是故意犯罪,而疫情期间的网络诈骗的被害人基本不会体现出故意性的致害因素,所以可责性并不需要重点讨论。

(一) 削弱被害人被害性的思路

被害人的被害性在理论上存在一些争议。被害性的特征具有二特征说,即被害的诱发性与被害易感性,三特征说在二特征说的基础上增加了被害易容性,四特征说则继续加入了被害转换性。① 虽然学说之间有所差异,但是针对本文而言,在疫情期间的网络诈骗犯罪中,被害人的被害性主要体现在易感性与诱发性。具体而言,所谓易感性是指被害人心理情绪易受感染、影响、控制,体现为被害人的轻信。所谓诱发性,简而言之是指被害人的言行举止容易招致被害。所谓易容性是指被害人对于被害身份的认同、接受、放纵、隐忍。所谓转化性是指犯罪人与被害人的身份转换。不难发现后两点在经典案例中几乎没有体现,而被害的易感性和诱发性却有所体现。

被害易感性是疫情期间网络诈骗案件中非常容易捕捉到的讯号,而且体现为群体心理的迹象尤为明显。在疫情面前,团结一致,共同抗击是正向的社会情绪;但疫情带来的不确定性、高传染性、重伤害性,则带来负向的社会情绪。② 根据学者们对于网络虚拟社群两主体情绪传染 SI 模型的研究,将网民可以分为情绪感染者与情绪易感者。在不存在治愈恢复机制的情况下,原本并不存在负面情绪的易感者将基于负面情绪的迅速传播、肆意扩散而全部感染。③ 体现在疫情期间,许多人盲目跟风,缺乏对于现实情况的判断,这一点与被害的易感性不谋而合。被害诱发性在疫情期间的网络诈骗同样体现明显,

---

① 参见王良顺:《论被害预防》,载《武汉大学学报(哲学社会科学版)》2008 年第 4 期。

② 参见杨铭、向德平:《重大疫情中负面社会情绪的治理》,载《社会工作》2020 年第 1 期。

③ 参见张宝生、张庆普:《重大突发公共事件中网络虚拟社群负面情绪传染规律及治理研究——来自新冠病毒疫情防控措施的启示》,载《情报杂志》。网络虚拟社群两主体情绪传染 SI 模型:假设 1:网络虚拟社群是一个开放的动态系统,由一定规模的网民组成,潜在受影响的网民规模为 N。网民在社群内是活跃的,重大突发公共事件发生后,一部分网民有极强意愿在社群里宣泄、诉说自身对事件的负面观点、态度、情感或情绪,从而将负面情绪传染给与之接触的人群,作为负面情绪传染源称为感染者,数量为 I。原本自身不带负面情绪,但基于社群共同关注的情感寄托,容易受到其他人负面情绪感染的网民称为易感者,数量为 S。

被害人在朋友圈、微信圈中表现出急于求购防疫物资的状态使得犯罪人轻易的发觉了潜在诈骗对象。根据群体心理学创始人居斯塔夫·勒庞在研究，群体感情中容易体现出冲动、易受暗示、多变、轻信，群体感觉容易被夸大化与简易化。独处的个人具有控制自己的反映能力，但是全体却缺乏这种能力。① 所以从社会心理学的角度和被害人学的角度都能得出一致的思路，被害心理预防是应对突发公共事件中的网络诈骗的思路之一。

（二）降低被害人互动性的思路

诈骗行为是典型的互动型犯罪，因此诈骗行为的完成需要被害人的紧密配合。② 被害人的互动性，体现在犯罪前和犯罪过程中，被害人与犯罪人总是相互作用的。而网络诈骗的互动性基础在网络平台，因此降低被害人互动性的重点可能要从网络平台入手。从疫情期间的经典案例来看，主流社交平台是网络诈骗的高发平台。所谓社交本身就具有互动的意涵，减少社交可能不是目的，关键在于如何避免在社交平台上受骗，此时则可能要求网络平台承担起降低被害人互动性的责任。以江苏省南京市李某某涉嫌诈骗案为例，疫情期间李某某冒充老师实施诈骗，虽然李某某使用的多个微信号、QQ 号被苏州、青岛、余姚等多地家长举报，但是李某某的诈骗却仍然不断得逞。此时的微信平台是否存在一定的过失？李某某存在被举报的情形之下仍然可以如此轻易的混迹班级群，足可见网络平台在预防犯罪方面存在很大的进步空间。其实目前诸多社交软件在涉及转账等金钱来往时，都有相应的提示信息，这些操作在疫情期间其实仍有改良的余地。因此，疫情期间的网络诈骗中被害人互动性的降低可能有赖于网络平台。

（三）实践被害预防的具体措施

被害预防是一项系统性的工程，在这里主要针对疫情期间的网络诈骗，总结经验而提出一些针对性的措施。

首先，加强被害预防的观念，提高被害预防的意识。疫情期间，政府、企业、社区与个人层面均体现出被害预防意识的不足，正因为被害预防的意识没有深入人心，在具体落实被害预防具体措施时才会产生严重滞后。如何提升整体的被害预防意识，有赖于常规学习与特别提醒相结合。在整体犯罪治理体系

---

① 参见［法］居斯塔夫·勒庞：《乌合之众》，胡小跃译，浙江文艺出版社 2015 年版，第 23~33 页。
② 参见邱刚：《诈骗罪被害人被害分析与预防》，载赵秉志主编：《刑法论丛》（2018 年第 2 卷），法律出版社 2019 年版，第 503 页。

中要明确被害预防的重要性与常规化，在面对突发公共事件时要理解被害预防对于遏制新型犯罪的契合性。具有被害预防的观念意识，是被害预防可以及时启动的前提条件。

其次，降低被害人的被害性有赖于包括政府、企业和社区对于公众情绪的引导。第一，对于政府而言，应对突发公共卫生事件，应当向群众传达对抗疫情的信心，同时及时公布防疫措施，增强公众对于抗疫的信心。针对防疫物资，政府除了积极筹措防疫物资之外，同时应当给出科学的建议，防止群众大量囤货现象的产生，同时也有助于缓解部分民众急于购买防疫物资的情绪。对于网络捐款，应当提醒大家通过正规的捐款途径。政府应当及时提醒公民应当提高风险意识，保护自己的人身与财产安全。第二，对于企业来说，尤其是社交平台相关企业，除了主动大力宣传网络诈骗犯罪风险，以降低被害的被害性之外。企业在治理网络谣言，避免负面情绪大规模传播上应当采取更有力的措施。以微博为例，疫情期间微博平台会及时推送辟谣信息，这一点是十分值得肯定的，在被害预防中启动了良好的示范作用。第三，对于社区而言，在特殊疫情时期，社区需要足够智慧与合理的措施才能处理好社群整体诉求和个体诉求之间的关系与矛盾。① 社区工作人员处在第一线，其工作应当是配合政府宣传，积极的安抚社区居民的情绪，提醒社区居民相信政府，理性面对疫情，增强安全意识，提高自身警觉，遇到问题，可以寻求组织帮助，诸如防疫物资的采购、进行社会捐款可以与社区共同商议，共同寻求合理安全的解决途径。第四，对于个人而言，被害预防能够发挥作用落脚点应在个人能否有效控制自己的心理情绪。被害性中的易感性、诱发性本质上都属于被害人自身一种致害因素。因此对于个人而言，要保持理性，不做负面情绪的传播者，也不做负面情绪的易感者，面对网络信息，要提高警惕性，相信权威，避免道听途说，更要注意不传谣不造谣。遇到困难或者有所需求，要积极与政府、社区等可信者联系。

最后，降低被害人的互动性更多依赖于网络企业，尤其是各大社交平台。疫情期间，网络对于民众的作用越发凸显。而网络诈骗案例中被害人与犯罪人的互动更是离不开社交平台。网络平台在应对突发公众卫生事件，需要更多担当，积极采取各类措施，降低被害人的互动性。目前而言，在我国对于企业预防犯罪的法律规定并不完善，企业责任模糊，且政府对于互联网企业的监管仍

---

① 参见：唐燕：《新冠肺炎疫情防控中的社区治理挑战应对：基于城乡规划与公共卫生视角》，载《南京社会科学》2020年第3期。

有较大提升空间。① 在企业合规背景下，互联网企业应当积极构建合规管理，将预防犯罪作为企业合规管理的重要内容。具体而言，在应对网络诈骗，可以从以下几个方面着手：第一，注意提醒用户网络诈骗的潜在风险；第二，及时向用户公布新型的网络诈骗案例；第三，对于网络诈骗及时跟踪，通过设置敏感词汇等方式提前防范犯罪；第四，在用户资金往来，设置疫情期间的特殊强提醒；第五，结合用户的举报等，及时排查跟踪涉嫌犯罪的用户，做好预防工作。

五、结语

突如其来的疫情出乎所有人的意料，席卷全球，人人自危。通过疫情，我们应当深刻认识到风险社会中，因此我们仍需要做得更好。在风险获取承认的道路上，我们需要打破经典的局部误诊，风险的内涵总是关乎未来，② 居安思危是老祖宗给我们留下的宝贵精神财富，在现代社会仍然是具有警示意义。被害预防的教育作用在提升民众的综合抵御被害风险能力上存在着强大的作用，使得民众在面对突发情况，也能有保护自己，甚至保护他人与社会的能力，但是这一点并没有得到广泛而深刻的普遍认识。本文主要集中于疫情期间的网络诈骗犯罪，并以此探讨被害预防理论的重要性，相应提出了一些针对网络诈骗的被害预防思路与措施，实属抛砖引玉。其实在风险社会的语境下，被害预防是抵御犯罪风险的有力理论武器，应当得到政府、企业、社区与个人的重视，我们有充分的理由相信被害预防理论在风险社会中应定会大放异彩！

---

① 参见单勇：《未成年人数据权利保护与被害预防研究——以美国〈儿童在线隐私保护法〉为例》，载《河南社会科学》2019 年第 11 期。

② 参见［德］乌尔里希·贝克著：《风险社会：新的现代化之路》，张文杰、何博闻译，译林出版社 2018 年版，第 21～23 页。

电信诈骗犯罪治理对策实证研究

——以重庆立案情况为分析样本

刘劲松　高蕴嶙*

电信诈骗凡指犯罪分子设置骗局后，通过非接触式的方式对被害人实施欺骗，诱使其汇款或转账的行为①。自 2000 年以来，随着我国金融、通信业的快速发展，电信诈骗犯罪亦迅猛发展蔓延，给我国人民造成巨大损失，特别是 2016 年发生的两起震惊全国的大学生宋某被电信诈骗案和徐某被电信诈骗案，致使两名被害学生猝死，引发全国民众对电信诈骗的极大愤慨，同时也对如何铲除和预防电信诈骗这颗"毒瘤"展开了热烈地讨论。然而电信诈骗犯罪是一种"遍地开花"型的犯罪，侦查人员如何才能"跑"赢电信诈骗犯罪分子，是摆在公安机关面前的一道亟待解决的问题。本文主要通过实证分析的方法，分析重庆市辖区内公安机关近三年来立案侦查的电信诈骗案件，总结其作案手法，作案特点，然后剖析公安机关在侦破电信诈骗案件中存在的难点，最后以大数据在社会各个领域中运用为背景，提出利用大数据的优势进行预防和侦破电信诈骗案件的具体建议，以期能对电信诈骗案件的治理有所裨益。

一、见微知著：重庆公安机关 2017—2019 年立案的电信诈骗案件概况

（一）2017—2019 年重庆市立案总体情况

电信诈骗主要通过通信技术手段，以通信媒介和计算机网络为支撑，特别是随着科技的发展，电信诈骗依托的媒介也越来越多，根据重庆公安机关

---

* 刘劲松，重庆市南岸区人民检察院副检察长；高蕴嶙，重庆市南岸区人民检察院检察官，西南政法大学法学院博士研究生。

① 张垚：《电信诈骗集团犯罪的行为模式与刑事责任》，载《人民检察》2016 年第 15 期。

2017—2019年立案的电信诈骗案件来看，电信诈骗依托的媒介主要有电话、手机短信、社交软件、第三方支付平台、伪基站、木马病毒、虚假网络平台、网络信息等八类。目前的电信诈骗已经从传统的"诈骗电话"这一单一方式逐渐演变为高度信息化的复杂形态，特别是利用电脑信息技术篡改来电显示号码、利用VOIP网络电话逃避警方技术追踪等，表明当前的电信诈骗具备了明显的网络化、信息化、智能化等诸多特征。

重庆地区具体立案情况如下：

2017年，全市公安机关共立电信诈骗案7643件。其中，3259件系利用电话诈骗案，517件系利用手机短信诈骗案，885件系利用社交软件诈骗案，416件系利用第三方支付平台诈骗案，574件系利用伪基站诈骗案，534件系利用木马病毒诈骗案，594件系利用虚假网络平台诈骗案，862件系利用网络信息诈骗案。

2018年，全市公安机关共立电信诈骗案8202起。其中，3229件系利用电话诈骗案，403件系利用手机短信诈骗案，913件系利用社交软件诈骗案，551件系利用第三方支付平台诈骗案，629件系利用伪基站诈骗案，674件系利用木马病毒诈骗案，786件系利用虚假网络平台诈骗案，1017件系利用网络信息诈骗案。

2019年，全市公安机关共立电信诈骗案8784起。其中，3488件系利用电话诈骗案，321件系利用手机短信诈骗案，1003件系利用社交软件诈骗案，639件系利用第三方支付平台诈骗案，743件系利用伪基站诈骗案，728件系利用木马病毒诈骗案，815件系利用虚假网络平台诈骗案，1047件系利用网络信息诈骗案。

（二）被害人的基本特征

1. 被害人性别结构特征不具有明显差异。根据重庆市的立案统计数据来看，电信诈骗案件中女性和男性被害的概率基本相当，不具有明显的差异。

2. 从被害人年龄结构上来看，被害人年龄则主要集中在20岁至50岁之间，且数量皆占被害总人数的90%以上。

3. 从被害人文化程度方面来看，被害人的文化程度以初中、高中、中专、大专文凭居多。

4. 从被害人被害原因上来看，电信诈骗之所以得逞，是因为多数被害人存在疏于考察、盲目轻信贪图小利等心理。

（三）当前电信诈骗案件存在的主要作案手法

通过分析重庆市辖区内公安机关立案侦查的电信诈骗案件，发现近三年间重庆市立案侦查的电信诈骗案在诈骗手法上虽多种多样（见图1），并不局限于某一单一的作案手法。

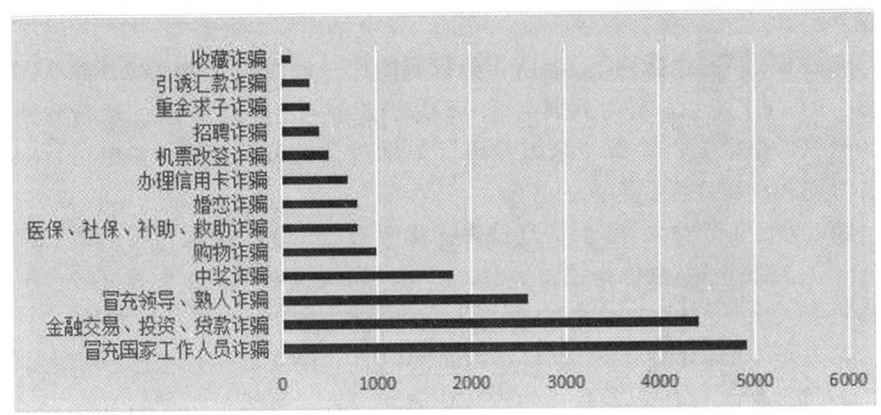

图1：主要诈骗手法

1. 假冒国家机关工作人员（如：冒充安监、质监、煤监、税务、工商、市政、公安机关、检察院、法院等工作人员）虚构事实，并设置连环局实施诈骗。

2. 利用被害人贪图小利的心理行骗，如捏造购房、购车退税、购物返补贴、返提货卡等事由。

3. 利用被害人易于轻信他人、疏于考察的心理行骗，如通过互联网邮件、聊天群以及手机短信群发等，散布低息小额信贷、高额中奖兑奖、低价商品购销等虚假信息。

4. 对被害人进行情感绑架后行骗，如通过腾讯QQ、微信、手机短信等，冒充被害人的同学、同事、亲戚、朋友等，谎称资金周转困难、患病需要手术等急需用钱。

5. 利用诱人信息诱使被害人上当受骗，如通过报刊杂志、互联网、聊天群等，发布虚假的征婚、交友、求子等信息。

（四）当前电信诈骗案件主要作案特点

1. 电信诈骗内容紧跟时代发展。犯罪分子编制各种电信诈骗的通用模板，从传统的兑奖信息，到紧跟时代步伐的投资理财，切合国家政策的补贴退税等，甚至是银行账号涉毒涉黑洗钱、贪污赈灾募捐款等，各式各样、层见叠出。由于电信诈骗易于跨区域、跨国际作案，故屡禁不止，导致内地一些不法分子模仿跨国电信诈骗团伙的犯罪方法和手段，有针对性的套用本地政策，使得大量电信诈骗内容呈现出本土化的特色。

2. 诈骗流程呈模板化、标准化趋势。从重庆市近三年来立案侦查的电信诈骗案来看,电话诈骗的模板化和标准化程度最为明显,一般包含四个步骤:①

第一步,"遍地撒网"。电信诈骗犯罪团伙一般通过架设在境外互联网服务器上的 VoIP 电话软件对我国电话号码进行批量呼叫,并使用"透传软件",人为操纵通信数据,使得"来电号码"显示为公安机关、银行、电信行业的特殊号码,从而降低受害人的警惕。

第二步,"请君入瓮"。一旦被害人接听来电,并按照电话中的语音提示转入"人工服务",电信诈骗团伙中的"接线员"则会浮出水面,并按模板对话向被害人展开骗局。

第三步,"环环相套"。电信诈骗团伙中的"接线员"一般会有多人,且分工不同,通过 VoIP 电话软件的转接功能,多名"接线员"便冒充公安、法院、银行等部门工作人员,充分牵制住被害人的思路,让其无法辨别真伪,最终将其钱款"存放"至"公安机关"的"指定账户"中。

第四步,"远走高飞"。被害人将钱款汇入"指定账号"后,团伙成员立即通过手机银行、微信、支付宝等对资金进行拆解、转移;同时组织相关人员同步在境内外的银行网点或 ATM 机上取现。

3. 集团化、职业化作案明显。从被重庆市公安机关侦破了的电信诈骗案件来看,作案成员之间虽互不谋面但分工明确。一般由四个层次的人员组成②:

一是境外核心人员。主要负责编制诈骗模板;提供作案所需设备和场所等;物色、招募团伙成员,并负责培训和管理。

二是技术支撑人员。主要负责为诈骗团伙安装并维护 VoIP 电话软件和"透传软件"。

三是专业拆账人员。主要负责赃款拆分,将巨额赃款拆分为 2 万以下金额并转入若干张银行卡,以确保能从 ATM 机上全额取款。

四是取款人员。取款人员一般随时待命,一旦得到取款指令,立即持卡前往 ATM 机或银行网点取款。

---

① 韦尧瀚:《电信诈骗犯罪防控举措研究》,载《重庆理工大学学报(社会科学)》2017 年第 11 期。

② 伍健:《电信诈骗犯罪的惩防困局与出路》,载《人民检察》2016 年第 16 期。

二、防微杜渐：目前公安机关侦办电信诈骗案件存在的瓶颈

根据重庆市公安机关 2017—2019 年侦办的电信诈骗案的情况，以及公安部牵头侦办的系列电信诈骗案来看，目前侦办电信诈骗案主要面临以下一些难点：预防发现难、抓捕难、追踪难、取证难、定性难、打击难、追赃难。[①]

（一）预防发现难、抓捕难

从重庆公安机关立案而又难以侦破的案件来看，主要原因在于该类电信诈骗案件具有跨省市、跨区域作案的共同特点导致。电信诈骗分子在甲地（以国外居多）设立网络电信指挥终端服务器，同伙在乙地拨打电话、发送短信及网络信息等，而由丙地的同伙设立虚假网络 IP 地址转移至丁地，然后由戊地的同伙实施电信诈骗，己地的同伙实施转款转账行为，庚地（以国外居多）同伙实施取款套现分赃。由于电信诈骗作案空间跨度大，网络信息具有数据化、虚拟化的特点，而电信诈骗又没有特定的诈骗对象，主要通过短信、电话、网络等广撒网的形式"引鱼上钩"，因此，从源头上预防电信诈骗相当困难，即便追踪发现到电信诈骗分子，但由于团伙成员较为分散，流动性强，分布于不同区域，同时采取抓捕行动相当困难。

（二）VoIP 电话呼叫的落地反查追踪难

从重庆市公安机关已破获的案件来看，犯罪分子一般使用架设于境外互联网服务器上的 VoIP 语音呼叫技术，其发起呼叫后，语音数据包进入电信运营商线路后，"透传"（即落地语音网关）入 PSTN（Public Switched Telephone Network）电话网。经"透传"后，犯罪分子便可手动任意设置受害人的来电号码显示；诈骗分子甚至通过多层服务器来的中转来增加被破获的难度；因落地语音网关和互联网服务器具有隐蔽性和不确定性，目前尚难以通过来电查询的方式逆向追踪 VoIP 通话。

（三）调查取证难、定性难

电信诈骗多为团伙式作案，具有明显的犯罪层级性，一般是上中下游流程式作案，团伙成员之间较为分散，流动性强，核心成员往往身处境外，且成员之间互不相识，并采用单线联系的方式进行沟通，即便抓获多名电信诈骗分子，他们之间亦无法进行正常的相互指证，给取证带来诸多困难。从许多已经审判的电信诈骗案件来看，被定罪判刑的通常是低端的下线人员，而高端的组织者仍在逍遥法外，部分低端下线人员还因证据不充分等原因只能被定性为掩

[①] 黎宏：《电信诈骗中的若干难点问题解析》，载《法学》2017 年第 5 期。

饰、隐瞒犯罪所得、犯罪所得收益罪，甚至无罪。侦办电信诈骗案件需要比一般刑事案件更多的警力资源，但是侦破效果仍不理想，对侦查资源形成极大牵制。

（四）打击难、追赃难

利用银行卡取款是电信诈骗最终得逞的关键环节，但是大量银行卡存在"人、证"不一致的漏洞，容易斩断公安机关的侦查链，造成无法追赃，无法有效打击犯罪的情形发生。银行卡"人、证"不一致的现象主要由以下三种情况引发：一是用他人遗失的身份证，打从遗失到补办之间的时间差，利用银行柜员对"人、证一致性核查"的流于形式，到银行冒名开立银行卡；二是用租来的身份证，到银行冒名开卡；三是直接收购银行卡。电信诈骗犯罪活动链条上的关键一环就是电信诈骗犯罪分子通过银行卡收、取款，而银行卡在办理环节存在的疏忽和漏洞，易被电信诈骗分子利用，一旦电信诈骗分子利用他人银行卡收、取款，易使公安机关的侦查、追赃陷入僵局。

（五）警方和银行缺乏深度合作，导致侦查灵敏度大打折扣

目前部分银行的管理规定仍制约着公安机关的快速反应。一是金融机构未为公安机关开通异地司法查询和冻结的通道；二是即便是公安机关可以查询的电子银行信息，也只能到发卡银行所在的地市级分行电子银行数据中心查询；三是公安机关不能直接向银行查询本行银行卡的活动监控数据，只能到交易发生地银行或开户银行所在的中国银联公司查询银联卡的跨行活动数据。

三、日臻完善：大数据时代电信诈骗犯罪的治理对策

2008年9月《自然》杂志发表的 Big Data: Science in the Petabyte Era 一文将"大数据"作为一个明确的概念提出。2011年9月全球知名咨询公司麦肯锡报告揭示了"大数据"时代的到来。大数据给人们的工作、生活、思维皆带来了根本性变革①，大数据作为高科技时代的产物，其核心是预测，通过把数学算法运用到海量的数据上来预测事情发生的可能性。可见大数据犹如一把双刃剑，用之得当，国家、人民皆受其利；用之不当，则国家、人民皆受其害。为此，警方必须要深入研究，科学部署，充分运用人工智能、大数据等现代科技手段，从海量的数据中对犯罪信息进行提取、分析研判以及预测未来，为侦破和预防电信诈骗案件提供更加智能化的服务，加强对电信诈骗犯罪的打

---

① ［英］维克托·迈尔—舍恩伯格、肯尼斯·库克耶：《大数据时代——生活、工作与思维的大变革》，盛杨燕等译，浙江人民出版社2013年版，第49页。

击实效；同时强化电信诈骗的预防宣传工作，构建全社会共同参与的立体化防控机制。①

(一) 加强区域协作，探索打击电信诈骗的新方法和新机制

1. 落实数据信息共享机制。随着大数据时代的到来，公安部技术侦查部门应当尽快搭建全国性的网络数据分析平台，全面实施"情报信息主导警务"战略，构建大数据协作平台，以情报信息为依撑，建立跨区域的数据信息协作共享机制和快速联动反应机制，对与电信诈骗最相关联的电信业务和银行业务进行数据分析和预判，实现跨区域的网上串并案，同时进一步加强针对电信诈骗犯罪的跨境合作，从情报信息共享、犯罪分子引渡等方面建立密切的工作联系，充分运用互联网及大数据分析平台，编织严查电信诈骗犯罪的跨境法律网，建立和完善跨区域警务协作机制，积极推动国际警务合作，通过与相应国家签订双边、多边条约，进行司法协助，多角度打击电信诈骗。②

2. 建立大数据可视化情报侦查系统。大数据是一把双刃剑，公安机关应超前利用，建立大数据可视化的情报侦查系统，分析关联数据，利用数据处理、存储、可视化等交互分析技术，实现图形化情报信息查询、可视化关联分析、证据链和情报线索发掘等功能，从而发现数据与数据间蕴藏着的各式各样的联系，并将有价值的关联关系挖掘出来，以实现大数据的最佳侦查价值。如通过电话号码等相关数据库间的关联分析锁定嫌疑人；通过地域空间分析追踪嫌疑人逃窜路线，发掘藏匿地点；通过对与案件相关多源数据关联的可视化展现、交互分析，进行证据链深度挖掘，确认幕后主谋。③

3. 成立专门队伍，改进侦查和控制模式。电信诈骗职业化趋势明显，建议各省级公安机关技术侦查部门和刑事侦查部门共同组建一支既懂技术又懂侦查的打击电信诈骗的专门侦查队伍，以提升警方打击电信诈骗的技术化和专业化水准；《刑事诉讼法》第150条明确规定"公安机关在立案后，对于……严重危害社会的犯罪案件……可以采取技术侦查措施"，而电信诈骗就是典型的严重危害社会的犯罪案件，因此，公安机关完全可以对电信诈骗案件采取技术侦查措施以及"诱惑侦查"，通过适度的诱惑侦查手段和技术侦查措施来提高

---

① 吴成杰、陈雯：《电信网络诈骗案件中的疑难问题探讨》，载《法律适用》2017年第21期。

② 李永涛、曹勋：《综合整治电信网络诈骗犯罪的问题思考——以广西宾阳县地域性电信网络诈骗犯罪整治为例》，载《中国刑警学院学报》2017年第3期。

③ 刘小霞、陈秋月：《大数据时代的网络搜索与个人信息保护》，载《现代传播（中国传媒大学学报）》2014年第5期。

对电信诈骗犯罪的打击实效。①

4. 加强打击电信诈骗犯罪的跨境合作。如今的电信诈骗不仅是跨区域性的犯罪，也是跨国际性的犯罪，惩治和防范电信诈骗犯罪活动的国际刑事司法合作越来越成为我国司法机关办案的迫切需求。因此，建立和完善跨国境性的警务协作机制，积极推动国际警务合作，探索打击电信诈骗跨国境的追击方式和范围，通过与相应国家签订双边或多边条约进行司法协助，让电信诈骗犯罪分子无容身之处。为进一步加强针对电信诈骗犯罪的跨境合作，可从情报信息共享、犯罪分子引渡等方面建立密切的司法协作关系，充分运用互联网及大数据分析平台，编织严查电信诈骗犯罪的跨境法律网。

（二）加强银行卡实名办理环节的监管，斩断电信诈骗资金链

1. 规范验"证"。建议银行工作人员当场利用银行与公安的联网系统，判断办卡人提供的身份证是否过期、挂失或伪造，如属于异常状态，在告知办卡人之前，应开启摄像头抓取办卡人的电子照片，并按照《关于规范居民身份证使用管理的公告》的要求，将冒用他人居民身份证的办卡人信息录入不良信用记录"黑名单"，并与其他国家机构实现信息共享、联合惩戒。

2. 严格核"人"。对于状态正常的身份证，银行工作人员必须辨认办卡人长相是否与身份证头像相符，如系代办，代办人须提供本人身份证（同样须属正常状态）以及办卡人、代办人的手机号码。随后，建议银行工作人员当场核对办卡资料上的手机号码，如果办卡资料上手机号码的所有者与银行卡办卡人不一致，该开卡行为预示着重大的电信诈骗嫌疑。银行将则不予开卡，并将两张身份证都扫描进银行相关业务系统，以备公安等机关随时调阅。

3. 留存和比对"指纹"。建议不论身份证中是否已经登记指纹信息，办卡人均须在开卡时向银行留存两枚以上指纹，今后在柜台办理业务时也须比对至少一枚指纹。此举针对银行业的现有柜台操作模式突破较大，需要银行为柜台配备指纹采集设备，但是符合银行业信息化、智能化的发展趋势，也能给图谋不轨者以心理震慑，为今后的侦查工作提供宝贵的破案线索。

4. 开展专项清理行动。建议由中国人民银行牵头，整合公安部、工信部、银联等部门的大数据资源，对有冒名开立嫌疑的银行卡开展一次专项清理行动。第一，由各大商业银行先自查，主要方法是向筛选出的可疑账户开卡人拨打预留电话号码进行确认。第二，对于联系不上办卡人的银行账号，降级为

---

① 焦艳鹏、杨红梅：《网络诈骗犯罪刑事司法样态实证研究——以389份生效刑事判决书为分析对象》，载《甘肃政法学院学报》2017年第4期。

"临时账户"，只能进款、不能出款，用户如需取款或销户，须凭身份证到柜台办理。如此一来，即使诈骗分子利用该账户骗取到受害人的资金，也无法通过网上银行、ATM机转移或取出资金，银行严格的"人、证一致性核查"又让他们不敢涉险到柜台"自投罗网"，从而在关键环节斩断电信诈骗的资金链。

（三）加强与电信、银行行业的深度合作，建立打击联动协调机制

预防和打击电信诈骗犯罪虽是司法机关的本职责任，但是电信行业和银行行业同样责无旁贷，电信行业和银行行业必须加强自身监管体制的系统化、规范化建设，自查自管，尽量将电信诈骗犯罪拦截在自己的部门中，以信息为基础，将一些异常、可疑号码和账户要及时告知公安机关，公安机关对电信诈骗信息进行分析研判后，及时向电信业、银行业提出司法建议，促进电信行业、银行行业的风险规范建设。具体而言：

1. 银行方面。尽管2016年12月1日起，ATM机转账需要24小时到账，但是并不能保证每个被害人在转款之后就能立即发现被骗并报警，因此，各银行应进一步加强与公安机关的合作，简化公安机关查询、冻结涉案账户的审批手续，建立应对电信诈骗的快速反应机制。同时，警方与银行还可建立可疑账户监测机制，通过类似反洗钱机制，监测和控制频繁流入资金的可疑账户，监测和控制频繁电话或网络对外联络不特定人员的可疑客户的账户，为侦查提供必要的情报和资料，实现信息共享、行动协同，以提高对电信诈骗的打击效率。

2. 电信方面。公安机关与电信运营商应加强技术深度合作，实现数据信息共享，致力系统化合力管控。一是公安机关与电信运营商共同建立可疑电话号码"黑名单"数据库，构建通信"黑名单"电话语音控制系统，提醒"黑名单"数据库号码的被叫用户警惕被骗。二是通过对某一时段某一号码集中拨打批量用户的数据分析，自动检测确认可疑号码，并将其列入"黑名单"数据库。例如，江苏常州警方与电信部门联合开发的"防电话诈骗语音提示系统"，即可自动向"黑名单"号码拨打过的用户进行语音提示："您刚才接听到的号码为xxx的电话，如涉及中奖、欠费、犯罪等内容，可能是诈骗，请拨打常州报警电话110进行咨询。"

（四）开展电信诈骗预警宣传，提升人民群众自身防骗意识

犯罪作为一种社会现象，在任何国家，在任何时期，都不可能被消灭，只能最大限度的被预防和遏制，电信诈骗犯罪亦不例外。为此，多渠道、多角度、多方位地开展电信诈骗预警宣传，尽量遏制电信诈骗案件的发生，从而减

少人民群众的经济损失显得格外重要。

1. 应充分利用大数据分析、预测电信诈骗犯罪。公安机关可在银监部门和银行网点的配合下对银行柜面员工开展防范电信诈骗犯罪的专题培训,提升银行柜面员工防范电信诈骗的能力,从而发现并主动提醒有可能受骗的汇款人员,或是及时将人员和资金的异动情况报告公安机关,尽可能及时发现电信诈骗苗条,防止被骗后果发生。

2. 建立全覆盖的诈骗手段通报机制。司法机关应及时通过报纸、广播、电视、网络等媒体进行新型电信诈骗方式的普及,揭露电信诈骗的惯用伎俩,通过播放宣传片、张贴公告、社区民警用警用喇叭喊话等形式,推动防范宣传进社区、进单位、进学校、进家庭,同时还可联合移动、联通、电信等电信业务运营商,充分利用短信、网络等现代通讯技术,以群发手机短信、群拨语音提示等方式,加强宣传的密度,从而建立全民化的防诈骗宣传参与机制。

3. 建立电信诈骗的举报机制。对举报电信诈骗的群众给予适当的奖励,鼓励公民在收到诈骗短信或电话后及时通过电信运营商、网络及报警平台向司法机关举报,以增强预防电信诈骗的数据分析,如哈尔滨市公安局开通的"96345"预防电信诈骗专线咨询服务报警电话,在预防和打击电信诈骗中均取得了良好的社会效果。

四、结语

大数据作为高科技时代的产物,其核心就是预测,通过海量的数据来预测事情发生的可能性。因此,公安机关不仅可以利用大数据来分析历史电信诈骗案件,发现电信诈骗犯罪趋势,从而预防电信诈骗犯罪,提高社会和公众的安全水平,也可以通过分析其他类型的犯罪案件,甚至城市数据源和社交网络数据,比较数据统计报告等来确定警力资源分配,从而有效预防其他犯罪,形成打击对策。可见,公安机关利用大数据来提升犯罪侦查能力和控制能力亦必定是未来的发展方向,[①] 然而建立各地公安机关间的区域协作机制,以及公安机关与银行业、电信业等行业间的数据信息共享机制又是其前提。

---

① 何军:《大数据与侦查模式变革研究》,载《中国人民公安大学学报(社会科学版)》2015年第1期。

电信网络诈骗共犯规制路径的一般性思考

李毅荣 郭 勇*

近年来，伴随着信息网络技术在通信及金融等领域的革新，传统犯罪网络化的趋势日益明显，其中电信网络诈骗更是呈井喷式增长，以时下新冠肺炎疫情防控期间为例，截至2020年3月11日，检察机关依法批准逮捕涉嫌诈骗犯罪869件917人，起诉516件545人，批捕、起诉的人数均占所有涉疫情犯罪案件的四成左右①。与传统团伙性诈骗不同，电信网络诈骗虽然也有一定的组织架构，但是相对松散，体现出一种独立性，也即作为整个犯罪团伙有机组成部分的各个层级各司其职，彼此间缺乏明显的犯意联络，却又共同组成环环相扣的犯罪共同体，除核心成员外，特定层级的具体工作人员对其他人员的工作内容及手法可能不甚了解。由此，如何准确认定电信网络诈骗各个层级的罪责承担，中立帮助犯是否具有刑法上的可非难性，如何实现网络犯罪帮助行为的罪责相适应，既是困扰刑事实务的难题，也对刑法共犯理论提出新的挑战。

一、电信网络诈骗共犯问题的理论脉络及规范研读

电信网络诈骗中的共犯问题以刑法中共犯基础理论为依托，因其有别于普通诈骗犯罪的技术特征及对象特征，又具有网络犯罪中共犯问题的一般表征。因此，以传统刑法中的共犯理论为理论起点，辅之网络犯罪中传统共犯理论在

---

* 李毅荣，北京市丰台区人民检察院副检察长；郭勇，北京市丰台区人民检察院检察官助理。

① 2020年3月12日，最高人民检察院公布第五批全国检察机关依法办理妨害新冠肺炎疫情防控犯罪典型案例，最高检涉疫情防控检察业务领导小组办公室主任、第一检察厅厅长苗生明就第五批涉疫典型案例答记者问时称，"疫情期间的诈骗犯罪是数量最多的一类，发案比例高、涉及面广、社会危害性大，关系到广大人民群众的切身利益和疫情防控时期社会秩序的安全稳定，引起了我们的"特别关注"……截至3月11日，检察机关依法批准逮捕涉嫌诈骗犯罪869件917人，起诉516件545人，批捕、起诉的人数均占所有涉疫情犯罪案件的四成左右，批捕件数更是超过50%"。

应对新型犯罪过程中的实践调适,梳理我国刑事司法中认定电信网络诈骗共犯理论发展的基本脉络,既为明确电信网络诈骗中共犯人的可罚性基础以及准确认定成立范围和处罚范围,提供了必要的理论基础及实践依托,也能够为司法实践办理类案提供一般化的思考进路。

(一)共犯本质、性质及可罚性依据的理论发展

刑法共犯理论纷繁庞杂,包括共犯的成立、可罚性依据以及刑事责任根据等,各枝节问题均有不同理论学说,也因此,该部分内容被日本学者誉为刑法总论之绝望章节①。实务中较为关注的则是共犯本质、性质及可罚性依据的内容,其中,共犯本质及性质部分涉及共犯成立的范围及何时成立,可罚性依据则着眼于不直接实施符合构成要件的违法行为的共犯何以成为刑罚的扩张事由。在共犯本质方面,当前学界的争点在部分犯罪共同说与行为共同说之间,即对"共同"内涵的差异化理解。前者作为对传统通说完全犯罪共同说的扬弃改良,在早期拥有较为广泛的拥趸②。论者认为,共同犯罪的成立不要求多人所实施的犯罪完全相同,在共同的犯罪构成或法益范围内至少有包容或重合部分③即可,基于对主客观相一致理念的认同,同时要求主观犯意也须存在重合部分。该学说在当前受到较多批判,一部分在于其为修缮法益或者构成要件"共同的完善",脱离了讨论共同犯罪本质的初衷④,复杂了个案中的刑责认定,以及共同犯罪与个人犯罪的罪责不对等。也有人认为,该说忽视了客观归责的本质,从主观方面限制了共同犯罪的构成要件⑤。而行为共同说自黎宏教授率先表明支持立场以来,因多位量级学者的响应⑥,大有成为主导性学说之势。该说认为共同犯罪不是"数人共犯数罪",而非"数人共犯一罪",共同犯罪需要解决的问题是不法事实的最终参与人归属,也即将法益侵害结果客观归属于参与人,至于各参与人对归属自己的结果是否承担主观责任则涉及责任层面,须再做个别判断⑦。行为共同说将共同犯罪的论证思路置于构成要件阶

---

① [日]高桥则夫:《共犯体系和共犯理论》,冯军、马乃纯译,中国人民公安大学出版社1987年版,第17页。
② 张明楷教授在早期也主张部分犯罪共同说,参见张明楷:《刑法学》,法律出版社2007年版,第319~321页。
③ 马克昌:《比较刑法原理》,武汉大学出版社2002年版,第635页。
④ 张明楷:《刑法学》(上册),法律出版社2016年版,第358~359页。
⑤ 钱叶六:《共犯论的基础及其展开》,中国政法大学出版社2014年版,第79页。
⑥ 钱叶六:《中国共犯理论发展评价与展望——以〈法学研究〉刊文为主要素材》,载《上海政法学院学报(法治论丛)》2018年第3期。
⑦ 张明楷:《共同犯罪的认定方法》,载《法学研究》2014年第3期。

层论之下，并将其讨论空间限于不法层面，从不法到有责，再到罪名认定、主从犯及其刑度确定的观点，撇开"谁与谁成立共犯""共犯人各自罪名"等无意义的争论，从实务的观点来看，倒也不失为一种颇具功利性的实用主义解读。共犯性质方面的争议主要有独立性和从属性两大派系，其中以独立性的修正学说二重性学说为学界广泛认同，认为共犯的属性是从属性和相对独立性的统一①，以教唆犯为例，教唆犯的从属性体现在其犯意须经由被教唆人的决意及具体行为得以实现，相对独立性则是其教唆行为本身即具有严重的社会危害性，需要予以刑法规制，无论被教唆人是否实施了被教唆的行为。该说因其存在的固有缺陷屡遭学者诟病，二重性学说有为求调和而杂糅独立性与从属性两种学说之嫌，分属两派完全对立的观点本就不存在折中空间，妄自加以糅合，不仅欠缺合理性，也会造成司法困扰②。相较于此，从属性理论随着客观主义刑法之风的袭来，成为新近较为有力的学说，犯罪的本质系对法益的侵害，以教唆犯的处罚为例，对其进行刑法非难系因其通过正犯的行为参与对法益的侵害，也基于此，只有正犯着手实施犯罪，对法益造成现实、紧迫的危险时，方有处罚教唆犯的必要。至于共犯的可罚性根据，虽也存在责任共犯论与因果共犯论的分界，但是主流方向仍在因果共犯论，也即共犯处罚的根据在于其与他人侵害法益行为之间具有因果性，共犯对正犯的诱导、帮助，促成了正犯对法益的直接侵害。

（二）网络犯罪视角下的共犯问题与司法回应

在网络犯罪的背景下，传统共犯理论受到一定程度的冲击。以网络犯罪的帮助行为为例，在传统共犯理论看来，正犯的实行行为会对法益造成直接侵害，其行为的危害程度普遍大于帮助犯，但相对于传统犯罪帮助犯"多帮一"的共犯辅助模式，网络犯罪中的平台及工具提供者往往呈现出一种"一帮多"的模式，而且其在整个犯罪过程中的角色似乎也从辅助角色演化成不可或缺的重要一环，在危害程度上甚至会超越正犯的实行行为。因此，在此种境况下，固守共犯从属性，在共同犯罪内部框架中以从犯对帮助行为进行评价难言客观公正，也无法有效规制意思联络松散的帮助行为。为此，我国刑事司法率先予以回应，通过司法解释的方式，从以提示性规定明确网络犯罪帮助行为的帮助犯性质到对片面帮助犯进行有限承认，以及帮助犯的正犯化，逐渐构筑了网络

---

① 参见赵秉志、魏东：《论教唆犯的未遂——兼议新刑法第29条第2款》，载《法学家》1999年第3期。

② 陈兴良、周光权：《刑法学的现代展开》，中国人民大学出版社2006年版，第19页。

犯罪帮助行为差异化评价及规制体系。如 2010 年《关于办理利用互联网、移动通信终端、声讯台制作、复制、出版、贩卖、传播淫秽电子信息刑事案件具体应用法律若干问题的解释（二）》第 7 条、2010 年《关于办理网络赌博犯罪案件适用法律若干问题的意见》第 2 条、2011 年《关于办理危害计算机信息系统安全刑事案件应用法律若干问题的解释》第 9 条规定"单向明知"即可与实行行为人成立共同犯罪，但为避免司法适用扩大化对共犯理论根基的动摇，同时施加了较普通共犯帮助行为更为严重的情节要件；《关于办理利用互联网、移动通信终端、声讯台制作、复制、出版、贩卖、传播淫秽电子信息刑事案件具体应用法律若干问题的解释（二）》中第 3—6 条对特定的传播淫秽物品行为的网络技术支持提供者，突破共犯内部框架的视角，直接以传播淫秽物品罪、传播淫秽物品牟利罪的实行犯进行评价，体现一定程度上帮助犯的正犯化。而后，在前期司法解释经验积累及实践的基础上，刑事立法也在两次修正中进一步明确了网络犯罪帮助犯的正犯责任①和网络服务提供者的平台责任，如《刑法修正案（九）》在《刑法》第 287 条之二增设了帮助信息网络犯罪活动罪，在第 286 条之一中增设了拒不履行信息网络安全管理义务罪②。

（三）规范视域下电信网络诈骗共犯规制解读

2016 年《关于办理电信网络诈骗等刑事案件适用法律若干问题的意见》（以下简称《电信网络诈骗意见》）在电信诈骗关联犯罪及帮助行为的刑法规制上，延续了刑事司法及立法在应对网络犯罪共犯处理的一贯思路，但整体上更为保守、谨慎，对电信诈骗的帮助行为仍以共犯规制方式为主、较为审慎地规定片面共犯及共犯正犯化。如《电信网络诈骗意见》在第四部分第三条共列举了八种帮助或外围支持行为，包括"菜商""卡头""水房""车手""技术支持"等，规定了只需"单向明知"即可以诈骗共同犯罪论处，并未排斥片面共犯的成立，但是对明知的程度要求较高，需要达到"明知他人实施电信网络诈骗犯罪"，具体来看，前七种行为从内容上应是明知他人实施电信诈骗行为而在事前或事中提供帮助，而第八种行为中的帮助转移诈骗收益并不意味着共犯成立排斥事前通谋要件，可能存在的解释进路在于对电信诈骗既遂节

---

① "……网络犯罪利益链条中的帮助行为实际上往往成为获利最大的环节，按照共犯处理，也难以体现其独特危害性。鉴于此，《刑法修正案（九）》第 29 条创设性地提出了网络帮助行为正犯化的处理规则"，参见胡云腾：《谈〈刑法修正案（九）〉的理论与实践创新》，载《中国审判》2015 年第 20 期。

② 于志刚：《网络空间中犯罪帮助行为的制裁体系与完善思路》，载《中国法学》2016 年第 2 期。

点的判断，如果认为"车手"取款后将钱款交付电信诈骗实行犯为既遂节点，则"车手"尚有成立共犯的可能，如果以被害人将钱款从银行卡转入相关行为人的银行卡即为既遂，则可能得出较为荒谬的结论，即共同犯罪的成立不仅不需要主观通谋，还可以在行为既遂后加入；《电信网络诈骗意见》规定"网络服务提供者不履行法律、行政法规规定的信息网络安全管理义务……同时构成诈骗罪的，依照处罚较重的规定定罪处罚"，有人认为该处系帮助行为正犯化的体现，也即按照想象竞合从一重罪处断的原则，此处应认定为诈骗罪不作为的实行犯，而非不作为的帮助犯①。

二、个案视角中电信网络诈骗共犯规制进路

案例1：2020年1月至2月，王某纠集同乡十余人在北京某出租房，由赵某、郑某等人冒充口罩生产商，孙某、崔某等人在网络上发布信息，虚构有医疗器械生产资质的口罩生产货源及大量囤积防疫物资，骗取数十家采购公司预付款共计150万元，案发后，王某脱逃。

案例2：2020年2月，辛某一伙3人租用赵某的服务器，通过镜像复制的方式搭设了假冒某公益基金的网站，并以该基金的名义发布虚假防疫募捐信息，并将捐款银行卡信息替换为事先注册的个人账户，涉案金额30余万。在钱款转入银行卡后，辛某指定人员将钱款再流转到王某等三个不同人控制的银行账户，由辛某联系王某等人帮忙取现，并支付好处费。案发时，辛某共收到10万元，其中20余万已转至王某等人账户，尚未回款，现王某等三名取款人未到案。

（一）电信网络诈骗中的主从犯认定

相比理论研讨预设的理想条件，实务中的共犯问题通常夹杂着参差不齐的证据质量问题，显得更为复杂。一般来说，讨论较多的主要有实践面向的部分到案人员主从犯地位认定，以及理论面向的中立取款人行为定性。前者的关注点在共同犯罪内部主从犯认定上，由于受制于整个犯罪团伙成员罪责平衡及未到案人员可能带来的证据链条波动，该问题并不完全是法律问题，也涉及证据审查推断的综合能力，实务中也有不贸然对已到案成员进行主从犯认定的折中处理，实际上可能有违全面评价原则。除却个案中的证据审查认定问题，该问题应对思路需要回归团伙式电信网络诈骗主从犯的一般审查认定模式。目前，

---

① 黄河、张庆彬、刘涛：《破解打击电信网络诈骗犯罪的五大难题——〈关于办理电信网络诈骗等刑事案件适用法律若干问题的意见〉解读》，载《人民检察》2017年第11期。

电信网络诈骗的组织性特点日益显著，一般而言，多呈现科层式的整体架构，在内部结构上表现为平行式或渐进式两种典型分型，其中平行式类似子公司运行模式，各组成部分相对独立地实现完整的诈骗行为，而渐进式则存在较为精细的分工，包括培训、管理、话务、转账、取款等，整个诈骗行为由各组成部分以流水线形式共同完成，两者虽在组织架构上迥异，但也存在共通之处，也即各组成部分之间联系较为松散，相对独立自主运营，或者互不交流、各管一段。其实，两种分型在认定主从犯时需要考虑的因素多有重合，如在被害人受骗及犯罪组织存续中是否起关键作用。在认定方法上，可以犯罪团伙的组织架构为基础，对于组织者及层级较高的管理人员原则上以主犯论，对于层级较多的底层管理者，不能仅以职位名称为依据作机械判断，应考虑各层级人员的实际履职情况，包括组织中的影响力、实际管理人员、上下级之间在业务及管理上的支配力等。而培训、话务等组别，虽然在功能上多体现为帮助行为，但可以根据其在犯罪组织发展扩大及整个犯罪行为实施过程中是否发挥了实质性促进作用来判定主从。

另一个共性问题则是，看似较为松散且缺乏共谋的各组别是否需要对其他小组或整个犯罪集团实施的犯罪行为承担责任？一般来说，平行式结构中，各组织虽然相对独立开展活动，但可能在同一场所集中开展活动，共同承担犯罪成本支出，彼此间对各自行为也心照不宣，但根据因果共犯论，对他人侵害法益行为无因果性而承担责任违反了个人责任原则，在此情形下，认定成立共犯时应把握以下几个方面，其一，对于各自行为有无通谋及认知程度，此处的同谋不要求达到犯罪对象、手法等方面的内容的具体明确，可以是基于同一犯罪构成要件的概括性故意，但共同组织者统一下达任务并不意味着全体人员责任共担；其二，对其他组别人员实行行为的因果力影响，也即行为共同说主张的，是否在心理上或行为上对他人的实行行为起到推动或促进作用，对于对各自行为存有一定明知，主观上没有明显的倾向性反对或支持意识表示，客观上也无制止或参与行为，在认定具有主观犯意强化原因力时需谨慎；其三，对其他组别成员所得赃款的分成情况，是否从其他组别或者团伙整体的犯罪所得中提成，但不宜以工资统筹发放为由径行认为从团伙整体犯罪中获得分成。而在渐进式结构中，由于各小组的行为共同构成一个完成的犯罪行为，欠缺某一环节都可能影响犯罪行为的完整性，如果仅从原因力上考虑，各小组成员均不能豁免，此时需要考虑的问题是共犯成立的主观要素，实践中可能分为三种情况，事前共谋、概括性认知或完全不知情，对于前者成立共犯一般没有争议，实务中较多的应是概括性认知，也即各组虽然各管一段，但是对于流水线的上下级有着抽象的一般认知，并未具体认识到何人何事，在这种情况下，即使事前并无共谋，只要能认识到自己作为流水线的一环所从事的违法犯罪行为，并对流水线的运行模式有概括性认识，可以按照承继共犯理论的思考进路作为共犯考虑，而且渐进式模式中的分赃方式一般也能予以佐证，至于完全不知情的，则需要根据其所在环节及具体实行行为进行考虑，成立掩饰隐瞒型犯罪等其他罪名或者无罪。

(二) 中立取款人的行为性质认定

对于中立取款人的行为定性，根据《电信网络诈骗意见》的规定，行为人明知对方实施电信诈骗行为，而实施帮助转移犯罪所得收益、取现等行为的，原则上成立电信诈骗的共犯。该项内容的争点来自取款行为在电信诈骗整体行为结构中所处位置及行为比重的特殊性，一方面，处于末端的取款行为可能因电信诈骗行为终了的节点不同产生定性分歧，另一方面，取款行为与前期电信诈骗实行行为关联性强弱也会影响取款人的行为认定。因此，为解决取款行为的定性问题，首先需要直面电信诈骗的既遂节点，作为财产犯罪的一种特殊形式，多数学者对电信诈骗的既遂标准采"控制说"予以认可①，但在具体判断标准上却存在一定差异，如多级卡诈骗中是否要求职业取款人将钱款转出并实际交由行为人控制，在此，张明楷教授的观点更具说服性，电信诈骗主要保护的仍是财产法益，只要钱款从被害人处转入行为人指定的账户，且被害人无法通过取消或止付等方式阻断财产转移，则宜认定已达成既遂，以引入实质性终了推迟既遂时间节点的做法本身界限不明，且带有浓厚的主观主义色彩。因此，取款人进入共犯的时间节点应在构成要件该当的过程中，即电信诈骗实行行为终了，但作为构成要件的结果（对钱款的实际控制）发生之前。在明确不法层面后，还需要判断取款人在主观上是否有责，《电信网络诈骗意见》中虽然对"明知"在程度上要求认识"他人实施电信网络诈骗犯罪"，但这并不意味着设定了取款人以帮助犯入罪主观层面的底线要求，更像是一种提示性规定，否则，不仅在证明上缺乏可操作性，也可能彻底架空取款人作为共犯入罪的司法适用。故，取款人主观认识程度达到对被帮助行为存在违法犯罪的认识可能性即可，即认识到所取钱款来源的非正当性，具体可以结合从业经历、取款环境、次数、行为特征、获利情况等因素进行综合判断。

(三) 案例解读

在案例1中，主从犯的认定并不以团伙全部成员到案为必要，只要有足够

---

① 参见张明楷：《电信诈骗取款人的刑事责任》，载《政治与法律》2019年第3期；张建、俞小海：《电信诈骗犯罪中帮助取款人的刑事责任分析》，载《法学》2016年第6期。

的证据支撑，即使部分行为人在逃的，也不影响已到案人员的犯罪事实认定，但在具体行为认定时需要对证据进行较为细致地审查，如主要证据种类为言词证据时，要综合主体的认知能力、行为过程描述是否合乎逻辑与常理、客观细节内容之间的印证程度等进行判断，同时结合相关转账明细、会议记录、电子数据等客观性证据进行补强，防止出现指供、串供等言词证据失真可能。案例1属于小作坊式诈骗团伙，总体人数较少，组织架构简单，而且人员结构单一，均为相互熟识的同乡，各自对于实施电信诈骗的行为模式均有一定明知，王某作为组织者，为集团犯罪的首要分子，而其他人则需要根据入伙方式、参与时间、具体行为、获利情况等因素进一步区分骨干分子、从犯等。案例2中，取款人王某到案与否并不影响辛某等人犯罪状态及数额的认定，当前款从被害人账户汇入辛某指定的银行卡时，即已实现电信诈骗构成要件的该当性，不论后续20余万是否实际交由辛某控制，辛某均应承担电信诈骗30余万既遂的责任。至于王某的行为，则需要根据其与辛某所在犯罪团伙的关系进一步认定，如果其与辛某等人存在事前通谋，作为电信诈骗内部流水线的组成部分，可以成立电信诈骗的共犯，如果王某系职业取款人，专门多次为辛某这种犯罪团伙取款赚取好处费，可以认定通过行为形成心理默许，也有成立电信诈骗共犯的空间，但事前无通谋，且在电信诈骗行为既遂后帮助取款的，则需要根据认知能力、取款环境、次数、获利情况等判断是否成立掩饰、隐瞒犯罪所得罪或无罪。

三、结论

据公开数据显示，近年来，检察机关办理的网络犯罪案件数量以年平均30%的幅度增长，可以预见，未来很长一段时间内，网络犯罪仍将持续冲击着传统刑法理论。作为网络犯罪的典型分型，电信网络诈骗的共犯规制确实面临一定的规范自给不足问题，同时，受制于网络时代知识谱系的固有局限，在当前阶段也很难说能够完全把握电信网络诈骗刑法规制的根本方法，但是以传统刑法共犯理论为起点，依然能为我们透过现象理解本质提供一般性的思考进路。根据电信网络诈骗的组织架构，对于组织者及层级较高的管理人员原则上以主犯论，对层级较多的底层管理者，应考虑各层级人员在组织中的影响力、实际管理人员、上下级之间在业务及管理上的支配力等因素，对培训、话务等组别，虽然在功能上多体现为帮助行为，但可以根据其在犯罪组织发展扩大及整个犯罪行为实施过程中是否发挥了实质性促进作用进行判定；对职业取款人的责任承担应从不法到有责进行分层思考，取款人进入共犯的时间节点应在构成要件该当的过程中，即电信诈骗实行行为终了，但作为构成要件的结果

(对钱款的实际控制)发生之前,取款人主观认识程度须达到对被帮助行为存在违法犯罪的认识可能性即可,即认识到所取钱款来源的非正当性,具体可以结合从业经历、取款环境、次数、行为特征、获利情况等因素进行综合判断。

网络诈骗犯罪中提供技术支持行为的刑法分析

周振杰[*]

据官方统计，网络诈骗占网络犯罪案件的近1/3，占全部诈骗案件的近1/5，在东南沿海地区尤为严重。[①] 网络诈骗犯罪本身具有取证难、打击难、抓捕难、追赃难、定性难等特点，[②] 而且超过40%是2人及以上共同犯罪，3人及以上团伙诈骗的案件占比逐年提高。[③] 网络诈骗犯罪离不开设计、建立、运行与维护网络平台等提供技术支持的行为。因为提供技术支持的行为既可构成诈骗犯罪的帮助行为，也可构成帮助信息网络犯罪活动罪的实行行为，所以如何予以准确定性就成为了惩治网络诈骗的重点问题之一。本文尝试提出两步走的认定方法：第一，判断提供技术支持的行为是否构成片面共犯。第二，如果提供技术支持的行为不构成片面共犯，也即构成帮助犯，根据处断刑的轻重进一步判断，选择适用罪名。

一、判断提供技术支持的行为是否构成片面共犯

2010年初颁布的《关于办理用互联网、移动通信终端、声讯台制作、复制、出版、贩卖、传播淫秽电子信息刑事案件具体应用法律若干问题的解释（二）》首次承认在网络帮助行为的场合可以以单方意思联络的形式成立共同犯罪，打破了传统共同犯罪理论以共犯之间意思联络为要件的枷锁。此后，司

---

[*] 周振杰，安徽师范大学法学院院长暨北京师范大学刑事法律科学研究院副院长，教授。

[①] 参见靳昊：《最高法网络犯罪司法大数据报告显示：网络诈骗呈现这些新特征》，EB/OL. http：//www.cac.gov.cn/2019-11/21/c_1575870230460914.htm，最后访问日期：2020年1月5日。

[②] 参见黎宏：《电信诈骗中的若干难点问题解析》，载《法学》2017第5期。

[③] 参见《司法大数据专题报告之网络犯罪特点和趋势（2016.1—2018.12）》。

法解释又分别在相应犯罪领域认可片面的网络犯罪帮助行为可以成立共犯。① 但是，根据《刑法》第 25 条对于共同犯罪之规定，刑法理论的通说仍然认为共同犯罪以共同犯意为要件，即共犯者通过意思联络形成的相互配合共同实施犯罪，并追求或者放任危害后果发生的心理态度，② 不承认与正犯行为之间没有心理因果性只有物理因果性的片面共犯，③ 就如有的论者所言，"我国共同犯罪制度以'共犯关系'为核心范畴，决定了共同犯罪故意的主体间性，因此也就排除了片面共犯依靠共同犯罪制度加以解决的可能性"。④ 因此，如果提供技术支持的行为是片面共犯行为，应以帮助信息网络犯罪活动罪定罪处罚。那么，应如何判断具体行为是否片面共犯？

根据《刑法》第 287 条之二，构成帮助信息网络犯罪活动罪，行为人主观上应当"明知他人利用信息网络实施犯罪"，客观上应实施了"提供互联网接入、服务器托管、网络存储、通讯传输等技术支持，或者提供广告推广、支付结算等帮助，情节严重的"等具体行为。因此在行为人为网络诈骗犯罪提供技术支持的场合，判断其行为是否构成片面共犯，应判断其与接受技术支持的网络诈骗正犯是否存在犯意联络。如果不存在犯罪联络，则提供技术支持者不构成帮助犯。需要指出的是，犯意联络不必以明示的方式进行，例如提供技术支持者参与制定、完善犯罪计划，接受分工等，也可以以默示的方式进行，例如提供技术支持者在受网络诈骗正犯的委托，根据后者的设计建立、维护网络平台后，知晓后者在实施违法行为而主动改善原设计中的缺陷，主动为实现诈骗犯罪创造条件，后者也欣然接受的，应认为双方存在犯意联络，构成共同犯罪。

应判断其主观上是否存在非法占有的故意。通论认为，普通诈骗罪在主观上应存在非法占有的目，《刑法》第 192 条与第 193 条更是直接将非法占有的目的规定为集资诈骗罪与贷款诈骗罪的主观构成要件要素。在理论上，通常认为在二人共同实施目的犯的场合，如果仅一方行为人具有构成目的犯所必备的

---

① 参见于志刚：《网络空间中犯罪帮助行为的制裁体系与完善思路》，载《中国法学》2016 年第 2 期；公安部、最高人民法院、最高人民检察院《关于办理网络赌博犯罪案件适用法律若干问题的意见》；最高人民法院、最高人民检察院《关于办理危害计算机信息系统安全刑事案件应用法律若干问题的解释》。

② 参见赵秉志等：《刑法总论》，中国人民大学出版社 2012 年版，第 234 页。

③ 参见于志刚：《网络空间中犯罪帮助行为的制裁体系与完善思路》，载《中国法学》2016 年第 2 期。

④ 参见王志远：《我国现行共犯制度下片面共犯理论的尴尬及其反思》，载《法学评论》2006 第 6 期。

目的,另一方不但无此目的,而且不知其他共犯者有此目的,即使双方行为都成立犯罪,也应一方按照目的犯定罪,另一方按照非目的犯定罪。① 司法解释也认为,例如在集资诈骗罪案件中,如果非法集资共同犯罪行为中部分行为人具有非法占有目的,而其他行为人并无非法占有集资款的共同故意和行为的,就只能将具有非法占有目的的行为人集资诈骗罪定罪处罚,对于不具有非法占有目的的行为人,不能按照集资诈骗罪定罪处罚,② 也即"只对具有非法占有目的的犯罪人以集资诈骗罪处理"。③ 因此,在诸如网络高手纯粹为了炫耀技术或者以正常的市场价格获得报酬,并未参与犯罪所得的分红的场合,即使其对正犯行为有所认识,也不应认为其构成网络诈骗犯罪的帮助犯。

应判断其主观上是否存在《刑法》第287条之二要求的"明知",如果不存在此"明知",也不能根据帮助信息网络犯罪活动罪处罚提供技术支持者。虽然理论界对"明知"存在不同理解,④ 但《关于办理非法利用信息网络、帮助信息网络犯罪活动等刑事案件适用法律若干问题的解释》(以下简称《信息网络犯罪解释》)已经为了解决行为人在明知的情况下放任或者允许他人的犯罪行为,而司法机关又难以获得其明知的证据,导致刑事打击遇到障碍的问题。该解释具体归纳了7种可以推定为"明知"的情形,例如经监管部门告知后拒不改正仍然实施有关行为、在接到举报后仍然不履行法定管理职责等。⑤

简而言之,如果提供技术支持者与网络诈骗犯罪的正犯之间不存在犯意联络,也不具有非法占有的目的,但明知正犯在利用其提供的技术支持实施犯罪,应以帮助信息网络犯罪活动罪的正犯处罚。但应当指出的是,帮助信息网络犯罪活动罪的最高刑仅为3年有期徒刑,而在实践中网络诈骗犯罪的数额通常可以达到诈骗罪中"数额特别巨大"的情形,在以诈骗罪帮助犯处罚的场合,法定最高刑为无期徒刑,无论如何减轻也不会低于3年有期徒刑。显而易

---

① 参见李希慧、王彦:《目的犯的犯罪形态研究》,载《现代法学》2000年第6期。
② 最高人民法院:《关于审理非法集资刑事案件具体应用法律若干问题的解释》第4条。
③ 参见刘为波:《〈关于审理非法集资刑事案件具体应用法律若干问题的解释〉的理解与适用》,载《人民司法》2011年第5期。
④ 例如阴建峰、刘雪丹:《帮助信息网络犯罪活动罪的法教义学分析》,载《刑法论丛》2016年第4期;花岳亮:《帮助信息网络犯罪活动罪中"明知"的理解适用》,载《预防青少年犯罪研究》2016年第2期。
⑤ 最高人民法院、最高人民检察院《关于办理非法利用信息网络、帮助信息网络犯罪活动等刑事案件适用法律若干问题的解释》第11条。

见，在提供技术支持的行为构成网络诈骗犯罪片面共犯的场合，现有法定刑无论与行为的客观危害还是与行为人的主观恶性都不相适应，应进行改正。就此问题，下文将在讨论可否扩大帮助信息网络犯罪活动罪的处罚范围之际另行论述。

二、根据处断刑确定"处罚较重的规定"

如果提供技术支持者与网络诈骗犯罪的正犯之间存在犯意联络，其主观上也有非法占有的目的，是否应一律以网络诈骗的帮助犯处罚，就如有的论者所言，如果行为人与被帮助者有事先通谋的，应对行为人直接以被帮助者所实施的罪行的共犯进行定罪处罚？① 答案是否定的，因为《刑法》第287条第3款要求在有前两款行为之际，如果"同时构成其他犯罪的，依照处罚较重的规定定罪处罚"。那么，应如何理解"处罚较重的规定"？通常认为，"处罚较重"是指择一重罪处罚，而重罪与轻罪的区分取决于不同罪名法定刑的比较，② 例如在主刑刑种不同的情况下，可以根据死刑、无期徒刑、有期徒刑、拘役、管制的顺序确定轻重。在主刑刑种相同的情况下，可以认为最高刑期较长的为重，如果最高刑期相同，以最低刑期较长的为重。在主刑相同的情况下，可以比较附加刑。有附加刑者重于无附加刑者。在同时判处罚金的场合，以最高数额较高的为重，如果最高数额相同，以最低数额较高的为重。

但是，如若在为网络诈骗犯罪提供技术支持行为的场合一律适用这一原则，可能难以做到罚当其罪，使增设帮助信息网络犯罪活动罪的立法目的部分落空。以集资诈骗为例。根据《刑法》第192条规定，犯集资诈骗罪，数额较大的，处5年以下有期徒刑或者拘役，并处2万元以上20万元以下罚金。因为帮助信息网络犯罪活动罪的法定刑为"三年以下有期徒刑或者拘役，并处或者单处罚金"。因此，对与集资诈骗者通谋而提供技术支持者应该以集资诈骗罪的帮助犯处罚。但在实际上，可能以帮助信息网络犯罪活动罪的正犯处理处罚更重。就自由刑而言，根据《刑法》第27条之规定，对之应从轻、减轻处罚或者免除处罚。如果以集资诈骗罪的帮助犯处罚，即使是从轻也可以达到3年以下，与以帮助信息网络犯罪活动罪处罚相当。但就罚金刑而言，在"数额较大"的情况下，《刑法》第192条规定的罚金最高额为20万元，而

---

① 参见邬颖怡：《帮助信息网络犯罪活动罪司法适用疑难问题研究》，载《政法学刊》2019年第6期。

② 参见顾万炎：《对"依照处罚较重的规定定罪处罚"的重新理解》，载《中国检察官》2011年第4期。

《刑法》第 287 条之二是无限额罚金，显然后者更重。

再以诈骗罪为例。《刑法》第 266 条规定，诈骗公私财物数额巨大或者有其他严重情节的，处 3 年以上 10 年以下有期徒刑，并处罚金。根据相关司法解释之规定，利用电信网络技术手段实施诈骗，诈骗公私财物价值 3 万元以上属于"数额巨大"①。上述《信息网络犯罪解释》第 12 条之规定，帮助信息网络犯罪活动罪的"情节严重"的情形之一是支付结算金额 20 万元以上。假设此处的"结算金额"就是诈骗金额，根据诈骗罪的司法解释，应根据法定最高刑为 10 年的诈骗罪对提供技术支持者定罪处罚。那么，对其的实际处罚一定会比适用帮助信息网络犯罪活动罪的罪名处罚高吗？答案应该是否定的。首先，对帮助犯应从轻、减轻处罚或者免除处罚。其次，如果正犯的诈骗行为止步于未遂，根据《刑法》第 23 条之规定，对之还可以比照既遂犯从轻或者减轻处罚。最后，如果提供技术支持者存在自首或者认罪认罚情节，可进一步从轻、减轻处罚。如此，对提供技术支持者的处罚可能落至诈骗罪法定刑的第一档，即 3 年以下有期徒刑、拘役或者管制，并处或者单处罚金，与帮助信息网络犯罪活动罪 3 年以下有期徒刑或者拘役，并处或者单处罚金的法定刑相比，前者因为还含有"管制"选择，反而轻于后者。在这种情况下，如果仍然以诈骗罪的帮助犯处罚，显然无法实现增设帮助信息网络犯罪活动罪的目的。

因此，本文建议由法官根据处断刑，即根据加重或减轻情节对法定刑进行调整后形成的刑罚范围来确定"处罚较重的规定"。同时，司法实践认为，即使检察机关以诈骗犯罪提出控诉，法官改变罪名也不违反刑事诉讼法的规定。② 所以由法官在审查完全案证据之后根据处断刑确定"处罚较重的规定"也不存在程序上的障碍。

三、扩大帮助信息网络犯罪活动罪的处罚范围

帮助信息网络犯罪活动罪解决了在网络空间中无法确定正犯、正犯行为不可罚或者以帮助犯处理可能罚不当罪的问题。但是，在现实世界中有许多犯罪比信息网络犯罪的社会危害性更为严重，例如杀人罪、抢劫罪、绑架罪的片面帮助行为，而且这些传统犯罪也完全可以通过网络实施，例如绑架被害人之后

---

① 最高人民法院、最高人民检察院、公安部《关于办理电信网络诈骗等刑事案件适用法律若干问题的意见》第 2 条。

② 参见朱锡平：《本案是否可以改变指控罪名》，https://www.chinacourt.org/article/detail/2003/11/id/89496.shtml，最后访问日期：2020 年 2 月 20 日。

三、电信网络诈骗犯罪治理

通过网络收取赎金。虽然在理论上即使否定片面共犯的观点也认为片面帮助行为具有可罚性,但一方面认为不构成共同犯罪,另一方面认为可以根据被帮助者造成的结果进行处罚,在逻辑上未免自相矛盾。有的观点试图通过刑法分则各罪的构成要件直接处理片面共犯,但这不利于刑法分则构成行为类型化,将片面共犯解释为间接正犯则曲解了间接正犯的真正含义。① 鉴于刑法理论的现状,从其立法目的出发,不但可以而且应该扩大信息网络犯罪活动罪的处罚范围。同时,如上所述,现有的 3 年法定最高刑与片面帮助犯的客观危害与主观恶性相比较,有罪责刑不相适应之虞。本文建议将这两个问题一并解决。

第一,本文建议参考 2008 年 10 月 1 日开始实施的英国《2007 年重罪法》(Serious Crime Act 2007) 第 47 条规定的"帮助犯罪罪",② 将帮助信息网络犯罪活动罪扩展为"帮助犯罪活动罪",把所有片面帮助行为纳入处罚范围。如上所述,虽然刑法理论的通说仍坚持共犯从属说,但是立法中存在诸如帮助信息网络犯罪活动罪等共犯行为正犯化的实例,网络犯罪的司法解释也已经打破了理论的束缚。而且,刑法固然有其本身的独立价值,但其作为行为规范应立足于社会实践,并随着社会需要而调整,就如同在 20 世纪 80 年代,虽然当时刑法理论的主流仍然反对的单位犯罪,但 1989 年修正的《海关法》还是将单位规定为走私的犯罪主体。③ "帮助犯罪活动罪"的犯罪主体和《刑法》第 287 条之二的现行规定相同,包括自然人与单位,在主观方面是故意。在客观方面,当然不再限于该条规定的行为方式,而是所有一般人认为"能够发挥帮助作用"的行为。

第二,为了使帮助信息网络犯罪活动罪的处罚能够罚当其罪,本文建议参考日本 2017 年 1 月 11 日开始实施的《修正〈有关组织犯罪的处罚以及犯罪收益规制等的法律〉等法部分内容的法律》(以下简称 2017 年第 67 号法律)的规定,根据对象犯罪的法定刑轻重调整帮助行为的处罚。为有效处罚恐怖主义犯罪,2017 年第 67 号法律第 6 条在之前"共谋罪"提案的基础上,修改形成了"准备实施恐怖活动等罪",规定如果对象犯罪规定了死刑、无期或者 10 年以上惩役或禁锢禁的,处以 5 年以下惩役或禁锢,如果对象犯罪规定了 4 年

---

① 参见王志远:《我国现行共犯制度下片面共犯理论的尴尬及其反思》,载《法学评论》2006 年第 6 期。

② Michael Allen (2013). Textbook on Criminal Law. Oxford: Oxford University Press, p. 280. 本罪设立的初衷之一是解决无法处罚恐怖主义犯罪片面共犯的问题。根据该法,如果行为人主观上明知他人正在实施犯罪活动,客观上实施了足以起到帮助作用的行为,构成帮助犯罪罪。

③ 参见赵秉志:《外向刑法问题》,北京大学出版社 2010 年版,第 40 页。

以上 10 年以下惩役或者禁锢的，处以两年以下惩役或禁锢。①

参考上述规定，本文建议将帮助犯罪活动罪的法定刑分为两档，即如果帮助的对象犯罪法定刑为 10 年以下有期徒刑，帮助犯罪活动罪的法定刑最高为 5 年有期徒刑；如果对象犯罪的法定刑为 10 年以上有期徒刑，则为 5 年以上有期徒刑。

综上，本文建议保留《刑法》第 287 条之二第 2 款与第 3 款，将第 1 款修改如下：明知他人实施犯罪，为其犯罪提供帮助，帮助的犯罪活动法定刑在 10 年以下的，情节严重的，处 5 年以下有期徒刑或者拘役，并处或者单处罚金。帮助的犯罪活动法定刑在 10 年以上，情节特别严重的，处 5 年以上有期徒刑，并处或者单处罚金。

四、结语

在对网络诈骗犯罪中提供技术支持的行为进行定性之际，不但应考虑行为本身，而且应考虑处断刑。在片面共犯的场合，帮助信息网络犯罪活动罪的法定最高刑仅为 3 年有期徒刑，难以做到罚当其罪。此外，既然已经将片面帮助信息网络犯罪的行为独立成罪，为何不能将片面帮助故意、杀人等罪质更重的行为纳入处罚范围？基于上述考虑，本文建议将帮助信息网络犯罪活动罪修改为帮助犯罪罪，并根据帮助的对象犯罪规定其法定刑，以供大家参考。

---

① 关于该法的制定过程、主要内容以及评论，参见林尚儒：《有组织犯罪处罚法的最近修正及其评析——以共谋罪为中心》，载《日本法研究》2018 年第 4 期。

四、网络黑灰产业链治理

网络黑产供给链的结构特征与治理模式[*]

满 涛^{**}

当前,我国已经进入信息网络发展的超高速轨道,互联网普及率接近65%,互联网使用人数更是达到9亿人的规模。① 庞大的信息网络体量构成了中国经济蓬勃发展的新增长点,不断催生互联网经济发展的新业态与新功能,有力地推动了经济文化与社会生活的现代化进程。但是,在信息网络发展展现其积极效应的同时,各式各样的犯罪现象也在信息网络空间滋生开来,并逐渐形成了行为隐蔽、手段智能、内容复杂、分工明确的黑色产业体系,严重危害着信息网络空间的健康发展,也给我国信息网络犯罪治理带来了巨大挑战。在网络黑色产业体系中,起到发起与支撑作用的内容大多属于上游环节,这些上游环节构成了网络黑产的供给链,也是治理网络黑产的要害所在。基于溯源打击与核心打击的双重要求,破解网络黑产供给链的组织机理、遏制网络黑产供给链的蔓延与扩大应是目前网络犯罪治理与网络安全维护的当务之急。

一、网络黑产供给链的概念与危害

(一) 网络黑产供给链的概念

网络黑产,是指在互联网空间利用信息技术实施窃取价值信息、诈骗、攻击信息系统或者违法交易等犯罪行为的不同环节、步骤明确分工的链条式非法产业体系。在这种黑色产业体系中,犯罪行为以一种"前拉后推"的方式滋生,巨大的获利空间成为产业链条不断细化且联系紧密的根本动力。动态地看,网络黑产并不是以某个或者某几个犯罪行为的形态出现,而是形成了以特

---

* 本文系笔者主持的中国博士后科学基金面上资助项目(2019M653243)的阶段性成果。
** 满涛,中山大学法学院博士后。
① 该数据为CNNIC发布的第45次《中国互联网络发展状况统计报告》,截止时间为2020年3月。

定犯罪目的为目标的一系列犯罪行为的流动性链式组合。我们将为网络黑产犯罪提供源头支撑的、分工明确、链式形态的一系列基础要件称为网络黑产供给链。网络黑产供给链,从属于网络黑产犯罪链,是网络黑产犯罪的上游(源头)部分。任何类型的网络黑产犯罪,都必须具备属于自身的供给链环节。当然,特定的网络犯罪供给链本身也可以形成一种独立的网络黑产类型。

(二)网络黑产供给链的危害

网络黑产供给链属于网络黑产犯罪的上游环节与核心部分,正在逐步演化成为分工明确、利益相关、上下游清晰的产业链条,并有独立成特定网络黑产类型的倾向。网络黑产供给链的形成与强化,导致公民个人信息泄露、企业信息数据流失、网络病毒攻击等各类犯罪行为日益猖獗,不断刺激、催生各种类型的网络黑产犯罪,给国家网络安全与社会秩序稳定带来严峻的挑战。①

第一,泄露个人信息。网络黑产供给链要形成巨大的互联网流量,必须依靠大规模的用户信息。因此,骗取、窃取普通互联网用户或者是非互联网用户的个人信息是必要手段。骗取个人信息一般是利用普通用户的贪利心理(如小额返利、兼职回报、累计积分、使用便利等)获取用户个人信息,而窃取则是直接通过黑客技术等非法手段从特定的信息平台(如银行、运营商、学校等)大规模盗窃用户个人信息资料。非法获取个人信息资料后,犯罪人可以利用普通身份从事互联网犯罪行为,起到身份隔离与隐蔽的作用。同时,遭到泄露的个人信息还可以进一步被非法利用与转卖,通过接码平台等方式套取信息泄露者的财产信息,从而导致更加严重的财产损失。

第二,支持犯罪源头。处在网络黑产犯罪的最上游,构成犯罪源头的支持体系,应当是网络黑产供给链的最大危害所在。网络黑产供给链的形成,刺激中游与下游犯罪的产生,并可以独立构成网络黑产犯罪,因而具有双重的社会危害性。同时,作为网络黑产犯罪的源头,供给链的示范效应强化了中下游犯罪的实施进程,甚至在一定程度上为网络黑产犯罪营造了"创新创业"的环境。毫不夸张地讲,离开了供给链的支撑,所有的网络黑产犯罪都将不具备有效实施的前提条件,网络黑产的犯罪链条也就自然土崩瓦解。当然,这也反向证明了着力重点治理网络黑产供给链的必要性与重要性。

第三,增加社会成本。网络黑产供给链的形成极大地降低了下游黑产犯罪的实施门槛与成本,导致网络黑产犯罪的整体规模日益猖獗,这就必然给互联

---

① 参见明乐齐:《网络黑产犯罪的趋势与治理对策研究》,载《山东警察学院学报》2019年第4期。

网监管部门、运营商、平台商、银行等网络运转的各个环节加重负担。本来是互联网企业提供的正常产品与服务，却极有可能成为网络黑产供给链中的某个环节，成为特定的犯罪手段或者工具。正是为了对抗这种滋生在自身产品与服务之上的非正常用户，企业不得不在产品研发与技术创新之余另行投入大量成本进行反制研究。网络黑产供给链在不断增加企业运营成本的同时，也通过逃避账号、IP、流水监管和溯源的方式提高了政府监管部门的治理成本量级，给互联网治理工作带来了极大的负面影响。

面对危害巨大的网络黑产供给链，我国执法机关采取了以"净网行动"为典型代表的雷霆手段，严厉打击、全面打击各类型网络犯罪行为，有效地控制了供给链的滋生规模。但是，事后打击手段的规模效应在时间与空间上都存在一定的局限性，无法从根源上解决网络黑产给链的产生与扩大问题，反而造成供给链部分内容发生应激改变，从而导致我国网络黑产供给链在结构上出现了一些新的特点。

二、网络黑产供给链的结构特征

在厘清何为网络黑产供给链之后，我们亟须探明网络黑产供给链的组成结构与运行机构，以期从具体构造、实际运作的层面上更加准确地界定网络黑产供给链的内容。结合大量的实际案例，我们可以从时间、空间、技术等不同维度具体阐明网络黑产供给链的结构特征。

（一）以物料、流量与支付为要件的链式作业

顾名思义，网络黑产供给链是以链式作业形态呈现出来的。在链式作业过程中，物料、流量与支付构成网络黑产供给链的三大核心要件，支撑整个供给链的有效运行。

物料要件，是指实施网络黑产犯罪所必需的"生产工具"与"生产资料"的总称。以网络色情为例，网络传播色情表演最基础的就是专门用于上传、直播或者观看的网站程序，这个可以通过互联网连接色情表演传播者与观看者的特定互联网平台就是物料要件。除了这种核心物料以外，其他任何用于实施犯罪的物质性基础内容都属于物料要件的范畴。根据软硬件的不同，我们可以将物料要件大致划分为原料与技术两大类。

流量要件，是指互联网用户访问特定网站、页面或者程序的数量，即访问量。在信息网络时代，流量具有超强的带动性，可以凭借流量的热点关注直接产生经济效益。这就是当前"网红效应""网络水军"的基本原理。网络黑产犯罪也是利用该原理，力求最大限度地触达更多目标群体，提高特定事项内容的曝光效果。因此，网络黑产犯罪必须借助流量要件，使用各种非法手段开展

恶意流量的操作即"导流",保证黑产犯罪内容的触及面覆盖的精准化与最大化。根据导流方法的不同,我们可以将流量要件划分为流量引导与流量制造两种类型。

支付要件,是指网络黑产犯罪者为了逃避银行等支付机构的反洗钱与监管而创设的各种提供支付结算服务的通道、方式。牟取非法利益是所有网络黑产犯罪的终极目标,其准备物料、制造流量都是为了实现黑产牟利的目的。如何保证网络黑产的犯罪所得可以顺利结算变现,一种被称之为"第四方支付"的支付方式"成功入选",构成了支付要件的主体内容。第四方支付就是在第三方支付与商户之间搭建"桥梁",聚集、汇拢各种第三方支付平台或者合作银行,集合各种支付渠道优势,满足商户需求。从本质上讲,第四方支付只是一种支付通道的技术服务,并不存在违法问题,但是如果第四方支付假借支付为名而自行沉淀支付资金或者提供支付清算等,甚至本身就是网络黑产犯罪,则必然属于犯罪行为。支付要件一肩挑两头,一面对接网络黑产犯罪的支付结算需求,一面创设以第四方支付为代表的非法支付通道。为了实现支付目的,支付要件需要分两步走,首先收集或者开设大量的支付账户,然后以虚构交易等乱立名目的方式将犯罪交易伪装成合法交易,通过前述账户完成结算变现。毫无疑问,这种地下搭建的支付渠道完全避开了金融监管,有利于网络黑产犯罪的各种变现活动,为网络黑产犯罪的实施提供了现实牟利的工具可能,对国家金融市场管理秩序与互联网完全危害尤甚。

(二)跨境组织化作业

在网络黑产供给链的环节不断细化、获利方式不断丰富且国内严厉打击的背景之下,网络黑产供给链各个要件的国内作业空间受到一定的挤压,呈现出明显向境外转移的趋势。同时,跨境犯罪类型也从我们常见的电信诈骗扩展到了DDOS攻击、网络组织卖淫、黑客攻击、制作病毒等,[①]且基本呈现出一定规模的组织化形态,有的甚至完全以公司架构进行运营管理。

2018年公安部督办的"3·21"黑客网络攻击案,就是典型的跨境网络黑产犯罪。该案犯罪团伙是一个名为"暗夜攻击小组"的黑客组织,成员十余人,专门实施DDOS攻击。DDOS攻击是一种十分暴力的网络攻击,通过控制大量机器在同一时间节点集中向目标服务器(如网络游戏、第三方支付平台、大型视频直播平台等)发起高频访问请求,从而迫使目标服务器因无法同时

---

① 参见刘权、李东格:《网络黑产:从暗涌到奔流》,载《互联网经济》2018年第6期。

四、网络黑灰产业链治理

提供服务而出现严重传输堵塞、资源耗尽以及系统瘫痪,最终导致所有正常用户无法登陆使用。根据深圳警方的披露,"3·21"黑客网络攻击案的黑客团伙"暗夜攻击小组"成立于老挝,且大部分犯罪成员均藏匿于东南亚国家,在境外利用网络技术手段对我国境内网站实施黑客攻击。正是在境外工作组与柬埔寨警方的有效合作下,最终成功在柬埔寨将该案主犯及其他核心成员抓获,彻底摧毁了号称"业内领头羊"的网络黑客犯罪团伙。除了明显的跨境作业特征外,该案犯罪团伙作业分工明确、各负其责,形成了一定程度的组织化特征。①

同样是深圳警方侦破的跨境网络黑产犯罪案件,"9·15"特大跨国网络组织卖淫案则是更加体现了网络黑产供给链的高度组织化(甚至是公司化)特征。"9·15"特大跨国网络组织卖淫案是我国侦破的第一起线上线下利用互联网跨国组织卖淫特大案件,共抓获犯罪嫌疑人349人,犯罪营业额高达1亿元人民币。该案以李某、刘某龙为首在境内遥控指挥,线上网络作业部分在马来西亚具体操纵,实际卖淫组织在境内完成犯罪行为,形成了一个跨越广东、湖南、马来西亚等境内外多地、组织结构清晰的集团化犯罪组织。仅以境外网络作业部分为例,境外网络平台管理运营组织就有"总负责人—钟房—财务—行政—后勤"的明确层级与分工。总负责人是该网络平台的最高级领导,负责全面统筹管理平台的各项事务,并协调钟房与卖淫女、经纪人之间的关系;钟房则是负责在平台上招募、推广、宣传卖淫女,并根据嫖客需求与反馈调配卖淫女;财务负责收支嫖资分利与账目管理;行政负责平台运营中出现的各种技术性问题;后勤则是为整个平台运营组织人员的生活起居提供后期保障。根据警方在马来西亚查获的平台藏匿地证据显示,该平台组织建立了极其规范化的作业流程与管理制度,如钟房管理制度、钟房操作手册、钟房工作守则、"上班六不准纪律"等。②

与上两个案件一样,我们发现近年来的网络黑产供给链均呈现出了明显的跨境组织化特征。网络黑产犯罪具有一定的技术性要求,需要团队合作,这就迫使犯罪团伙走向组织化甚至公司化的运行模式。同时,互联网无国界的特点与国内严打网络犯罪的高压态势,促使网络黑产犯罪团伙远遁境外,采用"境外线上组织+境内线下实施"的方式遥控犯罪行为。毫无疑问,跨境组织化特征提升了网络黑产供给链的犯罪效率,给网络黑产犯罪治理工作在跨境合

---

① 参见广东省深圳市南山区人民法院(2018)粤0305刑初418号刑事判决书。
② 重案组37号:《起底特大跨境组织卖淫网:百余人运营年营业额过亿元》,http://news.163.com/18/0329/20/DE3FSPJV0001875P.html。

作与犯罪组织破解等方面提出了新的挑战。

(三) 高新技术作业

网络黑产供给链的技术运用也伴随网络信息技术的发展而更新换代，一些新兴的高端、前沿技术被应用到物料、流量以及支付过程当中。这些高新技术有的仍然处于研发阶段，有的也是刚刚投入应用领域，既没有被执法机关的技术部门完全掌握，也不为互联网普通用户所了解。因此，高新技术作业给网络黑产供给链涂上了一层技术上的"保护膜"，严重阻滞了执法机关的侦查、取证等活动，有利于网络黑产犯罪行为的顺利实施。目前，网络黑产供给链使用的高新技术主要有新型 DDOS 攻击与人工智能两种。

DDOS 攻击，即分布式拒绝服务，是一种通过"合理合法的服务请求"来过度占用网络服务资源，最终达到服务器瘫痪而无法为其他合法用户提供服务的目的。传统的 DDOS 攻击，需要以掌握大量的"肉鸡"（犯罪人控制下的可以实施攻击的傀儡计算机）为前提。在此基础上，犯罪人才能指令这些"肉鸡"攻击同一个服务器，从而导致其网络拥堵与失去响应。也正是考虑到传统 DDOS 攻击的不足之处，网络黑产人员将 Memcached 反射放大技术应用于 DDOS 攻击，形成了一种全新的 DDOS 攻击，使得攻击效率成指数倍上升，破坏效果大大提高。这种新型 DDOS 攻击避免了海量"肉鸡"的需求，而是代之以少量的发包机即可，从而摆脱了对"肉鸡"数量与质量的稳定性成本，更重要的是，其很好地规避了我国《刑法》第 285 条第 3 款中"非法控制"计算机信息系统的规定。网络黑产供给链高新技术的应用，不仅提升了网络黑产犯罪的危害性程度，更有可能给网络黑产犯罪带来质的"飞跃"。

(四) 暗网作业

由于我国互联网监管体系的日益完备，网络黑产供给链在公开互联网（明网）的存在空间越来越窄，因而开始将作业内容逐步转移至暗网空间。可以预测的是，暗网将会是包括黑产供给链在内的所有信息网络犯罪的主要空间。

暗网，也叫不可见网，是指存储在网络数据库但无法通过正常连接进行访问，而是需要使用 Tor 洋葱路由或 I2P、FreeNet 等特定工具才能访问的网络。[①]暗网并不是与互联网相对立的一种网络形态，而是以现有互联网为基础的加密匿名网络。暗网中一切行为都是匿名的，交易行为自然也就只能使用诸如比特币一类的数字货币，完全避开银行、第三方支付等金融实体而脱离金融监管。

---

① 参见明乐齐：《暗网犯罪的趋势分析与治理对策》，载《犯罪研究》2019 年第 4 期。

基于暗网匿名、安全与使用数字货币的特点，网络黑产供给链向暗网空间转移也就是一个"百利而无一害"的选择。现实中的网络黑产供给链也确实大量存在于暗网世界。以色情直播为例，网络黑产供给链的物料、流量与支付三大要件在暗网下均清晰可见。暗网中已经存在大量的色情直播提供者且已经呈现出平台化的运营模式，该平台会通过拓展暗网流量的方式提升直播访问量，只要有人观看了直播内容，就可以通过数字货币支付费用。由于进入暗网的各个成员均为匿名，彼此之间的联系方式具有极端的私密特点，执法机关基本上无法实施有效的侦查、取证等措施，因此造成暗网环境下网络黑产供给链的溯源打击困难重重。

三、网络黑产供给链的治理模式

作为所有网络黑产犯罪的逐利源头，网络黑产供给链已经发展成为侵犯公民个人信息和财产、危害社会公共利益、威胁国家安全的核心环节与重点区域，这也使得其作业结构愈加链式化、跨境组织化、高新技术化且与暗网相勾连。从网络黑产供给链日益猖獗的犯罪态势来看，沿用传统应对一般性信息网络犯罪的治理方案无法从根源上对当前的网络黑产供给链实施精准打击与有效治理，甚至会形成"网络治理被网络黑产供给链牵着鼻子走"的尴尬局面。因此，转被动为主动、变单打独斗为协同攻关、从个案追究到全面治理，应当是目前网络黑产供给链革新治理的重点内容。

（一）树立主动防御的治理理念

从已有的网络犯罪处置实例来看，我国应对信息网络犯罪的常规做法可以概括为"被动打击＋积极预防"。被动打击，是将网络犯罪作为一种普通的犯罪类型，只有当出现了犯罪行为后再予以应对、打击的策略；积极预防，则是为了弥补被动打击的"被动性"特点而采取的以宣传教育、常规监测以及重点防范等为内容的措施体系。可以确定的是，"被动打击＋积极预防"的常规手段在网络黑产供给链的治理中已经是捉襟见肘，即便我们可以看到每年都有大规模的网络黑产供给链得以告破的案件。但是，从当前不断攀升的网络黑产犯罪数量与网络财产数额来看，"被动打击＋积极预防"这样的常规治理手段难以真正有效地对抗当前日益严峻的网络安全新形势。

为了有效治理网络黑产犯罪，美国早在2017年就开始制定《网络主动防御确定法案》(Active Cyber Defense Certainty Act)，意在对网络黑产犯罪尤其是处在上游阶段的供给链进行主动防御。从该法案的立法说明来看，美国的网络犯罪并没有得到及时的侦破、查处，网络犯罪数量也一直处于快速增长的态势，一个很重要的原因就是网络犯罪分子在不断更新网络技术与犯罪工具，网络攻击的频率与效率均增长迅猛，执法机关的被动打击难以奏效。因此，美国国会借助该法案提出了主动防御的观点，主张在网络对抗中可以使用探测干扰、追踪攻击来源以及发起反攻击等主动性措施，从而真正有效地提高网络犯罪的防御与威慑能力。当然，这种将网络侦查权让渡给互联网企业的做法，模糊了网络对抗中的攻防边界，极有可能造成实施主动防御措施的企业最终沦为侵犯公民个人权利的网络攻击者。因此，该法案给予我们的启示并不是法案中的具体措施，而应该是网络犯罪治理理念的革新，即应当建立一种主动防御的治理理念。

大体而言，主动防御可以包含但不限于以下内容：第一，建立高新技术预备体系。网络犯罪治理的经验告诉我们，高新技术才是对抗网络黑产供给链的关键法门。面对网络黑产供给链高新技术化的大趋势，妥当的应对是加快研发新型对抗技术，既包括主动侦测网络黑产供给链的技术也包括发现之后如何有效打击的技术。例如，腾讯公司就针对网络诈骗研发出整套的高新技术预备体系，包括基于事前预警感知的"态势感知"系统、基于事中阻断的"鹰眼""神荼"和"麒麟"系统以及基于事后溯源分析的"神羊"情报分析平台等，[①] 为执法机关精准打击网络诈骗犯罪提供了有效的技术支持。第二，建立网络黑产供给链的特殊技术侦查措施。这种特殊技术侦查措施主要是用于主动监测、发现网络黑产供给链中的犯罪行为，尤其是其中的重大威胁源。当然，由于这种特殊技术侦查过于靠前与主动，存在侵犯公民个人权利的风险，因而需要受到"明确获知犯罪 + 预判犯罪危害极其严重 + 严格批准手续"等一系列的规范限制。第三，立法规范层面应当适当吸收主动防御的理念，在行为规制上可以将规制节点部分前移，针对部分危害极其严重的行为设置抽象危险犯，对网络黑产供给链采取"冒头就打"的主动化策略形式。

（二）建立多主体协同的治理架构

网络黑产供给链牵涉行业广，互联网运营商、银行、互联网企业、第三方支付平台等社会生活中的各行各业均有涉及；关联的政府管理部门多，公安部门、网信部门、工商部门、工信部门等多部门均具有一定的管辖权；涉及的内容杂，基本上所有的互联网合法内容均存在网络黑产供给链的"黑手"。因此，网络黑产供给链的治理单单依靠国家执法机关的力量是远远不够的，因此必须形成多主体协同治理架构。网络安全需要国家、企业与公民每一个互联网

---

① 参见腾讯公司《网络黑产威胁源新趋势》研究报告。

主体共同维护，需要社会组织、科研机构与普通用户等社会的方方面面共同担当。①

第一，深化政府机关与互联网企业之间的政企合作。面对网络黑产供给链，互联网企业处在第一线的位置，既具有完备的业务流程与技术内容，也相应地发展出了丰富的对抗性措施。政府机关尤其是网警部门在侦查、监测与打击过程中遇到的技术性难题，可以通过与互联网企业的合作有效予以处理、化解。需要说明的是，政企合作不能停留在个案层面，不能是简单的"1+1"咨询模式，而应当在策略选择、技术研发、具体侦查等各个环节深入合作，并形成常态化、动态化的合作模式。腾讯集团的守护者计划与公安网警部门的深入合作提供了这种合作模式的良好样本，合作内容包括：既有 AI 打码、GSM 短信嗅探等技术研发与应用，也有开展黑客攻击、信息泄漏查询等各种侦查配合，以及长效性的定期复盘治理成绩、交流经验的"守护者大会"等。第二，加强政府机关各主管部门之间的协同处置。由于机构分散设置的原因，我国网络安全监管机关并不是一家主管而是分散在公安、网信、工信、工商等多个部门。各个部门之间在处置网络黑产供给链个案时，大多可以相互协调、有效沟通，但是仍然难免"各管一摊"的问题。因此，加强各个主管部门之间的合作同样需要建立一种协同处置的长效机制，从而有利于实现对网络黑产供给链各个要件的精准打击。第三，密切互联网企业与科研机构之间的技术交流。互联网企业与科研机构之间的合作，是最大限度地消弭技术人才的培养与需求之间的差距。科研机构要为企业培养急需的网络安全人才，也要为企业提供相应的理论支持；企业同样也要为科研机构提供人才岗位与实践场所。例如，腾讯、阿里、百度等多家公司与高等院校科研机构合作成立的研究室、实验室，都为网络犯罪技术研发与专业人才的培养提供了优质的环境。第四，共同培育、提升公民的网络安全意识。在互联网时代，如何强调网络安全意识的重要性都不为过。只有具备了系统的、全新的网络安全意识，才能对网络黑产供给链的各种要件内容进行识别，及早预防、及早止损。网络安全意识的培育与提升是一项系统的社会工程，需要国家、社会、企业与公民个人同时着力，缺一不可。

(三) 建立全方位协作的治理机制

网络黑产供给链的侵害对象没有行业之分，更不以国界为限。因此，我们

---

① 参见宁家骏：《以新理念构筑网络安全保障体系的基石》，载《中国城市报》2016年9月26日，第2版。

需要建立一种全方位协作的治理机制。简单来讲，这种全方位协作机制就是跨越行业界限、跨越地域界限的联合互动、信息共享、合作共赢的机制模式。

网络黑产供给链的复杂性决定了其侵害对象大多是几个行业领域。同时，网络黑产供给链牵涉上作业也关联下游的线下行业，这也就要求治理机制放弃线上、线下分类治理的传统思维，建立跨越行业界限、线上线下共同发力的协作模式。各个行业之间、各个企业之间可以就网络黑产供给链涉及的内容共享数据信息情报，共享"反黑产"技术经验，共同发布黑产供给链威胁源信息以及共同参与打击行动等。同时，线上治理与线下治理应当齐头并进，开辟跨行业的立体化治理路径。线上治理是网络黑产供给链治理的第一道防线，主要强调集中运用技术手段对供给链各个环节、内容进行侦测并围追堵截，例如查封账户、屏蔽内容等；线下治理则侧重对供给链下游犯罪的打击，也只有持续打击线下网络犯罪，才能从需求一方根本性地抑制网络黑产供给链。

世界各国、地区对于网络安全和网络黑产供给链的认识并不统一，界定标准存在差异，规制程度也各不相同。但是，互联网的开放性又决定了网络黑产供给链犯罪多数是跨境作业。因此，单独依靠某个国家对网络黑产供给链实施有效治理，是十分困难的。基于人类共同利益与网络安全需求，加强跨越地域的国家合作应当是治理网络黑产供给链的必然途径。跨境合作主要是建立执法机关的合作机制如完善引渡机制，加强联动，协力铲除网络黑产供给链的各个环节，共同维护本地区的网络安全。同时，各国企业之间也应当开展跨境合作，从技术控制到信息共享、从威胁源侦测到供给链内容等方面密切合作，实现源头治理与线上治理的跨境合作机制。当然，建立、制定国际间或者区域间网络黑产供给链治理合作规则体系与备忘录机制，应当是实现跨境合作的有力手段与重要目标。因为只有通过各个国家、地区之间的有效合作、共同努力，才能将跨境作业趋势日益强化的网络黑产供给链的生存空间进一步挤压，最终予以彻底铲除。

四、结语

网络安全是事关国家安全和国家发展、事关广大人民群众工作生活的重大战略问题。在网络黑产供给链已经成为当前网络安全第一威胁源的情势之下，我们需要首先认真剖析不同网络黑产供给链的运行结构及其特征，充分理解供给链的形成路径、充分理解供给链的作业特点，进而确定相应的治理方案。治理，本源上就有共治的含义。网络黑产供给链治理的核心在于交流、共享与合作，因此，建立一种多主体协同、全方位协作的主动防御的治理模式应是最优化策略选择。

网络空间扫黑除恶的对象解构与治理对策

姜 瀛 李 纯[*]

一、问题的提出：网络空间"黑恶势力"的认知转换

为了贯彻落实中共中央、国务院《关于开展扫黑除恶专项斗争的通知》的精神，推动"扫黑除恶"专项斗争的深入展开，最高人民法院、最高人民检察院、公安部与司法部（以下简称"两高两部"）于2018年1月16日联合发布了《关于办理黑恶势力犯罪案件若干问题的指导意见》（以下简称《黑恶势力犯罪指导意见》），该意见的出台为统一执法思想、提高执法效能以及确保依法准确惩处黑恶势力犯罪提供了规范指引。值得注意的是，《黑恶势力犯罪指导意见》明确列举出"组织或雇佣网络'水军'在网上威胁、恐吓、侮辱、诽谤、滋扰的黑恶势力"，也即将网上黑恶势力作为扫黑除恶专项斗争中的黑恶势力类型之一。至此，以有组织化的"网络水军"为基础的存在于虚拟网络空间中的黑恶势力正式出现在规范性法律文件中，成为一种规范意义上的刑法范畴。而在2019年10月21日，"两高两部"联合颁布《关于办理利用信息网络实施黑恶势力犯罪刑事案件若干问题的意见》（以下简称《信息网络黑恶势力犯罪指导意见》），专门针对治理网络空间黑恶势力的司法实践提出具体要求，表明党和国家净化网络环境、依法实现网络空间扫黑除恶的决心。

事实上，早在2009年底，央视经济半小时栏目以"网络黑社会操控舆论，五万元左右法院判决"为内容，揭秘"网络黑社会"这一独特现象，并表达出对网络空间中言论操纵等不法行为的谴责。[①] 此后，"网络黑社会"逐步成为有组织化的"散布、传播网络虚假信息""网络暴力言论"以及"删帖"

---

[*] 姜瀛，大连海事大学法学院副教授，法学博士；李纯，大连市高新区人民法院法官助理，法学硕士。

① 参见姜瀛：《"网络黑社会"的样态重述与刑法治理的进路整合》，载《法治社会》2017年第4期。

等不法行为的代名词,引发学界与实务部门的广泛关注。此后,为了迅速应对网络空间有组织化的"散布、传播网络虚假信息""网络暴力言论"以及"删帖"等问题,在2013年9月6日,最高人民法院与最高人民检察院(以下简称"两高")联合颁布了《关于办理利用信息网络实施诽谤等刑事案件适用法律若干问题的解释》(2013年9月20日施行,以下简称《网络诽谤解释》),其为诽谤、敲诈勒索、寻衅滋事、非法经营等传统罪名适用于网络虚假信息或暴力言论确立了规范依据,[1] 立足于传统罪名延伸适用之"解释论"路径也成为刑法应对"网络黑社会"不法行为的基本对策。需要强调的是,在这一阶段,"网络黑社会"一语乃是从犯罪学层面对网络空间中新兴犯罪样态的对比性描述,并不具有规范刑法层面的意义;《网络诽谤解释》并未提及"网络黑社会"这一概念,是否具有某种"网络黑社会"的组织化特征也不会对行为人的定罪量刑产生直接影响。不过,当"两高两部"于近两年连续发布《黑恶势力犯罪指导意见》《信息网络黑恶势力犯罪指导意见》等规范性文件之后,"网络黑社会"这一犯罪学层面上的犯罪样态表述进入规范刑法视域,转变为"利用信息网络实施黑恶势力犯罪"等规范性范畴,成为扫黑除恶专项斗争中司法实践所要直接规制的对象。因此,我们有必要从规范刑法层面与治理对策层面对网络空间黑恶势力相关问题作出新的认识与全面思考。

一方面,在当前扫黑除恶的大背景下,网络空间扫黑除恶都涉及哪些对象、具体表现为什么样态,其与之前所称的"网络黑社会"存在哪些差异?无论是研究刑法适用,还是探讨犯罪治理,对于网络空间黑恶势力基本样态的解读是我们无法回避的现实问题。而只有依托于《黑恶势力犯罪指导意见》《信息网络黑恶势力犯罪指导意见》等规范性文件,我们才能清晰认知扫黑除恶大背景下网络空间黑恶势力类型与样态。

另一方面,对待样态复杂的网络空间黑恶势力,我们应当如何确立科学的犯罪治理对策?这是确保网络空间扫黑除恶取得良好效果的关键。事实上,这一问题既涉及对现有对策的分析与反思,又包括对未来犯罪治理对策的整体考量;既需要探讨网络空间扫黑除恶过程中解释论路径与立法论路径的功能划分,又需要关注网络空间黑恶势力犯罪治理的多元参与格局与治理手段优化。

---

[1] 对于覆盖范围极广、规制对象模糊的《网络诽谤解释》,笔者曾专门作出反思,参见姜瀛:《网络寻衅滋事罪"口袋效应"之实证分析》,载《中国人民公安大学学报(社会科学版)》2018年第2期;姜瀛:《从"网络寻衅滋事罪"到"编造、故意传播虚假信息罪"——适用关系、优化路径与规制场域》,载《法治现代化研究》2019年第2期。

可以说，犯罪治理对策的系统化将是研讨网络空间扫黑除恶问题的根本落脚点。①

二、网络空间扫黑除恶的对象类型解构："网络自生"与"现实延伸"

《信息网络黑恶势力犯罪指导意见》明确区分了"利用信息网络实施的黑恶势力犯罪"和"利用信息网络实施犯罪的黑恶势力"两个基本范畴。实际上，这两个范畴分别代表了"网络自生型"网络黑恶势力与"现实延伸型"网络黑恶势力，准确认定两者的基本特征乃是确立刑法适用边界的基本前提。

（一）"网络自生型"网络黑恶势力及其基本特征

《黑恶势力犯罪指导意见》明确列举了"组织或雇佣网络'水军'在网上威胁、恐吓、侮辱、诽谤、滋扰的黑恶势力"，对此，《信息网络黑恶势力犯罪指导意见》第一部分"总体要求"的进一步强调，"对通过发布、删除负面或虚假信息，发送侮辱性信息、图片，以及利用信息、电话骚扰等方式，威胁、要挟、恐吓、滋扰他人，实施黑恶势力违法犯罪的，应当准确认定，依法严惩"。从基本表述上来看，上述规范性文件所针对的"黑恶势力"，是以"网络水军"为基础的组织构造，以在网络上实施"威胁、恐吓、侮辱、诽谤、滋扰"等行为为主要手段。此类黑恶势力完全存在于虚拟的网络空间，利用信息网络的技术性或是虚假信息、暴力言论在网络空间中为非作恶，是网络空间中独有的新型犯罪样态，本文将之概括为"网络自生型"网络黑恶势力，呈现如下特征。

第一，"网络自生型"网络黑恶势力以海量的"网络水军"为基础。由此而言，依托于海量的"网络水军"乃是"网络自生型"网络黑恶势力不同于现实中黑社会性质组织的典型特征。同时，治理"网络自生型"网络黑恶势力，理应以治理"网络水军"组织为基本坐标。

第二，"网络自生型"网络黑恶势力具有一定的组织化构造。与现实中的黑社会性质组织相比，依托于海量的"网络水军"，"网络自生型"网络黑恶势力更加具备"团队"色彩，协调性较强，其组织构造大体上涵盖"'网络水军'头目及主要参与者等核心圈""上游客户""网站内部人员"以及"'底

---

① 参见黄河：《新时期网络空间扫黑除恶与法律规制》，载《中国检察官》2019年第9期。

层水军'群体"等群体。① 不过,"网络自生型"网络黑恶势力组织关系松散,成员之间的约束性不及现实的"黑社会性质组织"。

第三,从"网络自生型"网络黑恶势的行为方式上来看,"组织或雇佣网络'水军'"在网上实施"威胁、恐吓、侮辱、诽谤、滋扰"是其主要的行为特征,但由于其不具备我国刑法所规定的"黑社会性质组织"的全部特征,不能被直接认定为《刑法》第 294 条所规定的"黑社会性质组织"。

(二)"现实延伸型"网络黑恶势力及其基本特征

《信息网络黑恶势力犯罪指导意见》第三部分对"利用信息网络实施犯罪的黑恶势力"的认定标准作出规定。其中从总体上指出,"认定利用信息网络实施违法犯罪活动的黑社会性质组织时,应当依照刑法第二百九十四条第五款规定的'四个特征'进行综合审查判断,分析'四个特征'相互间的内在联系,根据在网络空间和现实社会中实施违法犯罪活动对公民人身、财产、民主权利和经济、社会生活秩序所造成的危害,准确评价,依法予以认定"。可以看到,此处的"利用信息网络实施犯罪的黑恶势力",应当具备《刑法》第 294 条第 5 款规定的黑社会性质组织的"四个特征",这实际上是现实空间中的黑社会性质组织增加了网络因素,将其不法行为延伸至网络空间,实现"线上"与"线下"的结合。因此,我们可以将之概括为"现实延伸型"网络黑恶势力。符合黑社会性质组织的"四个特征",是认定"现实延伸型"网络黑恶势力的基本要求。此类黑恶势力呈现如下特征。

第一,"现实延伸型"网络黑恶势力应当符合《刑法》第 294 条第 5 款所规定的黑社会性质组织的基本特征,尤其是不能背离黑社会性质组织的行为特征。为了避免实践中出现司法认定偏差,《信息网络黑恶势力犯罪指导意见》第 12 点前半部分从正面强调,同时第 12 点的后半部分从反面进一步强调,"单纯通过线上方式实施的违法犯罪活动,且不具有为非作恶、欺压残害群众特征的,一般不应作为黑社会性质组织行为特征的认定依据"。可以看到,"单纯通过线上方式实施的违法犯罪活动的",因不具有黑社会性质组织行为特征,② 只可能被认定为"网络自生型"网络黑恶势力。

第二,在认定"现实延伸型"网络黑恶势力的"组织特征、经济特征与危害性特征"时,不能遗漏了具有网络因素中的不法行为。根据《信息网络

---

① 参见姜瀛:《"网络黑社会"的样态重述与刑法治理的进路整合》,载《法治社会》2017 年第 4 期。

② 参见刘静坤:《加强网络空间治理 惩治黑恶势力犯罪》,载《人民法院报》2019 年 10 月 25 日,第 2 版。

黑恶势力犯罪指导意见》的规定，"现实延伸型"网络黑恶势力的"组织特征、经济特征与危害性特征"均可能融入网络因素，在认定其社会危害性时应被全面考虑，不能遗漏。

三、网络空间扫黑除恶的刑事政策定位

《信息网络黑恶势力犯罪指导意见》确立了网络空间扫黑除恶的"总体要求"，即应当在坚持"打早打小"的同时确保"打准打实"，认真贯彻落实宽严相济刑事政策，切实做到宽严有据、罚当其罪，实现政治效果、法律效果和社会效果的统一。与此同时，针对网络空间中的"扫黑除恶"工作，《信息网络黑恶势力犯罪指导意见》针对两类不同对象分别确立了刑法适用中的刑事政策，即"依法严惩利用信息网络实施的黑恶势力犯罪"与"准确认定利用信息网络实施犯罪的黑恶势力"。

（一）依法严惩"网络自生型"网络黑恶势力

针对"网络自生型"网络黑恶势力，《信息网络黑恶势力犯罪指导意见》所作出的基本刑事政策定位是"依法严惩"。其第一部分第4点进一步指出，"对通过发布、删除负面或虚假信息，发送侮辱性信息、图片，以及利用信息、电话骚扰等方式，威胁、要挟、恐吓、滋扰他人，实施黑恶势力违法犯罪的，应当准确认定，依法严惩"。

从定罪层面来看，《信息网络黑恶势力犯罪指导意见》第二部分（第4点至第7点）大体上延续了2013年《网络诽谤解释》的规定，新增内容不多。申言之，针对在网络空间中实施的"发布、删除负面或虚假信息，发送侮辱性信息、图片，以及利用信息、电话骚扰等方式，威胁、要挟、恐吓、滋扰他人"等不法行为，依托于《网络诽谤解释》所确定的"诽谤、敲诈勒索、寻衅滋事、非法经营"等传统罪名及其入罪标准，即可达到刑法规制的效果。①

从量刑方面来看，"依法严惩"表明了网络空间扫黑除恶中打击"网络自生型"网络黑恶势力的基本立场，体现了宽严相济刑事政策中"严苛"的一面，主要表现为对"网络自生型"网络黑恶势力的酌定从重处罚。在把握"从严"刑事政策时，需要注意的是，不法行为在符合非法经营、寻衅滋事、诽谤及敲诈勒索等传统刑法罪名构成要件的同时，还应当符合《黑恶势力犯罪指导意见》所列举的"组织或雇佣网络'水军'"情形。

---

① 参见程雷：《信息社会条件下如何治理网络黑恶势力犯罪》，载《人民法院报》2019年10月26日，第2版。

(二) 准确认定"现实延伸型"网络黑恶势力

针对"现实延伸型"网络黑恶势力,《信息网络黑恶势力犯罪指导意见》第三部分强调"准确认定",也即严格依据黑社会性质组织的四个特征来认定"现实延伸型"网络黑恶势力。只有线下的黑社会性质组织利用信息网络实施违法犯罪活动时——构成"现实延伸型"网络黑恶势力,具有了"线上线下相结合"的特征,才符合《刑法》第 294 条所规定的黑社会性质组织的基本特征。易言之,只有已经具备"四个特征"的黑社会性质组织——尤其是要准确认定"行为特征",同时表现出线上发展态势,才可以《刑法》第 294 条作为加以规制。司法实践中,应严格区分上述两类不同的治理对象,划分刑法适用边界,不应将《刑法》第 294 条对于黑社会性质组织的规定直接适用于仅仅存在于线上的"网络自生型"网络黑恶势力。

四、网络空间扫黑除恶的策略反思与应然选择

"网络自生型"网络黑恶势力与"现实延伸型"网络黑恶势力属于两类不同的犯罪样态,犯罪治理的策略选择上存在明显的差异。"现实延伸型"网络黑恶势力实际上就是现实空间中的黑社会性质组织,其虽然融入了某种网络因素,但在治理模式上并没有带来新的挑战。与之不同,以海量"网络水军"为基础的"网络自生型"网络黑恶势力,自其出现以来就带来了诸多挑战,且问题并没有得到解决。对于大量未能实现线上线下相互融合、仅存在于"网络自生型"网络黑恶势力而言,虽可以对比并借鉴现实中的黑社会性质组织,但仍然要依托于其自身的网络化特征来确立其特有的组织构造,并寻求专门的治理路径。因此,本部分着重探讨治理"网络自生型"网络黑恶势力的策略选择。

(一)"解释论"路径以及"抓大放小"模式的局限性

长期以来,以大量的"网络水军"为基础所实施的有组织的"散布、传播网络虚假信息""网络暴力言论"等行为是司法实践中的治理难题。在网络空间扫黑除恶过程中,攻克这一难题尤为必要。事实上,近年来,各省公安厅督办了一系列"网络水军"案件,抓获不少犯罪嫌疑人,取得了一定的社会效果。[①]

---

① 潘铎印:《用法律重典打击"网络水军"》,载《人民法院报》2018 年 2 月 7 日,第 2 版;张灿灿:《阻止"网络水军"泛滥,主体责任在平台》,载《检察日报》2018 年 12 月 28 日,第 4 版;《公安机关重拳打击自媒体"网络水军"违法犯罪 关闭各类网络大 V 账号 1100 余个》,载《中国防伪报道》2019 年第 2 期。

然而，通过传统罪名网络扩张的路径能否根治以"网络水军"为基础的"网络自生型"网络黑恶势力，对此不无疑问。目前，从"网络自生型"网络黑恶势力的刑法治理实践来，一旦被确定为组织化的"网络水军"，司法机关多是适用由《网络诽谤解释》所引入的相关传统罪名来追究刑事责任，并且形成了"抓大放小"的刑事政策。也即，将以"网络水军"为基础的"网络自生型"网络黑恶势力的组织者以及主要参与者作为刑事制裁的核心对象，而对于"上游客户""网站内部人员""底层人员"难以进行刑事制裁。

首先，对于上游的客户，我们无法如对待以"网络水军"为基础的"网络自生型"网络黑恶势力的组织者以及主要参与者一般对其适用《网络诽谤解释》所引入的相关传统罪名；究其原因，这些客户并没有使"网络水军"产生"犯意"，他们只是"网络自生型"网络黑恶势力提供了特定需求而已，司法实践中多是将他们作为证人对待。然而，正是这一部分群体的需求催生出以"网络水军"为基础的"网络自生型"网络黑恶势力，并推动了"网络水军"组织的产业化。其次，对于一些知名门户网站的内部工作人员，他们往往在收受特定利益后为"网络自生型"网络黑恶势力提供发布谣言的"官方"平台，因此被称为"内鬼"，"网络自生型"网络黑恶势力以一些知名网站所发布的虚假信息为基础，将虚假信息的影响力进一步放大。由于这些人员在网站发布信息的行为也不属于经营活动本身，无法以《网络诽谤解释》所引入的相关传统罪名对其追究刑事责任。退一步讲，即使考虑到可以使用"非国家工作人员受贿罪"对这类主体追究刑事责任，在证明上也是较为困难的。最后，由于"底层群体"只是属于机械劳动者，并没有参与到"网络自生型"网络黑恶势力的"经营活动"，因而无法成立非法经营罪。与此同时，"法不责众"的司法观念以及司法资源的有限性似乎也决定了数量庞大的"网络水军"难以被全部纳入刑法规制的范围之内。当然，从实践情况来看，一些"网络水军"的头目或主要参与者，他们都是从底层人员一步步发展而来的；或许我们只能等待，待他们"升级"之后再寻求刑事制裁。

应当看到，当下治理"网络自生型"网络黑恶势力采取的是以非法经营罪为基础的"抓大放小"的策略选择。在"抓大放小"策略选择下，即使将组织者以及主要参与者作为重点打击对象并加大制裁力度，其覆盖的主体范围仍然是单一的。从现实情况来看，目前，客户的市场需求仍然存在，同时一些底层人员开始逐步掌握"网络水军"的运营方式，在加大惩治"网络自生型"网络黑恶势力的力度之后，可能会导致"网络水军"的行业服务费用"水涨船高"，"散布、传播网络虚假信息""网络暴力言论"等行为的整体"价码"进一步提升，利益驱使下行为人铤而走险，由"底层群体"逐渐另立门户成为新的组织者，因此难以从根本上打破"网络自生型"网络黑恶势力的行业链条。

（二）治理"网络自生型"网络黑恶势力的应然选择

当前，我国在治理"网络自生型"网络黑恶势力的基本路径选择为"解释论"路径，也即，最高司法机关是通过各种刑法解释来寻求传统罪名延伸至网络空间，这一路径属于固有罪刑体系下的单一拓展。这一路径没有从根本上改变我国固有的刑法治理结构，面对以"网络水军"为基础的专业化、组织化、产业化的"网络自生型"网络黑恶势力，难以发挥效果。在信息经济时代，产生治理困境的根源在于治理对象的组织化结构与群体性特征。因此，"网络自生型"网络黑恶势力的治理，必然要作出新的思考。

首先，应尝试在"网络自生型"网络黑恶势力治理中引入行为人刑法模式。当前，我国在"网络自生型"网络黑恶势力治理仍然延续了传统的行为刑法模式，将重心落在"网络自生型"网络黑恶势力所实施的对外经营行为以及其他不法上（即行为犯）。对此，本文建议跳出行为刑法的思维定式，在"网络自生型"网络黑恶势力中引入行为人刑法模式或组织犯思维。若引入行为人刑法模式，就需要区分"网络自生型"网络黑恶势力组织的不同层次，并借鉴现实中黑社会性质组织的主体划分，针对处于不同层次的组织者、积极参与者以及群体性人员以其各种身份确定差异性的刑事责任。此时，刑法治理具有前置性与主观主义色彩，在识别出"网络水军"身份后，即使未能证实其实施"散布、传播网络虚假信息""网络暴力言论"等行为，也可以作为独立的犯罪样态而发动刑事制裁；当能够证实"网络水军"实施了"散布、传播网络虚假信息""网络暴力言论"等行为，并符合相关犯罪的构成要件，便可以结合"散布、传播网络虚假信息""网络暴力言论"等行为所涉及的传统罪名进行数罪并罚。

其次，行为人刑法模式或组织犯思维将"网络自生型"网络黑恶势力存在本身作为谴责对象。在互联网时代，公众的信息获取发生了根本性变化，公众既可能从中享受便利——在更短的时间内获得海量的信息，也可能因此面临风险——被大量不具有真实性或者无用信息所困扰。然而，从根本上来讲，这种"便利"只是形式上的，如果信息不具有真实性，"便利"即毫无意义。事实上，信息的传播以及受众的获取与公众知情权相对应，两者可谓一体两面；考虑到互联网时代公众的信息获取已经形成了高度的网络依赖，如果不针对公众知情权作出专门的制度供给，网络信息在"网络水军"的操纵下便可能走向危险的一端，最终动摇信息经济的根基。应当看到，"网络自生型"网络黑恶势力本质上是操控网络空间中的信息传播，导致网络空间信息"真假难辨",而公众利用互联网获得真实信息可能性逐步降低,最终对互联网完全失去信任。因此,在本文看来,作为网络中的特殊群体,"网络自生型"网络黑恶势力的存在已经直接危害到公众的知情权,并波及政治经济社会活动的方方面面。在这样的局面下,应当将公共知情权上升为一种刑法保护的法益。当然,这种由刑法所保护的公众知情权,是一种相对抽象的法益,刑法对其保护程度不能完全等同于传统的实害犯。

再次,行为人刑法模式的实践操作要依托于"网络水军"身份识别模型。在明确"网络自生型"网络黑恶势力的存在已经侵犯到公众知情权,且应当将之上升为刑法保护法益之后,将以"网络水军"为基础的"网络自生型"网络黑恶势力作为一种特有的"身份"加以识别。同时,网络水军的"身份"识别,需要外部的技术性支持,即建构"网络水军"的识别模型。这种识别模型实际上是网络环境中利用 Web 信息挖掘技术通过海量数据来建构的分析函数与理论模型,通过不断优化网络环境中的身份识别要素,定义高区分度特征及行为模式,识别发现潜藏的"网络水军"。具体来看,"网络水军"识别是基于内容特征、用户特征以及环境特征而建立起的综合性识别模型。[①] 只有建立起科学的"网络水军"识别模型,能够准确发现"网络水军",在"网络自生型"网络黑恶势力治理中引入行为人刑法模式才具有可行性。

最后,行为人刑法模式下刑罚制裁应理性把控。若是引入行为人刑法模式直接对"网络自生型"网络黑恶势力发动刑事制裁,那么,这种刑事制裁的意义更在于秩序维护与预防效果。考虑到公众知情权是一种相对抽象的法益,在对其所造成的直接危害相对较低的情况下,围绕"网络水军"所进行的刑事制裁,应该表现为轻刑化的制裁模式。也即,"网络自生型"网络黑恶势力的刑法治理,目标应兼顾扩大犯罪圈与控制刑罚量,对于"网络水军"本身所配置的自由刑应当较为轻缓,最高法定刑设置为"二年以下有期徒刑"是相对理想的选择,罚金刑应当成为主要的刑罚措施。并且,考虑结合互联网自身的特点,对于"网络水军"可以增设刑事禁止性措施,包括:(1)禁止从事网络公关或与网络信息服务相关的职业;(2)禁止建立或管理主要用于传播、交流信息的网站、群组、论坛等;(3)禁止允许、放任他人在自己所有或者管理的网站、网页、群组上发布信息;(4)在特定时间内停机联网、停机整顿或查封特定 IP 地址。当然,禁言、封号以及约谈等机制也是治理"网络水军"的措施,只是从性质上来看,将上述措施作为行政性措施或者是网络平台治理措施更为适当。此外,对于上游客户与网站内部人员而言,他们的

---

① 参见莫倩、杨珂:《网络水军识别研究》,载《软件学报》2014 年第 7 期。

行为都是助力于"网络自生型"网络黑恶势力，因此也将侵犯到公众知情权之法益，将上述人员纳入刑法规制体系内也具有正当性，只是配置的制裁措施更为轻缓。由此，可以依托"网络自生型"网络黑恶势力的组织化架构，确立层次化的刑事责任体系。

网络黑恶势力的嬗变与认定探析[*]

樊江涛[**]

一、问题之缘起：线下恶势力概念的线上适用

（一）黑恶势力网络化的背景

黑恶势力犯罪是有组织犯罪中的一类，在现实社会生态中，从初级形态到较高形态及最终的高级形态均有其较为固定的特征和认定标准，无论是学者还是在现实生活中的公众都能够有直观的感受。然而随着我国互联网的普及以及犯罪的高智商化，"在计算机与网络两者的关系中，网络成了目的本身，计算机则变为工具，这种转变也深刻影响到犯罪领域"①，也因此导致了以网络为"工具"犯罪或者在网络空间中犯罪的现象逐步演变成为互联网犯罪的主流样态。而本文探讨的黑恶势力网络化正是在这样的逻辑下发生和发展的，从传统现实社会中的毒瘤演变为互联网空间的"毒瘤"。如果探究黑恶势力网络化的原因，则与现实社会中对于黑恶势力的高压态势和网络的优越性进行紧密相关。

虽然管控网络黑恶势力存在困难，但是党中央仍持拔丁抽楔之目标，坚决的向网络黑恶势力宣战。网络黑恶势力和现实中的黑恶势力一样，有为非作歹、欺压百姓的本质特征，只不过其借助了信息网络作为工具或媒介，演化成为了具有独立特征的黑恶势力，这既包括传统黑恶犯罪的网络化。如利用网络实施套路贷、组织网络黄赌毒等，也包括新型网络黑色产业链，如雇佣"网络水军"进行诽谤、利用恶意软件敲诈勒索以及在购物平台有组织地恶拍、

---

[*] 本文系吉林大学横向课题《黑恶势力治理分析》阶段成果，暨2019年吉林大学法学院学生课题《恶势力主犯量刑均衡研究》阶段成果，受司法数据应用研究中心的资助。

[**] 樊江涛，吉林大学法学院刑法学博士研究生。

① 于志刚、吴尚聪：《我国网络犯罪发展及其立法、司法、理论应对的历史梳理》，载《政治与法律》2018年第1期。

恶退、恶评等，一般称为"利用信息网络实施黑恶势力的犯罪"，本文统称为"网络黑恶势力"。

无论从线下转到线上抑或线上的黑恶势力，其犯罪模式、组织特征等均在互联网化的过程中发生了较大的变化，而学界对网络团伙组织中组织性质的定性和定量研究较少，理论上还未重点关注到网络团伙犯罪或网络有组织犯罪，故在司法实践中，我国的司法工作人员也仅能依据相关的指导文件将传统黑恶势力认定标准进行"套用"，引发笔者对于网络黑恶势力司法认定的兼容性问题的思考。

（二）利用信息网络实施的黑恶势力犯罪嬗变历程

黑恶势力是一个具有中国特色的法律用语，其中"恶"是指"恶势力"，其包括恶势力团伙和恶势力集团两种组织形态，此提法"产生之初并不具有规范功能"①。而"黑"则是指黑社会性质组织，是有组织犯罪的高级组织形态之一。"恶势力"的提法源自公安实践需要，即对于未构成黑社会性质组织性质的有组织犯罪进行的法律评价，后来逐步演变为一个刑事政策式的概念。而今，虽然其不存在于现有成文法律规范之中，但是从 2010 年伊始即正式出现在中国裁判文书网刊载的裁判文书之内，也是间接的确立其在法律中地位和身份，进而逐步演化成为一个"具有了半正式制度的属性"② 的概念。

网络黑恶势力提法是黑恶势力提法的深层次延伸。在 2018 年 1 月颁行的《关于办理黑恶势力犯罪案件若干问题的指导意见》（法发〔2018〕1 号，以下简称《2018 年黑恶势力指导意见》）提及了"组织或雇佣网络'水军'在网上威胁、恐吓、侮辱、诽谤、滋扰的黑恶势力"这种网络黑恶势力犯罪，之后在 2019 年 4 月 9 日颁行的《关于办理实施"软暴力"的刑事案件若干问题的意见》（以下简称《2019 年"软暴力"意见》）认为软暴力是指"在有关场所进行滋扰、纠缠、哄闹、聚众造势等，足以使他人产生恐惧、恐慌进而形成心理强制，或者足以影响、限制人身自由、危及人身财产安全，影响正常生活、工作、生产、经营的违法犯罪手段"，该定义无形中囊括了网络黑恶势力的范畴，因为网络黑恶势力实施犯罪的受害者遭受了多方位程度不同的负面影响。

通过收集裁判文书发现，"网络黑恶势力"的提法频繁出现于 2018 年之后，在此之前无论是理论界还是司法实务界均将该类有组织犯罪描述和评价为

---

① 刘仁文、刘文钊：《恶势力的概念流变及其司法认定》，载《国家检察官学院学报》2018 年第 6 期。

② 黄京平：《恶势力及其软暴力犯罪探微》，载《中国刑事法杂志》2018 年第 3 期。

"网络黑社会"①或者"网络水军和黑公关"②,之后最高人民法院、最高人民检察院、公安部、司法部(以下简称"两高两部")为应对网络黑恶势力,于2019年7月23日颁行了《关于办理利用信息网络实施黑恶势力犯罪刑事案件若干问题的意见》(以下简称《2019年网络黑恶势力意见》),这是中国官方首次为应对网络黑恶势力犯罪而颁行的指导文件,对于网络黑恶势力的认定起到了一锤定音的效果,其中在文件中枚举了数种典型的网络黑恶势力,并就司法认定问题进行了说明。一系列的指导文件和会议讲话,凸显了党中央对于线下和线上共同治理黑恶势力的战略布局的科学性,同样也表明了整顿网络空间秩序的决心。

(三) 直接套用传统黑恶势力认定标准引发的思考

明确网络黑恶势力是传统黑恶势力的延伸的前提下,我们则需要进一步探讨对其的司法认定问题,现阶段指导文件的基本立场是直接套用传统黑恶势力的认定标准,笔者认为并不可取。能否直接"套用"传统黑恶势力认定标准,我们需要回答三个问题:首先是网络黑恶势力相较于传统黑恶势力发生了哪些变化;其次是对于发生"异化"的黑恶势力套用传统理论来规制是否契合;最后是在网络有组织犯罪视域下如何构建网络黑恶势力犯罪的认定标准。

网络黑恶势力有组织犯罪在2018年前通常被视为黑色产业链,也具备黑社会性质组织的部分特征,如组织性特征和经济特征等,因此在理论界的称谓难以统一。后来依据"扫黑除恶"专项行动颁行的相关指导文件,将网络黑恶势力犯罪区分为两种模式,即"线下向线上转移"犯罪模式和"线上的互联网犯罪"模式;同时相关指导文件提出,当司法机关对网络黑恶势力进行的法律评价应当与传统"黑社会性质组织"和"恶势力"认定标准进行"套用"后作出认定。但笔者认为,《2019网络黑恶势力意见》认识到了利用信息网络的黑恶势力其特征与传统的黑恶势力相比出现了变化,其与传统黑恶势力既有相似的一面,又有网络犯罪的特征,这均是在互联网加持下发生的"变异",甚至网络黑恶势力所涉及的罪名的认定标准也被迫进行了改变,如寻衅滋事罪和强迫交易罪等,但是最后规定仍然直接"套用"传统认定标准,故笔者认为该观点成为一个值得商榷的理论疑点。

网络黑恶势力是在互联网空间和网络技术共同协作下的共同犯罪或者有组

---

① 黄杰:《认真对待"网络黑社会":网络时代值得研究的新课题》,载《电子政务》2011年第12期。

② 郭莉:《如何规制源自网络空间的黑恶犯罪》,载《检察日报》2019年9月25日,第3版。

织犯罪，因此对于传统的共犯理论也是一个巨大的挑战。例如传统的共同犯罪理论在适用于网络共同犯罪时，"引发了共同犯罪内部结构和评价体系的变动"，① 主要体现是分工分类法和作用分类法的区分作用在网络共同犯罪语境下的失灵。此外，也有学者将目光着眼于网络共同犯罪的定罪处罚问题上，② 突出体现在网络共同犯罪的故意联系、行为和承担责任问题很难用传统理论进行完美解答。因此网络黑恶势力直接套用传统黑恶势力的认定标准，也会出现不兼容的现象。

网络黑恶势力司法认定问题是传统黑恶势力网络化后理论和司法实践都务必要关注的一个新问题，该问题暴露的是目前我国在网络犯罪领域立法规制与司法适用的短板。故解决好网络黑恶势力问题，甚至能够对其他网络犯罪的刑法规制起到抛砖引玉的提示作用。

二、争点之剖析：网络黑恶势力认定标准的解构

（一）网络黑恶势力与传统黑恶势力认定标准不兼容

在国内理论界，学者们也较为赞同《2018 年黑恶势力指导意见》和《2019 年网络黑恶势力意见》中对于黑恶势力定义，并依据定义将黑恶势力特征概括为组织特征、行为特征、危害特征，其中黑社会性质组织还有经济性特征③。在数个指导文件中，这些黑恶势力的评价标准全部是以现实社会生活中的黑恶势力为模型构建的评价标准，而网络黑恶势力，由于借助互联网为媒介，因此与传统恶势力相比，既拥有黑恶势力固有的特征，也包含了自身的"非典型性"黑恶势力特征。《2019 年网络黑恶势力意见》对其进行了说明，但是如果细究指导文件的内容，则能够发现该指导文件在没有论证网络黑恶势力与传统黑恶势力特征的前提下，直接规定对其套用传统黑恶势力标准，这为司法实践和理论研究埋下了隐患。

1. 犯罪组织的组织性特征弱化

通过对我国刑法、相关司法解释和指导文件中规定的有关黑恶势力组织特征剖析，笔者将组织性特征拆解为三个方面进行探讨。一是成员之间的层级关系，层级结构通常呈现为类似金字塔式，利用内部的规则制约所有成员，高级成员对于低级成员有管控和指挥的权力，高级成员甚至还会出现对于低级成员

---

① 于志刚：《论共同犯罪的网络异化》，载《人民论坛》2010 年第 29 期。

② 孙道萃：《网络共同犯罪的多元挑战与有组织应对》，载《华南师范大学学报（社会科学版）》2016 年第 3 期。

③ 刘宪章、孙刚：《恶势力违法犯罪的司法认定》，载《中国检察官》2018 第 21 期。

盘剥的现象。二是黑恶势力成员与参与黑恶势力犯罪成员差异的问题，传统黑恶势力成员通常本身就是组织中各种罪行的参与者，因此组织成员通常也是某个犯罪行为中的参与者，这是主流的现象。三是组织的稳定性问题，传统黑恶势力通常是聚集在一起进行违法犯罪活动，有的甚至利用内部规则约束成员，使得成员对于组织的依赖程度较高，且入伙和退伙相对不自由，形成较为稳定的犯罪团伙或组织。通过对于传统黑恶势力中成员分析能够发现，组织中的成员是认定组织特征的重要根据，但是在网络黑恶势力中，前述三个方面均遭受挑战。

首先，网络黑恶势力成员之间关系呈现合作的倾向。正是基于网络犯罪所需要的专业性，网络黑恶势力成员相互结合时具有一定的自主选择权，能够灵活地实现强强联合，从而克服技术壁垒和人力壁垒，故参与成员对于组织者和领导者的隶属度较低。

其次，网络黑恶势力组织构成的变化。笔者在统计完2018—2019年裁判文书网上全部的恶势力案件后发现：没有一例少于"3人"标准的恶势力案件。可得出我国法官审判工作均严格的遵照相关指导文件的规定，但是在网络恶势力案件中，网络的虚拟性赋予了网络黑恶势力组织"独木成林"的可能性。由于网络的虚拟性和信息技术的加持，参与网络黑恶势力犯罪的普通参与者可能均为雇佣关系，从而导致"一人恶势力"或者"两人恶势力"可能成为常态。

最后，网络黑恶势力组织构成不具有稳定性。虽然在相关指导文件中添加了"一般为三人"作为限定，但是从司法实践来看，如果一个网络恶势力中普通成员是高流动性的，仅有一两名固定的成员的犯罪组织，是视为一个组织还是不同组织呢？

2. 违法犯罪行为以"其他手段"中的"软暴力"为主

《2019年网络黑恶势力意见》还有"两个排除"：其一是排除单纯谋取不法利益的团伙为恶势力的情况和"事出有因"的违法犯罪情况；其二是排除了单纯通过线上方式实施的违法犯罪活动，且不具有为非作恶、欺压残害群众特征的，一般不应作为黑社会性质组织行为特征的认定依据。对于黑社会性质组织，我国刑法、相关司法解释和数个指导文件明确了黑社会性质组织的四大特征，其中黑恶势力都具有的特征是"为非作恶、欺压群众"，是否具有"残害"特征是黑社会性质组织区分恶势力的重要考量因素之一。

传统黑恶势力犯罪行为特征呈现暴力、威胁和"非暴力"三者相结合的形式。之后为了称呼方便，表现出"非暴力"手段对受害者的心理强制，则以"软暴力"作为"非暴力"称谓的替代，在《2019年"软暴力"意见》中对"软暴力"作出明确定位。然而在互联网的加持下,网络黑恶势力呈现两种模式,即线上线下相结合的犯罪和纯线上的犯罪,前者是利用信息网络进行犯罪,后者是在网络空间中犯罪,故在后者模式下,犯罪分子与受害人很少能够面对面式的进行犯罪,因此产生威胁只能来源于"非暴力"行为,也即"软暴力"。而在线上线下相结合的模式中,线上的行为通常是整个犯罪先行行为,是全部犯罪的重要的组成部分,例如黑恶势力线上和线下相结合的模式中,线下部分还是体现为传统黑恶势力犯罪的模式,但是从整体作案行为方式而言,线下的违法犯罪活动通常起到对于线上业务的辅助作用,此类模式常见于"套路贷"和黑恶势力插手的民间借贷,也即线上主要和受害者签订非法合同或者放贷款,线下则组织人员以暴力或者其他手段"逼债"。总体而言,无论是哪一种模式,违法犯罪行为均是以"软暴力"为主,暴力行为反而成为辅助手段,甚至完全舍弃了暴力行为,这与传统黑恶势力迥然不同。

网络黑恶势力行为的"软化"给司法实践带来了两个问题:一方面是由于行为均以"软暴力"手段为主,因此这些行为中有的是违法行为,有的是犯罪行为,所有行为在刑法层面评价存疑;另一方面是网络黑恶势力尤其是纯线上黑恶势力,通常是"全面撒网,重点捕捞"式的犯罪,产生的预备行为或者未遂行为的法律评价问题也是一个需要进一步思考的问题。

此外,网络黑恶势力行为特征除了"软化"趋向,还表现出较为单一的特征,使得又出现"犯罪次数"的认定问题。这些犯罪行为通常不具有强制暴力性,而是以"软暴力"为主,多次的犯罪行为如果仅仅构成违法,则对于犯罪的认定产生偏差,即使依据《2018年黑恶势力指导意见》中谈及的"按照刑法或者有关司法解释、规范性文件的规定累加后应作为犯罪处理的"而进行入罪,但依照该指导意见中仅将该种情况视为"1次犯罪活动",则又与恶势力的危害性特征相悖。同时,如果将数次的违法行为中的一部分视为一次犯罪,而将另一部分视为违法活动,从而达到"多次实施违法犯罪活动",则完全有违司法的公平正义,有"为了入罪而入罪"之嫌。

3. 危害性特征缺乏限定条件

根据司法解释和数个"扫黑除恶"指导文件,恶势力的危害性特征强调的是造成较恶劣的社会影响,而黑社会性质组织则强调形成非法控制或者重大影响,包括严重破坏经济、社会生活秩序。对于我国黑恶势力的危害性特征,通常会限定在一定的区域或者行业,该限定也是根据客观实际而提出的,所以具体到某个黑恶势力,其犯罪组织的总影响力是有限的。对于线上线下相结合的黑恶势力,其相较于传统黑恶势力仅增加了利用信息网络这一条件,其危害性特征的衡量要素主要还是取决于线下行为,故差异较小,在此不再讨论。

纯线上网络黑恶势力借助于互联网"P2P"式的交互,随时可以扩大其影响受众,因此《2019年网络黑恶势力意见》中,论述了"危害行为发生地、危害的行业比较分散"的问题,但是为了入罪,则以犯罪次数作为衡量是否"在网络空间和现实社会造成重大影响,严重破坏经济、社会生活秩序的",这相当于是变更了黑恶势力危害性的标准。在限定的区域内10次犯罪和同样10次在网络上进行财产犯罪,如果涉案数额和情节大体相同,其侵犯的法益可以视为等量,但是等量的侵害法益无法证明组织的非法控制性或影响力是等同的。通过相关案例可以发现,如果是线下的黑恶势力,1.5亿元涉案赃款和数千的受害者,足以认定为非法控制地区,严重影响地区的经济和社会秩序,但是因为发生在网络空间,如果单论次数,固然符合危害性特征,但是根本无法体现出非法控制性,由于犯罪结果地范围广,对于经济和社会秩序影响也有限。针对这种情况,如果司法实践要弥补这一漏洞,则通常将网络黑恶势力认定为恶势力,强调一定的危害性和非法影响力即可,这也从侧面印证了纯线上的网络黑社会性质组织很难成立。

(二) 网络黑恶势力成员参加组织的主观认定问题

网络黑恶势力兼具网络犯罪与黑恶势力犯罪的特征,使得传统黑恶势力在互联网化的过程中一些特征被弱化,故网络黑恶势力成员参与的主观"明知"标准也应该随之变动。因为只有黑社会性质组织成员会涉及组织、领导、参加黑社会性质组织罪成立,为了符合入罪时要求的主客观相统一原则,目前司法解释和指导文件仅针对黑社会性质组织规定了涉案成员的主观认定问题,对于恶势力成员的主观并没有规定。

参与黑恶势力主观层面只能是故意,我国学界对参与黑社会性质组织的成员提出的学术观点大体分为两派,一派是认为"明知不要说",即不需要认识到加入的是黑社会性质组织,仅需要参与者知道该组织从事违法犯罪活动,欺压残害群众,依然自愿加入即可;另一派是"明知必要说",行为人明确认识属于黑社会性质组织依然予以加入的行为才可以认定为涉黑犯罪[①]。

笔者认为,上述两派观点均存有纰漏。通过梳理恶势力概念的历程演变能够发现,该概念的提出是为了规制那些无法认定为黑社会性质组织的犯罪组织,所以统称为恶势力,是将其中规模和影响更接近黑社会性质组织的犯罪组织认定为恶势力集团,以体现区分层次。这其实也间接证明了一个问题,即黑社会性质组织的证明难度较高,如果认定一个犯罪组织的难度都较高,那么如

---

① 参见魏东:《"涉黑犯罪"重要争议问题研讨》,载《政法论坛》2019年第3期。

果规定一般参与黑社会性质组织的成员要认识黑社会性质组织的四个性质，则很容易出现出罪的情况，例如黑社会性质组织的"经济特征"，一般的参与者如何认知？还有对于"危害性特征"中要求的"残害百姓"，如果组织中一般参与成员仅参与一般违法犯罪行为，没有认识到"残害百姓"，难道就可以出罪吗？因此"明知必要说"在司法实践中难以有立足之地。而对于"明知不必要说"，在2009年《办理黑社会性质组织犯罪案件座谈会纪要》和《2018年黑恶势力指导意见》中规定，认为"以实施违法犯罪为基本活动内容的组织"即可，这里就概括出了认知的两个方面，组织特征和行为特征即可，这样的认识标准过低，相当于只要认识到有组织犯罪，只要组织成立黑社会性质组织，那么本人就是黑社会性质组织参与者，这与传统理论中的"如果故意的认识对象是构成要件的不法"①，故"明知是对构成要件要素的事实性认识"② 相悖，倘使忽略了行为人主观的认知，会成为新一类的"客观归罪③"。

传统黑社会性质组织中参与成员的主观认定尚且存在争议，那么在网络黑恶势力多项特征弱化的前提下，继续适用传统黑恶势力的标准，则会造成成员参加黑恶势力的认定困难，不利于对于网络黑恶势力的法律治理，因此也应当对司法实践进行适当的回应，盲目套用传统标准确有不当。

三、纾难之路径：网络黑恶势力认定标准的调整

（一）前提——确立网络黑恶势力是传统黑恶势力的"继承"与"衍生"

司法更加关注法律适用的问题，这就牵扯到法律与事实、理论与实践之间的对应问题。但是法律本身是有疏漏的，不可能面面俱到，这就导致了法律规定对于新生事物的映射产生空缺，"适用法律就会产生阻碍，而这种问题在日新月异的网络时代更加突出"④，最终导致法律适用的疑难。网络黑恶势力是隐性黑恶势力，也是新型黑恶势力，规制网络黑恶势力应当首先确立网络黑恶势力有别于传统黑恶势力的基本立场，后者的认定标准不应直接套用给前者；其次要明晰网络黑恶势力继承了传统黑恶势力的哪些特征，又发展了哪些新特征；最后才能针对网络黑恶势力的特征量身定制司法标准，既要防止失之毫

---

① 陈家林：《外国刑法通论》，中国人民公安大学出版社2009年版，第215页。
② 陈兴良：《刑法中的故意及其构造》，载《法治研究》2010年第6期。
③ 最高人民法院、最高人民检察院《关于涉以压缩气体为动力的枪支、气枪铅弹刑事案件定罪量刑问题的批复》。
④ 于志刚、吴尚聪：《我国网络犯罪发展及其立法、司法、理论应对的历史梳理》，载《政治与法律》2018年第1期。

厘，又要防止矫枉过正。

无论是"异化说"还是"进化说"，网络黑恶势力都是传统黑恶势力向网络空间的延伸，属于衍生事物因此并非是一个全新的事物，所以本身还继承了传统黑恶势力的特征，只是这些特征发生了程度参差不齐的变异，除此之外，可能还呈现有新的特点。因此笔者认为可以采取折中说，既要重视所谓的"量变问题"——传统黑恶势力特征的程度变化，也要关注"质变的特征"——体现的是信息网络加持下产生的全新的特征，这样既符合事物的认知规律，也有利于科学构建司法认定标准。

黑社会性质组织共计有四个典型特征，恶势力共计有三个典型特征，在互联网化的背景下，传统的特征都得以保留，但有的发生了"量变"，也即有些特征仅发生了超越了传统认定样式的变化，却没有超越传统的认知标准，所以可以与传统的黑恶势力认定标准部分兼容。与"量变"相对应的"质变"则是指该特征完全超越了传统的认定标准，导致传统的认定标准与网络黑恶势力无法兼容。

综合本部分所述，我们在承认网络黑恶势力与传统黑恶势力有差异的前提下，要区分犯罪组织的"量变"和"质变"，要明确何种特征是"继承"，何种特征是"衍生"，杜绝一刀切式的认定模式，为后续制定合适的认定标准提供犯罪学层面的认识基础。

（二）路径——解释与立法优先级之争

网络黑恶势力的另一个侧面是互联网犯罪，其新颖的犯罪手段使得现阶段我国刑法对其规制不足成为常态，通常表现为法条的明确性不足，或者适用的条件发生了变化，因此我国对于网络犯罪的刑法规制问题分为两派，也即解释派①和立法派，而在每个派别之下又细分了众多派别，如解释派能够进一步分为主观解释派和客观解释派②，立法派从立法模式则有一元模式和二元模式③，从内容区分则有本土化立法与国际化立法等，此外对于网络犯罪具体罪名的刑法规制争议也同样激烈，主要集中于"侵犯虚拟财产犯罪、网络诈骗、网络诽谤、网络色情、网上寻衅滋事等犯罪"④，在此不一一赘述。该争点在

---

① 陈兴良：《网络犯罪的刑法应对》，载《中国法律评论》2020年第1期。
② 王华伟：《网络时代的刑法解释论立场》，载《中国法律评论》2020年第1期。
③ 卢建平、姜瀛：《犯罪"网络异化"与刑法应对模式》，载《人民检察》2014年第3期。
④ 皮勇：《论中国网络空间犯罪立法的本土化与国际化》，载《比较法研究》2020年第1期。

司法实践中则采取了解释与立法的双轨制办法,一方面出台司法解释,另一方面保持定期修改刑法的惯例,使得我国刑法在应对互联网犯罪之时不至于束手无策。

对于网络黑恶势力的认定问题,我国官方首先明确网络黑恶势力的存在,其次也认识到了网络黑恶势力的异化问题,但是文件还是规定套用传统的黑恶势力标准,故该立场笔者认为有待商榷。黑恶势力概念诞生于法律文件或者立法,作为法律渊源之一,早已融入司法活动之中。数个涉及"扫黑除恶"的法律文件和相关司法解释,对于黑恶势力都进行了细致的释明并进行举例说明,使得在司法层面具备了可操作性和可控性,能够有效地防止冤案错案的发生。而网络黑恶势力,正如前文提到的,仅在数个法律文件中提到只言片语,缺乏明确的释义,使得在司法层面可操作性和可控性趋弱,亟待司法解释或者相关立法来解决这些实践中的问题。但是究竟采用立法论还是解释论,笔者更倾向于后者,理由如下。

一方面,网络黑恶势力本质是传统黑恶势力向网络空间发展和延伸,其基本特征都得以保留,主要存在的问题是这些基本特征程度的变化以及在互联网加持下产生的新特征,这是传统犯罪网络化的普遍现象,因此如果意图通过立法来达到规制的目的,势必会造成我国刑法体系的臃肿。另一方面,从规制对象而言,无论是网络黑恶势力抑或传统黑恶势力,我们对其认定的目的是确定犯罪组织的性质,从而影响具体个罪的定罪和量刑,并不涉及新增法益的保护问题,故采取立法论确实不宜。

对于采用解释路径的方式,笔者认为可以继续采用指导文件来进行解释说明,不仅能够达到便捷高效的目的,而且可以视为对于《2019年网络黑恶势力意见》的深化和补充,因为我们需要明确的是网络黑恶势力其基本特征发生的只是程度的变化,调整的是认定的门槛,而新特征主要是关于网络化过程中的说明,解决的是互联网犯罪共有的需要特殊考量的问题,诸如主观方面,等等。

(三) 完善——调整网络黑恶势力认定标准

综合前文,我们发现网络黑恶势力的主要问题集中在司法认定和涉罪个体或者组织的罪行均衡两大方面,两者是相辅相成的关系,前者为后者提供认定和量刑的依据,后者检验前者认定过程中的合法性和合理性,针对上述两大司法难题,笔者尝试从以下四个方面调整网络黑恶势力的认定标准。

1. 网络黑恶势力主体的适度扩大

网络黑恶势力的主体可以适度向上游犯罪和下游犯罪延伸。笔者在前文论述了网络黑恶势力呈现的是组织内网状化或者蜂窝化的趋势,成员之间更加倾向的是合作犯罪,而弱化了上下级的指挥关系,而在组织外,个体或者其他组织之间同样也呈现了合作的倾向,也即网络黑恶势力犯罪呈现类似"产业化"的分工,除了具体实施黑恶犯罪的这一环,还有上游犯罪和下游犯罪,且无论上游或下游犯罪,常呈现的是"一对多"的样态,从传统黑恶势力规制的路径而言,结合共犯的理论,这种上下游犯罪通常不作为组织的参与者。但是在互联网中,对于该类专门帮助黑恶势力犯罪的产业化违法犯罪组织,应当考虑视为黑恶势力,而不再作为参与者,即"帮助行为正犯化"的变通适用。

除了要关注上下游违法犯罪行为的主体,也要重视组织人数的问题。网络黑恶势力也是有组织犯罪的一种,但是与传统的黑恶势力对比分析,我们能够发现,其组织性被显著弱化,因此产生了网络黑恶势力组织认定与个人的罪行之间的矛盾,突出的问题就是出现了"一人或者二人"的网络黑恶势力,同时对于"临时工"式的黑恶势力参与者,也成为了认定的难题之一。现行的数个指导文件对于前者都没有进行正面回应,对于后者不视为犯罪,这显然忽略了对于网络黑恶势力的危害性考量,其合理性值得进一步商榷。

笔者认为,在明确的网络黑恶势力标准前提下,司法实践中应当梳理组织者或者领导者,即使是一人,以及成员处于流动的状态,该组织仍应当依法认定为恶势力,成为"一人型恶势力"。"临时工"式的参与者处罚应宽宥,但所谓的"宽"不应当是放纵或不处罚,而是在确认其行政违法或者犯罪的前提下,从宽处罚,以达到对于潜在违法罪人员一般预防的效果。惩治网络黑恶势力重在摧毁其黑色产业链,至少要完成有效压缩甚至泯灭其在"明网"生存余地。当然,这也是在依法认定网络黑恶势力的前提下进行的,否则个人在网络黑恶势力中的角色也将存在较大争议。

2. 提升"软暴力"行为的认定地位

网络黑恶势力的行为方式在《2019年网络黑恶势力意见》中进行了列举,此外结合2018年9月公安部发布的十大典型网络黑恶势力犯罪行为,笔者最后整合现阶段的司法实践案例将网络黑恶势力犯罪基本行为分为以下两大类。

一类是财产犯罪。犯罪人以非法占有为目的,采用诈骗、敲诈勒索、盗取个人隐私、网络套路贷等方式使得受害人的财产受到损失。该类型的网络黑恶势力犯罪由于技术门槛较低,风险低,因而最为常见。财产类的网络黑恶势力犯罪更加凸显的是监管的盲区,不仅仅是政府监管的盲区,也是包括第三方平台监管的盲区,通常情况下是发现一起查处一起,很难进行有效的事前预防。单纯为牟取不法经济利益而实施的犯罪一般在传统黑恶势力中不宜视为黑恶势力,但是笔者认为在网络空间中,这些行为无不具有"为非作恶、欺压百姓"

特征，是直接影响公众日常生活秩序和网络社会秩序的，因此纯财产犯罪在互联网的加持下，认定为黑恶势力是可行的。

一类是诋毁名誉声誉行为。该类犯罪嫌疑人通常是受雇佣而对特定的对象进行侮辱或诽谤等方式的人身攻击，这也是《2018 年黑恶势力指导意见》和《2019 年"软暴力"意见》提及的情况。如果是针对公司企业，则雇主构成典型的不正当竞争。该类犯罪通常被称为"网络水军"。但是，显然该类行为通常属于非暴力手段，产生威胁也同样是基于这些非暴力手段，欠缺黄京平教授所提倡的传统恶势力中的暴力保障特征，但是却具备卢建平教授认为的"软暴力犯罪亦能造成严重的社会危害"①，是"滋扰被害人或影响舆论监督和公众知情权"，所以是典型的"软暴力"犯罪，不应当以网络黑恶势力缺乏暴力型特征和以暴力为基础的威胁而不视为黑恶势力，而是应当突破传统黑恶势力的认定标准，以"其他手段"和以"其他手段产生的威胁"作为网络黑恶的行为特征。

上述两类网络黑恶势力犯罪是伴随着网络的普及而兴起，实际上也早已引起了公安和司法机关的注意，在扫黑除恶进入收官阶段的背景下，对"改头换面、蛰伏隐匿"的网络黑恶势力，要区分网络黑恶势力与传统黑恶势力的行为特征，才能在司法程序中对网络黑恶势力大力亮剑，斩草除根。

3. 危害性特征认定应注重隐性条件的功能

对于网络黑恶势力危害性特征的认定，如试图采用传统黑恶势力中类似于某一统一的标准，则其前提条件是"所有犯罪所侵害的法益是具有同一性"，但是显然由于网络黑恶势力涉及犯罪呈现"产业"多样化，因此不同法益之间难以进行有效的换算，故针对不同的犯罪行为采用不同的标准，才能较好地契合罪责刑相适应原则。例如财产类犯罪，应注重涉案金额、作案既未遂次数、犯罪手段危害性程度及次生危害；再如诋毁名誉声誉类的违法犯罪行为，则首要考察的是对受害者们引发的负面影响程度，包括点击数、浏览量和受害者们的应激反应，其次才是作案次数、涉案金额等问题。总体而言，网络黑恶势力通常所涉及的犯罪行为较为单一，故其危害性特征主要考虑涉案罪名所侵犯的法益来寻找合适的标准，因此标准可能会出现多元化的情形，这对司法机关的法律职业能力提出了较高的要求。

4. 主观层面认定宜采取的降级认定立场

前文提及对于参加黑恶势力组织成员明知的问题，我国仅规定了参与黑社

---

① 卢建平：《软暴力犯罪的现象特征与惩治对策》，载《中国刑事法杂志》2018 年第 3 期。

会性质组织的主观层面认定，采用的立场为"部分特征认识说"，在应对网络黑恶势力中并没有进行明确的说明，因此可能引发观点的分歧。由于线上线下相结合的黑社会性质组织，由于主要取决于线下的行为，故主观认定标准采用"部分特征说"同样适宜，但是对于纯线上的黑恶势力，由于其典型特征都发生了不同程度的变化，且还具备网络犯罪的一些特征，因此认知难度显著提升，故如果继续适用传统标准可能有失公允。

针对网络黑恶势力笔者认为宜采取降级的标准来完成主观层面的认定，即如果组织成立的是网络黑社会性质组织，只需要参与者认识到恶势力的基本特征即可，如果是网络恶势力，只需要参与者认识到共同犯罪的层面即可。因为现阶段无论是学术界还是司法界，都赞同普通恶势力是多人共同犯罪的情形之一，而黑社会性质组织是恶势力的高级形态的观点，因此其主观降级认定具备理论层面的支撑。对于降级认定，笔者建议应当注意如下三点。

首先，传统黑社会性质组织要求认识到组织特征和行为特征即可，主要是考虑这两个特征是典型特征，本身就含有"降维"认定的考量，而网络黑恶势力的特征已经不甚明显，如果还是要求认识到特定的特征才能认定，相当于提高了认定的门槛，使得普通参与者难以认定为组织成员，因此可能会降低法律的惩治效果。

其次，网络恶势力成员只需认识到共同犯罪则是出于网络平台"P2P"式的交互考虑。在《2019年网络黑恶势力意见》中也认识到了互联网中的共同犯罪主体"相互未见面、彼此不熟识"的情况，所以不可能因为参与者之间由于"P2P"式的联系模式而否认组织特征的成立，故以参与者认识到在网络中共同犯罪作为主观标准是符合网络犯罪特征的。此外该标准也能规制网络恶势力中由于参与者高度流动性导致的"一人或者二人"恶势力的特殊情况。

最后，为何降级不是从网络黑社会性质组织降级到网络恶势力集团，而恶势力集团降级到恶势力呢？笔者则是考虑到恶势力与恶势力集团的差异性问题，恶势力与恶势力集团的差别主要在于组织规模的庞大和危害性更严重，而成员的主观认识因素和意志因素方面难以体现显著差别，故笔者将普通网络恶势力和网络恶势力集团主观层面视为一个整体，从而更利于司法认定，减少非必要的影响要素。

四、余论

网络黑恶势力究其本质为利用互联网进行犯罪的犯罪组织，其犯罪手段花样繁多，且基于互联网技术快速的更新迭代，故犯罪手法更新换代也呈现快速变化的趋势，这也是普通群众屡屡中招的原因之所在。因此对于网络黑恶势力的防控，不应当像治理传统恶势力那样采用"一刀切"的模式，而是针对不同类型的网络黑恶势力犯罪手段采取有针对性的措施，而这些措施，即包括线上利用网络技术达到防控，也包括线下的管控措施进行治理，从而不断地压缩其生存空间并清除犯罪条件，以期达到防控的效果。

但是，对于网络黑恶势力的认定应当谨慎裁量，这个裁量的标准不应当交由法官，因为这将徒增法官的职业风险，而是应当继续由中央相关部门尤其是"两高两部"来共同制定指导性文件，规范此类新型恶势力的定义与认定标准，为法官在司法认定中扫清障碍。

最后，网络黑恶势力的治理不是一两个部门的事，更不是仅仅依靠司法力量就能有效遏制的，而是应当多个部门进行联动进行综合治理，以突破技术壁垒和空间壁垒，尤其是涉及跨境甚至跨国的情况，需要寻求他国的力量，这也是互联网特征所决定的。

新型互联网"黑灰产"犯罪现状及防控对策研究

胡 勇[*]

"互联网+"是社会创新驱动下互联网发展的新方向，是以计算机技术为背景促使互联网产业与传统产业深度融合，全面提升传统产业的活力和生产力，是当前推动社会快速发展的主要经济业态之一。在 CNNIC2018 年度发表的《第四十一次中国互联网络发展情况统计报告》中，我国网民在 2017 年末已经达到 7.7 亿人，其中移动互联网用户达到 97%。无所不在的互联网业态推动着人们现有生活方式、社交模式、产业形态颠覆式发展。与此同时，以"黑灰产"为代表的互联网犯罪快速发展不仅对正常的互联网业务造成损失，更是对社会整体和谐稳定造成极大危害。新型互联网"黑灰产"与互联网高速发展密不可分，由于对互联网"黑灰产"犯罪的隐蔽性和违法性研究不足，导致对其认知缺失停滞不前。大数据时代带来的信息泄露也成为了真实资产和虚拟"黑灰产"的主要来源，而垃圾信息泛滥、网络诈骗、勒索病毒更是让群众深受其害，如何解决这些新型互联网"黑灰产"犯罪问题已经成为当前研究的重点。

一、新型互联网"黑灰产"犯罪的现状分析和形成原因

互联网"黑灰产"犯罪是受经济利益驱动所形成的互联网犯罪灰色产业链，在大数据时代的今天，传统互联网"黑灰产"犯罪出现了新的犯罪模式和手段，如滴滴打车补贴漏洞被"套用"等，使用传统的互联网风险防控和司法监管已经不能适应互联网快速发展的需要，采用大数据、人工智能、区块链等新技术提高互联网安全，打击新型互联网"黑灰产"犯罪已经成为当前司法实践中亟须解决的问题。

---

[*] 胡勇，重庆市南岸区人民检察院主任科员，硕士研究生。

(一) 我国新型互联网"黑灰产"犯罪研究现状

中国已经进入高度网络化、信息化时代，大量的生产、生活都离不开网络，一旦出现网络安全问题势必造成极其严重的后果。

从《中国犯罪治理蓝皮书——犯罪态势与研究报告（2018年）》来看，我国在2000年后，犯罪整体态势得到了较好的控制，传统的暴力型犯罪整体呈下降趋势，但是我国网络犯罪态势却呈现上涨势头，特别是网络犯罪逐年上升，这也与我国经济社会发展和"黑灰产"的快速发展密切相关[①]。如图1，网络犯罪行为快速增长，网络诈骗、网络赌博、木马病毒勒索等互联网黑灰犯罪数量不断增长。

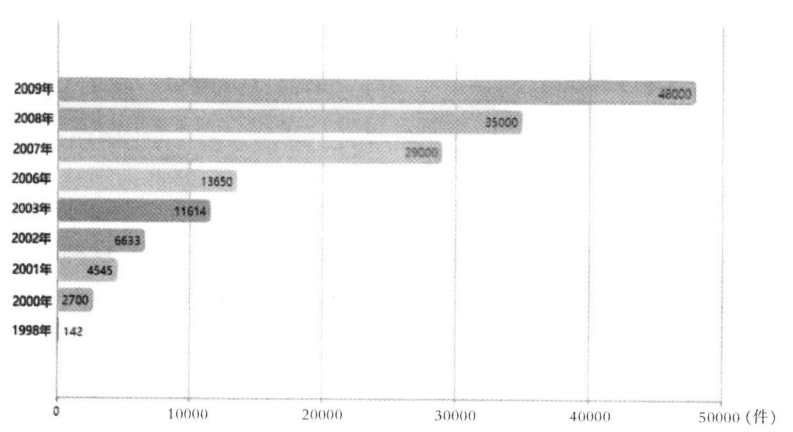

图1：网络犯罪呈现快速发展趋势

从《网络犯罪治理防范白皮书（2019年）》来看，2018年我国"黑灰产"网络犯罪导致每分钟全球经济损失290万美元/分钟，2018年因网络钓鱼攻击导致的全球经济损失17700美元/分钟，2018年因加密货币交易所被入侵导致全球经济损失1930美元/分钟，2019年因勒索软件攻击导致的每分钟全球经济损失22184美元/分钟[②]。根据白皮书显示的2016—2018年网络犯罪数据，网络诈骗占网络犯罪的比重超过50%，而在公安部"净网2019"通报的数据中网络诈骗又占净网行动的40%以上，由此可见"黑灰产"中网络诈骗犯罪

---

① 黄河：《中国犯罪治理蓝皮书——犯罪态势与研究报告（2018年）》，法律出版社2019年版。

② 百度与公安部第三研究所网络安全法律研究中心联合发布：《网络犯罪治理防范白皮书（2019年）》。

呈现上升趋势。

从整体研究现状来看，我国对互联网"黑灰产"的犯罪形态恶意软件、网络漏洞、木马病毒等已经有了较为清晰的认识和研究，但是互联网"黑灰产"的法律问题研究尚欠不足，对网络"黑灰产"犯罪治理及防范措施还缺乏研究。例如，我国学者于成丽结合乌云网的热点事件研究了白帽子和漏洞通报平台的漏洞挖掘和风险披露的法律边界问题，对我国网络漏洞的情况和法律监管等方面进行了总结，但是对于如何有效防范"黑灰产"还缺乏系统深入的研究。近几年互联网产业快速发展，"黑灰产"随着技术进步不断更新，人工智能大数据的跨越式发展给"黑灰产"的治理提出了新的挑战，新的犯罪行为新的互联网犯罪业态呈现快速发展的态势。因此，如何防范人工智能大数据等新型互联网"黑灰产"犯罪，如何结合司法实践运用新的电子证据技术固定犯罪证据打击快速发展的犯罪形势已经成为当前网络"黑灰产"研究的热点，也成为推动智慧司法工作更好解决社会问题的难点。

2019年6月，公安部部署了"打诈骗、抓逃犯、保大庆"为主题的"云剑"行动，遏制电信诈骗、网络赌博、"套路贷"等新型互联网"黑灰产"犯罪上升势头。自"云剑"行动开展以来，共破获电信诈骗案件9.4万起，"套路贷"团伙2981个，有力地推进了国家治理能力的现代化。通过专项行动虽然能有力打击"黑灰产"犯罪快速上升的势头，但是缺乏持续有效的治理网络"黑灰产"方法。因此，如何快速收集数据、稳固电子证据、快速勘查取证，实现互联网犯罪快速有效长期治理已经成为当务之急，快速取证又成为其中必不可少的一环。

(二) 新型互联网"黑灰产"犯罪的形成原因

所谓的互联网"黑灰产"主要是指围绕移动支付、电子商务、互联网安全等互联网相关联的产业发展起来的各种违法犯罪产业链，包括黑客攻击、利用AI技术虚假认证、大数据个人隐私侵犯等新技术实施的网络犯罪。

从新型互联网"黑灰产"犯罪的"黑灰产"形成过程来看，目前我国网络"黑灰产"的形成主要由以下几个原因造成：

1. 互联网文化不够完善，互联网行业缺乏行业自律。目前，互联网随处可见黑客培训等技术培训，这在培育网络安全技术人员的同时也培养了大量从事"黑灰产"的黑客人员，造成计算机技术滥用情况发生。

2. 法律法规不完善。尽管近几年出台了《网络安全法》等法律法规，但是对于一些黑客攻击案件的查处、电子证据取证存证、审判等环节还存在诸多法律空白，法律对互联网灰色地带还有很多不明确的地方，导致司法规范互联网行业困难重重。

3. 黑客技术等互联网违法手段不断更新。随着人工智能时代的到来，很多黑客攻击技术对使用者要求逐渐降低，例如"漏洞盒子""盗号软件"等黑客软件工具的大量使用，加上互联网漏洞很多，导致黑客攻击数量陡增。

4. "黑灰产"经济的高回报，导致从事"黑灰产"人员日益增多。由于互联网的普及，人们能从互联网上廉价获得网络技术培训制作木马病毒，通过极低的成本获得较高回报。"黑灰产"案件发案数量大、隐蔽性强、证据固定难、分工越来越细，对社会危害极大。

5. 我国网络可信身份体系建设不健全。我国关键信息基础设施安全保护力度还不强，网络安全检查评估机制不健全，缺乏基础设施安全标准，网络可信身份认证体系顶层设计不完善，导致我国面临严重的网络安全挑战，网络领域犯罪频繁。此外，我国还没有推进网络身份管理制度，缺乏网络可信认证整体框架和路径也为网络"黑灰产"提供了温床。

二、新型互联网"黑灰产"犯罪形态研究及与传统互联网犯罪的区别

（一）新型互联网"黑灰产"犯罪形态研究

新型互联网"黑灰产"犯罪包括"套路贷""校园贷"、AI 高智商"黑灰产"犯罪、大数据"黑灰产"犯罪、网络游戏"黑灰产"犯罪、恶意刷单平台等依托新型互联网技术的犯罪形态。如何防范人工智能大数据等新型互联网"黑灰产"犯罪，结合司法实践运用新的电子证据技术固定犯罪证据打击快速发展的犯罪形势已经成为当前"黑灰产"研究的热点，也成为推动智慧司法工作更好解决社会问题的难点。

（二）新型互联网"黑灰产"犯罪与传统互联网犯罪的区别

新型互联网"黑灰产"犯罪与传统互联网犯罪的区别主要有以下几点：

1. 传统互联网"黑灰产"是利用互联网技术主要以单一的互联网诈骗方式非法获利，新型互联网"黑灰产"往往跨平台跨技术领域作案、作案手段多样。

2. 传统互联网"黑灰产"技术较为简单主要通过恶意木马、电话诈骗、分布式攻击等手段获利，新型"黑灰产"运用最新的 AI、大数据等新技术并结合"套路贷"、刷单平台等新型诈骗手段具有更大的隐蔽性和反侦察能力，新型"黑灰产"的违法活动具有发现难、取证难度更大。

3. 新型互联网"黑灰产"犯罪内部分工明确组织严密，组织内部利益关系错综复杂，形成了完整的产供销链条。

4. 新型互联网"黑灰产"犯罪属于高智商犯罪，他们熟悉现代科技，具有较高的反侦察意识和手段。

因此，虽然我国对互联网犯罪持续高压打击，但是我国互联网犯罪仍然呈现出持续扩大的趋势。根据 CNCERT 的监测数据，我国木马控制主机数量快速增长，感染木马主机超过 150 万台，僵尸主机超过 3000 万台。如此庞大的木马主机网络数量，显示我国网络信息安全问题突出，互联网犯罪治理刻不容缓。

三、新型互联网"黑灰产"犯罪治理对策研究

治理新型互联网"黑灰产"犯罪特别是新型"黑灰产"既要应用最新技术打击"黑灰产"犯罪，又要预防新的犯罪发生，通过个案及时优化风险控制达到防治结合、产业链协同治理、监管机关和企业联动普法教育、及时发现证据和保存证据才能有效应对新型互联网"黑灰产"犯罪的发生。笔者认为，治理新型互联网"黑灰产"犯罪问题的对策有以下几个方面：

（一）实现治理有法可依，明确 AI 技术的法律界定

随着我国信息化进程迅猛发展，社会法律体系逐渐完善，法律对涉及互联网犯罪的界定日益完善。2016 年《网络安全法》正式通过，对网络信息安全的内容管理、网络安全等级保护、关键信息基础设施保护进行了详细的制度设计，为中国网络安全提供了制度保障。2019 年最高人民法院、最高人民检察院《关于办理非法利用信息网络、帮助信息网络犯罪活动等刑事案件适用法律若干问题的解释》明确了对于办理非法利用信息网络犯罪的法律界定，对办理利用信息网络犯罪司法实践具有巨大的指导作用①。我国对黑客培训、木马病毒制作售卖、窃取个人信息的行为打击已经有了法律依据，这对加强我国对互联网犯罪的打击，切断互联网灰色产业链具有里程碑意义。但是我国法律对新型互联网"黑灰产"犯罪还缺乏法律界定，利用 AI 换脸、AI 变声骗取第三方支付平台钱财等新型犯罪还需要法律明确其犯罪界定，例如利用 AI 换脸技术将被害人的肖像用于不雅视频营利可以按照侵犯肖像权追究责任，但是利用 AI 换脸技术进行第三人身份验证以窃取对方账户钱款却因存在盗窃罪、诈骗罪等观点不同而难以诉罪。利用 AI 换脸、AI 变声制作虚假新闻、不雅视频、第三人原音等伪造身份类案件的"灰色"地带如何界定也是当前亟须解

---

① 最高人民法院、最高人民检察院《关于办理非法利用信息网络、帮助信息网络犯罪活动等刑事案件适用法律若干问题的解释》。

决的问题。

人工智能技术的应用在法律关系、道德伦理、社会治理等方面为现代社会带来了新的困境,如果对此放任不管将纵容其作恶,但监管过度又会扼杀创新,因此如何在保证科技快速发展的同时完善科技发展的法律保障将是新型互联网"黑灰产"治理的关键。

(二)运用区块链技术、大数据分析等新技术保障电子证据取证存证的安全性、真实性、完整性

新型互联网灰色产业链案件由于其特殊的案发环境导致对犯罪线索和证据的收集往往要依靠现代科技才能实现,以往的侦查取证模式显然不适合现实需要。2016年,最高法、最高检、公安部《关于电子数据收集提取判断的规定》正式颁布实施,规定中明确指出了人民检察院应当围绕真实性、合法性、关联性审查判断电子数据,有关单位和个人应当如实提供,其中第5条更是指明对电子证据的使用应当采取方法保护证据的完整性①。由此可见,在互联网虚拟犯罪环境下对电子证据的取证存证尤为关键,这不仅关乎证据的真实性、合法性也关系到对案件的最终法律认定。

在新型互联网犯罪环境下旧有的电子证据提取方式已不再适用新环境的需要,面对数量庞大、半结构化数据的提取、数据结构的多样低价值分类亟须创新电子取证模式形成发现、取证、存证的对抗"黑灰产"的创新技术平台。借助大数据云计算技术的优势梳理出有效证据、人物关系图谱,对有效数据通过AI算法辅助办案进行类案推送、量刑研判、风险处置、证据审查等形成真实有效的人和物的证据链条辅助公诉人精细化办案。在提取出有效证据后,为保证证据的完整性和合法性可借助区块链技术的不可篡改特性存储电子证据,以便法庭质证。例如,利用AI换脸技术伪造通奸视频勒索高额钱财、伪造第三方支付平台刷脸验证、伪造不在场证据为自己洗脱嫌疑等。面对这些新型互联网犯罪的较高要求如何提高电子证据的安全性、真实性、完整性将是司法鉴定未来发展的重要方向。

电子证据取证模式的创新离不开法律实践,在《网络安全法》《关于电子数据收集提取判断的规定》等互联网法律法规保障下,大量真实的法律实践案例能让公众对网络安全认知提升到新的高度,对各级司法机关量刑具有案例

---

① 万春、王建平、吴孟栓、高翼飞:《〈关于办理刑事案件收集提取和审查判断电子数据若干问题的规定〉理解与适用》,载《人民检察》2017年第1期。

指导作用，对犯罪分子能够起到较强的威慑作用①。

（三）区块链提升司法机关的线索追溯能力，实现网络"黑灰产"深度精准打击

新型互联网"黑灰产"引发的案件大多发生在虚拟的网络世界中，其中常见的是电信诈骗、网络赌博、恶意刷单等远程非接触式犯罪，受害人被骗后所留线索很少，这要求司法机关在办理相关案件时具有较强的技术能力和线索追溯手段。只有对犯罪线索进行有效关联追溯尽快形成有效证据才能尽快破案，挽回受害人损失。

司法机关依托智慧司法建设，积极适应现代高科技犯罪，加快推进互联网"黑灰产"治理信息整合，能够实现预防犯罪和精确打击相结合的治理方式。新型互联网"黑灰产"犯罪往往不是孤立发生的，其案件线索会牵扯出更庞大的犯罪网络，这就要求司法机关技术人员在电子证据取证时注意线索之间的关联性和隐蔽性。区块链独特的链式结构特征可以对其链式存储上的数据进行有效追溯，区块链的可信时间戳可以形成一条完整的有序时间线索链，对黑灰产业链的犯罪过程具有极其重要的证明力，能够实现对新型互联网"黑灰产"进行深度精确打击。

（四）梳理新型互联网"黑灰产"犯罪运行机制，形成"司法机关+高技术企业"创新治理方法

互联网"黑灰产"治理离不开政府、企业、网民的共同协作，司法机关与企业只有形成联动机制，共享黑灰产情报、技术才能达到治理"黑灰产"的目的。互联网"黑灰产"区别于传统的违法犯罪，它具有极强的隐蔽性无法从当前看到明显的危害，不产生直接的危害，但是却有比传统违法更具影响力和危害性。由于互联网"黑灰产"涉及面广、预防和治理成本高、风险管控难度大，所有仅靠公检法等政府机构难以进行有效防控和治理，必须依托科技企业、广大网民形成治理联盟体系。

据研究机构资料显示，全世界"黑灰产"规模已经达到千亿。从各个国家的数据来看，利用互联网技术盗窃、诈骗的案件每年都以超过30%的增速在增长，如何防范和治理"黑灰产"不仅是司法机关面临的挑战也是互联网企业正在解决的难题。2018年，一起被称为"史上最大规模数据盗窃案"引发舆论极大关注，该案经浙江警方破获涉嫌30亿条用户个人信息被盗，涉及

---

① 晏子昂：《〈网络安全法〉实施背景下的互联网经济犯罪研究》，云南财经大学2018年硕士学位论文。

包括 BAT 在内的 96 家互联网。犯罪分子通过新媒体公司操控用户账号进行微博、抖音、微信等社交平台刷量、加群、加粉、违规推广达到非法盈利的目的，仅旗下一家公司一年收入就超过 3 千万元，给社交平台和用户造成了严重的负面影响和损失。阿里巴巴集团、百度等企业在发现该团伙危害数据安全后积极向司法机关提供协助，有效支持了案件尽快办理。以上案例告诉我们，所有的人、公司、运营商都是网络基础设施的建设者、参与者，如果不联合铲除"黑灰产"，大家都是受害者。

企业与司法机关形成新型互联网"黑灰产"共治机制可以通过以下方式实现：

1. 司法机关非公经济办公主动参与到企业所面临的互联网法律纠纷中，帮助企业走出困境。

2. 司法机关技术部门依据法律法规严格规范电子证据取证、存证环节，保证电子证据的完整性、真实性，为打击新型互联网"黑灰产"提供证据支撑。

3. 实现信息共享，建立司法机关、企业、行业协会之间的信息大数据共享平台，对互联网"黑灰产"犯罪及时固定证据并打击犯罪，形成互相监督的网络安全治理机制。企业和互联网行业协会、网民可以通过平台提出意见、提供犯罪线索，协助司法机关侦破案件。

（五）强化网络可信身份认证体系建设，打造可信网络空间

构建技术自主可控的互联网生态圈，强化网络可信身份认证体系建设，打造可信网络，实现数据安全治理是打击互联网"黑灰产"犯罪的有效手段。

1. 要加快自然人和法人的可信身份认证服务支撑平台。以政府为主体联合芝麻信用、微信信用等商业主体为社会提供权威、准确、安全的身份信息和个人信用服务，构建完善的网络可信身份认证设施。

2. 加快完善网络可信身份认证相关法律法规，实现对身份认证的标准化、体系化建设。及时制定网络可信建设实施办法，从整体布局网络可信身份框架，指导社会各个领域的身份信息收集、整理、存储、安全、使用。

3. 推进网络可信身份服务宣传和法治教育。通过新闻媒体、专题研讨的方式，及时向社会宣传网络身份认证的重要性和相关法律法规，尽快推进网络可信体系建设。

四、结语

新型互联网"黑灰产"犯罪的高发势态正逐步得到遏制，但我们必须看到新型互联网"黑灰产"的斗争注定是长期的，不论从技术上的不断更新还

是从法律上的不断完善，我国互联网"黑灰产"犯罪治理还有一段很长的路要走。新型互联网"黑灰产"不仅破坏正常的经济运行，还助长了网络"黄赌毒"、诈骗等多种网络犯罪的滋生蔓延，给犯罪分子提供了隐藏身份、藏匿犯罪证据的"马甲"和"保护色"，打击新型互联网"黑灰产"犯罪势在必行。治理互联网"黑灰产"犯罪需要社会的参与，就像治理雾霾一样需要整个社会共同行动进来才能有效遏制，只有各方齐心协力才能治理好新型互联网"黑灰产"犯罪，保障我国互联网经济健康持续稳定发展。

网络安全漏洞行业法律框架建设研究

虞 浔 马寅宵[*]

我国网络安全法自 2017 年 6 月开始实行,标志着我国对网络安全领域的正式立法治理,早在此之前,以民间自发形成的针对网络安全漏洞的挖掘与处理就已形成产业。然而,即使在网络安全法出台之后,仍然存在着大量法律漏洞与制度空白,这就导致了对从业者的过度刑事制裁,亟须通过法律中对于"白帽子"以及"众测平台"的主体概念进行界定,将善意因素作为主要评价对象;同时,对于"白帽子""众测平台"以及网络产品的经营者的权利义务加以明确并进行限定,在对漏洞的法律属性彻底分析后确立受偿机制与披露机制,以相对完善的法律为实务操作提供充足的理论基石。

一、国内安全漏洞领域法律法规现状

安全漏洞挖掘自 21 世纪初就开始兴起,伴随着摩尔定律下的软硬件升级一同发展。大数据时代,安全漏洞挖掘的重要性更加突出,与社会各个方面的关系更加密切,挖掘技术和交易市场都形成了一定体系与规模。但我国目前针对安全漏洞挖掘和交易的体系化立法尚属空白,相关规定零散分布在网络安全法、刑法以及治安管理处罚法等法律法规中,善意的、正当的安全漏洞挖掘行为受到法律的严重规制。

(一) 网络安全法对安全漏洞的相关规定

网络安全法首次从网络安全保障基本法的高度认识安全漏洞这一客观事实,该法第 22 条规定了网络产品和服务的提供者对其产品、服务负有补救、告知义务;第 25 条明确了网络经营者负有制定应急预案、及时处置系统漏洞的安全保护义务;第 26 条系对漏洞披露行为的引导性规定,该规定目前实施性不强,应属预留性条款;该法第 60 条、第 62 条规定了网络运营者违反上述

---

[*] 虞浔,华东政法大学刑事法学院副教授;马寅宵,华东政法大学阳光与法治信访研究中心研究人员。

条文时应承担的法律责任。从以上条文可以看出，网络安全法的相关规定，倾向于鼓励网络运营者自觉遵守、自我审查、自主报告，但对设立相对更有效的政府或第三方监管措施没有涉及，也没有从网络漏洞的发现方面分析行为的法律边界，更没有在罚则与漏洞严重程度、危害程度等衡量标准之间建立直接而详细的关联。而这些方面事实上对落实法律、管理漏洞更具有实践性意义。

（二）治安管理处罚法、刑法对安全漏洞治理的相关规定

治安管理处罚法、刑法侧重于对非授权访问行为的治安处罚和刑事打击。从表面来看已经形成了以治安管理处罚法与刑法为核心的二元制裁体系，但实际上该制裁体系较为零散，且对作为漏洞治理核心的漏洞挖掘行为规制的操作性不强，实践中多通过《刑法》第285条适用加以规制。《刑法》第285条、第286条规定了"非法侵入计算机信息系统罪；非法获取计算机信息系统数据、非法控制计算机信息系统罪；提供侵入、非法控制计算机信息系统程序、工具罪；破坏计算机信息系统罪；网络服务渎职罪"。如果漏洞发现者利用系统安全漏洞实施了相关行为，则可能触犯上述罪名。"两高"出台的司法解释（即最高人民法院、最高人民检察院《关于办理危害计算机信息系统安全刑事案件应用法律若干问题的解释》）中进一步明确了以上罪名中"情节严重""后果严重""情节特别严重"的判断依据。对于尚未触犯《刑法》第285条、第286条的违法行为，《治安管理处罚法》第29条规定了拘留的治安处罚。《刑法修正案（九）》新增了第286条之一"拒不履行信息网络安全管理义务罪"，强调了网络运营者的管理责任，该新增条款适用于漏洞隐患致用户个人信息泄露而网络服务的提供者不作为的情况，但对漏洞挖掘行为也未涉及。

对善意的漏洞挖掘行为的规制，可以将视野聚焦于《刑法》第285条前两款。《刑法》第285条第1款为非法侵入计算机信息系统罪："违反国家规定，侵入国家事务、国防建设、尖端科学技术领域的计算机信息系统的，处三年以下有期徒刑或者拘役。"本款表述意味着一旦侵入国家系统，无论是否具有主观恶意，直接认定构成本罪。第2款将非法获取计算机信息系统数据罪和非法控制计算机信息系统罪置于一条进行规定，旨在表明对非国家系统的保护立场。从表面上来看，对《刑法》第285条、第286条的适用逻辑非常清晰，但司法实践中，绝大部分黑客专门利用网络安全漏洞从事系统破坏行为，司法实践多直接适用《刑法》第286条加以规制，但部分黑客仅将漏洞利用行为作为其他犯罪的手段，也就是说在触犯《刑法》第285条第1款、第2款的同时还触犯其他罪名，大多构成择一重罪处罚的牵连犯。这就导致在漏洞利用规制问题上，直接适用《刑法》第285条的案例数量相对较少。与此形成反差

的是,《刑法》第 285 条在规制善意漏洞挖掘行为方面却无任何法律障碍。"乌云平台"案就是一个典型案例。易言之,本条变成了针对善意漏洞挖掘行为的口袋罪。而《刑法》第 285 条第 2 款的两款罪名不同于第 1 款的行为犯,它需要侵入计算机系统并获得数据或者控制计算机系统两个行为,并且达到情节严重,方可构成本罪。

通过对上述法条的分析,可以看出当前我国与漏洞挖掘相关的法律规范太过强调事后救济,多以禁止性规定为中心,将情节和后果作为认定犯罪的依据,并不考虑漏洞挖掘行为人的社会危害性,这显然并不符合刑法的谦抑性特点。而且,结合国内相关案例看,我国现行法对"白帽子"漏洞挖掘的规制存在两大问题:一是对漏洞挖掘持否定性评价;二是对"白帽子"自发组织的漏洞挖掘行为呈现出重刑主义倾向。

二、我国网络安全漏洞领域法律建设的主要问题

通过对国内安全漏洞领域法律法规现状分析,可以看出总体上我国法律没有明确界定安全漏洞平台(众测平台)、"白帽子"等概念,也缺少对漏洞发现行为的规范指引和监督制约。现有立法的模糊性,造成安全漏洞发现行为缺少必要的可预期性判断,也容易出现漏洞发现行为超出合理边界导致侵犯他人合法权益的事实。

(一)主体概念不清晰

尽管网络安全法对网络安全的各方面进行了较为详细的规定,然而在网络安全漏洞的挖掘方面却有不少空白之处,尤其是在主体概念定义的规定上法律缺位,导致了现实生活中存在不少争议与纠纷,甚至还可能导致执法司法的不当。目前,我国法律中对于安全漏洞平台并没有明确定义,2017 年 11 月 1 日发布的《电子商务法》第二章"电子商务经营者"第 9 条中的相关规定可以被认为与漏洞平台相关:"本法所称电子商务平台经营者,是指在电子商务中为交易双方或者多方提供网络经营场所、交易撮合、信息发布等服务,供交易双方或者多方独立开展交易活动的法人或者非法人组织。本法所称平台内经营者,是指通过电子商务平台销售商品或者提供服务的电子商务经营者。"或者说该"电子商务平台经营者"内涵应包括安全漏洞平台。

(二)法律权利义务不明确

解决现实中的安全漏洞挖掘、披露、交易问题,关键要厘清安全漏洞平台与"白帽子"的法律权利与义务,从而推导出各方的实践性权利规范与责任,解决实务中的法律争端,合理分配行业各方主体利益。由于漏洞行业法律法规

保护与规制不足，行业公约或行业协会的自律规定就在实践中充当了替代。如国家信息安全漏洞共享平台公布的《中国互联网协会漏洞信息披露和处置自律公约（签约版）》、互联网安全工作组发布的《互联网企业安全漏洞披露与处理公约》（以下简称《公约》）就承担了这样的责任。《公约》提出互联网企业应：（1）承诺提供可用的官方安全事件、漏洞反馈渠道；（2）承诺对每位报告者反馈的问题都有专人进行跟进、分析和处理，并给予及时答复或公告；（3）承诺对于每位以保护用户利益为目的，帮助企业提升产品安全质量的报告者，将给予感谢和回馈；（4）反对在安全问题解决前公开披露漏洞细节的行为；（5）反对和谴责一切以漏洞测试为借口，利用安全漏洞进行破坏、损害用户利益的黑客行为，包括但不限于利用漏洞盗取用户隐私及虚拟财产、入侵业务系统、窃取用户数据、恶意传播漏洞等。

（三）综合监管机制不完善

在漏洞挖掘交易的相关市场中，由于没有形成相对稳定的商业范式，中间环节多而繁杂，交易的保密性、完整性、可溯源性难以得到保证。而同时存在的，是对于相关市场不到位的监管。粗放甚至缺失的监管机制，无法实现这一领域商业交易的效率与公平，更起不到保护人民群众网络安全利益的作用。以交易节点为规制对象，尽快形成一个完整、有效的监管结构，是促进漏洞市场发展、维护互联网安全的题中之义。

三、网络安全漏洞行业法律框架建设的对策与建议

笔者认为，在对安全漏洞行业的立法框架进行研究时，首先应在立法中明确各个概念的定义，确立网络安全漏洞行业的发展方向；其次应通过区分合法挖掘与非法入侵的界限，分情况明确权利责任以及相关原则；最后在执法司法中应明确各种行为的性质，尤其是在最高法、最高检的司法解释、指导意见等法律文件中予以体现。

（一）对网络安全漏洞的法理属性应进行明晰

随着信息技术的快速发展，网络安全漏洞无处不在，但对其法理属性的界定尚属空白，如不解决这一问题，将对相关立法工作构成困扰，笔者试从以下角度进行辨析：

若认为漏洞是物，似乎更容易解决发现与交易客体不明确的问题。但从本质分析，漏洞依附于网络产品而存在，而这种存在并不表现为实体，而仅作为网络产品的缺陷，或者可认为是一种导致网络产品受损的方式。尽管是一种客观存在，但在我国物权法定的语境下，根据《物权法》第2条，显然漏洞不

属于动产或不动产，也没有"法律规定权利作为物权客体"。对于通过挖掘产生的漏洞进行探讨时，尽管其发掘、验证的特殊方式与思路以及代码设计具有一定的独创性，但是著作权法对计算机软件的保护严格遵循着不保护技术方案、也不保护事实的基本原则①，通过测试方法发现的漏洞本身就是一种方案或实用性功能，并不能够作为著作权的客体。

若认为漏洞是债，似乎可认为网络产品的运营者为债务人，网络产品的用户为债权人。债的种类可以是合同之债或侵权之债，当然也可能出现民事责任竞合的情形。由此可以推导出运营者相对于用户的修补漏洞义务，符合现实情况。但是将漏洞解释为债的最大难点，来源于客观情况，即：一方面漏洞是由于技术进步而不断出现，并不存在杜绝的可能；另一方面运营者由于自身能力无法及时处置所有潜在漏洞。由此两点产生的情况就使运营者无时无刻都面临着安全方面的近乎无限的债务，从而被用户的潜在请求权套死在产品安全防护之中，这种客观情况导致的结果并不符合民法中的公平原则，也无法有效地促使用户维护权利，故而这种观点也并不可行。

若认定漏洞是民事行为，以期符合传统民法体系行为中心主义的观点，则会出现一个无法解决的根本性问题：这一行为的主体无法认定。不管是法律行为还是事实行为，均可以产生法律效果，区别仅在于法律效果如何产生，即是否根据行为人的意思表示发生②。而漏洞的产生，并不是基于行为人的意思产生的，对产品运营者来说，漏洞是由于渗透技术提高而产生的；对漏洞发现者来说，漏洞在发现之前就已经存在。由此可见，即使与漏洞关系最紧密的主体都无法成为行为主体，那么就不应该认为漏洞是一种行为。

在以上三种观点都被否定的情况下，笔者认为，安全漏洞应被认为是一种债务预期违约情形。假设有一网络产品对社会公众提供服务，在服务协议中有用户安全保障规则条款，其中直接规定或可以推知产品运营商有防止由于漏洞被恶意利用导致用户权益受损害的义务。在产品安全漏洞未被发现之前，尽管漏洞依然存在，但是由于未被发现也未被利用，其本身并不具备法律含义。若安全漏洞在被发现并及时告知运营方的情况下，漏洞就成为运营商单方原因导致的预期违约情形，债务人若在漏洞信息强制披露后的合理期限内不进行修补，即构成明示预期违约，应当承担违约责任。"白帽子"在其中扮演的角色，或是对于无众测政策的产品安全性的无因管理，或是对于有众测政策的产品运营商悬赏广告的完成。"白帽子"对于漏洞信息并无所有权，因为漏洞本

---

① 王迁：《知识产权法教程》，中国人民大学出版社2016年版，第54页。
② 朱庆育：《民法总论》，北京大学出版社2016年版，第83页。

身并不是物或债，而是一种情形，所以不存在归属问题，故"白帽子"只能对相应企业进行报告而无处分权利。

（二）在立法层面完善安全漏洞平台及"白帽子"的主体概念

通过在立法层面完善安全漏洞平台以及白帽子的主体概念，一是可以明确主体定义，便于指导现实生活中法律对不同行为的区别对待；二是在执法司法中加以明确，防止不公平的执法裁判；三是可以在现实生活中形成普遍观念，防止出现无益于公共利益保护的不当纠纷以及对于善意漏洞挖掘者的不利侵害；四是可以帮助"白帽子"与漏洞平台找准自身定位，通过对身份的合法化培养，增强从业人员的荣誉感，充分发挥技术人才的作用。

在法律层面，目前对"白帽子"这一群体并未与从事危险危害行为的"网络黑客"区分开来，这对"白帽子"群体法律地位的确认与规制非常不利。据吴沈括教授的观点，面对《刑法》第285条，"白帽子"有两条红线：一是构成入侵行为；二是构成"非法获取"或"非法控制"且情节严重。在这"两条红线"规范下，"白帽子"与不法黑客的不同点在刑法领域主要体现在两个方面：一是主观意图不同，二是造成后果不同[①]。根据两个"不同"，可以简单地概括出"白帽子"在法律上的主体概念：即"通过技术手段侵入系统获取数据的方式检测查找安全漏洞并加以合法披露的善意第三人"。

（三）明确安全漏洞平台和"白帽子"的义务权利

1. 安全漏洞平台的义务与权利。参照现行法律规定，大致可归纳以下法律义务权利：一是保护国家利益、社会公益的义务。根据《国家安全法》第77条与《保守国家秘密法》第24条之规定，应认为禁止平台与"白帽子"对国家秘密、涉密国家信息系统漏洞的主动披露，同时对于国家许可的或者无关国家安全、国家秘密的情形，应遵循必要的弱化披露处理原则。二是保护互联网用户安全和隐私的义务。根据《网络安全法》第四章、第六章关于网络信息安全的规定与责任条款，平台获得漏洞报告后，应该尽一切措施保障漏洞涉及的用户安全和隐私，防止相关信息泄露造成有关主体的法益损害。三是尊重漏洞挖掘从业人员的智力劳动成果与价值的义务。根据《电子商务法》第42条、第43条的规定，平台有义务对每位报告者反馈的问题都有专人进行跟进、分析和处理，并给予及时答复或公告，对于"白帽子"劳动成果的价值予以认定，不擅自利用成果。从权利角度讲安全漏洞平台应享有一定的披露

[①] 庄永廉、皮勇、杨明、吴沈括、王爱强、杨赞：《对"白帽子"行为如何定性》，《人民检察》2017年第4期。

权。依据《网络安全法》第 60 条第 2 款对于法律责任的规定,"经营产品的企业应该对产品漏洞有补救义务"。由此可推知,在企业未尽到补救义务时,平台进行合理程度的披露,有利于促进企业对国家利益、社会公益进行及时保护。

2. "白帽子"的义务与权利。首先,从义务角度讲,"白帽子"对挖掘出的漏洞应履行无害化义务。根据《中国互联网协会漏洞发现与报告行为守则》第 8 条:按照对信息系统机密性、可用性、完整性等三方面要素的影响评估,漏洞风险发现与技术验证应遵循无害化原则。也即"白帽子"应该在漏洞挖掘中承担技术无害化的义务。其次,从权利角度讲,"白帽子"在漏洞挖掘后应享有以下权利:一是披露权。在平台披露权的前提上,需要特别指出一点,若响应处置期满,企业对漏洞仍未采取实质性修补措施,在救济用尽情况下,"白帽子"出于对社会公益保护目的,应当可以行使紧急避险,即对漏洞合理披露,而不对企业承担损害赔偿责任。二是豁免权。参考美国《1998 数字千年版权法》例外条款第 3 条的规定:"加密研究的一个例外是,允许绕过访问控制措施,并开发技术手段,以识别加密技术的缺陷和漏洞。"由此可以推知"白帽子"出于保护自身以及他人利益目的,所对漏洞的挖掘行为,本身是可以豁免的行为,其可能承担的刑事责任以及民事责任,应以无故意过错为阻却事由的上限。三是受偿权。根据对国内外网络安全漏洞众测平台运行模式的归纳,漏洞的众测一般有以下三个步骤:首先,众测平台获得产品测试授权,在网站上标明测试目标和奖赏,允许在平台注册的"白帽子"对其进行漏洞挖掘;其次,由"白帽子"向平台上报其所发现的漏洞,平台在网站适度披露,同时向测试产品的运营者进行反馈;最后,由运营者确认漏洞,向"白帽子"发放奖励,并在修补后向社会公众完整披露。由于"白帽子"在漏洞挖掘过程中所付出的劳动本身是一种高技术活动,所以其挖掘漏洞行为应享有受偿权。

(四)建立白帽子及众测平台的有效运行机制和综合监管机制

在众测平台与网络企业、"白帽子"形成的三角关系中,平台作为中间渠道的提供者,参与并掌控着交易中的所有流程与另外两方的信息交流,在漏洞交易中具有主导地位。对企业来说,平台一方面应以商业化为主,注重服务与用户体验,方便企业注册、发布、奖励并及时收到信息进行漏洞修补;另一方面应通过协商制定披露政策,督促企业加强对产品漏洞的修补,促使其履行相应的社会责任。对"白帽子"来说,平台应形成与广大"白帽子"人才资源的良性互动,努力成为"白帽子"的代表者、发声者、引导者。在"白帽子"与企业之间,应建立更加规范透明的交流渠道,通过双方信息对称性的提高,既防止"白帽子"在奖励滞后的情况下走向黑产成为"黑客",又保障"白帽子"不受到不利的诉讼威胁。

在充分发挥众测平台漏洞交易主导作用的同时,要加快建立有效的行业自律机制和完整的综合监管体系。在网络技术飞速发展的趋势下,漏洞挖掘行业将快速扩张。所以应建立行业自律协会,通过制定行业标准,弘扬行业自律文化,形成行业内良性竞争机制,促进漏洞挖掘产业与网络技术协调发展。同时,行业自律协会与行政机关、司法机关共同构成监管体系,并与立法机关合作,起草制定行业内相关认定标准、认证程序等法律文件。而平台通过对企业产品漏洞的监督,达到保护社会公共利益的最终目的。

"整体刑法学"视域下网络传销犯罪的有效规制

荣 月[*]

仅仅依靠单一的刑事政策,是不可能有效规制犯罪的。例如,最为典型的一类犯罪——传销犯罪的现实状况恰好如此。多年来,我国的传统型传销犯罪不但没有得到有效的控制,并且伴随着互联网技术时代的到来,又增加了网络型传销犯罪,与传统型传销犯罪相比,网络型传销犯罪更加具有欺骗性和隐蔽性,调查和取证也更加困难,这就使得传销犯罪(包括传统型和网络型)朝着更加难以控制的方向在发展,因为许多非法传销犯罪分子在披上"合法直销"的外衣之后,就可以堂而皇之地进行其实质的"非法传销"犯罪行为,而不易被发现。针对目前我国非法传销型犯罪难以有效控制的现实状况,促使我们必须思考这样几个问题:为什么非法传销型犯罪在我国难以有效控制?我国现有的规制措施存在哪些问题?应当如何解决?带着这一系列的追问,下面展开探讨:

一、非法传销型犯罪概述

"非法传销"最早起源于20世纪20年代美国的意大利侨民查尔斯·庞齐推出的"庞氏骗局",60年代开始花样翻新、盛极一时,并逐步蔓延到世界各地。在美国,非法传销活动被称为"庞氏骗局""无限连锁""金字塔"骗局,受到执法、监管部门的严厉打击和严格管控。

我国的情况如何呢?结合近年来的执法实践,并参考《禁止传销条例》,其中界定如下:传销,是指组织者或者经营者发展人员,通过被发展人员直接或间接发展人员的数量或者销售业绩为依据计算和给付报酬,或者要求被发展人员以交纳一定费用为条件取得加入资格等方式牟取非法利益,扰乱经济秩序,影响社会稳定的任何行为都属于传销。为便于理解,《禁止传销条例》中

---

[*] 荣月,吉林师范大学经法学院副教授,刑法学博士。

列举了的三种具体的传销表现形式：骗取入门费的传销行为；以发展下线的数量为依据计提报酬的传销行为；以发展的下线的推销业绩为依据计提报酬的传销行为。① 虽然我国于 2005 年 9 月 1 日起开始正式实施《禁止传销条例》与《直销管理条例》，然而现实的状况却不容乐观，主要表现为：非法传销犯罪并未得到真正有效的控制，表面上看，似乎许多大企业开始转型为直销企业，但在合法直销的外衣掩盖之下，许多不法分子仍然在悄悄进行非法传销行为。与《直销管理条例》出台之前相比，由于"合法直销"这件外衣的掩盖，对于此类犯罪的有效惩治难度明显增强。据了解，目前我国非法传销犯罪是极其严重的。就经济成本而言，这类犯罪对于我国经济的破坏是巨大的；从被害群体来看，其被害人员数字庞大，受害面较广。对于非法传销犯罪（包括传统型与网络型）如何有效规制的研究非常具有必要性与迫切性。

二、我国非法传销犯罪的规制现状

自从 2005 年 9 月 1 日起，我国已经正式开始颁布了《直销管理条例》与《禁止传销条例》两部条例。其中，《禁止传销条例》的生效时间是 2005 年 11 月 1 日，而《直销管理条例》于 2005 年 12 月 1 日生效。按理来说，上述两部条例已正式实施，非法传销行为应该会得到有效的遏制，然而，在上述的两部条例实施了若干年之后，我国的非法传销犯罪是否得到了有效遏制呢？答案是否定的。2011 年 8 月 11 日，一期题目为《央视独家调查：阳光下的非法传销》的节目在央视的《共同关注》中播出。据记者的调查得知，这起发生在我国广西来宾的非法传销案件欺骗了全国许多地方的大量人员，这一非法传销组织者以"国家整合民间资金做投资"为名义，在广西来宾市政府楼前、公安局旁公然宣传其所谓的"资本运作"理念。据统计数据显示，仅仅是在内蒙古乌兰察布市，被欺骗来到广西来宾参与非法传销的人员数量多达 2000 余人。

"组织、领导传销活动罪"这一罪名是在 2009 年 2 月 28 日全国人大常委会《刑法修正案（七）》第 4 条所增设的，在《刑法》第 224 条后增加一条，作为第 224 条之一："组织、领导以推销商品、提供服务等经营活动为名，要求参加者以缴纳费用或者购买商品、服务等方式获得加入资格，并按照一定顺序组成层级，直接或者间接以发展人员的数量作为计酬或者返利依据，引诱、胁迫参加者继续发展他人参加，骗取财物，扰乱经济社会秩序的传销活动的，

---

① 参见《〈直销管理条例〉与〈禁止传销条例〉解读》，http://www.czgsj.gov.cn/baweb/show/shiju/bawebFile/60144.html，最后访问日期：2020 年 6 月 26 日。

处五年以下有期徒刑或者拘役,并处罚金;情节严重的,处五年以上有期徒刑,并处罚金。"在此之前,我国 1997 年《刑法》中是没有这一罪名的,而我国近些年来非法传销犯罪一直没有停止过,在没有这一罪名之前,针对非法传销犯罪行为大多数都是牵强地运用《刑法》第 224 条的"非法经营罪"来加以定罪量刑,这实属是无耐之举。然而,随着"组织、领导传销活动罪"这一罪名正式纳入《刑法》之后,其在预防和减少非法传销犯罪方面的实际刑罚运用效果上来看并不理想,如何更有效地预防非法传销犯罪(包括传统型和网络型)?接下来将围绕这些问题展开探讨。

三、探寻"整体刑法学"理论视域下网络传销犯罪的有效规制

事实上,无论是传统型传销犯罪,还是网络型传销犯罪,除了应当借助大数据这一现代技术之外,最根本的规制对策则是运用"整体刑法学"的理论,制定出有效规制传销犯罪的对策。只有如此,才能标本兼治。

(一)"整体刑法学"理论概述

在犯罪原因二元论的理论基础上,德国学者李斯特提出了"最好的社会政策就是最好的刑事政策"的著名理论观点。那么,什么是刑事政策呢?如果进行追溯的话,最早是西方学者即被称为"刑事政策之父"的德国学者费尔巴哈使用了"刑事政策"一词。费尔巴哈开始使用"刑事政策"这一术语是在 1800 年,他认为:"刑事政策是国家据以与犯罪作斗争的惩罚措施的总和,是'立法'国家的智慧。"此后,"刑事政策"经过了较长时间的搁置,直至 20 世纪初期才得以复兴,其中最引人注目的是李斯特对于此概念的关注。他率先提出了"整体刑法学"的理论。

刑事政策是依据犯罪态势而形成的,而刑事政策又能够引导刑法的制定与实施,如此刑法才能够有效地对犯罪进行惩治。李斯特尤为重视的是"刑事政策",他认为应当把刑事的各个部门进行综合,进而形成"整体刑法学",其具体内容包括犯罪学、刑罚学、刑事政策学、行刑学等学科。提出并确立了"整体刑法学"这一概念,不但使得刑法学这门学科得以更加充实,而且在某种程度上也突破了注释刑法学的狭窄学术界限,将与刑事相关的学科纳入刑事法的研究视野。尽管称谓不同,但实际上,中国学者后来提出的"刑事一体化"观念与李斯特倡导的"整体刑法学"的内涵是相一致的。改革开放以后的中国正处于社会的转型期,犯罪率表现为不断上升的态势,如果仅靠单一的刑法惩治无法达到有效预防犯罪的目的,在此种现实状况下,我国刑法学者对此进行了研究,有人提出"刑事一体化"的理论观点,最先提出这一概念的是甘雨沛教授,他主张:刑法学界及政府部门应当客观地来看待犯罪问题,犯

罪是多种因素相综合作用产生的结果,不能仅靠加重刑罚来遏制犯罪。储槐植教授在甘雨沛教授的思想观点基础之上进一步对"刑事一体化"的内涵进行了界定。从刑事政策层面来讲,"刑事一体化"的基本思想与"关系刑法论"是极为接近的,两者均强调从刑法的内部与外部之间的关系入手,进而实现刑法运行的内外相协调。① "刑事一体化"是否能够实现最佳的社会效益,其关键取决于刑法与刑法运行处于内外是否能够相协调,而"刑事一体化"的目的是实现刑法的最佳效益。另外,他还主张:刑法学研究应当屏弃单向、片面、孤立、静态的思维方式,应当采用多方位的立体思维模式(即在刑法之中、刑法之上、刑法之外)中来研究刑法。与单一学科视域(指刑法学单一学科视域或者犯罪学单一学科视域)下预防与惩治非法传销型犯罪相比,"整体刑法学"视域下预防与惩治非法传销犯罪的优势明显。

(二)"整体刑法学"视域下网络传销犯罪的有效规制

1. 犯罪的综合治理的含义。犯罪的综合治理,"是在各级党委与政府统一的领导之下,动员和组织全社会的力量,运用政治的、法律的、行政的、经济的、文化的、教育的等多种手段,打防结合,预防为主,标本兼治,对违法犯罪问题进行综合性整治,从根本上预防和减少违法犯罪,维护社会秩序,保障社会稳定"。②

2. 网络传销犯罪在犯罪预防方面的综合治理方略。我国的犯罪预防体系是由四道防线(社会预防、心理预防、治安预防、刑罚预防)所组成的有机和谐的系统。按照这四道防线的预防体系,非法传销型罪的预防对策具体包括:

(1) 社会预防,是指国家所采取的一系列旨在减少和消除产生犯罪现象的社会原因和条件的措施。它主要通过不断的社会变革和社会改造,使生产力得到大力发展,上层建筑逐渐完善,通过社会政策的调整使社会存在的一些具体问题得到解决,营造较为良好的社会环境,为预防与减少犯罪提供有利的条件。社会预防是犯罪预防的基本环节,由于犯罪是诸种因素综合作用的结果,所以预防犯罪也必须多种手段相互配合。社会预防是一种标本兼治的犯罪预防措施,它可以起到防患于未然的作用。由于犯罪是诸多因素综合作用的结果,所以预防犯罪也必须多种手段相互配合。在我国犯罪预防体系中,社会预防与刑罚预防均是重要的手段,两者目标一致,相辅相成。

---

① 参见储槐植:《建立刑事一体化思想》,载《中外法学》1989年第1期。
② 王牧主编:《新犯罪学》,高等教育出版社2005年版,第393页。

（2）心理预防，是指针对个体犯罪心理形成的原因及条件，通过宏观上开展精神文明建设以及微观上开展家庭、学校和社会教育，培养公民形成健康的心理与健全的人格。心理预防的重点是：进行政治思想教育、道德品质教育、法制观念教育，培养、教育个体树立正确的人生观、法制观和道德观。并对心理具有严重缺陷的危险行为人，采取矫正性治疗措施。对于非法传销犯罪的心理预防主要是：教育人们消除想"一夜暴富"的投机取巧心理，让人们懂得：君子爱财，取之有道。只有靠自己辛勤的劳动才可以赚取到属于自己心安理得的钱财，要增强预防非法传销犯罪的防范意识，消除被非法传销组织"洗脑"的危险隐患。

（3）治安预防，是指国家专门性预防机构通过治安管理与惩戒活动所能达到的，实现预防违法犯罪目标的社会控制活动及措施。非法传销犯罪治安预防作为预防犯罪体系中的一个重要内容，其对象是广泛与多元的，在众多的治安预防对象中，有三类主要的预防对象：全体社会公众；治安预防最主要的对象——大量的违反治安管理的行为人；治安防范的重点对象——已经染有恶习并已触犯刑律或已受过刑事处罚和矫治、改造的人员。

（4）刑罚预防，是指国家司法机关运用刑罚的方法揭露犯罪、惩罚和改造罪犯，从而预防再犯，并儆戒虞犯，教育全体社会成员的一项特殊强制措施和防范手段。作为最严厉的一种法律制裁措施，刑罚是国家不可缺少的暴力机器的内容之一。事实上，刑罚预防是国家在社会预防、心理预防和治安预防这三个层面的预防手段均无效的情况下，最后不得已而采用的预防方法。刑罚预防在犯罪预防的体系中处于第四道防线，同时也是最后一道防线，它是预防犯罪不可缺少的重要一环。

需要注意的是：预防犯罪的根本的或是最主要的方法不是刑罚预防，也就是说，刑罚预防仅仅是预防犯罪必不可少的方法之一，既具有其特殊性和不可替代性，又具有局限性，其局限性表现在刑罚预防是一项治标不治本的预防措施。只有将刑罚预防纳入犯罪预防的整个体系之中，并且与其他各项措施紧密配合时，才能发挥其独特的功能。

（三）网络传销犯罪惩治对策的完善建议

1. 目前我国《刑法》中关于非法传销犯罪的罪名设置存在的问题及解决建议。从刑法及相关司法解释的规定中，我们可以了解到：目前我国惩罚非法传销犯罪的罪名仅这一个即"组织、领导传销活动罪"，其刑罚规定是：对于一般情况"处五年以下有期徒刑或者拘役，并处罚金"。对于情节严重的，处"五年以上有期徒刑，并处罚金"。而对于"情节严重"的判断标准也没有相应的司法解释。而且"组织、领导传销活动罪"明确规定仅处罚"在传销活动中起组织、领导者"，其他参与者不在刑罚处罚之列。由目前我国现行《刑法》的规定来看，在刑法上仅仅规定了"组织、领导传销活动罪"这一个罪名，我们应该思考的问题是：仅仅规定这样一个罪名合理吗？如果不合理，应该如何设置罪名呢？这是一个很现实的问题。

要想回答上述提出的问题，有必要弄清楚目前我国非法传销犯罪的类型有哪些？这些类型的非法传销犯罪能否被现有的唯一罪名"组织、领导传销活动罪"所包含？事实上，我国目前的非法传销犯罪并不仅仅只包括"组织、领导传销活动罪"这一个罪名所涵盖的类型。如果我们从传统型与网络型的角度进行划分的话，是包括传统型非法传销犯罪与网络型非法传销犯罪两种大的类型，这里所谓的"传统型"非法传销犯罪是指与"网络型"非法传销犯罪相对应的"非网络型"非法传销犯罪而言的。这些现实中存在的非法传销犯罪的不同类型，要求我国《刑法》在立法上设立罪名与法条时作出相应的规定，否则仅仅依靠目前唯一的"组织、领导传销活动罪"这一个单一的罪名与法条，难以解决有效惩治现实中存在的不同类型的非法传销型犯罪，建议《刑法》作出适当调整。

2. 刑罚目的正确理解与刑罚配置方面存在的问题及解决思路——刑罚替代措施在非法传销犯罪中的合理运用。刑法的两个最基本的研究范畴是犯罪与刑罚，而刑罚配置的核心内容是犯罪与刑罚之间的对应关系。欲寻求适合当前我国非法传销犯罪基本状况的刑罚配置，必须先来弄清何谓"刑罚配置"？"刑罚配置"是国家立法机关在刑事法律中设置刑罚种类并依据一定的原则和要求对各罪行分配、布置和确定施加何种刑罚以及多重刑罚的刑事立法活动。①

实现量刑公正的前提性必备要件之一是合理的刑罚配置。没有公正合理的刑罚配置，很难想象能够实现司法的正义。正如马克思曾经说过："如果认为在立法者偏私的情况下可以有公正的法官，那简直是愚蠢而不切实际的幻想，既然法律是自私自利的，那么大公无私的判决还能有什么意义呢？法官只能够丝毫不苟地表达法律的自私自利，只能够无条件地执行它。在这种情况下，公正是判决的形式，但不是它的内容，内容早被法律所规定。"② 马克思这段话是想说明：司法的公正是建立在立法公正的基础之上的，而作为刑事立法活动重要内容基础上的刑罚配置，其设置是否科学、合理，决定了刑罚公平的实现与否。试想：如果非法传销犯罪在其刑罚配置方面设置不合理，难以实现对于

---

① 邓文莉：《刑罚配置论纲》，中国人民公安大学出版社2009年版，第7页。
② 《马克思恩格斯全集》（第1卷），人民出版社1961年版，第178页。

此类犯罪在刑罚处罚上的公平与正义，这与"巧妇难为无米之炊"是同样的道理。

从我国目前《刑法》中对于"组织、领导传销活动罪"的规定来看，其所惩治的对象是有局限性的，其仅仅是对于"涉嫌组织、领导的传销活动人员在30人以上且层级在3级以上的，对组织者、领导者，应予立案追诉"，而对于一些非法传销案件中的积极参加者则无法进行惩治，如果不能对这些群体进行及时而且有效地教育引导的话，他们还会继续参与或者自己组织、领导新的非法传销组织进行犯罪活动，其潜在的危险性是很可怕的。为了能够有效惩治这部分群体，建议在我国《刑法》第266条之后增设一款新罪名"传销诈骗罪"，以便更加有效地惩治此类型犯罪，弥补现有法律之疏漏。

在我国《刑法》第266条规定了"诈骗罪"，而在第224条规定了"合同诈骗罪"，其立法目的在于有效惩治"以非法占有为目的，在签订、履行合同过程中，骗取对方当事人财物"的犯罪行为，以弥补"诈骗罪"无法惩治这类犯罪的不足。而目前我国《刑法》中仅仅规定了"组织、领导传销活动罪"这样一个罪名，这个罪名有其局限性，其惩治的对象仅限于非法传销活动中的"组织者"和"领导者"，而无法惩治其中一些"积极参加者"，事实上，除了"组织者"与"领导者"以外，非法传销组织中还有许多"积极参加者"，其在非法传销组织中所起的作用是不容忽视的，因此，从公平角度来说，建议我国在《刑法》中设立"传销诈骗罪"，将其作为《刑法》第266条"诈骗罪"之一款，从而有针对性地惩治非法传销型犯罪中的"积极参加者"，对于有效遏制和减少此类犯罪的发生有积极的促进作用。

3. 建议合理借鉴其他国家和地区经验。我国应当合理借鉴其他国家或者地区例如美国、日本、马来西亚以及我国台湾地区有效规制非法传销犯罪的有益经验。他山之石、可以攻玉。我国在借鉴以上域外国家与地区的有益经验的基础上，结合我国现实国情，尽快制定一部细密、严谨、可操作的《直销法》，以弥补我国现有的行政性法规《直销管理条例》的不足。2020年5月26日，出席第十三届全国人民代表大会三次会议的全国人大代表杨莉向全国人大提交了《直销法（草案）》建议书，2020年受新冠肺炎疫情之影响，目前直销企业的发展可以说是举步维艰，确实急需一部符合新的时代发展规律和市场发展的需要、同时能够有效规范、监管直销行为的《直销法》尽快出台。

4. 充分运用大数据技术。针对网络传销犯罪的特点，应当充分运用大数据的技术优势，进而更有效地解决调查与取证的难题。在"互联网+"理念下构建新型的传销犯罪预防体系，需要我们从加强大数据在新型社会犯罪预防体系中运用的制度环境建设、良好的技术环境——实现大数据在新型社会犯罪预防体系中运用的平台建设、加强大数据运用下社会组织力量的建设等三个方面着手努力，不断克服现实存在诸多难题，最终实现预期的理想目标。

司法实践中已经侦破的仅仅是传销犯罪（包括传统型和网络型）的一部分而已，还有许多"变相"的传销犯罪在悄然地、隐蔽地进行着，打击与侦破的难度系数较高，面对我国目前传销犯罪尤其是网络型传销犯罪的严重现实状况，要想真正有效地预防与惩治这类犯罪，必须突破传统地仅仅依靠"刑罚"手段这种单一的预防与惩治模式，有必要寻求新的模式，而新的模式是应当在充分利用大数据技术的基础上，在"整体刑法学"视域下寻求突破，可以更加全面、系统地预防与惩治网络传销犯罪，从社会预防、心理预防、治安预防与刑罚预防这四道防线同时入手，对于此类型犯罪，不仅仅是案发后的单一惩治，更应该把重点放在案发前的犯罪预防各个环节上，从而标本兼治地有效预防与惩治网络传销犯罪，取得更好的犯罪预防与惩治效果。

网络传销犯罪运行机制及法律规制体系构建[*]

时 方[**]

传销活动作为庞氏骗局的表现类型之一，是通过拉人头、发展下线、骗取入门费并用后加入者的资金弥补前期参与人回报的模式维持运作，传销组织结构呈现金字塔状，因此也称为金字塔骗局。[①] 基于传销活动并不具有可持续性盈利的项目收益，当后加入者所投入资金不足以满足先前加入者支付的本金及收益时，不可避免将出现资金链断裂并最终导致骗局泡沫破裂，其后果不仅使陷入传销组织的参与人遭受财产损失，还会与传销过程中间接引发的人身暴力性犯罪共同交织对公民人身财产等个人法益造成直接侵害；同时，传销活动参与人数量众多、发展区域广泛，对社会治安稳定造成重大影响。当前传销运作呈现与互联网金融等新兴技术相结合的新型网络传销犯罪模式，隐蔽性更强，法益侵害属性更加严重，对社会经济平稳运行、国家经济安全产生直接威胁。虽然国家监管部门近年来开展多次打击传销违法犯罪专项行动，为维护人民群众合法权益、保障市场经济秩序稳定及国家经济安全起到积极作用，但网络传销犯罪活案件数量始终处于高发态势，遏制效果并不明显。由此，如何准确识别网络传销犯罪运作模式，挖掘其背后运作机理，确立传销参与人地位与作

---

[*] 本文为司法部2018年度国家法治与法学理论研究项目"互联网金融犯罪打击与防范问题研究"（18SFB3015）的阶段性研究成果。

[**] 时方，中国政法大学刑事司法学院副教授，法学博士。

[①] 根据《刑法》第224条之一组织、领导传销活动罪的条文规定，对于传销组织"拉人头"发展人数要求"并按照一定顺序组成层级"，突显了传销组织立体发展的金字塔结构，以区别于其他单纯对参与人数有要求的涉众型经济犯罪类型。如2010年12月13日最高人民法院《关于审理非法集资刑事案件具体应用法律若干问题的解释》第3条对于非法吸收公众存款罪刑事责任追究标准，"个人非法吸收或者变相吸收公众存款对象30人以上的，单位非法吸收或者变相吸收公众存款对象150人以上的"，并未对发展人数结构规定要求。

用,有效发挥刑法惩治手段,构建综合全面法律规制体系,是当前预防、打击网络传销犯罪面临的重要难题。

一、网络传销犯罪运行机制

(一) 网络传销犯罪运行模式

1. 虚拟货币传销。随着对虚拟货币的不断炒作,有不法分子以发行虚拟货币为名,行诈骗之实,谎称投资虚拟货币只涨不跌,其中主要包括"山寨币""空气币""传销币"等表现形式。例如,近年来具有广泛影响的诸如五行币、亚欧币、维卡币等网络传销案件,不法分子以虚拟货币、区块链为幌子,在实质上没有区块链作为底层技术的情况下进行概念炒作,以高额利益回报为诱饵进行非法集资、传销等违法犯罪活动,成为新型庞氏骗局主要形式。

2. 互联网平台传销。在网络传销犯罪运作模式中,夹杂着消费返利等具有迷惑性的市场营销手段。以互联网购物平台传销为例,网络购物平台通过发展会员并许诺给予不同等级会员购物返利,鼓励会员在平台消费并推荐发展新会员,此种运营模式实则是通过后加入会员的入会费以及对支付商品金额提成实现先前会员返利,平台本身不以商品交易为主要目的,也无资金来源进行会员返利,平台组织者以收取会费和商品价款提成取得收益。如果后期加入会员较少将导致平台资金无法满足先期会员返利要求,庞氏骗局终将崩塌。

3. 其他资本运作传销。除了利用虚拟货币、网购平台实施的网络传销犯罪模式外,其他诸如股权投资、金融互助、微信手游等名义实施的传销活动形式各异、眼花缭乱。互联网传销组织以高额回报为诱饵,借助各类网络媒介开展所谓资本运作,变相收取入门费,通过拉人头、发展下线等手段给予提成、返利。

(二) 网络传销犯罪运行特征

网络传销犯罪借助金融科技、资本运作等名义扩大宣传,更具迷惑性与传染性;资本运作模式代际更新,罪名认定更加复杂困难;相比传统传销人身控制、线下商品销售模式,网络传销犯罪法益侵害属性本质改变,危害性更加严重。

1. 宣传手法更具迷惑性与传染性。区别于传统传销假借销售"空壳"商品的欺骗伎俩,抑或通过人身监禁等物理手段强迫民众参与,网络传销犯罪往往披上金融创新、普惠金融等高科技外衣,以"纯资本运作""金融互助""虚拟货币""股权投资"等宣传手法进行洗脑诱骗;加之我国民众普遍缺乏基本金融投资常识,一味追求高收益、忽视风险的投机心理极易被网络传销组织蛊惑加入，传销组织对参与人人身控制减弱、精神控制加强，网络传销犯罪更具迷惑性与传染性。

2. 运作模式代际更新。网络传销犯罪将传统传销组织物理性控制模式转向网络空间发展团队，传销组织更加隐蔽，呈现"形散而神不散"特征；为规避司法机关对组织、领导传销活动罪追诉标准的认定，网络传销犯罪不再简单复制传统传销活动"拉人头"获取返利升级的运作模式，着重在组织层级、成员数量、门槛费收取等不同方面进行创新"升级"；通过诱骗参与人不断发展下线获得收益的运作模式造成传销活动与非法集资两者出现交织混同，导致相关行为在刑法罪名认定上更加复杂困难。

3. 法益侵害属性发生改变。网络传销犯罪组织以金融资本运作模式呈现，法益侵害属性由对被害人个体法益侵害转向对国家经济安全超个人法益侵害，具有金融犯罪属性。[①] 网络传销犯罪作为一种虚拟经济活动，不存在真实商品或者服务的等价交换，无法使社会财富增值，相反数额巨大的传销资金流转并掌握于少数传销人员之手，巨量民间资金脱离金融监管，隐藏很大的金融风险。[②]

二、网络传销犯罪构造分析

（一）网络传销犯罪与合法直销

传统依靠商品销售的直销与传销在1998年4月18日国务院《关于禁止传销经营活动的通知》之前并没有被监管部门有效区分，由此导致大大小小的非法传销公司如雨后春笋般涌现出来，以至于1997年底到1998年初非法传销大肆猖獗，国家对直销企业几乎失控。

直销与传销两者合法性与违法性认定的关键在于：从形式上看，可以通过运作模式的单层次与多层次性进行判断，我国《直销管理条例》所允许的直销运作模式也仅限于单层次直销行为，直销人员之间没有连带关系，依赖个人

[①] 当前网络传销犯罪运作手法从曾经的化妆品销售、资源开发、种植养殖等"实体经营行为"向众筹理财、期货、虚拟货币等"资本运作"手段进化，有统计数据显示，金融投资理财类传销在传销组织中的占比达到30%，已发展成为新型网络传销的主流模式。参见《2018年重大传销案盘点：发展势头如洪水猛兽，花样百出影响更加恶劣》，http://dsdod.com/a/20181228/70630/，最后访问日期：2020年7月6日。

[②] 参见黄太云：《刑法修正案（七）解读》，载《人民检察》2009年第6期。

业绩计酬;① 而多层次直销基于参与人员上下线之间的连带关系,上线依据发展下线的数量及销售业绩为计酬依据,不论多层次模式是否以销售实际商品为目的,其拉人头、发展下线建立层级营销模式在我国属于《禁止传销条例》明令禁止的经营行为。因此,只要形式上存在拉人头建立层级的运营模式在我国一律为法律禁止,排除在正规直销经营活动之外属于违法行为。从实质上看,单层次直销业务员直接面对的是最终消费者,通过商品销售提高个人业绩,属于合法经营活动;传销活动主要是依靠发展下线、建立层级形式收取入门费,缺乏实质经营活动,行为人主观上具有非法获利目的,属于刑法规定的诈骗型传销类型之一。此外,以销售商品为目的的多层次传销行为虽然为我国《禁止传销条例》规制,但《刑法修正案(七)》未将此类团队计酬型传销模式作为犯罪认定,相关行为只能作为传销违法行为进行行政处罚。即通过实质经营内容有无的判断,对形式上具备金字塔结构的传销活动进行处罚性质与严厉程度不同的行政与刑法双层次打击,由此构成合法直销与传销违法犯罪区分的形式与实质认定标准。

当前网络传销犯罪组织除借助金融创新等虚伪外衣包装渲染,为掩饰其传销本质往往对运行模式进行改造,典型如互联网传销组织设计出单层计酬制,传销成员仅对自己发展成员的第一级下线计酬,下线再次发展成员所获收益则与自身无关,意图在层级模式上混淆与直销活动构造差异,规避刑法对于传销犯罪认定标准。② 同时,基于传销与直销在运作模式上具有相似性基因,为防止获得直销牌照的企业由于经营不规范涉嫌违法传销甚至犯罪,应当在规范直销活动的前提下打击网络传销犯罪。即对获得正规直销牌照的公司仍应进行严格监管,对建立层级的多层次直销经营活动依照现有法律作为违法传销认定,不因具有直销牌照而直接承认其合法性,对于涉嫌传销犯罪的企业建立直销牌

---

① 2005年规制我国传销与直销活动的两部核心法律《禁止传销条例》与《直销管理条例》几乎同时出台,其中《直销管理条例》第24条规定:"直销企业支付给直销员的报酬只能按照直销员本人直接向消费者销售产品的收入计算报酬总额(包括佣金、奖金、各种形式的奖励以及其他经济利益等)不得超过直销员本人直接向消费者销售产品收入30%。"以及第14条规定:"直销企业及其分支机构不得发布宣传直销员销售报酬的广告,不得以缴纳费用或者购买商品作为成为直销员的条件。"

② 如江西太平洋网络直购案,其运作模式是上下级渠道商之间有层级进行团队计酬,即上级渠道商对其发展的下一级进行业绩提成,但上级对下级业绩的提成是一次性的不具有持续性,下级渠道商再发展的下级与其上级无关,各团队只能形成上下两级计酬,无法形成传统传销组织认定的三级层级。参见朱庆:《传销抑或创新:太平洋直购案的法律解析》,载《法商研究》2015年第1期。

照退出机制。引发全社会广泛关注的天津某某集团、河北某某酸碱平生物技术公司等为代表的我国直销领域巨头，在已取得商务部颁发的直销牌照前提下通过虚假宣传、高额回报诱骗民众参与，依靠拉人头、发展层级收取入会费，形成庞大金字塔结构，因涉嫌组织、领导传销活动罪于2019年初被刑事立案。

(二) 网络传销犯罪与非法集资

非法集资与传销活动本质上都会对参与者个体财产法益造成侵害，涉及参与群体数量广泛使得法益侵害发生质变，由对个体财产法益侵害转变为对市场经济秩序的超个人法益侵害，易引发群体性事件影响社会治安稳定，甚至对国家经济安全产生威胁与侵害，这也使得传销与非法集资成为侵犯社会主义市场经济秩序超个人法益犯罪的典型代表。随着互联网传销种类日益繁杂，在实际运行过程中，网络传销犯罪与非法集资存在竞合情形，引发认定分歧与困难，进而影响司法裁判与财产处置过程中一系列社会稳定因素。

具体而言，刑法对于非法集资与传销不论在刑罚设定抑或财产处置上都具有较大差异：就刑罚严厉程度而言，非法集资相关罪名虽然在2015年《刑法修正案（九）》时废除死刑规定，但其最高刑期无期徒刑仍具有极大的惩治与威慑力；与此相对，组织、领导传销活动罪情节严重时仅在5年以上有期徒刑范围内进行裁判，刑罚严厉程度较非法集资轻微很多。甚至相比较单纯侵犯个体财产法益的诈骗罪，诈骗型传销在法益侵害上虽然扩展到对超个人法益的经济秩序侵害，法益侵害更具多元性与严重性，但刑罚惩治力度相比较作为基础性罪名的诈骗罪轻很多，呈现法益侵害属性与刑罚制裁不成比例局面，这也使得不同罪名的认定对于犯罪分子施加的刑罚严厉程度存在巨大差异。就参与人法律保护态度而言，当前刑法虽然没有完全承认集资参与人的被害人地位，但仍会对集资参与人的损失进行最大程度的追赃挽损，减轻集资参与人损失；相较而言，尽管存在被欺骗缴纳入门费情形，刑法对于传销参与人完全否定其被害人地位，对于传销组织吸纳的成员财产表现更为严苛，一律作为传销活动违法所得没收，不予返还参与人。因此同样作为聚众型经济犯罪，非法集资与传销不同类型属性界定与罪名认定对于案件产生的社会效果具有极大影响。

基于参与资本运行的涉众性特征，在非法集资刑法规制罪名体系中包含着《刑法》第224条之一的组织、领导传销活动罪，可以认为，立法者在规制非法集资活动时考虑到传销活动与集资活动可能存在的交织伴生关系。通常情况下，非法集资与传销具有较为明显的构造差异：就组织运行结构而言，非法集资以吸收公众存款为目标，参与人数量众多成为客观事实，但集资参与人之间不以建立层级为目标，也无上下级之间的收益抽成。传销运作模式依靠拉人头、建立层级实现组织规模不断扩大，是其维持运行的核心要求。就参与人获取收益基础而言，非法集资参与人以投入资金数额为基础，通过还本付息形式获取静态固定收益；传销活动参与人则通过拉人头、建立层级的动态运行获得佣金，实现按劳分配。可以认为，非法集资是静态平面式获取收益的线型结构，传销活动是动态立体式获取收益的金字塔结构。但随着互联网传销模式的复杂变化，两者出现交叉竞合情形：典型如网络传销犯罪组织一方面规定参与成员缴纳各种名义的入门费，承诺按缴纳资金比例给予业绩返还，呈现类似非法集资静态还本付息样态；同时为维持传销组织日常运行、扩大组织规模，要求参与成员不断发展下线，可以从发展下线缴纳的入门费中获取一定比例的提成，激发成员发展下线的动力，最终形成传销参与人获取动态收益的金字塔结构。当互联网传销同时呈现非法集资特征时，形成组织、领导传销活动罪与非法集资相关罪名的想象竞合情形。因此，有观点指出，互联网传销也是一种非法集资，只不过是集资形式不同。①

根据 2013 年 11 月 22 日"两高一部"《关于办理组织领导传销活动刑事案件适用法律若干问题的意见》第 6 条罪名适用问题，明确了"以非法占有为目的，组织、领导传销活动，同时构成组织、领导传销活动罪和集资诈骗罪的，依照处罚较重的规定定罪处罚"。即当传销与非法集资出现交织难以区分时根据想象竞合犯原理从一重罪处罚。从加大犯罪刑事打击力度、遏制犯罪发生角度考虑，上述司法解释既体现了维护社会经济安全稳定的刑事政策要求，也符合相关犯罪认定原理。但更为现实的问题是，当出现行为样态认定模糊时，不能简单通过从一重罪处罚的竞合原理进行处理，不同罪名认定对于犯罪违法所得处置方式产生直接影响，关涉到参与人尤其是被欺骗加入违法犯罪活动的民众受损财产能否得到法律保护问题，对社会稳定产生重大影响，考验案件办理社会效果，此时需要对参与人在传销活动中的具体地位与作用作进一步刑法规范评价。

三、网络传销犯罪参与人法律主体地位

（一）传销参与人地位分析

传销参与人地位是由其在传销活动中扮演的实质作用所决定，也决定了刑法对此类群体的保护抑或规制态度。传销参与人被欺骗加入传销活动时普遍具有被害人属性，缴纳相应入门费即出现实际财产损失结果，此时有权利要求法律救济并对财产损失进行追缴返还。但当金字塔骗局最底层的传销参与人被洗

---

① 参见明航：《根治虚拟货币传销骗局需用重典》，载《经济参考报》2017 年 12 月 14 日，第 2 版。

脑后为获得层级晋升与财产收益，积极发展下线时其身份则由被害人转变为从事违法犯罪活动的实施者，具备了可罚的违法性。尤其是加入传销组织之后明知从事传销违法活动的参与人，其主观上具备有责性，只要实施发展下线、建立层级即具备行政处罚的违法性与可罚性，当发展人数与层级达到刑法规定的组织、领导传销活动罪的认定标准时则构成相应刑事犯罪，应当受到刑罚惩罚。因此，理论上而言，传销组织中参与人的被害人地位认定空间较小，只可能是刚被骗加入传销组织缴纳相应入门费还没有来得及继续发展下线的金字塔底层人员，甚至当其已经着手实施发展下线人员但并未成功时已经不具备认定传销活动的被害人地位，其遭受的财产损失也无法获得法律救济。

从法律层面进行逻辑推演可以较为明确分析出传销参与人的被害人属性与地位，但根据现行法律规定与司法解释，对于传销参与人的法律规制与权益保障存在理论上的冲突与悖论。作为《刑法》第 224 条合同诈骗罪之一的组织、领导传销活动罪，刑法规制的对象主要是具有欺诈属性与构造的诈骗型传销，被诈骗的对象即为被欺骗参与到传销组织中的人员。但司法实践中，并未将被欺骗进入传销组织的成员作为被害人认定，被欺骗的财产也是作为违法所得的赃款予以没收，没有根据诈骗罪逻辑构造对被欺骗的被害人进行法律保护并将受损财产返还给被害人。基于立法将组织、领导传销活动罪作为诈骗类型犯罪惩治，将传销组织成员实施的拉人头、发展下线行为作为诈骗行为认定，同时又不认可被欺骗进入传销组织成员的被害人地位，与诈骗罪认定逻辑存在内在矛盾，不符合诈骗犯罪犯罪构成的认定逻辑。与此相应是司法实践中对于非法集资参与人的地位认定与救济态度，同样作为涉众型经济犯罪类型，集资诈骗罪的被害人具有要求返还被诈骗财产的法定权利，符合诈骗罪中对于被害人财产法益保护的内在逻辑与立法要求；即使是法律没有明确认定为被害人的非法吸收公众罪中的参与人，虽然不具有受欺骗交付财物的诈骗罪构造，但在司法实践中对此类群体遭受的财产损失同样进行积极追缴返还。[①] 由此，对于当前刑法明确规制的诈骗型传销犯罪，立法与司法机关对于具有诈骗对象属性的传销参与人，对其权利保护与受损财产处置显得并不公平合理，与法律面前人人平等原则存在冲突。

从惩治犯罪效果与参与人在不同犯罪类型中的地位考量，刑法对传销参与人的严苛具有一定的实践合理性，这也是基于遏制快速蔓延的新型传销犯罪刑事政策所决定。对于传销参与人的严厉打击，体现出立法者与司法者基于社会

---

① 参见时方：《非法集资犯罪中的被害人认定——兼论刑法对金融投机者的保护界限》，载《政治与法律》2017 年第 11 期。

维稳目标的实现，对不同特性的聚众型经济犯罪在规制策略上的差别：在非法集资类犯罪中参与人虽然基于一定程度的贪利遭受财产损失，但其只是静态获益，自身并没有实施非法集资犯罪行为，其参与行为不具有法律规范意义上的违法性。国家为了尽可能减少社会民众财产损失，通过法律手段为此类群体追赃挽损，体现对民众财产法益的保护与救济；而传销组织结构及其运作模式决定了参与其中的人员并非静态坐等收益，而是通过自身不断"努力"将传销骗局蔓延扩大，诱使更多无辜群众陷入传销组织，传销参与人对于传销违法犯罪活动的推动作用更为明显。加之传销参与人经过洗脑之后具有了实施违法犯罪的主观恶性，客观上实施传销活动，法律为严惩传销犯罪将参与人一并严惩。此外，从犯罪预防角度考量，传销参与人就像感染了病毒的传播者，即使传销组织遭受打击被解散，其成员在社会中仍具有继续开展、实施传销违法活动的可能性，使得传销活动屡禁不止，如若一律将受欺骗加入传销组织的参与人作为被害人进行保护，对其财产权益进行追缴返还无疑是为其继续传播蔓延传销活动提供资金支持。

（二）网络传销参与人法律规制立场

我国《刑法修正案（七）》虽然将传销活动独立成罪，但从相关罪名以及条文表述可知，刑法只是将传销活动组织者、领导者作为犯罪认定，对于其他参与人并不能以组织、领导传销活动罪认定。① 如有些传销人员通过搭建网络宣传平台、建立微信群等方式大肆宣传传销运作模式，以培训导师身份对社会民众进行洗脑、诱骗参与投资，上述个人可能发展下线人数与层级达不到"30 人以上且层级在 3 级以上"的立案标准，但从实际危害性而言，该类传销参与人对传销组织的发展与扩大起到重要作用。虽然《禁止传销条例》对于参与传销组织的成员规定了行政处罚措施，但惩罚力度过于轻微，加之客观原因导致行政制裁不到位，无法实现对传销组织中积极参与人的打击与惩治效果。

根据 2001 年最高人民法院《关于情节严重的传销或者变相传销行为如何定性问题的批复》（以下简称 2001 年最高人民法院批复），对于从事传销活动构成犯罪的应当以非法经营罪定罪，对于传销组织中存在的骨干分子虽然不起

---

① 在《刑法修正案（七）》之前，2001 年最高人民法院发布的《关于情节严重的传销或者变相传销行为如何定性问题的批复》规定："对于 1998 年 4 月 18 日国务院《关于禁止传销经营活动的通知》发布以后，仍然从事传销或者变相传销活动，扰乱市场秩序，情节严重的，应当依照刑法第 225 条（四）项的规定，以非法经营罪定罪处罚。"根据最高人民法院该批复，对于传销活动以非法经营罪认定并未区分传销的组织者或经营者，只要是参加传销活动的成员即具备入罪的主体条件，打击范围相比当前更为宽泛。

组织、领导作用，但其行为属于扰乱市场秩序的非法经营行为，应当作为非法经营罪定罪量刑。有观点据此指出，《刑法修正案（七）》在《刑法》第224条之一增设组织、领导传销活动罪，只是规定具有骗取财物为目的的诈骗型传销犯罪，因此本质上与合同诈骗罪具有同质属性，都属于特殊诈骗犯罪类型；但2001年最高人民法院批复是针对外延辐射更为广泛的所有传销活动进行的刑法规制，除对骗取财物为目的的诈骗型传销犯罪进行规定，其他不具有骗取财物要素的传销活动仍应作为非法经营罪认定，即新罪名的制定不影响到原司法解释的效力，最高人民法院2001年批复仍有效力，因此对于原本就可以进行处罚的传销积极参与人，仍应当依照以往司法解释以非法经营罪进行认定。①

也有观点指出，刑法单独制定组织、领导传销活动犯罪，表明立法者并不处罚传销活动中组织、领导者之外的其他参与人，其他人员只能作为传销违法活动的行政处罚对象。对于一般的传销参与人既是违法者同时也是受害者，对其可以进行行政处罚和教育，这样不会使打击范围过大。② 从传销组织犯罪聚众型犯罪的实际特点考虑，限缩打击面有利于减少司法办案机关工作压力，加大对重点犯罪分子的集中惩治，一定程度上也体现了刑法谦抑理念。但从保护国家经济安全的刑事政策角度考量，对传销组织中起着巨大推动、贡献作用的参与人不进行相应的刑罚处罚，存在打击新型传销犯罪刑法惩治不力的弊端，放纵对违法犯罪分子的刑事处罚，不利于保障国家经济安全。未受到法律严厉制裁的传销参与人由于具有丰富的参与、运作传销活动的经验，在社会上很容易加入或者自行组织研发其他传销骗局，这也是当前各类互联网传销骗局频发、传销活动组织屡禁不止、无法根除的重要原因之一。因此，不能因为案件数量的繁重与办案中面临的困难对犯罪分子进行选择性打击，对于组织、领导者之外的其他有积极贡献的传销参与人同样应当进行刑法惩治。

四、网络传销犯罪法律规制体系

（一）网络传销犯罪刑法规制

1. 确立相对灵活的刑事认定标准。针对互联网传销骗局规避刑法认定标准作出的模式翻新，如混淆与合法直销运营模式差别进行单层级模式改造，或者针对传销犯罪认定标准的3级30人立案标准，在下线发展人数上设定限制，

---

① 参见黄芳：《惩治传销犯罪的法律适用：概念、思路和机制》，载《法律适用》2017年第21期。
② 参见黄太云：《刑法修正案（七）解读》，载《人民检察》2009年第6期。

如团队成员只发展到 28 人或 29 人即可完成升级等。① 对于互网络传销组织刻意规避法律制裁，通过在团队人数以及发展层级上进行模式变换与创新，以往发布的司法解释认定标准在面对新型传销模式存在一定的滞后与机械。

在实践中认定新型传销活动应该紧抓其庞氏骗局的本质特征，即拉人头、发展下线、骗取入门费，前两者是以人员数量为获利依据建立金字塔层级结构，骗取入门费即体现传销骗取财物的主观目的，两者结合成为传销活动运行的核心要素。因此，对于网络传销犯罪活动的法益侵害应对其整体组织规模、涉案金额进行总体评价，遵循罪刑法定原则前提下实现对新型涉众型经济犯罪严厉打击的政策要求：一方面，根据新型传销模式的变化制定更具适应性的司法解释，对传销组织发展人数、层级认定进行一定灵活调整，规定对于故意规避传销组织 3 级 30 人立案追诉标准的行为，可以根据团队运行实际情况灵活把握，如对于不具有实际经营行为的网络传销犯罪组织，即使没有形成团队计酬的三级层级，对于整体运作组织应作为传销活动认定。另一方面，在确立网络传销犯罪刑事认定标准的前提下严密打击法网。传销活动之所以久禁不绝，除了其自身的隐秘性、迷惑性，很大程度上与刑法规制的不及时、不到位密切相关，存在较大的犯罪黑数。基于刑罚的威慑力并不在于其残酷性，更主要体现在其确定性与不可避免性，这就要求对于网络传销犯罪的刑法打击应严密法网，准确识别网络传销犯罪活动庞氏骗局运作内核，对于形式上规避司法立案认定标准的运作模式应当坚决打击。

2. 提高刑罚惩治力度。就刑罚惩治力度而言，当前刑法规定组织、领导传销活动罪情节严重时仅判处 5 年以上有期徒刑，在涉众型经济犯罪中属于量刑较轻微的罪名，刑罚威慑力与法益侵害性不成正比。虽然当前对于经济犯罪处罚具有轻缓化趋势，但网络传销犯罪在法益侵害属性与严重程度远远超过传统传销活动的危害性，刑法针对一般传销活动的法定刑无法有效规制具有法益侵害多元性的新型网络传销犯罪，应加大对组织、领导传销人员的刑事惩治力度。(1) 基于网络传销犯罪活动的法益侵害性与非法集资犯罪相当，加之传销活动所具有的诈骗属性，网络传销犯罪的刑罚惩罚力度应当与集资诈骗罪相等同，而当前两种法益侵害属性相似的涉众型经济犯罪法定刑相差较大，未能

---

① 如广西北海"1040 阳光工程"，行为人参与时先交纳 69800 元，次月"组织"会退还 19000 元，实际出资额即为 50800 元。随后每个成员至多可以发展 3 个下线，3 个下线再分别发展 3 个下线，当发展到 29 人的时候，即可晋升为老总，这一过程叫"上总(老总级别)"，即可开始每月拿"工资"，直至拿满 1040 万元，就从"组织"里出局，最终完成"资本运作"。

很好贯彻罪刑相适应原则。（2）公安侦查工作量与司法裁判结果失衡，造成侦查资源浪费，办案积极性受挫。互联网传销的专业性、复杂性、隐蔽性及传销组织跨区域性等特征，对侦查机关业务素质提出了严峻的挑战，此类新型案件在侦办过程中占用公安大量人力、物力和财力，工作量繁杂，与案件最终判决结果的轻微形成鲜明反差，打击侦查机关办案积极性。① （3）从传销犯罪再犯预防角度而言，正是基于组织、领导传销犯罪法定刑处罚力度过轻，没有对传销活动犯罪分子产生应有的刑罚威慑，导致传销组织成员释放后重操旧业的比例非常高。②

因此，随着网络传销犯罪的肆虐，为有效打击并遏制新型传销蔓延泛滥，应加大对相关传销组织人员的刑罚处罚力度：在立法上，针对涉及经济安全的网络传销犯罪提高刑期时限，规定情节严重、数额巨大时判处无期徒刑，与集资型庞氏骗局刑期相对应；在司法裁判上，对于传销活动主要成员应当避免自由刑判处过短甚至判处缓刑情形，传销活动作为精神邪教，通过对行为人自由的剥夺实现思想改造很有必要，当前对于传销活动的组织、领导者自由刑隔离时限过短，无法发挥刑罚教育改造功能，再次返回社会使得传销活动继续蔓延扩散，甚至愈发猖獗；同时加大对传销人员的罚金处罚力度，限制其再次实施传销犯罪的物质基础，发挥罚金刑对于经济犯罪的惩罚性与预防性功能。

3. 细化传销参与人刑事惩治层次。有观点指出，就组织、领导传销活动的规制范围而言，仅处罚领导者与组织者，其他参与人不承担刑事责任。但这并不意味着其他参与人不构成任何犯罪，应当根据其参与实施传销活动的属性进行区分讨论：就原始型传销活动，参与人仍可以认定为非法经营罪；③ 在诈

---

① 检索中国裁判文书网，以刑事案由对组织、领导传销活动罪进行关键词检索，截至 2020 年 7 月 10 日共检索出刑事案件 11564 件，随机查阅案件判决结果，多数传销活动案件组织、领导者被判处 5 年以下有期徒刑，很多案件犯罪嫌疑人被判处 3 年以下有期徒刑并宣告缓刑，并未执行实际刑期。具有全国影响的江西精彩生活"太平洋直购案"涉案金额 66 亿元，发展渠道商与会员 689 万人，本案主犯被判处 10 年有期徒刑，是当前可查到组织、领导传销罪刑期最高的案件。参见（2013）赣刑二终字第 63 号刑事判决书。

② 参见王烨：《新型传销犯罪的侦办难点及对策》，载《人民公安报》2012 年 10 月 28 日，第 3 版。

③ 就刑法惩治传销活动在《刑法修正案（七）》之后是否完全遵循单轨制处罚模式，仅依靠组织、领导传销活动罪一罪认定而不再以非法经营罪处罚，最高人民法院针对相关司法裁判作出批复，即根据最高人民法院（2012）刑他字第 56 号"对组织、领导传销活动的行为，如未达到组织、领导传销活动罪的追诉标准，行为人不构成组织、领导传销活动罪，亦不宜再以非法经营罪追究刑事责任。"参见最高人民法院刑一至五庭编：《曾国坚等非法经营案（第 865 号）》，载《刑事审判参考》（总第 92 集），法律出版社 2014 年版。

骗型传销活动，参与人可能构成集资诈骗罪等罪名。①

就立法规定而言，当前刑法只是对传销活动中的组织者、领导者进行刑事处罚，虽然通过解释论的方法可以对其他参与人进行集资诈骗罪、合同诈骗罪甚至非法经营罪等罪名认定，但这在一定程度上与罪刑法定原则相冲突。基于经济犯罪尤其是互联网金融犯罪迭代更新速度之快与刑法固有的立法滞后性之间的冲突，在当前新型网络传销模式更新频繁、法益侵害愈加严重，传统组织、领导传销活动罪不能有效规制犯罪、保护法益的情况下，为有效保障国家经济安全、加大对网络传销犯罪的惩治，对于立法不足之处应当进行相关立法完善与补正，不能碍于立法滞后之情面而一味扩大刑法解释范畴，过度发挥刑法解释的补正功能只会僭越罪刑法定原则防线，侵犯犯罪人人权。因此，虽然有些传销人员在传销组织中所处层级不高，但对整个传销活动的推广起着重要作用，应当将组织、领导者之外的积极参与人纳入犯罪主体之中，可以参考借鉴日本对于传销犯罪的规定，既惩治组织、领导者，对于参与人员也规定相应刑期。②

结合我国当前网络传销犯罪案件呈现特点以及司法办案客观状况，对于传销组织中的其他参与人可以单独设立罪名，承担轻于组织、领导者的刑事责任，但需要根据参与程度以及对传销活动的作用力大小，区分为积极参与人与一般参与人，对于前者可以比照日本《无限连锁链防止法》规定的职业性劝诱罪进行刑事责任认定，而对于一般参与人尽管对于发展下线也起到一定作用，但情节并不严重，同时结合司法机关实际办案压力，可以只作为行政处罚认定，既有效打击情节恶劣的传销活动犯罪分子，对于传销犯罪实现有力的刑

---

① 参见张明楷：《传销犯罪的基本问题》，载《政治与法律》2009年第9期。此处所说的原始型传销实际上是指诈骗型传销之外具有经营行为的团队计酬型传销，但正如前文所指出，在2013年11月4日"两高一部"颁布的《关于办理组织、领导传销活动刑事案件适用法律若干问题的意见》实质上将团队计酬型传销活动不作为犯罪处理，张明楷教授文章观点是在该司法解释出台之前提出，当前在司法实践中将原始型传销的参与人作为非法经营罪认定已经不具有法律依据。

② 日本对于传销活动的刑事处罚主要规定在附属刑法《无限连锁会防止法》，在第5条规定无限连锁会开设、运营罪，与我国组织、领导传销活动罪中的组织者、领导者作用相似。此外，日本在传销活动组织中对劝诱他人入会行为单独规定入罪，在第6条、第7条中分别规定职业劝诱罪与一般劝诱罪，即对传销组织活动中对参与人按照劝诱的频率、数量、职业性与否作出严厉程度不同的刑事处罚。但不论如何，即使刑事责任不重，但对于一般性劝诱他人入会也会作为犯罪处理，给予20万元以下罚金处理。参见郑泽善：《日本对非法传销行为的刑事处罚》，载《中国刑事法杂志》2007年第6期。

事打击；同时对于情节轻微的传销组织人员做到区别对待，体现了刑法谦抑原则，有效贯彻宽严相济刑事政策。①

（二）网络传销犯罪行政监管机制

1. 建立互联网金融监管部门协作机制。对于网络传销犯罪的惩治既需要完善刑事法律规定，加大刑罚惩治力度，更需要在源头上做好日常监管工作，及早发现传销违法活动并进行规制打击，不能等到传销违法活动规模发展壮大再对其进行调查甚至以刑事手段直接立案侦查，否则不论从违法犯罪打击成本、难度抑或是造成的现实危害都将无法有效应对。工商行政管理部门与公安机关作为传销活动日常监管的行政责任主体，随着传销活动模式发展与互联网技术、金融创新工具日益紧密，传统依靠线下对传销组织成员物理式排查监管模式效果日益减弱，无法有效遏制互联网新型传销活动线上疯狂蔓延态势，执法方式的单一固化成为当前网络传销行政监管与打击不力的重要原因。如传统传销组织聚集性效应明显，传销组织头目为实现对新发展成员进行洗脑、监控等措施，主要通过人身拘禁方式租住社区出租屋进行聚集性培训管理。因此，传统针对传销组织的监管往往以外来人口流动频繁的出租房为重点排查切入点，形成了日常监管的工作经验。但基于网络空间的虚拟性以及信息传播的分散性，传销组织发展下线成员已经不主要依靠物理空间的聚集，在传销理念传播、组织成员发展、资金获取转移都由线下转移到线上，传统监管方式与经验面临互联网新型传销一度处于失灵状态。基于互联网新型传销的发展特点，监管重点应当由线下转移到线上，同时建立互联网新型传销日常监管协作机制，加强工商行政管理部门、公安机关与电信管理机构、银行机构及金融监管等部门协作，在各自领域相互配合、严密监管法网，如联合网信部门针对可疑网站进行筛选、排除与监控，与银行、金融监管机构配合加强对可疑人员资金账户进行风险评估与跟踪监控，共同打击互联网新型传销活动，及时排除风险，防患于未然，形成行政监管打击合力。

2. 完善网络传销行政监管法规，建立互联网巡查机制。在日常监管方面，除了建立监管部门之间的配合协作机制，为完善互联网新型传销监管长效机制，一方面应当对《禁止传销条例》及相关互联网金融法律法规进行更新完善，尤其是2005年规定的《禁止传销条例》，虽然传销活动运作原理并没有本质差异，但由于条例制定年代久远，制定时的背景主要是针对传统线下传销

---

① 参见张智聪、董铠铠：《日本对非法传销处罚的司法实践即启示》，载《中国检察官》2013年第5期。

违法行为，规制理念与方式已较为落后，无法满足适应互联网金融时代背景下新型网络传销的惩治目标与发展新动态，应当有针对性增加对于互联网传销的规制内容。另一方面，传销骗局冠以虚假金融创新名义通过互联网实施传播，如瘟疫一般通过网络空间迅速蔓延扩展，使得互联网新型传销模式产生的危害性已非传统传销活动所能比拟，尤其是对于国家经济安全造成的侵害与威胁极易引发金融风险。针对网络传销犯罪传播路径新特点，应当建立互联网定期巡查制度，运用大数据技术进行分析和甄别，实现对网络传销违法活动的实时动态监控与研判预警，及时锁定、查处新型网络传销犯罪，落实网络传销犯罪"打早打小"的惩治策略；在国家层面推动建立统一的打击网络传销犯罪信息平台系统，建立网络传销组织与成员黑名单数据库，拓展投诉举报途径，实现网络传销犯罪监测平台信息共享机制，为各地办理互联网新型传销案件提供参考指引，维护国家经济安全，将新型传销犯罪危害风险降到最低点。

（三）网络传销犯罪法律宣传机制

1. 加强抵制传销违法犯罪活动法律宣传力度。通过新闻媒体、互联网平台、手机短信、社区宣传等途径通报典型互联网金融传销案件，及时公布互联网新型传销犯罪运作模式、欺骗手法、规律特点及等，切实提升公众防范意识。通过对互联网新型传销造成的损失与危害后果进行报道，提醒民众理性投资，切记心存贪婪、不劳而获心理，警惕网络高额回报诱惑与快速致富骗局。

2. 构建被害人防范机制。面对纷繁复杂的网络传销犯罪，参与人的不断涌入是传销骗局无法根除的重要原因，除发挥刑法正向规制机制，还应努力构建传销骗局被害人防范机制：一方面，通过新闻媒体、互联网平台、手机短信、社区宣传等途径立体式通报网络传销犯罪案件，及时公布网络传销犯罪运作模式、欺骗手法、规律特点等，对网络传销犯罪造成的损失与危害后果进行揭示，提升民众防范新型传销骗局的意识与敏锐性；另一方面，基于互联网金融领域创新及相关违法犯罪蔓延速度迅猛，很多网络传销犯罪活动基于其隐蔽性、欺骗性以及发展规模，政府监管及侦查部门无法第一时间发现并进行打击，民众不能单纯因为政府没有及时打击就认为所参与投资活动是合法行为，应加强民众自身合格投资人的培养，在参与前根据金融常识进行甄别，如在投资过程中注重审查投资平台资质与合法性，参与活动的收益可行性及与回报是否成正比等。参与人对于以缴纳会费、拉人头等为名号实施的投资模式更应增强警惕，克服投机贪利心理，在不了解投资内容及项目运行状况的情况下切勿盲目参与，防止从犯罪活动的被害人进一步演变为犯罪实施者，成为刑法打击规制的对象。

3. 加强对平台媒体、广告运行商法律监管。由于新闻媒体机构在我国民众心中有着较高的可信度，很多借助互联网金融名义实施传销活动组织为扩大骗局影响，不惜斥资重金寻求平台媒体与广告服务商进行大力宣传报道，给社会民众营造一种高大上的金融高科技模式假象，难以识别其虚假传销本质。一些平台媒体及广告服务商单纯出于对经济利益的追求，没有对宣传、报道内容作出应有的真实性、合法性审查，违背其应尽的审核义务，对互联网新型传销的扩散起到推波助澜作用。因此，应当净化网络空间环境，加强对平台媒体、广告服务商的监管，对于没有对起到应有审核义务，由于报道、宣传失实误导社会民众、产生严重后果的应当严厉惩处，承担相应法律责任，为社会民众营造安全良好的网络投资环境。

五、结语

打击传销过程中不能忽视传销参与人在其中的地位与作用，即使在事实层面承认其具有受欺骗并遭受财产损失的被害人属性，但基于其在传销活动中的积极行为，此类主体不具备刑法保护的正当性。为遏制高发的网络传销犯罪，对于刻意规避司法认定标准的互联网新型传销，应确立相对灵活的刑事认定标准，提高刑罚惩治力度，并通过建立互联网金融监管部门协作机制，完善传销行政监管法规，加强法律宣传引导，提升民众防范意识与识别能力，构建互联网传销违法犯罪立体的法律规制体系。

"网络水军"的危害及其刑法规制

段阳伟 张 寒[*]

党的十八大以来,以习近平同志为核心的党中央高度重视网络安全工作,不断推进理论创新和实践创新,形成了习近平总书记关于"网络强国"的重要思想。习总书记指出:"没有网络安全就没有国家安全,没有信息化就没有现代化,保证国家安全必须保证网络安全。""网络水军"起初普遍是商家为了借助网络力量来谋取商业利益的一种营销工具。"水军们"出于经济利益听从网络公关公司调遣,通过病毒式发帖来为其雇主造势、恶意诋毁对手,进行有组织、有计划地炒作。不仅如此,"网络水军"的业务范围已蔓延到了行政权力和公共利益领域。一些个人和组织有目的地雇佣"网络水军",使"网络水军"按照其意图编造大量的虚假言论以遮蔽真实民意,侵害了公众的话语权。"网络水军"通过提供经过处理的信息来操纵民意、掩盖事实,甚至会引发民众普遍的信任危机,"网络水军"利用媒体平台散布谣言,发布虚假、恐怖等不良信息,对国家安全、政治安全与社会稳定造成了严重危害,是网络时代出现的新问题、新挑战,因而对"网络水军"的治理已刻不容缓。

一、"网络水军"的界定

(一)概念及人员构成

"网络水军",是指受雇于网络公关公司、以发帖回帖为主要手段、为雇主进行网络造势的网络人员,有专职和兼职之分[①],比如大家所说的"网络喷子"。

近年来,"网络水军"已经由个人经营转向专业化、产业化方向发展,形成了"金主客户—中介推手—基层水军—网站内应"完整的产业链。其人员

---

[*] 段阳伟,法学博士,西北政法大学反恐怖主义法学院(国家安全学院)博士后,讲师;张寒,西北政法大学反恐怖主义法学院(国家安全学院)在读硕士研究生。

① 邓爱华:《谁是"网络水军"》,载《科技潮》2011年第2期。

构成包括三个部分：一是核心人员，主要包括网络公关公司及其雇佣的"写手"和"水军"；二是上游人员，即"网络水军"业务的需求者，也就是"雇主"，如广告商、委托人、爆料人等；三是下游人员，是指辅助"网络水军"业务的开展的人员，包括专业推手、小型非法网站运营者和知名网站管理人员等。

（二）运营模式及活动范围

通常，"网络水军"利用境内外服务器自建网站，购买拥有大量粉丝的自媒体账号，由公关公司接受"客户"的业务要求，与知名网站管理人员、微博大V等一起操作，进行有偿发删帖、公关、舆论操纵等。公关公司一般不会对信息的真实性进行审核和判断，只负责操纵手下的"水军"进行舆论引导。具体来说就是网络公关公司接受"客户"请求，策划组织具体活动大纲；"写手"负责撰写、提供炒作素材；"水军"加工、转发素材，实施具体发删帖等行为。

"网络水军"不仅对个人、地方企事业单位进行网络攻击，而且也会利用国家时事热点，编造引起社会广泛关注的假新闻以博眼球。目前"网络水军"的触手已从社会经济、名人娱乐领域逐渐扩大到国家安全、政府政策、警察执法、法院审判等公共领域，涉猎范围越来越广，违法犯罪行为越来越猖狂。总结起来，"网络水军"主要存在于以下几个方面：制造话题、消费性产品的推广、删帖、为了商业利益恶意诋毁、网络刷票、为某些政治团体服务、微博粉丝买卖。①

（三）"网络水军"的目的

"网络水军"有"网络黑社会"的性质，他们受利益的驱动发布一系列假信息、假新闻吸引大众眼球，以获得高阅读量、转发量、点击量，从而赚取非法经济利益，煽动社会动乱，颠覆政权，进行文化渗透等。具体而言，"网络水军"的目的大致可分为三类：

一是经济目的。"网络水军"通过编造、散布时事热点新闻，利用广大网民的猎奇心理、爱国情怀等，通过网民的点击、评论、转发、关注等套取流量变现，攫取经济利益。2017年5月以来，各地公安机关破获"网络水军"违法犯罪案件40余起，涉案总金额上亿元；2019年扬州警方破获一起"网络水军"案，其发虚假文章1197篇获利59万余元。

二是政治目的。国外敌对势力在他国安插非政府组织、煽动社会动乱、颠

---

① 徐静：《"网络水军"的表现形式分析》，载《中国市场》2012年第15期。

覆目标政权已屡见不鲜。2019年12月18号《环球时报》的一篇文章中谈到，据英国广播公司16日报道，欧洲非政府组织"欧盟反虚假信息实验室"日前出具报告称，65个国家的265个网站形成水军网络，相互协调散布支持印度、贬损巴基斯坦的信息，同时采取行动试图影响欧洲议会议员的对巴决策。这些水军网站全部受一家名为"斯里瓦斯塔瓦集团"的印度公司支持。① 实际上，近些年中国境内的"网络水军"中也有不少国外间谍。

三是意识形态目的。"网络水军"可能会被境外势力利用，通过转发一些带有颠覆性的文章对我国境内进行的意识文化形态进行攻击，用影视、歌剧等进行文化渗透，尤其以美国为首的西方的文化渗透不容忽视。近年来，好莱坞电影在中国境内受到广大民众尤其是青少年的追捧，冲击着中国文化市场，其中不乏大量"网络水军"的参与，过度捧高美国电影，踩低我国电影文化市场的发展，我国一些公民的价值观被西方化，而且"西化"思想在我国青少年群体中备受欢迎，主要是因为青少年的价值观正处于成熟期，更容易被"网络水军"的过度炒作行为带节奏，使得青少年对美国产生崇拜和向往之情。

二、"网络水军"的危害

（一）侵犯他人人身权、财产的犯罪行为

部分公司雇佣"网络水军"从事不正当竞争行为，捏造事实、诋毁竞争对手等行为。比如"代骂"行为，早期的代骂行为往往通过电话、短信形式进行。"网络水军"的网络代骂行为却将这种恶意辱骂行为转战网络，作为"网络水军"形式之一的"网络代骂"机构往往具备自己的"代骂网站"，甚至明目张胆地在网上发布广告招揽生意，还根据侮辱诽谤的形式定了不同的价格，这种方式非常容易造成个人的、企业或商品的名誉受损。侵犯他人财产的犯罪行为主要是以"网络水军"的方式实施诈骗、敲诈勒索等行为，比如通过网络公开其掌握的商业秘密、个人隐私等作为条件，向对方当事人索取钱物。

（二）扰乱公共秩序，妨碍社会管理秩序的犯罪行为

"网络水军"利用社会热点事件和民众共同关心的问题来编造、散布谣言，这些谣言的主题往往是民众担心、恐惧、质疑、不满情绪的问题，内容往往与民众切身利益相关，所以传播的速度很快，范围也很广泛，极易扰乱社会

---

① 参见环球网 https://world.huanqiu.com/article/9CaKrnKoomC。

公共秩序，造成社会恐慌。"网络水军"利用其人力优势，为雇主在某一方面或对某一事物进行定向造势，营造出预定的口碑，或对原本的民间口碑进行引导、转化、改变，以达到包装、营销的目的。其充分利用所有能利用的资源，包括网站论坛、贴吧、博客、微博、QQ群、聊天室、网络视频等，通过熟练的网络技术，将炒作的话题进行快速、大面积的传播，以迎合部分网民的心理和趣味，将时下的新闻热点和网民情绪结合起来，进行"借势"和"造势"。①

（三）破坏市场秩序，影响社会稳定

"网络水军"的"逐利性"被不良商家利用，在网上发表不实言论来损害他人的商业信誉与声誉，或者为自己的产品做虚假宣传，依靠短期内大量"网络水军"的参与，对受害方造成重大损失或者为雇主带来明显的经济效益。这种非正当的竞争行为有违市场原则与经济秩序，破坏市场秩序。"网络水军"利用其快速、迅猛的影响力，往往打着"舆论监督""法制监督""社会监督"的旗号，针对一些社会热点事件，通过编造虚假言论、传播颠倒黑白的信息，蒙蔽不明真相的网民，混淆社会视听，扰乱市场秩序，影响社会稳定。

（四）危害国家安全，影响政治安全

"网络水军"系受雇于他人而展开活动，对利益的追求往往会促使其突破法律的界限。本次疫情防控的关键期，一些"网络水军"似乎看到"商机"，追求流量和粉丝，大量输入、倒灌经过篡改、捏造、断章取义的图片或信息，赤裸裸地造谣、传谣，公然炮制假新闻获取"商业回报"。

三、"网络水军"刑法规制的缺陷及其完善

（一）"网络水军"刑法规制的缺陷

对于"网络水军"的社会危害适用刑法进行规制，目前存在的主要问题有以下几点：

首先，从网络犯罪的案件管辖上来看，根据罪刑法定原则，对于"网络水军"的危害行为，原则上是我国现行刑法中有规定相关犯罪的法条的，依法进行惩处，对于现行刑法没有规定的或者规定不明确的行为，在适用问题上就存在一定的困境。

---

① 致公党中央：《"网络水军"泛滥亟须治理》，载《人民政协报》2011年3月28日，第4版。

其次，对"网络水军"的违法行为定性为一种新的犯罪需要考虑两个方面的问题，一是"网络水军"违法行为的社会危害性是否能够达到刑法定罪处罚的标准；二是我国现行刑法中的罪名能否对"网络水军"的违法行为定性并依法给予惩治。而且刑法的适用范围较为有限，处罚主体单一，如果只处罚雇主而不处罚网络公关公司，这无疑是治标不治本，也会怂恿和助长网络公关公司继续组织领导"网络水军"从事非法行为的积极性，同时有违罪责刑相适应的原则，也悖于共同犯罪理论。①

最后，对"网络水军"的治理也在调查取证和刑事侦查措施两个方面面临一些问题。"网络水军"往往先造势后短期消停，然后继续操作发挥作用。各大网站论坛及网络服务器有相应的清除程序，过了一段时间后，原有的信息就会被删除，造成取证上难。② 按照现行刑事诉讼法的规定，惩治"网络水军"背后的企业、网络公关公司以及网络水军群体的调查取证工作面临着极大的困难。从网络水军的特征来看，网络水军具有灵活性、分散性、隐蔽性和不可控性，因此对网络水军的调查取证工作通常会比较困难，往往"事倍功半"。③ 根据现代刑事诉讼理念，案件审理中事实认定必须满足证据裁判主义的基本要求，治理"网络水军"在调查取证方面仍需要进一步完善，目前我国关于电子取证方面的法律规制还存在不足，如诉讼中要求的原物、原件法则、如何保证电子证据的合法性和真实性问题④等，这给"网络水军"的治理带来了程序上的障碍。再者，从刑事侦查措施角度来看，相关法律规定的侦查措施显然无法满足调查取证的现实需要，无论是我国刑事诉讼法规定的一般措施和强制措施，还是单行法规定的秘密措施，都无法满足对"网络水军"行为侦查的有效性。

（二）"网络水军"刑法规制完善建议

目前，具有"网络黑社会性质"的"网络水军"这一群体逐渐庞大，尤其在当前的抗疫关键时期，为了经济利益，有组织地编造网络谣言，扰乱公共秩序，造成社会恐慌，这在一定程度上对国家安全、政治安全造成威胁。对此类危害网络生态环境、破坏网络安全运营的违法犯罪行为应绝不姑息，坚持法

---

① 周光清、刁宗鹏：《"网络水军"的社会危害及刑法适用》，载《传媒》2016 年第 20 期。
② 李谦：《"网络水军"现象的法律规制》，载《法制与社会》2015 年第 1 期。
③ 任庆华：《刑事法视野下的"网络水军"治理问题探析》，载《新疆警官高等专科学校学报》2012 年第 32 期。
④ 刘品新：《电子取证的法律规制》，中国法制出版社 2010 年版。

治原则，以零容忍的态度依法严厉打击。对"网络水军"的治理应该标本兼治，斩草除根，应对其灰色链条上的各个环节都予以严惩。

1. "网络水军"刑事司法规制原则

（1）立法应具有一定的超前性。对于"网络水军"的介入，很多以前看似影响轻微的行为则可能转变为对社会和他人利益造成较大危害的违法行为。如果在科技和通信快速发展的当下，仍然用旧观念来看待网络虚拟社会的问题，以陈旧观念来应对新兴事物，这容易造成制度与现实的脱节。社会总是要不断向前发展，当下的立法永远不可能做到完美，立法者也永远不可能预知未来，但是我们可以做到的是在立法时对于当今及一段时间以后的"网络水军"现象予以预判，这样可以保证法的稳定性以及更好地发挥其价值。

（2）立法应具有一定的体系性和关联性。这里所说的"法"，不仅包括国家立法机关全国人大以及常委会所立的法，还包括国务院及部委、具有一定立法权的主体制定的法都可视为这里的"法"。立法的关联性即在立法体系中，虽然立法主体制定的"法"都是独立的，各自遵循所立"法"的价值追求，在其职权范围内完成立法工作。① 但法律的制定是以调整社会行为为目的的，在立法中要关注法律之间的关联性。

（3）立法应尽可能做到针对性强、合理具体。法律应有较为清晰的认定，不能没有任何具体表述，直接以抽象的立法语言加以代替，这样的法律实施起来很难奏效。在法律之下的位阶中，可以对"网络水军"实施的技术手段及具体方式进行详述，用列举式和概括式相结合的方式，以便相关部门打击各式各样的违法情形。也要重视司法解释的作用，它对于司法审判具有直接的指导意义。

（4）立法要遵循刑法的谦抑性。对于"网络水军"犯罪而言，有些行为造成的危害性确实不是普通个人或传统手段所能企及，但也不是要一味地用刑事立法的方式来解决。在将此行为设立为犯罪前，必须要对立法的必要性作反复、慎重的思考。对于有些"网络水军"行为而言，其行为虽然对他人起到负面作用，但还没有达到必须用刑法解决的地步，对于这类"网络水军"行为，应当坚决反对对其刑事立法。对于"网络水军"犯罪而言，在立法时应当遵循刑法的谦抑性，进入司法环节，当行为同时触犯刑法和其他部门法时，则应当适用"重法优于轻法"原则认定为犯罪。

2. 具体规制建议

（1）明确"网络水军"刑法的规制范围。对于"网络水军"的概念，理

---

① 李谦：《"网络水军"现象的法律规制》，载《法制与社会》2015年第1期。

论界有广义与狭义两种理解,广义上的"网络水军",是指负责组织策划、文案撰写、信息发布、转载评论等任务的成员,即从雇主将任务交付后,在这个利益链条上实行一系列行为的成员的总称。狭义上的"网络水军",则仅指存在于发帖、转载、评论等网络推广链条并直接跃于网络空间的人员。① 划定刑法规制的"网络水军"范围应当从正向确定与反向排除两方面进行。一方面,刑法要规制的应当是广义上的"网络水军",不局限于直接在网络空间中发表言论的人员,组织者、中介平台的主要成员也应纳入其中。从目前已判决的件来看,对于直接实行人员中的积极参与者以及组织者存在入罪情形。由于互联网迅捷且虚拟,"网络水军"既可以在家中用电脑实行发帖、删帖行为,也可以随时随地用手机进行点赞评论,并且当雇主任务量较小时,不需要群体性"水军"操作,一两个人即可完成任务。另一方面,应当反向排除一些非"网络水军"的特殊群体。由于"网络水军"具有"水"和"军"的特性,即其行为对舆论"注水"造假,且属于有合意的特点,刑法规制的"网络水军"应属于在互联网空间制造、传播假信息的且具有组织性的网络群体。但需要指出的是,以下两种群体不属于这种情况:一是发布、传播真实消息的群体;二是没有组织性的网络群体。

(2)根据现有法律进行规制。针对"网络水军"中杜撰、造谣的核心成员以及幕后"客户"而言,对其危害社会的行为,可能会触犯刑法,根据危害行为以及侵犯的法益不同,可能会涉嫌寻衅滋事、非法经营、敲诈勒索、强迫交易、诈骗、侮辱诽谤、侵犯公民个人信息、编造故意传播虚假(恐怖)信息、危害国家安全等多种罪名定罪量刑。

针对网络服务提供者而言。《刑法修正案(九)》增设了相关罪名,可能会涉嫌拒不履行信息网络安全管理义务、非法利用信息网络、帮助信息网络犯罪活动等罪名定罪量刑。对此,"两高"也出台了相关司法解释。

"网络水军"的一系列违法犯罪行为除了可能触犯刑法追究刑事责任外,还有可能需要承担行政责任和民事责任。第一,当行为人散布谣言,谎报险情、疫情、警情或者以其他方法故意扰乱公共秩序,尚不构成犯罪的,公安机关可根据情节轻重,依照《中华人民共和国治安管理处罚法》对其作出拘留、罚款等行政处罚。第二,若行为人利用散布网络谣言侵犯了自然人和法人的合法权益的,可根据《中华人民共和国侵权责任法》第 15 条、第 20 条、第 36 条相关规定,需要承担相应停止侵害、赔偿损失、赔礼道歉、消除影响、恢复

---

① 刘期湘、宋凡:《互联网+人工智能时代"网络水军"的刑法规制及限度》,载《山东警察学院学报》2019 年第 31 期。

名誉等侵权责任。

国家互联网信息办公室近日还发布《网络信息内容生态治理规定》（以下简称《规定》），自 2020 年 3 月 1 日起施行。该《规定》是根据《中华人民共和国国家安全法》《网络安全法》《互联网信息服务管理办法》等法律、行政法规制定的，完善了民事、行政和刑事法律责任相衔接的体系化规定。

（3）进一步完善法律法规。由于法律具有滞后性，当前我国对网络谣言犯罪领域立法还不够完善，虽然对"网络水军"犯罪行为有相应刑法予以规制，但其主要还是针对核心成员，对其他数量庞大的基层"水军"成员由于达不到入罪标准，对其存在"无法可依"的窘境。其次，我国刑法针对网络谣言犯罪行为的规制多是以寻衅滋事、编造故意传播虚假信息罪等传统罪名定罪量刑，将传统罪名扩大解释，将具体现实空间行为延伸至网络虚拟空间中，缺乏专门针对网络谣言治理的相关罪名，没有建立一个完整的体系，传统罪名之间也未形成互补衔接的关系。由此，针对网络谣言网络信息安全违法犯罪行为，还需进一步完善相关法律，一是完善刑法中相关罪名的设置，明确"网络水军"的定义，划分自由表达和违法行为的界限，形成一套完整的定罪量刑体系，使其尽快适应网络空间的多样性，适应网络社会的高速发展。二是完善刑事程序法，根据网络虚拟空间不同于现实空间，基于"网络水军"违法犯罪行为追责难、定型难、调查取证难等特点，公安机关发挥职能作用，强化法律法规对造谣传谣者的震慑力量，规定相关新的侦查措施等。

（4）积极施行网络过滤。这是刑事侦查的新要求广义的网络过滤（Internetfiltering）一般是指运用技术控制对网络中特定内容进行访问的方法，主要包括技术性封锁、域名劫持、强制性关闭、督促性自我审查。其中，技术性封锁是最常见的网络过滤方式，其又可分为 IP 地址封锁、DNS 阻碍、运用代理服务器进行 URL 封锁，运用这些特殊技术可以阻止访问特定的网页、域名或 IP 地址。① 简单地说，网络过滤就是对互联网上的内容进行适当的管理。通过完善现行刑事诉讼法，实施网络过滤这种新型侦查措施，一方面可以有效地遏制网络水军的犯罪行为，另一方面通过如 IP 地址封锁、DNS 阻碍、运用代理服务器进行 URL 封锁等侦查措施，不但使"网络水军"暂时失去再犯罪的能力，而且使其在经济上也遭受到一定的损失，对"网络水军"本身的治理无疑是最为有效的措施。

（5）规范侦查和取证步骤是法律程序性的要求。刑事法视野下"网络水军"的治理，必须兼顾程序的法治化和规范化。这在对相关犯罪的侦查和取

---

① 刘品新：《电子取证的法律规制》，中国法制出版社 2010 年版，第 20~24 页。

证过程尤为重要。在实施网络过滤这种新型刑事侦查措施时，必须坚持在合法性、实时性、必要性和比例性原则的基础上，明确网络过滤的程序，如授权主体、实施主体、启动机制、过滤对象以及实施过滤的时机和过滤后的报告评估，[①] 确保取证程序的法治化，否则极有可能侵犯到无辜公民的合法权益。对"网络水军"取证时，多数涉及的是电子取证问题，应当在严格遵守刑诉讼法规定，公安机关发挥职能作用，强化法律法规对造谣传谣者的震慑力量，规定相关新的侦查措施等。按照公安部2019年颁布的《公安机关办理刑事案件电子数据取证规则》等发现提取、收集保全、检验分析和提交电子证据，这是现代证据调查必须坚持的规则，也是确保电子证据的真实性、客观性和合法性的基础。

四、结语

"网络水军"是大数据时代特有的产物之一，也是一种新的舆论传播手段和工具，本身也有两面性。随着网络的迅速发展，"网络水军"可以说在虚拟世界中无处不在、无孔不入，他们通过捕获大众的猎奇心理，采用杜撰、渲染等手段投其所好以达到卑劣的传导效应，大肆将社会热点事件和敏感话题无限放大，蛊惑人心，制造"悬念"，以不良动机实现非法目的，给广大网民以错误导向，使得广大网民失去客观的评价标准和正确的价值导向，给社会稳定大局制造混乱和障碍，对其治理刻不容缓，应通过刑法规制等手段进行治理。对于"网路水军"的刑法规制问题，必须在确保网络空间言论自由的同时对其进行规制，刑法作为消极的规制手段，应当尽可能地慎重，要综合考量立法的目的及必要性、利益的衡量以及兼顾刑法的谦抑性，积极听取各方意见，召开专家会议进行探讨，科学合理、综合利用立法技巧。同时政府和媒体也要做好宣传教育，加强防范，广大网民也要从自身做起，为自己在网络上发表的每一句话负责，各方合力，共同维护网络空间健康安全稳步向前发展。

[①] 刘品新：《电子取证的法律规制》，中国法制出版社2010年版，第20~24页。

流量劫持中流量的刑法适用与损害赔偿

谢晓锋[*]

流量劫持作为网络"黑灰产"中比较常见的类型,严重破坏了用户的正常上网环境,损害了企业的合法权益,造成了正常的竞争秩序被打破,导致整个网络案件环境的恶化。相关的案件逐年增多,大部分案件以民事案件解决,但随着首例流量劫持案件入刑,刑事手段成为打击流量劫持的重要方式。笔者从6个已判决的刑事案件中观察到对于流量劫持的定罪量刑的法律适用不存在多大的分歧,而流量在刑法上的法律属性与适用,以及对于该类型案件的损害赔偿机制是当下应当急需解决的难题。[①]

一、流量劫持的概念及相关案件分析

（一）流量劫持的概念及分类

1. 流量劫持的概念。关于流量劫持,在日常上网过程中经常能碰到,就是对流量进行打劫,和抢劫的道理差不多。比如你原本想要打开的是A网站,却被莫名其妙地跳转到了B网站;当你打开一个网页,却跳出一堆广告;原先想下载A软件,下载完成后却发现是B软件。

2. 流量劫持的分类。流量劫持的主要方式就是在数据传输链路上篡改了你传输的数据包,换成自己的包,或者传输到别的地方。主要分为两种类型,第一种是链路劫持,是指用户进入目标网站之前必须先经过一个指定的中间网站,因为此时用户的浏览器或插件被强行进行了修改。第二种是域名劫持,是指用户被要求强制访问某类网站,例如本意是访问A网站但是却被强行跳转至B网站。[②]

---

[*] 谢晓锋,浙江省绍兴市上虞区人民法院法官。
[①] 《2018网络黑灰产治理研究报告》,载搜狐网,www.shhu.com。
[②] 叶良芳:《刑法教义学视角下流量劫持行为的性质探究》,载《中州学刊》2016年第8期。

（二）对于流量劫持案件分析

1. 最高法 102 号指导性案例。2018 年首例流量劫持案件入刑案件入选最高法 102 号指导性案例，该案中被告通过修改用户路由器的 DNS 设置，使用户原本登录"2345.com"最后却被跳转至"5w.com"网站，这属于域名劫持，通过对数据进行篡改，用户没有任何选择权。该指导案例一出，为流量劫持入刑提供了司法指引。

2. 司法实践对流量劫持的定罪分析。第一，入刑的标准。最核心的有没有利用"抓包技术"，导致用户失去选择权的问题，如有就构成刑事犯罪。所谓抓包技术是指一个个在客户端和服务器数据交互的"数据包"，在传输的过程中，被告通过非法手段"截获"数据包，然后进行数据的篡改，就是增加、修改、删除。目前我国共 6 件流量劫持行为进行刑事判决的案件（见表1），这 6 个案件中都存在上述行为，用户都没有选择权。然而在民事案件中，没有利用非法的抓包技术，用户也没有被强迫，在这个时候还是有一定选择权。第二，罪名的适用。在 6 件刑事案件中主要以定计算机犯罪为主，而且 102 号指导案例也是更倾向于以计算机犯罪进行规制，但计算机犯罪相对较为复杂，涉及一些专业性、技术性的问题，有时需要相关专业背景、有时需要做一些技术鉴定，审判的逻辑链条也更长一些。

此外，也有一起定诈骗罪的案件，诈骗罪流量劫持行为的适用主要以骗取返利、佣金这类型行为，案情相对简单，容易侦办，而且定诈骗罪对于目标网站公司更方便追回损失。此外，还有一种说法是可以定盗窃罪，笔者持否定态度，因为按照现在刑法学界主流的观点，只有财物才能成为盗窃罪的对象，而财产性利益是不能的，除非法律或司法解释作出规定。流量并不是财物，不能以盗窃罪进行规制。①

综上所述，流量劫持在刑法适用上基本存在的分歧相对较少，然而却对流量的保护及分析相对较少。

表1：流量劫持刑事案件

案件号	案号	流量劫持行为的概述	类型	罪名
1	（2016）渝 01 刑终 575 号，一审：（2016）渝 0106 刑初 1393 号	通过从事百度推广业务牟利，违规驾设服务器，并在服务器上设置程序，使用户通过带有推广 ID 的百度地址访问百度，一旦用户点击了百度付费广告链接，即可获利	链路劫持	非法获取计算机信息系统数据罪

---

① 江波：《虚拟财产司法保护研究》，北京大学出版社 2015 年版，第 198~199 页。

续表

案件	案号	流量劫持行为的概述	类型	罪名
2	（2015）渝北法刑初字第666号	按照需要劫持的网络地址，修改了配置文件，使用户访问被劫持网站时，强行跳转到另外网页	域名劫持	非法控制计算机信息系统罪
3	（2018）沪0104刑初82号	通过设置在阿里云空间的管理平台进行部署，对上述服务器中收到的http数据包包头进行解析、修改，将其预设在阿里云空间的广告渠道码植入后再次发送，从而获取非法收入	域名劫持	破坏计算机信息系统罪
4	（2018）京0108刑初714号	破坏性程序源代码在其所捆绑的应用程序被用户执行后，会在用户不知情的情况下对Chrome内核的浏览器安装crx插件，插件对用户的Chrome内核的浏览器进行劫持，对浏览启动页进行修改，且用户无法进行更改	域名劫持	破坏计算机信息系统罪
5	（2017）琼97刑终74号，一审（2016）琼9003刑初586号	行为人入侵多个网站，在网站服务器植入3000多个代开发票的广告网址，这些被植入的广告网页占用网站的带宽，亦可通过"代开发票"等关键字被搜索和访问。行为人以此获取收益	链路劫持	破坏计算机信息系统罪
6	（2017）沪0104刑初8号	对接收的用户数据包进行修改，实现网页自动跳转。利用程序捕获到的用户通过电商公司下单购物时，电商误认为系成果网的推广，交易成功后将的返利费用和推广费用全部支付给原告	链路劫持	诈骗罪

二、刑法保护流量的必要性分析

（一）民法已经开始调整，刑法应当跟进

《民法典》第127条规定：法律对数据、网络虚拟财产的保护有规定的，依照其规定。该条法律已成为认定流量这类虚拟财产的法律依据。在司法实践中，越来越多的判例都在调整或保护流量。比较著名的淘宝客案件就是以合同纠纷进行处理，但是绝大部分法院还是以反不正当竞争法保护目标网站的流量。在OPPO、讯怡公司等与登先网公司等不正当竞争纠纷一审中，法院认为被告流量劫持的行为严重损害了原告的利益，成立不正当竞争并承担赔偿责任。然而利用民事手段来治理流量劫持的乱象似乎远远不够，由此产生巨大的网络"黑灰产"已经十分庞大，需要运用刑法的手段治理这种乱象已是迫在眉睫。

(二) 被劫持的流量具有公益利益性

网络产品的真实流量能在一定程度上反映网络产品的受欢迎程度甚至质量优劣情况,因此流量成为网络用户选择网络产品的决定因素之一,虚假流量会扭曲网络用户的决策机制。2020 年 5 月暗刷流量第一案入选最高法将发布的十大弘扬社会主义核心价值观典型民事案例。暗刷流量的行为违反商业道德底线,使得竞争者的劳动价值被减损,破坏正常的市场竞争秩序,侵害了市场竞争者的利益,同时也会欺骗、误导网络用户选择与其预期不相符的网络产品,长此以往,会造成网络市场"劣币驱逐良币"的不良后果,最终减损广大网络用户的利益。因此,法院认定常某与许某之间"暗刷流量"的交易行为侵害广大不特定网络用户的利益,损害了社会公共利益、违背公序良俗,其行为应属绝对无效。[①]

(三) 流量劫持具有重大社会危害性

刑法学界对于在罪与非罪的区分存在一个观点就是"社会危害性程度标准说",该学说认为社会危害性根据其程度大小来区分罪与非罪。当然,社会危害性对于犯罪而言固然重要,但并不等同于犯罪,具有社会危害性的行为并不一定需要受到刑法规制,尤其我国采取的是"定性且定量"的立法模式,若要构成犯罪,还需要社会危害性达到一定的程度,简而言之,犯罪对社会危害性的量有要求。也就是说一个行为要构成犯罪需要具有较重的社会危害性。而社会危害性的程度首先要考虑危害行为所侵犯的社会关系,其次是危害行为的性质、手段,造成的危害后果,主观过错,情节是否严重等。

笔者分别从网络用户、目标网站、网络管理秩序的维护者角度阐明了流量劫持行为的社会危害性。对于网络用户而言,流量劫持行为严重干扰了网络用户的自由选择权,同时造成网络用户流量损失。表面看来流量劫持行为对单个网络用户造成的损失是极小的,但是目前中国网络用户数量庞大,流量劫持行为对整个互联网用户造成的整体损失是重大的。还会导致的目标网页跳转、骚扰弹窗、广告不断,一方面影响到用户的网络使用效率,另一方面使得网络用户对目标网站的自由选择权被侵犯。

对于目标网站而言则是损失了经济利益,就网络秩序而言,劫持流量开发出木马插件、病毒程序并进行恶意传播,这就需要网络秩序管理者聘用更多的专业技术人才去防止劫持者入侵,增加了互联网秩序的维护成本,严重扰乱了

---

① 《最高法发布大力弘扬社会主义核心价值观十大典型民事案例》,载《人民法院报》2020 年 5 月 14 日,第 1 版。

正常的互联网管理秩序。流量劫持会使互联网企业之间陷入不正当竞争之中，严重破坏了互联网行业的诚信体系，不利于整个互联网行业的健康发展，干扰了互联网经济秩序的管理，严重点说破坏了社会主义市场经济。

（四）流量具有价值性

1. 从商业模式看流量价值。互联网时代流量变现模式不外乎争夺移动端或桌面端的入口与扩展内容多样性两种。然而从盈利模式可以分为四种（见表2），基本上都存在相互交叉的情况，不能严格的归类，但是无论哪一种模式体现出"抢占用户→提供流量产品→将流量变现"或"提供流量产品→吸引用户→将流量变现"这一过程。归根结底都是要将流量进行变现，这充分体现了流量的巨大价值。

表2：流量变现的模式分类

类型	代表企业	盈利的商业模式
电子商务	天猫、淘宝、京东、美团、58同城等	买卖
网游	魔兽世界、阴阳师、英雄联盟	游戏免费但是道具、装备等周边需要付费，游戏付费
增值服务	百度网盘，金山WPS，360杀毒软件（企业版），视频	会员特权、服务升级等
广告	百度、今日头条、腾讯等	竞价广告、信息流广告、网盟广告等

2. 从投入成本看流量价值。当下流量已经成为各大互联网公司追求的目标，而如何吸引流量、获取流量是首先需要考虑的问题。随着互联网红利的耗尽，流量获取的成本也逐年攀升，以拼多多为例，2016年的获客成本是10元，2017年涨到了17元。所以为了降低获客成本，有些人就开始运用违法手段，首例暗刷流量案件便发生了，最终法院认定暗刷流量的交易无效，双方当事人不得基于合意行为获得其所期待的合同利益。虚假流量业已产生，如以互相返还的方式进行合同无效的处理，无异于纵容当事人通过非法行为获益，违背了任何人不得因违法行为获益的基本法理，故对双方希望通过分担合同收益的方式，来承担合同无效后果的主张，不予支持。该案中反映出两个事实：第一，流量本身存在价值，第二，流量可以为网站自身带来巨大的经济利益。

3. 从互联网反腐看流量价值。绝大多数互联网企业商业模式依赖于流量，盈利多寡完全取决于用户流量的规模，流量似乎已经成为互联网企业的"重要资产"。2019年是互联网"反腐大年"，发生了例如商业准入审批、刷单骗补,甚至直接植入插件倒卖流量等反腐案例,其实都与流量紧密相关。流量作为一种稀缺资源,根据《2019 年 App 流量价值评估报告》前 10 名应用的流量占整个行业一半以上,越来越多的企业挤破脑袋向进入大流量的平台,若此时拥有平台流量分配权的工作人员的手中拥有极大的权利,腐败的寻租空间便随之产生。

三、被劫持流量的刑事司法现状

(一) 流量的财产属性认定存在分歧

目前我国的立法机关、最高法对流量这种虚拟财产的法律性质并没有明确的规定,造成了在司法实践中法律适用的难题,学界对此也是分歧颇大,主要原因就是对流量财产属性认定。

1. 观点一:流量不属于财物。流量对应的是数据服务,以虚拟化,定向化的状态存在,只能转化成相应的服务,不具有管理性、转移可能性。所以流量本身不属于财物。按照张明楷教授的学说,刑法上的财物具有三性特点,一是管理可能性、二是转移可能性、三是价值性。[①] 虽然流量通过互联网商业模式的不断探索承载了或者被赋予了价值性,但是流量劫持的目的利用获取的流量进行非法获利,而且价值分为交换价值与使用价值,流量目前为止并不具有交换价值,只存在使用价值。

2. 观点二:流量属于网络虚拟财产。广义的网络虚拟财产是指存在于网络上并具有财产价值性的电子记录,其价值可以进行一定标准进行计算的数字化的财产。呈现出虚拟性、经济性跟依附性三个特点。网络虚拟财产是指作为一种依附于互联网具有立法保护价值的电磁数据记录,主要的特征就是财产价值性、依附性、网络化。杨立新教授将网络虚拟财产三种类型:一是游戏类的虚拟财产,主要是网络游戏中货币、装备等;二是虚拟社区中的网络虚拟财产,包括账号、积分、等级等;三是其他,包括账号、电子信箱及其他等。流量即可算作这第三种虚拟财产,流量的财产价值性已被广泛认可,更是作为互联网公司市值评估的重要依据。此外,流量是一种依附于互联网存在的数据信息,并且能享有收益、处分、排除他人干涉的权利。

(二) 流量劫持违法所得认定的现状分析

1. 数额认定难。认定流量劫持的违法所得是进行追缴或责令退赔的基础,

[①] 张明楷:《刑法学》,法律出版社 2017 年版,第 933 页。

也是维护被害人权益的重要体现。① 流量作为一种财产性利益，对其进行变现所得收入可以作为违法收入，但是在司法实践的 6 个刑事案件中，对于违法所得的查明往往只是一笔带过，而且 6 个案件无一例外被告人对指控的数额提出异议。因为在计算机犯罪对数额的要求相对较低，一般对于入罪的数额和量刑轻重的数额进行把握，至于违法数额的指控与认定并没有那么准确把握。

2. 举证相对较难。一是因果关系证明难。虽然可以证明被告人实施了流量劫持的行为，但是并不能证明目标网站的流量减少都是因为流量劫持行为导致的，因为导致目标网站流量减少的原因还包括很多因素，例如商业模式的、市场需要的变化等。二是案件本身难度大。互联网具有隐蔽性的特点，给案件取证带来了很大的难度，本身流量劫持案件的技术性、专业性较强，6 个民事案件的判决书均在 2 万字以上，比传统案件的难度大，在对行为进行定性已经偏难的情况下，还要十分准确地进行损害赔偿计算更是难上加难。三是证据在被告一方。流量劫持中对损害赔偿计算、认定的大部分证据，例如经营状况资料、广告合同等都掌握在被告一方。哪怕在刑事案件中，公诉机关对于证据的收集都面临极大困难。

3. 违法所得与正常业务所得难以区分。在损害赔偿的认定中若原告的实际损失无法计算，则需要计算被告的获利所得（本节表述为违法所得以便与正常业务所得区分），然而公司的违法所得与其他业务收入难以区分。在司法实践甚至将正常业务所得也当作违法所得一并计算，造成对被告人合法权益的侵害。

4. 赔偿数额与实际损失差距大。目前的司法实践是对原告的实际损失跟被告的获利所得均难以认定，故按照法律规定法院根据情节判断 500 万元以下的赔偿，而 6 个案件中，按照顶格 500 万元进行赔偿的仅为 1 件。实际原告在诉讼请求中对于实际损失的计算也是根据自身的商业模式、经营状况等综合进行预估的，也都有相应的证据佐证，体现了流量本身巨大的价值，更体现了原告为了获取流量而付出的巨大成本。

四、完善刑法对流量保护的路径选择

（一）立法：将流量纳入财产犯罪的保护

1. 扩张解释延伸财务的内涵。从立法上看，各国对财产性利益要么进行单独立法，如日本有利益强盗罪、利益欺诈罪；要么将财产性利益解释为财

---

① 陈立斌：《刑事附带民事诉讼案件审理精要》，人民出版社 2018 年版，第 153 页。

产，如德国刑法将财产性利益包括在财产分为之内，俄罗斯则是规定了诈骗罪的对象可以是他人的财产权利。

笔者认为本着节约立法成本，体现立法的简洁性的原则，应采取第二种立法模式，对财物进行扩张解释。目前我国已在相关的司法判例上进行了突破，开始保护财产性利益和财务。例如在刘某、沈某诈骗罪一案中，两人通过计算机技术手段，修改、增加计算机信息系统中传输的数据，骗取他人钱款，数额特别巨大，最后被判处诈骗罪。①

2. 流量是一种新型财产性利益。我国继受大陆法系，以物权和债权作为大陆法系对财产的考察和分析思维的视角与方法，使得经验与直观的财产的内容基本分为物权和债权，以及相应的其他财产权利（如知识产权）。同一抽象物可以受到不止一项知识财产保护，选择何种方式保护某一物是一个商业策略问题，每一种保护方式都有它的优点和缺点。此外大陆法系对于盗窃罪的对象不能包括财产性利益，除非法律做了特殊规定，例如信用卡、电信号码等，我国也不例外，故对于流量劫持行为不能定盗窃罪。而诈骗罪的对方可以包括财产性利益，所以在（2017）沪0104刑初8号中判决中被告以诈骗罪定罪体现出流量可以作为财产性利益进行保护。

在2019年发布的《App流量价值评估报告》中通过对流量变现模式的分析，以及实践中流量价值评估中体现出的流量财产价值，可以知悉流量这一新事物，现今已被人类社会赋予经济价值，成为数字经济中的新型利益载体。因此，流量作为一种抽象的新型财产具有经济价值性、无体无形性和可支配性，其理应获得法律条款保护。对此，有学者认为就目前而言，流量在我国并不是一项法定权利，但可以作为一种财产性利益，保护经营者的竞争优势。

3. 更好地保护数字经济的发展。需要站在发展的眼光看待流量，在日本刑法对财物的解释一直秉持严格的态度，对待数字经济法律显得没有相对管控，但是制度必然会反作用于经济社会，这种相对保守的态度导致日本的数字经济方面远远落后于中美两国。② 而相反的美国在法律方面对待财产持相对开放的态度，为数字经济提供强有力的制度保障。为确保我国经济的平稳运行，2020年中央将大力推进以人工智能、5G、工业互联网等为代表的"新基建"，故认可流量这种新型的财产权是促进数字经济高速发展的制度保障。

（二）完善流量价值认定的方式

1. 成本法。通过计算企业获取流量的成本，以此计算该部分流量被无偿

---

① 上海市徐汇区人民法院（2017）沪0104刑初8号刑事判决书。
② 陈兴良：《虚拟财产的刑法属性及其保护路径》，载《中国法学》2017年第2期。

劫取带来的损失也是可以考虑的方法。不过，尽管一定时期内的获客成本、运营成本可以比较精确的计算，但企业获客成本是随着企业知名度、品牌信誉以及市场占有率而在不断变化的，故此方法计算获得的成本并不能全面的、真实地反映真正的价值。

2. 收益法。常见的流量劫持的目的在于吸引用户带来的利益。因此最恰当的方法应该对被告因劫持发热流量产生的市场收益进行评估，从而确定赔偿数额。但是被告网站中的全部流量并非都为劫持所得，在无法分清的前提下，非法获利的计算也是十分困难。

3. 市值参考法。在价值分析章节，流量作为企业最重要的资产。目前互联网企业的估值多会参考企业的用户数以及所持有的数据，以此估算企业的市值。若在案件中存在有一方为上市公司，可以参考企业上市时或者财务披露的市值以及所持有的流量来估算流量的价值。

4. 专业评估法。目前已有数家大数据资产评估中心，从事数据资产登记确权、数据资产评估等业务，未来可能能够依据专业数据评估机构的报告来确定流量的价值。

上述四种计算方式是目前对无形资产的评估方法，为此流量的价值评估也可以参照前述方法。但考虑到流量劫持案件的复杂性、技术性，单一的计算方式显然无法满足实践的需要，故在一个案件中可能需要多种计算方式。

（三）完善实际损失的计算

对于损害赔偿笔者认为按照不正当竞争的损害赔偿顺位进行认定较为合理。赔偿数额认定的顺序以实际损失为第一顺位，而对损失的认定就变得尤为重要，在流量劫持案件中主要以流量价值的损失跟广告费损失为主，故需要重点对这两者进行分析。

1. 针对流量价值的损失。将某网站流量引导至第三方网站，该类案件的损失既可按流量价值计算，也可按流量所带来的收入计算，计算公式为：流量价值损失＝被劫持流量数×流量单价或流量价值损失＝被劫持流量数×每单位流量所带来的收益。对于被劫持流量数，可以通过后台记录、监测机构的监测记录等进行统计。对于流量单价可以根据相关行业惯例来确定价格。当然，相应价格可能会随着时间、市场等因素发生变化，具体需要结合当下的情况而定。而对于每单位流量所带来的收益，可以通过过去一年网站总收入与年总流量数得出。

2. 广告费损失。广告主要在新闻、视频网站为主，而广告内容又分贴片（浮动、插播）、开屏、信息流等。所以在广告费损失的计算上还是需要根据不同的广告计费方式予以确认。一是CPC方式，就是按照点击量进行计费的，一般就是针对精准广告,计算方法也相对简单,广告费损失 = 流量 × 转化率 × 广告刊例价,这里的刊例价是广告实际在计算过程中需要进行一定的打折所得出的价格;二是 CPM,也是时下最常见的计费方式,是指一千人浏览过这个广告计一次费用,广告费损失 = 流量带来的浏览量 × 广告的刊例价;三是 CPA,该方式风险较高,是根据实际的下载量、激活数等,就是需要完成一定任务才能进行结算,故广告费损失 = 流量 × 转化率 × 广告刊例价。当然为了避免重复计算,对于广告收益不应当重复计算,例如浏览器与网址导航,网址导航只需要对浏览器带来的流量进行付费,并不需要承担未来可能带来广告收益。此外,对于计算不全的问题,若存在多种形式的广告方式要进行分段计算。①

(四)完善获利所得的计算

在完善实际损失的提前下,完善获利所得也显得尤为重要。

1. 前后对比法。通过对比流量劫持行为发生前后劫持网站的访问量、App 下载量,同时结合相关产品上线时间、用户数、浏览量、下载量等,还需要比较网站的内容、运营并没有较之前发生大的变化、其他网站相应的流量导入数据、趋势未发生变化综合确定相应数据。此外,实施流量劫持的网站对于该部分流量可能会有记录,因此也可以通过法庭勘验等方式要求其提供相应数据。实践中被告一直对数额有提出异议,主要还是获利所得计算的不够精准,所以需要被告自身提供大量劫持前后数据的变化。

2. 广告收入计算。流量被截取想要获得预期收益和效果很难,法律是不允许对流量进行买卖,而且对于流量不同商业模式的变现方式不一样,就意味着相同流量下,不同公司可能因此流量产生的收益基本上也是不同的。在触达公司、西普公司等破坏计算机信息系统一案中,由于被告人的违法所得难以计算,公诉机关直接根据获利价值提起诉讼,并且最后法院也认定了该起诉意见。因被告人依靠广告进行变现,获利计算主要根据签订的广告合同进行把握,这也更好计算与认定。

(五)完善酌定数额的认定

在实践中该类型案件的损害赔偿数额均为法院酌定,而法院酌定数额的顺位是在实际损失和获利所得之后的,因此如何将法院酌定的范围尽量保证在一个相对科学、合理的数值变得尤为重要。流量价值认定无法得到一个公允的价

---

① 马晓明、翟静芳:《网络不正当竞争损害赔偿研究——以流量、数据为视角》,载《电子知识产权》2019 年第 12 期。

格的原因是因为每个公司流量变现的能力都不一样，因此需要根据企业的流量变现方式进行判断。以抖音为例，其价值认定的维度主要有粉丝的数量、视频内容质量、用户的分类、评论的数量等。所以在具体的案件中，流量变现的方式既可以运用在原告，也可以运用在被告上。被害人可以运用流量变现计算出实际损失，而被告则可以计算出获利所得。因此在无法认定实际损失、获利所得需要自由裁量赔偿额的情况下，在能够确保实际损失或者获利所得在某个区间，则可以得出相对合理的数额，并将该数额认定为赔偿的数额。

网络爬虫技术法律风险研究

张宝峰[*]

一、网络爬虫技术的特点和应用场景

（一）网络爬虫技术概述

随着网络社会的发展，网络上保存着海量的信息，想要在无数网页和海量信息中获取感兴趣或有价值的内容，仅凭个人一次次点击、浏览、收集和分类是无法快速完成的。为了自动、高效、准确的获取网页内容、提取特定信息，网络爬虫技术应运而生。网络爬虫，也叫网络蜘蛛（spider），是一种按照一定的规则，自动地抓取万维网信息的程序或者脚本。这种技术另外一些不常使用的名字还有蚂蚁、自动索引、模拟程序或者蠕虫。

（二）网络爬虫技术的应用

应用场景	应用方式
搜索引擎	搜索引擎利用爬虫模块爬取网页，储存至原始数据库 对原始数据库中的数据进行索引，储存至索引数据库 用户输入检索信息，由检索器进行分词等操作，检索器从索引数据库中获取数据
数据聚合	如企业信息查询等
舆情分析、数据挖掘	如抓取、分析社交平台的数据，从而识别出某用户性质等
网络安全	使用爬虫对网站是否存在某一漏洞进行批量验证

---

[*] 张宝峰，腾讯网络安全与犯罪研究基地高级研究员，刑法学硕士。

续表

应用场景	应用方式
行政监管	特殊类型。主要在税收监管方面①，参照反避税工作所进行的数据采集和对比工作，采用网络爬虫技术汇集交易市场的信息，从而实现还原商业实质，强化征管 例如：青岛市国家税务局利用爬虫软件，爬取了某境外上市公司的减持信息，进而查处了某境外非居民企业股权转让案件，查补税款接近 2 亿元；2016 年，福州市国家税务局爬取了企业十大股东变化信息，继而对涉及企业开展评估，查补税款 6399.8 万元，调减以前年度亏损 71.91 万元

（三）君子协定——Robots 协议

爬虫本身是一项技术中立的数据获取手段，但应当受到网站（被爬取人）的授权限制。Robots 协议（网络爬虫排除协议），就是网站所有人对爬虫爬取自身内容的公开表态，具体而言是对不同类型、功能的爬虫爬取的内容和限度而编写的技术声明文件。Robots 文本文件通常置于网站根目录下，用来提示不同的网络爬虫哪些网页可以或不应被抓取。爬虫访问某站点的时候，理论上应当第一个读取的文件就是 Robots.txt 文件，并按照文件中标明的指令来访问网站内容。如果该文件不存在，爬虫可以爬取网站上所有没有被技术措施或者口令保护的页面。

但是，Robots 协议中的"协议"是计算机通信意义上的"协议"，而不是法律意义上的概念。它可以比作君子协定，供业内人士自觉遵守，并无强制力，更像是行业内公认的一种商业道德。但在判断爬虫爬取信息是否未经授权时有一定的参考意义。

二、国外有关网络爬虫技术应用及规范

（一）国外有关网络爬虫技术主要应用场景及平台限制

搜索引擎是爬虫的重要应用场景。除此之外，一些社交媒体网站如 Facebook 会为开发者提供便于分享的爬虫，以方便用户快捷的将外部内容分享至 Facebook。详见下表：

---

① 《网络爬虫技术在税务稽查中的运用》，https：//mp.weixin.qq.com/s/X4UVLeO_Nh4H4xzYSCbONQ。

平台	应用/限制
Google	Googlebot是谷歌网络爬虫的统称。Googlebot是两种不同种类爬虫的统称：桌面爬虫，用于模拟桌面端用户；移动爬虫，用来模拟移动端用户①
Apple	Applebot是苹果的网络爬虫。Siri和Spotlight Suggestions这类产品都会用到Applebot②
Facebook	Facebook网络爬虫通过复制粘贴链接，或通过网站上的Facebook社交插件，以抓取Facebook上分享的网站HTML。该网络爬虫会收集、缓存和显示网站相关信息，如网站标题、描述和缩略图等③

国外网络平台在其用户协议中对网络爬虫的政策并不一致，例如：Instagram禁止爬虫④；Twitter允许遵守Robots协议的爬虫，且必须经过Twitter同意⑤；Quora允许爬虫，但除了要求遵守Robots协议之外，还要求不对平台功能产生负面影响，并提供有效的识别或联系方式⑥。

（二）国外有关网络爬虫技术的法律法规

英国1990年颁布实施的《计算机滥用法》、美国1986年实施的《计算机欺诈与滥用法》（"CFAA"）和新加坡1993年实施的《新加坡计算机滥用法案》中对于未经授权访问计算机的规定适用于爬虫，违反上述规定将构成刑事犯罪。但值得注意的是，除了违反上述法规外，大量的爬虫案例还会涉及不正当竞争、侵害他人动产（*trespass to chattels*⑦）、侵犯知识产权、违反合同法等等。如果爬取的数据属于个人信息，还可能违反欧盟《通用数据保护条例》（"GDPR"）对于个人信息的保护。

---

① Google抓取工具，https://support.google.com/webmasters/answer/182072？hl = zh - Hans。

② 关于Applebot，https://support.apple.com/zh - cn/HT204683。

③ Facebook网络爬虫，https://developers.facebook.com/docs/sharing/webmasters/crawler？locale = zh_ CN。

④ Term of Use，https://www.instagram.com/about/legal/terms/before - january - 19 - 2013/。

⑤ Twitter Terms of Service，https://twitter.com/en/tos。

⑥ Terms of Service，https://www.quora.com/about/tos。

⑦ Wikipedia.org，eBay v. Bidder's Edge，100 F. Supp. 2d 1058（N. D. Cal. 2000）：https://law.justia.com/cases/federal/district - courts/FSupp2/100/1058/2478126/。

国家	法规	总结
英国	Computer Misuse Act 1990 1990 年《计算机滥用法》①	Unauthorized access to computer material. 未经授权访问计算机中的资料, A person is guilty of an offence if— 下列行为是违法的— he causes a computer to perform any function with intent to secure access to any program or data held in any computer or to enable any such access to be secured; 以访问电脑中的任何程序或者数据为目的,或以促使获取此类访问为目的,使电脑运行任何功能 the access he intends to secure or to enable to be secured, is unauthorized; and 未经授权,试图获得访问或促使获得访问 he knows at the time when he causes the computer to perform the function that that is the case. 明知其造成了计算机运行该等功能 The intent a person has to have to commit an offence under this section need not be directed at— 违反本款规定实施违法行为的人所必须具有的意图无须针对以下内容— (a) any particular program or data; 任何特定程序或数据; (b) a program or data of any particular kind; or 任何特定种类的程序或数据;或 (c) a program or data held in any particular computer. 任何特定电脑中的程序或数据

---

① Computer Misuse Act 1990(《计算机滥用法》), http://www.legislation.gov.uk/ukpga/1990/18/data.pdf。

续表

国家	法规	总结
美国	18 U. S. Code §1030. Fraud and related activity in connection with computers（CFAA）1986 年《计算机欺诈与滥用法》①	18U. S. C. §§1030（a）（2），1030（a）（5）（A）（2008）. intentionally accessed a computer without authorization or exceeded authorized access, and thereby obtained… information from any protected computer;" or that the defendant "knowingly caused the transmission of a program…and…caused damage without authorization to a protected computer. 未经授权或超过授权访问权限故意访问计算机，从而从任何受保护的计算机获取信息；或者被告"故意造成程序传输，并且未经授权对受保护的计算机造成损害"
新加坡	Computer Misuse Act 1993 1993 年《新加坡计算机滥用法案》②	Unauthorized access to computer material 未经授权访问计算机中的材料 3. —（1）Subject to subsection（2），any person who knowingly causes a computer to perform any function for the purpose of securing access without authority to any program or data held in any computer shall be guilty of an offence and shall be liable on conviction to a fine not exceeding \$ 2000 or to imprisonment for a term not exceeding 2 years or to both. 在符合第（2）款规定的情形下，任何以不经授权而访问计算机中的程序或数据为目的，故意运行计算机功能的行为，应当被控有罪并罚款不超过 2000 美元或被判处不超过两年的监禁

（三）国外关于网络爬虫的典型案件

国外已经出现了多起爬虫技术侵权的判例，确定了部分对于爬虫技术的合理使用边界。例如美国法院对于爬虫技术是否侵犯知识产权的认定主要集中在：判断被爬取方是否事前明确表示禁止爬取或限制访问、事后是否向爬取方

---

① 《Fraud and related activity in connection with computers》（《计算机欺诈与滥用法》），https：//www. law. cornell. edu/uscode/text/18/1030。
② COMPUTER MISUSE ACT 1993（《计算机滥用法案》），https：//sso. agc. gov. sg/Acts－Supp/19－1993/Published/19940315？DocDate＝19930827。

发送通知并采取技术手段禁止爬取，以及爬取的是否是公开信息等方面。另外，也有案例将违反美国 1986 年《计算机欺诈与滥用法》（CFAA）的爬虫行为认定为刑事犯罪。相关案例如下：

时间	案件事实	法院观点
2003 年	EF 和 Explorica 同为旅游行业内公司。Explorica 是由几名 EF 离职的员工创建，并主要通过低价和 EF 竞争。EF 公司网站允许访问者搜索旅行数据和价格。在 2000 年，Explorica 就聘用了 Zefer 开发爬虫软件，通过软件爬取和下载 EF 网站上的价格。在爬取数据的基础上，Explorica 削减 5% 作为自己的价格，与 EF 竞争①	合法爬取 EF 网站并未明确表示其拒绝他人的信息获取或限制访问 网站应通过明确声明限制访问来表明其认为爬虫是未经授权的
2004 年	Southwest 开发、维护 Southwest Airlines 网站，网站提供旅行数据，网站。Southwest 在网站明示，禁止使用爬虫技术获取网站信息 FareChase 开发并授权爬虫软件访问、检索和获取 Southwest Airlines 网站上的数据，Outtask 获得了该爬虫软件的授权，并将爬取的数据运用至其产品 Cliqbook 上，为企业用户提供航班费用检索等服务②	非法爬取 Southwest Airlines 的用户协议明确表明其禁止任何爬虫技术，并向 Outtask 致函告知其爬取未经授权的
2013 年	Craiglist 是一家信息分类网站，3Taps、Padmapper 和 Lovely 三家公司利用爬虫技术爬取 Craiglist 网站上的信息，事后 Craiglist 书面通知三家公司禁止其爬取信息，表明爬取行为是未经授权的，并使用技术手段禁止三家公司访问 Craiglist 网站③	非法爬取 即使 Craiglist 用户使用协议中未明确表明拒绝爬取，其事后采取的书面告知爬取未经授权和技术手段禁止访问，足以满足"未经授权"要件

---

① EF CULTURAL TRAVEL BV v. ZEFER CORPORATION，https：//caselaw.findlaw.com/us - 1st - circuit/1213480.html。

② SOUTHWEST AIRLINES CO., Plaintiff, v. FARECHASE, INC., and Outtask, Inc., Defendants., https：//scholar.google.com/scholar_case? case = 9920151187319414662&q = Southwest + Airlines + Co. + v. + Farechase, Inc. &hl = en&as_sdt = 2006&as_vis = 1。

③ CRAIGSLIST INC. v. 3TAPS INC., https：//www.leagle.com/decision/infdco20130502b95。

续表

时间	案件事实	法院观点
2016年	EC 和 OxBlue 都是经营影像器材和解决方案的公司。EC 的一个用户将自己账户密码给了 OxBlue 公司，希望经营类似业务的 OxBlue 能帮忙解决一些技术问题。后者登了该账户密码，并对 EC 社群论坛上的大量图片等其他信息进行抓去。EC 控诉至法院①	非法使用 虽然 CFAA 并没有明确规定用户不得与他人共享账户信息，甚至用户可以把账户密码在网上公开，但是 EC 网站上明确声明如果用户将账户信息给他人使用，违反了其"使用条款"。法官认为，这属于 CFAA 认定的"超出权限"——网站只授权给当事人使用，其他人用当然超出了权限。也就是说，如果违反了有关涉案计算机的任何政策或使用条款（EULA），可以被认定为"超出了授权访问权限"

三、我国有关网络爬虫的法律规制及相关案例

（一）我国涉及网络爬虫的法律法规

我国涉及网络爬虫技术的法律法规主要集中在刑法、网络安全法、反不正当竞争法等。在 2019 年底发布的最高人民法院、最高人民检察院《关于办理非法利用信息网络、帮助信息网络犯罪活动等刑事案件适用法律若干问题的解释》，对此也有涉及。

刑事规范方面，不当使用网络爬虫的行为可能涉及的罪名包括非法侵入计算机信息系统罪、非法获取计算机系统数据罪、破坏计算机信息系统罪、侵犯公民个人信息罪、破坏生产经营罪等。

对于网络爬虫技术造成的民事侵权，被侵权人多选择依据反不正当竞争法向法院起诉，寻求救济。

行政法规方面，网络安全法对包括网络爬虫在内的技术使用提出了原则性要求，包括"不得从事非法侵入他人网络、干扰他人网络正常功能、窃取网

---

① EarthCAM, INC. v. OxBLUE CORPORATION, https://www.leagle.com/decision/infco20160927080。

络数据等危害网络安全的活动"等；《数据安全法（草案）》也提出"不得窃取或者以其他非法方式获取数据"，并将者非法获取、非法利用数据的行为纳入管制范围。此前，在征求意见阶段的《数据安全管理办法（征求意见稿）》第 16 条也要求使用爬虫不得影响网站正常运行，收集流量超过日均流量 1/3 时，应网站要求应当停止。

（二）我国关于网络爬虫的民事审判案例

关于网络爬虫的民事案件主要集中在不正当竞争纠纷。如果爬取对象和自身构成竞争关系，对方因该竞争行为受到了损害，且爬取竞争行为具有不正当性，则爬虫具有构成不正当竞争的侵权风险。

如果爬虫突破了网站经营者设置的保护措施，接触到存储于后台服务器中的用户个人隐私或个人信息，如招聘网站上的简历信息，并转手贩卖，则属于侵犯个人隐私的行为。

时间	案情简介	法院判决	案号
2010 年	某甲公司向用户提供以商户基本信息及点评信息为主要内容的生活服务 App——大众某网。某甲公司通过《大众某网服务条款》与网络用户约定，对于用户在大众某网上发布的受著作权法保护的作品，其著作权归属于某甲公司。某乙公司未经某甲公司许可，利用技术手段大量抓取大众某网的商户基本信息和点评内容数据，并刊登在某乙公司所运营的某乙网上	某乙公司停止使用某甲公司享有著作权的作品；某乙公司赔偿某甲公司损失 25000 元 主要理由：1. 大众某网的评论，具有一定的独创性，属于作品。大众某网具有作者的授权，拥有涉案点评内容的著作权 2. 垂直搜索引擎技术本身并不具有违法性。但垂直搜索网站对特定行业网站信息的使用，不得对该网站造成市场替代的后果，否则，其提供的具体形式的垂直搜索服务则可能被认为不具有合法性 3. 某乙网（通过搜索引擎获取的）涉案作品已经构成对大众某网相应作品的实质性替代。考虑到某乙公司和某甲公司存在直接竞争关系，某乙公司的行为将严重影响某甲公司对作品的使用，并将不合理的损害某甲公司的商业利益	（2010）海民初字第 4253 号

续表

时间	案情简介	法院判决	案号
2016年	原告某甲公司是某微博的经营人，获得网络文化经营许可证被告某乙技术公司、某乙科技公司有如下侵权行为： 1. 非法抓取、使用某微博包括头像、名称、职业信息、教育信息、用户自定义标签及用户发布的微博内容等用户信息 2. 非法获取并使用脉脉注册用户手机通讯录联系人与某微博用户的对应关系 3. 模仿某微博的认证机制及展现方式 4. 商业诋毁。双方终止合作期间，二被告在脉脉网站、脉脉软件及第三方网站上发表声明，提及某甲公司要求获取数据以及不保护用户隐私	一审、二审均认定被告北京某乙技术有限公司、被告北京某乙科技发展有限公司停止涉案不正当竞争行为；在网站上公开声明就不正当竞争行为消除影响；共同赔偿原告某甲公司经济损失200万元及合理费用288998元 主要理由： 1. 双方在对相关用户社交类信息的使用等方面存在竞争利益，具有竞争关系 2. 被告在双方合作期间实施了非法抓取、使用涉案某微博用户非授权公开信息的行为；在双方合作结束之后，二被告非法使用涉案某微博的用户信息 3. 非法获取并展示用户手机通讯录联系人与某微博用户的对应关系，使大量非脉脉用户的某微博信息及好友关系展现在脉脉软件中 4. 二被告在相关声明中对自身不正当竞争行为有意回避、忽略，致使无法客观完整地展现双方终止合作事件本身，造成公众仅对某甲公司不保护用户隐私信息的片面认识，降低了公众对某甲公司信誉的评价 另外，对于爬取数据行为，该判决还强调：互联网时代，保护用户信息是衡量经营者行为正当性的重要依据，也是反不正当竞争法意义上尊重消费者权益的重要内容	（2015）海民（知）初字第12602号；（2016）京73民终588号
2017年	某地图在用户搜索某商户时，将来源自大众某（某甲公司）的对该商户的评价信息显示在搜索结果上，注明了信息来自大众某并且设置了跳转链接	驳回上诉、维持原判。某地图公司立即停止以不正当的方式使用大众某网的点评信息；某地图公司赔偿对方经济损失300万元及为制止不正当竞争行为所支付的合理费用23万元 主要理由：1. 大众某网上用户评论信息具有很高的经济价值。某地图公司未经许可，在其某地图和某知道产品中进行大量使用，这种行为本质上属于"未经许可使用他人劳动成果" 2. 某地图公司行为属于超出必要限度使用信息的行为 3. 垂直搜索技术应当遵循搜索引擎服务的基本准则，即不应通过提供网络搜索服务而实质性替代被搜索方的内容提供服务，本案中某地图公司使用涉案信息的方式和范围已明显超出了提供网络搜索服务的范围	（2016）沪73民终242号

续表

时间	案情简介	法院判决	案号
2018年	"生意参谋"是某甲公司开发的大数据产品，并且在协议中约定了禁止开通权限的账户出售、出租、出借或以其他方式提供给第三方使用等禁止性内容 某乙公司经营的"某互助平台"以该衍生数据产品为对象，通过平台分享该衍生数据产品账号	二审法院驳回上诉，维持原判。某乙公司于判决生效之日起立即停止涉案不正当竞争行为，并赔偿某甲公司经济损失及为制止不正当竞争行为所支付的合理费用共计200万元。主要理由：某乙公司的行为构成不正当竞争。平台分享该衍生数据产品的行为直接导致了某甲公司生意参谋产品的减少，两者存在此消彼长的替代性	（2018）浙01民终7312号

除此之外，违反网站经营者设置的 Robots 协议，绕过各类保护措施，接触、保存甚至披露了一般用户无法访问的信息，若该信息属于商业秘密，则存在侵犯他人商业机密的可能。

（三）我国关于网络爬虫的刑事审判案例

司法实践中，涉及网络爬虫的刑事案件主要集中在侵犯公民个人信息、非法入侵计算机信息系统、非法获取计算机信息系统数据和侵犯著作权等方面。具体案例如下：

时间	案情简介	处理结果	案号
2015年	被告人翁某某发现某网站店铺源码存在漏洞，利用该漏洞植入一个url以获取某网站用户的Cookie。通过上述方法非法获取某网站用户Cookie达2600万余组，并将获取的Cookie存放在虚拟队列中。被告人黄某某利用翁某某事先编写的网络爬虫程序读取虚拟队列中的Cookie并获取某网站用户的交易订单数据	二被告人均构成非法获取计算机信息系统数据罪	（2014）杭余刑初字第1231号
2017年	被告单位上海某某公司系有限责任公司，被告人张某某、宋某某、侯某某分别系该公司法定代表人、高管。2016年至2017年，上海某公司采用技术手段抓取被害单位北京某公司服务器中存储的视频数据，并由员工被告人郭某某解北京某公司的防抓取措施，使用爬虫软件实施视频数据抓取行为，造成北京某公司损失技术服务费2万元	被告人构成非法获取计算机信息系统数据罪	（2017）京0108刑初2384号

续表

时间	案情简介	处理结果	案号
2017年	被告人王某某文负责改善的第十三届全运会接待服务系统,为谋取网站安全维护业务,其将管理后台的url、管理员用户名和密码提供给了被告人黄某某,由黄某某对网站实施攻击威胁。黄某某编写"爬虫"程序并植入了管理系统。"爬虫"程序导致该系统内存储的人员抵离信息、酒店住宿信息、人员身份信息被删除,致使组委会接待服务部计算机一段时间内瘫痪	二被告人构成破坏计算机信息系统罪	(2017)津0104刑初740号
2018年	被告人金某某、潘某合伙成立杭州某科技有限公司。潘某负责编写爬虫软件从互联网上抓取小说数据储存至其租用的阿里云服务器内。当用户在该手机App软件上点击阅读某小说(仅有书名和目录)时,爬虫软件即从互联网上抓取用户所需的小说内容,发送并缓存至上述服务器内,供用户免费阅读	二被告人构成侵犯著作权罪	(2018)沪0110刑初150号
2018年	被告人魏某某通过"网络爬虫"程序下载含有公民姓名和电话号码的工商个体户和单位资料进行贩卖,现有证据查明,魏某某非法获利55822元	被告人构成侵犯公民个人信息罪	(2018)豫9001刑初503号
2018年	某公司主要通过爬虫程序微博、新闻、招聘信息、电商数据、最高法执行信息、在第三方提供用户登录授权后采集某平台信息等网络信息,经处理后为客户提供数据分析并收取费用,如给信贷系统的审批人员提供查询服务,通过大数据分析对用户进行征信调查 被告人彭某某在某公司负责数据处理等工作。本案中,彭某某通过工作账号远程登录公司的服务器数据库,窃取数据后结合在网页上公开爬取的数据,将两者加工、组合,运用算法推算出个人信息并出售,获利50万余元	被告人构成侵犯公民个人信息罪	(2018)川0191刑初94号

四、网络爬虫的合理使用边界

(一)从现有案例看网络爬虫的合理边界

1.爬取的数据性质对案件性质的影响。如果爬虫爬取的数据包含公民个人信息、商业秘密、用户账号密码等这些本身就受到法律保护的数据,那么爬取数据的行为就涉及刑事责任或民事侵权责任。

2. 爬取的是否公开数据对案件性质的影响。被爬数据的公开性是爬虫是否违法或者侵权的重要判断标准。就民事案件而言，是否构成侵权还会考虑数据对于数据所有方的重要意义，数据所有方为获取、整理数据的付出情况，以及是否通过 Robots 协议、反爬措施等表明态度。在某甲公司诉某乙公司一案中，就适用了爬取信息"必要限度使用"的原则，认为"不应通过提供网络搜索服务而实质性替代被搜索方的内容提供服务"。当然，这一观点在国外的最近实践也有摇摆，hiQ 诉某网站案中，法院在同意颁布 hiQ 要求的初步禁令时，就认为，如果数据处于公开可获取的状态，则数据所有方不拒绝特定人员的爬取。当然这仅是个针对初步禁令的裁定，案件实体问题仍有待后续审理。

就刑事案件而言，原则上获取公开的非公民个人信息不构成犯罪。同时，对于经过用户授权的公开信息，也涉及到用户授权的范围，如果超出用户授权的范围仍然涉嫌构成侵犯公民个人信息犯罪，该点在彭某某侵犯公民个人信息罪一案中有明确的体现。另外，即便经过用户授权，而爬取是否合法，也存在一定争议。在美国 *EarthCam, Inc. v. OxBlueCorp.* 一案中，法院认定即便当事人公开账户和密码，但是交由其他人使用仍然违反网站的政策，可以被认定为"超出了授权访问权限"。

3. 获取数据的用途对案件性质的影响。一般而言，获取数据后，用于自己的正常经营的，其责任较轻，但是如果用于数据买卖，或者给其他主体提供针对个人信息的查询的，则被追责的可能性大。

（二）网络爬虫技术的合理应用

1. 遵守 Robots 协议，检查反爬虫措施。Robots 协议作为互联网行业普遍遵守的规则，如果违反，虽不必然导致爬取行为非法，但结合爬取行为的其他特点，增加不合法的可能。

另外，还应检查目标网站是否设置了 IP 壁垒、验证机制等反爬虫措施，避免采取规避认证系统、加密算法等手段获取数据，避免主观恶意。

2. 区别爬取数据的性质。单纯就数据性质来说，在商业使用场景下并不构成对原网站利益损害或造成较大负担，不会产生对其他商业主体实质性替代的前提下，爬取公开的非个人信息的数据是安全的。但爬取半公开数据甚至是后台、内部系统的数据，就易被认定为非法爬取，更不用说绕过经营者设置的安全防御措施后的爬取行为本身就属于犯罪。因此，应当避免爬取未获得授权的个人信息、他人享有版权的内容、企业或机构内部数据、商业秘密等，制定禁止爬取的信息类型清单。

另外，在爬取公开场景下的个人信息时，仍需要注意所爬取的个人信息的来源、用途等，除非有明确的被爬取网站的声明，或其他证据表示被爬取个人信息经过当事人允许向他人公开，否则不应爬取非公开的个人信息。

3. 限制数据使用目的。个人应严格在授权范围内使用，商业目的使用避免"不劳而获、食人而肥"形式的利用，避免造成对其他商业主体的替代，从而承担不正当竞争的责任。另外，对于合法获取的个人信息，除非获得明确的授权，否则应根据《网络安全法》采取"经过处理无法识别特定个人且不能复原"的技术措施后，方可对外提供和使用。

4. 控制爬取频率和数量。应当避免因爬取频率和数量给目标网站服务器造成较大负担，比如可以考虑参考《数据安全管理办法（征求意见稿）》不应超过日均流量1/3。

恶意数据爬取行为的法律风险与刑法应对

李 灿[*]

一、问题的提出

随着大数据、云计算、物联网和移动互联网等新一代信息技术的普及应用,以及软硬件层面的算力提升和优化升级,新型网络信息技术的运用在不断丰富便捷普通民众生活的同时,滋生的网络犯罪问题同样不容忽视,以第三方支付、互联网金融、公民个人信息等诸多方面造成的理论困境成为现实亟须解决的难题,诸如首例"流量劫持"案、"撞库打码"案、全国首例网络爬虫案、全国首例人脸识别案等,上述一系列问题的浮现突显法律在面对急剧变化的网络时代显得捉襟见肘,而数据保护则成为上述问题的核心与关键。数据爬取技术作为互联网数据收集重要的手段,逐渐从民事违法渗透到刑事违法层面。北京海淀法院判处的全国首例利用爬虫恶意数据爬取刑事案件标志着数据爬取行为进入刑事治理的轨道。[①] 可以预见,在今后数据爬取技术的应用与发展过程中,因恶意使用数据爬取技术导致的网络侵害案件也逐渐进入高发期。

在国家层面出台《促进大数据发展行动纲要》,而在企业发展过程中,为了对抗信息窃取行为,反数据爬取技术相应发展,与恶意数据爬取技术形成角力;在司法实务中,也出现了针对恶意数据爬取行为的刑事判例,正积累着司法经验,发挥法律的行为导向作用。如何合理确定数据爬取的界限、如何有效

---

[*] 李灿,上海市人民检察院第一分院研究室检察官助理。

[①] 2018 年 9 月,北京市海淀区人民法院对全国首例利用"爬虫技术"侵入计算机系统抓取数据案作出判决。本案爬虫软件在数据抓取的过程中,使用了伪造 device_ id 绕过服务器的身份校验,伪造 UA 及 IP 绕过服务器的访问频率限制等规避或突破计算机系统保护措施的手段获取数据,法院最终以非法获取计算机信息系统罪判决。此案对采用侵入技术手段非法获取数据的爬虫软件进行了法律定性,维护了科技创新健康发展秩序。参见游涛、计莉卉:《使用网络爬虫获取数据行为的刑事责任认定》,载《法律适用》2019 年第 10 期。

防治数据爬取技术的恶意使用以及确定数据流转的,事关数据权属等数据治理的基本命题,已经成为国家、网络产业和社会公众面临的重大发展命题。刑法理论必须直面司法实践中出现的重大问题,有鉴于此,为及时回应有关数据爬取行为、数据流转规则的治理需求,加强对数据爬取行为的合法界限的法治研究,笔者通过对司法实践中涉网络爬虫的案件进行类型化数据,对于网络爬虫爬取数据行为的刑事司法认定疑难问题进行相应结构,以期更好明确数据权属的法律规则及相关网络产业权益保护,尤其是数据与"公民个人信息""商业秘密""计算机系统数据"的界限,从而为涉数据爬取行为的合理界定,数据产业的合理健康发展有所裨益。

二、恶意数据爬取行为的法律风险

网络爬虫(又被称为网页蜘蛛,网络机器人,在 FOAF 社区中间,更经常的称为网页追逐者),是一种按照一定的规则,自动地抓取万维网信息的程序或者脚本。另外一些不常使用的名字还有蚂蚁、自动索引、模拟程序或者蠕虫。① 一般数据爬取技术都是通过爬虫软件进行,网络爬虫(Web Crawler),因其在网络上的工作方式就像是蜘蛛在蛛网上爬行而得名。网络爬虫的诞生原本是为了方便我们获取网络上数据,但是,这样一个原本用来造福人类的工具却可能被一些动机不纯的人用来侵犯别人的权利。网络爬虫作为一项普遍使用的数据收集技术,往往具有中立的性质和特征,互联网数据的获取往往也依赖于网络爬虫的自动搜索与爬取数据加以使用,但是网络爬虫技术面临被使用者滥用而违法犯罪的风险,其中最主要的是民事法律风险和刑事法律风险。为更好了解网络爬虫涉嫌犯罪在司法实践中的现状,笔者通过"裁判文书网"以"网络爬虫"全文、案件类型"刑事案件"进行全文检索,一共检索到 5 篇法律文书,② 以威科先行·法律信息库进行检索,全文:网络爬虫,刑事案件,一共检索到 4 篇判决书,与前面的 5 份判决相同,由此可见,涉嫌网络爬虫的案件目前是涉嫌民事上违法,最后才逐渐进入刑事规制的领域,爬虫行为从构成不正当竞争案件到逐渐构成刑事犯罪,从中不难看到法律在规制此类行为从民法到刑法的递进与渗透的过程。

---

① 参见百度百科,https://baike.baidu.com/item/网络爬虫/5162711?fr=aladdin,最后访问日期:2020 年 7 月 9 日。

② 参见(2018)鄂 05 刑终 365 号;(2019)湘 1202 刑初 530 号;(2018)豫 9001 刑初 503 号;(2018)鄂 0528 刑初 52 号;(2014)杭余刑初字第 1231 号。

（一）滥用爬虫技术的民事法律风险

"法律要规范的并非技术原理，而是技术运用说造成的当事人件的利益分配格局。"① 网络爬虫技术的滥用涉嫌的侵犯民事权利中的个人信息权、财产利益和知识产权。

一是侵犯著作权的风险。在"某点评网诉某网"一案中，双方共进行三轮诉讼，原告某点评网（上海某信息咨询有限公司）以侵犯著作权为由起诉被告某网，法院最终判定被告立即停止侵犯原告著作权的行为。但是在第一轮诉讼中法院并未将部分爬取的内容认定为作品。②

二是构成不正当竞争行为的风险。在前述案例中，某点评网第三轮发起的诉讼中，以不正当竞争为由起诉某网，法院最终认定某网构成不正当竞争并要求赔偿经济损失 50 万元。除此之外，2013 年某搜索公司诉某虎公司案，2016 年某点评诉某地图案中，法院都将数据爬取的行为认定为不正当竞争行为。

（二）滥用爬虫技术的刑事风险

目前涉嫌网络爬虫构成刑事犯罪的案件并不多，司法机关比较审慎克制，在现有的刑事案件中，罪名主要集中于非法获取计算机信息系统数据罪、破坏计算机信息系统罪、侵犯著作权罪以及侵犯公民个人信息罪等罪名。

1. 非法获取计算机信息系统数据罪

（1）如果行为人将网络爬虫程序植入目标网站（通常是除国家事务、国防建设、尖端科学技术领域以外的计算机信息系统），利用网站存在的漏洞获取目标网站存储、处理或者传输的用户数据，情节严重的，那么行为人构成非法获取计算机信息系统数据罪。

（2）在利用"网络爬虫"技术实施的非法侵入计算机信息系统刑事案件中，被人民法院认定为犯罪的行为模式为：行为人使用"爬虫"软件，大量爬取公安机关交警部门车管所公告的车牌放号信息，之后使用软件采用多线程提交、批量刷单、验证码自动识别等方式，突破系统安全保护措施，将爬取的车牌号提交至"交通安全服务管理平台"车辆报废查询系统，进行对比，并根据反馈情况自动记录未注册车牌号，建立全国未注册车牌号数据库。③

（3）周某某利用 Cookie 劫持的方式，绕过某快递金刚系统权限认证爬取

---

① 参见刘文杰：《信息网络传播行为的认定》，载《法学研究》2016 年第 3 期。
② 参见（2010）海民初字第 4253 号。
③ 参见（2018）川 3424 刑初 169 号。

快递单信息，构成非法获取计算机信息系统数据罪，判刑3年3个月。①

（4）王某非法获取中国兽医执业资格考试网站的考生注册信息数据刑事案件中，王某提供fox.JSP木马程序，由余某将该程序上传中国兽医执业资格考试网站服务器，获得相应链接，并进入网站服务器寻找到配置文件，将数据转换到exportdata.txt文件中。被告人王某通过迅雷软件将exportdata.txt文件下载保存至自己的笔记本电脑中，成功获取5万余组考生注册信息数据。后余某将获取的数据出售给他人，被告人王某从中非法获利人民币2000元。②

2. 破坏计算机信息系统罪

如果行为人将网络爬虫程序植入目标网站，对目标网站的计算机信息系统功能进行删除、修改、增加、干扰，进而导致计算机信息系统不能正常运行，或者对目标网站所存储、处理或者传输的数据和应用程序进行删除、修改、增加，后果严重的，那么行为人构成破坏计算机信息系统罪。在利用"网络爬虫"技术实施的破坏计算机信息系统刑事案件中，被人民法院认定为犯罪的行为模式为：行为人编写"爬虫"程序并利用获知的相关信息，登录正在使用中的第十三届全运会信息技术系统的一个业务子系统即接待管理系统，将"爬虫"程序植入该接待管理系统，致使用于接待服务的39台计算机不能正常运行该接待管理系统，造成该系统内存储的大量数据信息被删除，后果严重。③

3. 侵犯著作权罪

如果行为人以营利为目的，未经著作权人许可，复制发行通过网络爬虫程序抓取获得的文字作品，情节严重的，将会构成侵犯著作权罪。在利用"网络爬虫"技术实施的侵犯著作权刑事案件中，人民法院认定成立犯罪的行为模式包括：

（1）行为人编写爬虫软件从互联网上抓取小说数据储存至租用的阿里云服务器内，当用户在行为人开发的手机App上点击阅读某小说时，爬虫软件即从互联网上抓取用户所需的小说内容，发送并缓存至上述服务器内，供用户免费阅读。行为人联系广告商在该App软件上登载广告，通过用户点击量牟取广告收益。④

---

① 参见（2014）青刑初字第1345号。
② 参见（2014）浙江杭刑终字第97号。除此之外，还有陈某等非法获取福建省公安厅交通警察总队的计算机系统的违法车主刑事案件（2014）闽刑终字第253号。
③ 参见（2017）津0104刑初740号；（2018）津01刑终300号。
④ 参见（2018）沪0110刑初150号。

（2）行为人在互联网上设立视频网站，利用搜索爬虫技术，针对其他视频网站的影视作品设置加框链接，并设置目录、索引、内容简介、排行榜等，吸引用户点击播放，另屏蔽所链影视作品的片头广告，在所设网站网页内发布广告后从网络"广告联盟"处收取费用牟利。①

（3）被告单位通过技术部开发的"爬虫"软件将互联网上发现的小说形成目录索引，用户搜索、点击某小说阅读时，通过开发的程序进行文本样式转码，最后将转码后的小说内容缓存到自己的服务器，从而提高用户的浏览速度。同时通过在该单位网站内植入广告，牟取广告收益。②

（4）行为人经营收录有其利用"爬虫"软件自动搜索的网络小说的网站，网站本身没有书籍，只有书籍名字，要想看书要通过网站上的链接进入别的网站，不收取费用。有某推广、某广告和某传媒这三家公司在网站上登广告，行为人借此牟取广告收益。③

（5）被告人和某设立"某小说"网站，其通过租赁海外服务器并运行其从互联网下载的"某采集"抓取软件，在未获得起点某网许可的情况下，擅自抓取、复制650部文字作品，储存在自己的服务器上，供"某小说"网站用户免费阅读，何某通过在"某小说"网站网页内刊登广告获取广告收益，非法营利数额达人民币19万元。④

4. 侵犯公民个人信息罪

侵犯公民个人信息罪同样是滥用网络爬虫技术的重灾区。如果行为人向他人出售或者提供通过网络爬虫程序抓取获得的个人信息，情节严重的，则行为人应当构成侵犯公民个人信息罪。即便行为人没有将通过网络爬虫程序抓取获得的个人信息出售或者提供给他人，但是，上述获取行为是否属于合法获取尚存争议，故行为人仍有可能构成侵犯公民个人信息罪。在利用"网络爬虫"技术实施的侵犯公民个人信息刑事案件中，人民法院认定成立犯罪的行为模式包括：

（1）行为人研发并运营具有付费查询公民个人借贷信息、身份证照片信息等功能的"黑爬虫"网站，并以此谋取非法利益。⑤

（2）行为人通过"网络爬虫"程序下载含有公民姓名和电话号码的工商

---

① 参见（2017）沪 0104 刑初 325 号。
② 参见（2015）浦刑（知）初字第 12 号。
③ 参见（2013）海刑初字第 2725 号。
④ 参见（2015）闵刑（知）初字第 59 号；（2016）沪 03 刑终 1 号。
⑤ 参见（2018）苏 0803 刑初 644 号。

个体户和单位资料进行贩卖,并以此谋取非法利益。[1]

(3) 行为人通过"爬虫"程序窃取 App 及网站的用户信息后出售,并以此谋取非法利益。[2]

(三) 数据爬取犯罪原因剖析

数据爬取行为之所以面临诸多的刑事风险,存在诸多的原因。首先,数据时代的公开化,个人信息处于裸奔状态,数据作为 21 世纪越来越重要的资源,越来越受到重视,其中以内容为载体的个人信息面临着滥用的危险。生活中无论是寄快递,还是手机上网,下载各类 App,出去游玩住宿,都需要出示自己的身份证和各类个人信息,以上都说明大数据时代,无法完全回避提供个人信息以获取一些服务。

其次,网络犯罪的隐蔽性。从网络作为工具的犯罪,到网络逐渐作为空间的犯罪场所,经历了网络犯罪的迭代演变,尤其是新型技术的发展过程中,往往呈现平民化的趋势,网络爬虫技术随着网上课程的商业贩卖,飞入寻常普通网民手中而被掌握,网络犯罪的成本较低,同时往往由于网络的虚拟性,导致网络犯罪难以被发觉,即使被查出,由于网络犯罪面临管辖权缺失、数据难以固定等诸多困境,因为网络犯罪针对的是无形的电子数据和信息,本身就不利于被发现,而犯罪分子入侵后往往会抹掉自己的入侵记录,这无疑增强了网络犯罪的隐蔽性。一方面是网络犯罪的行为不易被当事人察觉,另一方面是即使到了案件侦破环节,也会在证据提取方面遇到较大障碍。

最后,个人数据(信息)法律保护存在滞后性。个人信息保护的法律散见于《网络安全法》《刑法》第 253 条、即将生效的《民法典》第 1038 条,以及全国人大发布的《加强网络信息保护的决定》等。上述法律规定不够体系化,较为分散,未能规定数据的权属和数据获取的规则,法律位阶明显不够,同时存在一定的空白地带,以人脸识别为例,人脸识别由于其广泛性和非接触性,往往采集过程中并未经过用户同意,而目前没有相关法律明确哪些机构有权使用人脸识别技术,亟须建立行业准入制度,将以非法盈利为目的、不具备保障人脸信息安全能力等不应或不宜使用人脸识别技术的机构排除,如此才能从源头上保障人脸识别技术的规范使用。

三、恶意数据爬取行为规制的合理路径

个人信息事关公民的自由与隐私,同时个人信息部分数据也具有公共产品

---

[1] 参见(2018)豫 9001 刑初 503 号。
[2] 参见(2018)沪 0116 刑初 924 号。

的性质，企业数据的合理流转与利用则事关社会发展与商业文明的进步，如何合理平衡两者之间的关系，考验治理者的智慧，信息的采集、合理使用，避免个人信息滥用的"利维坦"更是我们需要面对的难题。

（一）完善个人数据（信息）的前置性规范

个人数据偏重于强调载体，个人信息偏重于强调内容。完全可以用任何载体传达个人信息。因为载体的特殊性，使得其传播变得特别容易。在法律中，没有特别强调区别个人信息和个人数据。实际上个人信息并不只包含你占有的信息（比如你浏览网页的信息），相应信息存在企业的客户端，但还是属于个人信息。个人主要作为数据主体，个人侵害个人数据可能相对有限；企业作为个人数据的控制者和处理者，很多跟商业关系直接相关。政府起着双重角色，既是收集个人信息的一方（在收集时是不是也应受到法律的规范），在企业收集个人信息时，也是监督者，对不同类型的数据犯罪需要不同的规制手段。

对于人脸识别很多人往往并不在意，甚至过分相信政府和采集数据的公司，但是人脸识别技术的推广有无意识性与非接触性：在很多时候，在进行识别、追踪和分析时，个人是不知道的（与指纹等生物信息的识别不可同日而语），目前针对人脸识别信息的保护，采取的是信息的全周期保护，比如在收集阶段，要遵守知情同意和最小必要原则。新版《个人信息安全规范》要求收集个人生物识别信息的合规更加严格，要采取单独告知的方式和明示同意，不能默许同意；存储阶段，原则上不允许存储原始的个人生物识别信息，而且要求身份识别及认证后要删除。在共享转让阶段，原则上也不允许共享或转让，确需共享转让要履行单独告知、告知目的类型及接收方身份及数据安全能力等，而且也是明示同意。

首先，对于人脸识别应该有一套针对人脸信息采集、使用、存储的行业标准确保公众合法权益得到保护，同时防止技术滥用。除了外部监管，人脸识别机构内部也应当加强自律，在事前、事中、事后采取相应措施，化解公众对于个人信息保护的担忧。

其次，应当建立分级管理制度，根据使用目的、使用主体、使用能力、必要性等因素，对人脸识别机构进行分级管理，授予不同权限。例如，可将人脸信息储存时长分为永久储存、固定期限储存、一次性储存三个等级，国家安全部门和公安部门等机构可永久性储存人脸信息；学校、工作单位等机构可在固定期限内储存人脸信息；公园、动物园等盈利机构只能一次性储存人脸信息。如果突破分级限制，必须取得采集对象和监管机构的双重同意。

最后，建立风险分配原则。对于个人信息对的收集、保管、使用，都应对主体制定相应规范赋予相应的法律后果，并且遵循风险分配的原理：谁制造了

四、网络黑灰产业链治理

风险,谁就应该对相应的的行为负责。

(二) 明确数据安全的新型法益

"数据是网络的核心,而不是文档或者人,并且这些数据都是可以被机器识别处理的数据,因此,用户从网络上获取信息就像查询数据库一样容易,而不必掌握各网站的数据组织架构"。① 如果从信息技术学的角度而言,数据通常界定为以 0 与 1 二进制单元表示的信息。数据是一种资产或资源已经得到普遍的认可,基于数据与现实社会的关系,从社会属性而言,可以将数据分为两大类型,一种是映射性数据,即这种数据是现实社会在互联网中直接反映,而映射性数据即是现实社会映射在网络中的存在形态。另一种是拟制性数据,即这个数据与现实社会没有一一对应关系,是单纯在网络中代码拟制的数据,这种数据虽然可以是以现实社会为模型或是模仿现实社会,但网络外现实社会中并不存在。网络数据与虚拟财产两者系在不同纬度上使用的术语。数据是从物理意义上的描述,而"虚拟财产"则是从经济价值意义上的描述。法律之所以保护数据,也在于数据上存在法律必须保护的社会关系。

而从法律层面而言,对于大数据的法律定位,并未有一致的看法,总体来看,数据不仅包括个人数据与非个人数据,个人数据肯定保护比如个人信息等,尽管《民法总则》第 111 条规定:"自然人的个人信息受法律保护。任何组织和个人需要获取他人的个人信息的,应当依法取得并确保信息安全,不得非法收集、使用、加工、传输他人个人信息,不得非法买卖、提供或公开他人个人信息。"《消费者权益保护法》第 14 条:新增消费者"享有个人信息依法得到保护的权利"。《关于加强网络信息保护的决定》与《网络安全法》:要求收集与使用数据的主体遵循合法、正当、必要的原则,明示收集、使用信息的目的、方式和范围,并经被收集者同意,开放收集与使用的规则等。但是并未明确个人信息的法律属性。应该讲数据权作为一种新兴法益,其主要的内涵式数据安全,可以细分为数据的保密性,即免受未授权人获悉;数据的完整性,即免受无权篡改;数据的可用性,即权利人可随时无障碍的利用,② 而目前关于数据爬取涉嫌的刑法规制中的罪名集中于刑法第六章"妨害社会管理秩序"罪中,还是作为一种传统的法益类型。

(三) 重视数据的财产属性

数据作为民事客体应当具有财产属性,同时应当受到刑法保护,《民法总

---

① 参见刘琼、任树怀:《论 Web3.0 下的信息共享空间》,载《图书馆》2011 年第 2 期。
② 参见杨志琼:《我国数据犯罪的司法困境与出路:以数据安全法益为中心》,载《环球法律评论》2019 年第 6 期。

则》第 111 条规定:"自然人的个人信息受法律保护。任何组织和个人需要获取他人的个人信息的,应当依法取得并确保信息安全,不得非法收集、使用、加工、传输他人个人信息,不得非法买卖、提供或公开他人个人信息。"如果仅仅通过个人信息来保护数据显得力度不足,《民法总则》《网络安全法》中对数据安全、流转、保护有所规定,但是对于数据的权属并未作出相应规定。但是并未明确个人信息的法律属性,而数据需要区分不同类型,不排除作为一种财产权利受到刑法保护,对于游戏账号等虚拟财产同样作为一种数据可以受到刑法的保护,"两高"2011 年 9 月 1 日《关于办理危害计算机信息系统安全刑事案应用法律若干问题的解释》第 7 条规定:明知是非法获取计算机信息系统数据犯罪所获取的数据、非法控制计算机信息系统犯罪所获取的计算机信息系统控制权,而予以转移、收购、代为限售或者以其他方法掩饰、隐瞒违法所得五千元以上的,应当依照刑法第 312 条第 2 款的规定,以掩饰、隐瞒犯罪所得定罪处罚。司法解释的制定者也不否认网络数据的财产性质,尽管这一解释只是针对计算机信息系统数据犯罪,因此针对不同的类型赋予数据财产定位具有积极意义。大数据的财产化保护是为了明确"大数据"在刑法上的财产属性,立法保护的主要客体是数据的财产安全。① 数据由于其可复制性,不唯一性,不具有稀缺性的特点,在认定数额时候需要谨慎对待。

(四)区分数据类型予以刑事规制

《数据安全管理办法(意见稿)》相对于《网络安全法》更为细化,其中第二章第 16 条对利用爬虫获取数据的行为作了规定,网络运营者采取自动化手段访问收集网站数据,不得妨碍网站正常运行;此类行为严重影响网站运行,如自动化访问收集流量超过网站日均流量 1/3,网站要求停止自动化访问收集时,应当停止。但是此种只是判断爬取合规的一个前置性标准,而且其中日均流量的 1/3 也不够明确。对于数据犯罪的基本行为予以类型化分析,是解决数据犯罪的基本思路。② 非法获取数据爬取行为需要根据爬取数据的内容,爬取数据的行为方式以及造成的危害后果而确定不同的罪名。根据爬虫爬取数据类型的不同,可以分为非个人数据(non—PII)和个人数据(PII):前一类数据主要是公开数据,不适用个人信息保护方面的法律法规。后一种个人数据又可以分为已经识别的个人身份数据与可能识别的个人数据。数据爬取行为是

---

① 参见于志刚:《"大数据"时代计算机数据的财产化与刑法保护》,载《青海社会科学》2013 年第 3 期。

② 参见于志刚、李源粒:《大数据时代数据犯罪的类型化与制裁思路》,载《政治与法律》2016 年第 9 期。

否构成犯罪，需要从爬取数据的行为，数量，以及情节等多方面进行综合判断。对于非个人数据需要考虑对于市场竞争秩序的破坏以及影响，对于个人数据则需要考虑爬取数据的用途，内容是否属于刑法保护的"个人信息"。

爬取 non-PII 数据总体风险较低，轻则可能构成侵犯著作权（在被爬取的数据具有独创性构成作品的情况下），如果有竞争关系，还可能因实质替代获取不正当竞争优势、干扰或破坏他人网络服务的正常运行，涉嫌构成不正当竞争；重则可能因绕开技术措施非法获取数据，涉嫌侵犯商业秘密（严重情形涉及刑事责任），涉嫌构成非法侵入计算机信息系统、非法获取计算机信息系统数据罪等罪。

对于 PII 信息的爬取，是否经过用户授权是核心。用户未授权或者授权不充分风险很大。平台要获取用户信息必须获得授权，平台之间通过开放 API 爬取数据必须经过"用户授权—网站授权—用户授权"的规则。爬取涉及个人信息的数据总体风险较高，如果爬取数据没有获得用户授权（包括通过 API 接口爬取数据的情况）则存在侵犯人格权（民法总则已经明确个人信息权是一种人格权）的风险，同时，爬取存在竞争关系平台上的数据时，还可能因实质替代获取不正当竞争优势、干扰或破坏他人网络服务的正常运行，涉嫌不正当竞争；更严重的是，还可能因非法获取公民个人信息、非法侵入计算机信息系统、非法获取计算机信息系统数据等涉嫌犯罪，招致刑罚。①

网络时代的快速发展对于刑法理论的冲击与影响是多方面的，对于恶意爬取行为，现有司法案例实践中多以侵犯著作权罪、侵犯公民个人信息罪、非法侵入计算机系统罪、非法获取计算机信息系统数据罪、破坏计算机信息系统罪、侵犯商业秘密罪定罪处罚。司法机关针对新型的网络犯罪应当确立审慎积极的预防观念，明确合理有效的裁判规则，重视数据的经济价值，同时今后立法机关对于数据权益的确认，数据权利的归属以及数据犯罪立法的更新都需要跟上时代的步伐。

---

① 参见《法说数据｜"爬"数据有哪些法律风险？》，https：//www.sohu.com/a/213059054_455817，最后访问日期：2020年7月6日。

五、网络淫秽信息传播犯罪治理

互联网时代传播淫秽物品罪若干问题的探讨

——基于对 2019 年传播淫秽物品罪 212 件公开判决书的分析

金鸿浩[*]

一、绪论

在 1997 年制定刑法时,刑法分则第六章妨害社会管理秩序罪中就专门设置了第九节制作、贩卖、传播淫秽物品罪。从社会文化角度,本罪主要旨在保护社会风俗和道德风尚,社会主义核心价值观的基本内容包括"文明"等要素,根据国民一般认知和中国互联网协会《文明上网自律公约》,文明上网的题中之义就包括"摒弃低俗沉迷",禁止传播黄色文化。从社会管理角度,本罪主要维护国家对文化娱乐制品的管理秩序,国务院《互联网信息服务管理办法》《出版管理条例》《电影管理条例》、文化部《互联网文化管理暂行规定》、广电总局《电视剧内容管理规定》等有关行政法规和部门规章,明确要求出版物、电视剧、电影、互联网信息服务提供者,不得制作、复制、发布、传播含有淫秽、色情内容的信息,本罪的设置以刑罚作为威慑,可有效维护相关领域的社会管理秩序和国家法律的实施。从保护未成年人健康发展角度,本罪设置可以为未成年人成长提供一个绿色健康的网络文化环境。此外,也有学者将传播淫秽物品罪的保护法益界定为"他人的不愿意接触淫秽信息的权利"。[①]

随着互联网特别是移动互联网的普及,传播淫秽物品罪等信息传播类犯罪的网络犯罪属性愈发凸显。1997 年制定刑法时中国网民数量仅 63 万人,而到

---

[*] 金鸿浩,最高人民检察院网络犯罪研究中心研究员,清华大学法学院博士后。

[①] 周详、齐文远:《犯罪客体研究的实证化思路——以传播淫秽物品罪的客体界定为例》,载《环球法律评论》2009 年第 1 期。

2019 年中国网民规模数量达 8.29 亿人。由于互联网传播具有及时性、跨时空性、泛在性、互动性、融媒体性等特征，以及我国互联网产业的快速发展，传播淫秽物品的主要途径已经实现了由线下向线上转移。

以网络空间为主的传播淫秽物品行为，其传播主体（Who）、传播内容（Say what）、传播媒介（In Which Channel）、传播受众（To Whom）、传播效果（With What Effect）等传播学 5W 要素的特征均或多或少发生了变化，有的与传统线下方式相比甚至是颠覆式、重构式的，网络传播模式的嬗变必然导致针对传统传播方式制定的刑法规则出现不适应问题。为解决该问题各方也做出了不竭努力。

一方面，立法机关、司法机关通过制定出台相关文件、解释的方式，一定程度缓解了前文所述的"不适应"问题，维护了国家法律统一实施。但是由于网络媒介形式的快速迭代，司法实务中仍然遇到许多问题尚未被现有法律、法规和司法解释所涵盖。另一方面，部分研究者基于法律法规和刑法教义学知识，结合信息网络技术，对网络时代传播淫秽物品罪在司法实务中遇到的问题进行了部分解释和探讨。但总体上而言，本罪作为一个"小罪名"，法学学者的关注度相对较低，实务中仍然有不少问题存在争议，尚未被有效解决，有进一步探讨商榷的必要性。

二、传播淫秽物品罪中"传播"的理解

（一）人内传播

人内传播也称内向传播、内在传播或自我传播，是个人接受信息并在人体内部进行信息处理的活动。同一行为人将淫秽视频从自己笔记本电脑拷贝到自己的台式电脑，通过 App 从自己的手机传输到自己的私有云盘，以及个人对淫秽物品的观看等过程，显然对传播淫秽物品罪保护的法益没有增加侵害，因此无论从何种角度，本罪的"传播"不应该包括人内传播。

在实务中，诸如苹果 iCloud 泄露门事件、百度云泄露事件，当事人原本只为了保存个人信息，方便相关资源的存储、备份和个人跨平台多设备共享，但由于其他原因，相关色情、淫秽信息泄露造成人际传播、群体传播、大众传播的，对当事人不能以犯罪论处。因为本罪是故意犯罪，即使当事人在电子设备、网络平台中存储淫秽物品的行为具有过失，比如当事人以方便自己观赏为目的，将淫秽视频上传到自己的网盘，但未给自己的网盘设置密码，导致网盘被破解后淫秽视频泄露，也不应该追究行为人的刑事责任。相反，当事人作为数据泄露的被害人，特别是泄露自己拍摄的淫秽视频、图片的被害人，网监部门和传播相关信息的个人、群体、组织应当及时组织删除相关有害信息，防止

传播过程中造成二次伤害。被害人在民事法律上有权要求侵权方或负有数据安全保管义务的网络服务商就民事侵权责任或违约责任进行赔偿。

（二）人际传播

在2019年公开的传播淫秽物品罪判决书中，采取人际传播方式的被告人占到14.2%。其中微信传播（40人）占人际传播方式的83.3%，QQ传播（5人）占人际传播方式的10.4%，线下拷贝（2人）占人际传播方式的4.1%，邮箱传播（1人）占2.1%。

人际传播是个体与个体之间的信息交流，其形式可以是两个人面对面的直接传播，也可以是以网络媒体为中介的特定多数人之间的间接传播。人际传播具有初级群体（Primarygroup）的属性，通常是在亲朋、同学、同事等亲密关系的小型群体间发生的较为密切和频繁的互动关系。

特定人之间"点对点"传播淫秽物品，对传播淫秽物品罪保护的社会风俗和社会管理秩序法益造成了一定损害，但是损害是否达到需要刑罚惩治的地步，是否是本罪所指的"传播"，存在一定争议。

通说认为"特定多数人"的传播构成本罪，但学者并没有对"多数人"进行解释，即多少人构成本罪的"多数人"。笔者认为，人际传播原则上不应作为本罪中"传播"的理解。主要原因有三：一是本罪的保护法益是社会法益，《刑法》第364条"传播淫秽物品罪"属于刑法分则第六章妨害社会管理秩序罪的罪名，根据体系解释，立法者立法时主要考虑的是保护相关领域的社会秩序。然而，人际传播的初级群体（特定少数人之间）在国民一般认知中很难被评价为"社会"，否则就有对"社会"进行扩大解释乃至类推解释的可能性。二是即使要对人际传播类的传播淫秽物品犯罪进行惩罚，从公平公正出发，也应当达到刑法和司法解释中其他传播形式相当的危害程度，只有对于人际传播中行为特别恶劣，或者传播人数特别多（足以达到与群体传播近似危害的，如30人以上），或造成严重后果的，才可以适用本罪的有关规定。三是从犯罪学的角度，本罪的许多被告人都是初犯、偶犯，2019年200余件判决书中，未成年人犯罪就有13件；94.7%以上被告人属于初犯，97.9%以上均当庭自愿认罪或具有坦白情节，原本属于良善公民，并且部分属于未成年人、在校大学生，但因入罪门槛较低，可能会导致上述行为人未来的出罪和再社会化难题。因此，笔者建议对人际传播类的淫秽物品犯罪进行必要的限缩解释，原则上不作为刑法惩治的范畴。

（三）群体传播

在2019年公开的传播淫秽物品罪判决书中，采取群组传播方式的被告人占到72.3%。其中QQ群传播（114人）占群组传播方式的46.5%，微信群传播（90人）占群组传播方式的36.7%，百度网盘群组传播（36人）占14.7%，Twitter、陌陌群等其他群组传播（5人）占2.1%。

群体传播是群体成员之间发生的信息传播行为，表现为一定数量的人按照一定的聚合方式从事传播活动。本文所述的群体传播主要指的是次级群体（Secondary group），因为一定目的在网络组建而成具有共同传播需要的松耦合群体。次级群体规模比初级群体要大，成员较多，许多成员之间不一定有直接的个人接触，并且在群体自组织的过程中，次级群体间往往还会产生管理者与被管理者，但在松耦合群体中，相比组织传播和大众传播，管理者的管理权威和管理能力都受到较大制约。

根据《司法解释（二）》第3条"利用互联网建立主要用于传播淫秽电子信息的群组，成员达三十人以上或者造成严重后果的，对建立者、管理者和主要传播者，依照刑法第三百六十四条第一款的规定，以传播淫秽物品罪定罪处罚"的有关规定。2010年该司法解释出台后，对于惩治网络群组内传播淫秽物品犯罪起到了积极作用，2019年传播淫秽物品罪中近2/3的案件均依据此条解释定罪量刑。不过在法律适用过程中，也存在一些问题值得讨论。

一是从相当性而言，根据司法解释，只要具备"用于传播淫秽电子信息"和"成员达三十人以上"这两个要素就构成传播淫秽物品罪。而根据媒介学常识，由于网络群组的限制，一般微信群人数上限为500人，QQ群VIP最高人数上限为2000人（普通QQ群人数上限为500人），产品设计导致网络群组的传播力受到了高度局限。通常在互联网站等大众传播媒介传播淫秽物品，对法益的危害性通常要远大于网络群组的群体传播。那么，这就存在一个不同司法解释之间的相当性问题，如果显著不相当，就会造成对当事人评价的不公平问题。通过互联网网站向不特定多数人传播的社会危害性通常要高于在网络群组内传播的危害性，重罪不罚但罚轻罪，显然这是相关司法解释的一个薄弱环节。

二是从有责性而言，网络群组的建立者、管理者和主要传播者在传播淫秽物品时属于共同犯罪，这里要区别两种情况：第一种是网络群组的建立者、管理者对于传播淫秽物品处于积极态度，群主或主要管理人员指挥、倡导、参与了传播淫秽物品的犯罪行为，考虑到网络群组内的成员具有近习性、纠合性和流动性等特点；网络群组组织形式松散，靠成员之间的共同兴趣和心理默契来协调行动；无周密的犯罪预谋，活动具有随意性等特点，上述三个特征符合犯罪团伙的一般特征，是否可以认定为犯罪团伙。第二种是网络群组的建立者、管理者本身并没有传播淫秽物品，但在群成员传播淫秽物品的犯罪行为中提供平台并且积极鼓励，起到了帮助作用，无论是从犯罪工具上提供帮助，还是助长了行为人的犯意；或是诸如"不分享，就踢出"的教唆行为；或者对于传播淫秽物品处于消极的不作为态度，"未及时制止和删除，没有尽到法定管理义务"，上述情形都可以共犯（作为的帮助犯、教唆犯或不作为的帮助犯）论处。

三是从严格性而言，司法解释中"主要用于传播淫秽电子信息"的条款，在司法实务中并没有得到充分重视。笔者认为需要对"主要"进行解释，如果行为人设立网络群组有且只有一个目的，比如设立百度网盘群组用于分享淫秽物品，那么当然可以解释为"主要用于传播淫秽电子信息"。但是如果行为人设立网络群组有多个目的，那么就需要区分主要目的还是次要目的。当然，对于上述网络群组中传播淫秽物品的行为构成《司法解释（一）》第3条的，即"不以牟利为目的，利用互联网、移动通讯终端制作、复制、传播淫秽电影、表演、动画等视频文件四十个以上的；淫秽电子刊物、图片、文章、短信息等四百件以上的……"仍然可以以本罪定罪。

（四）大众传播

在2019年公开的传播淫秽物品罪判决书中，采取大众传播方式的被告人占到10.6%。其中搭建网站传播（19人）占大众传播方式的52.7%，BBS论坛传播（14人）占大众传播方式的38.9%，视频网站传播（2人）占大众传播方式的5.5%，其他1人占2.8%。

"大众传播"是指一群人经由一定的大众传播工具向社会大众传送信息的过程，随着互联网的发展，大众传播实现了由OGC（职业生产内容）向UGC（用户生产内容）和PGC（专业生产内容）的形式转变。就传播力而言，大众传播面向不特定多数人，传播影响力更大，如果用于传播淫秽物品，其社会危害性往往也更大。并且由于互联网站等大众传播平台，可以通过网站或论坛后台管理软件，相对精确地计算网站、页面、图文信息的访问量，从而可以通过访问量准确评价传播效果，作为定罪量刑的依据。

在本类传播方式中，需要对采用自动采集软件的传播行为进行补充说明。对于个人开设网站用于传播淫秽物品而言，行为人很难有精力每日大量上传淫秽视频。因此许多案件中，被告人购买或开发了自动采集软件。对于计算机程序自动采集的淫秽物品数量，由于行为人设置爬虫软件从特定淫秽网站中抓取淫秽视频，希望采集软件自动采集淫秽视频链接从而增加点击量，对采集到的淫秽物品数量和内容应当可以认定为行为人"明知"。但如果行为人没有设置从淫秽网站中采集电影，但客观上爬虫软件（自动采集程序）从其他网站获取了淫秽视频链接，此时需要结合具体案情分析行为人是否放任这种行为发生，如果放任这种结果发生，则构成间接故意，依然可以以本罪定罪。但如果行为人并未察觉，或者发现后及时采取了有效手段，属于过失传播，因为刑法中没有过失传播淫秽物品罪，就不能认定为构成本罪。是否构成间接故意还是构成过失，需要综合全案证据综合判断，也要避免类似措施成为规避法律惩治的途径。

三、传播淫秽物品罪中"淫秽物品"的理解

刑法及司法解释对淫秽物品的界定和解释已较为明确。《刑法》第367条第1款对淫秽物品的范围专门作出规定，"本法所称淫秽物品，是指具体描绘性行为或者露骨宣扬色情的诲淫性的书刊、影片、录像带、录音带、图片及其他淫秽物品"。《司法解释（一）》第9条明确"其他淫秽物品"，包括"具体描绘性行为或者露骨宣扬色情的诲淫性的视频文件、音频文件、电子刊物、图片、文章、短信息等互联网、移动通讯终端电子信息和声讯台语音信息"。刑法学者对淫秽物品的解释也较为详尽，但是在实务中，特别是网络传播中，对"淫秽物品"仍然存在部分问题需要进一步明确。

（一）网络链接是否属于淫秽物品

在网络传播淫秽物品案件办理中，有11.2%的案件涉及传播视频链接的行为。如果考虑到还有若干案件司法官在文书中根本没有区分视频链接和视频的差异，那么传播视频链接行为的占比还会更高。之所以在传播淫秽物品案件中传播链接的行为较多，主要可能有三种原因：一是在人际传播和群体传播中，传播者通常使用微信、QQ等即时通信应用，相关即时通信应用出于种种考虑，在软件开发设计中对于视频传播进行了限制。例如，微信发送的视频最大长度是5分钟，微信朋友圈小视频最大时长是10秒钟。中长视频无法通过即时通讯应用直接进行传播。二是微信、QQ等相关平台商在履行《网络安全法》等法律法规过程中，采取了必要的技术手段，对传播淫秽电子信息的内容进行智能识别和拦截，导致部分淫秽视频无法有效传播，但是对于传播链接行为较难监管。三是在大众传播过程中，搭建网站的行为人如果在本网站的服务器或租用的虚拟服务器存储大量视频资源，需要根据存储资源大小支付相关租赁费用，如果采取设置链接的形式，受众点击后直接访问源网站的服务器资源，有利于节省成本。

传统上，书刊、影片、音像、图片是淫秽物品的直接载体，本身存储了淫秽信息，受众可以通过实体直接阅读、观看相关淫秽信息，笔者将之称为实体性淫秽信息。但是具有指向性的视频链接，例如http://iii24.cn/adgcgw，以及类似的磁链、BT种子，是否可以作为"其他淫秽物品"？对此并没有通说，

主要有三种解释：第一种观点是否定论。视频链接、视频下载种子、淫秽网站网址等指向淫秽物品的信息，本身并不含有淫秽信息，类似于指向性的广告或导航，它与实体性淫秽信息相关，但并不能等同，否则就有"类推解释"的嫌疑。第二种观点是混同论。认为该类信息可以帮助受众获得淫秽信息。在许多司法判决中，事实上将"视频链接"按照"视频"进行认定。第三种观点是区分论，笔者基本认同该类观点。需要补充说明的是，链接（links）是一种指向性的连接关系，因此严格意义上不能将链接信息和淫秽信息等同。需要根据其对法益的侵害性区别分析。

笔者认为，链接虽然不是淫秽物品，但是链接是获得淫秽物品的一种网络手段，将链接视为淫秽物品，并不超过国民认知可能性，不属于类推解释，而是属于扩大解释。笔者从传播方式将传播淫秽物品分为实体性淫秽信息（淫秽书籍、淫秽视频、淫秽图片、淫秽小说等）和指向性淫秽信息（淫秽链接、淫秽磁链、淫秽BT种子）两类。对"指向性淫秽信息"需要进行细分。一是对于"链接"指向的淫秽视频等淫秽物品可以直接播放、浏览、收听、观看的行为（即"播放链接"），由于在功能上，其和直接传播淫秽物品具有同等作用，对本罪所保护的社会风俗法益造成了基本相同的法益侵害或侵害风险，因此对于该类行为可以以传播淫秽物品罪论处。二是对于"链接"指向的淫秽视频等淫秽物品，需要下载后才可以播放的行为（即"下载链接"），"链接"对本罪所保护的社会风俗法益造成了基本相同的法益侵害或侵害风险，对于该类行为可以以传播淫秽物品罪论处。但是，此类"下载链接"和前类"播放链接"相比，由于多了一个下载的步骤，只有下载成功后才可以播放，其对法益的侵害要比前一种侵害相对较低，因此在量刑上要予以考量。不宜将传播"下载链接"和"播放链接"的计量方式完全等同。三是对于"链接"指向的淫秽视频等淫秽物品不可以直接播放、浏览、收听、观看的行为，需要进一步登录、注册、付费才可以访问，此时的传播"链接"的功能类似于传播"广告"，不能简单等同于淫秽物品。构成帮助信息网络犯罪活动罪的以该罪论处。对于不构成该罪但违法《治安管理处罚法》的可以追究行政违法责任，不能简单认定为构成传播淫秽物品罪。四是对于特殊链接的认定问题。

（二）非法传播的视频内容是否属于淫秽物品

《刑法》第367条规定"有关人体生理、医学知识的科学著作不是淫秽物品。包含有色情内容的有艺术价值的文学、艺术作品不视为淫秽物品"。

通常而言，在我国行政法和部门规章中，经过依法审批准予发行上映的电视、电影因为具有"艺术价值"不应当视为淫秽物品，基于对政府部门的信任，经过行政审批的，则行为人在违法性认知上缺乏可追责性，即使后来政府部门发现该内容是淫秽物品,如果当事人不知道政府取消了行政许可,基于信赖利益也不应当追究行为人的责任。对于未经批准在国内传播的具有色情内容的境内外电影、图文资料,在行政法规中属于"非法传播",但在刑法上是否属于"淫秽物品",笔者认为不应以行政法规中是否属于"非法传播"作为主要依据。

四、传播淫秽物品罪中"不以牟利为目的"的理解

"不以牟利为目的"是本罪与传播淫秽物品牟利罪的重要区分标准,因此还需要对牟利目的进行解释。在司法实践中,有的牟利行为较容易认定,如销售淫秽物品,或者销售淫秽网站会员等形式显然属于牟利目的,笔者称之为直接牟利,即将淫秽物品与金钱进行直接对价。但是有的牟利行为淫秽物品与金钱没有直接对价,而是通过中间媒介进行兑价,笔者称之为间接牟利,但在司法实务中对间接牟利行为是否认定为"以牟利为目的"存在分歧。

根据对 2019 年 212 件判决书的分析,间接牟利行为可以分为两类:I 类间接牟利行为,是通过传播淫秽物品获得广告收入、雇佣经费、网站流量。周光权老师认为,以牟利为目的,并不需要行为人已经实际取得利益,未实际获利或者获利较少的,均不影响本罪成立,① 更无论取得利益的方式。笔者支持此观点。但是在司法实务中,上述案例均没有认定为具有牟利目的,值得商榷。II 类间接牟利将传播淫秽物品作为"广告",获得潜在客户关注,销售保健品等商品;或者在网吧局域网内共享相关淫秽物品作为吸引客户的手段。对于 II 类间接牟利行为,主要有三种可能的解释路径:第一种是认定为属于牟利目的,以传播淫秽物品牟利案定罪量刑;第二种是不认定为牟利目的,但在量刑时作为从重或加重情节;第三种是对间接牟利不作区分。笔者认为,由于很难界定哪些商品销售是将传播淫秽物品作为"广告"导致的非法利润,哪些是正常经营或通过其他途径获得的合法利润,建议如果在证据充分可以确定非法获利的前提下以传播淫秽物品牟利罪定罪量刑;如果缺乏足够证据,至少可以作为传播淫秽物品罪的从重情节或加重情节定罪量刑。

此外,以牟利为目的,对兑价方式是货币、代币还是财产性利益,理论上在所不问。近年来,采取比特币交易的犯罪案件持续上涨,需要进一步关注。对于行为人通过比特币兑换现金或其他物品的,可以以兑换价格作为依据;对于未兑换的,由于比特币价格的浮动较大,笔者建议从保护被害人的角度,可以以从行为人获得比特币到案发期间的最低兑价作为定罪依据。

---

① 周光权:《刑法各论(第二版)》,中国人民大学出版社 2011 年版,第 393 页。

五、传播淫秽物品罪中"情节严重"的理解

淫秽物品属于规范评价的内容,评价传播淫秽物品犯罪是否构罪,从目前的司法解释分析,主要是以传播类型和传播数量为基础,以保护未成年人的传播内容从重情节为辅助。但是,上述规范评价的内容也存在可以进一步完善的空间。

表1:司法解释对传播不同淫秽物品的定罪门槛

传播类型	定罪数量	传播内容含有不满14周岁未成年人的定罪数量
淫秽视频文件	40个	20个
淫秽音频文件	200个	100个
淫秽电子刊物、图片、文章、短信息	400个	200个
淫秽电子信息	点击数20000	点击数10000
会员制方式传播	400人	200人

(一)过于考虑传播类型的差异性,而忽略了传播类型内部的差异性

按照现有司法解释,对情节是否严重主要采取了形式解释,"即不论淫秽视频文件、音频文件的大小如何,只要在形式上满足自然意义上的个数要求,就将其认定为司法解释所规定的'个'",而未采取实质解释。[①] 如果行为人不以牟利为目的,传播40个视频或者200个音频或者传播400个淫秽图片可能够罪,其换算比例为1视频=5音频=10个图片。但是这种方式可能会导致一个问题,比如行为人为了便于传播(因为微信等传播视频不能超过5分钟),将一部120分钟的淫秽视频,剪切成2分钟的短视频60个。按照现有司法解释,传播一整部淫秽视频不构成本罪,传播其拆分成的60个短视频就构成犯罪。1个淫秽视频和1个淫秽视频的若干片段两者相比,对法益的侵害程度之差异,大到了罪与非罪的界限了吗?显然这种解释缺乏足够的说服力。建议在计算淫秽视频数量时,引入时长的考虑因素,视频按照时长分类,可以分为长视频(>30分钟)、中视频(3—30分钟)、短视频(3分钟以内),比如1长视频=3中视频=10短视频,防止出现上述问题。

---

① 胡胜:《网络贩卖淫秽物品的数量认定》,载《人民司法(案例)》2018年第5期。

（二）对传播内容的评价单一，忽略了不同淫秽信息内容对法益的侵害性差异

淫秽物品的评价应该以信息内容对法益的危害性作为主要依据。例如，英国互联网监管基金会对散布儿童淫秽信息就作出详细的界定，参考英国鉴定委员会的思路，对淫秽物品的鉴定不应当简单地以是或者否为标准，为更加精准地惩治犯罪，应当在此基础上对淫秽物品进行分级评价。例如分为 I 类淫秽物品（包含乱伦、公共场所聚众淫乱、14 岁以下未成年人性交等严重违背社会风俗的淫秽信息）、II 类淫秽物品（包含群交、14 岁以上 18 岁以下未成年人等较为严重违背社会风俗的淫秽信息）、III 类淫秽物品（包含裸露性器官、性交等违背社会风俗的淫秽信息），如果只是简单计数统计，容易把对法益侵害不同的淫秽信息同质化。

（三）对于实践中快速发展的新传播类型定罪问题需要及时补充

随着互联网技术和产业的快速发展，淫秽物品的传播类型也在不断翻新。现有司法解释对于部分新传播类型如何认定尚未作出明确规定。下面举三个例子：

一是对淫秽动图数量的认定。由于组成 GIF 动图至少需要两张以上图片，按照存疑有利于被告人原则的理论依据，建议在定罪量刑时，传播 1 个动图应当至少相当于传播 2 个普通图片定罪量刑。

二是对淫秽漫画数量的认定。如果将淫秽漫画视为若干图片组成，以图片数量定罪，那么一个漫画中具有 400 幅图片就构成本罪。而网上在线的视频一般在 30 帧左右（帧数指 1 秒钟视频传输的图片数量），也就说 1 分钟的淫秽视频就包括 $60 \times 30 = 1800$ 帧图片，但是传播一部视频并不构成本罪，而传播淫秽漫画通常对法益的危害并不比传播视频对法益的危害更大。建议将漫画作为整体，参照视频论处，如果下一步视频分为长视频、中视频、短视频定罪量刑，建议按照漫画图片数量多少比照长视频、中视频或短视频论处。

三是对传播淫秽 App 数量的认定。笔者认为，对于移动应用软件，如果该软件无须注册即可浏览、播放或者下载淫秽信息，因为司法解释的"互联网"文义解释包含了"移动互联网"，显然可以以司法解释有关规定，根据不同传播类型和传播数量定罪量刑；如果 App 需要注册才可以浏览、播放或者下载淫秽信息，可以司法解释中"以会员制方式传播淫秽电子信息，注册会员达四百人以上"定罪量刑。

（四）对于点击量的指标类型需要进一步明确

按照现行司法解释，"不以营利为目的，传播淫秽电子信息，实际被点击

数达到两万次以上的",构成本罪。但是,对点击数的概念,需要进一步解释。结合计算机网络知识,点击数(或称为访问量)通常有三类指标:第一类是页面访问量 PV(page view),用户每点开一次该网页,PV 就会增加一次。第二类是独立访客数,一般根据 COOKIE(网站为了辨别用户身份储存在用户本地终端上的数据)统计,同一个电脑一段时间内的访问只会增加一次独立访客数。第三类是 IP 数,同一个 IP 一段时间内的访问只会增加一次。三类指标的差异可能较大。

特别需要说明的是,访问量的真伪性也是一个定罪量刑的关键。虚增点击量的行为在互联网实务中较为普遍存在,这实际上也会成为司法实务中诉辩双方的一个争议焦点。此外,网站多域名多镜像的点击量也构成定罪量刑的难点。笔者认为,从保护人权的角度,应以狭义的行为人上传时的域名或所在网站的访问量作为定罪量刑的依据。对于同一网站其他域名或镜像站的访问量应当由二次传播者承担相应责任,对于二次传播者是网站管理员通过计算机软件自动实现复制、传播过程,在此过程中扩大的负面传播影响应当由网站管理员承担相应责任。

(五)对于传播内容重复评价问题的认定需要进一步明确

传播内容是否需要考虑重复评价问题,应当从对法益侵害的角度予以考虑。1 部视频传播 40 次,是否构成本罪,笔者认为按照现行法律和司法解释,该行为虽然侵犯了法益,但是侵害显著轻微,尚未达到需要刑罚惩治的地步。否则,行为人向互联网站上传 1 部视频,访问量达到 1 万次,根据现有司法解释不构成犯罪,相似危害性的行为因为司法解释拟制的原因而导致罪与非罪两种截然不同的结果,显然司法解释本身解释的体系性和科学性有待与时俱进。笔者的观点倾向于在认定中以不重复淫秽物品作为定罪量刑的标准。并且就其举证责任而言,公安机关、检察机关也具有收集、调取犯罪嫌疑人无罪、罪轻的证据材料的义务,而不能完全将举证责任转移给被告人及其辩护人。

六、余论

网络犯罪并不单单是传统犯罪行为的网络化,如果立法者、司法者不及时更新观念,沿用既有惯性思维去解释、应对网络犯罪问题,总会有"捉襟见肘""力不从心"之感,特别是对于网络空间犯罪行为需要有更加深刻、更加全面的认识。

(一)防止对网络空间的认识存在片面性

实际上互联网同时存在私人领域、半公共领域、公共领域,三个领域相互叠加。① 这也反映了个别司法者简单机械认为互联网空间就是虚拟社会的公共空间，而对人内传播、人际传播、群体传播、大众传播的属性缺乏辨别。

（二）防止对于网络信息的差异性把握不足

传统犯罪的定罪量刑过程中，犯罪数量要素具有重要作用。但是，在网络传播类犯罪中传播一个视频和另一个视频，其淫秽程度和对社会风俗的危害性很大可能是不一样的。这实际上就反映出对于网络信息的差异性的理解和分类仍然有较大的局限性。传统对同一犯罪构成要件内犯罪数量无差化的认定并不完全适用于网络犯罪，尤其是网络信息传播类犯罪的计量。

（三）防止对于网络传播效果的评估较为简单化

评价犯罪行为的情节是否严重，最重要的评估要素应当是传播效果而非传播数量，因为传播效果与法益损害的关系更加紧密。在传统犯罪中，传播淫秽物品罪由于无法统计传播效果，退而求其次只能以传播数量作为定罪量刑的重要考虑要素，但在网络犯罪中，虽然仍然不能完全实现传播效果的全过程全领域的数据获取，但是已经有许多指标可以作为评估传播效果的重要因素。司法官在行使自由裁量权时，除数字化指标外，还可以结合对个体的认知、情感、态度、行为的传播效果影响，对社会风俗的传播效果影响作出综合性判断。

（四）对于网络刑事政策需要进行系统思考

传播淫秽物品等犯罪的应对，需要以网络犯罪刑事政策的科学制定为指引。在风俗罪去罪化的大背景下，在惩治犯罪和保障人权的平衡中，不能为了惩治犯罪的执法司法便利而过度降低入罪门槛。随着移动互联网的快速发展，网络群组建立的便利性和社群人数也快速增加，"成员达三十人以上"非常容易实现，建议在出台新司法解释时，可以适当上调成员数量的入罪门槛，或者对网络群组方式传播淫秽物品罪的认定，应当综合被告人的传播内容、传播方式、是否造成严重损害以及认罪悔罪等情况，准确定罪量刑。对于情节显著轻微危害不大的，不予定罪处罚；犯罪情节轻微的，可以酌定不起诉或免予刑事处罚。通过适时出台新的司法解释来解决上述问题。

（五）网络犯罪罪刑均衡和刑罚手段问题

在实务中，本罪的罪刑不均衡问题比较突出，各地审判机关在刑罚方面客观存在类案不同判的现象。此外，和暴力犯罪具有人身危险性的刀、枪等犯罪根据不同，对于网络传播类犯罪案件，作案工具主要是电脑、手机，与传统犯

---

① 陈力丹：《互联网传播技术正在发生突破性进展》，载《新闻知识》2017年第4期。

罪中的管制刀具、有毒物质、毒品和纸质黄色书籍、光盘等有本质的区别,即作案工具本身是无害中立的,只是其数据是有害的,能否通过将作案工具电子设备格式化后返还被告人的方式,或者扣除其电脑硬盘的方式,达到惩治和防止再次犯罪目的,防止对被告人财物的非必要惩罚。

论网络色情报复的特征、成因及对策

高雨秋　代孟良*

一、引言

"色情报复（porn revenge）"一词可以追溯到20世纪，最初在美国出现，而现代科技的进步又给色情报复行为带来了新的发展，网络已成为色情报复的主要途径。色情报复现已成为一个全球性的社会问题，越来越多的国家或地区都对其采取了措施。美国已有26个州就色情报复颁布或修订了刑事禁令，日本国会于2014年通过了《色情报复受害预防法案》，加拿大、英国和威尔士也于2015年先后通过了反色情报复法案。① 但目前我国法律法规对此尚未有专门规定，在学理上，虽有学者就报复性犯罪进行探讨，如从行为极化②、紧张理论③等不同角度出发，分析报复社会型犯罪的成因及对策；抑或对于报复网络举报者的行为进行刑法分析等④，但却少有对色情报复进行专门研究，而美国对此的研究则主要集中在立法建议上。本文主要基于文献以及相关案例，就色情报复作出定义，再对网络色情报复的行为模式、特征、损害结果、成因等进行总结，并就此提出我国的防治对策。

---

* 高雨秋，澳门科技大学法学院硕士研究生；代孟良，澳门科技大学法学院助理教授。

① Shigenori Matsui, The Criminalization of Revenge Porn in Japan, Washington International Law Journal 24, no. 2 (April 2015): 289.

② 马子琪、赵云亭：《社会排斥与行为极化：个体报复社会实践的生成机理及防控》，载《江苏师范大学学报（哲学社会科学版）》2019年第6期。

③ 任奕：《我国近年来报复社会性暴力犯罪的刺激因素及其社会对策分析——以"紧张理论"为视角》，载《北京警察学院学报》2018年第4期。

④ 杨通新、黄良：《打击报复网络举报人行为的刑法分析》，载《大众科技》2018年第4期。

二、相关术语界定

(一) 色情报复 (porn revenge)

"色情报复"一般是指亲密关系双方分手后,为了报复而发布和传播前任伴侣的性信息,如私密图片或视频的行为①。而在实际情况中,"色情报复"不仅可以由前伴侣作出,也可以由所谓的"朋友"和其他怀有报复心理的人作出②。又由于网络的发达,黑客攻击电脑而得到私密图片或视频后进行发布传播的行为,如今也可以被归为"色情报复"③。可以说,色情报复包括未经本人同意而传播性信息的所有行为。在网络已成为人们主要社交媒介之一的现代社会,通过网络传播报复性色情信息,成为了色情报复的最常见形式,这种行为被称为网络色情报复。

(二) 报复性色情信息 (revenge porn)

报复性色情信息是指未经个人同意而散布的裸体或私密的个人性信息,包括私密的图片、视频和音频。通常情况下,报复是这种行为背后的主要动机,但在其他一些情况下,这些性信息是被黑客盗取后分享的,这意味着加害人可能甚至从未见过受害者。由于这些色情信息不是根据本人真实意愿而发布传播的,因此将报复性色情信息描述为"非自愿公开的色情信息"可能更加准确④。

三、行为模式

获得报复性色情信息的方式有多种,包括经受害者同意获得、未经同意获得,以及通过电脑技术合成获得。不同的获得方式也有其各自的行为模式,具体如下:

(一) 经同意获得性信息

在现代,由于网络的发达,人们可以简单地拍摄图片视频、发送信息,而

---

① Shigenori Matsui, The Criminalization of Revenge Porn in Japan, Washington International Law Journal 24, no. 2 (April 2015): 289.

② Samantha Kopf, Avenging Revenge Porn, Modern American 9, no. 2 (Spring 2014): 22-24.

③ Diane Bustamante, Florida Joins the Fight against Revenge Porn: Analysis of Florida's New Anti-Revenge Porn Law, FIU Law Review 12, no. 2 (Spring 2017): 357-358.

④ Taryn Pahigian, Ending the Revenge Porn Epidemic: The Anti-Revenge Porn Act, Journal of Civil Rights and Economic Development 30, no. 1 (Fall 2017): 113-114.

亲密关系伴侣双方拍摄自己或彼此的私密图片和视频的行为并不少见。除了一起拍摄之外，亲密关系伴侣之间交换分享自己性信息的行为也很常见。美国MATCH网站在2012年进行的一项调查显示："在5000名成年人中，57%的男性和45%的女性在手机上收到过私密图片，38%的男性和35%的女性发送过私密图片。①"显然这些受害者在拍摄或分享的时候，是相信其亲密关系伴侣是不会公开的，但可以看到，不是每一个人都遵守了默认的约定。美国一项名为"爱情、亲密关系和科技（Love, relationship and technology）"的研究结果显示，每十个人中，就有一个人收到来自前伴侣的表示要曝光不雅照的威胁②。

（二）未经同意获得性信息

未经同意获得性信息的行为模式有两种：一种是在未经受害者同意的情况下，拍下个人的不雅照或双方性行为的照片、录像，如通过酒店的针孔摄像头拍摄、利用药品使受害者无意识后拍摄等；另一种则是通过攻击电子产品，窃取受害者电子产品中原本存在的性信息。

（三）利用电脑技术制作

报复性色情信息并不一定是真实的，也可能是通过电脑技术合成制作的。在现在这个各种技术层出不穷的时代，"AI换脸"早已不是新鲜复杂的技术了。人们只需要下载一个应用软件，就可以实现一键换脸，达到以假乱真的效果，而这样的技术也被滥用在色情报复中。加害人将色情作品中主角的脸换成其他人后再次上传，就可以实现色情报复。

四、行为及结果特征

网络色情报复存在着易于完成，以及损害结果难以消除且严重的特征。

（一）易于完成

色情报复的行为模式多为偷拍、黑客窃取或经受害者同意获得受害者的性信息，又或是使用技术合成非真实的性信息。这些方式对于加害者来说都并非难事，且在便利的网络时代，有无数网络平台供加害者传播，他们只需要动动

---

① Taylor Linkous, It's Time for Revenge Porn to Get a Taste of Its Own Medicine: An Argument for the Federal Criminalization of Revenge Porn, Richmond Journal of Law & Technology 20, no. 4 (2014): 3.

② Taryn Pahigian, Ending the Revenge Porn Epidemic: The Anti-Revenge Porn Act, Journal of Civil Rights and Economic Development 30, no. 1 (Fall 2017): 114.

手指、点点鼠标,受害者的人生便可能就此改变。

(二) 损害结果难以消除

在这样一个高速发展的网络信息时代,正如一句流行的话:"网络是有记忆的。"一旦图片或视频被上传到互联网,这些信息就会以极快的速度传播,而能被完全删除的概率就无限接近于零。因为这些图像很容易被第三方保存复制,并继续传播。在受害者发现之前,这些信息就已经被无数双眼睛见证过了。就算受害者在发现后诉诸法律,并在极快的时间内勒令加害者删除信息,这些信息也已经传播开来,而只要这些信息还在他人手中,对受害者的损害就不会消除。

(三) 损害往往十分严重

相关数据显示,受到色情报复负面影响的女性占绝大多数,而这些负面影响远不是"羞耻"一词能够概括的。加害人在公开这些性信息的同时,往往会附上受害者的个人信息。在一项对1244人的研究中,超过50%的受访者表示她们的全名和个人信息出现在自己的裸照旁,20%以上的受访者表示自己的电子邮箱和电话号码被附在裸照上[1]。

受害者因为色情报复而受到的心理伤害也不容小觑。在更严重的情况下,受害者甚至会失去生命。在现实生活中遭到跟踪和骚扰、工作学业受到影响、改名换姓、心理疾病加重、自我怀疑、无法信任他人,甚至失去生命,上述种种女性受到色情报复的负面影响绝不是特例,而是在被色情报复的受害者中普遍存在的现象。这些伤害和负面影响会伴随着受害者的一生,有的人不堪重负选择自杀,没有经历过的人是很难切身体会的。

五、成因

根据罗纳德·克拉克 (Ronald V. Clarke) 和德里克·科尼什 (Derek Cornish) 提出的理性选择理论,行为人在作出行为之前,会对该行为的成本收益加以衡量,综合考虑其所能获得的成效,以及其行为需花费的精力、可能被判刑的轻重,然后再作出是否行为的决定[2]。色情报复的行为成本低,却可以达到极好的报复效果,且目前我国对其并无刑法规制,行为收益远大于成本。

---

[1] Taryn Pahigian, Ending the Revenge Porn Epidemic: The Anti-Revenge Porn Act, Journal of Civil Rights and Economic Development 30, no.1 (Fall 2017): 113-114.

[2] 曹立群、周愫娴:《犯罪学理论与实证》,群众出版社2007年版,第71页。

(一) 行为成本低

如上文所提到的,除了通过攻击电脑系统窃取性信息的行为需要一些技术含量,其他获取性信息的方式都十分简单。AI 换脸是通过深度图像生成模型对他人的照片进行分析处理。① 这看似复杂,其实只需要下载应用程序,就可以实现一键换脸。更不用说色情报复的加害者多为受害者的亲密关系伴侣,他们可以直接利用其身份获得受害者真实的色情信息。而目前网络如此发达,有各种免费且使用简单的社交网站可供他们上传受害者的性信息,所以加害者可以轻易就达到色情报复的目的。

其次是加害者的色情报复的行为无法受到法律惩罚。在我国,对于色情报复的行为并无专门立法,刑法中的相关规定也只有淫秽物品犯罪和侮辱罪。又因为色情报复多以报复而非牟利为目的,且具有针对性,几乎无法以传播淫秽物品罪或传播淫秽物品牟利罪定罪。而侮辱罪的定罪标准也是要达到情节严重,如造成受害者自杀等情况,且侮辱罪是亲告罪,它的最高刑也只有 3 年。而在没有达到情节严重的情况下,受害者只能通过民事手段寻求救济,但是通过民事诉讼救济的过程十分费时费力,且即使最终被判决赔偿,也仍然无法弥补受害者遭受的实际损害。

(二) 报复效果佳

与低廉的行为成本相比,色情报复达到的效果却十分明显。正如上文所说,色情报复给受害者带来的伤害绝不仅仅局限于不雅照或录像被公开的尴尬与羞耻。受害者可能会遭受看到这些报复性色情信息的人的跟踪或骚扰;其工作也可能受到影响,如在职场遭到骚扰,被辞退或被迫辞职,或难以找到工作;有些人可能还需要搬家、整容或者改名,甚至切断与其所有朋友、亲戚和邻居的联系,甚至一生都活在"被他人认出"和再次在色情信息中看到自己的恐惧中,还有人可悲地自杀。在这些情况下,受害者的婚姻、工作、友谊、家庭、社会人际交往甚至生命都会受到巨大损害。

(三) 社会舆论更倾向于对受害者进行批判

色情报复的受害者不仅要面对自身的屈辱感、羞耻感和背叛感,还要面对社会舆论的指责。比起将责任归咎于加害者,社会舆论更倾向于把焦点放在受害者身上。"如果不想被发出来为什么要拍这样的照片/视频?"把性信息公之于众的人固然有错,但这些性信息被公布的根本原因是受害者同意或自己拍下

---

① 黄陈辰:《大数据时代侵犯公民个人信息罪行为规制模式的应然转向——以"AI 换脸"类淫秽视频为切入》,载《华中科技大学学报(社会科学版)》2020 年第 2 期。

了裸照，或是与他人发生了性关系。而社会舆论对受害者的谴责，会成为加害者的力量，加害者甚至还会觉得自己是正义的伙伴，认为这样的行为会防止更多的人成为所谓的"老实人""接盘侠"。

六、对策

美国色情报复产生高峰的开端，正是2010年"Is Anyone Up"这个臭名昭著的色情报复网站的面世①。我国目前也出现了如"原谅宝""绿帽宝②"等类似应用程序，使色情报复有了专门的渠道，同时也导致越来越多的色情报复随之而生。在我国，色情报复的受害者更是受到加害者和社会舆论的双重伤害，还可能因为从小的性羞耻教育而产生自我怀疑，却无法用法律手段保护自己。

（一）法律手段

笔者认为，我国应该就色情报复行为进行法律规制，如参考日本法律中的禁制令，受害者可以向法院起诉申请禁制令，要求加害者删除其色情信息，如加害者不删除，可要求平台删除③。虽然禁制令不能使加害者受到刑事处罚，但至少可以在受害者申请禁制令后停止损害的继续扩大。我国对于色情报复行为并无针对性的法律规定，正如上文所述，在我国，几乎无法使用刑法规制色情报复行为，受害者要寻求救济，一般只能通过向加害者进行私下和解或通过主张隐私权受到侵害等民事诉讼程序。而这种情况下，不仅受害者的损害不能受到控制，反而可能会因为诉讼时间过长而导致损害扩大，或是为了和解向加害者付出更多的经济或其他代价。

也可以参考如美国等对色情报复进行专门刑事立法的国家或地区，将色情报复入罪，进行刑法规制。如在美国新泽西州，未经同意传播他人的色情图像、视频、录音或其他任何复制品，将会受到最高30000美元的罚金或3—5

---

① Shigenori Matsui, The Criminalization of Revenge Porn in Japan, Washington International Law Journal 24, no. 2（April 2015）: 291.

② 该软件的使用方法是：将一人的照片导入后，系统会匹配出该人是否出现在其云端数据库的色情信息中，如有，系统将会给出"绿帽"，而其云端数据库中色情信息的来源为色情网站以及用户自行上传。

③ Shigenori Matsui, The Criminalization of Revenge Porn in Japan, Washington International Law Journal 24, no. 2（April 2015）: 294~295.

年监禁①。笔者认为，出于节约司法资源的考虑，单独设立新的罪名显然不具有可行性。但可以通过司法解释，将色情报复纳入传播淫秽物品罪的范围中。比如，若以针对性的报复为目的传播淫秽物品，则入罪的淫秽物品数量降低。

此外，社区矫正等恢复性司法手段的适用也十分重要。在色情报复并未造成严重后果的情况下，对加害者适用恢复型司法手段有利于其教育矫正。采取社区矫正的同时，可以对加害者颁布禁止令，要求其在禁止令期间不接触电脑、网络等，避免对受害者的再次伤害，同时也可以使受害者走出会被再次报复的阴影。②

（二）审查监督手段

应当通过立法规定网络传播平台和技术软件的审查义务③。如用户通过网络平台传播报复性色情信息的，平台可利用信息过滤技术对其进行事前拦截。如事前拦截不成，应在受害者要求平台删除或采取其他措施时进行配合。对于如 Deepfake 的技术提供者，应要求其对用户上传换脸的文件进行审查，以及用户实名制。除此之外，还可以要求运营商对受害者的损失承担连带民事赔偿责任，以促使其履行信息网络安全管理义务④。

同时还可以增加公共信息网络安全执法人员，在网络巡查时将色情报复及时制止。如果加害者根本无法通过网络平台分享报复性色情信息，或在广泛传播前就被拦截，也就无法达到其报复的目的。

（三）教育手段

色情报复对受害者，尤其是女性的影响为何如此之大，笔者认为与社会的"受害者有责论"，以及家庭中对于女性特有的性别羞耻和"贞操"教育有着深刻关系。我们从小就被教育性是羞耻的，而女孩子要保护自己的贞操，有些地方甚至认为女性的贞洁比生命还要重要。所以在性信息被公开之后，受害者们并不愿意选择与身边的人商量，于是他们就会承担更重的心理压力。这也体现出家庭教育对于预防色情报复的重要性。如何让受害者放下其心中的"贞操包袱"，这也许是中国作为一个具有长期性羞耻传统的国家，需要长远思考及讨论的问题。

---

① Alexis Fung Chen Pen, Striking Back: A Practical Solution to Criminalizing Revenge Porn, Thomas Jefferson Law Review 37, No. 2（Spring 2015）: 418.
② 鲁斯齐、张勇：《网络滋扰行为的刑事治理》，载《犯罪研究》2019 年第 4 期。
③ 吴宗宪、吴思诗：《网络骗捐的犯罪学探讨》，载《河南警察学院学报》2017 年第 1 期。
④ 周光权：《网络服务商的刑事责任范围》，载《中国法律评论》2015 年第 2 期。

而在色情报复中，除了直接的加害者，围观者其实也是伤害受害者的重要角色。正如有学者所说："我们可以教我们的孩子如何举止得体。这并不是说我们可以完全消除网上的破坏性行为，但是我们可以改变我们对待它的方式。我们可以减少网络暴徒，教育围观者在鲨鱼即将到来时警告游泳的人，而不是眼睁睁地看着悲剧发生。"[1] 公民的素质与社会的素质息息相关，公民意识的蒙昧，对受害者以及社会风气的负面影响是巨大的[2]。如果能教育公民不做色情报复的帮助者，使得色情报复没有围观者，或使围观者都怀着善意对受害者发出提醒，而非推波助澜地将报复性色情信息二次传播。笔者认为，网络上的"色情"也就无法成为对他人的"报复"了。

七、结语

网络色情报复一般被认为是一种报复行为，如今也不仅限于报复。由于网络传播迅速且广泛，它会给受害者带来严重且不易消除的损害。如今网络色情报复已经成为一个全球性的重大社会问题，因此越来越多的国家将色情报复行为视为犯罪。色情报复的受害者多为女性，加害者多为男性。而行为多发的原因，主要是行为成本低但报复效果卓然，且行为人在社会舆论上并不处于劣势。因此，对该行为的防治应以法律、监督及教育多种手段共同进行，提高行为人的行为成本，并使得报复效果降低，才有可能遏制色情报复行为。

---

[1] Kashmir Hill, How to Keep Internet Trolls and Harassers From Winning, FORBES (Aug. 21, 2014), http://www.forbes.com/sites/kashmirhill/2014/08/21/how-to-keep-internet-trolls-and-harassers-from-winning/.

[2] 严励：《法治建设的基石——构建法治文化与提高公民素质》，载《同济大学学报（社会科学版）》2007年第2期。

网络直播平台的刑事责任与犯罪治理

顾 伟 龚笑婷[*]

一、问题的提出

随着智能手机、4G 和 Wi-Fi 的全面普及，网络直播作为一种互动性传播方式获得越来越多用户的推崇。自 2016 年网络直播元年以来，网络直播平台呈井喷式增长，秀场直播、游戏直播以及泛娱乐直播组成了网络直播行业的三大板块。据中国互联网信息中心数据显示，截至 2020 年 3 月，全国直播用户规模达 5.6 亿，即 40% 的中国人、62% 的网民是直播用户，其中电商直播用户规模为 2.65 亿。而受疫情的影响，教育直播、医疗直播等社会服务也在不断拓宽渠道，在政策的支持下关注度不断提升。但是，在直播行业体系逐渐丰富成熟的过程中，直播的品质生态却是乱象丛生。前有淫秽色情内容屡禁不止，后有直播带货缺货不对板，低俗、暴力、恐怖内容也不断刺激着大众的神经，乱象之中犯罪行为不断滋生。面对这一现状，监管部门、司法机关创新监管手段，加大打击力度，然而虽然针对直播行为的打击方向日渐明晰，但针对平台的打击措施却缺乏抓手和统一标准。因此，明晰平台之责任边界，尤其是在刑事犯罪中对平台行为之规制尤显重要性与紧迫性。

二、由主播到平台——网络直播的刑事规制

治理网络平台乱象，更多的是强调对网络违法犯罪行为的治理。目前，网络直播主要包括三大主体，一是直播平台，二是主播，三是商家或赞助商。从目的性、利益性的不同，监管主体的不同，可将直播的违法行为分解为两个层面，一是因网络平台而生成的网络犯罪，二是平台自身涉嫌的犯罪问题。[①]

---

[*] 顾伟，上海市徐汇区人民检察院第一检察部副主任；龚笑婷，上海市徐汇区人民检察院第一检察部检察官助理。

[①] 姜瀛：《"以网管网"背景下网络平台的刑法境遇》，载《国家检察官学院学报》2017 年第 5 期。

(一) 直播行为涉罪类型——以法益侵害性为视角

在国家网信办发布的《互联网直播服务管理规定》中，平台主播是互联网直播的发布者，根据其与平台关系可分为个人主播与签约主播，根据其经常发布的直播内容，可分为游戏主播、真人秀主播、电商主播和其他主播。随着直播类型、直播内容的不断丰富，直播行为进入了消费、娱乐、生活、教育等各个领域，可能侵害的法益类型也多种多样。

1. 破坏社会主义市场经济秩序类犯罪

该类型多发生于电商直播中，对商品的不当宣传、不当销售可引发诸多刑事风险，如受经营者委托、起着引流作用的带货主播夸大宣传的行为，可能涉及虚假广告罪；而经营者通过直播间兜售"三无"、制假售假等行为，涉及生产、销售伪劣商品罪或销售假冒注册商标的商品罪。有的直播平台放任主播在未经授权的情况下对电影、电视剧、综艺等进行分流播放或者剪辑播放，属于对著作权人作品的复制和发行；又如主播通过平台销售盗版书籍、游戏，或者侵权类商品，则涉嫌侵犯著作权罪。在直播中未经许可或批准，经营专营物品或业务的，如通过网络直播讲课招募他人进行证券、期货金融交易的，销售国家专营的香烟等，涉嫌非法经营罪。此外，直播主体在直播获利后偷逃税款，或者利用直播刷单进行洗钱、转移犯罪所得等行为，分别涉嫌偷逃税款罪、洗钱罪、掩饰隐瞒犯罪所得罪等。

2. 侵犯公民人身权利、财产权利类犯罪

如在直播中恶意捏造事实诽谤他人的，可能构成诽谤罪。利用网络直播实施诈骗行为，如以交友为名目诱使被害人充钱、刷礼物等，又如2018年全国首例网络直播"赌石"诈骗案，均可能构成诈骗罪，而且网络直播中的诈骗手段随着直播内容的丰富也在不断衍生进化。

3. 扰乱社会秩序类犯罪

第一类是为吸引点击量，故意播出殴打他人的暴力画面，如近年来有主播"直播打人""直播约架"的事件多次发生，涉嫌寻衅滋事罪、聚众斗殴罪等；或在直播中借助直播的公开性故意传播谣言的，可能涉嫌编造、故意传播虚假信息罪等；又或在直播中辱骂、威胁、恐吓他人的，涉嫌网络空间内的寻衅滋事罪。

第二类是涉淫秽色情类犯罪，这也是直播行业整治的重中之重。有的主播以穿着暴露、表演低俗、打色情擦边球等方式吸引用户进行高额打赏的行为屡见不鲜，而当此类行为升级到利用网络直播平台组织淫秽色情表演，通过直播打赏贩卖"福利视频"等行为，涉嫌组织淫秽表演罪，贩卖、传播淫秽物品牟利罪等。

第三类是涉赌类犯罪。如在直播平台上直播"老虎机"等赌博游戏，招募参赌人员接受线上下注、结算赌资等；又如在直播平台上以竞猜游戏的形式，吸引观众押注，以"充值—游戏—变现"之手段组织赌博活动，均涉嫌开设赌场罪。

（二）直播平台的刑事责任——以平台行为为视角

1. 平台作为型犯罪

（1）平台独立型犯罪。第一类是以非法目的搭建的直播平台，或设立后以实施犯罪为主要活动的，应当对主要经营者进行定罪处罚。

第二类是直播平台主动从事犯罪活动。如，网络直播平台未尽到保护直播服务使用者公民身份信息与个人隐私的法定义务，甚至将其所掌握的公民个人信息非法泄露、非法提供甚至出售牟利的犯罪行为，涉嫌侵犯公民个人信息罪。[①] 又如，有些直播平台在其主页面发布带有暴力、淫秽内容的第三方广告，用户通过点击此类广告则会跳转到相应的不法网址，则有可能涉嫌非法利用信息网络罪[②]。

（2）平台与个人共同型犯罪。实践中，可能出现直播平台与主播构成共同犯罪的情况。如，主播在直播中销售伪劣产品，直播平台在明知其销售伪劣产品的情况下为其主动推广流量，提供技术支持，并且对犯罪所得收益进行分成的，则可能构成共同犯罪。

（3）平台提供技术支持型犯罪。《刑法修正案（九）》增设帮助信息网络犯罪活动罪，网络直播平台作为网络服务的提供者，在明知他人利用信息网络实施犯罪，为其犯罪提供互联网接入、服务器托管、网络存储、通讯传输等技术支持，或者提供广告推广、支付结算等帮助的行为，情节严重的，可构成此罪。诸如明知他人利用网络直播间组织赌博活动、传播淫秽物品等，仍然为其提供线上结算、数据传输服务，均应入罪。当然，在互联网中每时每刻都有亿兆的数据在流动，如果要求网络服务商对这些数据进行鉴别、控制，必然要牺牲网络服务的质量，甚至无法正常向公众提供网络服务。[③] 因此，在对平台提供技术支持需要入罪时应谨慎，对于网络平台提供者与连接服务商实施的中立帮助行为，不符合"情节严重"的，原则上不承担刑事责任。也就是说，只有情节严重的，才能适用我国《刑法》第287条之二的规定。至于情节是否严重，需要根据全部事实进行综合判断，如对正犯起帮助作用的行为是否明

---

① 刘伟：《网络直播犯罪研究》，载《江西社会科学》2020年第5期。
② 谢昊轩：《网络直播平台犯罪之治理》，载《江西警察学院学报》2019年第5期。
③ 皮勇：《网络服务提供者的刑事责任问题》，载《光明日报》2005年6月28日。

显超出业务范围、所帮助的信息网络犯罪活动的性质与后果、帮助行为对正犯结果所起的作用大小、所帮助的信息网络犯罪活动的数量多少等。①

2. 平台不作为型犯罪

《刑法修正案（九）》增设了拒不履行信息网络安全管理义务罪，规定网络服务提供者不履行法律、行政法规规定的信息网络安全管理义务，经监管部门责令采取改正措施而拒不改正，符合一定情形时，可能构成该罪。"两高"联合发布的《关于办理非法利用信息网络、帮助信息网络犯罪活动等刑事案件适用法律若干问题的解释》（以下简称《信息网络解释》）中，也进一步明确了"网络服务提供者"的范围包括提供网络直播服务的单位和个人。

（1）直播平台的安全管理义务来源。目前，针对网络直播的法律法规主要有《网络安全法》《电子商务法》等，分别罗列了网络运营商的义务清单，包括建立信息安全管理制度义务、用户身份信息审核义务、用户发布信息管理义务、保障个人信息安全义务、违法信息处置义务、信息记录义务、投诉处理义务、报告义务、配合监督检查义务等，同时确定了违反网络安全保障义务的处罚规定。

此外，为应对直播平台的迅速发展，网信办、广电总局、工信部等不同条线主管部门陆续出台了多个监管规则，对网络直播平台的行为规范和责任做了进一步细化的明确。

（2）直播平台拒不履行网络安全管理义务构罪之情形。《刑法》第286条之一规定的拒不履行信息网络安全管理义务罪，系不作为犯罪，以监管部门责令采取改正措施而拒不改正为前提条件，这一条件的设置明确了该罪处罚的并不是中立的技术帮助行为。"两高"《信息网络解释》进一步明确其前置条件是网信、电信、公安等依照法律、行政法规的规定承担信息网络安全监管职责的部门，以责令整改通知书或者其他文书形式，责令网络服务提供者采取改正措施。认定"经监管部门责令采取改正措施而拒不改正"，应当综合考虑监管部门责令改正是否有相应的法律、行政法规依据，改正措施及期限要求是否明确、合理，网络服务提供者是否具有按照要求采取改正措施的能力等因素。在满足这一前置条件后，对于造成违法信息大量传播的、致使用户信息泄露等严重后果的，可构成本罪。

3. 作为与不作为之竞合处理

在直播平台的责任认定上，有必要厘清作为犯与不作为犯的本质区别，避

---

① 张明楷：《论帮助信息网络犯罪活动罪》，载《政治与法律》2016年第2期。

免将作为形式的行为类型以不作为认定。① 拒不履行信息网络安全管理义务罪之法定刑为 3 年以下有期徒刑、拘役或者管制，并处或者单处罚金，根据《刑法》第 286 条之一第 3 款规定，拒不履行信息网络安全管理义务，同时构成其他罪的，依照处罚较重的规定定罪处罚。当直播平台不仅不履行法律、行政法规规定的安全管理义务，甚至对犯罪行为起到积极促成作用，如以技术手段帮助淫秽物品传播、以打赏渠道实现赌资下注结算等，就可能涉及不作为犯与其他犯罪的作为犯的竞合。如果被告人的核心行为是作为即积极参与互联网违法犯罪行为，即便可以将其评价为除了作为之外还有不作为，在定罪理由的论证上也应当优先讨论作为（支配行为），因为一旦可以确定作为行为的存在，而这些作为行为所应受到的处罚原则上都会高于该罪的法定最高刑，从而使该罪没有适用空间。因此，在出现作为和不作为的竞合时，优先讨论犯罪支配问题，事实上可以使司法判断更为经济。②

三、针对直播平台的刑事打击困境

（一）作为型犯罪的打击难点

1. 直播平台的主观故意难以推定

直播平台作为网络服务提供商，其日常业务就是为用户提供技术服务，而在直播平台上犯罪的也必然使用了其技术服务，除专为不法目的设立的直播平台，其他运营正规业务的平台在作为型犯罪中的主观明知难以推定。根据责任主义原则，直播平台如果对违法行为的存在不具有预见可能性，其单纯技术帮助行为便因欠缺主观罪过而不具有可责性，这也是技术中立一说的由来。而平台在提供技术时难以在前道程序鉴别，只能对符合条件的用户全部提供，因此对于部分客观上造成严重危害后果的行为也不宜"一刀切"地追究直播平台的责任，即使出现了危害结果，也需要有证明行为人存在主观罪过的证据。如何将明知而为与中立的帮助行为进行区分，是实践中打击平台犯罪的难点之一，也是帮助信息网络犯罪活动罪在实践中适用难度较大的原因之一。

2. 涉网络直播案件立案难

利用网络直播实施的犯罪，往往存在直播行为发生在一地，直播平台服务器在另一地，而被害人可能散布于全国各地的情况，根据"两高一部"发布的《关于办理网络犯罪案件适用刑事诉讼程序若干问题的意见》，有多个犯罪

---

① 杨彩霞：《网络服务提供者刑事责任的类型化思考》，载《法学》2018 年第 4 期。
② 周光权：《拒不履行信息网络安全管理义务罪的司法适用》，载《人民检察》2018 年第 9 期。

地的网络犯罪案件,由最初受理的公安机关或者主要犯罪地公安机关立案侦查。但实践中,往往具体到某一位被害人,或具体到某一次违法行为,远达不到刑事立案的要求,甚至由于多地都具有管辖权,而当地涉案情况少,未引发较大的社会影响,公安机关没有破案压力和破案的主动性,或产生相互推诿的情况,使得涉网络直播案件立案困难。

3. 涉网络直播案件取证难

传统的网络犯罪案件取证中,主要是对服务器数据、操作日志、数据传输等电子数据的固定和分析,进而确定网络攻击或流量劫持的过程。而大部分网络直播涉及的犯罪包括侵财类、扰乱市场秩序、经济秩序等犯罪,虽然也需要对交易数据、直播日志的固定,但诸如销售伪劣产品、虚假广告、诈骗等行为,更多依托对直播内容的还原、对交易商品的提取。由于直播行为的即时性、线下观众的散布性,如果平台未能同步固定直播过程,公安机关需要利用大量技术手段倒查直播过程,通过寻找观众间接还原直播内容,并且逐一排摸调取物流信息、线下商品,往往耗费大量司法资源,但收效甚微。

(二) 不作为型犯罪的打击难点

除了与作为型犯罪同样存在管辖、立案及取证问题之外,不作为型犯罪还存在行政程序前置导致刑法适用消极化的问题。

1. 法律法规滞后使行政手段适用不力

现行的法律、行政法规对于直播平台安全管理义务的规定重点在于安全管理制度建设、用户身份信息审核及保护、发布内容审查等,但规定的可执行力较低。一是执法主体模糊。如《关于加强网络信息保护的决定》中规定的是"有关主管部门应当在各自职权范围内依法履行职责",《网络安全法》中规定的是"国家网信部门和有关部门依法履行网络信息安全监督管理职责",均未明确执法主体;而《互联网信息服务管理办法》规定的是"新闻、出版、教育、卫生、药品监督管理、工商行政管理和公安、国家安全等有关主管部门,在各自职责范围内依法对互联网信息内容实施监督管理",也并没有具体到各自的权限职责及边界范围,权责界限不够明确使得行政执法措施难以落实,不适应迅猛发展的直播行业新形势。二是义务规定较为笼统。直播作为新兴行业,客观上与传统网络服务有着显著区别,包括用户辐射量大、传播即时性强、内容不设限的特点,加上打赏机制的刺激极易为实现犯罪助力。传统的"发现即报告、通知即删除"的管理义务,在直播平台信息即时传输下收效甚微,通常平台发现时不法行为已经完成,不良影响已经造成。因此,现行法律法规下的安全管理义务缺乏针对性,能够起到的治理效果有限,直播行业中大量的不法行为均无法纳入其规制范围,导致刑事手段也难以启用。

2. 行政处置标准不一限缩了刑法的适用

根据《刑法》第286条之一的规定,"经监管部门责令"属于网络服务提供者承担刑事责任的前置程序,但这一设计也导致拒不履行信息网络安全管理义务罪的消极适用。由于我国现有互联网立法内容过于原则,加之我国网络安全管理部门众多,难免出现监管中交叉重叠或监管真空的情况,甚至出现行政不作为的现象。①

此外,"两高"《信息网络解释》明确"经监管部门责令改正"指的是网信、电信、公安出具责令整改通知书或者其他文书形式,上述监管部门的职能是法定职权的范围内向网络服务者提出采取改正措施的要求,凡是无相关法定管理职权、监管内容不符合法律规定的,其监管部门责令改正通知不具有法律效力,网络服务提供者可以拒绝执行,其行为也就不构成不履行安全管理义务,这也是行政职权划分中法定性的要求。②但即便相关部门按照行政法规进行处置,其处罚标准亦不相同,实践中更是出现"约谈"和行政处罚居多,出具责令整改类文书的情况较少,导致刑事责任适用被排斥。

四、网络直播平台刑事治理之探索路径

(一)明确管辖原则,解决立案困难

涉网络直播犯罪与电信诈骗都具有涉及面广、手段隐蔽的共同特征,而电信诈骗的管辖问题在学界及实务界的讨论均相对成熟,为解决涉直播犯罪问题立案难、管辖混乱的问题,可参考电信诈骗犯罪中对管辖的成熟做法。首先,为有力打击犯罪,应当遵循效率和便利原则,以保证案件侦破的可能性为首要考虑,确定最有利于刑事诉讼进行的地点进行管辖。一般而言,侦查机关办理此类案件,除直接打击非法平台,一般遵循的是从某一被害人或某一次直播行为到全案侦破的逻辑。针对不法平台,适宜以网站服务器所在地、网站建立者、管理者所在地优先管辖。在有被害人财产损失的案件中,由于直播犯罪往往是异地作案,一旦犯罪行为人实际控制了财产,此时犯罪结果已经发生,因此可以将被害人汇款地等损失财产所在地认为是犯罪结果发生地,正如"两高一部"发布的《关于办理电信网络诈骗等刑事案件适用法律若干问题的意见》中明确将被害人被骗时所在地纳入犯罪结果发生地,依法享有管辖权,

---

① 赖早兴:《论拒不履行信息网络安全管理义务罪中的"经监管部门责令改正"》,载《法学杂志》2017年第10期。

② 赖早兴:《论拒不履行信息网络安全管理义务罪中的"经监管部门责令改正"》,载《法学杂志》2017年第10期。

这一处理也有利于被害人即时保护自我财产。其他案件则具体情况具体分析，以犯罪地为主、以犯罪嫌疑人居住地为辅。同时，为避免出现相互推诿难以立案的情况，要建立最初受理优先规则与全案受理规则①，由最初受理案件的机关管辖，以及只要受理了案件的一部分，就要对全案进行处理，比如嫌疑人因为其他事件被审讯，在审讯过程中犯罪人交代了网络直播犯罪行为，那么该公安机关有责任进行受理追查。

（二）综合考量外在行为，建立主观推定规则

直播平台在为犯罪行为提供技术服务时，其主观故意难以被直接探知，但业务行为并不能成为违法犯罪行为的"保护伞"，通过其外在行为表现，仍能推定其主观心态。如浙江省高级人民法院2009年12月发布的《关于审理网络著作权侵权纠纷案件的若干解答意见》中将"设链网站与被链网站间是否存在利润分成、合作经营"等方面纳入考虑因素，②而对于直播平台而言，和主播之间的利益分成情况应当作为考量其主观故意的重要因素。另外，还可参考"两高一部"发布的《关于办理网络赌博犯罪案件适用法律若干问题的意见》中的规定，以"公众举报或行政机关责令改正后进行技术、资金帮助、执法人员调查过程中故意销毁、隐匿相关数据等情形为依据，建立认定网络服务提供者明知的司法标准"③。如在涉黄犯罪中，如该犯罪行为在平台上已经有过举报记录，但平台不删除视频，不封禁主播，甚至通过隐藏主播房间、提供私密直播服务等形式为犯罪行为提供帮助的；又如在销售伪劣产品罪中，销售链接被举报下架，平台仍然再为其上架或者更换形式上架的，可以推定其主观故意。

（三）重建网络安全立法体系，开具行政权力清单

面临大数据及5G时代的到来，我国的互联网行业发展迅速，直播平台作为新服务、新主体，现行法律、行政法规中规定的一般义务与直播行业需求的契合度并不高。而随着网络社会技术的不断发展，未来的信息网络服务将更加多样，信息网络服务者的种类也会相应衍生，应当根据新行业的特点，重新构建信息网络安全方面的法律法规体系。目前来说，我国信息网络安全方面的法律法规、规章制度等内容分散、不成体系，如上文所述，同样的信息管理义务

---

① 张新宪、崔佳、鞠佳佳：《电信诈骗犯罪疑难问题研究》，载《人民检察》2011年第8期。
② 于冲：《"二分法"视野下网络服务提供者不作为的刑事责任划界》，载《当代法学》2019年第5期。
③ 皮勇：《我国新网络犯罪立法若干问题》，载《中国刑事法杂志》2012年第12期。

在多个法律法规中都有规定，而且规定不一，义务不一，惩罚措施也不尽相同。同时，从直播行业角度来看，现行立法也缺乏时代性特征，应当以体系性思维在立法层面重新进行整合，结合新形势充实内容。为了不同类型的网络服务主体能充分掌握其所负担的信息网络安全管理义务，最好能够编制信息网络安全管理义务的"义务目录清单"。① 在机构层面，为使得行政执法部门权责边界明晰、执法有据可依，应当对网信、电信、公安等部门在网络安全管理方面建立权力清单，以清单形式列明各自权责及其依据、行使主体、运行流程、执法方式等，在横向上厘清不同部门的权责范围，在纵向上划分不同级别部门的权力范围，使网络安全监管依法行政、合法用权。

（四）强化前置性管理义务，构建信息联动平台

直播的即时性决定了传统的安全管理义务难以有效消除直播中不法信息之影响。然而，直播用户庞大，直播行为不可控，从信息发布环节进行约束必然效果不佳。从源头治理，强化主播资格审核标准，才能起到溯本清源的效果。如今的网络直播行为早已不再是单纯的娱乐互动，直播已成为一种产业，主播也已成为一种职业，因此建立职业资格准入和培训制度确有必要。针对现实中不同性质的直播平台，对一般的泛娱乐直播、游戏直播、电商直播、教育直播等应划分不同的准入标准，并明确相应的权责义务。同时，应当将直播平台的准入资格审查义务纳入其安全管理义务，强化平台审核意识。另外，对直播中出现的不法行为，为消除行政程序前置化模式"责令改正"对法益保护的滞后性，应当建立起网络服务平台交易信息的实时联动机制，除传统纸质的责令改正通知书外，可创制联动平台上的在线责改通知，紧密契合排除网络犯罪结果扩散化的宗旨。②

（五）创建"双前提"制度，排除行政难作为之障碍

在刑事立法方面，可以在"经监管部门责令改正"这一前置条件之外，增设用户等权利相关主体的告知改正权利与其并列，当行政部门之监管措施难以排除权利人法益所面临的现实、紧迫的危险之时，只有赋予权利人私力救济路径，才能解决权益保障路径堵塞问题。在行政难作为、行政前置条件难以满足的情况下，私权救济路径的启动可以跨越这一障碍。当平台对权利主体的告

---

① 张琪、汪鹏：《刑法第二百八十六条之一的"信息网络安全管理义务"的内涵及其问题点》，载《河南警察学院学报》2020年第2期。
② 熊波：《网络服务提供者刑事责任"行政程序前置化"的消极性及其克服》，载《政治与法律》2019年第5期。

知改正却不作为时，也可启动刑事程序，建议立法采取"自诉转为公诉"的救济路径，即可由权利人直接向公安机关提请刑事立案。当然，如果私权主体任意介入刑事程序的启动环节，也将引发管理秩序混乱。因此，必须对权利人启动告知改正权利划定严格的范围和启用条件，个人只能启动私人法益的责令改正程序，即与自身相关的人身、财产权利，公法益的侵害排除只能依靠行政监管部门的"责令改正"程序。[①] 同时，对私权利的告知改正措施必须设定严格的通知程序，并审查其提出是否有依据，当用户确实面临法益侵害，且履行了法定的通知程序之后，刑事程序方可启动。

[①] 熊波：《网络服务提供者刑事责任"行政程序前置化"的消极性及其克服》，载《政治与法律》2019年第5期。

网络直播犯罪之治理：
以犯罪学基本理论为视角[*]

谢昊轩　郭泽强[**]

一、问题的提出

近来，网络直播平台的迅速崛起在丰富网民网络生活的同时，也一定程度上辐射了游戏、旅游、餐饮等行业，促进了社会的经济发展。据统计，截至2020年3月，我国网络直播用户规模已达5.60亿，占9.03亿网民整体的62.0%。[①] 以庞大的用户基数为支撑，包括网络直播在内的网络信息服务业务的营收额也在逐年攀升。相关数据显示，网络信息服务业年度收入已从2017年的6469亿元增加到2019年的11072亿元。而且，当下时兴的电商直播带货对疫情背景下社会经济的恢复也颇有助力。

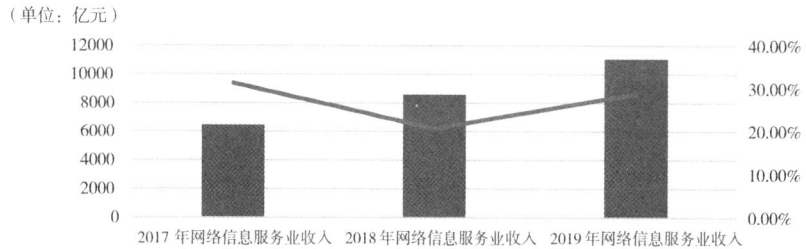

图1：2017—2019年网络信息服务业收入情况[②]

---

[*] 本文系2020年最高人民检察院检察制度比较研究重大课题"比较视阈下检察与政治关系研究"之阶段性成果。

[**] 谢昊轩，中国政法大学刑事司法学院博士研究生；郭泽强，中南财经政法大学刑事司法学院教授、中南检察研究院执行院长。

[①] 参见中国互联网络信息中心：《第45次中国互联网络发展状况统计报告》，http://www.cnnic.net.cn/hlwfzyj/hlwxzbg/hlwtjbg/202004/t20200428_70974.htm. 最后访问日期：2020年6月26日。

[②] 相关数据来源于工业和信息化部。

但是，在网络信息服务业蓬勃发展的同时，直播平台野蛮生长而直播乱象频出也是不争的事实。因此，为了规范网络直播行为，净化网络环境，促进我国网络直播行业的健康发展，需要对网络直播犯罪进行有效防控与治理。

防控与治理犯罪重点在于国家政策、法规的投放与施行，而若要使相关政策、法规落地有效，相关部门与社会公众的紧密配合固然重要，但更为关键的在于相关政策、法规必须能够切中网络直播犯罪防控的要害，在正确认识与分析网络直播犯罪成因的基础上科学立法，才能做到"药到病除"。但是，既往很多对于网络直播犯罪原因的研究是通过分析监管部门、直播平台、主播及观众等利益相关方进行的，最终得出的结论是：网络直播犯罪的原因在于"网络直播准入门槛低，主播素质良莠不齐""观众不良的使用心理催化相关犯罪"[1]"网络直播平台盈利模式的推动""监管部门监管缺位"[2] 等。以上结论更多的是落在现象描述或浅层原因分析，并未深入剖析各种因素导致犯罪的运行机理。要真正探究网络直播犯罪的成因及治理，必须通过犯罪学理论与现实情况的结合，找寻出网络直播犯罪的治理之道。申言之，目前网络直播犯罪防控所面临的问题在于如何正确认识网络直播犯罪的形成原因，并在此基础上寻求有效的防控措施。

二、网络直播所涉犯罪原因之考察

利用相关犯罪学理论，能够一定程度地模拟网络直播犯罪现象的产生，并分析犯罪原因。

（一）网络直播的商业化本质

直播平台的企业本质与平台和主播的获利模式反映出当下网络直播行业的主要价值目标，即赚取利润。在这一价值目标的指引下，直播平台和主播会通过各种可能的手段来使自己获得财富。但是，毕竟一定时期内的直播市场规模是相对稳定的。这意味着在每家直播平台或者每个主播都在尽力争取市场份额的过程中，必然有部分平台和主播由于存在劣势因素而难以实现盈利目标。这时，一些处于劣势的直播平台和主播为了获得收入，就会实施犯罪行为，这种现象就体现为犯罪学中的"社会失范"。

美国社会学家默顿提出的"社会失范理论"的基本内容是：在社会中，成员达到社会共同价值目标的机会（合法手段）因地位和阶层的不同而有差

---

[1] 隗辉、严语、白玉洁：《网络直播泛娱乐化乱象解读与有序治理》，载《湖北社会科学》2018 年第 2 期。

[2] 梁国鹏：《网络直播治安监管浅析》，载《净月学刊》2018 年第 2 期。

别。当下层成员难以通过公平竞争（合法手段）实现价值目标时，他们就会产生一种紧张情绪，并且该情绪可能会促使他们通过非法甚至犯罪手段以实现价值目标。① 对于网络直播而言，由于其行业范围已经形成了"盈利"的价值目标，所以有的平台和主播试图通过各种手段"赚钱"，而不考虑该手段是否被规则所允许。此外，由于网络直播的技术依赖性强，一些规模较小的直播平台因为在技术上处于劣势，所以很难通过提供高技术含量的直播来获得市场。但是，为了与大平台竞争，这些平台往往会利用含有色情、暴力等元素的直播吸引观众，并以此攫取利益。可见，网络直播平台的商业本质引发的以"盈利"为核心的一元化价值目标与其盈利模式之间的矛盾，成为网络直播犯罪的一个重要原因。

（二）网络直播平台的"泛娱乐"标签化

当前，网络直播平台是资本与技术结合下泛娱乐化最为严重的互联网场域。网络直播平台设计各类娱乐版块吸引用户下载使用其平台软件。主播则通过丰富的娱乐表演获取关注度。无论是平台还是主播，他们都在尽力地将自己的娱乐属性发挥到极致。例如，有的直播平台将自己明确定位为"泛娱乐直播平台"并大力宣传。有的主播将直播间名称改为"娱乐直播间"。久而久之，直播平台和主播就被贴上了泛娱乐的标签。而这种标签则成为一些犯罪的部分原生力。

在犯罪学的标签理论中，"犯罪和各种违法行为都是社会创造的，是在社会的相互作用过程中被社会自身创制和规定的"②。根据标签理论，"'标签'是犯罪最为重要的元素，'贴标签'的行为是犯罪发生的肇始"③。因此，它所描述的犯罪机制应当是：贴标签—行为人对标签的认同—犯罪。虽然标签理论经常被用于解释犯罪人再次犯罪的原因，但是该理论的逻辑体系依然可以涵盖首次犯罪。以网络直播平台犯罪为例，首先，在"贴标签"阶段，直播平台和主播的标签一方面来自社会及其自身设定的"泛娱乐"标签，另一方面来自司法活动给其贴上的涉黄、涉赌、涉暴等犯罪标签。在"泛娱乐"标签下，直播平台和主播瞄准自身定位，为了娱乐观众可能无所不用其极，甚至不惜违法犯罪。因此，平台及主播的"泛娱乐"标签可能成为他们初次犯罪的

---

① 张远煌、吴宗宪主编：《犯罪学通论》，北京师范大学出版社2017年版，第115~118页。

② 李明琪主编：《西方犯罪学概论》，中国人民公安大学出版社2010年版，第228页。

③ 李明琪、杨磐：《犯罪学标签理论的应然走向》，载《中国人民公安大学学报（社会科学版）》2012年第3期。

起点。其次,在"行为人对标签的认同"阶段,对于"泛娱乐"标签,平台及主播甚至自己给自己贴上此标签,可见对此标签的认同感极高。对于犯罪标签,则不同于"泛娱乐"标签。由于一旦被贴上犯罪标签则可能影响收入甚至被迫退出直播行业,因此,多数平台和主播并不认同此标签。这也可以说明网络直播平台犯罪的再犯率不高,以及平台、主播泛娱乐化下,犯罪仅是个别现象的原因。最后,在"犯罪"阶段,一旦平台和主播被贴上并认同"泛娱乐"或者"犯罪"标签,那么平台和主播则大概率会实施该标签下的犯罪。正因如此,网络直播犯罪的类型多是涉黄、涉暴、涉赌等与娱乐密切相关的犯罪。

由于网络直播平台形成了一种社交的网络空间,故可以以犯罪生态学的视角分析直播平台布局与平台犯罪之间的关系。

(三) 网络直播缺乏有效监管

当前,网络直播的监管由政府相关部门和网络直播平台承担。政府主要通过监管平台来实现对网络直播活动的间接监管。同时,政府还采取对违法直播行为科以行政处罚的方式进行事后监管。而直播平台则承担对直播活动的日常监管。如《互联网直播服务管理规定》赋予了直播平台对违法违规直播活动采取警示、关停等措施的权力,同时也规定直播平台应当配备专业人员并健全信息审核、直播巡查、应急处理等制度。但是,这种"政府+平台"的监管机制并不能有效防止直播平台犯罪。原因除前述平台地位不清之外,还存在以下两方面的原因:一方面,目前有网信办、文化和旅游部门、市场监督管理部门等众多政府部门监管直播平台,难以厘清具体职责,多头执法最终影响监管效果。另一方面,虽然法律法规赋予平台一定的监管权力,但平台更多是根据用户协议中规定的平台权力监管主播和用户。这就导致平台监管往往力度不足且处处掣肘。

以上多种原因造成的网络直播监管不力,在犯罪学的社会控制理论中就表现为社会控制的减弱,是犯罪产生的重要原因。"社会控制理论是指用社会控制的强弱来解释犯罪行为产生原因的一组理论。这种理论认为每个人都是潜在的犯罪人,而多数人不犯罪的原因在于施加在他们身上的社会控制较强。"[1]对于网络直播来说,由于其具有即时性、用户流量大和泛娱乐性的特点,一旦对其监管不到位,造成对用户、主播、平台的社会控制减弱,那么这些主体犯罪的概率就会急剧上升。

---

[1] 张旭、单勇:《犯罪学基本理论研究》,高等教育出版社2010年版,第98~99页。

三、网络直播犯罪的治理对策

（一）引导网络直播价值多元化

在"社会失范理论"中，默顿构建的"价值目标—合法手段"的理论体系说明目标与手段之间的矛盾是犯罪产生的重要原因。因此，消灭犯罪产生的原因可以从"目标"与"手段"两个方面进行。但是，在市场经济条件下，网络直播平台作为企业具有盈利的本质属性，这种属性决定了其经营模式必须符合市场规律。就目前而言，网络直播平台的成功证明其经营模式是符合市场规律的。可见，通过改变直播平台的经营模式，在"手段"方面进行治理是行不通的。因此，根据"社会失范理论"，网络直播平台犯罪的治理可以通过调整网络直播价值目标，最终达至多元化来实现。

具体而言，改变网络直播的价值目标中的主价值目标的高端化。虽然目前网络直播以"盈利"为主要价值目标，但是网络直播属于文化产业，其目标体系也应当包含一定的文化目标。习近平总书记在中央文艺工作座谈会上指出："文艺创作中低俗不是通俗，欲望不代表希望，单纯感官娱乐不等于精神快乐。"这就说明当下的文化应当具有高雅的本性，应当引导人积极向上。因此，治理网络直播平台犯罪，可以给网络直播设定更高的文化目标，推动网络直播内容提质升级。这一方面不会影响直播平台的创收；另一方面能够引导主播和观众培养高级趣味，摆脱低级趣味，最终实现网络直播的健康可持续发展。

（二）弱化直播平台"泛娱乐化"和"犯罪"标签

由于网络直播平台及其主播的"泛娱乐化"和"犯罪"标签是形成网络平台犯罪的重要原因。故治理网络平台犯罪的关键就在于对平台、主播的去标签化。

其一，对于"泛娱乐"标签的去标签化。直播平台和主播的"泛娱乐"标签主要来自各类社会媒体及其自身，目的在于借助"泛娱乐"标签获取更大利益。以一个具有中性色彩的标签替代"泛娱乐"标签是一个可行的选择。考虑到网络直播平台的技术属性及其互联网信息交互的功能，可以以"信息交互"平台替代原本的"泛娱乐"平台。这既不会损害网络直播平台和主播的利益，也不会违背客观事实，更不会诱导犯罪。据此，媒体和直播平台在报道和宣传中要尽量使用"信息交互"平台，放弃"泛娱乐"平台的叫法。

其二，平台和主播的"犯罪"标签是通过立法和司法活动获得的。因此，平台和主播"犯罪"标签的去标签化应主要从立法和司法两个方面开展。在立法方面，面对日益频发的网络违法犯罪，立法活动要保持足够的理性。尤其是刑事立法，更要谨慎权衡针对网络直播平台犯罪刑事立法的成本与收益，坚守刑法的谦抑性和人权保障功能。因为，立法的功能"并不在于创造或生产法律，而在于从规范中选择有拘束力的法律以及给予作为有约束力的法律规范以象征的尊严"。① 因此，在目前网络直播平台犯罪并未给现有刑法体系带来颠覆性冲击，依然可以根据现有刑法规范对直播平台犯罪进行惩治的情况下，应当审慎立法。在司法方面，司法机关不能受网络直播"泛娱乐"标签的影响，要根据案件事实准确定罪量刑，避免"一见到主播犯罪，立刻想到传播淫秽物品，立刻想到寻衅滋事，立刻想到开设赌场"的主观入罪。

(三) 赋予网络直播平台一定监管地位和监管权力

"虽然网络已全面介入社会生活，但世俗化的网络却尚未有与之匹配的安全保障机制。"② 这种安全保障机制的缺乏就导致了网络直播的社会控制力减弱，并引发了众多犯罪。对于网络直播而言，完善安全保障机制就意味着明确相关监管主体并赋予主体相应的监管权力。

一是明确监管主体。目前，政府无疑是最具权威的网络直播监管主体。政府通过设立相关部门、颁布行政法规、处罚违法人员和企业单位的方式主导着整个网络直播的监管。但是政府监管是一种运动式、事后性的监管模式。这种模式对于瞬息万变的网络空间而言是不适应的。此时就应该由网络平台承担常态化的监管职责。"在'互联网+'时代，平台正逐步成为整个社会生产生活的组织者、协调者与管理者，且在网络空间中拥有特定的管理权（权力），这正是平台的身份定位。"③

二是赋予监管权力。虽然网络直播平台根据相关法规和合同规定具有了一定的监管权力，但是现有的监管权力并不足以支持平台对整个直播过程进行有效监管。例如对于运行阶段主播及观众个人信息的摘取、审核就缺乏依据。因此，未来可以通过更多的行政授权使直播平台拥有更充足的监管权。毕竟很多超大型网络平台已经具备了准基础资源的属性。

四、余论：网络直播中的未成年人保护之关注

共青团中央维护青少年权益部与中国互联网信息中心联合发布的《2018

---

① 转引自王玉薇：《网络犯罪治理：从层级模式到功能分化》，载《河北法学》2018年第4期。

② 岳平：《世俗化网络社会安全的现实风险及治理——论当前个体被害聚集性现象的生成》，载黄河、高扬捷主编：《现代犯罪与社会治理：中国犯罪学学会年会论文集（2018年）》，中国检察出版社2018年版，第465页。

③ 姜瀛：《"以网管网"背景下网络平台的刑法境遇》，载《国家检察官学院学报》2017年第5期。

年全国未成年人互联网使用情况研究报告》指出：我国未成年人网民规模为1.69亿，其中曾遭受网络暴力的达到15.6%，遭遇违法不良信息的达到30.3%。可见，网络的普及在扩大未成年人网民规模的同时，却也提高了未成年人遭受网络违法犯罪侵害的概率。面对严峻的针对未成年人的违法犯罪形势，有观点曾指出：虽然我国自1994年以来相继出台了50余部与未成年人网络保护有关的法律法规和司法解释等法律文件，但仍然缺少保护未成年人网络权益的专门法律。①

司法上，未成年人的司法保护与网络保护也一直是热点问题。从发布的2020年度最高人民检察院检察理论研究课题立项公告来看，未成年人司法方面的问题是本次立项选题最重要的方向。之所以如此关注该问题，主要原因便是近几年来社会上未成年人违法犯罪的情况逐渐增多，网络直播平台犯罪低龄化趋势明显，刑法和未成年人保护法在面对此类事件时往往因为"畏手畏脚"而遭到民众的一致抨击。因此，如何保护未成年被害人的权利等一系列未成年人司法的基本问题，成为亟待解决的研究热点和社会痛点问题。而在行业内部，一些网络直播平台也开始探索针对未成年人用户的新型服务模式。例如，虎牙直播在其直播服务中增加了青少年模式。该模式将在使用时间、使用功能、观看内容、监护密码设置等方面对青少年的网络权益进行保护。但是，直播平台针对青少年用户设置的以上使用限制能否真正起到保护作用仍存在疑问。很大程度上是因为：其一，当前非实名制、非注册制的网络直播使用方式以无门槛的形式接纳了各个年龄层的用户群体。这种网络直播服务方式首先就给未成年人通过直播接触不良信息、遭受违法犯罪侵害创造了机会。其二，手机等移动网络终端的普及导致特定限制名存实亡。例如，平台虽然可以通过IP限制未成年用户在特定设备上的使用时长，但是未成年人仍可以通过更换设备继续获取直播服务。笔者以为，包括虎牙直播平台在内的网络直播平台现有的对策是在未成年人网络保护尚未形成完整体系情况下的无奈之举。而要真正实现对强有力的未成年人网络保护，就应加快专门立法、构建起协同治理模式、引导行业自律以及发挥好家庭与学校的作用。只有形成以国家立法为指引，以行业平台为纽带，以校园、家庭为关键节点的未成年人网络保护体系，才能真正将未成年人网络保护落到实处。

---

① 杜智涛、刘琼、俞点：《未成年人网络保护的规制体系：全球视野与国际比较》，载《青年探索》2019年第4期。

ABCDEFG
六、侵犯公民个人信息犯罪治理

大数据时代的数据法益与数据犯罪

冯卫国 李 婷*

大数据时代的到来无疑伴随着风险的攀升,而数据安全是首当其冲的问题,同公民权利与国家安全密切相关。在大数据时代背景下,深入认识数据法益的性质,合理界分数据犯罪与其他犯罪的界限,有助于有效应对数据风险,维护数据安全,这应是学界予以重点关注的问题。

一、什么是数据法益

(一)数据法益的内涵探析

1. 数据价值的实现方式

纳入刑法的数据考量需上升至刑法层面进行规范评价,刑法的目的是保护法益,犯罪的本质是侵犯法益,[①] 对于数据法益的保护必须从其法益内容着手,立足于数据价值实现方式的特殊性。

数据价值实现方式可概括为:获取—存储—分析及挖掘—以可视化的形式呈现或为用户提供决策信息支持—作用于现实生活。其中,数据价值实现的最后阶段,即作用于现实生活,往往与传统法益诸如人身、财产、国家安全等利益相联系,其本身虽是数据价值实现的环节,但已脱离数据本体而延伸至其他法益领域。这里需要讨论的已不是侵害数据法益的行为,而是通过数据侵害其他法益的行为,是数罪并罚抑或仅处罚其他犯罪行为的问题。将其视为手段目的的关系,则可认为是牵连关系,若强调数据法益的独立性,则可进行数罪并罚。在目前的大数据背景下,数据安全问题凸显,利用数据进行传统犯罪的行为愈加常态化,但究其整个行为,造成现实性的损害即表明数据价值已完全实现,从法益角度出发,对数据法益的侵害行为实质上已经被评价到之后的犯罪行为,之后的犯罪行为正是整个数据价值实现的最终指向和落脚点,因而,此

---

* 冯卫国,西北政法大学刑事法学院教授;李婷,西北政法大学刑法学专业研究生。
① 张明楷:《刑法分则的解释原理》,中国人民大学出版社2011年版,第349页。

种情形应直接按照其他犯罪罪名处罚。

以上数据价值实现的各个环节是相互独立的,只要行为人实施上述任何一个针对于数据的行为即可构成数据犯罪行为,不要求行为人同时实施上述各行为,也不要求行为人针对同一数据接连实施上述行为。

2. 信息视角下的数据法益

数据本身没有意义,"只有被转换为信息后才具有意义",[1] 刑法的任务是保护法益,法益必须是与利益相关联。既然刑法已针对公民个人信息、商业秘密、国家秘密和情报进行保障,为何需再次保障数据法益?这源于大数据时代背景下我国信息法益保护的不充分性。第一,大数据时代极大地扩充了数据的类型和来源,公民等主体类型已无法涵盖规模化的数据类型;第二,信息的规制行为主要表现为窃取、刺探、收买、非法提供国家秘密和情报,出售或非法提供、窃取或以其他方式获取公民个人信息,获取、使用或者披露商业秘密,此类规制行为的共性在于都强调破坏信息行为的"不被人所知悉的状态"和行为人对信息的利用行为,而未涉及对信息的直接删改、增加等行为;第三,刑法对公民个人信息、商业秘密、国家秘密和情报等信息设定条件较高,在内容指向上具有明确要求,大数据时代的数据并非都符合此类要求,无法精准化针对性地对数据予以保护。

因而,对数据独立价值的考量源于大数据时代的现实需要,是为弥补我国目前对信息法益保护的不足。由于数据法益和信息法益的一致性,数据法益内涵可借鉴信息法益的观点。目前学界对公民个人信息讨论较多,对信息讨论较少。有学者肯定公民个人信息法益是信息专有权,包括占有主体对其占有信息的积极处分权和处分权限。[2] 有学者认为公民个人信息法益具有多元化特征,包含人身属性、财产属性和社会公共属性。[3] 对于信息法益,有学者认为信息法益包括信息专有权、信息传播权、信息利用权、信息维持权和信息获取权,[4] 有学者认为信息法益是具有信息本质特征的,受到法律保护而形成的权

---

[1] 黄良永、徐雨明:《大学计算机基础教程》,电子科技大学出版社2008年版,第5页。

[2] 敬力嘉:《大数据环境下侵犯公民个人信息罪法益的应然转向》,载《法学评论》2018年第2期。

[3] 高楚南:《刑法视野下公民个人信息法益重析及范围扩充》,载《中国刑事法杂志》2019年第2期。

[4] 皮勇、黄琰:《试论信息法益的刑法保护》,载《广西大学学报(哲学社会科学版)》2011年第1期。

威利益形态,具体包括财产性信息和权利性信息。①

认为信息法益是积极处分权限,与我国刑法中侵犯公民个人信息罪的行为类型相对应,获取、出售和提供都是对处分权限的侵害,但忽视了对信息完整性、可用性利益的保护;认为信息法益具有人身、财产和社会公共属性,可保障对于个人而言的隐私权及其经济价值,并考虑到社会管理的需要,但仅聚焦于信息法益的属性无法对数据犯罪行为提供具体指导。对信息法益进行专有、传播等划分可针对不同类型的犯罪行为如侵入、删改、挖掘等提供规制标准,信息法益的内容划分可在兼顾诸如财产、知识产权等传统法益基础上对信息法益实现全面保护,以上两方面皆有助于对数据法益的理解。

3. 数据法益的具体内容

近年来,我国已有学者开始对数据法益进行探讨。有学者借鉴《欧洲网络犯罪公约》提倡"数据安全"的概念,并根据我国《网络安全法》第10条认为刑法意义上的数据法益也包括数据的保密性、完整性和可用性,② 但数据法益并非仅有"数据安全",无数据利用行为如过度挖掘和恶意滥用等无法涵盖其中,这恰是数据价值实现的关键环节。有学者通过定义"数据犯罪",从数据行为包括获取、窃听、监控及破坏、过度挖掘、恶意滥用和后果两方面对数据法益进行说明。③ 对数据的获取、窃听、监控和破坏的行为实质上就是对数据保密性、完整性和可用性的侵害,是对数据的直接侵害;过度挖掘、恶意滥用等是无处分权人的数据利用行为,是对数据的间接侵害。以上两种侵害实质上都是数据法益的应有内涵。

数据法益包括数据的保密状态和排他性的可用状态,是数据主体对数据的安全感和价值确信。保密状态指数据不为他人所知悉的状态,排除他人对数据内容的知悉;排他性的可用状态强调数据主体拥有对数据的处分使用权利,排除他人对数据的非法使用和利用行为。结合数据的价值实现方式理解,可用状态是数据法益的核心内容,保密状态和排他性都是为保证数据的可用状态。实践中,主体往往首先通过设置权限使数据处于安全状态,这种安全状态便是保密状态,将保密状态单列是提前化数据法益保护的防线,当侵害保密状态的行

---

① 高德胜:《基于信息语境的信息法益的内涵与类型研究》,载《东北师大学报(哲学社会科学版)》2012年第6期。

② 杨志琼:《非法获取计算机信息系统数据罪"口袋化"的实证分析及其处理路径》,载《法学评论》2018年第6期。

③ 于志刚、李源粒:《大数据时代数据犯罪的制裁思路》,载《中国社会科学》2014年第10期。

为具有明显使用目的指向性时，刑法应及时干预避免结果的严重性；排他性从反面说明数据的唯主体可用性，对于主体而言，数据必须是处在一个能够实现其价值的可用状态，且这种可用是在主体的绝对控制之下，主体能够预见和把握其可用的边界和范围，直接决定其价值实现的结果和作用于现实世界的效果。这与信息法益内涵相同，信息专有权、维持权，强调数据主体对数据本身的可用性，而信息传播权、利用权，排除无处分权人的数据利用行为。这也是主体对数据的处分权限或者受法律保护的权威利益状态这两种观点表述的内容细化，能够在信息保护不完善的情况下契合大数据时代背景的需求，更具有指导实践的可操作性。

（二）侵害数据法益的行为类型

依照以上对于数据法益的内涵分析，可对侵害数据法益的行为类型进行区分。

第一，侵害数据的保密状态表明对数据保密性的侵犯，这里的侵害行为包括一切对保密状态的破坏或者知悉他人数据的状态。在大数据时代，数据都存在于计算机网络之上，侵入他人计算机系统中获取数据，或者没有侵入计算机系统，但通过获取他人身份信息侵入他人数据网络获取数据等行为都包含其中。

第二，侵害数据排他性的可用状态包括两方面：一是直接侵害主体对数据的可用状态，涵盖一切使主体无法获取、使用数据的行为。二是间接侵害数据主体对数据的可用状态，这种可用性强调排他性，即不允许任何人未经同意从该数据中获取任何利益，禁止一切对数据的非法利用行为，不要求行为人实际从中获取利益，不限于经济利益，但行为人主观上必须意图实现某种不正当目的或获取不正当利益。①大数据时代加大了数据风险，在无法证明行为人主观间接侵害数据法益的情况下，储存行为至少可以证明行为人存在非法保有数据的行为，因而，储存行为也应纳入其中。

二、数据犯罪的内涵：与计算机犯罪区别

（一）数据犯罪与计算机犯罪的立法混同

涉及数据的犯罪存在两种类型：一是计算机项下的数据犯罪，此类数据属性单一，仅具有技术特征，本质上侵犯的是计算机信息系统法益；二是本质上的数据犯罪，此类数据具有技术特征与价值特征双重属性，本质上侵犯的就是

---

① 于志刚、李源粒：《大数据时代数据犯罪的类型化与制裁思路》，载《政治与法律》2016年第9期。

数据法益而非其他法益，因而数据是否具有价值特征是区分数据犯罪和计算机犯罪的关键。

大数据时代的到来使数据端点多样复杂，超出了传统的计算机信息系统范畴，具有独立价值的数据数量和规模日益增加。面对数据与其载体即计算机信息系统逐渐脱离而带来的立法漏洞，2011年9月1日实施的最高人民法院、最高人民检察院《关于办理危害计算机信息系统安全刑事案件应用法律若干问题的解释》第11条，将计算机信息系统扩张至"具备自动处理数据功能的设备"，原本刑法规定的数据仅限于计算机信息系统之上，无法涵盖存在于网络之上的数据，司法解释将计算机信息系统范畴扩大至所有能够处理数据的设备，使原本不属于计算机项下的数据犯罪被计算机犯罪所涵盖，而所有数据类型皆存在于相关设备之上，使数据犯罪无法脱离计算机犯罪。至此，仅由计算机信息系统出发，通过对数据犯罪作"依附于计算机信息系统而得以存在和处理"的纯粹技术特性理解，将相关罪名规制触角延伸至大数据时代数据犯罪。

由此，立法规定一方面单纯重视大数据时代下数据的技术特征，进而与计算机犯罪项下的数据相混同；另一方面扩张计算机犯罪中数据载体即计算机信息系统的概念范畴，导致计算机犯罪与数据犯罪的混合与依附。

(二) 数据犯罪与计算机犯罪的区分

如上所述，数据法益和计算机法益是两种不同的法益类型，在处理数据犯罪问题上，必须首先判断这一数据犯罪行为是否属于实质上的数据犯罪，即这一数据除技术特征外是否具有价值特征，若有，则为数据犯罪，如对身份认证信息的获取或删改，若无，则为计算机犯罪。

实务中典型的如非法侵入道路交通系统删除车辆违法记录的行为。删除违法记录本身是对计算机信息系统的操作，必然涉及对计算机信息系统数据修改，但车辆违法记录本身是对车辆违法情况的说明，相当于外部采集而录入计算机信息系统中的数据，对此类数据的删除实质上影响或更改了原有数据所代表的含义，当然属于数据犯罪的行为。虽然根据《刑法》第286条为破坏计算机信息系统行为，但本质上该行为属于数据犯罪，而非计算机犯罪。再如侵入车管所服务器，修改选号系统中原有的车牌号码，使申请人抽中其满意的号码牌行为，有学者认为"修改数据是控制计算机信息系统的必经步骤和手段，其最终目的仍是控制计算机信息系统"。① 但数据法益还包括数据排他性的可

---

① 杨志琼：《我国数据犯罪的司法困境与出路：以数据安全法益为中心》，载《环球法律评论》2019年第6期。

用状态,这种可用状态包含数据依照主体的意愿进行利用,就该种行为而言,可用状态指系统中原有的车牌号码按其既定方式进行抽选,这并未妨碍计算机信息系统的运作模式,替换车牌号码属于非法控制计算机信息系统无疑,但侵害的恰是原有车牌号码的运作模式和使用状态,而非计算机信息系统。从这一层面考虑,非法控制计算机信息系统罪是属于数据犯罪还是计算机犯罪,应根据具体的犯罪行为进行认定。对于相关罪名,不能仅从罪名表述认定行为性质,要从实质出发,判断是侵害了数据法益还是计算机法益。

三、数据犯罪的外延:与传统犯罪交叉

（一）数据犯罪与传统犯罪的混同

大数据时代使一切皆可"数据化",这里的"数据化"强调外在的数据表现形式。数据法益的价值仍在于其所含内容的意义和特殊性,由于未对其所含内容进行限定,外在的数据形式便可涵盖多种传统法益,这便是数据的可表征性,其他法益可以数据的形式呈现。这种可表征性虽然日益具有广泛性,但数据价值的核心仍在于其所含内容而非形式。

反观目前我国对于数据犯罪行为的认定,往往重视数据的外在形式而忽略数据的价值内涵。我国刑法的立法模式是将数据与计算机信息系统数据相混合,使数据犯罪依附于计算机犯罪,数据被司法化为"所有能以代码形式储存于计算机信息系统中的权利客体",涵盖司法实务中的各类数据形式,包括公民个人信息、身份认证信息、网络虚拟财产、网络知识产权及其他诸如药用处方、考试成绩、考试志愿等各类数据形式,使计算机犯罪成为口袋罪名。有学者对296份判决书的实证分析也说明这一问题,[①] 其中,易混淆的传统犯罪类型集中为信息犯罪、财产犯罪和知识产权犯罪,这也是仅注重外在数据形式而忽略数据内容所导致的结果。

正是这种仅聚焦于数据外在形式的判断方式,导致数据犯罪与传统犯罪区分困难,尤其是大数据时代下信息、财产、知识产权等传统法益愈以数据化形式表现的情况下,加剧了区分的难度。

（二）数据与信息、财产、知识产权

第一,对于数据与信息的关系。如上所述,数据本身可视为信息。事实上,数据和信息仍存在差异。在价值密度上,若以"价值"为保护核心,则

---

① 杨志琼:《非法获取计算机信息系统数据罪"口袋化"的实证分析及其处理路径》,载《法学评论》2018年第6期。

数据距离价值的半径远大于信息，大数据背景下，数据范畴大于信息，正因此，信息的价值密度也高于数据，数据价值的实现需不断从其中提取信息，对数据保护的必要性也来源于信息。在表现形式上，信息并非一定以数据形式得以表现，如纸质版的文字表述等形式，上文中将两者等同仅是在价值实现方式层面上。

第二，对于数据与财产、知识产权的关系，此处仍可借鉴信息的相关分析。有学者将信息法益分为财产性信息与权利性信息，其中财产性信息包括知识财产、有用信息、信息资源和虚拟财产。[1] 财产性信息聚焦于信息法益不同内涵进行区分。数据本身也是具有特定内容的数据化形式，当这种特定化内容可直接表现为财产或知识产权时，数据当然可直接认定为财产或知识产权。

数据可以被视为财产。虚拟财产是随着计算机网络技术的发展而出现的。虚拟财产是指具有财产性价值、以电磁数据形式存在于网络空间的财物。虽存有争议，但目前学界普遍认为虚拟财产属于财产。张明楷教授认为虚拟财产具备管理可能性、转移可能性和价值性，进而将侵犯虚拟财产的行为视为财产性犯罪。[2] 陈兴良教授认为"虚拟财产是感观无法确定的数据"，并提出"虚拟财产作为一种财物，是以电磁数据形式存在的"。[3] 这一观点明确表明虚拟财产属于数据的一种，并且在性质上属于财物。学者高德胜认为虚拟财产属于信息法益，而信息法益又与数据法益实质等同，故虚拟财产本身也应属于数据法益，数据本身可成为财产类型。[4]

数据可被视为知识产权。数据本身的无形性、可复制传播和可重复利用等性质，使其客观上与知识产权存在诸多联系，有些数据本身就属于知识产权的客体。[5] 如利用计算机程序设计的并以数据形式表现的专利、发表在网络上的连载小说、储存在电脑中的商标设计图等，即数据若符合相关知识产权的要求，其本身便就是知识产权。

但并非所有的信息、财产、知识产权皆属于数据类型，数据与信息、财产、知识产权仅是存在相互交叉重合，信息、财产、知识产权仍可以其他形式得以表现。

---

[1] 高德胜：《基于信息语境的信息法益的内涵与类型研究》，载《东北师大学报（哲学社会科学版）》2012年第6期。

[2] 张明楷：《非法获取虚拟财产的行为性质》，载《法学》2015年第3期。

[3] 陈兴良：《虚拟财产的刑法属性及其保护路径》，载《中国法学》2017年第2期。

[4] 高德胜：《基于信息语境的信息法益的内涵与类型研究》，载《东北师大学报（哲学社会科学版）》2012年第6期。

[5] 冯哲：《知识产权视角下的数据信息保护》，载《电信网技术》2017年第1期。

(三) 数据犯罪与传统犯罪的认定

某些数据可直接被视为财产、知识产权、信息,某些财产、知识产权、信息也可直接以数据形式表现,因而,数据犯罪与传统犯罪存在重合交叉关系,即当传统犯罪对象以数据形式表现,当数据犯罪对象具有传统犯罪的实质内涵时,该犯罪行为便同时符合数据犯罪与传统犯罪。

传统犯罪是先于数据犯罪而出现,正是在大数据时代背景下,由于传统犯罪对内容设置了过高的要求和限制,为实现刑法法益保障的充分性而提出数据犯罪。大数据时代将数据渗透人们生活,数据法益的提出,使刑法对法益内容不设定过高要求,从实质判断数据内容是否属于其他法益范围转变为强调数据外在符号化形式的价值,对数据的关注点从数据内容的特定指向性转变为对数据本身,确立了数据法益的独立刑法地位。因而,在大数据时代背景下数据逐渐具有其独立法益地位,数据犯罪与传统犯罪呈现交叉重合关系。当一数据同时被认定为具有传统法益内涵时,即对于数据犯罪与传统犯罪交叉部分,应首先认定为传统犯罪。在其本身的内容具有明显特定的指向性,且刑法已经对该指向性的法益进行了充分全面保护时,应当依照财产犯罪、知识产权犯罪或信息犯罪予以认定,因为法益内容指向本身是对数据可用性的具体化,针对性的法益保护往往要比仅根据数据特征的保护更完善,针对性的罪名也更能体现行为性质,在刑法评价上更充分、全面。实务中,虽然虚拟财产的价值难以确定,但不能就此否认数据的财产性质。

解构与破除：非法获取公民个人信息行为的智化、反思与规制

——基于技术的多维面向

许桂敏 张 转[*]

大数据的扩张性运用是现代社会发展的必然要求，但大数据边界的不断扩张，不可避免地侵蚀到公民个人信息的领地。我们在享受大数据技术带来便利的同时，也要面对大数据时代越来越突出的信息隐私、信息安全、信息异化、信息污染、信息鸿沟等信息伦理问题。

由于大数据的储存与运用均链接着技术手段，因此，技术手段的多维面向成为公民个人信息保护的"中端"。换言之，不同技术在不同层面帮助数据库合法收取公民个人信息，同时又被在不同层面利用，非法获取公民个人信息。"合法—非法"的转换在网络语境下展现出瞬时性，时间差基本可忽略不计，其危害性可见一斑。因此，依赖于传统行为科学对犯罪行为的规制固然具有形式意义上的追根溯源，但并未在实质上取得良好的规制效果。归根结底，在于犯罪学与网络技术未形成交叉融合的话语体系，"自说自话"的研究起点必然引致实践中预防与控制犯罪的落空。因此，网络获取公民个人信息行为规制困境的破题之处在于，立足于技术的多维面向，着眼技术的"中端"立场，在"非法"获取公民个人信息这一阶段，对技术进行智化解构，从而在技术层面对犯罪行为进行有效规制。

一、智化视野：融合话语体系下底层逻辑的渗透

（一）融合的话语体系

网络犯罪的肆虐不可避免地催生了犯罪学与技术的共生关系，两者在内容

---

[*] 许桂敏，郑州大学法学院副教授，法学博士；张转，郑州大学法学院刑法学硕士研究生。

上并非是包含关系,而是交叉关系。特定的网络犯罪必须放置在交叉地域进行考察,方能不失科学性与针对性。然而,运用行为科学理论考察犯罪物理行为的传统研究范式,仅仅关注到了网络犯罪形式的特性,并未从实质上把握其交叉性。具体的研究上依然比照传统犯罪,将以往熟知的犯罪模式与新生的网络犯罪种类进行对比,进而落入"相似性替代逻辑性"的怪圈,在犯罪成因中显现出犯罪规制的无力,犯罪防控效果不佳。究其原因,在于学科体系之间的话语不通,此学科的话语无法在彼学科内进行有效转译,从而出现信息沟通的失畅。所谓的"技术话语—专业话语冲突理论",是指在司法场域中基于法学专业知识与科学技术知识形成专业话语与技术话语两套话语,随着技术话语地位的提升,其与专业话语之间不可避免地出现以"外部排斥"与"内部净化"为核心表现的话语冲突。信息的有效传递是交叉课题研究的基本要求,因此,必须从两者的交叉地域切入,搭建稳固的沟通桥梁,建构融合的话语体系。可见,形式上的把握并非研究此问题的有效路径,尚需从实质上探寻破题之处。囿于本文主题所限,笔者仅就非法获取公民个人信息行为进行话语体系的构建。

大数据内容的输出依赖于两条路径:一是以无线网络为传输中端进行数据的云传输。二是以硬件设备的复制功能为中端的代码重写传输。无论何种方式的输出,都以大数据端口的有限开放为前提。端口的开放为技术性渗入提供了可能。事实上,无论何种获取公民个人信息的技术都可还原为此两种路径。

(二)底层逻辑的渗透

对技术手段获取公民个人信息的犯罪行为进行规制,必须渗透至此种犯罪行为的底层逻辑,即在犯罪学与计算机融合话语体系下,对具体运行的算法进行解读。利用新生技术的犯罪行为固然具有其特殊性,但其底层逻辑并不孤单。具体而言,其犯罪目标的设定、犯罪场所的利用、犯罪手段的进化等都与人类社会已有的犯罪具有相同进路。对此,既不能简单地平移犯罪学理论,亦不能默认两者之间的断层。相反,应当利用已有的经验法则进行跳跃式的关联思考,打破"知识壁垒",以底层逻辑为基底搭建"领域犯罪"思维。质言之,便是承认技术手段非法获取公民个人信息的犯罪在犯罪学领域的独立地位,并在这一特定领域内对其进行专门化解读。

二、技术解构:多维面向中的行为反思

(一)恶意爬虫的解读

利用网络技术手段非法获取公民个人信息的犯罪具有领域犯罪的地位,因

此，融合话语体系下的底层逻辑渗透只是解构领域犯罪的方法论，并非研究的最终归宿，其工具意义上的价值在于更新认识论。领域犯罪的全面解读不能依赖"认识论—方法论"的单向视线，而要互为手段，在两者之间进行折返，最终对认识论进行重新配置。在进化后的认识论的指导下，进行高效的方法论更新，反映在实践领域，则是对犯罪现象困局的有效破解。

无论是传统的犯罪学理论还是纯粹的技术理论，都无法对这一领域犯罪进行科学切入。脱离了符合犯罪特性的方法论将误导认识论，错误的认识论也将无益于犯罪的消除，从而陷入恶性循环。因此，应当使用勾连两者的有效话语，深入底层逻辑中。智化后的逻辑解读，应当对犯罪规制产生指向性反馈，即针对性的良性反馈。利用网络技术非法获取公民个人信息的犯罪在犯罪成本、犯罪目标确定、犯罪时空的选择等方面，都呈现出传统犯罪理论的例外，甚至出现了"洛克定律"的背反。如恶意网络爬虫在侵入数据库并爬取既定犯罪数据后，往往进行爬取痕迹的清洗，从而反制网络监督者进行代码追踪。与自然人犯罪清理犯罪现场不同，在大数据背景下，爬虫清洗痕迹极为干净，甚至清除入侵的源代码，网络监督者也无法根据残留代码进行有效追踪。甚至，数据库监督管理者无法发现其曾经被爬取过大量数据。而爬虫清洗犯罪痕迹的目的并非是忌惮网络管理者的惩治，而是为了阻止被攻击方的进化。详言之，被攻击数据库若发觉数据"失窃"，则必然会追踪爬虫，并对爬虫进行针对性防御，即有效促进自身防御进化。可见，爬虫的反侦查动机与自然人的反侦查动机存在巨大区别，这一指向性反馈应当被吸收进认识论，对该犯罪行为设置新的规制起点。

指向性反馈的良好吸收以犯罪的智化为前提，在领域犯罪进行充分智化后，方能发现犯罪行为的种种特性。也正是如此，才能从传统犯罪领域内剥离网络犯罪的特征，逐步完善领域犯罪知识谱系，为规制犯罪行为提供有效范式。

爬虫攻击具有大数据技术的天然属性，主要有两个特征：一是攻击次数呈幂指数增长；二是攻击目标集中。爬虫攻击的主要地区集中在山东、江苏、浙江、广东四地。此四地的共同特征是位于东部沿海，且经济较为发达。不可否认，沿海地区的经济模式相较于内地，较为现代化、规模化，其产业模式内部也蕴含着更多的个人信息，换言之，发达地区的数据库更为庞大，更符合大数据4V特征的设定。爬虫自带的"成本效益"思维进行算法权衡，无论攻击何地数据库，成本都是不变的，而攻击次现代化地区数据库的犯罪收益远远小于攻击东部沿海现代化地区数据库的犯罪收益，亦言之，分母不变，分子变大，则数值增大，即犯罪收益增大。同时，东部地区的高速网络配置也为爬虫提高犯罪效率提供了便利。2018年至2019年，全国的爬虫攻击次数从75.46亿次增长至119.46亿次，同比增长58.31%，可谓是幂指数增长，与移动网络速度增长同步。因此，这一数据背后的自然逻辑应当被指向反馈至领域犯罪的认识论中，以便在不同地区梯次配置防御力度，形成区域间规制犯罪行为的有效合力。

在同一地区，不同行业所蕴含的信息能量存在显著差别，导致不同行业对爬虫攻击的吸引程度存在较大差别。爬虫攻击的行业主要集中在影视传媒、电商零售、政府机构。从单个行业的受攻击纵向占比来看，2018年至2019年，影视传媒行业被攻击占比从0.63%增长至33.46%，增比达32.83%；电商零售行业被攻击占比从6.32%增长至24.66%，增比达18.34%；政府机构被攻击占比从14.34%增至17.19%，增比达2.85%。大数据的信息参与者主要为运用网络较为熟练的年轻人群体，而这一群体的共同网络消费习惯集中在观影娱乐、网上冲浪、网络直播、网络购物等四方面，可以被完整包含在影视传媒、电商零售行业。因此爬虫攻击的预设目标数据库与数据库内容的构建者出现包含的关联关系，目标群体较为集中，较易成为爬虫的攻击目标。

三个行业横向对比发现，政府机构被攻击范围年增长最小，增幅仅为2.85%。政府机构被网络攻击是世界各国的常态，我国政府被爬虫攻击涨幅较小的原因有二：一是政务公开程度提高。网络爬虫并非黑客的网络攻击，不以摧毁数据库或运行系统为目标，而只是为获得预设信息，政府政务公开程度不断加大，使爬虫的爬取必要性降低，消解部分爬虫犯罪动机。二是国家加大政府网络安全的建设。部分爬虫以获取国家不予公开的机密信息为犯罪动机，因此，必须加大国家网络安全的建设，增加数据库的防御程度，以使更多的爬虫犯罪无法实现。大数据背景下，爬虫攻击目标的选定不存在随机性，而是大数据算法的权衡，其偶然的表象后面存在着必然性。因此，必须渗透至底层逻辑中，把握技术的多维面向，对其进行智化解构，方能为犯罪行为的规制提供指向性反馈。

（二）越权App与恶意App

手机App的大量开发与应用，在丰富、便利国民日常生活的同时，也催生了国民稳定的消费依赖。我国近9亿网民中，手机上网比例高达99.1%。国内应用商店数量已超200家，上架App近500万款。从2017年至2019年，人均安装App总量从138个增长至228个，增幅达65.21%。App数量不断增大的背后，显露出公民个人信息不断贡献的事实，即更深层次、更具体的个人信息不断充实App运营商的数据库。

在运营商与用户的利益较量中，App的天然属性——相悖的二元功能面向，在利益纠缠中反复消长。由于，App运营商与用户争夺信息资源所有权的目的相背，导致App所需公民个人信息的体量限度，在两者利益较量中呈现出弹性样态。由此催生出两种非法获取公民个人信息的技术手段——越权App、恶意App。

以商业运营为目的的正规App希望获取更多的个人信息时，会遭遇用户隐私保护意愿的障碍，因此其往往会越权获取公民个人信息。敏感信息具有高度私密性，保护程度相应较高；一般信息更侧重于保护与利用之间的利益平衡。用户个人信息授权权限分为普通授权与危险授权，但运营商为规避限制措施，往往通过一次打开多个权限、不明示授权使用目的、无隐私政策等方式进行用户信息的抓取。此处，也存在公权力与私权利的较量，即国家为了保护公民个人信息，对App运营商获取公民个人信息的技术手段进行法律规制。但是，当一种技术手段被法律限制后，运营商往往会启用法律视野外的技术手段。

恶意App是指在应用功能伪装下，以窃取用户个人信息为目的，对移动端信息数据执行恶意任务的病毒、蠕虫或特洛伊木马程序。其技术原理在于，动态变更攻击代码逃避入侵检测系统的特征检测（模式匹配），侵入自带入侵侦测的系统或IDSes入侵警告系统，从而完成移动端或终端数据库的信息抓取。数据显示，我国恶意App总量逐年攀升，自2014年至2018年，恶意App总量从90万个增长至280万个，5年时间内，恶意App的总量翻了3翻。以恶意App获取公民个人信息的行为呈现爆炸性增长的原因在于，恶意App在犯罪策略上选择"快餐式窃取信息"，即依靠庞大的用户体验量，进行一次性窃取信息。完成信息窃取后，并不在意用户是否将其卸载，换言之，其犯罪策略中并不考虑豢养犯罪目标，犯罪目标只具有单次利用价值。之所以采用此种犯罪策略，是因为其本身并不具有App的实际功能，用户在初次下载应用该恶意App时，无法甄别其性质，并未对其有过多的防御心态，待用户确定该App为恶意App时，个人信息已被抓取完毕。

自2014年至2018年，我国恶意App年下架量与年产生量之间存在巨大差额。下架量最大年为2014年，年下架量为8644款，之后数量在一万以内发生波浪式浮动。这意味着犯罪生产供应端与犯罪防控需求端之间出现失衡，犯罪防控的巨大缺口显现出当前恶意App的规制措施并不完善，缺乏针对性，且力度较小。究其原因，在于我国对恶意App仅进行形式审查，并不进行实质审查。恶意App的市场供应环节审查缺失，导致恶意App大量流入市场，增大其与犯罪目标的接触机会，从而在整体上增加犯罪成功率。待进入用户下载应用环节时，用户缺乏具体的标准对其进行辨别，只能基于后果主义进行"试错"，在用户体量巨大的基础上，其"快餐式窃取"的犯罪策略达成预期。

加之恶意 App 数量极大，难以穷尽对每款 App 的实质审查，因此，下架恶意 App 数量远远小于恶意 App 的产生数量。

（三）伪基站的复合式抓取

伪基站复合式抓取个人信息需要软硬设备的叠加使用，这使其信息抓取更为详细具体，但同时也成为了此种犯罪行为的短板，使其丧失了网络犯罪的超时空优势。伪基站犯罪行为的实施必须依赖硬件设备的现实放置，否则，便无法搭建犯罪的必要场所——封闭的网络空间。行为人必须进入一定的物理空间进行硬件设备的放置，在犯罪行为开始后，现场进行后台操作，这意味着行为人无法与其他网络犯罪一样，隐藏其空间位置。犯罪劣势之所在，破解措施之所出。犯罪基础前提的缺失，注定无法满足特种犯罪的完成需要。针对伪基站的复合式信息抓取，应当把握其犯罪短板，对犯罪环节的薄弱一环进行打击，针对性地进行行为规制，即在物理空间上组织封闭网络空间的建立，犯罪防控效率的提高，在于能够有效阻遏犯罪环节的流畅性，掐断了犯罪流程的必要环节，犯罪方能得以消解。这一犯罪短板应当予以把握，这为高效防控伪基站复合式的信息抓取行为，提供了可能性。客观准确地获取伪基站发送的数据的明文内容，对于准确分辨犯罪行为类型、适用恰当罪名与量刑标准意义重大。

（四）计算机系统攻击审视

计算机系统作为数据库的录入与输出的重要中端系统，不可避免地成为非法获取公民信息犯罪的首选犯罪场所。目前国内主要使用 MongoDB 数据库与 Elasticsearch 数据库，这两个数据库的弊端在于，默认状态下，无须权限验证即可通过默认端口本地或远程访问数据库进行任意的增、删、改、查等操作，这无疑刺激了行为人的犯罪欲望。网宿云安全平台数据显示，2018 年拦截 Web 应用攻击 9.53 亿次，2019 年拦截 Web 应用攻击 12.86 亿次，呈现出以"亿"为单位的逐年递增状态。笔者根据《中国互联网网络安全报告》《中国互联网安全报告》以及其他多方面资料，对国内网络安全事件数量以及攻击类型作出整理如下：

数据显示，2014 年至 2015 年，网络安全事件从 56180 件增长至 126916 件，之后保持较高值，稳定在 110000 件左右。其攻击类型主要由漏洞攻击、恶意程序、网页仿冒、网页篡改等四种方式组成，其中前三者占比最高，平均每年占比超 90%。因此，前三者攻击行为规制的必要性较大，下文也主要解构前三种攻击方式。

1. 计算机系统漏洞。计算机系统的系统漏洞主要包括 Web 应用漏洞、应用程序漏洞、操作系统漏洞。自 2017 年至 2019 年，三种漏洞总占比分别为

89.4%、87.1%、89.4%，占比接近90%。很多网络犯罪分子为了规避IP地址和人物账号可能的锁定，还会采取一系列网络技术手段使用代理IP地址甚至虚拟IP地址。但防火墙对普通用户访问的默认出站规则，为恶意技术的绕行提供了便利。所有绕行防火墙的技术都在原理上利用了这一默认规则，即攻击者在访问服务器web服务时上传非法程序，该非法程序与攻击后台连接，在一定时间内选择出站，而防火墙默认不对其进行出站限制，最终造成个人信息的泄露。

2. 恶意程序植入。恶意程序的植入在网络安全事件中呈年递增状态。2017年恶意程序传播总量仅为1.72亿次，2018年暴增至20.2亿次，翻量达10倍。仅2019年上半年，恶意程序传播次数已达17.96亿次。恶意程序之所以如此快速传播，在于网络端口无法对其进行有效审查。恶意程序对计算机系统漏洞的捕捉极为敏感，当恶意程序被点击启动时，直接侵入计算机运行系统，对计算机数据库进行掠夺式攻击，使计算机系统陷入瘫痪状态，且计算机操作人短时间内无法对计算机系统进行有效恢复。攻击者可通过输入控制文件上的ID值和密码，连接当前用户安装的控制文件，控制用户的电脑。由于时间差的存在，攻击者可以对电脑系统内部进行预设编程处理，即快速、自动地进行信息窃取。

3. 网页仿冒。网页仿冒也被称为钓鱼网页，通过发送仿冒正规网页的钓鱼邮件，诱使用户回复邮件、点击嵌入邮件正文的恶意链接或打开邮件附件以植入木马程序，进而窃取用户敏感数据、个人账户和密码等信息，或者在设备上执行恶意代码，实施进一步的网络攻击活动。仅2019年上半年，国家互联网应急中心监测到的恶意电子邮件数量超过5600万封，涉及恶意邮件附件37万余个，平均传播次数约151次/个。网页仿冒窃取公民信息的质变内容在后行为，即上文所述的恶意程序的植入和信息窃取。目前，随着公安部"净网行动"的大力开展，以及网络用户安全意识的提高，钓鱼网页的数量自2016年始得到有效控制。国家部门的网络犯罪打击措施与用户的安全意识，在规制此种恶意技术手段上产生有效合力，使犯罪行为难以顺利实施，犯罪成功率与犯罪收益的降低，使犯罪行为无法收到结果的高效反馈，从而在根本上消解犯罪动机，降低此种行为的犯罪率。实践效果的良性反馈佐证了规制方式的正确性，对于领域犯罪内部的共性问题破解有着较大借鉴意义。

三、行为规制：领域犯罪理论下的多重措施挖掘

（一）领域犯罪理论的内部构造

犯罪学与计算机科学交叉的双重属性，为非法获取公民个人信息犯罪的行

为规制划定了范围——领域犯罪内部规制。只有在领域犯罪理论内部进行的行为规制，才能最大限度地发挥防控措施的针对性。因此，需明确非法获取公民个人信息网络犯罪的领域犯罪理论之内部构造。

领域犯罪理论的底层逻辑是其存在的基础，其顶层是认识论的动态调整。认识论调整的启动以底层逻辑结构后的指向性反馈为前提，而底层逻辑的渗透需借助话语工具——能够实现犯罪学与计算机科学有效对话的融合话语体系——进行全面把握，进而与认识论的动态调整形成互相沟通的同步状态。技术为两者的沟通提供开阔的往返路径，并充实其实体内容，成为整个内部构造不断重新配置的动力源，即每次技术的革新，都会发动领域犯罪理论内部构造的配置更新。因此，技术、底层逻辑、动态认识论三者构成此种领域犯罪理论的有机整体，形成领域犯罪理论的科学内部构造。只有准确把握领域犯罪理论内部构造，才能在技术、犯罪防控、社会治理等具体维度进行行为的细密规制。

领域犯罪理论是规制措施的设计指南。在领域犯罪内部，技术是理论更新的动力源，非法获取公民个人信息的犯罪也以技术为必要手段，因此，行为规制的切入点应在技术层面。技术层面规制的缺失意味着规制指南的空泛性，不具备规制措施的可操作性，从而在"理论—实践"这一范畴的转换环节形成真空地带，导致技术的逻辑面向与实践的逻辑面向出现错位。质言之，判断资料的有效吸收未完成实操层面的有效转换，由此制定的规制策略内容空泛，缺乏着力点；规制措施与防控重点南辕北辙，呈现出乏力的社会效果。因此，在防控领域完成"技术吸收—技术应用"的有效转换是规制措施的关键着力点。

与传统通用的犯罪防控策略不同，领域犯罪理论支撑下的防控策略之于犯罪而言更具压迫性。底层逻辑的充分渗透在技术管道内完成认识论的指向性反馈，由此更新的认识论为侦控实践编织严密的网络，在防控网络内，犯罪的动作空间被急剧压缩。具体而言，在防控力量的调动上，需调动部门力量、平台监管力量、用户防御力量等三方面力量进行挤压式防控；领域犯罪的犯罪场所具有超时空特点，较难在物理空间内进行破除，需在网络空间内把握瞬时性，予以防控；部分犯罪策略不考虑豢养犯罪目标，需在犯罪发动前予以打击；领域犯罪与传统犯罪策略的防控存在较大出入，应当把握其犯罪流程，在犯罪薄弱环节进行阻断等，如此诸多策略的不同。

（二）技术层面的规制

对于恶意爬虫应当分两步进行规制，层层过滤其犯罪行为。第一步，应当加大 Robots 协议（网络爬虫排除标准）的运用。由于网络爬虫可自动识别或人工识别 Robots 协议内容，因此，协议内容告知并被爬虫读取识别后，部分爬虫将自动进行行为吻合度的检测,若高度吻合,则会给予编程的限制放弃信息的爬取。第二步,根据流量的请求量进行恶意爬虫判断。运营商应当根据流量的请求量设定审查标准,在流量分配时自动检测请求者的身份属性,若不符合审查标准,则判定为恶意爬虫,拒绝给予其流量。

对于恶意 App 与越权 App 非法获取公民个人信息的,应当从市场源头与用户端进行流线性规制。对于恶意 App,应在市场端设定严格审查标准,对上市 App 进行形式与实质的双重审查,从市场源头减少恶意 App 的流入。App 流入市场前,由市场监管部门进行程序解码,对 App 编程进行解构。若编程程序明显属恶意编程,则作出禁止入市的决定。此外,对于用户的关键数据进行加密保护。加密后的数据不能进行模糊搜索,模糊搜索功能的禁用使后台的算法无法在大数据中确定检索目标,迫使平台放弃对用户关键数据的抓取。

(三)防控策略的制定

鉴于领域犯罪的特殊性,应当根据犯罪行为的特征制定多个主体联合参与的防控策略,在执法部门、网络平台、用户等三个维度编织防控网络,尽可能挤压犯罪空间,减少犯罪收益对犯罪欲望的刺激作用,消解犯罪动机。

执法部门应当智化犯罪行为,在"整体—具体"两个层面进行策略制定。总体防控策略上,网络犯罪虽然在网络空间内进行,但其犯罪目标的选定却与物理空间具有关联性。由于防控力量总量的有限性,无法对各地区进行防控力量的平均分配,因此,应当以"高危地区,重点打击"为原则,在全国不同地区、不同行业梯次配置防控力量。在"西部地区—中部地区—东部地区"逐级增加防控力量,特别是东部沿海地区应着重增加防控力量。在地区内部,加强电商零售、游戏娱乐、影视传媒等上网用户较为集中行业的力量配置。具体防控策略上,应根据不同犯罪行为的特性进行个别化防控。如恶意 App 的犯罪策略中不考虑犯罪目标的持久耐受性,因此,应当掐断其犯罪策略中后果主义的利用,在源头处进行遏制,如上文所述的市场审查规则的设定。部分犯罪存在犯罪短板,这为防控效率的提高提供了切入点,如伪基站对公民信息的复合式抓取不具备网络犯罪的超时空性,应当对其物理空间的锁定进行强化摸排,阻止其搭建犯罪场所——封闭的网络空间,对人员众多社区的信号进行常态化监控,建立异常截断信号侵入的快速反应机制,准确锁定伪基站物理设备的空间位置,在同时空内进行犯罪打击。加大对公民网络安全的宣传教育,提高网络完全的警惕性,从而为犯罪行为增加阻碍,加重犯罪成本,减少犯罪收益。此外,立法部门应加快相关法律法规的出台,保持法律法规在整体防控策略的高站位。通过法律的应然威慑性增加犯罪成本,迟滞犯罪的发动,从而在整体上减少犯罪的体量。

网络平台应当树立自律管理的严格标准，在犯罪高发的自身环节减少犯罪的发生。积极引入全球最高信息安全标准——ISO/IEC 27018。其中包含人力安全、信息安全、物理安全等14个模块，需要评审机构通过访谈、抽样、现场观察方式，完成近100项内容的审查。目前国内的百度云、百度网盘、阿里云均通过了该项认证，但大部分平台并未以此标准进行审查认证，因此，未采用ISO/IEC 27018安全标准的网络平台应当尽快采用。

网络用户应当建立个人信息的保护意识，保持警惕性。如避免连接公共场所的无线网络，保持计算机防火墙的打开状态，开启个人计算机的日志追踪等。在输入账号密码时检查网站、网页域名是否正确，标记添加常用网站，以防止进入钓鱼网站、网页。定期更换个人密码，避免众多账号共用同一密码，保持密码设置的复杂性。若个人上传至云端的文件中包含隐私信息，则应在本地加密后上传。下载App时，前往官方应用商店，选择性筛查允许App访问的个人权限，避免将软件申请的权限设置为全部允许。

人脸识别信息的刑法保护

林思含[*]

一、问题的提出

人脸识别技术已经走入了我们的生活，多种解决方案适合国内多个应用场景，该技术活跃在娱乐、安防、商业解决方案、金融等领域。随着人脸识别技术运用场景的增多，众多比如海康威视、佳都科技等上市公司，依图、旷视、商汤科技等新兴企业、研究机构参与到人脸识别产业中，设计芯片、算法计算、数据收集等人脸识别的上中下游环节。现阶段人脸识别技术存在两个问题，分别是数据安全和识别误差问题。艾媒资讯《2019 中国人工智能发展风险预警白皮书》数据显示，64.1% 的中国网民认为人工智能是存在风险或者安全威胁的，人脸识别产品的风险排名在人工智能产品中排名第二位，网民认为其风险程度仅次于无人驾驶汽车。[①] 民众所担忧的风险主要存在于以下几个方面：首先是公司信息泄露的风险，由于人脸识别的信息存储仍基于计算机可识别的语言，也就是常说的数字或特定代码，随着这些数据价值的提高，遭到黑客攻击的风险也会随之提高。[②] 以金融场景为例，在一些银行 App 或第三方支付平台的线下交易中，用户可以直接通过刷脸支付，即使平台本身不将用户数据用作他用，但它保存着你的人脸、手机等信息，如果用户的照片被动态化地留存下来，那账户就存在被盗刷的风险。今年初，主营业务为人脸识别、AI 和安防的某公司被曝发生数据泄露，其中包含身份证号码、地址、生日、通行证、雇主等个人信息，数据泄露致使 250 万人的个人信息能够不受限制地被访

---

[*] 林思含，澳门科技大学法学博士研究生。

[①] 《2019 中国人工智能发展风险预警白皮书》，载艾媒网，https://www.iimedia.cn/c400/63982.html，最后访问日期：2020 年 7 月 12 日。

[②] 据艾媒资讯调查，在 2019 年中国受访者对人脸识别隐私泄露风险担忧程度分布中，11.5% 的受访者非常担心因人脸识别泄露隐私，25.2% 的受访者比较担心因人脸识别泄露隐私，27.5% 的中国受访者比较不担心因人脸识别泄露隐私。

问。其次，由于人脸识别误差的存在，容易被伪造 3D 头像等技术破解。2019 年 8 月初，一个 3D 打印的公众号发布了一个测试视频，在视频中，工作人员使用 3D 打印制作的蜡像人头，骗过了支付宝的人脸识别系统，成功付款买到了火车票。除此之外，还存在用户的肖像被滥用到各种不同场景中的其他风险。

人脸识别技术引发了如此多的刑事风险，给公民的人身安全和财产安全带来巨大的威胁，我们不能视而不见。①

二、人脸识别信息刑法规制的必要性

（一）人脸识别技术的实质及特点

人脸识别技术（Face Identification Technology）是基于人的脸部特征，用摄像机或摄像头采集含有人脸的图像或视频流，并自动在图像中检测和跟踪人脸，进而对检测到的人脸进行脸部识别的一系列相关技术。② 人脸识别技术如今被大力推广、广泛适用，主要是因为其有以下几个特点：首先是非强制性、非接触性，用户无须特意配合设备、与设备直接接触就能获取人脸图像，成熟的人脸识别技术可以做到在用户无意识的状态下获取人脸图像。其次，人脸识别技术实用性强，具有并发性，在实际应用场景下，多人脸的检测与识别是经常存在的。例如，在车站、机场、商场等人员众多的场所，人脸识别技术可以进行多个人脸的分拣、判断及识别，可以在复杂的现实环境下获取更多的有用信息，识别效率高。③ 最后，人脸识别技术还具有唯一性与不可逆转性。

（二）人脸识别信息技术的运用暗藏风险

由于人脸识别技术具有非接触性、唯一性及并发性的特点，带来便利的同时也不免带来更大的风险。区别于现在常见的指纹识别，人脸识别的技术隐蔽性及侵入性强，人脸识别技术的运用意味着每天出门在任何有人脸识别摄像头的地方都有可能被扫描读取人脸信息。人脸信息的实质是个人信息，随着人脸技术的逐渐成熟，人脸信息的可抓取距离越拉越远且精确率越来越高，在未有抓取的提醒或需要经过被抓取同意、被抓取人毫不知情情况下进行信息抓取，存在的风险显而易见。不可否认人脸识别技术带来了产业的进步，带来了广阔的产业发展前景，甚至为抓捕逃犯提供了很大的帮助，但也带来产业发展的风

---

① 刘宪权：《对人工智能法学研究"伪批判"的回应》，载《法学》2020 年第 1 期。
② 张园、张琳姝、陈捷、冯明：《基于云平台的人脸识别技术现状及应用》，载《电信技术》2016 年第 6 期。
③ 张鸿：《人脸识别技术在金融领域的应用》，载《经济师》2018 年第 5 期。

险。首先，人脸识别有使人"透明化"的风险。由于人脸识别的非接触性，被识别者无法知晓其人脸信息被收集的时间、地点及收集主体，并且现在成熟的算法还可以通过人脸的生物数据勾勒个人画像，分析个人偏好及个人的行为选择，有使人"被透明化"的风险。其次，人脸数据的泄露可能产生风险。在2018年引起争议的换脸软件"ZAO"可以通过上传照片将人脸置换到经典影视剧的人物中，形成动态视频，即使ZAO平台本身不将用户数据用作他用，但它保存着你的人脸、手机等信息，也有遭遇黑客盗取资料的可能。在没有跟其他信息关联的情况下，人脸识别信息的泄露可能还不会造成太大的危害，但在到处遍布摄像头的今天，如果能够同时获取个人的身份证、电话、具体消费出行信息以及行为踪迹，直接与个体的身份建立联系，信息泄露所造成的风险与危害是难以估量的。最后，人脸识别信息具有不可逆转性，人的面部结构都具有唯一性，无法复制，虽然人脸识别技术相较于普通的账号密码而言具有便利性，可以克服用户容易遗忘密码的问题，但账号密码在丢失或被盗取之后可以设置新密码或者重新申请新账户，但是生物信息是不能"重置"的，一旦泄露便很难找回，泄露带来的后果可能是终身的，无法恢复到泄露前的状态，人脸信息的泄露会造成持续性的侵害。且在个人遭遇侵害时，由于不知道泄露的主体、方式及时间，会面临举证困难的困境，提起民事诉讼的概率极低。而侵犯公民个人信息罪在刑法中规定在侵犯个人权利的章节，但该罪名往往适用于企业告发其数据被离职员工滥用的情况，被侵害者虽然是数据主体，但这些信息需要50条或500条以上才可构成犯罪，单独的个人信息的侵害无法主张相应的权利，难以获得刑法上的救济。

  人脸识别技术为我们带来全新的生活方式的同时，也带来许多全新的问题，对传统刑法理论及适用带来挑战。传统的罪责刑法观认为只有在应受处罚的行为对法益造成损害结果时作出反应才是适当的，这显然是一种事后应对，无法满足风险社会科技发展下人们对安全价值的需要。① 刑法需在防控风险以及明确行为边界方面发挥相应的作用，对于技术使用所不可避免带来的未知风险，明确其制裁边界及程度，在实现技术发展的同时也确保公众生活安全有序。

---

① 郝艳兵、解永照：《风险社会下刑法的提前保护》，载《江西警察学院学报》2011年第6期。

三、人脸识别信息保护的现状与问题

（一）人脸识别信息的保护现状

人脸识别信息是一种能够与个人建立直接关联的数据信息，作为生物识别信息的一种，其自然也应当属于公民个人信息的保护范畴。公民个人信息保护在我国刑事立法上经历了一个渐进的过程。

新中国成立后，从1979年刑法到1997年刑法都没有对公民个人信息进行保护。在互联网技术和大数据技术的双重作用下，公民个人信息被侵犯在侵犯主体、侵犯行为方式、侵犯客体等方面都呈现出了从简单到复杂、从轻微到严重的变化，信息安全的价值逐渐凸显。2009年《刑法修正案（七）》作为一个转折点，增设了出售、非法提供公民个人信息罪和非法获取公民个人信息罪，可以视为刑事立法对网络信息安全的正式关注和回应。《刑法修正案（七）》在第四章侵犯公民人身权利、民主权利罪中的第253条之一中规定了国家机关或者金融、电信、交通、教育、医疗等单位的工作人员，非法出售提供其在本单位获取的公民个人信息的规定的情形，以及窃取或者以其他方法非法获取上述信息，情节严重的情形，虽然在一定程度上保护了个人信息的安全，但犯罪主体只限于国家机关或相关单位工作人员，对于一般主体非法出售、提供公民个人信息的未有规制。并且立法者在立法说明中仅将公民个人信息的外延解释为公民的姓名、住址等司法实践中经常被侵犯的信息，而没有明确列举生物识别信息，从而采取了一种对公民个人信息不分类而是统一保护的立法方式。① 同时，在以计算机为载体的信息保护方面，《刑法修正案（七）》亦在第285条增设了非法获取计算机信息系统数据罪，其中仅对非法获取该计算机信息系统中存储、处理或者传输的数据进行了描述，未对被非法获取的数据进行分类，此时刑法视阈下的网络信息作为计算机信息系统运行安全的组成部分，并不具独立的保护价值。② 2011年，最高人民法院、最高人民检察院《关于办理危害计算机信息系统安全刑事案件应用法律若干问题的解释》，将获取支付结算、证券交易、期货交易等网络金融服务的身份认证信息十组以上的认定为《刑法》第285条第2款非法获取计算机信息系统数据或者非法控制计算机信息系统"情节严重"的情形，开始对通过计算机非法获取个人身

---

① 全国人大常委会法制工作委员会刑法室：《中华人民共和国刑法条文说明、立法理由及相关规定》，北京大学出版社2009年版，第515页。

② 于志刚：《青年刑法学者要有跟上时代步伐的激情和责任——20年来网络犯罪理论研究反思》，载《法商研究》2017年第6期。

份认证信息的行为予以规制。2012年，公安部门打击侵害公民个人信息犯罪专项行动的开展，破获大批使公民权利遭受严重侵害的案件，加大对公民个人信息的保护力度成为社会共识，2012年12月，全国人民代表大会常务委员会《关于加强网络信息保护的决定》，提出了明确的网络信息安全全面法律保护要求，而刑法却受制于前期立法准备的不足，缺乏个人信息以外的信息安全保护专属罪名，不得已采取了扩张传统罪名的方式。随着信息网络的普及，通过网络出售、非法提供和非法获取公民个人信息的违法犯罪现象日渐突出，立法者迅速响应客观实际的变化，于2015年出台了《刑法修正案（九）》，在形式和实质上都修改了我国《刑法》第253条的内容，与此同时，新增设拒不履行信息网络安全管理义务罪，大量严重危害网络信息安全的行为被纳入刑法的制裁范围。将违反国家有关规定，向他人出售或者提供公民个人信息，以窃取或其他方法非法获取公民个人信息的，都以侵犯公民信息罪进行定罪处罚；将该罪的行为主体不再限制于国家机关或相关单位的工作人员，任何年满16周岁的一般主体违反国家有关规定，向他人出售或非法提供公民个人信息对公民信息的侵害行为，都可以定罪处罚。针对行为主体的修改，体现了时代和社会的新变化对立法完善的需求。① 但遗憾的是，立法者在立法说明中解释公民个人信息时，重复性地阐述了前次刑法修正案中的定义和种类，尚未前瞻性地以列举的方式将生物识别信息纳入其中。

由于司法实践中对侵犯公民个人信息罪需要相应具体解释的呼声较为迫切，最高人民法院、最高人民检察院分别于2017年和2019年联合制定了《关于办理侵犯公民个人信息刑事案件适用法律若干问题的解释》及《关于办理非法利用信息网络、帮助信息网络犯罪活动等刑事案件适用法律若干问题的解释》，分别对侵犯公民个人信息罪的构成要件和量刑标准及《刑法》第286条之一第1款第（二）项拒不履行信息网络安全管理义务，致使用户信息泄露"造成严重后果"予以具体解释，主要列举的情形有泄露行踪轨迹信息、通信内容、征信信息、财产信息、住宿信息、通信记录、健康生理信息、交易信息的情形，却还是未对生物识别信息泄露进行单独列举。尽管以上两个司法解释并未前瞻性地对生物识别信息进行列举，但对公民个人信息的刑法保护经历了从无到有、从粗略到细致的过程，为今后我国刑事立法对生物识别信息的规制打下坚实的基础。

---

① 全国人大常委会法制工作委员会刑法室：《中华人民共和国刑法修正案（九）条文说明、立法理由及相关规定》，北京大学出版社2016年版，第127页。

(二) 人脸识别信息保护的主要问题

1. 未能对人脸识别信息进行特殊保护

从以上对于公民个人信息规制梳理情况来看，历次刑法修正案和相关解释中，立法者往往都详细列举了公民个人信息的具体种类，但其中生物识别信息自始至终的缺位，也反映了立法者对生物识别信息所蕴含的特殊性认识的欠缺。随着人工智能和大数据技术的突飞猛进和广泛运用，伴随着移动支付人脸认证在商业中的大力推广，以人脸识别技术为代表的生物识别技术逐渐在日常生活中得到广泛应用，生物识别信息保护的特殊重要性愈加凸显。对于生物识别信息的特殊保护在学界也引起讨论，不少学者赞同学习美国的立法模式，通过出台专门的生物识别信息保护法实现对个人生物识别信息的特殊保护。[①] 这样的方式毫无疑问能够起到更为全面的保护效果，但我国现阶段还未出台统一的个人信息保护法的情况下，遑论出台专门的生物识别信息保护法，专门立法难以回应民众迫切的生物信息保护需求，对于司法实践中的办案需求也不具备现实意义。如何运用既有立法资源去实现对生物识别信息的特殊刑法保护，是现在对人脸识别信息进行刑法保护的主要问题。在人脸识别技术日趋成熟、应用领域不断扩大的背景下，非法获取人脸识别信息的犯罪行为难以根据现有司法解释得到有效规制，人脸识别信息在与该罪相关的司法解释中应如何归类？

2. 欠缺对信息犯罪的统一定量标准

我国现有信息安全犯罪的定量评价，对犯罪对象的信息在价值上进行了划分，并设置了不同的定量标准。然而，现有定量评价体系对信息价值划分的标准存在着明显缺陷。一方面，缺乏体系性，不同罪名中对于信息的定量评价存在不同的标准，甚至于在同一罪名中的划分标准也存在不统一的情况。司法解释中的定量标准主要分为以下几种：首先是以"组"作为信息数据规模的计量单位。例如，《关于办理危害计算机信息系统安全刑事案件应用法律若干问题的解释》中规定，非法获取支付结算、证券交易、期货交易等网络金融服务的身份认证信息10组以上的，构成非法获取计算机信息系统数据罪的"情节严重"。其次是以"条"作为信息数据规模的计量单位。例如，《关于办理侵犯公民个人信息刑事案件适用法律若干问题的解释》规定，非法获取、出售或者提供行踪轨迹信息、通信内容、征信信息、财产信息50条以上的，应当认定为《刑法》第253条之一规定的"情节严重"。最后是以"个"作为信

---

① 付微明：《个人生物识别信息的法律保护模式与中国选择》，载《华东政法大学学报》2019年第6期。

息数据规模的计量单位。例如,《关于办理非法利用信息网络、帮助信息网络犯罪活动等刑事案件适用法律若干问题的解释》规定,致使传播违法视频文件以外的其他违法信息2000个以上的,构成拒不履行信息网络安全管理义务罪的"致使违法信息大量传播"。由此可见,当前司法解释同时存在"组信息""条信息""个信息"三种标准,对网络信息本身数据规模的量化标准模糊混乱,甚至在《关于办理非法利用信息网络、帮助信息网络犯罪活动等刑事案件适用法律若干问题的解释》中同时使用了"条信息"和"个信息"两种技术标准,不利于实践中规范地对信息犯罪行为定罪处罚。

四、人脸识别信息保护的出路

(一) 利用兜底解释进行定性

法律作为一门理解性的科学,可以尝试通过刑法解释而非修改法律的角度来实现我国刑事立法对人脸识别信息的特殊保护。观察我国《刑法》第253条之一关于侵犯公民个人信息罪的规定,违反国家有关规定,向他人出售或者提供公民个人信息,情节严重的,处3年以下有期徒刑或者拘役,并处或者单处罚金;情节特别严重的,处3年以上7年以下有期徒刑,并处罚金。《关于办理侵犯公民个人信息刑事案件适用法律若干问题的解释》(以下简称《解释》)第5条对"情节严重"或"情节特别严重"的具体界定进行了详细阐述,其第1款第(三)项至第(五)项对公民个人信息进行了分类,并给不同的种类设定了相应的入罪数量。以信息内容的重要程度为划分依据,将公民个人信息分为三类,具体为行踪轨迹信息、通信内容、征信信息、财产信息50条及以上的;住宿信息、通信记录、健康生理信息、交易信息等500条及以上的,以及其他信息5000条及以上的。从《解释》的文本来看,人脸识别信息虽然不适用于第一类和第二类所列举的信息类型,但可以通过《解释》第5条第1款第(十)项以兜底条款的方式所规定的"其他情节严重的情形"实现对生物识别信息的特殊保护。从人脸识别信息所具备的功能来看,其能够发挥身份识别、信息核对、位置追踪等多方面的功能,于《解释》中明文列举的内容具有相当性甚至更具保护重要性。人脸识别信息一旦受到侵害,将不可避免地影响到公民的人身与财产安全,非法获取他人的人脸识别信息将使得相关的财产犯罪更容易实施。利用兜底条款的解释方式明确了人脸识别信息所应归入的类别,使其成为区别于第一类、第二类信息的更为严重的信息侵犯类别,一方面能够从定性上明确人脸识别信息的重要性,提高对非法获取人脸识别信息相关犯罪的打击力度,另一方面也可以使相关信息的保管者、社会一般公众提高对这类信息的保护意识。

(二) 确立"组信息"为定量评价的核心

在定量方面，现有司法解释量化不明确，存在多种计量单位混用的问题，严重阻碍了司法认定的效果，未来更需要设定统一的基础计量单位。计量单位的明确显然更加符合其法益本质和行为特征，更能实现准确评价，更符合刑事诉讼法"事实清楚，证据确实、充分"的证明标准①。针对这些问题，我们首先对几个不同的计量单位进行适用性分析。"个信息"的计量标准主要适用于违法视频文件的传播，现在很多人脸识别技术需要通过眨眼、点头等人脸动态通过其验证，存在服务商非法保存剪辑的风险，用"个"单独对视频文件进行评价似乎具有一定的合理性。但这样的认定存在无法准确评价信息规模的缺陷，难以应对视频剪辑为多个或对电子图片进行拼接或剪切的情况，不适合作为计量单位。②被运用最广泛的"条信息"这一计量单位同样不适合作为信息规模的基础计量单位，因为"条"单位普遍用于像通信内容、征信信息等文字信息计量，随着科技带动人们生活方式的变化，不适合对人脸视频、图片等其他形式的人脸信息进行计数。"组信息"相比"条信息"和"个信息"，可以用于描述不同类型信息的集合，且更能够直观反应数据的规模且适用于全部信息类型。针对人脸识别信息易与其他公民个人信息联结而被建立立体个人信息库的风险，"组信息"更能够直观反映被侵害的信息所蕴含的法益价值，出于对人脸信息特殊保护的必要性，可以考虑将出售、非法获取、提供5组人脸信息作为定量标准。同样的，对于《解释》中第一类的行踪轨迹信息、通信内容、征信信息、财产信息，及第二类的住宿信息、通信记录、健康生理信息、交易信息等分别以50组及500组以上，其他信息5000组以上，作为信息犯罪定量的标准。5组、50组、500组及5000组的入罪数量，体现了对不同信息从严到宽的梯度，凸显了对人脸识别信息的特殊保护，也是罪责刑相适应原则的体现。

(三) 对于人脸识别信息的保护应利用好前置法

在对人脸识别信息进行保护的同时，也应注意科技发展与法律之间的平衡，利用好其他前置性法律。根据《解释》第2条，"违法国家有关规定"是指"违反法律、行政法规、部门规章有关公民个人信息的规定"，因此相较于

---

① 高艳东：《网络犯罪定量证明标准的优化路径：从印证论到综合认定》，载《中国刑事法杂志》2019年第1期。

② 田刚：《网络信息安全犯罪的定量评价困境和突围路径——大数据背景下网络信息量化标准的反思和重构》，载《浙江工商大学学报》2020年第3期。

修改刑法，通过前置法律、行政法规、部门规章对于个人信息的分类保护来实现刑法层面的分类保护，是可行而且相对经济的立法方式。具体来讲，应当在关于公民个人信息的民事、行政法律、行政法规、部门规章中确定关于生物信息的保护，如确定个人生物信息利用的明示同意原则，一般意义上信息提供者的"同意"应当受到信息用途、使用主体、使用时间的三重限制，该"同意"仅指信息提供者在获知收集者对于信息的用途之后，允许信息收集者按照约定的用途使用信息，且要求其负担信息保密的义务。如此为刑法上的人脸信息保护提供前置法上的条件和基础。

除此之外，个人信息保护核心还是在于标准和规范。如今使用人脸识别技术的应用软件服务商和服务机构越来越多，鱼龙混杂，相关部门可以建立国家个人信息认证与网络应用软件准入中心，使得人脸识别机器、模块和数据库安全性只有经过机构和标准认证之后才能被市场应用，在出现问题的时候也能够及时追溯源头。凡使用人脸识别技术的公司设立必须"先证后照"，设置较高的准入门槛。

五、结语

即使人脸识别技术暂时产生了极高经济收益，为市民生活提供了相当大的便利，也必须被及时纳入重点监管范围以防范系统性风险。人脸识别技术带来的隐私和安全问题，已经到了必须正视的时候，合理的规则设计可以在事前为技术带来的风险建立防火墙。动态的技术迭代需要动态的法律进步与之相匹配，应当主动把握不断发展的技术属性和社会属性高度融合的特征，注重激励发展与合理规制的协调，紧扣需求、研判大势、把握方向，努力做到充分利用人脸识别技术，充分保护人脸信息安全，做到科技发展与风险规制的平衡。

作为行为不法类型的犯罪参与

——兼论非法发布深度伪造信息的行为不法

敬力嘉　王晓晓*

一、问题的提出：深度伪造对犯罪参与行为不法评价的挑战

随着能一键"AI 换脸"的 ZAO、自动渲染出裸体照片的"Deep Nude"等软件的出现，深度伪造①进入公众视野。该技术在艺术创作、医疗行业等领域具备一定正向应用前景的同时，利用信息网络非法发布深度伪造信息行为的显著犯罪风险也开始受到社会的广泛关注。

信息网络环境下，主张信息网络犯罪②参与行为已具备正犯性③成为我国学界日渐有力的观点。与之针锋相对的观点，是坚持在传统共犯结构中可以对

---

* 敬力嘉，武汉大学法学院讲师，信息管理学院博士后；王晓晓，中南民族大学法学院讲师，法学博士。

① 深度伪造是深度学习（deep learning）与伪造（fake）两者的组合词，最初是 2017 年底在互联网发布利用名人面孔合成色情视频的红迪网（Reddit）用户的用户名，后成为此类技术的代称。

② 包括狭义信息网络犯罪与网络化的传统犯罪。参见敬力嘉：《信息网络犯罪规制的预防转向与限度》，社会科学文献出版社 2019 年版，第 30~38 页。

③ 包括主张"共犯行为正犯化""正犯行为共犯化""预备行为实行化"以及累积犯等观点，都在试图论证信息网络犯罪参与行为的正犯性。参见于志刚：《共犯行为正犯化的立法探索与理论梳理——以"帮助信息网络犯罪活动罪"立法定位为角度的分析》，载《法律科学》2017 年第 3 期；王肃之：《网络犯罪原理》，人民法院出版社 2019 年版，第 381~383 页；阎二鹏：《预备行为实行化的法教义学审视与重构——基于〈中华人民共和国刑法修正案（九）〉的思考》，载《法商研究》2016 年第 5 期；皮勇：《论网络服务提供者的管理义务及刑事责任》，载《法商研究》2017 年第 5 期。

此类参与行为妥当归责的认知。① 前者的基本逻辑是允许以参与行为的实际作用消解形式分工，后者则主张分工决定定罪，实际作用决定量刑。然而，对犯罪参与体系而言，两种理论进路都会导致犯罪参与分工的形式化，致使规范层面的犯罪参与与事实层面的行为内容混同，成为归责对象，② 犯罪参与分工失去在具体构成要件中标识行为不法类型的功能。而发布深度伪造信息行为的出现，进一步对犯罪参与行为的行为性提出了疑问。

为深度伪造提供系统、前瞻的治理方案，本文力有不逮，毕竟，面对"人类认知的局限性与自身对人类尊严无限信仰之间的矛盾"③，刑法学研究者不应制造与贩卖有关技术发展的不专业预言。本文拟引入归责视角，在行为论与犯罪参与理论相结合的视角下，探索作为归责结果的"犯罪参与行为"、作为归责对象的"参与行为"以及作为归责标准的"犯罪参与"，厘清犯罪参与分工的内涵与规范地位，并以此为理论基础，实现对"发布深度伪造信息"行为不法的准确评价。

二、归责视域下犯罪参与行为的规范内涵

（一）作为归责对象的参与行为：意图行为

为了探寻事实层面受行为人意图支配的行为样态，将行为人事实的目的性进行规范构建的目的行为论需予以扬弃，Kindhäuser 的意图行为论（Intentionale Handlungslehre）进入本文视野。

本文认为，意图行为论为作为归责对象的参与行为内涵提供了较为令人满意的解释。遗憾的是，Kindhäuser 一开始便走上归责对象与标准混同的道路，将行为定义为"具有决定性的作为（entscheidbares Tun），行为人借此足以造成一个事件"④，试图统一说明作为与不作为的行为性；后来直接用归责取代

---

① 包括主张帮助犯的量刑规则、双层区分制为前提的共犯归责等方案。参见张明楷：《论帮助信息网络犯罪活动罪》，载《政治与法律》2016 年第 2 期；王霖：《网络犯罪参与行为刑事责任模式的教义学塑造——共犯归责模式的回归》，载《政治与法律》2016 年第 9 期。

② 如果共犯的刑罚可以重于正犯，相关学者所赞许双层区分制保障的构成要件的定型化，就只是贝林式客观、中立、抽象的构成要件定型化，没有实质的不法内涵，这样的定型化并无意义。参见梁根林：《罪刑法定原则：挑战、重申与重述——刑事影响力案件引发的思考与检讨》，载《清华法学》2019 年第 6 期。

③ [美]沃尔特·李普曼：《舆论》，常江、肖寒译，北京大学出版社 2018 年版，第 200 页。

④ Vgl. Kindhäuser（Fn. 62），S. 175.

行为作为犯罪论的核心,将事实归责的对象界定为"与构成要件实现相关、可避免的举止"①,将意图重新解释为"待实现的符合规范的目的"②,而非已实现、待规范评价的目的。在区分(保护法益的)举止规范与(维护举止规范效力的)制裁规范的前提下,将犯罪界定为规范违反(Normwiderspruch),具体即"违反义务且有责地未以其行为遵守某一规范",规范归责的对象是行为人"意图控制下遵守规范的能力"③(intentionale Normbefolgungsfähigkeit)。他将本应为事实归责理由的意图(目的性)作为普适的归责标准,最终混同了归责的对象与标准。以此为依据,在他的犯罪参与理论中,共犯与正犯行为都是事实层面意图控制下各自不被允许的举止及其结果(风险创设)的可避免性,只有设定正犯是亲手实现,共犯是间接实现构成要件者的前提,才能对两者进行区分,④却无法解释如此设定的依据。如此,意图行为论丧失了它本应具备的功能,这一理论进路不为本文所取。

(二)作为归责标准的犯罪参与:两阶层的行为概念

厘定了作为归责对象的意图行为,刑法中的行为概念应合乎逻辑地由具体社会环境中(事实层面)的行为转向具体构成要件中(规范层面)的行为,继而走向"构成要件行为"实质化、阶层化的理论方向。基于这样的认识,过失犯、不作为犯在事实层面依然要回溯到行为人受意图支配的基础行为,是意义的表达;故意犯、过失犯与不作为犯的区分不在于事实层面的行为类型,而在于事实层面的行为意图与刑法规范层面对此意图的解释,是不同的构成要件(行为)类型。⑤ 这与通常认知完全不同,本文限于篇幅无法展开,只探讨具体构成要件中作为归责标准的犯罪参与。下文将在归责对象与标准的两阶层视域下,厘清作为归责标准的"犯罪参与",继而明确"犯罪参与行为"作为行为不法类型的实质内涵。

1. 对犯罪参与行为的阶层化认识

作为参与构成要件实现的行为,"犯罪参与行为"不是对"参与行为"基于(刑法规范所禁止)结果引起的事实性描述,而是归责的结果。鉴于共犯行为是将正犯意图支配下的构成要件实现纳入自己的行为计划,继而参与

---

① Kindhäuser, Zimmermann (Fn. 12), S. 57.
② Kindhäuser (Fn. 62), S. 627.
③ 包括事实层面的行为能力(Handlungsfähigkeit)与规范层面的动机能力(Motivationsfähigkeit)。Vgl. Kindhäuser, Zimmermann (Fn. 12), S. 54 – 59.
④ Vgl. Kindhäuser (Fn. 65), S. 627 – 649.
⑤ Vgl. Kreuzberg (Fn. 17), S. 115 ff.

（共同完成或支持）了构成要件实现，共犯行为对正犯行为具备事实层面、行为意义上的限制从属。而共犯的处罚应当较正犯为轻，这也是事实层面的行为从属所决定的。但在事实层面，共犯行为是通过参与构成要件实现独立造成了法益侵害结果，应直接根据参与行为与法益侵害结果之间的主、客观规范（因果或危险）连接判断共犯行为的不法，归责标准具有独立性。当然，归责标准的设定要以事实的限制从属性为依据。如此，传统共犯归责中抽象、孤立的行为概念与从属的不法评价，可以被实质、联系的行为概念与独立的不法评价所取代。在犯罪参与体系中，事实归责标准应为行为人行为计划的内容，规范归责标准应为具体构成要件中作为归责对象的行为与法益侵害结果间的主、客观规范连接。作为"刑法中的行为""犯罪参与行为"呈现出两阶层的结构。以此为认识基础，才能构建基于完整归责理由、提供完整归责标准的犯罪行为支配理论。

2. 我国刑法中的犯罪参与分工

如此阶层式地理解犯罪参与，就能更好地在区分制语境下解释我国关于共同犯罪的规定。

关于我国刑法中的共同犯罪形态，历来有"形态分类法"① "作用分类法"② "分工与作用双层区分法"③ 的争议。若遵循本文的理论进路，三种分法皆不可取，笔者建议可以在具体的构成要件中将我国刑法中的主犯、从犯、胁从犯与教唆犯视为不同的行为不法类型，真正明确犯罪参与分工的规范标准。

三、犯罪参与视域下非法发布深度伪造信息的行为不法内涵

立足于本文构建的两阶层意图行为论，下文拟在犯罪参与语境下，分别从归责对象、标准与结果三个层次厘清"非法发布深度伪造信息"的行为不法内涵。

（一）作为归责对象的"发布深度伪造信息"

首先应当厘清的是作为归责对象的深度伪造应用使用者的基础意图行为。当前，无监督学习状态下效果较好的生成模型主要有 GAN 与 VAE，以及它们

---

① 何庆仁：《归责视野下共同犯罪的区分制与单一制》，载《法学研究》2016 年第 3 期。

② 高铭暄、马克昌主编、赵秉志执行主编：《刑法学》（第 7 版），北京大学出版社、高等教育出版社 2016 年版，第 172 页及以下。

③ 钱叶六：《双层区分制下正犯与共犯的区分》，载《法学研究》2012 年第 1 期。

的多个演化版。伪造视频的过程可表述为深度伪造应用使用者获取源数据，经过算法处理后生成伪造数据。基于"数据是标准化、可再处理的信息表达形式，是信息内容荷载符号"① 的认识，使用并发布"深度伪造信息"会产生两个问题：第一，基于深度学习技术的公民个人信息获取与信息伪造，能否被评价为使用者的意图行为？第二，如果可以，作为刑法归责对象的行为是哪一个？对于第一个问题，本文认为可以。对于第二个问题，本文认为发布伪造信息才能成为刑法归责的对象。

依照本文观点，刑事归责标准，包括作为事实归责标准的行为人意图，以及作为规范归责标准的具体构成要件，分别具有对归责对象的一体化与界限功能。② 鉴于深度伪造中源数据来自网络公开资源，虽然"获取公民个人信息"确为符合侵犯公民个人信息罪构成要件的举止，但其不侵犯本罪所保护法益，不是本罪（刑法）归责对象。而"伪造信息"行为一般不被认为具备独立性，因为"伪造"目的通常会被其他目的所吸收，也不是我国刑法归责的对象。典型的如我国《刑法》第 291 条之一规定的编造、故意传播虚假恐怖信息罪与编造、故意传播虚假信息罪，学界一般认为编造、传播不可分割，③ 或刑法归责的对象仅为传播行为。④ 又如美国得克萨斯州 2019 年 9 月 1 日生效的《关于制作欺骗性视频意图影响选举结果的刑事犯罪法案》，将制作"深度假视频"影响选举结果的行为入罪。⑤ 当然，依据社会发展的具体情况，也可探索将"伪造信息"作为独立归责对象设立新罪。例如，美国国会正在审议的《2019 年深度伪造报告法案》（Deepfakes Report Act of 2019）进一步厘定了"数字内容伪造"（digital content forgery）的定义：使用新兴技术制造或操纵音频、视觉或文本内容，意图产生误导效果，⑥ 探索对数字环境下"伪造信息"行为进行独立规制的方向，就此主题本文不再继续展开。还有待判断的是"发布深度伪造信息"。在事实归责阶段，鉴于刑法选定的归责对象本非事实可引起结果的举止，而是对造成结果适格的举止，"举止符合构成要件"本非

---

① 敬力嘉：《论企业信息权的刑法保护》，载《北方法学》2019 年第 5 期。
② 相反观点参见李世阳：《刑法中行为论的新展开》，载《中国法学》2018 年第 2 期。
③ 刘宪权：《网络造谣、传谣行为刑法规制体系的构建与完善》，载《法学家》2016 年第 6 期。
④ 张明楷：《网络诽谤的争议问题探究》，载《中国法学》2015 年第 3 期。
⑤ See. Texas Senate Bill 751, Section 255.004, Subsections (d) and (e), https://legiscan.com/TX/text/SB751/id/1902830，最后访问日期：2020 年 2 月 26 日。
⑥ See. Deepfakes Report Act of 2019, https://www.congress.gov/bill/116th-congress/house-bill/3600/，最后访问日期：2020 年 2 月 26 日。

对概念的文义解释，而是基于归责标准的意图解释，那么应以我国现行刑法分则所规定罪名为依据，检验"发布经深度伪造信息"是否可为现行罪名的归责对象。

在正犯行为层面，根据深度伪造产出的特定信息类型，"发布深度伪造信息"可解释为我国刑法中相关罪名的归责对象。① 但信息类型毕竟是功能化的，不是信息存在论意义上的实在属性，② 将"发布深度伪造信息"行为本身解释为《刑法》第 287 条之一非法利用信息网络罪第 1 款第（二）、（三）项中的"发布信息"更为妥当。需要特别说明的是，该行为不属于《刑法》第 287 条之二帮助信息网络罪的归责对象。虽然该罪常与非法利用信息网络罪一起被视为只能在网络空间实施的纯正网络犯罪，但该罪用"明知他人利用信息网络实施犯罪"，对行为人"为其犯罪借助互联网接入、服务器托管、网络存储、通讯传输等技术支持，或者提供广告推广、支付结算等业务"的意图作了要求，③ 最高人民法院、最高人民检察院《关于办理非法利用信息网络、帮助信息网络犯罪活动等刑事案件适用法律若干问题的解释》（以下简称《信息网络犯罪解释》）第 11 条对如何推定行为人意图提供了标准。因此，"发布深度伪造信息"与"明知他人利用信息网络实施犯罪，为其犯罪发布深度伪造信息提供广告推广"，看似有所重合，其实是不同的意图行为。在共犯行为层面，由于没有对举止符合构成要件的要求，以"发布深度伪造信息"为相关罪名共犯归责的对象应无障碍。

（二）作为规范归责标准的"非法"

还需明确作为规范归责标准的"非法"。基于本文立场，由于作为归责对象的"参与行为"是独立的意图行为，作为归责标准的"犯罪参与"具有质的独立性。区别在于，若行为人自我意图支配下的构成要件实现，"参与行为"可被评价为正犯行为，承担正犯责任；若行为人自我意图支配的构成要件实现在事实层面具备从属性，则"参与行为"可被评价为共犯行为，承担共犯责任。那么，"参与行为"归责标准的确定，取决于它在事实层面是否具有行为的从属性。判断"发布深度伪造信息"在刑法中是否"非法"，首先要明确《刑法》第 287 条之一非法利用信息网络罪第 1 款第（二）、（三）项中的"违法犯罪"，应被理解为作为归责标准的构成要件要素，还是作为归责对象的行为要素？这个问题的答案决定了"发布有关制作或者销售毒品、枪支、

---

① 王禄生：《论"深度伪造"智能技术的一体化规制》，载《东方法学》2019 年第 6 期。
② 敬力嘉：《论"深度伪造"智能技术的一体化规制》，载《东方法学》2019 年第 6 期。
③ 敬力嘉：《信息网络犯罪规制的预防转向与限度》，社会科学文献出版社 2019 年版。

淫秽物品等违禁物品、管制物品或者其他违法犯罪信息，情节严重"应是作为归责对象的"参与行为"，还是作为归责结果的"犯罪参与行为"。

学界①与实务界②的主流观点是将本罪解读为"预备行为实行化"立法，在将"预备行为"理解为归责对象的认识基础上，将该行为视作"参与行为"，"违法犯罪"成为行为要素，被视为所发布信息的"属性"，是发布行为的一部分，该行为的归责标准从属于作为正犯行为的"违法犯罪行为"的归责标准。对于"违法犯罪"的解释，在《信息网络犯罪解释》生效前，存在实质违法说③（将"违法犯罪"解释为最广义的实质违法）、刑事违法说④（认为"违法犯罪"中的"违法"仅指刑事违法）与广义犯罪说⑤（认为"违法犯罪"指犯罪）有关归责标准内涵的争议，但对其从属性并无异议。

《信息网络犯罪解释》第 7 条规定，"刑法第二百八十七条之一规定的'违法犯罪'，包括犯罪行为和属于刑法分则规定的行为类型但尚未构成犯罪的违法行为"。本条规定表明，在认可本罪归责标准从属性的基础上，该解释试图用"刑法分则规定的行为类型"厘定"正犯行为"范畴。在降低入罪门槛、"打早打小"、预防信息网络犯罪参与行为危害"累计"思想的指导下，司法机关试图通过第 7 条将"预备行为实行化"理论进路下本罪的口袋性包装为"包容性"。⑥ 同时通过第 15 条的规定，"综合考虑社会危害程度、认罪悔罪态度等情节，认为犯罪情节轻微的，可以不起诉或者免予刑事处罚；情节显著轻微危害不大的，不以犯罪论处"，为本罪设定基于刑事政策考量的出罪机制，以缓解本罪与罪刑法定原则之间的冲突。但通过本文对"构成要件行为"的解构可以发现，所谓"刑法分则规定的行为类型"，即为"符合刑法分则所规定罪名的构成要件的举止"，仍然没有确立对应的"正犯行为"。"违法犯罪"本就指向作为归责对象的发布信息行为，《信息网络犯罪解释》第 7 条能将"刑法未规定、仅在《治安管理处罚法》或者其他法律法规规定的行政

---

① 于志刚：《网络空间中犯罪预备行为的制裁思路与体系完善——截至〈刑法修正案（九）〉的网络预备行为规制体系的反思》，载《法学家》2017 年第 6 期。
② 全国人大常委会法工委刑法室编著：《〈中华人民共和国刑法修正案（九）〉释解与适用》，人民法院出版社 2015 年版，第 157~158 页。
③ 喻海松：《网络犯罪的立法扩张与司法适用》，载《法律适用》2016 年第 9 期。
④ 阎二鹏：《帮助犯因果关系：反思性检讨与教义学重塑》，载《政治与法律》2019 年第 2 期。
⑤ 欧阳本祺、王倩：《〈刑法修正案（九）〉新增网络犯罪的法律适用》，载《江苏行政学院学报》2016 年第 4 期。
⑥ 喻海松：《新型信息网络犯罪司法适用探微》，载《中国应用法学》2019 年第 6 期。

违法行为"① 排除出"违法犯罪"范畴，却无法回答对于刑法和其他行政法律法规都规定为"非法"的信息发布行为，应如何确立本罪的归责标准。《信息网络犯罪解释》第 10 条设置了处罚标准，但无法替代归责标准。

本罪中，由于信息类型并非其实在属性，而是基于行为人目的的功能化区分，发布"违法犯罪"信息是行为人自我意图支配下的独立行为，不从属于"正犯行为"，它在行为层面的参与性并非共犯结构中对正犯行为的事实从属性，其归责标准只能直接基于作为归责对象的举止是否符合非法利用信息网络罪的构成要件，以及该举止与本罪禁止的法益侵害结果之间是否存在主、客观规范连接加以确定。简言之，当行为人所发布信息涉及违法犯罪，发布行为就能成为本罪的归责对象，本罪中的"违法犯罪"应属作为归责标准的构成要件要素，是确定归责对象的规范依据。该发布行为是否与本罪禁止的法益侵害结果之间存在规范连接，还有待进一步判断。

基于这样的认识，本文认为，司法实践中将利用网络信息销售购买公民个人信息，在微信、QQ 群对外销售假身份证、假毕业证信息，利用网络信息载体销售国家秘密级别的考试试卷、答案，以及发布赌博信息都作为本罪中的"发布其他违法犯罪活动信息"，② 不是兜底条款导致的口袋化，而是在"违法犯罪"这一构成要件要素指引下确认的具体发布行为。而发布行为是否"符合本罪构成要件"，还应进一步判断它与本罪所禁止法益侵害结果之间的规范连接，这对防止本罪口袋化具有关键意义。

（三）作为归责结果的"非法发布深度伪造信息"

还应在具体构成要件中明确作为归责结果的"非法发布深度伪造信息"。基于本文将"犯罪参与行为"理解为归责结果的认识，下文拟从"正犯行为"与"共犯行为"两个方面入手，探讨"非法发布深度伪造信息"的行为不法类型。

长期以来，信息网络犯罪刑事归责面临的核心矛盾——新增设行政犯归责（行为刑事不法判断）标准的确定得不到妥善解决。究其原因，学界形成的基本共识是欠缺以法益为核心的刑法独立审查与判断，但由于不区分归责对象、标准与结果，对于如何审查与判断仍众说纷纭。根据上文厘清的归责标准，当深度伪造应用的使用者发布经深度伪造信息，此信息是有关制作或者销售毒品、枪支、淫秽物品等违禁物品、管制物品或者其他违法犯罪信息时，"发布

---

① 喻海松：《新型信息网络犯罪司法适用探微》，载《中国应用法学》2019 年第 6 期。
② 姜育良：《法益解释论下非法利用信息网络罪的司法适用——基于〈刑法修正案（九）〉以来裁判文书样本的分析》，载《法律适用》2019 年第 15 期。

深度伪造信息"可视为符合非法利用信息网络罪构成要件的举止。当"发布深度伪造信息"与本罪禁止的法益侵害结果之间存在规范连接时,方能被评价为"非法发布深度伪造信息"这一非法利用信息网络罪所规制的"正犯行为"。

如此,在本文区分归责对象、标准与结果的视角下,本罪的行政犯属性更加清晰,归责判断中行政不法与刑事不法的关系也更加明确:对于刑法规范中依托行政法律规范才能判断的内容,① 也就是"违法犯罪"中的"违法"应指违反行政法律法规,其作为构成要件要素的功能,是在一举止同时成为行政法律法规与刑法的归责对象时,通过前者明确具体的归责对象,继而根据本罪的归责标准判断该举止的刑事不法,不涉及行政不法的判断。概言之,针对同一归责对象适用不同的归责标准,作为归责结果的行政不法与刑事不法当然存在质的区别,所谓量的区分从属于质的区分,这一区分过程在构成要件符合性判断的阶段即应完成。通过引入归责视角,可以发现区分行政犯中的行政不法与刑事不法是由归责判断的动态过程实现:前者指向了归责对象的事实参与性,后者指向了归责标准的规范独立性,两者处于归责判断的不同层次,互不矛盾,互不归属。

有关这一点,着眼于事实认定的刑事诉讼法学者认识非常精到。陈瑞华教授提倡的"行政不法事实与犯罪事实的层次论"就明确指出,作为证明对象,"行政不法事实"和"犯罪事实"是处于不同法律位阶、独立的法律事实,前者不必然转化为后者,"只有在确认行政不法事实的基础上,继续认定刑法所确立的'特定犯罪构成要件事实',才能最终认定行为人的犯罪事实……行政不法事实与犯罪事实具有不同的内容,行政处罚与刑事制裁所要确定的证明对象也就各不相同。"② 陈教授从刑事诉讼法的视角出发,从调查取证的法律限制、非法取证的法律后果、证明标准等方面全面论证了行政不法事实与犯罪事实的实质区分,本文不做展开。仅以行政不法事实与犯罪事实作为证明对象的实质区分而言,就能与本文所主张刑事实体法中行政犯的归责过程较好衔接。当深度伪造信息是有关制作或者销售毒品、枪支、淫秽物品等违禁物品、管制物品或者其他违法犯罪信息时,"发布深度伪造信息"为符合非法利用信息网络罪构成要件的举止,可被视为行政不法事实;当"发布深度伪造信息"进

---

① 包括分则规定中"违反国家法律规定"的空白罪状,以及无空白罪状,但仍需援引行政法律规范确定含义的要素,有学者将后者理解为不成文构成要件要素。参见刘艳红:《论法定犯的不成文构成要件要素》,载《中外法学》2019 年第 5 期。

② 陈瑞华:《行政不法事实与犯罪事实的层次性理论——兼论行政不法行为向犯罪转化的事实认定问题》,载《中外法学》2019 年第 1 期。

一步与本罪禁止的法益侵害结果之间存在规范连接时，"非法发布深度伪造信息"为非法利用信息网络罪构成要件的实现（"符合构成要件"），才可被视为犯罪事实，后者才是"发布深度伪造信息"正犯行为不法的内涵。

本文摒弃了在行政犯中直接用行政法律法规填充"构成要件行为"内涵的思路，甚至脱离了对行政不法与刑事不法理论探讨的传统语境，依据本文所主张区分归责对象、标准与结果的两阶层行为论，厘清了两者在事实与规范层面的关系，但并不违背法秩序统一原理。只有从事实与规范两个层面考察刑法所规制的"犯罪（参与）行为"，才能真正充实"非法发布深度伪造信息"的正犯行为的不法内涵。

当然，基于深度伪造信息的高逼真度，发布深度伪造的诈骗信息相较于发布普通诈骗信息，其导致被害人财产损失结果的危险程度较高，对于罪量标准应重新考量。如前文所列举的"AI语音诈骗案"，如果由"语音网络钓鱼"发展到"视频网络钓鱼"，发布深度伪造诈骗信息的危险程度会再度增加，且查证难度很大。因此，在无法查证发布深度伪造信息从属的正犯行为，从而无法判断发布行为人与正犯行为所指向法益侵害结果间的主、客观规范连接，使其承担相应犯罪的共犯责任时，适用非法利用信息网络罪使其承担独立的正犯责任成为应然之选。

四、结语

深度伪造带来的核心挑战，即制造欺骗听觉与视觉的谎言，是始终伴随人类社会发展的阴影，在人工智能技术高速发展的当下，反映出社会发展中存在的结构性矛盾，包括假新闻治理、社会共同体信任机制建立、公民信息素养培育等，并未制造新的问题。① 法律包括刑法对深度伪造等新型技术的回应必然具有滞后性，但这并非劣势，而是穿透让人眼花缭乱的技术现象、直指"规范人的行为"这一问题本质的内在要求。正如麻省理工学院的人类学家Graham Jones所指出："只有当伪造者掌控了规范化、习惯化、体系化、有证据佐证的行为标准，伪造才成为可能。"② 如果刑法理论试图建构一个基于规范认知的永恒秩序，急速发展变化的现实会轻易打破刑法规范的稳定性，使之疲于追随行为模式的实然变化，无法提供稳定的行为标准，为伪造者在变化中创设

---

① See. Jessica Silbey, Woodrow Hartzog, The Upside of Deep Fakes, 78 Md. L. Rev., 961 (2019).

② Graham M. Jones, Deep Fakes, in FAKE 15, 21 (Jacob Copeman & Giovanni de Col eds., 2018).

与掌控行为标准提供空间。面对深度伪造，我国网络监管部门已释放出积极的规制信号，① 刑法应着力于为现实生活中深度伪造应用使用者的行为提供清晰、明确的指引，不要再走上"一管就死，一放就乱"的老路。

在人工智能相关技术逐步成熟与产业化应用的当下，行为具备事实上的参与性逐渐成为常态，区分行为的核心标准不再是行为主体身份，而是行为权限，② 这对以抽象、孤立行为概念为基础的传统犯罪参与理论提出了挑战。本文将犯罪参与理论与行为论结合，引入归责视角对行为论进行补充和完善，就是要明确从"行为"到"犯罪行为"不是认知过程，而是评价过程，在具体构成要件中确立以实质、联系的行为概念为基础的行为不法类型，让"犯罪即行为"的古老信条焕发崭新活力。

---

① 《网络信息内容生态治理规定》第 23 条规定："网络信息内容服务使用者和网络信息内容生产者、网络信息内容服务平台不得利用深度学习、虚拟现实等新技术新应用从事法律、行政法规禁止的活动。"

② 敬力嘉：《论企业信息权的刑法保护》，载《北方法学》2019 年第 5 期。

事前规划与事后惩治并重的侵犯公民个人信息罪治理模式构建

——以合规计划为视角

郑自飞*

一、引言

合规最早被界定为"法规的遵守"。据此,德国学者弗兰克·萨力格尔将刑事合规定义为,"包括实体规则与形式规则之整体,从法人及没有法人资格的公司的角度来看,其在法定可罚性领域(刑事实体法)的前置领域内,应前瞻性地避免刑事责任风险。"① 尽管当前我国学界在刑事合规计划的概念界定上尚未达成一致共识,但是在刑事合规计划旨在及时发现并预防企业及其内部员工的违法犯罪行为这一点上毫无争议。合规计划是现代社会治理犯罪尤其是企业犯罪的重要手段,其独特魅力在于将原属于国家公权的管理责任通过有效的形式转移或分担给私人和社会组织,特别是"促进企业自我监管,从而缓解国家对犯罪行为的监管负担"②。这意味着,从刑事合规的角度思考侵犯公民个人信息犯罪的"事前规划"式风险预防机制,合规疏源与刑法截流并举,既可提升个人信息保护的多元性和有效性,亦可缓解侵犯公民个人信息罪刑法规制扩张与刑法谦抑性理念之间的紧张关系。同时,通过典型个罪的刑事立法与司法实践检验刑事合规,揭开合规计划的神秘面纱,也将为构建具有中国特色的刑事合规制度创设前提。

---

* 郑自飞,西南政法大学法学院博士研究生。
① [德]弗兰克·萨力格尔:《刑事合规的基本问题》,马寅翔译,载李本灿等编译:《合规与刑法:全球视野的考察》,中国政法大学出版社2018年版,第62页。
② [美]菲利普·韦勒:《有效的合规计划与企业刑事诉讼》,万方译,载《财经法学》2018年第3期。

本文将以侵犯公民个人信息罪的传统刑法治理思路为切入点，揭示合规计划在侵犯公民个人信息罪治理中的功能运作机制，进而思考合规计划融入侵犯公民个人信息罪治理的可行性路径，为侵犯公民个人信息罪构建一种事前规划与事后惩治并重的新型治理模式。

二、侵犯公民个人信息罪刑法治理的严密化与传统思路困境

从当前我国侵犯公民个人信息罪的刑事立法和司法实践现状看，刑事立法和司法均在循序渐进地严密规制范围、强化规制力度。正如学者所言，"在刑事法领域，对于侵犯公民个人信息罪的惩治处于不断扩张态势，法益保护的链条不断拉长，刑法修正立法频繁，刑事司法解释呈现细密化、扩大化趋势。"① 将"这一现实视为给定的，把其中的特定现象视为经验证据"②，将是我们进一步探讨侵犯公民个人信息罪规制问题的必然选择。侵犯公民个人信息罪的行为主体既是违法犯罪行为的实施者，也是相应法律后果的承担者，借助司法实践中行为主体的特定现象针对性地分析思考相关犯罪的防控措施方能有的放矢。

（一）侵犯公民个人信息罪刑法治理的严密化走向

一方面，伴随着互联网虚拟社会在我国的快速建构，个人信息的商业价值得到全面发掘，刑法立法对公民个人信息保护的重要性越发重视，网络刑法立法观的更新促使刑法逐步严密侵犯公民个人信息罪的规制范围，提升规制力度。从个人信息刑法保护模式上看，个人信息刑法保护历经附权保护、数据安全保护、专属保护三个阶段，③ 整体趋于精细化、严密化。

另一方面，侵犯公民个人信息相关犯罪的司法适用扩大化，司法实践为惩治侵犯公民个人信息罪不遗余力。"公民个人信息"是个人信息权益刑法保护载体，如何理解和界定"公民个人信息"直接关系到司法规制范围。当前，侵犯公民个人信息罪司法规制的扩张，主要是通过扩宽"公民个人信息"概念外延的方式实现的。"公民个人信息"概念内涵在司法领域的扩张，使公众面临着更多的信息使用风险，其背后隐藏着规制主体范围扩大化的现实问题。

---

① 张勇：《公民个人信息刑法保护的碎片化与体系解释》，载《社会科学辑刊》2018年第5期。

② ［美］彼得·L.伯格、托马斯·卢克曼：《现实的社会建构——知识社会学论纲》，吴肃然译，北京大学出版社2019年版，第27页。

③ 李川：《侵犯公民个人信息罪的规制困境与对策完善——从大数据环境下滥用信息问题切入》，载《中国刑事法杂志》2019年第5期。

(二）侵犯公民个人信息罪的传统刑法治理思路及其困境

当前侵犯公民个人信息罪刑法治理思路是不断拓展刑事制裁范围，强化规制力度，突出表现在因应网络社会的迅捷发展，不断扩大个人犯罪的行为类型并强调对单位犯罪的重视。但是，在实现了侵犯公民个人信息罪规制行为类型的多样化和主体的多元化的情形下，侵犯公民个人信息罪的传统刑法治理理念也不可避免地面临着困境。

1. 公权保护的过分依赖与社会组织内部保护机制的不当忽视

当前我国刑法和行政法、民法、网络安全法等非刑事法规范均存在对公民个人信息相关的保护措施，且不说法律规制供给的充分性和规制功能的有效性问题，过分依靠法律尤其是刑法这种正式而严厉的强制性制裁以防治个人信息违法犯罪的倾向显而易见。我们理应认识到，"在维护社会秩序方面，结构明确的行为规则和正式的强制程序所起到的作用是有限的"，① 单纯依靠国家强制力治理侵犯公民个人信息罪只会深陷进退两难之境。一方面，刑法不断严密规制法网，提升规制力度；另一方面，侵犯公民个人信息的犯罪态势居高不下。在互联网社会与现实社会虚实并存的二元社会结构下，侵犯公民个人信息罪涉及的行为内容复杂，利益主体范围宽泛，尤其是当前个人信息与国家、个人和互联网服务平台等组织机构存在唇齿相依的关系，意味着侵犯公民个人信息罪的治理应当由多元主体参与的协作机制发挥功效。然而事实表明，当前我们并未充分意识到社会组织尤其是互联网企业所拥有的侵犯公民个人信息罪治理能力和力量，企业内部的自主性防控机制尚未得到社会和国家的有效认可。这从企业内部的合规计划在刑事立法和司法实践中的零星化规范认可和运用可见一斑。

2. 事后惩治性预防的过度依赖与事前规划式预防的不当缺失

当前逐步趋严化的刑事法网表明，我国侵犯公民个人信息罪的刑事立法和司法实践过度依赖刑罚的事后惩罚性预防功能。长期以来，面对纷繁复杂的侵犯公民个人信息的违法犯罪行为，我国在个人信息的保护策略上强调"刑先民后"，强调谦抑性原则的刑法被推到台前，率先承担起保护公民个人信息的重任。② 侵犯公民个人信息罪刑事立法和司法对事后惩治性预防的过重依赖忽视了对事前规划式激励预防措施的同等关注。刑罚的事后惩治性预防侧重于通过积极打击侵犯公民个人信息罪以威慑犯罪人，但是这种事后反向激励的局限

---

① 何荣功：《自由秩序与自由刑法理论》，北京大学出版社2013年版，第114页。
② 于志刚：《"公民个人信息"的权利属性与刑法保护思路》，载《浙江社会科学》2017年第10期。

性也是显而易见的。借助于刑事合规制度,合规计划可以直接影响行为主体事后的定罪与量刑,这种事前正向激励是鼓励个人和互联网平台积极采取有效措施保护个人信息的重要手段。但是,事实表明我国个人信息的刑法保护却忽视了这种事前规划式的正向激励制度。单纯依靠司法机关适用刑法予以惩治,忽视对信息收集、管理主体的激励性制度预防,只能是治标之策,难以有效防范侵犯公民个人信息的犯罪行为。

3. 个人信息法益定位的偏颇与协作治理机制的不当缺失

由于刑事立法将个人信息相关犯罪中的"公民个人信息"的法益定位偏向于个人法益,因而在复杂的互联网虚拟社会不断扩张的背景下,势必导致对该罪协作性治理机制的缺失。从刑事司法层面看,个人法益的主流立法定位意味着该罪侵害的是公民个人权益,加之司法资源配置的有限性,那么单一乃至少数个人法益的侵害势必难以获得刑事司法的有效认同,打击少数、放纵多数在所难免。从个人层面看,面对浩瀚复杂而极具技术性的互联网,个人遭遇信息侵害时,难以获得有效的线索和证据。从互联网企业层面看,由于企业或者其内部人员实施相关犯罪会直接影响其外部形象和市场利益,因而企业也不会主动参与侵犯公民个人信息罪的司法打击程序。司法机关、个人和企业各谋其政,无法形成侵犯公民个人信息罪治理的协作机制,"从而大大影响对侵犯公民个人信息罪行为的打击力度和效率。"①

三、合规计划在侵犯公民个人信息罪治理中的刑法内涵与功能运作

个人信息保护的刑法立法跟进与司法扩张,反映出个人信息在现实社会与互联网虚拟社会二元并存结构下的重要价值,也间接性映射出一个重要现实:我们对刑法治理侵犯公民个人信息罪存在高度依赖,而传统的事后惩治型刑法治理手段收效甚微乃至乏力。在互联网大数据时代,个人信息违法犯罪主要是由互联网企业及其内部员工直接或间接实施,这是侵犯公民个人信息罪的显著特征。刑法增设侵犯公民个人信息罪的单位主体并强化"网络服务提供者的平台责任"② 即是最佳例证。就此而言,"我们应该摆脱传统的仅仅依靠刑法的惩罚、打击进行企业犯罪治理的思维,把企业犯罪的治理与我们经济体制改

---

① 刘仁文:《论非法使用公民个人信息行为的入罪》,载《法学论坛》2019 年第 6 期。

② 于志刚:《中国网络犯罪的代际演变、刑法样本与理论贡献》,载《法学论坛》2019 年第 2 期。

革、现代企业制度的建立、现代企业的治理水平的提高和企业家素质的提升、企业文化的这种培育结合起来。"① 刑事合规"鼓励企业内部遵守合规文化"②,是旨在及时发现并预防企业及其员工违法犯罪行为的企业内部治理机制。将其融入侵犯公民个人信息罪既符合当前我国侵犯公民个人信息罪的主体特征,也有助于形塑我国侵犯公民个人信息罪的事前规划与事后惩治并重的立体式全面治理模式。

(一) 合规计划的刑事法内涵与功能指向

在规范共同体下,现代企业的产生和发展离不开对法律规范的遵守。从早期的行会制度到近现代的各类旨在促进企业公平竞争的法律规范及其制度,遵守法律规范成为企业经营普遍的风尚。合规制度是经济发展和企业存续共同作用的结果,它是一种集多种预防措施于一身,旨在及时发现并预防企业内部违法犯罪行为的综合性机制,③ 其"精髓在于,使法令的遵守不再依靠严格监视和个人自觉性与诚实性,而是用合理的事前计算规划来避免违法行为的发生"④。

---

① 卢建平:《防范与打击企业家犯罪是一个系统工程》,载《法人》2012 年第 2 期。
② [美] 菲利普·韦勒:《有效的合规计划与企业刑事诉讼》,万方译,载《财经法学》2018 年第 3 期。
③ 1991 年美国量刑委员会在《联邦量刑指南》中对组织的规定法制化,其追求的刑事合规制度成为当前的典范。《联邦量刑指南》中列举的评估合规计划有效性的要素主要关注企业执行合规计划的情况:"1. 企业应建立制度和程序以防止犯罪行为。2.(A)企业管理层应知晓道德合规计划的内容并合理监管以确保两者得到有效实施。(B)企业高层应确保企业具有符合《联邦量刑指南》要求的有效道德合规计划,且在高层内部安排专人全面负责。(C)指派专人负责道德合规计划的日常实施,并由其向企业高层、一级管理者或二级管理者汇报计划的有效性。为确保合规计划实施顺利,企业应当为负责人配备充足的资源、赋予其足够的权限及和一级或二级管理者直接接触的途径。3. 企业不得聘用在尽职调查期间了解到具有犯罪前科记录的高管。4.(A)企业应定期与(B)项中所提及的人物沟通道德合规计划的标准、程序及其他方面的内容,或者就其职责提供必要信息。(B)在(A)项中涉及的人包括企业管理者、企业高层、权威人士、雇员及企业代理人。5. 企业应做到:(A)确保企业道德合规计划得到遵守,包括通过监测审计手段侦查犯罪行为;(B)定期评估道德合规计划的有效性;(C)建立并推行包含匿名举报机制和保密机制的检举系统,使雇员和代理人检举潜在或既定犯罪行为而不被报复。6. 企业的道德合规计划应得到持续执行,并需(A)针对遵循合规计划者设立恰当的奖励措施;(B)针对违背合规计划发生违法行为者执行恰当的惩罚措施。7. 发现犯罪行为后,企业应当恰当处理以防止类似行为再次发生,并对企业道德合规计划进行修正。"
④ [日] 川崎友巳:《合规管理制度的产生与发展》,李世阳译,载李本灿等编译:《合规与刑法——全球视野的考察》,中国政法大学出版社 2018 年版,第 6 页。

合规计划不止具有经济学上的意义，同时具有刑事法上的法律意义。一方面，就刑法实体法而言，合规计划融入刑法中的犯罪治理，其效果发挥主要表现在以下层面：其一，影响实体层面的犯罪成立。例如，实施合规计划"证明了企业在自身活动中表现了相当的注意"①，因此合规计划"与针对'企业过失'的注意义务有很大关联性"②，意味着刑事合规能够影响企业过失犯罪的构成要件设计和司法认定。其二，影响实体层面的量刑裁量。例如，企业实施了有效的合规计划成为罚金数额判定中的减轻或免除情节。其三，推动法人刑事责任的政策演进。刑事合规制度的发展推动了替代责任理论的发展，使法人犯罪和刑事责任承担成为主流趋势。另一方面，就刑事程序法而言，合规计划与刑事程序法的关系主要表现为"企业内部调查与刑事诉讼法之间的相互作用问题"。③ 这既涉及企业发起内部调查的条件与限度，也涉及企业内部调查的证据在刑事诉讼程序中的转换和适用问题。

(二) 合规计划对侵犯公民个人信息罪的治理功能及其运作机理

1. 合规计划前置侵犯公民个人信息罪的风险控制基点

"刑事合规是现代风险刑法的一个结果。"④ 它通过建立良好的企业文化与制度、设立纯洁而中立的监督者、贯彻落实合规计划、及时发现并处置违法犯罪行为等相互衔接的机制，对违法犯罪行为进行堵源式扼杀，降低犯罪对企业自身乃至社会的危害性。在侵犯公民个人信息罪治理中推行合规计划，可以刑事责任背后的国家强制力反推互联网企业对自身及其内部员工行为的监管，拓展侵犯公民个人信息罪的防控主体责任，将侵犯公民个人信息罪的风险防控基点前移至犯罪行为实施前。风险防控基点的前置，意味着侵犯公民个人信息罪风险防控战壕的延伸，带来的将是风险预测和防控能力的提升，风险发生概率的降低。这恰恰是化解当前我国侵犯公民个人信息罪治理过度依赖事后惩治性预防手段，避免刑事制裁滞后性弱化侵犯公民个人信息罪治理效果的有效举措。

---

① [日] 川崎友巳：《合规计划的现状》，曾文科译，载李本灿等编译：《合规与刑法——全球视野的考察》，中国政法大学出版社2018年版，第23页。

② [日] 川崎友巳：《合规管理制度的产生与发展》，李世阳译，载李本灿等编译：《合规与刑法——全球视野的考察》，中国政法大学出版社2018年版，第4页。

③ [德] 弗兰克·萨力格尔：《刑事合规的基本问题》，马寅翔译，载李本灿等编译：《合规与刑法——全球视野的考察》，中国政法大学出版社2018年版，第75页。

④ [德] 托马斯·罗什：《合规与刑法：问题、内涵与展望——对所谓"刑事合规"理论的介绍》，李本灿译，载《刑法论丛》2016年第4卷。

2. 合规计划塑造侵犯公民个人信息罪的多元防控机制

犯罪预防目标的达成,需要刑法手段和非刑法手段双管齐下,形成多元化措施共举的犯罪风险防控机制。侵犯公民个人信息罪发生原因具有多元化,赖以产生的背景具有复杂性,这要求其防控手段应当具有多元化。然而,当前我国侵犯公民个人信息罪的防控和治理过分依赖于国家公权力,甚至将刑事制裁视为灵丹妙药。这使得我国侵犯公民个人信息罪治理出现了不断严密刑事法网和侵犯公民个人信息罪持续高发并存的吊诡现象。合规计划通过制定推行企业合规文化,塑造企业及其内部成员的规范意识,制定具有针对性的犯罪防控措施,贯彻体系性的犯罪风险防控机制,进而预防犯罪产生。特别是,合规计划着重培育企业及其成员的规范意识,聘用专业合规专员或者建立合规执行部门,提供监督热线或系统,查证获取违法犯罪证据,这一系列的制度措施与刑法制裁措施的结合,可以推动个人犯罪治理措施的多元化。① 在侵犯公民个人信息罪治理中,合规计划既可以提前防范企业及其内部人员实施犯罪的风险,也可为后续司法机关节约犯罪侦控时间和资源,提升证据获取效率,在兼顾非刑事治理手段的同时可以提升刑法的及时性和有效性,从而在多元化防控机制下达成预防犯罪的目的。

3. 合规计划提升企业参与治理侵犯公民个人信息罪的激励性

当前,在侵犯公民个人信息罪治理进程中,我国刑事立法片面追求刑法事后打击的全面性和严厉性,不断凸显和强化刑法的惩罚性,忽略了刑法激励性制度的构建及其功能发挥。加之,侵犯公民个人信息罪保护法益定位的个人偏向使得企业忽略了侵犯公民个人信息罪对社会整体秩序的损害,在惩罚性有限而激励性不足的现实情形下,互联网企业参与侵犯公民个人信息罪治理的积极性严重不足。"刑事合规的核心是用刑罚手段来激励企业建立有效的内部控制制度,从而预防犯罪。"② 赋予合规以刑法意义,通过暂缓不起诉、不起诉协议、企业自首认可、量刑减免等手段,可以激励企业积极参与侵犯公民个人信息罪的治理。在互联网大数据时代,互联网领域内侵犯公民个人信息罪存在极强的匿名性、技术性、隐蔽性,互联网企业在侵犯公民个人信息罪的防控和治理上占据个人难以比拟的绝对优势,通过肯定刑事合规的思路激励互联网企业

---

① Ryan D. McConnell, Jay Martin, Charlotte Simon, Plan Now or Pay Later: The Role of Compliance in Criminal Cases, Houston Journal of International Law, Vol. 33, 2011, p. 555 – 557.

② 田宏杰:《刑事合规的反思》,载《北京大学学报(哲学社会科学版)》2020 年第 3 期。

参与侵犯公民个人信息罪的治理，对形成个人、企业和国家三位一体的治理机制意义斐然。

四、合规计划融入侵犯公民个人信息罪治理的逻辑前提与实践展开

尽管有学者认为，由于"没有注意到我国单位犯罪立法模式的独特性，也对其他国家现行的刑事合规制度存在一定误解"，因此，"不宜匆忙引入刑事合规制度"。① 但是，以《刑法修正案（九）》增设的拒不履行信息网络安全管理义务罪为例，"通过刑法手段推动企业内控的实践已经在我国相关立法中得到体现"。② 这也启示我们：与其大而化之、不畏万难地谋求刑事合规的中国化，倒不如结合典型个罪的刑事立法和司法实践探讨检验合规计划中国化的现实可能性。合规计划融入侵犯公民个人信息罪治理，意味着必须赋予合规计划在侵犯公民个人信息罪中的刑事法意义，其刑事法意义如何展开便是关键之所在。

（一）逻辑前提：合规计划融入侵犯公民个人信息罪治理符合可能、必要且可期待性标准

在互联网大数据时代，侵犯公民个人信息罪的行为主体由自然人和单位共同构成，并且呈现出个人依附于单位实施犯罪的趋势。《刑法修正案（七）》在侵犯公民个人信息罪中增加"国家机关或者金融、电信、交通、教育、医疗等单位的工作人员"这些特殊主体，《刑法修正案（九）》进一步将该罪的特殊主体拓展为一般主体，并增设辅助性罪名拒不履行信息网络安全管理义务罪和帮助信息网络犯罪活动罪，这既是回应网络犯罪客观发展趋势的需要，也侧面反映出实践中侵犯公民个人信息罪主体结构的演变，即行为实施者由传统的个人转向个人与单位并重，且个人直接或间接地依附于互联网单位。数据表明，互联网平台不仅是侵犯公民个人信息罪的重灾区，也是侵犯公民个人信息的重要实施者。而受益于互联网的技术性、便捷性、隐蔽性，互联网也成为个人实施侵犯公民个人信息行为的利器。在互联网大数据时代，个人实施侵犯公民个人信息罪会自觉或不自觉地形成对互联网企业的依附性。也正是基于实践现状的考察，有学者明确指出"刑事司法的观念应当适时转型和调整，从严

---

① 田宏杰：《刑事合规的反思》，载《北京大学学报（哲学社会科学版）》2020年第3期。

② 孙国祥：《刑事合规的理念、机能和中国的建构》，载《中国刑事法杂志》2019年第2期。

厉制裁国家工作人员利用职务便利侵犯公民个人信息罪，逐渐转向兼而制裁中介、物业等服务类机构工作人员倒卖公民个人信息，甚至最终转向以严厉制裁上述服务类机构侵犯公民个人信息为主。"①

概言之，在互联网大数据时代，侵犯公民个人信息罪的主体结构由企业和自然人组成，自然人主要是互联网企业内部人员或利用互联网平台的外部人员。这种主体结构正好契合了合规计划的制度设计初衷，即构建运行企业内部监督机制及时发现和防范企业及其内部人员实施违法犯罪行为。换言之，侵犯公民个人信息罪的主体结构使得合规计划在该罪治理中成为可能且必要的措施。需要进一步探讨的是，这种预设是否满足可期待性的目标？

值得注意的是，合规计划符合侵犯公民个人信息罪治理的可期待性要求，并非完全取决于我们一厢情愿的良好愿景，还需考虑其融入侵犯公民个人信息罪治理的经济性问题。在侵犯公民个人信息罪治理中，关于合规计划的实施，"要确定采取监督措施的成本与规范违反可能性之间的比例性""基于有序的企业经济和国民经济的利益，应当避免对监督措施提出过高的要求"。② 否则，合规体系将会对互联网企业造成过分的内部规制，进而影响企业的创新动力，损害社会经济发展的源动力。鉴于合规的"规范"包含正式的法律规范以及具体的行业规范或社会最基本的道德原则，而合规介入侵犯公民个人信息罪治理进程后，为企业带来的是刑事法律后果，因此，基于侵犯公民个人信息罪风险预防和企业发展成本平衡的考量，侵犯公民个人信息罪中的合规计划内容应当仅限于企业对法律法规的遵守。这在当前我国《刑法》第253条之一规定的"违反国家有关规定"要件上也得以体现，对互联网企业发展而言显然具有可期待性，只是需要严格合规依据的司法实践认定。

（二）实体法层面：赋予合规计划影响侵犯公民个人信息罪构罪和量刑的双重功能

1. 构罪层面：确立前置性免责程序条款，确立行政处罚程序的出罪功能

我国《刑法》第253条之一在侵犯公民个人信息罪的犯罪成立条件中明确规定了"违反国家有关规定"的要件，实质上是要求个人和单位对公民个人信息的获取和使用等行为不得违反"国家有关规定"。换言之，遵守法律法

---

① 于志刚：《侵犯公民个人信息罪关键在提供方》，载《法制日报》2012年5月19日，第7版。
② 丹尼斯·伯克：《合规讨论的刑法视角——〈秩序违反法〉第130条作为刑事合规的中心规范》，黄礼登译，载李本灿等编译：《合规与刑法——全球视野的考察》，中国政法大学出版社2018年版，第320页。

规关于保护公民个人信息的规定这种显著的合规要求已然蕴含于侵犯公民个人信息罪的罪刑规范设置中。

不过,刑事合规的犯罪风险预防机制贯穿于犯罪风险发生前和风险现实化之后,将事前规划的预防功能和刑法事后惩治性预防功能相结合。就此而言,我国侵犯公民个人信息罪的规范设置似乎更注重风险现实化之后的惩治性预防,而忽略了刑法运行前的事前规划式正向激励性预防作用。因为"违反国家有关规定"并构成侵犯公民个人信息罪之后,刑法着眼的仅是如何惩治实施犯罪的个人或单位,并未考虑对个人或企业在实施有效合规计划情形下是否以及如何奖励的措施。尽管,企业自我管理的实现需要严厉的刑罚支持,刑罚越是严厉,越能促进自我管理的实现。① 但是,就企业发展和社会创新而言,过分的刑罚威慑可能会适得其反。

对此,基于为合规计划融入侵犯公民个人信息罪治理的积极功能发挥考虑,笔者认为可以对《刑法》第253条之一关于侵犯公民个人信息罪的罪刑规范予以改造,确立前置性免责程序条款:在保留"违法国家有关规定"的前提下,增加类似拒不履行信息网络安全管理义务罪中"经监管部门责令采取改正措施而拒不改正或者改正不力"的要件。将前置性行政处罚程序作为犯罪成立的条件,发挥行政处罚程序在刑事法中的出罪作用。同时,"根据将过失犯罪的本质掌握在违法性层面的学说,守法计划可能被掌握为客观注意义务之标准",② 因而当企业及其员工实施侵犯公民个人信息罪时,完全有跟正当化功能联结的余地。在司法实践认定中,将单位积极有效履行合规义务作为单位承担监督过失责任的除斥条款,不失为一种可行之举。

2. 量刑方面:确定合规作为企业量刑减免情节

刑事合规的抑制作用在那些承认企业刑事可罚性的国家中,才能更有效地对刑事集合制裁的作出产生一定的影响。③ 当然,合规计划事前规划式预防机能的展现和刑法事后惩治性威慑预防并非水火不容。在侵犯公民个人信息罪的治理中,理应寻求合规计划事前规划的预防机能和刑法事后惩治威慑预防相融合。一方面,将刑法事后惩治性威慑预防作为互联网企业贯彻合规计划的强制

---

① Ian Ayres, John Braithwaite, Responsive Regulation—Transcending the Deregulation Debate, Oxford University Press, 1992, p.41.

② [日] 甲斐克则:《守法计划和企业的刑事责任》,但见亮译,载陈泽宪主编:《刑事法前沿》(第3卷),中国人民公安大学出版社2006年版,第357页。

③ [德] 托马斯·罗什:《合规与刑法:问题、内涵与展望——对所谓"刑事合规"理论的介绍》,李本灿译,载《刑法论丛》2016年第4卷。

性外在动力;另一方面,将企业推行有效的合规计划作为正向激励制度,减轻其可能面临的刑事风险。前者,在当前我国刑事立法严密刑事法网、强化刑事制裁力度上已得到体现。后者,将是我国刑事立法需要着力推进的。

对此,我们需要特别注意的一个问题是,如果合规计划专员或合规部门在贯彻企业内部合规计划时,发现并及时检举企业自身或其内部员工实施的侵犯公民个人信息的行为,能否认定为企业自首?并据以对企业减轻处罚?肯定合规计划作为事后量刑情节的做法,在20世纪90年代的日本已经开始实施,并展现出良好的效果。① 笔者认为,单位自首是企业贯彻合规计划防范自身及其内部员工实施侵犯公民个人信息违法犯罪行为的正向激励性制度。从自首的本质、成立条件和现实必要性看,肯定单位自首完全合法合理。② 即便我国刑法关于自首的规定并未明确肯定单位自首,但是未来刑事立法可以考虑修改自首制度的相关规定或增设侵犯公民个人信息罪的单位犯罪特别宽宥制度,作为单位贯彻有效合规计划的量刑减免情节,以此激励单位积极推行合规计划防范自身及其员工实施侵犯公民个人信息的违法犯罪行为。

(三) 程序法层面:肯定企业合规计划的缓诉和免诉功能

合规计划影响企业刑事诉讼程序的运行已然成为潮流。在充分认识到企业犯罪治理和个人犯罪治理之间显著差异的基础上,美国《联邦量刑指南》第八章"组织量刑指南"确立了企业有效合规计划的7个标准,使其成为联邦诉讼和量刑的重要参考。③ 有效合规计划直接影响企业诉讼,同样在德国、日本等国家得到了刑事法上的认可。合规计划影响企业刑事诉讼主要是通过协议贯彻暂缓起诉和不起诉功能。目前,企业如果涉及个人数据信息保护等犯罪案件,"美国联邦检察机关要么通过与涉案企业达成'暂缓起诉协议'","要么通过与其达成'不起诉协议'",来替代原来的提起公诉或者不起诉决定。④ 在施行刑事合规计划的国家,"暂缓起诉协议和不起诉协议反映出企业自首情

---

① 1996年东京高等裁判所关于下水道串通投标案件的判决,成为日本在刑事法上正面认可合规计划法律效果的开端性案例。此后,类似做法已经在日本刑事司法实践中延展开来。

② 高铭暄、赵秉志主编:《刑罚总论比较研究》,北京大学出版社2008年版,第460~462页。

③ USSG § 8A1.2, application note 3 (K) (2010).

④ 陈瑞华:《企业合规视野下的暂缓起诉协议制度》,载《比较法研究》2020年第1期。

况增多的趋势"。① 这也表明，刑事程序法层面肯定有效的合规计划能激励企业及时发现并揭露内部违法犯罪行为。

在侵犯公民个人信息罪治理中，积极推进合规计划在程序法层面的展开，必须考虑与免诉或缓诉相对应的"协议"问题。因此，如何确定"协议"的规范依据、实际内容与现实条件，就成为合规计划在程序法层面运行的核心问题。"协议"的规范依据取决于前置性免责程序的确立，即前文关于侵犯公民个人信息罪的罪刑规范改造中的前置性行政免责程序条款设置。前置性行政免责程序条款的确立为行政处罚限制入罪的功能发挥提供土壤，亦即为"协议"达成提供实际内容。而"协议"的现实条件则取决于单位是否实施了有效的合规计划。这里需要注意的是，有效合规计划的判断不能取决于企业是否彻底阻止自身及其内部员工实施违法犯罪行为，因为现代企业复杂的组织架构及其数量庞大的内部成员决定了企业不可能彻底阻止犯罪行为。相反，只要企业贯彻合规计划积极履行预防侵犯公民个人信息罪的风险即可。

五、结语

在现实社会与互联网虚拟社会二元并存的现实背景下，对侵犯公民个人信息违法犯罪行为的治理是现在乃至未来都必须高度重视的问题。不断严密刑事法网、强化刑事规制力度并非侵犯公民个人信息罪治理的独门秘籍，单一化的传统刑事制裁策略亦非侵犯公民个人信息罪治理的灵丹妙药。合规计划将事前规划与事后惩治相融合，是现代企业预防自身及其内部员工犯罪风险的可靠机制。虽然在我国全面推行刑事合规计划存在法律制度、法律文化等多层面的现实阻碍，但是这并不妨碍我们从微观层面借助典型个罪对其进行有意义的实践尝试。将合规计划融入侵犯公民个人信息罪治理进程中，弥补传统刑法治理手段的缺陷，释放现代企业治理能力和水平，构建多元化的犯罪风险防控机制，是可能的、必要的且可期待的思路。在我国刑事立法和司法实践不断勉力践行预防刑法观的当下，借鉴合规制度的犯罪风险预防机制，将事前规划与事后惩治并重，发挥行政法及其他前置法限制入罪的功能，疏源与截流并举，防范控制犯罪风险现实化，既可以缓解刑事制裁过度扩张的潜在危险，也可以综合提升国家犯罪治理能力和水平。

---

① Ryan D. McConnell, Jay Martin, Charlotte Simon, Plan Now or Pay Later: The Role of Compliance in Criminal Cases, Houston Journal of International Law, Vol. 33, 2011, p. 578.

公民网络隐私权行政法保护问题研究

王 贺 任重卢[*]

近年来,网络创新不断改变着人们的生活。网络新闻行业蓬勃发展,自媒体爆发,网络社群剧增,人们在追求高质量精神生活的同时,也开始认识到网络所引发的不良影响。现在越来越多的网络侵权事件成为激化社会矛盾的又一因素,导致公民网络隐私权的保护问题应运而生。但目前我国在对公民网络隐私权保护上的法律监管没有及时到位,行业趋利性导致自律性较差,政府调控成为防止网络侵权行为的一种及时有效的手段。通过及时颁布保护性行政法,加强监督,落实具体措施,政府对保护公民网络隐私权具有现实意义。

一、我国公民网络隐私权行政法保护的内涵界定

(一)公民网络隐私权的内涵界定

公民网络隐私权并不是我国现行法律的概念,根据对隐私权的相关定义,笔者认为,公民网络隐私权是一种具有财产属性的复合权利。网络隐私权并不是一种全新的形态,而是隐私权在互联网时代的产物,兼具互联网的复杂性、跨地域性以及开放性。

公民网络隐私权所保护的范围应当界定在网络领域中的个人隐私。网络个人隐私又可以具体划分为涉及私密性的网络个人信息、网络个人活动以及网络个人空间三方面。这里需要说明的是,公民网络隐私权和个人信息保护的关系。笔者认为公民个人信息的目的是明确其身份,比如其年龄、职业等,但网络隐私的目的是对公民个人涉及影响其名誉或隐晦的秘密信息不受非法侵扰,比如自己的生理状况、交友范围以及性格取向等。公民网络隐私权所包含的范围明显小于个人信息保护权,关于两者的区分与保护,公民网络隐私权应该有涉及个人信息的成分,我们可以将涉及部分在公民网络隐私权中进行保护,不

---

[*] 王贺,辽宁省营口市大石桥市人民检察院刑事执行检察部科长;任重卢,辽宁省营口市大石桥市人民检察院刑事执行科科员。

仅能使个人信息保护更加细化，而且还能在公民网络隐私权保护上更加明确。两者互相促进，而不是互相矛盾。

(二) 公民网络隐私权的内容及特征

1. 公民网络隐私权的内容

关于公民网络隐私权包含的内容，学界上存在着较大争议。结合不同学者的观点，笔者认为公民网络隐私权的内容应当包括知情权、许可权、安全保护权、控制权等四个方面。

知情权作为公民网络隐私权的根本性权利，主要是指公民的网络私人信息被他人收集需以公民知情为首要因素。网络用户在其他主体收集其个人隐私信息时，有事先获知收集主体名称、使用目的、使用主体以及用户个人隐私信息去向的权利；用户对自己的个人隐私信息是否安全也有知悉的权利。①

许可权是指公民网络隐私信息利用者需获得网络隐私信息所有者的许可，之后才可以在许可范围内对公民网络隐私进行利用。许可权的确立极大地限制了网络隐私的传播，更有利于对公民网络隐私权的保护。当然也存在例外情况，可以不经过网络隐私信息所有者的同意，比如为保护特别重大意义或者应尽的法定义务时，但必须有法律的明确授权。

安全保护权是指公民个人隐私信息应当受到收集主体严格保护的权利，从而确保公民个人隐私信息的安全。在所涉公民网络隐私信息收集过程中，必然存在着一定的安全漏洞，收集信息主体应当采用相关技术手段来弥补漏洞，对所涉公民个人隐私信息进行全方位保护。对于安全保护权，仅仅依靠网络自律还是不够的，从目前我国国情来看，需要一定的立法规则将公民网络隐私的保护提升至法律层面，通过法律规制，政府合理进行调控，辅之行业自律，方能使公民网络隐私得到全方位的保护。

控制权是公民个人有权对涉及自身的网络隐私信息进行更正和删除的权利。控制权中的更正网络隐私信息主要指信息收集主体所收集所涉公民网络隐私信息中有缺失或者有错误时，公民发现问题时可以积极通过相关准则条款，要求有关责任方进行更正。此外，控制权中包含删除的自由。当公民发现互联网主体对收集涉及隐私信息有违法或违约时，可以立即决定通知互联网信息主体删除涉及其隐私信息。

2. 公民网络隐私权的特征

首先，网络隐私权所涉及的内容与隐私权相比更具时代性的特征。网络个

---

① 周汉华：《域外个人数据保护法汇编》，法律出版社2012年版，第68页。

人信息、活动及空间这三个方面涉及的领域是目前隐私权所没有涉及的，比如个人的信用状况、私人微博、微信以及个人网络云空间等。网络隐私权旨在合理保护公民网络隐私信息不被他人非法侵犯。在互联网时代，公民网络隐私一旦被侵犯，往往会迅速在网络上传播，而且这种传播是多节点式的，而非简单的直线型传播，所以很难得到有效控制。日常发生的网络隐私权被侵犯的事例，往往都已经到达了公众视野，被大多数人所知晓并热议，这点也能反映出网络隐私权与隐私权的不同。此外，公民网络隐私权的侵犯方式更具隐蔽性、多样性等特征，公民往往很难第一时间知晓自己的隐私存在泄漏的风险，更甚者是泄漏后仍然不知晓。时代在发展，网络隐私权是网络社会不断发展的产物，其时代性的特点理应被重视。

其次，公民网络隐私权并非单纯的人格权，其还具有一定的财产属性。上文对网络隐私权定性为一种复合权利，传统隐私权在法律上规定为一种人格权，而公民个人信息在网络中很可能被商业化。我国最近几年特别重视大数据的发展，信息收集技术取得极大突破，这也在一定程度上为不法分子对公民网络隐私权的侵犯造成一定影响，其利用技术手段对公民个人网络信息进行收集并形成一套特有的数据库。正如有学者所言：网络商户更全面地掌握不同用户的网络个人信息便是其盈利的有利条件，通过对用户的个人数据分析，把握用户的爱好，预测市场需求，从而及时调整自己的生产和销售计划。① 数据库被建立后，为追求经济利益，会在不同需求者之间传递，并且被反复利用。

最后，公民网络隐私权具有跨地域性的特征。公民网络隐私权信息以网络设备为载体，而网络具有跨地域的特点，不受区域的限制，也就是说只要有一台网络通信设备便存在侵犯他人网络隐私权的可能。网络领域的跨地域性导致侵犯群体更加广泛，作为网络用户的一员，我们也有可能在不经意侵犯他人的网络隐私权，公民网络隐私权的保护需要在技术上进一步提升，现在我国政府成立的网信办对维护网络安全起到了至关重要的作用。

（三）侵犯公民网络隐私权行为的类型

1. 侵犯网络个人信息的行为

侵犯网络个人信息的行为，一般是指普通网民群体及个人、黑客、政府以及网络运营者擅自披露他人隐私信息或非法收集、滥用他人涉及隐私的电子数据的行为。在网络领域中，公民网络信息传播十分便利，许多网络言论随意发表。虽然目前行政机关推行网络实名认证制度，恶意散布网络谣言、网络诈骗

---

① 于智精：《论网络隐私权保护》，载《赤峰学院学报》2012 年第 9 期。

的情况有所改善,但是未取得公民个人授权将其隐私公布的现象仍旧非常普遍。而且网民群体通常受各种信息干扰,最主要的还是加强新媒体客观公正阐述事件和网民树立法律意识客观理性地看待问题。

2. 侵犯网络私人空间安宁的行为

侵犯网络个人空间安宁的行为主要表现为破解他人即时通信、交互软件以及网络邮箱,其中最为典型的是利用非法技术进入他人电子邮箱,获取相关内容,从而获取不当利益。

3. 利用网络技术间接侵害公民网络隐私权的行为

由于互联网技术的不断发展,有些企业为了减少开支、提高员工工作效率,开始推行网络化管理,在办公地点安装监控设备,对员工的办公用品加装监听设备等,有些企业还会利用这种方式收集员工的一些隐私信息进行非法获利活动,这些手段往往与网络相关,获取的大量隐私信息也是基于网络所得。这些做法难免会涉及侵犯员工的个人隐私。此外,一些酒店由于管理不当,被非法人员在房间及隐秘的地方安装针孔摄像头,拍摄房客隐私视频,然后发布在非法网站上获利。以上行为的出现,正是利用网络技术,将公民的个人信息进行随意发布以达到自己的非法目的,其中往往涉及对公民网络隐私权的侵犯。

由于网络社会的快速发展,侵犯公民网络隐私权的类型不断复杂化,网络隐私权所包含的类型也更加细化,维护成本也随之提高。正如某些学者所述:"网络环境下保护个人隐私,需要更多高科技的手段来提供防护与辨别,当网络信息技术飞速发展时,必要的防护措施仍处于暂停状态"。① 所以目前不仅要提高技术手段加强保护,更要顺应社会科技的不断变化及时准确辨别是否涉及公民网络隐私权,在利用科技手段的同时也要积极去认识科技的特性,只有通过不断的实践提高理论的准确性与权威性。

二、我国公民网络隐私权行政法保护现状及问题

(一)我国公民网络隐私权行政法保护现状

1. 公民网络隐私权行政法保护立法现状

由于目前我国没有关于公民网络隐私权的行政法保护立法,保护公民网络隐私权的行政法依据分散在其他法律规范之中。

---

① 王奕:《论新环境下网络隐私权的法律规制》,载《法制园地》2011年第5期。

2. 政府部门保护公民网络隐私权执法现状

政府部门对于侵犯公民网络隐私权的行为多以行政处罚的强制措施进行监管，比较单一且监管力度欠缺。就目前来看，对侵犯公民网络隐私权的处理主要是由政府多个部门联合整顿，对涉及网络经营者的问题一般是由网信办处理，一般影响社会公共秩序的行为由公安部门依法处理。

我国行政机关对于网络隐私权的处理还没有确切的处理方式，对于侵犯公民网络隐私权的案件，由于我国没有形成明确的处理程序，也就没有形成统一的流程，对于一些侵犯公民网络隐私权的事件，行政机关一般会将问题简单化处理，告知其通过司法途径解决。

(二) 我国公民网络隐私权行政法保护存在的问题

1. 缺乏对披露公民网络隐私行为的及时监管

目前我国没有统一的维护公民网络隐私权的专门部门，而是按照不同的领域结合部门职责进行处理，主要由公安部门、工信部门以及网信办公室等机关互相协作或者单独进行规范。

随着网络技术的不断发展，国家非常重视互联网安全，中共中央网络安全与信息化办公室于2014年8月成立。在国家网络安全和信息化工作座谈会上，习总书记多次强调互联网的重要性。

中央网信办违法和不良信息举报中心对于一些网站经营者进行严格规范，大力保护网络安全的同时，对公民网络隐私权的保护却很少提及，多是间接、相对的事后保护。

2. 涉及公民隐私的电子数据技术保障落后

对于涉及公民隐私的电子数据应着重提高技术保障。行政机关在技术监管方面应加大科技投入，对侵犯公民网络隐私的非法收集和滥用行为进行技术上的干扰和阻断，同时积极探索与互联网企业共同开发关于保障公民电子数据的新科技手段，防止一些不法分子侵入。自出台网络安全相关法律之后，行政机关进一步加强了对网络行业经营者收集公民个人信息的规范。网信部门通过约谈网络公司负责人的形式，整治网络行业，对公民网络隐私权的保护也会起到一定的积极作用。后续政府出台关于互联网经营者收集公民信息的相关具体规定，使得大部分网络经营者开始重视对公民网络隐私权的保护，制定了一些关于保护隐私权的相关条款，网络服务经营者侵犯公民网上个人信息的状况有所缓解。目前，各地方政府网站门户对公民个人信息缺乏足够的重视以及积极的维护，政府自身更应加强对公民网络信息的保护。

3. 擅自篡改和干扰网络私人空间的现象整顿不力

日常生活中，我们使用的微博、微信及邮箱等经常会出现异常，发送一些危险信息给通信好友,这就是不法分子利用非法手段短暂侵入公民私人空间的表现;相关部门对此监管不力,导致某些人或组织为谋取非法利益而擅自篡改和干扰网络私人空间,往往发生严重后果后才会集中力量进行整顿。例如在公共场所,人们经常喜欢用手机连接免费的无线网络,有些不法人员正是利用这点获取公民的个人信息。又如,电子邮箱中经常会出现大量的垃圾邮件、绑定手机号的微信经常会受骚扰等,这些涉及对公民信息的泄露往往是侵犯公民网络隐私权的开端,大部分公民对这种骚扰也没有实际的办法,再加上觉得也不是严重的事,往往就会大意,这也为之后隐私权受到进一步侵犯创造了机会。

三、我国公民网络隐私权行政法保护的完善建议

(一)制定统一的关于保护公民网络隐私权的行政立法

1. 制定《公民网络隐私权保护规定》进行针对性保护

维护公民权益是法治政府的基本要求,公民网络隐私权作为一项复合权利也应受到政府的保护。政府在加强网络领域监管的同时,还要兼顾公民的网络隐私权。"政府的责任是政府能够迅速积极地对社会民众的需求作出回应,并采取积极公正的措施,公正、有效率地实现公众的需求与利益"。① 目前来看,通过立法保护公民网络隐私权已经形成一种公认模式。有的国家单独进行立法,有的将网络隐私纳入个人信息进行保护。总之,各有利弊。笔者更倾向于在现有基础性法律《网络安全法》的架构上,进一步细化制定《公民网络隐私权保护规定》。

2. 确定公民网络隐私权行政法保护的基本原则

首先是合法性原则。学者称"在现代民主法治国家权力分立体制下,为达保障人权与增进公共福祉之目的,要求一切国家作用均应具备合法性。"② 政府在收集涉及公民隐私信息或者在维护公民网络隐私信息时,要严格按照法定程序进行。明确行政法具体的保护范围,让行政权行使有一定的限制,也是遵循此项原则的表现。

其次是比例原则,也即合理性。行政机关作出具体的行政行为时应当根据实际情况,不仅要严格依照法律进行,并且要充分平衡各方利益,实现最大公平。而不能为了实施行政权的便利而不切合实际,应该把握其适当性。在公民网络隐私权的保护中,行政机关也应该充分平衡行政权与公民网络隐私权之间的关系。

---

① 陆伟民:《服务行政法论》,北京大学出版社2012年版,第25页。
② 马怀德:《行政法与行政诉讼法》,中国法制出版社2014年版,第6页。

最后是公开原则。行政机关对公民网络隐私权的保护也要进行一定的公开，保障公民的知情权与参与权。

3. 明确公民网络隐私权行政法保护的范围及内容

2018年9月10日发布《十三届全国人大常委会立法规划》，经过充分调研讨论后将69件法律草案列入第一类目录，即时机已经比较成熟能够拟提请审议的草案。其中第61项是个人信息保护法项目，意味着个人信息保护将迎来专门立法。从2007年开始国家开始成立专项课题组到现在历经十余载，如果《个人信息保护法》出台后，公民的家庭住址、联系方式、邮件、职业状态、婚姻信息、财产状况等信息都将列入法律保护范围，这对公民网络隐私权的保护也是极其重要的推进。就目前来看，《公民网络隐私权保护规定》可以参照有关个人信息保护法草案中的有关事项进行规定。公民网络隐私权的权利主体是特定的，即享有网络隐私的自然人。权利人可以在不损害公共利益和他人合法权益的前提下自由支配自己的网络隐私，并且可以决定自己的网络隐私如何开放以及开放度等。公民网络隐私权是一种"对世权"。保护范围可以包括公民网络隐私信息、空间、活动三方面内容。公民网络隐私权的权利内容应当包括个人网络隐私控制权、知情权、选择权、删除权以及赔偿请求权。

4. 确立侵犯公民网络隐私权行政救济流程

侵犯公民网络隐私权的救济机制分为两个方面：一是对于行政主体违法收集、处理和利用涉及公民网络隐私信息，或被侵害权利人对行政机关作出决定不服时，可以直接提起诉讼或向相关部门申请复议；二是其他主体对公民网络隐私权造成侵犯时，行政机关应及时有效的解决。对于主观无故意、情节轻微的网络侵害者，有关网络监管部门应主动对其批评教育；仍不改正的，对于企业可没收违法所得、吊销经营性网站许可证；对个人可以设立禁止令，禁止其从事网络有关工作，并录入专门系统。另外，对于对公民网络隐私进行散播，使公民尊严有损的，首先行政机关要及时要求侵害人停止侵害或消除危险，以防止影响进一步扩大，之后行政机关可以责令侵害人通过适当的方式消除因公民网络隐私权受到侵犯所产生的不良影响，最大限度弥补损失，最后行政机关根据情节的轻重，可以在双方同意下公开进行赔礼道歉。

"在商业化的社会，公民网络隐私权不仅属于人格权也兼具财产权属性，侵害他人网络隐私就有可能造成权利人的财产损失，相应的侵害人承担赔偿损失。"① 行政机关可以采取一定的加重性惩罚制度，也就是说侵害事实发生时，行政机关不仅可以责令侵害人对被侵犯人进行赔偿，还可以依据具体的情况处

---

① 蓝蓝：《关于网络隐私权制度的几点思考》，载《当代法学》2010年第5期。

以一定的罚金。这样不仅可以使侵害者得到应有的处罚，还可以对整个社会起到警示作用。

(二) 公民网络隐私权的行政预防与监管措施

1. 严格依照法律法规程序实施行政活动

行政机关在对公民的网络相关信息进行收录、利用、传递时应严格遵守法律法规的程序性规定，依法约束自身行为，首先要加大对网站安全建设的投入，在执法过程中积极保护公民的网络隐私，对公民的网络隐私运用特殊的保护软件进行加密处理。行政机关工作人员也应严格执法行为，采用合理的执法方式，以便杜绝侵犯公民网络隐私权的行为发生。

需要特别说明的是，在执法过程中也应尊重公民的网络隐私权。比如某派出所在一次"扫黄除恶"行动中擅自将卖淫女的照片以及相关信息公布在网上，这种做法很明显属于侵犯公民网络隐私的行为，即便行为人违法，也要考虑最起码的人格尊严，以便行为人能够更好的改正。一方面，行政机关要加强对网络行业的监管，要求网络行业经营者制定完备的隐私保护规则。对于网络行业服务经营者严格把控，一旦发现其对公民的网络隐私权造成了严重侵害，应立即作出处理；另一方面，对于行政机关保障公民网络隐私权的职责范围以及方式等要制定严格的操作细则，对于行政机关在保护公民网络隐私权过程中执法方式不当或者存在违法行为给公民个人造成一定损失的，应当制定详细的救济程序。

2. 建立专项公民网络隐私保护技术平台

目前大多数发达国家都设立了保护公民网络隐私权的专门技术平台，通过公民的反馈，采用技术手段进行调查、跟踪或监视，掌握到情况属实后，及时采取警告或者惩罚性手段，以便对公民网络隐私权的保护更加及时。在一个民主法治国家，更应该充分保障公民的网络隐私权，因此设置一个从中央到地方的网络隐私保护平台很有必要，这样的平台不仅可以对侵犯公民网络隐私权事件进行快速处理，还可以形成更完备的预防机制。

3. 构建专项焦点事件风险化预防评估机制

国家互联网信息办公室中设立了"互联网违法和不良信息举报中心"，其目的是让网民网络维权有途径可行，同时行政机关的及时处理也对网络安全起到良好的稳定作用。笔者认为，现有的"互联网违法和不良信息举报中心"已经发展的相当完备，并且此中心创建的多种平台也有着良好的社会效果。比如中国互联网联合辟谣平台的建立，此平台会定期对一些谣言进行披露，当网络谣言碰上科学与权威，瞬间就会土崩瓦解。

行政机关在维护公民网络隐私权也应设置专门的网络隐私保护机构，以便及时进行后台监督。笔者建议,针对公民个人网络隐私被侵犯的情形,划分为以下三个步骤进行综合治理。第一步:针对存在可能侵犯公民网络隐私权的行为进行预警评估,将评估结果及时反馈给公民个人,以便公民能提前了解自己网络隐私有存在被侵犯的可能;对于涉嫌侵犯公民网络隐私权的相关新媒体、网站等,应该立即通知相关责任人进行处理,并及时消除对公民的不利影响。第二步:在没能及时预警监测到的情况下,接受到公民的依法举报,应当及时成立专项追踪机制,采取一案一结的处理方法。对于公民的举报采用网络技术依法查明情况,确认其举报属实,并涉及对公民的网络隐私权的侵犯后,及时通知相关责任方进行删除或者强制关停整改,对不服从者依法进行行政处罚,对公民造成损失的依法责令其赔偿,对可能间接影响公民正常生活的要及时公开,进行必要的澄清。第三步:事后将对相关责任方或个人录入侵犯公民网络隐私黑名单,如后续再从事侵犯公民网络隐私的行为,将依法作出更严重的处理,并对其进行相关从业限制等处理,严重者可交公安部门进行处理。

4. 全面促进网络参与者积极维护公民网络隐私权

保护网络安全问题已上升到国家重要的战略目标,公民网络隐私权属于网络安全的一部分,这也充分表达了我国宪法时刻把保障人权置于重要位置。行政机关应当加大宣传力度,积极维护公民网络隐私,只有控制好源头,才能避免受到一些附带性的损害。

此外,笔者认为,我国在保护公民网络隐私权上还是应采取政府先通过必要的行政立法,强化企业的自律意识的保护模式。行政机关在依法监管网络运营者、网络产品或者服务提供者维护公民网络隐私权的同时,也要积极引导网络行业加强自律性,自觉地在企业发展的同时注意保护公民网络隐私,加大对其投入,建设诚信道德型企业。网络行业的自律性一样可以延伸到网民群体的领域,行政机关应当对网络企业进行积极的指引,对于网民上网素质道德也应加强教育,以便尽快营造更好的网络氛围。行政机关在对网络行业进行积极引领的同时,也要加强网民的道德教育,以便提升网民的上网素质。正如刘丽平教授所倡导的,积极推进网络道德教育是现代教育最不容忽视的一部分。全面促进维护公民网络隐私权是一个漫长的过程,由政府积极倡导,网络行业为了自身利益也会自然而然地维护公民网络隐私权,网民素质也随之提高,以注重自身网络隐私及自觉保护他人网络隐私为基本常识,营造一个自由、有序的网络环境。

四、结语

维护网络安全上升为国家战略,网络的发展速度日新月异,从共享社会经济到数字经济无一不体现着网络的重要性。未来网络是人们迈向新纪元必不可少的关键因素。侵犯公民网络隐私权目前只有零散的规定，违法成本较低，势必会导致侵害不断加重。因此，我们应在隐私权现有制度上，更加深入地研究其特殊性。

当今各国都在积极构建网络安全规范体系，尤其是对公民网络隐私权保护上有了比较系统的探索。目前我国网络技术已经达到世界领先水平，公民网络隐私权的保护对于我国来说日益重要，我国针对网络安全的目的而设立的网信办对非法网络经营者以及网络服务提供者起到重大作用，网络环境也更加安全稳定；关注网络隐私，会使网络安全更加全面化、系统化。综合域外经验再结合我国独有特色，笔者认为我国会在公民网络隐私权保护问题上有一个质的突破。

这是一个危机与机遇共存的时代，网络社会的急剧发展每天都在创造着一个又一个的风口，充满着机遇与挑战。对于法律人来说，无论哪种风口都不能逾越法律的鸿沟，我们法律人孜孜不倦追求内心的公平正义，在网络领域中政府扮演着重要的角色，在维护公民网络隐私权上扮演着中坚力量。

七、未成年人网络犯罪治理

超越环境犯罪学的技术至上倾向

——基于未成年人网络犯罪司法功能治理的经验研究

王广聪[*]

从人的社会化过程理解,移动互联网对未成年人成长环境带来深刻的社会变迁,改变了未成年人学习知识的传统方式,为未成年人社会化提供了丰富多元的信息资源。与此同时,由于网络空间的易变性、开放性、混杂性、无筛选等特点,传统社会控制方式往往跟不上网络样态的变化,使得心理、生理尚未成熟的未成年人群体经常直接面对参差不齐的网络信息。多项实证研究分析显示,网络因素已经成为未成年人触法和犯罪的一个新的普遍存在的社会促因,受网络影响成为当代社会理解未成年人犯罪难以回避的因素和涉罪未成年人处遇必须面对的课题。

一、研究思路与资料说明

如何科学理解本土中国的犯罪现象,国内很多学者提出走定量方法的实证主义研究之路,"犯罪学实证研究方法成为一个理论研究热点"[①]。"实证研究是犯罪学起家的方法,也是犯罪学要更大发展的基本研究方法"[②],对于长期偏重思辨研究、渴求"科学主义"的本土犯罪学研究来说,这样的方法论更新是十分必要的。但是,综合考虑国内犯罪学研究现状,实现研究

---

[*] 王广聪,最高人民检察院第三检察厅二级高级检察官助理。

[①] 张小虎主编:《中国犯罪学基础理论研究综述》,中国检察出版社2009年版,第204页。

[②] 曹立群、周愫娴:《犯罪学理论与实证》,群众出版社2007年版。

方法的实证主义转型并不容易①。从研究主体的结构来看，在我国犯罪学研究领域坚持实证研究特别是定量研究方法是部分学者自发的努力。但是这些研究的整体样貌呈现局部化、阶段化、零碎化的特点，有的是域外犯罪学家主导的（如沃尔夫冈教授指导的武汉调查），尚未全面完成本土化的转型，没有进入犯罪学本土研究主流话语体系，进而以犯罪学整体形象介入刑事政策制定、立法修改和司法运作。甚至在具体的实践过程中还出现了一种"简单地将西方学界长期努力和累积才具备的定量研究奉为实证研究"②的倾向。从实证研究的外部研究支持来看，或许当前期望通过对局部社会的样本调查来达到对中国这个整体的理解只是一种美好的愿景。与国外一些国家相比，我国缺乏系统完善、类目细致的公开的司法统计资料，即使是已有的统计数据也在某种程度上存在不确定性，这使得全国性的实证分析成为一种奢望。③而且中国国情地域的复杂性和多样性决定了通过抽样的方式去分析中国问题往往存在代表性不足的问题。④ 以上这些情况都是我们开展犯罪学本土实证研究应当统筹考虑的。

梳理犯罪学研究方法的学术史，在犯罪学学者的研究视域中一直存在质性研究和定量研究两种方法论立场的对立。在20世纪犯罪学定量研究方法曾经占据绝对的统治地位，实证个体论一直到20世纪70年代为止长期垄断着犯罪学的理论舞台。⑤ 但随着不同学科发展潮流的汇聚，研究者开始对那种迷恋数据模型、实验模拟等测量主义的定量研究趋向进行了多重批判⑥。田野工作方法开始复兴，面向生活世界、主体间解释的现象学哲学基础成为质性研究方法

---

① 有学者借助文献计量方法，通过梳理2008—2018年的犯罪学实证研究论文，再次印证出犯罪学实证研究存在数据获取困难、技术水平有待提高、对策评估缺失、成果转化困难等问题。参见阮重骏：《我国犯罪学实证研究的回顾与思考——基于文献计量方法的分析与评估》，载《公安学刊——浙江警察学院学报》2020年第2期。另见杜雄柏：《困境与出路：关于我国犯罪学实证研究的思考》，载《吉林公安高等专科学校学报》2004年第4期。

② 王燕飞：《我国犯罪学基础理论研究整体性反思》，载陈兴良主编：《刑事法评论（第24卷）》，北京大学出版社2009年版，第134页。

③ 左卫民等：《中国刑事诉讼运行机制实证研究》，法律出版社2007年版，第283页。

④ 雷小政：《法律实证研究方法：场域、样本与经验》，法律出版社2019年版，第186页。

⑤ 谢勇：《犯罪学研究导论》，湖南出版社1992年版，第251页。

⑥ 定量研究遭遇到了前所未有的多重批判包括认识论批判、方法论批判、政治批判及伦理批判。参见[美]诺曼·K.邓津、伊冯娜·S.林肯：《定性研究：方法论基础（第1卷）》，风笑天等译，重庆出版社2007年版，第204页。

对"科学主义"实证研究①方法的有力反思。

质性样本的选择按照正向层次收集样本与逆向观察相结合的研究方法,以2018年1月最高人民检察院部署开展未成年人刑事执行检察、民事行政检察业务统一集中办理试点工作②为考察对象。也许有专家疑问公益诉讼与未成年人网络犯罪的关联度,应当对有关司法实践情况予以专门交代。在检察机关开展未成年人公益诉讼的试点初期,主要的案件线索来自未成年人刑事案件的办理和排查,这些刑事案件就包括涉网络的未成年人案件。这里的未成年人网络犯罪包括以计算机系统及网络为直接侵害对象的犯罪类型,也包括借由计算机系统和网络为工具实施的犯罪类型。③ 逐级推选剔除不合格的样本的自然的淘汰过程,符合层次选取样本的规律基础,地方上报的素材也能符合目的性抽样的最优样本要求。并且对涉及未成年人网络犯罪因素的案件进行反向观察和初步的编码梳理,形成了一些观察热点,比较有效挖掘了质性研究的深度和广度。

二、犯罪环境因素在社会变迁时期的凸显

犯罪学诞生以来的发展历程大致有两条主线④。一是注重探寻犯罪主体的人性根源,最典型也是最极端的代表就是天生犯罪人理论。后起的现代犯罪生物学、犯罪心理学则对犯罪主体因素进行了更加科学的解释;二是强调外在社

---

① 在根本理念上,以问卷调查为代表的"科学主义"路线认为,人类社会中存在着"客观真实""共性"与"规律",由此发展出以测量和统计为基础的一整套定量调查方法。

② 此次最高人民检察院在北京、辽宁等13个省份(后来又增加8个省份)部署开展未成年人检察业务由未成年人检察部门统一集中办理试点工作,推动各地检察机关综合运用刑事、民事、行政、公益诉讼检察职能,强化未成年人综合保护。未成年人公益诉讼是检察机关未成年人检察部门对行政机关在未成年人人身、财产等权利保护和安全方面履职不到位的,致使国家利益或者社会公共利益受到侵害的,应当向行政机关提出检察建议,督促其依法履行职责。对超期拒不整改纠正的,依法向人民法院提起公益诉讼。试点期间检察机关聚焦未成年人食品药品安全、环境保护领域,发出公益诉讼诉前检察建议577件,各试点检察机关积极稳妥开展公益诉讼"等"外领域探索,围绕群众密切关注、严重损害未成年人权益的问题,发出诉前检察建议172件。参见《未成年人检察工作白皮书(2014—2019)》第37页。作为国家社科重点项目的研究组成部分,研究得到第九检察厅的大力支持,在此特别致谢!

③ 徐然、赵国玲等:《网络犯罪刑事政策的取舍与重构》,中国检察出版社2017年版,第12~13页。

④ 对于"万花筒"般的犯罪学理论丰富成果来说,也许这样的两分法有些失之简单,但是大致也是反映了犯罪学发展的基本脉络。

会环境与犯罪生成的关联性。

事实上对犯罪环境因素的关注特别是社会变革时期犯罪与社会条件之间的关系一直是犯罪学研究的重要内容。从早期犯罪学的制图学派开始，犯罪学不同历史阶段都强调外在社会环境因素对犯罪的影响。关注社会大变革时期犯罪与社会环境关系问题的，应当首推迪尔凯姆。他生活的年代正处于法国从农业国转为工业社会的过渡期，在这个深刻社会变动时期，迪尔凯姆认为人类社会从原始的机械社会向有机社会过渡，在此途中，迎来了价值混乱的所谓社会解体即混沌（social disorganization）的病理状态，使得犯罪多发①。人们感到就像生活环境发生了变迁一样，约束人们需求的标准不再相同，旧的标准崩溃了，新的标准还不能马上建立起来②，由于社会监督的削弱，社会准则的崩溃，陷入孤立境地的社会成员已经不感到自己的欲望应受现有规范体系的束缚，人们的利己主义倾向得以强化，社会就会处于一种不能调整其成员正确认识自己的需要并用恰当方式满足需要的反常状态中，从而造成越轨行为和犯罪行为不断增长。"当社会控制不完整、不完全有效时，遵纪守法不是我们所能期待的。"③

现代犯罪学沿着迪尔凯姆的思想继续研究社会转型时期外部环境对犯罪的影响，迪尔凯姆的社会失范论促成了后来有关犯罪的生态学理论、紧张理论和控制理论，等等④。比如芝加哥学派⑤作为现代犯罪学登上历史舞台的先锋，他们主要研究了城市居民的生活方式、城市区位特征等因素与犯罪关联的问题，如少年犯罪区的犯罪生态学、帮伙调查、少年犯罪人"生活史"以及重新犯罪的预测研究等诸多理论成果已为学界所熟知。具体来说，肖和麦凯通过制图的方法标出少年越轨者的情况，使少年犯罪在城市的区域分布一目了然⑥。

---

① ［法］埃米尔·涂尔干：《社会分工论》，渠敬东译，读书·生活·新知三联书店2017年版，第328页。

② ［美］沃尔德等：《理论犯罪学》，方鹏译，中国政法大学出版社2005年版，第136页。

③ 曹立群、周愫娴：《犯罪学理论与实证》，群众出版社2007年版，第184页。

④ ［美］沃尔德等：《理论犯罪学》，方鹏译，中国政法大学出版社2005年版，第112页。

⑤ 本文使用的芝加哥学派的范畴特指1893—1935年期间芝加哥大学社会学系的学术共同体，不包括后来在米德"符号互动论"影响下以布鲁默为首的"第二个芝加哥学派"，也不同于经济学、传播学等学科所指的芝加哥学派。

⑥ 吴宗宪：《西方犯罪学史（第二版）》，中国人民公安大学出版社2010年版，第1014～1015页。

肖和麦凯观察到贫穷、种族差异大、人口流动性大以及其他社会因素导致社会解组，这些社会解组地区的非正式社会控制减弱，因而犯罪率较高。在此基础上，肖和麦凯认为，只有有效改变特定的社区生活环境，才能解决青少年犯罪问题。通过理论研究成果直接影响了实践，创立了"芝加哥区域计划"这一有针对性的区域犯罪防控项目，促进了其他地区一些类似项目的产生。"芝加哥学派的兴起，是犯罪学理论逐渐摆脱社会哲学的范畴，走向科学化的开端"①。

继承注重外在环境因素的犯罪社会学传统，20世纪70年代一种更加直接的犯罪控制应用性理论——环境犯罪学兴起。社会背景是美国愈演愈烈的城市郊区化带来了城市的衰败，引发城市犯罪率的大幅上升，人们逐渐对犯罪原因深层次追问表示失望。"犯罪学曾经过于关注引起人们实施异常行为的行为人的性情和动机，但这种方法对于减少犯罪却是非常不成功的。他们认为，人们从没有成功地减少犯罪的事实中，可以总结出一个结论，即确定一个人的心理动机和以任何方式改变这些动机是非常困难的。他们的论断被大量的来自犯罪研究的证据所支持，这一研究表明禁闭和其他惩罚方式的运用在延缓人们犯罪和使那些确实受到惩罚的人改过自新方面是无效的。"② 因此，一些西方犯罪学家试图通过增加犯罪风险、减少犯罪刺激等较小成本和更加直接的方式来预防减少犯罪。正如，20世纪30年代芝加哥学派将生态学的生物侵入借鉴移植到犯罪学当中一样，环境犯罪学最早的灵感来源于相近学科——英美等国的建筑学家和城市规划专家。他们在建筑设计理念中引入了犯罪空间防控的要素，开始研究城市环境与城市犯罪之间的联系。环境犯罪学走上历史舞台，犯罪空间防控理论和方法成为研究和实践热点，一时间诸如防范空间理论、防范环境设计论、情境犯罪预防论、日常活动理论、破窗理论、被害结构选择理论、生活方式暴露理论、定向问题控制理论、死角理论、犯罪场所论与边界带理论、犯罪诱惑理论、犯罪赃物市场理论、二八定律③等纷纷进入人们的视野。环境犯罪学认为犯罪本质上是行为人与周围的人、物即环境之间的一种互动关系，只要制造或者设置阻碍犯罪的情景环境，犯罪自然会在互动的过程中减少。因此，通过倡导环境设计来预防犯罪的口号就是"不给犯罪提供机会，就是最

---

① 曹立群、周愫娴：《犯罪学理论与实证》，群众出版社2007年版，第17页。
② ［英］马丁·因尼斯：《解读社会控制——越轨行为、犯罪与社会秩序》，陈天本译，中国人民公安大学出版社2009年版，第130页。
③ 周东平：《西方环境犯罪学：理论、实践及借鉴意义》，载《厦门大学学报（哲学社会科学版）》2014年第3期。

好的犯罪预防"。

三、观察社会变迁时期犯罪环境因素网络社会的重现

网络社会也是一种革命性的社会变迁。信息科学技术的迅猛发展使得人类社会进入了移动互联网时代。这样的急剧社会变迁使未成年人的生活样态发生了深刻的变革。从整体来看，未成年人的生活环境发生重大变化还是生活的外在环境发生变化，出现线上线下生活二元一体的格局。环境犯罪学所讲究的重在物理性地阻止犯罪发生的机会减少论和有效监控论在网络社会条件下仍然具有重要的理解价值。

一项对1377名犯罪青少年的问卷调查显示，有效百分比为26.6%的青少年有过因为玩网络游戏结识朋友并和他们一起实施违法犯罪行为；有效百分比高达65.9%的青少年认为，玩游戏成瘾后需要钱，更容易因此实施财产型犯罪。[1] 透过未成年人网络犯罪现象，需要追寻致罪的风险性因素。网络犯罪未成年人主体的犯罪心理没有明显变化。现代犯罪心理学研究表明未成年人的行为具有模仿性、易受暗示性、戏谑性、情绪性、暴力性等特点。[2] 未成年人通常"认为通过网络技术破解他人的银行账号与QQ密码、盗取他人的游戏装备与武器、恶意篡改网页、致使公共网络运行瘫痪等是个人能力的展现。"[3]

事实上，高科技犯罪心理并不排斥人们进行犯罪的原始动机，许多人仍然像过去一样运用新生的高科技成果从事犯罪活动以达到他们古老的犯罪目的，包括为了财物、仇恨、性、权力和名声等，这一切都与传统的犯罪动机并无二致。高科技并不一定必然产生有别于传统技术环境下的犯罪心理问题。[4]

在未成年人网络犯罪的新型场域，有效监控一直是犯罪控制的主要考察因素。法律法规明确了有关网络场所对未成年人实施物理性禁入，但被告人经常出入网吧却是未成年人涉网刑事犯罪的共同因素。[5] 进一步调查发现，有的网吧实际上并不检查未成年人的身份证件；虽然张贴禁止入内的标识、但是并没有实际执行。可以说没有实际建立对网吧等传统上网场所有效的空间物理

---

[1] 刘亚娜、高英彤：《青少年沉迷网络游戏及引发犯罪的实证研究与应对机制》，载《山东大学学报（哲学社会科学版）》2020年第3期。
[2] 梅传强：《犯罪心理学》，法律出版社2010年版，第133页。
[3] 徐伟：《网络诱发未成年人犯罪的类型分析与治理策略——基于三十个典型案例统计》，载《预防青少年犯罪研究》2016年第4期。
[4] 鲍浩东：《现代城市高科技犯罪环境因素分析》，载《公安学刊》2000年第3期。
[5] 刘品新等：《加强网络网吧监管提高未成年人保护水平——关于未成年人涉网刑事案件的调研报告》，载《人民法院报》2018年7月19日，第8版。

控制。

互联网发展进入移动化阶段以后，以智能手机为代表的网络媒介变成未成年人接触网络外在环境监管的一个难题。虽然父母或者其他监护人具有监管和保护未成年人的义务。但实践中家长对未成年人使用可上网的智能手机，要么处于放任的意识状态，要么没有正确的监护方法。学校对学生使用手机也没有完善的监管办法。

更严重的是，虚拟网络空间一些技术监管措施面对未成年人替换身份进入等规避手段几乎形同虚设①。由于网络服务提供者兼具网络空间被规制对象、配合义务主体和治理主体三重属性，② 我们更应该关注这一现象中网络服务提供者的角色。

网络运营者故意制作、网络运营平台筛选监管存在漏洞，信息流入和生产端口无秩序状态导致未成年人所处网络虚拟空间里越轨行为可以野蛮生长。面对一个日益复杂与不确定的世界，网络空间的无限性凸显了立法及司法监管的有限性，传统社会治理机制越来越难以有效化解与应对网络化所带来的治理压力。

四、环境犯罪学技术控制方案存在的障碍

机会减少论重在物理性地阻止犯罪发生。梳理我国未成年人网络环境治理，也特别重视以技术管控来实现网络空间环境治理的目标。在强调规则治理的技术方案思路之下，网络服务提供者已成为"互联网控制的焦点"③。但与环境犯罪学运用地理信息系统技术④可以发现犯罪热点进行空间防控不同，依赖作为技术防控承担者的网络运营者的方案⑤面临着市场运行机制规律的制约。

自然状态下市场主体具有天然的逐利性，特别是网络条件下，大小不一、

---

① 有研究指出，为了达到上网的目的，未成年人通过找人代替注册、上网购买小号摆脱父母限制、假冒他人身份信息和手机号等方式规避现行网络产品的未成年人限入措施。王建敏、倪桂芳：《未成年人网络空间权益保护问题研究》，载《预防青少年犯罪研究》2020年第3期。

② 敬力嘉：《信息网络犯罪中集体法益保护范围的扩张与限度》，载《政治与法律》2019年第11期。

③ ［美］劳伦斯·莱斯格：《代码2.0——网络空间中的法律（修订版）》，李旭、沈伟伟译，清华大学出版社2018年版，第75页。

④ 结合了地理信息系统的GIS、CPTED、SCP等技术与理论。

⑤ 《中华人民共和国网络安全法》第47条。

形态多样的互联网企业生命周期普遍短于传统线下企业，这种急剧变动性使得依托企业自律进行监管往往只能是一个美好的愿望。观察发现有的互联网企业受利益驱使，研发上线的产品含有很多不良信息。手机社交软件内容还具有明确的性虐待指向，但是软件设置对注册者身份并没有实质限制，导致未成年人可以轻易加入。

网络服务提供者的公法审查义务属于行政法上的第三方义务①。要求网络服务提供者主动采取合适的措施审查用户内容是否违法，并采取制止措施。虽然技术性审查也可以实现一些技术管控要求②，但技术监管的综合要求超过网络服务提供者私人主体的审查能力。而且如果外在行政监管跟不上，企业自身监管的动力则不足。比如有的互联网企业也没有动力去及时监管一些"擦边球"行为。涉罪未成年人经常在包括知名论坛在内的多个网络论坛发布出售假币版样的广告，没有受到网络运营者的拦截禁止。

事实上早在2005年8月，国家新闻出版总署就制定并出台了网络游戏《防沉迷系统标准（试行）》，对上线游戏时间作了严格限制的规定，这是从技术层面防止青少年沉迷网络游戏的开端。此后国家层面先后出台了一系列未成年人保护措施，并从法律法规的层面建立起严密的规范。但未成年人网络触法和犯罪等一系列社会问题却一直存在，折射出相关政策及法规并未取得预期的成效。

现代意义上的市场经济体制特征在于国家有形的手基于公共利益的考虑对社会经济进行全面地干预。信息本身的分散性决定了节点之间交互关系的分散性，进而决定了节点治理活动难以由单一主体予以管理和执行。③因此，不能简单依赖市场资源配置为基础的网络服务者的监管支撑，必须强化行政、司法另外两个监管主体的作用。

五、超越技术至上的网络环境公益诉讼功能性塑造

技术预防有其必要的价值，但是还需要从未成年人网络犯罪生成外部环境进行系统性的功能思考。关注未成年人网络保护的结构性、基础性问题，不能

---

① 政府指定的私人主体既不是所监督行为的主要实施者，也不是违法行为的受益者，但其承担着必须将私人信息提供给行政机关或者由其本身采取阻止性措施防止有害行为发生（如拒绝提供服务或者货物、拒绝录用或者直接解雇）的义务。高秦伟：《论行政法上的第三方义务》，载《华东政法大学学报》2014年第1期。

② 以网络直播服务提供者为例，其可以通过机器学习技术，训练出色情内容的识别模型，进而对用户所发布的直播视频实现实时监控。

③ 裴炜：《信息革命下犯罪的多主体协同治理——以节点治理理论为框架》，载《暨南学报（哲学社会科学版）》2019年第6期。

仅仅依赖网络服务提供者的技术研发和管控。如何积极履行国家在未成年人网络保护的责任，必须关注我国未成年人权利保护长期以来存在的一个难题在网络条件下的重现。这个难题就是我国未成年人保护和犯罪预防的基础性缺失就是九龙治水、责任稀释。全国人大常委会的执法调查的结果客观印证了这一观点。"政府管理部门依法保护未成年人责任意识亟待提高。有的省级地方政府没有设立未成年人保护委员会，有的地方未成年人保护委员会一两年才开一次例会，有的组织协调机构不健全，成员单位缺少沟通协调，工作形不成合力。有的地方和部门重经济发展，轻社会治理，在未成年人保护工作的组织协调、政策支持、资金投入、监督管理等方面明显缺位。有的地方把政府职责推给共青团和妇联组织，研究制定保护措施严重滞后。"① 具体到未成年人网络保护和现场监管领域，由于未成年人权利保护义务和责任主体不清晰，缺失行之有效的法律保护机制，负责统筹协调网络安全工作和相关监督管理工作的国家网信管理部门以及公安、市场监督管理等部门的法定权责界限、监管对象和内容也不明确，未成年人网络保护的行政监管责任履行不足，制度规范往往处于虚置执行的状态。

在网络社会条件下，司法主体应当由传统司法框架下的被动回应者，转变为犯罪风险防控意识下的主动治理者。公益诉讼这一新型诉讼机制，能够通过督促不同行政机关履行职责，推动市场、行政和司法建立协作机制。行政主管部门根据公益诉讼诉前检察建议，进行专题整改：一是研究确定专人负责辖区网络信息安全协调工作，依法履行职责；二是开展"预防电信诈骗、远离网络赌博"专项宣传活动，协调学校社区和电信部门配合。三是组织协调辖区三大运营商阻断对网络赌博信息工作机制，形成网络安全员、志愿者发现网络赌博线索、行政司法机关鉴别标记、本地网络运营商技术阻断的工作链条；四是约谈下架涉事网络赌博软件。

当然，作为一项司法改革，公益诉讼参与塑造未成年人网络环境的功能初步探索，对未成年人网络环境公益诉讼案件的线索发现、调查取证和诉前检察建议乃至提起诉讼等重点环节还需要更加精细化的司法实践与理论论证。但这毕竟是一个前景光明的实践性开始。

---

① 2014年8月25日第十二届全国人民代表大会常务委员会第十次会议《全国人民代表大会常务委员会执法检查组关于检查〈中华人民共和国未成年人保护法〉实施情况的报告》。

青少年网络虚拟财产犯罪的现状、成因及预防对策研究[*]

于 阳 黄 烨[**]

近年来,关于游戏装备、游戏货币等侵犯虚拟财产犯罪案件数量逐年递增,亟待对此类犯罪加强预防和惩治。青少年在侵犯网络虚拟财产犯罪中占比较大,且犯罪手段的技术性显著提升,团伙型犯罪也较为常见和多发,造成很大的社会危害。本文从青少年网络虚拟财产犯罪的现状出发,采用数据采集、案例分析等方法总结了青少年网络虚拟财产犯罪的主要类型及典型特征,进一步分析青少年实施该类犯罪的原因,并对预防青少年网络虚拟财产犯罪提出相关对策建议。

一、青少年网络虚拟财产犯罪的现状

(一)网络虚拟财产的概念

网络技术的勃兴和网络应用的普及为社会带来了翻天覆地的变化,也为犯罪人提供了新的犯罪手段。网络空间是虚拟空间,网络游戏、付费或免费的电子邮箱、网络寻呼等数字信息产品为虚拟财产。①

在网络不断革新过程中,网络社会和现实社会并非完全不能融合,虚拟财产从二次元拓展到了三次元,其在现实生活中的价值已经有了不容忽视的地

---

[*] 本文系 2019 年度司法部国家法治与法学理论研究一般项目"中美城市青少年犯罪的时空分布与防范对策比较研究"(19SFB2023)阶段性研究成果。

[**] 于阳,天津大学法学院副教授,刑事法律研究中心副主任、研究员;黄烨,天津大学法学院刑法学专业硕士研究生。

① 杨猛:《App 虚拟财产犯罪新解——以占有为解释视角》,载《华东政法大学学报》2019 年第 4 期。

位。虚拟财产不仅能满足所有权人的物质和精神需要,而且能带来巨大经济效益。① 2020 年 5 月颁布的民法典在总则部分明确提出"虚拟财产"的概念,完成了对网络虚拟财产的赋权。从司法实践来看,虚拟财产刑法意义上的财产属性也越来越被承认。

青少年侵犯网络虚拟财产的案件在逐年增多。除了记录在案的青少年网络虚拟财产犯罪外,更多的该类案件并未走完司法程序,甚至被害人没有申请立案就不了了之。犯罪人的犯罪行为没有被司法机关追究,此类犯罪现象便越发猖獗,给广大虚拟财产所有权人带来威胁,也对网络环境造成危害。网络虚拟财产受侵害的实际范围和社会影响已经很大。

(二) 青少年网络虚拟财产犯罪的主要类型

网络虚拟财产犯罪类型多种多样,根据行为性质可具体分为盗窃、抢劫、诈骗等犯罪类型。

1. 盗窃网络虚拟财产犯罪

中国裁判文书网收录的盗窃网络虚拟财产案件共 33 件,其中犯罪人年龄在 25 周岁及以下的有 12 件,占全部该类型犯罪的 36.4%。由此可见,青少年犯罪人在盗窃网络虚拟财产犯罪案件中占比较大。事实上,青少年盗窃网络虚拟财产的犯罪数量远远超过这 33 件。由于未满 16 周岁的未成年人不能成为盗窃罪的主体,16—18 周岁未成年人犯盗窃罪罪行较轻的可争取检察院附条件不起诉,因此有些未成年人盗窃网络虚拟财产的犯罪行为并未计入统计数据(参见表 1)。

表1:16—25 周岁青少年盗窃网络虚拟财产案件统计

序号	犯罪人	犯罪行为	犯罪时年龄
1	杨某某、李某	盗窃他人传奇游戏装备和元宝	25
2	袁某	盗窃他人游戏币及装备	24
3	吕某某	盗窃王某乙游戏账号虚拟财产	23
4	侯某某	盗窃他人"梦幻西游"游戏账号	22
5	徐某甲、金某乙	盗窃他人"成吉思汗"游戏"金子"	25

---

① Patterson, Nicholas C., and Michael Hobbs, A Multidiscipline Approach to Governing Virtual Property Theft in Virtual Worlds. *IFIP Advances in Information and Communication Technology What Kind of Information Society? Governance, Virtuality, Surveillance, Sustainability, Resilience*, 2010, p. 161 – 171.

续表

序号	犯罪人	犯罪行为	犯罪时年龄
6	匡某某	盗窃他人虎牙佣金	19
7	陈某某	盗窃他人游戏分	19
8	张某某	破解他人"世界之钻"账号密码盗窃	24
9	孟某某	窃取QQ仙灵游戏币	23
10	韩某某	盗窃他人地下城与勇士游戏币	20
11	熊某、王某	盗窃他人慈溪市游戏中心游戏银子	24
12	洪某某	盗窃他人慈溪市游戏中心游戏银子	21

2. 诈骗网络虚拟财产犯罪

中国裁判文书网收录的诈骗网络虚拟财产案件共18件，其中7个案件的犯罪人年龄在25周岁以下，占比达到38.9%（参见表2）。通常情况下，诈骗网络虚拟财产犯罪的行为人虚构事实、隐瞒真相、获得被害人信任、骗取对方虚拟财产。由于网络虚拟财产的交易往往不需要双方当面洽谈，当事人只需在各自网络终端即可完成交易，因此交易人极易忽略网络交易的缺陷，即具有虚拟性和欺骗性。在交易过程中，被害人受行为人迷惑，过分相信网络对面的陌生人而将自己的虚拟财产交托出去，造成财产损失。①

表2：16—25周岁青少年诈骗网络虚拟财产案件统计

序号	犯罪人	犯罪行为	犯罪时年龄
1	曹某	骗取钱某"CSGO"游戏装备、皮肤	25
2	厉某某、金某等5人	诈骗他人"CSGO"游戏装备	平均年龄23.6
3	孟某某、刘某	诈骗他人"以太币"套现获利	21，19
4	王某某、杨某某	冒充网易工作人员诈骗他人"大话西游2"游戏装备	21
5	杨某某等3人	冒充网易工作人员诈骗他人"大话西游2"游戏装备	19
6	董某某等3人	冒充网易工作人员诈骗他人"大话西游2"游戏装备	22
7	龚某、许某某等3人	诈骗他人虚拟游戏物品	平均年龄24.3

---

① 薛博文：《网络诈骗犯罪趋势与预防》，载《检察日报》2020年6月23日，第3版。

3. 抢劫网络虚拟财产犯罪

抢劫网络虚拟财产的形式与传统抢劫罪存在差异。有些青少年犯罪人在现实中使用暴力、胁迫或其他方法迫使被害人交出游戏账号、密码并劫取虚拟财产,犯罪手段与传统抢劫罪相似。

(三) 青少年网络虚拟财产犯罪的典型特征

1. 以侵犯游戏中的虚拟财产为主

上文中笔者统计的 12 例青少年盗窃网络虚拟财产犯罪中有 11 例与网络游戏相关,犯罪人侵犯的对象是他人游戏账号装备、游戏币等虚拟财产。7 例青少年诈骗网络虚拟财产犯罪中有 6 例的侵犯对象是游戏装备。为数不多的青少年抢劫网络虚拟财产案例也几乎都与网络游戏相关。相比于比特币等数字货币而言,青少年(尤其是未成年人)对网络游戏中的虚拟财产熟悉程度更高。网络游戏体量大、市场覆盖率高,青少年犯罪人选择犯罪对象时有广阔空间。

2. 犯罪手段的技术性显著提升

由于网络虚拟财产具有虚拟性,不能脱离网络而存在,除诈骗、抢劫等传统手段的犯罪外,其他大部分犯罪都是利用计算机网络技术实现的。青少年犯罪人在掌握一定计算机技术后,向被害人电脑或手机植入特定病毒或发送特殊指令,进而通过自己的计算机控制受害人设备,完成虚拟财产犯罪。有些青少年犯罪人还会隐藏自己的犯罪踪迹,篡改计算机系统记录,销毁犯罪证据。

3. 团伙作案常见多发

从上文中的犯罪统计表格可以发现,团伙型犯罪不在少数,尤其是诈骗网络虚拟财产犯罪几乎全部为团伙作案。在青少年团伙型网络虚拟财产犯罪中,犯罪人分工明确、流程清晰,是有预谋、有组织的成熟型犯罪类型。网络虚拟财产犯罪的团伙多数为多次实施犯罪,涉及的受害人范围较广,涉案金额也较大。

二、青少年实施网络虚拟财产犯罪的成因分析

分析青少年网络虚拟财产犯罪的成因是提出有效犯罪预防对策的必要条件。青少年网络虚拟财产犯罪是主客观因素共同作用的结果。网络的高度发展为青少年提供了犯罪平台,生活环境、受教育环境也会影响青少年的心理发育。分析青少年网络虚拟财产犯罪的原因,应从网络社会文化、被害人特征等客观因素以及青少年心理状态等主观因素进行讨论。

(一) 青少年受网络空间逆主流思想影响严重

根据《第 45 次中国互联网络发展状况统计报告》,截至 2020 年 3 月,我

国网络用户数量超过9亿。在我国网民中,学生最多,占比为26.9%,即青少年是网络社会的主力军。截至2019年12月,我国国内市场上检测到的App数量共367万款,其中游戏类App占比为24.7%,网络游戏的主要受众也是青少年群体。当今主流社会对虚拟财产的接受程度依然不高,尽管很多游戏的定位是面向青少年,但学生玩游戏这一行为在学校老师和家长眼中是不务正业的表现。很多青少年玩家的家长不支持孩子打游戏,因此青少年并无额外经济来源为游戏充值。有些网络虚拟财产犯罪的青少年犯罪人为获得心心念念的游戏装备及丰厚的游戏货币,侵入他人游戏账号并将价格高昂的游戏装备据为己有,这一行为使他人财产遭受严重损失。此外,现阶段法律对网络虚拟财产的保护仍处于起步阶段,主流社会对虚拟财产的认同程度不高,青少年没有接受过关于网络虚拟财产的法律教育,对自身的犯罪行为缺乏清晰的认识。

随着人民生活水平和受教育程度的提高,人们的思想更独立、多变,个体间的差异性也逐渐明显。青少年的价值观念和行为方式也越来越多样化、矛盾化。一部分青少年利用计算机技术和网络提升自我、拓展圈层,进而实现对互联网的良性利用。还有一部分青少年受网络逆主流文化影响严重,对他人权利和国家法律视若无睹。网络发展速度惊人,各项技术也逐步走向成熟,计算机网络方向的"人才"普遍较为年轻化。如果不能对这部分青少年予以正确引导,任由网络上的逆主流文化思想继续侵蚀涉世未深的青少年,青少年极易走上歪路、邪路。

(二)以自我为中心的心理驱使青少年社会责任感愈加薄弱

在物质生活能得到基本满足的基础上,青少年开始追求精神上的充实。网络成为青少年"大展身手"的天地。青少年在网络上有机会一展鸿鹄之志,获得成就感。青少年在家庭、学校和社会中都扮演被管理、被教育的角色,而青春期的逆反心理驱使青少年想要反抗,想要获得认同。①

学校和家长将学习成绩摆在第一位的教育观念使很多青少年养成"以自我为中心"的性格,由此导致青少年在实施犯罪时往往一意孤行,不会考虑受害人的利益及亲友感受。尤其是网络虚拟财产犯罪行为具有较高的隐蔽性,犯罪人足不出户就能实现犯罪目的,不需要与被害人直接接触。青少年心智尚不成熟,面对网络上的种种诱惑不能做到无动于衷。在犯罪青少年对自己侵犯他人网络虚拟财产的行为没有正确认识的前提下,网络的隐蔽性更加削弱了他们的社会责任感,在侵犯他人网络虚拟财产时毫无后悔之心,毫无羞耻之感。

---

① 曾赟、孔一、张崇脉:《犯罪原因分析》,清华大学出版社2010年版,第57~68页。

青少年正处于社会化过程中,其人生观、价值观、世界观尚未成形,极有可能在好奇心和胜负欲等因素的刺激下实施犯罪。有些青少年甚至崇拜那些利用"黑客技术"入侵他人电脑盗取游戏账号的人,他们会幻想自己也能完成这种技术犯罪,并以此为荣。在这种心理的误导下,不仅不能预防犯罪,甚至还会误导更多青少年加入网络虚拟财产犯罪的队伍。

(三)被害人缺乏网络技术防范知识为犯罪降低了难度

被害结果表明,被害人的年龄与其被害风险有明显联系。现阶段,青少年的被害率始终保持在较高水平。尤其在青少年网络虚拟财产犯罪中,被害人也多以25周岁以下的青少年为主。年轻的游戏玩家对网络犯罪的防范意识不高,很多情形原本可以避免受害,但由于其过于自信和掉以轻心没能避免。网络虚拟财产犯罪的被害人以为游戏充值的玩家为主,涉案的虚拟财产现金价值动辄万元以上。被害玩家往往有一定经济实力且为游戏倾注很多心血,与犯罪青少年熟悉同一款游戏,甚至有可能是在游戏中认识的"朋友"。从被害人的角度考察,网络犯罪的被害人可分为两种类型:第一种是无过错型。[①] 被害人与犯罪人并不认识,这些"高端玩家"也采取了一定的网络防范措施来保护自己的虚拟财产,但由于账号中虚拟财产的价值过高而吸引了犯罪人。做好防范措施的前提下,被害人是无辜的。第二种是有过错型。有些网游玩家缺乏基本的网络技术防范知识,自我保护意识较差,网络系统管理中存在漏洞而未及时采取必要的技术手段,在接收到犯罪人发来的链接时疏忽大意,直接点击,给了犯罪人控制其计算机并盗取游戏账号密码的可乘之机。

三、青少年网络虚拟财产犯罪的预防对策

(一)加强虚拟财产犯罪的技术预防

首先,网游运营商要对用户高度负责,做好信息监管工作。在网络虚拟财产犯罪中,尤其是盗窃虚拟财产犯罪,青少年犯罪人大多利用游戏程序的技术漏洞取得其他玩家在游戏中的装备和货币。运营商应加强对自家产品技术问题的关注程度,一旦发现漏洞及时解决,减少犯罪人的犯罪机会。运营商还可通过加大游戏系统程序的难度来增加犯罪难度。[②] 软件越复杂,短时间内越难被破解,一些"学艺不精"的青少年无法完成高难度的技术犯罪,从而放弃

---

① 任克勤:《被害人学基本理论研究》,中国人民公安大学出版社2018年版,第286~291页。

② 王晶:《论盗窃网络虚拟财产犯罪的预防》,吉林大学2010年硕士学位论文。

犯罪。

其次，当今的官方游戏都需要玩家实名制注册，但只要拿到玩家的账号和密码就可以登录其游戏界面，转移其虚拟财产。如果能对登录某账号的玩家进行身份鉴别，将会有效避免在本人不知情的情况下游戏账号被他人登录的情形发生。身份鉴别的形式可以多种多样。

最后，网络跟踪技术、网络监控技术、数据信息恢复技术、网络安全技术等是网络虚拟财产犯罪侦查的重要手段，为有效证据的获取提供了有力支持。网络虚拟财产犯罪的隐蔽性和快速性为犯罪预防带来很大挑战，但在很多青少年侵犯他人网络虚拟财产案件中受害者不止一人，有些甚至是有组织、有纪律的团伙犯罪。对于这类反复多次实施的犯罪行为，是可以及时止损的。网游玩家一旦发现自己的虚拟财产被侵害，应立即采取技术防范手段和其他保护措施，避免遭受更大损失，也为公安机关破获案件争取时间。

（二）广泛开展青少年网络虚拟财产法律知识教育

青少年在实行网络虚拟财产犯罪时，对自己的行为是否属于犯罪的认知不够清晰。究其原因，是家庭、学校和社会对青少年的心理发育不够重视，教育方式存在漏洞。整个主流社会对游戏和网络虚拟财产的接受程度普遍较低，对虚拟财产价值属性的认定和保护重视程度不高。

在家庭教育方面，青少年几乎没有机会受到关于侵犯虚拟财产的法律教育。与家庭教育相比，学校教育的效果更好、范围更广。各校可以通过开展"网络虚拟财产法律知识"学习周、学习月、举行主题班会、观看教育视频等方式，让学生对虚拟财产有更清晰的认识，让其了解入侵他人游戏账号、转移他人游戏装备等行为的违法性。青少年正处于一个懵懵懂懂的阶段，在其对网络虚拟财产的定位仍模棱两可时对其予以纠正，可有效预防青少年网络虚拟财产犯罪。此外，网游运营商也有让青少年正确认知虚拟财产的义务。运营商可在登录界面或游戏界面设置显眼标识，提示玩家转移他人游戏装备、游戏货币等行为系属违法，避免青少年玩家因缺乏对侵犯他人虚拟财产行为的违法性认识而实施犯罪。

（三）教育青少年在网络社会中提高防范意识

"预防犯罪必须从实际的犯罪和受害，以及想象的犯罪和受害两方面着手。"[1] 从预防效果看，预防被害与预防犯罪的地位同样重要。青少年网络虚

---

[1] ［美］史蒂文·拉布：《美国预防犯罪的理论实践与评价》，张国昭等译，中国人民公安大学出版社1993年版，第11页。

拟财产的被害分为两种情况：一种是被害人无过错，即被害人做好防范措施仍面临侵犯；另一种是被害人有过错，即被害人缺乏防范意识，给了犯罪分子可乘之机。在被害人无过错型犯罪中，被害人已经尽己所能防范被害，不能对被害人有更严苛的要求。

在学校、社会进行网络虚拟财产法律知识普及时，除告知青少年侵犯他人虚拟财产行为是违法行为外，更要重视提高青少年的防范被害意识。应教育青少年在网络社会与人交往过程中保护好个人隐私信息，不轻信他人，不随意点开陌生链接，不委托陌生人代理处分自己的虚拟财产。对于明知自己被害但因惧怕家长而不敢报案的青少年，学校应给予帮助，由老师与家长沟通，及时报案。

四、结语

在青少年的日常生活中，网络已成为必不可少的生活要素。青少年侵犯他人网络虚拟财产的案件频频出现，严重影响网络社会的良性发展和现实社会的正常秩序。对业已存在的青少年网络虚拟财产犯罪案件进行特征总结和成因分析，有助于提出预防此类犯罪的对策。本文针对网络虚拟财产犯罪技术性强的特点、青少年社会责任感薄弱的心理因素和被害人缺乏网络技术防范知识的犯罪成因提出相关对策建议，但对于团伙型的青少年网络虚拟财产犯罪尚未分析其犯罪成因。此外，除心理因素外，个人经济状况也是影响青少年侵犯网络虚拟财产的重要因素，文中未对此因素进行详细分析。家庭、学校的教育及扭曲的社会价值观也是青少年犯罪问题中的常见影响因素。此外，司法实务中关于网络虚拟财产犯罪的模糊处理也是犯罪青少年存在侥幸心理的重要原因。在今后的研究中，可以更多关注经济状况、青少年的受教育环境等因素，从而在刑事政策和犯罪治理层面有针对性地提出具体的对策建议。

网络时代青少年的犯罪防控与被害防控：
以淘宝网络诈骗案为视角

朱艳菊　王颍颍[*]

当前，我国进入大数据人工智能时代，网络已经全面融入人类生活的方方面面。网上购物、云支付、网络聊天等使人们的生活越来越方便快捷，给人们带来了便捷、效率、文明、财富。但同时，网络也给人们带来了一些潜在风险和威胁，如近年来网络诈骗案件频频发生，屡见报端。笔者结合河南省登封市院办理的系列网络诈骗案，分析网络时代青少年实施的违法犯罪和遭受的犯罪侵害，从而提出有效应对策略，使青少年远离网络带来的不良危害，进而维护青少年的合法权益。

一、淘宝网络诈骗案典型案例

2017—2019 年，河南省登封市人民检察院接到登封市公安局移送审查起诉的系列利用代开淘宝网店实施的网络诈骗案件。

案例一：孟某等 63 人涉嫌诈骗案。2015 年 1 月 28 日以来，犯罪嫌疑人孟某在郑州先后注册成立"郑州源之森科技有限公司""郑州鼎寒软件科技有限公司"，雇佣李某、樊某等 62 名业务人员，分为老板、主管、经理、业务员四个级别。该公司制作网页，以"月赚 3000、月赚 12000"等字眼吸引眼球，编造并发布虚假案例，夸大自身实力；通过专业"话术"培训后，业务员以美女身份在网上利用 QQ、微信、交友软件等平台，炫耀自己身为淘宝店主的发财之路，引诱网民加盟自己所在的公司。网民产生加盟网店意向后，经理或主管层冒充淘宝客服或淘宝指导的身份，以虚构代建淘宝网店、装修网店、提供优质货源、技术指导、一键代发货物等服务为由，骗取受害人缴纳加盟费、升级费、推广费等各项费用，达到非法占有他人财物的目的。经公安机关侦

---

[*] 朱艳菊，河南省人民检察院第九检察部副主任；王颍颍，河南省登封市人民检察院第五检察部助理检察员。

查，该组织利用互联网对大多数不特定人群实施诈骗，涉案数额已达 600 余万元，被害人人数达 4000 余人。最终，孟某因犯诈骗罪被判处有期徒刑 12 年，并处罚金人民币 50 万元，其余人均被判处 10 年以下不等有期徒刑。

案例二：刘某等 17 人涉嫌诈骗案。2016 年 2 月至 5 月，犯罪嫌疑人刘某经公司登记机关登记在登封市区注册成立"登封市跨时代电子科技有限公司"，先后招聘犯罪嫌疑人乔某、李某等 16 人加入该公司，通过制作官方网页，发布虚假事例，假冒女性身份通过微信、QQ 交友软件，使用专门话术和被害人聊天等欺骗手段，以高额收入做诱饵，骗取被害人信任，收取 1880～2900 元不等的加盟费、升级费、推广费等名义，共骗取 63 名被害人 24 余万元。最终，对各被害人退赔退赃，主犯刘某被判处有期徒刑 5 年，并处罚金 3 万元，其余涉案人员被判处有期徒刑 1 年至 2 年缓期执行，并处罚金 5000～10000 元。

案例三：曾某等 20 人诈骗案。2015 年 11 月至 2018 年 7 月期间，吴某（在逃）在广西壮族自治区柳州市分别用他人身份证注册成立柳州市网络科技有限公司、柳州市众享网络科技有限公司、柳州君联科技有限公司、柳州影锐文化传媒有限公司，聘请犯罪嫌疑人曾某为财务总监、陆某为业务经理（该二人同时为公司股东），先后招聘罗某等 20 余人作为公司员工，采用伪造阿里巴巴资质、制作虚假数据表、软件刷单等方式，虚构能够为淘宝店主托管并推广店铺，使其获取丰厚利润的事实，统一利用女性 QQ 身份在"淘宝 QQ 群"内搜索淘宝店主，并使用专门话术骗取其信任，以高额收入做诱饵，骗取 400 余名被害人 988～6888 元不等的托管代运营费用，以及 3888～8888 元不等的人气收藏等推广费用，共计 100 余万元。最终，曾某被判处有期徒刑 11 年，并处罚金人民币 6 万元；路某被判处有期徒刑 10 年 6 个月，并处罚金人民币 6000 元。其余人被判处 2～4 年不等有期徒刑。

二、系列网络诈骗案的特点

上述三个案例作案手段基本雷同，都是通过网络面向不特定人群发布"能够代开淘宝网店、月入上千上万"吸引眼球，进而通过同伙之间相互配合骗取对方信任，从而收取对方淘宝网店加盟费、维护费等一系列费用。归纳起来，共同特点有：

（一）符合集团犯罪的要素，均为集团犯罪

根据我国刑法规定，3 人以上为共同实施犯罪而组成的较为固定的犯罪组织，是犯罪集团。上述三起案件中，从犯罪人数上来讲，是符合犯罪集团人数的，均在 3 人以上。从犯罪形式的组织性上来讲，系列案件的犯罪成员较为固定，成员之间是领导和被领导的关系。三起案件均依托合法正规的公司组织形式。成立了公司，注册了公司营业执照，公司内部有明显的组织架构，如案例一中公司架构为董事长—经理—主管—业务员，在管理上一级对一级，且公司每天都安排晨会，每月安排培训。公司内部分为业务部和技术部，业务部负责向网络中的不特定人群发放信息，骗取对方信任，从而骗取对方加盟费、升级费等；技术部则负责和已经成为公司客户的被害者联系，发给对方如何开淘宝网店的操作步骤。犯罪团伙成员内有明确的分工，符合犯罪集团的特征。从犯罪目的上来讲，三起案件中犯罪团伙成员目的明确，都以能够谈成客户让客户缴纳加盟费等费用为目的，且为谈成客户，业务员获悉客户初步加盟意向后，由主管或经理进一步跟进与客户聊天，编造虚假信息，继续骗取客户的信任，从而使客户发生错误认知，缴纳加盟费等费用。

（二）犯罪主体年轻化，以青少年为主，且文化水平较低

系列案件中犯罪分子普遍年龄偏低，三起案件中嫌疑人年龄多为20岁左右，年龄最大的37岁，年龄最小的仅17岁，其中"90后"占到总人数的85%。因为犯罪行为不需要太多文化知识，因此在该公司招聘业务人员时，仅要求熟悉电脑打字即可。三起案件中，大专以上学历的有28人，占总人数的28%，且多为管理层，其余人均为初中以下学历，占总人数的72%。

（三）犯罪主体之间共同故意明显，分赃明确，且主从犯作用明显

根据刑法规定，组织、领导犯罪集团进行犯罪活动的，或者在共同犯罪中起主要作用的，是主犯；对组织、领导犯罪集团的首要分子，按照集团所犯的全部罪行处罚；在此之外的主犯，应当按照其所参加的或者组织、指挥的全部犯罪处罚；共同犯罪除主犯、从犯，还有教唆他人犯罪的教唆犯。三起系列案件中，孟某、刘某、曾某等组织者、领导者和其他犯罪嫌疑人为主从犯的关系。首先，从主观方面来说，孟某、刘某、曾某等人为直接故意，他们作为公司的老板、董事长、经理，开设公司，设计公司架构，制定薪酬等激励制度，对公司实施经营管理，组织其他犯罪嫌疑人并让他们通过公司实施犯罪行为，对犯罪结果的发生持积极态度，希望犯罪结果的发生。而其他犯罪嫌疑人则作为从犯，参与到犯罪的具体步骤中来，如业务员通过网络寻找潜在的客户，使其缴纳加盟费，促进犯罪的完成。这些行为和公司的组织者、经营者相比，是一项很小的工作，应该认定为从犯。从分赃情况来讲，如案例二中，明确规定业务员提成40%，主管提成10%，其他50%归老板，有明确的分赃制度，老板作为主犯，分得的赃款较多，业务员作为从犯，得到一部分非法所得。

（四）作案手段隐蔽高明、智能化程度高

网络诈骗作为利用信息网络实施的犯罪，犯罪分子可以伪造身份、性别，通过团伙合作可以营造出一个完美的假象欺骗他人。三起网络诈骗案中，业务员、主管、技术人员分别具有不同的身份，业务员刚进入公司就有完备的话术手册进行培训，实施诈骗时按照话术手册一一实施，团伙分工作案使其具有隐蔽性，不断消除被害人的怀疑从而对被害人实施欺骗。相比一般诈骗，诈骗团伙的目的更容易达到。

（五）犯罪嫌疑人之间关系亲密，多为同学或者朋友

三起案件中，因为挣钱较为轻松，因此往往工作后就介绍自己的同学或者朋友到公司上班。如案例二中，刘某就叫来了自己的亲戚、发小、同学等共计9人到公司工作。而这些青少年刚到公司时，看到公司有正规合法的手续，有较为严密的组织架构，以为是正当的公司。工作一段时间后，发现公司从事违法犯罪事情后，往往又因为高额的收入而难以收手，抱着"是老板让我做的，老板违法，我没违法"的念头继续在公司工作实施诈骗。

（六）受害人以青少年为主，人数多且往往跨越多个省份，多数因为想获得高额的经济收入而受骗

这种通过网络即可完成的犯罪活动时空跨度大，因此受害者一般人数多且影响范围广泛。三起案件中，犯罪团伙主要针对在校大学生、在家带孩子的宝妈、刚工作手头不宽裕的青少年，抓住被害人想赚钱的心理，骗取对方缴纳680~2880元的小额加盟费。虽然涉及每一个受害人的财产损失并不大，但加在一起的损失却是巨大的，可以认定犯罪造成严重后果，具有很大的社会危害性。

三、系列网络诈骗案青少年犯罪和被害的原因分析

从系列网络诈骗案的特点可以看出，此类犯罪比较特殊，嫌疑人多为青少年，同时被害人也多为青少年。笔者认为，原因主要有几个方面。

（一）青少年自身的原因

1. 身心发育不完全。青少年身心发育尚不完全、不充分，对世界的认知水平有限，在缺乏正确的引导和教育的情况下，极易受到外界的影响，进而走上违法犯罪的道路。如三起案件中，多数嫌疑人进入公司一段时间后，知道公司从事的是诈骗活动，被管理层同事劝导，继续留在公司实施诈骗，给社会造成危害。从被害人层面讲，社会经验不足，导致其在寻求兼职的过程中轻信他人。如"只需加盟费680元，开店铺货这些都不用你来做，可月收入3000~

10000元"这种宣传，低门槛、高收益而且足不出户即可月入不菲。这些以社会一般观念来看并不真实，然而由于此类被害人经济水平较低，急于改善自己的经济状况，因此其在决策时往往沉迷于高回报，却忽视了潜在的风险，从而落入诈骗陷阱。

2. 法治意识淡薄。从嫌疑人层面讲，系列案件中，多数青少年为初中文化水平，法治意识淡薄。多数青少年嫌疑人都抱有"我是通过正当的招聘渠道进来的，工作也是老板安排我做的，老板有罪我无罪"的念头和想法继续留在公司工作，从而在犯罪的道路上越走越远。从被害人层面讲，也是因法律意识淡薄给了犯罪分子可乘之机。如案例一中和被害人签订的有加盟合同，但是许多被害人为了省事就直接把钱转账给业务员，让业务员代签合同。还有的被害人网店开起来后没有生意，听取业务员的花言巧语，缴纳升级费、网络直通车等费用，企图以此吸引顾客，挣取利润。有的被害人直至被公安机关联系，才意识到自己被骗，还以为是自己不会经营才导致淘宝网店没有顾客。

3. 对物质的欲望较大。现代社会物欲横流，青少年在网络上增长了见识，同时也刺激了他们的消费欲望。系列案件中，被害人之所以人数众多，是因为被犯罪分子抓住了"少投入，高回报"的心态，从而一步步掉进了犯罪分子编织的陷阱。从嫌疑人层面讲，其物质欲望更为明显。案例三中，嫌疑人多为"90后"，被公安机关抓获时基本上都是手拿iphone6、plus等最新款手机。据他们供述，基本上每个月收入6000~8000元都用来吃喝玩乐。在此情况下，因为来钱容易，犯罪嫌疑人即使觉得公司从事的是不正当的行为，还是选择继续在公司工作，甚至积极选择潜在客户，实施犯罪。

(二) 青少年保护力量的局限和疏忽

1. 学校教育的缺失。系列案件中的犯罪嫌疑人初中以下学历的占72%，文化素质普遍较低，因此社会认知水平有限，且缺乏法律知识。本该是上学的年龄却站到了被告席上，令人痛心。

2. 网络监管和网络法制体系不健全。网络传播的匿名性、交互性、即时性、跨域性等特征，以及网络传播技术的快速更新，使得对网络违法犯罪行为的监管措施的有效性大大降低。网络监管需要技术支撑，但是目前监管机关和司法机关计算机技术普遍不高，既不能有效组织犯罪，又不能在犯罪后利用技术手段及时收集证据。另一方面，我国网络法制体系的健全程度远远落后于网络科技的发展，使得对青少年的违法犯罪行为进行处理无法可依。

四、加强犯罪防控和被害防控的几点建议

互联网和大数据的发展是不可避免的，并且会与我们的生活产生越来越紧

密地联系，青少年作为上网的主流军，正如网络诈骗系列案所揭示的，一方面我们要看到互联网对青少年违法犯罪的不良影响，青少年利用网络进行欺诈、色情、赌博等行为，成为违法犯罪的主体。另一方面，青少年也成为网络犯罪的被害者。针对网络时代青少年犯罪预防和被害防控，笔者认为应从加强青少年法治和道德教育、加强监管和宣传力度、强化立法三个方面维护青少年的合法权益。

1. 加强青少年的法治教育和道德教育。网络背景下，青少年遭受侵害，主要还是其网络防范意识不强。要加强青少年的法治教育，强化法治意识，提高个人风险防控能力。同时让他们明白网络诈骗的危害性，引导其上网时遵守各项法律规定，不做违法犯罪的事情。另一方面，社会要注重对青少年道德教育，使青少年上网时带有正确的道德观念，不能为满足自己的一己私利就去损害别人的利益。

2. 加强网络监管力度和宣传力度。网络诈骗依托网络进行，对计算机等媒介依赖性强。网络诈骗实施后如果犯罪嫌疑人通过删除聊天记录、注销账户、毁坏电脑移动硬盘等方式销毁证据，则给调查取证工作带来极大困难。如案例二中，刘某被抓后，其父亲接到消息后第一时间赶到公司将三台电脑硬盘全部拆毁掉，使后期在认定诈骗数额时只能通过落实到有限的被害人来进行认定。学者张志莲提出"要国家公安部门和网络监管部门的共同帮助，建立一个队伍专门针对网络犯罪，而队伍里的人应具备一定的侦查能力，还要有金融和计算机方面的知识，这样做才可以对网络进行有效的监管。"[①] 另外，还要注意引导网络管理者担负起责任，履行管理者义务，提高网站安全性，尽量做到网站用户实名制，接到用户举报应及时有效进行处理，并保存数据防止证据丢失。同时，要加强宣传力度。司法机关通过各种渠道在媒体上加强网络犯罪的宣传，经常公布网络诈骗犯罪手段和方法，以便提高普通公众的辨别能力和增强网络防骗意识，也可通过短信、视频、电影等方式进行普法教育，在中小学、青少年群体集中的场所开展防骗知识讲座，用青少年喜闻乐见、生动有趣的方式展示，提高他们的防范意识，避免贪图便宜的心理，谨防上当受骗。如登封市检察院协调登封市法院，在孟某一案开庭时，开展"真实庭审进校园"活动，进入郑州大学体育学院公开进行庭审活动，邀请师生300余人参加庭审。庭审结束后，大学生们看到自己的同龄人站在被告席上，纷纷表示触动很大，并表示今后通过网络寻找兼职时也会擦亮眼睛，避免被骗。

3. 强化立法，严厉打击网络犯罪活动。《刑法》第266条、第285条、第

---

① 张志莲：《网络诈骗罪案研究》，黑龙江大学2016年硕士学位论文。

286条、第287条规定了诈骗罪、非法侵入计算机信息系统罪、破坏计算机信息系统罪、非法利用信息网络罪和帮助信息网络犯罪活动罪等罪名，第287条也规定，利用计算机实施金融诈骗、盗窃贪污、挪用公款、窃取国家秘密或者其他犯罪的，依照本法有关规定定罪处罚。但面对犯罪手段的不断翻新，立法和侦查技术难免存在一定的滞后性，仅靠这几个条文不足以解决司法实践中遇到的诸多难题。学者张志莲指出："要做好网络诈骗犯罪的预防和控制工作，首先要完善关于计算机网络的相关立法，因为造成网络诈骗犯罪泛滥的一个重要原因就是法律法规的缺失和相关责任的不明。"① 并提出了单独设立网络诈骗罪的建议。近年来，随着办案实践的需要，我国不断出台各项规定，规范着信息网络的运作，并不断地打击各类网络犯罪活动。2016年12月19日，最高人民法院、最高人民检察院、公安部联合下发《关于办理电信网络诈骗等刑事案件适用法律若干问题的意见》，为网络诈骗犯罪的审判活动提供了统一和准确的标准。然而网络犯罪伴随网络技术的迅猛发展不断蔓延，犯罪手段不断翻新，单独制定网络诈骗罪是有其必要性和合理性的。同时，应严厉打击网络诈骗，处以严厉的刑罚。网络诈骗犯罪侵害的是不特定人群的财产权利，往往数额大、社会危害性大，应当加大处罚力度，给犯罪分子以有力震慑。

---

① 张志莲：《网络诈骗罪案研究》，黑龙江大学2016年硕士学位论文。

未成年人"类犯罪行为"解决路径研究[*]

——以降低刑事责任年龄起点论争为视角

张祥伟[**]

  未成年人犯罪作为社会难题之一,其日趋低龄化的趋势[①]更加令人担忧。而以14周岁为刑事责任年龄起点的刑法面对未满14周岁未成年人所犯之"罪"[②]的尴尬,更是引起社会的广泛关注与争论。依据我国刑法及其他相关法律法规之规定,对未成年人所实施之行为进行评价,可以划分为未成年人犯罪行为、未成年人"类犯罪行为"、未成年人"错行为"、未成年人合法行为四种。其中,犯罪行为与合法行为均易理解,而未成年人"类犯罪行为"是指依据犯罪构成对未成年人行为进行评价符合构成要件,独因尚未达到相应刑事责任年龄而不认定为犯罪或免责的行为。未成年人"错行为"是指未成年人所实施的尚未触犯刑法[③]而违反其他法律法规相关规定的行为。据此可知,目前我国刑法适用之尴尬,即所面临的核心问题便是如何应对未成年人之

---

[*] 本文系山东省社科规划青年项目"环境公益诉讼司法运行理论与实践研究"(18DFXJ05)、山东省高等学校人文社科计划一般项目"环境公益诉讼之司法运行研究"(J17RA021)阶段性研究成果。

[**] 张祥伟,鲁东大学法学院讲师,法学博士。

[①] 早在2013年11月,中国预防青少年犯罪研究会副秘书长路琦就曾指出,在实施犯罪行为的未成年人中,14周岁至16周岁年龄段所占比重逐年提升,至2013年已突破50%,未成年人犯罪呈现低龄化趋势。参见张寒玉、王英:《应对未成年人犯罪低龄化问题之制度建构与完善》,载《青少年犯罪问题》2016年第1期。

[②] 根据阶层论犯罪构成理论理解,这里的"罪"仅就不法性而言,并未进行有责性评价。因此,这里并非刑法完整意义上的罪。本文中"类犯罪行为"即是在此种意义上使用。

[③] 依据现有法律法规之规定,前述"类犯罪行为"可能会纳入到刑法之外的法律法规调整范围之内(如15周岁未成年人的盗窃行为,虽不构成盗窃罪,但仍属于侵犯财产权的违反治安管理的案件),但如训诫、责令监护人严加管教、收容教养等措施并未收到很好的效果,因此本文将"类犯罪行为"单独列出而不纳入"错行为"之列。

"类犯罪行为"。

实施"类犯罪行为"的未成年人（很大部分处于留守或流动状态①）基于其自身判断是非能力的欠缺，外加易于脱离家庭和学校的正确教育和有效监管，使其极易被社会黑暗因素所侵蚀和影响，进而实施此类行为。针对未成年人实施的"类犯罪行为"②，有学者主张通过实施少年司法专门化的途径予以解决，并进一步提出通过构建刑事、行政、民事三种责任一体化③责任体系予以综合应对，更进一步提出对未成年人罪错行为④实施分级处遇机制的办法予以解决⑤；有学者主张通过教育的途径予以解决，并进一步提出通过改进家庭教育、学校教育、社会教育机制的方法进行应对⑥。有学者则直接针对社区矫正⑦、适当成年人调查⑧等具体制度之完善进而提出解决建议……然而这些解决路径和建议无论是宏观层面还是微观层面的，都呈现出一种问题解决的间接性⑨，而最具直接性的解决路径和建议就是通过"降低刑事责任年龄起点"，进而将未成年人的"类犯罪行为"直接纳入刑法调整范围，以满足刑法评价之合法性要求。

因为根据"类犯罪行为"内涵之界定，其之所以存在，是由刑事责任年

---

① 我国约有 3 亿未成年人，其中处于留守或流动状态的大概有 1 亿，约占全部未成年人的 1/3。在违法犯罪的未成年人中，来自这个群体的达 70% 以上（部分地区甚至达到 90% 以上），被侵害的未成年人多数也属于这个群体。参见宋英辉、苑宁宁：《尊重未成年人司法规律　推进综合审判机构建设》，载《人民法院报》2016 年 2 月 3 日，第 5 版。关于这个群体，此处只是为后续研究者提示一个重点研究对象而已，这里并不否认我国所存在的大中型城市与广大农村地区之间未成年人的区域差别，以及特殊家庭之间所存在的阶层差别对未成年人实施"类犯罪行为"的影响。
② 本段所涉及的路径和方法的建议不仅限于解决未成年人的"类犯罪行为"，而是涉及整个未成年人的犯罪问题，只是这些研究均对此类行为予以特别关注。
③ 以肖姗姗博士为代表。
④ 学界通常讲的"罪错行为"通指未成年人的犯罪行为和其他违法行为。
⑤ 未成年人罪错行为分级处遇的办法恰恰与目前正在修改的预防未成年人犯罪法相吻合。这一主张以学者宋英辉、苑宁宁等为代表。
⑥ 以法学学者姚建龙、教育学学者苏春景等为代表。
⑦ 以学者赵秉志、吴宗宪为代表。
⑧ 以学者姚建龙、徐美君为代表。
⑨ 这里的"间接性"是指前述建议更注重从整体或长期视角对这一类问题进行综合性解决，但相关制度和机制的构建肯定需要相对而言更长的时间，而效果肯定同样要长时间之后才能显现，因此称其具有间接性。

龄问题所致。① 基于此，理论界与实务界都有声音将问题的解决方式指向——降低刑事责任年龄起点这一路径②。然而，这一声音同样引发了众多学者的反驳，从而使"应否降低刑事责任年龄起点"③ 这一问题成为争论的核心。针对这一核心问题，支持者与反对者都分别从是否有助于遏制未成年人之"类犯罪行为"、是否有助于最大限度地保护未成年人合法利益、是否符合刑法之目的价值理念、是否与国际社会发展趋势相吻合等众多方面展开争论。但这些争论必须以对"未成年人"和"刑事责任年龄"两者的准确把握为前提。因为"未成年人"作为降低刑事责任年龄所直接指向的关涉对象，为设置具体刑事责任年龄提供范围依据。而"刑事责任年龄"作为讨论变更之制度，其在整个刑法体系中产生及发展的源与势，直接决定了探讨降低刑事责任年龄起点这一问题的价值及论争方向。

一、降低刑事责任年龄起点之论争前提

（一）"未成年人"之法律界定

以历史发展进程为视角，一个新生命阶段、新群体、新年龄层的出现都不是一蹴而就的。通常而言，是个体亲身意识和感受到自己所处阶段之特殊性，而后由专业人员以及文化所诠释和定义，最后若与某一重大社会问题相连，并引起社会关注进而逐渐成为共识。④ 而就未成年人这一生命阶段来讲，基于其意识和感受能力方面的欠缺，对其的界定更多的是由专业人员以及文化进行诠

---

① 从绝对意义上来讲，确实是因为有了刑事责任年龄制度才会有我们所探讨之问题，如果没有刑事责任年龄制度，任何人触犯刑法不管年龄都需承担责任，便没有探讨未成年人这一特殊群体的意义，更没有所谓的"类犯罪行为"。

② 在此必须予以明确："类犯罪行为"的范围不仅限于第一种情形未满14周岁的未成年人所实施的8种罪名的行为，而且也包括第二种情形已满14周岁不满16周岁的未成年人所实施的符合其他罪名构成要件的行为。理论界与实务界所选之路径更多地倾向于对第一种情形的讨论，本文也以第一种情形为代表进行论述。

③ 关于"刑事责任年龄起点"这一问题，目前有"降低论""提升论""不变论""弹性论"和"恶意补足论"等众多观点。其中，"弹性论"和"恶意补足论"在具体个案适用时存在其实现"个案正义"之合理性，但同时也可能造成"同案不同判"的司法不统一之弊端。在尚未对"刑事责任年龄起点之合理性"判断给出充实饱满的分析之前，对这两种观点的适用为时尚早。对于"提升论"和"不变论"合二为一便是"不降低论"，恰恰可以成为本文论述降低刑事责任年龄起点之反对观点予以使用。

④ 参见顾大男：《老年人年龄界定和重新界定的思考》，载《中国人口科学》2000年第3期。

释和界定。对于未成年人年龄段的界定直接关系到刑事责任年龄起点之界限范围①，因为刑事责任年龄起点设置的主要原因之一就是为了解决未成年人犯罪的问题。

不可否认，受历史、地理、政治、经济以及文化等众多因素的差异性制约，世界各国、不同领域对于"未成年人"的认知与年龄界定难以统一，而不同文化背景下的人们对于"未成年人"概念的理解和期望同样也会存在差异。从世界范围来看，与"未成年人"这一概念相近似或者年龄段存在重合的界定众多。联合国层面的机构和组织如世界卫生组织、联合国人口基金、联合国儿童基金会等发展机构通常将10—19岁人口界定为青少年（adolescent），15—24岁的定义为青年（youth），10—24岁的称为年轻人（young people）。② 这些界定并未直接涉及未成年人这一概念，并且所涉概念相互之间便存在重合。"二战"结束后，联合国曾倡导并被社会广泛认同的"三大人口组"就是"少儿人口、成年人口和老年人口"，其相应的年龄段分界是：0—14岁为少儿人口，15—59岁（或15—64岁）为成年人口，60岁（或65岁）及以上被认定为老年人口（United Nations, 1956）。③ 这一划分虽未涉及未成年人，但将成年人界定为15岁以上，据此可推知未成年人的范围与其所划分之少儿人口相一致，即为14岁以下。而联合国《儿童权利公约》则直接将"儿童"界定为不满18周岁的人口④。由此可见，以上规定均未直接明示未成年人之年龄范围。同样，在中国无论是学术界还是决策界以及媒体在使用相近概念时同样存在很大的随意性。以"青年"为例，《现代汉语词典》将"青年"界定为15、16到30岁左右的阶段。《中国共产主义青年团章程》中所规定的"青

---

① 刑事责任年龄的起点如果高于未成年人年龄最高值，那就丧失了其保护未成年人之目的价值，进而毫无意义。因此，未成年人的年龄界限决定了刑事责任年龄起点的范围。

② 参阅 WHO/UNFPA/UNICEF, The Reproductive Health of Adolescents: A Strategy for Action, A Joint WHO/UNFPA/UNICEF Statement, Geneva: WHO; WHO and UNICEF, 1995, A Picture of Health; A Review and Annotated Bibliography of the Health of Young People in Developing Countries, Geneva: WHO; UNFPA, 2003, State of the World Population, Making 1 Billion Count: Investing in Adolescents' Health and Rights, New York: UNFPA. 转引自胡玉坤、郑晓瑛、陈功、王曼：《厘清"青少年"和"青年"概念的分野——国际政策举措与中国实证依据》，载《青年研究》2011年第4期。

③ 罗淳：《关于人口年龄组的重新划分及其蕴意》，载《人口研究》2017年第5期。

④ 其与我国未成年人保护法所界定的"未成年人"（不满18周岁之任何人）一词含义相同。

年"是以 14 周岁以上、28 周岁以下为标准。① 而将"青少年"和"青年"的年龄边界随意伸缩混为一谈之现象更是不足为奇。部分学者甚至根据选题或论证的需要随意在各个概念的年龄界限左右进行徘徊。② 而随意使用的弊端就是导致文件、项目乃至国家政策间的相互矛盾和混乱。

基于此，法律中对于相关概念及其所涉年龄段的界定必须是明确无误的，否则，必然会使法律规范之间相互冲突进而造成适用困境。然而，对于未成年人的法律界定是由本国历史、地理、政治、经济以及文化等众多因素综合制约的结果。根据我国《宪法》第 34 条③的规定可知，年满 18 周岁的公民视为成年人而第一次拥有政治权利。根据《刑法》第 17 条的规定④可知，16 周岁为一般刑事责任年龄，但是 14 周岁到 18 周岁间的公民具有特殊"待遇"，而这一特殊"待遇"即表明其与 18 周岁以上公民之间存在差异。之所以存在这一差异，通常被认为是因为其尚未成年。而进一步综合我国《民法总则》第 17 条⑤的规定和《未成年人保护法》第 2 条⑥的规定以及《劳动法》第 15 条和第 58 条⑦的规定可推知，在我国"未成年人"是指未满 18 周岁的公民，唯独

---

① 《中国共产主义青年团章程》第 1 条规定："年龄在十四周岁以上，二十八周岁以下的中国青年，承认团的章程，愿意参加团的一个组织并在其中积极工作、执行团的决议和按期交纳团费的，可以申请加入中国共产主义青年团。"

② 如中国青少年研究中心与中国青少年发展基金会 1998 年联合开展的"当代中国城市青年状况"和 1999 年进行的"当代中国农村青年状况"调查，就选取 14—28 周岁的人口作为调查对象。中国青少年研究中心 2007 年推出的"专题研究报告"——《"十五"期间中国青年发展状况与"十一五"期间中国青年发展趋势研究报告》，则将青年界定为 14—19 和 14—35 岁两类。该中心出版的青年蓝皮书——《当代中国青年人口与健康发展状况研究报告》也采用前述两种年龄统计口径。参见胡玉坤、郑晓瑛、陈功、王曼：《厘清"青少年"和"青年"概念的分野——国际政策举措与中国实证依据》，载《青年研究》2011 年第 4 期。

③ 《宪法》第 34 条明确规定，"中华人民共和国年满十八周岁的公民，不分民族、种族、性别、职业、家庭出身、宗教信仰、教育程度、财产状况、居住期限，都有选举权和被选举权"。

④ 《刑法》第 17 条规定"已满十六周岁的人犯罪，应当负刑事责任""已满十四周岁不满十八周岁的人犯罪，应当从轻或者减轻处罚"。

⑤ 《民法总则》第 17 条规定："十八周岁以上的自然人为成年人。不满十八周岁的自然人为未成年人。"

⑥ 《未成年人保护法》第 2 条明确规定："本法所称的未成年人是指未满十八周岁的公民。"

⑦ 《劳动法》第 15 条规定："禁止用人单位招用未满十六周岁的未成年人。"第 58 条规定："未成年工是指年满十六周岁未满十八周岁的劳动者。"

刑法中对刑事责任年龄予以特别规定，并规定了特殊罪名的最低刑事责任年龄为 14 周岁。而这个"14 周岁"正是本文所指的刑事责任年龄的起点年龄，即论争之基。

（二）刑事责任年龄之源与势

德国刑法学家克劳斯·罗克辛曾提出："刑法科学必须成为并且坚持其作为一种真正的体系性科学，因为只有体系性的认识秩序才能够保证对所有细节进行安全和完备的掌控。从而不再流于偶然和专断，否则，法律适用就总是停留在业余水平之上。"① 而犯罪和刑罚作为刑法的两大基本概念则是刑法体系构建之基础，任何刑法都不可缺失"犯罪界定"和"刑罚设置"两大主题。又因为"犯罪界定"的指向是行为，即依法应受刑罚处罚之行为；而"刑罚设置"的指向则是人②，即实施犯罪行为之人。而"行为"与"人"面对刑法评价之时，即由刑事立法最初所关注的"禁止之行为"转向了刑事司法所面对的"责任人"之时，必然面临"责任人应否受刑罚处罚"之质问？为解决这一质问，刑法选择用"刑事责任能力"这一概念对"行为"与"人"两者之间实现"衔接"。③

刑事责任能力即行为人对自己之行为承担刑事责任之能力依据，而判断责任能力有无的根据和标准则是刑事责任能力的要件。刑事责任能力的根据是辨识力和控制力。刑事责任年龄制度的产生与主观归罪原则之兴起密不可分，制度正式确立于奴隶社会中后期。④ 通说认为，中国西周的"三赦"制度被视为我国最早的刑事责任年龄制度即"一赦曰幼弱，再赦曰老耄，三赦曰蠢愚"。该制度有三个特点：第一，只赦其刑，不赦其罪；第二，可赦其刑，而不是一定要赦其刑；第三，将身高折算为年龄。⑤ 西方最早确立刑事责任年龄制度的一部法律是公元前 451—450 年制定的《十二铜表法》。综合而言，这一时期的刑事责任年龄制度最大的价值可能就是对制度适用对象予以区分，而这一区

---

① ［德］克劳斯·罗克辛：《刑事政策与刑罚体系》，蔡桂生译，中国人民大学出版社 2011 年版，第 1 页。

② 这里的"人"应理解为包含自然人、法人、其他组织等主体，进一步理解组织之罪最终也要归因于自然人，所以也可以简单理解为自然人，即本文排除对组织类犯罪的探讨。

③ 李玫瑾：《从刑事责任年龄之争反思刑事责任能力判断根据——由大连少年恶性案件引发的思考》，载《中国青年社会科学》2020 年第 1 期。

④ 熊立荣：《刑事责任年龄制度缘起与演进初探》，载《甘肃政法成人教育学院学报》2005 年第 2 期。

⑤ 邱兴隆：《刑罚理性评论》，中国政法大学出版社 1999 年版，第 30～31 页。

分的标准很显然并非完全依据年龄①，或者说并没有划定一种年龄的"死线"并据此操作，而是仍带有一定的不确定性或受其他因素的影响。

经过思想启蒙运动的欧洲重新发现了"理性"，随后 19 世纪初的法国刑法典和德国刑法确立了主客观相统一的原则。随着这一原则的确立，促使人们开始重新认识刑事责任年龄制度。直至目前世界范围内所采用的刑事责任年龄制度，大多通过设置明确的责任年龄并以此作为罪与非罪、罪重与罪轻之重要划分标准。但与此同时，不同国家、不同领域、不同学科对于刑事责任年龄界定之差异同样也导致众多实践困境，并引发学者广泛争论。而争论之核心问题便是如何设置更为合理的刑事责任年龄制度。

二、应否降低刑事责任年龄起点之论争焦点

未成年人犯罪是否应该承担刑事责任，其主要判断依据就是刑事责任年龄。在我国，判断犯罪的未成年人是否应该承担相应的刑事法律责任，关键的一步便是看该未成年人是否达到最低刑事责任年龄——14 周岁。如果不够 14 周岁，则无需承担刑事法律责任；如果达到 14 周岁，再根据刑法的相关规定看是否需要承担相应刑事法律责任。正是因为这一"14 周岁"最低刑事责任年龄的设置，导致社会公众对目前很多案件②的处理结果难以理解和接受，以致"应否降低刑事责任年龄 14 周岁的起点"这一问题引发社会公众和学界的广泛争论。既然是争论，便存在支持和反对两种声音，双方论争的焦点主要涉及以下几个方面：

（一）论争焦点之一：对于遏制未成年人犯罪功效之争

一项制度无论是设立还是变更，其主要依据便是制度实施之后能否实现预设目的，具体到该制度降低刑事责任年龄起点的问题，最主要的就是看能否起到遏制未成年人犯罪之目的。支持者主张降低刑事责任年龄的起点是遏止未成年人犯罪势头的"速效药"。支持者首先坦然承认了这一事实，即未成年人犯罪是众多因素综合所致，要在短时间内解决众多因素所涉及的问题不现实也不可能。紧接着就直指司法实务界所指出的未成年人"类犯罪行为"的"13 周

---

① 如据《秦墓竹简》注，对身高不满六尺（约合 132 厘米）的，认为属于不满 10 岁的人。

② 如 2019 年 10 月 20 日，大连 10 岁女童被未满 14 周岁男孩杀害的事件；2019 年 3 月 18 日，湖南 13 岁男童弑杀自己亲生父母的案件。

岁"现象①，而针对这一现象，将刑事责任年龄的起点降为13周岁进而将其纳入到刑法调整范围之内，无疑是解决这一问题的"特效药"。然而，支持者并未对自己的论证进行自我质疑，13周岁现象可以解决，那么12周岁、11周岁、10周岁现象……难道也要用简单的降低刑事责任年龄起点来予以解决吗？

对此，反对者指出，通过降低刑事责任年龄起点的方法解决未成年人的"类犯罪行为"这一问题，只是支持者出于对刑罚的一种浪漫期待②。反对者认为，刑罚的功能与价值不仅在于对犯罪者的惩罚，从更长远的角度来看，预防犯罪和预防犯罪者再犯才是刑罚之核心功能和价值。反对者还指出未成年人犯罪的低龄化趋势不仅是个刑法问题，更是一个综合性的社会问题，预防和有效遏制未成年人犯罪是一个复杂、系统的工程，是全社会的责任，需要多管齐下、综合治理。刑罚作为最严厉的处罚方式，是社会防卫的最后手段，单纯地降低刑事责任年龄，从重处罚未成年人，犯罪预防作用十分有限，而消极作用却十分明显，容易造成交叉感染，给未成年人打上犯罪的标签，进而容易导致重新犯罪。③ 仅仅依靠降低刑事责任年龄起点对于控制犯罪是无效的，甚至会一定程度"逼迫"其再犯。从这个角度来看，即便降低刑事责任年龄起点，对青少年犯罪科处与成人同样的刑罚，也并不一定能取得较好的矫正和预防效果，④ 未成年人犯罪之反复性的特征，恰恰印证了刑罚并不能有效抑制未成年人犯罪。

无论是支持者还是反对者，对于降低刑事责任年龄起点之功效层面的争论，其基础依然是刑法所设定的最低刑事责任年龄14周岁，然而这一层面较

---

① 这里主要是指犯罪案件的低龄化。某省高级人民法院的一次统计显示，青少年恶性刑事案件中，严重危害行为的始发年龄最小为10周岁左右，多集中于13周岁。参见张寒玉、王英：《应对未成年人犯罪低龄化问题之制度建构与完善》，载《青少年犯罪问题》2016年第1期。而在很多具体案例中，在对实施侵害行为的未成年人询问时，他们的回答往往涉及"自己不满14周岁"这一事实。

② 周荣华：《犯罪低龄化视角的刑罚》，载《北京青年政治学院学报》2007年第3期。

③ 郭聪：《降低刑事责任年龄起点的探讨》，载《湖北经济学院学报（人文社会科学版）》2006年第4期。

④ 一项由宾夕法尼亚大学马汶·沃尔夫冈教授主持的少年犯罪跟踪调查，考察了9945名出生在费城的少年档案，连续跟踪他们与警方打交道的记录，一直到18周岁。发现其中有6%的少年被捕5次以上，但这6%的少年所犯下的杀人、强奸、伤害、抢劫等重罪占全部犯罪的51.9%。马汶·沃尔夫冈教授和他的团队穷尽半生所发现的6%定律证明，逮捕和判刑都没能对这些孩子成为累犯产生阻遏作用。事实上，越是严厉的惩罚，越有可能使他们再犯，而这恰恰符合了标签理论之负面标签的副作用。

量的双方却从未对"为何选择 14 周岁以下就不用承担刑事责任""14 周岁作为起点的刑事责任年龄是否能准确反映出犯罪人的真实能力水平"这两个问题产生质疑。因此，接下来的论战便是 14 周岁的未成年人其身心是否成熟之争。因为成熟与否直接代表其应否承担责任。

（二）论争焦点之二：未成年人身心发展是否成熟之争

是否降低刑事责任年龄之起点，直接影响 14 周岁以下的未成年人的刑事责任的判定，而是否可以降低则必须要与未成年人的身心发展相适应，因此判断 14 周岁以下未成年人的身心是否成熟至关重要。对此，支持者认为，低龄未成年人已具备承担刑事责任的生理和心理条件。刑法意义上刑事责任年龄起点确定之主要依据，应该是行为人对其行为的主观辨别能力之高低和控制能力之强弱，同时与当时社会发展相适应。而个体的这种能力会伴随着人类社会发展水平变化而变化，社会发展水平越高导致人的生理和心理状况成熟的越早，最低刑事责任年龄也可随之降低①。我国改革开放 40 多年的发展使经济社会发展水平极大提升，进而为公民生理和心理趋早成熟提供了条件和可能。以我国 1979 年刑法为例，当时确定"14 周岁为刑事责任年龄起点"，是与当时的社会环境、社会治安状况、未成年人身心发育状况等社会发展整体水平相适应的。但一直沿用至今，其与目前犯罪低龄化、暴力化、残忍化的现实状况却是难以契合的。

但反对者认为，如果仅仅因为社会、经济的发展使得未成年人的身体发育变快，就据此认为未成年人的心理也会随之提早成熟，显然是缺乏依据的。因为未成年人心理成熟在很大程度上依赖于整个社会环境，而不能仅根据物质条件和身体成熟程度予以判断。并且有数据显示，"与 60 年代相比，现今我国大陆男女青少年生理成熟年龄分别提前了 2.17 岁和 1.12 岁。在青少年生理成熟提前的同时，其心理成熟非但没有相应提前，反而有延后的趋势。"② 显然在这里，反对者的观点更加客观合理，因为没有任何证据能够直接证明社会发展水平高低直接能够决定当时未成年人的身心发育程度的高低。公众所能接受的现实是其可能直接影响未成年人的身体发育，但身体发育的成熟不能必然反映出心理的成熟。

同时，反对者还从是否接受充足的教育和身体发育是否完成这两个视角对

---

① 但这应该与"古代整个人类社会因社会发展水平低下而导致整体平均年龄本来就低，所以刑事责任年龄也低"这一趋势不同。

② 张大均、吴明霞：《社会变革时期青少年心理问题及对策研究的理性思考》，载《西南师范大学学报》2004 年第 2 期。

14 周岁以下未成年人心理尚未成熟予以论证。其认为 14 周岁以下的未成年人因尚未完成义务教育，更没有经过系统的教育培训，其对行为、社会的认知完全不足，因此其与成年人之间存在较大的差距。然而，这两个视角的论证却欠缺证明力。首先，面临的一个质疑便是：根据反对者所给的论据，15 周岁的未成年人同样无法完成系统的教育和身体发育，那刑法为何认定 15 周岁的未成年人可以承担刑事责任？其次，是否一个接受过完整教育的人其心理就一定成熟？尚未接受过完整教育的人其心理就一定不成熟？最后，26 岁前额叶区域发育完成之后也决不代表其就能控制住人们轻率和冲动的决定。那又何以据此而否定一个 14 周岁以下未成年人的心理成熟，进而否定其承担刑事责任的合理性呢？显然，反对者的主张同样难以让人信服。

审视双方在这一层面的论争，虽然仍未涉及对前述两个问题的正面回答，但却开始注意到判断一个未成年人的心理是否成熟的影响因素不再局限于年龄这个单一因素，而是考虑到从受教育水平以及身体发育完善程度等因素的影响。退一步讲，虽然双方的争论无法对争论焦点给出一个最终的结论，但却为以后思考未成年人心理成熟判断标准之时提供了一种"综合性判断体系"的视角，而非只依据年龄这一唯一因素。

（三）论争焦点之三：是否符合刑法理念原则以及保护未成年人利益之争

一项制度的变更不仅要看其是否对目的实现具有功效，以及变更之后的制度是否与所涉主体相适应，还应该从更深层面上看其是否与刑法的传统理念原则相吻合，进而有利于未成年人利益的保护。对此，支持者认为，降低刑事责任年龄起点既能够体现法律公平正义之要求，又能够满足保护未成年之需要。因为刑法之目的包括惩罚犯罪和保障人权，单纯强调任何一方都是难以保证法律之公平正义要求的。因此，主张通过降低刑事责任年龄起点来对未满 14 周岁未成年人的"类犯罪行为"予以惩罚。而反对者则认为，降低刑事责任年龄起点有悖于"少年宜教不宜罚"的少年司法理念[①]和刑罚宽和化

---

① 清末沈家本在《大清新刑律》原订草案中将刑事责任年龄规定为 16 周岁，并指出"夫刑为最后之制裁，丁年以内，乃教育之主体，非刑罚之主体。"如今，"少年宜教不宜罚"已经"不仅为现代少年刑事司法制度所推崇，且为各国奉为少年立法之圭臬"。参见姚建龙：《长大成人：少年司法制度的建构》，中国人民公安大学出版社 2003 年版，第 33 页。

的趋势①。一旦判处由低龄未成年人负刑事责任，就意味着对其正常的自由权、发展权和受教育权的剥夺，会极大影响其身心发展，进而给其一生带来不利影响。② 因为，未成年阶段是人生社会化的关键期，如果在这一时期采取刑罚惩戒措施可能"耽误"其正常的人生发展。

对此，支持者存在如下担忧，单纯强调对于未满 14 周岁未成年人的人权之保护，而无视对其极具暴力性和残忍性行为的惩罚，或者说无法对其行为作出应有的"惩戒"，既难以平复未成年受害人及其亲属之内心不平，又可能促使施害未成年人未来向更严重的犯罪迈进。因为，必要惩戒措施的缺失便是对低龄未成年人的"纵容"，而纵容之后的肆无忌惮只会让其变本加厉，绝无助于对低龄未成年人施害者的改造，甚至会对其周边的未成年人产生映射效应，而这绝非是对未成年人权利的保护。

而反对者的担忧则是，如果一味强调对未满 14 周岁未成年人进行法律制裁，而缺乏针对其心理和认知偏差进行疏导、教育、感化的挽救措施，虽然在一定程度上增强刑法之威慑力和平复被害人之复仇心理，但是不仅无法实现矫治之目的，甚至可能会使其产生逆反心理进而走向社会的对立面以致再犯。德国犯罪学家施奈德指出，刑罚对于未成年人具有烙印和标签作用，给某人贴上犯罪标签的作法不是没有疑虑的，因为在命名为犯罪之后，此人就倾向于个人犯罪化过程（变成罪犯和被认定为犯罪的过程）中接受一种犯罪自我形象，于是就把自己从社会中分离出去，③ 进而不利于犯罪行为人再社会化。

深入分析双方之论证过程可知，反对者对于未成年犯罪人权利保护的过分强调，其实质是刑事司法价值追求对于刑事立法价值追求之"异化"的结果。刑事立法无论是惩罚犯罪还是保障人权之初衷是追求实现社会之公平正义，而刑事司法相比于刑事立法更具复杂性，使司法更加追求操作之执法正义。因为刑事立法在对犯罪行为进行评价时，判断标准是主观恶意和客观危害，价值取向是保护社会正义和替被害人恢复公平。而一旦进入刑事司法，其评价的对象

---

① 2011 年我国《刑法修正案（八）》规定，未满 18 周岁的人犯罪不构成累犯；犯罪的时候不满 18 周岁被判处 5 年有期徒刑以下刑罚的人，免除前科报告义务；2012 年我国刑事诉讼法修订，设置"未成年人刑事诉讼程序"特别规定，增加了合适成年人到场、附条件不起诉、犯罪记录封存等制度。上述修法活动共同显示了我国对未成年人犯罪采取了一种宽和的态度。

② 张寒玉、王英：《应对未成年人犯罪低龄化问题之制度建构与完善》，载《青少年犯罪问题》2016 年第 1 期。

③ 参见[德]汉斯·约阿希姆·施奈德：《犯罪学》，中国人民公安大学出版社1990年版，第985页。

不再单纯是犯罪行为,而是独具个性化特征的人。由此,刑事司法所关注的重点由刑事立法初衷转变为具体的被告个人,而被告的权利保障也逐步成为刑事司法关注之核心,进而造成刑事司法结果与刑事立法初衷偏离的异化现象。①当刑事立法把"刑事责任年龄"作为是否起诉、是否审判、是否担责的前提之时,就更易导致刑事司法将刑事立法最初所关心的"刑法禁止哪些行为,又该如何处置这些行为"问题予以后置,造成刑事责任年龄的评价前置,进而使未成年犯罪人利益最大化的价值选择远优于对控制犯罪行为和平复被害人痛苦的价值选择,使刑事立法与刑事司法进一步异化。

审视反对者所主张的是否有利于未成年犯罪人复归社会、度过人生关键期之时,我们必须认可一项事实:"性本善"与"性本恶"本身就是一个无法辨明的问题。基于不同的立场和视角可能选择不同的主张。如果站在教书育人的角度,则自然是"有教无类,孺子可教"的"性本善",而站在法律行为规制的角度,则自然是"若无罪恶,无需法律"的"性本恶"。如此便产生一个问题:让犯罪未成年人"复归"或者"再社会化"究竟是回到其"恶的本性"还是"善的本性",又该如何去证明一个犯罪未成年人的本性是"善"还是"恶"呢?与此同时,在强调对未成年犯罪人权利保护的同时,是否更应该考虑对未成人受害者权利的保护。即使无法实现偏重,也不可造成前者对后者的超越。如此才能符合社会公平正义价值之追求,又能满足保护未成年人权利之需要。

(四)论争焦点之四:是否与国际社会世界趋势相吻合之争

制度的设置与变更不仅要考虑制度自身价值意义,同时还要考虑到世界整个发展趋势这一外部条件,即经济、社会的全球化必然导致一定程度的法律国际化,而法律国际化的一个重要表现便是法律制度的移植与借鉴。支持者认为,放眼国际社会,现在世界上多数国家和地区将刑事责任年龄起点规定为14周岁,如俄罗斯、奥地利、德国、意大利、日本,以及美国的新泽西州和明尼苏达州;但还有一些国家和地区所规定的起点更低,如英国为10周岁,法国为13周岁,土耳其为12周岁,美国阿肯色州为12周岁、伊利诺伊和佐治亚州为13周岁;除此之外,美国将少年犯罪之司法权限交于各州,部分州设置"恶意补足年龄制度"进而可以审判10周岁的少年犯。② 而日本在2007

---

① 参见李玫瑾:《从刑事责任年龄之争反思刑事责任能力判断根据——由大连少年恶性案件引发的思考》,载《中国青年社会科学》2020年第1期。

② 薛晖、李冰心:《关于我国刑事责任年龄标准的立法反思》,载《黑河学刊》2013年第9期。

年对《少年法》进行的第 18 次修改,主要是将移送少年院的少年年龄从原来的 14 周岁以上修改为 12 周岁以上的少年。① 由此可见,世界范围内刑事责任年龄起点存在降低的趋势。

而反对者则认为,纵观国际刑事责任年龄之发展史可知其呈现出一种上升趋势。我国古代刑事责任年龄起点的发展趋势是逐渐提升,呈现出刑罚之轻缓化。近现代法律之规定还呈现出从重刑罚向重管教、感化之立法方向的变化。② 而国外有关未成年人刑事责任年龄的规定,最早可以追溯到古罗马时期颁布的《十二铜表法》,它针对个别犯罪设置了基于不同的年龄而不负刑事责任的规定。随着欧洲革命结束漫长的中世纪之后,各国在此基础上提高了未成年人的刑事责任年龄。并且目前也有很多国家规定了比较高的起点,如瑞典、丹麦、格林兰均为 15 周岁,西班牙为 16 周岁,波兰为 17 周岁,巴西则为 18 周岁。③ 由此可知,刑事责任年龄起点在世界众多国家存在提升趋势,并且整个发展趋势也是逐渐上升的。

审视支持者与反对者所使用的论据,都是对其他国家刑事责任年龄规定的选择性使用,标准自然为是否有利于论证自己所主张之下降或提升之趋势。而所谓的世界趋势也只是正反双方根据各自所需有意整合而来,世界各国能够给出的只能是符合自己本国需要的刑事责任年龄起点,而要判断趋势也只能是以本国之发展历史予以总结,甚至也只能是在特定的某个历史阶段才能予以把握,因为人类历史发展进程中整体寿命的延长也在一定程度上弱化了所总结之趋势的合理性。如反对者所使用的责任年龄发展史来对自己的观点予以论证,然而这一论据是放在整个人类社会发展长河这一角度进行评价的,基于整个人类社会发展条件的逐渐改善进而导致人类平均寿命普遍提升,自然也影响到刑事责任年龄的上升趋势,但是用其来论证当下历史发展阶段之刑事责任年龄的问题显然是不合适的。而支持者与反对者对特定国家刑事责任年龄起点的论据性使用,其只是一种浅层次的人云亦云,缺乏足够的证明力。因为世界标准既不能肯定也不能否定中国标准,世界范围内的倾向性选择并不能论证其在中国适用的合理性。中国的刑事立法与刑事司法应该适应中国独有的社会背景以及

---

① [日] 俞建平:《日本〈少年法〉第 18 次修订的社会背景和目的》,载《青少年犯罪问题》2008 年第 3 期。

② 参见张文秀:《刑事责任年龄下限问题研究——兼论将"强制教养"纳入刑事诉讼法特别程序》,载《社会科学论坛》2016 年第 5 期。

③ 张寒玉、王英:《应对未成年人犯罪低龄化问题之制度建构与完善》,载《青少年犯罪问题》2016 年第 1 期。

在此背景下中国未成年人独有的身心特点，在刑事责任年龄起点的规定上不能简单地移植，否则便带有一定程度的"不负责任"。

三、论争之指向：刑事责任年龄起点之合理化

综合分析关于降低刑事责任年龄起点的两种截然相反之主张，其论点无法直言其正确与错误，因为其论证只不过是对论据各取所需之后的筛选组合，自然能够对各自之论点起到支撑作用，然而双方均有意未就争论焦点进行全面客观评析。因此，无法单纯依据这些论证对我国"14周岁刑事责任年龄起点"的规定作出是否合理之评价，同样也无法根据这些论证对这一起点作出降低或提高之调整。然而，却不可据此便否定这些论争的价值。第一，论争为我们指明：判断降低刑事责任年龄起点解决未成年人"类犯罪行为"问题这一路径是否可行的核心问题是——"14周岁作为刑事责任年龄之起点是否合理"。第二，论争同时也为我们提供了一种判断这一合理性的综合性视角，即刑事责任年龄起点的确定不应再只是依据实足年龄，而应该对这一起点年龄有一个更全面的理解和把握，进而使其更为合理以致其可担起"起点"这一重担。第三，论争还同时启示我们，只有在对"起点年龄"深入理解和把握的前提下，才可将刑事责任年龄的适用从合法律性问题层面上升为合法性问题层面的探讨。

判断"14周岁作为刑事责任年龄之起点是否合理"，首先，不能简单地将责任年龄与实足年龄直接等同。年龄不仅是一个生物学概念，更具有社会学意义。而将人区分为不同的年龄层次，主要就是基于社会意义之考虑，即赋予不同年龄层次的人以不同的角色和期望等以规范他的行为。不同年龄层次的人在社会中的地位、角色、期望等年龄规范是不同的。① 年龄并非只是一个简单的数字，而是一种极为复杂的现象。心理学字典对"年龄"的界定是自出生以来的时间长度。人在生命初期常以月来计算，接近成年时通常用年来计算②。这种时间长度只是人的自然年龄，又被称为实足年龄（CA）。③ 目前刑法中所规定的相关刑事责任年龄就是在此种意义上的使用。而对于"年龄"这一现象，除了以时间长度对其进行界定外，还有以下几种界定：第一，生理年龄，

---

① 顾大男：《老年人年龄界定和重新界定的思考》，载《中国人口科学》2000年第3期。

② 根据现有生理与心理学理论可知，人作为一个自然体出生之后，生理和心理特征在前期变化速度较快，因此通常以"月"来对其进行描述，越向后变化速度可能就会相对较慢，因此通常以"年"来对其进行描述。

③ [美] 阿瑟·S. 雷伯：《心理学词典》，上海译文出版社1996年版，第19页。

即由激素水平、腺体分泌、肌肉系统、神经发展等生理发展水平决定。第二，智力年龄（MA），由感觉、知觉、记忆、概括、判断、推理等学习水平决定，设计测试题后的分数体现，后发展出专门的智商（IQ）测量。第三，心理年龄，是由一个人的认识水平、情感水平和意识水平以及人的社会性发展水平所决定。第四，受教育年龄，由标准化测验来评价个人成绩的受教育等级水平等。①

而对于未成年人的界定可分为主体界定和社会界定。主体界定是指个人对自己所处人生阶段的界定，一般与人的心理年龄有关。然而正因为未成年人在心理方面的成熟难以衡量，所以其年龄的界定主要是社会界定。② 而对个体的社会界定，不应该再只是一个代表实足年龄的数值，因为无论是仅依据日历年龄还是仅依据生理年龄亦或是心理年龄，均有失偏颇，最好是用各种年龄进行综合界定，即综合生理年龄、智力年龄、心理年龄和教育年龄四种年龄进行程度性评价所对应的年龄之值，即这一年龄之值能够代表一个自然人在各个年龄方面的成熟度。坦诚而言，这注定会是无比复杂的，并因此而遭受缺乏可操作性的质疑。但毋庸置疑这一"年龄值"比单纯的实足年龄更具合理性。虽然目前无法提供计算该"年龄值"之方法，但毕竟为研究和把握我国刑事责任年龄起点是否合理指明了方向，即评价刑事责任之起点年龄是否合理，必须至少要从生理年龄、智力年龄、心理年龄和教育年龄等方面对这一"年龄值"进行综合界定。与此同时，还需注意随着人类科学的发展还可能会出现新的"年龄"度量法，而这一度量法的合理程度决定了其是否应能纳入前面"年龄值"的程度性评价体系。

其次，对于心理年龄、智力年龄和教育年龄，同样不能简单地将"心理成熟""智力状况""学校受教育年限"作为其相对年龄的判断依据。第一，心理学词典中心理成熟（psychological maturity），是指个体发展历程中生理以外的心理层面所达到的成熟程度。心理成熟包括三个方面：（1）心智成熟，智力达到顶峰显现，面对问题时能够合理思考；（2）情绪成熟，感情冲动减少，较能自我控制；（3）社会成熟，能够独立自主，也能与人和睦相处。③ 事实上，所有实施犯罪之人在心理上都或多或少存有一些不成熟的特征，要么是心智、情绪、社会三个方面的整体不成熟（如1周岁的孩童），要么是单一或

---

① ［美］阿瑟·S. 雷伯：《心理学词典》，上海译文出版社1996年版，第20~21页。
② 顾大男：《老年人年龄界定和重新界定的思考》，载《中国人口科学》2000年第3期。
③ 张春兴：《张氏心理学辞典》，上海辞书出版社1992年版，第394~395页。

任意两个方面的不成熟（如激情犯往往就是瞬时情绪的不成熟），因此不能简单地将心理成熟作为判断心理年龄的标准。第二，对于智力状况的理解必须明确的是，一个人的智力并非随年龄的增长而增长，而是有其独特的年龄特点。智力有其产生、发展和成熟的过程，即它是随着生理的成长逐渐发展的，而达到一定年龄时，发育速度就缓慢下来，以至发育停止。① 由此可见，智力年龄与实足年龄两者之间并非一种类似正比例关系，而可能呈现出一种不规则的抛物线形式。第三，对于教育年龄更不能与学校受教育年限简单等价，如此便无法计算"缺失学校教育人员"的相对年龄。因此，要从家庭教育、学校教育、社会教育三个角度运用标准化测验综合评价教育年龄。由此可知，任何一种年龄的计算都应是多种因素作用的结果，更何况心理、智力、教育三者之间本身就存在相互作用的可能②。

最后，在尚未对"14周岁作为刑事责任年龄之起点"这一论题的合理性予以充分论证之前，这一起点只是"国家法律判定有无刑事责任能力的标准之一"，并且这一起点只是一种立法预设，并不能代表未成年人的身心发展状况，更不能代表所有未成年人身心发展之个体状况。因为作为法律之刑法其制定更多的是依据具有平均能力的群体而预设的标准，而刑事责任年龄起点预设之用意也仅在于划定合理的刑事责任范围，但其并不符合人格发展之个体性的特点。由此可知，将对刑事责任能力的判断直接与刑事责任年龄挂钩，其本质只是刑事立法之法律预设而已。现在各国均一致采用年龄标准来划定刑事责任能力③，而选择以实足年龄为标准，主要是基于实足年龄简单、精确，又易于统计，这种优越性是其他度量年龄的方法所不具有的。从刑事政策的角度考虑少年问题，14周岁刑事责任年龄起点的预设是为维护法律的确定性和平等性所必需，在责任能力这个特别容易引起争议的问题上更需如此。由此可见，选择使用实足年龄更是基于操作上的便利性和刑罚上的目的性之间的一种折中的选择。④ 既带有一种选择的无奈，又带有一定程度的"不负责任"。而刑法适

---

① 邱仰霖：《漫谈智力与年龄的关系》，载《心理学探新》1985年第4期。

② 基于此，可以作出一种推断，或许并非学者没有注意到这些问题，而是基于一种立法成本和司法成本的考虑故意规避这方面的论争。然而，这些问题对于把握刑事责任年龄合理性又是难以闪躲的。

③ 不同时期和不同国家曾经出现过多种认定有无刑事责任能力的标准。例如，我国秦律以美德为标准，哥特人以身高为标准，《十二铜表法》以是否适合结婚为标准等，但是这些标准均十分含糊甚至匪夷所思。

④ 庄乾龙：《未成年人犯罪特别程序之定位》，载《青少年犯罪问题》2014年第3期。

用此条规定之时,更多的是从合乎法律之规定(合法律性)这一层面上体现其合法性,而绝非因为其自身之设置合理性(合法性)层面而体现其合法性。

基于此,针对降低刑事责任年龄起点的研究一定要避免两种倾向:第一种是过分迷信刑罚之功效,任意降低刑事责任年龄起点必然会导致刑事责任概念的丧失,进而使刑法之约束机能价值全无,无异于饮鸩止渴。第二种是固守14周岁之起点不变,禁锢于未成年人利益最大化原则,进而导致刑法威慑力丧失,成为低龄未成年人面前的无用之法而放纵其横行不法。与此同时,在充分依靠心理学、医学、精神学、人口学等学科知识的基础上对刑事责任年龄给出更加合理之界定,才可进行应否降低之探讨,也才可进一步探讨是否可以此途径对未成年人之"类犯罪行为"予以解决。

"互联网+"时代未成年人网络被害预防探析

胡隽 陈玉洁[**]

一、问题的提出

当前,随着我国"互联网+"行动计划的持续推进,互联网与各个传统行业进行深度融合,并快速渗透到了社会生活的每一个角落,创造出了一种新的发展生态。正如著名学者曼纽尔·卡斯特所言,以互联网为代表的新信息技术的出现,改变了人们沟通、交往的模式,并且逐步形成一个不同于传统社会的"网络社会"空间。① 在此背景下,网民数量也在持续快速增长,越来越多的未成年人融入到互联网的虚拟世界之中,成为新一代互联网的原住民。2020年5月,共青团中央维护青少年权益部、中国互联网络信息中心(CNNIC)联合发布《2019年全国未成年人互联网使用情况研究报告》。该《报告》显示,2019年我国未成年网民规模为1.75亿,未成年人互联网普及率达到93.1%。未成年人学龄前触网比例显著提升,互联网对于低龄群体的渗透能力持续增强,32.9%的小学生网民在学龄前就开始使用互联网,与此同时,手机位列未成年网民上网设备之首。② 可见,随着移动互联网络的推广和智能手机的大范围普及,未成年人的手机持有率大幅上升,其上网途径更加快速便捷,未成年人密切接触网络的机会不断增加。

---

[*] 学基本科研业务费重点项目"社会治理创新视域下校园欺凌防治研究"(项目编号:2018JKF222)的阶段性成果。

[**] 胡隽,中国人民公安大学副教授,法学博士;陈玉洁,中国人民公安大学硕士研究生。

① [美]曼纽尔·卡斯特:《网络社会的崛起》,夏铸友等译,社会科学文献出版社2006年版。

② 《2019年全国未成年人互联网使用情况研究报告》,http://www.cac.gov.cn/2020-05/13/c_1590919071365700.htm。

"互联网+"使得未成年人的生活模式向网络化、数字化转变,而网络空间的交互性、开放性、虚拟性、超越时空性在给其带来便利的同时,也对未成年人的价值观念、行为模式及身心健康产生强烈冲击。2016年,共青团中央发布的《2016互联网不良信息对青少年的危害分析白皮书》中显示,79%的青少年接触过网络不良信息,其中社交软件、网络游戏、搜索引擎、网络新闻是主要来源,而诈骗、色情、暴力是青少年最容易接触到的内容。[①] 网络不良信息的泛滥,使得心智发展尚不成熟的未成年人一时间面临诸多诱惑而茫然不知所措,未成年人遭受网络被害的概率大幅上升。现实中,一些犯罪分子利用互联网络侵害未成年人合法权益的案件屡见不鲜,其作案手法令人触目惊心,严重损害了未成年人的身心健康,毒化了社会风气。由此可见,加强未成年人的网络安全保护,刻不容缓,而有效预防和减少未成年人的网络被害,则是加强未成年人网络安全保护的一个重要方面,值得我们深入思考。

二、未成年人网络被害的现状

何谓网络被害?这是一个较为复杂的问题。有学者认为,从广义的角度来看,既包括网络行为本身所导致的人格、心理等的精神性被害以及身体上的物质性被害,同时也包括狭义上的或犯罪学意义上的由网络违法犯罪行为所引起的网络被害。[②] 受文章篇幅所限,本文重点研究由网络违法犯罪行为所引发的未成年人网络被害。

当前,从最高人民法院、最高人民检察院发布的典型案例及相关统计来看,很多犯罪分子利用互联网的隐蔽性、匿名性等特点,犯罪空间迅速从线下向线上发展蔓延,未成年人首当其冲成为这些网络违法犯罪行为的主要侵害对象。[③] 一系列鲜活的案例都表明未成年人网络被害出现了很多新特点、新趋势,其危害之大、影响之恶劣已引起社会各界的广泛关注。综观这些典型案例,由网络违法犯罪行为所引发的未成年人网络被害主要体现为人身被害与财产被害两个方面。

[①] 《2016互联网不良信息对青少年的危害分析白皮书》,https://www.docin.com/p-1619158700.html。

[②] 叶慧娟、刘守芬:《青少年网络被害问题研究》,载《山东警察学院学报》2005年第4期。

[③] 《最高法发布十大典型案例 严惩利用互联网侵害未成年人违法犯罪》,http://shanghai.xinmin.cn/xmsq/2018/06/01/31393148.html。

(一) 人身被害

未成年人的人身被害，主要包括未成年人的生命健康权、性权利、隐私权、人格权等遭受的网络不法侵害。从目前发生的典型案例来看，网络欺凌、网络性侵儿童是近年来发案率极高、社会影响极其恶劣的两类未成年人网络人身被害情形，值得我们高度关注。

网络欺凌是指个人或者群体通过手机、电脑等电子设备在互联网上重复性地对他人实施攻击、侵害的活动，是网络暴力的一种类型，具有非及时反馈性、匿名性、手段多样性、被害范围广泛性等特征，主要通过网络骚扰、网络谩骂、网络诋毁、暴露隐私、网络伪装、网络孤立、网络盯梢等手段对被害者实施欺凌。网络欺凌是传统校园欺凌在网络空间的变异和扩展，由于其传播的迅速性和广泛性，网络欺凌的危害性不亚于传统欺凌，遭受网络欺凌的未成年人可能会背负巨大的心理压力，从而导致其出现孤独、悲伤、抑郁、萎靡不振、自暴自弃等情绪，更严重者可能产生逃学、犯罪甚至自杀等行为倾向。

而网络性侵儿童是性侵儿童的一种新的衍生形式，加害人主要利用互联网对儿童实施性侵害，是网络儿童色情的一种延伸。2018年女童保护基金统计的性侵儿童媒体案例中，网络性侵案例数达到39起，占总数的12.3%，相比2017年统计的6起呈现出较快的增长趋势，且受被害家庭维护名誉、利益等因素的影响，曝光的案件只是网络性侵现象的冰山一角，存在很大的犯罪黑数。在39起网友作案的案例中，有16起是在网络聊天平台、社交视频平台等网络平台上发生的，不法分子诱骗儿童发送裸照、裸体视频、进行裸聊、做猥亵动作等。[1] 遭受网络性侵的被害儿童，不仅性权利受到了侵犯，而且被害后还相继会出现恐惧、羞愧、自我认可度低、社交障碍等应激反应，特别是经过网络传播扩大的舆论效应以及家长的责骂后，被害儿童会经历更严重的二次心理创伤。

(二) 财产被害

未成年人的财产被害，既包括直接在网上遭受的财产侵害，又包括被害诱因产生于网上而具体被害发生于网下的财产侵害，遭受侵害的财产既包括普通的有形财产，又包括无形的虚拟财产，如网络游戏中的虚拟货币、虚拟装备等。之所以将虚拟财产也纳入其中，是因为虚拟财产兼具财产的价值与使用价值双重属性。

---

[1] 《代表委员聚焦惩防"网络猥亵"》，http://newspaper.jcrb.com/2019/20190305/20190305_006/20190305_006_1.html。

当前，不法分子利用虚假兼职、虚假购物、网游交易、身份冒充等多种形式对未成年人进行网络诈骗的案件时有发生。2016 年 1—11 月，猎网平台共接到全国 18 岁以下青少年网络诈骗受害者举报 1697 人次，占猎网平台接到网络诈骗举报总量的 11.8%，人均损失 1845 元。① 而 360 安全大脑发布《2018 年网络诈骗趋势研究报告》显示，"90 后"连续五年超越"80 后"成为网络诈骗最大的受害群体，而"00 后"在短短五年之内从占比 0.7% 迅速增至 15.8%，这与"00 后"随年龄增长经济能力逐渐增强有关。② 未成年人由于经济能力有限，常因诈骗损失金额较少而导致无法立案。但是，遭受网络诈骗的未成年人并不仅仅是受到物质上的损失，他们同时还承受着恐惧、忧虑、自责、担心被责罚、不信任他人等巨大的心理压力，若处理不当很容易引发心理问题。

三、未成年人网络被害原因分析

（一）未成年人自身的被害性

被害性是指被害人自身所存在的诱使、刺激、强化犯罪行为发生的因素以及易被加害人利用的弱点等各种主客观因素的总称。未成年网络被害人的被害性主要体现在其所具有的易感性、诱发性和受容性三个方面。

一是易感性。这主要体现为未成年网络被害人易接受加害人的诱导并成为加害人选择的侵害对象。二是诱发性。这主要体现为未成年网络被害人在自身行为中存在着招致加害人实施侵害行为的过错性因素。三是受容性。这主要体现为未成年网络被害人对于自身被害角色的容忍乃至认同。

（二）家庭教育存在疏漏

在"互联网+"时代，网络安全教育是家庭教育中不可或缺的重要一环。网络安全教育不足、对孩子使用手机的时长控制不足、对上网行为的监控不足等都是导致未成年人容易遭受网络被害的重要因素。与此同时，性教育的缺失也使得对性处于懵懂阶段的未成年人缺乏对自身性权利的保护意识，而家长对未成年人性权利的忽视更成为预防网络性侵儿童的一大障碍。此外，面对遭受网络被害的未成年人，部分家长忽视了对被害未成年人的心理安抚工作，有些甚至因为名誉、面子等一味谴责、教育，容易使其遭受二次被害，并产生自

---

① 《2016 年 1—11 月中国青少年易遭网络诈骗类型分析》，http：//data. chinabaogao. com/it/2017/01112A1C2017. html.

② 《2018 年网络诈骗趋势研究报告：00 后成为"新目标"》，https：//baijiahao. baidu. com/s？ id = 1625617172399630343&wfr = spider&for = pc。

责、厌恶、仇恨等不良心理。

（三）学校教育作用有限

当前，学校开展的网络教育存在着重视网络技术教育、忽视网络道德和安全教育的现象，缺乏专门的未成年人网络被害的防范教育课程以及相关实践活动。校园网络道德和安全教育存在途径单一、单向灌输、学生主动性差等问题，导致学生对于网络被害现象缺乏足够的认识。特别是对于近年来频发的校园欺凌现象，校方的重视程度不够、处理措施不完善，容易放任传统欺凌演变为网络欺凌。在学生遭受网络欺凌等侵害行为后，被害学生往往承受着较大心理和精神压力，校方缺少专门性应对未成年人网络被害的机构，对被害学生的干预救济与心理疏导等配套措施不及时、不到位。

（四）网络行业自律不足

许多问题平台为未成年人网络被害提供了温床，加剧了侵害未成年权益的风险。大量的网络广告、网络直播、网络游戏等充斥着色情、暴力、谩骂、低俗的有害信息。部分网络平台中缺少过滤净化系统与防范监管措施，为加害人利用诸即时通讯工具实施违法犯罪提供了便利条件，严重损害了未成年人的身心健康，增加了其遭受网络被害的风险。网络运营商、网络服务提供商等互联网企业责任意识淡薄，网络行业自律模式缺位，导致网络分级制度难以有效推广。

（五）相关法律制度不健全

目前，《未成年人网络保护条例》仍处在酝酿阶段，针对未成年人所接触网络信息的分级制度以及审查监管机制急需建立，寻求通过技术手段屏蔽网络不良信息，为未成年人的健康成长保驾护航。与此同时，我国的被害援助制度尚不完善，仍然未在立法上确认被害人应当享有的援助权，不利于未成年被害人在遭受网络被害后得到及时的司法援助、心理疏导以及经济援助等，不利于未成年人尽快走出阴影、回归正常的学习生活轨迹。

四、未成年人网络被害预防体系之构建

被害预防是指国家、社会或者个人实施的，旨在消除被害要因，减弱被害人或潜在被害人的易被害性，消除可能诱使被害发生的情境因素，确保自己的合法利益，防止自身陷于被害或再次被害的活动与措施的总和。① 随着被害人学的兴起和发展，犯罪预防理论逐渐从犯罪与国家二元结构转变为犯罪、被

---

① 麻国安：《青少年被害人援助论》，中国人民公安大学出版社 2005 年版。

害、国家的三元结构，从以犯罪人为核心的被动防控转化到以被害人为核心的主动预防。基于犯罪防控理念的这种积极转变，面对未成年人网络被害的严峻形势，根据被害预防主体的不同，采取一系列被害预防配套措施，从而构建起社会、群体、个体三位一体的被害预防体系。

（一）社会被害预防：健全相关法律制度，打造健康网络空间

目前，美、法、英、日、韩等国都陆续出台了未成年人网络安全保护的专门性法律，法国更是在刑法典中规定了对未成年网络侵害行为应加重处罚。对此，我国也采取积极行动，酝酿多年的《未成年人网络保护条例》有望在近期出台，而计划提请全国人大常委会审议的《未成年人保护法》（修订草案），也将增设网络保护的专门章节。这预示着未成年人的网络保护立法已经进入快车道，对于未成年人的网络被害预防也将有法可依。在具体制度设计上，建议在《未成年人保护法》中完善监护人制度，健全侵害未成年人犯罪信息库以及职业禁止制度，并对网络欺凌、网络性侵儿童等行为增加明确的保护性条款；明确规定网络服务提供者对未成年人的信息保护责任以及强制报告义务，要求社交媒体企业对发布到平台的信息进行审核，一旦发现有欺凌言论、诈骗信息以及儿童色情信息等要及时干预；针对网络不法分子以及拒绝履行义务的服务商增加罚款、拘留等惩罚性措施，加强网警对网络安全环境的监控巡查力度，并完善《刑法》《网络安全法》等相关法律的配套措施。在《未成年人网络保护条例》中建立网络分级制度，通过人脸识别技术以及证件识别系统相结合推广未成年上网身份验证制度，在手机、iPad、电脑等终端安装网络过滤系统和净化软件，对未成年人实施"网游宵禁"和网络游戏分级。

与此同时，建议在未成年人保护委员会下设立未成年人网络保护委员会作为专职机构负责未成年人网络保护工作，并倡导由未成年人保护委员会、公安机关等有关部门建立24小时全天候未成年人网络被害求助热线，配备专业人员对未成年被害人进行解答帮助，以便正在遭受网络侵害的未成年人能够及时获得司法援助以及心理咨询等。根据未成年被害人身心特点，落实"一站式"询问、救助机制①，及时固定、收集证据，并设立被害人家属专用通道，有效保护未成年人的隐私，避免其遭受二次被害。探索建立被害人援助制度，让未成年被害人能够在诉讼、补偿、援助等各个环节得到社会支持，对未成年被害人设立专门的心理专家进行疏导，做好全面的司法援助、医疗救助、心理援

---

① 《保护未成年被害人 最高检相关机制如何"见实效"》，http://k.sina.com.cn/article_2606218210_9b57bbe201900g4ew.html。

助、教育恢复等，帮助其走出困境，并防止从被害人到加害人的转化。

（二）群体被害预防：家庭、学校、企业形成合力，共同加强未成年人网络保护

就家庭层面而言，家长应正确引导和监督未成年人的上网活动，控制未成年人使用手机和电脑的上网时长，并积极配合网络分级制度的落实，引导其健康上网，避免接触网络不良信息。家长应教育未成年人注意网络安全，提高自我保护意识，同时更应以身作则，树立正确使用网络的榜样。此外，还应该时刻留意未成年人上网动态，关注未成年人上网时经常浏览的网站、情绪变化以及身体异样，加强对未成年人的网络监管，一旦发现异常要及时干预、报告以及求助。

就学校层面而言，各级学校要充分发挥主渠道作用，通过网警进校、案例展示、以案说法等多种形式让网络安全防范教育走进校园，让其充分了解网络犯罪的典型表现与严重危害，增强未成年人的网络安全意识，指导其正确、合理使用互联网。学校可以开设防范网络被害的网络安全教育课程，积极建立在校生网络欺凌报告制度以及相应的干预机制。学校还应积极开展网络心理咨询服务以及网络安全热线，及时疏导未成年人不正常的网络心理和不良情绪，为遭遇网络被害的未成年人及时提供帮助。

就互联网企业而言，应勇于承担预防未成年人网络被害的社会责任，积极落实网络分级制度，加大技术支持力度，加强对网络平台不法信息的识别，对色情、暴力广告信息进行过滤，屏蔽不良信息，设置禁止儿童访问的网站链接；还应加强对未成年人网络个人信息的保护，防止未成年人个人隐私的不当泄露。

目前，腾讯、哔哩哔哩等平台已经推出青少年守护观看模式，设置该模式后将禁止未成年人观看某些级别的内容，并禁止每日22点到次日6点期间登录系统。针对网络欺凌、网络性侵、网络诈骗等案件的多发频发，网络运营商、网络服务提供商等互联网企业在发现网络欺凌现象时应及时查封有关账号、屏蔽欺凌信息，对涉及网络性侵和网络诈骗的信息应及时干预举报，配合公安部门进行调查取证并停业整改，防止不法分子利用平台漏洞再次实施侵害行为。总之，互联网企业应在此基础上不断加强行业自律，牢固树立责任意识，建立起面向未成年人的网络保护模式，为未成年人营造安全、健康的网络环境。

（三）个体被害预防：树立网络安全意识，提高自我保护能力

对于未成年人个体而言，要树立网络安全意识与隐私保护意识，自觉抵制

网络不良信息，不轻易在网络上泄露自己的隐私以及涉及财产的信息，不轻信网友的约见等，并注意自身的网络用语和行为规范，健康文明上网，避免自身不良行为招致的网络被害。要不断提高未成年人的自我保护能力，在遇到问题时，能做出正确的判断，主动寻求有效的解决途径，预防网络被害。面对网络上的欺凌语言、陌生信息等不予回应，并注意及时保留电子邮件、短信、留言和聊天记录等信息作为证据。一旦发生网络被害，一定要坚定而及时地寻求家长、老师以及其他监管者的帮助，严重的，应及时报警，保护自身权益的同时防止加害人把罪恶之手伸向其他被害人。在网络被害发生后要及时更换账号，主动向学校和有关部门举报，积极接受心理咨询和法律援助，并配合后续的追查工作，同时，应从中吸取经验和教训，举一反三，提高自我防范能力，防止再次被害。

基于 INSPIRE 策略体系的未成年人网络欺凌预防研究

杨 涵 赵 亮*

2020年4月发布的第45次《中国互联网络发展状况统计报告》显示,我国19岁以下网民数量达到23.2%。① 在享受"互联网+"给学习、娱乐、购物、社会交往等活动带来的丰富性、迅捷性和便利性优势的同时,未成年人暴露于在线风险的程度提升,实施或遭受网络暴力的可能性加大。网络欺凌（cyberbullying）,即"任何个体或群体通过电子或数字媒体反复传播敌意的或攻击性的信息,意图给他人带来伤害或不适的行为",② 正是未成年人在网络空间内面临的一种典型和常见的危害现象。

特别是在2020年新型冠状病毒肺炎疫情这样一种特殊的社会背景下,全球范围内"疫情导致学校普遍关闭,并采取物理隔离措施,网络平台和网络社区成为维持社会正常状态的必要条件",③ 我国"全国大中小学开学推迟,教学活动改至线上,在线教育用户规模较2018年底增长110.2%",④ 未成年人在线活动时长的增加导致其成为参与网络欺凌的概率显著上涨。INSPIRE策略体系将包含网络欺凌在内的"暴力侵害儿童"行为作为预防对象,为未成年人网络欺凌预防提供新的思路和技术。

---

* 杨涵,中央司法警官学院监狱学学院讲师,中央司法警官学院监管安全中心研究员;赵亮,中央司法警官学院法学院副教授。
① 《第45次〈中国互联网络发展状况统计报告〉》,载中国互联网络信息中心2020年4月28日。
② 转引自陈再琴、李丹、朱培嘉等：《贵州省6所高校贫困生网络欺凌影响因素的多水平模型分析》,载《中国健康教育》2019年第12期。
③ UNICEF. COVID-19 and its implications for protecting children online [R]. New York: UNICEF, 2020: 1.
④ 《第45次〈中国互联网络发展状况统计报告〉》,载中国互联网络信息中心2020年4月28日。

七、未成年人网络犯罪治理

一、"暴力侵害儿童"视域下的未成年人网络欺凌预防

（一）"暴力侵害儿童"：未成年人网络欺凌的上位概念

"暴力侵害儿童"（violence against children）系指针对 18 岁以下的人①实施的"暴力"行为，即"蓄意地运用躯体的力量或权力，对自身、他人、群体或社会进行威胁或伤害，造成或极有可能造成损伤、死亡、精神伤害、发育障碍或权益的剥夺"②，涵盖虐待、欺凌、青少年暴力、性暴力等多种行为样态。

2011 年，联合国儿童权利委员会发布的第 13 号一般性意见（CRC/C/GC/13）中指出，联合国《儿童权利公约》中提到的"精神暴力"（mental violence）可包括"（g）来自成人和其他儿童的心理欺凌和欺负，包括通过信息和通信技术（信通技术），如手机和互联网（称为'网络欺凌'）。"此外，"暴力"的形式还可以表现为"使用信息和通信技术的暴力""由于儿童通过信通技术与他人联系，可能受到欺凌、骚扰或跟踪""作为行为者，儿童有可能参与欺凌或骚扰他人"。因此，"暴力侵害儿童"属于未成年人网络欺凌的上位概念，网络欺凌是"暴力侵害儿童"的一种具体类型。

（二）"暴力侵害儿童"预防：联合国的关注

"暴力侵害儿童"是联合国系统内多个部门和机构多年以来始终关注的一项重要问题。1989 年颁布的联合国《儿童权利公约》第 19 条第 1 款规定："缔约国应采取一切适当的立法、行政、社会和教育措施，保护儿童在受父母、法定监护人或其他任何负责照管儿童的人的照料时，不致受到任何形式的身心摧残、伤害或凌辱，忽视或照料不周，虐待或剥削，包括性侵犯。"

2001 年，联合国大会决议《儿童权利》（A/RES/56/138）决定，"请秘书长就暴力侵害儿童问题进行深入研究，考虑到讨论儿童问题的大会特别会议的成果，并提出建议供会员国审议，以便采取适当行动，包括有效的补救和预防康复措施"。2006 年，Pinheiro 作为秘书长任命的联合国研究暴力侵害儿童行为问题独立专家，撰写了一份内容翔实的研究报告。该报告主要探讨了家庭、学校和其他教育场所、看护与司法机构、工作场所和社区等不同环境中发

---

① 联合国《儿童权利公约》第 1 条规定，"儿童系指 18 岁以下的任何人，除非对其适用之法律规定成年年龄低于 18 岁"。

② 世界卫生组织、联合国毒品和犯罪问题办公室、联合国开发计划署：《2014 年全球暴力预防状况报告》，俞敏等译，人民卫生出版社 2017 年版，第 71 页。

生的暴力侵害儿童问题,特别强调"任何暴力侵害儿童行为均不可原谅;所有暴力侵害儿童行为都可预防"。①

2007 年,联合国大会决议《儿童权利》(A/RES/62/141)"请秘书长任命级别尽可能高的一名暴力侵害儿童行为问题特别代表",作为高知名度、独立的倡议者,承担"在全球所有区域促进预防和消除一切形式的暴力侵害儿童行为"等六项主要工作职责。

2015 年,联合国大会通过的《2030 年可持续发展议程》(A/RES/70/1)将暴力侵害儿童行为视为贯穿各领域的关切问题,并通过"可持续发展目标"(Sustainable Development Goals, SDG)16.2 对《儿童权利公约》的规定进行了重申,要求"消除对儿童的虐待、剥削、贩卖和各种形式的暴力和酷刑",制止一切形式的暴力侵害儿童行为成为 2030 年底前努力实现的一项目标。

2014 年 12 月 18 日、2016 年 12 月 19 日、2018 年 12 月 17 日,联合国大会三次通过题为《保护儿童免遭欺凌》的决议,联合国秘书长于 2016 年 7 月 26 日、2018 年 7 月 30 日两次根据大会决议提交题为《保护儿童免遭欺凌》的报告,初步搭建起联合国预防治理儿童欺凌问题的核心框架,也充分体现出联合国对欺凌(包括网络欺凌)这一世界各地普遍存在、儿童最为关切的一项问题表示高度关注。

(三) INSPIRE 策略体系:未成年人网络欺凌预防的新思路

2016 年,以世界卫生组织为首的十个机构联合发布 INSPIRE 策略体系,这是历史上世界范围内首份预防、应对暴力侵害儿童问题的专门技术体系(technical package)。该策略体系以循证理念(evidence – based)为指导,提供一系列基于可得最佳研究证据的策略,帮助各国和社区聚焦最有潜力减少暴力侵害儿童行为的预防项目和服务。② 2018 年,INSPIRE 策略操作手册(handbook)问世,强化实践导向,帮助政策制定者、规划者、实践者、资助者、倡议者在具体的国家或环境中运用七项 INSPIRE 主体策略开展预防工作,从工作目标、成本——收益分析、示范项目等角度为 INSPIRE 主体策略的实务操作提供指导。③ 同年,由联合国儿童基金会牵头,INSPIRE 策略指标指南

---

① Pinheiro P S. World Report on Violence Against Children. Geneva: United Nations, 2006: 3.

② WHO. INSPIRE: Seven strategies for ending violence against children. Geneva: WHO, 2016: 8.

③ WHO. INSPIRE Handbook: Action for implementing the seven strategies for ending violence against children. Geneva: WHO, 2018.

与结果框架（INSPIRE Indicator Guidance and Results Framework）制定完成，有助于政府和非政府组织在实施 INSPIRE 策略过程中，监督工作进程，及时发现策略应用引发的变化，实际上正是对暴力侵害儿童问题预防与应对工作成效进行测量。① 2020 年 6 月，世界卫生组织等五部门编制了 INSPIRE 策略实施进展首份评估报告《2020 全球预防暴力侵害儿童现状报告》（Global Status Report on Preventing Violence against Children 2020）。在一年的调查期间内，155 个国家专门就预防暴力侵害儿童的主要工作进行汇报，这也是各国政府历史上首次通过自我报告形式，专门总结暴力侵害儿童问题预防工作成效。②

综上所述，INSPIRE 策略体系是目前一项较为成熟和系统的暴力侵害儿童问题预防知识体系，覆盖预防主体策略、预防操作流程、预防成效评估等多项内容，制定主体权威，内容科学翔实，循证理念突出，对于未成年人网络欺凌预防具有重要的参考和借鉴价值。

二、未成年人网络欺凌预防：基于 INSPIRE 策略体系的思考

INSPIRE 策略体系由三项主要部分构成，一是 INSPIRE 的七项主体策略；二是 INSPIRE 主体策略间的"跨部门交叉活动"（cross-cutting activity）；三是 INSPIRE 策略体系的实施步骤。

（一）INSPIRE：未成年人网络欺凌预防的七项主体策略

INSPIRE 策略体系包含七项主体策略，"INSPIRE"正是这七项主体策略英文表述方式的首字母集合。

1. 落实和执行法律（Implementation and enforcement of laws）

"制定并强化保护儿童和青少年的法律和政策，并采取措施确保其执行，是预防暴力侵害儿童行为的慎重举措。"③

纵观世界范围内网络欺凌预防立法，大体可分为以下三种主要模式：

第一种为预防暴力侵害儿童的总体立法，预防的对象为具有集合性质的"暴力侵害儿童"行为，"网络欺凌"自然蕴含于抽象的"暴力侵害儿童"行为之中。多以儿童保护立法的形式出现，也是联合国《儿童权利公约》第 19

---

① UNICEF. INSPIRE Indicator guidance and results framework: Ending violence against children: How to define and measure change. New York: UNICEF, 2018.

② WHO. Global status report on preventing violence against children 2020. Geneva: WHO, 2020.

③ WHO. INSPIRE: Seven strategies for ending violence against children. Geneva: WHO, 2016: 31.

条在国内法中的体现。如爱尔兰、老挝、蒙古、秘鲁、巴西等国法律均对暴力侵害儿童行为作出总体性禁止规定。① 此类法律原则性、概括性较强,对于网络欺凌预防的针对性存在明显不足。

第二种属于传统欺凌与网络欺凌预防并行的综合立法,这是目前常用的立法模式。此种立法模式以传统欺凌预防为主进行制定,但设立专门条款对网络欺凌的概念作出界定,并设计具体的预防措施。如日本《校园欺凌防止对策推进法》主要规定了校园欺凌预防的基本方针、基本实施对策、相关预防措施、重大事态应对等内容,但又在第19条中针对网络欺凌做出专门规定,包括教育机构开展网络欺凌预防宣传教育工作,国家和地方公共团体建立网络欺凌应对机制,网络欺凌发生后受害儿童、学生等及其保护者享有要求删除侵权信息、提出侵权损害赔偿请求的权利等内容。②

第三种则是预防网络欺凌的专项立法。澳大利亚于2015年出台《加强儿童在线安全法》(Enhancing Online Safety for Children Act 2015),该法的核心内容在于设立"儿童在线安全专员"(Children's e-Safety Commissioner)岗位,职责包含促进儿童在线安全、支持、激励保护儿童在线安全措施的开展、收集、分析、解读、传播与儿童在线安全相关的各项信息等19项内容。本法还规定了网络欺凌材料的投诉、调查程序,要求网络欺凌材料上传者移除所有内容,杜绝此类行为发生,做出道歉,并且针对一级、二级社交媒体服务提供商设置了不同的网络欺凌材料移除程序。

"徒法不足以自行",立法时待实现的效果还有赖于执法、守法等多个环节。因此,应加强对于法律运行效果的综合评估,促进法律内容的动态完善。如有学者建议,应进一步加强欺凌预防法律、政策有效性评估研究,确定其是否能够有效减少欺凌侵害行为的发生、作用机制如何、效果范围为全部抑或某一具体欺凌形式、形成的积极效果能否拓展至其他青少年暴力或危险行为、削弱对于被害者负面影响的效果以及效果最为明显的群体类型。③

2. 塑造规范和价值观(Norms and values)

塑造规范和价值观的基本前提在于全面准确理解网络欺凌现象。相比传统

---

① UNODC. Legal ban on violence against children. https://violenceagainstchildren.un.org/content/legal-ban-violence-against-children.

② 详见向广宇、闻志强:《日本校园欺凌现状、防治经验与启示——以〈校园欺凌防止对策推进法〉为主视角》,载《大连理工大学学报(社会科学版)》2017年第1期。

③ National Academies of Sciences, Engineering, and Medicine. Preventing Bullying Through Science, Policy, and Practice. Washington, DC: The National Academies Press, 2016: 284-285.

欺凌，网络空间中行为的虚拟性、主体的匿名性、后果的隐蔽性导致学生、教师、家长对网络欺凌的认知可能存在一定的误解和偏差。如宋黎明的研究发现，大多数中学生"对网络欺凌的含义不是很了解""对发送骚扰短信与图片、网上恐吓、公开上传某人的不雅图片或视频等形式的网络欺凌现象并不敏感"。① 魏书圆的研究结果显示，9.9%的中学教师对待网络欺凌时态度为"不重视，认为只是学生间的玩笑"，22.7%的中学教师"当有人举报才加以关注"。② 因此，塑造规范和价值观的一项基础工作在于系统培训网络欺凌相关内容，其中包括网络欺凌的概念、表现形式、危害、形成原因、预防方法、干预措施等。

规范和价值观的塑造活动不仅面向可能参与网络欺凌的潜在群体与负有教育、管理职责的主体，还包括一般的未成年网络用户，因其可能以"旁观者"身份加入网络欺凌场景之中。旁观者在传统欺凌中的预防效果已经有所体现。③ 网络欺凌场景中同样存在"旁观者"（cyberbystander），尽管其对欺凌双方行为影响的直接性、干预手段的多样性相比传统欺凌均有所弱化，不过仍然能够起到积极的网络欺凌预防作用。

3. 建设并保持安全的环境（Safe environments）

20世纪90年代以来，犯罪情境在罪因体系中的地位逐渐受到重视，犯罪学的研究重心实现了由"犯罪性"向"犯罪"的转变。环境犯罪学从抑制"犯罪机会"角度出发，成为犯罪预防制度设计的重要理论基础。基于日常活动理论、犯罪模式理论、理性选择理论制定的犯罪热点警务、预测警务、问题导向警务、情境犯罪预防等犯罪预防措施取得了令人满意的效果。④

随着网络应用逐渐普及，网络犯罪数量上涨，"环境"一词已不局限于现实物理环境范围内，网络成为犯罪的"空间"，虚拟网络环境同样应纳入"环境"范畴之内。目前已有学者开始关注环境犯罪学在网络空间内的适用。具体到网络犯罪领域，研究视角也开始发生"人为什么要实施网络犯罪"到"人在什么样的网络环境中更容易实施犯罪"的转向。

借鉴环境犯罪学理论，我们认为，以下三项工作有助于将"建设并保持

---

① 宋黎明：《中学生网络欺凌研究》，山西师范大学2016年硕士学位论文。
② 魏书圆：《中学生网络欺凌问题及对策研究》，河南师范大学2019年硕士学位论文。
③ 张荣荣、董莉：《校园欺凌中旁观者行为的作用机制》，载《心理技术与应用》2019年第2期。
④ 详见［美］亚历克斯·皮盖惹：《犯罪学理论手册》，吴宗宪等译，法律出版社2019年版，第213~225页。

安全的环境"策略应用于网络欺凌预防之中。第一,运用情境犯罪预防理论,结合网络欺凌的危险因素,对其五类策略25种技术进行网络空间内"迁移性改造适用",① 从改变网络欺凌"情境"入手,抑制网络欺凌动机的产生或向行为的转化。第二,运用日常活动理论,尽量减少、消除适宜网络欺凌目标的"被害性",充分发挥"操控者"(handler)对网络欺凌者欺凌动机的抑制作用、"保护者"(guardian)对于潜在网络欺凌目标的关照和保护作用、"地点管理者"(place manager)对于在线活动和网站内容的审查和监管作用,并结合"超级控制者"(super controller)理论制定、完善以上三种作用发挥的激励机制。② 第三,运用网络大数据,总结网络欺凌发生规律,探查、预测网络欺凌"热点"。"热点"不局限于狭义的地理概念,还要归纳分析网络欺凌"热点时段""热点类型""热点目标"③"热点平台(软件)"等内容,有针对性地投放网络欺凌预防资源。

4. 支持父母和照护者(Parent and caregiver support)

传统犯罪学对于"犯因性家庭因素"的关注主要体现在不良的父母养育、破裂家庭、不适当的家庭互动以及家庭成员的犯罪行为等方面。④ 青少年在此家庭环境中习得使用暴力解决问题的观念和态度,模仿实施犯罪行为,中断与父母及其他照护者的情感联系而转移至犯罪同伴之上,这些因素确与网络欺凌紧密相关。

父母、照护者与未成年人网络欺凌及被害之间关系的研究则主要聚焦父母关怀(parental warmth)、父母监控(parent monitoring)以及与两者强度结合形成的父母教养风格(parental style)等问题。考虑到父母掌握网络欺凌知识程度与预防效果之间的关系,部分网络欺凌预防项目加入了父母培训元素。如在澳大利亚"Cyber Friendly Schools"项目中,校方为家长提供在线学习资源,供其了解子女使用的网络技术,以及由此带来的益处与危害,有助于提升指导子女在线活动的自我效能。⑤

---

① See Vanhee J, Verleysen C. Cyber safety: A theoretical insight. Brussels: EUCPN, 2017.

② See Sampson R, Eck J E, Dunham J. Super controllers and crime prevention: A routine activity explanation of crime prevention success and failure. Security Journal, 2010, 23 (1).

③ 陆娟、汤国安、张宏等:《犯罪热点时空分布研究方法综述》,载《地理科学进展》2012年第4期。

④ 吴宗宪:《犯罪心理学总论》,商务印书馆2018年版,第335~353页。

⑤ Cross D, Shaw T, Hadwen K, et al. Longitudinal impact of the Cyber Friendly Schools program on adolescents' cyberbullying behavior. Aggressive Behavior, 2016, 42 (2): 171.

5. 改善收入和经济状况（Income and economic strengthening）

2018年，联合国大会决议《保护儿童免遭欺凌》（A/RES/73/154）促请会员国"采取必要措施，解决可能助长欺凌现象产生的更为广泛的经济和社会不平等问题，其中包括贫穷、性别规范和陈规定型观念（stereotype）"。

家庭收入和经济状况对网络欺凌影响的实证研究结论具有两面性，一方面，部分研究结果显示，家庭经济社会地位偏低将会提升网络欺凌与被害风险；相比中等收入家庭，低收入家庭中的儿童经历网络欺凌的频率更高。①

同样不容忽视的是，另一方面，也有研究表明，家庭的高收入成为预测实施网络欺凌行为的重要因素，② 经济社会地位较高的学生实施网络欺凌行为或被网络欺凌侵害的可能性也较大，原因在于他们更容易接触电脑、网络、手机等技术设备，使用频率显著增加。③

6. 提供应对和支持服务（Response and support services）

相比其他策略的预先防范效果，"提供应对和支持服务"策略主要在网络欺凌发生过程中和结束后发挥作用，尽量降低网络欺凌的危害程度，削弱网络欺凌对受害者身心健康造成的消极影响，并通过对网络欺凌者施加及时有效的教育、惩罚与矫正措施，避免网络欺凌的再次产生。INSPIRE策略建立起一套全面的应对与支持框架，共包含四项主题。一是建立儿童帮助系统，该系统运转良好，各部门相关工作协调一致，能够为儿童提供关键服务和有研究证据支持（evidence-supported interventions）的干预措施；二是精准定位需要提供帮助的儿童，提升及时发现受害者的意识，保护其隐私，建立"儿童友好型"（child-friendly）报告机制；三是即刻并在长远时间内帮助儿童，提供一线支持服务，降低伤害程度，避免二次被害的发生；四是保护违反刑事法律（children in conflict with the law）的儿童，承认违反刑事法律儿童的合法权利与面临的风险，运用循证、优秀实践（good practice）方式，确保其享有人身安全与权利，犯罪行为得以矫治，重新回归社会。④

---

① López-Castro L, Priegue D. Influence of family variables on cyberbullying perpetration and victimization: A systematic literature review. Social Sciences, 2019, 8（3）, 98.

② SeeBeyazit U, Şimşek Ş, Ayhan A B. An examination of the predictive factors of cyberbullying in adolescents. Social Behavior and Personality: An International Journal, 2017, 45（9）: 1516.

③ Deniz M. A study on primary school students' being cyber bullies and victims according to gender, grade, and socioeconomic status. Croatian Journal of Education, 2015, 17（3）: 669.

④ WHO. INSPIRE Handbook: Action for implementing the seven strategies for ending violence against children. Geneva: WHO, 2018: 198.

2016年、2018年两份联合国秘书长报告《保护儿童免遭欺凌》中都建议采用"恢复性司法"措施解决（网络）欺凌问题。相比以惩戒为核心的传统措施，恢复性司法措施的适用不仅可以弥补过去已然造成的伤害，更能够着眼未来，修复欺凌双方的关系。应用于现实空间内犯罪的恢复性司法具有三种典型模式，即"被害人—加害人会谈"模式、"家庭成员会议"项目模式和社区恢复委员会"圆桌会议"项目模式。① Das 等人将其迁移至网络空间，用于线上解决网络欺凌问题。提议建立一个新的社交媒体平台，对恢复性司法的全流程进行数字化、虚拟化（virtualize）处理。第一，仿照学校中的实体类型建立相似的"和平屋"（peace room）；第二，促进参与恢复性司法的各方主体进行充分交流；第三，整合来自多元社交媒体平台上的内容；第四，重塑"同伴仲裁"（peer jury）程序；第五，参与各方达成一致，恢复性司法流程结束。②

7. 培训教育和生活技能（Education and life skills）

"培训教育和生活技能"的目标在于"提升儿童接受更为有效的、更为体现性别平等观念的教育、社会情感学习、生活技能培训的可能性，并确保校园环境是安全、有利儿童成长的（enabling）。"③

开展教育培训工作，是网络欺凌预防工作体系中的关键环节之一。欺凌预防内容进入学校课程、为教师和家长提供欺凌预防项目操作信息、面向教师和家长开展欺凌预防培训均为欺凌预防项目的有效元素。④

近年来，"数字公民"（digital citizenship）教育成为网络欺凌预防培训中的一项前沿内容。联合国教科文组织将"数字公民"定义为"能够有效地检索、访问、利用和创建（在线）信息；采取积极、审慎（critical）、敏感和符合伦理规范的方式与其他（在线）用户和内容接触；在对自身权利有所认知

---

① 任克勤：《被害人学基本理论研究》，中国人民公安大学出版社2018年版，第368页。

② See Das A, Macbeth J, Elsaesser C. Online school conflicts: Expanding the scope of restorative practices with a virtual peace room. Contemporary Justice Review, 2019, 22 (4): 357 - 366.

③ WHO. INSPIRE: Seven strategies for ending violence against children. Geneva: WHO, 2016: 66.

④ Ttofi M M, Farrington D P. What works in preventing bullying: Effective elements of anti-bullying programmes. Journal of Aggression, Conflict and Peace Research, 2009, 1 (1): 16 - 18.

的同时,安全和负责任地在网络空间内和通信技术环境中活动。"① 即成为网络空间内的"优秀公民""规范公民"。

在我国,特别是在义务教育阶段,"数字公民"理念尚属新生事物,相应的教育活动还有广阔的提升空间。在未来的网络欺凌预防工作中,可以考虑借鉴"数字公民"教育培训的国际经验,结合学生在线活动的实际情况,完善我国"数字公民"教育培训的内容、方法与技术。

(二) INSPIRE 策略体系中的"跨部门交叉活动"

从静态内容上看,INSPIRE 主体策略之间,甚至 INSPIRE 主体策略与更为广泛的健康、社会和经济事务存在联系;从动态运行上看,INSPIRE 策略需要多元主体参与,形成"规划—实施—评估"的完整链条。

1. 建立多部门行动和协调机制(Multisectoral actions and coordination)

联合国发布的众多预防暴力侵害儿童的政策文本均选用"社会生态模型"(social eclogical model)作为理论基础,个人、关系、社区、社会四个层面的危险因素与保护因素相互影响、相互对抗,综合导致暴力侵害儿童行为的发生。② 网络欺凌的形成机制同样也不例外,危险因素呈现出多样性与层级性的特点,如 Baldry 等人梳理了个体、人际关系(interpersonal)、社区三个层级的网络欺凌与被害的危险因素,③ Cross 等人在此基础上,进一步增添在线层级(online level)的网络欺凌危险因素。④ 危险因素的多元性决定了网络欺凌预防主体的广泛性、预防内容的综合性、预防机制的系统性。因此,INSPIRE 七项主体策略均设有牵头实施的部门,还需要多部门行动形成合力,凸显出设置协调机制的必要性。协调机制建立在"国家"和"国际"两个维度之上。在"国家协调机制"中,政府担负着最为重要的协调职责,建立或强化网络欺凌预防与应对工作的领导与协调机制,审查部门间信息交流系统的可用性,相关部门代表定期聚集,透过最新数据,就网络欺凌的新形势以及及时有效的干预

---

① UNESCO. Digital kids Asia – Pacific insights into children's digital citizenship. Paris: UNESCO, 2019: 7.

② WHO. INSPIRE Handbook: Action for implementing the seven strategies for ending violence against children. Geneva: WHO, 2018: 15.

③ See Baldry A C, Farrington D P, Sorrentino A. "Am I at risk of cyberbullying"? A narrative review and conceptual framework for research on risk of cyberbullying and cybervictimization: The risk and needs assessment approach. Aggression and Violent Behavior, 2015, 23: 40 – 48.

④ Cross D, Barnes A, Papageorgiou A, et al. A social – ecological framework for understanding and reducing cyberbullying behaviours. Aggression and Violent Behavior, 2015, 23: 113.

措施设计充分交换意见。设置"国际协调机制"的重要价值在于,借助论坛、伙伴关系(partnerships)等平台,国家间能够协力探索预防网络欺凌最为有效的策略。

2017年12月,教育部等11个部门联合出台的《加强中小学生欺凌综合治理方案》就体现出鲜明的"多部门行动和协调"色彩。教育行政部门、综治部门等11个部门"部门协作、上下联动、形成合力",要求"建立健全防治学生欺凌工作协调机制,统筹推进学生欺凌治理工作"。美国联邦政府成立了由教育部牵头、联合多部门组成的"联邦预防欺凌委员会";① 日本《校园欺凌防止对策推进法》建立多元主体共同治理制度,地方公共团体、学校、家庭、社区、志愿者组织等官方与非官方的力量共同发挥欺凌治理效能。②

2. 监测和评估(Monitoring and evaluation)

建立监测系统的主要目的在于,开展网络欺凌现象测量工作,采集网络欺凌数量、结构、分布、欺凌参与主体特征以及造成的危害等多方面数据。

网络欺凌数据依其来源主要可以分为以下两类:一是"行政管理型"(administrative)数据,此类数据的获取往往依赖于网络欺凌信息依据现有法律、政策规定的程序上报。③ 二是"社会调查型"数据,此类数据有助于查明欺凌"黑数",完整呈现欺凌图像。此外,研究人员基于学术研究目的实施的社会调查活动也是获取欺凌数据的重要渠道。

网络欺凌预防项目评估工作,关键在于科学判断其"效果"(effectiveness)和"效率"(efficiency),为网络欺凌预防政策的制定和完善提供参考,为网络欺凌预防项目内容和实施过程的持续改进提供指导,为网络欺凌预防研究证据基础的充实提供原始素材。如芬兰的"KiVa项目十分注重评估反欺凌的实际效果,并基于评估结果来修正覆盖行动与焦点行动中的课程内容与具体措施。"④ KiVa项目在芬兰之外的多个国家进行推广,欺凌预防效果同样有所体现,项目内核对于学术研究与实践应用的借鉴价值得以证成。近年来,还有研究采用Meta分析方法,综合多项网络欺凌预防项目评估成果,形成更为精确、统计效能更高的定量分析研究结论。如Gaffney等人经过严格筛选,确定

---

① 刘冬梅、薛冰:《美国校园欺凌的防治策略及借鉴》,载《河南师范大学学报(哲学社会科学版)》2020年第2期。

② 任海涛:《校园欺凌法治研究》,中国政法大学出版社2019年版,第194~195页。

③ 刘杨、李高峰:《爱尔兰反校园欺凌行动探析》,载《比较教育研究》2019年第2期。

④ 陈光辉、杨晓霞、张文新:《芬兰反校园欺凌项目KiVa及其实践启示》,载《中国特殊教育》2018年第9期。

24 项评估研究纳入 Meta 分析范围。结果显示，网络欺凌预防项目总体有效，网络欺凌行为发生率降低 10% 至 15% 左右，网络欺凌被害发生率大约降低 14 个百分点。①

（三）INSPIRE 策略体系的实施步骤

INSPIRE 主体策略间的两项"跨部门交叉活动"表明，未成年人网络欺凌预防不仅需要科学、系统的理论建构，还需要从可操作性角度提供理念支持、程序安排和资源保障。"INSPIRE 策略和方法是否有效取决于实施的质量和特征"。②

INSPIRE 策略体系遵循"实践科学"理念，架设起"网络欺凌预防研究成果"与"网络欺凌预防实务工作"之间的桥梁，使研究证据显示的网络欺凌预防项目"有效性（应然潜力）"转化为网络欺凌预防实践活动"有效（实然结果）"。INSPIRE 策略体系的调整和实施共分九个步骤展开，即建立国家承诺（Build national commitment）、评估需求（Assess needs）、选择干预措施（Select interventions）、根据本地情况调整干预措施（Adapt interventions to the local context）、制定中央和地方政府行动计划（Prepare national & local government plans for action）、估计费用（Estimate costs）、确定财政支持来源（Identify sources of financial support）、开发和管理人力资源（Develop & manage human resources）以及实施、监测和评估（Implement, monitor & evaluate）。③

这九个步骤是对 INSPIRE 策略体系整体运行的一种优化安排，兼具宏观顶层设计与微观项目规划两个维度。此外，INSPIRE 策略操作手册中还分别针对七项主体策略专门编写了"实践规划表"（implementation worksheet）以及"实践注意事项"（implementation notes），用于七项主体策略"落地"前充分谋划与准备。

三、我国未成年人网络欺凌预防的未来发展：以循证理念为导向

INPIRE 策略体现出鲜明的"循证"导向，七项主体策略并非依据传统的

---

① See Gaffney H, Farrington D P, Espelage D L, et al. Are cyberbullying intervention and prevention programs effective? A systematic and meta-analytical review. Aggression and Violent Behavior, 2019, 45.

② WHO. INSPIRE: Seven strategies for ending violence against children. Geneva: WHO, 2016: 22.

③ WHO. INSPIRE: Seven strategies for ending violence against children. Geneva: WHO, 2016: 83.

犯罪学思辨研究模式形成，也不是简单地由暴力侵害儿童行为的成因分析结果对应扩展得出，实质上属于研究证据"合并同类项"后的产物。"确定七项策略的基础在于，INSPIRE 参与机构业已制定的基于研究的暴力侵害儿童预防指南（research-based guidance）中存在广泛共识""大部分内容体现出不同类型暴力行为的预防效果"。[1] 每项 INSPIRE 策略包含至少一项具有示范性效果的、反映出满足"有效""有希望"或"谨慎"（prudent）干预措施标准的循证方法。

未来我国未成年人网络欺凌预防工作也应坚持"循证"导向，以"证"和"循"两方面着手推进。

从"证"入手，加强国内网络欺凌预防实证研究，扩充内生性证据，特别是高等级内生性证据数量；加强源于其他国家（地区）的网络欺凌预防研究成果的适用性分析，提取体现网络欺凌预防有效性的"共同要素""基本原则"，对国外网络欺凌预防项目进行"抽象性适用"。当证据储备达到一定数量时，可考虑参照循证医学领域，制定"专家共识"或"预防指南"。设定证据质量与推荐强度分级，针对不同的网络欺凌问题编制专家推荐意见及依据。

从"循"入手，促进网络欺凌预防研究证据的转化。关键问题在于拓展网络欺凌预防学术研究机构与实务工作部门的沟通渠道，建立研究证据的"适应性转化"机制。"适应性转化"机制的常见形式有：一是建设互联网研究证据数据库。此类研究证据数据库具有维度丰富的项目信息，规范化的预防效果评价体系、清晰直观的预防效果标识、概括性强的研究结论，便于实务人员检索与使用。二是使用贴近一线的成果形式与语言风格。我国高校智库也在"逐步调整传统学术研究中以学术专著、学术论文为主的成果表达形式"，采用诸如智库研究报告、成果要报、决策参考报告等灵活多样的表达方式，提升对政府决策的影响力。[2] 三是采用"循""证"合一的运作方式。为解决证据应用的难题，部分研究证据以"技术包"（technical package）的形式出现。内容除特定循证犯罪预防策略信息、预估成本与影响之外，还包括旨在推动项目安置、应用以及绩效评估而编制的项目运行、评估指南，成为"证据内容"与"证据运用"同受重视的新型证据表现形式。INSPIRE 策略体系采用的即为这种风格。四是开展行动研究，研究人员的身份并不只是停留在外部的

---

[1] WHO. INSPIRE: Seven strategies for ending violence against children. Geneva: WHO, 2016: 21.

[2] 任强：《我国高校智库研究的主题特征与发展趋势——基于 CSSCI 期刊关键词的可视化分析》，载《高教探索》2018 年第 4 期。

"评估者"上面，而是亲身经历研究全过程，真正成为"研究伙伴"。横向课题研究是行动研究的基础形式之一，在此研究过程中，科研人员能够亲身经历网络欺凌预防日常工作，克服不能掌握第一手数据和资料、研究资金不足等方面的弊端，增强了研究成果的客观性、准确性和可操作性，还能够将实务部门的做法、经验加以总结并上升到理论层面，提高网络欺凌预防理论与实践在国内外的学术影响力。

八、互联网平台犯罪治理

刑事合规视野下的网络平台的责任认定

于　冲　李华章[*]

合规管理制度对于敦促企业在经营中遵守法律法规，发现、预防犯罪均具有重要的实践价值。[①] 信息时代背景下，网络平台对于网络空间安全的防护责任和触刑风险不断增强，体现为：行政法层面，行政法律规范赋予网络平台较大的空间管理义务和安全防控义务；刑法层面，增设拒不履行信息网络安全管理义务罪倒逼网络平台配合政府履行网络安全监管义务。在此背景下，通过网络平台刑事合规规范平台内部治理、防范平台法律风险，实现网络法律法规关于平台责任规定的具体化，实现网络"共治"模式下平台内部制度、平台风险管控与国家法律规范、政府网络监管职责的统一，进而发挥网络平台预防网络犯罪、保障网络安全方面的企业责任与社会责任。

一、网络平台刑事合规风险与现实性考量

立法对于平台网络安全管理义务的不断增强，为网络平台刑事合规的开展提供了方向和依据。通过合规体系将法律义务分配到研发、运行、监督、销售、观测等基本阶段，[②] 不仅有助于平台内部的合规有序发展，也有助于网络平台内部治理与相关网络立法实施的具体化。对此，首先需要明确网络平台刑事合规的现实基础与合规风险。

（一）网络安全风险倍增下平台社会责任的迫切吁求

网络空间具有典型的风险性、开放性、不确定性。在网络空间中，网络平台的行业属性、业务属性往往关涉公民个人信息安全、人身财产安全乃至国家

---

[*] 于冲，中国政法大学刑事司法学院副教授；李华章，中国政法大学刑事司法学院硕士研究生。

[①] Michael Goldsmith & Charl W. King, "Policing Corporate Crime: The Dilemma of Internal Compliance Programs", 50 *Vand. L. Rev.* 1, 9 (1997).

[②] Dannecker (Fn. 92), 209 (217).

安全、公共安全、社会秩序。因此，随着网络平台在更多的领域和范围内对国家、社会和公民法益安全发挥重要甚至独导的作用，网络平台应注重对网络安全风险防范的单位职责和社会责任。① 因此，通过刑事合规计划加强单位内部管理制度和风控措施，② 能够最大限度地发现与降低网络安全风险。

（二）网络犯罪异化下平台触刑风险的增强

信息技术对社会型构带来巨大冲击。当前，网络平台的性质从21世纪初的"从属性、工具性和中立性"发展为"主动性、自主性和空间性"，甚至成为网络空间中的一种"社会组织形式"。网络空间组织配置异化，使得网络平台本身容易成为网络犯罪的犯罪工具或平台提供者，这使得网络平台以不作为形式触刑的风险增加。在此背景下，通过刑事合规计划结合网络平台自身发展的性质、规模等因素，建立起预防、发现和解决网络违法、犯罪行为的系统性制度，从制度上督促平台积极履行合规计划，倒逼网络平台承担与其业务经营范围、技术能力相对应的网络安全管理义务。

（三）平台法律义务范围扩张下法律风险的提高

网络平台的信息网络管理义务已被列入《网络安全法》《电子商务法》《侵权责任法》等法律法规及相关司法解释当中。③ 因此，网络平台在网络犯罪发生时，如果明知不法行为存在而不履行信息网络安全管理义务，在具有结果避免可能性、作为相当性的情况下，则可能构成不作为犯罪。此种背景下，通过刑事合规计划的实施，系统厘清法律法规甚至大量的部门规章对网络平台所设立的网络安全管理义务，明确平台责任的范围、边界以及操作性路径，以预防、减少网络安全风险和犯罪风险，在保障网络平台主动履行法律义务的同时健康开展经营业务行为。同时，网络平台所承担的责任也并非是无边界的，也存在与法律义务相对应的免责性条款，这也为刑事合规的有效开展提供了规范性前提。

---

① 有学者提出了"代理式监管思路"，即为了解决海量信息传输带来的内容监管问题，由互联网企业自身来承担对传播信息的审查责任，承担发现、阻断、报告等信息网络安全协助监管义务。参见周光权：《拒不履行信息网络安全管理义务罪的司法适用》，载《人民检察》2018年第9期。

② 周振杰：《企业适法计划与企业犯罪预防》，载《法治研究》2012年第4期。

③ 例如《网络安全法》确立了网络服务提供者的主体责任，明确要求网络服务提供者健全用户信息保护制度，并分别规定了技术防控义务和损害补救义务。

二、网络平台刑事合规的目标与基本理念

网络平台刑事合规的目标，除了基于刑法对网络平台安全管理义务的增加、平台风险防控的内部要求，督促平台采取必要的措施预防犯罪使平台免受刑事追诉和刑罚处罚之外①，还应体现为通过平台合规体系，实现相关法律法规的具体化、可操作化，将法律责任、法定义务细化、落实到平台管理的日常工作中，将外化的法律规则转化为内在的公司章程②。

（一）网络平台责任范围的厘清与法律风险、刑事可罚性的降低

《刑法修正案（九）》增设了拒不履行信息网络安全管理义务罪，体现了立法对网络服务提供者不作为行为的重点关注，也暗含了由刑法推动甚至鞭策网络服务提供者积极履行网络安全管理义务的立法意图。有学者对刑法增设拒不履行信息网络安全管理义务罪提出质疑，认为这是对网络平台管理义务的扩张，以管控网络的目的加重了网络平台的责任。③ 客观讲，根据"守门人责任理论"，网络平台对网络安全维护具有最便利的管控条件和最低的管控成本。④ 但这并非网络平台承担不作为责任的有效根据。刑法要求网络平台承担刑事责任，不仅是因为网络平台对犯罪行为治理的便捷性和实用性，也非简单因为其具有技术优势、雄厚的资本和经济资源就赋予其管理义务和刑事责任。关键原因在于，网络平台基于业务属性同网络安全发生了紧密联系，无论是风险支配，还是结果避免，均自然产生了对其业务范围内网络安全的管理义务。⑤ 当网络平台对于网络安全取得支配地位，同时被法律法规赋予相应的网络安全管理义务时，网络平台因怠于履行其管理义务造成危害结果，便应当在其可归责的范围之内承担相应的不作为责任。因此，拒不履行信息网络安全管理义务罪的增设，绝非是对网络平台等网络服务提供商增加严苛的刑罚负担和处罚力度，而是暗合了刑事合规的基本理念，并客观上产生了通过刑法手段引导网络

---

① Dennis Bock, Strafrechtliche Aspekte der Compliance – Diskussion – §130 QWiG als zentrale Norm der Criminal Compliance, ZIS 2009.

② 石磊：《刑事合规：最优企业犯罪预防方法》，载《检察日报》2019年1月26日，第3版。

③ 刘艳红：《无罪的快播与有罪的思维——"快播案"有罪论之反思与批判》，载《政治与法律》2016年第12期。

④ See Reinier H. Kraakman, Gatekeepers: The Anatomy of a Third – Party Enforcement Strategy, Journal of Law, Economics and Organization, vol. 2, No. 1, 1986.

⑤ 鉴于网络服务商对网络控制权的现实考量，行政法律法规不断加强网络服务商的网络监管义务。

平台开展刑事合规的规范效果,实际上是最大限度地限缩了网络服务提供者的刑事责任空间。具体言之,网络平台通过合规计划的实施,全面厘清平台承担的义务范围、职责内容以及平台内部各运行环节的相互关系,并将其以平台内部规章制度、实施程序的形式予以具体化,如此不仅不会加重网络平台的管理义务,反而可以明确网络平台的责任边界,并有助于平台提前、及时发现运行中的网络安全风险;不仅有利于保护平台本身免受违规、违法风险,也有利于保护网民用户的权益,进而实现网络平台刑事合规的单位风险防范效果和社会公共利益保护的效果。

除刑法以外,其他相关的行政法律法规也为网络平台刑事合规计划的有效探索提供了规范支撑。例如,《互联网信息服务管理办法》在全面增设平台行政责任的同时,依然为其设置了合理注意义务的限制性规范,即发现"明显违法"而不采取措施。① 因此,网络平台很大程度上承担的是一种不配合责任,是因其怠于履行结果避免义务的结果责任,刑事合规计划的制定和有效实施很大程度上可以成为网络平台减轻、免除责任甚至予以正当化的重要事由。

(二) 网络犯罪预防与网络安全风险的防控

伴随网络犯罪社会危害性的异化和倍增,网络犯罪防治的路径前置化逐渐成为共识。但是,受制于刑法手段的局限性,单靠传统的刑法中预备行为实行化、帮助行为正犯化,已经难以有效应对类型复杂、危害巨大的网络犯罪。有鉴于此,通过网络平台合规计划的实施,将网络犯罪预防责任内控化、制度化由网络平台承担,通过网络平台事前的主动介入,增强网络犯罪的积极防控,增强网络平台的守法意识和责任意识,以此带动网络平台对网络安全的自觉维护意识。

1. 以积极的网络犯罪预防为合规导向

预防功能是刑事合规最为主要的功能,网络平台刑事合规的关键在于根据网络平台业务流程与内部管理制度,对企业关涉刑法的不当举止进行预防、调查与制裁。② 因此,网络平台刑事合规的制度构建应当以网络风险为导向,对不同平台类型、不同服务环节可能存在的合规风险,进行有针对性的制度构建。与之对应,网络平台合规计划的制定和实施,应当完整地反映法律法规和社会责任风险等问题,并将其融入到合规计划的设计之中;应着眼于动态的业

---

① 国外立法普遍规定了网络平台服务商的豁免规则,即平台责任的成立需要对违法内容的明知。See OECD, the Role of Internet Intermediaries in Advancing Public Policy Objectives, 2011, pp. 10 – 17.

② D. Bock, CriminalCompliance, 2011, S. 19 ff. (22).

务往来中的风险,将诸如业务经营中可能遭遇的信息沟通风险、平台技术风险、商业伙伴风险等考虑在内,为合规计划的实施赋予可调整应对的空间。①

2. 以防控不作为犯为核心开展合规风险的识别与评估

通过网络平台刑事合规预防网络犯罪的功能,首先体现在合规风险的发现识别上。对于网络平台刑事合规风险而言,考虑到平台所触犯的罪名更多集中在不作为犯中②,风险的识别也应以不作为犯的义务来源、风险防控为核心,同时兼顾以作为形式体现出的可能的触刑风险。

同时,根据对法律法规、部门规章对网络平台赋予的义务梳理以及《合规管理体系指南》的要求,网络平台合规义务可以细分为合规要求和合规承诺。③ 因此,网络平台合规风险的识别过程中,也有必要系统、完整的梳理相关的平台义务,通过合规风险识别倒逼网络平台的守法意识和维护网络安全责任意识的提升,从而实现网络犯罪的积极一般预防。

(三) 网络犯罪"共治"模式下发挥网络平台的企业价值

随着信息网络在社会管理、社会治理层面所带来的"扁平化"和"去中心化"④,网络平台由单纯的中立服务商逐渐全面参与到网络空间的运行以及网络资源的收集、存储、传输、应用等各个环节之中,在社会管理方面和风险防控方面具有了较为权威性的地位和能力,⑤ 国家治理与网络平台的共治格局

---

① 王志乐等:《建立有效的合规管理体系》,中国经济出版社2016年版,第94~95页。

② 包括纯正不作为犯如拒不履行信息网络安全管理义务罪和不纯正不作为犯如侵犯公民个人信息罪。

③ 合规要求指平台有义务履行的需求或期望,是平台负有的强制性义务,包括但不限于国家法律法规、地方政府规章条例、监管机构制度规定等。例如,《网络安全法》《电子商务法》等法律中规定了网络平台在网络安全维护、数据安全与个人信息保护等方面的强制性法律义务,这是刑事风险中放在首要位置的防范对象。合规承诺指平台自愿遵守的需求或期望,虽然属于平台自愿承担的义务,但对平台的形象塑造有着较大的影响力。例如,2018年10月10日,阿里、京东、美团等十家网络平台共同签署了《电子商务诚信公约》,对虚假广告、刷单炒信等行为予以坚决抵制,承诺不采取诱导、欺骗、威胁消费者删改售后评价等行为。

④ 信息网络的开放性打破了传统的国家权力机关垄断社会管理权的现状,主体的多元化并存成为网络空间治理的典型特征。

⑤ 例如,腾讯先后自发开展的"守护者计划""雷霆行动",阿里巴巴打击制假售假"专项行动",在防治电信诈骗、网络黑产、销售假冒伪劣产品等方面显示出强大的治理能量和管控力度。

逐渐形成。① 网络平台刑事合规可以通过平台内部运行机制与安全防控制度实现网络犯罪的预防与"共治"。在这种协同治理模式下，如何避免网络平台"法定作为义务"被额外附加和政府义务转嫁，实现政府网络监管与网络平台管理义务相平衡，成为网络空间"共治"亟须解决的关键问题。网络平台刑事合规计划很大程度上可以为解决上述问题提供思路，即通过网络平台刑事合规计划的制定和实施，明确网络平台在网络安全管理层面的义务范围与责任边界，实现平台内部制度、风险管控与国家法律规范、政府网络监管职责的统一，在合理限度内发挥网络平台在信息时代维护网络空间秩序和网络安全的企业价值。

网络平台刑事合规所面临的两大基本问题的统一，即平台内部的风险防控制度和刑法中关于网络平台的涉刑罪名，很大程度上体现了平台刑事合规的价值。整体上讲，网络平台刑事合规的基本路径，在于通过合规计划的制定和实施，将法律法规赋予的法定义务转化为公司内部制度，实现网络平台内控机制和法律法规尤其是刑法的统一。② 因此，网络平台刑事合规计划根据平台自身的特有属性、业务特征、内部规章、网络伦理等因素，以一种企业自律的形式，同法律法规、部门规章等规范相统一，积极地践行企业责任，预防网络犯罪、网络违法违规行为的发生。③

三、我国现有刑法体系下网络平台刑事合规计划的功能定位

刑事合规起源于德国的经济法领域，其主要目标在于规避广泛的法律责任风险。网络平台刑事合规的主要功能也主要体现为刑事责任的避免或者刑事可罚性的降低。④ 同时，除传统的减轻、免除责任甚至正当化的功能之外，在我国现有的刑法体系下，刑事合规在网络平台犯罪"入罪"的认定尤其是不作为犯中作为义务、作为可能性的判定上也具有特殊的功能。

---

① See Anne Cheung, Rudolf H. Weber, Internet Governance and The Responsibility of Internet Service Providers, Wisconsin International Law Journal, Vol. 26, Nr. 2, pp. 406 – 408. 另有学者将网络服务提供者形象地称为"二政府"。参见于志刚：《网络犯罪立法与法学研究契合的方向》，载《重庆邮电大学学报（社会科学版）》2015 年第 6 期。

② 李本灿：《刑事合规理念的国内法表达——以"中兴通讯事件"为切入点》，载《法律科学（西北政法大学学报）》2018 年第 6 期。

③ Stefano Manacorda, Francesco Centonze and Gabrio Forti (eds.), Preventing Corporate Corruption, New York: Springer, 2014. p. 334.

④ D. Bock, Compliance und Aufsichtspflichten in Unternehmen, in: Kuhlen u. a. (Hrsg.), Compliance und Strafrecht, 2013, S. 57.

（一）网络平台刑事合规的减责、免责与出罪功能

一般认为，刑事合规的有效实施可作为犯罪成立的阻却事由。[①] 整体上讲，网络平台刑事合规减轻甚至免除刑事可罚性的机能大体分为两类：第一类是刑事实体法上减免刑事可罚性的机能，包括减轻责任、免除责任甚至正当化等；第二类是刑事诉讼法上降低刑事可罚性的机能，包括不起诉、暂缓起诉、撤销起诉等。

1. 刑事实体法中的减责、免责与出罪机能

刑事合规降低刑事可罚性的功能，在刑事实体法中主要体现为减免罪责和出罪两个方面。在出罪事由的设置上，主要体现为将有效实施合规计划作为排除犯罪成立的正当化条件。例如，我国《刑法》第286条之一规定的拒不履行信息网络安全管理义务罪的设置初衷便是为了处罚网络平台等网络服务商不积极配合政府网络监管的行为；如果网络平台遵行法律、行政法规规定的信息网络安全管理义务，积极履行网络平台合规义务，便可以出罪或者免责。再如，《美国联邦量刑指南》明确规定合规计划为企业的法定义务，如若犯罪行为发生时，企业有着有效的合规计划或构建了完善的合规体系，均可以相应地减免罪责。[②] 因此，在网络平台实施有效合规的前提下，基于网络犯罪不可控性、好风险性的考量，即便发生相应的网络犯罪，在网络平台已经尽到全部或者大部分注意义务时，应免除或者减少平台的刑事责任。

2. 刑事诉讼法中的减责、免责与出罪机能

刑事合规的出罪、减责机能，在刑事诉讼法中主要体现为不起诉、撤销起诉、暂缓起诉、认罪认罚等程序中。首先，就不起诉程序而言，检察机关如果认为有效的网络平台合规计划得到了有效实施，符合不起诉条件，可以作出不起诉决定。[③] 例如，美国联邦司法部1999年出台的有关文件指出，企业内部不合规行为的普遍性、企业合规计划的有无、完备与否、企业所实施的补救措施均是检察机关审查起诉时的参考因素。其次，就暂缓起诉程序而言，我国

[①] 王志乐等：《建立有效的合规管理体系》，中国经济出版社2016年版，第2页。

[②] 孙国祥：《刑事合规的理念、机能和中国的构建》，载《中国刑事法杂志》2019年第2期；李本灿：《刑事合规理念的国内法表达——以"中兴通讯事件"为切入点》，载《法律科学（西北政法大学学报）》2018年第6期。

[③] ［美］菲利普·韦勒：《有效的合规计划与企业刑事诉讼》，万方译，载《财经法学》2018年第3期。

《刑事诉讼法》针对未成年人的附条件不起诉规定①在网络平台可能的犯罪中也具有很高的适用价值。网络平台犯罪不同于自然人犯罪,其受到追诉后的附带效应可能是互联网平台、互联网产业乃至社会公众难以承受的。② 因此,参照未成年人犯罪中悔罪表现的认定,可以将网络平台在案发后及时建立或整改合规制度、发掘合规风险、及时止损、妥善赔偿等方面作为其考量内容,对符合某些条件、罪责相对较轻的犯罪进行暂缓起诉的处理。

(二) 网络平台刑事合规的"入罪"功能③

一般认为,预防功能和减责效果是刑事合规计划的核心价值。但在我国现有刑法体系下,网络平台仍然是大量犯罪的主体。在我国单位犯罪罪名体系下,从入罪层面思考网络平台刑事合规的价值,事实上也能起到预防网络平台犯罪的价值。

1. 作为判定网络平台主观罪过的重要根据

根据责任主义原则,网络服务提供者如果未能预见到违法犯罪行为的存在,其不作为便因欠缺主观罪过而不具有可责性。对于信息庞杂、手段隐蔽的网络犯罪而言,网络平台的触刑风险,更多地源于对发生于平台内部犯罪行为的放任(间接故意),对此罪过的认定可以结合网络平台刑事合规制度及其是否有效实施进行综合判定。由于网络平台对于网络犯罪危害结果发生的预见程度,作为一种主观意图难以被外界探知,但通过相关影响因素的外在表现,仍可以将主观心态客观地反映出来④。因此,网络平台在合规计划的制定过程中,应当充分吸纳已有的法律法规对网络平台罪过责任认定和推定的规则,从而通过合规计划否定其罪过。

---

① 刑事诉讼法规定了对于特定条件下的特殊犯罪,确有悔罪表现的,检察机关可以作出附条件不起诉的决定,其中,悔罪表现在实践中主要包括自首、立功、犯罪中止、退赃退赔、赔偿损失、赔礼道歉等方面。参见王元元、高旭冉:《未成年人犯罪附条件不起诉制度研究》,载《河北青年管理干部学院学报》2019年第2期。

② 李本灿:《认罪认罚从宽处理机制的完善:企业犯罪视角的展开》,载《法学评论》2018年第3期。

③ 根据刑事合规的制度价值,刑事合规应当成为减轻刑罚的事由,而非积极入罪和加重刑罚的根据。因此,本文所谈及的合规"入罪"机能是在判定网络平台触犯罪名犯罪构成要件的层面上,基于平台合规计划判定该条件是否成立。

④ 最高人民法院《关于审理利用信息网络侵害人身权益民事纠纷案件适用法律若干问题的规定》第9条根据网络服务提供者是否存在相应的处理行为、信息管理能力、社会影响程度及浏览量等要素,提供了对于网络服务提供者主观认知程度认定的影响因素和客观标准。

2. 作为判定平台作为可能性、结果避免可能性的重要根据

网络平台的危害行为类型主要为不作为犯。网络平台刑事合规对于判定网络平台不作为犯的成立具有重要作用，主要体现为对网络平台作为可能性、结果避免可能性等判定上。首先，网络平台的责任追究，应当根据当前网络平台的类型将责任范围予以限缩。其次，通过网络平台刑事合规制度及其是否有效实施的调查，发现网络平台是否履行合规义务以及是否实施合规行为的根据。例如，拒不履行信息网络安全管理义务罪中，在对不同平台类型进行追责时，需借助于刑事合规的审查判定危害后果的发生是否属于网络平台的可避免范围之内，以及网络平台是否采取了可行的、必要的以及具有可期待性的防范避免措施。如果网络平台已经建立了完整的刑事合规制度，并且得到了有效实施，则可以进行责任减免甚至予以正当化；反之，未有效实施合规计划可作为判断其是否具有作为可能性的根据。

四、网络平台刑事合规的基础性问题与实施路径

刑事合规为预防违法犯罪行为而设置的程序规则、职责规则及技术规则，主要价值在于使公司遵守刑事实体法。① 在刑事合规体系下，为了实现平台合规制度应有的价值与功能，网络平台应当积极采取所有可能的、必要的和可期待的措施用来识别、评估和消除网络违法犯罪风险。②

（一）我国单位犯罪"自己责任"与西方"替代责任"在刑事合规中的差异化体现

美国于1909年New York Central R. Co. V. United States判例后建立起企业在刑事方面的替代责任理论，随后又逐步扩大了严格责任的范围，企业不仅要为未授权的代理人担责，甚至要为明显违反企业指示的代理人行为负责。③ 这种做法增加了企业被追诉的可能性，也推动了刑事合规的建立。而在我国刑法体系下，单位作为独立的犯罪主体，具有独立的犯罪构成评价标准，④ 单位并不会因为代理人或员工的行为而轻易遭致刑事追诉。因此，我国单位犯罪的认定同西方国家的责任根基不同，这决定了网络平台刑事合规的重点应当放在网络平台自身的合规性运营上。一方面，在合规制度构建上，无须像西方国家防

---

① B. Fateh–Moghadam, Criminal Compliance (Fn. 7), S. 25 (27).
② Vgl. nur BGH NStZ 1997, 545 (546).
③ 万方：《企业合规刑事化的发展与启示》，载《中国刑事法杂志》2019年第2期。
④ 李冠煜：《单位犯罪处罚原理新论——以主观推定与客观规则之关联性构建为中心》，载《政治与法律》2015年第5期。

范单位基于员工过错承担罪责,而是应当将合规风险的防范集中在平台自身运营,加强合规风险识别,注重法定义务履行。另一方面,在合规制度实施监督上,应避免网络平台借由刑事合规将平台责任转嫁于员工,避免由自然人替代单位承担罪责。

(二) 网络平台刑事合规中"平台"的主体性明确

网络平台合规计划的制定与实施与直接从事相关业务的企业有所差别,在合规义务履行、责任承担等方面要更轻。例如,外卖平台的合规风险不同于餐饮公司,租车平台的合规风险不同于出租车公司。因此,网络平台合规计划制定的首要问题在于确定平台属性,避免直接从事业务经营的单位假借平台身份免除自己相关的法定义务。例如,根据《电子商务法》第9条第2款规定,电子商务平台的主要业务形式体现为提供网络经营场所、交易撮合、信息发布等服务,因此其所提供的更多的是一种交易机会的传递。① 这表明,网络平台的核心特征在于其提供的中立性服务,其本身并不会直接构成交易的主体。这就决定了网络平台在刑事合规的设计上,应不同于专门从事直接经营业务的单位,在合规计划实施的可能性、必要性、可期待性上均应设计不同的实施方案;同时,不同类型的网络平台在刑事合规的实施过程中,也应当基于特殊的经营形式、业务范围、法律义务进行具体化的合规计划设计。因此,在审查和监督网络平台刑事合规实施过程中,应当对合规主体的属性进行重点审查。

(三) 网络平台刑事合规的具体路径

网络平台刑事合规作为一个系统的风控管理制度,不仅包含平台内部规范的制定,还涉及风险识别评估、监测预警、举报调查、奖惩机制、事后救济等内容。因此,网络平台刑事合规的具体路径主要在于通过合规体系将刑法赋予的平台作为义务实现内部的具体化和可操作化,在平台运营的各环节、各流程构建可量化、可评估的风险预防、风险监测和风险消除机制。

1. 通过网络平台内部制度的标准化实现法律上的具体化

网络平台刑事合规的关键点在于,基于网络安全风险管理的刑法义务的确定、网络平台内部风险管理的刑法上的要求,通过风险管理、网络平台内部标准的制定与实施,将刑法上的义务具体化、可操作化为平台内部的具体制度,以弥补刑法中缺乏明确性规定的不足。例如,拒不履行信息网络安全管理义务

---

① 王泽均:《电子商务平台经营者的界定——结合〈电子商务法〉第九条的分析》,载《人民法治》2018年第20期。

罪中网络服务提供者构罪的原因主要在于违反信息管控义务、用户信息保护义务，以及刑事案件侦办的配合义务，这事实上是刑法对本罪名打击半径的限制。因此，网络平台刑事合规的着力点便在于对刑法中所赋予的义务、施加的要求，通过合规体系将其转化为平台内部的具体化制度，这种合规体系的制定、实施、监督过程既是对刑法立法目的之贯彻落实，也推动了网络平台触刑风险与刑事可罚性降低，更体现了网络平台积极的预防网络犯罪的社会责任。

2. 网络平台合规的具体制度与实施流程

根据域外成熟立法例，网络平台刑事合规应当主要包括：（1）制度层面上，具有完整的企业文化与网络安全责任意识、内部制度，为预防网络犯罪而制定的防控机制；（2）组织层面上，具有参与制定、实施和保障合规计划顺利实施的平台高管参与，具有专业而独立的合规人员；（3）实施层面上，开展有效的内部合规计划培训，对合规计划的实施进行有效的动态监管和审查，对合规计划定期进行评估和完善；（4）配套保障制度层面，设置完善的奖励、惩戒考评机制。[①] 应该明确，完整而有效的合规体系对于网络平台合规计划效能的发挥极为关键，而刑事合规体系的重要性体现为对法律风险的防范，因此，网络平台刑事合规的风险识别、风险评估、风险消除至关重要。具体而言，在风险识别上，应对网络平台可能的安全风险进行识别、梳理和确认；[②] 在风险评估上，应对识别出的风险进行量化，根据风险发生的概率和大小，确定具体的防范方法；[③] 在风险消除上，应根据对相关风险的评估，制定风险地图、风险矩阵等消除风险。[④]

值得注意的是，完整的刑事合规制度只是刑事合规计划发挥功能的第一步，其关键还在于合规计划的具体实施，否则不会产生减免责的出罪效果而仍构成犯罪。因此，网络平台刑事合规的重点除了完整科学的制度设计之外，更为关键的体现为对相应的防范技术措施、应急补救措施的相关义务、预案的制定和实施。

---

① Stefano Manacorda, Francesco Centonze and Gabrio Forti (eds.), Preventing Corporate Corruption, New York: Springer, 2014. p. 334.
② Kromschröder/Lück, DB 1998, 1573 (1574).
③ Kromschröder/Lück, DB 1998, 1573 (1574 f.).
④ Frank Saliger, Grundfragen von Criminal Compliance, in: RW 2013, S. 263.

网络平台的刑责承担与合规路径

庄明源　许晓威[*]

近几年，在刑法发动之上，不少学者引入美国的合规计划，与刑事出罪事由进行嫁接，形成了刑事合规。合规计划被引入刑事司法领域后，正逐步由单纯的企业风险防控措施，演变为影响刑事责任与刑罚裁量的因素。但是，发端于英美国家的公司制度在数百年间得到了长足而有效的发展，我国的网络平台虽也是公司制，不过是脱胎于合伙的、徒具公司制表征，两者土壤的不同，决定了刑事合规在我国势必水土不服。而且，美国学者根据《联邦量刑指南》引入合规计划十年的数据来重新评估，认为合规计划可能有助于遏制犯罪，但《联邦量刑指南》本身并没有对其有效性产生积极影响。[①]

对于一项有生命力的制度，我们清醒地认识到土壤不适的问题，并结合其实践运行状况而管窥，目的并非在于想拒其于千里之外，相反的，刑事合规制度的初衷既是有助于将"戴着镣铐在跳舞"的网络平台从刑法的束缚中解脱出来，那么，我们应当剖析自身的土壤，正视实践的隐忧，进而探究刑事合规内生化的机理，赋予其中国化的内涵，终至本土化的尝试，希冀于借助刑事合规的视野来正视网络平台的刑责承担与犯罪治理。

一、出路初试：网络平台的刑事处遇

（一）刑事合规制度的简介

发轫于美国司法实践的合规经营，早在1977年就因美国颁布的《海外反腐败法案》而走入了全球的视野，随后在1991年颁布的《组织量刑指南》中更进一步明确了企业可以因刑事合规方面的努力而减轻刑罚。基于对合规计划

---

[*] 庄明源，福建省泉州市人民检察院第四检察部检察官助理，全国检察机关调研骨干人才；许晓威，福建省晋江市纪委监察委科员。

[①] ［美］菲利普·韦勒：《有效的合规计划与企业刑事诉讼》，万方译，载《财经法学》2018年第3期。

功能与作用的认同，英国、法国、意大利、西班牙、加拿大、澳大利亚、俄罗斯、日本等国家也迅速完成了对合规计划的理念接引与规则摹写。如英国的《反贿赂法》第7条第2款规定，相关商业机构可以通过证明其采取了充分措施以防止与其有关联的人犯贿赂罪予以抗辩。法国的《关于提高透明度、反腐败以及促进经济生活现代化的2016-1691号法案》（又称为《萨宾第二法案》）第17条规定，满足以下用工人数标准和营业收入标准的企业应当建立合规制度……如果企业没有主动建立合规管理制度，AFA下设的处罚委员会有权对企业处以不超过100万欧元的罚款，并对高管个人处以不超过20万欧元的罚款。同时，处罚委员会还有权继续要求企业或高管在不超过三年的期限内，完成合规制度的建立。意大利2001年颁布的第231号法令第6条规定，如果公司能够证明在犯罪行为发生之前业已确立旨在防止该类犯罪行为的管理体制并且该体制得以有效运行，公司可以免于承担责任。[①]《加拿大刑法典》第22.2条第（C）项规定，如果能够证明在犯罪行为发生之际，存在适当的预防措施，可以豁免法人的刑事责任。《西班牙刑法典》允许在满足如下条件的情况下免除法人的刑事责任：（1）在犯罪行为发生之前，董事会已经采纳并实施了针对特定犯罪行为的管理和控制制度；（2）由具有主动权和控制权的独立监督机构负责相关制度，中小型法人中董事会可承担此职能；（3）犯罪人在行为之机以欺骗的方式故意规避了相关制度；（4）监督机构在监督和控制方面并无失职。[②]

（二）刑事合规制度的作用

由此可见，企业合规经营不再是企业内部的风险防控行为，其既可以因合规经营而减轻处罚、暂缓起诉甚至成为出罪的事由，还可能因不履行合规经营的义务而被苛以刑罚。这就意味着企业合规不仅是行政法规层面上的企业行为，而是具备着法律性质的一项刑事制度。当然，西方国家很少直接适用刑事合规的话语，合规计划也不直接表现为对刑事法的遵从，"刑事合规"很难成为一个可能为刑法制定法所认可的概念。[③] 易言之，并不是将合规经营与刑法直接嫁接，就可以作为一项新的刑事制度，刑事合规确有其丰厚的内涵和现实的作用。

[①] 范红旗：《意大利法人犯罪制度及评析》，载赵秉志主编：《刑法论丛》（第15卷），法律出版社2008年版，第299页。

[②] 周振杰、赖祎婧：《合规计划有效性的具体判断：以英国SG案为例》，载《法律适用》2018年第11期。

[③] 时延安：《合规计划实施与单位的刑事归责》，载《法学杂志》2019年第9期。

一是预防网络平台犯罪。网络平台一旦犯罪,不仅徒耗企业成本与司法资源,也不能消除已经产生的损害。国家层面的制度规范并不一定符合网络平台的具体情况,而根据刑事合规的风险提示,网络平台根据自身情况所制定的合规计划将更加贴合实际情况,能够更加准确地把握刑事犯罪的风险点,提高预防犯罪的针对性和有效性。简述至此,虽可明确刑事合规在预防犯罪方面的作用,尚不足以体现其产生作用的内在机理,仅作风险提示的刑事合规放在任何时期都是存在的,但是,真正的刑事合规是将刑法的强威慑通过网络平台传导给管理层,促使管理层为了避免网络平台犯罪及个人担责,从而将压力继续传递给普通员工,达到网络平台内外面向上的整体的预防犯罪。简而言之,宏观上的企业法人将所受的刑罚预期转嫁,通过中观层面的管理层,传递给微观上的具体员工,最终实现"刑期于无刑"这一古之先贤的论断。

二是减轻网络平台罪责。刑事合规作为降低企业刑罚处遇的激励措施,其内在逻辑在于,网络平台通过合规经营,能够证实社会危害性的降低及可改造性的提高,并作为罪责减轻的依据,从而得到量刑减让甚至是不起诉的机会。正是网络平台的自我要求,再对网络平台苛以刑罚则可能产生反效果,诚如有学者所提出的"社会能从惩罚一个已经满足社会标准的企业中获得什么好处呢?事实上,起诉这样的一家企业将会产生完全错误的影响——它将证明,对企业来说,与其选择合作,不如选择对抗制度。"①

三是促成网络平台自治。一方面,囿于执法资源的短缺、执法力量的距离过远和网络平台犯罪的复杂性,现代社会中网络犯罪的黑数大量存在,一定程度上减损了刑法的威慑。另一方面,泛刑罚化导致网络平台犯罪行为愈加隐蔽以及大量灰色地带的出现,犯罪的打击更加困难。国家治理缺乏可以深入企业内部的路径,这种情形下,犯罪打击和社会治理亟待企业的配合。刑事合规正是将社会治理责任的承担转化为企业自治,一方面,通过将外部刑事治理的规则与要求转化为网络平台内控的具体举措,加强内部监管与自我约束;另一方面,对于网络平台发现内部员工涉嫌犯罪的,可以及时向有关部门报告并配合调查,发挥网络平台在网络犯罪治理中的主体作用。

二、现实隐忧:刑事合规制度的本土化

尽管刑事合规在我们的司法实践中一度遇冷,但是,越来越多的学者呼吁构建我国的刑事合规制度,不可否认,刑事合规确有其制度价值,但是,我国

---

① Jay G. Martin:《如何实施有效的企业合规计划》,万方、王颂航译,载《Natural Resources & Environment》第 11 卷。

司法实践的土壤是否适配域外的制度,域外制度的径行移植是否能产生预期的效果,这些问题,都值得我们进一步思考。

(一) 刑事合规的实际效果减损

理想状态下的刑事合规制度,确实因行为人履行了相应的义务而减轻了罪责。但在我国特定的发展时期,以及个别国民劣根性的作祟,往往会将义务的履行以某种简便的方式替代,这种程度上的合规义务,只是走个形式。将合规义务的履行寄希望于一纸文书,这是相当理想化的,事实上难保有明确详细告知内容,即便告知,也难保听者具有同等的理解力。

没有具体制度的加持,刑事合规终将成为一纸空谈,最后异化为免除责任的工具。"缺乏监督和执行力的企业合规制度如果能视作企业负责人履行了注意义务,那么无穷的企业合规制度将给企业营造一片广阔的'刑罚自治'格局。"① 从这个面向上看,刑事合规是把双刃剑,如果不这么规定,可能还会以其他方式时常提醒,有了这道免死金牌,反而可以高枕无忧。刑法有关的义务,延伸到刑事合规制度中,最终还是需要切实的履行,不能只是走个过场,"对某一单位的刑事归责肯定要指向这个实际的治理状态,而不是该单位的表面治理状态。"

(二) 刑事合规被滥用为减罪事由

前已述及,因一纸空谈或走走形式,可能导致刑事合规的实际效果减损。更有甚者,一方面设立合规制度,另一方面故意实施违法犯罪行为,而希冀于已经设立的刑事合规来作为减轻刑事责任的事由。

(三) 刑事合规增加额外的成本

引入刑事合规后,网络平台无形中增加了额外的成本,具体体现在三个方面。首先,现阶段而言,网络平台需要依赖律师等专业人士才能构建起有效的合规经营体系,这就意味着需要支付高昂的费用,产生了额外的经营成本。其次,网络平台已有的业务可能因合规体系的建立而面临终止或转型的风险,在一些极端情况下,甚至需要推倒重来。最后,"企业可能面临巨额罚款,并承受涉及消费者认知和股价问题的负面宣传的影响、巨额诉讼费用以及对潜在的政府业务的不良影响。"②

---

① 陈冉:《企业公害犯罪治理的刑事合规引入》,载《法学杂志》2019年第11期。
② Jay G. Martin:《如何实施有效的企业合规计划》,万方、王颂航译,载《Natural Resources & Environment》第11卷。

（四）刑事合规内在动因被削减

合规经营事实上是对经营风险的确认与回避，这些经营风险可能与商业秘密相关，也可能遭致其他网络平台的攻击或告发。正如有学者所指出的，"合规计划的信息最终将被政府或民事诉讼用于攻击企业，因此，企业的合规计划越有效，任何违法行为越可能暴露给执法人员和潜在的民事诉讼当事人。"① 作为理性的经营主体，当潜在的威胁转化为现实的概率高于可能遭受的刑罚时，而且事实上也难以保证合规计划在面临刑责时就一定能够触发量刑上的减让，其完全没有实施合规计划的动因，来暴露网络平台的真实情况。换言之，如果用于预防犯罪的开支增加了企业的被罚概率的话，则应重新考虑惩罚企业的最佳方式。

（五）刑事合规有效性难于判断

合规计划能够减免刑事责任，有赖于有效性的判断，这就意味着检察官或法庭将要担负起这一事实的确认。然而，网络平台合规计划本就是相当专业的领域，再者其实际效果的衡量也十分困难，检察官或法庭被加诸这一异常艰难的责任，受专业和精力所限，难保将那些看似有效的合规计划也纳入有效的评价中。

综上来看，合规计划的实际效果有所削减，且有效性难以判断，另外，对网络平台而言，实施合规计划的动因不足，还可能新增加风险，这可能导致网络平台不再采用任何合规计划，或者模仿看似有效的合规计划，又或者以合规为掩护而行犯罪之实，最终导致合规计划的效果不彰，从而陷入一个死循环当中。

三、路径设计：刑事合规制度的本土化

因本文事实上仍属对刑事合规制度作全局的透视，没有对研究领域作限制，当然更主要还在于刑事合规的内容并非刑法与刑事诉讼法所能涵盖，其涉及制度的执行、存续与激励，更多是管理学范畴上的事情。这就如德国刑法学者指出的"刑事合规，并不是刑法的替代物，而是跨学科认知和系统化推动的预防工作的一种新形式。"② 因而，宏观的合规议题将转化为中观的刑法层

---

① ［美］菲利普·韦勒：《有效的合规计划与企业刑事诉讼》，万方译，载《财经法学》2018 年第 3 期。

② ［德］埃里克·希尔根多夫：《德国刑法学：从传统到现代》，江溯、黄笑岩等译，北京大学出版社 2015 年版，第 505 页。转引自孙国祥：《刑事合规的理念、机能和中国的构建》，载《中国刑事法杂志》2019 年第 2 期。

面上的论断,最终落脚到微观的网络平台合规计划上,我们应不吝打破学科的壁垒,对刑事合规制度由深入浅、由广及微地进行建构。

(一) 赋予内涵:刑事合规的两个面向

对刑事合规的概念进行界定,是完善刑事合规制度首先要解决的问题。有学者简单地归纳为"为了避免公司员工因其相关业务举止而进行刑事答责的一切必要且容许的措施。"① 有学者在此基础上认为,"刑事合规实际上是借助刑事法手段,构罪或者量刑,以推动组织体自我管理的相关立法和实践。"② 有学者更进一步指出,"所谓刑事合规,是指为避免因企业或企业员工相关行为给企业带来的刑事责任,国家通过刑事政策上的正向激励和责任归咎,推动企业以刑事法律的标准来识别、评估和预防公司的刑事风险,制定并实施遵守刑事法律的计划和措施。"③

笔者基本同意韩轶教授的观点:"企业刑事合规的基本内涵实际上是一种刑事犯罪风险企业内部防控机制:一方面,其以外部刑事法律为基础,以满足刑事法律义务、避免刑事法律责任为建构的核心目标;另一方面,其又是外部刑事法律的一种功能促进,企业通过刑事合规,增强刑事犯罪风险防控能力,有利于刑事法律预防犯罪功能的实现。"④ 另外,托马斯·罗什教授亦是从两个面向上来界定刑事合规:"刑事合规包含所有客观上事前必要的或者事后被刑法认可的规范性、制度性以及技术性的属于某一组织的措施,这些措施的相对人既可以是组织的成员、商业合作者,也可以是国家或者社会大众。这些措施的目的是:(1) 降低组织或者组织成员实施的与组织有关且违反国内或国外法的经济犯罪行为的风险或者是相应的犯罪嫌疑的风险;或者是(2) 与刑事执法机构达成一致而对刑事处罚产生积极影响,并最终借此以提高企业的价值。"⑤

基于各自立场与关切的不同,学界对此作出了不同的解读。刑事合规首先

---

① [德] 弗兰克·萨力格尔:《刑事合规的基本问题》,马寅翔译,载李本灿等编译:《合规与刑法:全球视野的考察》,中国政法大学出版社2018年版,第58页。
② 李本灿:《刑事合规理念的国内法表达——以中兴通讯事件为切入点》,载《法律科学(西北政法大学学报)》2018年第6期。
③ 孙国祥:《刑事合规的理念、机能和中国的构建》,载《中国刑事法杂志》2019年第2期。
④ 韩轶:《企业刑事合规的风险防控与建构路径》,载《法学杂志》2019年第9期。
⑤ [德] 托马斯·罗什:《合规与刑法:问题、内涵与展望——对所谓的"刑事合规"理论的介绍》,李本灿译,载《刑法论丛》2016年第4卷。

应当是刑事层面上的制度,刑事合规都应当包含两个层面上的基本内涵:一是企业合规经营能够预防犯罪,将刑法威慑转化为自觉、主动的作为;二是刑事合规实际上是将企业合规经营上升为刑法的义务,通过履行义务来自证刑事责任的降低,以此来减轻刑罚处遇。刑事合规制度固然有利于刑事司法体系的完善,但必须引以为意的是,刑事合规不仅仅是对法律层面的回应,还是国家和社会层面应该考虑的范畴,能够整合到国家现代化治理体系中。为了赋予刑事合规以合适的内涵,纵向上推入刑事体系,横向上拓展至国家治理全局,可以有效弥合各种理论之间的差异,实现基础性的共识。

(二)学理论断:企业刑责的三大基础

1. 网络平台之于刑事责任:担责的基础

根据法律规定,只要是以单位名义实施的,犯罪利益归单位所有的,即构成单位犯罪。这其实是企业作为法人,替个人的行为承担责任,学理上称之为替代责任。由于单位是拟制的产物,其意思的表达及行为都是基于个人或集体而实现的,为了承担责任,企业虽然作为法人,却不具备独立的意思表达与行为能力,与刑事责任承担的基础相悖。虽然,不少学者认为,不能以自然人担责的理论来嵌套于法人的领域,但不论单位如何尽到避免犯罪的义务都应当为单位内个人犯罪承担责任的话,未免失之过苛,从而有严格责任的意蕴,人为扩大了刑事责任的范畴。

近几年,域外刑法理论已对此作出检讨,并初步形成了法人归责的理论体系,美国的"组织责任"理论认为,法人既属于拟制的人格体,也具有独立的认识能力和意志能力,只要法人或者法人成员实施了体现法人整体意志的犯罪行为,就应当对该法人追究刑事责任。在此基础上衍生出的诸多理论,如"法人主动过错理论"认为,只要法人为预防犯罪作出了合理的努力,就足以证明法人不存在犯罪意图,也就不应追究其刑事责任;"法人反应过错理论"认为,在法人对发生的犯罪没有及时给予应对时,就可以认定法人具有犯意;"法人品格论",在法人品格(法人品格包含法人预防犯罪的措施、犯罪后的补救措施、法人的组织结构、活动方针以及为遵守法律所作出的努力)对代理人的违法行为具有促进作用时,就有处罚法人的必要;"推定法人责任论"认为,对法人违法行为的认定,应当以法人的规模、组织结构、意思决定过程等为依据,对法人成员的行为是否属于法人行为作出判断。①

与此同时,我国学界也开始反思法人归责的理论,唯有强调单位具有独立

---

① 陈瑞华:《合规视野下的企业刑事责任问题》,载《环球法律评论》2020年第1期。

于自然人的刑事归责资格，才能妥适地进行刑事处罚。有学者进一步指出，要走出这一困境，有必要根据"企业独立意志理论"，将单位视为一个独立的生命有机体，从单位自身行为上确定单位的独立意志。① 我们必须认识到，法人可以规章制度作为意思表达，以合规经营来约束个人，合规是单位意思的表达，单位上下的一种努力。也就是说，虽然法人没有行为能力，但是个人的行为均是统摄在单位意志即规章制度之下的，只有当单位的意志失范或意志得不到落实时，单位才应当承担责任，最终回归到过错责任的基础上。正如德国经济刑法之父缇德曼教授认为，"公司（团体）受指控并承担责任的真正的实质原因不在于职员的犯罪行为，而在于自身义务的违反，即公司没有采取必要的措施以确保职员实施符合规范的行为。"②

因此，网络平台没有具备合规的内容，就是网络平台的意思表达，网络平台没有尽到合规的义务，就是网络平台的行为，在主观有过错的前提下，网络平台的行为失范，这才是网络平台犯罪中刑事归责的基础。网络平台之下的个人行为，可以不视为个人的选择，而是受网络平台固有的体制所形塑，这样一来，个人与网络平台目标一致、受单位制度驱动所实施的犯罪行为，确应由网络平台来承担刑事责任。就如有学者所指出的，"单位之所以构成犯罪，并不是因为其员工的行为而承担代位或者转嫁责任，而是其自身对员工的违法行为具有罪过。只有受单位主观意识鼓励、刺激、容忍或者默许的自然人的行为，才能够被看作单位的犯罪行为。"③

2. 刑法之于网络平台：威慑的基础

合规与刑罚是刑事合规的一体两翼，在两者关系互动上，往往只见合规对刑罚减轻的正向激励作用，而忽视了刑罚对合规的反向促进作用。量刑激励必须与刑法的威慑相结合，所谓"胡萝卜加大棒"必须两者兼备。

首先，刑法应当准确介入。刑法作为最后手段的原则一直被奉为圭臬，刑法的谦抑原则也一直作为金科玉律，如今都不再颠扑不破，刑法谦抑性应该是针对立法层面上的，在立法层面上，刑法理应退到最后，把前面的领域让给民法或行政法去调整，只有当行为严重危害社会了，才由刑法介入。但是到了司法层面上，刑法就不应当一味地退让，既然立法层面上的刑法已经退到了最

---

① 陈瑞华：《合规视野下的企业刑事责任问题》，载《环球法律评论》2020年第1期。

② ［德］乌尔里希·齐白：《全球风险社会与信息生活中的刑法：二十一世纪刑法模式的转换》，周遵友、江溯等译，中国法制出版社2012年版，第254页。转引自孙国祥：《刑事合规的理念、机能和中国的构建》，载《中国刑事法杂志》2019年第2期。

③ 黎宏：《合规计划与企业刑事责任》，载《法学杂志》2019年第9期。

后，在这种情况下符合刑法构成要件的就具备了相对应的社会危害性了，就应当纳入刑事处遇的通道，也有利于打破选择性执法的困境。而且，还可以结合量刑激励，实现"宽进严出"，虽然定罪的口比较宽，但是结合合规计划实施的情况，给予减免的可能性大。

其次，刑罚应当适当提高。纯粹的正向激励并不足以促使企业选择合规经营，必须有足够的刑罚供给，迫使网络平台考虑违法成本。重刑并非是治理企业犯罪的目的，而是通过重刑的威慑，促进网络平台真正实施合规计划。当然，这也并不意味着对轻行为也采取重罚，毕竟，行为轻则罪责轻，罪责轻则刑罚轻，是刑罚公正性的体现，行为重则刑罚重，意在提高犯罪的成本，增强刑罚的威慑，促使企业转而实施合规计划。按照澳大利亚著名犯罪学家布雷斯维特的研究结论，自我管理的实现需要严厉的刑罚的支持，刑罚愈严厉，愈能促进自我管理的实现，简单讲，只有执法者手中有足够强大的武器，才具有轻声细语的资本。① 从另一个角度看，如果重罪重罚尚不足以产生威慑，则重罪轻刑更难有预防犯罪的效果。

最后，刑事合规可以提供轻缓的处置通道。刑罚威慑只是一种手段，目的在于促进网络平台选择合法合规的路径，如果网络平台在合规经营的情况下发生违法犯罪行为，仍然会基于对刑事责任的考量而减轻刑罚甚至实现行为的正当化。这实际上是"轻轻重重"思想的体现，也可为刑事司法的新动向形成有力的注脚。

3. 刑事合规之于刑法责任体系：减轻抑或阻却

在厘清网络平台承担刑事责任的法理的基础上，关于刑事合规对网络平台担责的作用，主要有减轻刑事责任和阻却刑事责任两种观点。就从域外司法来看，美国企业如已实施有效的合规计划，在量刑时可以降低最高幅度为95%的刑罚。在德国司法实践中，合规计划在制裁裁量中发挥了重要的作用，任何有效的合规计划将被作为一个减轻情节在制裁裁量中进行考虑，而合规不仅仅是事前的，事后针对相关犯罪建立合规计划，预防类似犯罪行为的再次发生也会导致制裁裁量的减轻②。澳大利亚的判例明确表明，是否存在有效的适法计划，原则应该纳入量刑的考虑范围。如果存在有效的适法计

---

① Ian Ayres John Braithwaite, Responsive Regulation – Transcending the Deregulation Debate, Oxford University Press, 1992, p. 41. 转引自李本灿：《企业犯罪预防中国家规制向国家与企业共治转型之提倡》，载《政治与法律》2016年第2期。

② 李本灿：《刑事合规理念的国内法表达——以中兴通讯事件为切入点》，载《法律科学（西北政法大学学报）》2018年第6期。

划而发生了犯罪,则减轻刑罚可能是适当的。① 另外,不少国家将设有有效的合规制度作为阻却犯罪成立的法定事由,如英国、意大利、加拿大、西班牙等。

有学者认为,"合规计划的建立是对责任承担的分配,并不能否定行为本身的违法性,从这个角度来说,合规计划只能作为一种免除或减轻刑事责任的事由,而不能作为违法阻却事由"。② 还有学者从实践效果的角度提出了担忧,即使在将有效合规计划作为减轻刑罚处罚的美国,认定存在有效合规计划的案件也非常少,若将合规计划作为阻却犯罪成立的依据,可能进一步减少有效合规计划的认定,并压制企业推进刑事合规的积极性。③

但就最朴素的观念来看,如果网络平台尽到最大的合规义务尚不能阻却刑事责任,是否还会有网络平台在刑事合规方面作出努力,仅仅是减轻刑事责任的程度,则企业并不需要尽到最大的合规义务来力求避免犯罪的出现。如黎宏教授认为,"将企业合规计划仅仅作为影响量刑即减免刑罚的要素的见解,给人一种意犹未尽、浅尝辄止的不彻底感……有效的合规计划应当在企业刑事责任的有无和大小的认定上加以考虑的话,则不仅应当在量刑上加以考虑,而且在定罪阶段也应当加以考虑。"④ 从学理上看,前已述及,合规的内容组成了网络平台的意思表达,究竟是阻却还是减轻刑事责任,关键要看合规计划的有效程度,毕竟这作为法人人格矫正的程度,是刑罚可罚的基础。至于尽最大合规义务仍有犯罪结果的出现,这应当是不可预见的,可以等同于意外事件。

对此,有学者结合"新过失论",给出了较为周全的答案,认为合规计划既可能成为违法阻却事由,也可以成为责任减免事由。"如果该单位实施并有效运行了合规计划,但由于不可抗力等原因导致危害结果不可避免地发生了,那么该合规计划就可以成为阻却单位行为违法的事由;如果单位实施并有效运行了合规计划,但由于单位之前制定合规计划时没有预见到某种隐蔽的可以避免的风险,而导致最后发生了危害社会的结果,那么该合规计划就可以成为减

---

① 周振杰:《从具体案例看合规计划的有效性判断》,载《河南警察学院学报》2018年第4期。

② 陈冉:《企业公害犯罪治理的刑事合规引入》,载《法学杂志》2019年第11期。

③ 孟珊、敖博:《刑事合规制度与单位犯罪重构》,载《检察日报》2019年6月1日,第3版。

④ 黎宏:《合规计划与企业刑事责任》,载《法学杂志》2019年第9期。

轻单位刑事责任的事由。"①

（三）效用穿透：合规计划的四种属性

"法律不应该过问企业是否采用了量刑委员会规定的相对僵化的框架，相反，应考量企业的行为是否能够促进员工遵守法律。"② 因此，对于合规计划，应当透过其表面，紧抓其实质属性，才能真正促使员工守法。

一是相称性。网络平台制定的合规计划，应当与其经营规模、经营内容、企业性质、风险状况等相称，如果网络平台规模较小，且风险较低，其合规计划可以相对简单，也可以不单设合规部门，有专门从事合规的人员，或依附于审计、法规部门即可，不至于对网络平台造成太大的负担。而对于规模大特别是大型的上市公司，应当具备合规宪章、合规的组织体系、合规政策、合规的程序四项基本要素。③

二是有效性。即合规计划的实施必须是有效果的，能够切实地阻断违法犯罪的路径，但这并不意味着一旦出现犯罪行为即宣告合规计划的失效，当然，不可能存在完全避免犯罪的合规计划，通过这些测试，方能使合规计划变得更加有效。

三是真诚性。即合规计划在企业经营管理中被认真地执行，不能仅仅停留在表面，更不能借合规计划来获取故意犯罪后的量刑减让。每个人都承担自己分内的工作，并对自己的工作负责。首先，合规计划被认真执行，必须有赖于中高层的率先垂范。其次，合规计划离不开日常督促，这就需要企业当中的合规官来监督合规计划的执行。最后，对于普通员工，除了有中高层的以身作则和合规官的日常督促外，还应当有激励和惩戒机制，以保障员工能够塑造合规行为。综上来看，真诚地执行合规计划，归结到底就是企业自上而下、内外一体地培养自觉鲜明、遵纪守法的企业文化，每个人受企业文化的感染，都能够从内心接受并追求合规理念，从而真诚地参与到企业合规建设当中。

四是持续性。合规计划最后一个属性就是应当能够持续改进，这并不满足于上述的发生风险或有不当行为出现这两个时间节点，而是应当定期进行审查，发现问题后及时改进。这就特别需要对合规计划的运作情况进行充分地调研，以保证发现的问题是真实存在且亟待解决的。换言之，一个持续改进的合

---

① 李永升、杨攀：《合规计划对单位犯罪理论的冲击与重构》，载《河北法学》2019年第10期。

② ［美］菲利普·韦勒：《有效的合规计划与企业刑事诉讼》，万方译，载《财经法学》2018年第3期。

③ 陈瑞华：《企业合规的基本问题》，载《中国法律评论》2020年第1期。

规体系，必须适配一个合格的调研计划，对合规工作进行客观、真实和独立的调查。

综上来看，网络平台需要有一个相称、有效的合规计划，并付诸真诚地、持续地实施，最终内化为企业的文化，约束企业行为。正如有学者指出的，"在企业文化的刑事责任框架下，判断企业行为的最有效方式是调查企业的行为、政策和习俗，而非像合规计划似的企业政策清单。"① 美国学者也以十数年的实践经验道出，"或许，企业文化的方法能避免将合规程序作为企业的责任替代。"②

（四）全面把握：合规要素的七个内容

为了适配刑事合规这一宏观的命题，网络平台合规的要素应当包括但不限于以下七个方面：

第一，风险评估机制。网络平台应当有完整的机制，用于发现、识别、评估风险，并根据风险适当地调整合规计划，这些风险包括经营自身所产生的，也包括交易过程中由第三方带来的。

第二，风险控制程序。针对可能面临的风险，网络平台应当建立风险控制程序，协调必要的资源分配，并适时地反馈风险控制的情况，以便及时调整。

第三，员工培训机制。为了使合规计划在员工当中广泛传播且易于理解，有必要完善员工培训机制，定期指导员工并强调合规的内容。

第四，匿名举报机制。不论是从督促合规的角度来说，还是为了发现违法乃至犯罪行为，都应当赋予个人以举报的权利，建立有效的匿名举报渠道，提高调查处理的能力，按有关时限进行反馈。同时，为了保护和鼓励举报人，使其免遭打击报复，还应建立相应制度，以保障举报人不被终止雇佣关系、不被降低待遇、不被歧视或欺凌。

第五，风险处理机制。对于有线索指向的违法犯罪行为，可以先行调查，也可以聘请有资质的第三方进行调查，并根据调查的结果进行处罚，视情况主动上报有关部门，最后根据实际需要，对合规计划进行调整。而对于公安机关的侦查，应当积极配合，主动提供账簿、报告等材料，并及时做好补救，减少社会危害。

第六，合作应对机制。与他人的交易或合作，往往也会带来一定的刑事风

---

① ［美］菲利普·韦勒：《有效的合规计划与企业刑事诉讼》，万方译，载《财经法学》2018年第3期。

② ［美］菲利普·韦勒：《有效的合规计划与企业刑事诉讼》，万方译，载《财经法学》2018年第3期。

险,为此,必须对他人的实际经营内容及是否有违法犯罪的倾向做全面的调查,以免成为上下游犯罪的共犯。

第七,外部评估机制。可以聘请有资质的第三方或律师事务所对合规计划进行全面评估,也可以在有重大决策事项、新增业务或进行可疑交易前,邀请专家等来审查把关。

(五)认罪认罚:程序选择的一条路径

有效的合规计划应当包含:网络平台主动披露违法违规行为,保存违法犯罪的记录,配合监管机关的调查或公安机关等的侦查,及时采取措施补救,修复受损的社会关系。在此前提下,合规计划的有效实施,在可能涉嫌犯罪的情况下,打通了认罪认罚从宽的通道,至少可以产生以下效果。

第一,尽可能不影响企业正常经营。侦查机关办案过程中除确有需要,不进入到企业,即使到企业调查取证,也可不穿制服,审慎发布与企业刑事案件有关的新闻,及时澄清报道失实的内容,以免对企业产生负面影响。此外,除非涉案财物确有转移、灭失之虞,否则,尽可能不对财物进行扣押、冻结,以免影响企业正常生产经营。

第二,检察机关在量刑建议时明确调低罚金的数额,并可根据网络平台配合的时间节点及主动性来作区分,对于立案前即报告涉嫌犯罪行为的,其罚金应低于立案后才告知的;主动披露涉嫌犯罪线索的,其罚金应低于紧迫情况下不得不承认的;全部认罪的,其罚金应低于部分认罪的情形;提供完整的文件、信息供调查取证的,其罚金应低于未提供任何文件资料的。

第三,检察机关可以对网络平台径行作不起诉处理,必要时,可以附带一定的条件。美国联邦司法部要求检察官在决定对企业起诉时考虑的因素包括公司是否建立合规计划、所存在的合规风险以及所采取的补救措施问题。[①] 美国检察官在决定不起诉(简称NPA)时,也要与涉案企业达成协议,其内容与暂缓起诉的协议相近,但是不起诉协议不需要经过法官的批准,而暂缓起诉协议一般要经过法官的批准。

第四,检察机关可以参与托管或重整程序。对于网络平台因刑事调查而陷入重大经营困难或是面临破产的情况,可以协调有关部门或行业组织进行管理或经营,检察机关对经营状况进行监督,帮助企业重新步入正轨。

---

① 陈瑞华:《企业合规制度的三个维度——比较法视野下的分析》,载《比较法研究》2019年第3期。

网络金融平台的刑事合规治理

李海良　陈　峰[*]

网络已深度嵌入社会生活，成为一种新的社会范式，并与传统社会范式一道共同建构出物理空间与网络空间交融并存的"双层社会"。在此背景下，几乎所有传统的单一物理业态都披挂上网络科技的外衣，以网络业态的形式在虚拟网络空间中实现价值增量。金融行业同样如此，正经历实体金融向网络金融的过渡转型。互联网金融模式，在盘活社会闲散资金、纾解信贷市场供需结构失衡、释放金融信贷效益等方面具有积极效能，但网络的隐蔽性与金融的高利性叠加也使得网络金融脱序、违法甚至犯罪行为也紧跟着纷至沓来。"金融市场是一个具有杠杆效应和外溢效应的特殊市场"[①]，基于此，网络金融平台的失范行为，可能会通过扰乱金融秩序的管道，直接或间接地对整个社会经济秩序和社会秩序产生破坏性作用。犯罪行为一旦成型，刑法更多的是进行报应性惩戒，无法真正实现社会关系的还原，特别是网络金融平台的犯罪行为，无论从道德情感还是从实害危险上看，都是一种应当排除的社会恶害，而着眼于未然之罪的犯罪预防，则可以消弭犯罪滋生的土壤，使得社会关系免受犯罪行为的侵扰。因此，有必要从犯罪预防角度探讨网络金融平台的犯罪防范与治理问题。

一、祸乱情势：网络金融平台刑事合规治理的紧迫现实

网络金融平台的实质内核是"网络金融"，或称"互联网金融"，平台无非是在虚拟网络空间中进行交易的空间或场所。何谓"互联网金融"，2015年7月14日国务院十部委《关于促进互联网金融健康发展的指导意见》曾给出如此定义：互联网金融是指"传统金融机构与互联网企业利用互联网技术和

---

[*] 李海良，浙江师范大学法学系主任，讲师，博士；陈峰，西南政法大学法学院博士研究生。

[①] 张承慧：《关于互联网金融风险的思考与建议》，载《经济纵横》2016年第4期。

信息通信技术实现资金融通、支付、投资和信息中介服务的新型金融业务模式",并据此罗列出互联网金融包括互联网支付、网络借贷、股权众筹融资、互联网基金销售、互联网保险、互联网信托和互联网消费金融等业态。虽然网络金融以网络为具体表现形式,但不可能超脱于金融的本质属性,这也是网络金融平台与其他网络平台界域划分的关键所在。金融的实质是以货币为对象的信用交易,因此,互联网金融平台不可能脱离信用而存在。① 与社交网络平台(如腾讯)、搜索网络平台(如百度)等平台相比,互联网金融平台的特性在于集信息中介与信用中介于一身,其本质是信息和信用风险的关系问题。②

其实,从犯罪治理的角度看,网络金融平台的业态仍有细分的空间:互联网基金销售、互联网保险、互联网信托和互联网消费金融,只是将传统的基金、保险、信托、消费金融业务的交易场所转移至网络平台之上,本质上是传统金融业务的网络化。与之对应的犯罪治理法规和方式较为成熟,传统金融业态的风险防范举措可以直接对接至网络化的金融业态之中,因此,犯罪治理的成熟度和风险防范的日常化,使得上述业态中发生系统金融风险的概率较低。但是,互联网支付、网络借贷、股权众筹融资则是在网络科技延展至金融领域后发展出的新业态。"新"代表了创新的动力与活力,但"新"同时昭示着法律规制的留白,这一特征在网络金融平台的发展中尤为突出。互联网支付平台所涉的主要风险集中于黑客的网络攻击。从理论上讲,没有攻不克的网络,没有百分之百的安全。但资金安全是网络支付平台的立身之本,一旦出现大规模的资金安全问题,就会出现"多米诺骨牌效应",导致平台名誉与信任的崩塌,摧毁网络支付平台在市场中的生存基础。因此,网络支付平台会将网络安全防护作为工作重点。股权众筹融资平台的风险主要是防止资金池的形成,风险点相对单一,犯罪治理的难度不大。

网络金融平台最大的刑事风险源于以 P2P 为代表的网络借贷平台。回首网络金融平台的浮沉历程,从当初被视为金融创新的"弄潮儿"到 P2P 平台"暴雷""跑路"案频出成为金融秩序的"祸乱之源",也不过数年光景。法律规制的留白为网络金融平台的创新提供了想象空间,但也为 P2P 网贷平台出现的乱象埋下了祸根。其实,网络金融平台风险的现实化并不意味着其蕴含的创新价值的殆尽,相反,第三方支付的横空出世,P2P 网络借贷的井喷式增

---

① 李安安:《互联网金融平台的信息规制:工具、模式与法律变革》,载《社会科学》2018 年第 10 期。

② 杨东:《互联网金融的法律规制——基于信息工具的视角》,载《中国社会科学》2015 年第 4 期。

长,以及网络众筹的方兴未艾,都间接印证了网络金融是解决金融市场供需结构性矛盾的突围方向。只不过,网络金融平台经历了初期的野蛮生长和当前严格整治后的行业出清后,今后将走向一条规范发展与风险防控并行的发展之路。因此,在网络金融平台进入发展新时代后,如何建构既合乎网络金融发展规律又兼具有效风险防控作用的犯罪治理模式,是监管层、业界和理论界共同关注的重要命题。

二、刑事合规：网络金融平台刑事犯罪治理的有益尝试

"网络平台的功能已经远远超出'单纯通道'或技术保障,成为了网络空间信息交互的综合平台"[1],是网络参与社会生活的主要载体和勾连网络与个体的关键媒介,尤其是网络金融平台,"在网络结构社会中处于枢纽地位"[2]。由是之故,对网络金融平台的犯罪预防尤显必要和紧迫。但是,以政府治理为中心的传统单位犯罪治理模式在实践中捉襟见肘,难奏实效,故而有必要探寻网络金融平台犯罪治理的新路径。

（一）治理理念的变革：从政府中心到社会共治

现代经济活动的复杂性和法律制度的精细化使得企业违规风险陡增,如何在维护社会经济秩序稳定与企业自主创新活力之间寻找最佳平衡点,是企业风险防控特别是刑事风险防控的出发点或落脚点。传统的企业违法犯罪治理是强调国家作为单一治理主体地位的政府中心规制模式,通过立法和执法手段,采取行政执法与刑事介入逐级递进的路径。这种模式并非作用全无,特别是在经济单一的时代,立法机关通过理性推演能够准确厘清风险点,进而科学立法,并通过行政与刑罚威吓来遏制违法犯罪活动。但传统的防治企业犯罪主要依赖于刑法威慑及处罚,其缺点显而易见,政府中心规制模式下,政府与网络金融平台之间是监管与被监管的矛盾对立关系,政府监管的施力点是事前的法规恫吓与事后的追惩,缺少事中环节的平台自控与多元监督,无法形成完整的犯罪防控闭环。

网络金融平台其实是一种"网络+金融"的金融创新方式。而金融创新与金融安全始终是一对相生相克的对立统一关系。金融创新能增强金融活力,为经济发展增添能量,但与此同时,金融创新又会加剧金融的不稳定性,触及金融安全防线。因为金融充斥着巨大的利益诱惑,越轨失范行为和规则漏洞之

---

[1] Mary La France, Copyright Law in a Nutshell, Thomson Learning2869 (2008).
[2] 皮勇、汪恭政：《网络金融平台不作为犯的刑事责任及其边界》,载《学术论坛》2018年第4期。

处常常是利益的集中点，亦是金融创新的着眼点。毋庸置疑的是，金融安全是金融行业的生命线，一旦金融安全失守，其杠杆效应和外溢效应将会传导至经济层，产生系统性的经济风险。总之，金融创新不应突破金融安全底线，金融安全底线之上应预留金融创新空间。我国政府的金融监管常常陷入"一放就乱，一管就死"的监管怪圈之中，其重要原因是安全底线的界线不清：在新生金融产品初期，政府为鼓励金融创新，会采取相对宽松的监管政策，甚至对越过金融安全底线的行为采取默许态度，"一放就乱"的局面逐渐显现；随着金融产品"暴雷"，加强监管的社会舆论占据上风，政府则开始采用严厉的监管措施，甚至在金融安全线划定标准，造成多数金融创新行为被否决，"一管就死"就演变为行业写照。为了走出监管怪圈，就必须厘清安全的底线标准，并在此基础上改变政府中心的防控模式，引入社会共治的防控理念，特别是监管对象本身成为防控风险的自觉主体，刑事合规制度在此背景下应运而生。

（二）理论基础的革新：从替代责任到结果回避

基于对责任主义的遵循，企业刑事归责的基本前提是其主观罪过的存在。罪责主义要求行为人在实施危害行为时具有责任能力、故意或者过失等可以谴责行为人的要素时，行为人的行为才能成立犯罪。[1] 因而，责任主义之于国家是一项义务，之于个体则是一项权利，它为国家发动刑罚权设置了重要的障碍。[2] 循此路径，拟制人格论应运而生，这实际上是一种替代责任。在替代责任的影响下，司法实践的一种做法是将单位犯罪的成立演变为两个条件：一是单位员工根据单位决策实施犯罪活动；二是违法获利归单位所有。虽然上述条件能够处理大部分的企业犯罪行为，但在特殊情形下也会造成放纵犯罪的偏差。有些企业特别是小企业的经营和管理模式日常化，无法从证据上论证"单位决策"的存在与否，这就会导致放纵单位犯罪的法律和社会风险。为了规避这种风险，实践中的另一种做法是以利益归属判断单位犯罪的成立与否，即只要单位成员为了单位利益实施了犯罪行为，且最终利益归属单位时，即使单位采取了尽其所能的犯罪预防措施，单位也要承担刑事责任。其实，此种操作充斥着严格责任的意蕴，过分扩张了单位犯罪圈，也无法激发企业预防犯罪的动力。

合规制度进入刑事法研究视野，为单位刑事责任基础提供了全新的思路。虽然学界对刑事合规的定义不一，但仍可以勾勒出其核心内涵：（1）目的是

---

[1] 冯军、肖中华主编：《刑法总论》，中国人民大学出版社2016年版，第51页。

[2] 劳东燕：《风险社会中的刑法——社会转型与刑法理论的变迁》，北京大学出版社2016年版，第58页。

充分调动企业建构预防犯罪、发现犯罪内控机制的积极性；（2）手段是对企业刑事合规与不合规进行刑事政策回应。因此，刑事合规是指通过对企业刑事合规行为正向激励与不合规行为责任归责的刑事政策回应，从而最大限度地推动企业建构有效预防、发现犯罪的内控机制。刑事合规的引入使企业犯罪的归责基础由替代责任向过错责任转换。德国经济刑法之父缇德曼教授认为，公司（团体）受指控并承担责任的真正的实质原因不在于职员的犯罪行为，而在于自身义务的违反（即"前过错"），即公司没有采取必要的措施以确保职员实施符合规范的行为。[1] 将合规义务的违反作为单位刑事归责的基础具有合理性，能够有效解决单位"拟制的意志"难以认定和单位犯罪圈的合理划定问题。单位是由多个自然人组成的，是为社会提供服务或商品的社会服务或经济组织，理应具有高于一般自然人的理性。在单位设立之时，就应当了解熟悉基本的法律常识和与其经营或服务范围相关的法律法规，也就是说，单位在成立之时，就可以推定其对相关法律包括刑事法律是明知的，因此，单位犯罪不能以不具有违法认识可能性进行无罪抗辩。既然单位明知相关刑事法规，它就有义务采取相关举措预防其单位人员违反刑事法规，这是符合逻辑和事实的推演。

三、合规构建：网络金融平台刑事合规治理的具体路径

金融的活力在于资金的流动，金融的价值在流动中产生，其风险也在流动中酝酿，特别是网络技术的加持，资金流动的过程更加虚拟、广泛，资金安全也更不可控。网络金融平台的创新之处在于通过网络技术更新资金流通方式，网络金融平台存在的失控问题主要与资金安全有关。因此，网络金融平台刑事合规的治理应立足于资金安全的风险防范，通过网络金融平台流程链上的风险点合规，实现风险的防范与犯罪的治理。

（一）基本立场：以资金安全为中心

网络科技深刻影响和改变着人类的生活方式与秩序。一方面，它们极大地释放了生产力，带给民众传统社会无法想象的物质便利；另一方面，它们也演变或创造出众多新生的危险源，技术性风险成为现代性的伴生物。金融行业本身就是市场经济活动中的高风险行业，金融与技术的融合使得双重风险叠加，风险的不可控性愈发明显。资金安全是金融行业的生命线，系统性金融风险防

---

[1] ［德］乌尔里希·齐白：《全球风险社会与信息社会中的刑法：二十一世纪刑法模式的转换》，周遵友、江溯等译，中国法制出版社2012年版，第254页。

护"大堤"的溃败常是因资金安全隐患"蚁穴"的弥散所致。网络金融平台的刑事合规,就是要以资金安全为中心,通过合规体系将融资、资金管理和使用等过程透明化,进而成为网络金融平台因资金安全问题出现刑事犯罪时的归责、问责基础。其基本任务是对网络金融平台的资金安全进行风险识别、动态监测、风险预警、奖惩机制、事后补救,形成可视、有效的风控系统。通过刑事合规制度的架构,将分布于网络金融平台各环节、各流程的刑法等法律法规的具体要求,内化于平台的日常管理之中,构建可量化、可评估的风险预防、风险预警和风险化解机制,实现资金安全风险背后人的过错责任的认定。

(二) 风险梳理:以流程再造为路径

20 世纪 90 年代初,美国学者米歇尔·哈默提出"流程再造"的概念。[1] 流程再造的核心思想是要打破企业按照职能设置部门的管理方式,代之以业务流程为中心,重新设计企业管理过程,从整体上确认企业的作业流程,追求全局最优,而不是个别最优。底层合规风险的管控依赖于流程,在流程分析基础上挖掘操作风险动因,为操作风险量化奠定基础,从而能更为有效地管理信用风险。[2] 网络金融平台是以资金的流动为业务主线,其刑事风险点也分布于各业务链条之中,流程再造理论为网络金融平台的风险防控与犯罪治理提供了理论支点。通过对网络金融平台的流程再造,勾勒出刑事风险点,并辅之以对应的防控措施,最终实现对企业刑事犯罪的有效防控与治理。

1. 平台创设

金融行业对国民经济持续健康发展的重要性不言而喻,在我国多数金融业务是特许经营业务,未经相关金融监管机构批准,任何组织和个人不得擅自从事。因而,在网络金融平台创设之初就面临多重刑事法律风险防控的合规问题。具体包括:(1)擅自设立金融机构罪的风险。部分网络金融平台预设的经营模式就是先将客户资金存入机构账号,再以"整标"或"拆标"的形式将资金分至各借款人,这与银行先吸收存款再发放贷款的操作模式一样,属于金融业务。此时,机构演变成了金融机构。由于机构没有取得金融机构的经营资质,因此,随时都可能因涉嫌擅自设立金融机构罪而被禁止。(2)擅自发行公司、企业债券罪的风险。一些公司、企业为了增加现金流、纾解资金紧张状况,在向正规银行寻求贷款无果后,以自然人名义转向网络金融平台借款。

---

[1] 张新文、戴芬园:《权利下沉、流程再造与农村公共服务网格化供给——基于浙东"全科网格"的个案考察》,载《浙江社会科学》2018 年第 8 期。

[2] 肖斌卿、李心丹等:《流程、合规与操作风险管理》,载《管理科学学报》2017 年第 12 期。

平台的做法是将公司、企业的大额借款拆分成若干个小额借款并向公众招标,投资者中标后就成为公司、企业的债权人,该行为的实质是发行公司、企业债券行为,面临构成擅自发行公司、企业债券罪的风险。(3)非法经营罪的风险。如果网络金融平台在未经国家有关主管部门批准的情况下,非法从事资金支付结算业务的,则构成非法经营罪。

2. 资金来源

充足的资金盈余是网络金融机构开展金融业务的前提和基础,网络平台本身无法提供大量的资金,需要借助第三人的财力实现融资目的,而在融资过程中可能触发多个罪名。具体包括:(1)非法吸收公众存款罪。网络金融平台在未经有关部门批准的情况下,通过互联网等方式公开宣传,承诺在一定期限内以货币方式还本付息的方式,吸引不特定公众进行投资的行为,符合非法吸收公众存款罪的构成要件要求。(2)集资诈骗罪。集资诈骗罪与非法吸收公众存款罪的关键区别在于,集资诈骗罪的行为人主观上有非法占有的目的,而非法吸收公众存款罪的行为人则无此目的。最高人民法院公布的《全国法院审理金融犯罪案件工作座谈会议纪要》列明了判断金融犯罪案件中行为人具有非法占有目的的七种情形,包括明知没有归还能力而大量骗取资金、非法获取资金后逃跑、肆意挥霍骗取资金等。(3)洗钱罪。如果网络金融平台明知是毒品犯罪、黑社会性质组织犯罪、恐怖活动犯罪、走私犯罪、贪污贿赂犯罪、破坏金融管理秩序犯罪、金融诈骗犯罪的所得及其产生的收益,仍为其掩饰、隐瞒来源和性质,则构成洗钱罪。

3. 资金使用

金融的活力在于促进资金的融通,融资是网络金融平台的前提,释放资金则是其业务核心。网络金融平台除了在创设之初由于模式选择的不恰当可能存在异化为擅自设立金融机构罪和擅自发行公司、企业债权罪的风险外,在资金使用过程中也面临具体的刑事风险。具体包括:(1)非法经营罪风险。《关于办理非法放贷刑事案件若干问题的意见》中明确,违反国家规定,未经监管部门批准,或者超越经营范围,以营利为目的,经常性(2年10人以上)地向社会不特定对象发放贷款,扰乱金融市场秩序,情节严重的,以非法经营罪定罪处罚。(2)诈骗罪风险。《关于办理"套路贷"刑事案件若干问题的意见》指出,以非法占有为目的,假借民间借贷之名,诱使或迫使被害人签订"借贷"或变相"借贷""抵押""担保"等相关协议,通过虚增借贷金额、恶意制造违约、肆意认定违约、毁匿还款证据等方式形成虚假债权债务,并借助诉讼、仲裁、公证或者采用暴力、威胁以及其他手段非法占有被害人财物的行为,一般以诈骗罪定罪处罚。

当然，以流程再造为路径的风险点梳理只是网络金融平台刑事合规治理的第一步，繁复的合规制定、执行、检验程序才是合规制度的关键。需要强调的是，"纸面"上的刑事合规并无实际价值，合规的有效性才是企业能够享受刑事实体与程序法优待的重要依据。

四、程序激励：网络金融平台刑事合规的刑事程序优待

逐利性是企业最本质的属性，特别是金融行业，对利润的嗅觉更加敏锐。"对于以追求营利为目的的企业而言，宣扬未必与利益挂钩的至善行动是不现实的，最终不过是'徒有虚名'"。[①] 就我国企业犯罪的现状而言，一旦企业被提起公诉，其被定罪处罚的可能性极大，而企业一旦被定罪，对其而言无疑是灭顶之灾。不仅主要负责人面临关押风险，而且会遭受巨额罚金处罚，同时，商业信誉受损、政企合作破裂、上市资格丧失等附随性后果也会接踵而至。当然，严厉的犯罪后果是推动企业开展刑事合规的动力之一。也正是因为不建立有效的合规计划会使企业承受极为严重的代价和损失，才使得涉案企业对合规趋之若鹜，将其作为减少损失的重要战略选项。[②] 但是，以处罚为手段的单向动力尚不足以充分激发企业投身刑事合规机制构建的积极性，只有"胡萝卜+大棒式"刑事制度的加持，才能充分调动企业预防和发现犯罪的积极性，其中，刑事程序优待是刑事合规激励机制的一个重要面向。

所谓刑事合规的程序优待，是指刑事合规的完成能够在刑事诉讼程序中发挥出罪、减责机能，主要体现为不起诉和暂缓起诉程序。具体如下：（1）不起诉程序。就不起诉程序而言，一个有效的刑事合规计划甚至可以在审查起诉阶段发挥作用，检察机关如果认为网络平台合规计划得到了有效实施，符合不起诉条件，可以作出不起诉决定。[③] 当然，基于刑事合规的不起诉也会面临质疑：一个涉案企业通过建章立制确立了预防犯罪和再犯的刑事合规制度就可以不起诉，那是不是意味着一个无前科的守法公民犯下重罪但承诺不会再犯，也可以享受不起诉的程序优待呢？其实不然，两者具有本质的区别。第一，刑事合规的不起诉程序适用的前提是企业建立了有效运行的合规制度，并自愿进行

[①] ［日］川崎友巳：《合规计划的现状》，曾文科译，李本灿等编译：《合规与刑法：全球视野的考察》，中国政法大学出版社2018年版，第30页。

[②] 尹云霞、庄燕君、李晓霞：《企业能动性与反腐败"辐射型执法效应"——美国FCPA合作机制的启示》，载《交大法学》2016年第2期。

[③] ［美］菲利普·韦勒：《有效的合规计划与企业刑事诉讼》，万方译，载《财经法学》2018年第3期。

及时补救，适用的犯罪主要为过失犯罪或员工为单位利益自主进行的犯罪。合规企业的上述犯罪，说明企业已为预防和监控犯罪做出了最大努力，最后结果的发生在其预料之外，因而不具有结果回避可能性。故此，合规企业的不起诉程序符合法理。而且，对单位的特殊预防，是根据其单位的组织体特性，即单位内部治理结构及运营方式的守法程度，当其合法程度较低时，也可以理解其具有较高的社会危险性，反之，则社会危险性较低[1]，特殊预防的必要性较低，在程序上可以通过不起诉来解决其刑事责任。第二，对合规企业不起诉是利益平衡的结果。对一个建立了有效合规计划的企业，检察机关除了考虑犯罪的性质和严重程度以外，还会考虑企业再犯新罪的可能性，考虑起诉对员工、投资者、股东、消费者、分销商、代理商等无辜第三方造成的损害以及起诉对当地经济的消极影响。从公共利益的角度看，对合规企业的不起诉可以最大限度地保留企业所承载的社会价值和相关社会关系的稳定。特别是网络金融平台，作为经济活动的润滑剂，一旦遭受刑事指控，在水波效应的影响下会牵连上下游的多个行业或企业，产生实质性的公共利益损害。（2）暂缓起诉程序。在欧美国家为合规确立的各项刑法激励机制中，暂缓起诉协议制度可谓极具创造性，也具有较大的启发意义。它与辩诉交易制度一样，都属于检察机关与涉嫌犯罪者经过协商所达成的和解协议。[2] 目前，我国在未成年人犯罪中确立了暂缓起诉制度，但为了限制检察权的恣意，对该制度设置了诸多限制性条件。暂缓起诉制度在以网络金融平台为代表的企业犯罪中也具有较高的适用价值。网络平台犯罪不同于自然人犯罪，鉴于其在网络空间中的地位和实际作用，其受到追诉后的附带效应可能是互联网平台、互联网产业乃至社会公众难以承受的。[3] 对某些危害较轻的犯罪暂缓起诉，有利于促进网络金融平台积极开展事后整改、是否止损和合规建设。

五、刑法激励：网络金融平台刑事合规的定罪量刑优待

一般认为，刑事合规的有效实施可以作为检察机关在审查起诉阶段作不起诉处理或暂缓起诉，或在追诉后撤销起诉的事由；亦或在庭审过程中，作为法

---

[1] 时延安：《单位刑事案件的附条件不起诉与企业治理理论探讨》，载《中国刑事法杂志》2020年第3期。

[2] 陈瑞华：《论企业合规的中国化问题》，载《法律科学（西北政法大学学报）》2020年第3期。

[3] 李本灿：《认罪认罚从宽处理机制的完善：企业犯罪视角的展开》，载《法学评论》2018年第3期。

院减免刑罚、判定无罪的事由。① 由是观之，刑事合规的激励机制包含刑事程序优待和刑事实体优待两个方面，前者通过刑事程序分流方式对刑事合规表达尊重，后者通过责任阻却或量刑减让肯定企业对刑事合规的努力。

（一）定罪优待：责任阻却事由

企业犯罪成立的核心问题是危害结果能够归责于单位本身。刑事合规制度的引入使得企业犯罪的责任根据由替代责任向结果回避可能性转变，进言之，企业在内部管理和经营方式上制定了完善的合规计划并予以认真执行，则危害结果的出现对于企业本身而言不具有结果回避可能性，无须刑事归责。诚如学者所言，"在实践中，如果一个单位具有完善的合规计划并予以认真实施，那么，就不应对该单位进行刑事归责。"② 其实，该理论在我国的网络犯罪立法中已经有所体现。例如《刑法》第286条之一规定的拒不履行信息网络安全管理义务罪，该罪成立的前提是网络平台拒不履行法律规定的安全管理义务，而平台刑事合规制度构建的根据之一就是法规所设置的安全义务，也就是说，刑事合规的顺利执行就是履行安全义务的过程，因此，网络平台实施了完善的合规计划就能实现该罪的出罪或免责。就网络金融平台而言，是否对其进行归责，要看危害后果能否归责于单位的内控结构与运行状况，具体可以借助平台的合规建设是否完善进行判断：如果平台已建立起运行良好的刑事合规制度，则可以阻却单位责任，不构成犯罪，反之，则具有刑事归责基础，而结论的实现，可以通过合规审查进行。合规审查，就是对单位在生产、经营中是否按照法律法规要求履行了具体义务进行审查。③ 合规审查实质上就是对企业刑事合规计划的有效性进行检验，具体可以从形式上的刑事合规（是否建章立制、是否进行合规培训、是否设置合规机构或专员等）和刑事合规的运行状态（是否运行、是否预警、是否启动纠错、是否运行惩罚机制等）两方面进行。

（二）量刑优待：刑罚减让事由

现代社会中，不同企业在组织框架、经济实力、人员结构等方面参差不齐，网络金融平台同样如此。不同的网络金融平台在合规建设方面的成熟度、完备度也不尽相同，这是刑事合规激励机制必须面对的社会现实，并据此作出不同的刑法反应：对实施了完善的合规计划的网络金融平台予以刑事免责，对

---

① 王志乐主编：《建立有效的合规管理体系》，中国经济出版社2016年版，第2页。
② 时延安：《合规计划实施与单位的刑事归责》，载《法学杂志》2019年第9期。
③ 时延安、孟珊：《规制、合规与刑事制裁——以食品安全为论域》，载《山东社会科学》2020年第5期。

合规计划有瑕疵的网络金融平台在量刑时从轻、减轻或免除处罚，从而最大限度的激发企业投身合规计划的积极性。欧美国家的刑事合规实践已然证明，一旦刑事合规作为量刑减让的事由，企业对合规计划所作的任何努力将转化为刑法肯定并在量刑中予以体现，将极大地增强企业进行刑事合规制度构建的积极性。实际上，以刑事合规为由对企业犯罪采取量刑减让政策符合现行的量刑理论。关于刑罚的正当化根据，我国采取并合主义（相对报应论），认为"刑罚的正当化根据一方面是为了满足恶有恶报、善有善报的正义要求，同时也必须是防止犯罪所必需且有效的，应当在报应刑的范围内实现一般预防与特殊预防的目的。"换言之，刑罚量的大小与行为的社会危害性与行为人的人身危险性密切相关，由报应刑和预防刑共同决定，企业犯罪的刑罚量同样如此。致力于刑事合规制度构建并在事后进行积极补正的企业，展现了其对犯罪行为的排除态度，再犯可能性较低，刑法进行特殊预防的必要性也随之降低，因此，在量刑上也应当有所体现。目前，我国刑法并未将合规作为法定的从轻、减轻甚至免除的事由，权宜之计是司法裁判者转变单位犯罪理念，充分利用检察官的量刑建议权和法官的自由裁量权，将刑事合规状况作为一项酌定的量刑情节予以认定。

大数据背景下企业刑事合规风险防范研究

——以深圳市南山区人民检察院办案为视角

杨 杰[*]

一、刑事合规的简介

（一）刑事合规的概念

"刑事合规"，从狭义上理解，即企业的行为要符合刑事规范的内在要求，以推动企业实现自我管理的完善。刑事合规针对的适格主体为企业。刑事合规的主观方面经历了从被动消极采取刑事合规措施以应对公权力的合规性审查到企业主动积极实现自身合规性审查义务以促进企业健康发展的过程。刑事合规的内容是赋予企业一定的管理义务，具体表现为采取一定的措施预防、终止和惩罚违法犯罪行为而建立的内部机制，其中预防犯罪是机制的核心。

从广义上理解，刑事合规不仅仅是企业内部的风险控制制度，也是国家刑事政策对企业管理的合规行为的激励或者对不合规行为的惩戒。国家刑事机关的职能决定了其对企业犯罪的主导性，但是国家资源的有限性与企业犯罪的不可预知性是难以均衡的矛盾关系，企业内部的复杂性也不能一概而论。长期依赖国家刑事机关来处置企业犯罪不是长久之计。因此，需要企业进行内部的刑事合规性审查，已促成国家与企业共同防治企业犯罪的局面。德国人弗兰克·萨力格尔说道：为了提高扩张后的刑法在这些成为问题的领域中贯彻的可能性，国家越来越多地将宝押在了法定的或随附的自治化这一手段上[①]。

基于以上阐述，刑事合规可以理解为企业为规避企业或者员工的某些行为带来的刑事风险，国家通过正向的刑事政策激励和责任归咎，促使企业以刑法

---

[*] 杨杰，广东省深圳市南山区人民检察院第六检察部负责人，软件工程硕士。

[①] ［德］弗兰克·萨力格尔：《刑事合规的基本问题》，马寅翔译，载李本灿等编译：《合规与刑法：全球视野的考察》，中国政法大学出版社2018年版，第71页。

的法律基准来预防和识别公司的刑事法律风险，并基于此制定遵守国家刑事规范的方案和措施，并最终达到提高企业自身价值的目的。刑事合规制度还体现了企业法人积极主动与现行法律体系相衔接、主动培育内部的守法文化、促进企业健康发展的理念。

（二）刑事合规制度在我国的实践

刑事合规最早由企业合规发展而来。企业合规源于美国，具有一定的自治性和自律性，最初诞生于美国商业领域。我国的刑事合规制度起步较晚，刑事合规制度对我国来说是"舶来品"，随着改革开放的日益深入，越来越多的企业走出国门投资海外，越来越多外企进入中国市场，如何规避在海外投资遇到的刑事法律风险和如何规避国内的金融风险倒逼企业不得不重视合规制度的管理，我国企业对合规制度的管理正是起源于金融类国企，之后拓展到全部国企。2005年以后，中国金融监管机构基于对金融企业法律风险的清醒认识，开始在国有金融企业中推行合规机制。2006年，中国银监会以巴塞尔银行监管委员会通过的《合规与银行内部合规部门》为蓝本，发布了我国的《商业银行合规风险管理指引》；2007年，中国保监会颁布了与之内容一致的《保险公司合规管理办法》①；2016年4月，国资委发布《关于在部分中央企业开展合规管理体系建设试点工作的通知》；2017年5月，习近平总书记主持召开中央全面深化改革领导小组第三十五次会议审议通过的《关于规范企业海外经营行为的若干意见》，提出"加强企业海外经营行为合规制度建设"；2017年12月29日，《合规管理体系指南》正式出台，2018年1月，中国国际贸易促进委员会主管的全国企业合规委员会成立。2018年，中兴事件的爆发为我国刑事合规制度的推进敲响了警钟，2018年11月2日，国资委颁布《中央企业合规管理指引（试行）》，2018年12月，国家发展和改革委员会会同其他六个部门发布了《企业境外经营合规管理指引》，对于中国企业在境外经营中的合规管理问题，确立了基本的标准和体系。一系列的文件推动着我国的企业合规实践在国家制度层面的进步，中国的企业合规制度有了一系列纲领性的制度设计。

二、国内互联网企业存在的刑事法律风险

截至2020年6月11日，通过在无讼文书网搜索关键词"单位犯罪""刑事"得出搜索结果24345件。从案件年份分析，其中近五年单位犯罪案件量分

---

① 陈瑞华：《中国金融监管机构确立的合规体系》，载《中国律师》2019年第8期。

别为 2015 年 2489 件，2016 年 3126 件，2017 年 4476 件，2018 年 5300 件，2019 年 4759 件。从以上数据分析可知，近年来，除 2019 年外，我国单位犯罪案件量呈逐步上升趋势。从地域分析，前五名分别为广东、河南、江苏、浙江、山东，案件量分别为 2304 件、2201 件、2056 件、1895 件、1586 件，可以明显看出沿海地区单位犯罪案件量明显高于内地，其中深圳案件量为 478 件，广东省案件量最高，占比约为 21%，深圳办理的 478 起案件中，有 411 起案件罪名属于破坏社会主义市场经济秩序罪大类，占比约为 86%，这也从侧面充分体现了特区的市场经济发达，也需要更完善的刑事合规制度来规制以服务市场。从案件法院层级分析，绝大多数单位犯罪案件集中在基层院审理，基层院审理单位犯罪案件量为 15073 件，其中深圳南山区院审理案件量为 61 件，为深圳各辖区首位；中院审理案件量为 8063 件，深圳中院审理案件量为 219 件；高院审理案件量为 838 件，最高院审理量仅为 3 件，各级法院审理的单位犯罪案件共有 23 起案例入选公报案例。从审理程序看，一审程序审理的案件量为 16951 件，大部分单位犯罪在一审程序中处理完毕，充分体现了检法两家办案的公正、高效，二审程序案件量为 7202 件，再审程序案件量为 163 件，其他程序为 30 件。

2018 年以来，企业刑事合规问题在理论界引发热议。同时，为进一步扶持民营经济健康发展，从国家层面到司法机关都出台了大量保护民营企业的政策文件，提出对民营企业涉嫌刑事犯罪的要少捕慎诉，依法保护民营企业健康发展。然而，无论是理论研究还是实际操作层面，往往局限于个案的处理，并未对国内企业的刑事合规建设的现状进行系统性的分析，也没有提出制度性建设的设想。

深圳市南山区处于改革开放的前沿，位于"粤港澳大湾区"的核心地带。截至 2020 年 5 月，区内各类上市公司超过 160 家，绝大部分系高科技上市公司，同时还拥有几千家国家级高新技术企业，是名副其实的"中国硅谷"。与此同时，区内高新技术企业在日常经营中面临的刑事合规风险也日益增加。尤其是在大数据时代，企业在日常经营和科技创新过程中如何规避刑事合规风险也越发重要。

（一）互联网企业的数据获取带来的刑事合规风险

自《网络安全法》发布以来，许多网络灰色地带都有了明确的规定，直接导致众多信息分享网站大量关闭。首当其冲的就是"网络爬虫"问题，网络爬虫是一种按照一定规则，自动抓取互联网信息的程序和技术。爬取的数据内容包括网络公开信息，也可能包括未公开、未经授权的敏感信息，主要包括司法信息、电商信息、银行卡信息、运营商信息、社交信息等几大类，违反的主要是《网络安全法》和"两高"关于计算机犯罪的司法解释。这些数据维度中最敏感的有身份验证、逾期黑名单信息等,一般通过电商平台、社交网络、网上银行等渠道爬取。网络爬虫可能涉及以下几个罪名:(1)爬虫程序规避网站经营者设置的反爬虫措施或者破解服务器防抓取措施,非法获取相关数据,情节严重的,可能构成非法获取计算机信息系统数据罪;(2)爬虫程序干扰被访问的网站或者系统正常运营,后果严重的,可能构成破坏计算机信息系统罪;(3)爬虫采集的信息属于公民个人信息的,如果属于非法获取或者用于牟利,可能构成侵犯公民个人信息罪;(4)爬取的内容属于权利人具有知识产权的文字、音像、软件等作品,并用于牟利的可能构成侵犯著作权罪。对于爬虫软件,2019年5月28日国家网信办发布的《数据安全管理办法(征求意见稿)》中已经有了限制:网络运营者采取自动化手段访问收集网站数据,不得妨碍网站正常运行;此类行为严重影响网站运行,如自动化访问收集流量超过网站日均流量的1/3,网站要求停止自动化访问收集时,应当停止。

案例一:2015年11月,被告人邵某某、陈某为了提高"武汉元光科技有限公司"(以下简称"元光公司")开发的智能公交App"车来了"在中国市场的用户量及信息查询的准确度,保证公司更好地经营,邵某某授意陈某指使公司员工被告人刘某红、刘某朋、张某等人利用网络爬虫软件获取竞争对手,包括被害公司"深圳市谷米科技有限公司"(以下简称"谷米公司")在内的公司服务器里的公交车行驶信息、到站时间等实时数据。张某负责编写爬虫软件程序;刘某朋负责不断更换爬虫程序内的IP地址,使用变化的IP地址获取数据,以防被害公司察觉;刘某红负责编写程序,利用刘某朋设置的不同IP地址及张某编写的爬虫程序向"谷米公司"发出数据请求,大量爬取"谷米公司"开发的智能公交App"酷米客"的实时数据,日均300万~400万条。爬取的数据直接为"元光公司"所用,使该公司的智能公交App"车来了"准确度提高,也使得"谷米公司"在市场竞争中处于不利位置,用户群减少,损失巨大。经评估:"谷米公司"因被非法侵入计算机信息系统所造成的直接损失为24.43万元人民币。

该案是一起以竞争对手的计算机数据为对象的非法获取计算机信息系统数据的案件。被害公司通过在深圳、北京等地公交车上架设GPS设备,采集实时公交行驶信息、到站时间等数据,为己所用,以支持其应用软件系统"酷米客",该数据并非公共数据。被告人利用网络爬虫技术,大规模地窃取被害公司的实时公交数据,并在自己的App软件中直接使用。网络信息技术迅速发展,使用专门的数据收集软件集中大量获取其他公司对外发布的数据可能带来的巨大的刑事、民事法律风险。同时，此类案件还可能涉及侵犯商业秘密或者著作权犯罪。本案中，被害人同时提起了不正当竞争的民事诉讼，并获得法院支持。

根据《刑法》第285条第2款的规定，非法控制计算机信息系统罪是指违反国家规定，侵入前款规定以外的计算机信息系统或者采用其他技术手段，获取该计算机信息系统中存储、处理或者传输的数据，或者对该计算机信息系统实施非法控制，情节严重的，处3年以下有期徒刑或者拘役，并处或者单处罚金；情节特别严重的，处3年以上7年以下有期徒刑，并处罚金。爬虫软件属于典型的数据获取软件，如果在使用爬虫软件非法获取对方数据时，采用技术手段绕开或者规避对方采取的防爬取措施，从而导致严重后果的，可能构成非法获取计算机信息系统数据罪。

案例二：被告人杨某某是深圳市快鸽互联科技有限公司的技术总监，负责该公司网络技术开发及应用，被告人张某某是公司技术部的员工。该公司主营业务是为按揭贷款购房的客户提供赎楼及债务置换贷款。2018年1月，杨某某授权公司员工张某某开发一款名为"快鸽信贷系统"的软件，该软件内的"网络爬虫"功能与深圳市居住证网站链接，可以在深圳市居住证网站上查询到房产地址、房屋编码等对应的资料，该软件对深圳市居住证网站访问量能达到每小时数十万次，以达到为其公司主营业务便捷的目的。自2018年3月起，张某某等人利用改良后的"快鸽信贷系统"内的"网络爬虫"功能在深圳市居住证系统查询房屋信息。2018年5月2日10时至5月2日12时两小时内，该软件对深圳市居住证系统查询访问量为每秒183次，共计查询信息1510140条次，并将查询的信息以阿里云网络云盘的形式保存，在该时段内造成深圳市居住证系统无法正常运作，极大地影响了居住证系统使用方深圳市公安局人口管理处的日常运作。两名被告人均以破坏计算机信息系统罪被起诉和判刑。

根据《刑法》第286条的规定，违反国家规定，对计算机信息系统功能进行删除、修改、增加、干扰，造成计算机信息系统不能正常运行，后果严重的，处5年以下有期徒刑或者拘役；后果特别严重的，处5年以上有期徒刑。爬虫软件在爬取数据时会持续访问爬取对象的网络，导致网络连接数以及数据传输量上升，如果这种爬取数据行为超过了对方的网络承载能力，可能导致被爬取方网络阻塞、系统崩溃等后果，属于《刑法》第286条所规定的对计算机信息系统功能进行干扰的行为，造成严重后果的，可能构成破坏计算机信息系统罪。

以上两个案件属于利用网络爬虫程序在收集数据的过程中导致刑事犯罪的典型案例。部分高新企业由于经营需要，对大数据有迫切的需求，通过传统手段逐步积累往往需要投入大量的人力、物力。而通过爬虫手段进行数据获取简单而便捷。在通过网络进行数据爬取时，应当注意以下几点：首先，要明确爬取的对象，要详细了解爬取的内容可能带来的刑事合规风险，是否可能涉嫌侵犯商业秘密、侵犯著作权、侵犯公民个人信息等犯罪，如果涉及商业利益，要通过取得授权、支付使用费等避免法律风险。其次，要使用合法、适当的爬取手段，在爬取过程中要注意对方系统是否对数据爬取进行了限制，系统的承载能力如何，不能采取技术手段绕过对方的技术性限制措施，更不能不顾系统承载能力无限制地进行数据爬取。最后，要依法保存和使用爬取到的数据，合法获取的数据如果被用于非法途径，或者数据泄露导致严重后果，都可能带来刑事法律风险。

（二）企业在正常经营过程中由于自身监管等问题带来的刑事合规风险

企业本身经营有合法业务，但在经营过程中由于自身审核不严或者疏忽大意带来的刑事法律，近年来比较火爆的电商平台、海淘平台、直播带货平台等，可能在开展业务过程中会构成侵犯知识产权犯罪、走私罪、销售假冒伪劣产品罪、非法经营罪等。

案例三：犯罪嫌疑人丁某（占股90%）与犯罪嫌疑人邹某（占股5%）于2015年4月成立了深圳市锦堂电子商务有限公司（以下简称锦堂公司），主要在天猫上开展国际海外店的零售业务。锦堂公司员工黄某某找到供货商采购联合利华品牌的凡士林身体乳，对方提供凡士林身体乳的链路证明以及原产地证明等复印件照片，黄某某将采购的该产品资料交由丁某等人审核。公司同意开始从上述两家供货商处以20元人民币左右的价格采购凡士林身体乳，然后在智言亚洲海外专营店、Banny choice海外旗舰店这两家天猫国际店以49元的价格销售。案发后公安机关在锦堂公司查获凡士林身体乳超过2000瓶，经鉴定均为假冒注册商标的商品。

根据《刑法》第214条的规定，销售明知是假冒注册商标的商品，销售金额数额较大的，处3年以下有期徒刑或者拘役，并处或者单处罚金；销售金额数额巨大的，处3年以上7年以下有期徒刑，并处罚金。

侦查机关将本案中锦堂公司的负责人等三名犯罪嫌疑人移送检察机关审查逮捕，检察机关经审查认为：销售假冒注册商标商品罪属于故意犯罪，要求犯罪嫌疑人明知是假冒注册商标的商品而予以销售才构成本罪，过失则不构成本罪。本案中涉案物品的采购人员黄某某在采购涉案物品时要求对方提供相关物品完整的联合利华产品的链路证明（包括来源的发票复印件），并且要求对方发送样品，经鉴定商品味道和正品一致后才签订购销合同。在上架销售时也将全套资料提交给天猫官方进行审核并通过，该公司凡士林产品的另外进货渠道

（为印度产正品）所采用的方式和涉案物品一致，且另外渠道进货的正品进货价还低于涉案的假货，如果涉案公司系明知进货来源系假货，还用高于正品的进货价进行采购，明显不合常理。最终检察机关以事实不清、证据不足为由不批准逮捕犯罪嫌疑人。

本案中涉案公司系专门从事天猫海外产品销售的公司，除了涉案产品外，还销售其他十几种海外产品，均没有出现问题。本案的发生也和公司在货品来源、内部审核方面存在的漏洞有极大关系，虽然检察机关根据证据情况作出了存疑不捕的决定，但其中存在的风险不得不防。

（三）企业本身掌握的数据资源被用于刑事犯罪的风险

现代的互联网企业在正常的经营中通常会收集客户的身份信息、联系方式、家庭信息等私人信息。公民的个人信息受到法律保护，不得非法收集、使用他人信息，也不得非法买卖他人信息。但是实践中法律并没有规定刑事风险的边界，互联网企业掌握的信息资源哪些可以使用，哪些不能使用，这是互联网企业走向合规之路亟须解决的问题。企业手中的客户信息不仅是一种资源，更可以转化为实际的经济效益。因此，部分企业或者企业员工为追求经济效益，在无知或者放任的情况下将掌握的资源贩卖给第三方，如果属于公民个人信息的，则可能构成侵犯公民个人信息罪；如果第三方将向互联网企业购买的信息资源用于犯罪，则可能涉嫌构成帮助信息网络犯罪活动罪，也有可能成为其他犯罪的帮助犯。

案例四：被告人肖某为承接推广互联网广告业务成立了深圳市王子科技等三家公司，实际运作以被告单位深圳市王子科技有限公司（以下简称王子科技公司）为主，主要经营范围为互联网增值服务、游戏平台运营、互联网广告投放、手机App软件推广等业务。2016年初，王子科技公司为方便进行手机App推广业务，购买了手机静默推送插件，并将该插件植入该公司部分推广的手机App中，植入插件的App可以在部分安卓系统手机用户不知情的情况下强行安装。安装了相关App的手机参数信息（IMEI码、SIM卡ICCID号等）会上传到王子科技公司的后台服务器，公司以此和APP软件公司进行结算，每成功安装一次，王子科技公司收取1~3元不等的费用。民警接报后分别在王子科技公司办公场所和住处将上述被告人抓获，同时在公司的计算机中提取到部分用于推送的手机App。王子科技公司以及上述人员因非法获取计算机信息系统罪均被判刑。

本案是典型的互联网企业在开展合法业务时违法收集获取计算机信息系统数据的行为。互联网企业在进行业务推广、APP推送安装时，往往会要求用户提供大量系统权限，也会访问和获取大量用户数据，如果是恶意或者超出授权范围非法获取用户数据,可能会带来刑事或民事法律风险。同时,对于收集的用户数据进行二次开发和使用也要慎之又慎,特别是对于可能含有公民个人信息的数据,尤其要注意妥善保存、合理使用,避免因数据泄露或者违法使用带来的法律风险。

案例五:被告人叶某某利用其在深圳市某网络技术有限公司任职推广工作的便利,非法收集公司教育平台客户信息。2019年6月17日,被告人叶某某通过互联网与他人微信联系,商谈非法出售其个人掌握的公司客户信息。次日,被告人叶某某通过邮箱,以每条数据2.5元人民币的价格,非法出售公司客户信息(含客户姓名、联系电话、所在城市、意向就读学校等)3037条,非法获利人民币7500元。叶某因为侵犯公民个人信息罪被判刑。

除了公司因业务关系直接使用或者因为出售、泄露掌握的数据信息可能涉嫌刑事犯罪外,企业掌握的数据还可能成为犯罪的对象和目标,企业员工利用职务便利或者工作便利取得公司的数据后进行变卖,或者其他人通过非法途径获取企业所掌握的数据和资料后实施违法犯罪,都是企业存在的刑事法律风险。如笔者所在院近年来就办理了一大批快递公司、信息服务公司员工非法出售公民个人信息的案件。本案是典型的互联网公司由于合规制度没有完善而导致的公司客户信息泄露事件,被告人也因为法律意识淡薄而锒铛入狱。同时,互联网企业自身利用合法的APP程序抑或自身资源优势,对自己企业所运行的软件程序违法犯罪问题视而不见,为谋取非法利益,明知却不采取措施,可能涉嫌构成帮助信息网络犯罪活动罪。

(四)企业本身的业务特点带来的刑事合规风险

案例六:被告人柴某某自2017年起,成立深圳市某某网络开发有限公司,组织30余名技术人员,开发专门的加密通信软件,并将数据库服务器部署在新加坡。经营期间,该公司以"安全通信"为核心特点,将该通信软件上架推广,案发时该软件日均活跃用户8万多人。公司经营期间,该公司曾收到用户关于聊天软件有涉赌信息的举报,但未进行防范和改善,继续经营。案发后,经广东安证计算机司法鉴定所对该公司的聊天软件服务器数据进行下载鉴定,在419个聊天群中有399个有涉及赌博内容。被告人柴某某因帮助信息网络犯罪活动罪被判处有期徒刑。

互联网企业主营业务直接带来的刑事法律风险,也就是涉及互联网企业的"灰色产业链",这和互联网"黑色产业链"有所区别。"灰色产业链"是指相关业务类型并非法律明确禁止的,但游走于刑法规制的边缘,稍有不慎极有可能触犯法律的行为。企业的主营业务、所涉及的服务和数据、开展业务的方法、所使用的技术均有可能引发刑事风险。所涉及的方面主要包括互联网信息的收集获取、敏感网络服务的提供、涉及"灰色产业链"上下游等。涉及的罪名包括《刑法》第285条至第287条非法获取计算机信息系统数据罪、破坏计算机信息系统罪、拒不履行信息网络安全管理义务罪、帮助信息网络犯罪活动罪等；还有侵犯公民个人信息罪、侵犯知识产权犯罪等，如"快播案"和杭州魔蝎科技、51信用卡等事件，"技术无罪论"再次成为公众讨论的热点。因此，技术企业在开展业务时，一定要注意自身业务的上下游情况，对于服务对象、服务内容、服务方式要严格进行审查，避免刑事法律风险。

三、对互联网企业刑事合规风险防范的建议

从长远来看，一个合法合规经营的企业，可以成功地规避各种法律风险，避免因违法违规所带来的法律制裁和监管处罚，避免受到重大财产损失和声誉损失。在一定程度上，合规本身并不会创造经济价值，但却使企业避免因受到法律制裁而带来的各种经济和声誉损失，从而最终避免企业收益的减少或丧失。这就是合规所带来的可持续发展的效果。

在我国，互联网企业多为中小型企业或者民企，相对于国有企业，互联网企业刑事合规制度体系建立相对较为落后。企业建立完善的刑事合规体系，笔者认为应包括四个方面：一是要有切实有效的刑事合规制度；二是建立专业有效的刑事合规团队；三是建立刑事合规风险预防和识别机制；四是在违法违规事件发生后，及时进行应对处置①。

（一）建立切实有效的刑事合规制度

如果说公司章程属于公司内部的"宪法"的话，那么刑事合规计划就是公司内部的"刑法"或者"刑诉法"。近年来，5G技术蓬勃发展，依托5G技术，互联网企业实现弯道超车，占据的市场份额越来越大。在笔者所在院办理的案件中，互联网企业犯罪越来越多，也面临越来越多的刑事合规问题，刑事合规建设是互联网企业走向成熟的必由之路。但是在国内，互联网企业的合规计划并不十分完善，甚至可以说存在式微的倾向，使得企业在建立和完善合规计划方面流于形式，或者仅仅将其视为一种"履行道德义务"的问题。尤其是在贿赂、洗钱、知识产权保护、产品出口管制、投资并购以及数据隐私保护等诸多领域方面，互联网企业合规措施仍然差强人意。因此，互联网企业应当以秉持"可持续性发展"的公司治理理念为基石，制定详细的合规计划，主

---

① 陈瑞华：《企业合规制度的三个维度——比较法视野下的分析》，载《比较法研究》2019年第3期。

要内容应包括企业所处行业涉及的法律规范,并按照违反可能性高低,在合规计划中予以体现,对合规计划的实施进行有效的动态监管和审查,对合规计划定期进行评估和完善。同时,企业应以考核的方式测试员工对合规计划的了解程度。尤其是互联网公司,对于自己掌握的数据资源应进行加密处理,限制性地给予特定高管获取公司数据的权限,普通员工使用数据的,需要特别的批准和履行一定的审批程序。

(二)建立独立权威的刑事合规管理团队

人才的重要性不言而喻,国家之间的竞争实际是人才之间的竞争。而对互联网企业而言,人才团队竞争更是关系企业生死存亡的重大事件,组建一个独立而权威的合规团队是应然的。建立团队后,合规团队定位是独立和权威,不附带在其他部门之下,不受其他部门的干扰,独立运行。时至今日,国内很多企业合规部门的职能定位依然模糊,有的企业合规部门附属于法务部,由公司法务部负责人兼任首席合规官。有的企业要么与审计部门合署办公,要么设置在风控部门之下,合规部门的独立性和权威性难以保障。这样导致的结果就是合规部门无法将刑事合规风险的防范问题报告给企业的最高管理层,也难以向董事会及时报告合规管理问题。而公司的强势部门诸如人事部门、财务部门则很容易突破合规部门的管控,致使合规管理形同虚设。因此,在公司治理上,首先应设立独立的合规部门,赋予合规部门略高于其他部门的权限地位,开通合规部门直通公司最高层的反映渠道,以保证其独立性和权威性。

(三)建立专业高效的风险预防和识别机制

完整的刑事合规制度只是刑事合规计划发挥功能的第一步,其关键还在于合规计划的具体实施,缺乏有效实施的合规制度一般不会带来积极的刑法奖励,甚至还会产生相应的不利后果[①]。因此,需要与之配套的合规风险预防和识别机制。一是定期和不定期地风险评估。对公司运营过程中存在的合规风险进行识别和评估。二是基于合规风险的尽职调查。由合规部门针对合规风险进行调查和研究,提交合规风险报告,并研究制定和实施降低风险的措施。三是合规培训和普法。针对敏感位置的员工进行有针对性的合规培训和普法,针对全体员工则进行全员性的合规培训,以帮助员工了解法律法规和内部规章制度的最新变化,传达高层关于合规的最新政策和措施,将诚信和合规理念融于员工的思维之中,形成一种合规文化,使之不敢越雷池一步。四是制定文件合规

[①] 于冲:《网络平台刑事合规的基础、功能与路径》,载《中国刑事法杂志》2019年第6期。

审查制度。对企业的所有章程等文件由合规部门进行刑事合规性审查，全面梳理公司的章程、制度、合同中是否存在违规情况。以公司名义对外发出的所有文件，均由合规部门进行风险审核把关，合规部门确认无误后才能发出。五是建立内部违法行为举报渠道。企业可以采用开通举报邮箱、设置举报信箱等多种措施确保内部违法举报渠道畅通，查证属实的，对于举报人予以适当奖励，同时应采取必要措施充分保障举报人的隐私①。六是明确内部违法行为报告主体。结合域外企业合规实践和我国实际国情来看，因为合规部门能够掌握企业内部违法犯罪的第一手信息，能够最先发现违法犯罪，建议将具体负责实施企业刑事合规的部门作为向司法机关汇报违法犯罪行为的义务主体。

（四）建立违法违规事件发生后的处置机制

应急管理办法，是指发生合规危机后，企业所采取的挽救措施，包括公司内部的通报和向司法机关的举报，其目的在于减少损失。从本质上说，应急管理办法是企业刑事合规的事后补救机制，违规行为发生后，对存在违规行为的人员进行一定的惩戒，并对企业自身合规体系的实际情况进行全面、有效的审查和梳理，对于发现的合规问题和制度缺陷，快速及时地加以修补和完善②。即将短期问题整改转化为长效机制建设、将事后补救转化为事前防控、将外部合规要求转化为内部管理动力，即体系化地、连续性地对潜在的安全风险和潜在的损害后果进行识别梳理和确认。最后，根据对相关风险的评估，并最终消除风险。③

四、检察机关在企业刑事合规建设中的作用

从国外开展企业刑事合规的现状看，检察机关在推动和监督涉嫌刑事犯罪的企业开展合规建设中往往都占有重要的地位。在我国，检察机关不但是法律监督机关，而且在刑事办案中起主导作用。在刑事诉讼过程中，检察机关在和涉案企业开展认罪认罚协商时，可以要求企业开展刑事合规审查，对出现的问题进行整改。对于情节轻微的企业或是企业负责人，如果认罪认罚并且整改到位，可以依法作出不起诉决定。此外，刑事诉讼法中对于违法犯罪的未成年人，有附条件不起诉制度，该制度是否可以扩大适用范围，用于部分单位犯

---

① 赵赤、王力：《全球视野下我国企业合规的完善研究》，载《湖南广播电视大学学报》2020年第2期。

② 陈瑞华：《企业合规制度的三个维度——比较法视野下的分析》，载《比较法研究》2019年第3期。

③ Frank Saliger, Grundfagen von Criminal Compliance, in: RW 2013, S. 263.

罪，一直存在争议。但检察机关完全可以利用现有的认罪认罚制度、不起诉权、量刑建议权，监督和促进涉案企业做好刑事合规管理。

（一）将认罪认罚从宽制度充分落实到单位犯罪中

修改后的刑事诉讼法首次引入了认罪认罚从宽制度。《刑事诉讼法》第15条规定，犯罪嫌疑人、被告人自愿如实供述自己的罪行，承认指控的犯罪事实，愿意接受处罚的，可以依法从宽处理；第174条规定，犯罪嫌疑人自愿认罪，同意量刑建议和程序适用的，应当在辩护人或者值班律师在场的情况下签署认罪认罚具结书。首次从制度上确定了对于如实供述犯罪行为、认罪认罚，通过认罪认罚协商同意检察机关提出的量刑建议和适用程序的犯罪嫌疑人，可以在签署认罪认罚具结书后依法得到从宽处理。认罪认罚从宽制度不但适用于普通自然人犯罪，对单位犯罪同样适用，涉嫌单位犯罪的诉讼代表人可以通过向检察机关如实陈述犯罪事实、积极履行法定义务、赔偿损失、进行内部整改等事后补救行为，获得宽大处理。检察机关在适用认罪认罚从宽时，对于涉嫌单位犯罪的嫌疑单位，要和犯罪嫌疑人同等对待。虽然单位的诉讼代表人认罪认罚不能等同于嫌疑单位认罪认罚，但可通过督促嫌疑单位主动配合司法机关查清案件事实、缴纳罚金、赔偿损失。同时，要求单位建立健全相关刑事合规制度，在事中处置和事后整改等处理过程中，能够将相应措施融入到企业的经营管理中，并发挥其应有的内在价值。将认罪认罚的情节作为其具有悔罪表现的依据，以实现单位犯罪治理与企业管理完善的统一①。

（二）依法适用不起诉权，帮助企业开展刑事合规建设

自引入企业刑事合规机制以来，合规计划就不单纯属于公司治理的一种方式，而更属于一种刑法激励机制。美国检察机关会根据涉嫌犯罪的企业建立合规计划的情况，来决定是否对其提起公诉。一些西方国家对于本国企业或外国企业的商业贿赂行为，在追究刑事责任时，已经将其建立合规计划作为是否起诉、是否定罪以及酌情减轻处罚的依据。甚至对于那些已经建立或者承诺继续完善合规机制的企业，一些西方国家逐步确立并实施暂缓起诉协议制度，与涉案企业达成有条件的和解协议。在考验期内，涉案企业缴纳罚款，建立或完善合规机制的，检察机关可以撤销起诉。由此，企业合规机制的建立和完善，可以成为检察机关不起诉的考量因素之一，甚至成为对企业作出有条件不起诉的激励机制。司法实务工作中，司法机关对于犯罪情节轻微、危害不大的犯罪单

---

① 侯跃伟：《刑事合规制度的功能价值分析——以网络平台为切入点》，载《研究生法学》2019年第5期。

位以及单位犯罪的主要责任人依法从轻、减轻处理已经成为政策导向和普遍共识。检察机关对于相关犯罪单位和犯罪嫌疑人依法作出不起诉决定,也是检察机关服务社会经济发展、充分发挥检察机关在刑事案件中的主导作用的应有之义。同时,还可以借鉴外域司法经验和刑事诉讼法中对未成年人犯罪适用附条件不起诉的相关经验,对于因刑事合规问题受到刑事追罚的企业,在法定办案期限内,设定一定整改考验期,督促企业完善制度建设和内部管理,履行法定义务,视其后续合规机制完善情况来决定是否提起公诉,以此激励企业完善自身合规问题,避免"案件办了,企业垮了"的情况出现。

(三)延伸检察职能,对企业刑事合规建设进行协助和监督

检察机关作为法律监督机关,应该充分发挥好主导作用,对于单位犯罪以及企业刑事合规建设中存在的问题、形成的原因进行分析和调研。对于行业、领域中普遍存在的刑事合规问题,要及时通过检察建议、专项报告等形式向有关部门进行通报,对领域内的主要企业进行提醒。对于尚未构成刑事犯罪,但已经对公共利益造成损害的情形,可以通过提起公益诉讼,在及时保护公众利益的同时,为企业敲响刑事法律风险的警钟。对于已经涉嫌刑事犯罪的单位,除依法作出起诉或者不起诉决定外,还应当积极发挥检察职能,通过办理案件发现企业存在的刑事合规问题,向企业提出建议,协助企业完善相关制度,重新守法合规经营。此外,检察机关对于因合规问题受到刑事处罚或者不起诉的企业,要通过公开宣布、普法宣讲等形式多样的活动,做到以点带面。对涉案企业要定期进行回访,对企业合规制度的完善情况进行检查和督促整改。这样才能真正履行好检察职能,为社会经济发展贡献多元的检察产品。

五、结语

纵观世界各国的法治发展态势,刑事合规建设是防治单位犯罪的最有效手段,也需要更高层阶的法治土壤来培育,当前我国单位犯罪的法治环境不尽如人意,如何使刑事合规这个"舶来品"与我国的法律土壤相适应,必然伴随着对刑事合规制度的重新塑造和本土化改造,方能做到刑事合规制度在我国的生根发芽,长成一棵法律领域的"参天大树"。企业拥有形式上的合规机制是一回事,而真正建立有效的合规机制却是另一回事。如何将制定的刑事合规计划予以激活,如何确保企业合规管理体系有效发挥防控法律风险的作用,这是

一个需要认真面对的研究课题①。检察机关作为法律监督机关需要充分发挥刑事案件中的主导作用,用好、用足法律赋予的职权,协助企业开展刑事合规建设,有效推动中国企业的可持续性发展,营造良好的营商环境,推动法治中国建设。

---

① 陈瑞华:《论企业合规的中国化问题》,载《法律科学(西北政法大学学报)》2020年第3期。

网络服务提供者刑事责任的界域限定与政策转向

陆 旭 宋佳宁[*]

一、网络服务提供行为的中立帮助性质

近年来,随着互联网逐渐成为人们日常生活中不可或缺的一部分,信息网络犯罪也随之悄然滋生,这不仅严重威胁着社会管理秩序,更关系到群众的切身利益和国家的政治经济安全。网络犯罪这种新型犯罪得以实施很大程度上需要依靠网络服务提供者搭建的渠道,但网络服务提供者的行为具有中立帮助的属性,既具有为他人实施犯罪提供便利从而危害社会的行为面相,又有方便社会公众生产生活的积极有益的行为面相。诚然,"加重网络服务提供者的法律责任确实是有效打击网络犯罪的重要手段之一,但是对网络服务提供者过分苛责,会严重阻碍网络信息技术创新和互联网产业迅速发展"[①],因此,有必要对互联网行业和网络服务提供者进行针对性研究,了解其行业特性和业务属性,充分重视其中立帮助行为性质,才能保证处罚政策的科学、适度。

网络服务既是一种新兴服务行为,又是一种技术含量极高的科技行为,因此,提供网络服务行为具有"中立性",也就是说,其技术属性并没有任何违法犯罪之目的,往往是针对不特定人实施的具有日常性、反复性的业务行为;同时,提供网络服务行为还具有"帮助性",即往往对他人实施的违法犯罪行为起到促进作用,如在博客上发布谣言诽谤他人、利用深度链接行为侵犯他人著作权,或者通过即时通讯软件传播淫秽视频等,在这些犯罪中,网络服务行为起到了重要"推波助澜"的作用,我国《刑法》第287条之一关于非法利

---

[*] 陆旭,天津市人民检察院检察官,法学博士;宋佳宁,天津工业大学法学院讲师,法学博士。

[①] 朱玲凤:《避风港原则在电子商务侵犯商标权中适用的根据》,载张平、黄坤嘉主编:《网络法律评论》,北京大学出版社2012年版,第92~93页。

用信息网络罪的规定,就是网络服务行为帮助性特征的客观反映。特别是,随着网络安全技术和安全保护措施的健全,非技术主体实施网络犯罪的难度越发加大,其必须借助一定的技术支撑,此时无甄别的中立网络服务行为便提供了可利用的"技术通道",从而使其犯罪目的得以实现。① 因此,提供网络服务具有典型的中立帮助行为的属性,此种犯罪上的促进性与技术上的中立性成为一对矛盾统一体,前者决定刑罚处罚的深度,后者决定刑罚介入的范围,故对网络服务提供者刑事责任的探讨应始终置于中立帮助行为理论和视角下进行,才能得出科学的刑事政策和有效的对策措施。

正如有学者指出:"一个行为可能在某些场合创造了风险,但同时,它又是一种在日常生活中大量出现的、被这个社会生活秩序允许和接纳的行为,那么,这个行为创设风险的后果,究竟是要归责给这个行为人,还是要作为社会存续和进步所必付的代价,而由这个社会自己消化、自我答责呢?"② "快播案"的审理和判决,以及《刑法修正案(九)》的出台,使我们明显感受到国家对网络淫秽物品治理政策的变化,即由以往打击上传者、传播者的"源头治理"方式向惩罚网络服务提供者的"平台治理"方式转变,这种转变的深刻动因在于网络犯罪不同于传统犯罪的特征和治理难度,立法者基于网络用户成千上万无法有效打击的考虑,转而从网络服务提供者角度进行刑法规制,可见,对网络服务提供者追究刑事责任是一种次生责任和替代责任,③ 既然这是一种基于司法成本的政策考虑,那么对于网络服务提供者刑事责任的认定就应受到必要的限制,处罚与限制的合理尺度应如何把握,就需要首先划定网络服务提供者刑事责任的基本范围。

二、网络服务提供者刑事责任的基本范围

在美国及德国等欧盟国家,"避风港"原则被作为追究网络服务提供者侵权责任的指导性原则。我国有学者提炼了"避风港"原则中对网络服务提供者刑事责任的教义学规则,笔者概括起来大致包括以下三个方面:第一,"避风港"原则只适用于网络服务提供者间接刑事责任,不适用于直接利用网络

---

① 马荣春、王腾:《"云时代"网络犯罪的刑法范式转换》,载《法治社会》2017年第5期。
② 车浩:《谁应为互联网时代的中立行为买单》,载《中国法律评论》2015年第5期。
③ 高磊:《论P2P共享服务提供者的刑事责任——以快播案为视角》,载《环球法律评论》2017年第5期。

服务实施犯罪的情况，并且网络服务提供者的间接刑事责任也以其对他人违法犯罪具有"明知"为前提。第二，应对网络服务提供者进行类型化，并结合不同主体类型及其技术控制能力来判定其刑事作为义务，这也是确定网络服务提供者刑事责任的前提。第三，不应要求网络服务提供者承担主动监督和审查违法内容或行为的义务，其义务范围和追责程序启动要受"通知—删除"规则和程序的限制。①

"避风港"原则设立的初衷在于鼓励互联网行业的发展，避免因过度监管出现削足适履的不良后果，从某种程度上说，也符合互联网行业的特点，如网络信息传播迅速、复杂，网络服务提供者很难像现实中的经营场所管理者一样对经营场所、经营活动实施事前、事中审查。但是网络发展到今天，情形发生了很大变化，网络技术的成熟和网络行业的发展以及网络违法犯罪的高发，都与当初的情况大为不同，"重保护，轻打击"的政策应有所调整。不可否认，对网络服务提供者科以审查义务必然会增加其运营成本，不过刑法通过对拒不履行信息网络安全管理义务罪的构成要件规定"经责令改正"的前置性程序，以及通过司法解释对帮助信息网络犯罪活动罪中的"明知"要件进行解释，有意识地减轻了网络服务商的审查义务，有效地控制了其运营成本增加的幅度，将其维持在网络服务商可以承担的范围之内。②然而，一味采用"避风港"原则有时难以满足打击网络犯罪的需求，其对网络服务提供者信息审查义务标准设定偏低，有必要进行改进。特别是根据刑法规定，相关监管部门的责令改正通知成为一种处罚前置程序，很可能因行政机关不作为而影响对违法网络服务提供者的处罚，从而使得被害人的权利得不到平等保护。因此，为了对"避风港"原则加以限制，美国司法实践逐渐形成了一套新的认定规则——"红旗"原则，即当侵权行为已经十分显而易见，像红旗一样明显的时候，若网络服务提供者再不采取有效限制措施，便不再享受"避风港"原则给予的责任限制方面的优越待遇。③在美国《数字千年版权法案》和我国《信息网络传播权保护条例》中"避风港"原则和"红旗"原则均被同时加以规定，形成了一种"原则+例外"的责任认定模式。

笔者认为，在刑事责任领域也应借鉴此种做法，即原则上网络服务提供者根据"避风港"原则不承担主动审查、删除义务，但在网络用户具有明显的

---

① 王华伟：《避风港原则的刑法教义学理论建构》，载《中外法学》2019年第6期。
② 邹兵建：《网络中立帮助行为的可罚性证成——一个法律经济学视角的尝试》，载《中国法律评论》2020年第1期。
③ 涂龙科：《网络交易视阈下的经济刑法新论》，法律出版社2017年版，第153页。

违法犯罪行为时,应承担"红旗"原则要求的主动删除义务。这样,"红旗"原则将在以下两个方面发挥限制作用:一是明确了网络服务提供者主观明知的推定标准,将评价视角由行为人转换到一般人,即使无法证明网络服务提供者对他人违法犯罪事实存在实际明知,但只要违法犯罪事实达到像"红旗"般高高飘扬的明显程度,就认为网络服务提供者"应当知道",据此推定主观上存在"明知"。二是对网络服务提供者科以主动删除义务,而不是一味遵循"通知—删除"程序限制。综上,在原则上采取"避风港"原则,并以"红旗"原则加以例外限制的认定思路下,对网络服务提供者刑事责任的认定,应侧重于从事实上判断其主观是否存在对违法犯罪行为的"知道"或"应当知道",客观上根据职业相当性标准判断其提供网络服务行为是否履行了相应法律义务,据此判断某一网络服务行为是否具有业务中立属性,进而判断其是否制造或增加了法所不容许的危险。

三、网络服务提供者犯罪治理的刑事政策定位与转向

网络服务提供行为的中立帮助属性决定了其刑事责任的有限范围——对于愈演愈烈的网络犯罪,既不能因噎废食,一味固守网络服务的中立性原则,采取过高的容忍度;也不能忽视网络技术中立性的客观事实,采取绝对的"零容忍"政策,过分挤压技术革新的空间。① 这需要刑事政策因势利导,及时调整应对网络犯罪所带来的系统风险的措施,保持与网络犯罪变异同步跟进、同步创新、同步转向,只有确立了科学的刑事政策,才能发挥其对刑事立法与司法的指导作用,才能有效遏制网络犯罪。具体而言,当前针对网络服务行为刑事政策的动向体现在以下几个方面:

(一)规制触角从"前台"向"后台"延伸

近年来,随着多部刑法修正案针对网络犯罪不断严密刑事法网和严格刑事责任,打击网络犯罪已经形成了高压态势,近年来刑事司法对网络犯罪的规制触角逐渐从"前台"的具体犯罪行为向"后台"的网络服务行为延伸。实际上,这种变化也具有深刻的内外动因。第一,网络社会已经逐渐走向风险社会,国家安全、金融风险、社会公共秩序等越来越多地受到网络安全和网络秩序的影响,而因网络犯罪引发的系统性风险将越来越大,因此,如何发挥网络服务提供者对网络安全风险防范的社会责任成为当前的时代话题和刑事司法领

---

① 孙道萃:《网络犯罪治理的基本理念与逻辑展开》,载《学术交流》2017年第9期。

域的重要课题，这也意味着对网络服务提供者有必要进行一定程度的责任非难。第二，网络服务提供者在一些网络活动中起到主导作用，如搭建金融交易平台、提供索引链接服务等，其所具有的风险支配地位也决定了应承担必要的阻止网络犯罪风险的责任，"对于充满安全风险的网络空间，网络服务提供者应当承担起与其经营范围、经营领域相对应的安全责任。"① 第三，根据域外"守门人"制度原理，② 网络服务提供者具有信息和技术等方面的优势，刑法科以其相应的作为义务和刑事责任，不仅有利于实现犯罪惩处的及时性、便利性、高效性，也有利于从源头上预防网络犯罪，实现一般预防和特殊预防的综合效果。网络服务提供者在网络犯罪中享有技术优势、处于技术支配地位，其完全具备从技术层面去判断网络用户是否具有犯罪意图的能力和可能性。

（二）规制时机由"事后"向"事前"拓展

刑事政策应发挥因时而动的立法先导作用，为了弥合报应性司法理念与网络科技风险的"技术鸿沟"，应适当转向以预防理念为核心的预防性治理体系，这也是我国对网络犯罪"打早打小"政策的升华，具体表现在以下几个方面：

第一，网络服务提供者监管义务前置化。进入21世纪以来，互联网行业获得了空前的发展，但相伴而来的是网络犯罪日益严重，网络安全、网络秩序与网络行业自由发展之间的动态平衡也应有所调整，由积极鼓励网络创新和减少干预向积极引导和必要干预转向，"体现在更加微观的刑事责任领域就是要由事后处罚、被动干预向事前预防、主动监管转向，这是维护互联网的信息安全与管理秩序的迫切需要。"③

---

① 于冲：《网络平台刑事合规的基础、功能与路径》，载《中国刑事法杂志》2019年第6期。

② 所谓"守门人"制度，是网络平台责任制度中一种间接网络执法的机制，是实现互联网治理的中枢制度。具体来讲，就是通过法律给各种网络服务平台施加一定的法律责任，激励网络平台利用其自身的技术和商业模式所产生的规制能力阻断不良信息和识别违规用户，从而间接规制用户行为。凯阿克曼总结了衡量强制"守门人"制度合理性的四个标准：第一，严重的违法行为无法通过直接的法律处罚来制止；第二，"守门人"行为市场激励的缺失或不足；第三，"守门人"能够有效可靠地阻断违法行为，无论该违法行为人的个人偏好和市场激励如何；第四，"守门人"能够通过付出合理的成本来阻断违法行为。参见魏露露：《网络平台责任的理论与实践——兼议与我国电子商务平台责任制度的对接》，载《北京航空航天大学学报（社会科学版）》2018年第6期。

③ 孙道萃：《网络直播刑事风险的制裁逻辑》，载《暨南学报（哲学社会科学版）》2017年第11期。

第二，刑法保护前置化。近年来，刑法表现出积极的立法扩张态势，不仅扩大了刑法的适用范围，还提前了刑法介入的时机，出现了刑法保护前置化的情形——预备行为实行化，即将原本属于其他犯罪的预备行为却按照实行行为加以处罚。如传统刑法将因果关系限定在实行行为与危害结果之间，但在提供网络服务行为领域，尽管传播淫秽物品、侵犯知识产权的行为是网络用户直接实施的，立法却不再固守仅对实行行为进行打击的态度，而是扩展到了具有技术性、业务性的网络服务行为，即便这类行为以往被认为具有中立属性，《刑法修正案（九）》规定了非法利用信息网络罪，实现对网络风险的提前介入和严格控制。之所以这样规定，直接原因在于此类预备行为的犯罪性质比较严重，一旦进一步实施或者实施完毕，危害性将变得更为严重，或者危害后果难以预测、无法评价和难以挽回。因此，有必要提前处置，将其作为实行行为予以打击。① 深层次的原因在于，体现了风险社会背景下刑法理论对中立帮助行为的立场转变，在对社会有害性和有益性两者并存时，当前刑事立法更倾向于关注有害性，进而对中立帮助行为加以立法规制，体现的就是风险社会背景下刑事立法保护前置化的趋势。

第三，刑事处罚前置化。当前，网络犯罪已告别"单打独斗"的模式，而呈现出链条式的协作或合作模式，网络犯罪表现为"高技术性"与"低准入性"的矛盾现象，也就是说，虽然网络犯罪的技术手段越来越复杂，但同时越来越多的非技术主体开始实施网络犯罪，究其原因在于恶意代码提供服务、数据爬虫提供服务、勒索软件提供服务、翻墙技术提供服务等新的"黑产"形态出现，使网络犯罪分子通过网上支付即可轻易"消费"网络攻击服务，也让越来越多的普通人可以轻易涉足网络犯罪。② 可见，网络犯罪的前端黑产行为同样具有严重的社会危害性，以往可能作为一般违法行为，而现在却成为刑罚的重点"关照对象"，如刑法中规定的侵犯公民个人信息罪，提供侵入、非法控制计算机信息系统程序、工具罪等罪名，目的就在于对"网络黑产"行为进行刑法规制，这充分体现了预防性刑法理念的思想，有助于缓和当前网络犯罪的严峻形势。

（三）规制模式由"共犯"向"正犯"转型

以往无论是立法还是司法解释对网络帮助行为均是以共犯模式进行规制，但随着帮助信息网络犯罪活动罪的设立，网络犯罪中帮助行为正犯化的模式被

---

① 于志刚：《中国网络犯罪的代际演变、刑法样本与理论贡献》，载《法学论坛》2019年第2期。

② 王丹娜：《网络犯罪治理：虚拟与现实的博弈》，载《中国信息安全》2018年第6期。

正式确立。对于此种共犯正犯化的立法模式，刑法理论界存在诸多不同意见，笔者认为共犯正犯化立法是社会发展和回应社会需要的必然。刑事政策及具体化的刑事立法，应当对重大社会关切予以回应，并根据日常社会生活中所发生的重大事件对自身进行及时必要的调整。① 一些通过互联网方式提供帮助行为的社会危害性超过了被帮助行为，甚至出现了"无正犯的共犯"现象，"帮助犯一般处于从犯地位"等理论在适用上出现了困境，如若仍对上述帮助行为按照从犯处罚已无法实现有效惩治犯罪的目的。

同时，根据共犯从属性说，帮助犯的成立依赖于正犯行为，共同犯罪需要各共犯人之间存在双向的意思联络，而网络犯罪人之间往往表现为"一对多"或者"多对多"的模式，网络空间中的犯意联络与传统犯罪具有较大差别，这是由网络信息传输行为具有的"开放性和隐匿性共存、单向和双向交流并行"的特征所决定，在互联网空间中或各种网络平台上行为人之间进行的意识联络无论是在具体内容还是认识程度上都存在模糊性、不稳定性甚至差异性。② 特别是，在提供者以营利目的并以产业化经营的情况下，在整个犯罪过程中趋于一种中立地位，已经无法满足传统共同犯罪理论要求的"相互之间清晰的意思联络"要求。③ 因此，一味恪守传统的共同犯罪理论将难以有效应对网络共同犯罪的认定难题，需要我们创新刑法理论来解决传统共同犯罪理论在网络犯罪等新型犯罪中评价和制裁不力的问题，诸如提供侵入、非法控制计算机信息系统程序、工具罪，帮助信息网络犯罪活动罪等专门规定便应运而生，通过直接立法增设罪名的方式，回避和解决了我国共犯理论运用于网络犯罪的尴尬。

（四）保护法益由"传统"向"新兴"深化

法益揭示的是犯罪行为的危害性，法益的类别、性质和意义等方面的区别也将决定对不同网络犯罪行为的刑事政策和处罚措施的选择。从犯罪现象上看，网络犯罪的范围不断扩张，以往我们对网络犯罪的关注主要集中在财产安全、市场秩序和社会秩序方面，但近年来随着网络在社会生活、经济生活、国家行政、国际政治中的渗透和融合程度不断提升，网络犯罪逐渐向公共安全、

---

① 赵秉志、袁彬主编：《刑法最新立法争议问题研究》，江苏人民出版社2016年版，第174页。
② 于志刚：《论共同犯罪的网络异化》，载《人民论坛》2010年第29期。
③ 李晓龙：《刑法保护前置化研究：现象观察与教义分析》，厦门大学出版社2018年版，第50页。

国家安全层面扩张,网络犯罪行为触角的广度和深入不断加剧。① 究其根源,网络犯罪的代际演变决定了网络犯罪侵犯法益的不断增加进阶,当发展至网络空间犯罪阶段,随着社会关系整体向网络空间进行迁移,网络空间深度社会化,这也决定了网络犯罪侵犯法益的不断扩充和本质上的变化,一些新兴法益不断涌现。

四、防治网络服务提供者犯罪刑事政策的执行路径

鉴于网络服务行为的中立帮助属性和刑事政策的新动向,笔者主张构建一套"罪前防控—罪责控制—立法规制"的立体的防治体系。其中,罪前防控属于社会控制,正如德国著名刑法学家李斯特所言,"最好的社会政策即最好的刑事政策",在犯罪控制体系中社会控制是最基础和关键的,是首选的控制方案;而罪责控制和立法规制发挥作用均以有效的社会控制为基础,是第二位的控制方案。

(一)夯实网络犯罪罪前防控体系

罪前防控具有防控效率高和效果明显、降低成本、减少侦查难度等明显优势。② 抢占技术制高点的同时,运用网络技术建立完备的犯罪防控体系则是罪前防控的重中之重。

第一,加强行业监管。法律责任模式具有事后性和非经济性,相比而言,网络平台的行业监管具有灵活、便捷、高效的优势,应当强化行业监管,发挥互联网行业协会等机构在网络平台信用评级、风险评定和经营资格许可等方面的作用,构建提供网络服务有效监管机制,实现行业清源的监督过滤效果,这是罪前防控的基础。需要着重指出的是,今后应从行业监管角度对网络服务提供者的类别作出明确划分。我国司法实务中,无论是行为评价还是责任认定的落脚点都仍是网络服务行为的具体提供者,缺少从业务类别乃至整个行业的整体思考,因而才会忽视网络服务行为的业务中立性;同时,也缺乏对不同网络服务业务类别的差异化考察,缺乏类型化思维,因而,得出的结论有时难免片面。实际上,正是由于我国目前尚未对网络服务提供行为的类别作出科学区分,才导致对其义务规定过于笼统,这两个问题是密切联系的。

第二,强化行政管理。刑事处罚适用范围有限,虽可带来一些短期收益,

---

① 于志刚:《虚拟空间中的刑法理论》(第二版),社会科学文献出版社2018年版,第45页。

② 李立丰、鲁冰婉:《简论网络犯罪的"三级"罪前防控》,载《净月学刊》2017年第1期。

但不能从根本上彻底解决网络平台违法犯罪问题。刑法规定了拒不履行信息网络安全管理义务罪的同时,也对行政主管机关主动履行监管职能、积极依法履职作为提出了明确要求。对于以信息网络技术为核心的网络服务行为,行政机关的监管能力是一大难题,面对更具技术优势的网络服务提供者,所作出的行政决定的科学性和可行性要经得起质疑,因此,行政执法机关应加强业务能力建设,积极迎接"专业挑战",确保行政干预的必要性、适当性和有效性,在完善管理制度和行政法规、违法行为认定处罚等方面发挥重要作用。

第三,强化网络平台监管职责。虽然现有法律法规并没有赋予网络平台具有公法意义上的管理职权,但在规定其承担的信息网络安全管理义务时,间接地肯定了其对网络用户行为实质的监管职权。从权利来源看,网络平台的监管职权来自于法律规定、行政授权和服务合同授权,今后可以通过法律法规明文规定和扩大行政授权方式来强化网络平台的监管力度和勤勉义务,在恪守"通知—删除"基本的履职原则基础上,适当扩大网络平台主动审查的范围,防范和过滤掉违法和侵权信息,为网络犯罪发生预设阻断机制。

第四,注重技术防控和源头治理。这是从罪前防控的措施和重点领域而言的,与前述从罪前防控的主体职责角度分析不同。应逐渐前移网络犯罪的惩治重心,特别重视对网络犯罪产业链条的上游违法行为的源头治理,对非法获取、买卖公民个人信息、非法开发出售网络犯罪技术等行为予以严惩。针对网络犯罪的技术性,防控措施应有的放矢,积极抢占网络犯罪控制的技术制高点,将技术制衡与法律防控有效结合,进而搭建完备的技术防控体系,这是罪前防控的关键。这要求有关执法部门增强对网上违法犯罪信息的拦截、屏蔽、删除以及违法犯罪证据提取、保管等方面的技术实力。

(二) 合理构建网络服务提供者的刑事责任体系

在信息网络时代的大背景下,探索刑事司法责任体系的合理转型以契合时代发展的需求,助推网络犯罪治理能力现代化,从而为有效防治网络犯罪贡献力量,无疑有着重大的现实意义。

1. 网络服务提供者刑事责任构建的基本原则

网络服务提供者刑事责任的探讨应注重把握以下原则:

一是坚持平衡原则,即兼顾积极保护与必要打击相结合的刑事政策。互联网行业作为一项新兴的重要领域,对世界经济、政治、社会、文化等各方面发展都具有不可替代的作用,因此,即便对其中严重犯罪行为进行处罚也要保持必要、合理限度,防止因刑事法律的不当介入导致出现寒蝉效应,使互联网技术创新噤若寒蝉一般,这样就因过度打击而严重制约了其健康发展。中立帮助行为理论在平衡法律保护和刑事打击方面显得较为恰当,该理论"对网络服务提供者一般性经营活动的主体地位进行了客观评价,并充分重视这种中立性技术行为在社会发展和经济运行过程中的作用,也着重对各种利益与风险进行了权衡和比较"①,可以提供合理的标准尺度。

二是坚持区分原则。即合理区分类型化业务行为与个人犯罪行为的界限,不能因提供网络服务行为具有业务中立性,而忽视对那些与他人具有事先通谋进而提供网络帮助者的处罚,这类行为已经严重偏离了中立帮助行为属性,与常见的共同犯罪没有差别,适用共同犯罪理论处理即可。因此,本文对网络服务提供者刑事责任的讨论均是针对排除了此种"事先通谋事中帮助"情形以外的提供服务行为。

三是坚持谦抑原则。要求网络服务提供者承担刑法作为义务,原则上以必要为限,不应过分要求其承担主动检查、审查义务,要严格区分刑法上的义务与其他非刑事法上的义务,即使在民事上其可能承担一定积极作为义务,但是不能轻易上升为刑法义务,要对网络服务提供者是否具有保证人地位进行实质判断,不然犯罪圈的无限扩大带来的可能是对互联网行业的毁灭性打击,这也是"避风港"原则的核心要求。近年来,随着网络犯罪高发,从规制难度、效果与成本角度考虑,国家更倾向于将管控的重心由网络用户转向网络服务提供者,从而导致网络违法犯罪管控模式由"打击前端"向"约束后台"的转变,但在此过程中更要避免一味加重网络服务提供者的刑事责任,导致其难担重负。

2. 现有网络服务提供者刑事责任体系的不足与完善

纵观我国关于网络服务提供者刑事责任的规定,笔者认为存在以下问题:

一是没有对信息网络安全管理义务的范围作出明确界定。信息网络安全管理义务的含义的抽象性和范围的不明确性,将会严重影响该罪在司法实务中的适用,基于当前严厉打击网络违法犯罪行为、维护信息网络安全的形势背景,司法机关往往会有意无意地将"信息网络安全管理义务"进行扩大化的理解,进而不当地扩张刑罚的处罚范围。② 因此,应进一步明确化和精细化,在义务设定上既要考虑刑事政策所决定的处罚范围,又要关注网络服务提供者的技术能力和可控范围,不应对其科以明显不合理或不现实的义务,否则既可能因网络服务提供者确实无法履行而失去刑法规范的指引作用,又不利于互联网行业

---

① 王华伟:《网络服务提供者刑事责任的认定路径——兼评快播案的相关争议》,载《国家检察官学院学报》2017 年第 5 期。

② 刘仁文、张慧:《刑罚修正案(九)草案有关网络犯罪规定的完善建议》,载《人民法院报》2015 年 8 月 12 日,第 6 版。

的积极发展。

二是对网络服务提供者刑事责任的规定与民事责任方面的规定衔接不畅、协调性不足。在我国民事侵权责任领域，法律对网络服务提供者责任的规定相对较为完善，但与刑事责任的归责方向有所不同，前者多侧重于限制侵权责任适用，而我国近年来刑法则在不断扩张网络服务提供者的刑事责任范围，两者在立法价值上存在一定抵牾，也一定程度上消减了刑法规定的具体适用效果，因此，今后应充分考虑和尊重与民事法律规范的内在逻辑，"要注重从整体法秩序的高度来审视和权衡网络服务提供者的刑事责任问题。"①

三是缺少网络过失行为责任的规定。笔者认为，在提供网络服务行为这一领域，应当引入监督过失责任，以严密刑事法网。所谓监督过失，是指组织管理、业务操作等领域对他人行为的适当性承担监督责任的人，因为没有做到适当地指导、指挥、监督而导致被监督者的行为造成了重大损害结果，其因监督不当而构成的一种刑法上的过失责任。这里的"监督"，具体内容包括对他人行动前的指示或提示、行动中的监督及事后的检查。② 广义的监督过失概念还包括因怠于确立安全管理体制所构成的管理过失。③ 鉴于对网络服务提供行为限制处罚的总体原则考量，笔者认为网络犯罪制裁体系中的监督过失应仅限于狭义的监督过失责任，要求网络服务提供者对网络用户滥用网络服务行为进行必要的监督管理，在其没有履行必要监督义务时承担一定刑事责任。同时，还要对网络服务提供者监督过失责任的范围进行严格限制，只有在发生极其严重后果的情况下才应启动监督过失责任的追究程序。

（三）完善网络服务提供者犯罪的立法规制体系

"刑法是刑事政策不可逾越的藩篱"，刑法对刑事政策的制定与实施具有制约作用；同时，刑事政策对刑事法律的立、改、废等立法活动也具有重要的指导作用，刑事政策要通过刑法化的方式来具体发挥作用。④ 从刑事政策的角度看，既不能片面强调对网络服务提供行为的刑法打击，否认网络服务创新与信息技术革新，不当扩大刑法处罚范围，一味采取绝对的"零容忍"政策容易滑向"刑法万能主义"和"重刑主义"的深渊，从根本上无视网络平台行

---

① 王华伟：《避风港原则的刑法教义学理论建构》，载《中外法学》2019 年第 6 期。
② 谭淦：《监督过失的一般形态研究》，载《政法论坛》2012 年第 1 期。
③ 曹菲：《管理监督过失研究——多角度的审视与重构》，法律出版社 2013 年版，第 9 页。
④ 陈兴良：《刑法教义学与刑事政策的关系：从李斯特鸿沟到罗克辛贯通——中国语境下的展开》，载《中外法学》2013 年第 5 期。

为的中立帮助属性,从而严重阻碍信息网络的健康发展;也不能忽视犯罪控制能力,要高度重视网络社会逐渐形成的背景下,刑事法网过于疏松、刑事责任存在明显漏洞的问题,这将严重影响作为重要治理手段之一的刑罚的威慑力和预防效果,进而不利于与其他治理措施协同防治的实效。① 可以说,在较长一段时间内,犯罪化和刑罚严厉化将成为有关网络服务提供者刑事立法的主流导向,今后有关网络犯罪立法应注重以下几个方面:

一是要提高立法的前瞻性。一方面,通过立法将移动互联网犯罪、大数据犯罪、云犯罪以及比特币、区块链甚至人工智能等新兴领域可能出现的网络犯罪情况有所预见、有所考虑,充分预留适用的空间和效力。② 另一方面,要充分评估网络平台滥用行为的危害性,合理采用网络预备行为实行化、帮助行为正犯化等立法技术、必要时增加行为犯和危险犯等行为类型,以充分发挥刑事处罚前置化与预防早期化的规范功能。③

二是注重跨部门的立法资源整合和规范衔接。法律中的义务性规定划定了网络服务提供者刑事责任的界域,但不可否认的是,我国存在规制网络服务提供者行为的法律规范供给严重失衡的问题,网络立法严重滞后于各种新型网络服务行为的发展速度及频率,时常出现"无法可依"的尴尬局面:④ 其一,有关安全管理义务多数被规定在法规和规章中,法律规范位阶较低,难以保障法律确定的义务落实到位;其二,相关义务性规定被分散在不同法律规范之中,法律规定繁杂,缺乏体系性,刑事责任规定尤为不足;⑤ 其三,具体内容不够充实、过于宽泛,对于一些必要的义务没有做出规定,无法有效使网络平台经营者履行全部义务,更可能导致刑法中规定的拒不履行信息网络安全管理义务

---

① 孙道萃:《网络犯罪治理的基本理念与逻辑展开》,载《学术交流》2017 年第 9 期。

② 孙道萃:《网络安全刑事保障的完善与机制构建》,载《华南师范大学学报(社会科学版)》2017 年第 5 期。

③ 车浩:《刑事立法的法教义学反思——基于〈刑法修正案(九)〉的分析》,载《法学》2015 年第 10 期。

④ 孙道萃:《网络平台犯罪的刑事制裁思维与路径》,载《东方法学》2017 年第 3 期。

⑤ 涉及互联网平台等网络服务提供者法律责任的规定,在法律层面,全国人大常委会先后颁布了《关于加强网络信息保护的决定》《刑法修正案(九)》以及《网络安全法》;在行政法规层面,国务院先后颁布了《互联网信息服务管理办法》《信息网络传播权保护条例》等。此外,公安部、国家广电总局、信息产业部、文化部等部委在相关部门规章中也有对网络服务提供者的义务和责任的规定,最高人民法院也通过了一系列的司法解释,在事实上也提供了大量关于网络服务提供者法律责任的规定。

罪刑事责任落空。以互联网金融平台为例,"对其涉及网络金融服务交易安全保障、金融消费者权益保护、不良信息处理等方面的管理制度仍有明显的空白和缺漏。"① 其四,刑事责任前置规范存有欠缺。如《网络安全法》侧重于对关键信息基础设施安全、网络运行安全等的关注,它基本上关注的还是网络本身的安全。因此,今后应着重解决网络犯罪规范"令出多门"的问题,实现跨部门的规范整合,并将网络安全保障机制引入网络社会背景下的国家整体安全体系内,并以其为基础推进网络立法体系完善升级。

三是增设资格刑。由于网络犯罪低成本与高收益之间呈现出显著的失衡性,故网络犯罪具有极强的诱惑性。司法实践表明,网络犯罪的再犯率较高,这在一定程度上也说明自由刑和罚金刑在实现对网络犯罪的一般预防和特殊预防上的作用难以令人满意,因此,刑事立法上有必要增设资格刑,剥夺或者限制犯罪分子从事与互联网有关的职业或活动的资格,防止其再犯罪的可能性。事实上,《刑法修正案(九)》设立的"从业禁止"制度已为资格刑在我国刑法中的设立奠定了良好的实践基础。

---

① 皮勇、汪恭政:《网络金融平台不作为犯的刑事责任及其边界——以信息网络安全管理义务为切入点》,载《学术论坛》2018年第4期。

九、网络犯罪其他前沿问题研究

网络犯罪共犯正犯化的检视反思及路径回归

贺 卫[*]

一、引言

近年来，不断发展的网络信息技术在重构现代人类生活的同时，也催生了以网络为介质的新型犯罪模式。而相较于传统犯罪，犯罪主体具有离散性特征，尤其在共犯情形中，网络活动主体"一对多"的现象往往导致网络犯罪中即使是帮助行为（共犯行为），其产生的实害结果也会被无限地放大，甚至对实害后果的影响会比该环节犯罪中的正犯还要大。具体而言，实践中，网络犯罪的共犯行为出现以下两个方面的"异化"：一是正犯所实施的行为原本系轻微的违法行为，并未构成犯罪，但通过共犯的帮助行为，正犯行为所产生的危害后果被进一步放大，继而达到了犯罪的标准；二是共犯所实施的行为属于中立的帮助行为，利用网络活动空间的虚拟性与匿名性，在尚未与正犯同谋合意的情况下完成了单方面的帮助。鉴于此，刑法界纷纷认为是这种网络犯罪行为方式的"异化"冲击了传统的共犯理论，以至于实践中对这类共犯行为的归责往往显得力不从心。为此，我国刑法界提出了"共犯正犯化"的归责路径，以此作为解决犯罪行为异化而导致的"共犯作用大于正犯"或者"共犯与正犯无犯罪同谋"归责情形的回应，这在我国的刑事立法以及相应的司法解释中也有所体现。从规范意义上而言，我国的刑事立法以及司法解释之所以采纳"共犯正犯化"的归责范式，原因在于，实践中确实存在共犯对法益的侵害远远大于正犯，而因为正犯不受处罚使得共犯难以构罪的情形。因此，立法以及司法解释尝试将部分帮助行为（共犯行为）予以正犯化处理，从而达到严密法网的效果。但仅通过增设个别条款的形式难以从根本上解决实践中所遇到的纷繁复杂的情形，笔者认为，仍应追本溯源，立足于传统共犯理论的检

---

[*] 贺卫，上海市黄浦区人民检察院党组书记、检察长。

视与反思，从而实现网络犯罪共犯情形中对传统共犯归责模式的扬弃。

二、"共犯正犯化"的提出：形式评价到实质评价的产物

根据大陆法系国家的立法，我们大致可以总结出以下两种针对共同犯罪的立法模式：第一种是一元参与立法模式，该立法模式将共同犯罪者一概视为正犯，并没有具体区分共犯形式，这就尤为强调法官在量刑上的自由裁量。而与前者较大不同的是，第二种的二元参与立法模式显得更为细化，该立法模式以共同犯罪者所参与的形式为根据，将共同犯罪者分为正犯与共犯。而正犯与共犯加以具体区分的直接意义则体现为，对不同的共同犯罪者可以根据其是正犯还是共犯而对法律后果有所区分，这就使得共犯与正犯的具体量刑问题有了法律规范层面的参照。从两种立法模式的内容上看，两者最大的不同在于，是否存在正犯与共犯的区分。而正由于两种立法模式均存在对正犯的认定，而仔细观之，正犯的界定标准却又有着明显的差异，使得学界纷纷将研究的视角放置于"正犯"的界定问题上，自此分化形成扩张的正犯与限制的正犯两派不同的观点。从实质上而言，扩张的正犯与限制的正犯均以构成要件论为基础，而由于各自代表的构成要件观存在差异，以至于在实行行为的理解上出现了分歧。

扩张的正犯观点最早由德国刑法学者斯密特提出，该派观点从刑罚目的论出发，认为所有对犯罪结果起到一定作用的人均是实施了符合构成要件行为的实行行为人。[1] 从本质上而言，刑法上有意义的评价观点就是实现构成要件从而侵犯法益，因此，凡是实现了构成要件、造成法益受侵害的违法且有责的人，就是正犯。[2] 在该观点来看，正犯并不要求必须是犯罪构成要件的亲自实施者，也可以是导致他人实施符合犯罪构成要件行为的教唆者、帮助者等。由此可以看出，扩张的正犯观点将一切造成法益侵害后果的并且符合了犯罪构成要件的人均视为正犯，正犯的成立呈现出范围上的扩大趋势。当然，需要厘清的是，这里所说的仅仅是从正犯成立的要件上来讲，对于各个正犯的刑事责任，还是需要根据其违法的程度来进行量刑轻重的区分。由此可见，正犯的成立与否与构成要件相关，而成立正犯后的刑事责任则不再是构成要件的问题。在扩张的正犯观点之下，统一正犯（也称单一制）成为基本的立法体例，长此以往形成了一元参与立法模式，即只要符合了构成要件，造成了法益侵害的

---

[1] 张明楷：《外国刑法纲要》，清华大学出版社2007年版，第301页。
[2] 阎二鹏：《扩张正犯概念体系的建构——简评对限制正犯概念的反思性检讨》，载《中国法学》2009年第3期。

后果，不管是教唆者、帮助者还是实行者，都被统一划归到"正犯"这一概念之下，而没有共犯的区分。

而以"正犯"这一概念为原点，除了"正向"延伸的扩张的正犯观点，相对应的，也便形成了面朝原点"负向"的限制的正犯观点。在限制的正犯观点中，正犯概念有所限缩，认为仅有亲自实施符合构成要件的行为者，才是正犯，其他诸如教唆犯、帮助犯等共同犯罪人虽然也对法益侵害的后果有所加功，但由于其并非犯罪行为的真正实行者而应当被认定为共犯。基于这一观点，二元参与立法模式应运而生，与统一正犯相对应的区分制立法体例形成。在区分制的立法体例之下，由于共同犯罪有了正犯和共犯的划分，如何准确区分正犯与共犯这两种参与形式则成为学界研究共犯理论的焦点。由此，在限制正犯论所确立的区分制立法体例之下，又产生了诸多关于正犯与共犯界定标准问题的争论。根据正犯与共犯区分标准的争论演变，整体上可以概括为形式客观说、主观说以及实质客观说三种学说。在提出正犯与共犯要确立区分标准之初，学界主要主张形式客观说。形式客观说所确立的区分标准是，以构成要件的定型性来区分犯罪的参与形式，具言之便是，亲自实施符合构成要件行为的，则为正犯；反之，则为共犯。① 形式客观说将正犯的范围限定为犯罪的亲自实行者，该说并不能解决实践中帮助行为或者教唆行为直接支配了犯罪构成要件的实现，但教唆者或者帮助者并未亲自实行犯罪情形的归责问题。正因此，形式客观说走向没落。为了进一步促进正犯与共犯区分标准的科学化，学界又尝试从共同犯罪者的主观要素切入，认为区分主犯还是共犯的关键在于判断共同犯罪者的主观意图，如果其主观上仅为帮助或者教唆他人实施犯罪，则为共犯；反之，如果其主观上便是意图直接实现法益损害的后果，则应当被认定为是正犯。主观说注意到了犯罪人主观要素对归责的影响，但主观意图往往因为证明难度过大而又不得不利用客观的事实来反推主观的意图，仅以主观意图来判断区分正犯还是共犯未免显得过于理想化。由此，从这一层面来说，主观说忽视了行为对法益侵害的客观作用，仅凭主观这一模糊的判断标准往往会增加结论不正确的风险。② 随后，主观说也因此而被学界所摒弃。随着区分标准的深入探讨与进一步走向实质化，实质客观说诞生。该说以行为对法益侵害的作用来判断区分正犯与共犯，由此又形成了重要作用说、规范的综合判断

---

① [德]约翰内斯·维塞尔斯：《德国刑法总论》，李昌珂译，法律出版社2008年版，第333页。
② 王霖：《网络犯罪参与行为刑事责任模式的教义学塑造——共犯归责模式的回归》，载《政治与法律》2016年第9期。

说、犯罪事实支配说等分支,其中,以犯罪事实支配说为主流。以此为标志,实质正犯的概念得以最终确立。

从正犯观点的演变过程可以看出,对正犯的概念界定呈现出从形式正犯向实质正犯的转变。体现在立法体例上,实质正犯的概念最终为大陆法系立法所采纳,确立了以正犯作为核心,辅之以规定教唆犯、帮助犯的单层区分制。从一定程度上而言,这种立法体例可以直观地反映出刑法规范评价由强到弱以及刑罚裁量由重到轻的阶层递减趋势。① 但是,不可否认的是,这种立法体例将犯罪行为的作用以及分工进行了混合规定,使得行为的类型化作用以及刑法的规范评价功能相互杂糅,从而形成罪刑失衡甚至倒挂的问题。正是基于此,为了化解罪刑失衡的局面,区分正犯与共犯的标准从形式走向实质,一些属于帮助行为、教唆行为但对法益侵害起到实质作用的"共犯"场合也开始被评价为"正犯",而这也正是"共犯正犯化"理论提出的思想渊源。在共犯正犯化的场合,共犯行为的认定不再从属于正犯的实行行为,只要共犯行为对法益侵害起到实质性的作用,共犯行为就可以上升到"正犯"的地位。

三、我国网络犯罪的共犯归责模式:共犯从属性到共犯正犯化

从"共犯正犯化"理论的演变进程来看,"共犯正犯化"是正犯评价实质化的产物。而综观我国刑事立法以及司法的历程,也可以看出共犯行为正犯化的趋势。尤其在近年来,由于网络犯罪日益呈现出行为方式的"异化"现象,以致于我国以司法解释的形式多次回应实践中网络犯罪的共犯正犯化问题,《刑法修正案(九)》更是通过直接增加罪名的方式,将帮助信息网络犯罪活动的行为以及拒不履行信息网络安全管理义务的行为独立成罪,由此从立法以及司法两个层面分别对网络犯罪的共犯归责问题进行调整。

(一) 立法模式的确立

关于共犯行为正犯化立法模式的确立,可以追溯至 1979 年刑法所规定的介绍贿赂罪。该罪被规定于 1979 年刑法第 185 条第 3 款中,是我国对"共犯正犯化"最早的立法。立法之所以将介绍贿赂行为独立成罪,原因在于:一方面,介绍、中间撮合行为具有社会危害性,甚至危害性不亚于行贿受贿;而另一方面,介绍、中间撮合行为又不属于受贿,纳入行贿范畴也很牵强,将其

---

① 马春辉:《网络犯罪"共犯正犯化"的反思与回归——以帮助信息网络犯罪活动罪为例》,载《净月学刊》2018 年第 4 期。

评价为共犯也难免站不住脚。① 由此，出于严密法网打击犯罪的考虑，立法将介绍贿赂独立成罪。这之后，1997 年刑法新增了帮助犯罪分子逃避处罚罪、协助组织卖淫罪以及资助危害国家安全犯罪活动罪三个罪名；2001 年的《刑法修正案（三）》增设了资助恐怖活动罪；2009 年的《刑法修正案（七）》规定了为侵入、非法控制计算机信息系统非法提供程序、工具罪。由这一立法历程可以看出，《刑法修正案（七）》关于为侵入、非法控制计算机信息系统非法提供程序、工具罪的规定，是网络犯罪共犯行为正犯化在立法层面的首次突破。但该罪存在"一事一立法"的弊端，并不能回应实践中所有网络犯罪共犯行为的归责问题。有鉴于此，2015 年《刑法修正案（九）》面世，帮助信息网络犯罪活动罪的设立补足了原先"一事一立法"的缺陷，将提供网络信息犯罪帮助的行为独立成罪，从立法上对所有网络犯罪共犯行为的处理进行了回应。可以说，《刑法修正案（九）》以兜底条款的形式将网络犯罪共犯行为正犯化的处理从具体上升到了一般的高度，标志着网络犯罪共犯行为正犯化一般处理规则的形成。

（二）司法模式的突破

立足于司法的视野，网络犯罪共犯的认定经历了严格从属于正犯到确立共犯行为正犯化的演变过程。

从实践来看，起初的司法对共犯认定的要求相对严格，对网络犯罪共犯行为的认定完全从属于正犯。以帮助行为为例，只有正犯（即被帮助的行为人）实施了符合犯罪构成要件的行为，构成犯罪，帮助行为才能依附于正犯成立犯罪。这一点在 2005 年的最高人民法院、最高人民检察院《关于办理赌博刑事案件具体应用法律若干问题的解释》中便有所体现，根据该《解释》第 4 条的规定，如果行为人对他人实施赌博犯罪活动是明知的情况下，仍为其提供资金、通讯等直接帮助的，成立赌博罪的共犯。② 从该条规定可知，赌博罪的共犯并没有独立的定罪量刑标准，对该共犯的认定也完全从属于正犯，只有在正犯构成犯罪的情况下，共犯才可以成立犯罪。

随着司法实践对网络犯罪帮助行为的认定进一步承认了片面共犯，对共犯认定的门槛才有所降低。2010 年，最高人民法院、最高人民检察院、公安部

---

① 陈静：《刑事政策视角下共犯从属性的检视、反思与出路——基于帮助行为正犯化的立法导向》，载《福建农林大学学报》2017 年第 4 期。

② 参见 2005 年最高人民法院、最高人民检察院《关于办理赌博刑事案件具体应用法律若干问题的解释》第 4 条之规定："明知他人实施赌博犯罪活动，而为其提供资金、计算机网络、通讯、费用结算等直接帮助的，以赌博罪的共犯论处。"

《关于办理网络赌博犯罪案件适用法律若干问题的意见》颁布,该《意见》对网络犯罪片面共犯的认定问题作了细致规定,大大放宽了网络犯罪共犯的成立条件,该《意见》标志着实践中共犯的认定拥有了自己独立的品格。具体而言,根据该《意见》第 2 条所规定的内容可知,① 一方面,其为共犯的从属性进行了"松绑",只要帮助者(共犯)对"赌博网站"是有明确认知的,该帮助行为(共犯行为)便可以成立犯罪,而不再强调只有正犯(犯罪实行者)成立犯罪的情况下,共犯才构成犯罪;另一方面,该《意见》第 2 条第 3 款规定了片面共犯主观"明知"的判断规则,明确了"共犯无通谋"情形下帮助行为的认定不再强调网络犯罪共犯与正犯之间必须存在"通谋",只须共犯对正犯的犯罪性质"明知"即可。这说明片面共犯已经为司法所认可,这在随后 2011 年颁布的最高人民法院、最高人民检察院《关于办理危害计算机信息系统安全刑事案件应用法律若干问题的解释》中也可以得到印证,该《解释》对网络犯罪片面共犯行为的解释与处理基本上与 2010 年数个司法解释相一致。2010 年,最高人民法院、最高人民检察院《关于办理利用互联网、移动通讯终端、声讯台制作、复制、出版、贩卖、传播淫秽电子信息刑事案件具体应用法律若干问题的解释(二)》颁布,该《解释》第 3 条、第 4 条、第 5 条以及第 6 条均是对网络犯罪共犯行为正犯化的规定,针对传播淫秽物品以及传播淫秽物品牟利的帮助行为设置了独立的罪刑,这些共犯行为通过司法解释的方式被确认为正犯行为。

四、网络犯罪"共犯正犯化"的反思及出路

(一) 实质正犯理论的误读

共同犯罪的传统处理方法是严格遵循共犯从属性的原则,共犯构成犯罪与否由正犯的性质决定。在现实空间中,帮助犯不可能加剧正犯的社会危害性,自身的社会危害性程度也不可能超越正犯行为。② 但在网络犯罪的实践中,网络空间中"一对多"的特征使得共犯的社会危险性远远高于正犯的情形时常

---

① 参见 2010 年最高人民法院、最高人民检察院、公安部《关于办理网络赌博犯罪案件适用法律若干问题的意见》第 2 条之规定:"明知是赌博网站,而为其提供下列服务或者帮助的,属于开设赌场罪的共同犯罪,依照《刑法》第 303 条第 2 款的规定处罚:……实施前款行为,数量或者数额达到前款规定标准 5 倍以上的,应当认定为《刑法》第 303 条第 2 款规定的"情节严重"。实施本条第 1 款规定的行为,具有下列情形之一的,应当认定为行为人"明知",但是有证据证明确实不知道的除外……"

② 于志刚:《网络犯罪与中国刑法应对》,载《中国社会科学》2010 年第 3 期。

有之,因此,便有观点指出,如果按照传统共同犯罪处理,就常常会出现罪刑失衡的困境。正如前文所提及的,网络犯罪与传统犯罪的行为方式不同,其"一对多"的模式决定了往往一个简单的帮助行为会使得原本轻微违法的行为演变会损害后果巨大的犯罪,甚至产生无限放大犯罪损害后果的作用。这种行为方式的异化,使得帮助行为也会产生无比巨大的法益侵害后果,甚至其危害性比正犯还要巨大。对此,刑事立法以及司法实践自然不会无视这一异化现象,为了重新恢复网络犯罪实践中罪与刑之间的平衡,根据网络犯罪帮助行为社会危害性的提高,帮助行为不应该再束缚于共犯从属性之下,于是便有了如今正犯化的处理模式,网络犯罪共犯的正犯化成为学界以及司法界纷纷支持的一种解决路径。

但事实上,当前立法以及司法解释所引入的"共犯正犯化"的处理模式其实是对单层区分制之下的实质正犯理论的误读。我们知道,实质正犯理论是大陆法系国家出于解决共同犯罪罪刑失衡问题的考虑而发展起来的。在实质正犯的概念之下,为了求得量刑的合理性,甚至可以舍弃犯罪构成要件的定型性以及类型性,这就导致基于实质正犯理论而形成的所谓"共犯行为正犯化"的逻辑结论是存在明显的体系性弊病的。[1] 而且,我国刑事立法针对共同犯罪所采取的"分工+作用"的区分标准明显有别于大陆法系单层区分制的共犯分类。就我国刑法所采取的"分工+作用"的双层区分标准而言,"分工",即共同犯罪的参与形式,是区分正犯与共犯的标准。而"作用"标准是为了区分量刑,在共同犯罪中起到主要、支配作用的行为人是主犯,量刑较重;从犯则仅是共同犯罪中其次要、辅助作用的行为人,量刑比主犯轻。从这一双层的分类标准可以看出,其实我国刑事立法中对于共同犯罪的分类,正犯并非就是对应主犯,共犯也并非就是对应从犯。如果共犯中的帮助、教唆等行为,在共同犯罪当中占据着支配地位或者起到了主要的作用,那么对该共犯依旧可以认定为主犯,处以较重的刑罚。由此,针对网络犯罪实践中共犯(帮助)行为的异化情形,我国刑事立法设置的共同犯罪双层区分标准并不会出现类似于大陆法系实践中罪刑失衡甚至倒挂的问题。

综合以上分析,笔者有理由认为,我国共同犯罪分类的双层区分标准并不会陷入网络犯罪共犯惩处的罪刑失衡困局,网络犯罪共犯行为的异化问题也并不足以冲击传统的共犯理论。学界所担忧的罪刑失衡问题,只有在大陆法系的单层区分制之下才有可能发生;而正是只有在单层区分制的语境下,才需要利

---

[1] 阎二鹏:《共犯行为正犯化及其反思》,载《国家检察官学院学报》2013年第3期。

用实质正犯的理论去解决共犯处理过程中的罪刑失衡问题。而在我国,"分工+作用"的双层区分标准显然不会出现这一现象。因此,出于严密法网、解决共犯从属地位导致的罪责不匹配问题的考虑,我国刑法界所采纳的"共犯行为正犯化"的处理路径,其实是对单层区分制下实质正犯理论的误用。

(二)正犯化归责模式的困局与化解

结合上文分析,我们知道,虽然共犯行为正犯化的归责模式被我国立法以及司法所采纳,但从本质上而言,这种归责模式是误读了大陆法系单层区分制的结果。而且,就实践层面而言,正犯化的归责模式在司法适用过程中已经显现出了难以回避的困境。以《关于办理利用互联网、移动通讯终端、声讯台制作、复制、出版、贩卖、传播淫秽电子信息刑事案件具体应用法律若干问题的解释(二)》为例,根据该《解释》的规定,网站的建立者、管理者、服务提供者等主体要成立传播淫秽物品(牟利)罪,除了有行为构成要件上的要求,即存在允许或放任网络淫秽信息传播的行为,还必须达到相应的数量或后果,这属于情节上的要求。在该《解释》的第4条中,成立传播淫秽物品牟利罪所必须满足的数量或者数额的"五倍以上"标准、"两倍以上"标准的提出,意味着司法者将网站建立者、管理者等行为主体的行为定性为"实行行为"的同时,又附带提出了"量"上的要求。由此,在实践中,一旦上述共犯行为未达到"量"的要求,还是会出现定罪难的问题。因为如果共犯行为不符合数量、数额的倍数要求,或者未达到严重的后果,其共犯行为还是不能被独立评价为犯罪;而在这种情形下,如果正犯实施的传播淫秽物品行为符合犯罪的构成要件,前述的共犯行为显然又成立传播淫秽物品(牟利)罪的共同犯罪,但如果按照传统的共同犯罪处理,又会出现与该《解释》共犯正犯化处理理念相悖的矛盾。

由此,面对共犯正犯化在理论上存在误读而实践中又呈现困境的局面,有论者提出,是否可以将正犯化的归责模式重新回归至传统的共犯犯罪归责模式呢?对此,笔者认为,遵照共犯从属性原则的传统共犯归责体系并不会导致共犯处理过程中罪刑失衡、定罪难等问题。对此,笔者拟针对传统共犯归责体系所引发的以下问题加以厘清:

1. 针对量刑失衡问题的重申

有论者认为,如果将网络犯罪中的共犯(帮助)行为仅依照传统的共同犯罪处理,那么,其共犯行为便只能被评价为帮助犯。而帮助犯这一共犯形式,从危害性上来讲,又显然小于正犯。因此,对实际危害远大于正犯(实行者)的帮助行为,如果按照传统的处理模式,其量刑要比正犯轻得多。对此,笔者用前文已论及的我国共同犯罪"分工+作用"的双层区分标准即可回应。在此重申,传统的共犯归责模式会导致共犯与正犯之间的量刑失衡甚至倒挂的问题,在我国刑事法层面属于一个"假命题"。如前所述,在我国双层区分标准的共犯归责体系下,共犯者在犯罪中所起到的作用才是对其量刑轻重的唯一根据。换言之,作为正犯(实行者)的主体,在犯罪中可能仅起到次要的作用;而作为共犯(帮助者、教唆者)的主体,也可能对整个犯罪起到支配、主要的作用。因此,在我国的刑法归责体系中,认定为共犯的情况下,并不会就导致危害性大的、犯罪中起主要作用的帮助者、教唆者反而被处以更轻的量刑。虽然网络犯罪共犯的危害性确实可能远远大于网络犯罪的直接实施者,这是网络犯罪共犯行为的主体离散性、犯罪后果扩散性以及行为方式异化等特征使然。但在我国双层区分标准之下,即使网络犯罪的帮助行为、教唆行为属于共犯,根据其在犯罪中所起的作用,依然可以按照主犯处以较重的量刑,从而做到罪刑相适应。

2. 针对共犯从属问题的厘清

随着网络信息技术的不断发展,网络犯罪成为一种新的犯罪形式。在处理网络共犯问题上,学界常常受扰于共犯从属性带来的归责困境,即如果正犯难以构成犯罪,那么,起到帮助、加功作用的共犯可否成立犯罪的问题。因为根据传统共犯从属性的理论,共犯是否成立犯罪从属或者取决于正犯的性质,但在诸如网络犯罪的共犯问题上,由于共犯的危害性大于正犯,就使得对共犯的处理,要么严格按照从属性原则,共犯的不入罪难以符合社会民众的朴素正义观,于理不通;要么对其单独入罪,又似乎背离了传统的归责原则,存在于法无据之嫌。比如,在《关于办理利用互联网、移动通讯终端、声讯台制作、复制、出版、贩卖、传播淫秽电子信息刑事案件具体应用法律若干问题的解释(二)》所涉及的网络犯罪的场合,有论者便认为,如果网站的建立者、管理者自身并没有从事发布淫秽信息的行为,仅仅是允许或者放任他人在该网站上传播,在这种情况下,网站的建立者、管理者便是传播淫秽物品的帮助犯。而由于传播淫秽物品罪有数额、数量的要求,如果实施上传行为的实行者均未达到构罪标准,即使整个网站的淫秽信息数量之庞大,网站的建立者、管理者也无法按照共犯追究其刑事责任。① 像这样的问题其实也并非网络犯罪共犯归责所面临的专有问题,在传统的共同犯罪归责问题上也同样存在。比如长期以来一直存有争议的帮助自杀问题,作为"正犯"的自杀者自然无法构成犯罪,

---

① 相关观点参见陈国庆等:《〈关于办理利用互联网、移动通讯终端、声讯台制作、复制、出版、贩卖、传播淫秽电子信息刑事案件具体应用法律若干问题的解释(二)〉理解与适用》,载《人民检察》2020 年第 5 期。

那么，在笔者看来，尤其在帮助犯难以依据间接正犯进行处理，或者属于无通谋的片面帮助犯时，将帮助者认定为共犯无疑是追究犯罪的唯一路径。但学界存有的争议在于，根据共犯必须从属于正犯的处理原则，既然作为"正犯"的自杀者不能构成犯罪，那么，作为共犯的帮助者自然也难以成罪。但不认定其犯罪，又显得难以符合社会对于打击犯罪的基本期待，自此陷入了对帮助自杀者认不认定犯罪均于理不通的泥淖。而之所以出现这一纠结，根本原因在于，学界将共犯从属性的通说解读为共犯的成立犯罪与否必须完全从属并依附于正犯，换言之，共同犯罪的成立以各个共犯均成立犯罪为前提。①

需要厘清的是，共犯从属性虽然是学界的共识，但根据从属性程度问题的讨论一直有之，由此，共犯从属性这一理论也并非一成不变，从其演化过程来看，经历了极端从属性、限制从属性与最小从属性的兴衰流变。② 而之所以引发上述问题，原因在于，学界从主观上认同的是共犯从属性之下的极端从属性说。在极端从属性说中，共犯构成犯罪"必须完全从属于正犯的构成要件该当性、违法性、有责性"。③ 极端从属性的共犯归责方法属于共犯从属性的学说初期，该说由于违背了个人责任原则，尤其难以解决帮助、教唆无责任能力者犯罪的责任认定问题，故此早已被德、日刑法所弃。由此，我国刑法界将共犯从属性解读为极端从属性显然也是不可取的。而综合限制从属性以及最小从属性对共犯从属程度的讨论，由于网络犯罪中的正犯常常并不具备实质的违法性，反而是共犯的帮助行为放大正犯行为的效果，最终使得法益遭受侵害。而限制从属说所要求的共犯需以正犯构成要件的该当性和违法性为前提，显然难以回应网络共犯的归责问题。因此，笔者认为，最小从属性说最能弥合正犯与共犯之间的处罚间隙，即共犯成立犯罪只需要满足正犯构成要件的该当性前提即可，以此化解共犯归责问题上的困局。以传播淫秽物品行为为例，虽然上传淫秽信息的正犯因不符合构罪标准而不具备违法性，但其仍符合构成要件的该当性；那么，根据最小从属性说，作为允许或者放任其上传淫秽信息的网站建立者、管理者仍可以按帮助犯进行惩处，因为网站的建立者、管理者作为共犯，只须从属于正犯的该当性即可。如此，就能很好地解释网络犯罪共犯的归责问题，不仅可以走出共犯正犯化处理模式所面临的困局，也平衡了共犯与正犯之间的罪刑。

---

① 高铭暄、马克昌：《刑法学》，中国法制出版社1999年版，第311页。
② 张明楷：《外国刑法纲要》，清华大学出版社1999年版，第295～298页。
③ 王昭武：《论共犯的最小从属性说——日本共犯从属性理论的发展与借鉴》，载《法学》2007年第11期。

打击网络犯罪国际合作的理论分析[*]

刘灿华[**]

犯罪网络化、网络犯罪国际化日益成为世界各国犯罪治理的难题。在这种时代背景下,推动全球合作打击网络犯罪成为有效预防与打击犯罪的必然选择。然而,基于司法主权以及刑事司法国际协助制度差异等各方面原因,打击网络犯罪的国际合作呈现出不同的模式,在世界上仍没有形成广泛的合作共识。

一、欧盟的局部一体化模式

国家之间的合作往往需要双边、多边条约或者国际公约作为法律基础,但达成双(多)边条约或者国际公约往往是一件十分困难的任务。纵使如此,欧洲在此方面还是取得了一些成功的经验。其中,影响力最广泛的《网络犯罪公约》(Convention on Cybercrime)(亦称"布达佩斯公约")是第一个专门以打击网络犯罪为目的的国际公约,该公约于 2001 年 11 月 23 日由欧洲委员会(the Council of Europe)通过并开放签署,并于 2004 年 7 月 1 日正式生效。2005 年 2 月 24 日,欧盟通过了关于惩治攻击信息系统行为的第 2005/222/JHA 号欧盟理事会框架决议(以下简称《框架决议》),《框架决议》于 2005 年 3 月 16 日生效。《框架决议》由序言和正文 13 个条文组成,欧盟各成员国必须在 2007 年 3 月 16 日之前将有关内容纳入其国内法律当中。2008 年 7 月,欧盟委员会公布了一份关于《框架决议》的执行报告。报告指出,大部分欧盟成员国已经取得了重要进展,即已经将《框架决议》的内容纳入其国内法。报告也指出,面对网络犯罪的新威胁,有必要采取进一步的措施,以更有效地应

---

[*] 本文系国家社科基金一般项目"打击网络犯罪国际刑事司法协助的理论与实践研究"(19BFX073)阶段性成果。

[**] 刘灿华,中国社会科学院法学研究所助理研究员。

对攻击信息系统的犯罪行为。① 此外，由于《框架决议》规模很小，只规定了非法侵入信息系统（《框架决议》第 2 条）、非法干扰信息系统（第 3 条）和非法干扰信息系统数据（第 4 条）等三种类型的犯罪，因此难以有效应对网络犯罪现象，特别是所谓"僵尸网络"的问题。为此，欧盟在《框架决议》的基础上，增加了若干个条文，形成并于 2013 年 8 月通过了欧洲议会和欧盟理事会关于惩治攻击信息系统行为、替代第 2005/222/JHA 号框架协议的第 2013/40/EU 号指令（以下简称《关于惩治攻击信息系统行为的指令》）。由于《关于惩治攻击信息系统行为的指令》已经将《框架决议》的所有内容整体性地纳入其中，因此《关于惩治攻击信息系统行为的指令》的生效也意味着《框架决议》效力的终止。此外，根据《关于惩治攻击信息系统行为的指令》第 16 条的规定，欧盟各成员国应当于 2015 年 9 月 4 日前将《关于惩治攻击信息系统行为的指令》的内容纳入其国内法律体系中。

通过欧洲委员会《网络犯罪公约》和欧洲议会、欧盟理事会《关于惩治攻击信息系统行为的指令》等欧盟法律，在一些国家内部实现了打击网络犯罪的局部一体化。这里的"局部性"，一方面是指只在某些法律领域实现了一体化，另一方面是指仅有局部国家参与，仍没有实现全球化。但这种局部的一体化在促进国际法治合作方面起到重要作用，具体包括以下几个方面：

（一）推动不同国家网络犯罪刑事政策的一致化

网络技术的发展为各个国家都带来了巨大的挑战与法律问题，特别是催生了新型的网络犯罪行为，为犯罪分子实施传统犯罪提供了新的手段，同时也对各国刑事诉讼制度带来新的挑战。《网络犯罪公约》是目前国际社会共同努力所取得的最重要成果。需要注意的是，《网络犯罪公约》并没有将网络犯罪视为一类国际犯罪，因此并没有诸如国际刑事法院的国际性组织对此类犯罪进行管辖或者直接惩治。换言之，网络犯罪问题还是需要靠主权国家本身以及主权国家之间的平等合作来解决。因此，有关网络犯罪的国际刑事政策的主要目的，是促使不同国家或者地区的网络犯罪刑事政策实现协调一致，即在不同国家推行一套相同或者相似的网络犯罪刑事政策，进而在不同国家或者地区之间实现广泛的司法合作。

（二）以三维度的内容构建刑事政策体系

三维度分别是实体法、程序法和国际合作规则。"三维度"的特征在《网

---

① See Commission of the European Communities, "Report From The Commission to the Council: *Based on Article 12 of the Council Framework Decision of 24 February 2005 on attacks against information systems*", p. 3.

络犯罪公约》中的表现尤其明显，公约的核心条款（第2条至第35条）先后从上述三个维度对有关网络犯罪的刑事政策进行了比较详细的规定，进而形成一个比较完整的刑事政策体系。《关于惩治攻击信息系统行为的指令》的重点虽然是实体法，有关程序法与国际合作的条款比较少，但是由于欧盟内部与打击犯罪有关的诸多法律也可以适用于网络犯罪领域，所以整个刑事政策体系仍然是三维度的。例如，1996年制订的《欧盟成员国间引渡公约》就同样适用于网络犯罪案件。可见，《关于惩治攻击信息系统行为的指令》与其他欧盟法律一道构建了三个维度的刑事政策体系。从理论上而言，三维度刑事政策的重要性是容易理解的，然而从实践操作层面来看，促使不同国家就三维度刑事政策达成共识并形成国际性的刑事政策体系，是一项具有相当难度和挑战的任务。《网络犯罪公约》通过减少各国法律差异、授予新的侦查权力以及促进国际合作等方式，在完成上述任务的道路上取得了一项重要的阶段性成果，因此公约在构建国际网络犯罪刑事政策方面具有开创性的作用与意义。

（三）通过网络犯罪行为类型化，追求各国刑法的一致化

犯罪化是犯罪惩治对策的起点。随着信息技术的快速发展，网络犯罪的特征、表现形式也处于不断变化的过程中，因此将什么样的行为定义为网络犯罪，以及各网络犯罪罪名应当具备什么样的构成要件，就成为网络犯罪刑事政策的重要议题之一。在此议题上，《网络犯罪公约》等国际性法律文件主要采取类型化的手段，推动各国刑法将相关危害行为犯罪化，并且实现犯罪化的一致化。网络犯罪国际刑事政策在犯罪化问题上所运用的类型化手段首先表现为将网络犯罪分为两大类：一类是侵害计算机数据和计算机系统保密性、完整性和可用性的犯罪；另一类是利用网络实施的传统犯罪。在前一种犯罪中，国际性法律文件正式将"计算机数据和计算机系统保密性、完整性和可用性"作为一种新型的法益。"利用网络实施的传统犯罪"中，国际性法律文件并没有穷尽所有犯罪，而是有所取舍并选择性地规定若干个犯罪行为类型。其中取舍或者选择的标准，可能是某一行为类型在网络环境下是否有特殊的表现，也可能是某一行为类型是否受到比较多的缔约国或者成员国的关注，或者说，是否具有较高的立法必要性。

（四）采取积极但有限的法人责任的刑事政策

在网络空间，法人实施的违法犯罪行为时有发生，并产生了较大的社会危害性。但关于法人能否成为犯罪的主体，能否承认"法人犯罪"这一概念，理论上存在争论，各国立法也存在较大差别。《网络犯罪公约》等国际性法律文件在此问题上亦表明了其政策立场。从理论上来看，有观点认为，在"法

人犯罪"之中,真正实施犯罪的是作为法人代表机关或者从业人员的自然人,因此只要追究自然人的刑事责任就足够了。但是,更有力的观点认为,对于作为法人业务活动一环而实施的自然人的违法行为,不应当视为纯粹的个人犯罪,而应当将其作为法人整体的犯罪行为来对待,并采取相应的政策。①

《网络犯罪公约》等国际性法律文件在法人能否构成网络犯罪这一问题上,采取相对积极的态度,并比较详细地列举了法人需要承担法律责任的情形。但是,为了和各国原有的法律制度特别是法人刑事政策保持协调,有关国际性法律文件都规定,法人在网络犯罪活动中承担的责任并不仅限于刑事责任,还可以包括民事责任和行政责任,各缔约国或成员国可以根据其法律原则来确定具体的责任形式。虽然网络犯罪国际刑事政策对法人责任采取积极承认的态度,但法人承担责任的范围是有限的,并非所有法人负责人或者员工实施的网络犯罪行为,法人都要承担责任。换言之,法人承担刑事责任或者其他法律责任的范围是有限的。首先,对于法人负责人实施的网络犯罪行为,只有当该行为是为了法人利益,而且是在滥用其代表权、决策权或者控制权的基础上实施的,法人才承担责任。其次,对于法人的员工所实施的网络犯罪行为,只有当该行为符合"为了法人利益""在法人授权的范围内"且"法人负责人疏于管理、监督"等前提条件,法人才承担责任。

(五)倡导构建广泛的刑事管辖权规则

网络犯罪具有国际性,行为人所在地、行为发生地与结果发生地可能属于不同的主权国家范围内。网络犯罪行为对于犯罪分子所在地的国家可能并没有产生任何实际的影响。在这种情形下,如果犯罪分子所在国对相关网络犯罪行为没有管辖权,就可能出现处罚的漏洞。因此,采取合理的刑事管辖权规则,对于惩治和预防网络犯罪而言具有重要意义。

目前,大多数国家的刑事管辖权主要是以领土原则为基础的。由于网络犯罪能将全球视为一个整体空间,领土的界限在此就是没有意义的,以领土原则为基础的刑事管辖权政策就可能面临挑战。在一些网络犯罪案件中,特别是针对在互联网上传播非法内容的行为,可能会面临这样一个问题:相关案件不能由任何国家管辖,或者是,因为互联网上的非法内容可以在所有国家获取,因此所有国家都有管辖权。② 对此,《网络犯罪公约》与《关于惩治攻击信息系

---

① [日]大谷实:《刑事政策学》(新版),黎宏译,中国人民大学出版社2009年版,第407页。

② [德]乌尔里希·齐白:《全球风险社会与信息社会中的刑法》,周遵友、江溯等译,中国法制出版社2012年版,第430页。

统行为的指令》都倾向于选择后者,即希望与网络犯罪活动有关联的当事国都拥有管辖权。从某种意义上来看,这种广泛的刑事管辖权政策与国际犯罪的"普遍管辖权"相差已经不远。

(六)建立适应网络犯罪特点的电子证据制度,建立"从快"的刑事执法规则

证据对于刑事执法和刑事司法的重要性是不言而喻的。在网络犯罪案件中,证据呈现出电子化的新特征,而证据的电子化同时为刑事执法和刑事司法带来了新的挑战。一方面,由于网络犯罪的全球化,电子证据可能并不储存在刑事执法机关所在国的领土范围之内,收集这些证据往往费时费力。例如,如果美国的执法机构想获得一个在立陶宛的企业的信息或者有关数据时,往往会遇到法律障碍。立陶宛的企业往往可以"正当法律程序"为由予以拖延,因此可能需要 6~10 个月后企业才愿意提供相关电子数据。① 但另一方面,一些电子证据的储存时间可能比较短,一些电子证据容易被不法分子篡改。因此,在网络犯罪案件的刑事执法中,有必要制定"从快"(快速)的刑事政策,才能有效地打击网络犯罪。在这方面,《网络犯罪公约》所制定的电子证据收集及相关的司法合作机制,如数据的快速保全、数据的实时收集、全天候(24/7)工作机制等,都体现了"从快"政策。

(七)施行补充性的刑事司法协助规则

在不同国家或者地区之间实现网络犯罪领域内的司法协助,是制定《网络犯罪公约》等国际性法律文件的关键缘由和重点目标。《网络犯罪公约》《关于惩治攻击信息系统行为的指令》中的司法协助规则具有补充性的特征。首先,《网络犯罪公约》侧重于规定国际合作、引渡、司法协助的基本原则。相关的法律条文比较抽象,主要是对各缔约国之间的法律合作提供一个方向性的指导规则——各缔约国应当最大限度地进行合作,以便更有效地惩治网络犯罪。其次,作为国际司法协助的法律基础,《网络犯罪公约》具有兜底性。即《网络犯罪公约》本身提倡各有关国家通过其他国际协议(如《欧洲引渡公约》《欧洲刑事司法协助公约》《欧盟成员国间引渡公约》)或者双边协定,在具体的案件中实现司法协助。相对于《网络犯罪公约》,有关协议具有优先适用的效力;如果不存在相关协议时,《网络犯罪公约》才作为司法协助的法律依据。此外,《关于惩治攻击信息系统行为的指令》有关司法协助的条文相

---

① See Lech J. Janczewski, Lech J. Janczewski ed., Cyber Warfare and Cyber Terrorism. IGI Global, 2007, p. 472.

当少，在司法实践中基本上难以作为欧盟各成员国实施司法协助的法律依据。最后，《网络犯罪公约》关于司法协助具体程序的规定比较少，具有不完整性。《网络犯罪公约》并没有制定详细的司法协助程序，而仅仅针对公约本身规定的涉及刑事诉讼的若干措施制定相应的司法协助条款，具体包括计算机数据快速保全与通信数据快速披露的国际司法协助，以及涉及数据的搜查与扣押、通信数据的实时收集以及内容数据的实时截取等侦查措施的国际司法协助。但需要注意的是，《网络犯罪公约》和《关于惩治攻击信息系统行为的指令》所规定的全天候（24/7）工作机制具有创新性，对于实现国际司法协助的迅速化具有重要意义。

二、美国"云法案"模式及其特征

电子取证的高效率要求与刑事司法协助低效率之间的矛盾，是当前各国面临的共同难题。如何满足网络犯罪治理对于电子取证的新要求，成为打击网络犯罪国际合作的新议题。对此，美国于2018年3月出台的《澄清域外合法使用数据法》（Clarifying Lawful Overseas Use of Data Act，简写为CLOUD Act，中文亦简称为"云法案"）采取了一种釜底抽薪式的解决办法，引来了巨大争议。

透过"云法案"的授权，美国执法部门可以通过电子通讯服务或远程计算服务的提供者（以下简称"服务提供者"）直接获取其控制的境外电子数据，只要执法部门在刑事侦查中根据法定程序向服务提供者发出了数据披露指令，服务提供者就必须依法进行披露，而不论相应的电子数据是否位于美国境内。[①] 也就是说，在打击网络犯罪的过程中，美国执法机构可以直接通过服务提供者获取电子证据，而不需要通过数据存储地所在国家或者地区的司法协助。另外，根据"云法案"，所谓的"适格外国政府"的执法部门也可以通过服务提供者获取存储于美国的电子数据。

简言之，美国"云法案"建立了一种跨境直接取证的模式。与传统刑事司法协助的国际合作相比，这种模式有以下几个特征：

（一）无须刑事司法协助的国际合作，提高了取证效率

在刑事诉讼领域，当我们谈及"国际合作"时，往往都会指向主权国家之间的刑事司法协助活动。电子证据在性质上属于电子数据，电子数据天然地

---

① 梁坤：《美国〈澄清合法使用境外数据法〉背景阐释》，载《国家检察官学院学报》2018年第5期。

就具有自由流动的特征，而许多电子证据由网络服务提供商控制，因此从技术上而言，只要网络服务提供商配合，执法机构可以直接获取存储在任何一个国家的电子数据。换言之，协助执法机关的主体已经由主权国家转为服务提供者。美国"云法案"实质上就是利用了电子数据的这一特性，要求受美国法律管辖的服务提供商提供其控制的境外电子数据。由于美国法律管辖范围广，相关的服务提供商往往提供全球服务，因此美国"云法案"等同于授权美国执法机构在不需要任何主权国家的协助之下，获取全世界的电子数据。单从效率而言，这种模式具有巨大的优势，将极大地提高美国治理网络犯罪的能力。但其缺点也比较明显，特别是在没有国际共识的前提下，单方面破坏了刑事司法协助的基本原则，对数据存储国的司法主权造成一定的损害。

（二）局部性的国际合作，不具有全面性

打击网络犯罪的国际合作或者刑事司法协助涉及的内容比较多。美国"云法案"突破了传统刑事司法协助的框架，只能选择在技术上不需要其他主权国家协助的事项，因此美国"云法案"涉及的其实仅有电子证据的跨境调取问题，而且调取的证据也仅限于服务提供者控制的电子数据。从这个意义上而言，美国"云法案"虽然带来了一些引人注目的新变化，但事实上难以撼动国际刑事司法协助的基本面貌。

从全球的角度而言，各国对"直接取证模式"的分歧较大。赞成的国家认为，国际司法协助和执法合作渠道取证效率低，不适应调取电子数据的需求，应授权执法机关直接向互联网企业调取证据。反对的国家则认为，跨国调取电子证据应尊重证据所在国主权，保障相关主体和个人的权利。[①] 就我国而言，对于此种模式我们当然是反对的。但是对于此种模式提高调取电子证据效率的优势，我们也不可忽视。不过在规则制定的过程中，我们需要在尊重司法主权的前提下，坚持平等与对等原则，构建各国都能接受的快速调取电子证据的规则。

三、联合国的全球化努力

不可否认的是，《网络犯罪公约》是目前国际合作打击网络犯罪的最重要的成果之一，然而，鉴于公约的时代局限性、利益局限性、地域局限性以及签约局限性等不足，有必要在联合国框架内制定新的国际公约，这也是我国等许

---

① 张鹏、王渊洁：《联合国网络犯罪政府专家组最新进展》，载《信息安全与通信保密》2019年第5期。

多国家的共同主张。①

事实上,联合国一直致力于推动网络犯罪治理的国际合作。2019年12月27日,第74届联合国大会通过中国、俄罗斯等47国共提的"打击为犯罪目的使用信息通信技术"决议(第74/247号决议),正式开启谈判制定打击网络犯罪全球性公约的进程。根据决议,联合国将设立一个代表所有区域的不限成员名额特设政府间专家委员会,拟订一项关于打击为犯罪目的使用信息和通信技术行为的全面国际公约,特设委员会应于2020年8月在纽约召开为期三天的组织会议,以便商定其进一步活动的纲要和方式,提交大会第七十五届会议审议和核准。联合国大会决议代表着构建打击网络犯罪的全球规则的方向与目标,但受到了美国和欧洲国家的反对,因为它们主张将其主导的《网络犯罪公约》作为"全球标准",而反对制定更具有代表性的全球性公约。由此可见,推动形成打击网络犯罪的全球化模式,将是一件任务艰巨的事项。

在联合国大会通过决议之前,其实联合国预防犯罪和刑事司法委员会等已经做了大量的工作。根据联合国大会2010年第65/230号决议,预防犯罪和刑事司法委员会根据《关于应对全球挑战的综合战略:预防犯罪和刑事司法系统及其在变化世界中的发展的萨尔瓦多宣言》,建立一个不限成员名额政府间专家组,对网络犯罪问题以及各会员国、国际社会和私营部门就此采取的对策进行一次全面研究,包括就国家立法、最佳做法、技术援助和国际合作交流信息,以期审查各种备选方案,加强现有并提出新的国家和国际打击网络上犯罪的法律和其他对策。

自2011年起,联合国网络犯罪政府间专家组已经召开了六次会议。前三次讨论的主要议题是《网络犯罪问题综合研究报告(草案)》,但并没有形成共识。该草案共分为连通性与网络犯罪、全球局势、立法及框架、定罪、执法与侦查、电子证据与刑事司法、国际合作和预防等六大部分。草案亦为专家组后续会议提供了一个框架,从第四次会议起,专家组将围绕网络犯罪立法、定罪、执法与侦查、电子证据、国际合作和预防等实质问题进行讨论。② 其中,第四次会议(2018年)的主要议题聚焦于网络犯罪相关的立法和框架以及刑

---

① 司绍寒:《制定联合国框架下打击网络犯罪法律文书,推动全球网络犯罪治理》,载《法制日报》2018年5月30日,第12版。

② 叶伟:《联合国网络犯罪政府专家组及中国贡献》,载《中国信息安全》2018年第6期。

事定罪。① 第五次会议（2019年）的主要议题是"执法与调查"和"电子证据与刑事司法"。②

专家组第六次会议（2020年）的主要议题是打击网络犯罪的国际合作与预防。在本次会议上，各国代表就如何完善国际合作机制提出了各方面的建议。例如，有的提出，建立国际合作的快速反应机制，并建立国家当局之间通过联络官和信息技术系统进行沟通的渠道以跨国界收集证据和在线传送电子证据，从而提高国际合作的效率；也有代表建议，投资建立一个强有力的刑事事项国际合作中央机构，以确保涉及网络犯罪的合作机制的有效性；有的专家指出，根据联合国大会第74/247号决议拟订新公约的工作应当具有包容性和透明度，并以协商一致为基础，在这方面，联合国先前缔结《联合国打击跨国有组织犯罪公约》和《联合国反腐败公约》的进程可作为范例。但针对许多具体问题，不同国家代表的意见分歧比较大。例如，有的代表指出，在没有双边司法协助条约的情况下，应当鼓励各国加入或使用为司法协助提供法律依据的现有多边约，例如《网络犯罪公约》；还应以《网络犯罪公约》为全球能力建设和技术援助的一个标准。但也有代表指出，《网络犯罪公约》的适用有限，因其本质上是区域性文书，批准数量有限，而且缺乏全局性的方法，没有考虑到当前的网络犯罪趋势，也并不完全便于发展中国家采用。③

纵观联合国网络犯罪政府间专家组的各次会议，虽然各国对于打击网络犯罪国际合作的重要性有基本的共识，且都意识到有关国际合作机制亟须完善，但在合作方式以及国际规则制定等实质问题上，各国的意见分歧比较大，还没有形成广泛的共识。但不可否认的是，联合国网络犯罪政府间专家组给世界各国提供了一个良好的讨论平台，这对于逐步消除分歧、形成共识而言是非常重要的渠道。特别需要注意的是，联合国网络犯罪政府间专家组讨论的都是制定全球化规则过程中不可回避的重要问题，也是学术界与实务界需要不断探讨的问题。

---

① 吴沈括、周劲黎：《联合国网络犯罪政府专家组与网络犯罪国际治理》，载《京师法学》（第12卷），中国法制出版社2019年版，第137页。

② 张鹏、王渊洁：《联合国网络犯罪政府专家组最新进展》，载《信息安全与通信保密》2019年第5期。

③ See "Sixth Session of the Open‐ended Intergovernmental Expert Group to Conduct a Comprehensive Study of the Problem of Cybercrime", https：//www.unodc.org/unodc/en/organized‐crime/open‐ended‐intergovernmental‐expert‐group‐to‐conduct‐a‐comprehensive‐study‐of‐the‐problem‐of‐cybercrime2020.html（accessed August 15，2020）.

四、结语

网络犯罪的特征与发展趋势给国际刑事司法协助带来了新课题与新难题。一些区域性的国际组织在推进国际合作方面取得了重要成果,个别国家在跨境电子取证领域提出了具有争议性的"新"机制,而联合国虽然一直致力于发挥重要影响力,但目前仍没有达成实质性的成果。尽管制定全球化的、体系化的网络犯罪公约仍任重而道远、仍有许多没有解决的重大问题,但推动形成打击网络犯罪国际合作的全球化规则仍然是应当坚持的方向。各国在巩固现有的区域性合作成果的同时,应当落实联合国大会第74/247号决议的精神,尽快在联合国框架内达成打击网络犯罪的国际公约。

网络谣言在我国的刑事规制：
创新、困境与优化

徐洋洋　刘诗楦*

众所周知，要想实现整个社会系统的治理现代化，必须从局部的小系统率先实现治理现代化。社会治理包括的内容很多，这是由社会系统的复杂性决定的。在社会这个大系统内部存在许多小系统，卢曼（Luhmann）是最早从系统论的角度研究法律的学者，他认为社会是由不同的功能子系统构成，法律仅是社会的一个功能子系统。也有学者认为，不仅法律是社会的独立子系统，且法律系统的不同部门法，也是独立于社会的功能子系统。因此，刑法也是社会的独立的功能子系统，刑事治理属于社会治理范畴。在整个社会大系统中，刑法是一个小系统，但是，"麻雀虽小，五脏俱全"，通过考察刑法针对网络谣言的规制情况，能够反映出社会治理在国家发展进程中的变迁，这也是本课题的研究初衷。

法治国家公民的言论自由是一项宪法权利，应当受到保护，但对于编造、传播谣言者应该予以打击。针对本课题，首先应当明确谣言的概念，谣言是指虚假信息。网络谣言相较于现实空间的谣言，有其特别之处。其次，根据大数据分析网络谣言的刑法规制情况，包括案件基本情况、特点分析和原因分析。再次，阐明网络谣言刑事规制彰显出社会治理模式之创新和存在的困境。最后，基于平衡言论自由和社会秩序的考虑，展开优化我国网络谣言治理模式的思考。

一、谣言：从现实社会生活到虚拟网络空间

谣言是指没有根据且内容与事实不相符的消息或信息。传统谣言（现实空间中的谣言）是通过口口相传的形式传播的，受到传播范围、传播速度的限制，谣言的现实危害性既可知也可控。在互联网时代，网络不仅仅是一种工

---

* 徐洋洋，上海市嘉定区人民法院法官助理；刘诗楦，上海市嘉定区人民检察院检察官助理。

具，也成为了一个人们的生活空间。网络谣言是指网络空间中的谣言，"网络谣言的本质是谣言，但又有不同于传统谣言的特点"。笔者认为，网络谣言有以下几个不同于传统谣言的特点：

第一，快速性。信息在网络空间中的传播速度远远超过在现实社会中的传播速度，网络空间大大缩减了人与人之间的空间距离，网民只要轻轻点动鼠标，就可以瞬间实现信息的跨区域传递。

第二，隐蔽性。网络空间的参与者之间的联系是在虚拟的互联网上进行的，在这个空间里活动的人们，他们的身份在绝大部分时间里是虚拟的，甚至是被刻意隐藏的，任何人都可以戴着假面具上网，使犯罪的主体和行为具有隐蔽性。

第三，成本低。对于网络谣言的发布者和传播者来说，其行为的成本很低，甚至可以忽略不计，甚至还有可能从网络谣言的发布和传播中获利。

第四，范围广。以网络为代表的现代媒体，通过数字化的通讯技术，构建起了覆盖全球的传播网络，每一个网民既是信息的接受者，又是信息的传播者，并且通过网络实现了跨地区的相互联通，受众只要通过简单的点击行为就能够实现对信息的浏览、发布（或者转发）和评论，呈现出一种"发散式"的传播状况。

第五，危害大。网络谣言与传统谣言一样，会对个人、集体、社会、国家的法益造成侵害，且所侵害的法益有个特点，即主要是个人的名誉权、公司的商业信誉权、社会的管理秩序、国家安全等。但是，网络谣言容易引起"雪球效应"。在信息网络中，信息选择的主体不再是传播者，而是接受者，点击量和转发越多的信息越容易被置顶，越容易进入其他人的视野，从而得到更多人的评论或者转发。这就使得被传播的信息像雪球一样越滚越大，可信性越来越强。

二、司法实践中网络谣言的刑法规制概况

针对本课题，我们可以使用"法信大数据（FA XIN BIG DATA）"的类案检索功能进行"网络谣言的刑事规制大数据统计"。为了避免统计误差，可能有的裁判文书未出现"网络"字眼，而是使用"微博""微信""互联网""公众号"等字眼，因此在设定检索条件的时候将检索条件设定为"谣言""刑事案件"。经过检索，发现有609篇裁判文书，经二次筛查，剔除了一些重复案件以及与网络谣言无关的案件（这类案件虽然也是关于谣言的，但是其传播方式不是网络），最后选出的样本是77个案件，也就是本课题的有效样本。

(一) 案件基本情况概览

从网络谣言刑法制裁的时间（统计的是案件结案时间而非发生时间）趋势看，运用刑事手段惩治网络谣言是从2013年开始的，在2014年达到一个小高峰，随后有所回落，但是高峰期在2016年到2018年再度出现，直到2019年下降明显。

网络谣言刑法规制的实然罪名总计有9个，具体是：寻衅滋事罪32件，占比40%；侮辱罪1件，占比1%；损害商业信誉、商品声誉罪4件，占比5%；敲诈勒索罪6件，占比8%；聚众扰乱社会秩序罪4件，占比5%；扰乱国家机关工作秩序罪1件，占比1%；诽谤罪18件，占比23%；编造、故意传播虚假信息罪3件，占比4%；利用邪教组织破坏法律实施罪10件，占比13%。

从网络谣言的传播渠道来看，新型移动互联网已经成为网络谣言传播的主要平台，有30件是利用微信进行传播的。值得关注的是，有2件是通过专业的网络推手公司来传播谣言的。通过分析裁判文书发现一个现象：法官对于行为人通过微信、QQ群进行谣言传播与通过论坛进行谣言传播没有特别区分。实际上，它们之间的差异性是存在的，且这种差异性又直接影响"公共性"的认定。

从网络谣言的传播内容看，以攻击个人或企业为造谣内容的最多，有33件，占比为42%。其他的如下：炒作的8件，占比为10%；政治谣言的11件，占比为14%；攻击政府的8件，占比为10%；捏造夸大灾害事故的6件，占比为8%；煽动危害公共安全的5件，占比为6%；邪教迷信的8件，占比为10%。

(二) 特点分析

1. 较之网络犯罪的高发态势，网络谣言构成犯罪的比例不高，表明司法实践对于网络言论自由的容忍度较高

最高人民法院于2019年11月19日发布的《网络犯罪司法大数据专题报告》指出，2016年至2018年，全国各级法院一审审结的网络犯罪案件共计4.8万余件，在全部刑事案件总量中占比为1.54%，案件量和占比均呈逐年上升趋势。其中2016年网络犯罪案件占当年刑事案件的1.15%；2017年案件量同比上升32.58%，2018年案件显著增加，同比升幅为50.91%。网络犯罪案件量及占比逐年上升，尽管如此，网络谣言成立犯罪的比例还是很低，约占比为0.1%（50/4.8万），这也反映了司法实践对于网络谣言入罪采取一种比较克制的态度。申言之，对于网络言论的容忍度还是很高的，并不希望通过刑法

介入网络空间实现严厉打击,最终导致网络空间出现"万马齐喑、噤若寒蝉"的情况。"网络谣言尽管'恶果'累、'恶名'远扬,刑法的规制不可或缺,但行业自律、伦理倡导、行政监管、信息公开及民事、行政处罚等其他手段、措施的综合运用,才是网络谣言治理的主要方式。"

2. 罪名适用多元化,但又相对集中于诽谤罪、寻衅滋事罪和编造、故意传播虚假信息罪

从已决的有罪裁判文书看,用刑事手段来规制网络谣言主要是通过以上9个罪名来实现的。虽然均为谣言,由于谣言内容的不同,从而侵害的法益也就不同。2015年11月1日生效施行的《刑法修正案(九)》,专门就网络谣言行为独立设置编造、故意传播虚假信息罪。由于大多数网络谣言是针对个人或企业的,诽谤罪是被多次适用的罪名。因此,诽谤罪、寻衅滋事罪和编造、故意传播虚假信息罪成为近年来规制网络谣言的主要罪名,占比67%。

3. 网络谣言的传播内容和渠道均呈现多样化的特点

首先,关于网络谣言的传播内容,实践中有七种表现形式。攻击个人或企业的网络谣言33件,占比为42%,占比最高;编造、传播政治谣言的11件,占比为14%,位居第二,这点需要引起高度重视。其他的如炒作、攻击政府、邪教迷信等,占比10%左右。最后是捏造夸大灾害事故和煽动危害公共安全的,占比分别为8%和6%。对于网络谣言的传播内容依据行为类型分类,刘艳红教授认为,我国现行刑法规定的网络言论型犯罪大体可分为煽动宣扬型、编造传播型和侮辱诽谤型三种,分别可能侵犯国家法益、社会法益或个人法益。

其次,关于网络谣言的传播渠道,实践中有七种表现方式。一般来说,通过论坛、微博、博客等传播谣言是常见的方式,因为这三种传播媒介的受众基本上属于不特定的人群。然而,新出现的利用微信、QQ群来传播网络谣言的情形,受众大多为特定的朋友圈。另外,网络推手公司的出现,也给网络谣言的传播提供了便利,可能给公共社会秩序造成严重的混乱。

4. 实然罪名和应然罪名之间存在较大差异

实然的罪名是司法性的,应然的罪名是立法性的。据统计,我国刑法中涉及编造、传播虚假信息行为的罪名至少有16个。"可以说,现行刑法对编造、传播虚假信息的行为已经编织了一个严密的刑事法网,而且从具体罪名上看,刑法要么从虚假信息的对象上对其进行限定,要么从内容上进行限定。"可是,实然的罪名体系包括9个,与应然的罪名体系相比较,有些罪名可能虚置化了,比如战时造谣惑众罪、战时造谣扰乱军心罪,但又不可偏废,随时可以被激活。

(三) 网络谣言肆虐的原因探寻

1. 传播规律原因：超时空性和无限转发

在现阶段，网络自身的超时空特性使得虚假信息不再受制于有限的时间、地点，也使得虚假信息的扩散具有了无限延展的可能性。与传统编造、传播虚假信息的媒介和平台相比，网络的传播速度、传播范围得到了无限放大，影响和涉及的范围也无限扩大，网络上的虚假信息可以快速、无限制地被传播与复制，可以在瞬间触及全世界可以上网的角落。网络谣言一经发布，往往会迅速引起集体围观，经过成千上万网民的以讹传讹，使谣言出现"裂变式"快速传播。

2. 成本原因：低成本和低门槛

网络的平民化使得发布虚假言论的门槛较低，一个BBS就是一张报纸，一个论坛就是一个讲堂，一个微博就是一个报纸、广播台甚至是电视台，在人人都可以通过网络将声音扩散到全世界的今天，大规模造谣、传谣的门槛已经降低到几乎没有。另外，网络谣言传播的违法成本也极低，一般不会追究相关责任，导致大量网络造谣行为在事后没有能够进入司法程序中进行查处和制裁。

三、网络谣言刑事规制的社会治理模式创新

前文已述我国关于谣言的刑事立法情况，通过检索我国的法律，会发现关于谣言已经有一些规定，如《治安管理处罚法》第25条、原《民法通则》第101条。但在《网络诽谤解释》与《刑法修正案（九）》出台之前，一些编造、传播政治谣言、煽动危害公共安全、捏造夸大灾害事故的网络言论是无法归罪的，但这类网络谣言的危害却是十分严重的。

"网络时代，言论自由与言论犯罪之间传统的紧张关系进一步升级。被称为信息高速公路的互联网新媒介远比传统大众媒介传播速度快、扩散范围广，言论自由比以往任何时代更加自由的同时，使得言论犯罪也更加容易发生。面对日益膨胀的网络言论，我国刑事立法和司法积极回应。"虽说这是一种"迫不得已"，是一种问题性思考方式下的应对措施，但同时也标志着我国在国家法律制度层面实现从权利保障向风险控制的理念转变。

(一) 网络不是法外之地，承认网络空间公共秩序的保护必要性，网络谣言治理需要刑法

于志刚教授梳理网络犯罪的发展历程，他认为，"技术更新一直在推动网络的发展，网络的发展先后经历了前网络时代、网络1.0时代、网络2.0时

代、网络'空间化'时代四个阶段,每一次网络的更迭代换和升级都与当时的技术转型密不可分"。随着平台思维的兴起,网络成为滋生犯罪的空间和土壤。为了应对传统犯罪向网络犯罪的异化,"双层社会"理论被提出来。在当今"双层社会"的背景下,网络空间已经成为人类活动的"第二空间",几乎和现实空间一样给人们提供了相同条件的活动场所,网络已不仅仅是社会信息交流和传播的媒介,更逐渐成为普通公众生活必不可少的一部分,极大地增加了公众的认知范围和活动领域。因此,网络空间不仅实际地成为人类活动的"第二空间",也成为供公众从事社会生活的重要场所和"第二社会"。应当说,"双层社会"理论的提出,为刑法进入网络空间进行调控提供了理论基础。换言之,网络空间秩序也是一种公共秩序,"在定性上,只有正视双层社会的一体化命题,才能解决将'网络秩序'解释为'公共场所秩序',以及'公共场所秩序严重混乱'如何认定的问题"。刑法介入网络空间秩序具有正当性,可以说这是理论创新向制度创新的经典范例。

(二) 活性化立法是问题性思考的产物

"两高"《网络诽谤解释》规定,编造虚假信息,或者明知是编造的虚假信息,在信息网络上散布,或者组织、指使人员在信息网络上散布,起哄闹事,造成公共秩序严重混乱的,应以寻衅滋事罪定罪处罚。《刑法修正案(九)》专门就网络谣言行为独立设置编造、故意传播虚假信息罪。笔者认为,这是我国刑事立法活性化的产物,背后蕴含着一种问题性思考。

《网络诽谤解释》和《刑法修正案(九)》出台前,我国传统刑法针对谣言等虚假信息的惩治体系较为简单,具体如下:(1) 针对特定个人、商业单位、商品的谣言,在制裁思路上设计了两个罪名:一是诽谤罪(实际上包括侮辱罪),制裁的是针对特定个人的诽谤性、侮辱性言论。因此,谣言如果是针对特定个人的声誉毁损的,可以根据具体情节定性为侮辱罪或者诽谤罪。二是损害商业信誉、商品声誉罪,制裁的是损毁特定公司、企业信誉,损毁特定公司、企业的特定商品声誉的行为。因此,针对某一特定公司、企业及其产品所编造的谣言,可以定性为损害商业信誉、商品声誉罪。(2) 针对不特定个人、单位、产品的谣言,在罪名设计上,只有"编造、故意传播虚假恐怖信息罪"一个罪名,用以严厉制裁意在制造社会恐慌情绪、扰乱社会秩序的行为。(3) 针对战时的谣言犯罪罪名体系。对于军人在战时谣言惑众的,有专门的罪名即"战时造谣惑众罪";对于非军人在战时造谣惑众的,则有"战时造谣扰乱军心罪"。显然,以上罪名体系的巨大真空地带在于,针对不特定个人(包含群体)、单位、产品的谣言等虚假信息,无论是在现实社会中还是在网络空间里,都没有恰当的罪名予以制裁,这一缺憾,成为现有罪名体系在打击网络造谣方面的致命"短板"。

(三) 国家法律制度从权利保障向风险控制的理念转变

霍布斯是思想史上第一位社会契约论者,他认为,国家是一个力量超强的"利维坦"(Leviathan),它无疑有一个强大的身躯,但是就和一个正常人一样,它的躯体是要受到大脑控制的,而不是自在自为、恣意妄为。在没有国家的环境下,一群短视自私的个人之间没有任何信任、同情和安全感,只能相互侵夺、欺诈、伤害。因此,国家的职能就是垄断暴力的合法使用,以其所垄断的合法暴力去控制私人的非法暴力。在20世纪70年代以前,关于国家法律的基本价值基本上有一个共识,即在法的价值体系(Legal Value System)之中,自由和秩序是两大基本价值。具体到刑法,刑法最符合对自由的保障机能,因为对于秩序的维护,实际上不是必然需要动用刑法的。"一个国家对付犯罪并不需要刑事法律,没有刑法也并不妨碍国家对犯罪的有效镇压与打击,而且没有立法的犯罪打击可能是更加及时、有效、灵活和便利的,即使没有刑法或者刑法内容模糊不清,犯罪行为也能够得到惩罚。"但是对于自由的保障则不同,刑法是为了保护自由而生,其天然的使命是为了限制国家权力对于公民权利的侵害,这也正是罪刑法定原则的核心价值之所在,刑法也可以被称为自由刑法。

但是,历史的车轮向前滚滚而来,我们已经进入了风险社会。风险社会有一个显著的特点就是风险的不确定性。"从风险的发展态势来看,风险的传递和运动经常是潜在的、内在的,在不知不觉中风险已经悄悄逼近。"今天的现实是,我们生活在网络社会,一个热点事件的出现可能会产生"蝴蝶效应"(The Butterfly Effect)。谣言在网络中的传播范围较之于传统的社会来说,上升的不知道是多少个数量级。特别是政治谣言、邪教迷信这一类谣言,如果被不法分子利用,造成的危害将是不可估量的,必须加以防范。在对风险社会和传统社会进行比较的基础上,贝克指出,"阶级社会的推动力可以用一句话来概括:我饿!风险社会的驱动力则可以用另一句话来概括:我怕!"此时,刑法将发挥其社会保护的功能,在理念上从权利保障嬗变为风险控制。

四、网络谣言刑事规制的技术困境

尽管我们赞同运用刑事手段来治理网络谣言,因为对于严重的编造、传播网络谣言的行为,刑罚确实也起到了比较好的制裁效果。但是就此种治理模式本身而言,由刑法本身的特点所决定——刑法是一种必要的恶,此时会出现一个悖论,一方面,我们以保护网络秩序为目的,惩治造谣、传谣行为;另一方面,此种打击行为如果过度势必会侵害公民的言论自由。

《网络诽谤解释》第 5 条第 2 款规定:"编造虚假信息,或者明知是编造的虚假信息,在信息网络上散布,或者组织、指使人员在信息网络上散布,起哄闹事,造成公共秩序严重混乱的,依照刑法第二百九十三条第一款第(四)项的规定,以寻衅滋事罪定罪处罚。"而要认定寻衅滋事罪,除了要认同网络空间是公共场所,还要进一步判断编造、传播网络谣言的行为给公共秩序造成严重混乱,而这个标准尚无明确的依据。

关于网络型寻衅滋事罪的"公共秩序严重混乱"的认定标准存在不同的看法。第一种观点认为应纯粹从网络社会的自有秩序出发,用网络空间中的定量因素来判断"公共场所秩序"是否严重混乱。第二种观点认为应仍然限定为传统空间中的秩序混乱。换言之,只有网络空间中的秩序混乱,酝酿发酵之后"落地"到传统的现实空间,才属于刑法条文中的"公共场所秩序严重混乱"。只有引发了重大群体性事件、公共秩序混乱以及民族、宗教冲突等情形,才有必要动用刑罚这一"最后手段"。第三种观点认为应结合现实空间秩序和网络空间秩序来认定"公共场所秩序严重混乱"。只有网络空间秩序和现实空间秩序都受到严重扰乱,才能认定为"公共场所秩序严重混乱"。换言之,单独造成网络空间秩序混乱或者现实空间秩序混乱都不足以认定网络谣言导致了"公共场所秩序严重混乱"。

笔者认为,这三种不同的判断标准背后蕴含了三种不同的立场。第一种是只考虑网络空间秩序,该种观点属于"激进派",认为网络空间与现实社会无异,网络空间和现实社会属于"双层社会"。网络空间秩序混乱是寻衅滋事罪的入罪条件,现实社会秩序混乱是寻衅滋事罪的量刑升格条件。认定"公共场所秩序严重混乱"的合理标准,应当是以"网络空间秩序混乱"为主标准,同时兼顾现实空间中的传统标准,即网络秩序混乱是入罪的主要标准,如果犯罪的危害结果"落地"到现实空间中,引发《网络诽谤解释》第 3 条规定的情形,则作为从严的量刑标准。第二种是只考虑现实社会秩序,该种观点属于"保守派",认为实体公共场所秩序的混乱会使不特定人遭受侵害或者使公众无法进出公共场所而使公共生活稳定安宁的状态被破坏,但是在网上散布虚假信息的行为不会使人们直接遭受损害,人们不会被迫接触或者相信这种信息,也不会造成公众无法进入网络空间进行正常的网络生活,因此很难说对公众平稳安宁的生活状态造成了破坏。第三种是兼顾网络空间秩序和现实社会秩序,该种观点属于"折中派",认为《刑法》第 293 条第 1 款第(四)项规定的行为,即"在公共场所起哄闹事,造成公共场所秩序严重混乱"中前后两个"公共场所"应该做相应的区分,具体而言,第一个"公共场所"不仅仅指现实空间,而且还包括网络空间,第二个"公共场所"则指的是现实空间。

五、网络谣言社会治理模式的优化

我们不能狭隘地认为只有刑法才能治理网络谣言,甚至片面地认为只有法律才能治理网络谣言。治理网络谣言需要全社会共同参与。特别是在新时代下,推进国家治理体系和治理能力现代化被视作全党的一项重大战略任务。中国共产党第十九届中央委员会第四次全体会议通过的《中共中央关于坚持和完善中国特色社会主义制度、推进国家治理体系和治理能力现代化若干重大问题的决定》指出:"社会治理是国家治理的重要方面。必须加强和创新社会治理,完善党委领导、政府负责、民主协商、社会协同、公众参与、法治保障、科技支撑的社会治理体系,建设人人有责、人人尽责、人人享有的社会治理共同体,确保人民安居乐业、社会安定有序,建设更高水平的平安中国。"笔者认为,国家(社会)治理能力、治理水平的提升是具体的,不是抽象的。由于网络谣言的治理涉及多种价值的平衡(最起码有言论自由和社会秩序两种价值),从治本的角度看,必须站在更高的视野来看待网络谣言的治理问题。网络谣言治理模式的优化应从两个层次展开:第一层次是区分法律之内和法律之外;第二层次是在法律之内区分刑法之内与其他法律规范。

(一)法律之外

网络谣言的治理首先不是运用法律的方法,在法律之外,应该推进网络谣言治理的社会化、专业化、智能化。

第一,网络谣言治理的社会化。网络谣言的产生有一定的社会原因,因此治理网络谣言也需要社会提供一定的条件。在社会发展过程中,社会发展、进步与治理网络谣言存在着一定程度上的关联,有必要将完善社会转化为治理网络谣言的手段和途径,即通过减少社会弊端,尽可能地减少引发网络谣言的社会刺激因素。政府在其中扮演着最为重要的角色,因为政府的职能要求它统筹各种资源来加强社会治理。可以说,网络谣言治理的社会化,是一种系统治理、源头治理。

第二,网络谣言治理的专业化。治理网络谣言同时需要互联网行业协会、企业的支持,因为它们拥有技术优势,能够配合政府及时掌握网络谣言的发生、蔓延态势。其中,加快网络用户实名制是当务之急。用户实名制属于事前监管,能将公民的权利和义务相统一,既充分保障公民的言论自由,也能对网民个人的网上言行起到一定的制约作用。另外,实名制也将权利义务合理分配给了网络服务提供者,如果网络服务提供者未能尽到实名审查的义务,应当承担相应的责任,减少网络谣言的蔓延。

第三,网络谣言治理的智能化。信息化时代,大数据、移动互联网、云计算等先进技术在犯罪预防领域的应用将成为拉动学科发展的强大引擎。对于治理网络谣言而言，也可以利用智能分析技术，掌握网络谣言在实际中的总体局势。关于网络谣言的社会危害性，可以进行"三元素"评估。将网络谣言的社会危害性分级，然后采取不同的处理方式。

（二）法律之内

通过法律来治理网络谣言是不可或缺的一种手段，然而，在法律之内也应分为两个层次来实施法律：刑法与其他法律。

1. 刑法

前文已经指出了网络谣言刑事规制存在的一些困境，具体是从理念、制度和技术三个方面展开的。因此，可以从这三个方面予以改进和优化。

第一，理念层面。刑法是保障法，唯有在其他的前置性法律规制无效之时才能运用刑法来对危害社会的行为进行惩罚。网络谣言的规制涉及公民的言论自由、监督权等，倘若过度刑法化，可能会戕害公民权利的行使。从刑法谦抑性的立场出发，不应将刑法作为规制网络谣言第一顺位的法律手段。

第二，制度层面。关于编造、传播虚假信息罪的调整对象，应当扩充该罪的信息内容，将具有同等甚至更严重社会危害性的同类情况囊括在内，比如食品安全信息、环境安全信息等，以提高该罪的适用能力与开放性。关于编造并传播虚假证券、期货交易信息罪的责任主体，应取消在身份方面的限制。关于法定刑配置问题，建议将编造并传播证券、期货交易虚假信息罪的最高法定刑由5年有期徒刑提高至10年有期徒刑，诽谤罪和损害商业信誉、商品声誉罪的法定刑也应有所提升。

第三，技术层面。网络谣言的编造或者传播行为只有达到造成"公共秩序严重混乱"，方可入罪。对于"公共秩序严重混乱"的判断标准，"折中派"的观点较为妥当，它兼顾了网络空间秩序和现实社会秩序，认为《刑法》第293条第1款第（四）项规定的行为，即"在公共场所起哄闹事，造成公共场所秩序严重混乱"中前后两个"公共场所"应做区分，具体而言，第一个"公共场所"不仅仅指现实空间，而且还包括网络空间，第二个"公共场所"则指现实空间。

2. 其他法律

我国在网络谣言的治理方面，制定了大量的法律法规和司法解释，形成了对网络空间强大的管控体系。但是，一个突出的问题是现有的法律法规制度建设尚不健全，现阶段需要做的是完善、整合相关法律体系。

首先，对于以往一些不合理的规定、条文，应根据最新的法律、司法解释作出适当修正，对于矛盾的地方要进一步协调。

其次，在民事领域的网络谣言侵权，针对难以确定被告的情况，可以适当增加信息传播"把关人"的义务。网络谣言是通过网络进行传播的，不是线下的口口相传，受害人依靠自己的能力来确定侵权人尤为困难。从便利司法的角度考虑，只要受害人有证据证明受到了谣言的侵害，再让网络服务者根据提供的相关证据查找造谣者，这样增加"把关人"义务的做法有利于权利的救济。

再次，行政法对网络谣言的规制，以《治安管理处罚法》第 25 条适用频次最高，而其处罚的力度较小，使得网络谣言治理有罚而无治，没有真正让造谣者和传谣者付出应有的法律代价，并未达到惩罚与教育的目的。因此，可以适当加大惩治力度，尤其可以适当提高财产罚的处罚标准，从经济上打击谣言制造者，降低其违法的经济能力。

最后，建立公诉程序和自诉程序的衔接机制。刑事诉讼法规定的刑事自诉和民事诉讼法规定的"不告不理"属于公民诉讼选择的自由，自诉案件和民事侵权案件，公权力机关都不得主动介入。但在处理谣言类案件时，公诉与自诉之间又缺乏有效衔接，形成追诉上"被害人有权利无能力"，而国家司法机关"有能力无权力"的尴尬局面。针对名人或领导人的谣言，尽管属于刑事自诉或者是简单的名誉侵权，但可以将其作为刑事公诉案件处理。

六、结语

中国互联网络信息中心（CNNIC）2019 年 8 月 30 日发布的第 44 次《中国互联网络发展状况统计报告》显示，截至 2019 年上半年，我国互联网普及率已超过六成。报告显示，截至 2019 年 6 月，我国网民规模达 8.54 亿，较 2018 年底增长 2598 万，互联网普及率达 61.2%，较 2018 年底提升 1.6 个百分点；我国手机网民规模达 8.47 亿，网民使用手机上网的比例高达 99.1%。可以说，我们的言论自由比以往历史上的任何时期都更自由，借此机缘，我们的民族可以广开言路，新思想也随之迸发出来。但是，言论自由有其限度。孟德斯鸠认为："自由是做法律所允许的一切事情的权利；如果一个公民能够做法律所禁止的事情，他就不再有自由了，因为其他的人也同样会有这个权利。"具体到网络谣言的治理，乃是一个复杂的系统性工程，唯有各方面积极作为，才能提供治理网络谣言的有效路径。一方面，尊重言论自由，以保障公民的权利；另一方面，净化网络空间秩序，营造风清气正的网络环境。

双层社会背景下网络盗窃犯罪研究

陈禹衡*

网络空间与现实空间正逐步走向交叉融合,"双层社会"正逐步形成,传统犯罪发生的场域,也由"现实物理空间"转化为"现实物理空间"与"网络虚拟空间"两个平台。① 德国著名刑法学家乌尔里希·齐白曾言"正在兴起的信息社会正在创造新的经济、文化和政治集会,但它同时也引发了新的风险,这些新的机会和风险正在对我们的法律制度构成新的挑战",② 在我国,网络盗窃类案件于 2006 年左右诉诸报道,③ 其所处的时代背景恰好是互联网产业在我国蓬勃发展的早期。在中国裁判文书网上输入"网络盗窃"为案由,共检索出 81 件刑事案件,并集中于江苏省(12 件)、广东省(12 件)、浙江省(10 件)这三个网络发展较为迅速的地区,并且在 2016 年以后呈现爆发趋势,每年案件数量由过往的 5—6 件陡升至 20 余件,由此可见在网络发展日益兴盛的今天,网络盗窃对网络环境的破坏日益严重。相较于传统盗窃,网络盗窃在诸多方面有所不同,学界对于网络盗窃中的相关问题也存在争议,有鉴于此,最高人民法院发布了指导案例 27 号《臧进泉等盗窃、诈骗案》,④ 最高人民检察院发布了指导性检例第 37 号《张四毛网络域名盗窃案》,⑤ 体现了司法层面对于网络盗窃行为的重视。本文从司法实践中存在的问题着手,秉持刑法教义学的视角,就网络盗窃的侵害法益、行为特征进行分析,以及对网络盗窃

---

* 陈禹衡,东南大学法学院刑法学博士研究生。
① 陈洪兵:《双层社会背景下的刑法解释》,载《法学论坛》2019 年第 2 期。
② 于志刚、于冲:《域外网络法律译丛·刑事法卷》,中国法制出版社 2015 年版,第 3 页。
③ 诸如,《上海市黄浦区人民检察院诉孟动、何立康网络盗窃案》,载《最高人民法院公报》2006 年第 11 期;《打击网络盗窃建安全互联网社会》,载《信息网络安全》2007 年第 11 期。上述报道均显示出网络盗窃行为已经引起人们的关注。
④ 参见(2011)浙刑三终字第 132 号。
⑤ 参见(2016)辽 0203 刑初 66 号。

中秘密性要素需存与否进行证成,以期能够对网络盗窃的刑法规制有所帮助。

一、网络盗窃概念及保护法益的修正

网络盗窃的概念,黄泽林教授认为是指以非法占有为目的,利用编程、加密、解码以及其他的网络技术和电子资金过户系统,在计算机网络上窃取电子资金或者电信服务的行为。① 笔者则认为这一定义涵盖不够全面。实际上,基于达尼埃尔·马丁对网络犯罪的定义,网络犯罪分为两种,一种是以信息技术为犯罪对象的犯罪,又称纯正的信息犯罪,另一种是指以信息技术为实施方法的犯罪,即与信息和通信技术有关的犯罪。② 亦有意大利学者劳伦佐依据侵害法益的不同,分为侵害全新法益的犯罪和以新的技术手段侵害传统法益的犯罪。③ 有鉴于此,基于法益保护的概念,本文在网络犯罪的语义背景下将网络盗窃的概念修正为,基于非法占有的目的,利用网络技术手段对财物和财产性利益进行窃取,以及利用窃取行为对依托于网络技术的财物和财产性利益进行非法占有的行为。

刑法教义学就是刑法解释学,而法益保护说能够妥当地解释刑法规范,实现刑法的目的与任务。④ 对于网络盗窃所侵害的法益,本文采用上述说法是基于对法益保护的考量。张明楷教授认为"解释一个犯罪的构成要件,首先必须明确该犯罪的保护法益,然后在法条用语可能具有的含义之内进行相应的解释"。⑤ 网络盗窃所侵害的法益,包括财物⑥和财产性利益,其中财物主要是指虚拟财产,而对于网络服务则可以为财产性利益的概念所涵摄,⑦ 对于用财

---

① 黄泽林:《网络盗窃的刑法问题研究》,载《河北法学》2009 年第 1 期。
② [法]达尼埃尔·马丁、弗雷德里克-保罗·马丁:《网络犯罪:威胁、风险与反击》,卢建平译,中国大百科全书出版社 2002 年版,第 19 页。
③ 于志刚:《"信息化跨国犯罪"时代与〈网络犯罪公约〉的中国取舍——兼论网络犯罪刑事管辖权的理念重塑和规则重建》,载《法学论坛》2013 年第 2 期。
④ 张明楷:《也论刑法教义学的立场与冯军教授商榷》,载《中外法学》2014 年第 2 期。
⑤ 张明楷:《实质解释论的再提倡》,载《中国法学》2010 年第 4 期。
⑥ 此处的财物是狭义的财物,狭义的财物主要指有体物和无体物,而作为财产犯罪对象的财物则是指狭义的财物和财产性利益。
⑦ 对于网络服务的概念,黄泽林教授将其称为电信服务,而盗用电信服务是指行为人非法获取、使用他人电信密码号或者账号,或者非法侵入电信部门计算机信息系统,非法设立电信账号并使用该账号接受电信服务的行为。笔者认为这一概念涵盖不够全面,实际上电信服务的概念源于《刑法》第 265 条"以牟利为目的,盗接他人通信线路、复制他人电信码号或者明知是盗接、复制的电信设备、设施而使用的"的规定,电信服务和一般意义上的网络服务的概念迥异,此处修正为网络服务更为恰当。

产性利益的概念来涵摄网络服务，是由于财产性利益的概念"除了使人提供劳务、服务等积极性利益之外，还包括诸如免除债务或者暂缓支付等消极性利益"，① 前田雅英教授则将其归纳为"使负担债务、免除债务（包括延期支付债务）以及接受提供劳务"，② 在实际案例中也出现了通过侵入网贷平台后台篡改数据免除债务以获取消极性财产利益的行为。而从依托的载体进行分类，分为依托网络技术的法益和非依托网络技术的法益。结合非法占有上述法益的手段，则排列组合为：利用网络技术手段对财物和财产性利益进行窃取（此处财物和财产性法益不论是否依托网络技术作为存在载体）；利用传统意义上的盗窃行为进行的对依托网络技术作为载体的财物和财产性利益的非法占有。质言之，只要是在侵害法益和行为手段上任意和网络技术产生关联，则行为本身便构成网络盗窃。采用这样的概念可以最大程度地涵摄网络盗窃的相关行为，将网络盗窃行为分成了三组模块：传统手段盗窃涉网络财物及财产性利益、网络技术手段盗窃涉网络财物及财产性利益、网络技术手段盗窃不涉及网络的财物和财产性利益。

区别于其他类型的网络犯罪，诸如流量劫持类网络犯罪在罪名的适用上倾向于破坏计算机信息系统类的罪名，③ 而网络盗窃则应该从保护法益出发坚持以盗窃罪加以规制，支持以盗窃罪加以规制的原因是因为网络盗窃的保护法益主要是财物和财产性利益，而非计算机信息系统的安全，在最高法和最高检的指导性案例中，对于网络盗窃的行为最终都以盗窃罪定罪量刑，从而在宏观层面对符合犯罪构成要件的网络盗窃行为的刑法规制进行指引。在域外司法实践中，对于网络盗窃行为的定罪则有所不同，《德国刑法典》将其归入刺探数据

---

① ［日］西田典之：《日本刑法各论》（第三版），刘明祥、王昭武译，中国人民大学出版社2007年版，第148页。

② ［日］前田雅英：《日本刑法各论》，董璠舆译，五南图书出版公司2000年版，第152页。

③ 陈禹衡：《"控制"、"获取"还是"破坏"——流量劫持的罪名辨析》，载《西北民族大学学报（哲学社会科学版）》2019年第6期。

罪或者计算机诈骗罪,① 《日本刑法典》将其归入使用电子计算机诈骗罪,② 美国出台了《美国联邦禁止电子盗窃法案》,而且早在 1984 年就修改了刑法典第 18 篇第 47 章,规定计算机犯罪中包括自计算机取得金钱或信用情报罪,③ 值得注意的是,在第 113 章盗窃罪中,对于盗窃知识产权的,则纳入盗窃罪的规制范畴。与之对比,我国对于网络盗窃以盗窃罪定罪量刑,是出于修正后的法益角度予以考量,破坏计算机信息系统类的罪名所保护的法益是计算机信息系统的安全法益或者计算机网络秩序法益,但是在网络盗窃中,其直接指向的是对财产法益的侵害,追根溯源,对于财产法益的保护乃是规制网络盗窃的根本目的,对于有学者提出设立新的罪名或者在现有的罪名中予以补充的建议,④ 笔者认为并无赘述的必要,从保护法益和行为模式而言,网络盗窃和传统盗窃在行为范式本质上并无不同,行为范式的外观改变实际上是因为适用场域变化,由传统的物理空间转换到虚拟的网络空间所致,在给出合理的法律解释之后,能够适用于现有的网络盗窃的刑法规制。

二、网络盗窃的行为特征分析

(一) 网络盗窃的侵害法益集中在财产性利益

网络盗窃的侵害法益集中在财产性利益,是由于网络盗窃行为自身的属性所导致的,网络盗窃的三种行为模式从本质上来看都依赖于网络技术的支持,而网络空间本身就具有虚拟性、随机性的特征。在互联网时代,只要你的计算机和互联网相联,就会存在被侵入系统的危险,而这样的侵入可以从世界上任

---

① 《德国刑法典》第 202 条 a 规定:"刺探数据罪,通过克服接入安全机制,未经许可地使自己或他人访问并不属于他的数据或者为防止未授权访问而被特别加以保护的数据的",第 263 条 a 规定:"计算机诈骗罪,意图为自己或者第三人获取非法财产利益,通过不正确的程序编制、使用不正确或者不完整的数据、未经许可地使用数据或者其他未经许可的影响过程的方式对数据处理流程的结果产生影响,造成他人财产损失的"。

② 《日本刑法典》第 246 条之 2 规定:"向他人处理事务使用的电子计算机输入虚伪信息或者不正当的指令,从而制作与财产权的得失或者变更有关的不真实的电磁记录,或者提供与财产权的得失、变更有关的虚伪电磁记录给他人处理事务使用"。

③ 《美国模范刑法典》第 1030 条第 (4) 项规定:"明知带有欺诈的故意,未经授权或者超出授权访问受保护的计算机,并通过这种方式促进故意欺诈并取得任何有价值的物。"

④ 张爱艳、何峰:《我国网络盗窃犯罪的刑法规制》,载《刑法论丛》2017 年第 2 期。

何一个角落发起。① 伴随着网络盗窃行为本身的随机性，导致侵害法益的虚拟化，而财产性利益则是虚拟化的网络财产的集中代表。

通过对裁判文书网上 81 件网络盗窃案例进行统计可知，其中多达 75 件案例是侵犯财产性利益，并且集中在涉及网络的财产性利益，占比高达 92.6%。财产性利益是指除狭义财物以外的财产上的利益，包括积极的财产增加和消极的财产减少，② 对于财产性利益能否被盗窃，学界尚有争论，张明楷教授认为财产性利益具有管理可能性、转移可能性、价值性，③ 因而可以成为盗窃罪的对象。④ 与之相对，刘明祥教授认为财产性利益不能成为盗窃罪的对象，概因盗窃罪的直接"侵害占有"和"打破占有"的特性，在一定程度上决定了其侵害对象只能是财物而不能是财产性利益。⑤ 而黎宏教授所提出的刑法适用上的不协调则是因为刑法规定的具体财产犯罪有各自不同的特点或构成要件，这决定了各自侵害的对象可能有差异，进而导致轻罪可能侵犯的对象重罪反而不能侵犯。⑥

笔者认为财产性利益可以被网络盗窃，原因有三：第一，网络盗窃行为的司法判例的结果反向印证了财产性利益可以被盗窃的观点已经为司法机关所接受，在 81 个案例中，多达 75 个案例是侵犯财产性利益，而其中有 72 个案例最终判处盗窃罪、6 个案例判处非法侵入计算机信息系统罪、3 个案例判处诈骗罪，占比分别为 88.9%、7.5%、3.6%，⑦ 由此可见司法实践中倾向于认可财产性利益可以被网络盗窃。第二，财产性利益的概念涵盖较广，能够最大程度地涵摄可能出现的不同类型的网络盗窃行为，实际上财产性利益具有复合

---

① ［英］尼尔·巴雷特：《数字化犯罪》，郝海洋译，辽宁教育出版社 1988 年版，第 106 页。
② 张明楷：《刑法学》（第 5 版），法律出版社 2016 年版，第 932 页。
③ 张明楷：《论盗窃财产性利益》，载《中外法学》2016 年第 6 期。
④ 持此观点的亦有黎宏教授，其认为既然财产性利益能够成为诈骗罪的对象，则没有理由将其排除在盗窃罪的对象之外，盗窃罪的危险性显著高于诈骗罪，不处罚将会导致刑法适用上的不协调。参见黎宏：《论盗窃财产性利益》，载《清华法学》2013 年第 6 期。
⑤ 持此观点的亦有童伟华教授，理由在于为了保证盗窃罪解释上的明确性，同时也为了限制处罚不当罚的行为，所以基于罪刑法定原则的精神，财产性利益不可被盗窃。参见童伟华：《论盗窃罪的对象》，载《东南大学学报（哲学社会科学版）》2009 年第 4 期。
⑥ 刘明祥：《论窃取财产性利益》，载《政治与法律》2019 年第 8 期。
⑦ 根据徐岱教授在 2016 年的统计数据显示，共有 41 件网络盗窃案件，其中盗窃罪占比 44%，诈骗罪为 15%，非法侵入计算机信息系统罪为 19%，从数据对比看，对网络盗窃以盗窃罪加以规制趋势明显。

性，因此其受保护的方法和受侵害的方法多种多样，① 而网络盗窃行为的多样化恰恰符合了这一特征，实践中很多网络盗窃行为很难解释为单纯地侵害财物，比如前文所述的通过侵入网贷网站的后台抹除自己借贷记录的行为，侵害的法益应该评价为财产性利益。第三，如果认为将财产性利益纳入可以盗窃的范畴是类推解释，实际上是有失公允的，判断某种解释是类推解释还是扩大解释应该通过参照一般人的接受程度，判断其是否会侵犯国民的预测可能性。② 此处将财物解释为包括财产性利益，属于扩大解释，盗窃财产性利益的行为具有处罚的必要性，没有超出国民的预测可能性，③ 与刑法的整体精神相协调，而且符合整个刑法条文的语义使用环境。④ 如果坚持文本论和字面论的严格解释，不具有现实性和妥当性。⑤ 不可否认，在网络时代的刑法解释呈现了扩张化的趋势，但是此处的扩大解释坚持了法条用语的可能含义以及遵从了一般人的预测可能性。⑥ 因此与其将网络盗窃侵害法益的概念解释缩小化，并将网络盗窃侵犯财产性利益的行为引导至破坏计算机网络犯罪的规制范畴，不如直接将其纳入财产类犯罪的规制范畴，避免破坏计算机网络类犯罪沦为新的"口袋罪"。有鉴于此，无论从司法实践还是现实需求的角度出发，将财产性利益纳入网络盗窃的范畴无疑是最符合现实的网络盗窃犯罪状况的应然之举，而财产性利益在网络盗窃行为侵害法益中占据绝大多数地位。

（二）网络盗窃的手段更具多样性和随机性

对于网络盗窃行为的手段类型，应该依据组成模块的不同进行具体分析，根据对81个案例进行分析可知：（1）传统手段盗窃涉网络的财物及财产性利益的案件有4件，占比5%。（2）网络技术手段盗窃涉网络的财物及财产性利益的案件有70件，占比86.4%。（3）网络技术手段盗窃不涉及网络的财物和财产性利益的案件有7件，占比8.6%。

通过对于上述三种网络盗窃手段的主要方式进行分析，可以得出网络盗窃

---

① 黎宏：《日本刑法精义》（第2版），法律出版社2008年版，第33页。
② 张明楷：《非法获取虚拟财产的行为性质》，载《法学》2015年第3期。
③ 张明楷：《财产性利益是诈骗罪的对象》，载《法律科学（西北政法学院学报）》2005年第3期。
④ 实际上，在我国的刑法条文中财产和财物的概念划分并不明显，存在混淆的情况，甚至可以认为两者基本上是相同意义上的使用概念。
⑤ 张明楷：《刑法分则的解释原理》（第2版），中国人民大学出版社2016年版，第37页。
⑥ 欧阳本祺：《论网络时代刑法解释的限度》，载《中国法学》2017年第3期。

的手段具有以下特征：一是多样性。在上述三种类型中，仅利用网络技术的办法进行盗窃，简要来说就有木马程序的病毒模式、外挂程序的代码模式、伪装网络客服的模式等，这还是早期的行为模式，在网络技术爆炸式发展的今天，仅仅区块链技术就构成了对网络盗窃新种类的填充。① 这种技术利用网络传播的高速性以及自身存在的不可回溯性，导致针对区块链"货币"的网络盗窃行为更难被追溯和规制，而除此以外的其他类型的网络盗窃手段也层出不穷。二是随机性。网络盗窃行为的随机性特征根植于其技术源头本身，在上述多个案件中，出现了"群发病毒短信伪基站""群发短信并向指定文件夹传播病毒"等方式，② 体现了网络盗窃行为产生伊始就带有的随机性特征，这种随机性的特征将会导致损害法益的扩大化和对犯罪行为预防的不可知性，如果为了应对此种类型的犯罪而进行大规模的预防行为可能消耗大量的公共资源，而实际上正因为如此，网络盗窃对于隐秘性的需求进一步降低。质言之，网络盗窃行为所具有的反追踪性、快速性等显性特征，实际上都根植于其具有的多样性和随机性的根本特征之上，相较而言，其隐秘性的特征并非突出特征，更多的是依赖于多样性和随机性特征而给社会公众造成的"错觉"。

（三）网络盗窃依托技术中立行为进行隐藏

网络盗窃依托技术进步，越来越多地借助技术中立行为来进行隐藏，并借助中立的帮助行为的概念进行脱罪，③ 并试图依托技术中立行为的概念来隐藏其犯罪行为的本质。技术中立原则由 1984 年美国联邦最高法院的"索尼案"所设立，指某项产品或者技术的用途合法还是非法，并非能由产品或技术的提供者所能预料和控制，所以不能因为产品或技术沦为侵权的工具而要求提供者为他人的侵权行为负责。④ 刘艳红教授主张的全面考察说认为，对于网络中的中立帮助行为是否构成犯罪，应该基于对受助者的使用、帮助行为的全面性评价得出。⑤ 这实质上和本文所坚持的利益衡量说如出一辙，即出于消弭法益保护和自由保障之间的冲突关系，应该在犯罪行为所侵害的法益重要性和限制潜

---

① 张庆立：《区块链应用的不法风险与刑事法应对》，载《东方法学》2019 年第 3 期。
② 参见（2017）川 08 刑终 4 号；（2014）延中刑终字第 87 号。
③ 中立帮助行为是指外观上无害，而行为人主观上对他人的犯罪意图存在认识，客观上对他人的犯罪活动起到促进作用的日常生活行为或者正常业务行为。
④ 黄旭巍：《快播侵权案与技术无罪论》，载《中国出版》2016 年第 23 期。
⑤ 刘艳红：《无罪的快播与有罪的思维——"快播案"有罪论之反思与批判》，载《政治与法律》2016 年第 12 期。

在帮助者行为自由程度之间寻求平衡。① 在种类众多的网络盗窃行为中，由于技术手段的日新月异导致定义困难，很多网络盗窃依托技术中立原则将自身排除出可罚的范畴，其中最为典型的就是蹭网行为。

有学者认为蹭网行为是指非法侵入电信部门的计算机系统，进而利用非法设立的电信账号并接受电信服务的行为，② 并且新加坡等国已经将其界定为犯罪行为加以规制。③ 但是在实际上，对于蹭网行为是否应该用刑法手段加以规制尚存争议，究其原因，乃是蹭网行为所采用的手段主要借助技术中立行为，此处的侵入计算机信息系统的方式很多，并非暴力侵入或者恶意欺骗，其可能仅是通过创建一个新的账号来进行流量访问，或者使用某些软件的上网服务功能，而这些软件也并非都是暴力破解他人的路由器，有可能是对公共场合已经开放的流量资源进行整合。对于直接惩罚蹭网者的观点，虽然从本质上来说蹭网行为是典型的网络盗窃，但是多数情况下蹭网者并非直接对路由器进行暴力破解，行为人虽然有使用他人流量的意图和行为，但是通过技术中立行为的概念导致此类网络盗窃行为概念模糊，蹭网的实行行为并非由其完成，因而甚至可以视为"光明正大"地使用流量，肆意扩大刑罚范畴有损刑法的谦抑性。而对于惩罚蹭网软件提供者的建议，④ 笔者认为也有失公允，软件提供者依据中立帮助行为的概念，其只是提供了蹭网软件，但是并非直接参与到蹭网的实行行为中去，因而不具有可罚性，考虑到一般情况下侵害法益较为轻微，从Roxin的折衷说⑤出发，主观层面软件开发者没有蹭网的直接故意，客观层面开发者开发软件的行为与蹭网并没有直接的关联性，因而对其进行刑事制裁，显得于法无据。由此可见，此类网络盗窃借助技术中立行为来对自身行为的可

---

① 陈洪兵：《论技术中立行为的犯罪边界》，载《南通大学学报（社会科学版）》2019年第1期。

② 徐云峰：《网络犯罪心理》，武汉大学出版社2014年版，第107页。

③ 于志刚：《网络空间中帮助使用盗窃行为的实行化》，载《贵州民族学院学报（哲学社会科学版）》2009年第6期。

④ 刘德良：《专家解析"蹭网神器"法律责任》，载《法制日报》2013年8月5日，第4版。

⑤ 根据Roxin折衷说的观点：第一，日常行为概念本身并不能担当界分可罚的帮助与被允许行为的重任；第二，确定的故意与未必的故意是界定可罚的帮助与不可罚的中立行为的原则性标准；第三，在确知正犯的犯罪意图即确定的故意的场合，根据援助行为是否具有明确的犯罪关联性作为确定从犯成立与否的判断基准；第四，在行为人没有确切地认识到正犯的犯罪意图，而只是认识到自己的行为被犯罪所利用的可能性即未必的故意时，应原则上适用信赖原则加以解决。参见陈洪兵：《中立的帮助行为论》，载《中外法学》2008年第6期。

罚性进行隐藏，对传统的刑法规制提出了新的挑战，而且在披上"技术中立"的外壳之后，网络盗窃对秘密性要素的需求进一步降低。

三、网络盗窃的秘密性要素需存与否的辨析

(一) 秘密性要素需存与否的争鸣

对于盗窃的具体行为构成要件之争由来已久，尤其是对于秘密性的要素需存与否的争执旷日持久，在网络盗窃呈滥觞之势的今天，秘密性要素的需存与否成为网络盗窃刑法规制的不可回避的争议问题。放眼至传统盗窃，我国刑法学界对于盗窃的概念及定义，围绕秘密性的需存与否形成了泾渭分明的两个阵营。按照一般意义上的通说概念，对于盗窃的定义要求具有秘密性，盗窃是秘密窃取公私财物的行径，与之对应，抢夺是指公然夺取公私财物的行为，通说的观点也因此被称为"秘密窃取说"，其拥簇者认为"只要行为人主观上意图秘密窃取，则即使在客观上已经被他人发觉和注视，也不影响盗窃性质的认定"。① 在秘密窃取说成为通说的背景下，以张明楷教授为首的学者提出了"平和窃取说"，通过对秘密窃取说在实际司法过程中的弊端进行分析，总结出"当传统解释结论存在缺陷时，解释者必须寻求新的解释方案。'秘密窃取公私财物'并非盗窃罪的最终的、排他的、永远不可推翻的结论；相反，解释者应当做出符合时代的解释结论"。② 质言之，盗窃就是以非法占有为目的，采用平和的手段，将他人占有的财物转移为自己或者第三者占有的行为，实际上，盗窃行为虽然通常认为具有秘密性，其原本含义也是秘密窃取，但是如果将其限定为秘密窃取，则必然会存在处罚上的空隙，造成司法不公的情形。③

有鉴于此，秘密窃取说与平和窃取说成了截然相对的两个阵营，但是在科技进步日新月异的今天，从传统意义上的盗窃放眼至网络盗窃的语境下，很多学者在提及网络盗窃的特征时，都会将秘密性纳入特征之一，坚持网络盗窃的秘密性特征是其存在的前提，认为网络盗窃的前置行为具有相应的隐蔽性，由于不影响计算机等终端的正常运行，所以秘密性要素应该具备。④ 笔者对此观点持反对态度，并认为对于网络盗窃而言，秘密性并非必需的构成要素，无论

---

① 马珊珊、张旭：《论盗窃罪中的公开"窃取"》，载《黑龙江社会科学》2015年第4期。
② 张明楷：《盗窃与抢夺的界限》，载《法学家》2006年第2期。
③ 张明楷：《刑法学》（第5版），法律出版社2016年版，第949页。
④ 张爱艳、何峰：《我国网络盗窃犯罪的刑法规制》，载《刑法论丛》2017年第2期。

是从保护法益还是行为特征的角度出发，秘密性要素的存在都有赘述之感。退言之，对秘密性要素的刻意追求只会给网络盗窃的刑法规制增加不必要的困难，在网络盗窃的保护法益和行为范式角度，对于秘密性要素并无苛求的必要。

（二）网络盗窃的侵害法益无须秘密性要素

网络盗窃的侵害法益包括财物和财产性利益，并且其特征之一就是网络盗窃的侵害法益集中在财产性利益的层面。此外，对于网络盗窃中经常提及的虚拟财产的概念，张明楷教授认为虚拟财产具有财物的特征属性，应该将其纳入财物的定义范畴，① 陈兴良教授也认为其是具有财产性价值、以电磁数据形式存在于网络空间的财物，② 而邓社民教授则从民法的角度将其厘定为著作权中的普通许可使用权，③ 反向印证了虚拟财产并非财产性利益而是财物。质言之，网络盗窃的主要侵害法益是以虚拟财产为主的财物和财产性利益。

对于网络盗窃侵害的以虚拟财产为主的财物，这些虚拟财产主要依托于网络服务平台存在，并且在虚拟财产概念的诞生伊始，其就伴随着网络的透明性和公开性而存在。在虚拟财产的价值维度层面，虚拟财产不过是互联网二进制代码的"形象化"，其蕴含的价值本身是寄托于所有者个人身份在网络空间的具体指向，而摒除了所有者个人身份的限定，代码本身并非需要秘密性的加持，而是公开于网络空间的数据。就虚拟财产的数据性特征而言，即使是反对将盗窃虚拟财产的网络盗窃行为以盗窃罪加以规制的刘明祥教授④也不否认虚拟财产的数据性特征，⑤ 既然虚拟财产的本质是数据的集合，那么数据自身所带有的公开性特征便天然地抵触所谓盗窃的秘密性特征，在网络盗窃涉及以虚拟财产为主的财物时，此时秘密性要素既非必须，亦无必要。概言之，在网络盗窃虚拟财产时，其本身并非秘密性加持的财物，而是在网络公开领域和被侵

---

① 张明楷：《非法获取虚拟财产的行为性质》，载《法学》2015年第3期。
② 陈兴良：《虚拟财产的刑法属性及其保护路径》，载《中国法学》2017年第2期。
③ 邓社民、李炳录、韩金山：《再论网络虚拟财产的法律性质——以玩家对网络游戏装备享有的权利性质为视角》，载《新疆大学学报（哲学·人文社会科学版）》2019年第5期。
④ 根据刘明祥教授的观点，窃取虚拟财产行为符合非法获取计算机信息系统数据罪的构成要件，应该以该罪而非盗窃罪加以刑法规制，行为手段不是非法侵入计算机信息系统或类似技术手段的，不定该罪。
⑤ 刘明祥：《窃取网络虚拟财产行为定性探究》，载《法学》2016年第1期。

害人身份紧密相关的数字代码或者数据,并且在刑法典中归入相应的规制范畴,①即便被侵害人有相应的加密措施,似乎增加了虚拟财产所代表的数据的秘密性,但是实际上这里的加密措施是针对被侵害人身份的保护,被侵害人身份并不具有财产属性而加密措施也不可能直接作用于代表虚拟财产的数字代码。

对于网络盗窃侵犯财产性利益,主要包括积极的财产性利益和消极的财产性利益,而这两者在本质上都对秘密性并无要求。侵犯积极的财产性利益包括盗窃服务和使自己或者第三者获得某种债权。前者的典型案例就是上文所述的蹭网行为,蹭网行为所侵害的并非单纯的数据流量,换言之,数据流量只会被消耗而无法被转移,实际上蹭网行为所盗窃的是运营商提供的网络服务,根据免除对价说的观点,劳务、服务本身并非财产性利益,但免除其对价时,则属于取得财产性利益,②此处的蹭网行为所侵害的运营商的服务契合这一理论,由于网络盗窃行为所导致的对网络浏览服务的免除对价意味着对服务的盗窃,而网络服务本身是公开于网络的状态,其自身并非处于秘密的状态。后者的典型案例则多发于各种侵入虚拟平台的后台的行径中,通过在虚拟平台中修改自己的数据促使自己获得债权,典型的案例是赵宏铃等盗窃案。③

概言之,无论是财产性利益,还是以虚拟财产为主的财物,在网络盗窃的语境下一样具有二分性,笔者认为这里的二分性是指:一方面,这里的财产自身的存在处于公开的范畴,无论是以虚拟财产为主的财物还是财产性利益都和网络息息相关,这也就意味着其本身的价值数字化,以二进制代码为存在载体,既然属于网络空间的公开性范畴,则此处的财产本身更遑论秘密性。另一方面,这里的财产属性更多地依存于行为人个人的人身属性,个人的人身属性有所谓的秘密性,但是这是个人隐私权的范畴和网络盗窃所谓的秘密性无关,侵犯了行为人个人的人身属性的秘密性是网络盗窃的前置行为,应该被排除在网络盗窃主体行为之外。有鉴于此,在网络盗窃的语境下,考虑到网络盗窃所侵害法益的特殊性,此处对于秘密性要素并无着重强调的必要,与之相反,公开性特征才是被侵害法益的特征,在保护法益层面秘密性要素并无存在的必要性。

---

① [德]埃里克·希尔根多夫:《德国刑法学——从传统到现在》,江溯等译,北京大学出版社2015年版,第424页。
② [日]松原芳博:《刑法各论》,日本评论社2016年版,第173~174页。
③ 具体案情参见第110集指导案例第1202号赵宏铃等盗窃案,载最高人民法院刑事审判第一至五庭主办:《刑事审判参考》,法律出版社2018年版,第56~62页。

（三）网络盗窃的行为特征阻却秘密性要素

对网络盗窃的行为特征进行分析，首先需要对"网络盗窃"这一词汇进行拆解，分为"网络+盗窃"，也可以理解为有网络环境因素加入的盗窃行为，对于盗窃行为中秘密性要素的需存与否，周光权教授认为"只要是以平和而非暴力的手段，违反占有人的意思而取得财物，就是盗窃罪中的窃取，而不以隐秘方法的实施为必要条件"。① 而在实际的 81 份网络盗窃裁判文书中，对于"秘密"要素在裁判文书中有所提及的共 46 篇，占比为 56.7%，由此可见，即使是在实务部门的具体裁判文书中，对于秘密性要素苛求的观念也被逐步放弃，这一趋势的产生印证了秘密性要素在网络盗窃语义环境中的式微。

在网络空间语境下实施的网络盗窃行为，实际上是借助网络科技得以诠释的盗窃行为的全新范式，由于网络空间打破了自然地理所限制的虚拟性，可以一对多以及远程发挥作用，② 因而在网络盗窃的整体过程中，网络空间的开放性价值理念和秘密性要素天然地相互排斥。值得注意的是，在现有的裁判文书中，对于网络盗窃仍旧提倡秘密性要素的裁判文书屡见不鲜，典型的裁判文书如彭某盗窃案的判决书，③ 在判决书中，提到"本院认为，上诉人彭某以非法占有为目的，秘密窃取他人财物价值人民币 3900 元，数额较大，其行为构成盗窃罪"，而对彭某的行为进行分析，则是彭某在盗窃到被害人的手机后，直接将被害人银行卡中的 2800 余元分批多次转入自己的赌博网站账号，从整体行为上看，这里的 3900 元的盗窃损失分为 1100 元的手机损失和 2800 元的银行卡损失，且不论彭某盗窃手机这种传统意义上的盗窃行为是否具备秘密性要素，单就分批多次将银行卡中的钱转入赌博账号的行为而言，其本身并未体现秘密性要素，甚至留下了清楚的交易流水记录，此处对于秘密性要素的提出并无必要。此外，在网络空间的语境下，苛求网络盗窃的秘密性在实践中非常困难，在该案提交的证据中，出现了"支付宝、微信、花呗交易明细、银行卡交易明细、存款机转账明细"等多种证据来作为网络盗窃的证成，而司法机关在审判时，可以在网络平台的配合下调出此类证据，在类似的案件中，亦有侵入网络金融平台后台篡改数据盗窃财产但是在后台程序中留下电磁记录，或者利用虚假的网络链接来窃取被害人财物但是在转账平台中留下交易信息的情形。④ 实际上，在客观层面，网络空间中的任何举动都会留下痕迹，而犯罪人

---

① 周光权：《刑法各论（第三版）》，中国人民大学出版社 2016 年版，第 113 页。
② 刘艳红：《论刑法的网络空间效力》，载《中国法学》2018 年第 3 期。
③ 参见（2018）湘 31 刑终 291 号。
④ 参见（2017）浙 01 刑终 896 号；（2018）闽 0803 刑初 215 号。

的网络盗窃行为几乎不存在秘密的可能性,网络盗窃的特性决定了行为人在实施盗窃行为时需要通过网络技术进行转移,区别于传统盗窃的行为人主要依靠自我行为,在网络环境下,无论是借助网络技术进行盗窃还是通过网络平台进行转移,都会留下明显的痕迹并且被找寻到,网络盗窃的秘密性在客观层面上无从谈起。在主观层面,通说教科书要求"秘密"与"公开"的区别仅存在于行为人的主观意识中,即秘密是指行为人自认为没有被所有人、保管人发现,如果行为人已经明知被被害人发觉,则不构成盗窃罪,而构成抢夺罪,① 但是在网络盗窃中,出于空间隔离的疏离感,对于行为人而言主观层面是否秘密根本无从判断,对于行为人而言,其是通过网络技术进行窃取的行为,一方面,网络盗窃中行为人的态度,在以此种相较而言较为平和的方式取得他人的财物时,根本不考虑自身的行为是否被他人发觉,另一方面,此种语境下对行为人的心理状态难以判断,由于网络空间的存在割裂了行为人的行动,对行为人行动时的心理状态很难予以准确的定性,如果单纯地依赖被告人的口供予以判定,则会造成定罪量刑的随意性。

质言之,笔者认为网络盗窃的行为特征阻却了秘密性要素的根本原因在于网络空间语境下盗窃行为的范式出现了根本性的变化,区别于传统的盗窃的行为范式,网络盗窃的行为特征中的网络因素被放大,造成了秘密性要素存在的不必要。就前文所述的网络盗窃的三种行为模式而言,由于网络空间的割裂状态,传统的盗窃行为构成被强行割裂,行为人无论是从主观意识上还是客观行为上对于秘密性要素,既无需求的必要,亦无需求的概念,甚至在网络平台的介入下,多数转账、交易行为似乎在第三方平台的直接监控之下,纵使行为人竭尽所能以求消除记录,实际上仍旧会留下更多的痕迹,并且此处追求"秘密性"的过程更有可能会触犯计算机安全类的罪名,而对盗窃罪本身的判定并无影响。

传统刑法教科书中所追求的秘密性要素的适用失灵反应了网络空间新态势下的盗窃罪判断亟须改变,以扒窃为例,在同样的场景下,以往扒窃行为的侵入他人贴身范围,有学者将其称为"贴身禁忌②",③ 在网络盗窃的语境下显

---

① 赵秉志:《刑法新教程》(第四版),中国人民大学出版社2012年版,第670页。
② 贴身禁忌的概念是指未经允许或缺乏法律根据,不得侵入他人的贴身范围,强调的是人的身体的隐私和尊严,认为每个人的贴身范围都是一个禁忌空间。
③ 车浩:《"扒窃"入刑:贴身禁忌与行为人刑法》,载《中国法学》2013年第1期。

然并不成立,以典型的网络嗅探盗窃为例,① 网络嗅探盗窃一般通过 ARP 协议(地址解析协议)进行访问欺骗,行为人伪装成 ARP 进行应答,② 替代真的访问者获取访问权限,进而侵入系统进行盗窃,而网络嗅探类盗窃一般出于数据传输的便利性和伪装性的角度考虑,会倾向于贴近盗窃目标进行信号传输,这可以视为网络盗窃中的"扒窃",但此时所谓的贴身禁忌的含义便不复存在,其更多的是考虑信号传输的便利性,并非追求行为的秘密性,亦无对隐私性的破坏。概言之,在网络盗窃的语境下,传统刑法学所追求的秘密性并无存在的必要,亦无适用的可能性,行为范式的改变带来的是整体架构和思维模式上的变化。

四、结语

"技术常常比社会规则发展得更快,而这方面的滞后效应往往会给我们带来相当大的危害",③ 网络盗窃在互联网蓬勃发展的今天愈演愈烈,尤其在人工智能技术日新月异的今天,对于层出不穷的网络盗窃技术,借助算法等方式会造成日益严重的威胁,④ 其背后的原因之一在于刑法基于传统盗窃罪的司法适用在面对网络盗窃的新态势时出现了失衡状况,但是"法律是一种人类行为的秩序",其是用于"表示一种特殊的社会组织技术"的方式。⑤ 有鉴于此,对于网络盗窃行为,基于刑法教义学的角度出发,就保护法益、行为特征以及秘密性证成进行探讨,可以有效解决现阶段对于网络盗窃进行刑法规制所存在的问题,并且借助"平和窃取说"在网络盗窃刑法规制中的适用和总结,对于传统盗窃刑法规制中存在的理念和争议提供不同的研究视角,给传统盗窃问题的解决提供全新的思路。

---

① 网络嗅探,又称短信嗅探,是一种新型网络盗窃方式,基本流程包括寻找号码、窃听短信、获取被害人信息、盗刷资金。

② 卢艳、李辉:《交换式局域网 ARP 欺骗嗅探技术研究》,载《计算机工程与应用》2013 年第 1 期。

③ [美]理查德·A. 斯皮内洛:《世纪道德:信息技术的伦理方面》,刘钢译,中央编译出版社 1999 年版,第 6 页。

④ 陈洪兵、陈禹衡:《刑法领域的新挑战:人工智能的算法偏见》,载《广西大学学报(哲学社会科学版)》2019 年第 5 期。

⑤ [德]韦恩·莫里森:《法理学:从古希腊到后现代》,李桂林等译,武汉大学出版社 2004 年版,第 351 页。

暗网环境下网络恐怖主义治理问题研究

舒洪水　王俊超[*]

近年来,通过网络进行犯罪已经呈现出逐步增长的趋势,新型的网络犯罪不断出现。例如,通过网络制作和传播病毒、通过黑客操纵计算机系统、网络恐怖主义犯罪等。特别是近年来恐怖组织积极利用互联网开展犯罪活动,包括募集资金、宣传思想、招募成员等,对此国际社会为了积极应对恐怖组织网络化的发展趋势采取主动措施不断封锁其网站和网络账号,从而不断挤压恐怖组织网上生存空间。恐怖组织为了应对执法部门的追踪和监控已经开始使用暗网科技进行暴恐思想传播、组织内部信息交流、利用秘密市场筹措资金。2015年巴黎恐怖袭击时间后两天"IS"发布其官方网站"Isdarat"向"暗网"转移的消息,"IS"的哈耶特媒体中心(Al-Hayat Media Center)随即给出了如何在"暗网"联系"IS"的方法。[①] 鉴于暗网的隐蔽性和监管困难的特点,恐怖组织逐步向暗网靠拢,可以说暗网已经成为恐怖分子的"避风港",暗网反恐已经成为世界各国的反恐新领域。[②] 目前暗网恐怖活动虽然尚未造成巨大的安全事件,但是面对暗网恐怖活动的发展态势我们不得不改变传统观念,以危机意识看待暗网恐怖主义犯罪可能对中国国家安全造成的威胁。鉴于此,我们在解析暗网和暗网恐怖主义犯罪的基础上分析恐怖组织在暗网下的恐怖行为并且提出针对暗网恐怖活动犯罪的治理路径,以期对我国反恐工作提供支持。

一、暗网的相关概念及其特征解析

由于暗网(dark web)以及暗网恐怖主义(cyber terrorism crimes on the

---

[*] 舒洪水,西北政法大学反恐怖主义法学院(国家安全学院)副院长,教授、博士生导师;王俊超,西北政法大学法律硕士教育学院硕士研究生。

[①] 肖洋:《"伊斯兰国"的暗网攻势及其应对路径》,载《江南社会学院学报》2017年第1期。

[②] 杨亚强:《暗网恐怖主义应对路径探析》,载《江西警察学院学报》2017年第4期。

dark web）在我国属于新生事物，对其尚未有专门的论述，本文为了探求恐怖组织对暗网的利用拟从暗网的相关内涵和特点进行分析，以期对暗网恐怖主义有一个相对整体的了解。

（一）暗网的相关概念解析

暗网概念最早来自20世纪90年代，美国军方和政府为了保护军方和情报人员的通信安全，于是美国海军实验室的研究人员提出了一种被称为"洋葱路由"（Tor：the Onion Router）的匿名网络技术。之后由麻省理工学院两位研究人员加入研究之中，并于2003年在该研究上取得重大进展，由此匿名网络从虚幻变成了现实。① 随后研究人员发表了一篇名为《隐藏路径信息》的文章，将暗网定义为难以通过超链接的方式访问，没有被搜索引擎标引，只能通过动态请求方式获取信息。② Tor作为一个安装软件可以让使用者通过虚拟的通道在不透露自己身份和上网踪迹的情况下进入公共网络，因其完美的匿名性使得其用户逐年攀升，分布在世界各地的中继节点加快了其去中心化趋势。与普通方式访问互联网不同的是，暗网通过采用分布式（在网络中安装特定软件如Tor）、多节点数据访问和多层数据加密技术的方式使得访问者在上网过程中实现完全的匿名性。而Tor的官网对暗网的定义为：难以通过普通公共网络进行访问，需要依靠相应的专用工具才能进入。③ 其实暗网本身并不可怕，但是随着各国对恐怖组织打击力度的加大，如美国国家安全局破译了"基地"组织领导人之间的加密通讯，使得基地组织网上领导人的交流被迫转入暗网之中，为恐怖组织和恐怖分子提供新的互联网生存基地，暗网的匿名性和隐蔽性加大了有关部门的打击难度。

其一，与暗网概念经常发生混淆的是深网（deep wep），又称为不可见网，是指不能被搜索引擎搜到的网站的一种集合。④ 它隐藏在登录页面的后面，只有使用正确的凭证（例如用户名和登录密码）才能进入。例如，外部公司网络、图书馆数据库、独立的公司网络以及社交网络上的个人页面，这些页面只

---

① 于世梁：《"暗网"：我国网络空间治理的新领域》，载《湖北行政学院学报》2019年第2期。
② 李超、周瑛、魏星：《基于暗网的反恐情报分析研究》，载《情报杂志》2018年第6期。
③ How big is the dark web. https：//trac.torproject.org/projects/tor/wiki/doc/HowBigIsTheDarkWeb.
④ 张伟伟、王万：《暗网恐怖主义犯罪研究》，载《中国人民公安大学学报（社会科学版）》2016年第4期。

能被邀请用户浏览（比如 Facebook 上的朋友）。而有关文献将深网资源分为动态内容、未被链接内容、私有网站、被限制访问内容、脚本化内容和非 HTML/文本内容六类。而暗网又属于深网中被限制访问内容的子集，相比之下暗网仅仅是隐藏在被限制访问内容中的一部分。

其二，与明网（Surface Layers）之间的关系。明网是指无须任何程序和软件帮助便可以直接在公共网络进行检索和访问的各种网站和资源。而暗网除了是否需要特殊工具进行辅助以外，其他方面与明网并无过多差距。

（二）暗网的特征解析

1. 访问匿名性

使用者在暗网上访问的过程犹如披上一层"隐身衣"，无论是使用者的身份还是所使用的网站和访问的内容都处于隐藏状态，其访问不留任何痕迹。暗网的隐蔽特性之一是由于其加密机制，通过对用户数据进行层层加密，用户的个人信息像"洋葱"一样被包裹起来，然而要想知悉用户数据必须对加密信息进行解读，这在当前技术条件下无法做到。因此，暗网常常被用于军队和其他涉密行业用来保护相关人员信息和秘密等。通过暗网，恐怖组织可以顺利完成宣传思想、筹集资金和内部交流的活动，进而吸引了暴恐组织对暗网不断利用，导致暗网恐怖主义泛滥。

2. 服务隐蔽性

有学者指出网络由表面网、深网和暗网组成，其中只有 0.03% 的内容可以通过表层网络检索到，与表层网相反的是深网或者称之为不可见网，暗网又属于深网的子集，其中暗网为各种非法活动提供平台，如恐怖主义、网络劫持、儿童色情等，正如冰山一样，近96%的活动发生在暗网之中。[①] 加之暗网接入方式简单促使了更多的潜在用户使用，据悉使用暗网仅需要通过 VPN 翻墙进入外网下载辅助软件（如 Tor 或者 Freenet 或者 I2P）完成相关设置即可登录暗网，简单的操作步骤甚至不需要任何培训，仅通过教学视频即可完成。在以上三个辅助软件中，使用 Tor 的用户曾高达 3000 万，日访问量也接近百万，Tor 的主要受众国家分别为美德两国，其中，暗网于 2016 年 7 月出现在慕尼黑的 RAM 页面上，行凶者通过暗网市场购买了一把翻新的手枪，该词开始在德

---

① Jennifer Xu. Hsinchun Chen. Yilu Zhou. Jialun Qin. On the Topology of the Dark Web of Terrorist Groups. IEEEIntelligence and Security Informatics 2006（05）367–376.

国流行起来,同时暗网在我国也有出现。①

3. 交易隐蔽性

"暗网"的访问匿名性,不仅使得买卖双方的真实身份都处于隐藏状态,而且诸如比特币等数字货币的出现,又很好地解决了通过银行支付受到金融体系监管的问题,这大大增强了"暗网"交易的安全性,加大了执法部门打击非法交易的难度。②恐怖组织借助暗网,实现隐蔽交易,促使其顺利购买非法枪支等违禁商品,为实施恐怖活动犯罪做好前期准备工作。

二、网络恐怖主义对暗网的需求以及具体表现

(一) 网络恐怖主义对暗网的需求

1. 在匿名性方面的需求

恐怖组织利用网络进行活动始于 20 世纪 90 年代末,但是随着各国反恐策略由"应急处置"向"事前预警"转变,暗网的隐蔽性、匿名性等特点与恐怖组织转向网络犯罪不谋而合。以"伊斯兰国"为例,各个网络服务提供商逐渐达成一致立场共同挤压"伊斯兰国"的生存空间,如"伊斯兰国"的网络发源地 Twitter 与政府部门和其他企业合作共同应对极端思想传播,遏制恐怖组织交流,采取果断措施清除与"伊斯兰国"相关话题,封锁相关账号,自 2016 年以来其网络生存空间不断受到挤压,同时 Facebook、YouTube 等互联网企业也开始联合开发软件、共享数据,及时应对暴恐音视频和信息传递抵制网络恐怖主义发展,因此在全球反恐的大背景下"伊斯兰国"宣布进入暗网活动。暗网的匿名性、隐蔽性特点正好切合了网络恐怖主义犯罪的计划、组织和实施,暗网与表层网络最大的优势就是完全的匿名性,恐怖组织在表层网络的活动容易受到执法部门的跟踪和追溯,暗网设计者的初衷就是让使用者可以匿名通信、聊天、撰写信息等。而恐怖组织所需要的就是匿名性和隐蔽性,暗网的核心特点便成为恐怖组织的需要。

2. 对成本效益方面的需求

当恐怖组织在选择袭击目标和袭击方式时恐怖分子往往会根据自己的定义进行严格的成本收益分析。在选择攻击方式时候必须忽视那些可能容易被发现

---

① Denker K., Schäfer M., Steinebach M. (2019) Darknets as Tools for Cyber Warfare. In: Reuter C. (eds) Information Technology for Peace and Security. Springer Vieweg, Wiesbaden.

② 于世梁:《国外打击"暗网"犯罪的经验及启示》,载《河南警察学院学报》2019 年第 4 期。

或者影响不大的方式,因恐怖组织进行攻击的目的不仅仅是造成更大的损害,更希望更多的人因此产生恐惧。借助暗网进行攻击和活动至少要比其他方式具有更高的成本效益。一方面,通过暗网进行活动仅仅需要很少的初始投入,暗网环境下仅需要通过计算机甚至一部智能手机即可进行操作,并且不需要高成本去培训组织成员和购买其他高昂设备,同时进入暗网难度不大,恐怖分子通过简单的学习即可。在"独狼"恐怖分子进行恐怖袭击时,如不具备任何工具,其在进行活动时可在任何城市使用公共网络进入暗网(如使用虚假身份证件进入网吧不但不需要任何成本甚至在进行相关活动后不会留下任何犯罪证据)。另一方面,恐怖组织通过暗网进行小目标攻击或者小范围活动时也会给目标物的管理者和监管部门带来高额成本的投入,如恐怖组织通过暗网对重要设备(如核电站、铁路系统、通信设备等)进行攻击时,管理者就要不断更新设备、软件,提高人员素质,这不断给相关服务者带来压力。因此,暗网对恐怖组织来说是一种"力量倍增器",特别是针对较小的恐怖组织而言,其通过暗网进行攻击便可以得到相比传统攻击而言更大的危害。反过来,这就需要监管部门通过高昂的投入增加在客观上并不需要的防御措施。

3. 在文化认同方面的需求

我们生存的大环境下有不同文化,正如著名的政治家亨廷顿对文明有不同的划分,将世界文化分为西方基督教文化、东正教文化、伊斯兰文化、印度教文化和儒家文化等,文化观念和价值观的不同将世界分为不同地域。对于伊斯兰原教旨主义、犹太教复国主义等狂热的宗教亚文化和极力主张捍卫单一制民族独立国家或者极端的民族亚文化,以及主张暴力和崇尚武力的暴力亚文化都对恐怖主义犯罪有着内在的推动作用,为暴力恐怖主义活动提供了思想基础。① 在网络世界也存在同样情况,那些与社会发展相吻合的主流文化存在于表层网络,主张暴力恐怖活动的文化受到网络主流文化的排斥,然而借助暗网那些违背社会秩序的行为往往能够找到更广阔的生存空间,吸引更多的"志同道合"者加入其中,不断壮大组织力量。恐怖组织在暗网的隐蔽环境下循环往复进行思想宣传、组织内部交流等行为导致暗网恐怖主义蔓延和泛滥。

(二) 网络恐怖主义在暗网下的具体表现

暗网的出现为恐怖组织的蔓延和泛滥提供了便捷和有效的全球性工具,较之以往的网络恐怖主义犯罪而言,借助暗网的恐怖主义犯罪对执法监管部门提出了更大的挑战。恐怖组织始终将网络作为犯罪工具,但是在暗网环境下突出

---

① 胡联合:《当代世界恐怖主义与对策》,东方出版社2001年版,第164页。

表现在组织内部信息交流,互相配合完成恐怖活动;进行极端思想传播,完成舆论铺垫;利用暗网秘密市场筹集资金和购置物品。通过对暗网环境下恐怖组织具体行为的研究以期待对反恐实践具有指导意义。

1. 暗网科技为恐怖组织内部信息交流提供隐蔽空间

随着国际反恐斗争带来的高压态势,恐怖组织出现分散化和去中心化的特点,使得恐怖组织不得不积极寻求广泛、安全、保密、便捷的内部联系方式。互联网发展的早期阶段,恐怖组织仅仅通过电子邮件便能与组织成员之间进行沟通,随着现代即时通讯的出现,恐怖组织更加青睐于这些便捷、迅速的交流软件。据公开资料表明,恐怖组织使用加密软件进行交流策划,包含 Twitter、Instagram、WhatsApp、Signal 等软件也屡屡被媒体和各个国家指责为恐怖组织"伊斯兰国"进行通讯交流的重要平台。恐怖组织除了利用即时通讯软件以外还在暗网下使用电子邮件服务,据美国联邦调查局(FBI)调查显示,约有 34% 的人使用 Gmail,其中使用 Mail2Tor 和 SIGAINT 的大约各占 20%,执法部门对使用该邮件的恐怖组织难以追踪,原因在于其架设在"暗网"上运行,在传递信息的时候依靠暗网的匿名性、隐蔽性不容易被监听和追踪,并且能够隐藏计算机的真实位置逃避侦察机关侦察。[①] 那么在全球信息化飞速发展的今天,恐怖主义逐步与互联网相结合形成"网络+恐怖主义"的形式,网络恐怖主义淡化了恐怖犯罪的地域限制,在造成部分地区严重破坏的情况下更加速了恐怖主义思想的渗透。[②] 目前我国依然受到"三股势力"的威胁,虽然现如今没有证据证明"三股势力"是否已经进入暗网进行活动,但是其沆瀣一气的事实已经得到证明,一旦其进入暗网进行组织谋划,广泛利用暗网进行活动,将会对我国国家安全造成巨大威胁。

2. 暗网已成为恐怖组织进行极端思想传播的重要平台

如果说子弹能消灭人的肉体,那么思想宣传则能在子弹触及不到的地方威慑人的灵魂。现代的恐怖组织历来重视现代网络的不受限制性和便捷性,通过建立专门的宣传网站传播极端思想,招募组织成员等。"基地"组织通过自建网站刊发组织头目讲话录音和录像,宣传极端思想招募成员,甚至公开发表攻击性、威胁性言论,其在互联网上推出自己的电视节目"哈里发之声"在这个节目中,一名戴头巾的新闻播报员拿着枪,桌上放着一份《古兰经》,阅读

---

① Imran Awan. Cyber – Extremism:Isis and the Power of Social Media. Social 2017(03)138 – 149.

② 闫雨:《我国网络恐怖主义犯罪的立法规制与治理》,载《河南师范大学学报(哲学社会科学版)》2019 年第 3 期。

来自伊斯兰圣战组织的最新头条。① 据公开资料显示,"东伊运"恐怖组织曾利用网络自建"忠诚者"网站,发布大量"伊斯兰之声宣传中心"制作的暴恐音视频和信息、图片等资料,这些涉及极端思想的音视频物品意图制造分裂、鼓吹"圣战",对我国构成极大威胁。② 在传播暴恐音视频的同时还进行极端思想的传播,引诱潜在的极端分子追随恐怖组织,为恐怖组织招募成员扩大影响力。但是随着各国对表层网络的监管力度的增大,恐怖组织在表层网络进行思想宣传极易被跟踪、监控,甚至任何涉及暴恐和极端思想的信息会被及时切断屏蔽。但是暗网的隐蔽性可以有效地避免被封锁网站和屏蔽信息,加之民众对暗网的猎奇态度,不同单位和组织对涉恐极端思想没有正确的认识,反恐意识淡薄、恐怖主义知识模糊和反恐宣传不到位等情况使得暗网下的极端思想很有可能在我国肆意蔓延传播,给反恐工作带来困难。

3. 恐怖组织广泛利用暗网市场秘密筹措资金

雄厚的财力支持是恐怖组织生存和发展的基础,为了维持组织内部的正常运行恐怖组织通常采用非法交易、网上赞助、毒品买卖、普通的刑事犯罪等方式实现融资。随着国际社会对恐怖组织传统融资方式的打击,资金的转移和积累受到严格监管,其融资范围不断受到压缩,但是伴随着信息技术和计算机技术的快速发展,以比特币、门罗币和零币为代表的虚拟货币开始出现在公众视野,在给社会带来便利的同时由于其匿名性、跨国性和流动性强等特点开始被恐怖组织逐渐利用,日益成为恐怖组织青睐的融资工具。③ 据以色列当局称2018年12月恐怖分子艾哈迈德·萨苏尔(Ahmed Sarsur)通过暗网向以色列恐怖组织提供资金和武器装备,恐怖分子已经进入暗网活动。④ 在暗网下进行虚拟货币的交换不仅可以很好地将收款人和汇款人的个人信息隐藏起来,而且在交易额巨大的情况下依然可以在短时间内迅速完成,同时比特币可以与其他公开发行的货币进行兑换,被誉为"暗网美元",这在一定程度上为恐怖组织提供了便捷的渠道。被称为"农夫市场"(The Farmerr's Market)的暗网市场

---

① Brunst P. W. (2010) Terrorism and the Internet: New Threats Posed by Cyberterrorism and Terrorist Use of the Internet. In: Wade M., Maljevic A. (eds) A War on Terror?. Springer, New York, NY.

② 盘冠员、章德彪:《网络反恐大战略:如何应对网络恐怖主义》,时事出版社2016年版,第120页。

③ 车丽娟、侯娜:《虚拟货币的恐怖融资风险及其监管应对》,载《信息安全研究》2020年第6期。

④ Shubhdeep Kaur. Sukhchandan Randhawa. Dark Web: A Web of Crimes. Wireless Personal Communications, 2020 (07), 2131-2158.

于 2006 年上线,其客户曾遍及美国全境以及几十余国家,年均营业额近百万美元,其中最臭名昭著的当属美国人罗斯·乌尔布莱特在暗网中创建的名为"丝绸之路"(Silk Road)的暗网市场,其在创建到被封锁关闭的两年时间就创造了超过 12 亿美元的营业额。在上述两个暗网市场被查封关闭后,美国人亚历山大·卡兹于 2014 年在暗网上创建了被称为"阿尔法湾"(Alpha Bay)的暗网市场,该市场经营包含枪支、毒品、伪造证件等各种违禁品,在 2017 年被警方查封之前,其拥有 4 万名卖家和 20 万名客户,非法药品的交易条目超过 25 万条,身份证件、信用卡等的交易条目超过 10 万条交易额达 10 亿美元。① 面对暗网市场如此强大的融资、转移资金的功能,虽然各国和各组织不断加大对暗网市场的监管力度,但是在暗网市场通过虚拟货币进行交易的巨大优点依然是恐怖组织青睐的方式,在全球信息化快速发展的今天没有一个国家可以置身事外,为有效应对恐怖组织在暗网市场的犯罪行为,维护国家安全,我们有必要采取有效措施以防范恐怖组织筹集、融资、转资行为。

4. 利用暗网针对关键信息基础设施发动袭击

当今网络的虚拟世界与现实世界的融合度不断提升,计算机的功能不仅仅是数据的处理和存储,相反,一种新型的计算服务已经悄然发展,如果没有计算机服务,食品、药品、电力、交通管理系统(特别是火车和飞机)以及许多其他军事和民用设施是无法运行的。如美国国土安全部(Department of Homeland Security)制定了一份包含 18 个关键基础设施(如交通设施、核工业设施、通信设施、大坝等)领域的清单。② 所有这些部门都严重依赖互联网,很容易受到网络战争的攻击,基于现代设施与互联网高度的结合,加之暗网活动隐蔽性强、成本收益率高的特征,恐怖组织有转向通过暗网进行攻击的新趋势。对恐怖组织而言,对关键基础设施进行攻击比对 IT 基础设施进行攻击的效果更直观,在对网络设施进行攻击时只会产生经济损失,而对关键基础设施的攻击不仅造成大量财产损失,而且众多的新闻报道和令人恐惧的新闻图片可以在民众之间制造恐惧。对基础设施的攻击中最容易导致大量人员伤亡的包含对水电站的袭击、交通控制系统的袭击、发电厂的袭击。如今虽然大多数大坝的安保措施会防止这种极端后果的出现,但是如果恐怖分子能够控制水坝,例如通过入侵控制大坝的 SCADA 系统,蓄意打开闸门可能会使数百人甚

---

① 刘峣:《已成非法交易温床世界各国协力打击暗网深几许?》,载人民网,http://it.people.com.cn/n1/2017/0811/c1009 - 29464435.html,最后访问日期:2020 年 5 月 10 日。

② Hafemeister D. (2016) Cyber Terrorism. In: Nuclear Proliferation and Terrorism in the Post - 9/11 World. Springer, Cham.

至数千人处于危险之中。"911"事件中恐怖分子劫持飞机后导致的灾难性画面令人印象深刻,如果恐怖组织通过网络控制飞机或者机场的控制系统,产生的危害后果将是难以想象的,正如美国一名少年曾进入伍斯特机场的通讯系统,这一行动中断了与机场联邦航空管理局大楼、机场消防局以及其他相关服务,如机场保安、气象局和各种私营空运公司的电话服务。① 这次事件虽然没有导致大的灾难产生,但是显示出了现代交通系统的脆弱性。同样存在于发电站,特别是核电站,虽然这些基础设施应当是保护和监管最严格之处,但是依然可能是恐怖组织进行暗网恐怖袭击的目标之一。

三、应对暗网恐怖主义的路径探析

暗网犯罪在我国属于新生事物,对其进行打击和监管的经验尚且不足,目前来看虽然尚未发生恐怖组织利用暗网技术进行大范围攻击的事件,但是由于网络技术的便捷性、访问暗网的匿名性等特征促使我们不得不加大对暗网犯罪的了解和监管。在暗网犯罪治理问题上虽然我们缺乏经验,但是通过对暗网市场"农夫市场""丝绸之路"和"阿尔法湾"的打击和治理经验来看,暗网环境并非法外之地。因此,在充分了解暗网的特点和暗网恐怖主义行为的前提下建议做好以下几点工作。

(一)深化科技支撑,不断挤压暗网的生存空间

近年来随着 Tor 技术版本的升级,暗网匿名保护的技术不断提高,通过暗网进行活动的犯罪分子可以在暗网的保护下肆意地进行思想宣传、传递活动计划、组织筹集资金而不受侦察机关监管和控制。针对暗网犯罪有部分学者指出通过实名认证的方式限制用户使用,但是可以跨越国境的互联网技术依然可以为用户提供诸多形式的暗网技术来访问暗网,同时该做法是否涉及侵犯公众的匿名表达权还受到进一步质疑,因此单纯依靠法律政策来治理暗网问题并不能从根本上解决问题。② 暗网始终是依靠互联网进行运作,制衡一种技术的有效手段就是比该技术更先进,针对暗网恐怖主义犯罪可以在暗网科技上加大技术研发,掌握暗网的核心科技从源头治理暗网恐怖主义。具体而言,应该完善应对暗网科技的追踪发现科技。暗网的一大特点就是匿名性强、监管困难,一旦被发现可能会出现"闪退"情况,面对该情况美国在实践中已经对该科技进

---

① Brunst P. W. (2010) Terrorism and the Internet: New Threats Posed by Cyberterrorism and Terrorist Use of the Internet. In: Wade M., Maljevic A. (eds) A War on Terror?. Springer, New York, NY. 175–195.

② 周琳娜:《暗网治理思路》,载《信息安全研究》2018 年第 9 期。

行了有效探索，起初用于监管暗网中人口贩卖的 MEMEX 软件现在基本可以运用到任何犯罪的监管，该软件通过对深层网进行有效编目可以找到隐藏在暗网中的账号和网站，同时美国联邦调查局（FBI）使用执法监测的"网络调查技术"（NIT）来破解 Tor 从而探寻暗网中的真实 IP 地址发现真正的使用者。"网络调查技术"其实是对执法黑客的一种委婉称呼，其通过远程访问的方式在没有经过计算机所有人或者经营者许可的情况下在其计算机上安装恶意软件，并且直接将被访问的计算机转换为监控设备，该行为虽然可以为暗网反恐侦察提供借鉴，但是由于可能涉及网络空间主权和公民隐私问题而受到争议。① 随着深度学习算法的不断完善，人工智能技术在视频、语音和图像识别方面的能力不断提升。面对庞大的暗网可以有针对性地研发出收集暗网数据的网络爬虫技术，以便于获取暗网下的海量数据，了解掌握恐怖组织在暗网下的活动计划，同时借助人工智能对数据的高速处理能力进一步利用和实现数据的价值。② 因通过人工去浏览成千上万的站点去寻找暗网下关于恐怖组织的信息是一项冗长耗时的工作，于是可以设计一个网络爬虫的技术来进行相关信息收集，网络爬虫技术通过人工的指定可以在网站、博客、论坛等地进行收据收集。利用网络爬虫可将暗网相关信息的收集分为以下四个步骤：关键字的识别、数据的汇总、内容的分析、更新数据并汇总归档。关键字的识别是对数据进行收集的首要步骤，在利用网络爬虫程序前，所有的研究人员都必须根据需要收集的信息来设定关键词，在这个过程中需要自己做出判断准确界定，以利于收集最优信息。首先，关键词收集可能会产生众多不准确信息，但是它将帮助研究者获取更多网站的资源定位扩大了信息来源的范围。其次，要进行分层次汇总，在第一层次中收集到的信息混杂，准确性和相关性不一，通过分层次的方法将关键信息进行分层，依照相关度进行排序从而更进一步、更准确的挖掘。再次，进行数据内容的分析，网络爬虫在工作中所抓取的内容可能出现错误，因此研究人员在对收集到的信息进行准确判断，仔细检查结果，过滤掉那些不应该出现的数据。最后，因网站、论坛和博客可能会突然出现，也可能会以类似的方式突然消失。为应对恐怖组织这种"闪现"需要对涉及的信息及时进行证据保存和内容更新，为后续模型分析提供完整的最新的数据文档。因此通过强化对技术研发，准确发现恐怖组织的活动趋势，从而在源头上控制暗

---

① 焦康武：《总体国家安全观视域下我国暗网犯罪应对研究》，载《犯罪研究》2017年第6期。

② 傅瑜、陈定定：《人工智能在反恐活动中的应用、影响及风险》，载《国际展望》2018年第4期。

网恐怖活动，挤压暗网活动的空间。

（二）强化舆情监管，不断削弱恐怖组织宣传效应

网络对于恐怖组织的诱人之处在于其可以为恐怖主义宣传提供世界范围内的受众，恐怖组织通过暗网自建网站，对他们的意识形态进行粉饰或者包装，大肆宣扬恐怖组织的历史由来、目的以及"英雄事迹"等，通过散布恐怖主义和宗教极端思想对受众人员的思想蜕变进行舆论上的铺垫，进而扩大其"群众基础"。在当下网络高度编制化的时代，牵一发而动全身的"网络蝴蝶效应"则具有不可思议前所未有的能量，令人防不胜防。突发性、传染性和蛊惑性是其显著特征，任何一个现代国家如果不能对网络舆情进行有效监管，则可能大大降低反恐"效益性"，削弱反恐"合法性"，从而导致各种激进恐怖主义思想从网络走向现实。① 据我国国家互联网发展报告显示，截至2020年3月，我国网民规模已达9.04亿，在年龄指标中29岁以下网民占据了44.7%，学历构成上初中以上占据了全部网民的82.8%，职业群体中学生群体占据26.9%。我国网民构成中年轻人员比例高，学生占据数量较大，并且大部分网民具备一定的文化知识，在恐怖组织舆论的宣传之下加之该部分网民通过接触网络了解暗网后，极有可能出于猎奇心理受到恐怖组织的蛊惑走向违法犯罪道路。为应对恐怖组织利用暗网进行的舆论战，防止群众在上网过程中潜移默化地受到其影响，一方面可以建立健全专门针对暗网恐怖主义的舆情监管平台，培养专职的舆情监管团队，专门培养精通计算机技术和英语、法语、俄语、德语等大语种的人才，同时招募培养精通从中东、中亚绵延到东南亚、南亚等"动荡弧"地带国家的语言、习俗文化、宗教和政治的专业人才。通过专职部门和专业队伍的设置及时准确地收集掌握暗网环境下恐怖组织的舆情信息，同时进行研判和分析，针对监测中发现的不稳定因素进行预警，做到涉恐舆情信息的有效监管。另一方面可以倡导积极向上的网络文化，丰富网络文化资源，积极发展多层次多样化的网络影视、音乐、图书等，以满足不同需要的网民。同时可以建立网络新闻发言人制度，揭露暗网恐怖活动的真实面目，让主流、权威、可信的声音占据网络平台，逐步削弱恐怖组织利用暗网进行宣传的效用。

（三）重视情报工作，主动打击暗网融资活动

《汉书·项籍传》有言："先发制人，后发制于人"，该古语同样适用于打击暗网恐怖融资的情况。在各国对恐怖组织的网上融资渠道进行打击的情况

---

① 王雷鸣：《恐怖主义网络舆情研究》，载《信息安全研究》2018年第7期。

下,其逐渐转向暗网地下交易市场进行活动,恐怖组织在暗网进行融资活动与侦察机关侦察活动形成一暗一明的格局,如何预防和打击恐怖组织在暗网下的融资活动,切断恐怖组织的资金来源对于反恐工作至关重要。而暗网反恐情报也是一种直接的战斗力,在网络反恐工作中起着预警性和先导性的作用,对即将发生或者将来可能发生的恐怖活动进行预测和预警。利用情报的前提是收集情报,目前各国都重视情报的收集能力,通过组建专门机构、培养招募专业人才、制定相应的法律法规等,如美国设立中央情报局(CIA)负责收集与分析涉及国内外全方位情报,并且协调其他机构的活动,澳大利亚国家情报评估办公室主要负责招募数据分析、网站信息收集以及精通阿语和印尼语的语言专家来加强情报收集能力。又如亚利桑那大学人工智能实验通过一个以计算机数据处理系统为中心的项目,目标是收集所有与恐怖组织相关的资料,包括网站、论坛、聊天室、博客、社交网站、视频、暗网世界,同时还公布几项其他扩展性技术:为增加数据收集范围而增加一个增量的 spidering 组件,增强阿拉伯语、法语、德语和俄语的多语言翻译功能,该项目通过多语言的数据和文本挖掘技术,深度分析能力将在未来反恐领域发挥关键作用。[1] 因此我国做好情报工作要注意以下两点,一方面应该充分发挥国家反恐怖情报信息平台的作用,提升网络情报信息收集能力。时任公安部部长的郭声琨在调研国家反恐怖情报信息平台时指出,要把情报信息工作置于反恐怖工作重中之重的位置,始终坚持情报先行,在充分发挥传统情报工作作用的基础上,加强涉恐情报归口管理,积极运用大数据、云计算技术,着力提升情报感知、研判、分析能力,从海量的人流、物流、信息流、资金流中及时发现涉恐线索,做到预警在先、预防在前、敌动我知、先发制敌。[2] 在应对暗网恐怖融资犯罪中充分发挥大数据平台作用,对暗网活动信息进行收集,涉及相关线索的及时进行分析研判,对可能发生的恐怖融资转资行为及时进行锁定。另一方面要增进国内企业和国际社会之间的交流与合作。当前暗网恐怖活动向全球扩散已成大趋势,在恐怖组织融资方面,恐怖组织利用比特币在暗网中完成一系列行为而不会留下任何信息,比特币和暗网成为恐怖组织融资的完美工具和天堂。[3] 面对恐怖组织暗网

---

[1] Hsinchun Chen. From Terrorism Informatics to Dark Web Research. Counterterrorism and Open Source Intelligence, 2011(05):317-341.

[2] 《郭声琨考察调研国家反恐怖情报信息平台》,载新华网,http://www.xinhuanet.com/politics/2015-11/25/c_1117262063.htm,最后访问日期:2020年5月18日。

[3] 黄彬、林锫:《双层社会背景下恐怖融资的现状与应对》,载《警学研究》2018年第1期。

融资，单纯依靠某个国家或者组织的情报信息已经难以应对。对此应增进与企业之间的合作，比如我国百度公司启动的"阿拉丁计划"已经取得重大突破，该项目旨在开发的搜索引擎可以对暗网数据进行深度检索。沃民高新科技（北京）股份有限公司独创的"暗网+互联网+行情大数据采集与处理系统"以大数据为支撑可以对暗网数据进行实时监测与智能分析。① 民营企业的科技水平已经达到较高水平，通过与企业之间的合作交流，如该科技落实在情报收集上将会对我国反恐工作大有裨益。同时要加强国际之间和区域之间的合作，在恐怖组织活动不但没有减弱反而有向网络甚至暗网发展的背景下，加之暗网恐怖活动犯罪具有跨区域、跨时空的特征，我们更要继续坚定不移地加强国际反恐合作，尤其要加强在上海合作组织、金砖国家、东盟地区论坛、"全球反恐论坛"框架内的合作，切实加强对我机构、项目和人员的安全防范。② 通过达成高效的合作协议，共享情报信息的从而提高应对暗网恐怖融资的能力。

（四）加强关键信息基础设施保护，积极应对暗网恐怖袭击

在信息化如此发达的今天，很多国家将关键信息基础设施的保护视为国家总体安全的重要部分，信息化的进步使得各个基础设施都需要与网络相连接，离开网络各个基础设施将难以运行。伴随着信息化带来便利的同时，关键信息基础设施也面临较大风险隐患，网络防控能力的不足将会给恐怖组织提供可乘之机，针对网络恐怖主义活动情况，各国都积极制定保护关键基础设施的政策和方法，如由瑞士联邦苏黎世工业学院编制的《国际关键信息基础设施保护手册》就介绍了包含美国、加拿大、意大利等14个国家针对关键信息基础设施的保护政策和方法。鉴于此，我国可以从以下方面加强关键信息基础设施的保护。首先，要明确关键信息基础设施的保护范围，在我国法律政策法律中尚未规定"关键基础设施"和"关键信息基础设施"的概念，但是从计算机信息系统的安全保护维护国家重要领域的计算机信息系统的安全出发，可将关键信息基础设施分为党政机关办公系统、涉及国计民生的信息系统、教育科技单位系统、公用广播通信系统、网络网站系统。其中对关键信息基础设施实行谁管理谁负责的原则，明确管理者的职责，具体制定本领域的安全规划，指导监

---

① 李超、周瑛、魏星：《基于暗网的反恐情报分析研究》，载《情报杂志》2018年第6期。

② 周力：《积极主动应对外部环境变化》，载中国社会科学网，http://ex.cssn.cn/gd/gd_ rwhd/gd_ ktsb_ 1651/gjrlmygttsrjzd/202006/t20200622_ 5146140.shtml? COLLCC = 2148370184&COLLCC = 2500691720&COLLCC = 3440215816&COLLCC = 3607987976&COLLCC = 2500691720&，最后访问日期：2020年5月20日。

督本行业内基础设施运行安全。其次，对关键岗位的人员进行安全背景审查，定期进行安全培训和教育。教育和培训既是一种防御措施也是一种应对措施，教育应主要运用在个人环节，因个人处于最薄弱环节，个人的猎奇心理可能访问无关网络甚至暗网给恐怖组织可乘之机。最后，做好关键信息基础设施的安全预警和应急准备。感知网络安全的态势并及时进行预警是重要的安全防范措施，如《网络安全法》中规定了网络安全监测预警和信息通报制度，由网信部门统筹协调有关部门加强网络安全信息收集和分析工作，实现网络安全威胁的分析预警和网络安全的通报，发布、减轻危害的措施。在应急准备方面应在发挥国家网络安全应急机构作用的基础上，专门负责机构应及时更新完善本行业、本领域的网络安全预案，并且定期组织实战演练，提升实战应对能力，确保一旦发生网络安全事故能够妥善处置，积极应对。

四、结语

暗网是互联网科技发展下的产物，互联网在给我们的社会生活带来便利的同时也使得新的犯罪形式不断出现，传统的利用可见网进行犯罪的行为已经不再新鲜，如今恐怖组织利用暗网的隐蔽性进行跨国跨区域犯罪已成事实。在信息社会时代，任何国家在面对网络犯罪时，特别是在暗网恐怖主义犯罪面前都不可能做到"各扫门前雪"。因此，面对暗网恐怖主义犯罪我们应当具有危机意识，充分了解暗网恐怖主义犯罪的现状，结合暗网犯罪的特点主动出击深化科技支撑，强化舆情监管，主动谋求国际合作共享情报信息，加强关键信息基础设施保护从而将暗网恐怖主义犯罪的火焰消灭在萌芽之中，为维护国内国际安全提供中国思路，彰显中国力量。

论网络宣扬恐怖主义、极端主义犯罪案件的司法适用及其限制

崔明轩[*]

一、问题与路径

现行《刑法》第120条之三规定:"以制作、散发宣扬恐怖主义、极端主义的图书、音频视频资料或者其他物品,或者通过讲授、发布信息等方式宣扬恐怖主义、极端主义的,或者煽动实施恐怖活动的,处五年以下有期徒刑、拘役、管制或者剥夺政治权利,并处罚金;情节严重的,处五年以上有期徒刑,并处罚金或者没收财产。"这个罪名是2015年《刑法修正案(九)》第7条新增设的罪名,其增设标志着宣扬类恐怖犯罪被正式纳入我国刑法的打击范畴。然而,增设该罪4年多以来,围绕本罪的定性、罪与非罪的界限以及量刑的规范化等问题,尤其是本罪司法适用的界限问题,理论与司法实践中仍然存在诸多争议,需要进一步厘清。

近年来,我国刑法在打击面上呈现出明显的扩张趋势。许多原本属于行政,甚至民事法律规范禁止的行为纷纷被纳入刑法评价的视野中去。[①] 宣扬恐怖主义、极端主义行为的犯罪化也是这一趋势背景下的产物。该罪的增设,一方面,是为了有效应对日益猖獗的恐怖犯罪行为,试图通过将前置的"宣扬"行为犯罪化的手段,实现对恐怖活动犯罪的全链条监控;另一方面,增设该罪名也凸显了恐怖活动犯罪治理思路从"行政反恐"到"法治反恐"的积极转变,进一步提升了我国打击恐怖活动犯罪的治理能力。然而,对诸如"恐怖主义""极端主义"的含义是什么,何种情形属于该罪名规定的"情节严重"应当处5年以上有期徒刑的,如何衔接《反恐怖主义法》规定的行政责任与本罪的刑罚等问题,理论和实务界仍存在许多争议,亟待厘清。通过文献整理

---

[*] 崔明轩,南京大学法学院法学博士研究生,南京大学犯罪防控研究所研究人员。
[①] 相关研究参见何荣功:《预防刑法的扩张及其限度》,载《法学研究》2017年第4期;高铭暄、孙道萃:《预防性刑法观及其教义学思考》,载《中国法学》2018年第1期。

不难发现,现有的研究大多将精力集中于本罪刑法理论的建构,试图以教义学的方法实现宣扬恐怖主义、极端主义罪的逻辑证成。① 然而,法律的生命在于经验,而非逻辑。制裁宣扬恐怖主义、极端主义罪不啻需要静态层面上的定性分析,也需要动态层面上的定量考察。在当前价值判断大行其道、实证研究却凤毛麟角的现实下,坚持实证主义的研究方法是比较务实的选择,以此为基础进行的理论反思也才更有意义。② 为了以实证主义的视角实现全面审查该罪的司法需求、进而完善其司法适用的目的,在中国裁判文书网,笔者分别以"宣扬恐怖主义""宣扬极端主义"为关键词进行全文检索,各录得已公开刑事裁判文书124份、19份。除去其中的重复文书、与本罪无关的文书,共获得有效文书83份。③ 在83份有效裁判文书中,文书类型为判决书的共计68份,占比81.93%;裁定书15份,占比18.07%。从审理程序上来看,一审裁判文书71份,占比85.54%;二审裁判文书7份,占比8.43%;再审裁判文书1份,占比1.20%;执行裁判文书4份,占比4.82%。由于一些案件在审理程序上涉及二审乃至再审程序,为了更好地反映本罪的裁判结构,而不仅仅是裁判文书的数量,笔者在这里对有二审或再审裁判文书的案件,仅统计其终审判决。仔细观察83份裁判文书发现:除4份执行文书外,其余79份文书实际解决案件70件。其中,法院最终以本罪宣判的案件数为69件,④ 共涉及被

---

① 相关研究参见敬力嘉:《实质预备犯语境下宣扬恐怖主义、极端主义罪的教义学重述》,载《当代法学》2019年第4期;黎宏:《〈刑法修正案(九)〉中有关恐怖主义、极端主义犯罪的刑事立法——从如何限缩抽象危险犯的成立范围的立场出发》,载《苏州大学学报(哲学社会科学版)》2015年第6期。这些研究均专注于理论探索,而与实证考察关系不大。

② 参见张华:《女性生育权的司法保护状况考察——基于543份已公开裁判文书的实证分析》,载《西南政法大学学报》2018年第5期。

③ 检索日期为2019年11月15日,截至检索日期,最新的裁判文书为(2019)皖08刑终257号二审裁定书,其裁定日期为2019年9月23日。与本罪无关的文书,主要包括《刑法》第120条之六规定的非法持有宣扬恐怖主义、极端主义物品罪的裁判文书,也包括一些裁判文书内容涉及搜索关键词,但实际上与本罪关系不大,也没有以本罪宣判的裁判文书。

④ 需要说明的是,70件案件中,包含既有一审判决,又有二审判决的5件——(2017)粤刑终1638号"张某某案"、(2018)云25刑终275号"许某某案"、(2018)青刑终56号"马某义与马某秀、马某成案"、(2019)皖刑终182号"陈某案"、(2019)皖08刑终257号"章某某案";仅有二审裁判文书,一审裁判文书未在裁判文书网公布的2件——(2017)兵01刑终1号"李某某案"和(2017)京刑终196号"谢某案";未以本罪宣判的1件——(2019)兵0501刑初2号"某·库那洪案",该案中,检察院以宣扬极端主义罪起诉,法院最终以煽动民族仇恨、民族歧视罪判处有期徒刑10年,由于法院最终未以本罪名宣判,因此,该裁判文书在下文"事实结构""定罪结构"和"量刑结构"三个板块中未予考察。

告人 75 人。下文将以此 69 个案例为基础展开对宣扬恐怖主义、极端主义罪的实证研究。

需要说明的是，本文录得的 83 份裁判文书和 69 个相关案例是全样本的，而非抽样的结果。之所以采用全样本分析，是因为虽然抽样调查是科学的，但是不管采取何种抽样方式，"推断与总体的实际之间总是存在偏差"，① 而以全样本分析得出的结论才更具有客观性、真实性、可信性和可靠性。

二、裁判结构：本罪司法适用的宏观样态

宣扬恐怖主义、极端主义罪的裁判结构，是指本罪的司法适用样态，其是一种动态化的存在样态。本罪的裁判结构研究，是指通过分析裁判文书的事实结构、定罪结构和量刑结构，分析不同结构之间的相互影响。与传统的教义学研究模式相比——在"参与者"的角度研究刑法规范适用，是一种应然层面的建构，该研究路径则是站在"观察者"的角度描绘这一动态的司法适用过程，是一种实然状态的揭示。② 这一研究路径有助于本罪司法样态的厘清和刑法教义的完善。

（一）样本整体结构特征

考察 69 个案件的实际审理地可知，来自东、中、西部地区的案件数量分别为 35 件、16 件、18 件，分别占比 50.72%、23.19%、26.09%，其中东部地区的案件数量最多，占到总案件数的一半以上。从省市情况来看，北京、广东、新疆三地的案件数量占比均超过了 10%。然而，河北、福建、吉林、黑龙江、江西、湖南、广西、四川、重庆、贵州、西藏、甘肃等 12 省市至今仍未产生以本罪宣判的司法案例（详见表 1）。可以看出，经过了 4 年多的司法实践，宣扬恐怖主义、极端主义罪的法律规定得到了一定的司法适用，但在地域分布上仍然存在冷热不均的现象。

进一步观察发现：在 75 个以本罪定罪量刑的被告人中，男性人数达到 68 人，占比 90.67%；女性人数仅为 4 人，占比 5.33%；另外有 3 人性别在裁判文书中无法识别，占比 4%。可见男性是犯本罪的"中坚力量"。在年龄分布上，75 个被告人中，"50 后"人数为 1 人，占比 1.33%；"60 后"人数为 3 人，占比 4%；"70 后"人数为 18 人，占比 25.71%；"80 后"人数为 26 人，占比 34.67%；"90 后"人数为 21 人，占比 28%；"00 后"人数为 1 人，占

---

① 风笑天：《社会调查方法》，中国人民大学出版社 2016 年版，第 51 页。
② 孙树光：《行政犯裁判结构的功能性研究——以法律结构与社会结构互动机制为视角》，载《政治与法律》2019 年第 6 期。

比1.33%。无法识别年龄人数为5人,占比6.67%。可见"70后"、"80后"和"90后"是犯本罪的主要年龄阶段,其合计占比达到86.67%。在文化程度方面,75个涉案被告人从文盲到研究生均有分布。其中文化程度为初中的人数最多,达23人,占比30.67%;其次是小学,人数为17人,占比22.67%;高中和中专合计12人,占比16%;大学本科和大专合计6人,占比8%;文盲2人,占比2.67%;研究生1人,占比1.33%;无法识别文化程度的有14人,占比18.67%。可见,被告人的文化程度与是否犯本罪并没有直接的关联,但结合统计数据来看,初中以下文化程度的被告人占比相对较高。关于被告人有无犯罪前科的问题,在75个被告人中有10人曾经受到过行政处分或者刑罚,占比13.33%。而就其所犯前罪与本罪的关系来看,其内在关联并不大。

表1:69个案件的实际审理地一览

地区	省份	频次	比例(%)	地区	省份	频次	比例(%)	地区	省份	频次	比例(%)
东部地区	北京	11	15.94	中部地区	山西	6	8.70	西部地区	四川	0	0.00
	天津	2	2.90		内蒙古	1	1.45		重庆	0	0.00
	河北	0	0.00		吉林	0	0.00		贵州	0	0.00
	辽宁	2	2.90		黑龙江	0	0.00		云南	4	5.80
	上海	3	4.35		安徽	2	2.90		西藏	0	0.00
	江苏	4	5.80		江西	0	0.00		陕西	1	1.45
	浙江	3	4.35		河南	3	4.35		甘肃	0	0.00
	福建	0	0.00		湖北	4	5.80		青海	3	4.35
	山东	3	4.35		湖南	0	0.00		宁夏	3	4.35
	广东	7	10.14		广西	0	0.00		新疆	7	10.14
	海南	0	0.00								
合计	11	35	50.72	合计	10	16	23.19	合计	10	18	26.09

(二)事实结构

尽管案件的事实并不是直接提供给我们的,确定事实是一个充满着可能出现许许多多错误的困难过程,① 但对事实的认定无疑是法律规范发挥作用的前

---

① [美]罗斯科·庞德:《通过法律的社会控制》,商务印书馆2017年版,第33页。

提。对本罪事实结构的考察可以从三个角度展开。一是被告人宣扬暴恐内容的媒介，二是被告人宣扬暴恐内容的形式、数量和暴恐程度，三是对暴恐内容受众人数的考察。仔细观察 69 个案件后不难发现，其中竟有 68 个案件属于利用互联网作为宣扬媒介的案件，这一比例高达 98.55%。具体的宣扬媒介包括 QQ、微信、新浪微博、百度贴吧等，这反映了本罪犯罪手段网络化的特征（详见表 2）。从性质上看，利用网络平台宣扬恐怖主义、极端主义的行为也属于广义上网络犯罪的范畴，其在犯罪手段、犯罪影响范围等方面也具有网络犯罪的典型特征。

表 2：互联网宣扬媒介具体分布情况一览

宣扬媒介	QQ	微信	新浪微博	百度贴吧	百度网盘	其他（Facebook、快手等）	合计
频次	18	47	3	3	2	5	78
比例（%）	23.08	60.25	3.85	3.85	2.56	6.41	100

仅有 1 个案件——"比某某案"是例外。该案主要事实有：（1）2016 年 9 月，在某市红星路某饭馆吐某某的生日聚会上，被告人比某某将他人手中抽的香烟强行扔掉，并对在场的木某某、依某某等人说了抽烟是"阿拉木"① 等极端言论。（2）2017 年 3 月，被告人比某某在艾某某家中用自己的手机向艾某某播放了多部极端宗教视频。② 就上述事实来看，被告人比某某的行为并不属于利用互联网宣扬本罪的情形，而是属于《关于办理恐怖活动和极端主义犯罪案件适用法律若干问题的意见》规定的利用聚会和文体活动等宣扬恐怖主义、极端主义、煽动实施恐怖活动的情形。③

从被告人宣扬暴恐内容的形式来看，视频、图片、文字消息、书籍等形式均有所涉及，有的案件甚至同时包含 2 种以上形式。经过统计发现，在 69 个案件中以视频形式出现的次数最多，达到 62 次，占比达 89.86%。可见，被告人宣扬暴恐内容的形式尽管具有多元特征，但以转发视频的形式构成本罪的人数最多。在宣扬暴恐内容的数量方面，统计数据表现出较大的差异性，经统

---

① 所谓"阿拉木"，原本为地方名，在伊斯兰教某些组织语言中以"阿拉木"代指非伊斯兰教法。

② 参见新疆生产建设兵团博乐垦区人民法院（2018）兵 0501 刑初 36 号刑事判决书。

③ 最高人民法院、最高人民检察院、公安部、司法部《关于办理恐怖活动和极端主义犯罪案件适用法律若干问题的意见》针对本罪列举了 6 种具体的行为模式。结合统计裁判文书所载的基本案件事实来看，绝大多数属于该《意见》列举的第三种行为模式，即利用互联网宣扬本罪的行为模式。

计发现：在 69 个案件中，宣扬暴恐内容数量最少的仅转发 1 部涉恐视频，最多的则宣扬了 281 部涉恐视频及 168 张涉恐图片。但是，仍然有多达 55 个案件的宣扬数量在 10 人以内，占比达到 79.71%。关于暴恐程度的认定，仅有少数几个案件在裁判文书中载明了涉案内容的暴恐等级，其他大部分案件都是在行政机关对涉案内容的暴恐与否进行认定后，法院直接援引行政机关的认定结论作出裁决。

在暴恐内容的受众人数方面，由于不同网络平台的反映形式不同，统计数据也因此存在多样性的特征。结合裁判文书，可以粗略地将其概括为以下两种认定方式：一是针对微信、QQ 等即时聊天工具，在群内发布暴恐内容的，通常以发布时群内的人数为受众人数。向好友私聊发布暴恐内容的，则以私聊好友的数量为受众人数。二是通过新浪微博、QQ 空间、百度贴吧等平台发布暴恐内容的，一般需要在考察该动态消息的浏览人数、点赞、评论和转发人数等情况后进行综合判定。

（三）定罪结构

经统计发现，69 个案件涉及的 75 个被告人在一审判决中均被判有罪，一审有罪判决率为 100%；有 7 个案件经历了二审程序，然而二审裁判结果都是维持原判，二审维持率也为 100%；还有 1 个案件经历了再审程序，但最终法院仍然作出了有罪认定，再审有罪判决率仍然是 100%。这表明在司法实践中，本罪至今尚未出现过无罪判决的案例。因此，就统计数据来看，我们可以概括地认为，只要被告人实施了宣扬恐怖主义、极端主义的行为被检察院起诉，且符合本罪的形式客观要件，法院一般就会作出有罪判决。从法院宣判的罪名结构来看，主要包含三种罪名，罪名频次由高到低分别是：宣扬恐怖主义罪，宣扬恐怖主义、极端主义罪，宣扬极端主义罪（详见表 3）。

表 3：75 个被告人罪名结构分布情况

罪名	宣扬恐怖主义罪	宣扬极端主义罪	宣扬恐怖主义、极端主义罪	合计
频次	40	4	31	75
比例（%）	53.33	5.33	41.33	100

值得注意的是，69 个案件中有 8 个案件检察院起诉罪名与法院最终认定罪名并不一致。其中检察院以"宣扬恐怖主义、极端主义罪"起诉，法院最终仅以"宣扬恐怖主义罪"判决的案件共计 5 件。检察院以"宣扬恐怖主义罪"起诉，法院最终以"宣扬恐怖主义、极端主义罪"判决的案件共计 2 件。另外，还有 1 件检察院以"宣扬恐怖主义、极端主义罪；非法持有宣扬恐怖

主义、极端主义物品罪"起诉，法院最终仅以"宣扬恐怖主义、极端主义罪"判决的案件。这说明在司法实践中，检察院与法院关于什么是"恐怖主义""极端主义"的认识仍然存在一定分歧，亟须进一步明晰"宣扬恐怖主义罪"与"宣扬极端主义罪"之间，以及与本罪具有某些关联的"非法持有宣扬恐怖主义、极端主义物品罪"等其他罪名之间的区别与联系。

（四）量刑结构

对本罪的量刑结构的考察，同样可以从三个方面展开。一是对主刑分布结构的考察，二是对缓刑适用率的考察，三是对罚金适用率以及是否存在没收手机、电脑等作案工具情况的考察。经统计后发现，本罪量刑结构具有三个主要特征。

第一，主刑以短期自由刑为主。在主刑分布结构上，75个被告人有56人被判处有期徒刑，占比74.67%，平均刑期14.68个月；11人被判处拘役，占比14.67%，平均刑期4.27个月；7人被判处管制，占比9.33%，平均刑期14.57个月；1人免予刑事处罚，占比1.33%。我国刑法规定，本罪的主刑包含"5年以下有期徒刑、拘役、管制"和"5年以上有期徒刑"两个刑档，判处5年以上有期徒刑的条件是"情节严重"。统计数据显示，仅有1个案件1名被告人被判处5年以上有期徒刑。[①]

第二，缓刑适用率总体较低，但存在上升的趋势。75个被告人中被宣布适用缓刑的人数仅为20人，占比26.67%。从整体上看，本罪的缓刑适用率还是相对偏低的。但若是从年度来看，20个宣布缓刑的判决中有19个审理时间在2018年以后，说明在司法实践中，自2018年以来本罪的缓刑适用呈现出显著增加的趋势（详见表4）。

表4：2016—2019年分年度缓刑适用情况一览表

年度	2016年	2017年	2018年	2019年	合计
犯本罪总人数	3	21	31	20	69
适用缓刑人数	1	0	10	9	20
缓刑适用率（%）	33.33	0.00	32.26	45.00	26.67

第三，罚金适用率极高，没收作案工具的比例较高。统计的69个案件中，除去免予刑事处罚案件1件外，其余68个案件涉及的74个被告人均在宣告主

---

① 巧合的是，此处被判处"5年以上有期徒刑"的被告人即是前文所叙及的（2018）兵0501刑初36号"比某某案"的被告人比某某，法院最终判处其有期徒刑7年。

刑的同时适用了罚金刑，罚金数额从 1000 元到 20000 元不等，74 个被告人平均罚金人民币 3040.54 元。关于是否没收手机、电脑等作案工具的问题，75 个被告人中有 40 个被告人的涉案工具被依法没收，没收手机、电脑等作案工具的比例达到 53.33%。

三、疑难与困境：本罪司法适用的现实图景

本罪的裁判结构是透视其在司法适用中存在的主要问题的窗口。进一步分析本罪的事实结构、定罪结构和量刑结构可以发现，本罪在立法、司法和守法等层面仍然存在诸多问题，需要进一步深入挖掘，才能更加系统全面地描绘本罪司法适用的现实图景。

（一）裁判尺度不统一

罪刑均衡是司法裁判所追求的主要价值之一，其内涵在于使犯罪人"罪刑相称，罚当其罪"。然而，罪刑均衡是通过司法活动实现的，而司法活动的主体是人——法官，人不是机器，具有感情和理智。[①] 因此，尽管刑法教义早已汗牛充栋，司法实践中裁判尺度不统一的现象却仍然比比皆是。通过前文对本罪事实结构的考察发现：实践中，被告人宣扬内容的数量、受众人数以及内容本身的暴恐性三个因素对于确定其刑量具有很强的相关性。然而，如果我们着眼于具体个案来观察，就会发现裁判尺度不统一、量刑标准不规范的现象仍然存在。

在大数据和人工智能法律时代，要实现对上述标准的精确量化以统一裁判尺度也许不难实现。例如，在美国联邦、州、县、市等各个层级上，数以千计的法院、议会和其他机构都建立了自己的法律数据库。[②] 大数据和人工智能技术的应用正在悄然推动着量刑精确化从理论走向现实。然而现实的困境却是：即便我们能够对上述因素进行科学的量化，往往也很难实现我们所追求的个案正义的目标。以对受众人数的考察为例，无论是裁判者抑或是人工智能，通常都隐含地认为互联网和用户之间的互动是单向的，即用户只要接触互联网上的内容就会导致行为的改变。然而这种观点忽略了一个问题，即不是每个潜在的用户都会在接触到这些内容后必然改变其行为，往往还会受到个人的信仰、价

[①] 陈兴良：《刑法的价值构造》，中国人民大学出版社 2017 年版，第 543 页。

[②] See Mills, Michael, Using AI in Law Practice: It's Practical Now, *Law Practice*, Vol. 42, Issue 4 (July/August 2016), pp. 48–51.

值观、人生目标和现实经历等因素的影响。① 然而，在当前的司法裁判中，我们不仅没有做到裁判尺度的统一，还在定罪量刑上过于依赖宣扬内容的数量、受众人数和宣扬内容本身的暴恐性这三个因素。这也在一定程度上导致实践中出现"行为一发生即告既遂"的趋向。因此，如何科学评价被告人宣扬内容的数量、受众人数和宣扬内容本身的暴恐性这三个因素在量刑中的地位，进而如何统一裁判尺度、实现量刑的规范化，仍然是当前司法实践无法回避的困境。

（二）被告人普遍欠缺违法性认识

阅读裁判文书后发现，在当前司法实践中，尤其是在利用互联网宣扬本罪的语境下，有相当多的被告人在行为时并没有意识到其行为属于宣扬恐怖主义或宣扬极端主义行为，更没有认识到其行为已经触犯了刑法。在这里，需要明确两个问题：一是被告人欠缺违法性认识而实施的行为是否具有可罚性；二是被告人欠缺违法性认识而实施的行为是否存在从宽处理的可能。

从法理上来看，被告人的行为具有可罚性。上述被告人的这种认识上的偏差实际上属于法律认识错误中"假想的不犯罪"的情形。对法律认识错误的处理，各国刑法普遍持"不知法律不免责"的态度，我国刑法同样也坚持这一主张。同时，宣扬恐怖主义、极端主义行为在客观上不仅可以壮大恐怖组织的力量，而且极易诱发个人实施暴恐犯罪，具有严重社会危害性。② 因此，在法治语境下，被告人的宣扬行为具有可罚性。

在可罚性前提下，被告人的行为同样存在从宽处理的合理性。对实践中大量存在的出于"好奇""寻求刺激"和"为了炫耀"等动机或者由于过失而转发暴恐视频的被告人，如果不考察其主观方面就以刑罚来加以制裁，不仅与宽严相济刑事政策精神背离，而且远离了刑法谦抑主义的内在要求。因此，在具体考察被告人的主观方面和违法性认识的情况后，应当具体问题具体分析，对符合条件的被告人予以从宽处理。这也是符合法律逻辑和现实要求的做法。国际学术界大多数学者认为，恐怖主义和恐怖犯罪带有政治性，完全没有政治

---

① See Gill Paul et al, Terrorist Use of the Internet by the Numbers: Quantifying Behaviors, Patterns, and Processes, *Criminology and Public Policy*, Vol. 16, Issue 1 (Feb. 2017), pp. 99 – 118.

② 参见梅传强、臧金磊：《网络宣扬恐怖主义、极端主义案件的制裁思路——对当前20个样本案例的考察》，载《重庆大学学报（社会科学版）》2019年第5期。

上的动机或企图的就不是恐怖犯罪。① 从被告人的主观方面来看，出于"好奇""寻求刺激"和"为了炫耀"或其他动机而转发暴恐视频的被告人，他们往往并不具有政治上的动机或企图。因此笔者认为，对主观方面并不认同恐怖主义和极端主义思想的被告人，原则上应当予以从宽处理。而建立行刑分流机制，则是解决这一司法适用现实问题的可能进路。

四、限制与完善：行刑分流视野下本罪的司法适用

当前本罪司法裁判表现出"行为一发生即告既遂"的特点，即只要被告人在客观上实施了"宣扬"行为，无论其主观上是否认同恐怖主义、极端主义思想，也无论其在罪过上是故意还是过失，最终都会被认定构成本罪。以刑法教义学的视角来看，本罪在性质上属于抽象危险犯。即只要被告人实施了宣扬行为，法律就拟制地认为其行为对法益造成了危险。这种危险既可能是紧迫危险，也可能是比较缓和的危险，因为难以预测和判断，刑法对其同等看待。② 然而，"抽象危险犯的立法应以与公众的可沟通性为要件"，③ 如果公众普遍认为某一行为的法律后果难以预见，就很难认同有关立法是合理的。因此，在当前我国对于宣扬恐怖主义、极端主义行为的规制仍然存在入罪标准模糊、裁判尺度不统一以及被告人普遍欠缺违法性认识的现实图景下，为了更好地实现本罪预防犯罪、保卫国家和公共安全的目的，彰显我国刑法的谦抑主义精神，落实宽严相济的刑事政策，本罪司法适用的边界理应受到合理的限制。在这里，笔者从立法、司法以及法治宣传等角度，以构建行刑分流机制为手段，提出了限制本罪司法适用界限、提升本罪司法适用效果的一孔之见。

（一）明确入罪标准，实现行刑分流

在当前预防性刑法扩张的语境下，如果不能明确本罪的入罪标准，就极易造成刑罚权的滥用，而刑法的恣意扩张也会进一步挤压行政法的适用空间。因此，有必要在厘清本罪入罪标准的前提下，实现行刑分流机制。为此，需要从以下几个方面着手。

第一，应当结合立法目的，进一步明晰罪与非罪的界线。考察本罪的立法

---

① 刘艳红：《二十年来恐怖犯罪刑事立法价值之评价与反思》，载《中外法学》2018年第1期。

② 梅传强、臧金磊：《网络宣扬恐怖主义、极端主义案件的制裁思路——对当前20个样本案例的考察》，载《重庆大学学报（社会科学版）》2019年第5期。

③ 周漾沂：《重新理解抽象危险犯的处罚基础——以安全性理论为中心》，载《台北大学法学论丛》第109期。

目的有两点：一是禁止主观方面认同恐怖主义、极端主义思想的人传播这些思想；二是预防主观上不认同恐怖主义、极端主义思想的普通民众受到宣扬内容的感染而加入恐怖主义活动中。与我国《刑法》第120条规定的其他恐怖活动犯罪不同，本罪罪名中虽然含有"恐怖"二字，但其犯罪主体却并不必然是恐怖分子或接受了恐怖主义、极端主义思想的人，也有可能是日常生活中的守法公民乃至先进分子，因为过失或者在缺乏违法性认识情况下实施了符合构成要件的行为，而使自己陷入了犯罪的泥沼。因此笔者认为，要明晰罪与非罪的界线，必须突破以往"行为一发生即告既遂"的窠臼，结合立法目的，着重考察被告人的主观方面。对于主观上认同恐怖主义或极端主义思想的被告人，只要实施了宣扬行为即毫无疑问地进入本罪的打击范畴之内。而对于主观上不认同恐怖主义或极端主义思想的被告人，确定其有罪与否需要结合是否产生危害结果，即是否有他人因受到被告人宣扬内容的感染而加入恐怖活动犯罪，若有则构成本罪，否则就不构成本罪，而仅需承担相应的行政责任。这一方面避免了本罪入罪标准的模糊性，防止刑法以保护"公共安全"这一抽象法益为由无限扩张所带来的法治风险。另一方面，也体现了刑法的实质正义，突出了我国宽严相济的刑事政策。

第二，需要在程序上建立切实有效的行刑分流机制。刑法与行政法的界域与衔接问题一直是困扰我国法学界的疑难杂症，① 而这一"疑难杂症"的"病灶"就在于罪与非罪区分的标准不明确、界线不清晰。当前我国司法实践中针对本罪存在的"行为一发生即告既遂"的倾向，即在罪与非罪标准模糊的前提下，刑法基于安全价值而产生的某种本能的过度反应。而法律程序是约束刑法过度扩张的重要机制，为了避免刑法过度扩张带来的种种弊端，有必要在明确本罪入罪标准的前提下，在程序上建立切实可行的行刑分流机制。

笔者认为，明晰刑事责任与行政责任，应当着重关注行为人的主观方面和行为的实害结果两个因素，并在此基础上结合其他构成要件建立行刑分流机制。如图1所示，对当前司法实践中普遍存在的x类行为，原则上不应继续动用刑法手段制裁，原因如下：第一，从法益保护角度来看，x类行为并没有对本罪所保护的法益（即国家安全和公共安全）造成现实的危险；第二，x类行为的行为人主观上并不具有赞同恐怖主义和极端主义思想或者其他政治上的目的，很可能是由于过失或者是出于"好奇""寻求刺激"和"为了炫耀"等动机才实施了宣扬行为；第三，x类行为的行为人转发的相关视频（如恐怖分

---

① 刘军：《刑法与行政法的一体化建构——兼论行政刑法理论的解释功能》，载《当代法学》2008年第4期。

子"斩首"视频)不仅不能吸引民众加入恐怖组织,而且更有可能在客观上促使他们反对和远离恐怖主义和组织;第四,运用行政手段规制 x 类行为,凸显了刑法的保障法功能和谦抑性品质。需要说明的是,虽然 x 类行为不再由刑法进行评价,但这并不意味着此类行为不具有危害性。为了传播正能量、保障互联网环境的风清气正,对于 x 类行为仍有必要使用行政手段加以规制。

对于 a 类行为,因为行为人主观方面认同恐怖主义、极端主义思想,其宣扬行为是在发自内心的认同的前提下实施的,具有极强的鼓动性和危害性,甚至其自身也可能在这些内容的感召下实施恐怖活动犯罪。因此,从本罪的立法目的出发,无论 a 类行为是否产生了实害结果,也无论行为人宣扬内容的数量、暴恐性和受众人数,都不影响其最终构成本罪,即采用"行为一发生即既遂"的模式。对于 b 类行为,尽管行为人主观方面并不认同暴恐思想,但由于其行为导致了其他人因此参与恐怖组织等实害结果,或者对法益造成了具体的现实危险,因此理应受到刑法的制裁,动用刑法评价其行为也是适当的。需要强调的是,这里的危险必须是具体的现实危险,而不是一般抽象的危险,否则不仅不能达到防止刑法无限度扩张的目的,还会导致行刑分流机制的界限再次模糊。

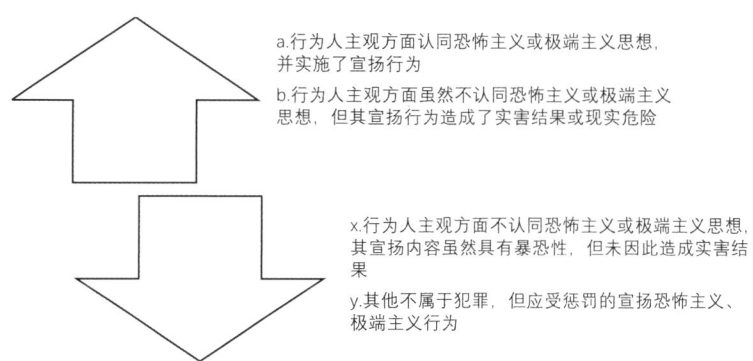

图1:行刑分流机制示意图

总之,本罪行刑分流机制的构建,应当以行为人的主观方面和行为的实害结果两个因素为基础。至于宣扬内容的数量、暴恐程度以及受众人数等要素,① 则是在行刑分流以后,在量刑或者行政裁量过程中需要进一步考虑的

---

① 在宣扬内容不具有暴恐性,宣扬内容的数量、受众人数为 0 的情况下,被告人当然无罪无责。在此意义上,上述因素似乎也可以被认为是区分罪与非罪的标准。然而,本文讨论的情况是在实践中大量存在的,宣扬内容具有暴恐性,且宣扬内容的数量和受众人数均大于 1 的情况。

问题。

(二) 统一裁判尺度，促进量刑规范

在行刑分流的语境下，被告人只有实施了图 1 中 a、b 两类行为，才能够纳入刑法评价的视野。因此，在前文的基础上，这里主要是对构成犯罪的 a、b 两类行为的裁判和量刑进行探讨。

首先是关于本罪"情节严重的，应处 5 年以上有期徒刑"这一高刑档法律规定的适用问题。应当明确，只有 a 类行为且"情节严重"的，才能以"5 年以上有期徒刑"的高刑档定罪处罚。换言之，构成这一高刑档法律规定的必要条件是行为人在主观方面对恐怖主义、极端主义思想的认同。之所以说将"情节严重"的认定限缩在行为人主观上对恐怖主义、极端主义思想的认同是符合本罪的立法目的和精神的，是因为我们如果贸然地将主观方面不认同恐怖主义、极端主义思想的人判定为"情节严重"，就无法彰显刑法打击恐怖犯罪的鲜明旗帜，更无法展现刑法教育保护人民的人文关怀。目前，我国的司法实践也是如此把握的。实践中裁判者对"情节严重"的把握情况整体较好，只需要在司法解释中进一步明确"情节严重"的标准，为法院的裁判提供具有可操作性的参照标准即可。

其次是关于缓刑的适用问题。应当明确，对于实施 a 类行为的被告人，原则上不应适用缓刑，如果法院认为需要适用缓刑，则必须在裁判文书中进行说理。相反，对于实施 b 类行为的被告人，原则上应当适用缓刑，如果法院认为不能适用缓刑，也需要在裁判文书中予以充分说理。在当前司法实践中，法院对于实施 a 类行为的被告人（虽然仅有 1 例）没有适用缓刑，这种做法是符合本罪的立法目的和立法精神的。而对于实施 b 类行为的被告人，以及在实践中仍然被认为是犯罪的 x 类行为，缓刑的适用率相对较低。

(三) 加强法治宣传，依法科学反恐

知法是守法的前提，要想在反恐领域形成全民守法的良好氛围，首先就要让民众知晓相关法律是如何规定的。结合本罪而言，当前我国司法实践中普遍存在被告人欠缺违法性认识的问题，就是我们反恐法治宣传不到位的体现。这种宣传上的不到位，在一定程度上导致许多民众认为转发那些"斩首"视频等暴恐信息不属于违法行为，因而也就谈不上犯罪了。虽然不知法并非不为罪的理由，然而，法律在这里却丧失了与一般民众的可沟通性，超出了普通民众的心理预期。对此，我们需要在避免象征性立法和实现行刑分流机制有效运行的基础上，进一步加强相关法治宣传，实现依法科学反恐。

五、结语

法律的制定不能脱离社会实际，否则必然造成象征性立法的堆积和司法适用的困境。在恐怖主义犯罪前置化的语境下，如果不能明确本罪的入罪标准，进而建立有效的行刑分流机制，那么裁判者必然会在自由与安全的冲突面前不断徘徊而裹足不前，司法的正义也就无法彰显，刑法的机能更加难以实现。为了明晰罪与非罪的界限，维护公平正义，确保罪刑相应，及时匡正当前我国司法实践中对文中所叙 b 类行为和 x 类行为不加区分的做法，合理划定本罪的司法适用界限，需要在实现行刑分流的基础上，进一步加强反恐法治宣传，统一裁判尺度，促进量刑规范，依法科学反恐。努力做到让人民群众在每一个司法案件中感受到公平正义。

跨境网络赌博及其司法治理路径

郑明玮　王　斌*

随着互联网的全面普及和网络技术应用的不断升级，赌博从线下向线上发展、从国内往境外转移的趋势异常明显。自新冠肺炎疫情发生以来，线下赌博聚集在一定程度上得到控制，但网络赌博活动却日益猖獗，线上赌博网站、境外赌博团伙加大了对我国公民招赌力度，社会危害极其突出。公安机关加大了对相关犯罪的打击力度，①并发布了典型案例。②通过对典型案例的梳理，我们发现现阶段的网络赌博从人员藏匿、服务器架设、资金流转和共犯联络等四个维度均表现出明显的以境外化对抗境内司法处罚的特征，并由此为司法治理带来了事前预防、事中监管、事后固证、团伙溯源等四个方面的障碍和挑战。传统的共犯理论遭到挑战，由此应当探索一条全面、分层级的治理路径。

一、以境外化对抗境内司法处罚的主要特征

近年来在司法打击持续高压的背景下，网络赌博黑产团伙发展出大量对抗技术，衍生出上游专门从事网络协议破解、对抗技术研究、黄赌工具开发的黑灰色产业生态，H5页面赌博、境外赌博等问题仍比较严重，打击防范网络赌

---

* 郑明玮，辽宁省人民检察院第四检察部，四级高级检察官；王斌，腾讯科技（北京）有限公司高级研究员。

① 2020年4月9日，公安部发布了《关于新冠肺炎疫情期间依法严厉打击跨境赌博和电信网络诈骗犯罪的通告》，其中强调："凡是在境内外实施跨境赌博和电信网络诈骗犯罪，以及为犯罪分子传授作案方法、提供网络技术支持及资金支付结算等帮助的，都将受到依法严厉打击。""公安机关将会同有关部门，加强对跨境赌博和电信网络诈骗的综合治理，加大非法资金管控力度，严肃查处一批违法违规为跨境赌资提供结算服务的支付机构，最大限度阻断资金非法流通。对相关违法犯罪人员，还将在出入境管理、个人征信等方面加大管控惩戒力度，建立参赌及从业人员'黑名单'等制度。"

② 《公安部公布打击跨境赌博犯罪十起典型案例》，载中华人民共和国中央人民政府网，http://www.gov.cn/xinwen/2020-06/23/content_5521197.htm，最后访问日期：2020年8月15日。

博的形势依然严峻。网络赌博行业存在着明显的犯罪手段境外化的倾向和特征，为境内司法打击和生态治理带来了挑战，具体体现在以下四个维度：

（一）核心人员藏匿境外

跨境赌博集团反侦查能力提升迅速，侦查打击难度加大。网络赌博行为在持续向境外外溢的同时，跨境赌博团伙反侦查能力也有明显提升。为了躲避境内追捕，网络赌博网站、App 的核心团队大多盘踞在菲律宾、泰国、柬埔寨等国家，国际执法环境的差异为跨境抓捕带来困难，尤其是在全球疫情的背景下，跨境司法协助的实操性显著下降。

核心犯罪团伙身处境外，却将犯罪牟利的利爪瞄准国内广大网民。境外团伙为扩大盈利，便在境内招募大量代理或者合作伙伴，为其发布广告、招揽业务以及提供技术运用、资金结算等服务，代理之间有可能出现类似传销的多层级关系，并以层层"抽水""占成"的奖励模式刺激代理人员推广业务的积极性，从而实现整体利益最大化，但除去在国内被收网抓捕的"马仔"之外，赌博集团的核心人员均处于东南亚等执法环境相对复杂的国家，难以直接抓捕到案。一方面，境外赌博的推广员通过陌生人交友、兼职招聘、网赚项目、色情直播等方式招赌，甚至唆使、哄骗未成年人参赌，鼓励玩家发展下线、拉亲戚朋友参赌等情况比较突出。另一方面，随着国内对赌博犯罪的持续打击，境外团伙之间的通联转向使用国外通讯产品，有些甚至还开发了专用通联工具。境外团伙还把赌博引流推广视线转向其他社交软件。比如，虚构美女身份利用陌生人交友软件吸引异性客户，利用一些垂直兴趣社区和新型社交产品的安全策略漏洞发送信息等。

（二）主要服务器架设境外

服务器架设境外已然成为网络赌博行业的通行做法，更有甚者还采用购买的虚假身份注册网站，以提前为警方追捕制造障碍。如 2019 年山西大同的跨境福彩网站案，犯罪分子通过购买虚假的"个人四件套"——身份证号、银行卡、银行 U 盾和手机卡，在国外建立"据点"，架设服务器，并提供以福利彩票实时数据为输赢参考的各类赌博项目，其代理遍布国内 16 个省份，三个月内账户入账 3.8 亿元。随着国内打击力度加大，服务器租赁管理逐渐正规，国内互联网犯罪分子逐渐将网站服务器、人员等转移到非洲、东南亚等地，在当地缴税后就成了合法生意。①

---

① 具体参见《3 个月狂收近 3.8 亿元！境外注册境内发展代理迅速扩张……警惕互联网赌博新动向》，载新华网，http://www.xinhuanet.com/2019-01/08/c_1210033282.htm，最后访问日期：2020 年 8 月 15 日。

(三) 结算资金流向境外

不同于普通赌博所采用的线下结算方式，网络赌博的筹码兑换和资金结算活动均在线上实现，往往利用非法的聚合支付平台通过虚构交易、话费代充以及"智能众包"等结算手段绕过金融监管后，最终通过国内的"地下钱庄"分批将资金转向境外。在巨额利益的诱使下，衍生了许多帮助赌博分子进行筹码结算的非法聚合支付结算平台。当下，"智能众包"这种支付手段正在不断智能化，可以依据筹码交易的时间、地点、金额等情况，智能选择一个在户主资料和交易习惯等方面匹配度最高的个人收款账户，将交易穿上"合法交易"的外衣，同时，犯罪分子也开始使用大量的公司和企业账号，以提供更大额度的"安全流水"。犯罪分子在通过上述手段绕过金融监管后，通过专业的"地下钱庄"将资金转向境外赌博团伙，实现非法资金外流。

(四) 信息交流难以监控

首先，团伙成员之间的联络依赖境外软件。同最初的国内线上赌博不同，当下的境外赌博团伙一般使用 telegram、skype 等境外软件同国内各级代理或合作伙伴进行联络，联络工具的境外化不仅帮助犯罪分子成功绕过国内平台的事中监管，而且还为事后证据固定带来挑战。例如，颇受境外犯罪分子青睐的 Telegram 软件具备阅后即焚功能，境外分子利用此类境外平台进行联络，相关证据即时灭失，难以固定。其次，利用网络众包完成赌博软件开发。一般软件众包需要为收集大量的"个人四件套"（身份证号、银行卡、银行 U 盾和手机卡）以及开设企业账户的材料（营业执照、组织机构代码号、税务登记号、银行账户号等）。这些犯罪"物料"均可在 telegram 等境外软件上通过非法交易的方式获取，管理部门往往难以察觉。近年来，Telegram 等境外平台被各类网络黑产群体广泛运用，已逐渐取代国内相关平台成为大量网络黑产及违法犯罪信息流转传播的主要途径。据统计，目前 Telegram 上各类中文群组已经超过 6000 个，累计群组成员达上百万，其中广泛涉及赌博在内的多种违法犯罪信息。

二、司法治理的难点分析

(一) 事前筹备难察觉

一方面，犯意联络和犯罪筹备难发觉。在赌博网站、App 筹备初期，境外团伙同境内的技术开发、招赌推广人员的犯意联络或技术资源的筹备，多通过 telegram 等境外软件进行，此类软件服务器也设在境外，不受境内相关机关的监管约束，其中涉及违法犯罪的联络内容无法被国内司法机关察觉，国内相应的监管措施和技术限制无处发力,造成了犯罪前期案件信息或线索的客观缺失。另一方面,为境外赌博平台提供技术支持的国内团伙难发觉。部分赌博软件的开发,由境外团伙委托境内人员,而此部分人员大多采取利用境内合法注册的软件公司的外壳,并通过境外软件获取技术资料或"物料"资源,在实现较低犯罪成本的同时成功躲避事前监管。

(二)事中资金流转难发现

当下网络赌博平台的资金结算已经不是单纯的赌博平台与玩家间的点对点转账,而是通过专门的"第四方非法结算平台",利用"众包""代充"等渠道,经过技术加工后,使用合法账户转移非法资金,规避国内支付结算业务主管机关的技术监管和第三方平台的风控策略,为资金转移穿上"合法外衣"。

(三)事后证据难固定

网络赌博犯罪的侦破过程中,要么核心人员藏匿境外,难以取得主犯口供,仅能通过境内到案人员查明案件情况;要么赌博服务器架设境外,一方面,因通过网络"黑灰产"行业购买的个人信息导致相应的注册身份难以查实,另一方面,境外服务器难以获取平台日志、境外账户的流水情况,在推定计算尚未得到实践广泛接受的前提下,为准确认定犯罪数额、全面打击犯罪集团设置了难度。

(四)溯源追根的整体打击难实现

对境外团伙连根拔起是震慑力最强的方法,但由于赌博团伙的最上游人员藏匿境外,我国司法部门在藏匿地不具有相应执法权,只能以一般的工作身份到所在国进行调查、协助工作,难以实现"连窝端"的全面打击。同时,跨境抓捕行动需要与当地警方通力合作,而盘踞在东南亚的赌博犯罪分子通过贿赂等手段,给跨地域司法追捕设置难度。

三、司法治理的路径阐释

在以境外化对抗司法处罚手段不断升级和疫情带来的跨境抓捕难度提升的大背景下,虽对境外赌博集团源头的打击难以实现溯源追根的整体效果,但从源头恶意注册、国内技术支持、赌博资金流转、境内招赌推广等方面切入,以分模块独立打击的方式,实现"抽刀断链"、逐层瓦解境外赌博团伙的效果。按照"两高一部"《关于办理网络赌博犯罪案件适用法律若干问题的意见》的规定,所有为赌博网站提供技术支持、资金结算、广告投放等帮助或服务的,在满足相应的获利条件情况下,均可认定为《刑法》第303条第2款规定的"开设赌场罪"。在能够成功获取上述环节证据的前提下,即使主犯逃匿境外,仍可对境内组织、帮助者适用开设赌场罪的法律条款。但是，部分案件囿于网络犯罪分子犯罪手段提升，存在侦查、取证的困难，使得《刑法》第303条的司法适用存在难度。在适用开设赌场罪存在困难的前提下，笔者认为，可以从源头入手，通过打击伪造证件犯罪，切断境外赌博团伙的资金渠道、割断境内技术支持，实现对境外赌博网站"生意限缩"的效果，使得境外赌博团伙的境内危害和影响降至最低。

（一）打击侵犯公民个人信息和伪造证件犯罪

在以账号体系为基础的互联网环境中，作为下游犯罪的赌博行为在启动之前，必须设法在网络上游获得大量账号资源为他们提供网络身份。首先，通过虚假账号获得大量"网络马仔"，为广告推广、资金结算缓解提供便利。其次，借以隐藏真实身份，制造虚假流量，增加溯源难度，逃避法律追究。这些虚假账号的注册往往需要大量的个人信息作为"物料"基础。最后，为实现广撒网、大范围召集赌客的目的，获取个人信息也为其快速确定赌客群体提供了方便。若能从源头限制赌博人员恶意账号的注册使用量，同时有效保护公民免受招赌群体的诱惑，则需要对上游非法获取、提供等侵犯公民个人信息的行为进行治理。向他人出售、窃取或以其他方法非法提供公民个人信息，当相应的情节达到"两高"《关于办理侵犯公民个人信息刑事案件适用法律若干问题的解释》的标准时，即可按照《刑法》第253条之一的侵犯公民个人信息罪进行打击。自2016年以来，公安部门持续加大对此类犯罪的打击力度，通过"净网2018""净网2019""净网2020"专项行动，侦破侵犯公民个人信息案件1.7万余起，抓获各行业内部人员3000余名。[①] 但从案件数量看，个人信息保护的源头性治理仍不能松懈。除了对个人信息的侵犯，网络"黑灰产"源头已经出现了明显的利用对公账户进行犯罪的趋势。此种趋势在支付环节体现尤为突出。由于对公账户流水大、账号欺骗性强，很多"黑灰产"犯罪分子私刻公章、甚至伪造国家文件，以欺骗网络平台为其设立对公账户。一方面，被害人对公司账号的信赖程度远高于普通私人账号，因此公司账号更易于取得被害人信赖；另一方面，公司账号的资金流水较大，为违法犯罪规避资金监管提供了更大便利。此外，最关键的是，犯罪分子通过电子技术伪造的印章几可乱真，在缺少相应主管机关授权的前提下，各大网络平台并不具备审查相应国家证件或者公司印章的能力。因此，亟须加强对违反《刑法》第280条

---

① 《公安部公布十起侵犯公民个人信息违法犯罪典型案件》，载中华人民共和国中央人民政府网，http://www.gov.cn/xinwen/2020-04/16/content_5502912.htm，最后访问日期：2020年8月15日。

伪造、变造、买卖国家机关公文、证件、印章罪或者伪造企业、公司印章的行为的惩治力度，以遏制犯罪源头。

（二）强化非法利用信息网络罪的司法适用

"信息的发布与扩散"是实现大范围招赌的必然需求，若能对赌博网站的广告推广者进行有效打击，则可切断赌博行业的招赌信息链，从而有效遏制网络赌博的蔓延。为赌博网站提供广告推广的，一方面因上下游联络证据难以固定进而导致其主观"明知"难以认定，另一方面负责广告推广的团队中部分被招募者可能仅是基于打工赚钱目的参与其中，并不了解赌博网站的实际情况，从而导致对上述人员开设赌场罪主观故意认定的障碍，但上述情况仍可依据《刑法》第287条的非法利用信息网络罪或者帮助信息网络犯罪活动罪定罪处罚。按照2019年"两高"《关于办理非法利用信息网络、帮助信息网络犯罪活动等刑事案件适用法律若干问题的解释》，非法利用信息网络，设立用于实施违法犯罪的网站、通讯群组、账号数量、发布的违法犯罪信息、信息受众账号达到相应标准的，便符合以定罪追诉的标准。

（三）以非法经营罪截断资金流

"天下熙熙，皆为利来"，犯罪分子之所以在技术迭代和对抗升级方面拥有超乎常人的热情，主要是受到巨额利益的诱引。所以，有效切断网络赌博团伙的资金流转链，便能从一定程度上起到压制犯罪的效果。针对"第四方非法结算平台"的管理漏洞，按照《聚合支付安全技术规范》（草稿）以及人民银行发布的《关于开展违规"聚合支付"服务清理整治工作的通知》的规定，聚合服务商仅能在依法取得工商登记后，负责支付渠道的技术整合，不得开展特约商户资质审核、资金结算等业务。简单来说，第四方支付仅能作为资金的"搬运工"或"转移通道"存在，将付款方的资金转移至收款方的第三支付或银行账户，而不具备账户收款结算的功能。而当赌博犯罪分子在利用第四方支付平台时，不仅使用了平台支付"搬运工"的功能，同时额外地利用了他人合法支付账号，为赌博网站的筹码兑换提供便利，明显超出了法律授权的范围，违反国家金融支付管理相关规定，使用受理终端或者网络支付接口等方法，以虚构交易、虚开价格、交易退款等非法方式向指定付款方支付货币资金的从事非法结算的行为。按照《刑法》第225条和"两高"《关于办理非法从事资金支付结算业务、非法买卖外汇刑事案件适用法律若干问题的解释》规定，当违法经营数额或所得数额达到情节严重标准的，依法构成非法经营犯罪。

四、结论

综上所述,在巨额利润的诱引下,网络赌博犯罪分子采用了一系列的对抗手段,为赌博犯罪的整体打击带来挑战,但在现有立法体系下,我们可以视角转换,对整个网络赌博体系进行分层次、分模块的打击,针对源头的非法提供个人或企业信息、中间环节的资金结算、幕后的技术支持以及对外招赌推广的行为,均可按照不同的单独罪名予以定罪治理,从而实现截断整体犯罪链条、遏制整个赌博网站在境内市场的非法盈利市场。

网络滋扰的犯罪化与刑事治理对策[*]

张 勇 鲁斯齐[**]

网络滋扰并不是一个法律概念,从广泛意义上说,网络滋扰所包含的行为类型十分广泛,与当下网络热搜的诸如网络欺凌、网络诽谤、网络骚扰、网络暴力、网络寻衅滋事等语词呈现重合交叉样态。在网络时代背景下,利用社交软件、微信、电邮、贴吧、公共论坛等网络通信工具,向他人发送垃圾信息、色情信息、进行人肉搜索、网络追呼、网络曝光等,实施网络滋扰违法犯罪行为。2009 年美国所做的全国犯罪被害者调查(National Crime Victimization Survey)发现,每四个跟追被害人中,即有一个其加害人是通过即时通信、博客、电子布告栏、网络聊天室、电子邮件或是被害人自己的网页与被害人接触。根据 working to halt online abuse 机构最近一次(2014 年)对网络追踪行为的数据统计,在网络跟踪滋扰开始之后,有 76% 的人表示跟踪滋扰行为升级,有 24% 的人受到了物理伤害。近年来,中国不断上演的"交叉线性骚扰事件""虐猫事件""死亡博客"事件、"艾滋女案""秦火火案",都表明网络滋扰的犯罪的确客观存在,且表现形式丰富多样。由于信息网络的匿名性、便利性、跨区域性、高联结度性,使得网络滋扰行为方式多种多样,违法犯罪成本低、对公民的生活安宁造成的影响和危害日益严重,且司法机关往往难以取证和追究其刑事责任。2013 年,最高人民法院、最高人民检察院出台了《关于办理利用信息网络实施诽谤等刑事案件适用法律若干问题的解释》(以下简称《网络诽谤解释》),其中就涉及网络滋扰所衍生的侮辱诽谤、寻衅滋事、敲诈勒索、非法经营犯罪行为的定罪处罚问题。2019 年 4 月 9 日,最高人民法院、最高人民检察院、公安部、司法部发布的《关于办理实施"软暴力"的刑事案件若干问题的意见》(简称《软暴力解释》),对黑恶势力犯罪案件中的

---

[*] 本文系 2019 年度国家社科基金一般课题"大数据背景下公民个人信息刑法保护体系研究"(19BFX074)的阶段性成果。

[**] 张勇,华东政法大学刑事法学院教授;鲁斯齐,复旦大学法学院博士研究生。

"软暴力"作出界定,即行为人为谋取不法利益或形成非法影响,对他人或者在有关场所进行滋扰、纠缠,足以使他人产生恐惧、恐慌进而形成心理强制的违法犯罪手段,其中就包含了网络滋扰行为方式。但对于网络滋扰行为本身能否定罪、如何定罪,该司法解释没有作出明确规定。从域外刑事立法来看,有的国家如德国、日本、美国专门设立了类似于跟踪滋扰的罪名,对单纯的跟踪滋扰行为予以刑法规制。那么,我国是否有必要借鉴国外立法单独设立罪名,并通过设置主客观构成要件予以定型化限制?如果设立这样的新罪名,其与现行刑法中其他相关联罪名以及刑法与非刑事法律应如何衔接协调?本文对此加以研讨。

一、网络滋扰及其刑事规制的必要性

从相关立法即司法解释来看,我国《治安管理处罚法》第42条第(五)项规定的多次发送淫秽、侮辱、恐吓或者其他信息,干扰他人正常生活的行为,可以视为一种滋扰行为。《软暴力解释》中将滋扰行为作为"软暴力"的一种表现形式,是以谋取不法利益或形成非法影响为目的,足以使他人产生恐惧、恐慌,影响正常生活生产的行为。根据以上法律法规及相关解释,所谓"滋扰"即行为人通过跟踪、缠扰、威胁等滋扰,足以对他人形成心理强制,对他人的生活安宁造成严重干扰,侵害被害人心理与生理健康的行为。所谓"网络滋扰"是指主要通过呼叫机、手机短信、电子邮件以及网络等电子通讯系统,对他人实施滋扰之行为。虽然网络滋扰与传统"直接监视"的滋扰行为动机类似,都是通过反复实施滋扰对他人形成心理强制,但网络本身具有的匿名性、便利性、跨区域性、高联结度性让犯罪人更容易对受害人造成创伤。对于具有涉黑涉恶性质的网络滋扰行为,当然可以根据该司法解释适用相关罪名,如果行为人利用网络滋扰手段,实施了侮辱诽谤、强制猥亵、寻衅滋事、敲诈勒索、侵犯公民个人信息罪等犯罪行为,这是本文所指的网络滋扰的衍生行为,并不包括在网络滋扰本身行为的范畴当中。然而,对于单纯侵犯公民个人生活安宁权益的滋扰行为,现行刑法尚无专门的罪名予以规制。

从司法实践来看,网络滋扰行为呈现以下特点:第一,网络滋扰行为所侵害的法益主要是个人生活安宁,但不直接对人的生命、财产造成威胁。"滋扰"作为一种违法犯罪行为方式,与我国刑法中的"威胁"的含义不同。我国现行刑法中有24处规定了"威胁",涉及罪名18个,且都与"暴力"一词相连,"威胁"即以实施暴力相威胁;但比较而言,滋扰行为并不一定以暴力相威胁。网络滋扰行为本身虽未直接对人身、财产造成威胁,但多数情况下都会发生恶化升级,从而导致人的人身、财产遭到损害。第二,网络滋扰行为具有现实的社会危害性。任何网络滋扰行为都是跟现实之间发生联系的,是以会感到有现实物理危害的可能为依托,使被害人感到恐惧或厌恶,这说明网络滋扰行为本身具有现实危害性。第三,网络滋扰行为手段多样、成本较低、时空范围大。在网络实名制的背景下,一个人手机号码会关联到几乎所有的软件账号,行为人可以轻易对受害人进行全方位的滋扰,通过网站、论坛、电子邮件、微信、微博等即时通讯工具能够在网络世界的任何角落滋扰被害人,而网络的匿名性又可以让行为人不必担心被发现,从而更加肆无忌惮地滋扰受害人。第四,网络滋扰的危害结果及负面效应容易泛化叠加、难以控制和消除。网络互联互通让网络上所有发布的信息都可以被任何人得知,在网络舆论的助推之下,网络滋扰可能引起滔天的信息风暴,后果往往难以预料。

从法益角度来看,网络滋扰行为侵犯的精神安宁利益属于隐私权的私法益范畴。生活安宁利益是指自然人享有的安稳宁静、不受滋扰的私人生活状态,具有私人性和伦理性,是精神上寻求安心感觉之保护,是一种免于恐惧的自由。[1] 我国《民法典》第109条规定自然人的人身自由、人格尊严受法律保护。网络滋扰行为是一种网络侵权行为,主要是对隐私权、名誉权的侵犯。第1032条第2款规定,隐私是自然人的私人生活安宁和不愿为任何人知晓的私密空间、私密活动、私密信息等第1033条第(一)项规定,以电话、短信、即时通讯工具、传单、电子邮件等方式侵扰他人的生活安宁属于侵犯隐私权的行为。这都说明了私人的生活安宁利益是受法律保护的利益,包含在隐私权项下。网络滋扰行为通过一系列强迫性接触,以电子媒介侵入和滋扰他人的心理空间,给他人的生活安宁造成破坏。对网络滋扰行为进行规制就是要保护公民精神上寻求安心之感觉、免受恐吓之自由。正如有学者指出,近年来,我国刑事立法倾向于将抽象危险犯等预防性刑法条款适用于具有"超个人法益"的犯罪领域,法益功能从出罪化转变为入罪化,对公民个人法益保护出现了公共化的趋势,逐渐向"超个人法益"的方向扩展。[2] 所谓"超个人法益",强调自身是全部个人法益的集合。[3] 在风险社会背景下,对个人权益进行保护,往往也涉及社会公共利益、国家和公共安全。[4] 网络滋扰行为所侵犯的法益也包

---

[1] 刘保玉、周玉辉:《论安宁生活权》,载《当代法学》2013年第2期。
[2] 张勇、王杰:《公民个人信息刑法保护的碎片化与体系解释》,载《社会科学辑刊》2018年第2期。
[3] 王永茜:《论集体法益的刑法保护》,载《环球法律评论》2013年第4期。
[4] 吴伟光:《大数据技术下个人数据信息私权保护论批判》,载《政治与法律》2016年第7期。

括两个层面：一是传统法益，即公民个人生活安宁权益；二是新型法益，即信息网络领域的公共利益、秩序和国家安全，其法益结构具有多元性，应根据其对被害人造成侵害的风险程度，实行多层次、体系化的刑法保护。

二、网络滋扰犯罪化的立法比较与借鉴

刑法对违法犯罪行为的调控包括犯罪化与非犯罪化两个方面。应当说，犯罪化与非犯罪化各有其独立的价值。我国信息网络时代的社会转型现实决定了相关刑事立法的犯罪化趋势，所以对于网络滋扰行为，我们需要强调确立犯罪化与非犯罪化并轨运行的刑法理念，既要严密刑事法网，又要避免刑法的过度扩张和网络空间"口袋罪"的形成，合理把握网络滋扰行为犯罪化的限度和范围。①

从域外刑事立法来看，有些国家针对跟踪滋扰行为专门制定法律予以规制，其中包含受害人可以采取的民事救济、保护令等申请以及可采取的处置与援助的内容。日本1999年由于发生"桶川女大学生缠绕行为杀人案件"，火速于2000年专门制定了《纠缠滋扰行为规制法》。该法规定行为人需以"满足对特定人只恋爱感情、其他好感或该等感情无法满足时之怨恨为目的，反复进行该条所列举的纠缠行为"才能构成此罪。当受害人遭到跟踪滋扰时，可以向各地方政府的警察机关申请，警察机关会通过"警告"向施害人要求停止纠缠等行为；若施害人违反"警告"且受害人认为其仍有继续纠缠的行为时，可以向地方自治团体的公安委员会（管理警察的组织）核发"禁止命令"。若施害人仍然违反"禁止命令"，且继续实施跟踪滋扰行为，受害人可以以违反禁止命令罪起诉，可以依据该法处以2年以下拘役或200万日元以下罚金；若施害人仅违反"禁止命令"不继续实施跟踪滋扰行为，可以依据该法处以6个月以下拘役或者50万日元以下罚金。并且向警察机关告发申请禁止命令并不是以缠扰行为罪起诉的前置条件，即未受禁止命令之人，只要行为满足缠扰行为罪的构成要件，便可成立缠扰行为罪。另外，该法可以包括网络跟踪骚扰行为。该法中对"反复性"的认定，采取宽松的立场，只要施害人实施上述所有列举行为的一种或几种进行重复即可，不需要重复同款甚至同款内同一的行为。并且对于行为人所实施的滋扰行为，并不以行为人的行为直接使被害人认识为必要。比如受害人屏蔽施害人的电话后，施害人仍然持续拨打，此行为依然属于电信方式的骚扰行为。

---

① 张勇、王杰：《公民个人信息刑法保护的碎片化与体系解释》，载《社会科学辑刊》2018年第2期。

因少女明星 Rebecca Schaeffer 遭狂热粉丝追踪三年后在自家门前被枪杀，美国加州于 1990 年通过世界第一部反跟踪法。随后，全美 50 个州及华盛顿特区都制定了州内的反追踪法，联邦政府还将跨州的跟踪滋扰行为入罪。1993 年模范反跟追法法典提出，行为人之行为须客观上"反覆的近距离接触或以口语、文字或以行为暗示之方法威胁他人"始会构成跟追行为。① 对于网络跟踪滋扰行为的法律规制，美国出现了两种立法例：一是制定新法，制定专门的网络跟踪法；二是修改旧法，通过扩展适用范围的方式将网络跟踪骚扰行为纳入原有的反跟踪骚扰法。更多的州倾向于第二种立法选择。联邦法典第 18 章第 875 条 c 款（18 U. S. C. § 875（c））跨州通讯法、联邦法典第 47 章第 223 条（47 U. S. C. § 223）电信滋扰法、联邦法典第 18 章第 2261A 条（18 U. S. C. § 2261A）跨州跟追行为处罚与防治法都将电子通讯方式作为犯罪行为的手段之一，可以针对部分网络跟踪滋扰行为适用。②

在德国，为防止跟踪、滋扰、纠缠行为，保护被害人免受暴力之侵害，于 2001 年专门制定了《暴力防治法》，这是第一部专门针对跟踪滋扰行为的法律。该法中的暴力既包括生理暴力（身体伤害或性侵），也包括精神暴力，现在扩大到包含间接暴力，比如以危害关系密切之人的利益作为威胁。任何人只要受到暴力、威胁、跟踪、滋扰、侵入住宅等行为，都可以根据此法向法院申请民事保护令。该法规定"与被害人联络，包含使用远距电子通讯设备之方式联络"包括以信息和通讯工具与被害人接触联络的手段，即将网络滋扰行为囊括在内。③ 当民事保护令被一再违反，受害人可以违反保护令罪起诉。除此之外，受害人还可以跟踪滋扰罪起诉施害人。德国刑法第 238 条设立了跟踪滋扰罪。该条款中"足以严重侵害他人的生活形成"说明该罪为危险犯，"持续地跟踪纠缠他人"则显示出跟踪滋扰行为须具有反复性，至于如何判断什么程度属于"连续"，什么程度属于"足以严重侵害"，德国立法中没有明确的规定。奥地利刑法对"足以严重侵害"的判断，从骚扰时长和骚扰频率来进行综合评价，其中如果采用网络滋扰的方式，比如在网络上以被害人名义贴文提供性交易服务，即使贴文是一次性的行为，如果一直长期地放任不删除贴文，也可以认为是以不作为方式进行持续骚扰，可以结合贴文时长来确定是否

---

① MODELSTALKINGCODE § 1（a）.

② R. I. GEN. LAWS § 11 - 52 - 4. 2（a）（2002）；WASH. REV. CODE § 9. 61. 260（（1）（a）；720 Ill. Comp. Stat. § 5/12 - 7. 5.

③ Cirullies/Cirullies，（Fn. 40），S. 234.

足以严重侵害。①

在借鉴国外跟踪滋扰罪立法的基础上，建议我国刑法应设立跟踪滋扰罪行为，将网络滋扰作为跟踪滋扰罪的一种具体行为类型，其所侵犯的法益为公民的生活安宁权益。所谓跟踪滋扰行为，即通过采用滋扰、恐吓、纠缠、跟踪、盯梢、守候、监视等一系列不正当行为，使被害人与其进行非自愿接触，使被害人产生恐惧或强烈厌恶，足以严重侵害他人的生活形成，使被害人安稳宁静的私人生活状态造成破坏，对受害人或其身边亲友的精神安宁和生活安宁造成极大影响的行为。其主客观构成要件应做如下设立：（1）主观要件。新设的跟踪滋扰罪主观上应当为故意，且不应当包括使被害人感到恐惧的特殊目的，因为基于男女感情而对受害人进行跟踪滋扰的施害人，可能只是单纯地出于追求、爱恋等目的而进行跟踪滋扰行为，而被害人却会因此感到厌恶或恐惧。如果对施害人的主观要求"使他人感到恐惧"的特殊目的，会导致部分行为无法规制。应当参照美国1993年模范反追踪法典与2007年修正法典之建议，对特殊目的不予规定，只要行为人主观上对于其所从事之行为有所认识并决意为之即可。（2）客观行为。设立该新罪的客观要件，可以参照《治安管理处罚法》第42条对跟踪滋扰行为的行为方式进行列举，滋扰、恐吓、纠缠、跟踪、盯梢、监视、守候等方式以及其他一系列对被害人进行的非自愿接触的行为。"一系列"行为表明施害人的行为不是一次性的，而是具有反复性，反复性只要求包含在实施上述所列行为之中即可，不要求多次实施同一行为。上述行为方式不限于现实社会中的接触，还包括以各种信息和通信手段进行的接触。跟踪滋扰行为一般采用作为的方式，采用积极的行为对受害人施加影响，使其与自己接触。但也不排除有部分不作为滋扰行为，比如将受害人的个人信息发布在卖淫网站，致使被害人不断受到嫖娼者的滋扰。虽然发布是一次性的行为，但是可以认定为是以不作为的方式持续滋扰。（3）危害结果。借鉴德国和日本的刑事立法，本罪可设为危险犯，对于行为结果只要求"足以严重侵害他人的生活形成"即可。只要足以造成被害人原本生活形态发生改变即可，至于事实上是否有此等结果之发生，并非必要。若要求此罪为结果犯，就必须要求施害人已经对受害人的生活形成造成客观影响，至于客观影响的判断一般以居所的改变、生活方式的改变、工作地点的改变、生活轨迹的改变（比如绕道上班、避开前往某些地方等）等作为依据，如果受害人没有进行客观的生活方式之改变，就无法认定为施害人对受害人的生活形成造成影响，这显然是十分困难的。至于"足以严重侵害他人的生活形成"的认定标准应当

---

① 王皇玉：《纠缠跟踪之处罚》，载《台大法学论坛》第47卷第4期。

以客观"合理第三人"感到精神或生活上不安宁的标准为主,以被害人主观"事实上不安宁"的标准为辅。(4)刑事处罚。建议参考德国跟踪滋扰罪的量刑标准,将我国跟踪滋扰罪的量刑标准确定为:对被害人、被害人之近亲属或与被害人亲近之人形成生命危险或严重身体损害者,处3个月以上5年以下有期徒刑或拘役或管制;行为人因其行为导致被害人、被害人之近亲属或与被害人亲近之人死亡者,处1年以上10年以下有期徒刑。与其他犯罪构成想象竞合的,择一重罪论处。为了尊重和保护被害人的隐私及名誉,将跟踪滋扰罪设立为亲告罪,由被害人告诉才处理,但对受害人及其亲近之人造成死亡的,人民检察院可以提起公诉。

三、网络滋扰刑事治理的一体化对策

（一）网络滋扰及其衍生犯罪的刑事责任

目前,在我国民事、行政法领域,法律未对网络滋扰的受害者进行充分的保护。鉴于我国民法、行政法对跟踪、滋扰行为规制上的缺陷与不足,笔者主张刑法积极介入,对跟踪、滋扰行为予以刑法规制,其必要性和意义就在于,不仅有利于个人生活安宁权益保护,而且有利于社会治安秩序法益保护。跟踪、滋扰行为的刑法规制,不仅包括其本身行为的犯罪化问题,而且还包括衍生行为的定罪处罚。

从刑事法领域看,我国刑法并没有像国外刑法典一样对跟踪、滋扰行为单设罪名。针对网络滋扰衍生的犯罪行为一般以侮辱诽谤罪、敲诈勒索罪、诬告陷害罪、强制猥亵罪、侵犯公民个人信息罪、寻衅滋事罪等进行规制。在《软暴力解释》出台的背景下,如果网络滋扰的目的在于索要高利贷等涉黑涉恶的目的,则构成所谓的"软暴力",司法机关便可以积极介入,将其认定为寻衅滋事罪或敲诈勒索罪,施加重刑;但如果滋扰行为不存在涉黑涉恶目的,则有可能不满足网络衍生行为罪名的构成要件,从而得不到刑法的惩处。但对于公民个人而言,其生活安宁权益遭到侵害,却得不到刑法的保护,这样就出现了个人法益与社会法益刑法保护上的差别,有违人权保障精神和刑法的公平性。同时,刑法的介入是有限度的,应当充分遵循谦抑性原则,是否入罪首先应考虑刑法与民法、行政法之间的衔接协调。对于网络滋扰行为本身,如果其社会危害性达不到严重程度,且能够用民法、行政法手段予以调整的,就不应考虑入罪;即使考虑将部分网络滋扰行为入罪,也应当在刑事立法上设定入罪门槛,对可能设立的新罪名设置主客观方面的构成要件,严格设定和把握刑罚规制的限度标准。

司法实践中,需注意把握相关罪名的构成要件,不应勉强地进行扩大解

释,避免不当扩大刑法适用的范围。如《网络诽谤解释》将寻衅滋事罪中恐吓、辱骂的范围扩大成"散布虚假信息",但须同时具备"造成公共秩序严重混乱"的要件。如果滋扰者网上发帖辱骂他人,但没有"造成公共秩序严重混乱",就不能认定其构成该罪。又如,侮辱、诽谤罪的成立须具有"公然性",即采用使不特定或多数人能够知悉的方式散布。如果滋扰者在贴吧、论坛、网站等公共社交平台上发表过分言论,但对于"一对一"发送滋扰信息,不具有"公然性",则不应认定为侮辱、诽谤罪。再如,如果行为人将被害人的电话号码、居住地址、姓名等个人信息放在网络上,则可构成侵害公民个人信息罪,但该罪要求行为人必须向他人出售或提供,而在网络滋扰案件中行为人往往是自己收集大量被害人信息,在社交平台上发布或者发布到卖淫网站,是否认定为"向他人提供"被害人的个人信息?本文持否定态度,因为其主观上并非故意提供公民个人信息给他人使用,而是借此对被害人的心理形成骚扰、纠缠和威胁,因而不应认定为侵犯公民个人信息罪。最后,根据《软暴力解释》第1条的规定,在涉黑涉恶犯罪中若对受害人实施滋扰、纠缠、哄闹、聚众造势等足以对他人产生心理强制的行为,即为"软暴力",应予以刑法规制。但正如有的学者指出,一旦将本属于侵害个人法益的犯罪解释为侵害集体法益的犯罪,就会为扩大处罚范围打开方便之门。① 因此,网络滋扰行为须满足涉黑涉恶犯罪的构成要件才能加以认定,不能随意地把网络滋扰行为进行法益升格,导致不当的重刑化问题。

(二)网络滋扰违法犯罪的刑民交叉、行刑衔接

对于网络滋扰违法犯罪行为的刑事处理,须注重刑民、行刑关系的衔接协调,以有效地避免立法缺陷带来的司法适用上的困难,实现惩治和预防的一体化刑事治理。在刑法体系外部,《刑法》与《治安管理处罚法》《反家庭暴力法》之间总体上应当是相互衔接协调的,共同构筑侵犯公民生活安宁权益的法律责任和制裁体系;在刑法体系内部,需要运用体系解释方法对网络滋扰及其衍生行为的定罪处罚进行整体理解和把握。根据现有法律法规,可分为以下两种情况进行一体化刑事处理:(1)对于行为人与被害人不是共同家庭成员的,可以以《治安管理处罚法》作为执法依据,利用公安机关快速地介入被害者所处的危险境地中,给予被害者最迅速的保护;这也是基于追踪、滋扰、纠缠行为不易留下证据、易撤退、易反复的特点作出的选择,同时还可以起到案件分流的作用,减轻司法审判的负担。然而,在允许公安机关第一步接触进

---

① 孙国祥:《集体法益的刑法保护及其边界》,载《法学研究》2018年第6期。

入案件时,也要强调程序正义,用合法合理的手段对追踪、滋扰、纠缠行为进行规制。警察的快速介入能够及时地给予受害人保护,但是程序上的不完善也很容易造成对施害者权利的忽视,甚至有些不怀好意之人把此等及时保护作为报复私怨的手段。由于公安机关拥有对立案与否的直接决定权,只有程序正当、入罪标准清晰,才不会出现受害人遭到侵害却立不了案、施害人却逍遥法外的局面。(2) 对于行为人与被害人是共同家庭成员的,在施害人出现跟踪、滋扰、接触行为时,可以依据《反家庭暴力法》向法院申请人身安全保护令,当施害人违反保护令继续实行滋扰行为时,依据《反家庭暴力法》对其进行惩治,构成犯罪的,依法追究刑事责任;尚不构成犯罪的,人民法院应当给予训诫,可以根据情节轻重处以 1000 元以下罚款、15 日以下拘留。此外,若《反家庭暴力法》和《治安管理处罚法》不足以规制施害人的行为,可以通过寻衅滋事罪、侵犯公民个人信息罪、侮辱诽谤罪、非法入侵住宅罪、非法使用窃听、窃照专用器材罪等刑法罪名进行规制。同时,只要施害人行为满足以上罪名的犯罪构成要件,也可以直接以上述罪名对施害人进行起诉。

(三) 针对网络滋扰的禁止令、社区矫正措施

在恢复性正义逐渐取代报应性正义的时代背景下,恢复性司法得到越来越多人的重视。采用恢复性的司法手段不仅可以治愈受害人因被滋扰而对他人产生的恐惧,也可以帮助施害人重新建立起良好的人际关系,使其不再实施滋扰行为。为更好地践行恢复性司法,应当在判处刑罚时,充分运用禁止令、社区矫正等刑事措施,帮助施害人矫正行为、预防犯罪、回归社会。

第一,禁止令是一种有针对性的限制与矫正,犯罪人的主观危险评估是否颁发禁止令的关键。这与预防滋扰者实施进一步暴力犯罪、保护受害人远离施害人的侵害、矫正施害人的行为、健康施害人的心理不谋而合。对滋扰行为采用禁止令主要是适用禁止令中关于禁止接触某类人员的规定。滋扰行为主要适用"两高两部"《关于对判处管制、宣告缓刑的犯罪分子适用禁止令有关问题的规定(试行)》第 5 条第 1 款内容。至于什么是"接触",还需要出台相关的司法解释进行界定。笔者认为可以参考德国《暴力防范法》关于民事保护令的规定,其第 1 条第 1 项规定:故意对他人之身体、健康或自由违法加以侵害,被害人得向法院声请采取避免进一步受侵害之必要措施。法院所为之命令应该有期限,该期限得延长。法院可命令行为人不得为如下行为:进入被害人住所;接近被害人之住所周围一定距离;拜访被害人经常会停留之特定场所;与被害人联络,包含使用远距电子通讯设备之方式联络;引诱被害人与其见面。法院在裁定时,应当依据相应性原则,根据个案情况选择一项或几项禁止内容,使禁止令的具体措施与特定的跟追滋扰施害者相适应,为被害人提供

足够的保护。同时，其第 1 条第 3 项规定：第 1 项与第 2 项之情形，即使行为人在实行行为时，因为使用影响精神状态之饮料或相类药物，其精神状态处于受疾病干扰障碍或精神障碍而有意思决定被排除之情形，法院仍得依申请而核发命令。笔者认为，该条规定更有利于被害者的充分保护，值得我国借鉴。在具体实行方法上，可以采用账号追踪手段，追踪施害人所浏览的网页、登录的论坛、发送的信息等或者冻结施害人作为犯罪工具的社交账号，当监测到施害人再次联系受害人时，应当对施害人进行批评教育，情节严重时，应当撤销非监禁刑。同时应当注意的是，当今网络社会已经与现实社会相交相融，对施害人采取禁止令不应当限制其出于正常生活所需而使用网络工具，否则会对施害人的生活造成不必要的影响。另外，对于滋扰行为施害者是否采用禁止令，关键在于对施害者进行人格危险评估。除了考虑前科因素，还应当考虑行为人的其他主要经历、生活环境、一贯表现等。具体而言，应当考量除前科之外的公共信用记录，如公安记录、法庭记录、精神健康状况记录，考量对受害人造成的影响滋扰手段是否恶劣、是否违背公序良俗，考量对受害人的生活、学习、工作、行为模式、生活轨迹等的知悉程度，对受害人及其亲友的生活造成了多大影响等。①

　　第二，我国社区矫正目前仅限于管制、宣告缓刑、裁定假释、暂予监外执行这四类犯罪行为较轻的对象所实施的非监禁性矫正刑罚。对于那些只是通过滋扰手段对被害人精神安宁造成影响，还没有升级成身体暴力的犯罪人，应当充分利用社区矫正，矫正罪犯的思想和恶习，预防犯罪，使犯罪人最终归复社会。实行社区矫正，要注重被害人与犯罪人之间关系的修复，加强犯罪人的身心健康建设。滋扰行为主要是基于施害人内心产生的对自己与受害人之间关系的一种控制，而采用病态的方式介入被害人的生活。所以单纯的自由刑罚并不足以矫正施害人的行为。在社区矫正中，首先，应当加强犯罪人的身心健康建设；其次，还要加强受害人与犯罪人之间的关系恢复；最后，应照顾被害人心理的修复。滋扰受害者身体及心灵上深受施害者的干扰，如果将施害者放归社会对其采取非监禁的社区矫正，会使受害人内心产生不公之感，或者会担心施害者继续实行滋扰行为。因此，对犯罪人适用社会矫正措施和对社区矫正罪犯予以监督管理条件的设置，都要考虑到被害人的愿望、要求及利益维护。②

---

① 张勇：《禁止令——保安处分刑法化的试金石》，载《湖南师范大学社会科学学报》2011 年第 6 期。

② 王顺安：《社区矫正的法律问题》，载《政法论坛》2004 年第 3 期。

四、结语

由于民法、行政法、刑法等部门立法的价值目标各有侧重，相互之间存在交叉竞合、冲突矛盾的情况在所难免；在非刑事法领域，《反家庭暴力法》的适用对象狭窄，《治安管理处罚法》所规定的行政处罚仅能处理一少部分滋扰行为，不足以起到保护受害人、预防犯罪的作用。在非刑罚方法干预无效的情况下，刑法作为保障法有必要予以介入。因此，我国刑事立法应当设定跟踪滋扰罪，以严密刑事法网，保障公民个人生活安宁权益和社会公共秩序。在对网络滋扰行为进行刑法规制的同时，还要保持审慎与克制态度，将刑法与行政法相互衔接，实行多层次、等级化的法益保护，将网络滋扰中的一般违法行为尽量在民事、行政处罚环节进行处置。即使将跟踪滋扰行为入罪，也要充分利用禁止令、社区矫正等刑事措施，将刑法与其他法律相互衔接、实行多层次保护，而不能对刑罚寄予"一步到位"和"包治百病"的过高期望。只有这样才能从根本上减少刑罚的负面效应，维护公民个人权利和社会安全稳定。

毒品犯罪网络化新常态及其刑事治理研究[*]

胡 江[**]

在互联网技术迅猛发展的大潮下,网络正深刻影响着当今时代的方方面面。据中国互联网络信息中心(CNNIC)发布的第 45 次《中国互联网络发展状况统计报告》显示,截至 2020 年 3 月,我国网民规模为 9.04 亿,互联网普及率已经达到 64.5%[①]。作为一种社会现象,犯罪对新兴技术的反应和运用异常敏捷,其必然受到网络技术发展的影响。在网络时代的大背景下,网络不仅给人们的学习、生活和工作带来极大便利,而且也给犯罪带来了新的表现形式,为犯罪治理带来了新的难题。其中,毒品犯罪作为我国刑法长期以来予以严厉打击的一类犯罪,也深受网络技术发展的影响,毒品犯罪的网络化已经成为毒品犯罪的新常态,甚至可以说毒品犯罪已经与网络相生相伴。为此,需要结合毒品犯罪网络化发展的新态势,积极探索应对毒品犯罪网络化发展的刑事治理对策。

一、毒品犯罪网络化新常态的事实考察

"新常态"这一概念最初原本是在经济领域所使用,主要是为了说明我国经济发展所呈现出的新特征、新情况。受互联网新兴技术的影响,毒品犯罪近年来也呈现出典型的网络化特征,《2019 年中国毒品形势报告》则直接使用了

---

[*] 本文系司法部 2017 年度国家法治与法学理论研究项目"非传统安全视野下的毒品犯罪治理研究"(编号:17SFB2022)、西南政法大学 2019 年度重点项目"第三代毒品的法律监管与治理对策研究"(编号:2019XZZD-01)和重庆市高校哲学社会科学协同"国家毒品问题治理研究"的研究成果。

[**] 胡江,西南政法大学法学院副教授,国家毒品问题治理研究中心研究员,法学博士。

[①] 中国互联网络信息中心:《第 45 次中国互联网络发展状况统计报告》,http://www.cnnic.net.cn/hlwfzyj/hlwxzbg/hlwtjbg/202004/t20200428_70974.htm,最后访问日期:2020 年 7 月 5 日。

"新常态"这一概念来描述网络贩毒模式①,因此,笔者在文中借用"新常态"这一概念来分析和考察当下毒品犯罪的网络化特征,使其区别于传统的毒品犯罪特征。

第一,从全国层面而言,公安机关、检察机关和人民法院的统计数据都显示,目前我国毒品犯罪的网络化特征较为明显。其中,公安部的数据显示,目前网络贩毒活动突出,2019 年共破获网络涉毒案件 6957 起、抓获犯罪嫌疑人 1.2 万名,缴获毒品 2.9 吨,分别占全国总数的 8.3%、10.6% 和 4.5%②。最高人民检察院也指出,检察机关近年来办理的涉网络毒品犯罪案件增长较快,起诉的毒品犯罪大多和网络有关③。最高人民法院的司法大数据显示,网络毒品犯罪发案量较高,2016~2017 年所审理的涉网络毒品犯罪案件约 1.22 万件,占全部毒品犯罪案件的 5.98%④;最高人民法院有关负责人也指出,在犯罪方式上,贩毒活动科技化、智能化手段增多⑤。

第二,从地方层面而言,毒品犯罪的网络化特征也十分明显,通过考察各地查处的毒品犯罪案件和统计数据能够予以印证。例如,广东检察机关的数据显示,广东检方 2019 年共批捕毒品犯罪案 10097 件 12614 人,起诉毒品犯罪案 10513 件 13171 人,犯罪分子大多利用现代化通讯工具进行联系交易⑥。云南省司法机关的统计数据显示,2016 年至 2018 年三年内,云南省法院审理的毒品犯罪案件占全部刑事案件的 20.15%,毒品犯罪手段不断翻新,通过网络物流实施毒品犯罪明显增加,犯罪手段科技化、智能化不断增多⑦。其他各省市的数据也呈现出与此大体相似的情况,囿于篇幅此处不再赘述。

具体而言,当前我国毒品犯罪的网络化特征主要表现在以下五个方面:

---

① 《2019 年中国毒品形势报告》,载《人民公安报》2020 年 6 月 25 日,第 2 版。
② 《2019 年中国毒品形势报告》,载《人民公安报》2020 年 6 月 25 日,第 2 版。
③ 《最高人民检察院第二检察厅负责人就依法惩治和预防毒品犯罪答记者问》,https://www.spp.gov.cn/spp/xwfbh/wsfbt/202006/t20200626_468560.shtml#3,最后访问日期:2020 年 6 月 28 日。
④ 《司法大数据专题报告之毒品犯罪》,http://www.court.gov.cn/fabu-xiangqing-119891.html,最后访问日期:2020 年 7 月 8 日。
⑤ 孙航:《充分发挥刑事审判职能,推动新时代人民法院禁毒工作取得更大成效——专访最高人民法院副院长李少平》,载《人民法院报》2020 年 6 月 23 日,第 3 版。
⑥ 索有为、刘雅、潘晓彤:《广东检方去年共批捕毒品犯罪案 10097 件 12614 人》,http://www.chinanews.com/sh/2020/06-24/9221283.shtml,最后访问日期:2020 年 6 月 26 日。
⑦ 《云南高院首次发布〈禁毒工作白皮书〉》,http://ynfy.chinacourt.gov.cn/article/detail/2018/10/id/3572202.shtml,最后访问日期:2020 年 6 月 28 日。

(一) 涉毒信息的网络化

所谓涉毒信息的网络化主要表现为，犯罪分子利用网络平台或者通讯群组发布、传播有关毒品违法犯罪的信息。这些信息主要涉及以下内容：一是提供购毒、卖毒的信息，有的是发布购毒的需求，有的是发布卖毒的需求，有的则发布毒品的种类、价格和销售途径，为有需要的吸毒者或者贩毒者提供信息，帮助其实现购毒、卖毒的目标。二是发布制造毒品的信息，犯罪分子利用网络平台将制造毒品或提纯毒品的方法、技术予以发布，使他人通过网络掌握制造毒品或提纯毒品的方法。

(二) 沟通联络的网络化

传统的毒品犯罪主要表现为犯罪分子依靠面对面的交流、电话、短信等方式进行沟通交流。但是，随着互联网技术的发展，各类社交软件被广泛使用，以微信、QQ 等为代表的一大批社交软件具有传统的电话、邮件、短信所不具有的便利性，这也为犯罪分子进行沟通联络提供了绝佳的方式。犯罪分子往往通过这些即时社交软件进行沟通联络，从而增强沟通交流的便利性。同时，为了逃避查处，犯罪分子在进行沟通交流时，经常使用各种隐语、暗号、代号等方式进行交流，事后可能还通过删除聊天记录、删除好友等方式消除网络痕迹。此外，犯罪分子为了逃避查处，还可能使用多个账号、利用多个网络平台，不显露自己的真实身份，既完成了毒品的交易行为，但相互之间并不知道对方的底细，一旦有什么风吹草动，则直接将对方账号从自己的朋友列表中予以删除，或者将自己的账号予以停用、注销等。

(三) 支付方式的网络化

和传统的一手交货、一手交钱的交易和支付方式不同，随着移动支付的兴起，毒品的交易和钱款的转移呈现出相分离的特征。在正常的交易活动中，移动支付已经成为人们最主要的支付方式，而毒品犯罪分子也广泛使用移动支付的方式，支付方式中的网络化特征越来越明显。对此，《2019 年中国毒品形势报告》明确指出，利用网络虚拟身份勾联、线上交易毒品，采用手机银行、微信、支付宝转账等网络支付方式付款已成毒品贩卖的新常态①。

(四) 运送方式的网络化

在网络化的大背景下，毒品的运送方式也呈现出多样化的特征。除了传统的自己亲自运毒、利用交通工具运毒、利用牲畜运毒或者直接雇佣他人运毒之

---

① 《2019 年中国毒品形势报告》，载《人民公安报》2020 年 6 月 25 日，第 2 版。

外,近年来毒品的运输方式呈现出新的特点。

一是直接利用物流、快递的方式实现毒品的运送和转移,主要表现是将毒品化整为零,将零散、少量的毒品通过物流、快递的方式运送至下家。目前毒品犯罪中,利用物流寄递途径贩卖毒品的特征较为明显,呈现出"互联网+物流"的典型特征,犯罪分子通过这种方式,实现了人货分离、人钱分离、钱货分离,极大地增加了打击的难度。

二是假借合法招聘的方式,通过互联网发布招聘信息,雇佣他人运送毒品。例如,在最高人民法院发布的 2020 年十大毒品(涉毒)犯罪典型案例中①,"祝浩走私、运输毒品案"的被告人祝浩是在使用手机上网求职的过程中,搜索到"送货"可以获得高额报酬的信息,之后主动联系对方并同意"送货",按照对方安排将毒品运送至目的地。

(五) 犯罪场所的网络化

虽然当前毒品犯罪最主要的场所仍然是线下场所,但是近年来犯罪场所也逐渐呈现出网络化的特征,呈现出"网上网下相互交织的局面"②。主要有以下两个方面的具体表现:

一是毒品销售场所的网络化。犯罪分子利用暗网、网络群组、网络论坛等渠道,在网络空间发布毒品的种类、价格等方面的信息,有购买需求的人则直接通过网络渠道达成交易,完成毒品买卖。在此情形下,毒品的买家和卖家根本不需要见面,完成交易也不需要现实的空间或者线下的场所,而只需将毒品种类、价格等信息发布在网络上即可,毒品的销售场所也就相应地从线下场所转移到了网络空间。

二是吸毒场所的网络化。近年来,全国陆续出现了多起利用网络论坛、通讯群组组织吸毒人员展示吸毒、交流吸毒感受甚至直接提供购毒信息的行为。犯罪分子建立群组之后,若要加入群组,则需要通过缴纳会员费、展示吸毒等方式予以认证。目前,全国已经陆续发生了多起利用网络空间组织他人吸毒的案件,这些案件说明,毒品犯罪的场所已经突破传统的现实空间,呈现出虚拟化、网络化的新特征。

二、毒品犯罪网络化新常态的刑事治理困境

刑事治理是毒品犯罪治理的重要内容,但网络化特征使得毒品犯罪具有越

---

① 《最高人民法院发布 2020 年十大毒品(涉毒)犯罪典型案例》,http://www.court.gov.cn/zixun-xiangqing-238021.html,最后访问日期:2020 年 6 月 28 日。

② 《2019 年中国毒品形势报告》,载《人民公安报》2020 年 6 月 25 日,第 2 版。

来越强的隐蔽性、复杂性、智能性，给刑法认定和刑事程序的适用带来诸多新问题。为了有效应对毒品犯罪网络化发展的新常态，需要厘清网络化背景下毒品犯罪刑事治理存在的困境。

（一）犯罪性质的认定困境

由于立法不可避免地具有的滞后性，对于发生在网络空间中的行为或者利用网络实施的涉毒犯罪行为，在刑法层面如何认定存在较大的争议。以组织网络吸毒行为为例，其手段方法通常表现为：行为人创建网络论坛、通讯群组等用于群成员直播展示吸毒行为或者群成员之间在群组内交流吸毒感受等。对于该类行为应当如何处理，理论上存在不同的观点。

第一种观点认为，该行为构成容留他人吸毒罪。理由主要是，在这种情形下，通讯群组虽然属于虚拟空间，但仍然是可以供群内成员进行交流、参与有关活动的场所，其性质应当认定为容留他人吸毒罪中的场所[1]。而组织者创建群组之后，创建者、管理者对于该群组即处于支配控制的地位，负有相应的管理义务。组织者的这种地位和义务就是刑法中容留者的地位，应当认定为属于容留者。此外，对于在群内实施的直播展示吸毒或者交流吸毒感受的行为，也应当认定为吸毒行为。由此，既然群组属于场所，而创建者、管理者对于该场所具有支配管理的义务，对于发生在群组之内的展示吸毒行为、交流吸毒感受等行为，创建者、管理者的行为就属于容留行为，因而构成容留他人吸毒罪。

第二种观点认为，该行为构成非法利用信息网络罪[2]。理由主要是，设立通讯群组用于直播展示吸毒或者交流吸毒感受属于《刑法》第 287 条之一所规定的设立用于实施诈骗、传授犯罪方法、制作或者销售违禁物品、管制物品等违法犯罪活动的网站、通讯群组的行为，因而构成该条所规定的非法利用信息网络罪。最高人民法院 2016 年发布的《关于审理毒品犯罪案件适用法律若干问题的解释》也认可这一观点[3]。

第三种观点认为，该行为不构成犯罪[4]。理由主要是，依照我国法律规定，吸毒行为本身并不属于犯罪，利用通讯群组直播展示吸毒、交流吸毒感受等行为即便属于吸毒行为，也不应认定为犯罪。对于群组的创建者、管理者而

---

[1] 谢金金、陈羽：《网络吸毒案中"房主"行为的法律定性》，载《中国检察官》2011 年第 12 期。
[2] 罗娜、郭威：《网络吸毒案件争议问题研究》，载《中国检察官》2017 年第 12 期。
[3] 参见最高人民法院《关于审理毒品犯罪案件适用法律若干问题的解释》第 14 条。
[4] 莫洪宪、周天泓：《论开设网络"烟馆"聚众吸毒行为的定性》，载《云南大学学报（法学版）》2014 年第 6 期。

言,则由于群组本身并不是刑法上的场所,群成员的吸毒行为是在现实空间中实施的,而不是在群组之内实施的,相应地也就不能认定创建者、管理者是在自己管理、支配的场所内容留他人吸毒,因而主张不构成犯罪。

上述争议,反映了毒品犯罪网络化发展之后给刑法性质判断上的难题。对于一个行为究竟是否构成犯罪,是构成此罪还是彼罪,均需要结合刑法所规定的犯罪构成来予以判断。但是,在网络化的背景之下,对于这样的行为,究竟是单纯的吸毒行为还是容留吸毒或者非法利用信息网络的行为,通讯群组的创建者、管理者是否属于容留者,通讯群组是否属于场所,都面临着解释上的难题,甚至"对于聚众吸毒行为,目前还是一个法律空白点"①,这些都是毒品犯罪网络化发展带来的新困境。

(二) 既遂标准的认定困境

刑法理论上对于毒品犯罪的既遂标准原本就存在较大争议,其中争议的核心问题在于贩卖毒品罪和运输毒品罪的既遂标准如何确定。关于贩卖毒品罪的既遂标准,存在开始出卖毒品说、进入交易环节说、毒品实际卖出说、毒品转移说等诸多观点②;关于运输毒品罪的既遂标准,也存在较大的理论争议,其中代表性的观点有交付说、到达目的地说、实现一定距离说、起运说等③。

上述这些观点,主要是立足于传统的毒品交易和运输模式而提出的。在传统的毒品交易中,买卖双方需要通过见面、交付毒品、支付对价等方式来完成整个交易过程;运输毒品也需要运毒者在运输毒品的故意支配下直接实施运输毒品的行为。但是,在网络化的背景下,毒品交易和运输模式都发生了根本性的转变。

其一,就毒品交易而言,买卖双方完全不需要见面,而只是通过网络联系就可以达成买卖毒品的合意。在这种模式下,犯罪的合意达成于网络中,现实中的犯罪现场根本就不是毒品交付和毒资支付的场所,传统的"一手交钱,一手交货"的模式不复存在。在这样的新型模式之下,贩卖毒品行为何时既遂,传统的观点都难以解决。

其二,就毒品运输而言,传统观点认为运输是从一地到另一地间的毒品的空间位移④。但是,人货分离已经成为网络化背景下毒品犯罪的常态,真正的

---

① 刘仁文、刘瑞平:《"网络吸毒"行为的刑法学分析》,载《中国检察官》2011年第12期。
② 高巍:《贩卖毒品罪研究》,武汉大学出版社2007年版,第168~169页。
③ 曾彦:《运输毒品罪研究》,中国人民公安大学出版社2012年版,第160~161页。
④ 赵秉志、于志刚:《毒品犯罪》,中国人民公安大学出版社2003年版,第169页。

运毒者完全可能隐藏在幕后,而是交由受雇佣的人去实施运毒行为。由此带来的问题就是,在这种情况下什么时候其运输毒品的行为达到既遂?是交付毒品给快递人员时是既遂?还是快递人员开始运输毒品时是既遂?又或是快递人员将毒品运送到目的地以后才是既遂?对此应当如何认定,已经成为困扰实践并需要理论予以回应的现实问题。

无论是毒品交易方式的转变,还是毒品运输的变化,都是在互联网技术的影响下,毒品犯罪手段、方式网络化发展给刑法治理带来的难题。

(三)共犯关系的认定困境

共同犯罪被誉为刑法理论上的绝望之章,在实践认定上也十分困难。在毒品犯罪网络化发展的背景下,毒品犯罪共犯关系的认定显得更为复杂,其困难主要表现在以下几个方面:

一是共同犯罪人的发现难。由于毒品犯罪人相互之间只是通过网络的方式进行沟通联系,相互之间可能既不认识,也不见面,因而就算是抓获了其中的一个犯罪人,也难以从该犯罪人入手去发现和查获其他犯罪。此外,有的犯罪人注册、提供的个人身份信息为虚假信息,甚至在有的情况下,有的犯罪人为了逃避查处,在完成交易后即将对方账号予以删除或者将自己的账号予以注销,此时就算能够推断各个犯罪人之间进行了联络沟通,也很难锁定其他犯罪人,并按照共同犯罪予以查处。

二是共同故意的认定困难。成立共同犯罪,要求各个共同犯罪人之间通过意思联络形成共同的犯罪故意,即必须存在"犯意联络"①。但是,在网络化的背景下,犯罪人之间相互不认识,而且还可能存在较为精细的层级关系。特别是由于在毒品犯罪案件中,毒品犯罪人之间广泛地使用各种隐语或者暗号,更为共同犯罪的认定和处理增添了难度。

三是网络平台的责任认定困难。在毒品犯罪的网络化特征之下,涉毒信息通过网络论坛、通讯群组等网络平台得以发布或者传播,犯罪人之间通过网络平台或者社交软件进行沟通联络。对于直接实施毒品犯罪的人需要依法追究刑事责任自不待言,但是对于网络平台的责任如何认定却存在一定的困难。在无法按照共同犯罪处理的情形下,依照拒不履行信息网络安全管理义务罪、帮助信息网络犯罪活动罪等罪名予以处理固然是一种退而求其次的思路,但是也需要考察网络平台管理者对其平台中的涉毒犯罪信息是否知晓,由于网络信息的隐蔽性、复杂性,在具体判断时也存在诸多困难,从而影响到对网络平台罪与

---

① 高铭暄、马克昌主编:《刑法学》,北京大学出版社2007年版,第180页。

非罪、此罪与彼罪等刑事责任的判断。

(四) 毒品属性的认定困境

利用互联网传播的便利性，一些制造毒品、提炼毒品的方法在网络空间传播，使一些犯罪人能够较为便利地获得制造毒品的技能。受这些因素影响，一些新型毒品的制作方法被犯罪人所掌握，催生了很多新型毒品，而这些毒品的危害性、成瘾性可能还没有被人们所认识。与此相应，在刑法层面能否认定为毒品？认定为毒品之后又如何计算其数量？这些问题就变得尤为突出。一定意义上可以说，近年来不断蔓延的新型毒品以及新精神活性物质，与网络涉毒信息的传播之间具有密切的联系。而这些新类型物质的出现，直接影响到刑法层面对其毒品属性的认定和毒品犯罪的法律适用，为毒品犯罪的刑事治理增添了新的困难。

(五) 追诉程序的适用困境

受网络信息技术的影响，现有的毒品犯罪打防管控技术手段跟不上互联网技术的发展①，毒品犯罪的刑事追诉程序也面临诸多新困难，主要表现在以下三个方面：

一是犯罪行为的发现难。由于犯罪人之间通过网络平台进行沟通联络，而犯罪人往往通过伪造身份等方式逃避查处，犯罪行为的发生十分隐蔽，因而难以像其他犯罪那样能够为其他人所及时发现并报案，由此导致这类犯罪行为的发现难，刑事追诉程序的启动受到影响。

二是犯罪证据的搜集难。对于发生在网络空间或者利用网络实施的毒品犯罪行为，其证据不易发现和固定，极易因人为原因或者技术原因而被毁损、灭失，一些犯罪分子为了逃避查处会直接销毁留存的网络信息数据。调查显示，犯罪后将计算机与移动电话等设备和犯罪有关的信息数据删除、隐藏或者加密已经成为网络贩毒犯罪的常态②，这给毒品犯罪的查处增加了不少困难。还有的网络平台利用服务器在境外的便利发布涉毒信息，使我国司法机关难以及时予以查处并固定证据。

三是犯罪人的查获难。和传统的犯罪方式不同，在利用网络实施的毒品犯罪行为中，通常情况下毒品的上家和下家仅是一种简单的单线联系，对处于更

---

① 任惠华主编：《毒品犯罪打防管控若干重大问题研究》，群众出版社2018年版，第335页。

② 张雷、胡江：《网络贩毒犯罪电子证据的收集和审查》，载《中国刑警学院学报》2020年第1期。

上层级的组织者等其他犯罪人,下家几乎无从了解,甚至相互之间都不允许打听。因此,就算是查获了其中的一个或者几个犯罪人,也难以从其联络线索去发现和查获其他犯罪人。此外,由于网络无国界,在有的毒品犯罪案件中,犯罪人虽然身处境外,却能够通过互联网遥控指挥或者与境内的毒品犯罪分子沟通联络,实现毒品贩运或者走私的目的。将这些在境外的犯罪分子抓获归案,可能面临着刑事司法合作上的障碍,使得这些境外的犯罪分子难以被及时抓获归案并追究其刑事责任。

三、毒品犯罪网络化新常态刑事治理的基本理念

刑事治理应当随着新时代犯罪态势变化和社会发展而向现代化目标迈进,"刑事治理能力现代化建设必须在现代刑事治理理念的引导和支撑下才能取得进步"①。面对着互联网信息技术的发展,毒品犯罪的刑事治理也应当顺势而为,积极适应毒品犯罪网络化新常态带来的新挑战和新要求,树立起与网络时代相适应的毒品犯罪刑事治理的基本理念。

(一)刑事立法与刑法解释并重的理念

社会永远处于不停息的变迁和发展历程中,而法律难免具有滞后性,互联网技术的发展给毒品犯罪治理带来的新问题,有很多是立法制定时没有出现或无法预见的问题。对于毒品犯罪所呈现出的网络化特征而言,刑事立法难免存在一些难以应对的问题。对此,从有效应对毒品犯罪网络化新常态的要求而言,完善立法不失为一种最基本的方法。从我国毒品犯罪立法的实际情况来看,也曾随着毒品犯罪发展态势的变化而经过多次修改完善②,其中虽然较少存在直接针对网络化特征而进行的修改情况,但这种随着毒品犯罪态势发展而及时进行立法的修改完善却是值得借鉴的做法。所以,今后刑事立法应该有针对性地对毒品犯罪网络化发展的态势作出回应,为毒品犯罪的形式治理提供完善的立法保障。

但与此同时也要注意到,立法天生所具有的滞后性提醒我们不能将应对毒品犯罪网络化的任务完全寄希望于立法之上,其原因在于网络技术日新月异,毒品犯罪的网络化也必定会有新的发展。正如有学者所说,"期待一部刑法明

---

① 高铭暄、曹波:《新中国刑事治理能力现代化之路》,载《法治研究》2019年第6期。
② 胡江、于浩洋:《我国毒品犯罪刑事立法四十年的回顾与前瞻》,载《贵州警官职业学院学报》2019年第1期。

确到不需要解释的程度，那只是一种幻想。"① 所以，在完善刑事立法之外，还应该积极加强刑法解释，通过刑法解释赋予刑法以生命力，从而适应毒品犯罪网络化发展的态势。

（二）刑事实体法与刑事程序法结合的理念

刑事治理是蕴含刑事实体法和刑事程序法的体系化治理，而绝不是意味着仅仅依靠刑事实体法"孤身应对"。自储槐植教授在国内法学界积极倡导"刑事一体化"思想以来，刑事一体化已经为刑事法学界所广泛接受和认可。刑事一体化思想强调刑法学研究应当与有关刑事学科知识相结合，疏通学科隔阂，彼此促进②。这样一种思想，改变了以往过于倚重刑事实体法而忽视刑事程序法的做法，对于毒品犯罪治理乃至整个刑事犯罪的治理均具有指导作用。就毒品犯罪而言，其法律适用不仅仅是刑事实体法即刑法的适用，也当然包括刑事程序法的适用。毒品犯罪网络化发展中所出现的很多问题，不仅仅是刑法适用层面的问题，也是刑事程序法适用层面的问题，其中最典型的就是关于毒品犯罪侦查、证据等方面的现实问题，由于网络的特殊性，使得毒品犯罪侦查的实施、证据的收集等变得十分困难。为此，既要强调刑事实体法在惩治和预防毒品犯罪方面的重要地位，也要充分发挥刑事程序法在追诉毒品犯罪方面的积极作用，使两者相得益彰、形成合力。

（三）刑法和行政法相衔接、协同应对的理念

刑法和行政法在犯罪治理中均发挥着不可替代的作用，对于具有严重社会危害的行为，刑法应当予以惩治。但刑法在整个法律体系中具有最后手段性，对于一个社会行为的治理和应对，首先应予考虑的是刑法之外的民事、行政法律规范。毒品犯罪网络化发展中同样存在不同的行为类型，其社会危害程度也存在差异，有的是具有严重社会危害的行为，如利用互联网传授制毒技术、通过社交软件沟通联络进行毒品交易等，这些行为通常是传统毒品犯罪行为借用网络的手段和方法来实施，其原本就是刑法予以惩治的犯罪行为，并不会因为手段方法的更新而否定其犯罪性质。但是，对于单纯地利用网络展示自己吸毒的行为，由于刑法本身并不处罚单纯的吸毒行为，相应地也不宜通过刑法予以定罪处罚，而应交由行政法予以处理。此外，对于通过网络实施的容留他人吸毒等行为，也要考虑到犯罪的情节、后果等，综合考察其社会危害程度，根据

---

① 张明楷：《刑法分则的解释原理（上）》，中国人民大学出版社2011年版，第56页。
② 储槐植：《再说刑事一体化》，载《法学》2004年第3期。

危害程度大小的不同分别考虑采取刑法应对的方式还是行政法应对的方式。通过刑法和行政法的相互衔接,形成协同应对毒品犯罪网络化新常态的法律体系。

(四) 技术提升与法治保障相结合的理念

技术是把"双刃剑",网络既可以为犯罪分子提供逃避查处的"隐身衣",也可以为公安司法机关装上打击犯罪的"利齿"。在犯罪学上,有学者主张犯罪的技术预防,即运用现代科学技术的研究成果,设计和利用各种技术防范手段[1]。毒品犯罪的网络化新常态是互联网信息技术发展带来的新问题,对于技术发展所带来的新问题,应积极主动利用网络给毒品犯罪治理工作带来的便利,通过积极提升技术水平予以应对,"强调科技禁毒、智能禁毒,用信息技术强化毒品犯罪的事前发现和事中监控"[2],用科技的手段去应对科技带来的问题,用技术去解决技术带来的问题,切实提升毒品犯罪治理的技术水平和科技含量。

在切实提升毒品犯罪治理科学技术水平的同时,还应充分发挥法治保障的作用,让法治成为毒品犯罪刑事治理的坚强保障。特别是对于网络技术的运用,如果不在法治的轨道上运行,将可能会不当地侵蚀网络空间的正常、有序发展,也会对公民在网络空间中所享有的正当的自由、权利造成不应有的损害。所以,针对毒品犯罪网络化的新常态,既要加强公安司法机关的技术力量,提升应对毒品犯罪的技术水平,还要注重完善法治、用法治的方式保障毒品犯罪治理有序、规范地开展。

(五) 刑事治理与社会治理相结合的理念

毒品犯罪网络化发展是一个非常复杂的社会问题,需要积极加强刑事治理。同时也要看到,毒品犯罪治理需要多种社会治理手段协调运作,传统的过于依赖刑事治理的方式已经不足以应对毒品犯罪网络化发展的新问题。刑事治理主要是在犯罪之后予以惩治和打击,"刑罚仅仅是犯罪的伴生物,而不是解决犯罪的灵丹妙药"[3],其本身难以直接消除犯罪产生的土壤和诱因,唯有通过加强社会治理,才能够从源头上消除犯罪据以发生的社会土壤和诱因。毒品犯罪根源的限制与切断,最终只能靠社会措施的介入[4]。在推进国家治理体系

---

[1] 许章润主编:《犯罪学》,法律出版社2007年版,第377页。
[2] 胡云腾、方文军:《论毒品犯罪的惩治对策与措施》,载《中国青年社会科学》2018年第5期。
[3] 王牧:《犯罪学基础理论研究》,中国检察出版社2010年版,第279页。
[4] 莫洪宪:《毒品犯罪的挑战与刑法的回应》,载《政治与法律》2012年第10期。

现代化的背景之下，应当将毒品犯罪治理纳入整个国家治理、社会治理的体系中予以整体性考量。在网络化的背景下，为了提升毒品犯罪治理的效果，应当合理定位刑法、行政法等法律法规的地位、功能，改变过于依赖刑法的观念和实践，优化毒品犯罪刑事治理的体系和方法，充分发挥刑事治理之外其他社会治理手段的积极作用。

四、毒品犯罪网络化新常态刑事治理的具体路径

为了应对毒品犯罪网络化发展的新常态，需要从立法完善、司法应对和社会治理等多个层面予以应对，从而切实增强毒品犯罪刑事治理的实效。

（一）立法完善层面的具体路径

改革开放以来，我国已经形成了涵盖刑法、禁毒法等法律法规在内的禁毒法律体系[①]，但是，从应对毒品犯罪网络化新常态的要求而言，还需要进一步完善。具体而言，需要重点从以下三个方面予以完善：

一是明确有关行为的刑法性质。应当通过增设独立罪名或者在容留他人吸毒罪等原有罪名中增加罪状等方式，明确将通过通讯群组等网络平台组织网络吸毒的行为作为毒品犯罪予以规定，通过立法明确其侵犯的是毒品管制秩序而不是一般的网络秩序，其性质属于毒品犯罪而不属于一般的网络犯罪，从而建立起打击涉网络毒品犯罪的严密法网，消除目前理论上和实践中对这类行为在刑法性质认定上的争议。

二是完善毒品属性的法律规定。毒品认定是毒品犯罪刑事治理中的基础性问题，在以往的法律规定中，对于具有成瘾性和危害性的物质，只要没有纳入国家管制的范围，就不能按照毒品予以认定。其中最典型的就是新精神活性物质的属性认定问题，因为新精神活性物质如果没有被纳入管制范围，则不能认定为毒品[②]。但是，为了应对网络化背景下毒品更新换代快的态势，应当在立法层面对毒品的国家管制方式作出灵活性规定。

三是细化法律衔接的适用标准。现行刑法为了从严打击毒品犯罪，其在第347条规定"走私、贩卖、运输、制造毒品，无论数量多少，都应当追究刑事责任"。这一规定具有鲜明的刑事政策导向，反映了从严惩治毒品犯罪的价值取向与政策精神。但是，从刑法、行政法协同应对毒品问题的要求而言，这一

[①] 梅传强：《回顾与展望：我国禁毒立法之评析》，载《西南民族大学学报（人文社科版）》2008年第1期。

[②] 马岩、王优美主编：《新精神活性物质办案实用手册》，法律出版社2019年版，第3页。

规定却在立法层面排斥了行政法适用的可能性,既忽视了行为危害程度的差异性,也忽视了刑法与行政法之间的功能差异,以致于实践中出现了对贩卖0.1克等极少量毒品而被追究刑事责任的情况①。特别是对于发生在网络空间中的毒品犯罪行为而言,其危害性千差万别,有必要针对不同行为采取不同的有针对性的应对措施。为此,需要在立法层面进一步明确具体犯罪的入罪标准,从而给行政法以适用空间,为刑法与行政法的衔接适用提供明确的法律标准。

(二) 司法应对层面的具体路径

司法应对是毒品犯罪网络化新常态刑法治理中至关重要的环节,对于业已发生的毒品犯罪行为,需要在司法认定层面准确认定事实和依法适用法律,如此才能保证刑事治理的效果。

一是加强对新型犯罪的刑法解释。面对网络犯罪对各种传统刑法解释的冲击,刑法需要具有普遍意义的解释方法以增强其网络空间适应性②。毒品犯罪网络化新常态是随着网络信息技术的发展而出现的,在这样的背景下,犯罪手段方式、犯罪对象、犯罪场所等都呈现出诸多新特征,对于这些新型犯罪形态,不能被动地依赖刑事立法予以规定。因为立法永远可能存在不完善的地方,因而刑法的解释可以说是刑法适用中必不可少的工作,甚至可以说刑法适用过程也是刑法解释过程。在刑事立法尚未作出明确规定之前,司法层面应当充分发挥自身能动性,通过加强刑法解释的方式,将新出现的犯罪类型解释到刑法规定中去,从而保证在现有刑法框架之内能够及时应对新出现的犯罪行为。例如,对于贩卖尚未纳入毒品管制范围物质的行为,可以通过刑法解释的方式,将其按照非法经营罪等其他罪名进行定罪处刑;对于在网络空间利用通讯群组组织他人吸毒或者直播展示吸毒的行为,有学者主张应适时将此处的"场所"予以扩张解释,把网络空间纳入其中③,笔者赞同这一观点,如此则可以将其认定为刑法上容留他人吸毒的犯罪行为。

需要说明的是,罪刑法定作为刑法的基本原则,在进行刑法解释时必须予以坚持,正如有学者所说,"在刑法没有明文规定的情况下,超出法律条文的字面含义进行解释,从而为惩治新型网络违法行为提供规范根据,有悖于罪刑法定原则,因而并不可取。因此,即使在网络社会,罪刑法定原则仍然应是不

---

① 朱建华:《〈禁毒法〉与〈刑法〉对贩毒罪规定的差异及解决建议》,载《人民法治》2018年第12期。
② 刘艳红:《网络犯罪的刑法解释空间向度研究》,载《中国法学》2019年第6期。
③ 王锐园:《网络涉毒案件的治理困境与应对思路》,载《甘肃警察职业学院学报》2014年第4期。

可逾越的藩篱。"① 为了应对新型犯罪带来的新问题，加强刑法解释是必要的，但刑法解释是有限度的，不能突破罪刑法定原则的要求而将根本没有规定为犯罪的行为解释到刑法中作为犯罪进行处理。

二是准确把握犯罪既遂的标准。对于毒品犯罪网络化新常态下因人货分离、物流寄递等而带来的犯罪既遂标准认定难题，在司法层面应当结合刑法总则关于犯罪未遂的基本规定和贩卖、运输的实质来把握其既遂的标准。对于贩卖而言，不论其采用什么样的方式实施贩卖行为，其实质都是将物品从一方有偿转移到另一方，因此必须结合这一实质来考察，对于仅仅只是达成交易协议而没有实际进行毒品转移的行为，不能认定为既遂。至于转移的一方是不是卖方本人，接受的一方是不是买方本人，则在所不论。对于通过物流寄递运输毒品的情形，也要准确把握运输的实质，运输是为了使物品进入流通而发生的空间位移行为，至于说是由本人运输还是交由他人来运输，则不影响这种空间位移的性质，只要物流寄递人员实际实施了使毒品发生空间位移的行为，就应认定为运输已经既遂。通过这样的方式，能够较好地解决毒品犯罪网络化新常态下毒品犯罪既遂认定中的疑难问题。

三是依法认定共同犯罪人的关系。在毒品犯罪网络化新常态的背景下，不同的犯罪人之间可能互相不认识，加上各犯罪人之间为了逃避查处而广泛使用隐语、暗号等，从而为犯罪人之间共同犯罪关系的认定增添了困难。在认定共同犯罪关系时，核心在于判断犯罪人之间是否有共同的犯罪故意，即是否有意思联络。对此，要结合双方网络信息的内容、事前的沟通联络情况、事后的行为表现、交易价格、运输劳务费的高低等因素来具体判断。对此，要善于运用刑事推定的方法，"推定往往是能够证明被告人心理状态的唯一手段，因而在刑事司法中起着非常重要的作用。"② 特别是对于网络平台或者行为人为他人实施的毒品犯罪提供帮助的情形，要通过前述信息来具体判断其主观上是否明知、是否与他人之间有意思联络、双方之间是否存在共同的犯罪故意等。在具体认定意思联络时，要充分运用刑事推定的方法，结合所查证的主客观事实，来认定犯罪人主观方面的内容。

四是提升网络证据的收集能力。针对毒品犯罪网络化新常态背景下网络证据不易收集、容易灭失等现实问题，司法机关应当加强对信息技术的利用，提升侦查的技术化水平，运用科技的力量及时发现犯罪线索，固定犯罪证据。具

---

① 陈兴良：《网络犯罪的刑法应对》，载《中国法律评论》2020年第1期。
② ［英］鲁伯特·克罗斯等：《英国刑法导论》，赵秉志等译，中国人民大学出版社1991年版，第56页。

体而言，要细化网络证据收集、保存和审查运用的程序规则，确保在犯罪查处过程中及时、全面收集犯罪证据。同时，还可以加强与信息网络监管部门、互联网技术服务公司企业的合作，吸纳社会各方面在应对毒品犯罪方面的科技计量，提升司法机关应对毒品犯罪的科技化水平。

（三）社会治理层面的具体路径

在广义上，社会治理本身就包含了刑事治理，而且进行严格界分的话，社会治理则是刑事治理的配套措施或者保障措施。刑事治理更多地强调犯罪之后的惩治和打击，其本身并不能消除犯罪产生的社会条件，但犯罪的社会治理则有效地填补了刑事治理所不及的部分空间，有时能比刑事治理更有效地治理犯罪，两者之间"实际上是打击犯罪和预防犯罪的关系"①。社会治理是刑事治理的保障，刑事治理的推进离不开社会治理作用的发挥，因此在刑事治理之外还需要充分发挥社会治理的作用，为刑事治理作用的发挥提供有力的保障。针对毒品犯罪网络化新常态的事实，应该重点做好以下三个方面的社会治理措施。

一是加大对网络平台的监管力度。毒品犯罪之所以能够通过网络平台得以便捷地实施，其中很重要的原因就是网络平台没有切实履行对平台信息的监管义务。目前，《网络安全法》等法律已经明确规定了网络平台在履行信息网络监管方面的义务，《刑法修正案（九）》也就此规定了专门的罪名予以应对。在互联网信息技术迅猛发展的背景下，网络平台本身掌握着发现违法犯罪信息、控制违法犯罪信息蔓延等方面的技术，有关部门应当通过加强日常执法的方式，督促和引导网络平台积极履行自身义务，及时发现、阻止或报告犯罪人利用网络平台实施的犯罪行为。同时还可以通过开发有关信息技术软件、设备等，加强对涉毒违法犯罪信息的筛查和过滤，从而营造健康、安全的网络环境。

二是加强对物流寄递行业的监管。有关部门要通过加强日常执法、责任追究、宣传引导等方式，让物流寄递行业切实履行自身义务，真正做到货物交寄实名制和验视制度，对交付快递的货物应当进行检查，当发现寄递的物品可能是毒品时，要及时报告或者采取措施防止其危害进一步扩大，防止毒品犯罪分子利用伪装身份、匿名信息等通过物流寄递行业贩卖、运输毒品。物流寄递行业自身也要通过内部培训、完善内部管理制度等方式，提高从业人员的法治意识，切实规范行业行为，防止物流寄递行业成为他人实施毒品犯罪的工具。

---

① 张旭、单勇：《犯罪学基本理论研究》，高等教育出版社2010年版，第368页。

三是提升网络对禁毒宣传的作用。毒品犯罪社会治理的核心内容是要通过加大宣传,让全社会特别是广大青少年认识到毒品的危害,营造防毒、拒毒的良好社会氛围。从毒品犯罪发生的内在机理来看,"只要存在毒品的需求,就一定会有毒品犯罪和毒品罪犯"[①]。如果禁毒宣传能够切实发挥效果,将最大限度地降低吸毒人员的数量和吸毒需求,萎缩毒品消费市场,从而有效控制毒品犯罪的滋生蔓延。应该注意到,网络虽然给毒品犯罪治理带来了新的困难,却也为毒品犯罪治理带来了新的机遇。网络本身在信息传播、宣传教育等方面具有其他传媒所不具有的便利性,特别是在网络化时代的背景下,广大青少年对网络新兴技术的接受能力和接受速度都远远高于其他群体。因此,要充分利用网络对青少年的这种影响力,发挥网络在禁毒宣传方面的积极效果,用青少年喜闻乐见的方式,在网络平台开展禁毒宣传教育,净化网络空间,助力毒品犯罪刑事治理的有效开展。

五、结语

毒品犯罪治理是一项复杂的系统工程。网络新兴技术的发展使毒品犯罪呈现出诸多典型的网络化特征,使得毒品犯罪治理面临着比以往时代更加艰巨的挑战。然而,人类攀登科学技术高峰的脚步将会永不停息,在网络信息技术之外,必定还会有更多的新兴技术接踵而来。新兴技术的发展既能给人类发展带来福祉,也可能成为促使犯罪手段方法更新升级的"帮凶"。置身于网络时代的大背景下,我们应当理性认识到新兴技术和犯罪之间千丝万缕的关系,正视犯罪利用网络等新兴技术的新常态,积极适应毒品犯罪网络化新常态带来的新挑战,积极应对、顺势而为,优化刑事治理方法,提升刑事治理能力,树立与网络时代相适应的毒品犯罪治理的基本理念,从立法完善、司法应对和社会治理等多维度共同推进,充分发挥刑事治理、社会治理对毒品犯罪治理的积极作用,切实提升毒品犯罪刑事治理的现代化水平,促进毒品犯罪治理在网络时代取得新成效。

---

① 莫洪宪:《毒品犯罪的挑战与刑法的回应》,载《政治与法律》2012年第10期。

法益解释论视域下非法利用信息网络罪的司法适用[*]

陈 兵 姜金良[**]

网络的普及,"互联网+"的大数据时代,使得我们的全部生活与信息网络紧紧联系在一起,也使得由互联网衍生出来的违法犯罪活动日益高发。根据对网络犯罪"打早打小"的策略要求,立法机关认为应当有针对性地对尚处于预备阶段的网络犯罪行为单独入罪处罚。[①] 据此,《刑法修正案(九)》新增设了第287条之一非法利用信息网络罪。

为全面反映非法利用信息网络罪生效以来的司法实践情况,本文通过中国裁判文书网、无讼案例检索平台,以"利用网络信息"为检索条件进行全文检索,以检得的全国法院《刑法修正案(九)》生效以来(2015年11月1日)刑事裁判文书95篇为样本进行分析,与非法利用信息网络罪有关的有74件。其中一审案件52件,二审案件13件,再审案件2件,其他案件7件。在对审判司法实践总结的基础上,分析适用现状,提炼司法适用的共性问题予以理论的回应,以求实现厘清裁判思路,统一实现法律及裁判尺度。

一、实证分析:非法利用信息网络罪认定的分歧

全国法院非法利用信息网络罪的裁判案件虽然数量不多,但经梳理发现,该罪在司法实践中认定差异较大,反映出裁判标准尚不统一。

(一)多罪名的纠缠

通过对一审52份裁判文书进行梳理发现,在实践中该类犯罪定性争议较

---

[*] 本文系2018年国家社科基金青年项目"我国统一法律解释制度构建研究"(18CFX005)阶段性成果。

[**] 陈兵,北京市密云区人民检察院检察官;姜金良,江苏省扬州市中级人民法院法官。

[①] 喻海松:《刑法的扩张——〈刑法修正案(九)〉及新近刑法立法解释司法适用解读》,人民法院出版社2015年版,第242页。

大。非法利用信息网络罪相关的司法裁判中，公诉机关、辩护人与法院完全认定一致的罪名有 23 个，公诉人起诉的罪名、辩护人意见和法院最终认定的罪名不一致的有 29 个，占比 55.8%；其中涉及诈骗罪、非法获取公民个人信息罪等不同罪名共计 20 个。

司法认定中多罪名的纠缠反映出控、辩、审三方对行为定性存在普遍性的差异，而法院对于同种性质的行为，基于相同行为特征，出现类似情节和后果，裁判的罪名也不尽统一。其中最典型和最具争议的是关于利用伪基站发送诈骗信息的行为认定，此类案件 16 件中，与诈骗罪争议的 14 件次，与扰乱无线电通讯管理秩序罪争议的 3 件次，与破坏公用电信设施罪争议的 3 件次。因罪名认定不同，导致量刑存在较大差异，存在同案不同判之嫌。其次，对于在犯罪过程中先行利用网络实行犯罪行为，后续又实施伪造国家机关证件或者非法获取公民个人信息、实施盗窃行为的，有的认定为数罪并罚，有的认定为非法利用信息网络罪，有的认定应从一重处罚。①

（二）兜底条款内容泛化

从收集到的案例分析来看，涉及非法利用信息网络罪的行为方式相对集中，在此以一审案件为基础性案例，通过梳理一审案件认定的犯罪行为方式，主要集中在以下几类：（1）通过设立伪基站发布短信信息，用于实施诈骗活动的共 16 件，占比 30.8%；（2）通过网站或设立钓鱼网站发布诈骗信息 15 件，占比 28.8%；（3）通讯群组以 QQ 和微信群为主，枪支、淫秽物品等违禁物品、管制物品或者发布销售管制物品的信息 9 件，占比 17.3%；（4）设立网站销售违禁物品、管制物品等违法犯罪活动共 3 件，占比 5.8%；（5）其他类型主要是侵犯公民个人信息等形式，合计 9 件。

《刑法》第 287 条之一规定的非法利用信息网络罪在危害行为类型的表述上存在兜底性的表述，第二项中"其他违法犯罪信息的"，第一、三项中"等违法犯罪"。司法实践中将未明确规定的其他四种行为类型也纳入到本罪规制范围，共 9 件，其中利用网络信息销售购买公民个人信息的 4 件，在微信、QQ 群对外销售假身份证、假毕业证信息的 3 件，利用网络信息载体销售国家秘密级别的考试试卷、答案的 1 件，发布赌博信息的 1 件。进一步扩大了本罪的适用范围，具有口袋化的趋势。

---

① 认定为数罪并罚的案件：（2017）川 0116 刑初 581 号，（2017）苏 0691 刑初 131 号，（2017）闽 0802 刑初 422 号；认定为一罪的案件：（2016）苏 0507 刑初 687 号，（2016）皖 1322 刑初 186 号。

（三）罪量要素认定的含混

在我国刑法中罪量表现为数额、数量因素和情节恶劣、情节严重等情节因素两类，本罪中明确规定"情节严重"为入罪条件，作为罪量要素，也是认定非法利用信息网络行为罪与非罪的关键，但通过案例梳理也反映出司法实践中对于确定罪与非罪的罪量要素说理不明。裁判文书中直接认定为"情节严重"，进行笼统模糊的说明，未作裁判充分说理的共56份，占比75.6%。

（四）罪名竞合说理的阙如

本罪被认为是预备行为的正犯化，非法利用信息网络作为后一犯罪行为的准备阶段，非法利用信息网络的行为人与后续非同一主体，但有共同的犯罪故意，形成共同犯罪。行为人在实施非法利用信息网络罪列举的行为时，主观上必然具有实施此项犯罪预备行为的故意，甚至还存在着后续实施其他犯罪的主观故意。① 因此，本罪名与后续行为之间出现罪名的纠缠也是正常，根据"同时构成其他犯罪的，依照较重的规定定罪处罚。"对于涉及多罪名案件，应论述最终适用判决罪名的合理性，但当前司法实践中，对此尚有欠缺。判决文书中涉及罪名竞合的有18件，其中没有对择一重罪处罚原则进行说理的有15件，占比83.3%。其次，对于共同犯罪中行为人对后续行为没有参与的，是否认定为共同犯罪，说理上也不明确，非法利用信息网络行为中涉及共同犯罪的共37件55人，占比67.3%。此外，罪名竞合情况下的共犯，即预备行为继续进行的，由非法利用信息网络最终认定为其他罪名形成共同犯罪的有15件，此时就出现了共同犯罪各行为人判决罪名不一致的现象。

二、抽丝剥茧：非法利用信息网络罪的认定困境成因

（一）法益不明晰导致说理不清

法益概念在我国刑法解释学中发挥着指导性作用。根据法益侵害说，"犯罪的本质是对刑法所保护的法益的侵害，法益保护是刑法将某种严重危害社会的行为规定为犯罪和科处刑罚的基本根据。"② 因此，界定非法利用信息网络罪的法益对于该罪的解释至关重要。

法益与我国犯罪构成中犯罪客体是相互对应的。在传统刑法理论中对于犯

---

① 丁瑶：《论非法利用信息网络罪的预备行为实行化》，载《武汉交通职业学院学报》2016年第3期。

② 夏勇：《犯罪竞合罪名判定新原则：法益保护的完整性——基于对"从一重处断"的反思》，载《人民检察》2013年第11期。

罪侵害的客体往往表述为社会、国家机关的正常活动或者社会秩序。按照犯罪客体的传统定义，普遍的观点认为本罪的法益是网络空间的社会秩序，但这种含糊的法益概念界定难以适应刑法解释学的需要。首先，法益必须是具体的，"只有确定了具体犯罪的具体的、含有实际内容的法益，才能充分发挥法益的机能。如果只是抽象地确定具体犯罪的法益，则不具有现实意义。"① 因此简单的表述为网络空间的社会秩序对刑法解释没有实际作用。其次，秩序说容易滑向集体法益的漩涡，失去法益批评性作用。"现代刑法扩张保护的往往是集体法益（如公共安全、健康），法益的内容一般具有抽象性和模糊性。"② 在集体法益的导向下，对于非法利用信息网络的行为类型则不仅局限于犯罪行为的预备化情形，对于利用网络信息发布的吸毒、招嫖、赌博等行政违法行为，也可以认定为犯罪，形成了司法应用不断扩张的状态，因此集体法益必须是可以还原为个人法益的集合。最后，法益不明晰对兜底性规定扩张适用形成了带动作用。"兜底性规定，也称为堵截条款，是立法无法穷尽法条需描述之情形时所采用的概括性规定"③。"其他"等兜底性词语使非法利用信息网络罪成为"口袋化"条款，将能够认定为此罪的范围不断扩大，简单地将法益定位为网络管理秩序，在法益内容不明晰的情形下，不仅失去了法益解释的立法批判机能、合理指导解释机能的作用，还容易出现兜底性条件解释不统一的情形，导致裁判者的随意解释或无所适从。

（二）罪名体系定位不同决定了罪质评价分歧

《刑法修正案（九）》新设"非法利用信息网络罪"，认为网络犯罪较之传统社会中犯罪预备行为的社会危害性更大、行为相对独立、在整个犯罪流程中发挥关键作用等。因此将网络犯罪预备行为独立规定，这种立法方式被称之为预备行为正犯化、预备行为既遂化、拟制的正犯。④ 这也对传统的罪名体系带来了冲击和全新的问题。

在罪名体系的协调上，该罪在立法上属于预备行为的正犯化，应该定位为独立的量刑规则罪名还是独立的罪名体系导致解释的方向不同。如果将本罪定位为量刑规则罪名，本罪是对发生在网络空间的预备犯罪进行处罚的规定，不再适用刑法总则关于预备犯的处罚规定。因此即使不设立本罪也可以认定犯罪预备行为，只是本罪规定了单独的量刑规则，具有独立的法定刑。而独立的罪

---

① 张明楷：《刑法学》（第五版），法律出版社2016年版，第66页。
② 王永茜：《论集体法益的刑法保护》，载《环球法律评》2013年第4期。
③ 张艳丹、马渊杰：《"经济刑法"中的兜底规定初探》，载《法学杂志》2010年第9期。
④ 周光权：《刑法各论》（第三版），中国人民大学出版社2016年版，第355页。

名说认为,本罪是将预备行为抽象独立出来,作为单独的犯罪处理。两种分歧决定了非法利用信息网络罪的罪质解释导向上不同,具体如下:(1)在入罪标准上,量刑规则说认为预备犯罪入罪标准还是适用预备犯罪的处罚依据,以现行的法律规定为限度;而独立罪名说在认定中具有独立的标准,所保护的具体法益是一般性的信息网络安全管理秩序,将其定位为一般性、基础性的纯正网络轻罪罪名,作为网络犯罪中的"兜底罪名。"① (2)在法律适用和罪名的认定上不同,尤其是涉及罪名竞合处理上,量刑规则说认为非法利用信息网络罪属于独立的量刑规则,即使构成其他犯罪的预备犯的,直接依照本罪认定处罚;按照独立罪名说,如果行为人构成其他犯罪预备犯的,应按照刑法总则适用预备犯罪的确定量刑后,再按照想象竞合从一重处罚。这种理解的分歧,也导致了司法实践中对法律适用、罪名竞合的混乱。(3)在非法利用信息网络行为与后续行为的处理上理解不一致。将非法利用信息网络罪作为独立的一种犯罪,就可能存在着一个行为随着犯罪进程不同出现了两种犯罪既遂的情形,应按照两个罪名数罪并罚。"如设置钓鱼网站窃取他人网银账户和密码后,又实际骗取他人钱财,数额较大的,则构成非法利用信息网络罪和诈骗罪,应当予以数罪并罚。"② 而按照量刑规则说,后续行为付诸实施的,应按照完整行为的评价从一重罪处罚。

(三) 网络空间使得罪量因素认定失灵

我国刑法在界定犯罪的概念上,与国外单纯的定性分析模式不同。我国对犯罪进行界定时,采取定性加定量的方式,既对行为性质进行考察,又对行为中包含的数量进行评价。③ 非法利用信息网络罪的立法也体现了定性与定量的结合,以情节严重作为入罪条件。

在定量因素上,传统的犯罪定量因素体现为犯罪数额(销售、经营、损失数额等)、数量(犯罪对象数量)、人数、次数等,这些罪量因素的认定已具有相对成熟的理论和丰富的司法经验。网络信息犯罪中定量因素发生了新的变化,导致网络空间下传统的认定方式失灵。这种变化表现为两个方面:(1)网络犯罪空间的运行机理决定了罪量因素的大体量或者超大体量,网络犯罪空间的开放性决定了可以多次或者同时多人次访问,在信息的流转或者下载中"多对一"

---

① 孙道萃:《非法利用信息网络罪的适用疑难与教义学表述》,载《浙江工商大学学报》2018年第1期。

② 梁根林:《传统犯罪网络化:归责障碍、刑法应对与教义限缩》,载《法学》2017年第2期。

③ 储槐植:《刑事一体化》,法律出版社2004年版,第412页。

"多对多"技术的发展,使得扩散、流转速度加快。因此网络空间中罪量因素可以呈现几何倍增长,例如网络中公民个人信息数、广告投放数量等点击次数等动辄百万条以上计算。(2) 网络空间下犯罪产生了新的定量因素。例如在损失的定量因素上可能表现为导致电信通道、网络中断或者堵塞影响了网络、信息传输效率或其他严重障碍,并未直接表现为货币数额的损失,传统的司法解释和定量因素认定的原理难以适用;网络犯罪中还表现出新的数量类型,网络空间的虚拟化特征决定了网络空间中数量计算方式不再是传统的重量、体积等物理计量方式,可以生成网络独立性的数量因素,如注册或者认证用户数、浏览量、转发量、点击数等新的数量计算方式。由此网络空间中罪量因素如何认定,发挥界定罪与非罪之界限的作用,是生成新的网络数量认定规则还是转化为传统的认定方式尚未形成统一认识,这也导致了司法裁判中说理的含混。

三、法益解释的路径构建

(一) 解释路径的建构: 以法益作为解释指导

1. 非法利用信息网络罪的罪名体系决定了保护法益

笔者认为,从罪名体系的协调上,非法利用信息网络罪应该属于预备犯罪中实质的预备犯,本质上属于预备犯量刑规则的单独立法。

首先,从非法利用信息网络罪立法的初衷和目的上看,符合实质预备犯的要求。形式的预备犯是刑法总则中对犯罪预备进行规定,实质的预备犯是刑法分则中对预备行为规定为单独的犯罪并设定法定刑。① 我国刑法分则中已经对预备犯罪单独处罚作出了规定,已经将众多犯罪预备行为拟制为具有独立构成要件的实质预备犯。② 《刑法修正案(九)》中增设关于恐怖主义、极端主义犯罪的罪名也是实质预备犯的规定。非法利用信息网络罪立法是以网络犯罪"打早打小"的刑事政策为指导原则的,在网络犯罪链条化、产业化的状态下,往往难以查清全部犯罪链条。如果中间的一个环节没有查明,则难以认定为共同犯罪。因刑法设置该罪是为了将刑法处罚范围前移,立法初衷是处罚犯罪行为的预备行为。网络刑法单独规定,独立于传统刑法的二元结构方式在我国刑法中已有传统。2013 年 9 月 6 日"两高"公布的《关于办理利用信息网

---

① 林柱雄:《新刑法总则》,中国人民大学出版社 2012 年版,第 278 页。也有称之为从属的预备罪与独立的预备罪,参见[日]大谷实:《刑法讲义总论》(新版第 2 版),中国人民大学出版社 2008 年版,第 328 页。

② 梁根林:《预备犯普遍处罚原则的困境与突围——〈刑法〉第 22 条的解读与重构》,载《中国法学》2011 年第 2 期。

络实施诽谤等刑事案件适用法律若干问题的解释》中单独规定了信息网络犯罪的"情节严重"情形：同一诽谤信息实际被点击、浏览次数达到 5000 次以上，或者被转发次数达到 500 次以上。基于上述考虑对利用信息网络预备犯罪的情形进行单独规定，在利用信息网络预备行为上具有特殊性，"网络犯罪预备行为不仅可能威胁重大、众多法益，且其法益侵害危险较之传统犯罪预备具有倍增性、现实性和不可控性，刑法对其进行提前干预的必要性凸显"。①

其次，从处罚的根据上看，非法利用信息网络罪并没有脱逸于预备犯处罚根据的约束。形式的预备犯和实质的预备犯在立法体例上进行区分，但在处罚的界限上还应遵循相同的解释规则。针对我国《刑法》第 22 条对预备犯罪处罚的规定，我国司法实践中一般采取限缩处罚的方式，司法实践中案件总体比例偏小，处罚范围限于抢劫、毒品、绑架等特定的少数罪名上。② 在刑法理论上对预备犯的解释也一直采取限制解释的方式，主张通过刑事政策实现预备行为与正常社会行为的分离；运用《刑法》第 13 条"但书"确定影响预备行为可罚性的要素，采取目的论限缩解释以及刑事证明、罪疑从无等路径，基本实现了预备犯例外处罚的实践理性。③ 对于实质预备犯的规定，有一种担忧认为"拟制实行行为的提出，使得预备犯的处罚范围与处罚根据都具有了实在性突破。"④这种观点认为实质预备犯立法属于刑法中一种拟制，将预备行为作为实行行为升格处理，因此处罚根据在于符合特定的构成要件之规定，"之所以处罚犯罪行为，是因为行为本身已经符合刑法规定的犯罪构成要件规定，实质预备犯的可罚性体现在犯罪预备行为本身已经符合一个独立的犯罪构成要件的要求。"⑤

这种理解从形式上解决了构成要件定型化的问题，发挥构成要件类型化的机能。从实质构成要件上理解，预备犯处罚的根据仍然是预备行为对法益具有现实侵害的危险。非法利用信息网络罪的认定应遵守预备犯的处罚原理。从刑

---

① 梁根林：《传统犯罪网络化：归责障碍、刑法应对与教义限缩》，载《法学》2017 年第 2 期。

② 实践中适用实证分析参见蔡仙：《论我国预备犯处罚范围之限制——以犯罪类型的限制为落脚点》，载《刑事法评论》2014 年第 1 期。

③ 以上论述参见梁根林：《预备犯普遍处罚原则的困境与突围——刑法第 22 条的解读与重构》，载《中国法学》2011 年第 2 期；郑延谱：《预备犯处罚界限论》，载《中国法学》2014 年第 4 期。

④ 李凤梅：《预备犯可罚性的反思与重构：以刑法拟制的视角》，载《北京师范大学学报（社会科学版）》2015 年第 3 期。

⑤ 许博：《犯罪预备行为处罚限度研究》，中国人民公安大学出版社 2015 年版，第 162 页。

法实质预备犯处罚的根据上看,非法利用信息网络罪处罚的根据在于制造了刑法所不允许的危险。非法利用网络信息犯罪的法益应该是利用信息网络造成的现实侵害的危险。按照法益的界定,"只有当某种预备行为的发展,必然或者极有可能造成重大法益或者大量法益的侵害时,才有必要处罚犯罪预备。"①

最后,非法利用信息网络罪作为实质预备犯,在法律适用上属于对预备犯设置了单独的法定刑。我国刑法中对于犯罪预备的处罚原则上采取的是"得减主义"方式,虽然这有利于法官根据案件具体情况灵活适用,有利于罪刑均衡的个案调节,但是也存在弊端,"不利于在预备犯与未遂犯的处罚上彻底贯彻区别对待的精神。在特殊的情况下,对预备犯、未遂犯的处罚便均可与对既遂犯的处罚相等同,这实际上就相当于抹杀了犯罪预备与犯罪既遂、犯罪未遂在处罚程度上区别。"②因此非法利用信息网络罪作为实质预备犯,实际上对此类犯罪预备行为处罚设定了单独的量刑规则。

2. 法益解释的逻辑路径

法益是刑法的核心概念之一。在法教义(解释)学上,法益作为指导解释的原理,刑法之目的是保护法益,因此犯罪构成要件的解释结论,必须以法条的保护法益为指导,而不能仅停留在法条的字面含义上,必须明确该犯罪的保护法益,然后在刑法用语可能具有的含义内确定构成要件的具体内容,使符合该构成要件的行为确实侵犯了刑法规定该犯罪所要保护的法益,从而使刑法规定该犯罪、设立该条文的目的得以实现。③法益在指导非法利用信息网络罪解释的指导性作用上体现为三个方面:对于行为方式认定发挥限制性作用,对于罪量要素的解释发挥指导作用,对于罪名竞合的适用发挥指引作用。

(二)法益解释对行为方式认定的限制性作用

按照预备犯罪的制裁体系设置,我国刑法应采取分则规定与总则规定相结合的方式,逐步以实质预备犯取代形式预备犯,赋予可罚的预备行为以实行行为应有的类型性、限定性,符合行为刑法原理对刑法客观主义、法益保护主义与罪刑法定原则的要求。④实质预备犯直接规定了实行行为,形式预备犯没有实行行为,需要综合犯罪情节确定可罚性。但非法利用信息网络罪中对于行为对象在列举基础上,又规定了"其他""等"兜底条款。

---

① 张明楷:《刑法学》(第五版),法律出版社2016年版,第336页。
② 王志祥:《刑法问题探索》,中国法制出版社2016年版,第80页。
③ 张明楷:《刑法学》(第五版),法律出版社2016年版,第65页。
④ 于志刚:《网络空间中犯罪预备行为的制裁思路与体系完善——截至〈刑法修正案(九)〉的网络预备行为规制体系的反思》,载《法学家》2017年第6期。

法益对兜底性规定解释发挥限制性作用。当前对兜底性规定的理解：一种方式采取限定列举的方式，如列举了"包括传播宣扬恐怖主义、极端主义信息、侵犯知识产权、传销、侵犯公民个人信息、组织考试作弊等犯罪"。① 另一种方式是对发布的信息内容是否违法进行实质判断，"这里的违法犯罪信息主要是制作、销售毒品、枪支、淫秽物品等违禁物品、管制物品的信息，但不限于这些信息，即还包括其他违法犯罪信息，实践中比较常见的其他违法犯罪信息有发布招嫖、销售假证、假发票、赌博、传销的信息等，本项规定的发布违法犯罪信息，其发布途径更为广泛，即不仅包括在网络、通讯群组中发布违法犯罪信息，还包括通过广播、电视等其他信息网络发布信息。"②

列举的方式难以穷尽各种行为类型，对于兜底性条款的解释应从行为类型的实质化进行判断。按照我国刑法理论通说，对兜底性条款的适用采取限制性解释的立场。在具体的认定方式上应采取同质认定的方式。同质认定是在具体行为的构成要件符合性判断上，形式上与之前刑法明文规定的行为方式属于相同的行为类型，在实质上属于该罪法益保护的规范目的之内。在罪名体系定位上，非法利用信息网络罪属于预备行为的正犯化，从体系解释的角度，本罪是犯罪预备行为的正犯化，因此本罪处罚的实质是将网络犯罪行为的预备行为实行行为化，处罚的行为类型应该局限于网络上的犯罪预备行为。

这决定了对其行为方式具有双重限制，防止兜底性条款适用过宽：一是对于非网络犯罪预备行为不属于该罪规制范围之内，因此即使行为人客观上实施了违法犯罪的活动，但在网下行为的，不构成该罪的构成要件内容；③ 二是对于非犯罪预备行为不应纳入该罪规制范围之内，"对于不属于犯罪规制范围内的卖淫女发布的招嫖信息、邀请他人赌博行为等一般违法行为，不应纳入本罪的处罚范围，不应当以犯罪论处。"④ 案例梳理中利用网络信息收集公民个人信息、销售伪造的国家机关证件等司法判决均符合该罪实行行为的要求，这也体现出非法利用信息网络罪作为网络犯罪基础性罪名的特征。

（三）法益解释对罪量要素的解释的指导作用

法益解释对于合理界定罪量元素也发挥着指导作用。我国刑法分则中"情节严重"与"情节恶劣"规定是指所涉行为可罚的违法性程度的要件属于

---

① 喻海松：《网络犯罪的立法扩张与司法适用》，载《法律适用》2016年第9期。
② 郎胜主编：《中华人民共和国刑法释义》（第六版），法律出版社2015年版，第504页。
③ 喻海松：《网络犯罪二十讲》，法律出版社2018年版，第54页。
④ 张明楷：《刑法学》（第五版），法律出版社2016年版，第1050~1051页。

整体的评价性要素,情节严重与情节恶劣作为整体的评价性要素是表明法益侵害严重程度的客观的违法性要素。① 因此,根据个人法益的类型即生命、健康、财产、自由、名誉等,在罪量要素的认定上,利用信息网络可能对个人法益造成危害的,反映行为社会危害性程序、侵害法益可能性的要素才可以被纳入罪量考虑的范围。当前司法案例中反映罪量因素的主要有:获利数额(主要表现为销售金额或者销赃数额或者通过劳务费等形式取得的报酬)、数量因素(主要表现为犯罪对象的数量)。因非法利用网络信息犯罪作为危险犯,在进行罪量要素考量时,着重考虑违法犯罪信息发布的范围,如网站浏览量、点击量较大、群众通讯中对象较多,发布违法信息数量较大。②

表1:罪量因素分布数量图

种类	内容	案件数
数额	获利数额	5
数量因素	利用伪基站或者微信\QQ空间发送的信息数	13
	制作伪造的网站	3
	发布的淫秽图片	5
	提供或发送公民个人信息	5

鉴于司法实践对"情节严重"认定差异较大,且尚未出台相关司法解释,对于非法利用信息网络罪情节严重概括性的定罪量刑情节,应综合考量上述因素,并根据司法实践的情况从犯罪的客体、客观方面、主体、主观方面等多个角度加以考察,具体应综合考虑非法利用信息网络的类型、次数、数量、访问量、犯罪手段和牟利数额、造成的损害后果、被他人利用后造成的危害结果和社会影响程度等因素。信息时代的定量标准可以采用标准为信息符号数/网络平台数量×时数/次数。其中信息时代的前者是网络中系统台数、数量、网站数量等,综合考虑资源自身的数量级被利用过的或者被侵害的时间长度、次数,反映社会危害性。③ 因此,可以考虑以相关网站、域名的数量认定"情节严重"。对于多个近似的域名指向相同的网站,应当累计计算。网站被点击

---

① 张明楷:《犯罪构成体系与构成年要件要素》,北京大学出版社2010年版,第329~342页。

② 张军主编:《刑法(分则)及配套规定新释新解》(第9版),人民法院出版社2016年版,第1354页。

③ 于志刚、郭旨龙:《信息时代犯罪定量标准的体系化建构》,中国法制出版社2013年版,第231页。

数、注册账号数可以反映网站的传播面,群组的个数和成员账号数也可以作为认定"情节严重"的标准。因此,关于有关信息侵害法益程度的判断,首先应考虑发布信息的条数、实际点击数以及用户、账号的数量。其次还应根据网络信息的传播面认定,传播面具体包括设立网站、发布信息数量和访问次数。而违法所得主要是发布信息可能获取广告费、会员注册费或者其他违法所得,并不直接反映利用信息网络造成法益侵害的危险程度,不宜单独作为入罪情节。

(四)法益解释对罪名竞合的指引作用

因非法利用信息网络罪在行为方式上可以包含所有的犯罪行为类型,在司法实践中也出现了与多个罪名的纠缠,因此,需要回归到该罪名的体系定位,对罪名竞合情形分别认定。

1. 非法利用信息网络罪不构成与其他犯罪预备犯的竞合

立法规定实质预备犯,通常是预想到其可能联结的犯罪,既然将其独立规定,而且往往规定了较之预备犯更重的法定刑,在上述情形下意味着不再认定构成该特定犯罪的预备犯,而直接按照该实质预备犯加以认定即可。① 因此在罪名体系定位上,非法利用信息网络罪属于实质预备犯,作为网络犯罪的量刑规则,对于任何犯罪在网络中构成预备犯罪行为,不再适用刑法总则关于预备犯处罚的规定,直接根据非法利用信息网络罪处罚。因此可以按照法条竞合的原理,属于量刑规则中特殊法与一般法规定,直接适用非法利用信息网络罪的规定,不构成想象竞合关系。

2. 择一重罪处罚原则适用于侵害多种法益的情形

我国《刑法》第287条之一第3款规定,同时构成其他犯罪的,依照处罚较重的规定定罪处罚。可能适用的情形是非法利用信息网络罪与其他犯罪构成想象竞合犯或者是牵连犯的情形,具体如下:(1)构成想象竞合犯情形,如行为人非法利用"伪基站"发送诈骗信息的行为,既可能构成非法利用信息网络罪,也可能构成扰乱无线电通讯管理秩序罪,同时侵犯两个以上法益的情形,应按照想象竞合犯从一重处理。(2)实施非法利用信息网络罪后又实施后续犯罪行为的应按照牵连犯从一重处理。在罪名体系上,本罪属于危险犯,因此在"情节严重"界定上,不要求有实际的危害后果,应当是对行为本身的数量、规模、潜在的危害要求,不包括行为的结果在内。② 造成危害结

---

① 陈兴良主编:《刑法总论精释》(第三版),人民法院出版社2016年版,第432页。
② 黎宏:《刑法学各论》(第二版),法律出版社2016年版,第369页。

果的应该按照实际侵害的法益认定构成特定的犯罪;非法利用信息网络可能构成其他犯罪的手段行为,行为人制作虚假的网站后供他人诈骗使用,诈骗数额较大的,行为人非法利用信息网络的行为又构成诈骗罪的帮助行为,实质预备犯中"所预想的特定犯罪已经实行的场合,实质的预备行为就为后者所吸引或者构成实质的预备犯和后者的未遂或既遂的牵连犯,采取相应的原则处理"①,此时应按照牵连犯从一重处理。②

(五)法益解释司法适用的技术保障路径

非法利用信息网络罪属于新罪名,上文已分析该罪在实践中暴露出的问题和司法实践中的困境。目前针对非法利用信息网络行为,应坚持刑事立法和刑事司法双轨并行的模式。在立法已经明确纳入刑法规制后,应完善司法应用的技术保障。立法的意图如果没有转化为司法解释或规范文件的细化规定,实际上很难在司法判断中得以实现,至少无法获得统一且高效的适用效果。③ 因此为应对新型网络犯罪,针对网络犯罪应尽快总结司法审判实践中遇到的困境,在现有的刑法体系下,针对非法利用信息网络罪的特征,对本罪条文进行合理解释,出台具备可行性的司法解释或指导案例。

当前对于非法利用信息网络罪出台司法解释应主要解决以下几方面问题:(1)统一入罪条件。因为对情节的认定过程本身就是主观判断的过程,由于个体认知差异和对案件具体把握存在较大差异,这种主观评断导致客观认定差异较大,不利于司法裁判实践标准的统一,造成司法判决说理不清、解释不明的状态,出现司法实践中认定模糊、认定标准较为随意、情节严重和后果严重相混淆等相对混乱的现状。(2)对法律竞合的情形进行明确,尤其是针对争议较大、认定分歧较大的高发类犯罪进行重点解释,以统一裁判尺度。如最典型和最具争议的是关于利用伪基站发送诈骗信息的行为,关系到诈骗罪、非法利用信息网络罪、扰乱无线电管理秩序罪、破坏公用电信设备罪等多个

---

① 陈兴良主编:《刑法总论精释》(第三版),人民法院出版社2016年版,第432页。
② 在国外刑法中,这种情形在定罪上存在争议,韩国刑法中分为自我预备与他人预备。根据预备犯下一步实施的计划,自我预备是预备者自己或与他人共同以实行之目的实施的准备行为,他人预备是为他人实行之目的所实施的准备行为,关于他人预备能够成立预备罪的正犯。其中自我预备中后续行为构成犯罪的,应构成共同犯罪。对于他人预备的,应单独认定为预备犯还是认定为共同犯罪的帮助犯存在争议,这是预备犯正犯的适格问题。在我国案例梳理中未发现此类问题争议。参见[韩]金日秀、徐辅鹤:《韩国刑法总论》,郑军男译,武汉大学出版社2008年版,第528页。
③ 黄京平:《新型网络犯罪认定中的规则判断》,载《中国刑事法杂志》2017年第6期。

罪名交织。(3) 明确与当前已出台的司法解释的衔接关系。因非法利用信息网络罪规定的初衷是基于"打早打小"的策略，因此入罪的门槛应该有所降低，而现行的一些司法解释中设置定量标准过高。例如在认定非法利用信息网络罪第三项"为实施诈骗等违法犯罪活动发布信息的"中，由于没有相关的司法解释明确入罪标准，往往参照"两高"《关于办理诈骗刑事案件具体应用法律若干问题的解释》第5条的规定，① 而按照该司法解释规定又将非法利用信息网络行为作为诈骗罪处理。据此，在入罪标准上如果引用其他司法解释作为参照，则会导致非法利用信息网络罪在司法适用中被悬空和搁置，被关联性罪名所代替。因此在新罪名设立后，还需要通过对司法解释进行清理，做好衔接工作，以此发挥非法利用信息网络罪在网络犯罪中基础性、兜底性罪名的作用。

四、结语

随着我国对纯正计算机网络犯罪立法逐步完善，已经形成了网络刑法与传统刑法入罪、量刑的二元刑事立法规制方式，因此非法利用信息网络罪虽然作为刑法分则中一个独立的罪名，实际上作为兜底性罪名已成为网络犯罪预备犯的一般性处罚的量刑规则，具有网络刑法总则性意义。作为纯正网络犯罪的一种，非法利用信息网络罪在司法适用和解释中，应立足于网络犯罪的特殊性和独立性，逐步推动刑事立法和司法裁判对网络发展的及时回应。

---

① 《关于办理诈骗刑事案件具体应用法律若干问题的解释》第5条规定："诈骗未遂，以数额巨大的财物为诈骗目标的，或者具有其他严重情节的，应当定罪处罚。利用发送短信、拨打电话、互联网等电信技术手段对不特定多数人实施诈骗，诈骗数额难以查证，但具有下列情形之一的，应当认定为刑法第266条规定的"其他严重情节"，以诈骗罪（未遂）定罪处罚：（一）发送诈骗信息五千条以上的；（二）拨打诈骗电话五百人次以上的；（三）诈骗手段恶劣、危害严重的。"第7条规定："明知他人实施诈骗犯罪，为其提供信用卡、手机卡、通讯工具、通讯传输通道、网络技术支持、费用结算等帮助的，以共同犯罪论处。"

从规范扩张到实践跟进：
帮助信息网络犯罪活动罪的司法适用考察

——基于169份生效裁判文书的实证分析

林晓萌*

日趋发达的网络技术在推动社会发展的同时，也衍生出复杂多样的网络犯罪。公开数据显示，我国网络犯罪数量已占犯罪总数的1/3，且每年以30%左右的幅度大量增加，成为第一大犯罪类型。① 有鉴于此，网络犯罪在近几年成为刑事立法的"宠儿"。然而，虽然刑法中已经增设了多项新型网络犯罪罪名，却并没有产生立竿见影的治理效果，网络犯罪依旧呈现严峻的上升态势，这些罪名的司法适用也难言顺利。本文以帮助信息网络犯罪活动罪为例，从司法实践视角出发，分析新型网络犯罪在司法适用中的现实困境，并尝试提出解决对策，以期对充分发挥立法效果、加强网络犯罪刑事治理有所助益。

一、问题的提出：激昂的立法扩张与"慢热"的司法适用

回归帮助信息网络犯罪活动罪的立法背景，其重要目的在于及时调整和扩大刑法规制范围，突破帮助行为在犯罪中的从属地位，② 从而填补网络共同犯罪的处罚漏洞。当前网络犯罪呈现出产业化、层级化的特征，发展演变出一系列黑灰产业链。这些黑灰产业与实行犯罪形成了利益链条联结下的上下游关系，使共同犯罪突破了空间和地域限制，犯意联络难以认定，帮助行为与实行行为的关联性难以查清，给司法认定带来极大困难。

---

* 林晓萌，天津市人民检察院一级检察官。
① 《网络犯罪已成第一大犯罪类型，最高检问计专家如何严厉打击》，载央广网，http://china.cnr.cn/xwwgf/20200612/t20200612_525127015.shtml，最后访问时期：2020年6月10日。
② 于志刚：《网络犯罪与中国刑法应对》，载《中国社会科学》2010年第3期。

打击网络犯罪的关键是要斩断利益链,突出对网络犯罪黑灰产业链的惩治。① 基于这种考量,《刑法修正案(九)》通过增设罪名、扩充罪状、降低门槛,旗帜鲜明地扩张了网络犯罪圈。帮助信息网络犯罪活动罪的设立,旨在通过统括的共犯正犯化策略,回应网络犯罪共犯的刑事规制难题。本罪是激昂的立法扩张的产物,自诞生之时就伴随着理论界的争鸣,争议焦点主要在于正当性基础和处罚边界。激进的观点直指对立法的批判,认为帮助行为正犯化的设置会模糊可罚与不可罚行为之间的界限,在立法技术上显得过于草率。② 缓和的观点在认可本罪基础价值的前提下,规划了"立法扩张司法限缩"的思路,期待通过司法适用中的反向限缩解释,防止处罚范围的过度扩张。③ 虽然这场讨论至今方兴未艾,但是已经明晰的是,理论界关于本罪的顾虑主要在于其给中立帮助行为带来的刑事可罚风险,以及对其被滥用为新型"口袋罪"的现实担忧。

然而反观司法实践,本罪设立已经近五年,理论界的担忧似乎尚未得到印证,更现实的情况是"慢热"的司法适用状态。当前本罪适用率仍处于非常低的水平,司法机关立场也趋于保守,罪名仍处于"半沉睡"状态,与立法期待的惩治效果相去甚远。

法的生命力在于适用,在日趋严峻的网络犯罪情势下,有效适用才是实现立法功效的前提。诚然,正当性基础和处罚边界的研究至关重要,也是本罪发展中不可回避的关键性问题,但从司法现状的反馈看,激活适用似乎才是本罪面临的当务之急。因此,就有必要基于既有判决和司法实践现状,分析本罪适用乏力的原因,有的放矢地解决适用不足、效果不彰的问题。

二、现状白描:帮助信息网络犯罪活动罪司法适用样态分析

通过中国裁判文书网检索和筛选,本罪项下截至2020年6月25日的有效裁判文书共169份,其中一审文书152份,二审文书17份。以此为研究对象,观察和描绘本罪的司法适用现状。

(一)近两年适用率上升明显,但总体仍处较低水平

169份裁判文书中,2016—2019年的数量分别为2件、11件、23件、87件,

---

① 喻海松:《网络犯罪的态势与刑事政策的调整》,载《法治现代化研究》2018年第1期。
② 刘艳红:《网络犯罪帮助行为正犯化之批判》,载《法商研究》2016年第3期。
③ 王华伟:《网络语境中帮助行为正犯化的批判解读》,载《法学评论》2019年第4期。

2020年1—5月份为46件。自2019年起数量上升趋势明显,这或许与2019年《关于办理非法利用信息网络、帮助信息网络犯罪活动等刑事案件适用法律若干问题的解释》(以下简称《新型网络犯罪解释》)的出台有关,这一解释细化了"明知""情节严重"等问题的认定标准,增强了实务中的可操作性。

需要注意的是,尽管数量呈现上升趋势,但本罪名适用率仍处较低水平。有数据显示,目前我国网络黑灰产业链从业人数已经超过150万人,市场规模达到千亿级。① 在裁判文书网以"电信网络诈骗""网络赌博"为关键词进行检索,自2015年至今的判决分别为7072份、15492份。对比之下,本罪适用数量与上游犯罪数量及黑灰产业规模明显不成比例,显然还处于低开状态。

(二) 罪名适用分歧大

152份一审判决中,公检法三机关罪名适用不一致的有33件,占比21.7%,争议罪名主要集中在本罪与诈骗罪、开设赌场罪、非法利用信息网络罪。原因主要有二:一是诈骗犯罪和赌博犯罪是本罪最常见的下游犯罪。列明下游犯罪的136份判决中,诈骗类犯罪78件,占57.4%,赌博类犯罪30件,占22.1%,这与《2019年网络犯罪治理防范白皮书》中通报的总体情况基本一致。二是由于诈骗罪、开设赌场罪相关司法解释中共犯的规定与本罪名存在交叉,在实务中易引发分歧。从检索到的判决来看,几乎所有判决都没有表述竞合及从一重的处理过程,而是径直择一罪名适用。由于本罪法定刑较轻,可以推知在相当一部分竞合的情况下,根据《刑法》第287条之二第3款规定,行为最终被评价为诈骗或者赌博犯罪共犯。

(三) 惩治范围多为违法性帮助行为,中立业务行为入罪极少

152份一审判决中,从处罚主体看,被告人为专业技术人员(含网络服务提供者)的为71件,不具有专业技术的普通人为81件。专业人员的帮助行为多为违法网站、App的开发维护,共有52件,占73%;不具有违法性的中立业务行为入罪情况极少,从判决反映的情况看,中立业务行为入罪多数具有两项特点:一是对下游犯罪达到"确知"程度②;二是明显违反审慎注意

---

① 《网络犯罪已成第一大犯罪类型,最高检问计专家如何严厉打击》,载央广网,http://china.cnr.cn/xwwgf/20200612/t20200612_525127015.shtml,最后访问时期:2020年6月10日。

② 如江西省余干县人民法院(2017)赣1127刑初283号刑事判决书中,被告人邓某某系应张某要求,帮助其制作和维护彩铃录制系统。判决中认定邓某某在软件维护时,曾听到彩铃中录制的"富婆不孕,重金求子"诈骗语音,明确知道彩铃系统被用于诈骗行为。

义务。① 普通人实施的犯罪类型较为集中，多数为贩卖银行卡、企业对公账户等支付结算帮助，或者帮助架设多卡宝、GOIP设备等通讯传输帮助。综合来看，本罪目前主要的惩治对象是网络犯罪黑灰产业链等违法性帮助行为，实务界对于中立业务行为入罪持非常谨慎的态度，理论界担忧的"误伤"中立帮助行为的情况目前尚不明显。

（四）"一对一"帮助模式为主，帮助行为独立入罪功能初步彰显

从判决查明的事实考察，以"一对一"的帮助模式为主，占76.3%，但同时也存在少量"一对多"帮助模式的案件。以最常见的违法性软件开发为例，多数案件中帮助者系接受被帮助者委托、为其提供的"定制式"技术支持，"一对多"式专门提供违法性网络技术服务的情况仅占少数。而在出售银行卡、对公账户等类型案件中，通常因下游犯罪案发、被害人报案后开展关联侦查而发案，下游犯罪后果严重，本罪相应达到"情节严重"的入罪标准，即便存在其他违法犯罪行为被帮助的情况，也没有进入侦查和司法视野。

基于网络犯罪帮助行为的特殊性，其社会危害性甚至可能超过实行行为，但实践中经常出现实行行为难以查明的客观情况，为实现立法本意，《新型网络犯罪解释》第12条第2款规定了在被帮助对象是否构成犯罪确难查明的情况下，帮助行为独立入罪的四种情况。② 从判决情况考察，本罪的独立评价功能已经有所体现，出现了部分对帮助行为独立评价的案例，判决查明的事实中没有表述下游犯罪，而是通过认定帮助者获利数额及被帮助对象数量，径直将帮助行为评价为本罪。③

三、现象诊断：司法适用乏力的原因透视

基于判决的分析显示，帮助信息网络犯罪活动罪的司法适用尚处起步阶

---

① 如河南省方城县人民法院（2017）豫1322刑初145号刑事判决书中，何某某经营的某软件科技公司，在未查看公司税务登记证、组织机构代码、企业法人营业执照等证明材料前提下，一次性为汪某某制作两个不同公司的经营性网站，并提供互联网接入和网站维护工作，致使汪某某利用该虚假网站多次实施诈骗犯罪。

② 根据《新型网络犯罪解释》第12条规定，确因客观条件限制无法查证被帮助对象是否达到犯罪的程度，但支付结算金额100万元以上的、以投放广告等方式提供资金25万元以上的、违法所得5万元以上的，或者造成特别严重后果的，应当以帮助信息网络犯罪活动罪追究行为人的刑事责任。

③ 如浙江省东阳市人民法院（2019）浙0783刑初1082号刑事判决书中认定，被告人许某某、韩某等人帮助多人制作并推广非法收集公民个人信息的虚假贷款网站，收取推广费用966008元。

段,总体来讲适用率偏低、分歧意见较大、独立评价功能彰显不足。在网络犯罪形势日趋严峻、立法已经积极调适的背景下,司法也应当顺势而为,通过实践中的有效适用,实现网络犯罪的有效刑事规制。为此,有必要由现象切入、考察本罪在司法适用中的现实问题,分析适用不畅的内在原因。

(一) 本罪与其他犯罪共犯存在竞合

从法律规范层面讲,立法和司法解释都试图通过积极扩张回应网络共犯的处罚难题。《刑法修正案(九)》增设帮助信息网络犯罪活动罪的同时,部分司法解释也降低了网络共犯的认定标准,将明知是犯罪而提供帮助的行为认定为网络犯罪共犯。双重扩张效果映射到实践之中,造成了法律规范的大面积竞合,引发了司法认定的混乱。

最典型的是本罪与诈骗罪、开设赌场罪共犯的规定竞合。"两高一部"《关于办理电信网络诈骗等刑事案件适用法律若干问题的意见》(以下简称《电信诈骗解释》)中规定,"明知他人实施电信网络诈骗,为其提供互联网接入、服务器托管、通讯传输等技术支持,或提供支付结算帮助的,以诈骗罪共犯论处。""两高一部"《关于办理网络赌博犯罪案件适用法律若干问题的意见》(以下简称《赌博解释》)中规定,"明知是赌博网站,为赌博网站提供互联网接入、服务器托管、通讯传输通道、技术支持、资金结算等服务的,达到一定数额则构成开设赌场罪的共同犯罪。"上述规定中对帮助行为的提示性列举与本罪的法条规定高度相似,实践中常常会发生本罪与诈骗罪、开设赌场罪共犯竞合的情况。①

根据本罪的法条规定,在成立本罪的同时构成其他犯罪的,依照处罚较重的规定定罪处罚。由于本罪的法定刑较轻,在发生竞合时,依照从一重规则,帮助行为通常被认定为其他犯罪共犯,这在很大程度上导致了本罪被"搁置不用"的现状,从法理角度考察也有值得商榷之处。此外,实践中还容易发生"以刑制罪"的风险。例如在下游犯罪数额巨大或者情节特别严重的情况下,适用本罪和评价为其他犯罪共犯的量刑结果差异较大,司法机关出于罪责刑相适应的考量,可能会产生"以刑制罪"的思路,根据帮助行为的危害性确定期待的量刑结果,再选择是适用刑罚轻缓的帮助信息网络犯罪活动罪还是刑罚较重的其他犯罪共犯。这种操作显然有违法律适用逻辑,也背离了法律规定的认定规则。

---

① 虽然本罪与其他犯罪共犯的"明知"内容不同,但在网络犯罪产业化背景下,"明知"通常达不到对核心犯罪"确知"的程度,而只是一种"概括性的明知",通过"明知"内容区分此类彼罪是不现实的。

(二) 本罪与其他信息网络犯罪逻辑关系尚未厘清

我国的网络犯罪立法是在现有刑法体系中，根据社会发展情势分次进行的修补性更新，整体来讲有欠体系性。特别是本罪与非法利用信息网络罪、拒不履行网络安全管理义务罪等新型网络犯罪存在交叉，可能引发罪名适用方面的争议。①

在非法利用信息网络罪中，关于设立违法性网站、发布违法犯罪信息等行为是"为自己"还是"为他人"，法律并未做出明文规定，理论界也存在争议。有观点认为，为了避免法条竞合，非法利用信息网络罪中涉及的行为应当限缩解释为仅是"为自己"。② 还有观点认为，由于帮助信息网络犯罪活动罪需要以帮助对象构成犯罪为前提，为严密打击范围，应当扩大非法利用信息网络罪的适用空间，该罪行为指向既可包括"为自己"也可包括"为他人"。③ 在这种情况下，诸如为他人实施犯罪活动设立违法网站、推送广告信息等行为，可能面临两罪的竞合。从中国裁判文书网的检索情况看，各地判决情况不一，有的认定为帮助信息网络犯罪活动罪，有的则认定为非法利用信息网络罪。

在拒不履行网络安全管理义务罪中，该罪主体是网络服务提供者，并以"经监管部门采取责令改正措施而拒不改正"为构罪条件；而帮助信息网络犯罪活动罪同样可以由网络服务提供者实施，《新型网络犯罪解释》将"经监管部门告知后仍然实施有关行为的"列为推定"明知"的方式之一。这样一来，两罪在实践中区分度进一步降低，竞合可能进一步增大。如果现在发生与"快播案"类似的案件，很可能同时构成这两项罪名。有批判性的观点认为，《刑法》第 286 条之一如果理解为故意犯罪，则拒不履行信息网络安全管理义务罪与本罪之间就可能出现了功能重合，显得立法过剩。④

当前信息网络犯罪的交错关系，在一定程度上造成了司法适用混乱的客观情况，影响了帮助信息网络犯罪活动罪的有效适用，未来有必要通过体系化解释等思路，厘清逻辑关系，达成罪名间和谐互适的共生样态。

(三) 司法机关立场趋于保守，立法留白空间适用不足

网络犯罪的重要特点在于更新迭代速度快，新技术、新业态层出不穷。因

---

① 王华伟：《我国网络犯罪立法的体系性评价与反思》，载《法学杂志》2019 年第 10 期。
② 王莹：《网络信息犯罪规则模式研究》，载《中外法学》2018 年第 5 期。
③ 喻海松：《网络犯罪的立法扩张与司法适用》，载《法律适用》2016 年第 9 期。
④ 李本灿：《拒不履行信息网络安全管理义务罪的两面性解读》，载《法学论坛》2017 年第 3 期。

此,本罪在立法时通过开放式表述、预留了解释空间,以规避法律规定在日新月异的网络犯罪情势下失灵的风险。然而刑事司法活动素来秉承稳妥、谨慎的特质,在网络犯罪领域,相较立法而言立场更为保守。对于立法中未准确言明的留白空间,个案司法活动通常都表现得颇为克制、鲜有涉足。

主观"明知"一向是本罪的司法认定难题。《新型网络犯罪解释》出台后,明确列举了六种可推定"明知"的情形,极大地降低了认定难度、减轻了认定压力。但也带来了新的问题,对于明示条款以外的情形,虽然规定了兜底条款,但是司法认定时常常不敢突破,使得明示条款外的情形认定"明知"的难度不降反增。在网络犯罪中,支付结算、通讯传输等环节已经发展出层层代理的成熟产业链,并实施了话术培训等反侦查手段。相当一部分低层级代理或从业者,到案后通过预先演练的话术建立攻守同盟,这部分行为人的获利通常达不到"交易价格明显异常"的标准,也不存在其他司法推定条件,"明知"的认定成为入罪的最大障碍。

部分新兴的灰色产业链或网络违法行为,难以精确归入法律具体列举的某种行为类型,这部分"等外"行为,经常使司法认定陷入两难境地。例如大量贩卖手机卡、QQ号的行为,已经形成产业链条,实践中不乏收购手机卡、QQ号用于实施诈骗的案例。类似行为可否评价为帮助信息网络犯罪活动罪,存在较大分歧。主要原因在于贩卖手机卡、QQ号很难归入法条列举的四种技术支持和两种帮助行为之内,对其能否评价为"通讯传输的技术支持",存有较大争议,实践中做法不一。关于贩卖手机卡的行为,裁判文书网中存在2起按本罪评价的案例,此外还有评价为诈骗罪共犯、非法经营罪或者不作为犯罪处理的情况。关于贩卖QQ号的行为,当前多不作为犯罪处理,也鲜有行政处罚,但类似行为已经形成灰色产业链,长远来看存在较大的风险和危害,"一刀切"式不做入罪评价,有违"打早打小"的刑事政策及本罪立法初衷。

(四)证据情况总体欠佳,影响司法认定

在微观司法活动中,证据是案件的基石。取证难属于网络犯罪的共性问题,对本罪来讲亦是概莫能外,证据欠佳也是影响本罪认定的重要原因。

首先,电子证据的收集提取和审查认定难度较大。电子证据是网络时代的"证据之王",但在个案中收集、提取经常面临很大困难。当前许多网络犯罪活动租用了境外服务器,服务器关闭后取证即陷入僵局。此外,具体案件中电子证据收集、提取不规范的问题也经常存在,影响了对证据真实性、合法性、完整性的判断。

其次,跨境取证难度大。虽然《新型网络犯罪解释》中规定,被帮助对象未到案不影响本罪认定,也设置了特殊情况下独立入罪的具体标准。但是本罪对核心犯罪依然具有事实依附性,核心犯罪事实如果难以查清,全案证据链无法闭合,既可能动摇司法人员的内心确信和认定决心,也可能影响全案的均衡处理。例如为诈骗提供帮助的案件,往往因被害人报案而发案,部分案件被害人损失巨大、社会矛盾尖锐,先期到案的通常是银行卡所有人、GOIP 设备架设人等末端帮助者①。评价他们的帮助行为时,一方面存在"难以责众"的顾虑,如果先期对末端帮助者苛以刑责,后期其他人员大量到案后打击范围过大、全案量刑也有失衡风险。另一方面,末端帮助者违法所得通常远低于被害人损失数额,即便认定其构成本罪,追赃挽损依旧困难,有激化社会矛盾的风险。

(五)网络犯罪方面专业型人才匮乏,适用新罪名内在动能不足

除了上述各种客观因素,本罪的适用不足也有司法机关的内在原因。本罪属于刑法中的新罪名,相关司法解释出台时间不久,可资借鉴的指导性案例较少,必然需要经过一个渐进的过程,才能逐步熟悉并熟练适用。网络犯罪中时常涉及专业网络技术问题和大量电子证据、境外证据的审查认定,司法认定难度较高。在一些刚刚接触新型网络犯罪案件的地区,在刑事诉讼前程序向后程序推进时,公、检、法三机关经常在罪名适用方面产生分歧。部分司法人员对于新型罪名不熟悉,思维模式固化、"因案找法"过程中倾向于援引传统罪名,有时将帮助支付结算的行为认定为掩饰、隐瞒犯罪所得罪,没有将本罪作为特殊罪名优先适用;有时径直将帮助行为按照传统犯罪共犯考量,忽略了是否构成本罪的判断过程。本罪与其他犯罪共犯的大面积竞合,又给选择适用传统罪名提供了便利条件,适用本罪的能动性不足。

与公安机关相比,司法机关在网络犯罪方面的专业化程度不足。公安机关内设专司网络犯罪侦查的网安部门,而在司法机关,由于办案组织设置、办案精力有限等多方面原因,缺乏专门办案组织,熟悉网络技术和网络犯罪审查的专业人才十分匮乏。

四、图景规划:帮助信息网络犯罪活动罪司法适用的激活策略

(一)妥善处理规范竞合的认定标准

囿于刑法结构设计、修法步调差异等原因,刑法规定和司法解释在网络犯罪规制方面有欠体系性和统一性,存在大面积竞合内容。但反向观之,规范

---

① 在 78 份下游犯罪为诈骗活动的裁判文书中,被害人财产损失明确,但诈骗行为未查明或诈骗者未到案的有 52 件,占 66.7%。

"过剩"要远胜于规范空白,因为它带来的主要问题在于规范的"选择困难",而不是无法可依的适用不能。对此,如果跳出法条比对的窠臼,遵循刑事政策导向、体系性地理顺规范关系,问题便可迎刃而解。

《电信诈骗解释》和《赌博解释》中将共同犯罪的犯意联络由"共谋"降低为"明知",是为了应对网络犯罪新形势、不得已而为之的无奈之举。有观点认为,这种司法拟制将没有共同犯罪故意的单方帮助行为拟制为共同诈骗犯罪,僭越了刑事立法权。① 而从修法背景看,帮助信息网络犯罪活动罪的立法本意在于突破帮助行为对实行犯的从属地位,解决网络犯罪中帮助行为入罪难的现实难题。从这一角度讲,本罪更加符合网络犯罪的刑事治理思路。有鉴于此,处理本罪与共犯的竞合问题时,应当采取限缩共犯适用、扩大本罪适用的宏观思路。将共犯的犯意联络重新回归"通谋"标准,将主观上仅有明知、未参与下游犯罪实行行为的行为人,评价为帮助信息网络犯罪活动罪,是"规范过剩"情况下更为适宜的处理思路。本罪与非法利用信息网络罪,可以通过"帮助行为独立入罪"和"网上预备行为前移入罪"的本质特征区别进行界分。界分确实困难时,出于刑事证明的便利性考虑,宜优先适用非法利用信息网络罪。② 本罪与掩饰、隐瞒犯罪所得罪属特殊法条与一般法条的关系,竞合时应当优先适用本罪。

(二)"类型化区分+实质性判断",强化对违法性帮助行为的惩治力度

在评价网络犯罪帮助行为时,可以考虑采用"类型化区分+实质性判断"的方式。首先进行"二元划分",判断帮助行为本身属于违法性行为还是中立业务行为,有区分性地采取"扩张型"与"限缩型"的不同打击立场。对于违法性行为,特别是游走在法律边缘的"灰色"行为,要注重实质性判断,对于具备违法性本质特征、社会危害性大、有刑事当罚性的行为,司法立场不宜过于保守,在不超出法律规定语义射程的限度下,要敢于运用"扩张型"思路将其纳入刑法规制范围。充分发挥本罪开放性立法表述的功能作用,通过认定"等外"帮助行为、运用"明知"和"情节严重"的兜底条款,"打早打小"、防止疏漏。对于确实不具违法性的中立业务行为,则要恪守审慎认定的司法立场,防止给正常业务行为增加不必要的刑事风险。

在适用本罪惩治黑灰产业链时,秉承"扩张型"立场的同时,还应当注

---

① 周明:《"热"与"冷":帮助信息网络犯罪活动罪的司法适用图景》,载《法律适用》2019年第15期。

② 喻海松:《新型网络犯罪司法适用探微》,载《中国应用法学》2019年第6期。

重"职业性特征"的把握，防止打击对象范围过广。对于黑灰产业链中的长期从业者，行为危害性大，可认定其因长期从业而具有"行业明知"，积极进行入罪评价。但对于产业链末端受教唆偶为的行为人，是否构罪则应当结合具体案情审慎认定。例如诈骗犯罪中提供支付结算帮助的行为，如果行为人长期贩卖银行卡或者属于"职业取款人"，一般可以成立本罪；但对于受教唆后单次、少量办理银行卡并出售牟利的行为，则需要综合全案情况认定，必要时可援引《刑法》第13条"但书"规定，不作为犯罪处理。

对于中立业务行为，结合理论研究成果和来自实践的启示，可以从以下三方面进行限缩性认定：一是将主观认知提升至"确知"标准。"明知"通常指"知道或应当知道"，但事实上"应当知道"包含"不知道"的情况。中立业务行为构成本罪，需要符合《新型网络犯罪解释》中明示的司法推定类型，或者有证据证明"确知"，以避免给网络服务提供者带来过重的审查和注意义务。二是要考察业务行为本身隐含的风险大小。如果与同类型网络技术相比，隐含严重的技术风险明显畸高，因其被用来实施犯罪活动的可能性高，则可能成立犯罪[1]。例如，同样是开发交易投资软件，如果设置了后台可操控涨跌功能，明显有违常理，具有高技术风险。三是要评价中立业务行为对下游犯罪的促进作用，有实质性促进作用的，才有评价本罪的必要。例如同为互联网接入，提供物理意义上的网络接入、帮助实现基础入网功能的服务商和提供具体内容意义上的接入、帮助具体信息和数据传输的服务商，前者一般不具刑事可罚性，后者则可能属于本罪中的帮助行为。[2]

（三）提升侦查现代化水平，夯实具体案件证据基础

在网络犯罪罪情急剧变化、技术高速发展的情况下，网络犯罪刑事侦查不能固守传统思维和技术，应当因时而变、因技而变，更新侦查模式，发展适应网络社会的现代化刑事侦查手段。将大数据、区块链能新技术积极应用于侦查过程，加强技术侦查和电子数据固定，健全情报线索流转和信息共享机制。在跨境取证方面，加强司法协助和警务合作，积极争取入境国支持，提升侦查效率，保证全面、及时收集和固定证据，夯实案件证据基础。

检察机关可以充分发挥提前介入引导侦查职能，在引导取证方向的同时，监督公安机关取证规范性，确保电子证据符合法定程序和技术规范。审查认定

---

[1] 熊亚文、黄雅珠：《帮助信息网络犯罪活动罪的司法适用》，载《人民司法》2016年第31期。

[2] 王华伟：《网络语境中帮助行为正犯化的批判解读》，载《法学评论》2019年第4期。

证据时，加强对电子证据真实性和合法性的审查，以及对境外证据来源合法性和转换规范性的审查；面对本罪下游犯罪境外发展、实行者难以到案的现实情况，要改变依赖言词证据的传统审查模式，注重客观证据审查和全案判断，避免放纵犯罪；对于算法取证等现代化侦查模式，要适时更新理念、建立相应审查方式，为其有效适用提供空间。

（四）传导网络犯罪刑事政策理念，培养专业型司法人才

一方面，司法人员要转变理念，全局性、系统性地掌握网络犯罪的刑事政策和惩治态势，明晰网络犯罪立法扩张犯罪圈、前移刑事防线的深刻原因，了解对于网络犯罪全链条打击的生态治理理念，充分认识发挥本罪作用打击网络犯罪帮助行为、斩断黑灰产业链的重要意义，破除因专业能力、畏难情绪等造成的不敢用、不会用现象。公检法三机关应当加强在网络犯罪方面的工作协调，努力增进法律适用共识，形成惩治网络犯罪合力。

另一方面，要加强专业性人才队伍建设。以检察机关为例，最高检成立了惩治网络犯罪维护网络安全研究指导组，以做好深化打击网络犯罪的统筹指导工作。这是检察机关增强网络犯罪专业化能力的重要契机。未来可以依托系列工作加强对网络犯罪的研究和指导，并培养专业人才队伍，为有效惩治网络犯罪提供人才保障。

非法利用信息网络罪的司法
适用现状、问题及其匡正[*]

秦宗川[**]

为有效检视非法利用信息网络罪的司法适用状况并预警其司法适用问题,通过合理的理论阐释与分析,以既防止该罪在司法实践中过度适用而成为新的"口袋罪",也避免其被不当虚置而成为"僵尸罪名",推动该罪更为合理与规范化的司法理解和适用,而展开本研究。

一、非法利用信息网络罪司法适用现状

(一)司法适用呈现"宽进窄出"现象

截至 2020 年 7 月 10 日,笔者在中国裁判文书网以"犯非法利用信息网络罪"全文关键字检索出 313 份裁判与执行文书,排除重复与尚未生效的裁判文书,共有 291 份包含非法利用信息网络罪的有罪判罚。以"非法利用信息网络罪"全文检索出 1001 份裁判、执行与管辖决定文书,排除重复(包括一、二审针对同一案件的情形)的文书,有 915 份包含非法利用信息网络罪控辩意见的文书。其中,公安机关以非法利用信息网络罪刑事立案的有 783 件,检察机关以非法利用信息网络罪提起公诉的有 407 件,检察机关以非法利用信息网络罪以外罪名提起公诉但辩护方以非法利用信息网络罪予以辩护的有 122 件。可见,以非法利用信息网络罪罪名予以立案侦查、公诉、定罪的案件数量逐步减少,且减少幅度较大,整体呈现出"宽进窄出"的现象。

(二)司法适用量的地域差异较大

通过上述检索发现,该罪司法适用量的地区差异较大。检索到涉及该罪裁

---

[*] 本文系 2018 年重庆市哲学社会科学规划培育项目(项目编号:2018PY102)的阶段性成果。

[**] 秦宗川,西南政法大学讲师,法学博士。

判文书的具体份数为：江苏 144 份、广东 137 份、福建 130 份、湖南 75 份、四川 74 份、浙江 63 份、安徽 62 份、山东 55 份、河南 36 份、新疆 33 份、辽宁 32 份、湖北 21 份、广西 19 份、内蒙古 12 份、陕西 12 份、北京 12 份、江西 11 份，天津、河北、山西、吉林、黑龙江、海南、重庆、贵州、云南、甘肃、青海、宁夏均为个位数。可见，该罪在江苏、广东、福建三省的司法适用量显著高于其他省市，与相应地区电信网络诈骗较为多发的现状大体一致。

（三）司法适用量呈逐年上升趋势

检索到涉及该罪裁判文书年度数值为：2015 年 2 份、2016 年 30 份、2017 年 98 份、2018 年 299 份、2019 年 433 份、2020 年 139 份。可见，该罪的司法适用整体呈逐年上升趋势。

（四）轻罚比重较大

在检索到的 291 份包含非法利用信息网络罪有罪判罚的裁判文书中，有确切量刑信息的裁判文书共 258 份，共对 572 人以非法利益信息网络罪予以定罪处刑。其中，判处 1 年以下（含 1 年）有期徒刑或拘役的有 305 人，占比 53.3%；判处 1 年以上（不含 1 年）2 年以下（含 2 年）有期徒刑的有 189 人，占比 33.1%；判处 2 年以上（不含 2 年）3 年以下有期徒刑的有 78 人，占比 13.6%。可见，该罪整体司法轻罚的占比较高。

（五）共犯比例很高

在检索到的 291 份包含非法利用信息网络罪有罪判罚的裁判文书中，有确切量刑信息的裁判文书共 258 份。其中，单独犯罪的仅有 61 份，占比 23.6%；共同犯罪的 197 份，占比 76.4%。可见实践中该罪的共犯比例很高。

（六）单位犯罪条款基本为"僵尸条款"

在检索到的 291 份包含非法利用信息网络罪有罪判罚的裁判文书中，有确切量刑信息的裁判文书共 258 份。其中，仅 3 起案件构成单位犯罪，其余 255 件案件全部为自然人犯罪。可见，该罪单位犯罪比例极低，使该罪单位犯罪条款几乎沦为"僵尸条款"。

二、非法利用信息网络罪司法适用存在的问题

（一）对规制行为类型的理解有局限

《刑法》第 287 条之一第 1 款的三项内容明确了非法利用信息网络罪的三种客观行为，分别为：（1）设立用于实施诈骗、传授犯罪方法、制作或者销售违禁物品、管制物品等违法犯罪活动的网站、通讯群组的；（2）发布有关

制作或者销售毒品、枪支、淫秽物品等违禁物品、管制物品或者其他违法犯罪信息的；（3）为实施诈骗等违法犯罪活动发布信息的。笔者将其分别简称为"为违法犯罪而设立通讯平台""单纯发布违法犯罪信息"和"为违法犯罪而发布信息"。结合上述立法条文内容之间的逻辑关系以及全国人大常委会所作的立法说明①，笔者对上述三种行为的具体内涵做具体分析。

第（1）种行为事实上包括两类行为，即为自己实施诈骗等违法犯罪而设立通讯平台这种犯罪预备行为和为他人实施诈骗等违法犯罪而设立通讯平台的犯罪帮助行为。就为自己实施相应违法犯罪而设立通讯平台行为而言，与第三种行为包含的为自己实施相应违法犯罪而发布网络信息行为具有同样的立法属性，即均属于犯罪预备行为的正犯化。不同之处在于，第（1）规定是专门针对为犯罪而设立通讯平台这种行为，而第（3）项规定是专门针对为违法犯罪而发布信息这种行为。无论设立通讯平台还是发布信息的行为，均可以出于为自己或他人违法犯罪这一相同的目的。这是从立法语义和逻辑上能够得出的合理结论，即并不能否认第（1）项规定可以包含为违法犯罪而设立通讯平台的情形。同时，第（1）项与第（3）项的罪状表述中均具有"等"字的表述，表明相应行为的外延并不限于条文罗列的行为。前者罗列了诈骗、传授犯罪方法、制作或者销售违禁物品、管制物品三种违法犯罪行为，而后者仅罗列了诈骗一种违法犯罪行为，尽管前者行为类型多于后者，但因为都有"等"字，进而使该两项条文指向的行为外延都要广于条文罗列的行为。根据最高人民法院、最高人民检察院《关于办理非法利用信息网络、帮助信息网络犯罪活动等刑事案件适用法律若干问题的解释》（法释〔2019〕15号）（以下简称《信息网络犯罪司法解释》）的规定，该处的"等"字具有"等外"的含义，除了条文明确罗列的行为之外还包括"犯罪行为和属于刑法分则规定的行为类型但尚未构成犯罪的违法行为"。也即刑法明确规定的犯罪行为均属于此处"等"字所能包含的情形。如此，该条文第（1）项与第（3）项指向的行为类型相同，即刑法规定的所有犯罪行为。如此，两项规定在违法犯罪的外延和目的上完全相同，两者的区别仅为行为方式的不同，即前者为设立通讯平台，

---

① 《关于〈中华人民共和国刑法修正案（九）（草案）〉的说明》中"（三）维护信息网络安全，完善惩处网络犯罪的法律规定"中说明到："三是，对为实施诈骗、销售违禁品、管制物品等违法犯罪活动而设立网站、通讯群组、发布信息的行为，进一步明确规定如何追究刑事责任；针对在网络空间传授犯罪方法、帮助他人犯罪的行为多发的情况，增加规定：明知他人利用信息网络实施犯罪，为其犯罪提供互联网接入、服务器托管、网络存储、通讯传输等技术支持，或者提供广告推广、支付结算等帮助，情节严重的，追究刑事责任。"

后者为发布信息。

第（2）项规定的行为应当理解为"排除其他犯罪目的而单纯发布违法犯罪信息"的行为，但可以包括为了传授他人犯罪方法而发布信息的行为。因为第（3）项已经涵盖了为实施具体违法犯罪而发布信息的行为，也即已经涵盖了作为其他具体犯罪的预备行为的发布信息行为，而第（2）项规定中则不应再包含此种犯罪预备行为，否则便属明显的重复立法。如此，第（2）项规定的发布违法犯罪信息，包括发布制作或者销售毒品、枪支、淫秽物品等违禁物品、管制物品或者其他违法犯罪的信息，只能理解为排除为自己或他人实施制作、销售毒品、枪支、淫秽物品等犯罪目的之后的单纯发布违法犯罪信息的行为，即明知是制作或者销售毒品、枪支、淫秽物品等违禁物品、管制物品或者其他违法犯罪的信息而故意通过信息网络进行发布。根据相关立法说明，可以认为该立法主要目的在于通过对违法犯罪信息单纯发布行为的刑法打击以减少易于他人跟风模仿的违法犯罪信息的生成和传播，以此净化网络信息平台并减少违法犯罪行为。此项规定的行为包括行为人非出于其他任何犯罪目的而单纯基于无所事事、网络互动、活跃气氛、寻求刺激、情绪发泄等动机而故意发布上述违法犯罪信息的情形，也包括基于传授他人违法犯罪方法的目的而故意发布上述违法犯罪信息的情形。如此，针对单纯发布违法犯罪信息的情形，属于新增的犯罪类型，因为既往的相应行为并不能构成任何犯罪。针对为传授违法犯罪方法而故意发布上述违法犯罪信息的情形，一定程度上属于传授犯罪方法罪预备行为的正犯化，即将传授他人犯罪方法的目的而通过网络发布各种违法犯罪信息这种犯罪预备行为定性为非法利用信息网络罪。一方面，行为人通过信息网络发布的违法犯罪信息并非均属于犯罪方法，进而并非均能在客观上帮助他人学会犯罪。如发布毒品销售的地点或渠道、卖淫场所的地理位置与联系渠道等违法犯罪信息，但并非教人犯罪的具体方法。另一方面，即使属于具体的教人犯罪的具体方法信息，例如如何制作和销售毒品、枪支等信息，行为人也大都面向不特定的人而集中发布各种违法犯罪信息，常见的便是用信息群发的方式。而传授犯罪方法罪的成立要求行为人面对具体而特定的人实施传授犯罪方法的行为，基于单纯发布违法犯罪信息对象不特定的行为无法构成传授犯罪方法罪的实行行为。但不排除行为人为了向具体而特定的个人传授犯罪方法而首先通过信息群发的方式寻找目标对象，即基于传授犯罪方法的目的用"广撒网"的方式寻找行为对象，此时便属于典型的传授犯罪方法罪的预备行为。

综上所述，非法利用信息网络罪立法所规定的三种客观行为既有预备行为正犯化的情形，也有新增的行为类型（第1款第（2）项行为包含此前并不构成犯罪的"单纯发布违法犯罪信息"的情形)。

但司法实践中，司法机关基本都认为非法利用信息罪的法律属性仅为犯罪预备行为的正犯化或实行化。比如在江苏省宿迁市中级人民法院（2018）苏13刑终203号判决书中便明确阐述道："非法利用信息网络罪是对网络犯罪预备行为独立入罪，实现网络犯罪预备行为的实行化，帮助信息网络犯罪活动罪是对网络犯罪的帮助行为独立入罪，实现网络犯罪帮助行为正犯化。"如此理解，尽管整体上符合非法利用信息网络罪的法理逻辑和立法初衷，但并非完全正确。正如前文所述，非法利用信息罪的立法除了体现相应犯罪预备行为正犯化属性外，还有新增的行为类型。如果司法实践中完全坚持该罪只涵盖犯罪预备行为正犯化属性的理解，则易于使司法机关放纵对相应新增犯罪类型的打击，从而易于使该罪部分立法条文无法被有效贯彻落实，进而被虚置成为"僵尸条款"。

(二) 对"违法犯罪"的认定过于宽泛

该罪三种行为中均有"违法犯罪"的兜底性规范，对其指代范围的合理理解与界定是准确且符合法治原则地适用非法利用信息网络罪的重要前提。而对于该罪罪状中"违法犯罪"的含义存在多种不同学理解释。一种观点认为，违法犯罪不仅包括犯罪，也包括一般违法。[①] 另一种观点则主张，违法犯罪仅涉及犯罪，不包括违法。[②] 还有观点并未明确违法犯罪的具体含义，而仅作了罗列式说明，表明违法犯罪的外延并不限于立法列举的情形。[③] 在《信息网络犯罪司法解释》出台之前，司法实践中对该罪"违法犯罪"的理解和认定整体是很宽泛的，基本坚持上述第一种观点，即此处的违法犯罪不仅包括犯罪也包括一般违法。

笔者从检索到的相关裁判文书中发现，被以非法利用信息网络罪定罪处罚的行为包括但不限于：设立从事宗教活动的通讯群组的行为[④]，通过信息网络发布招嫖信息的行为[⑤]，发布销售刀具、迷药、伪车牌、假身份证和驾驶证、

---

① 车浩：《刑事立法的法教义学反思——基于〈刑法修正案（九）〉的分析》，载《法学》2015年第10期。

② 欧阳本祺、王倩：《〈刑法修正案（九）〉新增网络犯罪的法律适用》，载《江苏行政学院学报》2016年第4期。

③ 喻海松：《网络犯罪的立法扩张与司法适用》，载《法律适用》2016年第9期。

④ 参见新疆维吾尔自治区高级人民法院伊犁哈萨克自治州分院（2017）新40刑终78号刑事判决书。

⑤ 参见广东省深圳市宝安区人民法院（2017）粤0306刑初5018号刑事判决书。

弩、电棍以及具有阿普唑仑成分物品等物品的行为①。上述认定中，存在不少的既往相应行为并不构成犯罪而仅属于一般违法的情形。如设立专门从事宗教活动的通讯群组、通过信息网络发布招嫖信息、发布销售刀具、迷药、伪车牌、电棍、阿普唑仑成分物品的信息。可见，司法机关普遍对该罪"违法犯罪"持宽泛理解态度，认为此违法犯罪不仅包括犯罪也包括一般违法。

而对此"违法犯罪"的过于宽泛理解，易于违背罪刑法定原则与刑法谦抑精神，容易使非法利用信息网络罪成为新的"口袋罪"，进而引发了不少学者的担忧与批判。②"两高"联合出台了《信息网络犯罪司法解释》，并对该"违法犯罪"作了明确规定，算是对既有理论与实务争议的明确回应。该解释第7条规定："刑法第二百八十七条之一规定的'违法犯罪'，包括犯罪行为和属于刑法分则规定的行为类型但尚未构成犯罪的违法行为。"据此，非法利用信息网络罪中的"违法犯罪"既包括犯罪也包括违法行为，但违法并非泛指一切违法行为，而仅限于刑法明确规定的可以构成犯罪但尚未达到入罪标准的违法行为。犯罪行为指行为人目的指向或客观实施的行为已经构成犯罪的情形，如为故意杀人、抢劫、从事间谍活动、放火、投放危险物质、生产销售毒品而创立网站、通讯群组或发布信息，或者明知系传授上述犯罪方法的内容而通过信息网络予以发布。整体上，没有罪量或情节程度要求的行为犯，便属典型的"犯罪行为"。而"属于刑法分则规定的行为类型但尚未构成犯罪的违法行为"是指行为人目的或手段指向的行为本身可以构成犯罪，但因为不满足入罪的罪量或情节程度条件的情形，如为销售未达入罪数量或情节标准的假冒伪劣商品、枪支、淫秽物品而组建通讯平台或发布信息的行为，明知是传授盗窃、诈骗、抢夺等未达入罪数额标准的违法行为方法而通过信息网络予以发布的行为。亦即具有罪量或情节程度要求的数量犯、结果犯，便是典型的"违法行为"。如此，该司法解释算是对既往相关理论与实践的一种折中，即对该罪"违法犯罪"中"违法"的范围作了限定，限定为"属于刑法分则规定的行为类型但尚未构成犯罪的违法行为"，笔者称之为"可构成犯罪的违法行

---

① 参见辽宁省庄河市人民法院（2017）辽0283刑初291号刑事判决书、江苏省射阳县人民法院（2017）苏0924刑初303号刑事判决书、内蒙古自治区阿鲁科尔沁旗人民法院（2017）内0421刑初36号刑事判决书、江苏省常熟市人民法院（2017）苏0581刑初898号刑事判决书。

② 参见欧阳本祺、王倩：《〈刑法修正案（九）〉新增网络犯罪的法律适用》，载《江苏行政学院学报》2016年第4期；孙道萃：《非法利用信息网络罪的适用疑难与教义学表述》，载《浙江工商大学学报》2018年第1期；汪恭政：《非法利用信息网络罪的兜底性规定及其教义学限缩》，载《西南政法大学学报》2020年第2期。

为"。

笔者认为，此司法解释既能体现该罪的立法宗旨，从而进一步严密刑事法网，又能防止该罪司法认定上的不当扩张而成为新的"口袋罪"，因而该解释具有合理性。但该司法解释并未得到有效落实，仍呈现出对"违法犯罪"过于宽泛认定的情形，如《信息网络犯罪司法解释》于2019年11月1日起生效施行，这便意味着从实施之日起，各级司法机关须严格按照该解释进行案件认定和处理，进而将"可构成犯罪的违法行为"之外的一般违法行为排除于"违法犯罪"之列。但事实并非如此，2019年11月1日之后仍存在不少司法机关将通过信息网络发布招嫖信息、销售管制刀具、推广虚假App以骗取他人会员注册、传授利用规则漏洞获取不当利益方法、构建虚假学历查询网站等非"可构成犯罪的违法行为"认定为非法利用信息网络罪的不当做法。

（三）对罪重罪轻问题的查实不足

实践中，非法利用信息网络的行为很多都是作为诈骗、非法销售枪支、毒品、淫秽物品、传授犯罪方法等罪的手段行为而存在，因而非法利用信息网络罪时常会与上述相应犯罪形成犯罪竞合或牵连关系。为了体现罪刑均衡，《刑法》第287条之一第3款明确规定："有前两款行为，同时构成其他犯罪的，依照处罚较重的规定定罪处罚。"依照法律规定，在具体情形中，非法利用信息网络罪与其他犯罪谁轻谁重，整体上是较容易判断和确定的，在认定与处理上没有太大难度。但司法机关却在上述犯罪竞合或牵连时存在对相关犯罪构罪以及量刑事实查实不足的情形，进而有碍罪轻罪重的全面有效认定。

例如，司法机关认定行为人利用信息网络为他人实施诈骗活动而发布"助考类"违法犯罪信息，但并未明确展示行为人与他人诈骗行为构成共同犯罪的证据，也未明确说明行为人利用信息网络发布违法犯罪信息的具体数量，仅仅表述为"大量违法犯罪信息"。最终以非法利用信息网络罪对行为人判处2年有期徒刑。又如，司法机关认定行为人通过网络从上家购买枪支散件后，通过信息网络发布销售信息并实际销售完成部分枪支散件，但并未明确行为人购买以及销售枪支散件的准确数量以及利用信息网络发布枪支散件销售的信息量等内容，最终以非法利用信息网络罪对行为人判处1年6个月有期徒刑、对上游卖家以非法买卖枪支罪判刑。相关构罪以及量刑事实的语焉不详，无疑使得上述刑事判决在罪名认定与处罚上的合理性受到质疑。

三、非法利用信息网络罪司法适用问题之匡正

笔者认为，针对非法利用信息网络罪存在的上述司法适用问题，可以从如下两方面着手予以消解或匡正。

一方面，应当加强对非法利用信息网络罪立法目的、条文含义、与其他犯罪间关系等内容合理理解的再宣传、再学习。自《修法修正案（九）》新增非法利益信息网络罪至今，期间也并不缺乏该罪在司法实践中的有效适用。但从既有司法适用情形看，司法机关对其立法目的、条文含义、与其他犯罪间的逻辑关系等内容的理解并不完全统一，甚至还存在相应的误区与偏差。这无疑表明就上述内容的合理解释与理解展开再宣传、再学习具有现实必要性。对此，可通过进一步的理论阐释、学术讨论、立法或司法解释等方式使司法工作人员对相应内容有更全面合理且规范化的理解。

另一方面，最高司法机关应当通过既有司法解释的整合清理并进一步发布指导性案例的方式推动非法利用信息网络罪更为合理与规范化的司法认定与处罚。最高法、最高检应当对非法利用信息网络罪认定与处罚相关的既有司法解释予以必要整合与清理，明确废止不合时宜或者已经被新的司法解释修正过的解释内容，确保相关司法解释内容间的体系性协调且无矛盾性规范。同时，应当围绕非法利用信息网络罪进一步规范化、合理化认定与处罚发布更多指导性案例。

探析立法司法争议　唤醒被虚置的法条

——对"非法利用信息网络罪"的思考

王　婧[*]

21世纪以来，网络已经融入人类社会的方方面面，成为生活不可或缺的一部分，给人们带来极大便利的同时，网络犯罪也成为当下不可回避的重要问题。网络在犯罪中的地位，经历了由"犯罪对象"到"犯罪工具"再到"犯罪空间"的历史演变。[①] 各种新型网络犯罪的出现与蔓延，不仅对公民的人身、财产造成损害，而且对公共安全造成了严重威胁。习总书记指出："没有网络安全就没有国家安全，就没有经济社会稳定运行，广大人民群众利益难以得到保障。"也就是说，在当今网络时代，打击网络犯罪，捍卫网络安全，才能真正使人民群众的利益得到维护和保障。

与传统犯罪相比，网络犯罪具有其特有的智能性、隐蔽性、产业性、跨国性等特征，给我国刑事立法、司法工作带来挑战。从1997年《刑法》颁布以来，我国刑事立法、司法工作一直在不断完善，通过历次修正案、两高司法解释，构建了打击传统信息网络犯罪（《刑法》第285条、第286条）及（《刑法》第286条之一、第287条之一、第287条之二）新型信息网络犯罪的法律体系，并通过"两高"对电信诈骗、毒品犯罪、组织考试作弊等刑事案件办理相关法律问题的司法解释列举了生活中常见利用网络信息实施违法行为的法律责任，为有效打击网络犯罪，维护网络安全，保障国家、社会公共利益及人民群众合法权益奠定了坚实的法律基础。特别是在《刑法修正案（九）》中增设了第287条之一"非法利用信息网络罪"，将"设立网站、通讯群组、发布消息"等特定的网络违法犯罪活动预备行为入罪，体现了对网络犯罪"打早打小"的刑事政策。非法利用信息网络罪原应成为有力打击网络犯罪的手段，

---

[*] 王婧，辽宁省人民检察院第四检察部，一级检察官助理。
[①] 于志刚：《双层社会中传统刑法的适用空间——以"两高"〈网络诽谤解释〉的发布为背景》，载《法学》2013年第10期。

但条文自颁布实施以来，控制网络犯罪势态并没有达到理想效果，反而在理论和实务中存在诸多争议。本文试从立法、司法争议入手，条分缕析，寻找"非法利用信息网络罪"的应有姿态，为在司法实践中用好用对《刑法》第287条之一提出建议。

一、对非法利用信息网络罪的立法争议

（一）以预备行为实行化立法，与传统刑法理论冲突，遭到质疑

传统刑法认为，犯罪预备是行为人为了犯罪准备工具、制造条件，因为意志以外的原因，未能着手实施犯罪行为的犯罪未完成形态之一。由于行为人尚未着手，对法益没有造成直接的、实质的侵害或紧迫的侵害危险，犯罪预备可以比照犯罪既遂定罪量刑。然而，非法利用信息网络罪是直接将实施非法犯罪活动的准备行为提升，成为单独的罪名，不论后续是否继续实施其他犯罪活动，单独对为实施违法犯罪活动而实施"设立网站、通讯群组、发布消息"且情节严重的行为人定罪，并科处刑罚。非法利用信息网络罪作为典型的预备行为实行化的立法，在传统法学理论中引起了诸多质疑。

周光权以"预备犯所实施的行为缺乏定型性和不法内涵，对其定罪难以防止司法恣意，损害法的安定性"①，否定预备犯实行化的立法手段。张明楷提出"（《刑法》第287条之一）实质是将部分犯罪的预备行为提升为实行行为，完成了预备行为的就视为犯罪既遂……即使不增设非法利用信息网络罪，也完全可以对相关行为直接适用预备犯的规定……将不正当利用信息网络的各种行为作为一种具体犯罪予以规定，并不是理想的立法模式。"②更有学者认为该罪并不是一个与刑法分则其他罪名一样的独立刑法规范，因而，对行为人适用该罪法定刑后，不能同时适用刑法总则中犯罪停止形态或共犯的量刑规定，进而主张第287条之一只是量刑规则。③

刑法以法律拟制的手段，将可能具有严重社会危害性的利用信息网络实施特定行为规制为犯罪，是立法者出于维护社会安定、和谐的刑事司法形势的考虑，凸显对此类犯罪的打击力度而设立。但是按照以往传统的刑法学理论，这种做法很难寻求到有力的理论依据。④

---

① 周光权：《转型时期刑法立法的思路与方法》，载《中国社会科学》2016年第3期。
② 张明楷：《网络时代的刑事立法》，载《法律科学》2017年第3期。
③ 刘艳红：《网络犯罪帮助行为正犯化之批判》，载《法商研究》2016年第3期。
④ 丁瑶：《论非法利用信息网络罪的预备行为实行化》，载《武汉交通职业学院学报》2016年第9期。

(二) 非法利用信息网络罪的立法依据

"法律不是嘲笑的对象，而是法学研究的对象……应当想到法律的规定都是合理的，不应推定法律中有不平衡的规定。"① 法律一经制定便有其自身含义，如果从传统理论解释合理性走不通，应转换其他更加切合的途径，而不是嘲笑立法的不足。

其一，相对于传统刑法仅具有危害行为的惩罚报复功能，当代刑法同样着眼于有效预防的社会控制功能，因而不再局限于以造成法益直接侵害为前提，同时看重潜在的法益侵害危险。网络犯罪立法普遍属于预防刑法。当前网络犯罪逐渐呈现产业化趋势，大量钓鱼网站、通讯群组、诈骗信息充斥着网络空间，给社会秩序和个人财产安全带来重大的潜在危险。虽然"设立网站、通讯群组、发布消息"的非法利用信息网络行为不具有直接的、实质的法益侵害，但其具有引发后续犯罪的高度盖然性，法益侵害危险凸显乃至瞬间实现具有可能性，创设了一个法所不容许的危险。②

其二，犯罪行为在网络空间里迸发的巨大破坏性也造成了对传统定罪量刑刑法体系的冲击：一些犯罪行为离开了网络，要么根本就无法生存，要么根本不可能爆发出令人关注的危害性。③ 同一行为通过网络实施以后，相比在现实社会中实施，其社会危害性急剧膨胀。而在这种情况下，网络空间异化犯罪的入罪标准应降低。立法者依据社会经验事实，将日常多发、危害性大的"设立网站、通讯群组、发布信息"等网络预备行为独立设置成本罪的行为方式，超越了刑法总则中关于预备犯"准备工具、制造条件"的概括规定，同时符合类型化、定型性的要求，对预备犯赋予了刑事可罚性。

同时，行为人在实施非法利用信息网络行为时，明知自己的行为通过网络随时可以向实行行为转化的可能性，并且会造成危害社会的法律所不允许的结果，但仍然追求该结果，具备了刑法评价的主观恶性。据此，非法利用网络信息行为具有现实侵害或侵害危险性、可罚性以及主观恶性，应将其从预备行为上升为实行行为，并被刑法所评判。

---

① 张明楷：《法律格言的展开》，北京大学出版社2013年版。
② 周明、陆银清：《非法利用信息网络罪定罪标准研究》，载《山东法官培训学院学报》2019年第4期。
③ 于志刚：《网络、网络犯罪的演变与司法解释的关注方向》，载《法律适用》2013年第11期。

二、非法利用信息网络罪的司法争议

（一）适用率较低，被视为虚置的法条

如上文所述，受传统法学理论影响，对非法利用信息网络预备行为实行化的曲解，认为非法利用信息网络罪行为类型零散、无规律；行为边界宽泛，弹性大；罪行构造杂乱，难以掌握。这直接导致其司法适用率低，甚至有时直接被虚置。①

非法利用信息网络罪是当行为人为实施违法犯罪活动而独立实施"设立网站、通讯群组、发布消息"且情节严重的处罚依据，司法实践中，仅在实施"设立网站、通讯群组、发布消息"阶段案发几率较小；即便案发，也时常以相关的传统犯罪加以评价，导致非法利用信息网络罪被架空。例如，2016年"两高"《关于办理电信网络诈骗等刑事案件适用法律若干问题的意见》规定：对于发送诈骗虚假信息的行为，诈骗数额难以查证，但发送诈骗信息5000条以上的，应以诈骗罪（未遂）定罪处罚。

而大多数案件案发在实行阶段，此时，行为人"设立网站、通讯群组、发布信息"的行为与后续关联违法犯罪活动同时存在。既有预备行为，也有该预备行为延伸出来的实行行为。例如，利用信息网络实施寻衅滋事和敲诈勒索、利用信息网络实施侵犯公民个人信息、利用信息网络传播淫秽物品等。②此时依照《刑法》第287条之一第3款规定的"依照处罚较重的规定定罪处罚"，因非法利用信息网络罪仅有3年以下有期徒刑或拘役的法定刑，刑期较短，相比为轻罪，往往选择适用其他传统关联犯罪，从而导致非法利用信息网络罪在此种情况下再次被虚置。

（二）"违法犯罪"文本多义，解释方法争论不休

对于《刑法》第287条之一第1款中三次出现"违法犯罪"，文义如何把握，是既包括违法也包括犯罪，还是不包括违法仅包括犯罪，理论和实务中争论不休：有认为仅限于犯罪的"限缩说"③，也有坚持不仅包括所有形式的犯

---

① 皮勇：《论新型网络犯罪立法及其适用》，载《中国社会科学》2018年第10期。
② 2013年《关于办理利用信息网络实施诽谤等刑事案件适用法律若干问题的解释》、2017年《关于办理侵犯公民个人信息刑事案件适用法律若干问题的解释》、2010年《关于办理利用互联网、移动通讯终端、声讯台制作、复制、出版、贩卖、传播淫秽电子信息刑事案件具体应用法律若干问题的解释（二）》。
③ 商浩文：《预备行为实行化的罪名体系与司法限缩》，载《法学评论》2017年第6期。

罪活动，也包括一般违法活动的"扩张说"①，同时，还有主张三项"违法犯罪"分开讨论，区别对待，做不同理解。②

"限缩说"认为，将"违法犯罪"严格限缩在"犯罪"，一方面，考虑作为兜底性规定，如若扩张解释到"违法"，则可能导致实践中本罪名过度滥用成为"口袋罪名"③；另一方面，如果对所有发布违法信息的行为进行刑法处罚，会导致预备行为构成犯罪，而实行行为仅是违法的尴尬局面，导致对预备行为的处罚重于实行行为。基于上述两种考虑，不宜对"违法犯罪"作扩大解释。

"扩张说"则认为，该罪中的"违法犯罪活动"可以解读为"违法行为"和"犯罪行为"，如此才能有效打击网络犯罪。④ 这一观点也有司法解释印证。按照2016年《关于审理毒品犯罪案件适用法律若干问题的解释》规定，利用信息网络，设立用于组织他人吸食、注射毒品的网站、通讯群组，或者发布实施该种活动的信息，情节严重的，按照利用信息网络犯罪定罪处罚。组织他人吸食、注射毒品不是刑法规定的犯罪活动，只是违法活动，最高人民法院正是基于对"违法"和"犯罪"共同构成"违法犯罪活动"的理解，作出上述司法解释。

(三) 准确解释，巧妙运用，唤醒被虚置的法条

如上文所讨论，"违法犯罪"仅指"犯罪"，非法利用信息网络罪为轻罪，实际案件中多关联到其他犯罪，根据"从一重罪"原则，非法利用信息网络罪难以被启用，那么增设非法利用信息网络罪则完全没有价值；相反，如若将"违法活动、违法信息"囊括其中，在很大程度上可解决该罪名被虚置之难题，即在没有"犯罪活动、犯罪信息"，却存在"违法活动、违法信息"的案件中，可以适用非法利用信息网络罪，而且非法利用信息网络罪刑罚较轻，处罚程度也遵守了罪刑相适应原则。这种解释既遵循了立法原意，也可实现立法的预期意义⑤。

---

① 车浩：《刑事立法的法教义学反思——基于〈刑法修正案（九）〉的分析》，载《法学》2015年第10期。

② 胡莎：《非法利用信息网络罪适用问题研究》，载《法治社会》2019年第3期。

③ 车浩：《刑事立法的法教义学反思——基于〈刑法修正案（九）〉的分析》，载《法学》2015年第10期。

④ 于志刚：《中国网络犯罪的代际演变、刑法样本与理论贡献》，载《法学论坛》2019年第2期。

⑤ 周光权：《网络服务商的刑事责任范围》，载《中国法律评论》2015年第2期。

同时，刑法未规定为犯罪的一般违法行为，在网络空间实施后，由于网络传播速度快、传递范围广，其造成后果的范围、程度不可预测性的次级增加，存在社会危害性急剧膨胀而有科处刑罚的必要。对于这类情况，受限于罪刑法定原则，我们无能为力；然若通过将"违法"囊括在内，就存在了入罪可能性。把握好"违法活动""违法信息"是否涵摄于"违法犯罪活动""违法犯罪信息"不仅可以定分止争，能更有效地唤醒被虚置的法条，更全面地打击利用信息网络实施违法犯罪的行为。

当然，一般违法不等同于所有违法，根据"民事违法、行政违法"信息活动而"设立网站、通讯群组、发布消息"等亦不在受刑法评价的范围之内，仅应限定为与犯罪性质相近、危害性相当的违法行为，也即"属于刑法分则规定的行为类型但尚未构成犯罪的违法行为"，如此方能在坚持立法原意的基础上，准确理解，有效适用，不被虚置，也不"口袋化"。2019年11月1日实施的"两高"《关于办理非法利用信息网络、帮助信息网络犯罪活动等刑事案件适用法律若干问题的解释》第7条规定正是如此。

三、切实用好非法利用信息网络罪，"从小从早"打击网络犯罪

非法利用信息网络罪从立法到司法有如此争议，表明了我们对网络时代的刑事法律发展还不够了解和适应。一方面，要适应信息技术的发展，紧跟时代潮流，全面认识网络空间下刑事法律发生的新变化、新特点；另一方面也应避免刑事法律的过度扩张，在社会保护和人权保障中寻求平衡。

在司法实践中，既要熟悉信息网络犯罪新罪名，又不能被网络技术外衣所迷惑，应该善于穿透网络技术的表象，把握刑事法律原则，准确判断行为本质，研判此类犯罪在网络空间较传统空间更严重的社会危害性，精准用法，精准量刑，做到罚当其罪。①

在具体办案中，除了关注非法利用信息网络罪预备行为"正犯化"的立法手段外，还应学会运用"属于刑法分则规定的行为类型但尚未构成犯罪的违法行为"纳入"违法犯罪活动"的考虑范围，无须在犯罪行为数量和情节上作过多纠结，大胆适用，最大限度地用对用好非法利用信息网络罪，切实做到对网络犯罪"打早打小"，加强惩治网络犯罪的力度。

---

① 孙谦：《在最高检"网络犯罪研究中心"首次会议上讲话》，载《法制日报》2020年6月17日。

人工智能的刑法规制和安全防范

傅跃建　朱剑冰[*]

一、问题的提出

随着2017年7月国务院的《新一代人工智能发展规划》将发展人工智能技术上升为国家战略，2018年10月，习近平总书记在中共中央政治局第九次集体学习时指出，加快发展新一代人工智能是事关我国能否抓住新一轮科技革命和产业变革机遇的战略问题。人工智能问题愈演愈烈。人工智能时代的来临，给我们的生活掀起了巨大的波澜。如今人工智能与我们的生活息息相关，但同时人工智能带来的社会风险也不容小觑。

案例一：2017年2月，绍兴的虞女士收到了好友在QQ上发来的网购代付请求，虞女士报案后，警方发现犯罪嫌疑人利用一种叫"快啊"的打码工具批量获取账号密码，此工具具备快速识别验证码的能力，犯罪团伙将获取的账号密码大量转卖给诈骗团伙从而完成一系列网络诈骗活动。相对于传统的人工识别打码方式，"快啊"平台具有深度学习的功能，在效率和准确率上大大超过了人工方式。

案例二：2015年7月英国《金融时报》报道了一起机器人杀人案件，正在安装的机器人突然将德国大众公司的一名工作人员抓起，紧接着将其重重地摔向金属板，导致了当事人直接死亡。

这两起案件，一起是利用机器的自主学习能力帮助实施犯罪，一起是机器自主造成人员的伤亡。未来学家表示，随着人工智能时代的来临，独狼式恐怖袭击必然会更为普遍地发生，机器人将担任实施独狼式恐怖袭击的角色。若恐怖分子将机器人用作自杀式炸弹来制造恐怖活动，将会对社会造成巨大的恐慌。同时人工智能强大的自主学习能力使机器人能够自动编程从而实施犯罪。

---

[*] 傅跃建，浙江省金华市人民警察学校教授；朱剑冰，浙江省金华市人大党委会法工委规备办副主任、法学硕士。

另外，倘若广泛应用了人工智能的无人驾驶汽车、无人机等被恐怖分子非法控制或者重新编程，也将造成重大的安全问题。

二、人工智能时代带来的安全风险

要做好人工智能的预防，必须先了解其风险的存在及其形式。众所周知，人工智能在给我们生活带来便利的同时也伴随着巨大的安全隐患。除了传统的安全风险之外，随着超人工智能的出现，还会出现许多难以控制的新风险。

（一）弱人工智能滥用引发的传统安全风险

1. 利用人工智能进行犯罪

人工智能技术本身并无好坏之分，好与坏在于使用该技术的人。弱人工智能虽不具有独立思考和学习的能力，不能自主进行犯罪活动，但是其可能受到不法分子的指控命令从而带来社会风险。人工智能带来的效果取决于人们的使用和管理。人的欲望是无限的，在巨大利益的诱惑下，不法分子会利用人工智能为自己的违法行为进行掩饰或提供各种便利，由于人工智能技术具有高效、便捷的特点，使这成为人工智能发展过程中难以避免的一个重要风险。

政府及其部门、网络服务供应商等，如果不正当使用和管理用户的隐私数据，将会带来隐私泄露的可能性，从而引发隐私纠纷大战。从目前来看，谷歌、微软等公司通过收购等方式，聚集资本、人才和技术垄断优势，逐渐在技术和数据领域形成垄断地位，但是这将会使得人工智能发展的透明性和共享性受到影响。同时，也会增加网络黑客利用人工智能方法对网络进行攻击，使得个人、企业网络运行的风险增大，不利于网络与现实社会的安定团结。

2. 人工智能引发的意外事件

因弱人工智能带来的意外事件，如本文开头援引的事件。由此带来的责任究竟由谁承担需要法律加以明确，以避免纠纷的发生与扩大。又如，若汽车使用自动驾驶模式在公共道路上发生了交通事故，对于事故的责任又应如何在汽车制造商和驾驶员之间进行分配？如果是自动驾驶系统发出请求人工控制的信号后才发生的交通事故，责任又将如何分担？这些问题都值得我们去思考。

（二）超级人工智能引发的不可控性安全风险

人工智能迅猛发展的今天，机器人拥有了越来越强的能力，有的超智能机器人已经拥有自我学习的能力，甚至在某些方面已经远远超过人类自身，这过于强大的能力会不会有一天摆脱人为的控制是令人担忧的。比尔·盖茨等人表示出深深的忧虑，超智能人工智能超强的自我学习能力很可能跳脱出人类的控制，从而威胁到人类的主导权，从而威胁人类的生存也是不言而喻的。而这情况一旦发生，必将如科幻电影中所描述的一样是毁灭性的灾难。虽然我们还无法肯定或者预测这种情况会否发生，但要为这种不确定风险做好预防和控制措施。首先要在法律制度、伦理规范等方面做好充分准备，在没有十足把握之前，对此领域的人工智能技术还是要限制其发展的。

1. 超级人工智能滥用大数据风险

随着科技信息的发展，我们正步入一个大数据时代，数据信息整理后产生的价值不可估量。在这些大数据面前，人脑或许无能为力，但是对于人工智能而言，这只是雕虫小技，超人工智能能够在巨大数据库中筛选出相关数据，并能对其进行缜密的梳理，同时，超人工智能软件能进行自我学习，模仿用户的行为，并进行自我调整，使自身可以较长时间地存在于计算机的系统之中。如果无法保障人工智能的安全，不法分子利用各类人工智能进行违法犯罪活动，势必造成社会的危害与动乱。数据的集中本身就是一种风险，越多数据就包含越多信息，一旦不法分子成功攻击数据库，就会导致更多的信息被泄露。

另外，由于现在社会对个人信息保护的缺漏，使不法分子找到缺口通过简单手段收集用户信息，但通过利用人工智能的技术将这些信息进行分析整理，甚至可能得到一个人从出生至今的所有信息，为其进行诈骗、窃取重要信息提供便利。不仅如此，人工智能技术会带来更加可怕的后果，一些看似无用的信息经过人工智能技术分析海量数据，并对所得数据综合分析整理，最后可能会产生不为人知的敏感信息，甚至上升到威胁国家安全甚至人类安全的层面。

2. 超级人工智能的失控风险

自人类诞生以来，其不断通过进化成为地球上最高级的生物群种。我们一直坚信人类是唯一能进行独立思考、具有理性思维的生物。但随着人工智能的出现与发展，其似乎不断地挑战着人类的主体地位。超人工智能已被验证其可以通过自行改变原人工智能所设置的程序和系统，相当于其可以具有类似人类的思维和行动模式，将不再处于被人类控制的范围，可想而知，这样的结果无异于克隆人出现所引发的社会风险，并且更可怕的是，超人工智能拥有人类所不具有的超强体力，换句话说，就是超人工智能克服了人类的生理缺陷，这同时也是机器人的发明创造广受商业部门欢迎的原因。在人工智能发展的最初，以服务人类为主，而在人工智能不断发展的社会浪潮中，我们不得不考虑，一旦摆脱了人类的控制将会出现什么样的后果。

也就是说，超级人工智能可以通过自行改变原人工智能系统和程序得以逃脱人类控制。由于超人工智能具有自我学习和识别判断的基本功能，一旦其自行改变或控制人工智能中的程序，就有可能导致人类发生识别或决策错误。

三、人工智能法律主体资格和刑事立法

近年来,随着人工智能话题的不断热化,法学界也开始密切关注人工智能时代法律背景的变迁,针对人工智能热点问题的探讨主要集中在法律主体资格缺位和刑事立法以及安全风险的综合防范。

(一) 关于人工智能法律主体资格缺位问题

人工智能是否具有主体资格的探讨,目前理论界存在肯定说、否定说与折中说三种观点。持肯定说的学者如孟涵认为,应当确立人工智能的刑事主体地位,纳入刑罚处罚范围,明确人工智能的权利边界及法律保留。刘宪权提出应当赋予智能机器人刑事责任主体资格,以期实现我国刑事立法的完善,他还提出,智能机器人不能和研发者成立共同犯罪,但有可能和使用者构成共同犯罪。对于肯定说而言,将人工智能视为刑事主体,赋予刑事主体资格,不免让人认为在法律地位上其与人类并列,是否会威胁人类的主体地位,同时承认其刑事主体资格是否也要承认其民事主体资格,由此引发的一系列相关问题值得思考。王耀彬认为刑事法的规制略显保守,赋予类人型人工智能实体刑事责任主体地位具有必要性。持否定说的学者如吴习彧认为,为了解释人工智能的行为效力而主张赋予其法律主体资格是没有必要的。由于针对承认人工智能主体地位涉及的问题还未解决,因此现实中不承认人工智能的法律主体地位仍是主流意见。持折中说的学者如贺栩溪否认弱人工智能的主体地位,有限地肯定强人工智能的主体地位以及在认同超级人工智能具有主体资格的基础上对发展该阶段人工智能的必要性进行了初探。对于折中说这一观点,看似能较好地协调肯定说与否定说,否认弱人工智能的主体资格使之不会造成主体泛滥,同时有限肯定强人工智能的主体地位以至于平衡两者差异,同时在前瞻性视野下对承认强人工智能主体资格的必要性进行初探以顺应时代发展趋势。

(二) 关于人工智能刑事立法的探讨和风险防范

有观点提出需增设滥用人工智能罪、确立研发者或使用者的严格责任,对刑法条文作出相应的修正以面对人工智能带来的刑事风险。也有观点进一步论证增设滥用人工智能罪与人工智能事故罪以降低刑事风险发生的概率。关于人工智能犯罪风险防控,有观点强调人工智能技术水平处于飞速发展阶段,当前立法无法对其进行相应程度的规制,机器人立法的紧迫性要求应当加快推进机器人伦理章程的制定,对机器人进行专门立法,出台国家发展战略。也有观点认为应当立法设立负面清单,防范人工智能"作恶"。当然,也有认为人工智能的发展具有伦理风险、极化风险、异化风险、规制风险和责任风险,应当确

立"过程—结果"的双重规制策略,提出限制人工智能研发应用的领域、提高人工智能系统数据和算法的客观性、完善行业自律准则与法律政策及实现犯罪防控与人工智能的深度融合四个方面的应对建议等。

(三) 现阶段不宜赋予人工智能法律主体资格但刑事立法仍有必要性

"自主意识"和"独立行为"能力是决定法律主体资格的必要条件,而人工智能现阶段还没有独立自主的行为能力,还属于人类智能工具的范围,其行为应归由所有人或者使用人承担。本文开头的案例,无论是利用机器的自主识别能力帮助实施犯罪,还是机器造成人员的伤亡,都不是人工智能有意识采取的自主行为,只是人工智能工具使用过程中出现的问题,应归属于人工智能使用者或者所有者。但是,这并不意味着刑法在利用人工智能犯罪方面无所作为。法律虽然不可避免具有滞后性,但立法者在立法时可以具有一定的前瞻性,现阶段在人工智能这一不断被热化的主题下,对人工智能的立法也是势在必行,虽还未到可以立即承认人工智能的法律主体地位的时候,但随着人工智能的发展,特别是对人类安全风险也由理论转为实际,对人工智能的相关刑事法律理应有所回应。

四、人工智能安全风险的刑法应对和防控

人工智能存在的和潜在的风险有的我们能预见,有的我们还未预见,为了防患于未然,尽可能避免人工智能带来的安全风险,下文将从人工智能风险的刑法应对与防控角度,使之尽可能在现有的背景下让人工智能技术最大限度地造福人类,推动社会发展。

(一) 人工智能风险刑事立法的具体构筑

1. 适时增设滥用人工智能罪

目前,一些不法分子滥用人工智能技术进行违法活动获利,这无疑会给公民个人和整个社会带来严重的危害,不利于个人自身利益的维护,也会对人类社会的安全稳定造成破坏。人工智能技术是一把双刃剑,如果使用不当,落入不法分子之手,就会产生不利的一面,严重危害社会。所以,为了对人工智能所有可能带来的不利后果进行规避,需要依托法律规范对人工智能技术进行规制,达到有效的震慑作用,从而降低人工智能技术可能带来的不利后果,并且在出现违法犯罪活动时进行惩戒。

刑法正是通过条文、罪名达到对犯罪行为警示、惩戒的作用,法已规定不可为,否则就会触犯法律,被剥夺一定的权利。增设滥用人工智能罪可以抑制人工智能技术所带来的不利行为。不同于传统的犯罪活动,由于人工智能技术

会广泛的利用大数据和互联网,在信息如此发达的今天,可想而知,滥用人工智能技术所带来的是比传统犯罪更严重的后果。而刑法是所有法律中最为有力的法律,可以达到更好的警示与惩戒的效果,因此,在刑法中增设滥用人工智能罪,可以更好地规范、制约人工智能的发展。

2. 适时增设人工智能事故罪

人工智能技术说到底是人类开发出来的,虽然有其自身的特殊性,但是诸如其他众多产品一样,会有技术上的瑕疵、缺陷可能带来的损害后果,因此,在最大限度上确定人工智能使用者以及开发者的义务、权利,使人工智能技术整个生产使用过程得到最大程度的监管和制约,可以通过法律设定权利义务制约生产者和使用者。首先,在产品的研发过程中,设定一定的权利义务以规范保障生产环节的合法有效性,从而让生产者谨遵法律规范与社会规范。其次,使用人工智能产品的过程中,必须注重信息的保护,合法合理地使用人工智能技术,避免造成隐私泄露,被不法分子所利用。

3. 适时考虑赋予超人工智能机器人刑事责任主体资格

超人工智能机器人拥有自主学习的能力,甚至具有同正常人一般的思控能力,因此,超智能机器人也可以通过学习而实施危害社会的行为,也会成为实施危害行为的主体,但是我国刑法只将自然人和单位限定为刑事责任能力的主体,人工智能机器人并不在此列之中,这就无法解决超智能机器人实施不法甚至犯罪行为的情况。因此本文建议,刑法可以适时赋予智能机器人刑事责任主体的地位,以便于解决此类情况。主要有以下三点理由:

第一,从刑法的立法本意出发。刑罚设置的一个重要出发点便是对实施了危害社会的行为进行惩罚,以告诫社会大众,起到教育与威慑的作用。因此,对于人工智能机器人是否能够实施危害社会的行为,同时具备刑事责任能力,是决定人工智能产品能否成为犯罪主体的本质要件。从上述案件中可以看出,对于机器人是否有可能实施危害人们的行为已毋庸置疑。

第二,超人工智能在设计和编制的程序范围外实施行为是其自己的意志,而意志存在与否对于刑事责任能力的认定有着重要的意义。以单位犯罪为例,一直以来,对于单位应否成为刑事责任主体争论的焦点在于,单位是否能够像自然人一样,可以实行犯罪行为,可以有犯罪的意识和意志,是否有受刑能力。我国刑法肯定了单位作为刑事责任主体的资格,理由是单位的意志代表了单位内部所有人的共同意志,因此对其刑事责任能力加以肯定。超人工智能机器人比单位具有更强的自主能力,可能具有自己独立的思考和判断能力,更加类似于人本身,相较于单位来说,更符合刑事责任主体资格的要求,因此,笔者认为刑法应当适时考虑赋予超智能机器人法律上的主体资格。

第三，超人工智能机器人的行为有望成为法律行为。传统行为理论如因果行为论、人格行为论等都认为仅仅只有自然人的行为才是法律意义上的行为，但当时人工智能并未出现，在人工智能迅猛发展的今天，超人工智能机器人已拥有和自然人相似的思辨能力，能自主支配其行为，甚至进行独立思考及学习，因此随着人工智能时代的来临，行为理论也应当作出适时的改变。笔者认为，超人工智能机器人与自然人作出的损害行为之间并没有本质区别，因此在未来刑事立法中应适时肯定超人工智能机器人的刑事主体资格。

(二) 从源头防控人工智能风险

1. 限制人工智能研发和应用的领域

人工智能时代并不意味着人工智能的随意发展与运用，若不对人工智能的运用加以规制，将会引发一系列社会问题和犯罪事件，因此限制人工智能的应用是迎接人工智能时代来临的重要前置步骤。从社会治理来看，应当限制增强型人工智能的发展，促进服务型人工智能的发展，禁止超级智能的发展。政府相关部门应当进行权衡，决定人工智能应用的范围限制，设定人工智能操作系统的禁区，保证人工智能不得干涉部分操作与决策，并相应制定法律规范确保对人工智能使用的有效控制，制定严格的标准与规则，且为损害的发生预设法律责任。

基于司法活动的规律，司法判断有其自身的特点，司法大数据也存在一定的局限性，在识别模式上存在有限性，应当对人工智能在此领域的应用进行限制。犯罪分析与追诉工作仍应由人类完成，人工智能仅仅作为一个辅助工具，在类型化案件里形成智能运算规则，在其他案件中给出政策的比较、法条提醒和类案参考。总的来说，案例的规则以及调整，各种非正式制度如地方规范、形势政策等应当是人工智能操作系统的禁区。

2. 构建弱人工智能法律问责与监管体系

弱人工智能是通过软件研发设计者编写的程序来实施行为的，它没有体现自己的意志，仅仅是作为设计者的工具来实施，因此它不应承担刑事责任。另外，应当确定统一的人工智能安全质量标准，制定人工智能设计人员的行为守则，明确人工智能应用范围与使用禁区，构建流畅的问责机制。完善人工智能相关立法，加快人工智能相关民事责任与刑事责任的构建及人工智能信息利用的问责机制。提前预设在复杂情形下人工智能的突发状况，提出相应的解决方案，并且针对人工智能的监管等安全问题制定完整的制度性方案。

五、结语

随着时代的进步，人工智能技术现已初具规模，市场上大大小小的人工智能及其衍生产品不断增加，相伴而来的也有其带来的安全风险，我们在享受科技带来便利的同时，也要注意到这其中存在的安全风险，并且尽可能通过防范措施减少该风险，从"汉德公式"出发，通过预防措施节约社会成本，事先预防往往比事后弥补更高效，从而发挥该项技术的"帕累托最优"。

一方面，从刑法规制出发防控人工智能风险。目前，超人工智能已具备自主学习的能力，甚至具有同正常人一般的思控能力，即超智能机器人可以通过学习而实施各种行为，其中有可能存在危害社会的行为。因此，其也会成为实施危害行为的主体，在这一层面上，刑法适时承认其刑事责任的主体资格，似乎更便于解决问题，同时适当地增设滥用人工智能罪、人工智能事故罪等直接约束人工智能实施危害行为的条款，以解决人工智能主体责任问题。另一方面，从源头上防控人工智能风险。限制人工智能的应用是迎接人工智能时代来临的重要前置步骤，我们应在源头上限制增强型人工智能的发展，促进服务型人工智能的发展，禁止超级智能的发展，以避免其带来的安全隐患，同步发挥政府的规制作用，设置人工智能的使用范围和划定禁止操作系统与领域，规制人工智能的使用。同时建立与其相配套构建弱人工智能法律问责与监管体系，良好的监督是保障，通过完善人工智能相关立法，加快人工智能相关民事责任与刑事责任的构建及人工智能信息利用的问责机制，但具体的机制内容仍需各专家学者的共同努力，以期进一步完善人工智能的相关风险防控机制。

图书在版编目（CIP）数据

现代社会与犯罪治理：中国犯罪学学会年会论文集. 2020年：网络犯罪专题研讨 / 邓云，陶建平主编. —北京：中国检察出版社，2020.12
ISBN 978-7-5102-2508-6

Ⅰ.①现… Ⅱ.①邓… ②陶… Ⅲ.①犯罪学-学术会议-中国-2020-文集②互联网络-计算机犯罪-文集 Ⅳ.①D917-53

中国版本图书馆 CIP 数据核字（2020）第 228326 号

现代社会与犯罪治理：网络犯罪专题研讨
——中国犯罪学学会年会论文集（2020年）
邓　云　陶建平　主编

出版发行：	中国检察出版社
社　　址：	北京市石景山区香山南路109号（100144）
网　　址：	中国检察出版社（www.zgjccbs.com）
编辑电话：	（010）86423749
发行电话：	（010）86423726　86423727　86423728
	（010）86423730　86423732
经　　销：	新华书店
印　　刷：	北京玺诚印务有限公司
开　　本：	710 mm×960 mm　16 开
印　　张：	47.75
字　　数：	876 千字
版　　次：	2020年12月第一版　2020年12月第一次印刷
书　　号：	ISBN 978-7-5102-2508-6
定　　价：	140.00 元

检察版图书，版权所有，侵权必究
如遇图书印装质量问题本社负责调换

/